世界林业研究系列丛书

CONTEMPORARY WORLD FORESTRY STUDY : COUNTRY REPORT

当代世界林业——国别篇 上

陈绍志　王登举　徐　斌 ◆ 主编

中国林業出版社
China Forestry Publishing House

图书在版编目(CIP)数据

当代世界林业—国别篇(上) / 陈绍志,王登举,徐斌主编. —北京:中国林业出版社, 2019.9

ISBN 978-7-5038-8720-8

(“世界林业研究”系列丛书)

Ⅰ. ①当… Ⅱ. ①陈… Ⅲ. ①林业经济-概况-世界 Ⅳ. ①F316.21

中国版本图书馆 CIP 数据核字(2016)第 221583 号

CONTEMPORARY WORLD FORESTRY

当代世界林业

——国别篇(上)

策划、责任编辑:于界芬

出版 中国林业出版社(100009 北京西城区刘海胡同 7 号)

网址 http://lycb.forestry.gov.cn 电话 83143542

发行 中国林业出版社

印刷 北京雅昌艺术印刷有限公司

版次 2019 年 9 月第 1 版

印次 2019 年 9 月第 1 次

开本 787mm×1092mm 1/16

印张 42.75

字数 1046 千字

定价 218.00 元

当代世界林业——国别篇

编辑委员会

当代世界林业——国别篇

编写组

主　　编　陈绍志　王登举　徐　斌

编 著 者　（按姓氏笔画排序）

于天飞　万宇轩　马一博　马文君　王林龙　王雅菲　王登举
王　鹏　王　璐　邓　华　叶　兵　付　博　白秀萍　宁攸凉
朱洁净　刘小丽　刘　勇　刘振中　刘　颖　苏立娟　李玉敏
李忠魁　李　岩　李　茗　李秋娟　李剑泉　李　勇　李维长
李婷婷　李　静　李　慧　吴水荣　何友均　何雅婷　何　璆
邹文涛　宋　超　张孝仙　张　英　张金晓　张　衎　张　爽
张　朝　张　谱　张德成　陆　霁　陈凤洁　陈绍志　陈　洁
陈　勇　范圣明　尚玮姣　罗信坚　周海川　周禄涛　赵　劼
赵　荣　赵晓迪　赵铁蕊　赵麟萱　胡延杰　胡娜娜　贺　薇
校建民　原磊磊　钱伟聪　钱　腾　徐芝生　徐　斌　高发全
崔玉倩　宿海颖　蒋业恒　蒋宏飞　韩　锋　韩　慧　焦龙鳍
谢和生　廖世荣　廖　望　谭秀凤　樊宝敏

项目秘书　何　璆　廖　望

F O R E W O R D

序

森林是陆地生态系统的主体，是人类赖以生存发展的基础，在维护生态平衡、改善人类居住环境、满足人民生活需要等方面发挥着不可替代的作用。近年来，随着生态问题的日益突出，国际社会对保护森林、改善生态更加关注，重视森林、保护生态、发展林业已成为应对气候变化和治理全球生态的有效举措。

为应对森林资源锐减、湿地和草原不断退化等带来的系列生态问题，联合国相继发布了《关于森林问题的原则声明》《国际森林文书》《湿地公约》《防治荒漠化公约》《濒危野生动植物种国际贸易公约》《气候变化框架公约》等具有约束力的声明和公约，并将林业纳入了2030年可持续发展目标。在这些措施的带动下，世界各国不断加大生态保护修复力度，推动全球林业发展取得了明显成效。联合国粮农组织评估报告指出，全球森林面积达39.99亿hm^2，全球生态系统提供的产品和服务总价值达33万亿美元。全球木质能源消费相当于7.72亿t石油当量，占全球一次能源总供应量的6%。全球有约7.5亿人口生活在密林中，5亿人口生活在疏林里，大部分人依靠森林维持生计。森林不仅提供了人类赖以生存的食物、水、能源和居住环境，也为推动绿色发展、维护生态安全作出了重要贡献。

中国政府高度重视林业工作，大力推进林业国际交流合作，认真履行涉林国际公约，积极推动全球生态治理，深度参与国际森林问题谈判，林业国际影响力明显提升。中国的防沙治沙、人工林建设、湿地保护已成为全球生态治理的典范，既为国内经济社会发展作出了积极贡献，也为推进全球生态治理贡献了中国智慧和中国方案。同时，中国林业还存在森林质量不高、林地生产力低下、治理体系和治理能力不完善等问题。在林业问题日益全球化、国际化的新形势下，加快中国林业发展，需要用世界眼光和全球视野来谋划与推动，不断提升林业现代化水平，缩小与林业发达国家的差距。

为全面了解和学习借鉴国外林业发展的先进经验，中国林业科学研究院林业科技信息研究所组织中青年专家，历时5年时间，研究编写了《当代世界林业——国别篇》(上、下)《当代世界林业——专题篇》。这套大型研究书籍集学术性和实用性于一体，是覆盖范围广、内容编排新的工具书，为研究世界林业问题提供了翔实资料和具体案例。其中，国别篇收集整理了125个国家的林业总体情况，总结了这些国家的林业问题及对策措施；专题篇归纳形成了世界森林资源现状及发展趋势、世界湿地资源与管理、全球草原资源及保护利用管理、世界荒漠化及其防治、世界林业发展战略、世界林业机构、世界林业发展新理念等20多个专题研究成果，对于解决当前林业发展中的关键性问题有较强的针对性。我们相信，这套书的出版将为政府部门、企事业单位、科研教育机构、社会团体了解国外林业情况提供有益借鉴，也将为有关部门开展对外谈判、拟定法规、编制规划、指导工作等发挥积极的作用。希望大家学好用好这套工具书，也希望编者及时修正更新有关内容，不断提高工具书的科学性和实用性。

2019年1月

F R E F A C E

前言

世界林业的发展史是一部人类文明的发展史。从远古时期至今，人们一直依赖森林取得原材料、食物及能源。传统林业哺养了近代工业文明，而伴随着工业文明的扩展，对森林的破坏也达到了顶峰。如何保护森林，发挥其在经济发展、生物多样性保护、减缓气候变化等多重效益，已引起各国政府、国际组织及社会公众的广泛关注。在此背景下，随着在全球经济一体化的背景下，目前林业问题呈现全球化、国际化和政治化的趋势。

世界林业越来越开放，世界各国政府与政府之间、政府与国际组织之间合作，到民间的交流、企业之间的合作，领域和范围逐步拓展，形式逐步多样化，了解国外林业发展是我国开展林业国际交流，发展中国林业的一个有效途径。长期以来，国外林业情况的收集与整理是林业部门的一项重要工作，希望通过追踪国外林业发展，关注国际林业热点问题，为我国林业政策发展、林业工作的开展等方面提供借鉴和参考。有鉴于此，中国林业科学研究院林业科技信息研究所从20世纪70年代就开展了国外林业追踪与研究，从森林资源、林业机构、林业法律法规、林产品加工与贸易等方面进行调研，整理、编译了105个国家的林业信息，除了为国家相关部门提供材料，还汇编成多本专著。也正是通过这项工作，近自然林业、可持续林业、生物安全等许多重要概念被介绍到中国，并深刻地影响着中国林业的发展，为此多次获得科技进步奖等荣誉。但是随着国际交流日益增多，加上互联网信息的便捷，人们似乎感到足不出户便可以得到需要的任何信息，导致这项工作在政策支持、队伍建设等方面严重滞后。而实际的情况是，世界各国由于官方语言多种多样，很多信息无法清晰获得，每个领域的研究都有其固有局限性。世界林业发展瞬息万变，新理念、新战略、新业态、新模式层出不穷，越是开放交流，对国外林业连续的、系统的、长期的基础性跟踪，包括对战略、规划、法规、政策、管理等研究分析越发重要。

改革开放40年来，中国从少林国家发展到全球森林资源增长最快、人工林面积最大的国家，林业的国际影响力不断提升。虽然我国林业发展已经取得了许多可喜的成绩，但与世界林业发达国家相比，还存在着许多不足。例如，我国林业存在着质量不佳、产量不高、森林经营水平有待提高等问题，而且木材生产不能满足市场对原材料的需求，林产品加工企业的原料对外依存度高居不下。另外，随着中国林业企业加快走出去步伐，强烈需要掌握其他国家对外资源开发的政策方针和审批监管措施，而国家相关部门也需要根据不同国家、不同区域森林资源的分布特点和政治经济情况，制定我国森林资源全球战略的分区计划，并因地制宜完善配套政策，有序推进战略实施，使我国森林资源的海外开发和林产品国际贸易更加符合国际社会的游戏规则，为森林资源全球战略的实施创造良好国际政策环境。

为了帮助我国林业主管部门在全球经济一体化大背景下能够及时准确地掌握国际林业的发展动向，更好地借鉴其他国家促进林业发展的先进理念、政策和管理经验，推动我国林业更快更好地发展，加强对世界林业发展动态跟踪与政策的调研，为我国林业决策提供参考，确保我国在世界林业这个大舞台上更好地发挥发展中大国的作用，在国际谈判中更好地保护发展中国家和本国的利益，提高我国在世界林业中的重要地位，同时也为了给林业企业走出去提供投资国的林业资源、管理制度、法律法规等相关情况，帮助他们了解所在国的林业投资机会和潜在挑战，提高对外林业投资的风险意识与能力，开展世界林业跟踪与发展研究成为一项迫在眉睫的任务。

为此，在原国家林业局发展规划与资金管理司“林业重大问题研究及政策制定——世界林业发展动态跟踪与政策研究”以及原国家林业局国际合作司“林业重大问题研究及政策制定——世界林业国别研究”项目的支持下，中国林业科学研究院林业科技信息研究所继续开展世界林业跟踪研究，其中包括世界林业动态信息即时收集与发布、世界林业发展热点问题跟踪研究及年度报告出版、世界林业发展专题及国别研究，以及世界林业数据库及数据平台建设等项目活动，旨在对世界林业发展及政策进行专业化、系统化的跟踪与研究，为各级政府部门领导、林业科研教育学者以及广大林业工作者了解世界林业前沿动态和热点问题提供多时效(实时、年度)、多层次(动态、热点问题、专题和国别)、多渠道(消息报道、刊物、年报、专著及网络)的信息窗口和平台，做好国家林业决策的信息服务和咨询工作，并建立世界林业研究的专业稳定团队。

《当代世界林业——国别篇(上、下)》汇集了世界林业国别研究在过去3年间的所有研究成果。本书内的各国林业发展报告由中国林业科学研究院林业科技信息研究所长期活跃在林业政策领域的中青年学者完成，并经过权威专家审阅。本书在全球范围内甄选出具有代表性的林业国家125个，对其林业发展及政策进行专业化、系统化的研究与跟踪，包括森林资源与林业概况、林业政策与发展战略、木材生产及贸易、林业科研与教育、主要问题与对策、发展展望等，为读者提供了一本比较权威的工具书，帮助了解各国林业发展情况与趋势。全书由陈绍志、徐斌策划协调，并多次组织阶段性研讨、审稿，各国别作者见文后。本书由陈绍志、侯元兆、王登举、刘开玲、白秀萍、郭广荣、李维长、高发全、徐斌、陈洁审阅编辑，最后由陈绍志、王登举、徐斌、廖望完成统稿和终审工作。

本项目在执行过程中，得到了原国家林业局发展规划与资金管理司、原国家林业局国际合作司以及中国林业科学研究院林业科技信息研究所各位领导与专家的大力支持，他们对项目的申报、报告框架和最终研究成果都提出了很好的意见和建议。在此向一并表示最诚挚的谢意!

由于受到语言、资料、数据来源和青年专家知识及把握等方面的限制，《当代世界林业——国别篇(上、下)》还有很多疏漏及错误之处，敬请各位读者批评指正。

编 者

2019年1月

CONTENTS

目录

亚洲林业

大洋洲林业

非洲林业

亚洲林业

- 马来西亚
- 日本
- 印度尼西亚
- 印度
- 菲律宾
- 韩国
- 柬埔寨
- 老挝
- 蒙古
- 尼泊尔
- 泰国
- 越南
- 巴基斯坦
- 不丹
- 朝鲜
- 哈萨克斯坦
- 吉尔吉斯斯坦
- 孟加拉国
- 缅甸
- 斯里兰卡
- 塔吉克斯坦
- 土耳其
- 土库曼斯坦
- 文莱
- 乌兹别克斯坦
- 新加坡
- 叙利亚
- 伊朗
- 以色列

马来西亚(Malaysia)

马来西亚位于东南亚，国土被南中国海分隔成东、西两部分。西马位于马来半岛南部，北与泰国接壤，南与新加坡隔柔佛海峡相望，东临南中国海，西濒马六甲海峡。东马位于加里曼丹岛北部，与印度尼西亚、菲律宾、文莱相邻。国土总面积 3 302 万 hm^2。2018 年人口为 3 200 万，其中马来人 68.8%，华人 23.2%，印度人 7.0%，其他种族 1.0%。国语为马来语，通用英语，华语使用较广泛。伊斯兰教为国教，其他宗教有佛教、印度教和基督教等。行政区划为 13 个州和 3 个联邦直辖区。首都吉隆坡，人口约 180 万。

马来西亚由马来西亚半岛、沙捞越和沙巴 3 个地区组成。马来西亚半岛地势北高南低，中部为山地，东西两岸为平原。中央山地以中央山脉(吉保山脉)为主；沿海平原地势低平，沼泽广布。沙捞越西部沿海为平原，东部边境为山地，内地为森林覆盖的丘陵和山地。沙巴东部沿海为平原，内地大部为森林覆盖的山地，西部的克罗克山脉南北纵贯。由于靠近赤道，马来西亚终年炎热多雨，属典型的热带雨林气候。内地山区年均气温 22 ~ 28℃，沿海平原为 25 ~ 30℃，年均降水量 3 000 mm，湿度高达 70% ~ 80%。

马来西亚自然资源丰富。矿业以锡、石油和天然气开采为主，曾是世界产锡大国，近些年产量逐年减少。此外还有铁、金、钨、煤、铝土、锰等矿产。全国耕地面积约 485 万 hm^2，农业以经济作物为主，主要有油棕、橡胶、热带水果等，橡胶、棕油和胡椒的产量和出口量居世界前列。渔业以近海捕捞为主，近年来深海捕捞和养殖业有所发展。政府鼓励以本国原料为主的加工工业，重点发展电子、汽车、钢铁、石油、化工和纺织品等。

2017 年，马来西亚国内生产总值为 3427 亿美元，年增长率为 5.9%。主要出口市场为美国、新加坡、欧盟、日本和中国(中国外交部网站，2018)。

一、林业在国民经济中的地位

林业、渔业和农业三大产业曾是马来西亚经济的基础产业。尽管近年来马来西亚已逐步走向工业化，但其经济收入仍以生产和出口初级产品(如原油、棕榈油、锡和橡胶)为主，这些产品出口的收入占全国出口产品总收入的 50% 以上。森林是马来西亚国民经济发展的重要基础性资源，林业在国家经济社会发展中发挥着重要作用。

马来西亚是世界热带木材及产品的出口大国，原木、锯材和人造板的产量和出口量与橡胶和棕榈油一样，已经居于世界前列。2017 年工业原木、锯材和人造板的净出口额达到 27.5 亿美元，是国家出口创汇的一个重要来源。根据世界银行统计，2016 年马来西亚林业总产值为 57.02 亿美元，对 GDP 的贡献值为 1.94%。此外，森林还提供了丰富多样的非木材林产品，2005年森林产出药材、香料等植物产品和皮毛、猎物等动物产品价值超过4 300万美元。森林旅游业是国家第三大经济支柱。林业在为社会提供大量林产品的同时，还为社会提供了21万个就业机会，占总劳动力的1.7%（FAO，2010）。同时，森林还发挥了很重要的环境保护和服务功能，在维持环境的稳定、减轻洪涝灾害和防治侵蚀、保护水源和野生动物栖息地、发展森林旅游，以及在农村经济、社会发展、公众健康和提高人民生活质量等方面都发挥了十分重要的作用。

二、森林及其他自然资源

（一）森林资源

马来西亚地处热带，自然条件优越，森林资源极其丰富。据马来西亚木材委员会发布的林业环境数据，2015年马来西亚森林面积为2 219万 hm^2，占土地面积67.6%。

2015年，马来西亚森林立木蓄积量为50.34亿 m^3，单位面积蓄积量为227 m^3/hm^2，居亚洲第一位。活立木生物量地上部分为59.30亿t，地下部分为11.48亿t；森林碳储量为32.12亿t，平均每公顷为157 t（FAO，2015）。

1. 森林起源与群落结构

按照森林的起源分，原始林占森林总面积的22.7%，天然更新林占68.4%，人工林占8.9%。

马来西亚3个地区的森林群落和树种不尽相同。马来西亚半岛的森林为典型的热带雨林，其群系类型和植物带，按海拔高度可划分为：①高山雨林：海拔1 500～2 200 m，以山地杜鹃林为主；②山地雨林：海拔760～1 500 m，为栎樟混交林和娑罗双（*Shouea* spp.）林；③低地常绿雨林：海拔760m以下，为库氏娑罗双（*S. curtisii*）林和平滑叶娑双（*S. laevifolia*）林；④低地沼泽林：以南洋棱柱木（*Gonystylus bancanus*）为主；⑤低地龙脑香混交林。

马来半岛高原、丘陵和海拔300 m的山谷地带分布有大量龙脑香天然林，其树种有娑罗双、龙脑香、羯布罗香、喃喃果等，平均每公顷年生长量为2.13～3.55 m^3。这些树种均可开发利用。

沙巴州大部分的森林位于东海岸的山打根和塔瓦岛（斗湖）地区。林型可划分为山地林、次生林、山地龙香脑林、红树林、淡水沼泽林和低地龙香脑林。娑罗双木材产量占沙巴州的60%，龙香脑和羯布罗香各占15%，其他树种占10%。在沙巴州150余种龙香脑树种中，有60～70种可用于木材出口。

沙捞越森林按照分布及林分结构可分为高山林、灌木林、龙脑香混交林、泥炭沼泽林、红树林等。重要树种有娑罗双、羯布罗香、龙脑香、南洋棱柱木、指茎野牡丹和沼泽假油楠（*Pseudosindora palustis*）等。

2. 森林功能类型

考虑到森林在木材生产、土壤、水源和野生动植物保护以及环境保护中的关键作用，马来西亚划出了一部分天然林作为永久保存林，以确保森林的可持续经营。1992年修订的《国家林业政策》将永久保存林划分为保护林、生产林、休憩林、研究和教育林。1993年修订的《国家森林法》又将永久保存林划分为可持续经营生产林、土壤保护林、土壤改良林、防洪林、水源涵养林、野生生物保护区、原始林保护区、休憩林、教育林、研究林和综合用途林。根据 FAO 统计，2015 年马来西亚生产林面积 1 241.9 万 hm^2、多功能林面积 473.5 万 hm^2、水土保持林面积 234.3 万 hm^2、社会服务林面积 246.6 万、生态系统保护林 234.3 万 hm^2。

马来西亚复杂的森林生态系统中蕴含着丰富多样的植物和动物资源。为了保护这些资源，除永久保存林中的保护区以外，还有 135 万 hm^2 的森林规划为保护区（包括国家公园、野生动植物及鸟类保护区），占森林总面积的 7.4%。

转化林是指为满足不断增长的人口的需求，将一部分森林转化为基础设施、学校、医院、住宅、农业和工业等其他用途，并最终将被砍伐利用的森林。2009 年转化林面积为 238 万 hm^2，占森林总面积的 13%。近几年来，制造业取得很大发展且劳动力出现短缺，林地被大规模转变为农地的步伐已趋缓慢，经济正向工业化发展。

马来西亚还有 606 万 hm^2 的经济林，主要有橡胶、油棕榈、椰子、可可。这些经济林也可视为一种木材资源，如马来西亚 80% 的家具以橡胶木为原料。

3. 森林权属

按所有权划分，马来西亚所有的森林均为国有林，由国家、州或省政府所有。其中，95% 的森林由公有机构经营管理，面积达 2 110.4 万 hm^2，仅有 5% 的森林由公司或私营部门经营面积达 102.0 万 hm^2（FAO，2015）。

4. 森林资源动态变化

尽管马来西亚对森林采取了保护措施，但由于经济发展的需要，一部分森林转化为其他用途，加之森林一直受到非法采伐的威胁，森林资源仍处于减少的趋势。1990—2000 年，马来西亚森林面积年均减少约 7.9 万 hm^2，年毁林率为 0.4%；而 2000—2010 年，森林面积年均减少 11.4 万 hm^2，年毁林率超过 0.5%。2010—2015 年森林面积减少 1.42 万 hm^2，年毁林案为 0.1%（FAO，2015）。

（二）其他森林资源

马来西亚是全球 12 大生物多样性富集区之一，拥有复杂的森林生物区系，野生动植物资源非常丰富。植物区系中，有显花植物 12 500 种，蕨类植物 1 100 多种。动物区系包括哺乳动物 300 多种，鸟类 750 多种，淡水鱼类近 300 种，爬行动物 300 种，两栖类动物 165 种，蝶类 1 040 种，昆虫数千种（ITTO，2011）。

三、林业法规政策

根据马来西亚宪法，传统上林业属各州管辖，各州均有权独立制定和颁布林业法规和林业政策，联邦政府主要职责是为各州林业发展提供建议和技术支持。但从 20 世纪 80 年代开始，马来西亚政府在国家层面上加强了林业法规与政策的协调和统一。

（一）林业法规

马来西亚国会 1984 年批准的《马来西亚国家森林法》和《木材工业法》是马来西亚林业发展的重要里程碑。目前，这两部法律仍在全国各州统一实施，法律关注的重点是森林的可持续经营和森林资源保护（Malaysia Timber Council，2006）。

为保护森林资源，打击非法采伐，马来西亚于 1993 年和 2011 年两次修订了《国家森林法》。修订内容包括：增加了有关森林可持续经营的要求；针对森林犯罪的惩罚规定；授权警察和部队参与林业执法等，并追究非法木材来源；罚金从原来 50 万林吉特提高到 100 万林吉特，最低刑期从 1 年提高到 5 年等。其中，特别规定犯法者负有举证的责任，即任何被控非法获得木材的人都必须自行证明其木材的来源(周吉仲，2011)。

在州一级层面上，沙捞越地区于 1954 年制定了《森林条例》，并于 2003 年进行了修定。该法案为森林规划、森林经营和发展、保护森林资源和打击非法采伐提供了依据。沙巴地区于 1968 年颁布了《森林法案》，并于 1969 年发布《森林条例》以加强该法案的实施。《森林法案》的主要内容是管理林产品的开采、运输、使用许可和税收。此后，于 1984、1992 年和 1994 年对该法案进行了修订，以加强林业执法活动。

此外，与林业有关的法规还有《水法》(1920)、《土地保护法》(1960)、《野生生物保护法》(1972)、《环境质量法》(1974)、《国家公园法》(1980)和《原住居民法》(1954)等。2008 年马来西亚还通过了《濒危物种国际贸易法》，此法规定，未经许可禁止从事与濒危物种相关的贸易。

(二) 国家林业政策

近年来，马来西亚以可持续方式经营森林，执行了有利于生态和环境的森林保护和经营政策，以确保木材和非木材林产品的可持续生产，维持生态平衡，保护水资源和生物多样性。其林业政策的主要目标包括两方面：根据可持续发展的原则保护和管理国家森林；保护环境，保存生物多样性和遗传资源，并加强林业的科研教育。

在 20 世纪初，马来西亚的林业政策主要由各州自行制定和执行，但这些政策在森林保护和经营计划以及森林可持续发展方面缺乏协调性。例如：沙巴地区 2005 年结合国家林业政策发布的林业发展策略重点强调林业生产和贸易，而对生物多样性和社区参与关注较少。沙捞越地区 1954 年制定的林业政策强调在可持续范围内增加林业生产和林业收入，但是未重视森林经营的社会和环境目标。

为加强国家林业政策的协调，1978 年国家林业委员会发布了《马来西亚国家林业政策》，其核心是建立永久保存林，作为实现森林可持续经营(SFM)目标的基础。目前，马来西亚执行的主要是 1992 年修订的国家林业政策，该政策充分体现了 1992 年联合国环发大会关于森林可持续经营的承诺。如：保护生物多样性，加强国际合作，实现森林可持续经营；加强社区参与，特别是生活在森林边缘的人们通过种植果树保护森林资源；推动其他林业产业的发展，如生态旅游娱乐设施；营造高质量人工林，推动私营部门的参与等。该政策的具体内容包括：

(1)根据土地合理利用的原则，对国家永久保存林实行战略性规划，按照保护林、生产林、休憩林及教育和研究林进行分类和经营。

(2)根据可持续经营的原则，经营永久保存林，最大限度地发挥其社会、经济和生态效益。

(3)根据已证实的造林和更新实践，制定合理的森林发展计划，最大限度地发挥森林生产力，同时通过乡土树种和外来树种造林来补充天然林木材供应的不足。

(4)依靠土地发展部门制定必要的协调计划，确保全面有效地利用永久保存林之外的森林资源，通过合理开发利用，满足当地加工企业的需要，以获取最大收益。

(5)提高生产林的利用效率，最大限度地发挥各种林产品的经济效益，同时采取措施促进森林工业发展，生产更多高附加值成品和半成品，创造更多的就业机会。

(6)确保商业和贸易的合理发展，促进林产品出口。

(7)通过科学和可持续的经营实践，增加非木材林产品产量，满足当地和相关工业的需要。

(8)执行和支持林业发展和林产品研究项目，从森林采伐和利用中获取直接和间接的最大效益，从林业发展的投资中获取最大的利润回报。

(9)执行和支持综合林业教育和培训计划，为林业及林产工业输送足够的受过良好培训的人才。

(10)开展广泛的服务和宣传教育，使社会能更好地理解林业对自身和子孙后代的多种效益，同时鼓励个人在私有土地上造林及投资林业。

(11)设立生物多样性和珍稀动植物保护区，包括特定的林业教育和科研区。

(12)发展社会林业综合项目，以满足农村和城市社区的需要，同时促进当地社区参与林业发展项目，如农用林项目。

(13)促进各行业相互间的紧密合作，合理利用国家各种有价值的自然资源。

(三) 林业激励政策

根据《国家林业法案》(1984)，马来西亚联邦政府制定了如下鼓励林业发展的措施：

(1)新造林项目免税措施：从第一块种植区的首次采伐开始，免缴 10 年所得税。

(2)造林项目的投资税收补贴：对符合规定的支出提供 100% 的税收补贴，包括项目批准 5 年内土地清理和准备及道路桥梁的建设费用。

(3)造林项目补助：私人公司承担造林项目如造林地的清理和准备、苗木栽培、工厂和机械设施的筹备、道路和桥梁修建等可享受一定的费用补助。这些费用也可用于制定森林经营规划、开展环境影响评估、森林认证以及施肥、造林、补植、病虫害防治和防火管理等营林活动。

(4)软贷款：私营公司可申请贷款开展植树造林，成熟林采伐后按 3.5% 的利率偿还给政府。

(5)基础设施补贴：马来半岛东部、沙巴及沙捞越州的伐木公司开展基础设施建设可获得 5 年 100% 的费用补贴，如修建桥梁、码头、电站、车站、港口、道路和电缆等。

(6)研究和开发鼓励：林业特许经营公司开展有关森林可持续经营研究和开发，可享受一定的鼓励，如减免研究和开发的支出或免除研发中所用机器及设备的进口税和销售税。

(7)培训鼓励：森林特许经营者可要求减免员工的培训费用。

除了联邦的激励政策外，马来西亚半岛政府还制定了不同等级的木材费率，以鼓励利用欠开发物种和小径材。各州都设有林业发展基金，用于制定和实施森林经营规划、森林恢复计划和森林游憩项目，以及弥补已批准的再造林项目经费的不足等。

2008 年，政府可用于国家和地区(马来西亚半岛，沙巴和沙捞越)的林业总经费达到 1.39 亿美元，其中不包括国际合作伙伴和私营机构提供的资金和贷款。

(四) 木材产业政策

2009 年，马来西亚制定了《全国木材产业政策》(2009—2020)，目标是推动马来西亚从一个大宗商品生产国发展为销售高附加值产品的全球制造商。该这项政策提出，到 2020 年马来西亚总出口额 60% 的产品将来自木材深加工产品（ITTO，2011）。

四、林业机构与管理体制

（一）林业管理机构

马来西亚负责森林管理的政府部门主要是自然资源与环境部和人工林产业与商品部（前初级工业部）。前者主要负责与林业上游活动有关的国家林业政策和生物多样性保护政策的实施，设有马来西亚半岛林业总局和马来西亚林业研究所；后者主要负责木材及下游产业、贸易与国际合作等的发展，设有马来西亚木材工业局、马来西亚木材理事会、马来西亚家具推广协会和马来西亚木材认证委员会（图 1）。各机构的职能如下：

（1）马来西亚半岛林业总局实际上为联邦政府总局，参与国家林业政策的制定，负责林业计划、森林经营规划和林业研究项目的制定，并提供技术咨询与服务、人员培训等。

（2）马来西亚林业研究所（FRIM）成立于 1985 年，是主要的林业研究机构。

（3）马来西亚木材理事会（MTC）成立于 1992 年，主要职责是通过提高马来西亚木材工业的竞争力、提高市场准入和创造贸易机构推动木材工业和林产品贸易的发展，为木材工业提供技术和信息服务等。该机构由人工林产业与商品部任命的董事会进行管理。

（4）马来西亚木材工业局（MTIB）成立于 1973 年，隶属于人工林产业与商品部。负责木材工业管理和发展并提供必要的资助，确保木材工业作为新的经济增长点持续发展。具体职责包括：所有木材进口商、出口商、供应商、加工企业的注册；木材进出口许可证的发放和进出口贸易的监管；还作为《濒危野生动植物种国际贸易公约》（CITES）的木材管理机构，推动木材的合法贸易。

（5）马来西亚木材认证委员会（MTCC）成立于 1998 年，主要负责马来西亚国家森林认证体系的发展，并由其注册的审核员开展认证审核工作。由来自学术及科研机构、木材工业部门、非政府组织和政府机构代表所组成的董事会负责管理。

（6）马来西亚家具推广协会负责有关木制家具的推广。

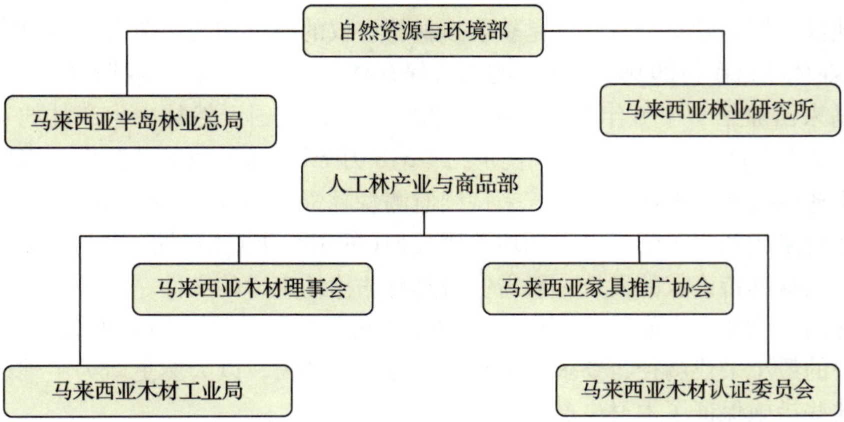

图 1　马来西亚的林业和木材机构

（二）林业管理体制

马来西亚各州具有独立立法权，可颁布林业法规和制定林业政策，联邦政府和州政府共享包括林业在内的管理权并承担相关职责。各州森林资源的管理、经营和发展，征收林业税及协调木材工业的发展由各州林业局负责。

基于共同的利益和目标，联邦政府和州政府在林业和土地问题上保持紧密合作，建立了一套确保林业政策一致性的机制。1971 年成立了马来西亚国家林业委员会(NFC)，主要职能是制定国家林业政策，支持、协调林业科技和教育，为联邦政府和州政府提供各种咨询，以协调联邦和各州政府林业政策的一致性，尤其是确保林业的可持续性发展。1972 年成立了国家土地委员会(NLC)，主要负责制定有关用于发展矿业和农业的森林管理政策。NLC 认可国家林业委员会的所有决策，并负责与各州政府执行这些决策(Malaysia Timber Council，2006)。1994 年成立了马来西亚森林可持续经营国家委员会，主要负责协调所有林业活动的贯彻落实，以确保森林资源的经营符合森林可持续经营的国际最佳实践。该委员会根据国际热带木材组织的标准和指标，制定了马来西亚森林可持续经营标准与指标，并于 1992 年首次应用。马来西亚发展的国家森林认证体系主要采用了此标准指标作为认证标准的基础。

五、森林经营与管理

（一）森林经营

马来西亚积极推进可持续森林经营，不仅考虑到经济原因，而且考虑到维持环境稳定和生态平衡。

1. 天然林经营

为了确保木材生产的可持续性，马来西亚主要通过控制采伐面积和蓄积量来管理天然林资源，森林经营规划中根据森林清查数据确定了年采伐量、生产林的采伐面积、采伐蓄积量和造林更新管理措施。马来西亚半岛森林经营规划一般为 10 年制定一次，其目的是确保森林长期的可持续经营。该规划也是制定林区 5 年工作计划和年度作业计划的依据。在沙捞越地区，制定森林经营方案是获取木材特许权的条件和法律要求。2009 年马来西亚共有 99 个森林经营单位的 991 万 hm^2 的永久保存林制定了森林经营规划(ITTO，2011)。

根据马来西亚第 9 个五年规划(2006—2010 年)，全国天然林中生产林的年允许采伐面积为 26.69 万 hm^2，原木年允许采伐量约 1 518 万 m^3。马来西亚还开发了森林资源监测系统，利用遥感技术、地理信息系统来持续监测森林资源(Thang Hooi Chiew，2007)。

所有木材采伐和相关的经营活动均采用长期(如 100 年)或短期(如 1 ~ 2 年)的承包方式开展。大型森林特许权的发放一般需签署具有法律约束力的文件。

天然林的采伐作业主要采用渐伐和择伐作业法，确定的采伐周期为 25 ~ 55 年，规定了不同树种的最小采伐胸径，要求保留足够的母树或幼树，以天然更新为主辅以必要的造林补植。这些措施保证了木材生产的可持续性。

2. 人工林经营

由于人工林木材产量更高，可以减轻天然林木材生产的压力，马来西亚鼓励发展人工林，为此成立了人工林发展国家委员会，并制定了很多鼓励措施。2009 年，人工林面积已达 150 多万 hm^2，马来西亚半岛、沙巴和沙捞越还分别计划发展人工林 37.5 万 hm^2、50 万 hm^2 和 120 万 hm^2。此外，马来西亚还有 606 万 hm^2 的经济林。

马来西亚人工林营造技术委员会对人工林发展做出了明确规划。按照此规划，人工林发展主要分为 3 种规模：面积 2 500 hm^2 及以上为大规模人工林计划，41 ~ 2 499 hm^2 为中等规模人工林计划，4 ~ 40 hm^2 为小规模计划。针对大规模和中等规模的人工林发展计划，确定了 8 个造林树种：橡胶树、相思树、非洲桃花心木、柚木、圣丹树（*Sentang* spp.）、卡段巴树（*Kelempanyan* spp.）、黄花盾柱木（*Batai* spp.）和八果木（*Binuang* spp.），这些树种均为速生树种。对于小规模造林，只允许采用农用林的方式种植橡胶树。目前，人工林营造技术委员会正在考虑将速生、抗病虫和商业价值高的沉香（Karas）和竹子用作造林树种。

3. 森林采伐与更新

从 20 世纪初，马来西亚就开始对热带林实行系统管理，在不同的发展时期采取了不同的采伐方式。20 世纪 20 年代，实施的是更新改良伐（Regeneration Improvement Felling，RIF），规定更新 5 年后进行下一次采伐，目的在于满足当地对大径级硬木的需求。50 年代，为满足不断增长的原材料需求，采用"低地渐伐作业法（MUS）"，可以一次性砍伐所有胸径超过 45 cm 的成熟林木，经过 2 ~ 5 年全部伐完，同时对遗留的非商品材树种和有缺陷的树种进行环割毒杀，以促进目的树种的更新，并采取适宜的造林措施，采伐周期为 55 年。这一作业法成功应用于低地龙脑香林，但在山地龙脑香林应用效果不显著。80 年代末，马来西亚针对山地森林经营采用了新的"山地择伐作业法（SMS）"，实现了以经济和高效的方式采伐、利用和更新森林及可持续生产的目的，并保证森林在生物、生态和环境方面的可持续性。其基本要求是轮伐期为 25 ~ 30 年；龙脑香科树种采伐径级不小于 50 cm，非龙脑香科树种不小于 45 cm；每公顷至少保留 32 株胸径为 30 ~ 45 cm 的健康商品材树种；采伐后的保留木中胸径大于 30 cm 的龙脑香科树种占有率不应小于原始林中的原有占有率。择伐后在林窗内利用天然幼苗进行更新，采伐后 1 年，每公顷天然更新苗木应达到 1.3 万株以上，4 年后达到 2 万株。

马来西亚的热带林分为 3 种森林类型：内陆干旱林（或龙脑香林）、泥炭沼泽林和红树林。按照森林可持续经营的要求，马来西亚每种类型森林的具体采伐方式和采伐周期根据其林分结构、树种组成、蓄积量以及土壤和气候条件的差异而有所不同。

针对内陆干旱林（龙脑香林），马来西亚半岛主要采用 MUS 和 SMS 这 2 种采伐方式。沙巴州采用择伐方式，要求仅采伐胸径 60 cm 以上的树木，且采伐周期为 50 年，以更好地促进天然更新。沙捞越龙脑香林的采伐周期为 25 年，其中龙脑香科树种采伐胸径不小于 60 cm，非龙脑香科树种采伐胸径不小于 45 cm，平均每公顷采伐 7 ~ 9 棵。

对于泥炭沼泽林，马来西亚半岛则采伐改良后的 SMS 体系，由于天然更新较难，对采伐径级的限制要求更高。沙捞越的采伐周期是 45 年，按不同树种采伐胸径在 40 ~ 50 cm 以上。

红树林的采伐周期一般是 20 ~ 30 年。沙巴州没有红树林的商业性采伐。马来西亚半岛红树林采用皆伐的方式，每公顷留 7 棵母树，在离海岸线或河岸线保留 3 m 的缓冲区保留带，以确保天然更新和保护环境。沙捞越红树林的采伐周期为 20 年，采伐径级不能小于 7 cm，而没有森林经营规划的红树林采伐径级不能小于 12.7 cm（Thang Hooi Chiew，2007）。

天然林采伐后的主要更新方式是天然更新，必要时也采用人工更新或补植，以提高目的树种的蓄积量和生长量，并保持森林的混生状态。人工林则主要采用皆伐和人工造林更新。

4. 森林认证

为推动森林的可持续经营，1998 年成立了马来西亚木材认证委员会，负责发展马来西亚木材认证体系（MTCS）。2001 年该认证体系开始实施，旨在为森林经营管理实践提供独立的评估，满足对认证木材产品的需求。MTCC 以 ITTO 的标准和指标为基础，包括 6 个标准 29 个指标。6 个标准是：加强森林可持续经营的能力，森林资源安全，林产品生产，生物多样性，土壤和水，社会、经济和文化。2002 年修改后的马来西亚森林经营认证标准和指标，总体上与国际体系森林管理委员会（FSC）的认证标准一致。考虑到马来西亚 3 个州的差异性，对 FSC 个别指标进行了修改和补充（Yurdi Yasmi 等，2010）。另外，MTCC 已申请成为另一国际体系森林认证认可计划体系（PEFC）的会员，并得到其正式认可。通过 MTCC 认证的森林和木制品可贴有 MTCC 和 PEFC 2 种标签。

至 2017 年，马来西亚已有 412.0 万 hm^2 森林通过了 MTCC/PEFC 的森林经营认证，356 个企业开展了该体系的产销监管链（COC）认证。另外，13 个森林经营单位的 75.5 万 hm^2 森林开展了 FSC 森林经营认证，180 个企业进行了 COC 认证。

（二）森林与生态保护

马来西亚是生物多样性最为丰富的国家之一，同时也是生物多样性受到严重威胁的国家之一。马来西亚所发现的森林物种中，有 65 种哺乳动物、34 种鸟类、46 种爬行动物、12 种两栖动物、6 种节肢动物、30 种软体动物和 19 种植物被列入 IUCN 濒危物种红色名录。另外，有 20 种植物被列入 CITES 一类物种名录，734 种植物列入二类物种名录（ITTO，2011）。

经过多年的努力，马来西亚已建立了生物多样性保护区网络。一些国家公园、野生生物栖息地、自然公园、鸟类保护区等始建于 20 世纪 30 年代。马来西亚注重森林公园的建设，早在 1939 年就建立了最大的国家森林公园，面积达 43.43 万 hm^2，其中包括根据海拔和土壤条件分类的原始森林（Thang Hooi Chiew，2007）。

2009 年，马来西亚永久保存林中有 270 万 hm^2 森林设为保护林；98 万 hm^2 森林开辟为国家公园；42 万 hm^2 的森林设为野生动植物和鸟类保护区。规划出的生物多样性保护区达 410 万 hm^2，占林地总面积（不包括经济林）的 22.5%。

为了保持原始状态下不同的森林生态类型，马来西亚设立了很多原始林保护小区（VJR），典型的类型有红树林、沼泽泥炭林、低山龙脑香林、丘陵龙脑香林、高山龙脑香林及高山林。到 2005 年，马来西亚半岛建立的原始林保护小区有 87 个，面积为 2.3 万 hm^2；沙巴有 50 个，面积 9.19 万 hm^2。这些保护小区作为未开发的自然资源可供森林生态和植物学研究（Thang Hooi Chiew，2007）。

1998 年发布的《国家生物多样性保护政策》突出了保护生物多样性的重要性和优先地位，确定了保护具有高保护价值的生物多样性“热点”地区。马来西亚是《气候变迁框架协议》和《生物多样性公约》的签字国之一。为加强生物多样性及未开发森林遗传资源的保护，马来西亚成立了生物多样性公约国家委员会和国家植物遗传资源保护委员会，出台了天然林采伐环境影响评估指标，并制定了受保护动植物(如虎、犀牛、懒猴、裳凤蝶等)的详细清单。马来西亚是湿地公约的签署国，1994 年规划了 5 个湿地共 48 209 hm^2作为湿地公约的保护地。

为减少森林经营活动对环境的影响，马来西亚采取了低影响的采伐方式以保持水土，并在海拔超过 1 000 m 以上、坡度超过 25°以上的生产林中严格禁止采伐。1985 年马来西亚对《环境质量法》(1974)进行了修订，要求建设项目要开展环境影响评估。其中，涉及林业的活动包括：土地发展计划中将 500 hm^2以上的林地转为其他用途；面积超过 100 hm^2的湿地、野生动植物栖息地以及原始林的排水系统建设；红树林皆伐面积超过 50 hm^2；林木采伐面积超过 500 hm^2。此外，马来西亚还要求州和地方划定环境敏感区并确定等级，如林地、海洋公园、捕捞区、排水区、涨潮区、土壤侵蚀区等，并规定对经营活动的限制。对一级环境敏感区，不允许进行开发、农业和采伐活动，只能开展对环境影响较低的生态旅游(Thang Hooi Chiew，2007)。

(三) 森林服务

近年来，马来西亚越来越关注森林环境服务并加大了投入，尤其是有关森林区域界线管理和与碳汇相关的问题。根据 2006—2010 年第 9 个五年计划，马来西亚强调要进一步促进生态旅游业的发展，增加公共补贴，保护自然旅游景点，如荒野和野生动物保护区、自然森林公园、高地和岛屿，并制定全国自然保护区生态旅游规划。

1978 年制定、1992 年修订的马来西亚国家林业政策，将林业分为 4 大功能。除森林的经济效益外，还强调了森林的三大生态服务功能：一是防护林功能。防护林的建设为国家提供了有利的气候和物理条件，保护水源和土壤肥力，改善环境质量，保护生物多样性以及最大限度地减少洪水的发生和土壤侵蚀，并且起到了保护农田的作用。二是森林的景观服务功能。风景林的保护和开发为人类的活动提供了更多的可能性，如游憩，生态旅游等。三是林业科研和教育服务功能。林业研究可以指导人类如何更好地利用自然资源，使森林更好地服务人类，并且让人类树立良好的生态意识。

马来西亚把旅游业作为国内经济的重点发展部门，并视为应对全球经济衰退过渡时期的一种举措。目前，马来西亚林业部门已开发 116 个森林旅游公园和 2 个当地的自然保护公园。为满足公众对娱乐等户外活动不断增长的需求，马来西亚半岛开辟了 85 个森林娱乐区。这些区森林娱乐区与国家公园共同促进了马来西亚生态旅游业的发展。据统计，2001—2005 年，马来西亚游客人数年均增长 10%，而旅游外汇收入年均增长 12.4%。森林服务业将为马来西亚提供新的发展动力(Thang Hooi Chiew，2007)。

六、林产品生产、加工与贸易

马来西亚正在努力推动木材资源的高效利用和非木质林产品的开发利用。目前，由于马来西亚木材企业的生产能力已超过木材供应能力，将限制新建初级林产品加工企业，而鼓励现有企业通过改造提高生产率，在生产中利用更多的小径材和欠开发树种。另一方面，将鼓励建立一些小型的乡村企业，通过开发利用藤本和竹类植物等其他林产品来加快农村的经济发展。目前正在研发如何更加经济地使用现有木材资源，以及发展和生产其他来源的非木质林产品，如椰子、油棕树干、油棕果串和红麻纤维等。

（一）木质林产品生产

马来西亚是世界上重要的林产品生产国和出口国，热带硬木产品的生产已有上百年历史，而且目前仍是世界上最大的热带硬木产品出口国之一。主要木材产品有工业原木、锯材、人造板、模具、木制家具、纸和纸板等(表1)。

马来西亚工业原木的产量在1985—2005年曾达到顶峰，但2005年以后马来西亚加强了森林的可持续经营管理，主要木制品产量呈不断下降的趋势，尤其是原木、锯材的产量大幅度下降。但是，人造板产量从2006年起呈上升趋势，胶合板、刨花板和纤维板的产量都在不断增加，尤其是单板产量增幅更大。这与国家积极倡导的充分利用现有资源、提高生产附加值及优先发展第二和第三加工业的目标是一致的。

2007以后马来西来为保护木材工业在国际市场上的竞争力而出台了一系列政策，林产品生产由下降转变为趋于稳定。由于马来西亚人口的不断增多以及教育行业的发展，马来西亚纸和纸板的产量从2005年起呈上升趋势。除了一些大型木材企业属国营企业外，大部分木材加工企业为私营企业。

表1　马来西亚主要木制品产量(2000—2017年)　（万 m^3，万t）

林产品＼年份	2000	2005	2007	2009	2011	2013	2015	2017
原木	2 772.57	2 825.43	2 795.32	2 298.52	2 069.20	2 124.63	1 699.23	1 638.98
其中：工业原木	2 438.00	2 518.60	2 499.40	2 012.70	1 793.20	1 858.2	1441.70	1 385.6
锯材	559.00	519.30	508.40	387.50	401.10	420.30	352.1	342.3
人造板	578.80	767.20	812.60	659.50	671.50	648.40	612.97	596.37
其中：刨花板	15.50	63.70	21.80	17.70	19.20	17.50	12.7	9.8
胶合板	443.40	500.60	548.10	390.10	405.20	415.40	365.57	365.57
单板	111.70	67.00	73.20	82.10	79.80	39.80	69.0	55.3
纤维板	8.20	135.90	169.50	169.60	169.70	165.70	165.7	165.7
纸和纸板	84.50	97.10	109.20	157.70	191.10	206.30	175	175
纸浆	12.37	14.57	14.57	14.50	14.50	14.50	13.1	13.1

注：纸和纸板的计量单位为“万t”，其他为“万 m^3”(下同)。资料来源：FAOSTAT，2017。

（二）木质林产品贸易

马来西亚木材产业在过去10余年中发展很快，有效带动了下游产业的发展，其中家具业在林产品出口贸易中发挥了积极作用。

1. 主要林产品出口

马来西亚林产品出口贸易在近20年里经历了1998年和2008年2次重大的金融危机，2017年出口额31.64亿美元(图2)。其中，人造板出口额达到15.13亿美元，占全国林产品出口额的47.81%。

马来西亚林产品出口的主要市场是欧洲和北美，各占马来西亚林产品出口额的52%和

图 2　马来西亚 1998—2017 年林产品出口额

资料来源：FAOSTAT，2017。

30%。主要出口目的国是美国、加拿大、德国、瑞典和芬兰。主要出口产品是原木、锯材、人造板等。其中，原木主要出口到日本、中国、中国台湾、中国香港、印度、泰国等；锯材主要出口到日本、泰国、荷兰、韩国、新加坡、中国台湾、比利时、菲律宾和中国香港等；胶合板主要出口到日本、中国、韩国、美国和欧盟各国。另外，木制家具出口的主要市场为日本、新加坡、澳大利亚、英国和韩国。

从 2005 年开始，马来西亚主要林产品的出口量有所减少（表 2）。

表 2　马来西亚主要林产品出口量（2000—2017 年）　（万 m^3，万 t）

林产品＼年份	2000	2005	2007	2009	2011	2013	2015	2017
原木	684.53	588.71	491.43	428.40	331.57	310.50	300.29	286.34
其中：工业原木	684.50	588.68	491.40	428.00	331.18	310.36	299.49	285.79
锯材	265.04	322.95	249.30	225.89	208.47	196.50	198.61	202.57
人造板	523.40	661.70	692.85	559.43	525.40	535.87	454.50	432.30
其中：刨花板	42.10	49.90	47.20	40.93	55.34	65.15	59.35	57.58
胶合板	342.10	453.70	486.30	397.44	342.81	339.61	276.27	249.70
单板	93.40	41.40	33.40	35.02	26.91	24.25	22.70	22.60
纤维板	45.80	116.70	125.95	86.04	100.34	106.86	96.16	102.38
纸和纸板	13.93	26.01	27.54	27.43	31.53	34.91	31.45	32.87
纸浆	0.00	1.60	1.36	0.86	1.96	1.70	12.30	6.50

资料来源：FAOSTAT，2017。

2. 主要林产品进口

马来西亚林产品进口量较少，但从2000年以后呈现逐步增长的趋势，近几年出现了下降，2017年为19.68亿美元(图3)。主要进口产品为纸、纸板和人造板(表3)。

图3 马来西亚1995—2017年林产品进口额

资料来源：FAOSTAT，2017。

表3 马来西亚主要林产品进口量(2000—2017) （万 m^3，万 t）

林产品＼年份	2000	2005	2007	2009	2011	2013	2015	2017
原木	75.80	5.34	9.82	3.90	10.80	4.43	3.52	2.27
其中:工业原木	75.80	5.18	8.63	3.76	10.77	4.43	3.5	2.26
锯材	48.75	114.46	76.45	79.76	35.62	33.92	24.40	22.77
人造板	18.91	40.02	37.67	54.94	81.26	75.05	139.76	151.60
其中:刨花板	5.52	20.20	18.50	27.60	48.63	37.96	42.55	48.90
胶合板	2.50	3.16	7.20	13.31	19.18	22.31	58.49	64.30
单板	7.90	4.80	6.70	2.80	4.94	2.98	25.57	23.68
纤维板	2.99	11.86	5.27	11.25	8.50	11.79	12.88	14.39
纸和纸板	101.33	221.54	222.81	132.72	155.00	155.00	145.99	163.71
纸浆	6.09	17.88	27.22	10.85	14.41	16.79	15.64	16.56

资料来源：FAOSTAT，2017。

（三）其他林产品的生产和消费

马来西亚的非木材林产品包括竹类、藤木、棕榈、树脂、蕨类、单宁酸、树皮、蔬菜、水果、油料及药用植物等。其中，竹类、藤木、药用植物和野生水果最丰富。

1. 藤本植物

在马来西亚已发现的106种藤本植物中，只有20种得到开发利用。最重要的有马南省藤(*Calamus manan*)、蓝灰省藤(*C. caesius*)、杖省藤(*C. scipionum*)、装饰省藤

(*C. ornatus*)和蚁棕(*Korthalsia* spp.)。除了天然生长外，伐后林和橡胶林下也人工种植藤本植物。目前，藤本植物在家具行业中需求量最大，同时也是手工制品和家庭工业的原材料，用于编制篮子、手杖、藤球、画架、席子、帽子和其他一些物品。产品可出口创汇，2008 年藤制家具的出口额达到 10 亿美元。

2. 竹类植物

在马来西亚已发现的约 70 种竹类植物中，仅有 12 种得到商业利用。竹类植物分布在海平面以上至海拔 3 000 m 的区域，生长在伐后林、废弃地和森林边缘地带、河岸和山坡上。马来西亚半岛林业总局估计，岛内竹类植物面积约 42.2 万 hm^2。据第 2 次国家森林清查估计，超过 6 m 长的竹子约有 17 亿株，直径小于或等于 3 cm 的竹子有 8 431 万株。竹类植物的用途很广，竹笋可食用，竹材可生产手杖、牙签、竹篮、工艺品、筷子、竹片和家具等，主要供应国内市场。

3. 药用植物

马来西亚药用植物丰富，估计具有药用价值的植物至少有 1 400 种。这些药用植物能治疗腹泻、皮肤病、头痛、发烧、咳嗽、伤口、高血压、糖尿病、风湿等等，尤其在农村地区药用植物被广泛应用。

4. 生物质能源

由于石油和电力资源丰富而价廉，马来西亚较少使用木质能源作为生活能源，但为了提高木质能源利用效率和减少污染，也将一些木质废弃物和红树木炭材用做生活能源。木材加工厂排出的废料，如小边、碎屑、低质的旋切单板也可用作燃料。橡胶、木炭被大量用于工业燃料，尤其是钢铁工业的燃料。全国木质燃料的使用量由 2000 年的 334 万 m^3 降至 2011 年的 281 万 m^3。

七、林业科研与教育

（一）林业科研

马来西亚林业研究所(FRIM)是全国主要的林业科研机构，位于甲洞州，是 1985 年根据《马来西亚林业研究与发展法》成立的。该研究所由自然资源与环境部负责管理，主要开展林业及林产品科学研究，包括造林、营林及采伐、林产品加工等。此外，还承担监督、指导和管理全国的林业科研工作和报道森林经营、林产品开发与利用的信息，为各生产单位提供技术咨询等业务。

FRIM 下设研究部(5 个)、技术支持部(3 个)、管理部(3 个)和财务部，各部门职责分工明确。5 个研究部是林业与环境部、林业生物技术部、林产品部、森林生物多样性部和自然产品部，各研究部从事各专业领域的研究；管理部除人力资源和相关管理部门外，研究计划与合作部负责与援助机构和实施机构建立联系，争取研究项目，确定研究内容；技术推广部则负责对其研究成果进行推广，并开展有关技术咨询和培训服务；财务部负责财务监督管理。这样形成了一个开放式的相互约束、相互促进的科研、培训和推广体制。科研经费主要来源于 3 个部分：政府拨款(国家组织的科研项目)；其他国家和国际组织(国际合作项目)以及私营企业(特别研究项目)资助；通过科研成果推广和咨询服务的创收。

从研究领域来看，马来西亚目前重点关注的是热带林的可持续经营；森林生态和生物多样性保护；营造高效人工林；高效多元化利用森林资源；林产工业的技术革新和优化生产效率；多种林产品的开发与应用等。

（二）林业教育

1972 年以前，马来西亚没有林业高等教育机构，林业专业人才均由英国和澳大利亚等国外机构培训。1972 年马来西亚成立了博特拉大学，目前该大学已发展为马来西亚乃至亚洲规模最大的综合性大学，林学院是该校 16 个学院之一。有半数林业专业人才（有林业文凭）是通过合作方式培训的。1986 年政府实行新的林务员和护林员服务计划后，各林业学校开设了一些林业培训课程。除正规课程外，还向林业局的高级官员及野外工作人员讲授森林经营管理、法律、造林、森林保护和防火等方面的知识。从 1989 年开始，林业部门与教育部门合作，通过假期短期培训向中学生传授林业基础知识。

八、林业国际合作与交流

长期以来，马来西亚积极开展林业国际合作与交流，主要的合作领域包括以下几个方面。

1. 热带林的可持续经营

国际热带木材组织（ITTO）制定的 2000 年目标规定，所有成员国都应承诺实现森林的可持续经营。马来西亚是国际热带木材组织（ITTO）的成员国和创始国之一，有义务履行该承诺，将实现热带林可持续经营作为国家发展战略。马来西亚签署并认真履行《国际热带木材协定》，采取措施执行 ITTO 热带天然林可持续经营指标和标准。马来西亚于 1994 年成立了国家森林可持续经营委员会，根据 ITTO 标准与指标，制定了本国森林可持续经营标准与指标。该标准包括国家级的 5 个标准 27 个指标的约 92 项活动和森林经营单位级的 6 个标准 23 个指标的 84 项活动。马来西亚还与欧盟、英国、德国、荷兰、日本和澳大利亚等国家开展系列合作项目，以促进森林的可持续经营。

2. 森林执法与施政

非法采伐是马来西亚森林面临的主要威胁之一。为制止非法侵占林地和非法采伐活动，马来西亚已采取多项措施，如修改森林法，加大惩罚力度，提高林业施政和管理能力等。在国际合作方面，马来西亚还通过积极参与国际森林执法与施政（FLEG）进程来打击非法采伐，包括东亚的森林执法与施政进程，欧盟森林执法、施政与贸易计划（FLEGT），欧盟木材贸易行动计划以及其他的双边会谈与合作等。其中欧盟 FLEGT 旨在打击非法采伐，并通过建立自愿伙伴关系协议（VPA）减少与非法采伐有关的木材贸易。马来西亚根据 FLEGT 要求发展了国家木材合法性保障体系（TLAS），在 2007 年年初就签署自愿伙伴关系协议（VPA）开始与欧盟谈判，目前还在磋商之中。该协议将保证马来西亚具有 FLEGT 标签的木材的合法性，也使马来西亚的木材和木材产品更容易地进入欧盟市场。

3. 加入国际公约

马来西亚积极参与并批准了几项国际和区域的公约和协定书，包括《联合国气候变化框架公约》(UNFCC)、《联合国生物多样性公约》(UNCBD)、《濒危野生动植物种国际贸易公约》(CITES)、《关于特别是作为水禽栖息地的国际重要湿地公约》(又称《拉姆塞尔公约》, Ramsar convention)、《卡塔赫纳生物安全议定书》、《保护世界文化和自然遗产公约》(UNESCO)和《国际热带木材协定》(ITTA)(Malaysia Timber Council, 2006)①。

九、分析与借鉴

(一)面临的主要问题

联合国环境与发展大会确定的森林可持续经营目标，大大扩展了森林经营的范围。在此背景下，马来西亚森林经营正经历着从可持续木材生产到可持续森林生态系统经营的转变。目前，马来西亚林业发展存在着如下主要问题与挑战。

1. 木材供应不足

马来西亚是木材生产大国。但近年来，由于禁止原木出口的政策限制以及为森林可持续经营而减少森林采伐的需要，马来西亚天然林的原木产量显著下降，导致加工企业的木材供应量不足。现在每年天然林的木材采伐量稳定在1 800 万 m^3左右，还有约100 万 m^3和200 万 m^3的木材分别来自橡胶林和人工林。马来西亚大都是在原有的人工林地上重新造林，因此人工林总面积并没有明显增加，相反还有部分人工林地转变为其他用途，如橡胶种植园被转为油棕种植园或其他用途。天然林产量下降和人工林资源的不足导致原木产量下降，严重影响了锯材、胶合板和单板的生产。

2. 非法采伐及毁林仍然存在

马来西亚是非法采伐较为严重国家之一。根据 FAO 数据显示，马来西亚在20 世纪 90 年代损失了13.4%的天然林。世界自然基金会的报告指出，马来西亚以木材为基础的产业很多依靠非法采伐支撑，2001 年马来西亚使用的木材有39%是非法进口或国内采伐。森林破坏活动大多发生在婆罗洲。虽然马来西亚政府采取了很多措施，但由于经济利益的驱使，在一些地区非法采伐问题仍然存在，2000—2010 年平均毁林率仍超过0.5%。

3. 全球森林可持续经营背景下林业管理面临的新挑战

在全球森林可持续经营的背景下，如何确保木材产品和非木材林产品的持续供应，给林业管理部门带来新的压力。马来西亚的森林经营一方面要求木材产量的持续供应，另一方面森林可持续经营的标准和指标日趋复杂，对森林经营管理提出了更多的环境与社会方面的要求，而森林管理的空间范围从个体森林扩大到整个森林生态系统经营，这些都使森林经营面临新的挑战。

(二)值得借鉴的经验

长期以来，马来西亚都在奉行可持续发展的林业政策，重视热带林的可持续经营、保护和发展。如果没有实施可持续发展的森林管理政策和实践，马来西亚的森林或许早已被消耗殆尽。以下经验与实践值得学习与借鉴。

---

① 《联合国气候变化框架公约》简称《气候变化框架公约》，《联合国生物多样性合约》简称《生物多样性公约》，《关于特别是作为水禽栖息地的国际重要湿地公约》简称《湿地公约》，下同。

1. 实施符合森林可持续经营要求的最佳实践

马来西亚在森林经营方面，采取森林的定向采伐政策，并立法规范了合理的采伐制度；森林采伐实施择伐作业法(SMS)，确保对森林伤害最小，这是现实条件下追求经营目标最优、森林永续利用及营林成本最小的一种经营模式；采取天然更新为主，并通过人工促进天然更新改善天然林林分质量，必要时辅以人工抚育措施，如疏伐、补植、引入目的树种等，以加速目的树种的生长，保持森林的混交状态；林区道路的修建要确保对环境影响和破坏最小；河流、湖泊及海洋沿岸保留足够的缓冲区和分界线，以减少水土流失。这些森林经营实践尽管程序相对复杂，但被国际公认为是符合森林可持续经营要求的最优选择。

2. 控制毁林和森林退化，加强对森林资源可持续利用

采取了一系列措施以加强对森林的保护和可持续利用，减少毁林和森林退化。这些措施包括：设定永久保存林，确定了森林利用的红线；建立不同类型、不同层次的生物多样性保护网络，以保护马来西亚丰富而独特的森林生态系统；解决林区内部和周边地区居民的生计问题，减轻人类活动带给森林的压力，从根源上避免毁林；通过激励植树造林，增加人工林木材的供应，提高现有林地的生产力，减轻对天然林的压力；努力振兴以森林为基础的产业和企业，优化森林产品和服务，提高木材产品的附加值；加强能力建设，确保可持续发展林业政策的有效实施。

3. 开展森林可持续经营管理与认证，推动负责任的林产品生产与贸易

马来西亚根据 ITTO 标准和指标制定了本国的森林可持续经营标准与指标，并以此作为森林认证标准，发展了国家森林认证体系马来西亚木材认证委员会体系，鼓励森林经营单位开展森林认证，作为实现森林可持续经营发展战略和林产品出口的一种有效途径。同时，还发展了木材合法性保障体系，并通过与欧美国家谈判，推动本国合法的和可持续生产的林产品进入国际市场。

4. 森林经营和林产工业高度重视环境保护

马来西亚在热带林的经营过程中坚持走可持续发展的道路，森林采伐等经营活动非常重视环境因素，强调低环境影响的作业方式，林业工程也需要进行环境影响评估。在利用森林的同时，特别注重环境及生物多样性的保护以及森林的社会服务功能，努力承担和全面执行国际保护生物多样性、防治荒漠化的义务。在发展林业及林产工业的同时，同样非常注重保护环境，对一些环境敏感区加以保护。林业科技的发展也包含了环境技术。

（徐斌　李岩　尚玮姣　张朝）

参考文献

施昆山，等. 2001. 当代世界林业——马来西亚国别报告[M]. 北京：中国林业出版社.
外交部. 马来西亚国家概况. http：//www.fmprc.gov.cn/chn/pds/gjhdq/gj/yz/1206_20/.[2012年8月]
周吉仲. 2011. 马来西亚通过修订森林法加大对非法采伐打击力度. 世界林业动态，2011(20).
FAO. 2011. 2011 世界森林状况.
FAO. 2009. 2009 世界森林状况.
FAO. 2011. 2010 森林资源评估.
FAO. 2010. Global forest resources assessment 2010 country report—Malaysia.
FAOSTAT. http：//faostat3.fao.org/home/index.html#VISUALIZE.[August 15，2013].
ITTO 海南项目马来西亚林业考察组. 马来西亚林业及其热带林经营体系. 林业科技通讯 1994(10)：31－32.

ITTO. 2011. Status of tropical Forest Management 2011.

Malaysian Timber Certification Council. 2009. Annual Report.

Malaysian Timber Council. 2006. FAQs on Malaysia's Forestry & Timber Trade.

Malaysian Timber Council. 2007. Malaysia Sustainable Forest Management.

Malaysian Timber Council. 2010. Malaysia: Forestry and Environment. (Facts & Figures).

Thang Hooi Chiew. 2009. Malaysia Forestry Outlook Study. FAO, Asia – Pacific Forestry Sector Outlook Study II. Bangkok.

Yurdi Yasmi, Jeremy Broadhead, Thomas Enters and Cole Genge. 2010. Forest policies, legislation and institutions in asia and pacific. FAO, Asia – Pacific Forestry Sector Outlook Study. Bangkok.

日本(Japan)

日本位于太平洋西岸，是一个由东北向西南延伸的弧形岛国。东面太平洋，西邻东海、黄海、朝鲜海峡、日本海，与中国、朝鲜、韩国、俄罗斯隔海相望。陆地面积约 37.8 万 km^2，包括北海道、本州、四国、九州 4 个大岛和多个小岛屿。行政区划包括 1 都(东京都)、1 道(北海道)、2 府(大阪府、京都府)和 43 个县；在都道府县之下设有市、町、村。日本总人口为 1.270 亿(2016 年)，主要民族为大和族，在北海道地区约有 1.6 万阿伊努族人。通用语言为日语，主要宗教为神道教和佛教。

日本的气候属温带海洋性季风气候，终年温和湿润。6 月多梅雨，夏秋季多台风。1 月平均气温北部为 -6℃，南部为 16℃；7 月平均气温北部为 17℃，南部为 28℃。

日本山地、河流较多，水资源、渔业资源丰富，但矿产资源贫乏，90% 以上矿产依赖进口，其中石油完全依靠进口。日本是排名世界第三的经济大国，2015 年国内生产总值(GDP)约合 4.1 万亿美元，人均约 3.2 万美元，国内生产总值增长率为 2.2%，对外贸易额约 1.3 万亿美元。

作为世界最大的工业国之一，汽车、钢铁、电子产品、光学仪器、机械设备、化学制品等出口贸易在国民经济中占重要地位。2015 年出口额为 6 250 亿美元，进口额为 6 483 亿美元。2015 年日本对外直接投资额约 1380 亿美元，仅次于美国，居全球第 2 位。2014 年对华投资 43.3 亿美元，同比下降 38.8%，居日本对外投资国或地区的第 2 位。截至 2013 年年底，日本累计对华投资 955.6 亿美元，是中国外资第三大来源地(中国外交部网站，2018)。

一、林业在国民经济中的地位

2010 年，日本的林业总产值为 3.17 万亿日元，约占全国 GDP 的 0.66%。其中，第一产业产值为 1 567 亿日元，占 5.00%；纸和纸浆产值为 2.34 万亿日元，约占 73.82%；木材和木制品加工业产值为 6 714 亿日元，约占 21.18%。林业的直接就业人数约 8 万人，占全国就业总人口的 0.13%(林野厅，2012a)。尽管林业产值对国内生产总值的贡献率不高，但林业带动了机械制造、家具制造、建筑以及林产化工等相关产业的发展。尤其是近年来，日本以林地剩余材和木质废弃物为原料的木质颗粒燃料产业发展迅速，推动了日本可再生新能源产业的发展，林业成为日本绿色经济的重要组成部分。

日本国土 2/3 以上为山地，地形陡峭、地质脆弱，加之河流湍急，雨水大且降雨集中，这种自然条件导致山体崩塌、滑坡、洪水、泥石流等自然灾害频发。因此，森林的防止山地灾害、涵养水源等生态功能备受关注。日本学术会议公布的 2009 年森林生态价值评估结果表明，日本森林提供的生态服务总价值超过 70 万亿日元，相当于当年 GDP 的近

15%和森林实物产出的20倍（林野厅，2010）。从日本总理府开展多次民意调查结果看，日本老百姓对于森林的期待已经从过去的木材生产功能，转向了治山治水、应对气候变化和休闲保健等。截至2010年，日本共有各种游憩林等1 400多处，总面积超过40万hm^2，2005—2010年平均每年接待游客超过1.27亿人，相当于日本国民每人每年入林一次（林野厅，2012b）。

二、森林及其他自然资源

（一）森林资源

根据FAO 2015年全球资源评估统计，日本的森林面积约为2 495.8万hm^2，森林覆盖率为66.0%。森林总蓄积量为46.99亿m^3，单位面积森林蓄积量为188.2 m^3。

1. 森林起源

2015年，日本的森林资源中，原始林面积为490.5万hm^2，约占森林总面积的19.7%；天然次生林面积为978.3万hm^2，约占森林总面积的39.2%。天然林以阔叶树为主，山毛榉、栎木等阔叶林面积占72%。人工林面积为1 027.0万hm^2，41.1%。人工林以针叶树为主，柳杉、扁柏和落叶松面积占78%（FAO，2015）。

2. 森林用途

根据FAO2015年全球资源评估数据，日本全部森林属多功能林，面积为2 495.8万hm^2。其中，水土保持林占1 173.5万hm^2，社会服务林占22.6万hm^2（FAO，2015）。

3. 森林权属

日本森林权属以私有林为主，根据FAO2015年全球资源评估统计，2010年日本国有林面积达1 016.8万hm^2，占森林总面积的40.7%，私有林面积达1 479.9万hm^2，占森林总面积的59.3%（FAO，2015）。

4. 动态变化及特点

长期以来，日本的森林面积一直保持在2 500万hm^2左右，消长变化比较平稳，1990—2000年日本森林面积平均每年减少7.4万hm^2，2000—2010年平均每年增加9.0万hm^2，2010—2015年平均每年减少1.6 hm^2。但由于森林的采伐量远远低于生长量，所以森林蓄积量呈现出持续增长的趋势（FAO，2015）。

据日本林野厅2018年10月16日公布的最新版《森林资源现状调查》数据显示，截至2017年3月31日，日本森林面积2 505万hm^2，森林蓄积量由于以人工林为中心的蓄积量年年增长，达到52.4亿m^3。此前，2012年3月的调查结果是49亿m^3，增长了3.4亿m^3。具体调查数据详见表1至表3，森林面积的变化及人工林龄级结构见图1和图2。

表1　日本森林资源现状（单层林、复层林、天然林）　（万hm^2，亿m^3）

分类			总数	单层林	复层林	天然林	其他
面积	总数		2 505	1 021	105	1 242	136
	民有林	合计	1 739	796	51	819	73
		公有林	299	130	17	139	13
		私有林	1 439	666	34	680	60

（续）

分类			总数	单层林	复层林	天然林	其他
面积	总数		2 505	1 021	105	1 242	136
	国有林	合计	766	226	54	422	64
		林野厅管辖	759	225	54	417	63
		其他省厅管辖	7	1	0	5	1
蓄积量	总数		52.42	32.91	1.83	17.66	0.01
	民有林	合计	40.16	27.86	0.97	11.33	0
		公有林	6.16	3.87	0.32	1.96	0
		私有林	34.00	2 3.98	0.64	9.37	0
	国有林	合计	12.26	5.06	0.87	6.33	0
		林野厅管辖	12.21	5.05	0.87	6.29	0
		其他省厅管辖	0.05	0.01	0	0.04	0

注：①“其他”一栏包括采伐迹地、无立木林地、竹林。②因四舍五入，计算会有出入。

表 2　森林资源现状（人工林、天然林）　　（万 hm^2，亿 m^3）

分类			总数	人工林	天然林	其他
面积	总数		2 505	1 020	1 348	136
	民有林	合计	1 739	792	875	73
		公有林	299	133	153	13
		私有林	1 439	658	722	60
	国有林	合计	766	229	473	64
		林野厅管辖	759	228	468	63
		其他省厅管辖	7	1	5	1
蓄积量	总数		52.42	33.08	19.32	0.01
	民有林	合计	40.16	27.95	12.20	0
		公有林	6.16	3.97	2.18	0
		私有林	34.00	23.98	10.02	0
	国有林	合计	12.26	5.13	7.12	0
		林野厅管辖	12.21	5.12	7.08	0
		其他省厅管辖	0.05	0.01	0.04	0

注：①“其他”一栏包括采伐迹地、无立木林地、竹林。②因四舍五入，计算会有出入。

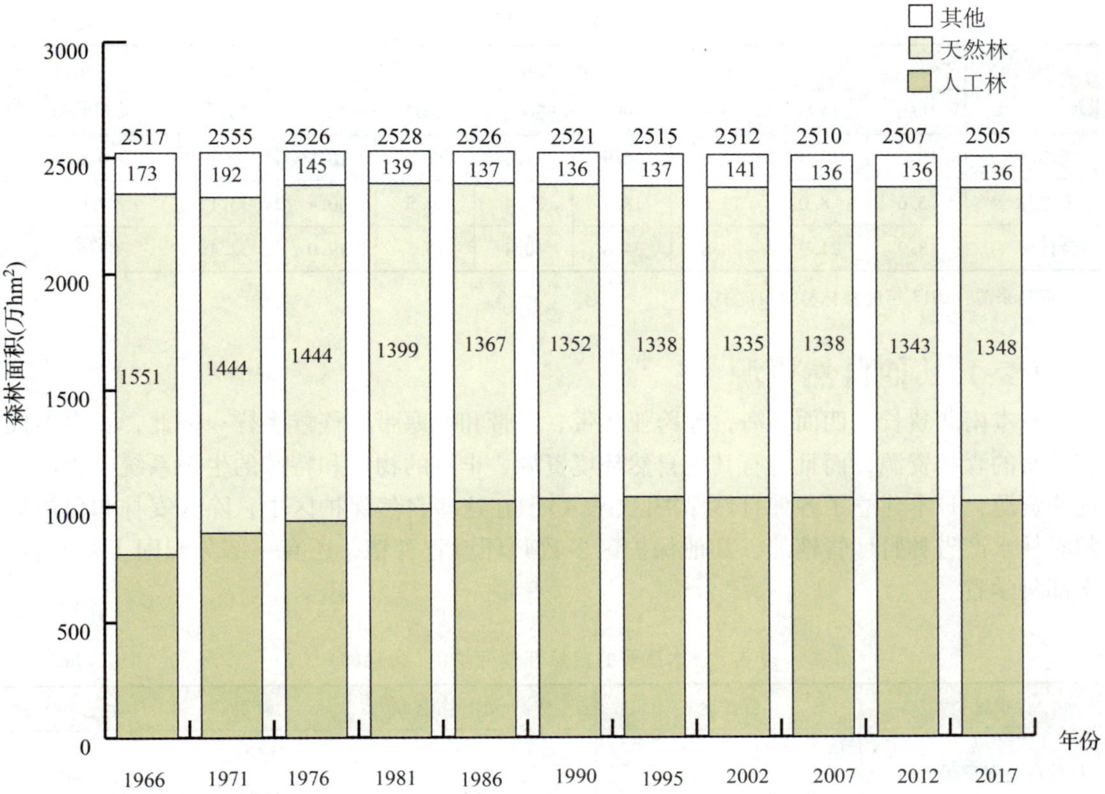

资料来源：林野厅 2018 年 10 月 16 日公布的日本《森林资源现状》(数据截至 2017 年 3 月 31 日)

图 1　日本森林面积的变化

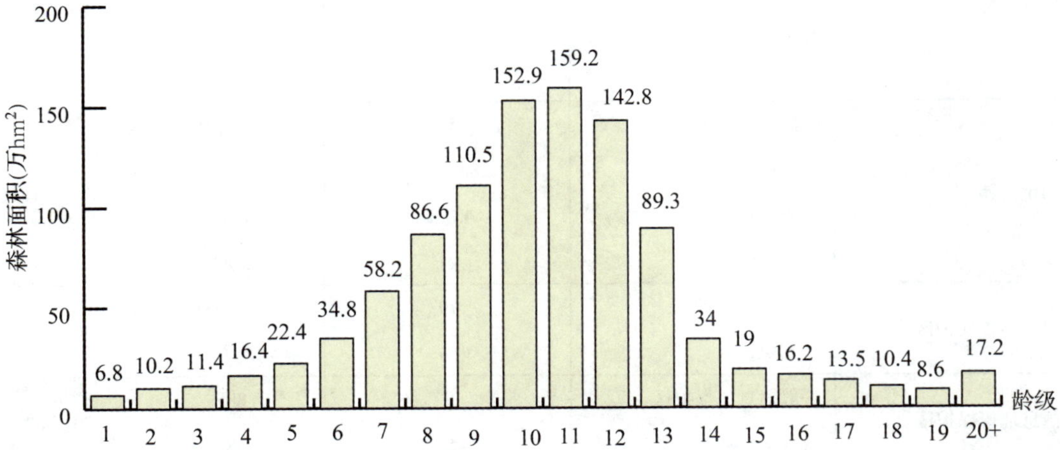

资料来源：林野厅 2018 年 10 月 16 日公布的日本《森林资源现状》(数据截至 2017 年 3 月 31 日)

图 2　日本人工林的龄级结构(5 年为一个龄级)

表 3　日本森林蓄积量增长情况

（亿 m^3）

起源	森林蓄积量								1966—2017 年总增长量
	1966	1976	1986	1995	2002	2007	2012	2017	
天然林	13.3	13.9	15.0	15.9	17.0	17.8	18.6	19.3	6.0
人工林	5.6	8.0	13.6	18.9	23.4	26.5	30.4	33.1	27.9
合计	18.9	21.9	28.6	34.8	40.4	44.3	49.0	52.4	33.5

资料来源：2017 年度森林林业白皮书。

（二）其他自然资源

日本南北狭长、四面环海，地跨亚热带、温带和亚寒带，气候多样。因此，日本不仅有丰富的森林资源，而且还有其他自然环境资源、丰富的物种和特殊的生态系统。为保护这些资源，日本建立了各种自然保护区（表 4）。在这些自然保护区中，除保安林和保护林归农林水产省林野厅管辖外，其他保护区多数归环境省管辖，还有一部分归国土交通省、文部科学省。

表 4　日本重要的自然环境保护区（含森林）

（hm^2）

保护区类型	保护区	数量（处）/占有率	面积	截至年月
自然环境保护区	原生自然保护区	5	5 631	2011-03
	一般自然保护区	10	21 593	
国立公园	一般国立公园	30	2 091 000	2011-04
	特别区域	58.7%	1 228 000	
	特别保护区	13.3%	278 000	
	海洋公园	67	15 773	
国定公园	一般国定公园	56	1 363 000	2011-04
	特别区域	88.2%	1 202 000	
	特别保护区	4.9%	66 000	
	海洋公园	21	1 998	
国定鸟兽保护区	一般鸟兽保护区	79	577 000	2012-03
	特别保护区	64	156 000	
栖息地等保护区	一般栖息地保护区	9	885	2012-03
	特别保护区	9	385	
保安林			1 202 300	2011-03
保护林		843	780 000	2010-04
文化遗产	指定名胜	152		2011-03
	指定天然纪念物	985		
	重要文化景观	19		

资料来源：环境省、农林水产省、国土交通省、文部科学省网站资料。

1. 自然环境保护区

日本自然保护区包括原生自然环境保护区、自然环境保护区和都道府县自然环境保护区3种。截至2017年3月31日，共有自然环境保护区561处，总面积达到10.56万hm^2。其中，原生自然环境保护区指定区域5处(5 631 hm^2)；自然环境保护区指定区域10处(2.254 2万hm^2)；都道府县自然环境保护区指定区域546处(7.741 4万hm^2)。在自然环境保护区的9处特别区域中有7处(1.486 8万hm^2)是野生动植物保护区，在都道府县自然环境保护区的337处特别区域中有116处(2 825 hm^2)是野生动植物保护区(环境省，2017)。

2. 自然公园

截至2016年3月31日，国立公园共有34处，总面积约为219万hm^2(实际2 189 804 hm^2)，占国土总面积5.8%；国定公园共有56处，总面积约为141万hm^2(实际1 409 727 hm^2)，占国土面积3.7%；都道府县自然公园共有311处，总面积约为197万hm^2(实际1 967 323 hm^2)。占国土面积5.2%。自然公园总数为401处，公园总面积约为557万hm^2(实际5 566 854 hm^2)，占国土面积14.7%(环境省，2017)。

3. 野生动植物保护区

截至2004年7月，日本国内共有珍稀野生动植物种208种，其中鸟类39种、哺乳4种、爬虫类1种、两栖类1种、鱼类4种、昆虫类5种、植物类19种(其中6种为国内特有珍稀种)。为保护这些珍稀物种，日本建立了各种级别的鸟兽保护区和珍稀物种栖息地保护区。截至2017年5月，日本共有鸟兽保护区85处(58.6万hm^2)、鸟兽特别保护区70处(16万hm^2)、鸟兽特别保护区2处(1 000 hm^2)、珍稀野生动植物种栖息地等保护区9处(885 hm^2)、湿地保护区46处(13.796 8万hm^2)。

4. 湿地资源

自1980年日本加入联合国《湿地公约》后，进一步加大了对湿地保护的力度。1980年6月，日本最大的湿地是釧路湿地，面积为1.9万hm^2，也是日本第一个被列入《湿地公约》名录的湿地。截至2017年5月，日本共有50处湿地列入《湿地公约》名录，总面积达14.800 2万hm^2(环境省，2017)。近年来，环境省从保护沼泽、河流、湖泊、盐沼、红树林、沙滩、海藻、珊瑚礁、生物多样性等目的出发，在全国遴选出500处重要湿地，将对各种湿地的特性、功能、保存状况等基础数据进行调查，以制定相应的保护策略。

5. 世界自然遗产

1972年在联合国教科文组织大会上通过了《保护世界文化与自然遗产公约》，旨在保护和保存人类的共同财产，建立国际合作和援助体制。日本于1992年签署了这项公约。世界自然遗产包括文化遗产和自然遗产。自然遗产的评价标准有4项：自然景观、地形地质、生态系统、生物多样性。截至2014年1月，日本的屋久岛、白神山地、知床、小笠原群岛列入世界自然遗产(环境省自然环境局，2014)。

三、林业法规政策

（一）林业法律体系

日本拥有非常完善的林业法律体系，涉林法律多达34部，覆盖了上至国家林业发展的基本方针、目标和规划，下至林业经营管理各部门应采取的措施以及林业经营者的职责和义务等，涉及全国林业管理的方方面面。《森林法》和《森林林业基本法》是指导和促进全国林业发展的根本大法。《森林法》作为资源法，就森林计划（全国森林计划体系）、防护林及其他森林的基本事项做出了明确规定。《森林林业基本法》作为产业法，就森林和林业应采取的措施及其基本理念和实现这些措施的基本事项做出了规定，明确了国家及地方公共团体的责任和义务。其他各项法律均围绕这两部法律所确立的国家林业发展的基本方针和总体原则就相关事项进行具体规定。这些法律大致可分为表5所示的9个方面。

表5　日本林业相关法律（截至2010年）

分类	法律名称
1. 林业发展总体规定	森林法、森林林业基本法
2. 森林经营管理	森林保健功能增进特别措施法、分收林特别措施法、促进实施森林间伐等特别措施法、林业种苗法、种苗法、森林组合法、森林组合合并法、确保林业劳动力促进法、入会林野法
3. 森林灾害预防	滑坡防止法、森林病虫害防治法
4. 生物多样性保护	鸟兽保护及狩猎法、濒危野生动植物种保存法
5. 木材供需与利用	确保木材稳定供应特别措施法、公共建筑物等木材利用促进法
6. 林产品管理	关于农林物资规格化及品质标识正确化的法律
7. 国有林管理	国有林管理经营法、国有林改革特别措施法、国有林事业特别会计法
8. 山村振兴	山村振兴法、半岛振兴法
9. 财政金融扶持	一般资金扶持：农林渔业金融公库法、林业和木材产业改善资金补助法、促进林业经营基础强化等融资暂定措施法、中小企业经营改革支援法； 灾后重建资金扶持：森林国营保险法、森林保险特别会计法、公共土木设施灾后恢复事业费国库负担法、农林水产设施灾后恢复事业费国库补助暂定措施法、对蒙受天灾受损的农林渔业者等的融资暂定措施法、应对重大灾害特别财政援助法

资料来源：根据日本林野厅网站有关法律列表整理。

（二）林业计划体系

日本有一个非常完善的林业计划体系。在国家和区域层次上，包括国家林业发展中长期发展规划（森林林业基本计划）、全国性森林资源建设中长期规划（全国森林计划），以县或国有林管理局为单位的森林资源建设中短期规划（区域森林计划）、以市町村或国有林经营单位为单位的森林资源建设规划等。在森林经营层次上，还有非常规范的森林经营方案（施业计划）。近年来，为加强森林经营管理、加快林业发展，又制定了全国森林林业振兴计划。

1. 森林林业基本计划

《森林林业基本计划》是日本政府依据《森林林业基本法》每隔5年制定一次为期20年的计划。上一期基本计划是2006年9月制定的，由于近年林业的发展变化，日本于2011年7月26日通过了最新的《森林林业基本计划》，确定了未来林业发展目标(表6至表8)。

表6 森林经营的总体目标

类别＼年份	2010	2015	2020	2030	长远目标
森林总面积(万 hm^2)	2 510	2 510	2 510	2 510	2 510
单层人工林	1 030	1 030	1 020	1 000	660
复层人工林	100	120	140	200	680
天然林	1 380	1 360	1 350	1 310	1 170
总蓄积量(亿 m^3)	46.9	49.3	52.0	53.8	54.5
公顷蓄积量(m^3/hm^2)	186	196	207	214	217
总生长量(万 m^3)	7 400	6 800	6 100	5 500	5 400
公顷生长量(m^3/hm^2)	2.9	2.7	2.4	2.2	2.1

资料来源：2011年7月修订的《森林林业基本计划》。

表7 森林经营措施及分类目标

经营措施	分类目标(万 hm^2)
人工林	
发挥木材生产功能，实行单层人工林经营	660
以发挥公益功能为主，向复层林诱导	650
严格限制采伐，主要靠自然力向天然林诱导	30
天然林	
以发挥生态公益功能为主，实行天然林经营	1 150
为发挥森林的多种功能，向复层人工林诱导	20

资料来源：2011年7月修订的《森林林业基本计划》。

表8 木材生产量目标和总需求量预测

(万 m^3)

木材用途	国产材生产量			总需求量		
	2009年	2015年	2020年	2009年	2015年	2020年
锯材用原木	1 100	1 400	1 900	2 600	2 700	3 000
纸浆木片用原木	500	900	1 500	2 900	3 600	3 700
胶合板用原木	200	400	500	800	800	900
其他	100	100	100	200	200	200
合　计	1 800	2 800	3 900	6 500	7 200	7 800

注：2020年纸浆木片用材中有600万 m^3 为能源利用，其他包括薪炭材、香菇原木及坑木等。资料来源：2011年7月修订的《森林林业基本计划》。

2. 全国森林计划

《全国森林计划》是依据《森林法》规定由农林水产省大臣每 5 年制定一次的 15 年计划。现行《全国森林计划(2009—2024 年)》是 2008 年制定的，2011 年 7 月，依据新修订的《森林林业基本计划》进行了调整，明确提出了森林采伐、造林面积、林道建设等计划量及作业标准。各都道府县知事都要根据《全国森林计划》制定《地区森林计划》(表 9、表 10)。

表 9 《全国森林计划》确定的森林作业计划

计划内容	计划量
采伐立木材积(万 m^3)	69 019
主伐	29 318
间伐	39 701
造林面积(万 hm^2)	172. 8
人工造林	85. 6
天然更新	87. 2
林道开设量(万 km)	9. 1
保安林面积(万 hm^2)	1 281. 15
间伐面积(万 hm^2)	779. 5

表 10 《全国森林计划》确定的林道建设计划 (m/hm^2)

立地类型	作业方式	路网密度
缓坡地(15°以下)	车辆类作业	> 100
中等坡地(15° ~30°)	车辆类作业	> 75
	索道类作业	> 25
陡坡地(30° ~35°)	车辆类作业	> 60
	索道类作业	> 15
陡峭坡地(35°以上)	索道类作业	> 5

3. 森林林业再生计划

基于日本林业现状、木材需求趋势以及日本林业面临突出的问题，日本农林水产省于 2009 年 12 月 25 日公布了《森林林业再生计划》，于 2010 年 11 月 30 日完成了《面向森林林业再生的改革方案》，提出了今后 10 年林业发展的基本方针和木材自给率达到 50% 以上的目标，制定了为实现这一目标而采取的各项措施，如加快林道网建设、引进组合式林业机械作业体系、改进国产材加工与流通结构、扩大国产木材(特别是间伐材)利用、创立林务官制度、改革预算制度等(林野厅，2013b)。同时，还修订了《森林法》，使《森林林业再生计划》更具有法律约束力。

（三）林业政策体系

近年来，日本的林业政策主要围绕促进森林经营和国产材利用两个方面展开。

1. 森林经营促进政策

为鼓励林农开展森林经营，日本政府制定了一系列的政策：一是加大林业补贴力度。包括造林补贴、森林抚育补贴、林道建设补贴等。二是完善税费减免政策。包括对于山林的所得税、遗产税、不动产税、燃油税等都有相应的优惠政策。三是提供政策融资。通过农林渔业信用基金、农林渔业金融公库等林业专业金融体系，为林农提供长周期、低利率的贷款，解决林农森林经营资金不足的问题。四是发展合作组织。为促进森林经营，出台了一系列促进森林组合发展、强化市场能力、扩大经营规模的政策，使众多离农离林的森林所有者，有了放心委托的经营主体。五是推广森林保险。日本建立了国营森林保险制度，国家对私有林主的森林保险费用给予补贴，以降低其经营风险。六是促进绿色就业。为解决林业劳动力不足、年龄老化问题，日本建立了完整的林业岗位培训和支持青年人投身林业的绿色就业制度，设立了林业就业促进基金，广泛开展了林业就业培训。

2. 国产材利用促进政策

为实现林业振兴、改善森林质量，日本政府采取了一系列措施，通过经济补贴、制度约束、文化驱动等，大力推进森林间伐和国产木材的利用。从21世纪初开始，日本农林水产省就提出了《扩大利用木材行动计划》，鼓励国民尽可能地使用国产木材：一是对于开展森林间伐的私有林主，给予全额间伐成本补贴；二是加快林道建设和林业机械化进程，以降低国产木材的成本；三是要求在公共土木建设工程中，国产木材的使用比例达到88%；四是发展利用木材加工厂的边角余料作为燃料的锅炉技术，将废弃木屑混合到煤炭内供火力发电厂使用；五是对森林综合利用项目，提供项目投入70%～80%的高额资助度等。

日本还专门成立了“木材利用中央协议会”，研究扩大国产材利用、推进国产材出口的政策和策略，大力宣传日本传统的木结构住宅的优越性，号召国民继承日本的“木文化”，激励国民热爱森林、经营森林、利用森林。在2013年度预算的概算中，农林水产省提出了一种新的制度设计，即对于使用日本国产木材来建造住宅的人，将给予可以兑换家具、家电、地区通货等物品的积分。根据使用国产木材的量，每新建一户木结构户住宅的积分大约在20万～30万点（1点=1日元）左右。这项制度的目的，就是促进国产木材的利用率，搞活林业经济，同时也期待能起到支援因不景气而进入冷冻期的住宅市场的作用。

四、林业机构与管理体制

（一）林业管理机构

日本农林水产省林野厅是中央级的林业行政管理机构，负责管理全国林业工作和国有林经营管理，对地方林业给予指导和扶持。林野厅的组织结构包括内设机构、地方分支机构和附属机构（图3）。内设机构包括林政部、森林整备部（森林资源建设）和国有林部；地方分支机构是林野厅设在全国各地的派出机构，包括7个森林管理局、7个森林生态系统保护中心、7个森林技术支援中心、9个森林体验推进中心以及治山中心、综合治山事业所、森林放射性污染物质对策中心等；附属机构包括森林技术综合研究所和林业机械化中心。

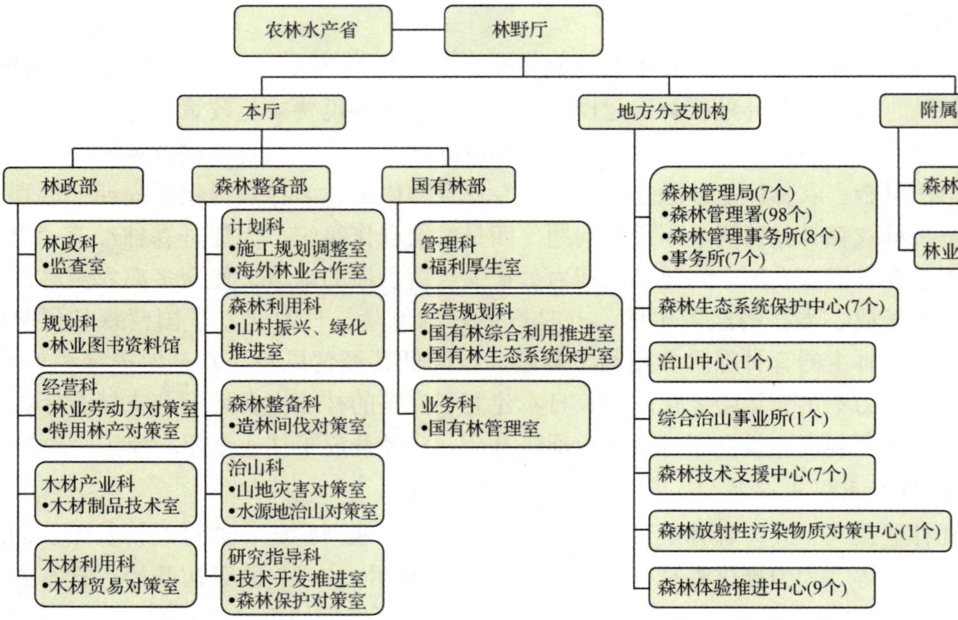

图 3　日本的林业管理机构

在地方，都道府县和市町村两级地方政府内也分别设有林业管理部门（林政科或林务科），负责管理其辖区内的林业工作。由于日本实行地方自治，所以林野厅和地方政府林业管理部门之间并不是行政上的上下级关系。但是，日本建有全国森林计划体系，国家林业的发展规划和政策目标就是通过这个计划体系贯彻落实。例如，林野厅负责制定全国森林发展计划，地方政府按照这个计划制定都道府县森林计划和市町村森林计划，逐级推进全国森林计划的实施。国家通过这个计划体系实施发展目标，指导地方林业发展。

（二）林业管理体制

日本林业管理的特点是，国有林由林野厅及其派出机构——森林管理局和森林管理署负责管理，私有林由地方政府和森林组合等加以管理。国家不直接干涉私有林的经营，主要是通过森林计划体系指导全国林业发展，对私有林的经营加以引导、扶持和调控，以使私有林在全国森林经营的总体目标和规划中发挥其应有的作用。

1. 国有林管理体制

在国有林方面，日本从 1998 年开始对国有林经营管理体制进行了彻底的改革：

一是对国有林进行重新定位。将国有林定位为“全体国民共同的财产”，明确了国有林作为国家公共事业的基本性质，国有林必须无偿地为国民提供各种服务。

二是建立向国民开放、由国民共同参与的国有林经营管理体制。在制定经营目标、编制经营计划的过程中广泛听取国民的意见，反映纳税人的意志；以流域为单位，实行国有林与民有林的互相协作；大力提倡民间非营利团体、社团组织、机关、学校以及市民等参与国有林的经营管理活动。

三是调整经营方针，明确经营目标。应对社会对森林主导需求的变化，国有林的主要经营方向从以木材生产为主转变为以持续发挥森林所具有的保持水土、涵养水源、保护生物多样性、防治全球变暖、提供休闲游憩、科学研究和环境教育等服务多种公益机能为主。据日本林野厅的最新数据，到 2010 年，国有林中生态公益林的比例已达到 96%，而用材林的比例只剩下 4%（图 4）。

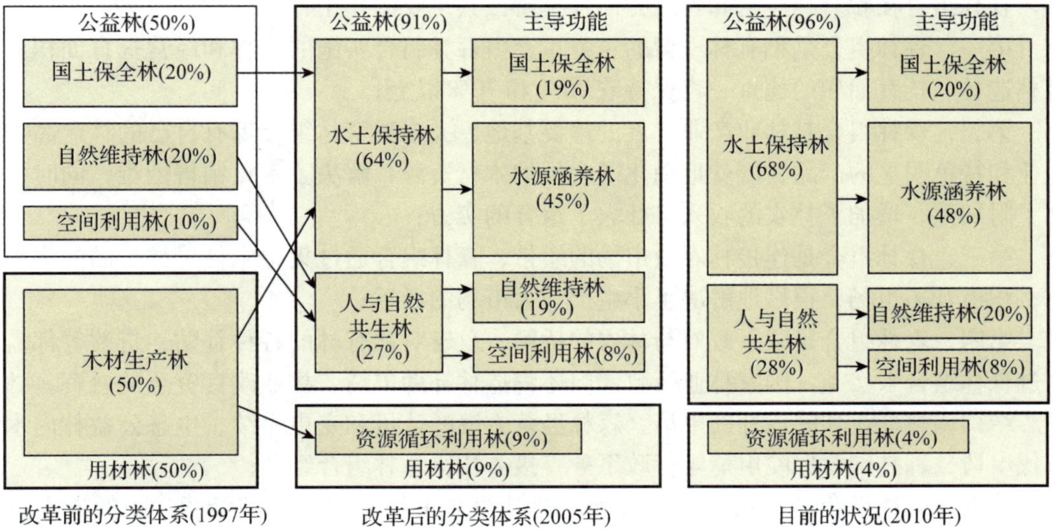

图 4　改革前后国有林分类经营体系的变化

四是整合管理机构，压缩人员编制。派出机构由原来的 9 个营林局、5 个营林支局、229 个营林署，合并为以大区域为单位的 7 个森林管理局、以大流域为单位的 98 个森林管理署。国有林固定职员总数从 1997 年的 13 700 人，减少到 2011 年的 4 630 人。这些派出机构仍然实行垂直的、非属地管理，只需与地方进行业务协调。管理机构的职员仍属国家公务员。

五是改革会计制度，妥善处理国有林债务。废除了实施 50 多年的以独立核算为前提的企业式特别会计制度，全部纳入林野厅的一般会计，实行以公共财政投入为主、经营收入为辅的新的国有林会计制度。对于国有林 3. 8 万亿日元的累计债务，2. 8 万亿日元由国家财政偿还，其余 1 万亿日元由国有林自身的经营收入、资产转让等，分 50 年逐步偿还，国家给予利息补贴。

六是实行管理主体与经营主体的分离。国有林管理单位只负责森林的保护、经营计划的制订、经营监督以及部分治山工程，造林、营林、管护、采伐、林道建设等国有林经营的全部业务都通过招标制，委托给民间企业实施，以降低经营成本。

2. 私有林管理体制

日本的私有林主要由地方政府负责管理，国家主要是通过政策措施引导和通过经济杠杆进行调节。在私有林管理和经营中，林农合作组织——森林组合发挥着非常重要的作用。日本的森林组合制度创立于 1907 年，是亚洲历史最长的林业合作组织。经过 100 多年发展，森林组合在组织上不断壮大，在制度上日趋成熟，功能不断完善，形成了鲜明的特点。

日本的森林组合组织分为 3 级。全国森林组合联合会（简称全森联）是森林组合的全国性组织，其任务是为都道府县森林组合联合会提供指导和服务。全国各都道府县（除大阪府外)均设有森林组合联合会，共计46个，它们的主要作用是为会员森林组合提供技术培训、指导和信息服务。截至2014年3月末，日本全国约有644个森林组合，组合会员人数为155万人，会员所有的森林面积1 028万hm^2。全国森林联合会(全森連)拥有9 400名役员和6 900名职员，实施造林、采伐作业的森林工作人员达2万多人(日本全国森林组合連合会官网)。

森林组合在私有林经营和管理方面发挥着极其重要的作用：

第一，森林组合是私有林经营的主力军，由森林组合实施的造林和经营抚育面积占私有林造林、抚育面积的比重一直保持着90%和70%以上；

第二，森林组合是林业产业发展的重要基地，大多数森林组合都有自己的林产品加工企业和特色明显的产品，既就地消化了会员的木材资源，解决了木材销售困难，同时也提高了附加值，增加了林农的收入，壮大了组合的实力；

第三，森林组合是连接林农与市场的纽带，森林组合通过集中木材等林产品的集中销售，积极开拓市场，很好地解决了小生产与大市场的矛盾；

第四，森林组合是联系政府与林农的桥梁，政府对私有林的各种补贴、贷款等都需要通过森林组合来实施。国家林业行政部门还将造林补助申请、林业改良资金的融资、林业生产结构调整事业和间伐补助申请、森林经营方案的认可和变更手续、生态公益林内木材采伐申请、森林国营保险申请等行政事务直接委托给森林组合经办；

第五，森林组合是林农利益的代表，森林组合不仅要通过合理经营、降低成本等手段，提高林产品的市场竞争力，还要通过统一采购、统一销售还抵御市场风险，抵制恶性竞争，同时，森林组合还定期向政府反映林农的意见和要求，发挥维护林农利益、提高林农地位、保护林农权益的职能。

3. 与林业相关的其他管理机构

在日本，除森林、林业和木材产业之外，其他与自然环境相关的职能多数归口于环境省。例如，环境省的自然环境局负责有关湿地保护、自然保护区和自然公园管理、生物多样性保护、外来有害生物管理、荒漠化防治等方面的政策制定、国际谈判及日常管理，归口开展《湿地公约》《生物多样性公约》《濒危野生动植物种国际贸易公约》(对称《华盛顿公约》)等履约工作。执行的法律包括《生物多样性基本法》《自然环境保护法》《自然公园法》《自然再生推进法》《鸟兽保护法》《物质保存法》《外来有害物种防治法》等(林野厅，2012c)。

原生自然环境保护区、野生鸟兽保护区、湿地保护区均由环境省直接规划、设立和管理；一般自然环境保护区由所在地方政府提出申请，环境省批准设立，由地方政府负责管理；稀有濒危物种生息地保护区分为环境省直属和农林水产省直属两种管理模式，但最终均由环境省批准设立；自然遗产保护区、天然纪念物保护区的设立由文部科学省提出规划、环境省备案，由文部科学省负责管理。

国立公园由环境省直接规划、设立，由国家投资建设和保护，由环境省的派出机构——分布在全国7个区域的地方环境事务所(共有职员370余人)具体负责管理。国定公园由地方政府提出规划和申请，环境省批准设立，由地方政府负责管理。都道府县自然公园则由各地方政府自行规划、设立，并负责管理。

日本虽然没有荒漠化土地，但因其有广阔的海岸沙丘分布，在防沙治沙技术方面具有一定的经验，同时又有雄厚的经济实力，故日本政府把《荒漠化防治公约》的履约工作也放在环境省，主要负责对发展中国家的荒漠化防治技术援助、项目支持等。

林业部门在林业用地内设立的保护林(森林生态系统保护区、珍稀野生动植物种保护林、遗传资源保存林及科研实验林等)、防护林由林野厅规划、指定和管理，并负责对纳入此范围的私有林主给予经济补偿和政策优惠等。

五、森林经营与管理

在日本，林业行业惯用“森林整备”一词。所谓“森林整备”即森林资源建设，包括造林、抚育、保护和为提高林业生产效率而开展的林道建设等(林野厅，2013b)，实际上就是综合性的森林可持续经营活动。为促进私有林经营，国家对造林整地、苗木费用、造林作业、间伐更新、防止动物破坏的围栏设置和作业道开设等都给予补助。

(一)森林经营

日本森林资源的特点是人工林比重大(约占森林总面积41%)、树种单一(柳杉、扁柏合计占人工林2/3强)、需要间伐抚育(45年生以下)的林分占人工林64%，森林的年采伐量仅相当于生长量的约20%。由于长期以来受森林经营效益恶化的影响，私有林中不开展间伐和更新等抚育作业的林分增多，森林质量正趋于下降。在应对气候变化、保护生物多样性和国民对森林涵养水源、保护国土等需求多样化高度化的大背景下，日本政府正在大力推进森林可持续经营，通过修订《森林林业基本计划》，确定了森林长伐期作业和向针阔混交林和复层林转变的经营方针。

1. 人工造林

日本林业经过20世纪50~60年代大规模的人工造林，很快实现了国土全面绿化。日本山地占国土2/3，而森林覆盖率已达到66%以上。因此，日本基本上已经没有可以用于扩大造林的土地，所以目前人工造林主要包括灾后恢复造林、采伐迹地造林、治山造林及培育复层人工林的林下种植。2010年人工造林面积约3万hm^2，不足1990年的一半。民有林造林的主要树种仍然以柳杉、扁柏、落叶松、松树类等针叶树为主，国有林则积极营造针阔混交林和复层林，阔叶树种造林面积的占全部造林面积的比例已从1990年约占7.9%提高到2009年的12.7%。

2. 间伐与更新

日本的森林资源面临的一个主要问题是，森林资源数量的增长和质量的下降。为促进森林的可持续经营和保证森林质量，2008年日本政府制定了《促进森林间伐等特别措施法》，通过提供间伐补贴等措施推动私有林林主开展森林间伐。日本政府还将促进森林间伐与应对气候变化相结合，以期通过促进森林间伐提高森林吸收二氧化碳的效果。在政府的积极推动下，间伐面积已从2007年的52.1万hm^2提高到2009年的58.6万hm^2，民有林间伐面积比2005年提高了58%。在森林更新中，更多地考虑到森林的多种功能，通过人工更新促进人工纯林向针阔混交林和阔叶林转变，通过长伐期作业促进单层人工林向复层异龄林转变。

3. 林道建设

截至2009年度末，日本林道总长为19万km，林内路网密度约17 m/hm^2，但与德国

118 m/hm^2(前西德)、奥地利约 89 m/hm^2 相比仍有差距(林野厅，2012b)。为提高林业生产效率，日本已将林道建设列为《森林林业基本计划》的重要任务之一。

日本的林道按用途分为"一般林道""林业专用道"和"森林作业道"3 种类型，按权属分为国有林道、地方公有林道和私有林道 3 种类型。国有林道的修建全部由国家投资，对民有林道中的林业专用道国家补助 50%、对民有林道中的作业道国家补助 30%。2006—2010 年，日本新建林道 2 565 km，其中国有林道为 594 km(占 23%)、民有林道 1 971 km(占 77%)。

4. 森林认证

日本绿色循环认证(SGEC)和 PEFC 于 2016 年 6 月 3 日通过互认。根据 2017 年 4 月 25 日 FSC 和 PEFC 官网资料和联合国粮食及农业组织(FAO)2010 年全球森林资源评估(FRA 2010)数据，日本近年来 FM 和 COC 认证的实际数据(森林经营认证和产销监管链认证)统计如下：关于 FSC 认证，截至 2017 年 3 月 31 日，FM 认证 39.9 万 hm^2，COC 认证 1 160 万 hm^2。关于 PEFC 认证，截至 2016 年 12 月，FM 认证 2.4 万 hm^2，COC 认证 204 万 hm^2(图 5)。

图 5　日本森林认证面积的发展

(二) 森林保护

森林病虫害防治、森林防火以及防范野生动物破坏，是日本森林保护的主要任务。

1. 森林防火

日本的山火主要发生在冬、春干燥季节。2007—2011 年，日本平均每年发生山火约 2 000次，过火面积约 1 100 hm^2，损失额约为 4.9 亿日元。按日平均计算，全国每天发生山火约 5 次，烧毁山林约 3 hm^2，经济损失 130 万日元。2011 年山火发生次数达到了 2 093 次。为监控火灾发生，日本建立了卫星监测和预警系统，通过卫星数据解析确认火灾位置及火情，预测林区的空气干燥度，及时通报森林火灾发生的危险性。

2. 森林病虫害防治

近年来，日本最严重的森林病虫害是以松褐天牛(*Monochamus alternatus*)为媒介的松材线虫引起的松树枯萎病，其次是以栎长小蠹(*Platypus quercivorus*)为媒介的病原菌(*Raffaelea quercivora*)引起的栎枯病。

松枯病是由于松树体内发生松材线虫传染病所导致的。截至 2011 年，日本除北海道以外其他46个县均发生了松枯病。2000—2011年，每年因松枯病造成的材积损失平均达72万m^3，相当于3万个普通木造住宅。针对松枯病灾害，日本主要采取伐除措施和通过树种替换营造保护林带等综合防治措施。

栎枯病主要发生在本州日本海一侧的地区，涉及29个都府县。2000—2011年，每年因栎枯病造成的材积损失平均达11万m^3。针对栎枯病，日本采取的预防措施主要是在树干涂抹胶粘剂或用塑料薄膜缠绕等，驱除措施主要是在树干注入杀虫剂。对被害木内的栎长小蠹，一般采取在羽化脱出前用药物熏蒸或将被害木烧掉(林野厅，2012d)。

3. 野生动物破坏防范

野生动物的危害主要是鹿、野猪、熊、鼠等野生动物对林木的啃食。2011年因野生动物造成的森林被害面积达为9 400 hm^2，其中60%～70%是由于鹿啃食树枝、树叶和树皮。对此，日本采取的主要防护措施是设置防护栅栏、遮光网，树干缠绕胶带(钢丝带)、喷洒杀鼠剂及驱避剂等。

（三）森林服务

日本是一个自然灾害频发的国家，地震、火山喷发、山体崩塌、滑坡、泥石流等等灾害频繁发生，给生态、经济和民生造成了巨大损失。因此，对日本而言，森林不仅是生产木材等林产品的生产基地，更重要的是森林还发挥着涵养水源、保持水土、防止灾害等多种生态功能。截至2017年3月31日，日本共有各种防护林1 218.4万hm^2(实际面积)，特别是国有林中有90.2%的森林被划为水土保持林。各种防护林占日本森林总面积的48.6%，占国土面积的32.2%。

据林野厅2017年发布的森林生态服务功能价值评估结果，日本森林生态服务功能评估值为每年70.47万亿日元。其中，水源涵养功能为29.85万亿日元，包括降水贮存8.74万亿日元、防洪6.47万亿日元、水质净化14.64万亿日元；防止泥石流的功能为28.26万亿日元；防止土石崩塌功能为8.44万亿日元；保健休养功能为2.25万亿日元；地球环境保护功能为1.47万亿日元，其中吸收二氧化碳1.24万亿日元、化石燃料替代能源0.23万亿日元，另外还有其他功能尚未转换为价值进行评估(林野厅，2017年度日本森林与林业白皮书)。

六、林产品生产、加工与贸易

（一）主要林产品生产

近年来，由于国内需求下降，林产品生产量随之减少，但唯有原木生产量在2005年以后出现了增长。这是由于政府积极推动间伐材利用和原木出口，在一定程度上促进了森林的采伐(表11)。

1. 原木生产

工业原木生产量近10年来呈上升趋势，2015年工业原木生产量为2 125.8万m^3。从树种来看，针叶树原木占85%，阔叶树原木占15%。在各树种中，柳杉原木生产量最大，占针叶树原木生产量近60%，占全国原木总产量近50%。在2015年原木生产量为2 132.5万m^3，其中工业原木2 125.8万m^3(表11)。

表 11 日本主要林产品生产量变化 （万 m^3）

林产品＼年份	2005	2010	2011	2012	2013	2014	2015
原木	1 627.6	1 728.1	1 837.4	1 755.9	2 113.4	2 133.1	2 132.8
工业原木	1 616.6	1 719.3	1 829.0	1 847.9	2 105.7	2 125.8	2 125.8
锯材	1 282.5	941.5	943.4	932.0	1010.0	956.9	956.9
胶合板	321.2	264.5	248.6	254.9	276.1	281.3	270.6

资料来源：2015 年日本森林林业白皮书。

2. 锯材生产

锯材工业是日本木材加工业的主要部门，但锯材厂的生产规模普遍较小。输出功率不足 300 kW 的中小工厂占锯材加工厂总数的 90% 以上。近年来，锯材加工厂呈数量减少、从业人员减少但生产规模逐渐扩大的趋势，输出功率在 300 kW 以下中小工厂的占有率从 1995 年的 96. 2% 逐渐下降到 2010 年的 93. 2%。锯材工业就业人数也从 1995 年的 10. 4 万人减少到 2010 年的 3. 3 万人。而另一方面，从木材消费来看，仅占工厂总数 7% 的大型工厂消耗了原木总量的 62%。

3. 胶合板生产

胶合板工业正逐渐萎缩。胶合板工厂已从 1990 年的 522 家逐渐减少到 2009 年的 208 家，从业人数从近 3 万人减少到 8 900 余人。普通胶合板生产量从 2000 年的 321. 8 万 m^3 减少到 2009 年的 228. 7 万 m^3，特殊胶合板从 153. 4 m^3 减少到 63. 3 m^3。总体来看，胶合板生产量从 2005 年到 2015 年，从 321. 2 万 m^3 降低到 270. 6 万 m^3，胶合板生产量仅可满足国内需求的 50% 强。

4. 集成材生产

集成材工业近年来发展迅速。集成材工厂 1995 年是达到 293 家，从业人数超过 8 000 人。此后工厂数量逐渐减少，从业人数也呈波动式下降，到 2009 年有集成材工厂 187 家，从业人数 5 392 人。集成材生产量在 1990 年时仅有 45 万 m^3，此后逐渐增加，2005 年达到 151 万 m^3 高峰后呈减少趋势，2009 年为最低值 124. 9 万 m^3，2011 年恢复到 146 万 m^3。

5. 木片生产

木片工厂数量和从业人数呈减少趋势。1990 年有木片加工厂 4 494 家，2009 年减少至 1663 家，减少 63%。同期，从业人数从 9 422 人减少至 2 847 人，减少 70%。木片生产量也呈减少趋势，从 1990 年的 1 664. 0 万 m^3 减少到 2000 年的 1 085. 1 万 m^3，从 2005 年 600. 9 万 t 减少到 2009 年的 512. 9 万 t，2011 年恢复到 564 万 t。

（二）林产品进出口贸易

日本是世界上主要木材消费国之一。全国的木材消费量在 1973 年达到了历史最高值 11 758 万 m^3，20 世纪 80 年代一直保持在 1 亿 m^3 左右。进入 21 世纪后，开始持续减少，于 2009 年达到了历史最低值 6 321 万 m^3。近 2 年有所恢复，2011 年为 7 273 万 m^3。

尽管日本有丰富的森林资源，但自 20 世纪 70 年代后期以来由于进口木材的快速增加，国产木材在价格上处于弱势，木材自给率却不断走低，2000 年达到了历史最低值

18.2%。经过近年来一系列扩大国产材利用、增产政策的推动，2011 年木材自给率恢复到了 26.6%。从木材供应来看，日本的国产材供应量在 2002 年跌入低谷后呈现出逐渐增加的趋势，木材进口量趋于减少，而且木材进口从原木进口转向了加工品进口(表 12)。

表 12　日本木材需求量和国产材供应量变化　（万 m^3）

产品＼年份	2000	2005	2010	2011	2012	2013	2014	2015	2016	2017
总需求量	9 926	8 586	7 025	7 273	7 063	7 387	7 255	7 088	7 194	7 361
国产材	1 802	1 718	1 824	1 937	1 969	2 112	2 149	2 180	2 236	2 318
进口材	8 124	6 868	5 202	5 336	5 095	5 275	5 105	4 909	4 959	5 043
自给率	18.2%	20.0%	26%	26.6%	27.9%	28.6%	29.6%	30.8%	31.1%	31.5%
总自给率	18.9%	20.5%	26.3%	27%	28.1%	28.8%	31.2%	33.2%	34.8%	36.1%

注：“自给率”为工业用材的自给率；“总自给率”包括工业用材、香菇原木和薪炭材。资料来源：林野厅. 2017 年木材供需表(2018)。

1. 林产品进口

日本木材进口量在 1996 年达到 9 045 万 m^3 峰值后一路下滑，呈减少倾向。2016 年，除胶合板进口量较 2015 年有所减少外，原木、锯材、薪炭材等的进口量都有所增加，进口总量 5 094 万 m^3，增加了 1.4%。

木材的进口方式从原木转变为林产品。2016 年，原木进口量仅为木材进口总量的 1 成，约 9 成左右为林产品的进口。2016 年日本林产品进口量 4 457 万 m^3，其中，纸浆和木片 2 635 万 m^3，占木材进口量的 52%；锯材 997 万 m^3，占 20%；胶合板等 538 万 m^3，占 11%；其他林产品 287 万 m^3，占 6%。除此之外，薪炭材 135 万 m^3，占 3%。

从木材品种的进口量来看，2006 年与 2016 年 相比较，总进口量从 1 058 万 m^3 大幅减少到 365 万 m^3。特别是来自俄罗斯的进口量由于其出口税的大幅上涨，从 497 万 m^3 急跌至 16 万 m^3。

锯材的总进口量从 1 346 万 m^3 减少至 997 万 m^3，而来自加拿大的进口量减少最多，从 512 万 m^3 减少至 304 万 m^3，减少了近 40%。

胶合板总进口量从 854 万 m^3 降至 538 万 m^3，其中，由于受到马来西亚和印度尼西亚违法采伐对策使采伐量受限以及资源的制约，来自马来西亚的进口量从 433 万 m^3 大幅降至 178 万 m^3，来自印度尼西亚的进口量则从 261 万 m^3 减少至 156 万 m^3，但来自中国的进口量却反而增加。

纸浆和木片的总进口量从 3 227 万 m^3 减少到 2 636 万 m^3。其中，来自奥地利和南非的进口量分别从 884 万 m^3 降至 406 万 m^3、468 万 m^3 降至 265 万 m^3，呈大幅减少趋势。相反，由于越南等国速生林面积的扩大，出口到日本的木材量大幅增加，从 122 万 m^3 增至 465 万 m^3。

林野厅 2017 年 9 月公布的《2016 年木材供需表》数据显示，2016 年日本木材(工业用材)供应量 7 194 万 m^3(原木当量计算)，其中：

(1)国产材供应量占总供应量的 31.1%，包括锯材用原木 16.9%、纸浆和木用原木 7.3%、胶合板用原木 5.4%。

(2)北美木材进口量占 17.2%(美国 8.5%，加拿大 8.7%)，包括①美国原木 3.5%、锯材0.6%、纸浆和木片4.3%。②加拿大原木1.9%、锯材4.2%、纸浆和木片2.3%、其他0.3%。

(3)北洋材(俄罗斯)进口量占3.3%，包括原木0.3%、锯材1.9%、纸浆和木片0.4%、胶合板等0.4%、其他0.2%。

(4)南洋材进口量占7.7%[马来西亚3.8%，印度尼西亚3.8%，其他0.2%(四舍五入)]，包括①马来西亚原木0.3%、锯材0.2%、纸浆和木片0.7%、胶合板等2.5%、其他0.1%；②印度尼西亚锯材0.1%、纸浆和木片1.1%、胶合板等2.2%、其他0.4%。

(5)欧洲材进口量占8.5%，包括原木0.1%、锯材6.0%、纸浆和木片0.4%、其他2.1%。

(6)其他国家和地区的木材进口量占32.2%，其中①奥地利占5.7%，纸浆和木片就占了5.6%；②新西兰占2.4%，包括原木0.8%、锯材0.2%、纸浆和木片1.3%、胶合板等0.1%；③智利占5.9%，包括锯材0.5%、纸浆和木片5.3%，其他0.1%；④中国占2.7%，包括锯材0.1%、胶合板等2.0%、其他0.6%；⑤越南占6.9%，包括纸浆和木片6.5%、胶合板等0.3%、其他0.1%；⑥其余国家占8.7%，主要为纸浆和木片，占8.6%、其他0.1%。

2. 林产品出口

日本林野厅网站2018年2月9日报道：2017年，日本木材出口总额为326亿日元，与2016年相比增长37%。这是38年来首次超过300亿日元大关。出口到中国大陆的木材贸易额为145亿日元(较2016年增加61%)；菲律宾为74亿日元(同比增长33%)；韩国37亿日元(同比增长19%)；美国19亿日元(同比增长42%)；中国台湾地区(以下简称台湾地区)16亿日元(同比增长6%)。

因中国木材需求高涨，对中国大陆的木材出口额也随之迅速增加，尤其是用于包装材料和土木工程等的原木出口贸易额大幅增加。而对美国的木材出口，由于受到长期用作住宅围栏原料的美国扁柏(西部红羊齿)价格暴涨影响，作为替代品的日本扁柏锯材的出口有所增加(表13)。

表13　2017年日本木材对主要出口目的国(区)的出口额　(亿日元,%)

出口国家和地区	出口额	与2016年比较增长率	主要出口品种的贸易额
中国大陆	145	61	原木103(增长84%)、锯材21(增长36%)、胶合板等5(增长36%)
菲律宾	74	33	胶合板等56(增长30%)、锯材13(增长70%)
韩国	37	19	原木23(增长22%)、锯材6(增长15%)
美国	19	42	锯材6(增长415%)、建筑木工品和木质门窗3(增长16%)
中国台湾地区	16	6	原木9(增长12%)、锯材3(增长2%)
其他国家	354	8	
总计	326	37	

2017 年，日本不同品种木材的出口额分别为：原木 137 亿日元（比 2016 年增长 62%）；锯材 54 亿日元（同比增长 43%）；胶合板 63 亿日元（同比增长 28%）。日本原木对中国出口较 2016 年增长了 84%，呈现大幅增长态势。同时，对韩国的原木出口也顺利增加。在锯材出口方面，特别突出的是对美国的出口大幅增加，主要作为住宅围栏用材（表 14）。

表 14　2017 年日本不同品种木材的出口额　（亿日元，%）

出口国家和地区	出口额	与 2016 年比较增长率	主要出口品种的贸易额
原木	137	62	中国大陆 103（增长 84%）、韩国 23（增长 22%）、中国台湾地区 9（增长 12%）
锯材	54	43	中国大陆 21（增长 6%）、菲律宾 13（增长 70%）、韩国 6（增长 15%）、美国 6（增长 415%）
胶合板等	63	28	菲律宾 56（增长 30%）、中国大陆 5（增长 36%）
其他	72	9	
合计	326	37	

截至 2017 年 12 月，日本财务省针对 2013—2017 年的木材出口现状，按照主要出口目的国，对日本木材出口额的变化情况做了统计（表 15）。

表 15　2013—2017 年日本木材出口额的变化　（亿日元）

国家和地区＼年份	2013	2014	2015	2016	2017	2017 年同比增长率（%）
中国大陆	34.71	67.86	88.76	90.29	145.25	61
韩国	16.59	28.73	37.80	31.16	37.00	19
菲律宾	19.65	19.67	34.78	55.73	73.86	33
中国台湾地区	14.41	20.05	20.85	15.61	16.47	6
美国	12.70	11.55	17.21	13.30	18.94	42
其他国家	25.00	30.48	29.85	32.23	34.95	8
总计	123.07	178.34	229.24	238.31	326.48	37

资料来源：财务省贸易统计。

七、林业科研与教育

（一）林业科研

日本林业科研包括基础研究、应用研究、技术开发等几大部分。基础研究主要由国内各涉林大学承担，应用研究主要由国家林业科研机构——森林综合研究所承担，技术开发主要由林业企业等民间部门承担。

森林综合研究所（简称“森综研”）是日本唯一的国家级大型林业科研机构，是林野厅下属的国立研究开发法人，其宗旨是通过开展森林和林业的综合试验及研究，以及林木优良种苗的生产及发放等，永续培育森林，为提高林业技术作贡献。业务范围包括开展森林及林业相关的综合试验及研究、调查、分析、鉴定以及讲习活动；从事森林及林业相关的试验及研究所需标本的生产及发布；生产并发放林木优良种苗；从事前 3 项业务的连带业务。

森综研始创于 1905 年，迄今已有 108 年的历史。成立当初是农商务省山林局的林业试验所。1988 年改编更名为森林综合研究所，2001 年改为独立行政法人（社会公益型事业单位，国家预算拨给基本事业费），2006 年转为非公务员型独立行政法人，2007 年林野厅所管的独立行政法人林木育种中心并入森林综合研究所，2015 年改为国立研究开发法人。森综研在其成立 100 多年的历史中，多次更名改组，科研力量迅速壮大，科研领域不断拓宽，现已发展为集林业基础研究、应用研究、林木新品种开发和应对气候变化等多领域于一身的大型综合科研机构，在世界林业科研领域具有较高地位。

目前，森综研有 20 个研究部，分别是植物生态研究部、森林植被研究部、立地环境研究部、水土保护研究部、气象环境研究部、森林微生物研究部、森林昆虫研究部、野生动物研究部、森林遗传研究部、生物工程研究部、生物量化学研究部、食用菌和微生物研究部、林业工程研究部、复合材料研究部、木材改性研究部、木材特性研究部、加工技术研究部、结构利用研究部、森林管理研究部、林业经营和政策研究部。除此之外，还有 4 个中心（林木育种中心、森林生物研究中心、森林农地整备中心和 REDD 研究开发中心），有 2 个基地（国际合作推进基地和暖化对策推进基地）。森综研在全国设有 5 个支所（北海道支所、东北支所、关西支所、四国支所和九州支所）1 个科学园（多摩森林科学园）。林木育种中心还设有北海道、东北、关西、九州 4 个林木育种场。截至 2012 年 4 月 1 日，森综研有科研人员 451 人，一般职员 630 人，辅助人员 14 人，合计 1 095 人（森林综合研究所，2013b）。

森林综合研究所的经费主要由国家财政预算拨款。最近几年，森综研的年度预算总额均超过 100 亿日元（表 16）。其中，运营费和设施建设费为国家财政拨款，两项合计约占总预算的 85% 以上（森林综合研究所，2013）。

表 16 日本森林研究・整备机构（原森林综合研究所）经费来源 （亿日元，%）

来源＼年份	2012	2013	2014	2015	2016	2017
国家财政拨款						
运营费	91.18	88.29	95.35	93.51	101.85	101.55
设施建设费	30.36	10.87	0.81	1.97	12.65	10.83
其他收入						
横向收入	15.07	15.07	8.46	8.98	10.50	9.73
利息等						
经费总额	137.42	115.05	105.45	105.28	125.42	122.51
财政拨款比例						

资料来源：森林综合研究所决算报告书。

现阶段森综所的重点研究领域包括：①森林管理技术体系、森林作业体系和林业经营体系的开发，具体包括适用于不同地区的多样化的森林经营管理技术、面向国产材稳定供应的新的木材生产技术和林业经营技术等；②促进木材及木质资源利用的技术开发，包括有利于扩大木材需求的木材利用技术、有利于开拓新需求领域的林木生物质综合利用技术等；③森林应对气候变化、涵养水源、保护国土、保护生物多样性等功能的研究，包括森林减缓和适应气候变化的技术、森林减灾防灾和治山治水的高新技术、森林生物多样性保护、评价和管理技术等；④林木新品种开发和森林多种功能有效利用的研究，包括利用快速繁育等技术的林木新品种的开发，森林遗传资源及其利用技术的开发等（森林综合研究所，2013b）。

（二）林业教育

日本的林业教育分为 2 个层面：一是大学林业教育，主要面向国家及地方公共团体培养林业管理岗位的人才等；二是农林高校、都道府县技术培训中心以及私立大学的林业教育，主要培养从事林业生产的人才和技术力量。截至 2010 年 4 月，日本设有森林和林业学科的各类学校共有 105 所，其中专科学校 72 所，短期大学 1 所，大学 27 所（国立大学 23 所），都道府县立农林专科学校 5 所。林业相关学科的大学毕业生估计每年约 800 人，毕业生也以公务员为目标。

在职业培训方面，农林高校曾经作为主要培训机构发挥了主要作用，但是最近农林高校从林业领域分离，从事环境领域等更广泛的教育，因此其培养林业人才的功能逐渐削弱。相反，各都道府县的林业技术中心等地方林业培训机构在林业技术普及和教育培训方面开展了大量的工作。据日本 2012 年林业统计要览，日本 47 个都道府县 2010 年度共开设 3 988 个林业培训课程，培训学员 16.3 万人。

近年来，日本正在积极谋求建立从制定森林经营方案到森林经营、木材销售一条龙的林业管理体制，拟于 2013 年正式启动林务官认定制度。因此，培养能够胜任这种管理的日本式林务官成为最重要的课题。日本准林务官的培训工作于 2011 年在全国 7 个培训基地正式开始，2012 年在东京举办了 3 次准林务官培训班，先后共有 600 余人参加培训，主要培训对象是都道府县和国有林管理职员（世界林业动态，2012）。

八、林业国际合作与交流

日本在林业领域的国际交流与合作非常活跃。日本农林水产省林野厅（主管森林）和环境省（主管野生动植物保护）等部门，与各国际组织保持着密切的合作关系，特别是通过政府援助（ODA）机制和国际协力机构（JICA）与许多发展中国家开展了林业合作。总体来看，日本的林业国际合作主要集中在以下领域：

1. 应对气候变化

由于《京都议定书》产生在日本，日本由在第一承诺期承担着 6% 的减排任务，为此，日本特别注重森林吸收二氧化碳，积极推行清洁发展机制（CDM）。在日本的应对气候变化行动方案中，确定了通过森林吸收二氧化碳实现 3.8% 的减排任务，通过 CDM 机制实现 1.6% 的减排任务。目前，日本在应对气候变化，特别是发挥森林碳汇功能方面态度积极。

2. 非法采伐及相关贸易

日本多年来对于非法采伐及相关贸易持积极态度，本国也在产销监管链认证、合法性和可持续认定、绿色采购等方面做出了一定的努力，特别是由于国际热带木材组织（ITTO）总部就设在日本横滨，所以通过ITTO这一平台，日本与很多国家开展多边合作。

3. 荒漠化防治

日本虽然没有荒漠化土地，但因其有广阔的海岸沙丘分布，在防沙治沙技术方面具有一定的经验，同时又有雄厚的经济实力，故日本政府非常重视《荒漠化防治公约》的履约工作。从20世纪80年代起，日本就开展了荒漠化防治领域的国际合作，多年来一直致力于为发展中国家的荒漠化防治提供技术援助和项目支持。

4. 木材加工利用

日本的木材科学技术整体上处于世界领先水平，通过实施JICA项目与很多贸易伙伴国开展了该领域的合作。目前，主要在木材基础科学研究、加工设备、加工技术、木材综合利用等方面开展广泛的合作。

5. 林产品市场领域

日本是主要林产品消费和进口国。长期以来，日本林业面临的困境是国内森林资源过度增长而又不得不大量地进口木材。导致这一问题的根本原因就是林业生产成本高，国产材价格无法与进口材竞争，森林经营基本上无利可图。因此，对森林不经营、不采伐利用是日本私有林的普遍现像。基于这种现状，日本政府一直致力于推动国产材的利用和出口，以求带动森林经营的开展。进入21世纪以来，日本政府一方面积极促进国内木材加工业原料的国产化，另一方面积极开辟国外木材市场，力图为国产材出口建立一个稳定的国际市场。今后一个时期，日本林产品贸易的重要方针仍将是大力推动国产材的出口。

九、分析与借鉴

（一）面临的主要问题

林业是一个兼具公共事业和基础产业双重性的行业，所面临的问题也涉及方方面面。但对于日本林业而言，最为根本的问题可以归结为两个：一个是木材自给率低的问题，另一个是森林经营难以为继的问题。

1. 木材自给问题

应该说，日本是亚洲的林业发达国家，森林覆盖率高达69%，具有完善的林业管理体制。日本人具有使用木结构房屋的传统和发达的经济，对木材的需求非常旺盛。日本的林木蓄积量超过44亿m^3，如果按照现在每年消费木材8 000万m^3计算，足够满足日本国内50年的消费需求。但是，自20世纪60年代日本开始进口木材，到70年代成为世界第一大木材进口国，到现在仍是世界第三大木材进口国。由于日本国产材与进口材相比在价格上处于弱势，因而造成国内木材需求70%以上依靠进口，森林的年采伐量仅相当于生长量的20%。自1980年以来，对进口木材的依赖使日本林业逐渐陷入了颓废，战后营造的人工林大部分进入了采伐利用期，但却因为国产材在价格上竞争不过进口材而得不到采伐利用，导致国内森林资源得不到很好的经营，质量不断下降。这是日本林业界最为关心也是最为棘手的大问题。

2. 森林经营问题

因为木材卖不出价钱私有林主被迫放弃经营，加之城市化进程的加快，很多年轻人都进入城市就业，农村出现了老龄化，林业劳动力严重不足，造成了森林的荒废荒芜。私有林占全国森林面积六成以上，私有林主放弃经营，不仅影响木材生产，而且对全国的森林质量和未来林业的可持续发展都具有深刻影响。国有林也是如此。日本的国有林约占全国森林面积的1/3，多分布在远山、高山、江河源头，其中有很多是非常重要的原始林、天然林。多年来，国有林不仅承担了涵养水源、保持水土、保护生物多样性等方面发挥了重要的生态功能，同时也生产了全国30%左右的木材，为日本经济腾飞作出了重要贡献。但是，20世纪70年代中期以后，随着日本经济的高速增长，劳动力价格的大幅度提高，与进口木材相比国产木材的市场竞争力越来越弱，林业经营环境日益恶化，使得国有林经营在经济上越来越难以为继。尽管日本从1998年开始对国有林管理和经营体制进行了比较彻底的改革，取得了较大的成效。但由于改革后国有林完全定位为发挥生态功能的公益性事业，而国家对国有林的投入由于受到国家经济状况的制约，增长幅度一直不大。在经济不景气的大背景下，国有林能够从国家争取到多少预算份额，是日本林业界关注的重要问题。

（二）主要经验

日本林业行政历史悠久，林业的法律法规体系和管理体制比较完善。从日本林业管理体制来看，有以下几点经验值得借鉴：

(1)明确的经营目标和与此相适应的分类经营体系。根据所追求的主导功能，日本将森林划分为3种类型，对每一类森林规定了明确的经营方向、期望的森林状态、作业方法和限制。日本对所有类型的森林，都不是完全禁伐，而是通过科学合理的经营措施，有计划地收获木材等林产品。

(2)通过全国森林计划体系指导地方林业发展。日本有一套法律规定的森林计划体系，包括全国森林计划、地区森林计划、市町村森林整备计划、森林施业计划等。所有林业政策都是围绕这一计划体系的实施展开，提高了政策的针对性和系统性。

(3)国有林经营管理体制改革成效显著。日本的国有林自成体系，由农林水产省林野厅全权负责管理和经营。从1998年开始，日本对国有林经营管理体制进行了彻底的改革，明确了国有林的基本定位，改革了管理机构和会计制度，合理处理了债务，引入了管理与经营分离的新机制，使国有林经营状况得到了改善。

(4)通过政策扶持促进私有林发展。作为以私有经济为基础的国家，日本政府对私有林的宏观管理主要是通过政策措施引导和通过经济杠杆进行调节，很少用强硬的行政干预手段。日本政府对私有林的扶持政策有：以财政补贴、信贷支持、税制优惠为核心的经济扶持；以促进抚育间伐、扩大间伐材利用为核心的经营管理促进政策；以森林国营保险和森林灾害共济事业为代表的风险抵御体系；以林业专业技术员和林业普及指导员为核心的技术服务体系；以IT技术应用为代表的信息服务等。通过这些激励措施，有效促进了私有林的发展。

(5)通过发展森林组合提高私有林经营的组织化程度。日本的森林组合历史悠久、法律制度和管理体制健全，形成了一套完整的运营机制，私有林面积入社率达75%，成为私有林经营的主体力量和政府对私有林进行管理、扶持的主要途径。

（王登举　白秀萍　万宇轩）

参考文献

環境省．1995．生物多様性国家戦略．http：//www. biodic. go. jp/biodiversity/wakaru/initiatives1/files/nbsap_ 1995. pdf［2013-04-09］．

環境省．2007．第三次生物多様性国家戦略．http：//www. biodic. go. jp/biodiversity/wakaru/initiatives3/index. html［2013-05-08］．

環境省．2010．生物多様性国家戦略 2010. http：//www. biodic. go. jp/biodiversity/wakaru/initiatives［2013-05-08］．

環境省．2012．生物多様性国家戦略 2012－2020. http：//www. biodic. go. jp/biodiversity/wakaru/initiatives/files/2012－2020/01_ honbun. pdf［2013-05-10］．

環境省．2013．日本の自然保護地域．http：//www. biodic. go. jp/jpark/jpark. html［2013-03-14］．

環境省自然環境局．2012．日本の自然遺産．http：//www. env. go. jp/nature/isan/worldheritage/leaflet_ 2012. pdf［2013-03-15］．

林野庁．2000．森林の公益的機能の評価額について．http：//www. rinya. maff. go. jp/puresu/9gatu/kinou. html［2013-04-09］．

林野庁．2011a．国有林の歴史現状と今後の課題．http：//www. rinya. maff. go. jp/j/rinsei/singikai/pdf/110208k1. pdf［2013-03-24］．

林野庁．2011b．森林・林業基本計画．http：//www. rinya. maff. go. jp/j/kikaku/plan/pdf/kihonkeikakuhontai. pdf［2013-03-15］．

林野庁．2011c．森林・林業再生プランについて．http：//www. rinya. maff. go. jp/j/kikaku/saisei/index. html［2013-03-09］．

林野庁．2012a．森林・林業統計要覧 2012. http：//www. rinya. maff. go. jp/j/kikaku/toukei/youran_ mokuzi. html［2013-04-03］．

林野庁．2012b．森林・林業白書（2011 年版）．http：//www. rinya. maff. go. jp/j/kikaku/hakusyo/23hakusyo/zenbun. html［2013-03-28］．

林野庁．2012c．林政年表．http：//www. rinya. maff. go. jp/j/kouhou/nenpyou. html［2013-03-23］．

林野庁．2012d．松くい虫被害．http：//www. rinya. maff. go. jp/j/hogo/higai/matukui. html［2013-04-07］．

林野庁．2013a．保護林．http：//www. rinya. maff. go. jp/j/kokuyu_ rinya/sizen_ kankyo/hogorin. html［2013-03-12］．

林野庁．2013b．森林整備事業．http：//www. rinya. maff. go. jp/j/seibi/sinrin_ seibi/index. html［2013-03-23］．

森林における生物多様性保全の推進方策検討会．2009．森林における生物多様性の保全及び持続可能な利用の推進方策．http：//www. rinya. maff. go. jp/j/press/kenho/pdf/090723－02. pdf［2013-04-09］．

森林総合研究所．2013a．決算報告書．http：//www. ffpri. affrc. go. jp/koukaijouhou/zaimu/index. html［2013-04-03］．

森林総合研究所．2013b．独立行政法人森林総合研究所中期計画 2011－2015. http：//www. ffpri. affrc. go. jp/koukaijouhou/gyoumu/documents/chuukikeikaku-dai3ki. pdf［2013-04-04］．

中华人民共和国外交部．2014．日本国家概况．http：//www. fmprc. gov. cn/mfa_ chn/gjhdq_ 603914/gj_ 603916/yz_ 603918/1206_ 604546［2014-08-12］．

印度尼西亚(Indonesia)

印度尼西亚共和国(简称印度尼西亚)位于亚洲东南部，与巴布亚新几内亚、东帝汶、马来西亚接壤，与泰国、新加坡、菲律宾、澳大利亚等国隔海相望。印度尼西亚是世界上最大的群岛国家，陆地面积191.35万km^2，由太平洋和印度洋之间13 600个大小岛屿组成(FAO，2012)，其中约6 000个岛屿有人居住。全国总人口2.58亿人(中国外交部网站，2017)，是世界第四人口大国。有100多个民族，其中爪哇族占总人口45%，巽他族占14%，马都拉族占和马来族各占7.5%，其他民族占26%，官方语言为印度尼西亚语。约87%的人口信奉伊斯兰教，是世界上穆斯林人口最多的国家。另有6.1%的人口信奉基督教新教，3.6%信奉天主教，其余信奉印度教、佛教和原始拜物教等。行政区划为一级行政区34个(包括首都特区、日惹和亚齐达鲁萨兰2个地方特区、31个省)，二级行政区514个(县/市)。

印度尼西亚跨赤道南北两侧，属于热带雨林气候，终年受赤道低压带控制，盛行上升气流，终年高温多雨，主要降水类型为对流雨，年平均温度25~27℃。印度尼西亚自然资源十分丰富，主要资源有矿产、森林和渔业。富含石油、天然气以及煤、锡、铝矾土、镍、铜、金、银等矿产。

印度尼西亚富产经济作物，胡椒、木棉、奎宁、藤、棕榈油的产量均居世界第1位，天然橡胶产量居世界第2位。工业以采矿、原料加工、装配制造、纺织为主，其发展方向是强化外向型制造业。近几年制造业增长速度均超过经济增长速度，2009年占GDP比重为26.4%。旅游业是印度尼西亚非油气行业中的第二大创汇行业。

外贸在国民经济中占重要地位，政府采取一系列措施鼓励和推动非油气产品出口。主要出口产品有石油、天然气、纺织品和成衣、木材、藤制品、手工艺品、鞋、铜、煤、纸浆和纸制品、电器、棕榈油、橡胶等。其主要贸易伙伴为日本、新加坡、中国、美国。主要进口产品有机械运输设备、化工产品、汽车及零配件、发电设备、钢铁、塑料及塑料制品、棉花等。

2017年，印度尼西亚的国内生产总值约合10 152亿美元，国民生产总值同比增长率5.07%，为中等收入国家(中国外交部网站，2018)。

一、林业在国民经济中的地位

印度尼西亚热带林面积在世界上排名第三，是全球三个最大的热带木材出口国之一。林业在国家的经济发展中发挥了重要的作用。木材产品的出口是该国外汇收入的重要来源，林业及林产工业还提供了大量的就业机会。据FAO统计，2011年印度尼西亚林业部门提供了45万个就业机会，总劳动力的0.4%；林业总产值145.70亿美元，对国民生产总值的贡献率为1.7%（FAO，2010）。

最近30多年来，印度尼西亚的木材生产、加工和出口贸易有了长足的发展，已成为世界上重要的林木产品出口国之一，主要林产品包括胶合板、木材、纸浆和木制家具等。林产品是印度尼西亚第三大出口创汇产品，仅次于石油天然气和纺织品，每年出口额约75亿~80亿美元，约占非石油天然气产品出口的20%。

另一方面，随着林业就业人数的快速增长，由于林业用地的转化、森林火灾以及非法采伐等原因，印度尼西亚的森林面积逐渐减少，林业部门采取了一系列措施，来缓解对森林资源造成的压力。

二、森林及其他自然资源

（一）森林资源

根据FAO统计，2015年印度尼西亚森林面积为9 101.0万hm^2，占土地面积53%；其他有林地面积2 674.8万hm^2，占土地面积15.6%（表1）。2015年森林蓄积量为102.273亿m^3。每公顷蓄积量为112 m^3。森林面积和活立木蓄积量分别为亚洲第1位和第2位。森林生物量总量249.72亿t，其中地上生物量187.77亿t，地下生物量61.95亿t。

表1　1990—2015年印度尼西亚森林与其他土地面积比较　（万hm^2）

林产品＼年份	1990	2000	2005	2010	2015
森林	11 854.5	9 940.9	9 785.7	9 443.2	9 101.0
其他有林地	不详	2 262.7	2 220.6	2 100.3	2 674.8
其他土地	6 261.2	5 912.1	6 109.4	6 572.2	5 409.9
水域	930.0	930.0	930.0	930.0	930
合计	19 045.7	19 045.7	19 045.7	19 045.7	19 045.7

资料来源：FAO，2015。

印度尼西亚的森林集中分布在加里曼丹、伊里安、苏门答腊、苏拉威西和爪哇五大岛屿。其中加里曼丹森林面积最大，其次是伊里安、苏门答腊、苏拉威西和爪哇岛。森林资源以阔叶林为主，针叶林主要分布在加里曼丹岛。

按照地理和生态特点，印度尼西亚的森林可分为7种类型：热带常绿雨林、落叶林、红树林、沼泽林、海岸林、泥炭林和次生林。亚热带常绿雨林以东南亚有代表性的龙脑香科树种为主，其中树种分布的最多是加里曼丹岛，约有300个树种。全国森林树种共有4 000多种，其中具有商业价值的近250种，商业用材树种50多种。主要商业用材树种有桃花心木、柳桉、龙脑香、南亚松、柚木等。

根据印度尼西亚林业部的林业分类和统计数据，印度尼西亚森林分为国有林和其他森林。国有林又分为生产林、限伐的生产林、防护林、保护林和转化林（表2）。生产林主要用于木材生产，面积2 062.4万hm^2，占森林总面积9 392.4万hm^2的22.0%；限伐的生产林主要用于木材生产和水土保持，但受采伐方式和采伐面积的限制，面积1 818.0万hm^2，占19.4%；防护林主要用于维护基本的环境服务和生态系统功能，特别是水土保持，主要分布在河边、陡坡、水域旁等。面积 2 210.2 万 hm^2，占 23.5%；保护林用于生物多样性和生态系统保护，具体类型包括国家公园、严格的自然保护区、自然游憩园、野生物保护区、重要森林公园和狩猎园等，面积 1 436.5 万 hm^2，占 15.3%；转换林是转变为农田和其他用途的林地。用于农业用途的林地以种植油棕榈为主，面积 1 069.3 万 hm^2，占 11.4%。国有林以外的其他森林面积 796.9 万 hm^2，占 8.5%。

而根据起源划分，原始林面积为 4 602.4 万 hm^2，占 50.6%；天然次生林为 4 004 万 hm^2，占 44%；人工林为 494.6 万 hm^2，仅占 5.4%（FAO，2015）。

表 2　印度尼西亚各种类型的森林面积（2015）　（万 hm^2）

分类	国有林					其他森林	合计
	保护林	防护林	限伐的生产林	生产林	转化林		
森林	1 436.50	2 210.17	1 818.02	2 062.43	1 069.32	795.99	9 392.43
其中：原始林	1 023.90	1 339.04	692.32	788.79	527.52	105.73	4 477.30
次生林	405.06	840.61	1 065.26	1 096.97	527.54	579.11	4 514.55
人工林	7.54	30.52	60.45	176.68	14.25	111.15	400.59

资料来源：印度尼西亚林业部，2015。

总体来说，由于非法采伐和经济发展的需要，一部分森林划为转化林，森林转化和毁林的趋势仍然存在。根据 FAO 的统计，近 20 年里，森林面积逐渐减少，已从 1990 年的 11 854.5 万 hm^2减少至 2015 年的 9 101.0 万 hm^2，1990—2000 年每年消失的森林为 191.4 万 hm^2，年均减少 1.75%，2000—2010 年森林消失有所趋缓，年均减少 49.8 万 hm^2，年均减少 0.5%。2010—2015 年年平均减少森林 68.44 平均减少 0.14%。印度尼西亚原始林和天然林的占有率高达 94.6%，但近 10 年来逐渐减少。人工林面积在 2000—2005 年期间，年均增加 5 000 hm^2，在 2005—2010 年年均减少 3 万 hm^2，2010—2015 年平均增加 9.4 万 hm^2（FAO，2015）。

（二）其他自然资源

印度尼西亚动植物种类和生物多样性非常丰富，是世界上哺乳动物、棕榈、蝴蝶和鹦鹉数量最多的国家（世界银行，2001）。显花植物 2.5 万种，占世界总种类的 10%。哺乳动物种类多达 515 种，居世界之首；爬行动物 600 种，居世界第 3 位；两栖类动物 270 种，居世界第 5 位。

印度尼西亚是千岛之国，属热带雨林气候，内陆水域面积达到 930 万 hm^2，具有丰富的湿地资源，但仅有部分受到有效保护。其主要的湿地类型包括泥炭沼泽林（约 1 698 万 hm^2，其中保护区面积 167 万 hm^2）、淡水沼泽林（约 519 万 hm^2，其中保护区 103 万 hm^2）、红树沼泽林（约 290 万 hm^2，其中保护区 67 万 hm^2）以及海岸林和湖泊（FAO，2010）。

三、林业法规政策

（一）林业法律法规

早在 1945 年，印度尼西亚政府就把“合理利用自然资源”明确地写入了《国家宪法》，从国家法律层次上确立了林业的地位。1967 年印度尼西亚颁布了《林业基本法》，成为主要的林业法律。此后，相继制定了《环境管理法》《农业基本法》《工业基本法》《土地改革与自然资源管理法》《国家土地政策框架》等相关法律法规。1999 年印度尼西亚颁布了新的《森林法》。该法律以加强林业管理、促进社会发展和保障相关利益方权益为目标，明确了森林土地使用权和管理权，允许个人和合作社参与森林相关的商业活动。

新《森林法》确定了林业管理的基本原则，包括：①森林资源按多用途的目标进行管理；②林业管理应以效益、可持续发展、民主、公平、团结、透明和综合原则为基础，并保障人们的最大福利；③政府有责任鼓励人们参加各种林业活动，推动林业发展；④认可传统原住民社区拥有在不与法律冲突的情况下，因日常所需采集林产品、开展森林经营活动，提高自身福利的权利；⑤社区有权享有由森林提供的健康的环境，以及合法利用森林和林产品，了解森林分配计划、林产品利用计划和林业信息等权利；⑥根据法律规定，由于将其周边的森林或社区土地纳入了林区而导致社区丧失森林或土地，社区有权获得补偿。

另外，新《森林法》还确定了林业管理的主要目标，即在公平与可持续的原则下，林业管理应通过以下手段来保证人民的最大福利：①保证森林分布均匀，密度合理；②最大程度发挥森林的多种功能，包括贮存、保护和生产功能，以可持续地实现其环境、社会、文化和经济并保持均衡；③提高集水区承载力；④鼓励以参与、公平和环境友好的方式提高社区开发的潜力，形成应对外部变化的发展后劲；⑤确保利益分配的公平性与可持续性。

（二）主要林业政策

印度尼西亚的林业作为国家经济发展的支柱产业，在国民经济中占有极其重要的地位。因此，印度尼西亚政府十分重视林业的发展，并根据国民经济发展的不同阶段和国际形势的变化制定和调整林业发展政策。

印度尼西亚的林业政策主要包含在《国家经济发展五年计划》之中，该计划自 1969 年开始每 5 年制定 1 次。1989 年制定的经济计划所确定的林业政策主要包括控制原木生产，扩展森林资源，同时发展胶合板、制材、纸和纸浆等木材加工业，推动出口和国内需求。2001—2005 年新世纪林业政策的战略重点是打击非法采伐、促进木材为基础的产业重组、防范森林火灾、发展人工林产业和森林分权管理。2005 年以后确定的五个优先政策目标包括打击非法采伐和相关贸易、振兴林业部门特别是林业产业、保护和恢复森林资源以及促进森林周围的社区经济发展来保证稳定的森林面积等。

为了充分利用国内丰富的森林资源，振兴印度尼西亚经济，印度尼西亚政府于 1967 后制定并颁布了允许私人企业租赁承包林木业的第 5 号法令，规定任何人只要按照政府有关法令，按森林面积的大小以及经营年限交纳承包租赁费，或建立林产品的分享制度，即可获得森林经营权，自主开发及经营森林，林产品自由经销买卖。法令颁布后，大批印度尼西亚私人企业以及外国公司先后与政府签订森林经营权协定。到 1997 年，拥有森林经营权的大小业主共有 400 多家，他们承包租赁的森林面积少则数万至数十万公顷，多则达数百万公顷。结果大片森林被乱砍滥伐，自然灾害与日俱增，使印度尼西亚面临着越来越严峻的资源和环境压力。

针对林业发展中的种种问题，印度尼西亚开始调整和改变森林政策，制定相应的法律法规，采取多种措施促进林业的可持续发展。

一是降低林业公司采伐配额，严格控制林木采伐量。印度尼西亚是热带木材生产大国。20 世纪 80 年代，年产木材超过 6 000 万 m^3。近年来，随着国际上环境保护浪潮的兴起和国际社会对热带林保护的呼声高涨，以及西方部分国家发起的抵制热带木材的运动，印度尼西亚已逐步压缩了木材采伐量，并结合本国国情，把林业发展的重点转向木材加工工业。2000—2004 年，印度尼西亚政府实行休林期，降低森林采伐限额，从 2002 年的 1 200 万 m^3 逐步下降至 2005 年的 540 万 m^3，并责令木材公司缩减木制品生产能力，由原来的 3 000 万 m^3 降至 2 000 万 m^3。为了弥补工厂企业木材原料之严重不足，印度尼西亚林业部将 2006 年林木采伐限额提高至 810 万 m^3。这个计划尽管得到了国会的批准，但遭到环保团体的强烈反对。

二是加大执法力度，制止非法采伐和非法走私活动。日益猖獗的非法伐木和走私活动已对印度尼西亚经济、社会和政治造成巨大损失。为此，印度尼西亚林业部等有关部门决定加强对非法采伐和走私出口的管理。政府加强了对一些木材采运企业的管理，减少其木材采伐量，同时对各地木材加工企业的原料来源（产地）加强检查，严格控制伐木许可证的发放，关闭以非法原木为原料的木材加工厂。为加大对林木产品非法走私的打击力度，印度尼西亚工贸部还规定政府只对已注册登记的林木产品出口商颁发林木产品出口证。

三是提升木材产品附加值，提高林业生产率，增加出口额。为实现林业可持续发展的目标，印度尼西亚政府支持研究和开发有高经济价值的木材，将其加工成木制品出口，增加产品附加值。旨在通过提高生产效率和木材利用率，而不是以毁坏森林、破坏环境为代价增加林产品的出口。

四是实施新的林业管理条例，加强对个体和公司森林所有权的管理。印度尼西亚林业部于 2004 年 11 月颁布实施了新的《林业管理条例》，加强对森林所有权的管理。新条例规定，一家公司在印度尼西亚拥有的工业用材林地不得超过 5 万 hm^2，个体不得超过 1 000 hm^2，合作经营不得超过 5 000 hm^2。此外，林业部这项新条例还规定，一家公司在一个省内的森林特许采伐权不得超过 10 万 hm^2，在全国不得超过 40 万 hm^2。

现阶段，印度尼西亚的林业政策主要是：①加强森林资源保护和生物多样性保护；②积极推行森林资源可持续经营；③采育结合，大力发展人工林；④大力发展森林工业和木材加工业；⑤开拓国际市场，出口高附加值产品，增加创汇能力；⑥开发非木材林产品，实行多种经营；⑦积极创造社会就业机会；⑧积极开展林业国际合作与对话。

未来印度尼西亚林业部门的发展目标是，到 2025 年使林业成为“可持续发展的支柱”。为此，确定了林业发展的六个“任务”：①为林业发展创造一个强有力的体制框架；②提高森林资源的价值和可持续生产力；③发展环保、有竞争力和具有高附加值的林业产品和服务；④营造有利的林业投资环境；⑤提高林产品和服务的出口水平；⑥创建负责而公正的林业管理体系，增加社会福利并发挥社会的积极作用。

2010 年 1 月，印度尼西亚财政部通过了 2010—2014 年新的八个林业战略重点：森林面积的分区管理和森林经营单位的建立；森林恢复和流域承载能力的提高；森林面积和森林火灾的控制；加强生物多样性保护；森林合理利用和森林工业的振兴；维护当地森林社区的权利；减缓和适应气候变化；加强林业制度建设。

四、林业机构与管理体制

（一）林业管理机构

印度尼西亚的行政管理体制包括中央、省和市县级3个层次。森林绝大部分为国家所有，中央设有林业部，全国各省设有省林务局，林务局下设市县级林业局，实行三级管理。

林业部的职责是制定林业法律、法规、林业战略，确定林业项目和工程。在生产方面，林业部负责设定年度采伐指标，审核木材采伐配额、林业生产许可证及处理许可证纠纷等，同时还直接管理许多国家公园。林业部还设有一个由6人组成的“部长特别顾问（SAM）”组，这些顾问分别处理不同领域的问题，这样有助于在处理紧急问题时具有较大的灵活性。林业部的组织结构见图1。

省级和市县级林业行政管理部门负责管理和监督许可证使用、森工企业等。同时，他们还承担森林警察的职责，管理木材运输路线，与其他部门的警察以及军队合作进行边境管理。省林务局除行政管理部门外，设有产品与市场、森林恢复与社会林业、森林保护、规划与评估、勘察与保障、森林利用、林区与边境等办公室。

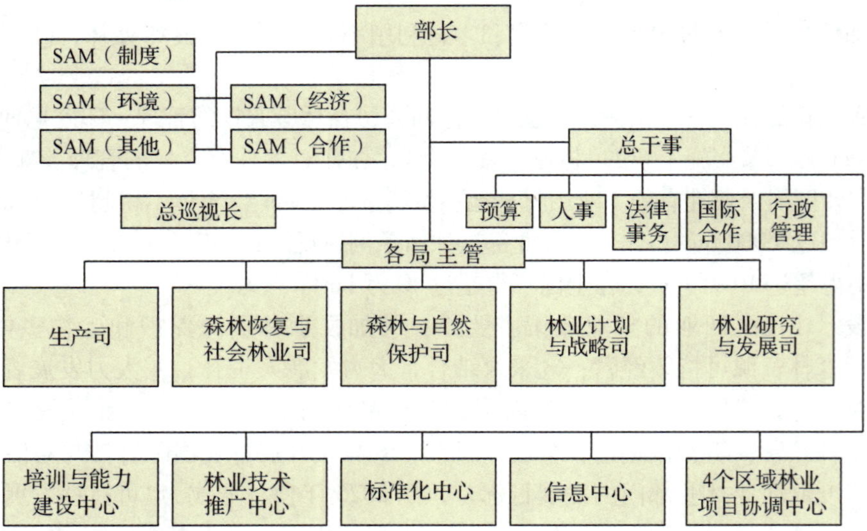

图1　印度尼西亚林业部的机构设置

在2001年实施的《区域自治法》和《区域财政自治法》中，把包括森林资源在内的自然资源管理权限交给了地方政府，加强了地方政府对自然资源的管理与税收，但削弱了中央及省级政府的职能。依照这些法律，很多地方政府制定了自己的土地利用空间规划，加快了森林开发利用和林地用途的转化，造成了森林过度采伐和毁林。这次权力下放改变了森林管理制度，但由于准备不充分，导致是原来由中央直属管理的森林遭到了巨大的破坏，受到各方批评。为加强中央、省和市县各级林业行政管理机构的协调，2004年林业部成立了4个区域林业项目协调中心，负责不同行政层次上和利益相关者之间的协调工作。

2014年林业部与环境部合并组建成为环境与林业部。随着部门调整，林业部门的权责也被分流，如林地管理移交给国土局。目前两部合并工作还在进行之中，因此仍关注于原林业部的架构与职能。

（二）森林资源管理制度

2007年印度尼西亚政府法规（PP6/2007：森林安排、森林管理规划与森林利用准备）改变了森林资源管理模式，将包括社区参与等内容纳入到全国整个林业部门的管理之中，其核心是建立涵盖全国范围的森林经营单位（FMU）体系，作为现有三级林业行政管理体系的补充（图2）。这使印度尼西亚林业从原来主要以发放采伐许可证为基础的森林利用管理，转变为以整个生态系统经营为基础包括森林规划、利用、恢复和保护的综合管理模式。这些新规定同时加强了省、市级机构在森林管理中的职责。

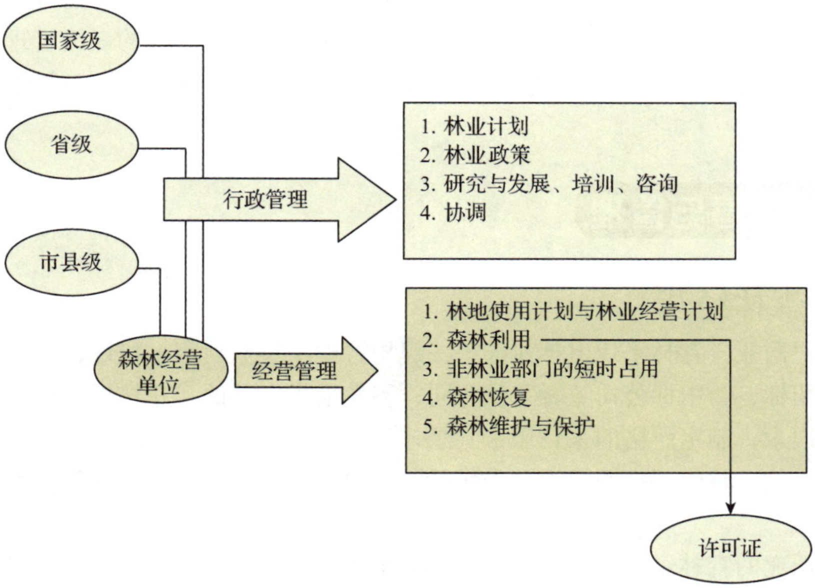

图2　森林行政管理体系

森林经营单位根据其业务领域归属于不同级别的行政部门管理，如森林保护仍然由林业部负责。跨省的森林经营单位归口林业部，跨市的森林经营单位归口省林业厅，市级及市级以下的森林经营单位归口市林业局。在特殊情况下，中央政府可以建立基于森林经营单位的国有林业企业；省级和市级政府可以根据相关法律参与这些林业企业的组建和运营，并享有相应的利益分配权。但是，目前这方面的制度还没有完全建立。

在新的森林经营单位体系下，印度尼西亚未来的森林将由持有特定许可证者的经营者经营。新制度的特点是，森林经营单位的人员可以更为有效地控制森林许可证的执行情况。许可证类别包括商品木材使用许可证、商业非木材使用许可证、环境服务许可证、商业林地使用许可证、木材采伐许可证、非木质林产品采集许可证等。许可证按不同层次可由市级、省级和国家级林业主管部门发放，持有人可为个人、私营企业、国有企业或协会。

新制度的另一个特点，是支持当地居民和社区更密切地参与森林利用。在森林经营方面，社区可以申请村庄森林经营许可证、社区森林经营许可证以及合伙经营许可证。森林经营单位支持各个社区制定出自己的长期和年度工作计划。林业部建立了社区与村森林管理国家基金，对社区参与造林等活动给予支持，并特别关注退化森林的恢复和森林的生态服务。

另外，林业部加强了国家层面的政府、社区、民间团体等多利益方的林业协调和政策对话。政府成立了林业部门间委员会；2006 年 9 月建立了国家林业理事会，进一步促进社区参与；此外建立了不同层次的论坛与机构，如印度尼西亚林业咨询团体（后来部分被社区林业交流论坛所取代），鼓励社区参与林业可持续发展。除政府机构外，印度尼西亚还有很多与林业有关的民间团体，如印度尼西亚人造板生产者协会（APKINDO）、印度尼西亚森林采伐者协会（APHI）、印度尼西亚锯材生产者协会（ISA）等。这些民间团体也参与国家林业政策的制订和执行。

总之，经过改革和探索，印度尼西亚已建立了包括国家级、省级、市级和森林经营单位级比较完善的森林经营管理体系，并明确了各自的职责，从传统上的由林业部进行中央集权的行政管理体制，过渡到以森林经营单位为主体并有社区参与的三级管理体制。印度尼西亚的林业管理和林业发展具有自己的特点，但也存在一些问题与挑战（李智勇等，2008）。

五、森林经营与管理

（一）森林经营

在印度尼西亚，森林采伐由林业部统一规划管理。包括划定采伐区；面向所有采伐公司组织公开招标，与中标公司签署采伐合同；签发采伐许可证，并根据伐区的林分结构和立地条件等因素，制定严格的采伐限额；要求采伐公司严格按照采伐限额进行采伐作业，不得超限额采伐。林业部定期组织对采伐区进行检查，对违反采伐合同者，课以重罚或吊销采伐许可证。

印度尼西亚的森林经营按照修改后的《修正择伐施业法》《皆伐・天然更新施业法》和《皆伐・人工更新施业法》这 3 项施业法进行。各施业法的作业标准如下：

（1）择伐施业法。主伐前 1 年，进行林分蓄积量调查，收获木及保留木的标识；主伐期择伐限定直径以上的收获木；主伐后 1 年，进行择伐迹地调查；主伐后 2 年，割灌割藤，对更新差的地方和皆伐面进行补植；主伐后 5 年，进行割灌、除伐。

（2）皆伐・天然更新施业法。主伐前 1 年，进行活立木及幼树调查；进入主伐后，皆伐商业用材及枯立木，商业用材的最小皆伐直径为 15 cm。

（3）皆伐・人工更新施业法。适用于人工林或转换为人工林的森林，皆伐、整地后，进行商业树种播种和补植，栽植 2 年后，保证最低成活率达到 40%。

1. 天然林经营

自 1989 年以来，印度尼西亚将择伐和补植体系（TPTI）作为所有天然林的主要育林体系。根据此体系，将天然林中的生产林分为多个森林经营单位，每个单位的经营管理基于 35 年的采伐周期。由于天然林的类型不同，可采伐的树木的最短胸径也不同：生产林为 50 cm，限伐的生产林为 60 cm，沼泽林为 40 cm。每种森林类型在采伐后每公顷必须保留 25 棵具有商业价值的树木，其中生产林保留林木胸径应在 20～50 cm 范围内；限伐的生产林保留林木胸径应在 20～60 cm；沼泽林保留林木胸径应在 20～50 cm 范围内。此外，采伐后必须利用苗圃或森林中的密集分布的其他天然更新的幼苗进行充分的补植。根据35年的采伐周期，每个森林经营单位又分为35个单元，每年只采伐一个单元。林业部负责确定和批准此单元的年采伐限额(AAC)，并且规定每个森林经营单位至少应将700 hm^2的森林作为保护区。

此外，每个森林经营单位必须制定森林经营规划，主要内容包括森林面积与森林经营目标；造林、抚育和采伐体系；需要移除的树种、最小采伐胸径，年采伐立木的材积和数量；以及其他各种营林措施等。另外，每年还需制定更详细的年度管理计划，主要内容包括具体的区域、被采伐的立木数量和材积、剩余树木的数量、道路建设和维护说明以及减少土壤侵蚀和其他损害的方法。

为了提高TPTI体系的适用性和天然生产林的生产力，林业部最近推出了以胸径40 cm为限和采伐周期25年为标准的新的营林技术，称为集约育林体系(TPTII)。此体系被应用于采伐后处于退化趋势的森林区域。在此区域内划定了一个3 m宽和1 000 m长的种植带来种植柳桉科树种，每个种植带之间的宽度约为20 m。此体系于2005年开始在一些森林特许权区应用(FAO，2008)。

2. 人工林经营

印度尼西亚的人工造林最早始于19世纪晚期，当时是从柚木育苗植栽开始的。但是，比较系统的、有组织的、较大规模的人工造林始于20世纪70年代后期。由于20世纪60～70年代，印度尼西亚林业以森林采伐、原木出口为主，对森林更新和人工造林重视不够。为减少天然林采伐，扩大森林资源，缓解社会问题和人口对森林的压力，同时为弥补天然林木材短缺，保证工业原材料供应，1978年起，印度尼西亚政府把人工造林纳入国家第3个《五年发展规划》，通过林业部下属的地方林务局和州营林局开展人工造林。造林经费来自总统特别预算。1983年又开始推行工程造林，即营造工业用材林，主要是纸浆和胶合板用材林。1992年将林区移民问题与工程造林相结合，开展移民林工程，同时也开展重点林种造林工程。工程造林以永久生产林及限伐的生产林中的荒芜土地和每公顷立木蓄积量不足20 m^3的林地为造林对象。主要造林树种为龙脑香科、马鞭草科、桃金娘科、南洋杉科、檀香科及山榄科等树种，如柚木、金合欢、大叶桃花心木、贝壳杉及桉树等。这些工程实施以后，造林面积呈增长趋势，2005年人工林面积达到369.9万hm^2，2010年有所下降，为354.9万hm^2。

为激励私人和公司企业造林，印度尼西亚政府制定了造林优惠政策。如为人工造林提供无息贷款(占造林成本的32.5%，偿还期为7年)；政府与私有部门合资营造工业人工林(政府投资额占40%)；为营造短周期纸浆林提供无息贷款(占总投资额的30%，偿还期为3年)；政府支持公司在资本市场获取用于营造人工林的资金；对于森林特许采伐区的残留植被，如果为了造林，可以对其进行采伐而不需缴纳费用。

采用人工更新的皆伐体系(THPB)是印度尼西亚人工林的主要育林体系。与天然生产林择伐体系不同的是，每个森林经营单位人工林的树木轮伐期根据树种种类而定。如柚木人工林的经营周期是40～80年，而相思树和桉树等纸浆林的周期为6～8年(FAO，2008)。

3. 森林可持续经营与认证

印度尼西亚是世界上最大的热带木材生产国之一。20世纪80年代中期，随着全球环境保护的呼声日渐高涨，印度尼西亚因其森林采伐量大得惊人，而受到西方国家和国际环保组织的极大关注。西方国家和 FAO 及国际热带木材组织合作，曾多次派出专家和调查组赴印度尼西亚调查其森林经营状况，并强烈要求印度尼西亚减少木材采伐量。同时，印度尼西亚木材的主要国际市场美国和日本分别提高了印度尼西亚胶合板的进口税，而德国和英国等西方发达国家则发起了抵制热带木材的运动。

面对国际压力，印度尼西亚和东南亚其他热带木材生产国做出了强烈反应，认为西方国家禁止使用热带木材主要是出于本国的经济利益。此后，随着国际森林问题讨论的不断深入，特别是 ITTO 标准和指标的出台，印度尼西亚政府逐渐转变了立场，表示支持森林可持续经营和制定有关国际森林问题的文件，同时承诺，根据 ITTO 制定的标准和指标，到 2000 年实现森林的可持续经营。印度尼西亚已根据 ITTO 标准与指标制定本国森林可持续经营的标准和指标。为了积极应对国际消费者对绿色产品的需求，提高社区在林业中的发言权，同时在林业贸易中重视环境问题，印度尼西亚政府开始考虑实施森林可持续经营及相应的生态标签制度。印度尼西亚林业部门意识到森林认证是实现森林可持续经营的有效途径，于 1992 年开始发展本国的森林认证体系印度尼西亚生态标签研究所(LEI)认证体系，并于 1998 年正式运作。

到 2012 年 6 月，印度尼西亚有 366.2 万 hm^2 的森林通过国家体系 PEFC 的认证，32 个企业通过产销监管链(COC)认证，另外印度尼西亚还有 39 个森林经营企业的 307.5 万 hm^2 的森林开展了国际体系森林管理委员会(FSC)的认证，COC 认证数量为 260 个。

（二）森林保护

森林火灾一直是困扰印度尼西亚林业发展的一个严重问题。无论是林火次数，还是林火面积都呈不断上升的趋势，这也成为国际社会关注的热点之一。印度尼西亚自 20 世纪 80 年代以来严重火灾几乎年年发生，其中加里曼丹岛和苏门答腊地区的森林火灾尤为严重。印度尼西亚的森林火灾不仅对本国林业发展构成严重威胁，而且殃及邻国，造成严重的经济损失和环境损失。

在印度尼西亚，森林火灾不仅仅是林业部门本身的问题，而是一个深刻的社会问题。引起森林火灾的因素很多，其中最主要的因素是传统的农业耕作方式、放牧和人口迁移、营林方式和自然现象等。而农业烧荒、草地烧荒和流动人口进山烧荒开地是传统的谋生手段，有很深的社会根源，不是林业部门自身可以解决的问题，也不是短时间内可以解决的社会问题。

为防止森林火灾的发生，近年来印度尼西亚政府加强了森林防火的管理措施，包括建立护林队伍；划分森林火灾消防单元，配备消防队，建立消防队；建立全国森林火灾管理协调机构，以加强林火的管理工作等。但由于政府管理不善、法律执行不力，目前森林火灾仍频繁发生。

由于印度尼西亚热带天然林具有丰富的物种多样性，森林生态系统比较稳定，病虫害的发生很少，但历史上也有病虫害爆发的记录。相对而言，人工林由于树种的单一，林龄相同，森林病虫害危害较大，但总体人工林面积较小，影响较小。发生病虫害的主要树种包括越南松、山地木麻黄、胶木和海漆。相对而言，印度尼西亚在病虫害防治方面的措施也比较少。

（三）森林服务

为增强森林的生物多样性保护、水土保持、休息游憩等多种服务功能，印度尼西亚政府规划建立了各种自然保护区，包括国家公园、自然保护区、野生动物庇护所、自然游憩区、狩猎场、森林公园，同时设立了专门用于水土保持的保持林。印度尼西亚丰富的生物多样性和良好热带雨林生态系统，为开展生态旅游提供了独特的条件与优势，在1999年制定的国家发展指南中生态旅游被列为官方发展战略。目前，印度尼西亚已有20多个全国性和区域性的生态旅游协会，来自当地和国外的游客逐年增多，生态旅游已经成为印度尼西亚的一项重要产业，成为当地社区居民增加收入的重要途径。

六、生物多样性保护

印度尼西亚是世界上最大的热带林国家之一，也是世界上最复杂的森林生态系统所在地之一。印度尼西亚的森林动植物种类极其丰富，植物、哺乳动物、爬行和两栖动物、鸟类分别占世界总量的10%、12%、16%和17%。印度尼西亚陆地面积仅占世界陆地面积约1.3%，但却栖息着约32.5万种野生动植物。印度尼西亚生物地理区跨东洋区和澳大利亚区，加之岛屿国缘故使生物在岛屿单位上被隔离、进化等，是印度尼西亚拥有多样化生物的原因。但是，木材采伐、泥碳林向油棕榈转变以及矿山开发使这些生物栖息地的热带雨林正在持续减少。此外，防止森林火灾及非法开发和非法采伐措施不利等也是导致生物栖息地减少的重要原因。

在国际自然保护联盟(IUCN)的濒危物种红色名录中，以印尼为栖息地的动植物就有877种。在《濒危野生动植物种国际贸易公约》(CITES)的附件中所规定的953种(包括种、亚种和个体群)禁止商业交易的动植物种中，也有很多以印度尼西亚为栖息地(白秀萍，2012)。由于印度尼西亚的大部分地区道路不够发达，对野生动植物的调查也很不充分，因此目前尚没有比较全面、准确的数据。

（一）生物多样性保护措施

在印度尼西亚，森林破坏的主要原因是无节制采伐和游耕，后者的破坏更为严重。因此，为加强森林和生态的保护，印度尼西亚政府主要采取了以下措施：

(1)建立各类保护区。2007年，印度尼西亚的保护区面积约3 770万hm^2，约占其陆地面积的10%。其中包括由林业部管理的495个陆地保护区(面积2 270万hm^2)、40个海洋保护区(面积1 160万hm^2)，以及由海洋与渔业部管理的69个保护区(面积340万hm^2)。林业部管理的自然保护区又分为自然保存区、野生物避难所、国家公园、自然游憩园、重要森林公园及狩猎园(表3)，海洋与渔业部管理的保护区见表4。

表3 印度尼西亚林业部门管理的自然保护区类型(2007) (万hm^2)

类型	数量	面积
自然保存区	247	470.8
野生物避难所	77	539.0
国家公园	51	2 228.1

（续）

类型	数量	面积
自然游憩园	123	103. 9
重要森林公园	21	34. 3
狩猎园	14	22. 6
合计	531	2 798. 7

资料来源：印度尼西亚环境部，2008。

表 4　印度尼西亚海洋与渔业部管理的自然保护区类型(2007)　（万 hm^2）

类型	数量	面积
区域海洋保护区	28	328. 19
建议的区域海洋保护区	3	1 361. 18
海洋保护区/红树林保护区	27	0. 21
鱼类栖息地	10	0. 05
合计	69	1 689. 63

资料来源：印度尼西亚环境部，2008。

(2)保护区外的物种保护。在保护区以外的地区，也存在着对于特定种而言的重要栖息地，主要根据生物保护法实施了种一级交易限制及保护繁殖等措施。生物保护法指定了294 个保护物种，被指定种无论生死都禁止采集、损坏、运输、销售等。而且，政府颁布了《保护战略 2008—2018》林业大臣令，提出了每个分类群优先保护的种，明确了这些种的保护方针。对于被列为优先保护种的物种，林业部逐渐制定了行动计划，2011 年 3 月公布了猩猩、犀牛等 4 种动物保护计划。现在正在制定的倭水牛(ANOA)行动计划，预定同时发布栖息地调查、防止非法捕获和非法交易、普及启蒙等计划的优先度和年度日程。

(3)规划防护林和水土保持林。根据国家土地利用计划，印度尼西亚规划出 2 210 万 hm^2 的防护林和水土保持林，并依法规定不得进行采伐。

(4)发展社会林业。20 世纪 90 年代初，印度尼西亚开始引进和发展社会林业，其主要目的是为乡村居民提供燃料，创造社会就业，增加村民收入，以减少乡村人口对森林的压力。在技术培训的基础上，分给每人 4 hm^2 土地，从事林业生产，种植多用途树种。

（二）自然保护区建设和湿地管理

印度尼西亚有多个政府部门参与到野生生物和自然保护区的管理，主要包括人口与环境部、林业部、海洋与渔业部、农业部以及财政部、国家警察局等。人口与环境部负责协调其他部委制定协同的环境政策，农业部参与国家保护计划的制订，财政部提供资金支持，国家警察局参与自然保护区和湿地保护的执法工作。最主要的保护活动由林业部的森林与自然保护司(PHPA)负责。PHPA 具有保护、保存和管理现有的保护林、自然保护区、游憩区、狩猎公园以及海洋保护区、海岸区体系的职责，并负责制定相关法律法规，以控制和管理自然资源的开发。另外，每个省都有一个地方规划部门负责管理批准所有的保护计划，并将其融入地区发展计划之中。为了使森林资源保护纳入法制轨道，1967 年颁布的《林业基本法》和 1999 年颁布的新《森林法》，明确了政府在保护森林和野生动物方面的具体责任。一些国际环保组织，如世界自然基金会(WWF)、大自然保护协会(TNC)、保护国际(CI)也在该国开展相关的环境保护项目，推动生物多样性的保护。

七、林产品生产、加工与贸易

（一）木材工业

印度尼西亚的木材工业从1980—2010年经历了快速发展和结构性调整。20世纪80年代以前，印度尼西亚是世界上最大的热带木材出口国，生产的木材主要用于出口。从70年代末开始，印度尼西亚政府为发展本国的木材工业，提供社会就业，开始由原木出口转向木材加工品出口，原木出口政策经历多次调整。1979年提高了木材出口税，1985年又颁布法令全面禁止原木出口，1989年开始征收锯材出口税，1992年开始征收禁止性木材出口税。1998年印度尼西亚政府与国际货币基金组织协议解除原木出口禁令。在禁止原木出口的同时，政府出台了多种优惠政策，促进国内木材加工业发展。随着国家林产工业政策的转变，国内木材加工业迅速发展，各种木材加工产品出口创汇不断增加，到80年代中期，已由原来的原木出口国转变为热带木材加工品出口国，木材制品出口产值占国民经济的比重不断增大。而且，原木生产从主要依靠天然林逐步转向天然林与工业人工林并重。

1. 原木与制材工业

从表5可以看出，近10年原木、锯材和人造板的生产量均有所下降，而纸和纸板增加了65%，木浆增加40%。原木产量从2000年1.3亿m^3下降至2005年的1.2亿m^3和2009年的1.1亿m^3，2011年后有所提升。其中工业原木略有增加，从2000年的4 885万m^3，增加至2005年5 007万m^3及2017年的7 404.1万m^3，而木质燃料则呈逐年下降的趋势，从2000年的8 898万m^3下降至2017年的4 620.9万m^3。

20世纪70年代，印度尼西亚制材工业相当薄弱。80年代后期，随着林业发展的重点由原木出口向木材加工品出口的转移，制材工业得到迅速发展，锯材出口不断增加。为了限制锯材出口量，发展本国的木材深加工，出口高附加值的木材加工品，印度尼西亚于1990年提高了锯材出口税。2000年锯材产量为650万m^3，至2017年则下降为416.9万m^3。

表5　印度尼西亚2000—2017年主要木材产品产量　（万m^3，万t）

林产品 \ 年份	2000	2005	2007	2009	2011	2013	2015	2017
原木	13 783.0	12 379.1	11 527.6	11 014.7	11 799.3	11 523.2	12 231.7	12 025.0
其中:工业原木	4 884.9	5 007.2	4 745.1	4 780.6	6 070.5	62 606.0	7 404.1	7 404.1
木质燃料	8 898.1	7 372.0	6 782.5	6 234.1	5 728.8	5 262.7	4 827.6	4 620.9
锯材	650.0	433.0	433.0	416.9	416.9	416.9	416.9	416.9
木片及木屑	44.8	44.8	110.0	101.3	178.8	178.8	217.6	217.6
人造板	889.6	524.1	538.5	540.7	3.8	665.6	535.4	540.4
其中:单板	6.9	15.5	29.9	68.5	81.6	81.6	76.1	76.1
刨花板	20.0	12.5	12.5	12.5	12.5	12.5	12.5	12.5

（续）

林产品 \ 年份	2000	2005	2007	2009	2011	2013	2015	2017
胶合板	526.8	820.0	453.4	453.4	415.0	485.0	380.0	380.0
纤维板	44.7	42.7	42.7	42.7	44.7	44.7	66.8	71.8
纸和纸板	697.7	722.3	772.7	990.8	1 003.4	1 024.7	1 024.7	1 046.6
木浆	408.9	432.6	517.7	496.4	645.5	667.7	678.2	628.2

资料来源：FAOSTAT，2017。

2. 人造板工业

近年，人造板产量总体呈现下降趋势，从2000年的890万m^3下降至2010年的463万m^3。其中胶合板工业是印度尼西亚人造板工业乃至木材加工业的重要组成部分和发展重点。自1985年全面禁止原木出口以来，胶合板工业不断扩大，到1995年，胶合板厂家已增至130多家，胶合板产量达到990万m^3，其中出口870万m^3，创汇39亿美元。2000年以后受到非法采伐、税收增加和国际市场竞争的影响，产量逐年下降，2017年印度尼西亚胶合板产量为380万m^3，出口325.6万m^3，创汇21.8亿美元。目前，印度尼西亚已经成为世界上最大的热带材胶合板出口国，主要市场是日本、美国、韩国和中国等。

与胶合板相反，近年单板产量呈连续上升趋势，2010年为68.5万m^3，较2006年猛增168%。2017年为76.1万m^3有所下降，略高于2005年的42.7万m^3。刨花板产量从2000年20万m^3下降至2005年的12.5万m^3以后较为稳定。

3. 制浆造纸业

印度尼西亚的纸浆造纸工业始于20世纪20年代，70年代中期呈现出快速发展的趋势。80年代后，在大力发展木材加工业的同时，印度尼西亚看准了国际和国内纸产品市场的巨大潜力，积极发挥本国森林资源优势，发展制浆造纸工业，目的在于减少国内对进口纸产品的依赖，并逐步由进口转向出口。目前印度尼西亚的制浆造纸业发展迅速，纸和纸板产量从2000年的698万t上升至2010年的1 153万t，而木浆产量从2000年的409万t上升至2017年为628.2万t，此后仍然缓慢增长，2017年为1 046.6万t。

（二）木材产品贸易

2017年印尼林产品进口额为23.71亿美元，出口77.52亿美元(表6)，出口额约是进口额的3倍。其中原木、木浆进口量大于出口量，原木进口量是出口量的188.4倍。相反，锯材、人造板、纸和纸板的出口量大于进口量。其中，人造板出口量是进口量的7.5倍，纸和纸板出口量是进口量的6倍，木浆出口量是进口量的2.1倍。也就是说，印度尼西亚尽管其拥有丰富的森林资源，但也已经成为一个木材初级产品进口国和木材加工品的出口国。

表 6　2017 年印度尼西亚林产品进出口贸易　　（万 m^3，万美元）

产品	原木	锯材	人造板	纸和纸板	木浆	林产品
进口量	56.25	21.87	46.25	64.7	158.1	
进口额	3 795.5	8 429.4	13 522.7	73 087.0	142 668.0	237 134.8
出口量	1.74	44.31	349.6	384.4	99.32	
出口额	2 314.4	33 914.2	237 814.4	301 368.4	370 812.7	775 184.9

资料来源：FAOSTAT，2017。

1. 木材产品出口

印度尼西亚的木材产品的出口一直呈现平稳上升，2017 年林产品的出口值达到 77.52 亿美元，其间经历了 1998 年亚洲金融危机和 2008 年全球金融危机的冲击(图 3)。目前印度尼西亚木材出口仍维持正增长(年均增长 1.85%)，但在所有商品出口总额中所占比重由 2006 年的 8.2% 降至 6.2%，其他商品出口额增长更加迅速。印度尼西亚林产品的主要出口市场是欧洲、北美和亚洲，各占 50.6%、26.8% 和 17.7%，主要出口国为加拿大、美国、德国、瑞典和中国(FAOSTAT，2015)。

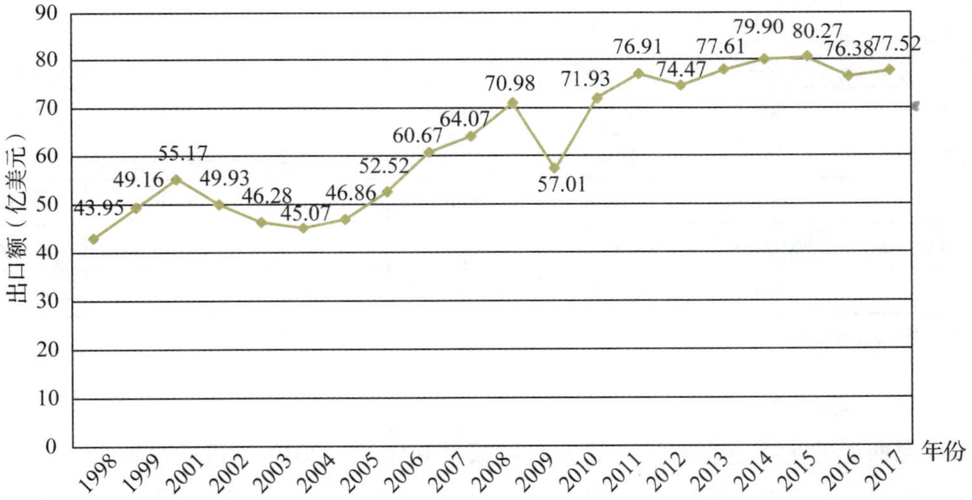

图 3　印度尼西亚林产品出口值

资料来源：FAOSTAT，2017。

印度尼西亚林产品出口种类很多，包括胶合板、纸浆以及各种纸产品、家具和手工艺品。自 2006 年以来，印度尼西亚胶合板产量除 2009 年曾出现大幅下挫外总体呈上升趋势，2017 年胶合板出口额为 22.43 亿美元。印度尼西亚胶合板的主要出口市场为日本、美国、中国、韩国和沙特阿拉伯(表 7)(徐芝生，2011)。

表 7　印度尼西亚主要木材产品出口额　（万美元）

林产品＼年份	2006	2010	2011	2012	2013	2017
锯材	5 352. 5	3 134. 0	4 563. 7	4 159. 5	3 318. 6	
单板	4 141. 9	2 628. 6	3 499. 3	3 390. 6	4 033. 9	3 845. 7
纤维板	5 855. 2	3 661. 2	4 438. 8	4 932. 8	4 752. 9	9 500. 2
胶合板	16 2514. 0	16 3537. 2	195 334. 2	201 136. 4	217 621. 2	224 346. 5
刨花板	1 091. 5	184. 2	229. 0	224. 0	39. 4	122
纸和纸板	25 3216. 1	357 052. 6	354 414. 3	327 717. 5	343 171. 7	301 365. 4
木浆	115 608. 0	146 594. 2	157 144. 8	154 539. 9	192 220. 8	167 137. 6

资料来源：FAOSTAT，2017。

表 8　印度尼西亚主要木材产品进口额　（万美元）

林产品＼年份	2006	2010	2011	2012	2013	2017
原木	1 761. 3	3 142. 71	2 221. 1	1 572. 3	2 192. 0	
锯材	8 975. 2	9 534. 1	11 141. 5	10 398. 9	7 961. 9	8 429. 4
单板	2 552. 2	2 442. 4	3 354. 9	3 558. 3	3 677. 5	1 409. 3
纤维板	902. 1	4 805. 9	7 196. 4	7 305. 3	6 037. 7	4 157. 9
胶合板	2 353. 3	5 550. 7	6 691. 8	7 052. 2	5 711. 7	3 596. 6
刨花板	2 062. 3	5 346. 3	7 469. 2	7 611. 4	8 649. 6	4 349. 4
纸和纸板	36 991. 8	52 046. 7	64 140. 7	64 676. 3	53 061. 8	73 078. 1
木浆	53 566. 8	102 301. 5	116 336. 0	102 144. 6	124 715. 9	99 329. 2

资料来源：FAOSTAT，2017。

2. 木材产品进口

印度尼西亚的主要进口木材产品为木质家具和锯材，2010 年进口总额分别为约 2. 12 亿美元和 9 530 万美元。木质家具主要从中国进口，锯材主要从美国进口，进口额分别为约 1. 14 亿美元和 3 140 万美元。可见，在印度尼西亚进口的各种木材产品中，木质家具进口额的上升趋势最为明显(徐芝生，2011)。

（三）非木材林产品

印度尼西亚具有丰富生物多样性的热带雨林也孕育着多种多样的非木材林产品。印度尼西亚在当地、国内和国际上进行贸易的非木材林产品有 90 多种，但大都缺乏产量数据。印度尼西亚 2007 年的林业统计数据只记录了 16 种主要的非木材林产品，包括竹藤、松脂、松节油、树胶、树脂、蜂蜜、水果、肉桂、西米、苍儿茶、月桂树油、鱼等。2001—2006 年，非木材林产品(包括野生动植物)及其衍生产品的总出口值达到 26. 2 亿美元，其中树漆、树液和树脂占了 74%，其次是木炭，占 10%。

非木材林产品最重要的作用是维持生计，使得人们在缺乏现金时满足基本的需要，而且易于进入市场(Pierce 等，2002)。在家庭遇到困难或经济危机时，非木材林产品能够提供基本的社会安全保障，在家庭没有其他收入来源时，它也能提供现金来源。他们还能为藤本农户提供就业机会。另外，非木材林产品还发挥着重要的传统的文化和精神方面的作用(FAO，2008)。

印度尼西亚的家具生产以藤木家具为主。主要原因是印度尼西亚藤木资源丰富，生产成本低，工艺水平要求不高，适合家庭手工作业，尤其是藤木家具走俏国际市场。目前，印度尼西亚有家具厂800多家，其中50%以上从事藤木家具生产。

八、林业科研与教育

（一）林业科研

鉴于林业在国民经济中的重要地位，印度尼西亚政府对林业科研十分重视。早在1913年，就成立了印度尼西亚林业调查研究所，1957年更名为林业研究院。20世纪60年代，印度尼西亚农业部将林业研究院分为林业研究所、林产品研究所、林产化学研究所和森林工程研究所，1971年又将4个所合并为林业研究所和森林工程研究所2个所。1983年林业部成立时，将林业研究所和森林工程研究所分别更名为林业研究发展中心和林产品研究开发中心，并成立地区林业研究所。目前林业科研由林业部下属的林业研究与发展局负责，现发展成为人工林研究与发展中心、社会经济与政策研究与发展中心、森林保护与恢复研究与发展中心、林业与林产品加工研究与发展中心等4个研发中心和14个地区林业研究所。这些中心和研究所主要支持印度尼西亚林业部的政策制定和科学研究项目。另外，一些大学和综合性的科学研究所也承担部分林业科研任务，而一些私营机构则根据公司发展需要承担特定的研发任务。

上述4个中心均设在国际林业科研机构比较集中的茂物地区。因为国际林业研究中心、国际农用林业研究中心的总部也设于印度尼西亚的茂物，这为印度尼西亚开展林业科研提供了得天独厚的条件和信息。

目前印度尼西亚主要的研究领域包括造林、种苗技术、树木改良、生物技术、林产品技术、流域治理、森林保护、环境服务、生物多样性、气候变化、社会经济与政策、城市林业等。政府2000—2009年所支持的研究项目包括人工林发展、天然林经营、非木质林产品经营、木材工业重组、社区权利、生物多样性保护、退化地恢复及流域治理、森林恢复、改进林业管理等。林业研发面临的主要挑战包括粮食、水和能源的短缺，由于人口增长以及其他需要对林地的压力以及林业在国家发展及重视全球问题所期待的作用(Nur Maspipatin，2008)。

（二）林业教育

印度尼西亚有比较完善的林业教育和培训体系，包括高等、中等林业教育和林业培训。印度尼西亚有8所大学设有林学院(系)，从事高等林业教育。其中加札马达大学(GADJAH MADA University)的林学院最大，设有林地管理、造林、森林利用、林产技术、流域管理、自然保护等林业学科。中等林业教育主要是面向林业生产单位，培养中等技术人员，由2所林业中专和1所地方林业研究所负责。

林业培训主要是针对在职林业官员的培训，包括更新林业知识，提高林业管理技能及政策和决策水平。印度尼西亚在几个大林区设有8个林业培训中心，负责对各级林业官员进行轮训。

FAO、东南亚农林业教育网络和印度尼西亚农林业教育网络在2005年共同发表的评论指出，在一些国家，尤其是森林资源丰富的发展中国家，林业专业课程相对落伍，难以应对现实的需求。主要的问题是林业的课程安排仅是林学和相关学科的汇编，而不是针对特定目标的全面的综合性课程体系。

为此，印度尼西亚正在探索林业教育改革，目的就是让学生了解林业发展的沿革和出现的问题，了解社会政治背景和掌握跨部门交流的技巧，使培养的林业工作者能够洞察林业发展的新趋势，迅速适应国家林业发展的要求。

九、林业国际合作与交流

印度尼西亚作为世界上最大的热带材生产国之一和生物多样性最高的国家之一，其森林可持续经营和森林保护受到国际社会的普遍关注。印度尼西亚也积极开展国际合作和交流，寻求相关支持。开展的合作领域主要包括以下几个方面：

1. 援助项目合作

20世纪90年代，印度尼西亚把林业国际合作纳入林业发展重点，把引进国外技术和资金作为林业国际合作的主要任务，寻求包括技术转让、资金支持、技能培训、资源调查和机构能力建设一体化的国际援助项目。特别是1990年实施《热带林业行动计划》以来，通过与热带木材贸易组织和西方环境保护组织开展积极的双边和多边合作，先后争取到日本海外协力事业团、英国海外发展署、世界银行、亚洲开发银行、欧共体、德国、世界自然保护基金、国际林业研究中心等近百个国际合作项目。

2. 参加国际公约

在开展项目合作的同时，印度尼西亚积极参与国际公约。1994年加入了《生物多样性公约》和《气候变化框架公约》。同时，印度尼西亚也是《濒危野生动植物种国际贸易公约》(CITES)成员国之一。

3. 打击非法采伐

新世纪以来，随着全球对非法采伐和林业应对气候变化的关注，印度尼西亚加强了这些重点领域的全球合作。由于大片森林的被毁与林产品出口等商业活动有着密不可分的联系，因此，印度尼西亚政府在积极打击林木盗伐活动的同时，加强了同亚、欧一些国家的协商与合作。首先与马来西亚、新加坡签订协议，共同打击木材走私活动。2002年12月，印度尼西亚与中国签署了一项初步协议，旨在禁止非法木材的交易。印度尼西亚还与英国、日本、欧盟等签订共同打击非法砍伐和走私的备忘录，开展国际合作，共同打击木材走私活动。一些欧、亚国家与印度尼西亚政府在保护森林资源不被破坏等方面达成的政府间协议已经取得积极成效。为杜绝从加里曼丹到马来西亚走私非法砍伐木材活动，印度尼西亚国会全力支持政府全线封闭印度尼西亚与马来西亚的边界加里曼丹。印度尼西亚国会敦促政府采取各种行动，彻底铲除非法组织从加里曼丹印度尼西亚国境通过边境地区将非法木材走私到马来西亚。为禁止非法木材贸易，提高印度尼西亚木材和木材产品在美国、欧盟和其他消费国的市场机遇，印度尼西亚参与了欧盟的森林执法、施政和贸易进程

(FLEGT)。2007年印度尼西亚政府开始发展国家木材合法性保障体系(TLAS)，与欧盟开始进行自愿伙伴关系协议(VPA)谈判，并于2011年5月5日在雅加达签署了自愿伙伴关系协议。

4. 应对气候变化

森林在应对气候变化的作用备受关注。2010年5月26日于挪威首都奥斯陆举行《奥斯陆气候与森林大会》上，一些发达国家同意提供资金，帮助发展中国家减少森林砍伐和防止森林退化(即REDD方案)。继2009年的哥本哈根气候大会之后，REDD方案被普遍认为是应对气候变化最具前景的一个途径。在此次会议上，印度尼西亚政府代表团公布了一个保护本国天然林的《两年计划》，禁止将天然林资源用于商业用途，以此应对全球气候变化问题，并签署了印挪两国合作意向书。双方合作的主要内容是印度尼西亚制定行动计划，在2020年达到降低碳排放量26%的目标，保护印度尼西亚本国的自然资源尤其是森林得以恒存。据评估，拥有2.25亿人口的印度尼西亚对森林资源的商业利用，使印度尼西亚成为世界上第三大温室气体排放国，仅次于美国和中国。印度尼西亚这一禁令的实行，将有助于保护天然林免受更多破坏。

2011年初印度尼西亚总统苏西洛·班邦·尤多约诺(Susilo Bambang Yudhoyono)签署了一项总统决定书，在未来两年，禁止砍伐原木，范围包括了6 400万hm^2具有碳吸存功能的原始林和泥炭地，并且不再许可这些地区的开垦。这项禁令是印度尼西亚和挪威共同协议的一部分，此协议价值10亿美元，目标是减少两国由森林砍伐及森林退化所带来的温室气体排放。印度尼西亚政府誓言，以"基准情境"[business-as-usual(BAU)，未采取任何减量措施的情境]为基础，在2020年之前将减少26%的排碳量，甚至在国际支持之下减少41%。

在2011年4月召开的全球企业环境峰会(Business for Environment Global Summit)上，印度尼西亚总统尤多约诺宣布了几项计划，藉由改变印度尼西亚发展经济的做法以减少森林消耗及改善土地退化，如减少制造纸浆和种植棕榈油树。现在，政府将行动的焦点转移至次生林，采取必要行动，保护次生林中的高碳吸存量植物、生物多样性以及文化价值。

十、分析与借鉴

(一) 主要问题

近20年里，随着人口的快速增长以及林业用地的转化、森林火灾以及非法采伐等原因，印度尼西亚的森林面积逐渐减少，林业的发展依然面临着很多问题与挑战。主要包括：

1. 乱砍滥伐，森林资源遭破坏

印度尼西亚是目前世界上森林毁坏速度最快的国家，亚洲面积最大、最茂盛的印度尼西亚热带雨林目前正遭遇危机，面积已从1990年的11 854.5万hm^2减少至2015年的9 443.2万hm^2，20年里减少了约20%，年均减少幅度为1.02%。最近几年，平均每年有380万hm^2的森林永远从印度尼西亚大大小小的岛屿上消失。随着森林的消失，当地自然资源也在减少，而这些自然资源是居住在森林里和森林周围的大约3 000万最贫穷的印度尼西亚人赖以生活的收入来源。砍伐森林也破坏了一些被保护物种如猩猩、老虎和犀牛的栖息地。在印度尼西亚，因非法采伐木材和清运林木而发生的火灾，以及税源流失使该国每年蒙受经济损失几十亿美元。大约2/3的毁林事件是由非法砍伐活动引起的。估计印度尼西亚木材加工厂生产的70%的林产品来自于非法采伐的木材。由于政府的执法不力和妥协，合法的木材采伐采取破坏性的采伐方式、不开展森林恢复和再造林，也没能够实现森林可持续经营。农地的火烧耕作方式、政府的软弱和无能，没有建立有效的火灾预警系统，导致森林火灾频繁发生。这些都对森林资源造成了严重的破坏。

2. 非法出口问题严重，木材加工业原料短缺

在乱砍滥伐盛行的同时，木材非法出口也在大行其道，木材非法贸易愈演愈烈，已成为林业面临的一个紧迫问题。印度尼西亚有70%的出口木材来自非法采伐，每年高达6 000万 m^3，而且森林受盗伐的面积逐年扩大（FAO，2009）。根据林业部资料显示，每年从巴布亚、东加（里曼丹）、西加、中加、中苏（拉威西）、廖内省以及占碑等地走私到马来西亚、越南、印度的非法木材就达1 000万 m^3，其中源自巴布亚的非法木材大约每月60万 m^3，使印度尼西亚每年遭受7.2万亿盾的损失。由于原木走私猖獗，原木供不应求，印度尼西亚木材加工业举步维艰。印度尼西亚木材工业每年需要4 250万 m^3 的木材原料，但供应量仅能满足国内需求量的20%左右。

3. 胶合板、家具业面临内外压力，出口前景堪忧

在印度尼西亚的木材制品出口中，胶合板占60%，其余为纸浆、纸张和木制品。从2004年起，胶合板主要产地苏门答腊岛上的许多工厂就因缺乏原料而陷入停工或减产状态。根据印度尼西亚森林企业协会（APIH）提供的数字，印度尼西亚森林企业协会下属的460家会员企业，其中322家倒闭或破产，占森林企业协会企业总数的70%。印度尼西亚的胶合板在国际市场的占有率1995年达到85%，但2003年已降到55%。胶合板出口大幅下降的主要原因，是政府未能有效控制和打击原木的非法出口。此外，印度尼西亚胶合板在国际市场上也遭遇强劲对手，无法与巴西胶合板竞争，再加上近几年中国胶合板参与竞争，印度尼西亚胶合板的出口更是雪上加霜。同时，印度尼西亚家具业也面临严峻挑战，全国大约3 500个家具厂已有800个停产，2002年家具出口14.7亿美元，2003年减至13亿美元。2004年家具业由于国家开始大规模限制木材砍伐而导致的原材料匮乏、生产设备老化、印度尼西亚盾升值以及国际市场上中国、柬埔寨、马来西亚以及新兴的家具出口国如缅甸等新的竞争对手不断涌现等等，印度尼西亚家具出口市场不断被挤占，2006年仅占世界家具市场的2%。

4. 繁杂的税费使木制品价格高昂，竞争力低下

印度尼西亚虽然林产品丰富，但部分木制品价格反而较其他国家高，其主要原因在于，印度尼西亚政府由于财政困难，林业税费多，例如森林经营者需交纳再造林基金、土地及房屋税、劳工保险基金、合作社发展基金等。2001年起，印度尼西亚政府又规定，对数十种工业产品课征10%的增值税（VAT），油电价格也上涨30%～50%，造成生产成本大幅提高。以每立方米原木价格65美元为例，其中有36美元为各种税捐的成本，占售价的55%。如此高的税捐使业者不得不提高售价，使其无法在国际市场上竞争。

5. 林地使用权混乱

根据印度尼西亚宪法，自然资源属国有。1967年的《林业基本法》规定，国家拥有对

森林的控制、经营和管理的权利。但1960年《土地法》和1999年新的《林业基本法》又强调了传统的土地权利。法律缺乏对当地社区权力的明确规定，政府保障森林合法权益不力，使得当地社区与森林特许权持有人之间的冲突不断。而局部地区热衷于区域自治，也使地区和中央政府之间在森林经营权之间产生了争议。这些都影响了森林可持续经营的实施。

6. 政府林业管理制度和森林经营管理政策不完善

目前印度尼西亚各层次的行政管理机构之间缺乏协调，大多数管理区政府尚未作好充分准备，接受新的林业工作安排，全国森林经营单位体系仍在建立之中。政府的新制度在确保林业政策的统一性和林业决策的协调性方面还不够完善，如目前还缺乏对联络、控制、监督机制方面的具体规定。在林业管理权力下放过程中，一些"灰色的"决策领域不能与实现森林可持续经营的目标保持一致。由于缺乏政府的监督及动荡的政治形势，企业的森林经营状况更加恶化。

7. 林业管理面临国内外的巨大压力

在国际方面，主要赠资方要求印度尼西亚政府解决毁林、非法采伐、农村消除贫困、环境保护和生物多样性保护等林业相关问题，并更为有效地执行国际协议；环境保护主义者要求私人部门和政府部门提供更加透明的信息。在国内，由于印度尼西亚向区域自治快速过渡，省和管理区政府要求拥有资源进行更为有效的区域治理，并在立法框架下对其区域内的森林资源享有真正的决策权；而依赖森林维持生计的社区则要求获得安全林地权属和使用权。

（二）发展趋势

总体来看，印度尼西亚政府已经开始重视森林的可持续经营与林业的可持续管理。印度尼西亚政府正在通过有效的政策执行和良好的管理推动森林的保护和可持续经营，并且在林业管理方面出现了一些有利的趋势，包括中央政府正在调整自然资源政策，当地政府更负责任、更加关注林业和土地问题，民间社会和商业团体正重新构建有建设性的关系，决策过程更加透明和重视参与性，公司更加了解伙伴关系和当地社区参与的重要性，民间团体更多参与发展过程、政府运作和资源分配决策等。

印度尼西亚是世界最大的热带林国家之一，也是世界上最复杂的森林生态系统所在地之一，印度尼西亚的森林保护受到国际社会的关注。为实现国际社会提出的保护森林和促进森林资源可持续开发的目标，印度尼西亚正在根据本国情况明确森林保护目标，在健全森林管理机制、扩大社会参与、合理使用森林和加强政策实施等方面采取相应的措施。面对国内外的压力，印度尼西亚政府已经采取了行动，实施了一项包括五个优先行动计划和林业行政管理系统改革在内的庞大改革计划。

（徐斌　付博　张朝）

参考文献

李智勇，等. 2008. 六国林业管理机构改革案例分析报告，42－53.

施昆山，等. 2001. 当代世界林业——印度尼西亚国别报告[M]. 北京：中国林业出版社.

徐芝生. 2011. 印度尼西亚木材产品生产和贸易近况[J]. 世界林业动态，(33).

吴崇伯. 2007. 印度尼西亚林业经济分析[J]. 东南亚研究，(5)：13－15.

FAO. 2011. 2011世界森林状况，110－147.

FAO. 2009. 2009 世界森林状况，102 – 144.

FAO. 2011. 2010 森林资源评估，256 – 321.

FAO. 2010. Global forest resources assessment 2010 country report—Indonesia, 61 – 63.

FAO. 2010. Asia – pacific forests and forestry to 2020 report of the second asia – pacific forestry sector outlook study, 31 – 67.

FAO. 2009. Indonesia Forestry Outlook Study. Asia – Pacific Forestry Sector Outlook Study II. Bangkok.

Marcel J. Silvius. Wetland in Indonesia.

Nur Maspipatin. Status of Forestry Research in Indonesia and Road Map for 2025. Presentation for Asia Pacific Forestry Week, ICFRE-APAFRI, 24, April 2008.

http：//www. fao. org/forestry/country/18316/en/idn/[February 23, 2010].

http：//www. fao. org/forestry/country/57478/en/idn/[May 3, 2012].

http：//faostat. fao. org/site/628/default. aspx[13 July 2012].

USAID etc. 2010. Forestry policies, legislation and institutions in Asia and the Pacific—trends and emerging needs for 2020.

USAID. 2008. Conservation of TropicalForests and Biological Diversity In Indonesia, 3 – 10.

World Resources Institute. 2006. The State of the Forest：Indonesia.

印度(India)

印度共和国(简称印度)是南亚最大的国家,位于南亚次大陆的印度半岛上。国土面积约298万km^2(不包括中印边境印占区和克什米尔印度实际控制区等),居世界第7位。2018年的人口为13.24亿人,居世界第2位。有印度斯坦、泰卢固、孟加拉等几十个民族,印度斯坦族约占总人口的一半,是印度最大的民族。83%的居民信奉印度教,印地语和英语同为官方语言。

印度三面临海,海岸线长约6 000 km。北部高山区海拔大多在5 500 m以上,中部为平原,西部主要为印度沙漠,南部为高原区,域内有全长2 700 km的恒河。大部分地区属典型的热带季风气候,部分地区属山地气候、亚热带草原气候及沙漠和热带雨林气候。年均气温为24~27℃,热量丰富。降水虽多但不稳定,年降水量各地差别很大,为200~4 000 mm。约80%的降水集中在6~9月,而且季风雨在不同年份的开始期和降水量差异很大。这种不稳定性使印度常受到洪涝、特别是干旱的威胁。

印度为传统的农业国家,具有相当规模的现代工业,高技术研究较为先进。农业是经济基础部门,农村人口占总人口的72%,主要农产品有稻米、小麦、棉花、黄麻、甘蔗、茶叶等。印度是世界上最主要的粮食生产国之一,拥有全世界十分之一的可耕地,面积约为1.6亿hm^2,人均0.17 hm^2。畜牧业在经济中占有重要地位。工业主要有采矿、纺织、钢铁、电力、化工、黄麻及茶叶生产等部门。"十五"计划期间(2002—2007年),印度国内生产总值(GDP)分别增长3.8%、8.5%、7.5%、9.4%、9.6%,年均增长7.8%,高于"九五"计划的5.5%,"十一五"计划期间(2007—2012年),经济增长率有所下降,年均增长6.7%。2011年8月印计委通过"十二五"(2012—2017年)计划指导文件,提出国民经济增速9%的目标。2016—2017年国内生产总值上升7.1%。人均国内生产总值为1 608美元。

一、林业在国民经济中的地位

印度的林业生产范围包括从锯木、单板和木浆产品到竹、藤制品和松树树脂等一系列的(木质和非木质)林业加工产品。林业为不断增加的人口提供了大量的就业机会,在林业部门就业的人数约占每年劳动力总人数的0.1%(表1)。林业为国家经济发展也作出了重要贡献,特别是为超过总人口一半的农村人口提供了生存基础。然而,随着印度经济社会的发展,林业对GDP的贡献率从1990年的4.2%减少为2011年的1.7%(表2)。

表 1　林业部门对就业的贡献　（万人，%）

类别＼年份	1990	2000	2006	2011
林业与伐木业	28	25	24.6	24.6
木材工业	14	11.8	13.8	24.6
制浆造纸工业	14.2	18	18.8	21.5
家具制造业	1.3	2.6	3.5	5.7
合计	57.5	57.4	60.7	76.4
占劳动力总数	0.2	0.1	0.1	0.1

资料来源：FAO，2011。

表 2　林业部门对 GDP 的贡献　（亿美元，%）

类别＼年份	1990	2000	2006	2011
林业与伐木业	177.8	209.8	255.8	281.0
木材工业	1.54	1.52	2.03	3.52
制浆造纸工业	8.69	18.37	18.53	25.09
家具制造业	0.26	1.89	2.59	6.01
合计	188.29	231.58	218.95	315.62
占 GDP 百分比	4.2	2.9	2.2	1.7

资料来源：FAO，2011。

二、森林及其他自然资源

（一）森林资源

1. 森林资源现状

根据 FAO 2015 年全球森林资源评估，全国森林面积为 7 068.2 万 hm^2，森林覆盖率为 23.8%。其中，红树林约 41.8 万 hm^2。2015 年森林蓄积量为 51.67 亿 m^3，其中阔叶林 46.50 亿 m^3，占 90%；针叶林蓄积量 5.17 亿 m^3，占 10%。

2. 森林资源分布

印度的森林分布很不均匀。从地域来看，大部分森林集中在东北部地区（占全部森林覆盖率的四分之一）、喜马拉雅和希瓦拉克地区、中部地区、安达曼－尼科巴群岛、高止山脉东西两侧及沿海地带。根据 2011 年印度森林第十二次清查数据，全国 50% 以上的森林分布在中央邦（777 万 hm^2）、阿鲁纳恰尔邦①（674 万 hm^2）、恰蒂斯加尔邦（557 万 hm^2）、马哈拉施特拉邦（507 万 hm^2）和奥里萨邦（489 万 hm^2）。

① 阿鲁纳恰尔邦（又译阿鲁纳查尔邦），是印度所设的一个邦，该地区位于我国西南部、印度东北部边界，绝大部分都由中国政府宣称主权，属于我国藏南地区，并将该地区划入西藏自治区的错那、隆子、朗县、米林、墨脱、察隅六县的管辖范围之内。我国政府不承认印度控制该地区或者设立此邦的合法性。

3. 主要森林类型

从立地环境来看，印度森林按可划分为16种类型。其中，主要的森林类型及其面积所占比重分别为：热带湿润常绿林占2.92%，热带半常绿林占13.79%，热带湿润落叶林占19.73%，热带干旱落叶林占41.87%，热带旱生林占2.25%，亚热带松林占2.63%，喜马拉雅湿润温带森林占4.12%，亚高山和高山林占2.55%。

4. 主要树种

由于多样化的立地环境，印度的树种资源丰富，主要造林品种包括桉树属、金合欢属和柚木。蓝桉、巨桉和细叶桉是最常见的品种，金合欢属的大叶相思、儿茶、黑荆树和尼罗最为常见。其他普遍种植的阔叶树种包括合欢属植物、印楝、木麻黄、印度黄檀、大叶石梓、杨属、牧豆属、罗布斯塔望天树和榄仁属。针叶树中以雪松和松莲为主，松孔雀草和加勒比松种植范围有限。

5. 森林功能划分

从目前的森林功能来看，生产林约1 852.8万hm^2，主要是满足工业、铁路和国防对木材产品的需求；防护林约1 139.5万hm^2，主要用于流域保护和生态脆弱区的水土保持；社区林约2 053万hm^2，用以满足人们的多种需求，尤其是部族和乡村贫民的需求；另外还有大约1 985万hm^2森林被划为保护区，用于生物多样性保护(FAO，2015)。

6. 森林权属

印度森林面积的86%属于国有，只有14%归私人所有。国有林中的63%为公共管理，剩下的37%由社区管理(FAO，2015)。

7. 森林资源消长状况

过去20多年来，印度森林资源呈现平稳增长的趋势(图1)。根据FAO统计的数据，印度森林面积1990—2000年增长了14.5万hm^2，年增长0.2%；2000—2010年增长了30.4万hm^2，年增长0.5%。2010—2015年增长389.2万人m^2，年增长0.3%。尽管人工林的发展使得印度森林面积在过去10年里不断增加，但由于林地被占用为农地或其他用地、放牧、病虫和火灾等造成林冠密度下降及森林退化，这已成为印度林业面临的严峻问题。

（二）其他自然资源

印度是世界上12个生物多样性最丰富的地区之一。据估计，植物种类有4.5万种以上，约占世界植物种类的7%，其中包括开花植物1.6万种(其中约30%为珍稀品种)、裸子植物64种、苔藓植物2 843种、蕨类植物1 012种、地衣1 940种、藻类1.25万种和真菌2.3万种；动物种类约8.1万种，约占世界的6.4%，其中哺乳动物372种、鸟类1 228种、爬行动物428种、两栖动物204种、鱼类2 546种、软体动物5 000种和昆虫5.7万种。同时，印度也是世界12个栽培植物起源国之一，全国各地的野生作物几百种。

但是，在过去的几个世纪中，印度的生物多样性遭到严重破坏，其主要原因是薪炭材和饲料的大量利用、林地被占用及森林过度采伐等。目前，印度有27种哺乳动物和800多种植物正濒临灭绝。尤其是近年来，由于人口和牲畜日益增加，自然资源承载的压力日趋沉重，导致一些地区的自然更新能力下降。另外，由于栖息地改变、偷猎、非法动植物贸易及基因资源的破坏，一些物种及其栖息地也已陷于危险的境地。

三、林业法规政策

（一）林业法律法规

印度的林业法律起步较早，早在19世纪就有第一部森林法。目前，国家层次的林业法律法规主要有森林法、森林保护法、林权法、环境保护法、野生动物法、生物多样性法等，同时各邦也有相应的林业法律法规。

1. 印度森林法

《印度森林法》于1878年首次公布，至今已经过多次增订和修正，以适应不断变化的社会需求和政策环境。该法为保留林、防护林和社区林的申报、森林活动的禁止性规定、侵权行为的处罚，以及规范林产品运输提供了法律支撑。

2. 森林保护法(1980年)

《森林保护法》1980年是另一个重要的全国性法律，用来控制和许可联邦政府所管辖的林地转作其他非林业用途。该法通过大幅削减各邦政府所有的林地转作其他用途的权力，来减少森林砍伐。但此法也由于侵占了各邦权力以及干扰了联邦和各邦之间力量的平衡而备受争议。

3. 林权法(2006年)

2006年印度颁布了另一个重要的国家法律，俗称林权法。该法承认了在过去被政府忽视的、以部落居民为主的大量传统的森林所有者对联邦保留林的权利，并设置了将林地转交给权力所有者的程序。该林权法对于数百万的部落居民和其他森林居民来说非常重要，因为该法使曾被剥夺的林权得以归还，包括个人对林地中耕地的权利以及社区对共有权属资源的权利。根据该法，截至2013年6月30日，共收到了325.6万份森林权利申明，其中已经对130.8万份申明发放了土地所有权，另有15 700份申明的土地所有权正在准备发放之中，涉及林地190万hm^2，权利申明处置率达到86.63%。

4. 环境保护法(1986年)

1986年印度制定的《环境保护法》是重要的中央立法，以保护和改善环境为目标。法律赋权给联邦政府来管控包括生态退化在内的环境退化的防治任务，以解决困扰该国不同地区的具体环境和生态问题。

5. 野生动物(保护)法

《野生动物(保护)法》在1972年制定，1991年和2003年两次修订，是印度野生动物保护的法律框架，旨在保护印度的野生动植物栖息地，免受偷猎、买卖活动、人类对栖息地的侵犯及其他滋扰。该法律规定了森林和其他土地申报国家公园、野生动物栖息地和老虎保护区的详细程序，以避免在保护野生动植物栖息地的过程中使人们遭受不公正的对待。

6. 生物多样性法(2002年)

2002年制定的《生物多样性法》，旨在保护生物多样性，确保可持续利用其组成部分和公平公正地分享利用遗传资源和知识所产生的惠益。依据该法，已通过在联邦创建国家生物多样性管理局，在各邦创建邦生物多样性委员会，以及在全国各地创建生物多样性管理委员会，来调控当地的多样性物种迁徙通道、遗传资源转让和收益均衡，并根据该法创建了地区生物多样性基金来促进保护当地生物多样性。

7. 邦林业法

大多数邦在印度森林法的基础上通过了针对其社会经济和地形情况以及土地产权模式等具体情况而修正后的邦森林法。一些邦如泰米尔纳德邦的森林法的颁布实际上早于印度森林法，在目标、程序和自然的规定方面与印度森林法并没有太大的不同。这些邦法律规定了保留林、保留土地、防护林和社区林等各种类型的森林的组成方式，以及在这些森林里所禁止的活动。这些法律还规定对木材和其他林产品运输进行监管，还规定了违法行为的惩罚和检举方式。

（二）林业发展规划

1. 林业行动计划

20 世纪 90 年代后，特别是联合国环境与发展大会以来，印度开始制定和实施以可持续森林经营管理为主要内容的《国家林业行动计划》，旨在通过改善对森林资源可持续发展的投资，来提高林业和森林资源在维持生态稳定和促进人类发展方面的作用。具体内容包括：保护现有资源；提高森林生产力；降低薪材、木材和非木质森林资源的总体需求量；强化政策和制度框架；扩大森林面积。其特点是，强调天然林可持续经营中人民的参与、林业活动对环境的影响并寻求协调发展与保护的方式、非木质林产品的开发及生态功能退化林地的开发和恢复。

为了实现《国家林业行动计划》的目标，印度采取了一系列的具体措施，包括：高效地保护、恢复、开发和管理国家森林资源；建立全国保护区系统，保护野生动植物资源、生态系统和生物多样性；推动林产品的高效无废料采伐、加工和利用；促进林业人力资源的开发，同时大力扶持定向培育森林及林产品的研究，并建立林业新技术、新信息和新知识的高效传播系统；建立国家森林资源状况的现代化评价系统，并使之制度化，以便及时向国家有关部门报告阶段性成果；建立高效的国际合作机制，开展国际合作等。

2. 林业五年计划

国家林业五年计划，是一种综合而全面的计划体系，是林业发展的重要指导性文件。以往各个五年计划的重点是：第 1 和第 2 个五年计划——恢复退化森林、引进经济树种、清查和划分森林资源；第 3 和第 4 个五年计划——营造速生丰产林、研制科学评价方法和建立现代化采伐作业体系；第 5 和第 6 个五年计划——开展社会林业、经营薪炭林，以挽救天然林；第 7 个五年计划——保护森林、大规模造林和流域治理；第 8 个五年计划——生物和基因多样性保护、流域治理和通过联合森林经营框架促进人民的参与（张微等，1999）。第 10 个五年计划（2002—2007 年）强调，要大幅度增加森林资源的数量，力争增加 25% 的森林覆盖率；在第 11 个五年计划（2007—2012 年）中提出，要在继续增加 5% 覆盖率的基础上，不断提高森林质量。

（三）主要林业政策

1894 年印度颁布了首个林业政策，它强调通过法律程序处理林地争端问题以满足人们对森林的需求，同时，森林保护也是森林管理的首要任务，要达到公众对森林的需求，需要将生态保护与造林管理结合起来。1952 年印度独立之后对林业政策进行了修订，1988

年进行了再次修订，并沿用至今。

1. 国家林业政策

1988 年的国家林业政策是印度林业发展的一个里程碑，该政策强调森林保护、可持续利用和人民的参与，其主要目的是通过保护印度的自然资源，实现环境稳定和生态平衡。该政策实现了三个重要的转变：一是从政府制定和执行的全国统一的林业政策转向鼓励各方，特别是乡村社区，参与制定和执行林业政策，使林业发展与乡村发展相结合；二是从制定孤立的林业政策转向制定同其他部门相互联系又相互作用的协同政策，使林业成为国民经济发展的重要有机组成部分；三是将森林管理从追求木材的持续产量转向可持续森林经营，从而全面发挥森林的社会、经济和生态效益。该政策还兼顾国家林业政策与国际间的利益相协调，以寻求全球经济发展和环境保护的平衡。

2003 年，印度成立了国家林业委员会，审查和评估国家政策和法律对森林、当地森林社区的影响，并建议实现森林的可持续发展和生态安全（MOEF，2006）。该委员会提出了 300 多项建议，主要包括：①必须寻求适合的农村和畜牧业的发展政策，以解决当地社区所能承受的牛饲料和放牧的需要，同时避免减少当地的森林覆盖率；②政府应该与矿业公司密切合作，成立专门基金，使采矿权租赁收益用于保护和提高地方煤矿所在地区的森林质量；③必须改变国家森林公司和国有垄断企业对森林的托管；④政府应改革法律法规，禁止砍伐树木和运输木材。必须通过金融监管改革，鼓励可持续农林业和农场林业的发展，特别是在私人拥有的土地上（MOEF，2009）。

2. 国家环境政策（NEP）

2004 年制定的国家环境政策强调了通过制定战略以满足 2012 年全国森林覆盖率提高到 33% 的目标的必要性。该政策促进了非林业部门的参与，为提高全国森林和树木覆盖率，明确了多个利益相关者之间的合作关系。

国家环境政策致力于解决气候变化问题，以及引起全球变暖的温室气体排放增加的根本原因。2008 年印度政府发布了《气候变化国家行动计划》，确定了到 2017 年将实施的 8 个核心“国家行动计划”，包括：太阳能计划、提高能源效率计划、可持续生活环境计划、水资源计划、喜马拉雅生态保护计划、绿色印度计划、农业可持续发展计划、气候变化战略研究计划。其中，绿色印度计划旨在加强生态系统服务，重点是增加森林覆盖率和林分密度，提高森林系统的生物多样性。为实现气候变化国家行动计划的目标，印度在林业领域采取了一些具体行动与措施，特别是：①加强与森林碳汇相关的科学研究，研究结果表明，印度森林总体上是碳汇，每年可抵消印度温室气体排放总量的 11%；②发起了 25 亿美元的森林保护计划，并为此成立了造林补偿基金管理与规划局（CAMPA）；③规划绿色印度计划下的新行动以快速推进再造林活动；④发起了新的 8 000 万美元的能力建设计划以促进森林部门人力资源开发；⑤发起了新的 1.25 亿美元的森林经营计划，以加强森林经营实践、基础设施及林火控制等；⑥成立了由规划委员会领导的低碳经济专家组，以发展印度低碳经济战略；⑦通过了生物燃料国家政策，以促进生物燃料的培育、生产和利用等。从总体上看，印度经济增长会导致温室气体排放量的增加，但通过支持可再生能源和造林项目等措施将会降低排放水平。

四、林业机构与管理体制

（一）林业行政管理机构

成立于1985年的环境和森林部是印度联邦政府管理林业的最高行政机构，它下设21个部门，分别负责制定林业政策、监管政策的执行、与政府其他部门和国际机构开展合作、评估林业项目的环境影响、污染防治、林业研究、教育和培训、向各邦政府和非政府组织等提供财政与技术支持、促进和协调环境和林业计划等，其中也包括保护森林、野生动物和生物圈保护区等。

各邦也设有各自的林业管理部门，负责贯彻国家的各项林业政策，执行各种林业计划，进行森林的日常管理。许多邦设有环境部，把林业纳入其管辖中。印度约96%的森林由各邦管理。保留林（占55%）、保护林（占29%）和未分类森林（占16%）已被列为国家划定的林区。社会管理的森林约17万hm^2，由近8.4万个家庭在联合森林管理计划下进行经营。私有林在印度森林中所占的比重很小，农场森林和林区构成了印度原木和木材生产的重要来源。

（二）参与式森林管理

印度是在社会林业和参与式资源管理方面的领军者，也是最早开展社会林业的几个国家之一，自1973年正式执行社会林业计划以来，社会林业已在全国范围内展开。目前，印度各级林业机构都建立了相应的社会林业管理部门，负责贯彻执行有关社会林业的方针政策；协调林业部门与其他政府部门、社会团体之间的关系；并监督实施过程。同时，印度极为重视引进外资开展社会林业，世界银行、国际开发署、英国海外发展署等机构都曾为印度社会林业的开展提供了大量资助。

印度社会林业主要采取了联合森林管理（JFM）机制，旨在实现退化森林恢复和发展环境目标的同时，提供当地人民生活所需的薪柴、森林饲料、非木质林产品和木材。联合森林管理是指通过政府林业部门与当地村社签订协议，让当地村民参与国有林的经营管理活动，并分享森林收益的一种联合经营方式。

1990年6月，联邦政府颁布了关于各邦和中央直辖区在当地社区通过联合森林管理恢复和保护退化森林的详细准则。参与式林业正式承认了当地居民在森林的保护、管理和发展方面的重要性，以及通过组建村级森林委员会来动员社区赋予村民在利益分担的原则上管理退化森林的权力。联合森林管理引入了林业部门和当地社区之间的合作，在许多情况下，成为了人民和政府之间的利益对接口。全国26个邦已有17个邦通过立法，宣布采用联合森林经营方式管理国有林。截至2007年2月，联合森林管理已经由12.5万个村森林委员会在超过2 140万hm^2的森林中实施。同时，印度还建立了一个全国性的联合森林管理网络，负责相关信息的交流与传播（印度环境与森林部，2009）。

（三）联合森林管理

印度实施大规模造林的一个关键举措是联合森林管理。实践证明，公众参与的联合森林管理是印度森林管理的发展趋势。印度的林业发展方式正在从调控型转变为管理参与型，未来将会有更多群众参与管理。目前，联合森林管理仍处在发展中，要使其成为开发森林资源、提高当地人民管理森林资源的能力的有效途径，还面临着一系列问题，如联合森林管理机制是基于行政决策，缺少法律依据；对一些概念性问题没有严格的定义；缺乏科学的经营技术和合理、有序的管理制度。此外，联合森林管理在资金、培训、信息和技术的传播等方面存在的问题需要引起重视(胡延杰等，2008)。与此同时，印度所制定的一些重大政策对未来的森林管理将会产生深远的影响。印度大幅削减进口木制品，特别是原木的关税，创造了进口木材的潜力，以减少印度国内森林采伐的压力。然而，由于国内木材价格下降或停滞，政策也削弱了对民众造林的激励。

五、森林经营与管理

(一) 森林经营

1. 人工造林

印度森林的过量采伐非常严重，每年薪材和用材的消耗是森林生长量的5倍。为满足木材需求，每年必须种植5亿株苗木。为此，印度制定了大规模造林目标，还制定了鼓励小农户多种树的奖励项目。1988年的国家林业政策确定了到2012年将森林覆盖率提高到33%的目标，同时强调发展荒山农户造林。根据FAO《2015年全球森林资源评估》，2015年印度森林、其他林地或有树木覆盖的土地约占国土面积的25.2%，离预期目标还有较大的距离。为此，许多邦政府正以各种社会福利计划的名义，把大量的国有荒地长期租给农民或合作组织用于种植林木。印度的古吉拉特邦、中央邦、奥里萨邦、卡纳塔克邦、拉贾斯坦邦及北方邦都建立了林木培育者合作社联盟(NTGCG)，其主要任务就是组织农民开展造林。

近年来，印度虽然加快了造林步伐，并鼓励农户造林，但由于缺少足够的资金，全国人工造林速度仍然非常缓慢。因此，很难在预定期限内实现1988年林业政策所提出的森林覆盖率达33%的目标。

2. 森林采伐

森林采伐和造林管理一样，结合森林类型的多样性，包括了各种各样的技术。在常绿半常绿的森林以及一些落叶阔叶林，主要采伐机制是选择性地采伐珍贵树种，经常采取抚育伐方式；而干燥的落叶阔叶林如桉树人工林，以矮林作业为主。印度最高法院大力保护森林资源，1996年开始禁止林业部门在没有管理计划的地区采伐木材。法院还禁止从印度东北部各邦运送原木，要求所有出货的木材至少是锯材。1997年，最高法院下令关闭所有无证锯木厂和木材加工厂，并禁止各邦成立新的锯木和木材加工企业。

(二) 森林保护

1. 森林防火

森林火灾是影响森林更新并导致印度森林显著退化的重要原因之一。在印度火灾发生最严重的季节是2月至6月中旬。全国森林面积的54.7%受到火灾的影响，其中9.2%的森林经常发生火灾。引起林火的原因大多是为了促发新草、采集蜂蜜等林副产品而故意纵火。在印度各种类型森林中，湿润落叶林受火灾影响最为严重，其受火灾影响的面积占68.6%，其中65%没有天然更新。

印度政府已意识到控制森林火灾的重要性，制定了“现代森林火灾控制方法”和消防管理规定，并启动了行动计划，以支持林区的火灾控制和管理。火灾预防和控制是该计划的重要组成部分，一般包括实施燃烧控制和专用消防监督。该计划的资金主要用于采购手用工具、防火服、消防设备、无线设备，建筑防火瞭望塔，开展研究、培训和消防宣传等。

2. 生物多样性保护

印度是世界上 12 个生物多样性最丰富的国家之一，生物多样性保护已经构成了印度保护森林的重要组成部分。为了保护森林资源和野生动物，以及广义上的生物多样性，印度于 1952 年成立了野生动物委员会，1994 年批准通过了《生物多样性公约》(CBD)，1999 年制定了《生物多样性国家政策与宏观行动战略》，其目标之一就是：确保印度作为生物资源的原产国，当地社区作为生物多样性的保护者、土著知识体系、创新与做法的创造者与拥有者分享惠益。在上述框架文件的基础上，印度从 2000 年开始启动了制定更细致的《国家生物多样性战略和行动计划》的工作程序，该计划已得到了实施。2002 年印度通过了《生物多样性法》，为了该法的更好实施和操作，印度环境与森林部于 2004 年通过了《生物多样性条例》。

到 2000 年，印度已建立了庞大的保护区网络。保护区范围扩大到包括 83 个国家公园和 450 个禁猎区，覆盖面积超过 15 万 km^2，约占国土面积 4.5%，占森林面积的 19%。大多数生态敏感的天然林区都被纳入保护工作圈或列入保护区网络(PAN)。天然林砍伐，除了满足真正的国内需求外，已在不同的邦和联盟领土停止了 10 ~ 15 年，剩下的半天然林区也根据计划管理，主要列为保护和改善蓄积的对象。然而，保护区网络没能充分代表印度的生物地理区域，目前正在努力开发未保护区，尤其是在印度恒河平原和西高止山脉地区。但是，因为对土地和自然资源的使用施加了许多限制，印度不愿建立国家公园。其他方面的困难包括野生动物的工作人员没有足够的权力处理偷猎者，与偏远地区沟通困难，缺乏训练有素的人力资源。

除保护区网络外，生物多样性保护的另一个优先发展领域是湿地、珊瑚礁和红树林的保护。国家委员会已确定了 21 个湿地、15 个红树林和 4 个珊瑚礁区用于保护和科学研究，并启动了一些特殊的就地保护项目，例如老虎、大象和犀牛保护项目。同时，也正在制定针对保护区外鲜为人知的濒危物种和生态系统的保护计划。国家还通过动物园、植物园和国家动植物基因资源处等形式促进物种的迁(异)地保护。

由于保护区的分类没有统一的标准，而人们如此依赖森林资源以至于可封闭起来作为保护区的区域十分有限，因此，有关保护区的社会可持续性问题已提到议事日程上来。今后，在森林保护工作中，人民的参与、利益分享、能力建设和技术开发等将会受到特别的关注。

（三）森林服务

印度森林资源为社会提供了多种服务，包括作为生物多样性和存储基因的天然栖息地、娱乐和生态旅游、森林碳汇等。印度一些研究针对有关森林服务进行了经济评价，认为每公顷森林的年均服务价值为：水土保持等生态功能 538 ~ 2 957 卢比，生态旅游 676 ~ 20 444 卢比，生物固碳 20 125 ~ 1 200 000 卢比(Manoharan，2000)。

在全球变暖的背景下，森林碳汇服务在印度受到高度重视。2008 年 12 月印度政府对减少毁林和森林退化导致的排放(REDD)向联合国递交提案，指出巴西的提案中提到的减排补偿将使那些高砍伐率的国家处于不公平的有利地位，并提出了一项“补偿保护”机制，即对采取保护措施、保护森林和增加森林覆盖的国家也提供经济激励。而且，印度认为，应采用同样的方法估算因保护和可持续经营森林带来的碳储量和温室气体排放量变化，和因毁林和森林退化导致的排放减少。同时印度也承认，REDD 碳信用额度的数量可能会十分巨大，因此需要对发达国家使用 REDD 额度来抵偿各自温室气体减排承诺的比例设定上限(Parker 等，2009)。

六、林产品生产、加工与贸易

印度的主要林产品包括纸、胶合板、锯材、木材、纸浆和碎片木料、薪材、天杜叶、树胶等木质产品和树脂、藤条、竹、草和饲料、药物、香料和调味品、中草药、化妆品，单宁等非木质林产品。

(一) 林产品生产与加工

1. 木材生产

印度木材消耗量很大，远远超过了允许产材量，因此造成了森林严重过伐。目前，天然林的采伐量已明显下降。未来的木材供应将主要依靠发展人工林来满足。印度的柚木人工林占到全球柚木林的44%，为最大份额。其他人工林树种主要为桉树、杨树、刺槐、银橡木和橡胶木。

2. 薪材生产

在印度，薪材、农业废弃物和动物粪便是主要的生物质能源。全国能源消费总量的50%左右是薪材和木炭，2005 年薪材生产的价值达到 71 亿美元，超过了工业原木生产的价值(FAO，2011)。由于薪材的日益短缺和其价格日益提高，在印度已形成了一个专门从事薪材采集、运输和销售的特殊行业。随着薪材需求量的日益增加，森林资源承受的压力将越来越大。同时，这也将进一步加剧森林资源的退化。

3. 非木质林产品生产

印度的非木质林产品资源十分丰富，其种类有可食用植物、脂肪油(包括食用油和非食用油)、提取物(如树胶、松脂、树胶树脂、人造黄油树脂和种胶等)、药材、香料和杀虫剂、鞣料和染料、纤维和木棉、竹藤及其他非木质林产品(如饲料、底板、包装材料、肥皂果、念珠等)，还有蜂蜜、蜂蜡、丝、紫胶、象牙、角、兽皮等产品。这些非木质林产品不仅是当地经济、文化的重要组成部分，还是林区居民生活用品和家庭收入的重要来源。每年收集和利用非木质林产品的人口约有 200 万，生活在森林附近的近 4 亿人依靠非木质林产品为生或者作为收入补充。据估计，非木质林产品给大约 30% 的农村人提供了多达 50% 的收入，林业部门从非木质林产品生产中获取的收益也稳步提高。特别是，橡胶、树脂、精油、香水和香料、药用植物等非木质林产品极大地促进了印度经济的发展。2005 年印度非木质林产品产值超过 1.79 亿美元，比 1990 年提高近 2 800 万美元(表 3)。

表 3　印度非木质林产品产值　（万美元）

植物产品/原材料	1990	2000	2005
饲料	52.1	140.3	150.8
药物和香料制品原材料	5.4	41.5	83.1
染发剂和染料原材料	54.2	119.6	128.5
器皿、工艺品和建筑原材料	3 451.9	3 453.4	4 239.2
其他植物产品	11 576.5	11 209.1	13 195.4
总计	15 149.3	15 024.6	17 913.2

注：印度的非木质林产品以植物产品/原材料为主，动物性产品不在统计范围内。资料来源：FAO. 2005 年全球森林资源评价.

4. 木材加工

印度木材加工业为国内市场提供着木材和原木加工品。木材加工企业数量相当大，但大多产能较小，而且私人企业多。截至 2005 年，印度约有 3.6 万多个林产品加工企业，其中有 2.3 万家锯木厂，506 家人造板和薄板企业，406 家纸浆、纸和纸板企业，1.2 万家火柴厂。这些企业大多缺乏资金，机械陈旧，管理过时，技术水平低下（世界银行，2005）。木材加工业每年消耗原料估计为 2 400 万～3 000 万 m^3，主要用于生产锯材、人造板、纸和纸板等。过去 10 年来，尽管木材产品的需求量不断增加，但主要木材产品并没有很大增长（表 4），主要木材加工企业的生产状况也没有呈现出显著增长的趋势，原因在于对环境的日益关注、原材料短缺、无照经营工厂关停、贸易自由化和进口竞争的冲击以及管理不善和技术技能对新投资的限制等。

（1）制材。印度的制材厂规模很小，生产能力和转化效率很低。生产的锯材主要用于建筑、箱材、细木工制品、家具、枕木及其他。2010 年全国锯材产量超过 1 400 万 m^3（表 4），但是近几年锯材生产受到木材供应的限制，难以取得发展。2015 年林产量为 689 万 m^3。

（2）人造板。印度主要生产胶合板、纤维板和刨花板，人造板产量以 2001 年的 65 万 m^3 增加到 2015 年的 313 万 m^3。随着不断涌现的富裕阶层的购买力日益增加，在过去的 20 年中印度胶合板需求逐步上升，并部分引起实木价格的上升（中华商务网，2002）。刨花板和中密度板的市场也逐渐扩大。印度大约有 500 家胶合板生产厂家，各种规格的胶合板年产大约 2.2 亿 m^3。在 500 家胶合板生产厂家中属于大中型规模的有 61 家，合计年产 1.24 亿 m^3，是印度胶合板生产的中坚力量，但其中只有 9 家年产量超过 150 万 m^3。按照国际标准，印度胶合板厂家大多属于小型工厂。

（3）制浆造纸。印度纸产品的消费量约占世界总产量的 1.2%，人均纸张消费量远远低于世界水平，也是亚太地区消费量最少的国家。造成这一局面的原因是印度纸业比较落后，企业小而分散，技术和装备水平低。大型造纸厂以木材和竹子为原料，小型工厂以稻草、废纸等为原料。造纸工业因原料短缺而陷入困境，与纸产品需求的增长很不协调。为了促进造纸业的发展，自 2005 年以来国家采取了区域经济合作、技术改造、与工业人工林相结合等措施解决原料来源问题，并制定了发展规划鼓励造纸业的发展。2010 年，印度的纸浆和造纸产业集群已成为世界新兴经济体中知名的森林工业集群（FAO，2011），纸和纸板的产量比2005年翻了一倍。据印度造纸协会预测，未来几年印度纸业将保持两位数的增长速度，新增的投资将超过25亿美元，增加的产能将达到200万t；到2015年，印度纸、纸板的需求量将分别增至1 400万t和2 000万t。

表4　印度木制品和纸制品生产情况　（万 m^3，万t）

林产品	2001	2005	2010	2015
原木	29 668	32 868	33 250	35 615
工业原木	1 930	2 319	2 319	4 951
锯材原木和单板原木	1 835	2 239	2 239	4 790
纸浆材(圆形和块状)	62	62	62	133
其他工业原木	33	18	18	38
木质燃料	27 738	30 549	30 931	30 663
锯材	790	1 479	1 479	689
人造板	65	255	296	313
木浆	149	231	231	347
其他纤维浆	143	200	200	200
纸和纸板	428	436	1 029	1 496

注：原木包括锯材原木和单板原木、纸浆材(圆形和块状)、其他工业原木、木质燃料；木浆包括机械木浆、半化学木浆、化学木浆、溶解木浆；纸和纸板包括新闻纸、印刷纸和书写纸、其他纸和纸板(下同)。资料来源：FAOSTAT的林业统计数据库。

（二）林产品贸易

1. 林产品进口

印度是林产品的主要进口国。主要进口产品包括：原木、锯材、人造板等(表5)。在2008—2009的贸易年度中，原木进口总值为11.4亿美元，短短4年内增长了近70%。未加工木材主要是来自马来西亚、缅甸、科特迪瓦、中国和新西兰。印度正在逐年增加半成品或半组装家具的进口，进口家具的60%来自中国和马来西亚，其余来自意大利、德国、新加坡、斯里兰卡、美国等。2010年印度工业原木的主要供给国包括马来西亚、新西兰、缅甸、德国、哥斯达黎加、比利时和乌拉圭等国家。

表5　印度木制品和纸制品进口量　（万 m^3，万t）

林产品	2001	2005	2010	2015
工业原木	250.5	368.5	466.1	578
木质燃料	0	6	0.9	0
原木总计	250.5	374.5	467	518
锯木	3	7.2	11.9	73
人造板	11.2	24.2	22.1	87
木浆	25.5	46.8	80	128
纸和纸板	57	119.3	128.4	256

资料来源：FAOSTAT的林业统计数据库。

印度是世界上第三大硬木原木进口国。为适应热带气候及耐白蚁、耐腐蚀的需求，柚木等硬木最符合印度市场的消费需求。柚木通常作为其他木种的档次和价格的基准。印度主要进口的木材品种是热带木材，如红木、沙贝列木等。人工林木材进口包括柚木、桉树、杨树、云杉、松树，冷杉。印度还进口少量的温带硬木作为方原木或木材，如水曲柳、枫木、樱桃木、橡木、胡桃木、榉木等(美国农业部，2009)。

2. 林产品出口

从林产品出口情况来看，印度林产品出口量不大，主要的出口产品是纸和纸板(表6)。但是，2010—2015 年，主要林产品出口量增加趋势，其中人造板与纸和纸板增幅表现最为显著。

与木材等林产品出口相比，非木质林产品的出口更为重要。印度靠出口家具、木雕、手工艺品、竹藤制品、调味品、药材、香料等换取大部分外汇，如印度的药材相关贸易估计每年约 55 亿卢比。

表 6　印度木制品和纸制品出口量　（万 m^3，万 t）

林产品	2001	2005	2010	2015
原木	0.3	0.7	0.9	1.1
工业原木	0.3	0.7	0.7	1.1
木质燃料	0	0	0.2	0
锯木	1	1.5	2.1	
人造板	1.6	11	3.2	8.9
木浆	2.5	1.4	0.3	1.3
纸和纸板	5.4	30.9	31.4	57

注：贸易统计数中，原木包括工业原木和木质燃料；木浆包括机械木浆、半化学木浆、化学木浆、溶解木浆；纸和纸板包括新闻纸、印刷纸和书写纸、其他纸和纸板。资料来源：FAOSTAT 的林业统计数据库。

3. 林产品贸易政策

长久以来，印度采取设置关税和非关税壁垒的方式来保护国内工业，森工企业也不例外。政府通常以长期合同的形式，以远低于市场价的价格为大型森工企业供应原材料。虽然 1988 年国家林业政策建议停止向森工企业供应原材料，但旧的制度仍在执行。

但近年来，印度大幅削减进口木制品特别是原木的关税，鼓励木材进口，以减少国内森林采伐的压力。为了弥补森工企业原材料的供应不足，考虑到木材的禁伐，自“2001 年印度绿化生计安全和可持续发展”计划推行开始，政府放宽了对木材进口的限制，放松了贸易壁垒，同时严格控制木材出口。印度的木材价格以每年 15% 的速度增加，使得进口木材更具吸引力。为了帮助满足人造板行业的原料需求，政府取消贸易壁垒和为进口木材开放“公开一般许可证”(OGL)，这项政策对加工业很有利，直接导致了印度木材进口增加(Satya P.，2005)。

七、林业科研与教育

（一）林业科研

印度拥有独特和多样化的森林生态系统，为林业科学研究提供了广阔空间。印度政府非常重视林业科学研究，1988年国家林业政策给林业研究以高度优先权。印度的林业研究历史悠久，是发展中国家林业技术水平较高的国家之一，尤其在卫星遥感技术的开发应用、流域治理、保护区系统和社会林业等方面。

印度最早的林业研究机构是成立于1906年的林业研究所，1986年升级为印度林业研究与教育委员会（ICFRE），主席为森林与环境部部长。该委员会是印度林业科学研究的主要机构，其职能是：资助、促进和协调林业研究、教育和应用；建立国家林业图书馆和信息中心，并提供咨询服务；宣传林业计划。2013年，印度林业研究与教育委员会下属的研究机构包括9个研究所和3个研究中心，它们是：森林研究所（FRI）、热带森林研究所（TFRI）、干旱森林研究所（AFRI）、温带森林研究所（TFRI）、森林生产力研究所（IFP）、木材科学与技术研究所（IWST）、森林遗传与林木繁育研究所（IFGTB）、雨林研究所（RFRI）和喜马拉雅森林研究所（HFRI）、社会林业与生态恢复研究中心（CSFER）、林业研究与人力资源发展中心（CFRHRD）、竹藤高级研究中心（ARCBR）。

印度有些邦也建有自己的林业研究所，主要偏重于应用研究，关注区域性问题。许多国立农业大学也参与林业相关研究，还有一些林业森林组织从事森林管理问题的研究，其中包括印度森林调查、印度森林管理学院和印度野生动物研究所。

以往印度林业研究与教育委员会、各邦的林业研究所和国立农业大学之间联系很少，大多数研究成果未能推广应用。但近些年来，这些研究机构正通过以需求为基础的研究来加强彼此的联系，同时吸收林业研究人员参与研究项目的定题决策，一些特殊的研究任务还与私人部门合作进行。

另外，印度政府还积极依靠民间科技力量开展林业扶贫和科研工作，提倡生产、教学和科研相结合。例如，印度农业工业基金会（BAIF）是印度著名的民间科技扶贫组织，它不仅拥有一支高素质的科学家队伍和先进的科学实验设备，还拥有一大批示范基地和一支自己培养起来的农民技术员队伍，在全国建立了12个综合试验基地、50个实验站，还建起了培训中心和林产品加工试验厂。BAIF根据当地农民的急需来确定试验课题和科技服务对象，把试验、示范、推广、培训有机地结合起来，并采取农业、林业、牧业、工业、教育等多方面综合治理的方法，使各个学科的专家一起工作，相互配合，相互支持。BAIF的经费来源于中央和地方政府的一些林业项目、私人公司赞助、国际援助组织资助及自身的科技实体。

（二）林业教育

印度国立农业大学和5所综合大学都开设了林业课程，1991年政府授权Deemed大学开设林业和环境专业的研究生和博士后课程。目前，Deemed大学正致力于建立林业培训机构与大学间的联系，吸引高素质和富有经验的教师，制定有关课程，以满足林业发展对人才的需求。

根据FAO《2010年全球森林资源评价》，印度林业专业毕业生中，硕士或同等学历者达565人，其中女性占55%；学士或同等学历者达808人，女性占50%；取得专业技术资格或毕业的人数达3 000人，其中女性占2%。全球森林资源评价还显示，印度公共林业研究机构科研人员中，博士或同等学历者达394人，其中女性占24%；硕士或同等学历者达1 002人，其中女性占23%；学士或同等学历者为1 289人，其中女性占18%。

八、分析与借鉴

（一）主要问题

当前，印度林业面临的主要问题可归纳为以下5个方面：

1. 森林资源短缺

印度人均森林面积只有0.064 hm²，仅为世界平水平的10%（FAO，2009）。人口的增加进一步加重了对森林资源的压力，导致了森林资源的恶化和退化。刀耕火种和轮垦对森林的威胁最大，因轮垦等损失的林地面积已超过1 000万hm²。自1950年以来转化为农地等其他用途的林地达450万hm²，78%的森林受到过牧的威胁，半数以上的森林面临火灾的威胁（MOEF，2006）。森林资源的短缺成为制约印度林业发展的主要因素之一。

2. 林业资金不足

资金问题的焦点是投入不足。一方面，每年投向林业科研的经费还不到林产品消费总额的0.01%；另一方面，对森林资源培育的投入也严重不足，印度雄心勃勃的造林计划及绿色印度计划由于资金的不足都难以实现预期的目标。

3. 制度协调不畅

林业制度承袭了殖民地时期林业管理的模式，形成了中央集权和官僚主义作风，林业部门之间缺乏合作，而且也不能及时协调来自农业、工业和环境保护方面的冲突。在规划和计划方面，尽管印度林业官员的准入门槛较高，林业官员的文化素质和教育水平也很高，但在林业各领域的最新进展方面，对林业官员的能力培训不够，尤其是与林业生产实践结合不足。由于不切合实际，一些林业法规常常阻碍了林业的发展。

4. 技术应用滞后

印度林业研究具有较高的水平，但在技术应用与发展方面滞后，新技术的应用也是如此。印度缺乏用于林业项目规划和监测的数据和信息收集系统。在林产品加工技术方面，存在大量低水平的小规模重复建设，不利于产品增值和整体技术水平的提高。目前，印度林业发展面临两大战略转变：一是由单一造林、护林向森林多目标经营转变；二是从传统林业向现代林业转变，重视发展、投资和唤起公众意识。

5. 林产品供需缺口大

印度林产品供需缺口很大导致木材进口增加，由此引起了一系列问题。首先，木材进口增加给外汇储备造成压力，而且进口木材生产的产品主要销往国内市场，而没有对进口产品进行再次出口，致使出口仅为进口的1/10左右。其次，木材进口增加还会连带引起国内的林业经营者利益受损。再次，进口木材减少了在全国创造更多的林业就业机会。

6. 非木质林产品潜力挖掘不够

非木质林产品是当地居民必不可少的生活来源，同时还是林业部门的主要经济来源，为国家换取了大量外汇，但其开发并未得到规划者和决策者的足够重视。如何扭转非木质林产品资源日益退化的现状，并充分发挥其生产潜力是目前印度非木质林产品生产面临的主要问题。

（二）发展趋势

1. 林产品供需预测

印度人口增长已超过了环境资源的承受水平。据估计，印度有 3 亿～5 亿人口处于极度贫困中（日均消费水平低于 1 美元），这些贫困人口将依赖森林资源维持生存，在一定程度上制约了森林资源的保护与利用。

印度林产品供需缺口正在呈扩大趋势，2005 年工业原木消费量为 2 780 万 m^3。据 FAO 预期，印度工业原木消费量到 2015 年和 2020 年将增长到 4 980 万 m^3 和 6 310 万 m^3。如果按照 1995 年森林研究所的一项研究结果：印度今后有采伐潜力的森林面积为 2 897 万 hm^2，每年允许采伐量为每公顷 2 m^3，全国森林潜在的工业材生产量约为每年 5 900 万 m^3。那么随着森林经营的改进，可以基本满足当前的工业用材需求，但随着印度人口和经济的发展，未来的木材需求仍然需要依赖进口来实现。

2. 林业发展趋势

在全球气候变化以及环境保护的大背景下，印度也大力保护天然林，人工林将成为所有木本原材料的重要来源。因此，发展人工林，努力提高森林生产力，成为印度林业重要的发展目标。如果将来人工林每年每公顷的生产力能够提高到 10 m^3，那么，人工林年生产量将达到 5 亿 m^3。如果继续执行可持续发展方案，在保护现有森林资源的同时，继续营造新型人工林，印度将有能力解决目前的危机，走上林业可持续发展的道路。

（三）值得借鉴的经验

与世界林业发达国家相比，尽管印度的林业还比较落后，但印度林业管理上的一些做法仍然值得借鉴。

（1）全面推行参与式和联合森林管理模式。这是印度林业最为突出的特色。把小面积（如社区）的森林持有人联系在一起，然后将合并后的森林在省级林业部门的监督下进行生态与经济目标并重的经营管理，并且政府牵头保护森林避免火灾、病虫害的危险，一方面调动了农民的积极性，同时也有助于政府实现保护和扩大森林资源的目标。

（2）积极推行合作造林，缓解木材供需矛盾。印度的经验表明，不能仅仅依靠进口满足国内对工业用木材和细工木料的巨大内需，而大规模的林业生产才是唯一的途径。在这方面，印度的林业加工企业（特别是纸浆和造纸企业）已经利用他们的技术和资金支持和当地农民开展合作，鼓励农民造林积极性，这其中值得借鉴的具体措施包括：①在无论有无回购担保的情况下免费提供或资助优质苗木；②提供银行贷款援助，并提供苗木，进行技术推广和回购担保工作；③在恰当安排下企业利用农户的土地，租赁或共同承担造林合约。

（吴水荣　蒋宏飞）

参考文献

胡延杰，施昆山，李吉跃 . 2008. 印度社会林业进展[J]. 山西林业科技 . 3(1)：40 – 42.

国家林业局 . 印度国家林业报告 2001. http：//www. forestry. gov. cn/portal/main/map/sjly/India/web/.

中国和印度造纸业共同搭建交流合作平台 . 消费日报 . 2012-02-17. http：//info. printing. hc360. com/2012/02/171101432097. shtml.

张微，卢占山 . 1999. 论印度林业发展[J]. 内蒙古科技与经济：26 – 27.

中华商务网 . 印度胶合板市场稳步上升 . 2002-02-19. http：//www1. chinaccm. com/22/2204/220401/news/20020219/143832. asp.

FAO. 2010. 2010 年全球森林资源评价 .

FAO. 2011. 世界森林状况 .

FAO. 1999. Forest Management and Impact of Forest Harvesting on Environment, by A. P. Misra. Paper prepared for FOPH.

FAO. Contribution of the forestry sector to national economies, 1990 – 2006. 2008. Accessed on 30 April 2013 at ftp：//ftp. fao. org/docrep/fao/011/k4588e/k4588e00. pdf.

FAOSTAT 林业统计数据库 .

FAO. India Forestry Outlook Study (The Ministry of Environment and Forests Government of India). 2009. Accessed on 30 April 2013 at www. fao. org/docrep/014/am^{2}51e/am^{2}51e00. pdf.

India state of forest report 2011. Forest Survey of India (Ministry of Environment & Forests) Kaulagarh Road, P. O-IPE Dehradun – 248195.

Manoharan, T. R. 2000. Natural resource accounting：economic valuation of intangible benefits of forests, RIS Discussion Paper # 04/2000, Research and Information System for the Non-aligned and other Developing Countries, New Delhi.

Ministry of Environment & Forests(MoEF). 1991. India-Status Paper on Forestry Situation. Paper prepared for the Tenth World Forestry Congress, Paris 1991. Ministry of Environment and Forests. New Delhi.

Ministry of Environment & Forests (MoEF), Government of India. National Forest Commission Report, Chapters 1 – 8. 2006. Accessed on 30 April 2013 at http：//envfor. nic. in/divisions/1 – 8. pdf.

Ministry of Environment and Forests (MoEF). India's Forests：Forest Policy and Legislative Framework, Chapter 3 – 5. 2009. Accessed on 30 April 2013 at http：//ifs. nic. in/rt/book/page3. pdf.

Pandey, D. N. 2007. Multifunctional agroforestry systems in India, Current Science, 92(4)：455 – 463.

Parker, C., Mitchell, A., Trivedi, M., Mardas, N. 2009. REDD Manual. Accessed on 30 April 2013 at http：//www. theredddesk. org/sites/default/files/lrb_ sc. pdf.

Satya P. Mohapatra, Niloy K. Bhattacherjee, Soumitri Das and Prabhat Upadhyaya, 2005. Scope of Production Forestry in Enhancing Carbon Mitigation in India. Ashoka Trust for Research in Ecology and the Environment (ATREE), New Delhi. Accessed on 30 April 2013 at www. atree. org/pfcc_ report_ dec05. doc.

Saxena, N. C. 2002. The role of industry in wasteland development in India. International Forestry Review 4, 234 – 238.

United States Department of Agriculture, Foreign Agricultural Service. Wood and Wood Products in India. 2009. Accessed on 30 April 2013 at http：//static. globaltrade. net/files/pdf/20100104083927. pdf.

World Bank, 2004, Sustaining Forests：A Development Strategy, Washington, D. C.

菲律宾(Philippines)

菲律宾共和国(简称菲律宾)位于亚洲东南部。北隔巴士海峡与中国台湾省遥遥相对，南和西南隔苏拉威西海、巴拉巴克海峡与印度尼西亚、马来西亚相望，西濒南中国海，东临太平洋。共有大小岛屿7 107个，总面积29.97万km^2，海岸线长达18 533 km，其中吕宋岛、棉兰老岛、萨马岛等11个主要岛屿占全国总面积的96%。

全国划分为吕宋、维萨亚和棉兰老三大部分，设有首都地区、科迪勒拉行政区、棉兰老穆斯林自治区等17个地区，下设81个省和117个市。总人口1亿100万(2015年)。首都设在大马尼拉市，人口1 288万(2015年)。马来族占全国人口的85%以上，其余为少数民族和外国后裔，还有为数不多的原住民。官方语言为英语，国语是以他加禄语为基础的菲律宾语。国民约85%信奉天主教，4.9%信奉伊斯兰教，少数人信奉独立教和基督教新教，华人多信奉佛教，原住民多信奉原始宗教。

菲律宾国土主要由山地、高原和丘陵构成，除吕宋岛中央平原等少数地区外，平地罕见。境内活火山多，地震频繁。火山以吕宋岛的马荣火山比较著名，棉兰老岛的阿波火山是全国最高峰，海拔2 954 m。境内主要河流有棉兰老河、卡加延河，贝湖是全国最大湖泊。北部属海洋性热带季风气候，南部属热带雨林气候。气候特点是温度高、降雨多、湿度大、多台风。全国年平均气温27 ℃。南部地区终年多雨，北部地区有明显的旱季和雨季。全国年平均降水量2 500 mm左右，从北往南递增。

菲律宾自然资源丰富。矿产主要有铜、金、银、铁、铬、镍等20余种，其中铬矿储量最为丰富，位居世界前列。植物资源十分丰富，热带植物多达万种，乌木、檀木等名贵树种资源丰富，盛产龙脑和树脂等林产品。海洋产多种鱼类，苏禄群岛沿海产珍珠及海龟。菲律宾的主要粮食作物是稻谷和玉米。椰子、甘蔗、马尼拉麻和烟草是菲律宾的四大经济作物。

2016年农林渔业产值为294.23亿美元，占GDP的8.0%。其中农林业产值255.33亿美元，占GDP的7%；渔业产值38.9亿美元，占GDP的1%。主要出口产品为：椰子油、香蕉、鱼和虾、糖及糖制品、椰丝、菠萝和菠萝汁、未加工烟草、天然橡胶、椰子粉粕和海藻。

菲律宾以出口导向型经济为主，与150个国家有贸易关系，主要外贸对象是美国和日本。2017年菲律宾国内生产总值为3 890亿美元，人均国内生产总值3593美元，国内生产总值增长率为6.7%(中国外交部网站，2018)。

一、林业在国民经济中的地位

森林资源曾经是菲律宾国民经济收入的重要来源。20世纪30年代，菲律宾的森林面积高达 1 700 万 hm^2，国土面积的近 60% 为森林所覆盖。森林采伐业被视为快速创收和提高政府影响力的一项产业。20 世纪 60～80 年代初，菲律宾的森林工业已经发展为国家最为繁荣的产业，也是国家重要的支柱产业、出口创汇的重要来源。森林工业为国家创造了大量的就业岗位，仅森林采伐业直接提供的就业岗位就超过 40 万，有超过 200 万的人依赖森林采伐而生。每年原木产量的 50%～75% 出口到国外。70 年代后期，原木出口最多时曾达到 750 万～790 万 m^3，林产品的出口量几乎达 1 000 万 m^3(FAO，2005)。菲律宾当时是地道的木材和木制品净出口国。

然而，由于天然林的过度开发，森林面积日趋减少，林业在国民经济中的地位 1990 年一直在逐年下降。2015 年，林业部门，对 GDP 的贡献值降为 0.268%（世界银行，2018）。林业产业的萎缩，也影响到林业部门提供的就业岗位。1990 年，林业部门创造就业岗位 7.5 万个，占总劳动力的 0.3%；而到 2010 年，林业部门创造的就业岗位下降为 5.8 万个，不到总劳动力的 0.2%(FAO，2015)。

虽然传统的林业产业在国民经济中所占地位日趋减弱，但以森林为基础的其他产业则发展快速。特别是森林旅游业，菲律宾拥有多样化的森林景观，生物多样性极为丰富，吸引了世界各地的游客。据统计，2000 年，菲律宾的国外旅游人数为 220 万人；到 2011 年，国外游客人数增长到 392 万人。旅游业的发展不仅为国家带来直接的经济收入，也创造了大量的就业岗位，推动了林区社会经济的发展。

二、森林及其他自然资源

（一）森林资源总量

根据 FAO 的统计，2015 年，菲律宾林地面积为 1 507.6 万 hm^2，占国土面积的 50%，其中森林面积为 804.4 万 hm^2，占 27%；其他有林地面积为 703.6 万 hm^2，占 23%。森林蓄积量为 12.98 亿 m^3，其他有林地蓄积量为 1.55 亿 m^3；在森林蓄积量中，以阔叶树为主，蓄积量为 12.70 亿 m^3，占森林蓄积量的 98%，针叶树蓄积量仅为 0.28 亿 m^3。阔叶树中以白柳桉(*Shorea contorta*)、桃花心木(*S. polysperma*)、红柳桉(*S. negrosensis*)、克隆木(*S. squamata*)、马拉赛罗双木(*Dipterocarpus grandiflorus*)等树种为主，蓄积量占总蓄积量的 50% 以上。

2015 年菲律宾活立木生物量中的碳储量为 5.45 亿 t，单位面积碳储量平均为 131 t/hm^2 (FAO，2015)。

（二）森林资源结构

菲律宾的土地利用类型分为森林、其他有林地、其他植被和内陆水系，所占比重分别为 27%、23.6%、49.3% 和 0.1%。其中森林和其他有林地均归为林地。(FAO，2015)。

根据气候特点和分布的纬度，森林可分为：常绿雨林，约占森林资源总量的 81%，分布于东部地区；半常绿森林，占 10%，分布于中部地区；山地森林，占 9%，分布于西部地区。根据树种组成，森林可分为 5 种类型：龙脑香林，主要由龙脑香科植物组成，如白柳桉(*S. contorta*)、红柳桉(*negrosensis*)、大花龙脑香(*Dipterocarpus grandiflorus*)等；莫拉菲森林(Molave forest)，主要树种为马尼拉白埔姜(*Vitex parviflora*)、紫檀类(*Pterocarpus* spp)、栗豆树(*Intsia bijuga*)等；松树林，主要树种为卡西亚松(*Pinus insularis*)和苏门答腊松(*P. merkusii*)；红树林，分布于河口滩涂和海湾岸边；海滩森林，分布于溪流两岸和滩涂地带，主要树种有聂帕榈(*Nipa fruticans*)、榄仁树(*Terminalia catappa*)、红厚壳(*Calophyllum inophyllum*)等。

森林资源以天然次生林为主，还保留一部分原始林，人工林面积所占比重较小，且以引进的外来树种为主。2010年，原始林面积为86.1万hm^2，占森林面积的10.7%；天然次生林面积593.5万hm^2，占73.8%；人工林面积124.5万hm^2，占15.5%(FAO，2015)。

按照主导作用，森林分为生产林和水土保持林。2015年，生产林面积为617.5万hm^2，占森林面积的76.8%；水土保持林面积为186.5万hm^2，占23.2%(FAO，2015)。

(三) 森林资源动态变化

与大多数亚洲国家一样，菲律宾也经历过严重毁林的阶段。特别是20世纪60～80年代，由于人口的快速增长，大批的人口为了谋生从城镇涌向山区，刀耕火种的农业使得森林面积每年以30万hm^2的速度减少。此外，经济发展使得大量的林地转为工业园和经济开发区；城市居民生活水平的提高也使得许多林地转为居住用地以及与此配套的商业设施。

菲律宾环境与自然资源部(DENR)的统计表明，菲律宾的森林面积已从1934年的1 780万hm^2(覆盖率60%)减少到2003年的717万hm^2。20世纪90年代以来，菲律宾采取了一系列的森林保护措施，森林面积和其他有林地面积呈不断增加的趋势，特别是其他有林地面积增速更快。与1990年相比，2015年的森林面积增加了148.5万hm^2。

近20年来，菲律宾的森林面积虽然在增加，但是单位面积的森林蓄积量却在不断下降。根据FAO的统计，1990年森林的公顷蓄积量为188.0 m^3/hm^2，而到2015年，森林公顷蓄积量降为161.0 m^3/hm^2，其原因是大量的原始林遭到破坏而转为次生林。菲律宾环境与自然资源部副部长迪米特里奥·伊格纳西奥称："目前菲律宾森林退化的面积大于森林增长的面积，如果让退化土地重新长出森林则需340年的时间"。

(四) 其他自然资源

菲律宾是世界18个"生物多样性特别丰富"(mega-biodiversity)的国家之一，拥有的植物种类数量居世界第5，鸟类特有种数量位居世界第4，拥有世界49%的陆生野生动物物种；有鱼类3 214种，其中121种为特有种，76种为濒危种(菲律宾生物多样性报告，2010)。有水鸟约115种，包括20种鹭科鸟类、14种雁鸭类、17种秧鸡类、46种海滨鸟类。

菲律宾还拥有丰富的湿地资源。湿地类型主要包括红树林沼泽、湖泊湿地、河流湿地以及河口湿地。据估计，淡水湖泊面积约11.4万hm^2，沼泽及河口湿地面积约52.7万hm^2，咸水池塘面积为17.6万hm^2，人工水库面积约13万hm^2。棉兰老岛的阿古桑湿地野生动植物保护区、于东明多洛岛的瑙汉湖国家公园、宿雾的峨兰哥岛野生动植物保护区以及苏禄海的图巴塔哈群礁国家公园等4处湿地被列入国际重要湿地。

三、林业法规政策

(一) 林业法律法规

菲律宾宪法是菲律宾管理一切自然资源的基本法律。宪法规定，所有林地及森林资源归国家所有，任何采伐、开发、利用及林产品加工活动都要受到政府的监督与控制。林业方面的一切法规均是以宪法为基础制定的。但到目前为止，菲律宾林业部门还没有一部经国会批准的林业法律。环境与自然资源部早在20世纪80年代就向国会提交了“加强森林可持续经营”法案，但20多年过去了，法案仍没有得到国会批准。目前林业部门的法规都是为了配合其他法律的执行通过总统令或部门行政命令的形式颁布的。

菲律宾独立后很长一段时间仍然沿用殖民时期的林业法规，直到1975年才以总统令的形式批准了“修订的森林法”（PD 705，1975），成为林业部门沿用至今的最主要的法规。该法规对林业的基本标准、操作规程、违反者的惩处等做了详细的规定。但该法规已经不适应目前林业发展的需要了。除森林法外，对林业部门产生重要影响的法律还有：

（1）1991年颁布的《地方政府法》（LGC）。该法律将与地方政府密切相关的森林管理权下放给地方政府，如社区森林管理、为地方社区提供水源的小流域的管理、共有森林的管理等。同时也要求地方政府协助环境与自然资源部（DENR）保护森林资源，拘捕非法采伐和毁林的违法犯罪人员。

（2）1992年通过的《国家综合保护区系统法》（NIPAS法）。这是对森林与自然资源管理具有深远影响的一部法律。该法律规定，划定的保护区要退出各种形式的开发利用。虽然保护区的划定减少了可利用的森林的面积，但保存和保护了重要生物区。

（3）1995年通过的《菲律宾矿业法》。该法明确规定矿业优先于林业。除了保护区或其他法律规定保护的地区外，其他所有的区域都允许采矿作业，这对森林的保护和利用带来不利影响。

（4）1997年通过的《土著人民权利法》。法律承认土著社区及人民的权利，允许土著居民拥有“祖传土地权”，授权土著社区管理祖传土地上的森林。该法律既保障了土著居民的权利，又有利于森林的保护。

（5）2001年通过的《野生动植物保护法》。法律规定要保护野生动植物资源及其生境，建立濒危物种名录。

（6）2006年通过的《生物燃料法》。该法律允许在林地上发展生物燃料林，以缓解化石燃料价格升高对国家经济的影响。生物燃料林的增加，将会改变原有的林地植被结构，使结构复杂的天然林转为单一的人工林，将影响到森林生态功能的发挥。

（二）林业政策

1. 社区参与森林管理

社区参与森林管理是菲律宾林业政策的核心内容，该模式的形成与发展是菲律宾林业管理模式不断探索与经验总结的结果。

1946年，菲律宾独立后，很长一段时间仍然沿用殖民时期的林业政策——国家集权式的森林管理。二战以后，菲律宾的主要林业活动就是大规模的采伐森林，以满足当时日本和美国对木材的需求，同时满足国家恢复发展所需要的资金。在大规模采伐森林的同时，国家也倡导森林的可持续经营，制定了“菲律宾择伐作业体系”（PSLS），颁布了宅地法，实行“木材采伐许可证”（TLAs）制度，寻求原木出口的替代政策。社区参与森林管理的理念在这一时期开始萌芽，主要体现在国家制定的一系列林业政策中，如1975年实行的“森林占有管理”（FOM），1976年实行的“家庭造林方法”（FAR），1978年实行的“共有林场”

(CTF)和“森林生态系统管理计划”(PROPEM)等。在这些林业政策中，虽然社区或个人仅仅为森林管理提供劳动力，而不是作为森林的管理者，但这些做法毕竟打破了国家集权式的森林管理模式，为社区参与森林管理开启了大门。

随着社区越来越多地介入森林资源管理，政府也注意到了社区在森林资源保护和发展中的重要作用。1982 年，菲律宾政府发布行政令，将 FOM、FAR、CTF 合为一个综合的林业计划，即“综合社会林业计划”(ISFP)。该计划的目的是促进公有林民主化管理，更加公平地分配森林的收益。该计划的实施标志着社区真正成为了森林的管理者。

1986 年，菲律宾爆发人民革命后(EDSA Revolution，1986)，权力下放、人民群众参与以及林业的社会政治意义等内容被纳入国家的重要政策中，并建立了权利下放的各种措施。“社区森林管理”(CBFM)的林业政策就是在这种背景下发展起来的，并成为菲律宾最重要的林业政策。1986 年以后，菲律宾实施的各种林业政策更加倾向于“以人为本”，有更多的非政府组织参与，并更加强调地方政府部门的作用。1987 年，在国家制定的“国家造林计划”(NFP)中，创新性引入了市场化的激励机制，鼓励社区、家庭、非政府组织和企业积极参与造林。

1993 年，国家已经意识到山地减贫、社会正义、资源分配中的公平以及森林的可持续性等问题可以通过社区林业来解决，于是启动了“社区林业计划”(CFP)，实施以社区为基础的森林开发和自然资源利用的政策，在当地社区的帮助下保护剩余的原始森林。

1995 年，菲律宾将“社区参与森林管理”的政策提升为促进森林可持续管理和社会公平的国家战略。各种倡导公众参与的森林管理项目，如综合社会林业计划(ISFP)、山地发展项目(UDP)、林地管理计划(FLMP)、社区林业计划(CFP)、低收入山地社区项目(LIUCP)、区域资源管理项目(RRMP)、热带雨林综合管理的项目(IRMP)以及祖传土地权确认等，都被统一纳入到“社区森林管理”系统下。

20 世纪 90 年代以来，菲律宾的社区林业不断发展壮大，各种以人为本的林业计划和项目在全国各地普遍开展。社区林业在全国的开展也吸引了众多的国际机构提供技术和财政支持。截至 2008 年，林地总面积中有 900 万 hm^2 划归为社区管理。2011 年，签订的社区森林管理协议 1 790 份，林地面积 163.4 万 hm^2；有 1 790 个“人民组织”参与了社区管理项目，覆盖 322 248 个家庭(菲律宾林业统计，2011)。

2. 林业发展规划

1990 年，菲律宾制定了“林业发展总体规划”，规划期为 25 年。规划的总体目标为：所有菲律宾人拥有公平地获得开发和管理森林的机会，并分享来自森林的好处；私营部门和当地社区与政府合作科学的管理、保护和利用森林资源。规划的具体目标包括：保护森林生态系统和多样的遗传资源；促进社会公平和正义；对所有生产性森林实施可持续经营，满足国家对木材和其他林产品的需求；通过适当的林地管理和实践，发挥林地及森林资源在防止荒漠化、土壤侵蚀、洪灾及其他生态灾难中的作用；合理管理流域，发挥流域在生产食物、饮用水、能源及其他基本需求中的作用；促进就业及国家和地方经济的增长。为了实施林业发展总体规划，国家制定了一系列的政策措施，主要有国家造林计划、工业林管理计划、社区森林管理计划、森林保护计划、优化林产工业结构、建立国家综合保护区系统等。

3. 森林资源保护与发展

随着人口的快速增长，经济发展，对木材需求的增加，毁林和森林退化不断加剧，森林保护与恢复及扩大造林成为林业部门的首要任务。

菲律宾自1992年就颁布了原始林采伐禁令，森林保护被正式纳入菲律宾的林业政策之中。同年，菲律宾通过了《国家综合保护区系统法》，规定划定的保护区要退出各种形式的开发利用。

2004年，总统发布行政令再次强调“促进森林可持续森林管理”，并制定了具体实施措施：界定国有林地，并对其进行分类；全面、可持续和综合开发森林资源；以社区为基础的森林保护和开发；适当评估森林资源的价值，为森林的可持续经营融资；鼓励私有部门投资森林工业。

为了应对木材需求的短缺，菲律宾也制定了大力发展人工林的政策。早在20世纪90年代的“国家造林计划”中，就引入激励机制，鼓励私有部门发展人工林。2004年，环境与自然资源部发布行政令，放宽私有林地木材采伐限制，减免各种林业费用。如采伐私有林地上的树木或木材的运输，无论量的多少，将不再需要DENR的批准，只需要由地方树木协会、合作社或联盟会认证即可；对私有部门造林免除森林费和人工林原木出口费。1995—2005年，菲律宾平均每年造林3.6万hm^2，其中非政府部门造林占36%。据估计，为了满足国家对木材及其制品的需求，菲律宾至少需要人工林100万hm^2（RMPFD，2003）。2011年2月，菲律宾总统签署行政令，实施“国家绿色计划”（NGP），开始大规模的植树造林，计划未来6年（2011—2016年）在150万hm^2的土地上种植15亿棵树，这将是菲律宾历史上规模最大的植树造林运动，目标将超过过去50年植树造林的总量。截至2011年底，“国家绿色计划”已经完成植树128 559 hm^2和78 km。

应对森林资源减少和退化可能带来的气候变化问题，2009年菲律宾通过了《气候变化法》，成立气候变化委员会。《气候变化法》把林业作为菲律宾应对气候变化的最重要手段，特别是解决气候变化带来的自然灾害问题。气候变化委员会负责协调国家的气候变化行动、REDD+以及其他类似的机制。REDD+计划具体由环境与自然资源部执行。目前，菲律宾已经制定了“REDD+国家战略”（PNRPS），战略规划期为10年（2010—2020年）。

四、林业机构与管理体制

（一）管理机构

菲律宾环境与自然资源部（DENR）是管理森林、林地及其他自然资源的最高行政机构，负责自然资源的保护、管理、开发和利用。主要职责是确保国有森林资源的可持续利用；提高森林的生产力以满足不断增长的人口的需求；提高林业部门对国家经济的贡献；保护国家公园、保存地及其他保护区等特定生态系统。而且，DENR对于国有公司如国家石油公司、电力公司以及灌溉公司拥有的重要流域内的森林也具有管理权；对于私有部门（包括企业和山地社区）的林地和森林资源，则是通过派出机构以使用权证的方式进行管理。

DENR在16个地区和76个省设有地区级、省级和社区级3级办事处，并对各级地方机构具有直接监管权（图1）。

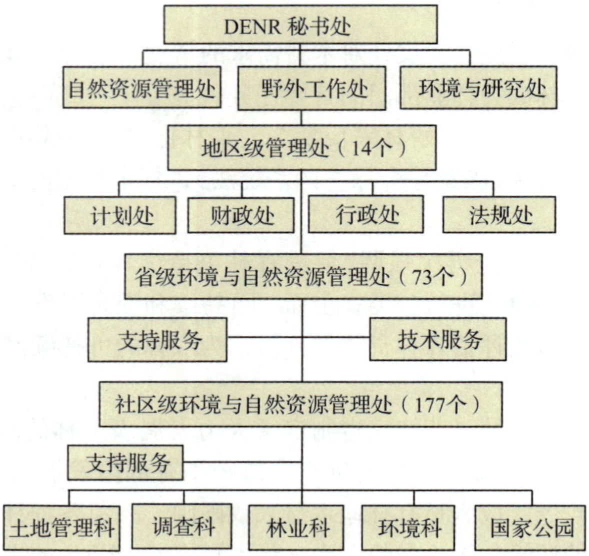

图 1　菲律宾环境与自然资源部行政管理结构

DENR 下设森林经营局，行使林业管理的职能，具体包括：

（1）为林地和流域的有效保护、开发、占用和管理提出建议的政策和方案。具体包括牧区和红树林区的管理、重要的荒地和退化林地的造林与恢复、改善水资源利用和开发、祖传土地、荒野区和自然保护区、发展人工林、优化林业产业结构、协调森林资源的开发与利用、确保森林生态系统持续供给森林产品与服务。

（2）指导地区级的办事处实施上述政策或方案。

（3）制订计划、方案、工作标准和管理措施，促进其目标和职能的实现。

（4）为林业和流域开发项目的监测和评估提供支持，确保项目实施的效率和效益。

（5）开展林业经济和森林工业方面的研究，包括在地方、国家和国际各级的供求发展趋势，分析林业各领域投资的问题和机遇。

除了森林经营局外，与林业有关的其他国家级政府机构还有保护区、野生动物保护局（PAWB）以及生态系统研究和开发局（ERDB）。这 2 个机构主要职能是协助 DENR 处理与森林保护与开发相关的问题，负责综合保护区系统以及与生态系统和自然资源管理相关的综合研究项目的监督与评估。

菲律宾的林业研究由科技部下设的"菲律宾农林与自然资源研究与开发委员会"（PCARRD）负责协调和监督。PCARRD 的职责是根据"国家经济和发展局"以及农业部和 DENR 确定的优先发展领域，协助中央领导分析和确定国家的优先研究和发展项目。大多数的具体研究项目由生态系统研究与发展局负责实施。森林产品研究与发展研究所（FPRDI）主要实施林产品开发和利用方面的研究。

（二）管理体制

国有林地和森林资源通过 DENR 森林经营局下设的各级机构进行管理。DENR 代表国家与林地使用者签订森林开发、利用和保护协议，实现森林资源的管理。比较早的木材采伐权协议是"木材许可证协议"（TLA），有效期限为 25 年，到期后可续签。由于该类协议授权采伐的森林包括原始林，在1992年国家出台原始林保护政策后，不再授权该种协议，最后的TLA协议于2011年全部到期后不再续签。原始林退出木材生产后，TLA被其他各种协议所取代，主要有《工业林经营协议》((IFMA)、《社会化的综合森林管理协议》(SIFMA)、《林地放牧管理协议》(FLGMA)、《社区森林管理协议》(CBFMA)等。1992年，各类协议的数量为1 370份，协议的森林面积为353.40万hm^2，到2005年各类协议的数量已超过8 000份，协议的森林面积达780.90万hm^2，其中协议面积增加最多的是《社区森林管理协议》。

菲律宾50%以上的国土都划为了林地，DENR由于人手和其他资源的限制，无法管理如此多的林地，因此将部分森林管理协议转移给地方政府和社区管理。

菲律宾的国有林地中，有一部分是掌控在国有控股公司手中，主要是国家能源、电力、灌溉等大公司，这部分林地主要分布在大流域内，国有大公司负责这些森林资源的保护和管理，国家为此制定了流域管理战略。

保护区内的森林资源由DENR保护区和野生动物保护局(PAWB)的各级机构负责管理。每个保护区还设有保护区管理委员会(PAMB)，负责制定保护区管理政策，监督保护区管理计划的实施。委员会的成员由非政府组织、土著居民、研究机构和私有部门的代表组成。

私有部门的森林包括祖传土地上的森林和社区森林。DENR通过确认祖传土地，颁发“祖传土地权利证书”，证书持有人负责保护和发展森林资源。社区组织或人民组织通过与DENR签订协议获得社区森林的森林使用权，并负责保护和发展森林资源。

此外，在森林资源管理中，菲律宾还依法成立了“多部门森林保护委员会”(MFPC)，负责监督森林的管理，其成员来自普通公众如教会团体、商界、非政府组织，以及公共部门如军事/警察和学术界。委员会收集非法采伐的信息，在维护环境安全中倡导森林保护，在许多领域减少了非法采伐。

五、森林经营与管理

(一) 森林经营

1. 天然林经营

菲律宾的天然林分为原始林和天然次生林。坡度在50%以上以及海拔1 000 m以上的林分均为原始林，这些森林已被政府划为永久保护区，禁止采伐。天然次生林通过各种管理协议可以采伐和利用。天然林的经营主要采取以下措施：

(1)择伐。早在1954年，菲律宾就颁布行政令，规定采伐实行择伐作业体系(PSLS)。择伐对象主要是病腐木、虫害木、火烧木、树形不良的树木及有碍更新或林木生长的树木等，要保留足够的林木以持续生产木材，同时保护林地生境。1973年，政府制定了公有林森林采伐的原则及纲领，特别指出将择伐确定为龙脑香林的作业方式，规定森林的生产、经营与更新要以可持续为基础。择伐作业的要求为：只采伐胸径大于60 cm的树木，每公顷要保留20~25株健康的胸径在20~25 cm的树木以备下次采伐；采伐周期为40年；采伐后的森林要进行林分改造，通常包括修枝和解放伐。

（2）补植。为改善森林生态系统的树种组成，补植是重要的措施。对退化林地、刀耕火种后的次生林、以前的草地、沟渠和河岸已经进行了自然更新，只是缺少有价值的树种的森林，采用补植措施。补植树种主要选择有价值的乡土树种，如马拉赛罗双（*Parashorea plicata*）、白柳桉（*Pentacme contorta*）、大花龙脑香木（*Dipterocarpus grandiflorus*）和娑罗双（*Shorea squamata*），以恢复退化次生林的生物多样性。如果有珍稀或濒危物种，也将被优先考虑。

（3）林分改造。菲律宾称为“用材林改造”（TSI）。对于过伐的次生林，由于天然更新时间漫长，无法满足经济需要，需要人工种植有商业价值的树种，这样可以提高林分的生产力和经济价值。

2. 退化地恢复

（1）重新造林。菲律宾约有100万～500万 hm^2 的退化林地，这些林地基本上已经退化为茅草地。对于这些林地，政府采取重新造林的措施，造林树种一般为外来的速生树种，如云南石梓、马占相思、印度紫檀、大叶桃花心木等。据估计，1960—2002年菲律宾在退化地上重新造林约170万 hm^2，其中2/3为政府造林，其余为非政府部门造林。

（2）人工促进天然更新。基于自然条件，如果没有火灾和人为干扰，退化的林地在自然条件下也能恢复为热带次生林，但这个过程会漫长一些。为了加快天然恢复进程，菲律宾在已经进行了部分天然更新的林地，采取了防止人为干扰、保护更新的幼苗、补植树种等措施辅助天然更新。

（3）混农林业。为了解决山区居民生存问题，同时避免刀耕火种的农业生产方式，菲律宾政府提倡在人口聚居地实行混农林业。农地上的林木不仅保护了生态系统，同时也能提供有价值的林产品，如薪材、果实、叶粉、树脂、乳胶、药品等，这些产品对维持山地农民生计是必不可少的。

3. 人工林经营

在皆伐的天然林迹地上，为了快速生长木材，需要营建短轮伐期的人工林。树种通常采用速生的外来树种，如南洋楹、云南石梓等，造林株行距为4 m×4 m。轮伐期为8～10年，第4年的间伐材可作为纸浆原料。

4. 森林采伐

菲律宾森林采伐的基本原则是持续生产木材，同时保证森林生态服务的发挥。为此，采伐的树木确定为成过熟的林木以及有缺陷的林木，保留足够的树木以备后期采伐，同时确保一定的郁闭度，以保护水土和生物多样性。

择伐的程序包括3个阶段：标记树木、定向砍伐和采后清查。采后清查由政府的木材管理人员执行，主要检查采伐作业对林分造成损害的程度和原因，评估剩余树木的预期生长量，计算下一期可采伐的量。

集材普遍采用拖拉机集材方式。在劳动力密集的地方，多采用人力或畜力集材。

（二）森林保护

每年的1～6月是菲律宾的森林防火期，每年平均报告森林火灾300多起。为了确保森林安全，DENR的“森林保护和恢复处”专门负责火灾管理和控制。DENR还成立了“多部门森林保护委员会”（MFPC），协助开展森林保护工作。DENR要求其他部门签署森林防火备忘录协议，并与航空部门合作空中监视和监测火灾及其他破坏森林的活动。对于普通公众，DENR 大力开展森林防火宣传，提高人们的火灾意识。DENR 的地方办事处都有森林消防人员，负责日常的森林消防工作。

划定森林保护区是森林保护的主要措施。菲律宾国会于 1992 年颁布了《野生动植物保护法》，建立了“国家综合保护区系统”（NIPAS），法律确定的保护区禁止任何形式的利用。2001 年 7 月 30 日，国会通过 9147 号法，规定保护野生动物资源及其生境，同时规定国家要公布受威胁物种名录。2007 年 1 月，DENR 公布了首批受威胁物种名录。截至 2007 年 7 月，通过法律确定的保护区数量为 107 处，覆盖面积 334 万 hm^2，其中 77 处为森林类型的保护区，覆盖面积 185 万 hm^2；30 处为海洋保护区，覆盖面积 149 万 hm^2。

在森林保护区以外的生产性森林中，国家也制订了一系列的保护性措施和作业程序，以保护生物多样性和环境，包括保留一定量的无干扰区域、保护稀有和濒危物种、保护具有特殊生态价值的物种和区域。DENR 和野生动物保护局联合实施“生物监测系统”，以评估生产性森林和保护区内的生物多样性变化。

（三）森林服务

除森林的木材生产功能外，在全球生态保护的大背景下，菲律宾政府也越来越重视发挥森林的生态服务功能。

在森林涵养水源方面，菲律宾高度重视森林流域的管理，制定了流域综合管理战略。全国共划分 421 个流域，其中的 18 个属于国家的重点流域。目前已经有 126 个流域被划定为受保护的流域，以保护和改善水质、水量，确保水安全。其中有 86 个流域保护区被纳入了国家综合保护区系统的范围，有 140 个流域为国家灌溉系统的关键流域。这些流域是居民生活用水、灌溉用水以及工业用水的重要来源。据估计，菲律宾每天的水供应潜力为 9.8 万 m^3，每天的水消费量为 3.1 亿 m^3，主要来自于森林涵养的地表水。流域的良好管理，有助于维持生态平衡、最大化降低洪灾和干旱的可能性，减缓反常气候变化的影响。

在森林景观服务方面，菲律宾的历代总统都十分重视森林的景观服务功能。早在 20 世纪 70 年代，就颁布总统令在全国各地要求地方政府建立森林公园。2007 年 7 月 19 日，总统推出了“绿色菲律宾计划”，计划在全国各地种植 20 万棵树木。为响应该计划，国家首都区（NCR）的 DENR 在森林经营局下专门成立了一个新的部门“城市林业处”，其主要职责是制定和实施大马尼拉地区的城市林业计划。DENR 的生态系统研究与开发局已经推荐了适合城市林业用的树种名单（ERDB，2006）。

在森林旅游方面，菲律宾有着原生态的森林景观，更符合人们贴近自然、回归自然的新选择，吸引着全世界的游客前来观光。森林旅游业的发展，为林区居民带来了就业机会，也提高了地方政府部门的收入，由此也为森林资源的保护带来了更大动力。2005 年，菲律宾的境外游客达 260 万人次，创汇收入占 GDP 的 10.60%。

六、林产品生产、加工与贸易

（一）林业产业总体现状

菲律宾目前的林业产业可以称之为夕阳产业，昔日的辉煌已经不在，体现在锯材生产厂家大幅度减少，生产能力显著下滑。1980 年时，锯材生产厂家有 209 家，每天的生产能力达 1.1 万 m^3 木材；2011 年，锯材生产厂家只剩 50 家，每天的生产能力只有 1 000 m^3 左右。生产下滑的原因主要是原木产量下降、资金投入不足。单板和胶合板的生产，30 多年间，无论是生产厂家的数量还是生产能力都没有太大变化，2011 年，胶合板生产厂家 43 家，日加工能力 2 730 m^3，单板厂家 40 家，日生产能力 885 m^3；生产设备仍在沿用 30 年前的陈旧设备，远远落后于时代的要求，导致单板和胶合板的质量低下，缺乏市场竞争力。

单板和胶合板厂主要分布在第 11 行政区和第 13 行政区，2011 年，2 区有 30 家单板厂和 22 个胶合板厂(菲律宾林业统计，2011)。所需原料主要来自龙脑香天然林以及南洋楹和云南石梓的人工林。预计未来这里仍将是单板和胶合板生产的集中地，但不会有太大的发展，主要用于满足国内的需求。

从国际市场来看，20 多年前，菲律宾曾是全球木材及木制品占主导地位的供应商。如今，木材产品主要供应国内市场。1990 年，原木的出口量仍有 5.1 万 m^3，出口值为 285.6 万美元，而到 2011 年，原木的出口量减为 0.3 万 m^3，出口值只有 14 万美元。但与此同时，菲律宾也有一些新兴的产业在蓬勃发展，并在国际市场上具有一定的竞争力。这些产业主要是家具、工艺品和非木质林产品。2001 年以来，菲律宾的木质家具出口在稳步增加，出口值从 2001 年的 2.06 亿美元增加到 2005 年的 2.32 亿美元，增长了 12.6%。随着国际家具行业特别是高端家具需求的增加，菲律宾的家具业因设计精良而具有很大的发展潜力。

（二）林产品生产与消费

1. 原木生产

由于实施森林保护政策，生产性森林面积减少，导致原木产量持续下降。1980 年，原木产量为 636.8 万 m^3，而 2002 年的原木产量只有 91.2 万 m^3，仅为 1980 年产量的 14%。2000 年以后，原木产量有所增加，原木生产主要来自人工林。至 2016 年，原木产量上升至 385.8 万 m^3，其中 98% 以上的原木生产来自人工林(图 2)。

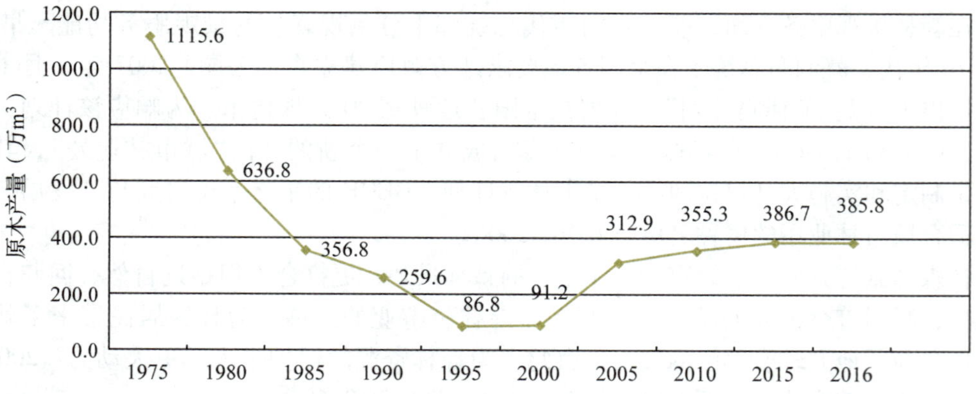

图 2　1975—2016 年菲律宾原木生产情况

资料来源：FAOSTAT，2017。

木材生产主要集中在第 13 行政区，即棉兰老东北部一带，2011 年该地区的原木产量为 51.88 万 m^3，占当年原木总产量的 60%。这一地区拥有最多的“木材采伐许可证”(TLAs)，面积达 23.63 万 hm^2，“工业森林经营协议”(IFMAs)也最多，面积达 18.49 万 hm^2。原木主要来自于人工林。4B 行政区虽然拥有全国最多的森林面积(106.8 万 hm^2)，但原木生产量却是最少的地区，因为该地区的森林大部分被划为保护区，禁止采伐；该区所有的“木材采伐许可证”均被取消。

2. 主要木制品的生产

1982 年以后的近 20 年间，菲律宾的锯材生产量急剧下降，2000 年，锯材产量为 15.0 万 m^3，比 1982 年减少了 105.0 万 m^3；2000 年以后，锯材产量有所增加，2016 年锯材产量为 42.4 万 m^3。单板和胶合板的生产，1982 年以来产量则相对稳定(表 1)。主要木材产品的生产情况反映了菲律宾的林产工业自 20 世纪 80 年代以来就没有太大的发展，甚至逐渐萎缩，与国家快速发展的经济形势形成了鲜明的对比，森林工业在国家中的经济地位日趋弱化。

表 1　1985—2016 年主要木制品的生产情况

产品	1985	1990	1995	2000	2005	2010	2015	2016
锯材	106.2	84.1	28.6	15.0	28.8	37.7	32.2	42.4
单板	7.7	4.9	1.9	17.8	13.3	13.6	5.9	5.9
胶合板	35.0	39.7	29.0	28.6	31.4	27.6	14.6	15.2

资料来源：FAOSTAT，2017。

3. 非木林产品的生产

竹、藤是菲律宾最重要的非木质林产品。藤是制造精美的高端家具的主要原料。在 1988 年政府出台藤原条禁止出口法令之前，藤材一直是主要的出口林产品。竹家具也是菲律宾家具出口中增长最快的产品之一，每年以 15% 的速度增长。

据统计，1980 年以来，菲律宾的竹、藤产量没有太大变化。1980 年，藤产量为 1 275.6 万 m，而 2005 年的产量为 1 297 万 m；2005 年以后，藤产量逐渐降低，2011 年产量为 451.5 万 m。93% 的原藤产量主要来自 11 个省，这 11 个省拥有 10 万 hm^2 的天然林。据估计，2000 年，菲律宾天然竹林的面积只有 5.2 万 hm^2。由于缺乏系统的资源管理，菲律宾的竹林面积大幅萎缩。目前，天然竹林的生产潜力为 3 590 万根。1990 年，竹材产量为 98.4 万根，2011 年的产量为 110.1 万根。

(三) 林产品贸易

1. 林产品出口

1985 年以前，菲律宾一直是原木、锯材、人造板的主要出口国。但随着毁林所致的森林面积减少以及原始林保护等政策的实施，用于生产木材的森林面积大幅度减少，原木产量随之下降。因此，林产品出口量急剧下降。1982 年，原木出口量为 164.45 万 m^3，而到 2005 年，出口几乎为零。同样，1980 年以来，锯材生产量也急剧下降，导致木材出口量从最高的 59.07 万 m^3 下降到 2002 年的 9.06 万 m^3，之后又有所增加，2016 年锯材出口量为 32.23 万 m^3(表 2)。锯材出口额，2000 年为 2 046 万美元，2005 年减至 849 万美元，2007 年又增至 1 457 万美元，但受世界金融危机的影响，2009 年再次减至 963 万美元。

人造板和纸板的出口方面，1995 年以来，出口量波动不大，人造板平均每年出口 4 万 t左右，纸和纸板每年出口 14 万 t 左右。在出口目的国中，中国是最大的贸易伙伴，

2000 年出口至中国的锯材为 4 万 kg，到 2007 年增至 6 990 万 kg，2009 年达到 1.446 9 亿 kg，占菲律宾出口总量的 81%。

2. 林产品进口

林产品的进口方面，2010 年之后至 2016 年，原木进口逐渐增加。1995 年以来原木进口量逐年减少，从 1995 年的 69.85 万 m^3 减少至 2010 年的 4.16 万 m^3；原木进口额 2000 年为 4 586 万美元，2005 年减至 2 156 万美元，2009 年更减少至 689 万美元。2016 年恢复到 3000 万左右，2000—2005 年，锯材和胶合板一直保持较高的进口量，锯材每年进口 30 万 m^3 左右，人造板每年进口 20 多万 t，纸和纸板保持在 55 万 t 左右。2005 年以后，人造板进口量有所减少（表 2）。从贸易伙伴国看，锯材贸易居前几位的国家为美国、加拿大、马来西亚和德国，每年的进口量均超过 1 000 万 kg。

表 2　菲律宾主要林产品进出口情况　（万 m^3，万 t）

年份＼林产品	原木		锯材		人造板		纸和纸板	
	出口量	进口量	出口量	进口量	出口量	进口量	出口量	进口量
1985	87.82	0.00	50.70	0.02	30.99	0.00	0.04	15.12
1990	2.79	32.09	7.69	0.06	22.03	0.00	0.06	23.99
1995	0.45	69.85	8.38	37.85	5.56	15.64	1.31	34.77
2000	0.01	56.24	12.00	35.90	1.56	26.43	12.23	46.76
2005	0.00	30.86	13.02	36.25	6.71	26.77	19.96	54.82
2010	2.08	4.16	37.98	13.66	3.18	15.41	13.44	40.00
2015	0.91	4.43	34.97	14.47	1.48	47.3	1.69	55.73
2016	0.22	12.83	32.23	32.64	1.31	74.29	22.87	73.07

资料来源：FAOSTAT，2017。

七、林业科研与教育

（一）林业科研

菲律宾的林业科研是国家农业和自然资源综合研究体系中的一部分，其规划和实施由菲律宾农林业和自然资源研究与发展理事会（PCARRD）统一协调；研究机构和学术团体开展具体的研究工作。DENR 下属的生态系统研究和发展局（ERDB）和科技部（DOST）下属的林产品研究与开发研究所（FPRDI）是菲律宾最主要的林业科研机构，负责承担国家下达的林业科研项目。

生态系统研究和发展局（ERDB）创建于 1987 年，其前身为 DENR 的森林研究所（FORI），负责全国的森林生产与采伐方面的科学研究，协调菲律宾农业研究理事会下达的林业研究项目。其主要职能是开展科学研究、开发和推广，为国家主要生态系统（森林、农田。草地、沿海和淡水、城市生态系统）的可持续管理提供科学的技术支持。主要任务有：制定菲律宾生态系统和自然资源综合性研究和开发计划；监测和评价 DENR 区域机构制定的研究、开发和推广计划；协调区域机构的研究与开发活动；研究与开发菲律宾生态系统和自然资源可持续管理的创新技术；推广和转让成熟的技术；宣传和传播信息与技术。生态系统研究和发展局设有 8 个部门：计划管理信息服务部、财务管理服务部、Los Baños 试验站、森林生态系统研究部、草地及退化地生态系统研究部、高低农田生态系统研究部、海岸及淡水生态系统服务部、技术开发部。其中，森林生态系统研究部负责实施天然林和人工林管理、保护和可持续利用方面的研究与开发项目。主要研究方向包括造林、森林保护、测树与采伐、森林水文、遗传学与树种改良。

林产品研究与开发研究所(FPRDI)，最早成立于 1954 年，是当时林业局的一个林产品实验室，设在菲律宾大学森林与自然资源学院((UPLB－CFNR))。后经多次调整，如今是直属科技部的科研机构，仍设在 UPLB－CFNR。FPRDI 一直引领菲律宾林产品开发和利用方面的科技前沿；主要研究领域：材料科学、生物复合材料、建筑材及结构材、家具及工艺品、生物能源、纸产品、清洁产品技术、技术转让。

菲律宾国家拨付的林业研究经费相当有限。2007 年，主要的林业研究机构 ERDB 和 FPRDI 的经费总预算只有 325 万美元，PCARRD 拨付给林业部门的研究经费为 9.8 万美元。林业研究机构需要通过争取捐款和赠款来增加自己的研究经费；他们也与私有部门合作开展研究和咨询活动，进行创收。

（二）林业教育

菲律宾的林业教育开始于 1910 年，以菲律宾大学为主，其首要目标是为菲律宾林业局培训护林员。目前，菲律宾最重要的林业教育机构是菲律宾大学(洛斯巴诺斯)的林业与自然资源学院，该学院是菲律宾大学 11 个拥有学位授予权的学院之一，也是该校最古老的一个学院。林业与自然资源学院有一个学术研究所和 3 个系：自然资源及其再生研究所、社会林业与森林管理系、林产品与纸业科学系、森林生物科学系，均提供本科和研究生水平的课程；同时也承担林业与环境科技方面的研究工作。除了上述 4 个承担教学任务的研究所和系之外，林业与自然资源学院还有直接管理的 4 个非教学性的中心：热带资源与生态系统可持续性培训中心、林业发展中心、农林所、山地生态系统 Makiling 中心。

根据菲律宾的林业统计，2010 年，与林业教育相关的学校已经发展为 97 所，比 2000 年的 30 所增加了 67 所，每年录取的学生人数也从 2000 年的 3 731 人增加到 5 529 人；2005 年以来，平均每年毕业学生 1 000 多人，其中硕士学位人数 30 多人，博士学位人数 4～6人。可见，近 10 年来，菲律宾的林业教育发展很快。

为了加强林业教育，菲律宾还成立了“农林业教育和科研网络”(PAFERN)，这是由 35 家从事农林业教育、研究和开发的机构组成的联盟，成立于 1998 年。该网络致力于提高机构及其人员的能力，促进农林业教育、研究与发展计划的实施；同时，促进农林机构之间的密切合作，解决国家农林业发展和推广中出现的问题。该网络的秘书处设在菲律宾大学的农林所，负责协调网络活动。网络优先开展的活动有：建立机构能力，更好地提供农林业教育；加强机构开展农林业研究的能力；改善农林业教学设备；在农林业开发和推广方面，加强多部门合作；搭建农林业利益相关者之间信息交流的平台；保证农林业教育质量；加强机构间的联系。

八、分析与借鉴

（一）面临的主要问题

总体来看，社会对林业越来越重视，政府采取了一系列的新举措，菲律宾林业正在走向良性发展的轨道。但是，仍然面临着许多问题和挑战。概况起来主要有以下 6 个方面：

1. 森林资源面临的压力不断增加

菲律宾目前每年的人口增长率为 2.35%。据估计，照这样的速度发展下去，到 2036 年，菲律宾人口将超过 1.8 亿。如此巨大的人口将会对国家各种资源带来巨大的压力，尤其是森林，需要有更多的森林用于生产薪材，提供建房、家具和其他生活用品的材料，需要有更多的林地转为非林地，以满足人口快速增长带来的各种需求。

2011 年，菲律宾的国民生产总值已达到 2 264.07 亿美元，比 2000 年增加 1 431.35 亿美元(菲律宾林业统计，2011)。经济的快速发展将使得大量的林地转为工业园和经济开发区。同时，城市化的发展也迫使周边因失地而无法生存的农民转移到山区，依靠森林来维持生计。这无疑增加了山区森林资源的压力。

经济的快速发展也使得国家对能源的需求不断增加。为了缓解国际油价持续升高对经济发展带来的影响，2006 年，菲律宾国会通过了《生物燃料法》，法律要求大力发展生物燃料林。政府已经计划在林地内建立 200 万 hm^2 的麻疯树人工林，私有部门也计划种植 60 万hm^2的椰树林，大部分位于林地内。大面积生物燃料林的发展将会改变原有的森林植被，影响森林多种功能的发挥。

能源需求也体现在对薪材(包括木炭)的需求上。据估计，菲律宾需求的薪材约 2 900 万 m^3(2005 年)，远高于建筑方面对木材的需求。近年来，菲律宾国内的电力价格不断提高，多居民以薪炭替代电力作为生活能源，致使毁林现象严重。

2. 林业政策不稳定

森林政策不稳定是限制菲律宾林业发展的主要原因之一。政策不稳定的根本原因在于菲律宾国会一直未能通过《森林可持续管理法》(SFMA)。国家虽然一直在倡导森林可持续性管理，并为此制定了一系列的政策措施，但由于国会中一部分官员手中掌握着许多“森林采伐许可证”，其中的利益关系致使《森林可持续管理法》通过 20 多年的讨论，仍没有通过。《森林可持续管理法》是制定林业部门发展政策的基础，涉及禁止天然林采伐的政策、向利益相关者转移部分林地经营权的政策、鼓励和扶持发展人工林的政策、公益林划分、林产工业政策等。

由于缺少林业法律基础，林业政策经常改变。通常是，政策刚刚颁布，几乎立刻就被撤回或修订，导致森林经营者和投资者对现行的林业政策茫然不知，从而影响投资经营森林的积极性。

3. 部门政策冲突

林业部门以外的行业政策影响着森林资源的保护。菲律宾矿业优先于林业。矿业法规定，林地内可以进行矿业勘探。除国家划定的保护区和法律规定受保护的区域外，均可以进行采矿作业。这对矿区的天然林和人工林带来严重威胁，当然政府也要求采矿承包商使用适当的技术，以保护环境，恢复或重建采矿区的植被，但这种要求很难落实到位。

4. 政府对社区管理的森林投资不足

菲律宾已将“社区森林管理”的林业政策提升为国家森林可持续管理和实现社会公平的国家战略。但政府始终没有提供足够的财政资金帮助社区发展这些林地。社区森林经营的资金多数依赖国外援助或国际组织提供的捐款，一旦国外援助项目结束，社区林业的发展将难以为继。为解决森林经营资金的连续性问题，DENR 在全国各地设立了“社区森林管理生计援助项目(CLASP)”，每个项目为期 3 年，但项目提供的资金相对于社区的需求而言只是杯水车薪。DENR 计划向国会申请更多的资金用于这些项目。同时，DENR 也授权社区与投资者合作经营林地。2004 年，DENR 与科学与技术部(DOST)签署一个长期协议备忘录，为在投资社区林业的企业提供财政支持。

5. 政府监管森林资源的能力不足

菲律宾 50% 以上的土地被划为林地。虽然已经有相当比例的林地管理权已经转移给地方政府机构、公共机构以及政府控股的公司，但 DENR 直接监管的林地面积仍然相当大。由于 DENR 没有足够的人员来监督其管辖范围内的所有区域，而且政府不允许聘用临时护林员，因此政府无法控制木材偷伐和非法采伐。为解决这一问题，DENR 正尽可能将林地的管理权下放给有资格的地方政府或其他有组织的社区。

林业信息缺乏也制约着政府对森林资源的有效监管。先进的遥感技术是监测森林资源的有效途径，但 DENR 由于缺乏资金无法得到及时有效的卫星图像，常常使用二手信息或过时的空间地图规划森林资源。

6. 林业产业发展缓慢

由于天然林资源的减少以及人工林的不足，原材料短缺制约着林业产业的发展。近 30 年来，菲律宾的林业产业发展缓慢，产业现代化停滞不前。由于设备落后，木材加工效率低下，林产品在国内外市场上缺乏竞争力。

随着国家人工林发展政策以及“国家绿色计划”的实施，越来越多的木材将来自于人工林，原材料短缺现象将会得到缓解，林业产业期望得到快速发展。

（二）值得借鉴的经验

尽管菲律宾并不能称为林业发达国家，林业发展中还存在许多问题，但某些做法和经验仍具有较好的借鉴意义。通过研究可以看出，菲律宾林业主要以下 3 个方面的突出特点：

1. 社区森林管理成效显著

菲律宾政府通过在全国范围内实施社区森林管理模式，促进了森林的有效保护，毁林现象大大减少，林区居民生活得到改善，成为亚洲促进森林可持续经营的典范。政府颁布各种行政法令将森林管理权下放给社区或地方政府，使森林管理模式具有了行政法律基础，提高了社区参与森林管理的积极性，保障了社区在森林管理中获益的权利。在社区森林管理式中，政府将林地及其森林资源的使用权(包括进入权、使用权、管理权和排他权)转移给地方政府和社区的同时，也将林地及其森林管理及保护的责任下放给地方政府和社区，使责权利统一，既有效保护了森林资源，也尊重了社区老百姓的基本权利，解决了他们的生计问题。因此，社区森林管理模式对于国家和地方社区而言，都是双赢的策略。

2. 重视林业在应对气候变化中的重要作用

菲律宾政府越来越重视森林在应对气候变化、改善环境、解决民生、维持社会安定等方面的重要作用。为应对森林资源减少和退化可能带来的气候变化问题，2009 年菲律宾通过了《气候变化法》，制定了为期 10 年的“REDD + 国家战略”(PNRPS)，成立气候变化委员会，把林业作为菲律宾应对气候变化的最重要手段。

3. 大力推进“国家绿色计划”

2011 年启动的“国家绿色计划”，拉开了全国性大规模的植树造林活动的序幕。通过该计划的实施，将在未来 6 年(2011—2016 年)内，在 150 万 hm^2的土地上种植 15 亿棵树，这是菲律宾历史上规模最大的植树造林运动，目标将超过过去 50 年植树造林的总量，必将对菲律宾的林业发展起到重要的推动作用。

(李玉敏　廖 望)

参考文献

施昆山，等 . 2001. 当代世界林业——菲律宾国别报告[M]. 北京：中国林业出版社 .

Department of Environment and Natural Resources. 2003. National Report to the Third Session of the United Nations Forum on Forests：THE PHILIPPINES.

FAO. 2009. Indonesia Forestry Outlook Study. Asia-Pacific Forestry Sector Outlook Study II. Philippines.

FAO. 2010. Global forest resources assessment 2010 country report—Philippines.

FAO. 2011. 2011 世界森林状况 .

Forest Management Bureau，Department of Environment and Natural Resources，Philippines. 2011. 2011The Philippines Forestry. Statistics.

Forest Management Bureau. 2009. The Philippine National REDD-plus Strategy.

Haribon Foundation for the Conservation of Natural Resources. PHILIPPINES WETLANDS http：//ramsar. wetlands. org/Portals/15/Philippines. pdf.

Juan M. PULHIN. 2002. Trends in Forest Policy of the Philippines. Policy Trend Report ，pp. 29 –41.

Republic of the Philippines. 2009. ASSESSING PROGRESS TOWARDS THE 2010 BIODIVERSITY TARGET：The 4th National Report to the Convention on Biological Diversity.

Rodel D. Lasco. 2006. Environmental impacts of community-based forest management in the Philippines. Int. J. Environment and Sustainable Development，Vol. 5，No. 1，pp. 46 –56.

Unna Chokkalingam，Antonio P. Carandang，Juan M. Pulhin，Rodel D. Lasco，Rose Jane J. Peras，Takeshi Toma. 2006. One century of forest rehabilitation in the Philippines：approaches，outcomes and lessons. Bogor，Indonesia：Center for International Forestry Research（CIFOR).

韩国(South Korea)

大韩民国(简称韩国)位于亚洲大陆东北部，朝鲜半岛南部，东、南、西三面环海，面积10.329万km^2，约占朝鲜半岛总面积的4/9。人口5 100万(中国外交部网站，2017)，全国为单一民族朝鲜族，通用朝鲜语。居民多信奉佛教、基督教、天主教等。全国划分为1个特别市即首尔特别市、1个特别自治市、9个道以及6个广域市。首都首尔是全国政治、经济、文化的中心，也是朝鲜半岛最大的城市。

韩国地形具多样性，低山、丘陵和平原交错分布，海拔多在500 m以下。河流众多，最长的河流是洛东江，其他河流还有汉江、锦江、蟾津江、临津江等。北部属温带季风气候，南部属亚热带气候，海洋性特征显著。冬季漫长寒冷，夏季炎热潮湿，春秋两季相当短。各地区之间温差较大，平均温度为6～16℃。降水量由南向北逐步减少，年平均降水量1 500 mm左右，其中6～8月雨量较大，降雨量为全年的70%。四季分明，春、秋两季较短；夏季炎热、潮湿；冬季寒冷、干燥。土壤以褐色山林土壤为主，兼有赤色及黄色山林土壤；韩国矿产有280多种，其中有经济价值的约50多种，包括铁、无烟煤、铅、锌、钨等，但储量不大。

韩国工业以钢铁、汽车、造船、电子、纺织等为支柱产业，其中造船和汽车制造等行业享誉世界。大企业集团在经济中占有十分重要的地位，三星、现代、SK、LG和KT(韩国电信)等大企业集团创造的产值在国民经济中占60%以上。由于自然资源匮乏，主要工业原料均依赖进口。农业在经济中所占比重不足10%，主要农产品为稻米、豆类和大麦等。

自20世纪60年代以来，朴正熙政府实行了“出口主导型”开发经济战略，推动了本国经济的飞速发展，在短短几十年里，韩国由贫穷落后的国家，一跃成为中等发达国家，缔造了令世界瞩目的“汉江奇迹”。2015年韩国GDP约1.5万亿美元，人均国民总收入2.92万美元。韩国是20国集团和经合组织(OECD)成员之一，亦是亚太经合组织(APEC)和东亚峰会的创始国之一(中国外交部网站，2017)。

一、林业在国民经济中的地位

2015年韩国的林产品产值(不包括森林工业的木材加工等)为62 480亿韩元(约合370亿人民币)，比2010年的55 373亿韩元增长了12.8%。约占GDP的0.63%。就生产额来看，比例最高的为纯林木生长额(林木当年生长量用货币价值表示)28 407亿韩元，占林产品产值的45.5%(韩国林业统计年报，2016)。虽然韩国木材自给率只有17%，但呈持续增长的趋势，2015年韩国木材产业规模扩大到43兆韩元，提供9.1万就业。

随着韩国社会经济的快速发展，民众对森林文化和环境价值有了充分的认识。根据韩国山林厅的报告，韩国森林具有水源涵养、防止灾害、保护生物多样性、创造就业机会等多种公益性和社会性功能。2008年，森林公益价值被评估为73.18万亿韩元，其中森林水源涵养的价值为18.53万亿韩元，大气净化价值为16.84万亿韩元，防止沙土流失的价值为13.49万亿韩元，山林疗养的价值为11.69万亿韩元，山林净水的价值为6.22万亿韩元，防止沙土崩溃的价值为4.75万亿韩元，保护野生动物的价值为1.67万亿韩元。

二、森林资源

（一）资源总量

2015年韩国森林面积为618万hm^2，大约占总国土面积的63.7%，其中除了没有林木的19.7万hm^2土地以外，大部分林地都属于有林地。2015年韩国森林总蓄积量为9.18亿m^3，单位面积蓄积量148.5 m^3。近50年来，韩国的森林面积呈现逐渐减少的趋势，但林木蓄积量逐渐增加，单位面积森林蓄积量从每公顷不足10m^3增至148.5m^3，2015年森林蓄积量超过1960年的约14倍(表1)。

表1　韩国森林蓄积量变化

年度	1960	1970	1980	1990	2000	2005	2010	2015
单位面积森林蓄积量(m^3/hm^2)	9.6	10.4	22.2	50.2	83.7	104.6	128.4	148.5
林木蓄积量(10^6m^3)	64	69	146	320	526	654	799	918
森林面积(万hm^2)	670	661	660	637	628	625	622	618

资料来源：FAOSTAT，2018。

（二）森林分布

暖温带林分布在北纬35°以南、年均气温14℃以上的地区，如南海岸及附近岛屿和济州岛。传统的优势树种是常绿阔叶树，但如今，由于过度采伐和森林火灾，大部分天然林已遭到破坏，并被阔叶林、混交林及松林所替代。现在的优势树种为栎、锥和山茶花等。

温带林分布在北纬35°~43°、年均温度6~13℃的地区。可划分为北部温带林、中部温带林和南部温带林。优势树种原为阔叶树，以后逐渐被松树取代。现在的主要树种有栎、桦、槐、白蜡、赤松、红松和黑松等。

寒温带林主要分布在年均气温5℃以下的北部高山地带。韩国大约85%的森林属寒温带森林。由于乱砍滥伐，森林的优势树种由以前的针叶树逐渐被混交林所取代。优势树种为杉松、长白鱼鳞云杉、栎和白桦等。

（三）森林起源

2015年，在韩国森林总面积中，人工林为186.6万hm^2，约占30.2%；天然次生林为85.8万hm^2，约占13.9%；原始林为346.0万hm^2，占56%（FAO，2015）。与2000年相比，原始林减少了19%，人工林增加约0.5%。

（四）树种结构

森林资源中，针叶林面积最大（42%），其次为混交林（29%）、阔叶林（27%）和其他林地（3%）。针叶树种中日本赤松(*Pinus densilora*)占55%，日本落叶松(*Larix kaempferi*)占17%，刚松(*P. rigida*)占15%，红松(*P. koraiensis*)占9%，其他树种占4%（韩国山林厅林业统计年报，2011）。

(五)林种结构

森林中有496万 hm^2(77%)为保留林，其经营目标是逐步提高林产品自给自足的水平、保护自然环境和提供休憩场所等，148万 hm^2(23%)为半保留林，以保护农业、草场和工业利用为经营目的。约30%的森林面积被指定为城市计划用地、军事保留地、文化资源保护地等特殊用地，70%作为普通林进行经营。

88%的森林面积为10～30年生幼龄林，40～50年生的近熟林或成熟林仅占10%，过熟林更少。

(六)权属结构

在森林所有制结构中，国有林为148万 hm^2，占24%；公有林为49万 hm^2，占8%；私有林为421万 hm^2，占68%。私有林分属于204万个林主，其中91%的个人林主占有林地面积不足5 hm^2；占有林地面积50 hm^2以上的林主仅占0.3%(韩国山林厅，2016)。个人林主占有林地面积小，远远不能形成规模经营，所以靠林地经营来获取收入实际上是很难的。

国有林森林蓄积量2.3亿 m^3，民有林(包括公有林和私有林)为5.7亿 m^3。国有林的单位面积蓄积量最高，达到了148.5 m^3/hm^2(韩国山林厅林业统计年报，2016)。

三、林业法规政策

(一)林业法律体系

韩国林业的法律法规体系已经较为完善的，具体见表2。早在1961年韩国政府颁布了《森林法》，此后又颁布多项法令：1962年颁布了《水土流失防治法》，1963年2月颁布了《请愿护林员配备法》，1980年颁布了《山林组合法》，1997年颁布了《林业及农村振兴促进法》。2001年颁布新的《森林基本法》后，以森林可持续经营为基本理念，规定了山林可持续管理的定义和评价标准及指标，在森林法中加入了5条标准对森林可持续经营的进程进行监督。这5条标准是：①保护森林的生态多样性；②维护森林生态系统的生产能力；③维护森林生态系统的健康和活力；④保护森林的水土资源；⑤维护森林对全球碳循环的贡献。通过2005年的《山林资源的营造及管理法》，明确了山林的可持续管理为所有山林政策的基础。2012年5月，韩国通过《木材的可持续利用法》并于2013年5月正式实施，本法以增加木材的可持续利用效能、应对气候变化提高人民的生活质量为目标。2012年2月，韩国公布了《碳汇法》，通过树立并实施“增加碳汇综合计划”旨在达成维持并增加森林碳汇量的政策目标。此外，在森林教育、森林文化等方面也有相应法律。

表2　韩国林业法律体系

序号	法律名称	制定日期	主要内容
1	水土流失防治法	1962.1.15	为防治水土流失而实施的相关法规条款
2	请愿护林员配备法	1963.2.9	关于申请增配护林员的相关事项

（续）

序号	法律名称	制定日期	主要内容
3	山林组合法	1980. 1. 4	关于森林所有人和经营人权益的团体－森林组合的相关事项
4	林业及农村振兴促进法	1997. 4. 10	关于林业和农村的振兴以及增进务林人权益
5	树木园建造及振兴法	2001. 3. 28	树木园的营造及树木遗产的保护与管理
6	森林基本法	2001. 5. 24	森林和林业相关的大政方针
7	山地管理法	2002. 12. 30	山地的合理保护与利用
8	白头大干保护法	2003. 12. 31	白头大干山系的保护
9	松材线虫病防治特别法	2005. 5. 31	防止由松材线虫病带来的灾害
10	森林资源的营造及管理法	2005. 8. 4	森林资源的营造、管理
11	国有林经营管理法	2005. 8. 4	国有林的高效经营管理
12	森林文化、森林疗养法	2005. 8. 4	自然修养林、疗养林的营造等森林文化、森林疗养振兴
13	森林组合结构改善法	2007. 8. 3	促进森林组合的结构调整
14	森林保护法	2009. 6. 9	森林保护区管理及林火、砂防、病虫害等
15	居民区以北地区林地管理特别法	2011. 4. 4	休战线附近区域的行动限制及地区居民支援
16	森林教育振兴法	2011. 7. 25	营造森林教育设施，培养专家及发展项目
17	碳汇法	2012. 2. 22	通过增进森林碳存储量等应对气候变化
18	木材可持续利用法	2012. 5. 23	优化木材利用、振兴木材文化、完善木材工业的产业链
19	森林福祉振兴法	2015. 4	普及森林福祉，森林福祉产业化发展

资料来源：朴钟浩．森林福祉政策现状及发展方向，2014.

（二）林业发展规划

韩国自20世纪70年代开始编制为期10年的林业发展计划，迄今已编制了5个森林计划。

第一个10年计划（1973—1982年）。在20世纪50年代，由于日本侵略和朝鲜战争的破坏，平均每公顷森林蓄积仅有6 m^3，是当前蓄积量的6%。森林破坏带来了很多问题，如缺少燃料、洪涝和干旱严重等，为解决这些问题，国家制订了第一个森林计划。即植树造林100万 hm^2。确定每年3月21日到4月20日为全国植树月，通过全民植树，只用了6年时间就完成了计划目标。

第二个10年计划（1979—1988年）。第二个10年计划主要是营造大面积用材林，以解决国内对木材的需求。为了促进植被恢复，加强森林保护，政府制订了许多林业政策，还成立发展基金支持私人和国家林业发展。随着森林恢复工程的实施，自然灾害得到缓解，先进的技术也用到了森林病虫害防治中。在此期间，共有32.5万 hm^2森林得到恢复。

第三个10年计划（1988—1997年）。本阶段规划的主要目标是协调森林经济功能与环境保护之间的矛盾。重点建设了森林管理需要的道路、林业机械，以及培训森林管理者和林业技术工人等。韩国山林厅实施了林业增收项目和提高公众环境保护意识项目，让公众认识到森林和保护森林的重要性。支持海外造林项目以寻求稳定、长期的木材供给。除此之外，也制订了包括发展森林休闲产业、保护水源和野生动物等政策法规。为了有效推动森林管理，还对森林法进行了完善。在1997年还出台了林业和山区发展行动计划。

第四个10年计划(1998—2007年)。森林政策从主要关注经济功能向重视森林整体效益(如休闲功能)转变的过渡阶段。可持续森林管理反映在林业政策和活动上，韩国山林厅特别强调森林的经济价值，提高森林工业的整体能力以便使人民受益。对于私有林，政府在制订政策时倾向于私有林主的自我管理。为了达到可持续经营的目标，韩国山林厅整合了法律和规章，如森林行动纲要、森林资源提升行动方案、国家森林经营方案、森林文化和休闲发展方案以及林业、山区发展方案。

第五个10年计划(2008—2017年)。第五个森林规划更多关注可持续森林管理，寻求森林功能的最大化，特别是强调了森林在应对气候变化中的重要性。为了实施计划，韩国山林厅成立了公益基金，关注如何有效地促进森林保护与管理，以确保森林安全和生态平衡。在有效减少自然灾害的同时提高了森林的健康水平与活力。韩国山林厅还重视森林的休闲和文化功能，以提高人民群众生活质量和居住环境。在《森林福祉综合计划(2013—2017)》中提出了“森林福祉实现国民幸福时代”的蓝图，目标是人均森林福祉享有天数从每年4天达到每年8天，人均生活圈城市林面积从7.95 m^2达到8.6 m^2，森林福祉专业人员培养从4 545人达到15 000人，实施森林福祉基础设施扩大、构筑森林福祉服务生命周期体系、森林福祉专业人员培养及创造就业岗位、科研与构建制度基础四大战略。

(三)主要林业政策

韩国2010年韩国山林厅预算经费为1.62万亿韩元，林业经营使用方向包括山林资源培育、山林资源的利用、山林资源保护、山林行政支援等，经费类别为人工费、基本经费、基本事业费。

1. 加强私有林管理

韩国的私有林占全国森林面积的69%，为推进私有林的管理，韩国山林厅向林主提供山林管理技术和信息，并举行一年一度的培训会，培训私有林管理人才。韩国从1913年开始组建森林组合，签订山林契，这种以私有为基础，含有公有特征的组织系统，主要开展林业经营指导和提供育苗培育及林产品生产和利用(立木采伐、木材销售、副产品生产和食用菌栽培等)方面的信息。森林组合的中央管理机构主要负责木材加工和林产品贸易、食用菌菌种培养等方面业务，并负责政府补助、委托、借贷等事宜。

2. 促进绿色就业

韩国山林厅以山林资源最大利用为目标，利用山林生物资源，建成生态山林及生活林，为国民构筑可以提供多种效益的绿色基础设施，同时可以针对低收入弱势群体及老年人、女性等各阶层失业人员提供就业和专业知识教育的机会，为解决社会热点问题做了贡献。

3. 加强山林保护

随着人口增长，工业发展等社会经济条件的变化，韩国每年约有1万hm^2的山地被用于其他用途，为防止被林地滥用，韩国制定了以环境保护为原则的山区利用体系，规划了全国山地利用，突出山地资源的专用性和适用性，进行可行性论证制度。

4. 开拓绿色产业

为了提高国产木材资源的附加价值，韩国山林厅致力于建设国产木材供应体系，以开发环保木制品、培育山林生物能源产业、活跃木材文化等促进新的木材市场需求。

5. 加强林业基础设施建设

在基建方面，扩建山林管理基础设施，扩充必要的山林道路，开发林业机械设备及工作系统，提高林业生产力。

6. 加强经济扶持

韩国为促进林地的集团化和经营合理化，在人工林税制方面实施了减免措施，为确保长期低息融通资金的财源，1973 年以造林和抚育等长周期事业为中心建立山林开发基金（列入政府预算），但在 1983 年，政府停止出资，资金变得紧张，于是融资转向育苗和食用菌生产及林产品加工利用等短周期事业，造林和抚育等长周期事业则靠财政特别资金支持。

四、林业机构与管理体制

（一）林业管理机构

韩国政府山林厅为主管全国林业的政府机构，厅内下辖 5 个局，其他所属机构包括国立树木园、山林人力开发院、山林航空管理本部、国立山林品种管理中心、国立山林科学院、国立自然修养林管理所等（图 1）。山林厅负责制定和实施林业政策，贯彻森林法规，从事各种林业活动和相关行政管理、科研教育，并对国有林实行垂直管理。其具体机构设置及主要职能为：规划调整局负责规划预算、行政管理和法律事务；山林资源局负责林政、林产品流通、资源营造、山林环境、土木及技术支持；海外资源合作局负责国际协作；山林利用局负责山林经营、管理、山地计划、国有林的经营；山林保护局负责山林环境保护和林业灾害防治。

地方各市、道、郡政府均设森林管理科，为地方政府职能部门，负责公有林行政管理工作。

全国约有 30 个民间林业团体，如林业合作社中央会、林政研究会等。每个道、郡都有一个私有林主的民间协会组织——森林组合，负责指导管理和经营全国大多数私有林，包括对私有林的采伐和出售。森林组合管理人员经费，其中 90% 由中央政府提供，10% 由地方政府负责。2015 年预算 19 484 亿韩元，同比 2014 年（18 651 亿韩元）增长 4.5%。

（二）林业管理体制

韩国国有林区（占森林面积的 24%）由国家管理，私有林和公有林区由地方政府管理。山林厅负责制定全国森林的长期规划并制定预算。地方政府按照中央规划对私有林和公有林实施管理。

国有林分为保护林和可处置林 2 种类型，大部分由山林厅下属的 5 个营林局管理。其中保护林占大部分，作为国土保护、森林经营、科学研究、林业技术开发、历史遗迹及有形文化遗产保护和其他公益功能的基础进行管理；可处置林则可转为他用。

公有林为教育机构等地方公共团体和公共机构所有。私有林为个人、股份公司、非股

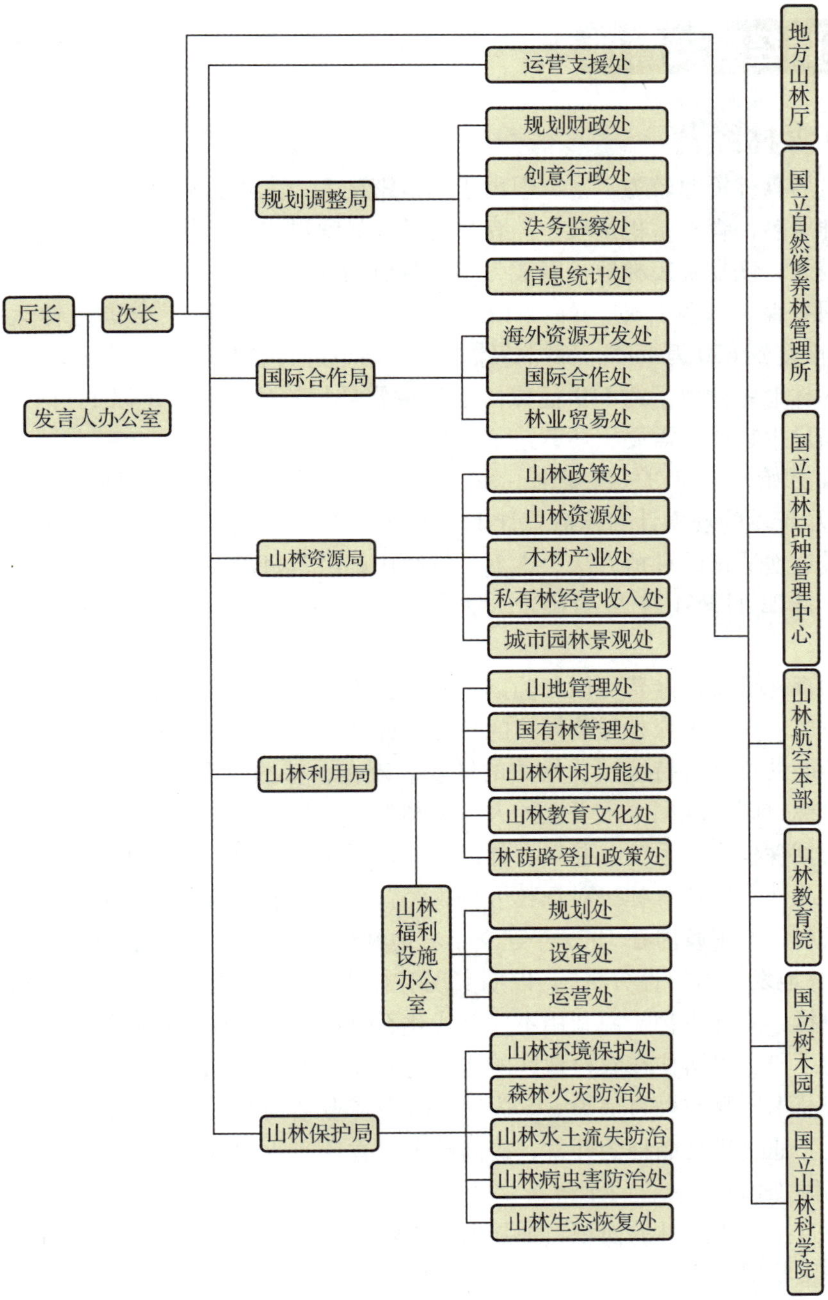

图 1　韩国山林厅组织机构（朴钟浩，2014）

份公司、寺院等组织所有，大多零散所有的林地作为墓地及财产持有，零散化倾向一直在继续。尽管政府作了努力，但零散林地所有者因为缺少林业技术而回避对森林进行投资。以 20 世纪 90 年代末的金融危机为契机，在经济和社会改革的萌动下，韩国开展了广泛的国民造林运动，正在积极推进森林整合。

五、森林经营与管理

（一）森林经营

韩国虽然森林资源较为丰富，但由于人口密度大，人均占有量小，加之战争等历史原因，幼龄林居多，森林蓄积量较小。森林的稀少导致洪水和干旱等自然灾害，并发展成社会问题。因此，恢复荒废林地一度成为韩国政府的首要任务。

根据国家森林开发计划，韩国1973—1997年分3期开展了全国造林运动，林地从400万hm^2恢复到630万hm^2。韩国持续、有计划地进行森林培育，截至2008年，在因战争而荒废的林地中种植了约110亿棵树木，主要是长轮伐期（40年以上）树木。为稳定木材供应及满足生物能源需要，还营造了一部分速生林。

2009年开始，为应对气候变化，韩国实施了第二阶段山林栽培计划（2009—2013年），年均以25万hm^2的规模计划营造总计125万hm^2的森林。韩国山林厅根据地理、地区的特征，促进适地适树的种植方法，本着可持续山林经营目的，实施多样化林木种植。韩国还把每年3月21日至4月20日确定为法定造林月，4月5日为法定植树节，11月为法定森林抚育月。

韩国的森林可持续经营可以分为以下几个方面：①为了贯彻森林的可持续经营，韩国政府优先考虑的是实现森林经营模式的转变，即从只重视木材产量的森林资源经营到强调森林整体功能的森林可持续经营模式的转变。现在，韩国政府已经制定了21世纪林业发展的全新目标，即实现国家水平上的人与森林的共同繁荣和协调发展。②韩国政府加大力度造林以恢复森林生态系统，并对森林进行非常严格的管理，防止任何重大的毁林和商业乱伐行为。此外，依托森林法对森林可持续经营的进程进行监督。③为实现森林保护和利用的协调发展，韩国政府在1995年建立了林地利用分类体系。强化林地用途转化的标准，并引入了“林地发展可行性分析”，以期实现对林地更严格的保护和管理。④韩国重视发展生物质能源林，森林生物能源利用不仅替代化石燃料，且增加森林碳汇，是对应气候变化的强有力的手段。以居住在农村地区的居民为对象，韩国计划至2020年，在14.3万户农村人口中普及木质颗粒燃料锅炉。⑤为完善林业产业结构，发展林下种植，韩国建设林业产业化基地。通过优良品种的开发，提高栗子、香菇产业的竞争力，并支持松蘑、山地药用植物等高附加值林产品的生产。

韩国通过扩充生态林的面积，加强山林生物遗传资源保护。进行森林资源监测，观察生态系统健康状况，设定山林遗传资源保护区，系统管理山林。

白头山是朝鲜半岛的核心山脉。为了系统的保护白头山，韩国于2003年制定了有关保护白头大干（白头山到智异山南北长度为1 400 km，朝鲜半岛的主要山脊群）的法律，白头大干保护的指定面积为2 613万hm^2（核心区为17万hm^2，缓冲区为9.3万hm^2），占全国的2.6%。根据白头大干保护的基本规划（2006—2015年），推动其保护事业，严格限制保护区内的开发，并开展毁损地恢复、附近居民经济援助、收购保护区内私有林地等保护事业。

（二）森林保护

1. 森林防火

韩国年均发生 500 起的山林火，火灾造成 3 700hm^2 面积的山林毁损。从季节上看，70% 以上的火灾发生在干旱和多风的春季和秋季。春季(2 ~ 4 月)降水只有 170 mm，持续的干旱、强风、山区地形结构等原因经常引发山火。韩国的山火大部分为入山明火(42%)，稻田田埂焚烧(18%)等人为因素引起。另外随着林木蓄积量的增加，林下枯落物层增厚，为山火燃烧提供了能源。随着森林休闲文化的兴起，进入森林的人数增长也是引发山火的原因。

韩国山林厅将春、秋季 5 个月(2 月 1 日至 5 月 15 日，11 月 1 日至 12 月 15 日)设定为山林防火期。以中央山林防火总部(设在山林厅)为中心，在全国设置 270 个地区山林防火中心。

2. 森林病虫害防治

由于 76% 的山林为未满 30 年的幼龄林，所以，韩国森林容易发生病虫害。松材线虫、白蜡虫、甲虫和松锈病等威胁着山林的健康。近年来，松材线虫迅猛蔓延，1988 年釜山的松材线虫病导致全国 6 000 hm^2 的国有林受到损害。2004 年，橡树枯萎病导致 4 000 hm^2 的森林受到损害。为防治松材线虫病，韩国制定了一项特别措施，通过每年的航空管制和树木预防注射，有效地防治了病虫害的发生，于 2005 年相比，2009 年病虫害感染率成功减少了 92% 。

3. 预防山洪等自然灾害

韩国的森林多为幼龄林，山地斜坡陡峭，土壤很容易受到侵蚀。为了恢复被破坏的山林，从 1950 年开始，实施了严格的防沙事业。韩国战争后，韩国的防沙事业是全世界最成功的事例。但仍然发生损害国民生命和财产的山体滑坡和洪水。山林厅在扩大山地的系统管理和预防工作，通过快速的、根本性的恢复措施，防止山林灾害的再次发生，并保护山林景观，尽量减少公共财产的破坏。

（三）森林服务

1. 森林休闲

随着国民生活水平的提高，森林疗养越来越日常化，游客也迅速增长。为了满足国民需求，1988 年韩国开始推动天然疗养林建设计划。2009 年开始在全国范围内运营天然疗养林，在森林内安装简单设施，使游客在漫步休闲的同时享受大自然和森林浴。为保证游客更积极更安全地进行登山与徒步旅行，韩国专门在森林中修建了登山道并定期进行保养修复。自然修养林、疗养林、树木园等每年向约 3 000 万人次提供服务。登山运动被公民选为最受欢迎的野外休闲活动。

2. 城市林业建设

“城市森林，森林之城”是韩国林业行政追求的森林管理的主要目标之一。因此，为了给城市市民提供更加舒适的场所，韩国大力推广城市林的建设。沿街栽林荫树，建设城市林、校园林、林荫广场等，达到了减少噪声、净化污染空气、为市民提供美丽与绿色休闲空间的良好效果。

3. 森林文化建设

在国有林经营上，为国民自愿参与分享游乐文化，设定了161处森林文化基地（表3），积极制定方案建设山林幼儿园，运作早期儿童教育中心。至2009年签署了161件国民之林公约，拥有48.6万人的用户。特别是，2009年的团体之林签署了81件山林幼儿园协议，1 181次运营山林幼儿园，有35 961名儿童利用山林幼儿园，在全国扩大了知名度。

表3　韩国森林文化组织

类型	数量(处)	服务对象	内容
团体之林	60	学校，机关，团体 俱乐部(20名以上)	造林山林文化活动
体验之林	77	个人，家庭	造林、山林保护、自然学习、山林文化活动
山林康乐之林	24	森林休闲俱乐部	山地自行车、马拉松、骑马、滑翔、高山滑雪等
回馈社会之林	—	公用事业，政府投资机构	联合山林工程

4. 树木葬文化建设

因为韩国秉持土葬为主的葬墓文化，1%的国土被利用为墓地，此面积相当于全国住宅面积的一半。这种墓地主要建在风景秀丽的山区，所以，对山林造成破坏，也带来山体滑坡等各种灾难。为了解决这些问题，规定将尸体火化后，埋在指定树底下的木葬林制度。修改有关葬礼等的法律，将树木葬制度法制化，由山林厅直接在国有林实施运营树木葬，国民对自然环保的葬木文化感兴趣，社会高层人士层率先实施本人、家族、祖先选择树木葬。

六、林产品生产、加工与贸易

（一）林产品生产和加工

韩国2016年林业总产值达到68443亿韩元，主要的产值贡献来源于林业和伐木业、木材工业、纸浆和造纸工业，其中纸浆和造纸工业产值占林业总产值的58%。近些年来，韩国原木生产持续增加，2010年达到398.4万m^3到2017年达到515万m^3，锯材产量从2010年后逐年下降，2017年仅229.3万m^3，近10年减少超100万m^3，人造板、木浆产量保持稳定（如表4），韩国是造纸大国，2017年纸和纸板产量达到了1 165.2万t。

表4　韩国林产品产量

林产品 \ 年份	单位	2008	2009	2010	2011	2012	2013	2014	2015	2016	2017
原木	万m^3	517.6	565.2	398.4	421.0	450.6	489.7	517.9	491.3	515.1	515.1
锯材	万m^3	333.4	314.4	214.6	201.9	208.2	234.3	240.6	241.7	229.3	229.3
人造板	万m^3	368.9	337.5	342.9	331.3	314.7	320.1	356.0	342.9	337.8	337.8
木浆	万t	53.6	46.7	51.1	58.5	56.2	55.3	60.2	50.0	52.1	52.1
纸和纸板	万t	989	972.6	1 102.2	1 125.6	1 133.2	1 176.7	1 162.2	1 156.9	1 165.2	1 165.2

资料来源：FAOSTAT，2017。

（二）林产品贸易

1979 年以前，韩国林业经历了进出口高峰期。当时年进口木材 500 万 ~600 万 m^3，其中大量原木经制材、胶合板制造后再出口，赚取了大笔外汇，创造了大量就业机会，又依靠国外森林资源满足了国内对木材的需求。韩国的木材工业曾是扬名世界的外销产业。直到 1978 年，韩国胶合板出口在国际市场上一直居领先地位。每年仅胶合板出口一项，相当于三分之二以上原木进口的外汇开支。20 世纪 70 年代末 80 年代初，森林资源丰富的国家开始限制、禁止原木出口，于是韩国随即转入对高附加值木材产品，如钢琴、吉他、家具等的生产。这一时期，韩国林业仍然保持大进大出的特点，并获取了较好的经济利益。但近几年来，造纸工业的发展，使得韩国队进口木材的依赖程度越来越高。历年韩国的林产品进口额均大于出口额，呈现林产品国际贸易逆差，2017 年，韩国的进口额为 55.9 亿美元，出口额为 23.6 亿美元。

韩国林产品的主要出口目的国为中国、伊朗、印度、澳大利亚、孟加拉国等亚洲国家，进口林产品来源国为印度尼西亚、加拿大、新西兰、中国、马来西亚。

韩国多数木材产品的关税税率都比较低。胶合板的关税税率由以前的 8% ~15% 统一调整为 8%。家具关税税率为 0% ~6%。

韩国的木材需求将持续增长。政府已制订计划让城市居民迁移到边远地区新兴城镇居住，在那里可以建造更多和更大的独户住宅。这将大幅度促进韩国房屋建筑领域的木材需求。另外，韩国政府一方面加强对人工造林，特别是速生丰产林的政策、资金扶持力度，提高森林质量，以不断提高国内木材供给率；另一方面积极致力于海外森林资源的开发。

（三）非木质林产品

韩国通过采用环保设施安装、害虫天敌控制、林产品地理标志认证等手段与措施扩大产出松菇、香菇、大枣、人参等韩国优质林产品，致力于提高林产品出口竞争力，并开拓海外市场。2011 年韩国的林产品产值（不包括森林工业的木材加工等）为 57 267 亿韩元，其中绿化材（包括景观树、景观花、盆栽）7 749 亿韩元，果实类（栗子、松子、枣等）6 934 亿韩元，土石类（石材、混凝土沙材等）6 833 亿韩元，药用植物 5 410 亿韩元，野菜类 3 874亿韩元，菌菇类 2 606 亿韩元等（韩国山林厅林业统计年报，2011）。

七、林业科研与教育

（一）林业科研

韩国林业科研的主旨是开展持续稳定的基础研究，培养科学研究创新人才，通过绿色技术开发来解决林业技术难题，对林业部门的低碳绿色发展起到推动作用。韩国山林厅制定山林科学技术基本计划，在研发高附加值的林产品新品种、提高林业生产力、应对气候变化、森林资源的能源转换技术等方面进行重点研究，其他研究领域包括：林业国际贸易政策变化、生态系统的健康、森林灾害防治、流域保护、森林游憩、自然保护区及其管理等。

林业科研政策的方向主要包括：建设林业研究队伍、增加政府投入、鼓励私营部门投资林业研究、注重基础设施的建设等，韩国林业部门的研发经费正在逐年增加，2007 年为

56 亿美元，2008 年达到 68 亿美元。

森林研究所和大学是林业科研的主要参与方，私营部门参与较少。韩国国立山林科学院是韩国最大的林业研究机构，前身是 1922 年成立的林业试验场，1987 年改为林业研究院，2004 年正式改名为韩国国立山林科学院，实行院长负责制，享有人事权和独立运营权。从事有关山林环境、林产学、山林资源、林木培育、林业生产技术领域的试验、研究、调查及试验林的管理事务。

（二）林业教育

韩国现代林业教育开始于 1906 年的水原农业和林业学校。大学林业教育开始于 1946 年的韩国首尔国立大学。韩国政府十分重视林业科研和教育，进入 20 世纪 90 年代后，把林业研究和林业教育作为提高林业生产力、提高林业收入及林业国际竞争力的有效途径。目前有 20 所大学设林业教育学科，还有 3 个林业职业学校，主要培养林业技术人员。山林厅的林业研修院，主要负责林业公务员的轮训。另外，林业合作社中央会下设 1 个林业机械培训中心，负责林业机械化作业的培训工作。

八、林业国际合作与交流

（一）海外造林

由于韩国的木材需求量大，不能自给，为保证本国山林生态环境不被破坏，同时稳定国内木材供应，韩国山林厅与许多国家保持密切合作，在海外寻求合适的地点进行造林。山林厅为海外韩国林业投资者提供投资信息，建立海外山林资源开发的支援制度，帮助解决遇到的困难。自从 1987 年与印度尼西亚开始林业合作以来，韩国已与 11 个国家签署了双边林业合作，包括印度尼西亚、新西兰、澳大利亚、中国、蒙古、越南、缅甸、俄罗斯、柬埔寨、乌拉圭、巴拉圭。韩国与这些国家签署双边林业合作合同，每 2 年举办一次会议。山林厅从 1993 年开始了海外造林，到 2007 年底已经种植了 14 万 hm^2。2007 年韩国制定《海外山林资源开发的基本计划(2008—2017)》，计划在 10 年间种植 25 万 hm^2 森林。实施过程中，2008 年种植了 3.7 万 hm^2，2009 年种植了 2.2 万 hm^2。从长远来看，至 2050 年要种植 100 万 hm^2，以满足国内的木材需求。

（二）双边合作

韩国政府致力向世界传播在森林恢复过程中取得的技术和经验，并得到了广泛认同。以亚洲地区国家间双边协定为基础，促进中国和蒙古荒漠化防治造林，在印度尼西亚实施红树林和热带林林木种子开发恢复项目，在缅甸实施干旱地区荒废复原项目。1984 年以来，邀请中国、蒙古、印度尼西亚等 56 个国家的 553 名研究生来韩学习，传授山林复原和管理等技术。韩国积极支持朝鲜的山林恢复，韩国山林厅提出南北携手合作，阶段性地复原荒废的山林，实现绿色朝鲜半岛。

（三）多边合作

韩国加大有关森林的外交活动力度，还积极参与各项全球林业谈判，承办林业国际活动，第 23 届国际林联大会于 2009 年在韩国召开。韩国与东盟 10 个成员国成立亚洲森林合作组织(AFOCO)，旨在防止毁林、应对全球气候变化。在韩国首尔举行的韩国与东盟林业部长会议之后，亚洲森林合作组织开始正式运行。这个组织由 11 个成员国组成，还将不断吸引东北亚和中亚地区的各国加入。通过亚洲森林合作组织的活动，韩国政府将协助东盟各国防止毁林，同时援助造林及提供技术支持。该组织 90% 的活动经费由韩国承担。

九、分析与借鉴

（一）面临的主要问题

1. 木材短缺

目前韩国的木材进口依存度在 60% 左右，原木缺口的主要原因是针对以前的森林破坏，20 世纪 70 年代才实施大规模人工造林，大部分林龄只有 20 ~ 30 年，除了杨树（15 年）和油松（25 年）以外，其他树种 40 ~ 70 年林龄才进入成熟林，所以总体上还没有进入采伐阶段。另外，由于韩国林业发展以生态和社会服务为主旨，速生人工林面积小，这也制约了木材产量。

2. 林业灾害较为严重

韩国年均发生 500 起的山林火；火灾造成 3 700 hm^2 面积的山林损害。韩国森林容易发生病虫害。由于林分质量较低，松材线虫、白蜡虫、蠕虫、甲虫和松锈病等多发从而损坏山林。韩国山地斜坡陡峭，土壤很容易受到侵蚀，造成水土流失，形成地质灾害。

3. 私有林主经营森林的积极性不高

从现实因素看，对森林进行集约经营主要是在国有林和公有林中进行，而占有林地面积 71 名的私有林地零星分散，私有林主看重的是私有土地，不注重林木收益，对国家倡导的加强营林的措施不予配合，这成了一个难题。

4. 毕业生供给和需求失衡

近年来，由于林业教师人员多，为了生存而扩大招生规模，韩国培养了过多的林业专业学生，与此同时，林业毕业生的需求逐渐下降。另外，大学课程偏向理论，不注重实习，大多数教授和讲师素质一般。

（二）主要经验

1. 大力推进森林培育和经营

1960 年的韩国森林资源极少，经过多年的保护和培育，森林单位面积蓄积量已经达到 100 m^3 以上。韩国的经验表明，一是要推进造林，进行大面积地造林，国家将造林放到重要地位；二是重视森林保护，从生态系统健康的高度来重视森林资源的保护；第三是要合理地进行森林经营，对低产林要适度进行抚育。

2. 重视发挥林业的社会效益

韩国林业部门重视森林在市民生活中的重大意义，采取了多种措施来使公众享受森林带来的福利。韩国经验表明，一是要大力发展城市林业，让市民充分享有林业发展成果；二是要重视生态文化建设，举行文化活动，让公众走进森林，享受美好环境的同时接受文化熏陶；三是要尊重传统，让森林为当地人服务的同时不受到损害。

3. 多样化发展林业产业

韩国以较少的木材采伐量来获得较大的林业产业收入，主要采取了多样化的林业产业发展方式。韩国经验表明，一是要大力进口木材，保障本国的木材需求；二是要加强非木质林产品的研究推广和产业开发，特别是在非木质林产品的质量提升、品牌建立等方面下工夫；三是大力推进私有林主参与林业产业，使非木林产品成为乡村居民从事的重要产业。

（张德成　李 静）

参考文献

白秀萍．2008. 韩国林业科研战略重点[J]. 世界林业动态，(33)：10－10.
白秀萍．2009. 韩国林业科研战略重点[J]. 国际木业，39(2)：31－32.
蔡登谷．1998. 韩国林业发展给我们的启示[J]. 林业科技管理，(1)：15－17.
高义．2002. 谈韩国林业发展策略[J]. 林业勘查设计，(2)：9－11.
韩国经济．[2012－10－11]http：//zh. wikipedia. org/wiki/% E9% 9F% 93% E5% 9C% 8B% E7% B6% 93% E6% BF% 9F.
韩国森林服务．http：//chinese. forest. go. kr/.
惠长林．2002. 韩国林业考察[J]. 中国林业企业，(2)：46－47.
李星．2007. 韩国林业近况[J]. 世界林业动态，(30)：9－10.
卢贵敏．2011. 姜大峪．日本、韩国林业发展与财政政策[J]. 农村财政与财务，(5)：47－48.
马刚利．2006. 韩国林业及森林防火工作考察报告[J]. 森林防火，(3)：45－46.
朴钟浩．2014. 森林福祉政策现状及发展方向．韩国山林厅森林利用局.
王秉勇．1999. 韩国林业及中韩林业之比较[J]. 世界林业研究，12(5)：54－60.
王瑛．韩国推动与东盟的林业合作．http：//www. greentimes. com.
徐芝生．2011. 韩国林业现状与展望[J]. 世界林业动态，(2)：8.
中国林业代表团．2006. 有山皆绿——韩国林业考察报告[J]. 中国林业，(03A)：8－11.
朱兰生．2006. 韩国林业建设考察报告[J]. 甘肃林业，(1)：39－41.
邹大林．2012. 韩国林业发展战略介绍．http：//www. bfdic. com/xiangmudongtaihejishixinxi/.../897. html.
FAO. [2012-10-11]. Korea forestry outlook. http：//www. fao. org/docrep/016/an001e/an001e00. pdf.
FAOSTAT：[2012-12-02]. Forestry Trade Flows.：http：//faostat. fao. org/site/628/default. aspx.

柬埔寨（Cambodia）

柬埔寨王国（简称柬埔寨）位于东南亚中南半岛南部，东部和东南部同越南接壤，北部与老挝交界，西部和西北部与泰国毗邻，西南濒临暹罗湾。国土面积18.10万km^2，共划分为20个省和4个直辖市，首都金边。全国人口1 440万人，有20多个民族，高棉族占总人口的80%。高棉语为通用语言，与英语和法语同为官方语言，华语也较为流行，华人和华侨约70万人。佛教为国教，93%以上的居民信奉佛教（中国外交部网站，2014）。

柬埔寨的地形以平原为主，中部平原由洞里萨湖周围冲积平原和湄公河三角洲组成，约占全国面积90%。国境东北西三面为山地和高原。属热带季风气候，高温多雨。年均气温为24℃，年均降水量为2 000 mm左右。

矿藏主要有金、磷酸盐、宝石和石油，还有少量铁和煤。洞里萨湖是东南亚最大的天然淡水渔场，素有“鱼湖”之称。西南沿海也是重要渔场，多产鱼虾。近年来，由于生态环境失衡和过度捕捞，水产资源减少（中国外交部网站，2014）。

柬埔寨是传统农业国，工业基础薄弱，属世界上最不发达国家之一，也是东南亚最贫穷的发展中国家之一，贫困人口占总人口的28%。近年来，柬埔寨政府实行了对外开放的自由市场经济，推行经济私有化和贸易自由化，把发展经济、消除贫困作为首要任务。政府实施以优化行政管理为核心，加快农业建设、基础设施建设、发展私营经济和增加就业、提高素质和加强人力资源开发的“四角战略”，把农业、加工业、旅游业、基础设施建设及人才培训作为优先发展领域，推进行政、财经、军队和司法等改革，提高政府工作效率，改善投资环境，取得了一定成效。2015年柬埔寨GDP总值约180.5亿美元，人均GDP达到1 171.3美元。

一、林业在国民经济中的地位

柬埔寨的森林不仅对环境保护起着重要的作用，而且还为人们提供各种各样的食物、就业机会和其他服务。大约85%的农村人口依赖于农业和林业生产，来自于森林资源的收入占这些农村人口家庭总收入的30%～42%。森林是柬埔寨国民经济重要的自然资源，林业、渔业和果木资源丰富，盛产珍贵树种柚木、铁木、紫檀、黑檀和白卯等，并有多种竹类。

根据FAO2015年数据，2010年，柬埔寨在林业部门就业的人数约为1.6万人。林业对柬埔寨经济贡献率不高，2016年仅占国内生产总值的1.9%。

二、森林及其他自然资源

（一）森林资源

柬埔寨森林资源丰富，1965 年，全国森林覆盖率高达 73%，森林面积达 1 317.68 万 hm^2。20 世纪 70 年代以来，持续近 20 年的战乱和毫无节制的乱砍滥伐，使柬埔寨的林业资源遭到了严重破坏，1993 年和 1997 年的森林覆盖率分别降至 59.82% 和 58.60%。进入 21 世纪以来，由于农业扩张、林地被侵占、森林和林产品非法贸易、人口增加、贫困、森林火灾、自然因素等的综合影响，森林覆盖率逐年下降。

据 FAO 统计数据，2015 年，柬埔寨的森林总面积为 945.7 万 hm^2，森林覆盖率为 53.6%，森林总蓄积量为 8.93 亿 m^3，单位面积林木蓄积量为 94 m^3/hm^2。2010—2015 年森林面积年均减少 63.7 万 hm^2，森林覆盖率下降了 3.4%，森林总蓄积量下降了 0.66 亿 m^3；2000 年、2005 年、2010 年和 2015 年的森林生物质碳储量分别为 5.37 亿 t、4.95 亿 t、4.64 亿 t 和 4.33 亿 t，2015 年单位面积森林生物质碳储量为 46 t/hm^2；2000—2005 年森林生物质碳储量年均降低 840 万 t，2005—2010 年森林生物质碳储量年均降低 620 万 t，2010—2015 年森林生物质碳储量年均降低 620 万 t(FAO，2015)。

柬埔寨的森林主要分布在东、北和西部山区。西部和西北部主要是常绿林，东北部主要是落叶林，南部和中部森林很少。森林类型主要有：热带雨林、热带季雨林、山地雨林、山地季雨林、红树林、石楠林和沼泽林等，也可分为常绿林、半常绿林和落叶林等类型(表 1)。树种的分布有明显的地区差别。全国有 200 多树种，其中经济价值较高的树种有龙脑香科林、柚木、红树林和竹林等。此外，还有藤条、竹子，以及丰富的野生药用植物资源(如豆蔻、胖大海、马钱子、沉香、藤黄、桂皮、檀香等)和野生水果资源。

柬埔寨的森林主要划分为生产林、水土保持林、生物多样性保护林、社会服务林和多种用途林，其中生产林 337.4 万 hm^2，水土保持林 844.9 万 hm^2，生物多样性保护林 428 万 hm^2。按起源划分，原始林面积为 32.2 万 hm^2(占森林面积的 3.4%)，其他天然次生林面积 906.6 万 hm^2(占 95.9%)，人工林面积 6.9 万 hm^2(占 0.7%)，其中柬埔寨红树林面积 5 万 hm^2(FAO，2015)。柬埔寨的森林全部为公有林(FAO，2015)。

表 1　2006 年柬埔寨森林类型统计　(hm^2,%)

森林类型	面积	所占比例
常绿林	366.89	20.20
半常绿林	136.26	7.50
落叶林	469.21	25.84
其他森林	100.71	5.55
合计	1 073.08	59.09

资料来源：FAO，2010。

（二）其他自然资源

柬埔寨野生动物资源丰富，哺乳类的鼬鼠科动物、贫齿目动物和爬行类动物大部分分布在洞里萨湖边缘地区及湖边的水淹林内；灵长目动物分布在洞里萨湖周边和湄公河东部平原；大象、白肢野牛、食肉虎和豹等分布于湄公河东部高地森林相连接的中部平原；鸟类分布于高山地带、洞里萨湖边的高地和湄公河等地(浙江省林业考察团，2009)，此外，2015 年柬埔寨森林生物量 9.19 亿 t，比 2010 年的 9.87 亿 t 减少了 0.68 亿 t；比 2000 年的 11.42 亿 t 减少了 2.23 亿 t；比 1990 年的 12.95 亿 t 减少了 3.76 亿 t(FAO，2015)。

世界保护监测中心的数据显示，柬埔寨已知的两栖动物、鸟类、哺乳动物和爬行动物有 775 种。其中，1.4% 为柬埔寨特有，7.7% 处于濒危状态，20.5% 被世界自然保护联盟(IUCN)列为 I ~ V 类保护名录(Mongabay.com，2011)。另据世界银行统计报道，柬埔寨受威胁的哺乳动物种类达到 37 种，受威胁的植物种类达到 32 种，GEF 生物多样性效益指数为 3.5(GEF 生物多样性效益指数是根据各国代表性物种、其受胁状况及其各国栖息地种类的多样性所得出的各国相对生物多样性潜力的综合指标，该指数实行了规范化，其数值范围 0 ~ 100，即从无生物多样性潜力直至最大生物多样性潜力)。

三、林业法规政策

柬埔寨从 20 世纪 80 年代中后期特别是 90 年代以来，逐步加大了制定林业法规的力度，但这些法规基本上只与木材的采伐和税收有关。由于经济发展落后，贪污腐败盛行，以及缺乏有效的监督和制约机制，造成了政府的许多林业管理政策被束之高阁，难以得到有效执行。

（一）林业资源培育和采伐利用政策

20 世纪 70 年代以来，持续了近 20 年的战乱、毫无节制的乱砍滥伐，使柬埔寨的林业资源遭到了严重破坏。进入 90 年代以后，柬埔寨政府采取一系列措施，加大打击非法砍伐森林的力度。

从 1995 年初起，新政府进一步加大了林业管理的力度，先后又出台了一些禁令，采取了一些措施，其中最主要的是：①1995 年 1 月，政府颁布了一个禁止非许可证持有者伐木的法令，规定对木材采伐实行许可证制度，凡无许可证的公司和个人均不得经营木材采伐业务，否则系非法行为。②1995 年 5 月，政府又颁发了一个禁令，再次强调禁止原木出口，强调 1993 年 1 月 1 日生效的禁令继续有效。③1996 年 12 月 31 日，政府制订并公布实施了一个木材出口的新禁令。④1996 年 10 月，柬埔寨政府内阁批准了一个旨在对非法采伐者进行处罚的《森林法》草案，但由于各种原因，该法律没有得到有效执行。2001 年在亚洲开发银行和世界银行的资助下，柬埔寨政府再次通过了《森林法》草案。法律草案明确规定，对森林的开发必须有计划地、持久地进行。⑤2001 年 1 月，柬埔寨农林部颁布了《禁止在柬埔寨中部地区进行森林贸易、森林采伐、林地侵占和野生动物狩猎的声明》。⑥2003年 8 月，农林部颁布了《森林税收管理体制》。⑦2003 年 12 月，柬埔寨政府颁布了《社区林业管理》。⑧2004 年 6 月，柬埔寨政府颁布了《关于成立查处采伐、火烧和占用森林资源的国家委员会的决定》(Forestry Administration，Mininstry of Agriculture Forestry and Fisheries，Kingdom of Cambodia，2012)。

在柬埔寨，木材是国内各政党斗争的主要资金来源，也是许多农民收入的主要来源。由于国内局势动荡，邻国木材需求量增加，导致原木砍伐量不断增加，非法采伐和运输加剧。因此，原木实际采伐量估计比官方统计的多1～1.5倍。基于各种原因，这些法律和禁令未能有效地贯彻执行。非法砍伐树木的行为仍然广泛存在，林业中的无政府状态并未得到有效制止。据柬埔寨国家林业报告报道，随着柬埔寨局势的持续稳定，对森林资源的需求将会不断增加，这将对土地利用形式的改变和今后环境变化产生重要影响。

（二）林产品贸易政策

1992年9月，柬埔寨金边政权决定"暂停"原木出口。1993年1月1日，原木出口禁令生效，由联合国驻柬临时权力机构负责实施。但是，禁令不包括柬埔寨锯木场加工的原木。因此，禁令实施后，这些工场在柬泰边界地区的出口猛增。这一禁令的实施实际上以失败而告终。1994年12月26日，新政府又公布了《柬埔寨王国政府关于禁止从柬埔寨王国输出条木和木板的公告》。这一公告发布以后，也未取得多大收效。2001年8月30日，柬埔寨政府颁布了《柬埔寨王国所有类型木材、设备和商品道路运输的通告》。2003年9月5日，柬埔寨农林渔业部发布了《关于禁止棕榈树运输和贸易管理的通告》。2006年11月20日，柬埔寨政府颁布了《允许出口和进口的木材产品和非木材产品名录》(Forestry Administration, Mininstry of Agriculture Forestry and Fisheries, Kingdom of Cambodia, 2012)。总的来看，一些林产品贸易政策的出台，对林产品贸易行为有了进一步的规范，但收效不大，特别是禁止原木出口。

（三）野生动植物资源保护政策

柬埔寨森林生物多样性很丰富，也非常重要。柬埔寨估计共有2 300多种开花植物和130种哺乳动物。2001年8月14日，柬埔寨农林渔业部发布了《关于禁止野生动物贸易的公告》。2002年7月30日，柬埔寨政府颁布了《关于保护柬埔寨金边地区流域和建立生物多样性保护林的通告》《关于保护柬埔寨柏威夏遗传资源和建立野生动物保护林的通告》和《关于保护柬埔寨蒙多基里省遗传资源和建立野生动物保护林的通告》。2004年10月6日，柬埔寨政府颁布了《建立柬埔寨戈公省生物多样性和大象走廊保护林以及野生动物康复中心的通告》。2005年3月21日，柬埔寨王室发布了《具有柬埔寨王国国家象征的动物和植物名录》(Forestry Administration, Mininstry of Agriculture Forestry and Fisheries, Kingdom of Cambodia, 2012)。这些政策的出台，在一定程度上保护了野生动植物资源。

四、林业机构与管理体制

柬埔寨林业实行的是垂直管理体制。国家设立农林渔业部，下设林业局(图1)，其主要职责是：制定林业政策和执法监督；承担全国森林资源管理；确定采伐限额；林地的审批工作，为林业系统提供服务。在农林渔业部下以省为单位设立若干省级森林管理局，归属农林渔业部林业局直接领导和管理。省级森林管理局官员由国家农林渔牧业部任命，在农林渔业部林业局的直接领导下开展工作。柬埔寨国家公园和野生生物保护区(占国土面积的18%)，归环境部管辖。全国各级林业管理经费统一纳入财政预算，全部由国家财政承担(沙永恒，2009)。

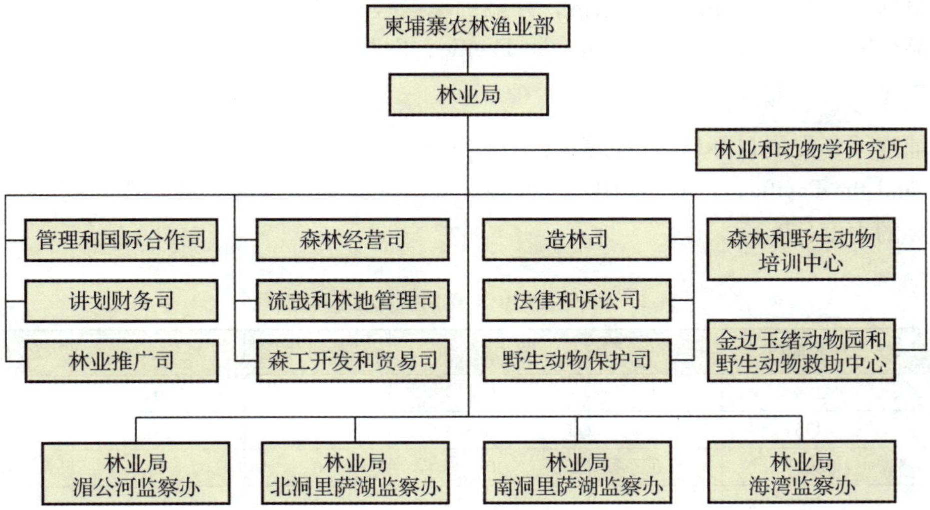

图 1 柬埔寨农林渔业部林业局机构

柬埔寨林业管理体系借鉴了林业发达国家的做法，是集监督和管理为一体的林业管理体系，实行的是从上到下独立的垂直领导，自成体系。从柬埔寨现行的管理体系可以看出，上层的管理机构主要是负责方针、政策、法律的制定和监督实施，监督基层林业管理部门并提供咨询与服务。林业管理各项经费统一纳入财政预算，由财政统一划拨。因此，柬埔寨林业管理有很大的独立自主权，不受地方政府干预，只接受林业内部的监督。

五、森林经营与管理

（一）总体原则

柬埔寨政府林业改革战略目标是保障森林的可持续发展，主要包括以下 3 个原则：一是可持续的林业管理政策，合理利用森林资源，严格控制森林开采。根据国际森林管理的标准，保留足够的森林面积确保国内木材的市场需求，防止由于过度砍伐而造成干旱和洪水灾害，同时保护湿地以保证鱼类的生存繁衍。二是保护环境、自然生态和濒危动植物种。为了确保有效的管理森林资源，政府重新评估了现有的森林开发权协议，停止了部分公司的开发权。三是植树造林，政府还将继续执行植树造林的政策（雷小华，2010）。

（二）森林认证

柬埔寨是重视制定国家森林认证体系的国家之一。在柬埔寨森林立法中包括了很多森林认证要求方面的内容。柬埔寨对森林认证感兴趣是因为认证后有利于木材出口，尤其是对欧洲和北美市场。因此，木材认证对于柬埔寨进入国际高价值木材市场至关重要。

（三）社区林业

社区林业这种经营管理方式已经得到越来越多的柬埔寨政府部门、非政府组织、私营机构和研究人员所认同。自 1991 年以来，至 2009 年 6 月，柬埔寨已在全国 377 个社区建立了 347 740 hm^2社区林。此外，还计划在 13 个地区建立 20 203 hm^2社区林。按照柬埔寨社区林业法令，在不久的将来有可能将其他部分森林也纳入社区林业管理。该项措施与林农对木材和非木材林产品的需求相符，并能确保这些森林资源得到持续经营和源源不断提供林产品(Regional Office for Asia and the Pacific，FAO，2010)。

（四）人工林经营

柬埔寨千年发展目标(CMDG)提出，到2015年森林覆盖率提高到60%(Regional Office for Asia and the Pacific，FAO，2010)。近些年来，柬埔寨在打击非法采伐的同时，也加大了人造林的力度(表2)。

表2 1985—2010年柬埔寨人工造林面积 (hm^2)

年份	林业部门	军队	非政府组织	植树节	私人	合计
1985	289	0	0	0	0	289
1986	435	0	0	0	0	435
1987	601	0	0	0	0	601
1988	576	0	0	0	0	576
1989	837	0	0	30	0	876
1990	502	0	0	2	0	504
1991	176	0	50	0	0	226
1992	839	0	50	20	0	909
1993	662	0	50	20	0	732
1994	533	0	102	218	0	853
1995	514	0	57	106	0	677
1996	513	0	0	98	0	611
1997	387	0	0	98	0	485
1998	0	0	0	2	0	2
1999	486	0	0	16	0	502
2000	865	0	0	119	0	984
2001	810	0	0	59	0	869
2002	976	295	0	32	0	1 303
2003	1 525	340	0	48	100	2013
2004	250	752	0	64	350	1416
2005	1 250	527	0	83	10 000	11 860
2006	700	300	0	96	3 670	4766
2007	1 000	200	0	75. 50	7 944	9 220
2008	900	200	0	50. 65	7 436	8 587
2009	1 000	0	0	69	17 924	18 993
2010						5 900
合计	16 626	2 614	309	1 306. 15	47 424	68 279. 15

资料来源：《ASIA－PACIFIC FORESTRY SECTOR OUTLOOK STUDY II》(2010，Cambodia)；FAO，2015。

为了实现到2015年森林覆盖率达到60%的目标，柬埔寨制定了一系列法律和政策措施，其中一条措施就是鼓励私人投资林业。柬政府于2008年3月25日颁布了26号法令《授予利用者在国有林地上培育人工林的权利》，2003—2009年私人投资的人工造林面积达到17 924 hm^2。鼓励发展人工林的措施还包括：调整多用途人工林的环境和国家政策、确定适合的树种和扶持多用途人工林发展原则、建立苗圃并保证营造多用途人工林的苗木质量、建立多用途人工林示范样地、推广和宣传、与当地社区和私人及开发商签订人工林经营和效益分享协议等。

（五）野生动物保护

柬埔寨从20世纪90年代初开始重视野生动物保护和管理。1993年柬埔寨皇家法令公布了23处保护区，按照生物多样性重要性分成不同的类型和等级，其中7处为国家公园，10处为野生动物保护区，3处用于保护独特地貌特征，另有3处是多功能区，即这3个地方允许伐木和渔猎，其面积占柬埔寨林地面积的18%。而且，根据动植物关键种的重要性，越来越多的生产林地也被纳入到保护林的范畴。至2009年，柬埔寨保护林已增至100万 hm^2 以上，并使保护区总面积占全国总面积的25%以上，2015年自然保护区内的森林面积为309.2万 hm^2，且规定严禁在国家设立的森林公园和野生动物保护区内伐木。

柬埔寨林业法律规定，柬埔寨各种野生动物物种属于国家财产和森林资源的组成部分，包括哺乳动物、鸟类、爬行动物、两栖动物、昆虫和其他无脊椎动物，以及它们的卵(蛋)或后代。农林部林业局负责这些野生动物的管理、研究和保护。2007年1月柬埔寨"部长宣言"发布了柬埔寨野生动物物种的分类和列表，并将野生动物物种划分为3类，即濒危物种、珍稀物种和常见物种，为野生动物保护提供了法规依据。

六、林产品生产、加工与贸易

（一）林产品生产和加工

柬埔寨的主要林产品有木材、薪材和其他非木材林产品，最重要的非木材林产品是竹和藤。林产品生产、加工和利用的主要原料来源是天然林。由于长期战乱，经济发展水平和技术水平较低，主要鼓励外资企业开展林产品加工。

根据FAO林产品统计数据库，柬埔寨的林产品生产以原木生产为主，林产品加工和深加工还比较少。近20年来，原木生产量呈减少的趋势。近10年来，锯材和人造板生产量则呈现增加的趋势，但生产量还比较小，生产能力还很弱(表3)。

表3　2004—2016年柬埔寨主要木制品生产量　（万 m^3）

项目 年份	原木	锯材	人造板	木质燃料
2004	951.1	8.2	3.6	938.6
2005	933.4	7.4	3.2	922.1
2006	916.6	7.4	3.2	905.2
2007	900.9	16.2	3.3	889.1
2008	885.3	11.2	3.3	873.5
2009	870.4	10.2	3.3	858.6
2010	852.5	10.2	3.3	844.2
2011	846.9	10.2	3.3	829.9
2012	833.2	10.2	3.3	816.2

（续）

年份 \ 项目	原木	锯材	人造板	木质燃料
2013	831.4	10.2	3.3	803.0
2014	818.6	10.2	3.3	790.2
2015	810.2	10.2	3.3	778.0
2016	795.9	10.2	4.8	763.7

资料来源：FAOSTAT，2018。

（二）林产品贸易

根据 FAO 林产品统计数据库，柬埔寨林产品出口以人造板、锯材和原木等产品为主（表4）。自 2005 年以来，原木出口基本处于波动状态，这可能与统计口径、政策执行力度等有关，但其出口量低于锯材。进口以纸和纸板及人造板为主，进口量均呈增加趋势（表5）。林产品出口目的国主要是泰国、马来西亚、日本、韩国和新加坡等国家，而林产品进口主要贸易国是泰国、菲律宾、俄罗斯、韩国、马来西亚和新加坡等。

从表 6 可以看出，在 2006 年之前，柬埔寨林产品进口额大于出口额。随着近年来国内稳定和经济形势的好转以及加工能力的增强，2006 年以后出口产品的附加值增加，除 2015 外，林产品总出口额大于总进口额。

随着打击非法采伐和禁止原木出口的力度不断增大，柬埔寨正在利用其丰富的森林资源，积极开展木材加工和深加工，不断增加出口产品的附加值，从而增强出口创汇能力。根据国内产品的结构特点，同时进口一些加工技术含量相对较高的林产品，以满足国内市场的需求。

表 4　2005—2016 年柬埔寨主要林产品年出口量与出口额　（m^3，万美元）

年份	原木		锯材		人造板	
	出口量	出口额	出口量	出口额	出口量	出口额
2005	2 406	32.3	26 844	815.6	5 815	341.2
2006	421	12.7	178 245	7 216.2	2 027	89.3
2007	15 883	2 034.3	145 598	8 432.5	2 927	117.8
2008	3 921	519.7	94 081	6 071.8	818	94.2
2009	5 451	590.7	57 780	4 194.8	5 694	336.8
2010	5 648	617.2	89 580	5 518.4	8 066	512.3
2011	13 607	2 609.4	27 315	3 255.1	6 411	283.2
2012	16 000	1 917.1	16 315	1 285.4	6 411	283.2
2013	33 000	8 081.4	34 000	3 613.7	21 000	1 468.4
2014	101 000	12 272.8	74 000	6 227.6	8 000	873.9
2015	28 364	3 464.1	91 080	5 575.2	18 117	1 858.6
2016	33 380	3 941.1	95 690	8 207.1	30 336	3 489.0

资料来源：FAOSTAT，2018。

表 5　2005—2016 年柬埔寨主要林产品年进口量与进口额

年份	人造板		纸和纸板	
	进口量(m^3)	进口额(万美元)	进口量(t)	进口额(万美元)
2005	1 041	28.9	28 393	2 038.9
2006	3 409	85.4	28 325	1 606.1
2007	1 962	78.3	41 196	2 886.8
2008	5 474	291.6	44 179	3 403.6
2009	6 066	302.7	52 841	3 445.0
2010	7 623	360.9	71 393	5 073.2
2011	12 131	423.6	71 393	5 073.2
2012	8 000	395.8	112 000	7 110.3
2013	14 000	776.2	112 000	7 110.3
2014	9 000	850.5	138 000	9 698.2
2015	58 747	3 352.6	91 866	8 083.3
2016	66 103	3 698.5	140 897	11 806.7

资料来源：FAOSTAT，2016。

表 6　2001—2016 年柬埔寨林产品年进口额与出口额　（万美元）

贸易额＼年份	2001	2002	2003	2004	2005	2006	2007	2008
进口额	1 419.2	1 419.2	1 893.8	2 131.4	2 110.1	1 700.8	3 003.3	3 825.2
出口额	1 415.5	1 287.7	1 835.6	1 452.6	1 194.4	7 429.5	10 844.7	7 141.4
贸易额＼年份	**2009**	**2010**	**2011**	**2012**	**2013**	**2014**	**2015**	**2016**
进口额	3 827.1	5 481.0	5 523.0	7 584.8	7 928.5	10 649.4	11 565.7	11 564.7
出口额	5 629.0	7 847.5	7 394.6	5 032.9	13 677.2	19 931.0	11 459.4	15 807.5

资料来源：FAOSTAT，2016。

七、林业科研与教育

柬埔寨皇家农业大学林学院是柬埔寨开展林业本科教育和短期培训主要机构。柬埔寨皇家农业大学成立于 20 世纪 60 年代，林学院是其 9 个院系之一。林学院设有森林保护和森林资源 2 个专业。到 2009 年为止，该学院已经培训了 515 名林业工程师(Royal University of Agriculture，2009)。2000 年、2005 年和 2008 年柬埔寨授予林业学士学位或同等学历的学生为数分别为 22 人、27 人和 25 人。

林业和野生动物研究所(FWSRI)是柬埔寨主要的林业科研机构。最初的研究工作主要集中在森林经营管理方面，但后来其研究领域逐步拓宽至社区自然资源管理、生物多样性保护和参与式方法等方面。过去几年，FWSRI 积极参与世界自然基金会、世界自然保护联盟及其他组织的研究活动。但 FWSRI 没有实验室，研究设备也很少，仅在磅同省拥有一个占地约 1 700 hm^2的研究站。2004 年，FWSRI 的预算总额是 1.25 万美元，大部分用于职工工资和业务费用。据 2006 年统计，该研究所人员组成为硕士、本科、专科和工勤人员，分别为 10、13、6 和 5 人（冯璐，2010）。

八、林业国际合作与交流

中柬两国有着悠久的传统友谊，20 世纪 90 年代以来，中柬关系进入新的发展阶段，2010 年两国建立全面战略合作伙伴关系。近年来，中柬两国经贸关系发展较快，合作领域不断拓宽。中国大陆是在柬埔寨的第 3 大投资者，目前在柬中资公司已有 50 多家，投资领域涉及橡胶加工、胶合板生产和农业等。

据中方统计，2008 年中柬双边贸易额为 11.33 亿美元（中方出口 10.94 亿美元，进口 0.39 亿美元），同比增长 21.3%。中方主要出口商品为纺织品、机电产品、五金和建材等，从柬进口橡胶、木材制品和水产品等。中柬的长期友好关系，以及中国的资金和技术优势与柬埔寨的资源优势互补性，为中柬林业合作提供了广阔的前景。柬埔寨土地、自然条件优越，劳动力成本较低，柬埔寨政府对与国外企业开展林业合作态度积极，对我国的技术和资金有较大的需求。鼓励中国企业赴柬埔寨开展境外造林，既能够缓解国内资源供应和我国木材进口的国际压力，又有利于强化与周边国家的经贸合作，维护外交友谊。

2012 年中柬政府林业部门就两国双边林业合作事宜交换了意见。双方强调，要加强两国林业，互利互惠，合作前景广阔，同意将两国林业合作机制化，并探讨了双边林业合作的重点领域和合作方式为进一步强化两国林业合作奠定了坚实的基础（国家林业局，2012）。

九、分析与借鉴

（一）面临的问题

1. 国民收入严重依赖森林资源的初级利用

1965 年数据显示，柬埔寨森林覆盖率达 73%，是亚太地区乃至世界森林覆盖率较高的国家之一。近几十年来，柬埔寨国家经济发展严重依赖森林资源，大面积砍伐森林，林地用途被变更。截至 2015 年，柬埔寨的森林总面积为 945.7 万 hm^2，森林覆盖率为 53.6%。其经济发展过度依赖森林资源，在农村地区连基本生存也严重依赖森林资源。根据粗略估计，森林资源在 1/3 家庭消费和收入来源的比例约占 10%～20%，而政府主导的大规模商业运作主要为特许经营林地内的木材砍伐（含非法砍伐），其上交的税收成为政府职员的收入来源。

2. 木材消耗量大，森林覆盖率增长缓慢

广大农村地区无电力和其他替代能源，生活能源完全依赖森林资源，绝大多数的村民还居住在由木板、竹子和棕榈叶搭建的简陋房屋内，这类房屋因材料腐朽速度快和虫蛀，4～5 年就需重建 1 次，为此需要大量砍伐木材。随着森林资源的消耗，这种最简陋的建房材料也日益紧缺。柬埔寨政府制定的《2010—2029 国家森林发展规划》计划到 2015 年将森林覆盖率恢复至2000年的水平(60%)，实际上，到2015年并没有完成目标，致使2029年的目标难以按时实现。

3. 林业法规施政能力弱，行政费用主要依靠国际援助

在各种国际组织的资金和技术支持下，近几十年来柬埔寨林业可持续发展已经形成较全面的框架，从林业法规体系到国家森林发展计划都有详细的实施规划。2002年颁布了《林业法》并阐明了可持续管理的首要目的："保证森林可持续管理以达到其社会、经济和环境效益，包括生物多样性和文化遗产保护"，其他相关系列法规如《保护区法》和《环境保护和自然资源法》的颁布也为林业可持续发展提供了较系统的法律依据。但由于历史原因造成的社会政局不稳，柬埔寨在过去的几十年中未能正常发展经济，林业发展缺乏足够的资金支持，政府机构运行的费用严重依赖国际资金的资助。由于柬埔寨薄弱的经济基础导致其施政乏力，所有的林业可持续发展法规、政策、理念和规划等都无法得到顺利实施。

由于缺乏有效监管与执法，森林资源都存在破坏性的、非法的和过度的采伐，给森林可持续经营带来了毁灭性的破坏。目前柬埔寨林业部门员工收入来源的大部分仍然来自各种国际项目援助，一旦缺乏国际经济援助，柬埔寨的林业部门将立即陷入瘫痪。

4. 经济发展缺乏替代产业，产品缺乏竞争力

发展替代产业是资源消耗型经济发展中不可避免的过程。柬埔寨经济产业主要是农业、林业、旅游业和制衣业，并且后两者规模小，收入少。除了这4类有限的产业之外，柬埔寨没有其他有益于经济发展的替代产业，且农业的发展也建立在破坏森林资源的基础上。简单依赖自然资源尤其是森林资源的模式，导致大量的产品经济附加值未体现出来，如出口的木材产品仅为原木，本土的木材加工企业基本为外资企业；仅有的一些本土木材加工如木雕、藤编等，其加工工艺、产品设计都很落后，产品档次低，市场销售量小，离形成有竞争力的产品还有较远的距离。

缺乏高附加值的替代产业，致使有限的自然资源消耗获得的经济收益不能惠及到普通民众，社会基础建设极度落后，这种情况造成整个社会因普通民众不能获得科学技术教育而无法参与到国家经济的现代化发展模式中去，进一步造成国家经济发展—自然资源消耗的恶性循环。

（二）采取的措施

尽管柬埔寨林业还相对落后，林业发展还存在着许多有待解决的问题，但是，柬埔寨政府还是采取许多措施来促进林业发展。一是加强林业法规建设，出台了许多林业法规和公告来规范林业生产经营和经贸活动；二是保护天然林和开展人工造林，提出到2029年森林覆盖率的目标，为此制定了相关法律和政策措施，鼓励私人投资林业；三是禁止原木出口和促进林产品深加工，提高出口产品附加值；四是外资投资林业，包括森林采伐和林产品加工等。

（高发全　韩锋）

参考文献

冯璐，吴春梅，李立池. 2010. 柬埔寨农业研究体系概况[J]. 东南亚纵横，(1)：69-72.

国家林业局. 2011. 柬埔寨林业部警告：经济土地特许经营权导致森林减少. http：//www. gnly. gov. cn/bencandy. php？ fid = 72&id = 67832[2012-07-09].

国家林业局. 2012. 国家林业局张建龙副局长同柬埔寨农林渔业部部长举行双边会谈. http：//www. forestry. gov. cn//portal/ghs/s/2371/content-555733. html[2012-07-31].

雷小华. 2010. 柬埔寨产业发展、规划及经验[J]. 东南亚纵横，(8)：34 – 39.

沙永恒. 2009. 柬埔寨林业面面观[J]. 中国林业，(9).

浙江省林业考察团. 2009. 依法治林科技兴林：赴以色列、印度尼西亚和柬埔寨林业考察有感[J]. 浙江林业，(10)：39 – 40.

中国外交部网站. 2013 – 06. 柬埔寨国家概况. http：//www. fmprc. gov. cn/mfa_ chn/gjhdq_ 603914/gj_ 603916/yz_ 603918/1206_ 604282/[2013-08-16].

FAO. 2011. 世界森林状况，101 – 154.

Food and Agriculture Organization of the United Nations. 2010. Global Forest Resources Assessment 2015. Rome：Food and Agriculture Organization of the United Nations. 218 – 320.

Forestry Administration，Mininstry of Agriculture Forestry and Fisheries，Kingdom of Cambodia. http：//www. forestry. gov. kh/[2012-07-08].

Mongabay. com. 2011. Cambodia Forest Information and Data. http：//rainforests. mongabay. com/deforestation/2000/Cambodia. htm. [2013-05-10].

Regional Office for Asia and the Pacific，Food and Agriculture Organization of the United Nations. 2015. Asia-Pacific Forestry Sector Outlook Study II：Cambodia Forestry Outlook Study. http：//www. fao. org/asiapacific/rap/nre/links/forestry-outlook/en/#policybriefs[2012-07-09].

Royal University of Agriculture. 2009-01-21. Faculty of Forestry. http：//www. rua. edu. kh/[2012-07-31].

The Statistics Division of Food and Agriculture Organization of the United Nations. FAOSTAT. http：//faostat. fao. org/[2012-07-31].

老挝(Laos)

老挝人民民主共和国(简称老挝)，是位于中南半岛北部的内陆国家，北邻中国，南接柬埔寨，东界越南，西北达缅甸，西南毗连泰国，国土面积23.68万km^2。人口680万(2017年)，共分为49个民族，分属老泰语族系、孟-高棉语族系、苗-瑶语族系、汉-藏语族系，统称为老挝族。华侨和华人约3万多人。通用语言为老挝语。居民多信奉佛教。全国划分为17个省、1个直辖市，首都万象(中国外交部网站，2017)。

老挝境内80%为山地和高原，多有森林覆盖，有"印度支那屋脊"之称。地势北高南低，北部与中国云南的滇西高原接壤，东部老、越边境为长山山脉构成的高原，西部是湄公河谷地和湄公河及其支流沿岸的盆地和小块平原。湄公河是老挝境内最大河流，流经西部1 900 km。气候属热带、亚热带季风气候，年平均气温约26℃。5～10月为雨季，11月至翌年4月为旱季。老挝全境雨量充沛，近40年来年降水量最少年份为1 250 mm，最大年降水量达3 750 mm，一般年份降水量约为2 000 mm(中国外交部网站，2017)。

老挝是一个以农业为主，工业基础薄弱。1986年起推行革新开放，调整经济结构，即农林业、工业和服务业相结合，优先发展农林业；取消高度集中的经济管理体制，转入经营核算制，实行多种所有制形式并存的经济政策，逐步完善市场经济机制，努力把自然和半自然经济转为商品经济；对外实行开放，颁布外资法，改善投资环境；扩大对外经济关系，争取引进更多的资金、先进技术和管理方式。1991—1996年，国民经济年均增长7%。1997年后，老挝经济受亚洲金融危机严重冲击。老挝政府采取加强宏观调控、整顿金融秩序、扩大农业生产等措施，基本保持了社会安定和经济稳定(中国外交部网站，2017)。

老挝的土地资源、矿藏资源、林业资源、水利资源、旅游资源等较为丰富，但科学技术、资金和人才资源相对较为匮乏。主要矿藏有锡、铅、钾盐、铜、铁、金、石膏、煤和稀土等矿藏。迄今得到开采的有金、铜、煤、钾盐和煤等。2015—2016财年老挝经济增长率为6.9%，国内生产总值(GDP)135.8亿美元，人均2 026美元。2016—2017财年经济增长6.83%，GDP约168.1亿美元，人均2 472美元。老挝货币名称是基普(KIP)，2018年6月与美元汇率约为8 377∶1(中国外交部网站，2017)。

一、林业在国民经济中的地位

森林是老挝经济社会发展和人民生活的重要自然资源，林业经济在老挝国民经济中占有重要地位。林业部门，包括木材加工等行业，一直是老挝经济增长较快的部门，也是公共部门和私人生产材料、就业和收入的一个重要来源，还是外汇和财政收入的主要来源。

老挝的森林生产了大量的木材和非木材林产品，包括工业用材、当地建筑用材以及其他重要的商业林产品。老挝80%的国内能源消耗以木材为主，林产品(原木和木制品)出口占老挝出口创汇总收入的41%，非木材林产品占农村中收入的40%。森林资源不仅是老挝人民重要的经济来源，还是他们解决温饱、维持生计的重要保障。老挝大多数人生活在农村地区，80%以上人口的生计主要依赖于森林资源，他们的日常生活在很大程度上是靠采伐木材和采集非木材林产品(包括食品、饲料、药品和调味品等)自用和获得销售收入，其销售收入占家庭总收入的一半以上。

森林还是水电、水运、灌溉、农业和渔业等领域发展的基础保障，同时森林还在保持水土、防风固沙和保持生物多样性等方面起着重要作用。在20世纪90年代，木材及木制品占老挝出口创汇收入的40%，2002—2003年为20%。

2010年，老挝在林业部门就业的人数为4 000多人，这些就业人员主要从事森林采伐、木材运输和木材加工等，其中以农民和贫困人员为主。

在20世纪90年代，林业部门是老挝经济增长较快的部门，其收入主要来自木材采伐。进入21世纪以来，随着木材采伐量的调减，林业对国民经济的贡献率有所降低。根据世界银行统计数据，2016年，老挝林业部门对国内生产总值的贡献率为3.84%(World Bank Open Data，2016)。

二、森林及其他自然资源

(一) 森林资源

尽管老挝森林资源丰富，但老挝的毁林现象比较严重，森林面积每年都在减少，特别是北部和中部地区尤为严重。森林面积减少的主要原因，除战争留下的创伤外，还有不断地刀耕火种、轮垦、森林火灾、不合理的采伐、贫困和人口的增长以及经济利益驱使等(占达·黑马万，等，2009)。

2015年老挝森林总面积为1876.1万hm^2，人均森林面积2.76hm^2。森林覆盖率为81.3%。2005—2010年森林面积年均减少0.78万hm^2，森林面积年均降低0.49%，2015年较之2010年，森林面积增加了94.5万hm^2，即5.3%。2010年森林采伐量为7.5万hm^2，森林总蓄积量为9.2亿m^3，单位面积林木蓄积量为49 m^3/hm^2。2015年森林生物质碳储量总量为10.98亿t，单位面积森林生物质碳储量为58t/hm^2(FAO，2015)。

老挝森林资源按用途划分，生产林、水土保持林和生物多样性保护林的面积分别占23%、58%和19%。按起源划分，原始林面积为119.4万hm^2，占森林面积的6.4%；天然次生林面积1 645.5万hm^2，占森林面积的93%；人工林面积11.3万hm^2，占森林面积的0.6%。老挝的森林全部为公有林(FAO，2015)。

老挝的森林比较均匀地分布于北部、中部和南部3个大区，而木材产量分布不均匀。主要阔叶树种有龙脑香(*Dipterocarpus turbinatus Gaertn.* f.)、榄仁树(*Terminalia catappa* L.)、紫檀(*Pterocarpus indicus* Willd.)、娑罗双(*Shorea robusta* Gaertn.)和坡垒(*Hopea hainanensis* Merr. et Chun)等，针叶树种主要有思茅松(*Pinus kesiya* var. *langbianensis*)、杉木(*Cunninghamia lanceolata*)和福建柏(*Fokienia hodginsii*)的变种等。主要森林类型包括：北方干旱常绿林、安南山脉和波罗芬高原热带山地常绿阔叶林、湄公河平原低地半常绿龙脑香林、北部热带山地落叶林、南部干旱龙脑香林、南部混交落叶林、安南山脉石灰岩林、安南山脉松林和北部亚热带山地林(FAO，2015)。

进入新世纪以来，老挝森林资源除了森林覆盖率降低外，森林质量也出现恶化现象。据老挝农林部报告显示(2005)，密林占森林的比例从1992年的29.0%下降至2005年的8.2%，疏林占森林比例从1992年的16%上升到2005年的24.5%。森林破碎化趋势明显，森林面积小于10 hm^2的小块森林所占比例从1992年的0.9%上升到2005年的6.7%，森林面积大于1 000 hm^2的大块森林所占比例从1992年的88%降低到2005年的54%(Regional Office for Asia and the Pacific，FAO，2009)。

(二)其他自然资源

老挝具有丰富的生物物种多样性和高度的独特性。有各类植物8 100余种、爬行动物和两栖动物166余种、鸟类有700余种、哺乳动物有100余种(Prime Minister's Office，2005)。据世界银行统计报道，老挝受威胁的哺乳动物种类达45种，受威胁的植物种类达24种，GEF生物多样性效益指数为5.0。

三、林业法规政策

(一)林业法规

老挝的林业政策主要由农林部林业局负责制订。由于贫困及管理等方面的原因，林业法规政策的执行不尽如人意。但随着国际国内关于加强环境保护和生物资源保护等方面的形势，老挝林业法规政策的制定和执行也在逐步加强。1993—2010年，老挝制定或修订并且正在使用的关于森林和林业的各项法规主要有33项，包括法律(森林法)、总理令、政令、命令、决定、规则、协定、指令、指示、指南及建议等。

森林法是根本大法，2007年农林部新修订的森林法由12章130条构成。其主要变化如下：森林类型的数量从5个(防护林、保护林、生产林、再生林和退化林)调整至3个(即生产林、防护林和保护林)；天然林保护面积从1万hm^2减少到1 000 hm^2；在退化林地上开展人工造林项目，省级水平的每个项目面积大小由从3~100 hm^2增加到10~500 hm^2，县级水平的每个项目面积大小由从3 hm^2增加到10 hm^2；增加了人工林土地使用优惠原则；禁止原木和木材出口；禁止省级发放采伐许可证；明确了森林监察机构的职责和任务(Regional Office for Asia and the Pacific，2009)。

另据不完全统计，自1986年以来，老挝发布多项林业相关的法律法规(表1)。

表1 老挝林业相关主要法律法规

序号	法律法规名称	颁布日期
1	老挝森林法(2007年)	2007.12.24
2	老挝森林法(1996年)	1996.11.02
3	老挝林业警察的作用和任务	1991.10.04
4	老挝关于禁止野生动物贸易的法令	1986.10.21
5	老挝森林与林地管理和利用的法令	1989.10.05
6	老挝政府关于建立林业警察的法令(法文)	1990.09.07

（续）

序号	法律法规名称	颁布日期
7	老挝关于禁止采伐森林的法令	1991. 08. 26
8	老挝关于农林部组织和活动的部长令	1991. 11. 22
9	老挝关于林业司的作用、任务和职权的法令	1992. 05. 22
10	老挝关于农林部的作用、任务和职权的法令	1992. 05. 22
11	老挝村级森林资源管理权利和责任条例	1992. 06. 18
12	老挝森林营造和保护法令	1994
13	老挝森林资源传统使用权和利用法令	1995. 04. 04
14	老挝野生动物管理保护、捕捞、狩猎及垂钓法令	1989. 10. 05
15	老挝水及水资源法	1997. 03. 03
16	老挝环境保护法	1999. 04. 03

资料来源：中国林业信息网(http：//www. lknet. ac. cn/page/framelimit. cbs？ ResName = gwfl)。

此外，还包括1997年颁布的《土地法》、1999年颁布的《加工业法》、2001年颁布的《促进可持续植树造林管理条例》和《乡村林经营管理条例》、2002年发布的《2002—2003年森林经营管理政策第18号总理令》和《生产林可持续经营第59号总理令》。

（二）主要森林保护政策

自老挝建国(1975年)起，政府就将木材的可持续生产作为一项重要政策目标，农林部采取了一系列措施对国家的森林资源实施可持续管理。1986年老挝人民革命党在“四大”会议上强调，森林的采伐必须纳入国家规划，做到采育并举，禁止毁林开荒和乱砍滥伐。老挝国会在1996年3月召开的第六届议员大会上强调指出，要制定符合该国实际的法律，依法保护土地资源、森林资源特别是热带雨林；政府鼓励游耕民族定居生活，并为他们提供土地和就业机会；鼓励公民多种树，种植各种可利用、可消耗的木材；严格监视森林砍伐及林木加工业；设立自然保护区和生物多样化保护区，保护水土、森林及生物资源，维护生态平衡。

老挝林业政策归结起来，主要有以下几个方面：

1. 废除游耕制

在老挝，每年由于游耕，超过30万hm^2的森林遭到破坏，导致严重的环境问题。1975年老挝第一个综合森林立法《森林保护法》规定，流域地区禁止游耕；老挝第2个社会经济发展计划(1986—1990)提出，在粮食增产的基础上逐步稳定游耕，但指出政府不应通过命令和强制性手段稳定游耕，而应通过向游耕民族提供其他作物和生计来代替游耕作业。此外，政府在1989年5月召开的国家森林会议上，提出了稳定游耕的方法，即对村庄村民森林和土地进行合理分配，通过生产性土地的分配和授予所有权进行农作物生产以取代游耕。具体方法为：每家每户分配2～5 hm^2森林和林地，每村100～500 hm；允许村民管理和使用分配的森林，但要确保林木数量的增加；允许村民继承或转让分配的森林给他方。在2001年国家会议上，老挝提出，到2005年基本根除游耕，到2010年全面根除游耕。

2. 采伐/砍伐计划与使用费政策

老挝政府每年都设定砍伐计划(Quota)，经国民议会批准后，下发到各省，由各省将计划数额分派到地方政府，再由地方政府分摊到个人和企业。收到采伐/砍伐计划数额的个人或企业应向政府支付采伐费用。同时再造林费也是政府所鼓励征收的，用来为再造林活动作为资助。根据 1999 年第 11 号《首相命令》，从政府处采集木材的个人或企业需以下列标准支付再造林费：

(1)受保护木材品种，种类Ⅰ，Ⅱ：3 美元/m^3；

(2)受控制木材品种，种类Ⅰ，Ⅱ：2 美元/m^3；

(3)受控制木材品种，种类Ⅲ：1 美元/m^3。

3. 采种结合政策

促进树木种植多年来一直是老挝的一项优先政策，老挝政府强调，森林采伐必须纳入国家规划，做到采种结合。制定各种同步方针，即林木采伐者必须采伐多少种植多少，采种并举。老挝政府规定，每砍一株树必须先种下一株树，要对一块林地进行采伐必须先种植相等面积和相当数量的树苗，待有关部门验收合格后才可以进行采伐。同时老挝政府鼓励民众种植可利用、商业化的木材，农林部(MAF)《可持续树木种植园管理和促进规定》为树木种植和管理提供了综合的法律框架。老挝政府鼓励民众开发商业化的树木种植园和小户种植园。如此，既能够解决当地民众生计问题，带动经济发展，又能够实行森林的可持续开发与利用。

4. 木材出口政策

1987 年，老挝政府规定，禁止原木出口。老挝政府鼓励对木材进行深加工，这样不仅可以保护本国的森林资源，而且能够增加木材的经济附加值。由于政府禁止原木出口，老挝国内建立了大量的木材加工厂，将木材加工成半成品或者胶合板出口，老挝的木器和家具市场也正朝着规模化的方向发展。但是，在政策实施过程中，一些贸易商钻政策的空子，将木材进行简单加工，锯成各种尺寸后出口。针对这种情况，老挝工商部于 2008 年出台了一项决议《工商部关于木材产品形状与规格出口规定(文件号 1415)》，规定只有符合清单标准的木材加工品才可以出口。

(三) 林业发展战略

2005 年 7 月，老挝发布了《2020 年老挝林业战略》，这是老挝森林和林业的指导性文件。该战略确定的总体目标是：促进国家社会经济计划目标的实现，为国家经济和社会提供产品和服务，推进国家自然资源可持续管理，贯彻执行国家发展与消除贫困战略(Prime Minister's Office，2005)。

该战略主要目标为：①加强政府机构和贯彻 2020 年林业发展战略相关机构的能力建设；②加强管理和采取措施防止森林资源数量和质量下降，提高农村贫穷林农的生活水平和增加防护林；③加强与森林相关的法律法规建设；④确保当地社区参与生产林可持续经营管理，推动个人、组织、中小型公司以及符合国家政策的外国投资者开展商品林营造活动；⑤通过科学估算保持木材加工业与年度允许采伐量的平衡，有力推动国内木材产品深加工；⑥保护森林生态系统和栖息地以及濒危动植物种；⑦促进森林保护土壤、流域和环境以及基础设施；⑧增加林业收入以促进经济发展和减贫；⑨确保非木材林产品生产和提高林农生活水平。该战略还提出：提高现有森林质量，到 2015 年森林覆盖率达到 65%，到 2020 年使森林覆盖率达到 70%，天然更新面积达到 600 万 hm^2，将人工造林纳入农村扶贫综合支持系统，以保障稳定的水源供应和预防自然灾害，人工造林面积达到50万 hm^2；提供可持续的林产品供应，保障国内消费和通过销售及出口为林农获取收入，促进国家财政收入和外汇增加，并直接和间接地促进就业。

该战略提出的政策方向和实施原则为：①制定国家土地政策和进行土地利用宏观田间规划；②加强乡村自然资源管理促进脱贫；③提出可靠的森林收获系统；④防止非木质林产品不可持续的收获和出口，促进非木质林产品可持续的参与性管理和加工；⑤促进木材行业发展，提高木材可持续供应和深加工能力；⑥通过明晰所有权人、市场和投资政策促进人工造林和管理，增强木材供应和提高农户收入能力；⑦通过法规和能力建设促进村民参与森林管理，防止非法活动和生物多样性退化；⑧确定森林用途，提高森林防护和木材供应能力。贯彻原则是：①确定和完善林业相关法律框架，明确不同利益相关者的责任，增加决策透明度；②加大以市场为导向的力度，提高部门工作效率和国际竞争力；③完善权力下放进程或自下而上的规划和实施体系及能力建设，特别是在地方一级的；④通过创新机制和公平分配使收入最大化；⑤开展有效的国际合作。

影响老挝2020年林业发展战略目标实现的主要因素包括：追求经济快速增长、资源可利用性及贫困，以及外资投入和劳力输入等。由于老挝机构和财政能力相对较弱，国际金融和技术援助对于老挝实现2020年林业发展战略目标至关重要。

四、林业机构与管理体制

老挝负责林业管理的机构主要是农业和林业部。2008年老挝进行机构改革时将农林部林业局一分为二，新设立了森林检查局，主要负责非法采伐、木材和野生动物走私、林业腐败和非法侵占土地等事务管理。根据老挝2008年颁布的第17号总理令，此前由林业局负责的制材、加工及出口管理等业务移交商务部，林业局主要负责促进商业造林及监督工作。

农林部内设9个管理机构，并管理国家农业和林业研究所、国家农业和林业推广局（图1）。全国设有17个省级农业和林业处、139个县级农业和林业推广办事处。省级林业部门与国家林业局机构类似，但其中行政管理和规划职能合并成行政及规划一个机构（The REDD desk，2013）。

农林部林业局内设4个职能机构。林业局还负责老挝全国REDD+政策发展，于2012年成立了REDD+办公室，主要任务是支持REDD+特别小组工作并组建REDD+的技术工作组，包括研究制定温室气体排放参考水平和MRV（即核算、报告、核查）系统、利益相关者参与、咨询以及土地利用和惠益分享等方面的技术标准与政策（The REDD Desk，2013）。

农林部森林检查局内设4个职能机构。该部门的任务是预防、监察和处理在森林景观、资源及产品供应等所有环节中有关森林和野生动物犯罪行为。在省级也设有森林检查办公室（The REDD Desk，2013）。

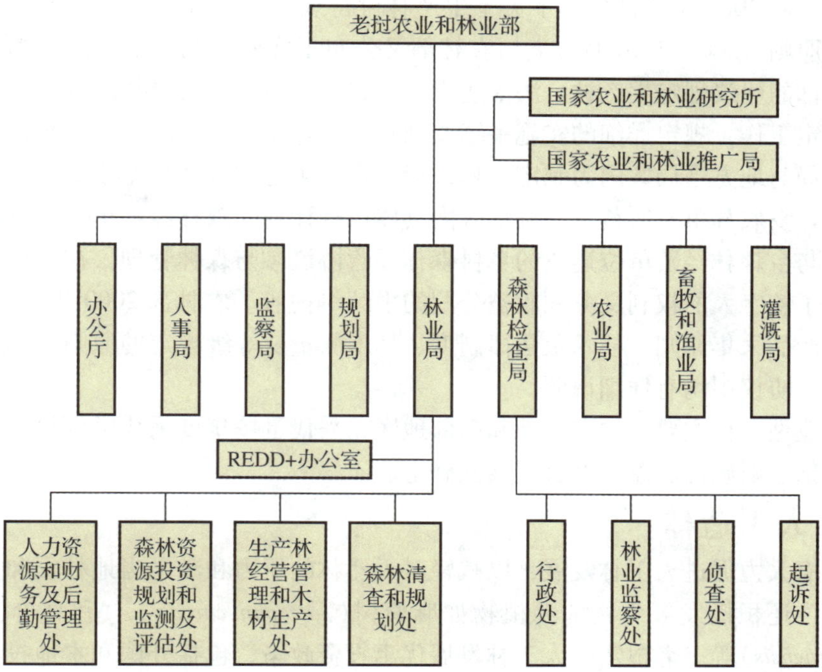

图 1　老挝农业和林业部机构

五、森林经营与管理

（一）森林经营

老挝以前将森林划分为防护林、保护林、生产林、再生林和退化林等多种类型，由于森林类型过多和划分不明确，当地居民难以理解。为了解决这一问题，根据 2007 年 3 月 1 日老挝通过的《关于新的森林经营和治理国家森林会议决议》，将森林划分为防护林、保护林和生产林 3 种类型。2008 年首先划分以木材生产为目的的生产林，2010 年着手划分保护林。为此，必须对各类森林进行详细调查，制定明确的分类定义。在保护林中，要进行全面的保全和保护，禁止采伐，但允许当地居民在缓冲地带获取特种非木材林产品。对生产林，将根据专业理论向可持续经营和治理转变。在尚未实施森林经营的地区要定期封山育林，在制定调查和经营计划之前严禁采伐木材。此外，还要调查造林地，确定造林树种（国家林业局，2008）。

根据《2020 年老挝林业战略》，老挝非正式生产林面积约为 320.7 万 hm^2，主要分布在万象（50.3 万 hm^2）、沙湾拿吉（42.9 万 hm^2）、博利坎赛（35.9 万 hm^2）和沙耶武里（35.0 万hm^2）。这些生产林近一半（155 万 hm^2）制定了部分经营计划，其中制定计划面积最大的是沙湾拿吉（32.7 万 hm^2）、甘蒙（30.9 万 hm^2）、乌多姆塞（14.8 万 hm^2）和沙耶武里（10.5 万 hm^2）（李星，2012）。

因为没有明确划分地界和经营计划的法律依据，除沙湾拿吉和甘蒙等少数地方外，这些生产林处于无组织管理状态，森林质量不断下降，森林数量不断减少。为了健全生产林法制，老挝政府2002年5月公布了关于生产林可持续经营的政令，规定了划定和经营生产林的基本原则。2003年10月，老挝农林部又公布了实施规则。根据法令和规则，总理府依据农林部的建议划定生产林。法令还规定，农林部与地方政府共同负责可持续森林经营计划的制定工作，规定详细的实施手续及细则，制定及批准具体经营计划的原则等。

省农林局与地方当局共同为制定计划进行必要的实地调查和数据收集，并指导、监督和实施计划。乡农林事务所负责协调辖区内具体执行计划的森林经营单位，村森林组织督促村民按照与乡森林经营单位达成的乡村森林经营协议参与森林管理。在乡村森林经营协议中，明确了签字人的权利义务和收益分配的手续等内容。农林部2000年和2003年规定的采伐和林产品采集原则、技术及法律制度、林木测量及等级规定的原则与标准、天然林采伐配额等，协议中均有详细说明。

老挝商业性采伐主要集中在中部和南部地区，采伐量按年度采伐限额执行。采伐限额由省、农林部、财政部和总理办公室共同确定。

（二）人工造林

老挝政府大力促进人工林发展，以减轻对天然林的压力和满足当地林农和木材加工的需求。同时，还积极发展生物能源植物如麻疯树(*Jatropha carcas* L.)和高价值树种沉香(*Aquilaria sinensis*)等。老挝实行人工林发展优惠投资政策，包括外国和本地投资者，并鼓励农民在其休耕土地上种植橡胶树、沉香、柚木和桉树等。老挝人工林和经济作物商业协会可为协会成员提供人工林经营管理技术措施、法规和市场信息服务(Regional Office for Asia and the Pacific，FAO，2009)。

为了鼓励发展人工林，老挝政府也发布了相关的总理令并实施了少量的人工造林项目。政府的激励措施包括分配或租借土地用于造林、保障造林者的财产权、免除注册人工林的土地税、免费发放造林苗木等。实施了亚洲开发银行资助的工业人工林项目，老挝政府还与JICA、丹麦国际开发署、瑞士、GTZ和其他资助机构开展了促进人工林发展的项目。

老挝人工商品林的年生长量为12～14 m^3/hm^2。老挝北方发展的乡土树种柚木人工林面积约为8 000 hm^2。柚木具有较好国际贸易前景，林农和政府都具有发展积极性(Prime Minister's Office，2005)。

人工林发展存在的问题包括：缺乏栽培技术，销售价格较低，相关法规不完善(如土地利用方面)，缺乏资金和激励措施等。

（三）社区林业

在老挝，森林资源的利用和经营管理被认为是消除贫困的重要政策措施。森林可持续利用、森林保护、造林以及当地社区积极参与是政府进行森林管理和扶贫至关重要的策略，形成了许多不同的社区森林管理的类型，如参与性森林管理、合作森林管理、传统的森林管理、社区生态旅游森林管理、小农户人工造林和工业化人工造林等。

社区林业的重点是生产林，通过经营生产林分享森林经营管理所产生的木材收入，包括在迹地上造林所产生的木材收入。社区林业成为以森林为生计的农村贫困人口获取经济收入的一个有效途径。

老挝政府认为，参与式森林管理是一个重要的、也许是唯一的实现森林可持续管理和减贫的途径。因此，它在促进粮食安全和林业和资源保护综合管理中至关重要。为了促进乡村林业的发展和消除贫困，老挝政府制定了土地和森林分配计划。1996 年依据第 3 号总理令开展进行土地分配工作，1996 年农林部 822 号指令对乡村林地分配的原则、目标、程序和土地类型等做了规定，2003 年土地法第 17 条和 21 条对土地分配的面积作出了规定。规定组织和个人最多可分配到 25 hm^2 的土地进行农林生产。土地和森林分配计划由农林部负责领导，土地和森林分配中央委员会组织实施。1995—2005 年老挝土地和森林分配面积、村庄和户数见表 2（Prime Minister's Office，2005）。

表 2　老挝 1995—2005 年土地和森林分配情况

年份	村庄数（个）	户数（户）	总面积（hm^2）
1995—1996	1 242	82 206	879 595
1996—1997	1 327	40 158	329 580
1997—1998	1 232	95 659	3 244 576
1998—1999	1 009	90 886	855 527
1999—2000	555	21 789	823 460
2000—2001	508	29 361	673 992
2001—2002	315	19 231	1 358 978
2002—2003	322	22 027	495 627
2003—2004	320	19 538	474 105
2004—2005	300	19 316	—
合计	7 130	440 171	9 135 440

资料来源：2020 年老挝林业战略。

（四）森林服务

在老挝，森林在提供清洁水源、防护、保护生物多样性和减轻自然灾害等方面发挥着重要作用。国家鼓励根据法律和法规利用森林开展旅游、游憩休闲、科研和碳交易补偿等。由于自然环境的有利条件，生态旅游是老挝旅游业的重要组成部分。生态旅游既增加了当地林农的收入，同时又在国家生物多样性保护区开展旅游时宣传环境保护政策和阻止非法采伐活动。

六、生物多样性保护

老挝政府关于野生生物保护政策主要有 1989 年 10 月内阁发布的 118 号法令《水生动物、野生生物、捕猎和渔业的控制和管理》和 1993 年 3 月农林部发布的第 298 号法令《野生生物和捕猎控制》，将野生生物管理列入农林部的保护范围。老挝 1993 年 164 号总理法令，号召建立国家生物多样性保护地区系统，用于保护野生动物，并号召政府和村民一起参与国家生物多样性保护地区系统的管理。

在生物多样性保护方面，老挝依照法规逐步建立和完善其保护国家生物多样性保护体系。据《2020 老挝林业战略》，自 1989 年以来，老挝建立了国家生物多样性保护体系。依照1993年164号总理令建立了18个国家生物多样性保护区，此后增加到20个，并建立了两个生物走廊地区，其总面积达到340万hm^2，占国土面积的14.3%。此外，各省和地区也建立本地的保护区和保护林。其中，省级生物多样性保护区57个(面积93.2万hm^2)，区级生物多样性保护区144个(面积50.4万hm^2)；省级森林保护区23个(面积46.1万hm^2)，区级森林保护区52个(面积5.6万hm^2)。这些生物多样性保护区总面积达到530万hm^2，占老挝土地总面积的22.6%(Prime Minister's Office，2005)。

2007年8月17日签署了第30号总理令，提出了更严格的森林资源保护措施。老挝国家生物多样性保护区管理还得到了瑞典国际开发署、丹麦国际开发署、加拿大、世界自然保护联盟、世界自然基金会、国际野生动物保护学会、国际野生物贸易研究组织、全球环境基金和世界银行等国家和组织的资助。此外，还与邻国合作设立边境检查站以监控野生动物非法贸易。这些措施对于保护生物多样性、基因库和种群数量增加发挥了非常有效的作用。但也存在着栖息地退化(农业活动和放牧)、控制资源利用能力有限、经济开发活动威胁、不利的社会经济因素(人口增加和贫困)和公众保护意识不强等问题。

老挝野生动物贸易量很大，据估计2000年贸易量为1 180万美元。此后由于国内和国际市场的开放、农村运输条件改善以及越来越多的外国游客等原因，野生动物贸易量进一步加大。大多数野生动物贸易主要是由国外需求所驱动，贸易的最终目的地大多是邻国，主要用途是制作纪念品、食用、宠物以及药用。尽管公众意识的提高和政府采取了措施，但野生动物贸易仍然是一个问题(Prime Minister's Office，2005)。

七、林产品生产、加工与贸易

(一) 林产品生产和加工

老挝的森林生产了大量的木材和非木材林产品，包括工业用材、当地建筑用材以及其他商业林产品。

1. 木材产品

老挝商业木材采伐由军队的3个地区开发公司掌握采伐许可审批权和课税征收权。老挝限制原木出口，通过招商引资，发展木材深加工工业，将木材加工制成胶合板出口。这不仅对保护本国的森林资源有利，而且提高了产品的附加值，取得较好的经济效益。目前，一些有影响的东南亚木材工业集团已陆续到老挝投资，办起了许多胶合板生产厂，其大部分产品用于出口。

政府大力推动下游木材产品加工和成品及半成品木材品出口，促进了木材加工业的增长。老挝木材工业仍处于早期发展阶段，主要包括小型和中型锯木厂、胶合板厂和其他木材加工装置厂。近些年来政府已经进行了木材工业的改革，其目的是通过关闭或合并加工厂来提高效率，促进产品深加工和出口。从2007年8月开始，在1年内对587锯木厂和二次加工工厂中的326家勒令关闭，对185家进行了改造，保留了76家继续生产。在1 528个家具厂中，关闭了1 188家，一年内改造了212家，保留了128家继续生产。2000年至2006年9月对老挝木材行业直接投资的外资项目为32个，金额为2 456.429万美元，占同期外资的比例为0.4%(Regional Office for Asia and the Pacific，2009)。

老挝形成了以工业园木、锯材、人造板(胶合板)及木质燃料为主的林产品生产结构(表3)。由于劳力短缺以及资金、技术等方面的问题，老挝木材加工劳动生产率、出材率都处于较低的水平。

2. 非木材林产品

非木材林产品是老挝重要的维持生计的产品，尽管其中一部分进入了当地市场和国际市场，但是时至今日，对于大多数农村贫困林农来说，非木材林产品是森林资源最重要的产出，既是维持生计又是增加收入的产品，如食品、药品、建材和薪材等。据2001年UNDP统计资料显示，老挝非木材林产品平均约占家庭年收入的40%，在富裕群体(主要从事非农活动和家畜养殖获取收入)中其比例占24%，在最贫穷群体中其比例达到90%(Regional Office for Asia and the Pacific，2009)。老挝全国农村地区平均每年每户消费的非木材林产品价值达320美元，全国每年采集非木材林产品价值约为1.837万亿基普(KIP)(1.837亿美元，但消费的薪材、鱼类和其他水生资源没有计算在内)。

表3　2005—2015年老挝主要林产品生产量

年份	原木(万 m^3)	锯材(万 m^3)	人造板(万 m^3)	木质燃料(万 m^3)	木炭(t)
2005	639.896 8	13.000 0	2.4	594.396 8	18 941.00
2006	647.551 6	15.800 0	2.4	594.351 6	19 363.00
2007	647.170 0	14.800 0	2.4	594.370 0	19 800.00
2008	652.450 0	15.000 0	2.4	594.450 0	20 200.00
2009	643.491 6	15.100 0	2.4	594.591 6	20 685.00
2010	655.495 1	17.000 0	2.4	594.795 1	21 146.00
2011	678.986 2	18.300 0	2.4	593.486 2	21 568.00
2012	677.740 7	18.300 0	2.4	592.240 7	21 999.00
2013	—	10.00	2.4	591.06	22 438.00
2014	—	12.00	2.4	589.94	22 886.00
2015	—	12.00	2.4	588.87	23 343.00

资料来源：FAOSTAT，2016。

老挝非木材林产品主要种类有：蛋白质类，包括野生肉类、鱼、蛙、虾、甲鱼、螃蟹和软体动物等)；热量、维生素和膳食纤维类，包括蘑菇、竹笋、水果和蔬菜、蜂蜜等；房屋建筑和手工业生产材料类，包括竹、藤、树兜、扫帚草、枸树等；传统医药类，包括小豆蔻和锦葵坚果等；化学品和香水工业添加剂类，包括安息香、树脂、松香等。

(二) 林产品贸易

据FAO林产品数据库(FAOSTAT，2002)显示，林产品出口以工业原木、锯材和胶合板为主，尤以工业原木、锯材的出口居多，自2005年以来，这几种林产品的出口量和出口值见表4。产品主要出口到泰国、日本、韩国、俄罗斯、意大利和美国等国家，其中泰国是老挝林产品主要的出口目的国(表5)。林产品进口以纸和纸板、纸浆、胶合板和纤维板为主，尤以纸和纸板、纸浆的进口居多(表6)。主要从泰国、法国、韩国、俄罗斯、菲律宾、马来西亚和德国等国家进口，尤其以从泰国进口最多(表7)。从林产品进出口量和进出口值看，泰国是老挝的主要贸易对象国。

表 4　2008—2015 年老挝林产品年出口量与出口额　（万 m^3，万美元）

林产品	年份	2008	2009	2010	2011	2012	2013	2014	2015
胶合板	出口量	0.86	0.52	0.35	0.22	0.22	0.10	0.12	0.10
	出口额	435.90	266.00	192.80	135.00	135.00	134.10	156.30	143.40
锯材	出口量	8.39	5.19	10.14	11.37	11.37	90.24	112.80	112.80
	出口值	8 419.30	6 456.90	7 587.80	10 504.50	10 504.50	49 484.8	71 723.5	71 723.5
原木	出口量	22.00	12.70	20.72	42.90	42.90	—	—	—
	出口值	7 643.20	5 251.40	1 125.10	27 589.20	27 589.20	—	—	—

资料来源：FAOSTAT，2016。

表 5　2005—2010 年老挝林产品出口的主要贸易国和贸易额　（万美元）

贸易国＼年份	2005	2006	2007	2008	2009	2010
泰国	7 613.80	460.00	2 042.10	6 039.00	5 425.90	4 867.50
日本	87.70	62.60	271.60	408.60	302.40	343.80
俄罗斯	1.90	1.30	10.20	5.30	1.90	
韩国	7.40	23.20	54.40		64.60	95.40
美国	7.10			14.60	17.60	5.40
马来西亚				8.00	0.40	3.00
德国	2.40		2.30		3.90	
波兰		3.20	47.30	4.00		2.40
芬兰				1.50	0.80	1.00

资料来源：FAOSTAT，2016。

表 6　2008—2015 年老挝林产品年进口量与进口额

林产品	年份	2008	2009	2010	2011	2012	2013	2014	2015
胶合板	进口量（万 m^3）	0.10	0.13	0.11	0.08	0.085	0.11	0.04	0.11
	进口值（万美元）	94.90	102.20	80.70	73.40	73.40	96.70	52.20	140.20
纤维板	进口量（万 m^3）	0.28	0.25	0.25	0.31	0.31	0.26	0.29	0.20
	进口值（万美元）	77.50	60.10	76.300	111.80	111.80	133.70	189.60	95.20
纸浆	进口量（万 t）	0.38	0.39	0.39	0.39	0.39	0.39	0.39	0.39
	进口值（万美元）	539.20	547.80	547.80	547.80	547.80	547.80	547.80	547.80
纸和纸板	进口量（万 t）	0.83	0.97	1.06	1.12	1.12	0.91	1.15	1.08
	进口值（万美元）	883.10	842.10	967.90	1 118.40	1 118.40	558.30	797.00	620.00

资料来源：FAOSTAT，2016。

表 7 2005—2015 年老挝林产品进口的主要贸易国和贸易额 （万美元）

贸易国 \ 年份	2005	2006	2007	2008	2009	2010	2015
泰国	510. 50	620. 10	746. 40	923. 50	936. 60	1 012. 90	1 374. 00
法国	32. 90	14. 20	2. 70	6. 00	13. 20	9. 50	
菲律宾		5. 40	27. 80	35. 20	20. 40	18. 70	
俄罗斯			31. 60	28. 20	41. 80	34. 10	
德国		0. 90	1. 10	3. 00	16. 50		3. 90
韩国		1. 90	0. 60			2. 60	
美国			5. 20	4. 70		0. 50	
马来西亚		0. 60	0. 90			3. 00	

资料来源：FAOSTAT，2016。

近年来，老挝实行了限制原木出口和招商投资、发展木材深加工工业等政策。除了按照 2001 年第 205 号总理令第 8 条授权的以外，老挝禁止出口的林业产品包括：根据当地法律法规和老挝政府签署的国际协议需要保护的野生动物、水生动物及其组成成分；原木、锯材、各种未经加工的藤和沉香；按照当地法规禁止出口的兰花(黄兰花)、幼树树脂等林产品。由于发展木材深加工，增加了产品附加值，自 2005 年以来，林产品出口值呈增加趋势，且出口值远大于进口值(表 8)，成为国家出口创汇的主要行业。

表 8 2005—2015 年老挝林产品进出口贸易额 （万美元）

贸易额 \ 年份	2007	2008	2009	2010	2011	2012	2013	2014	2015
进口值	174. 8	1 624. 3	1 612. 0	1 704. 7	1 889. 3	1 889. 3	2 334. 9	3 567. 6	2 181. 9
出口值	13 996. 4	16 838. 5	12 410. 0	19 421. 7	39 382. 8	39 382. 8	97 395. 2	1 719 999. 3	95 106. 9

资料来源：FAOSTAT，2016。

八、林业科研与教育

老挝在 20 世纪 80 年代末才开始开展林业研究工作。初期，林业研究工作主要由老挝农林部林业局造林处负责。1999 年国家农林部重组设立了国家农林业科研所(NAFRI)，从而加强了全国农业和林业研究工作，并统一协调建立全国农业和林业研究系统，开展技术研究和提供政策建议。该研究所是老挝农业、畜牧业、渔业和林业综合研究中心。主要任务是规划、实施和协调全国的农林研究工作。具体职责包括：开展农业、林业和渔业自然资源评估和社会经济研究，为制定农业、林业和渔业生产持土地利用计划提供支撑；通过选择、繁殖和生产等途径管理动植物遗传资源，促进生产和加工；搜集整理和传播农业、林业和渔业生产技术信息；综合利用乡土知识与全球技术知识开展农林机械和设备测试，并开展农林加工工艺和技术研究；开展牧草和饲料植物改良利用以及畜牧和渔业产品加工研究，促进国内消费及出口；开展不同农业生态区农业、林业和渔业的研究战略；统一协调老挝国内的农业、林业和渔业研究工作，以及与其他国家和国际组织合作，开展信息交流与共享工作（The National Agriculture and Forestry Research Institute of Laos，2012）。

通过与国际机构和科研合作项目，老挝林业研究已在非木材林产品、速生树种、树木种子保护和其他方面取得了进展。高学历研究人员的数量有所增加。但是，林业研究的进一步发展受到了缺乏资金和设施等的限制。

老挝国立大学林学院是老挝开展林业教育的最高学府，并开展研究生课程教育。

九、林业国际合作与交流

2000 年，时任国家主席江泽民访问老挝之际，中老政府签署了《中华人民共和国和老挝人民民主共和国关于双边合作的联合声明》，其中，双方确认进一步加强两国农林合作，在农林资源开发、农林技术和农林机械、农林产品加工、病虫害防治与监测和环境保护等方面开展互利合作。

2004 年，国家林业局副局长雷加富在京会见了来访的老挝农林部副部长提·冯马萨克及其一行。双方就两国林业现状和发展进行了交谈，雷副局长向老方表示，目前中老两国在林业领域的交流与合作虽不多，但是我们在林业的诸多领域开展合作的互补性是很强。国家林业局愿意在两国双边关系的框架内，促进双方互补和互利合作。

2014 年 4 月，国家林业局党组成员、中央纪委驻局纪检组组长陈述贤率中国林业代表团访问老挝，与老方签署了亚欧林业示范项目协议。该项目是为落实我前总理温家宝在第九届亚欧领导人会议上关于“开展亚欧林业示范项目”的倡议的具体成果。项目将由中方出资 300 万美元、老方配套 60 万美元，通过亚太森林组织帮助老挝在其北部三省开展退化森林恢复、社区林业管理、跨境森林防火、非木质林产品加工利用等领域的示范活动，以探索实现森林可持续管理的经验。

十、分析与借鉴

（一）林业面临的主要问题

尽管老挝森林资源丰富，但毁林比较严重，森林资源呈不断减少的趋势。森林面积减少的主要原因，除战争留下的创伤外，还有不断的刀耕火种、轮垦、森林火灾、不合理的采伐、非法采伐和人口持续增加等。老挝林业发展面临的挑战是森林和林地转化成其他土地用途（农田、牧场、道路、水库和城市用地等）不断增加，国内外对林产品需求不断增多，水土保持压力不断增大，生物多样性保护需求不断增加。总的来说，老挝林业面临的压力主要是需求和资源减少之间的矛盾。此外，林业也面临着基础设施较差、林业人才缺乏和资金短缺等问题。

（二）采取的措施

针对上述问题，老挝政府采取多种措施来促进林业发展。一是加强立法，规范管理。1996 年以来，制定了一系列法规和政策，包括修改森林法、禁止原木出口和加强木材深加工、鼓励人工造林和发展社区林业等。二是打击非法采伐和禁止原木出口。通过严格采伐许可和采伐限额制度，保护森林资源。通过限制原木出口，促进木材深加工，提高林产品附加值。三是鼓励人工造林发展生产林，增加森林资源和收入。包括在土地使用政策、明晰造林者财产权、免费发放造林苗木、咨询服务和吸引外资等方面采取了有效措施，促进人工林发展。四是通过推行社区林业(乡村林业、参与式森林管理)，解决贫困地区林农对林产品的需求和生计问题，并有效地保护了森林资源和促进了扶贫工作。

（三）森林保护政策趋势展望

1. 生态优先原则

林业中没有什么比保护森林更重要了，它是林业的脊梁和灵魂，森林滥砍滥伐带来的损失将是无可估量的。老挝百分之百是国有林，国有林的首要目标是实现其在整个国家生态建设和环境改善中的主体地位，然而，老挝森林资源退化严重，如果森林资源按目前的速度砍伐下去，预计到 2020 年森林面积将仅存 740 万 hm^2。因此，老挝必须树立生态优先的原则，保护森林资源的可持续开发与利用。在利用森林资源发展国民经济的同时，必须保护森林生态系统。在此，可以借鉴中国对于森林分类的经营方式，即将林业资源分为用材林和非用材林，用材林主要用来生产木材，非用材林包括两部分，一是由于林地生产能力低而不适合生产木材，二是由于林地具有更重要的保护生态系统的功能，而被划为保护林。森林保护要做到，一是对用材林的择伐和保护，二是对非用材林的保护。确立生态优先原则，对森林进行分类管理，既能保护环境，维护森林生态系统的平衡，又能够提高森林的生产率和经济效益。

2. 森林管理要坚持市场化的改革方向

当前，森林资源是促进老挝国民经济发展的重要资源，林业被看成是通过生产木材来获取利润的工业，追求经济效益是它最重要的目标，在老挝大力发展国民经济的同时，森林资源的经济作用就显得尤为重要。但是，森林资源开发与利用要做到既实现经济利益，又保护生态环境。因此就要对森林资源实现市场化改革。对于生态意义重大的森林，国家要重点对其进行管护，但管护资金的使用可运用市场化手段，比如造林、管护活动可通过招标形式由林场原有职工或其他专业公司承包，这样可提高资金使用效率。对于具有经营资源条件的林场，可完全实行企业化改革，使其转变成为自负盈亏的市场主体。但是，在市场化改革初期，老挝政府可提供税收优惠、财政补贴等政策扶持市场化林场的发展。总之，在森林资源的管理与开发过程中，可以利用市场化机制的地方，就要充分发挥市场配置资源的作用，提高森林的经济效益与社会效益。

3. 封山育林政策

老挝是世界各国中森林面积所占比重最大，珍稀树种种类最多的国家之一，有大量原始林。但近年来，由于非法砍伐等各种原因，原始林破坏严重。老挝国家规定，每年 11 月到翌年 5 月为旱季，可进行树木采伐，从 5 月到 11 月为雨季，不得进行林木采伐。但是由于政府监管不力，在封山季节，仍有大量林木遭到砍伐。所以，为了保护稀有林木，老挝可借鉴中国的封山育林政策，并结合本国实际，实行封山育林责任制，由省级政府制定封山育林计划，并将计划下拨给县级政府，由县级政府主管落实。

4. 建立健全法律法规，提高政策执行力

老挝建国时间短，林业法规建设期短，且法规延续性和稳定性较差。法规在执行过程中存在有法不依、执法不严等情况，这就使原本不健全的法规在实施效果上大打折扣。所以，加强立法、强化执法，是老挝森林政策走向法制化的根本保障。

5. 加强管理人员的素质建设

尽管老挝制定了一系列的森林保护政策，但是由于设备、财政和人力资源的短缺，其实施十分有限。老挝在林业方面缺乏合格与专业的林业人员，许多林业政策都是由未经培训的当地官员执行的。因此，强化对林业管理人员资质和岗位技能的管理，建设一支具有现代森林经营理念和掌握先进科学技术的后备管理人员队伍，对于老挝森林政策的切实执行与落实具有重要意义。

（高发全　张金晓）

参考文献

国家林业局. 2008-09-05. 老挝森林分类经营新战略.

国家林业局. 2012-07-27. 国家林业局张建龙副局长同老挝农林部提·蓬马萨克副部长举行会谈. http://www.forestry.gov.cn//portal/ghs/s/2364/content-555253.html[2012-07-30].

李邓. 老挝森林保护政策研究[D]. 长春：吉林大学. 2012.

李星(译). 2012. 老挝林业概况[J]. 世界林业动态. (7)：3~8.

刘德钦. 林政管理学[M]. 北京：经济科学出版社. 2010：50.

占达·黑马万，吴次芳. 2009. 老挝森林覆被变化及其驱动力分析[J]. 地理研究. 28(2)：391~401.

中国外交部. 2013. 老挝国家概况.

Chanhda HEMMAVANH. 老挝森林覆被变化及其驱动力分析[D]. 浙江：浙江大学. 2009：98.

FAO. 2011. 世界森林状况. 罗马：FAO. 101-154.

Food and Agriculture Organization of the United Nations. 2010. Global Forest Resources Assessment 2010. Rome：Food and Agriculture Organization of the United Nations. 218-320.

http://www.fao.org/docrep/014/am612e/am612e00.pdf[2012-07-09].

http://www.fmprc.gov.cn/mfa_chn/gjhdq_603914/gj_603916/yz_603918/1206_604354/[2013-08-16].

http://www.forestcarbonasia.org/wp-content/uploads/2011/10/2.-Forestry-Strategy-to-the-Year-2020-of-the-Lao-PDR.pdf[2012-07-26].

http://www.forestry.gov.cn/portal/main/s/234/content-19341.html[2012-07-26].

Prime Minister's Office. 2005-07. Forestry Strategy to the Year 2020 of the Lao PDR.

Regional Office for Asia and the Pacific, Food and Agriculture Organization of the United Nations. 2009. Asia-Pacific Forestry Sector Outlook Study II：Lao People's Democratic Republic Forestry Outlook Study.

The National Agriculture and Forestry Research Institute of Laos. Mandates and responsibilities of NAFRI. http://www.nafri.org.la/[2012-07-09].

The REDD desk. Ministry of Agriculture and Forestry (LAO PDR). 2013-07-29. http://www.theredddesk.org/countries/laos/info/resources/organisations/ministry_of_agriculture_and_forestry_lao_pdr[2013-10-02].

The Statistics Division of Food and Agriculture Organization of the United Nations. FAOSTAT. http://faostat.fao.org/[2013-09-02].

蒙古(Mongolia)

蒙古国(简称蒙古)，位于亚洲中部，蒙古高原北部。国土面积156.65万km^2，人口312万(2016年)，人口密度为1.9人/km^2，是世界上人口密度最低的国家之一。蒙古国从民族构成上是一个以蒙古族为主体的国家，少数民族有哈萨克和乌兹别克等突厥系民族。蒙古的主要语言为喀尔喀蒙古语。全国人口中约一半以上信仰佛教，信仰萨满教、伊斯兰教等其他宗教的也各占一小部分。全国划分为首都以及其他21个盟(省)，首都及全国最大城市为乌兰巴托，人口138万(中国外交部网站，2018)，占全国总人口的40%左右。

蒙古境内大部分地区为山地或高原，平均海拔1 600 m。地势由西向东逐渐降低，西部为山地，东部为地势平缓的高地，南部是占国土面积1/3的戈壁地区。主要河流为色楞格河、鄂尔浑河和科布多河等。

蒙古属于典型的大陆性高寒气候，温差大，夏季短而干热，冬季漫长严寒，常有暴风雪。常年平均气温为1.56℃，冬季最低气温可至-50℃，夏季戈壁地区最高气温达40℃以上。降水少而不均，戈壁区的年降水量20~100 mm，其他地区稍多，个别达200 mm以上。

蒙古的矿产资源较丰富，煤、萤石、钨、金、铁、锡和铀等蕴藏量较大，铜和钼矿储存量居亚洲之首。经济以畜牧业和采矿业为主，其中畜牧业是传统经济部门，一直是国民经济的基础。

蒙古实行经济开放政策，同146个国家和地区有贸易关系。最大的贸易伙伴是中国。近年来，蒙古积极发展同西方发达国家和亚洲国家的经贸合作，除中国以外，蒙古主要的贸易伙伴为俄罗斯、欧盟、加拿大、美国、日本和韩国等。2013年外贸总额106.27亿美元。

蒙古经济相对落后，2015年国内生产总值118亿美元，人均GDP 3 900美元。随着矿产的开发，经济成长快速，2011年经济增长率达17.3%，近2年增速放缓，2016年前三季度GDP -1.6%，呈现上半年负增长(中国外交部网站，2018)。有约36%的国民生活在贫困线以下，失业率和通货膨胀率目前高居不下。

蒙古是一个经济对外援依赖较强的国家，在蒙古投资和帮助蒙古建设的国家多为中国、日本和韩国等周边国家，还有美国、德国及亚洲银行、世界银行和国际货币基金组织等其他援助国和国际组织。蒙古经济快速成长主要归功于有利的外部环境以及国际金融组织与捐赠国的支持与援助。

一、林业在国民经济中的地位

蒙古农业从业人口仅6万人，占社会就业的6%，农业产值约占农牧业总产值的四分之一（中国外交部网站，2018）。蒙古林业对国民经济的贡献很小。2010 年，蒙古林业部门对国内生产总值（GDP）的贡献率仅为 0.2%，远低于亚洲平均值 0.9% 和世界平均值 1.0%。2006 年，林业部门从业人数仅占总劳动人口的 0.1%，低于亚洲平均值的 0.3%，和世界平均值的 0.4%（FAO，2016）。

在过去 20 年里，森林工业占国民生产总值（GNP）的比率呈下降的趋势。与 1990 年的 4.1% 相比，2006 年林业产值占 GNP 总值的 0.26%。2010 年森林工业对 GNP 的贡献率是 0.13%，其中木材加工业占 GNP 的比率是 0.12%（FAO，2016）。

二、森林及其他自然资源

（一）森林资源

2015 年，蒙古森林面积为 1 255.3 万 hm^2，森林覆盖率为 8.1%。森林立木蓄积量为 14.26 亿 m^3，其中针叶林的立木蓄积量为 13.36 亿 m^3，阔叶林的立木蓄积量为 0.9 亿 m^3。单位面积蓄积量为 131m^3/hm^2。森林碳储量为 5.83 亿 t，平均每公顷为 53t（FAO，2016）。

（二）森林类型

蒙古的森林主要由针叶树种组成，以落叶松（*Larix gmelinii*）、石松（*Lycopodium japonicum*）和樟子松（*Pinus sylvestris* var. *mongholica*）为主。阔叶树种以白桦、欧洲山杨、胡杨和刺叶柳为主。蒙古的森林主要分布在北部地区，并形成西伯利亚泰加林与中亚干旱平原的过渡性植被类型。西部地区主要分布着落叶松；东部地区以松树类树种为主；中部地区主要是落叶松、樟子松及桦木类树种；南部及西南部地区分布着大面积的干旱森林及灌木林，其中大部为梭梭林。

根据 1995 年《森林法》和 2007 年新《森林法》，森林被划分为利用林和保护林两大类。按用途，森林的 47% 属于生物多样性保护林，45% 属于水土保持林，7% 属于生产用林，另有 1% 属于社会服务林。截至 2015 年，全国有原始林 589.9 万 hm^2，占 47%；天然次生林为 640.2 万 hm^2，占 51%；人工林 12.5 hm^2，占 1%（FAO，2016）。

蒙古的森林资源一直受到荒漠化和非法采伐的影响，森林资源不稳定。1990—2000 年，每年森林面积减少 8.2 万 hm^2，平均每年减少 0.7%；2000—2010 年，每年森林面积增加 13.2 万 hm^2，平均每年增加 1.1%；2010—2015 年，每年森林面积减少 9.7 万 hm^2，平均每年减少 8.0%。总体来看，2015 年蒙古森林面积与 1990 年相对持平。此外，蒙古活立木生物量中的碳储量同样呈总体下降趋势。1990 年活立木生物量中碳储量为 6.71 亿 t，2000 年 6.26 亿 t，2010 年 5.83 亿 t（FAO，2016）。

（三）其他自然资源

1. 野生动植物

森林里有 600 多种药用植物和 400 余种其他草本植物，很多植物具有药用或研究价值。蒙古的多种地理气候区决定了动植种类的多样性。在蒙古，共有 640 种脊椎动物和 20 000余种无脊椎动物。蒙古的灰鼠、黑貂、羚羊、旱獭、野马、野驴和野骆驼等是经济价值较高的稀有野生动物，其中经济价值占首位，且数量最多的是旱獭，旱獭皮是蒙古国主要的传统出口商品之一。

2. 湿地

尽管蒙古的降水量很低，但是由于受到高山山脉地形的影响，水量比较丰富。蒙古的湿地类型多种多样，包括河流、湖泊、地下水、冰河、沼泽和绿洲等。在蒙古 6 个生物地理气候区的湿地植物和动物的属性也是丰富多样的。按照不同流域，可以将蒙古的湿地大致分为 3 类，中亚内部流域湿地、北极海洋流域湿地以及太平洋流域湿地。

3. 荒漠

蒙古位于中亚腹地，低降水量和 1 580 m 的高海拔使蒙古极易受到荒漠化的影响。国家 42.5% 的区域都是荒漠化区域。除了自然性的因素，人为的影响也加剧了荒漠化的进程。过去的 10 年里，蒙古的干旱面积增加了 3.4%，受荒漠化影响的区域增加了 5.4%，严重的荒漠化区域增加了 1.8%（FAO，2011）。荒漠化最严重的区域是戈壁地区。

三、林业法规政策

（一）林业法规

森林立法在蒙古有着比较久远的历史，1925 年就制定了有关森林的法规，20 世纪 30 年代出台了第一部《森林法》，1974 年制定了新的《森林法》，在 1995 年经济改革初期，依照注重森林资源与环境的保护的原则对 1974 年《森林法》进行了比较大的修订，例如不再允许皆伐和规定采伐限额划分保护保护区等。

1995 年修订《森林法》之后，又相继颁布了《森林采伐法》（1995 年）、《林火预防法》（1996 年）、《国家森林政策声明》（1998 年）、《国家森林政策声明修正案》（2001 年）等法律法规。随着蒙古森林资源退化程度的不断加深，气候的异常变化以及人们对环境和资源保护的诉求增大，旧的森林法律和法规政策已不能满足对森林利用和保护相协调的要求。因此，2007 年 5 月蒙古通过并开始实施新的《森林法》，并同时宣布废除 1995 年的《森林法》。新《森林法》的宗旨是调节森林在保护、占有、可持续利用、森林恢复与培育等方面的关系，使各方面达到和谐共赢。新《森林法》共 7 章 38 条，分章分别对林带和相关保护制度、利用森林资源的公民、经济实体和团体组织的权利和义务、森林的保护和恢复，以及森林利用等方面内容进行了规定。

新森林法认可 2 种形式的森林资源所有权和经营权，一是由中央政府自然与环境主管机构下放给首都，各省、市和县的森林资源；二是经过市和县呼拉尔众议院通过签订合同的形式划拨给私营企业、社区团体的森林资源自然保护区。私营企业、社区团体可以和市县政府签订 60 年森林所有权占有合同。考虑到保护和利用的协调发展以及生态经济的重要性，新《森林法》规定将森林保护区划分为受保护的森林区域以及可利用的森林区域 2 种，公民、经济实体和团体组织等可以通过负担相关费用来利用可利用林区内的木质和非木质资源，但是必须要通过制定管理计划，科学且合理地进行森林利用、保护以及恢复活动。此外，《森林法》还规定了森林清查机构应当保证每 10 年对全国范围内森林保护区规模和状况进行一次重新评估。根据新《森林法》，应当被禁止的行为有：砍伐或毁坏 5 年龄级以上所有类型森林的幼树；未经中央政府当局许可滥砍滥伐雪松、云杉和榆树；皆伐；未经许可在森林保护区割晒干草；在人工林区砍伐树木或放牧；公民、企业、经济实体和组织在未经明确许可的情况下砍伐树木和采集非木质资源以及放牧。

（二）林业发展目标与政策

蒙古林业发展总目标是执行以“保护森林、确保合理利用、恢复森林资源、减少荒漠化和过度放牧”为生态定位的经济政策，同时提高公民参与森林管理程度。具体目标有5个：一是改进森林资源管理，建立新的管理体系，提高森林利用、保护和恢复效率；二是采用先进的森林管理和合理利用技术；三是确保基于“以社区为基础的森林管理”和“以社区为基础的自然资源管理办法(2007—2021)”的有效实施；四是建立一个完整的管理能力系统，提高火灾和病虫害防治能力；五是建立一个“工业技术园区”，使用现代工艺和技术，形成工业用木材加工集群。

为确保林业发展目标的实现，指导森林资源保护、保存和利用，蒙古建立和完善了一系列的林业政策体系，如《国家安全概要》《蒙古林业法》《蒙古环境保护法修订案》和《自然资源开发法》等，并制定了国家森林计划和政策实施计划，如《林业发展战略和长期规划》《国家荒漠化防治计划》和《森林清洁计划》等。此外，政策框架还包括国际条约和国家环境发展政策，如《生物多样性公约》(CBD)、《国际濒危物种贸易公约》(CITES)和《防治荒漠化公约》(CCD)等。CBD要求蒙古建立具有代表性的保护区系统，CITES要求蒙古引进并采取措施来规范濒危动植物贸易，CCD要求蒙古与当地社区及其他利益相关方密切合作并采取综合方法来防治荒漠化。

社区林业是防火和造林的有效方式，是开展森林集约经营的重要手段，通过当地社区的参与有助于保护森林、加快造林步伐、增加就业以及促进木材产品的销售。2006年5月，自然资源与环境部通过了《关于非官方团体参与保护和利用自然资源114号法令》，法令规定允许向社区分配森林和其他自然资源，社区对自然资源经营权的租赁可以延长至60年，且可以拥有和经营最大为6 000 hm^2的境内森林，并可以按照森林管理计划的要求利用辖区森林的木材产出和其他自然资源。蒙古未来目标是到2021年把15%的国有森林资源下放给当地社区。截至2008年共有283个非官方团体租用了343 691 hm^2森林(FAO，2010)。2006年114号法令和2007年新森林法的颁布实施，使蒙古林业在森林管理权方面有了重大进展，即从国家对森林的全权经营向私人及社区经营模式的转变。

国家绿墙计划是蒙古林业可持续发展的重要部分。2005年，蒙古政府通过了由自然环境部倡议制定的《国家绿墙计划》，这是蒙古首次针对南部戈壁地区制定的国家级自然生态保护计划，目的是改善戈壁地区的生态环境，减少荒漠化和沙尘暴等自然灾害对人类的影响，鼓励市民和团体参与到环境绿化中来。该计划拟建设的绿墙防护林带总长约2 500 km，宽不小于600 m，涉及全国18个省共78个苏木(介于县及村之间的行政区划单位)，需要资金2亿美元，截至2035年完成。该项目资金来自于中央政府和当地政府预算、捐助国政府、国际组织的贷款、其他机构和经济组织的技术支援、无偿援助等。

此外，鉴于蒙古北部水资源比南部丰富，蒙古政府于2005年启动了“南水北调”工程，旨在将蒙古北部地区的淡水资源从蒙俄边境通过管道引至蒙古南部边境，全长1 100 km；为解决基础设施，特别是交通运输相对落后的问题，政府制定和批准了“千年路”项目，项目旨在建成一个蒙古语邻国的公路网和出海大通道，东西干线穿越蒙古主要经济规划区，覆盖77%的人口和72%的居民点。

四、林业机构与管理体制

（一）林业管理机构

蒙古所有森林和土地归国家所有，中央政府设有环境、绿色发展和旅游部(MNET)，负责森林总体经营管理及有关法律的制定与执行，省级和区级行政单位长官负责地方森林管理。森林管理的主要目标是保护和扩大现有森林资源，保护土壤和流域及现有生态系统，持续提供生产工业用材和薪材，通过木制品出口创汇增加欠发达地区居民就业和收入。

在过去40年间，蒙古森林资源管理经理了几次重大变革。1974年之前林业为农业部附属部门。20世纪70年代早期至80年代中期，森林开采数量急剧增加，林业对GDP的贡献逐渐增加，1974年成立了林业和木材工业部。随着森林资源开发步伐进一步加快，1987年将林业和木材工业部与气象及水文局合并，成立了自然与环境保护部。1990年自然与环境保护部与其他部门合并成为国家环境管理委员会，将木材工业管理职能移交给商务与工业部。1992年国家环境管理委员会重组成为新的自然与环境部(MNE)，下设自然资源管理、土地规划、环境监察、资源监测、保护区管理、国际合作、计划评估、政策执行与协调、行政等部门。2000年MNE再次重组，增加一名国务卿和一名副部长支持部长工作。2015年在FAO国家森林计划项目的技术支持下，MNE再次重组为蒙古环境、绿色发展和旅游部(MNET)，其主要职责制定自然资源合理利用、保护及恢复的相关林业法律、政策和长期发展规划，监测政策规划执行情况及自然资源变化情况。

（二）林业管理体制

蒙古森林资源全部归国家所有，从管理权所有者来看，公共管理部门管理全国97%的森林资源，企业和私营机构管理1%，社区管理2%。环境、绿色发展和旅游部通过其下设的森林部门、保护区管理部门和林业局来管理森林资源。此外，地方政府在管理森林资源上有很大的权力。国家把森林分配给地方政府，地方政府有权把森林资源下放给其他志愿于森林管理的私营企业、社区团体等。这些经营单位不必对自己所管理的森林纳税，而且国家还会对他们的经营支付财政预算。

五、森林经营与管理

（一）森林经营

蒙古森林资源经营管理的主要目标是保护和开发现有森林，以最大限度地促进土壤保护和水土的保持，以及生态系统的保护。同时，也期待森林有所产出，在可承受的基础上，增加工业用材、木质燃料和其他的林产品产量以满足人们的需求，并且通过木材产品的输出增加外汇收入。

蒙古的人工林建设的历史不长。1970年开始，蒙古的林业部门和木材公司在国家育苗和造林5年计划的指导下开始重新造林活动，但到2010年人工林面积只有14.5万hm^2，占森林总面积的1%。蒙古造林的主要树种是松树、落叶松、白杨和榆树，几乎每个林场或相关木材企业及苗圃提供的树苗都用于造林。但是人工造林成活率只有30% ~66%，成活率低的原因主要是：气候干旱恶劣；苗木低质量；苗圃技术落后和育苗设备陈旧；种植区域的疏于维护和管理；以及自由放牧。蒙古的大部分砍伐迹地和火烧迹地主要依靠天然更新，但是由于生长季短、降水量低和冰冻等原因，使得林分年生长量较小，森林更新过程非常缓慢。

每年国家和私营企业均造林4 000 ~9 000 hm^2。从2010年开始，蒙古确定每年的5月和10月的第二个星期六为"全民植树日"，届时政府官员、公务员带头参与植树造林。经过3年努力，全国新种植树590多万株。另外，根据新森林法的规定，如果非法砍伐1株树木，需种植10 ~15株树木予以补偿，成活率则由国家基金会加以鉴定，采伐公司越来越多的将造林作为他们活动的一个重要部分。

森林采伐方式包括皆伐、疏伐和择伐。以前主要实行皆伐，1995年《森林法》实施后，皆伐被禁止采用，主要采取择伐的方式。草原和冻土地带边缘以及侵蚀地带或绿色地带生长的小树林等，被严格控制砍伐。2007年新森林法规定在受保护林区内禁止一切采伐。

（二）森林保护

森林火灾对蒙古森林生态系统产生了重要影响。自1990年以来，火灾已经损毁647万 hm^2的森林。频繁发生的火灾破坏和摧毁了新造林区，造成水水土流失。同时森林退化加剧也增加了林火发生的可能性。针对于此，蒙古政府通过法律规章和防火条例的制定和实施严格控制和处罚人为性火灾，加强森林抚育间伐和卫生伐，调整林木结构，降低林分的可燃性并营造防火林带。此外，蒙古政府开展了国家绿墙计划和全民义务植树活动解决上述问题。

随着蒙古从计划经济向市场经济过度，政府还通过扩大以社区为基础的森林资源管理模式，向社区分配森林和其他自然资源。根据社区管理合同进行管理等方式，提高蒙古森林资源管理水平，充分发挥社区对林业的经营管理和监督，调动社区群众共同严防人为造成的森林火灾，目前林火预防已初见成效。

社区可以按照森林经营方案从林地中采用木材和其他天然资源并对其自行培养的森林资源拥有所有权，同时，这些社区也有责任了解报告森林面积、执行相关环境法规情况、退化林恢复、在造林、招聘志愿护林员和养护管理(包括减缓野生动物影响和森林病虫害等)等情况。

六、生物多样性保护

（一）保护区的建立

20世纪90年代开始，蒙古政府开始注重保护自然资源，采取措施拯救濒危野生动物。国家保护区(NPAs)覆盖蒙古森林区域总面积的将近20%。

1975年蒙古加入了自然和自然资源保护国际联盟，并决定更多地参加联合国和处理生态事务的国际非政府组织的自然资源保护工作。

1992年，在里约热内卢召开的联合国环境与发展大会上，蒙古提出到2030年要实现在国土面积30%的区域实施保护。到2010年蒙古已经有61个国家保护区，共计2 180万 hm^2，相当于国土总面积的 14%。

1994 年的特殊保护区法正式确立了现代保护区制度。根据这项法律，保护区被划分为 4 种类型：严格保护区域、国家公园、自然保护区以及自然历史遗迹。12% 的森林资金被用于严格保护区域的经营管理。蒙古建立自然保护区的目的在于：把自然风景区作为规范标准；保持特定风景区和地区的动植物基因库特征；对自然生物进行科学和实际的研究；保持保护区的自然风貌；保持历史和文化遗迹。

（二）荒漠化防治

蒙古 25% 的国土面积每 2 ~3 年发生一次旱灾，50% 的地区每 4 ~5 年发生一次旱灾。与 1960 年代相比，全国范围内的沙尘暴次数也明显增多(FAO，2010)。气候因素和人为干扰是引起蒙古土地退化及沙化的主要原因，而最直接的原因则是载畜量过大，以及不合理的放牧方式。蒙古的干旱区域正在戈壁滩地区迅速扩张，占据国土面积 41.3%（FAO，2010)，这个区域的荒漠化逐年严重，沙漠地带逐渐向北推移。蒙古政府在 2003 年 6 月制定了“第二个止荒漠化国家计划”，这个计划的目标包括两个方面：减少气候变化和荒漠化过程带来的负面影响；按部就班地计划和实施社会经济政策和相关措施。

蒙古政府非常重视土地退化和沙化的状况，先后出台了《环境保护法》和《防沙治沙纲领》等法律法规。在一些地区编制了牧区可持续发展计划，以指导牧业生产，还采取了一些具体措施来恢复植被。目前蒙古主要采用轮牧措施来恢复植被，轮牧周期为 5 年，效果较好，在一定程度上能够遏制草原退化速度。但由于牧业生产全部采用游牧方式，地广人稀，政府对牧民的放牧行为约束力有限，影响了轮牧措施的全面推广。另外，由于资金短缺，一些防沙治沙项目收效甚微，蒙古的防沙治沙形式还是相当严峻的。

由于受蒙古国经济发展水平的制约，仅靠蒙古自身的力量难以对荒漠化采取有效的防治，因此蒙古正朝着通过国际合作共同防治荒漠化的方向发展。

七、林产品生产、加工与贸易

（一）林产品生产

1. 木质林产品生产与加工

蒙古主要生产原木、锯木、各种建筑用材、家具，以及一些其他的木质工具等。木材加工工业近年来的重要变化是锯材生产量明显下降，而木质林产品成品的生产量有所增加，特别是那些有高附加值的产品。

原木是蒙古最主要的木材产品，2001—2011 年原木的产量呈逐年上升的趋势，2012 年开始，产量逐年下降，到 2016 年原木产值仅为 7.6 亿美元，其中木质燃料的生产占绝大部分，工业原木产量只占原木总产量的 6% 左右。其次是锯材，1990 年经互会(COMECON)解体后，蒙古木材工业投资急剧下降，锯材的年产量也迅速下降，1995 年蒙古开始禁止原木出口，锯材的产量有所回升。人造板生产受技术、设备与原料等限制，生产水平比较低。

2016 年大约 410 万美元的木材产品供应给国内市场，并且市场需求依然逐年增大。蒙古大部分木材产品的成品都是国内制造，但是受原料及生产技术水平和工艺的限制，木材产品的增长量很难赶上国内需求的增长速度，未来木材产品的进口将会增加。

2. 非木质林产品

蒙古森林中记录在案的草本植物中有600多种药用植物、1 000多种滋补药草、200余种食用类植物和200余种供研究用的植物。蒙古主要生产和利用的非木质林产品包括：水果和坚果、球果、菌类、药用植物、食用类植物、其他原料类植物、野生动物、多用途树皮、树脂、牧草和干草。每年森林提供的水果、坚果、香精油和树脂等非木质林产品的市场价值约30万美元。

（二）林产品贸易

由于森林资源大量用于家庭需求和国内工矿业部门的生产需求，以及森林保护的需要，蒙古允许的森林采伐量逐年下降。为了满足不断增长的国内需求，一部分林产品必须依赖进口，导致林产品进口远大于出口。

蒙古林产品进口以人造板（刨花板和纤维板等）、纸和纸板等成品或半成品为主，出口以原木和锯材为主。以前的主要贸易伙伴是前苏联，现在是中国。

1. 林产品进口

近年来，蒙古林产品进口额有了较大幅度的增加，进口量相对较大的产品为人造板及纸和纸板，这主要是受国内需求增加的影响。2016年纸和纸板的进口量为3.1万m^2，是2000年水平的6.9倍，人造板的进口量为4.1万m^2，比2000年增长了9倍多（见表1）。原木的进口量呈整体递减的趋势，2016年进口量1 286 m^2。离蒙古最近也是非常重要的木材进口来源国是俄罗斯联邦，但是由于俄罗斯提高对原木出口税，越来越多的限制了蒙古从俄罗斯联邦进口原木，因此，蒙古面临的问题是在进口受限的情况下如何运用更好的管理手段和技术来确保对有限木材的高效利用。

表1　蒙古主要林产品进口量　（m^3，t）

林产品＼年份	2000	2006	2008	2010	2012	2014	2016
原木	6 514	6 514	4 281	1 117	1 480	1 641	1 286
锯材	2 023	2 023	776	990	3 643	3 688	4 419
人造板	4 404	4 404	8 036	30 711	41 219	42 323	40 563
纸和纸板	4 516	4 516	14 027	16 569	22 235	26 858	31 170

资料来源：FAOSTAT，2016。

2. 林产品出口

蒙古的林产品出口量近10年来一直维持在较低水平，原因是为了保护森林和恢复国内木材工业，从1999年1月开始，政府决定对出口木材加以重税，大约为150美元/m^3，2000年开始锯材出口明显下降。

近年来，蒙古国内对木材产品的需求不断增大，2007年的木材需求量超过2006年水平的2倍，国内需求的增加在一定程度上制约了木材产品的出口。2000年林产品出口额为61.7万美元，2016年下降到了42.8万美元。2000—2016年，林产品出口额整体上呈下降的趋势。

工业原木、木质燃料和锯材的生产基本都供应国内市场，因为越来越大的国内市场需求，还有一部分仍依赖进口。纸和纸张全部依赖进口；人造板大部分靠进口，只有可以忽略不计的极小部分出口到中国。

（三）林业产业发展政策

近年来，由于森林火灾、病虫害及人为活动等原因导致了大量的毁林。在可利用木材量减少的同时，居民和行业对木材的需求量在不断增加。政府意识到木材进口在应对木材供给不足以及非法采伐等问题上是必要的措施，因此，从2005年开始，蒙古免除了部分类型木材和木材商品的进口关税。

为了和进口木材产品竞争，减少对进口木质林产品的需求，蒙古政府鼓励木材加工行业利用新技术实现生产节约、提高原料利用率、促进成品和半成品木质林产品的增值并且实现竞争性产业的发展，以此提高面对大量进口木材产品时的竞争优势。对于为提高木材加工和木材利用效率进口现代木材生产设备的木材生产企业，政府免除设备进口的关税和增值税。

为确保林业部门的发展，蒙古政府推进了两个到2015年的阶段性林业项目：

(1)2000年国家大呼拉尔议会制定并通过的《恢复木材和森林工业·农村人口雇佣和社会问题的对策》。

(2)2002年政府通过248号法令批准的国家森林项目。项目实施的目的实际上是支持具有新技术和高水平工艺的中小型企业的发展，项目致力于以保护生态环境的方式来满足木材和木材制品的国内需求，同时发展具有国际竞争性的木材产品出口产业。为达到项目目标，政府和相关部门通过政策倾斜和协调措施支持项目的推进，措施包括：引进先进技术和工艺提高木材加工工业的技术水平，避免木材利用上的浪费，提高生产质量和产品多样性；创立技术培训中心培养大批专业人才；通过与其他国家及国际组织的合作提高生产技术、营销水平等，提高木材产品的市场竞争力；免除木制品成品的出口税费，增加木材产品出口量等。

八、林业科研与教育

（一）林业科研

在蒙古，与林业相关的研究中心隶属于不同的机构。蒙古自然环境部的森林管理和项目中心主要研究森林调查与病虫害控制；蒙古科学院的地质研究所负责重新造林和防治荒漠化方面的研究；植物研究所研究森林植被动态、森林生态学领域；贸易与工业部的木材研究中心承担木材产品和木材加工利用方面的研究。

经历了早期的基础研究阶段，目前蒙古的林业研究主要侧重于林业应用研究，包括植被分布、森林生态、林型学、森林土壤、森林资源的存储、森林制图以及森林资源的可持续利用等，以信息收集为基础，为林业和森林工业的发展提供科学依据。

（二）林业教育

1990年以前，林业高等教育曾委托苏联及东欧国家，现在林业科技人才的培养主要由蒙古国立大学和蒙古科学技术大学承担。全国只有蒙古国立大学林业系，蒙古科学技术大学的木材加工和技术系，蒙古农业大学森林工程系设有林业、林业科学和林产品相关专业。

蒙古国立大学是蒙古国最高学府，是蒙古社会学与自然科学研究的重要机构之一。蒙古大学生物工程学院下设的林学系是蒙古培养林业科技人才的重要基地，被认为是蒙古林业科学的教育和研究中心。蒙古国立大学林业科学系下设6个专业，有教授7人、助理研究员1人、助理1人，每年至少招收20名学生。2015年在读本科生124人，研究生61人。林业研究培训中心(FRTC)位于蒙古巴特苏木尔县，是蒙古国立大学林业科学系的培训研究基地，也是蒙古唯一的高校林业专门培训基地。基地有共计1 360 hm^2的森林作为学校林区供管理和研究使用，林业科学系的研究生们在FRTC进行实地研究。近年来，FRTC和美国、日本等多所高校和研究组织建立了合作研究的密切关系。

根据蒙古国家统计局统计，2015年共有八千余名学生在农业和林业科学相关专业进行培训学习。这些毕业生供职于政府部门的森林资源相关岗位、研究机构、林产品的私营企业，或者就职于自然环境保护相关的组织、观光旅游部门等。

九、林业国际合作与交流

（一）国际合作现状与诉求

蒙古开展的林业国际合作多依赖于国际资金援助，林业发展难以与国家整体规划和国内林业发展需求保持高度一致。其中，日本是迄今为止对蒙古援助和贷款最多的国家，贷款额达数十亿美元，并无偿援建公路、污水净化设施，提供粮食和食品援助。韩国政府自2007年开始参与蒙古"绿墙计划"实施，预计10年总预算1 000万美元，至2014年已经建设林带1 170 hm^2，德国国际合作机构(GIZ)和德国联邦国际合作企业出资开展了蒙古森林资源清查和其他相关林业活动。俄罗斯与蒙古就预防跨境森林火灾开展合作。中国对蒙古林业投资则主要集中在木制家具制造业。蒙古在对外合作中极力想摆脱在森林资源管理和开发利用中单纯出口原材料的不利地位，希望通过引进先进技术、进行产品深加工和提供附加值后再出口。

（二）中蒙双边合作潜在领域

鉴于上述情况，根据"将发展对蒙关系作为中国周边外交政策的优先方向"的战略部署和中蒙《关于建立和发展全面战略伙伴关系的联合宣言》，加强中国与北方近邻的联系，结合蒙古林业现状和战略规划，本着互利共赢和优势互补的原则，建议从以下方面开展中蒙林业合作：

(1)中蒙两国有绵延4 600多km的边境线，边境两侧多是沙地。而中国在防沙治沙、退耕还林、退牧换草等方面积累了丰富的经验，可考虑在"一带一路"和"建设中蒙俄经济走廊"战略构想框架下，结合蒙古绿墙计划、千年路以及南水北调等项目，加强中蒙在铁路、公路沿线防护林带建设的合作，在东北亚防治荒漠化、土地退化与干旱网络框架下开展跨境荒漠化防治和风沙源治理等方面的合作，特别是在与二连浩特相对的扎门乌德地区，建设造林用苗圃、防护林带，大力发展节水灌溉技术。

(2)在跨境严格保护区和自然保护区打击非法采伐，执行薪材合法性和可持续性认证，加强林业执法人员技术培训。

(3)以中蒙经贸科技联委会等平台为基础，继续开展在人工繁殖戈壁熊等草原珍稀动物与栖息地管理等方面的项目合作；与我国内蒙古自治区接壤的东方省和苏赫巴托省，地势平坦，草原动植物丰富，河流湖泊水量丰富，可考虑与我国内蒙古阿尔山等地区联合发展草原旅游。

(4)开展以社区为基础的森林资源管理，应用自然资源信息管理系统，帮助当地社区进行实地森林蓄积量调查、采伐和管理。

(5)开展木材和非木质林产品高附加值利用可行性研究和试点示范，采用先进的木材切削技术、热处理技术及重组技术，改善锯材出材率、产品质量和附加值。开发商业用薪材替代品，如生物质型煤。推广非木质林产品高附加值加工技术，如松果、蘑菇、草莓、要用植物的干燥和蒸馏，芳香植物的精油提取等。

十、分析与借鉴

1. 森林退化问题日趋严重，亟待解决

蒙古的森林资源受到荒漠化和森林不合理采伐与利用的影响，毁林趋势异常严峻。蒙古位于中亚腹地，降水量低和海拔高的自然条件使蒙古极易受到荒漠化影响，而畜量过大以及不合理的放牧是导致土地退化和沙化的最直接原因。针对森林资源的不断退化，一方面，蒙古制定了新的森林法，从法律层面上保障森林的可持续利用，重点关注森林的保护与恢复，禁止受保护林区内的一切采伐活动，禁止不合理放牧，实施牧场转移和循环放牧。另一方面，通过造林计划的制定和大力开展植树造林活动，并且加强与发达国家的合作，通过引进资金保障造林及防治荒漠化计划的实施。

2. 木材产品生产水平低，不能满足国内需求的增长

蒙古木材产能低下，产品种类和品种单一，难以满足日益增长的国内需求，这也导致蒙古的木材产品进口量高于出口量。为了保护森林资源，蒙古许可采伐量指标逐年递减，再加上因为人工林匮乏等原因使得国内木材供给量不高，同时也限制了国内木材产品的生产。蒙古的人造板以及纸和纸板等生产受技术、设备与原料限制，一直以来都依赖进口。另外，虽然由于经济的发展和向石油产品的转变，亚洲传统燃料的需求增长率略有减缓，但是蒙古对木质燃料的需求仍然不断增加，这也是蒙古的木材采集量大大超过了许可采伐量的主要原因。蒙古最主要的木材产品是原木，而其绝大部分用作木质燃料，但是依然难以满足家庭和工厂对木质燃料不断增长的需求。

针对产能低下的问题，蒙古政府鼓励发展新技术实现生产节约、提高原料利用率，提高生产质量和产品多样性，并给予积极利用现代化生产技术和设备的企业以政策上的支持。此外，蒙古还与越来越多其他国家及国际组织进行交流与合作来提高生产技术和工艺。未来，通过开发高科技含量的生产技术水平以提高产量和生产效率以及在林产工业上加强国际合作是蒙古木材工业未来的发展方向。

（李 静）

参考文献

陈述贤，等. 2010. 赴蒙古和朝鲜的考察报告. 林业国际交流报告选编，2009—2010，2011.

高发全 . 2000. 蒙古的林业[J]. 世界农业，2(总 250).
龙超，等 . 2016. 蒙古国林业发展现状和中蒙林业合作展望[J]. 世界林业研究，(4).
施昆山，等 . 2001. 当代世界林业——蒙古[M]. 北京：中国林业出版社 .
王玉红 . 2016. 在“丝绸之路经济带”框架下促进中蒙关系积极发展[J]. 赤峰学院学报(自然科学版)，(6).
FAO. 2010. 2010 年森林资源评估主报告 .
FAO. 2016. 2015 世界森林状况 .
FAO. 2010. Global Forest Resources Assessment 2010 Country Report Mongolia.
HijabaYkhanbai. 2010. Mongolia Forestry Outlook StudyII. FAO.
JamsranTsogtbaatar. 2003. Forest Policy Development in Mongolia, Geoecology Institute, Mongolian Academy Sciences, Mongolia.
Ministers Resolution NO. 114. Ulaanbaatar, Mongolia.
Mongolian Law on Forests. 2007. Ulaanbaatar, Mongolia.
National University of Mongolia . 2013http：//www. num. edu. mn/MUIS_ broshure%2070%20jil%20ORANGE. pdf
Nyam-OsorBatkhuu, Don Koo Lee, JamsranTsogtbaatar. Forest and Forestry Research and Education in Mongolia , Journal of Sustainable Forestry. 2011.
The World Bank. 2004. Mongolia Forestry Sector Review.
University of Tsukuba. 2011. A Final Report of International Internship in Mongolia.

尼泊尔(Nepal)

尼泊尔坐落在世界屋脊喜马拉雅山南麓，北临中国，西、南和东三面与印度接壤，是古代亚洲的交通要冲，也是商旅和朝圣者来往印度和中国的必经之路。国土面积14.72万km^2，人口约2 850万(2016年)，有拉伊、林布、苏努瓦尔、达芒、马嘉尔、古隆、谢尔巴、尼瓦尔和塔鲁等30多个民族。官方语言是尼泊尔语，居民86.2%信奉印度教，7.8%信奉佛教，3.8%信奉伊斯兰教，信奉其他宗教人口占2.2%。新宪法规定全国分7个联邦省，但各党派尚存争议，正就联邦个数及划分问题进行对话(中国外交部网站，2016)。

尼泊尔境内高峰林立，世界上14座海拔8 000 m以上的山峰有8座位于其境内或边界，独特的地貌使得尼泊尔地势变化十分明显，从北边海拔8 000多m的世界屋脊，急剧下降到南部台拉河(Terai)接近海平面(海拔仅70 m)的谷地平原，因此形成了多样的气候和自然景观。全国分为5个气候区：热带和亚热带地区(海拔1 200 m以下)，分布着茂密的森林和广阔的草原；温带地区(海拔1 200～2 400 m)，是各种农作物的生产区；寒带地区(海拔2 400～3 600 m)，是主要牧场区；次极带(海拔3 600～4 800 m)和极带气候区(海拔4 800 m以上)。气候大致分为3季：4～6月为热季；7～10月为雨季；11月至翌年3月为冷季。年平均降雨量南部约2 300 mm，中部约1 500 mm，北部仅有500～600 mm。全年90%的降雨量集中于雨季。

尼泊尔水力资源丰富，水电蕴藏量为8 300万kW，约占世界水电蕴藏量的2.3%。独特的地貌，造就了比较发达的徒步旅游和登山业。主要进口商品是煤、石油制品、羊毛、药品、机械、电器和化肥等。主要出口商品是蔬菜油、铜线、羊绒制品、地毯、成衣、皮革、农产品和手工艺品等。

尼泊尔是典型的农业国，经济落后，31%的人口生活在贫困线以下，是世界上最不发达的国家之一。20世纪90年代初开始实行以市场为导向的自由经济政策，但由于政局多变和基础设施薄弱，收效不明显。经济严重依赖外援，预算支出1/4来自外国捐款和贷款。2015/2016财年的国内生产总值为210.7亿美元，人均国内生产总值752美元，国内生产总值增长率0.77%(中国外交部网站，2016)。

一、林业在国民经济中的地位

在尼泊尔，林业是农业和乡村生计不可或缺的一部分，薪材是最主要的能源来源，非木质林产品是乡村居民主要的收入来源。同时，森林旅游也创造了很多工作机会和经济收益。尽管林业在尼泊尔国民经济中的作用十分明显，但是由于没有开展专门的研究来具体评估林业对GDP的贡献率，因此很难确定具体的数据。据估计，1990—2010年，尼泊尔林业部门对国内生产总值的年贡献率约为 4.4%（FAO 全球森林资源评估，2015）。但是，尼泊尔国内专家认为，林业对尼泊尔 GDP 的实际贡献率达到了 15%（Nepal Ministry of Forests and Soil Conservation，2015）。

二、森林及其他自然资源

（一）森林资源

尼泊尔森林资源比较丰富。2015 年森林面积为 363.6 万 hm^2，森林覆盖率为 24.70%。其中，天然林面积为 359.3 万 hm^2，人工林面积 4.3 万 hm^2，森林的立木蓄积量为 6.47 亿 m^3，平均蓄积量为 63 m^3/hm^2（FAO，2015）。主要树种及其蓄积量如表 1 所示。

表 1　尼泊尔主要森林树种及其蓄积量（2015）

排名	树种	蓄积量（$10^6 m^3$）	排名	树种	蓄积量（$10^6 m^3$）
1	娑罗双	196	6	杜鹃	30
2	栎树	64	7	桤木	20
3	榄仁	53	8	木荷	14
4	喜马拉雅长针松	44	9	铁杉	13
5	喜马拉雅冷杉	30	10	心叶木	12

资料来源：FAO. Global Forest Resources Assessment，2015。

（二）森林类型及分布

尼泊尔天然林面积占全国森林面积的 98.8%。由于尼泊尔地理生态条件多样，天然林资源中拥有着除热带雨林之外的各种森林类型，如热带林、亚热带森林、温带森林和亚高山林。森林的分布随海拔而变化：热带林分布在海拔 1 000 m 以下，大部分是娑罗双林，约占该区域森林面积的一半以上，河岸区为儿茶金合欢林和印度黄檀林，西部低山区则为使君子科的树种；亚热带森林分布在海拔 1 000～2 000 m，主要树种为喜马拉雅长叶松（*Pinus roxburghii*）、旱冬瓜（*Alnus nepalensis*）、木荷（*Schima superba*）和栲树（*Castanopsis fargesii*）；温带林分布在海拔 2 000～3 000 m，主要树种为乔松（*P. wallichiana*）、高山栎（*Quercus aquifolioides*）以及杜鹃属（*Cuculus*）、槭属（*Acer*）树种；亚高山林分布在海拔 3 000～4 200 m，主要树种为喜马拉雅长叶松（*P. roxburghii*）、糙皮桦（*Betula utilis*）、杜鹃（*Cuculus linnaeus*）和印度刺柏（India juniper）；高山区没有乔木，但在海拔 4 500 m 处生长有杜鹃和印度刺柏等灌木。

人工林一般分布在平原地区，主要树种是印度黄檀（*Dalbergia sissoo*），其他树种还有赤桉（*Eucalyptus camaldulensis* var. *camaldulensis*）、儿茶（*Acacia catecha*）、柚木（*Tectona grandis* L. F.）和合欢（*Albizia julibrissin*）等。山区最常见的人工林树种是喜马拉雅长叶松（*P. roxburghii*）。南部平原地区的娑罗双（*Shorea assamica*）树高一般在 25～40 m，作为建筑用材。

按照用途划分，在全国 363.3 万 hm^2 的森林面积中，用材林占 10%、水土保持林占 12%、生物多样性保护林占 14%、多种用途林占 23%，而其他类型林占 40%（FAO，2015）。

（三）森林权属结构

按照保护和经营的目的，森林的所有权分为5种类型：政府林、社区林、租借林、宗教林和私有林，其中前四种类型的森林土地归国家所有，但森林的经营权和利用权归不同的主体。政府林、社区林、租借林和宗教林这4类森林统称为国有林，面积363.1万hm^2；私有林仅为2 300 hm^2(FAO，2015)。

（四）野生动植物资源

由于尼泊尔地势变化十分明显，形成了多样的气候以及丰富的地貌，孕育了丰富的动植物资源。截至2012年，尼泊尔境内共有6 500多种植物，1 000多种野生动物和鸟类。野生植物主要有：两裂狸藻、克里斯托弗狸藻、直立狸藻、多茎狸藻、分支狸藻、库蒙狸藻、攀梗狸藻、长距狸藻、圆叶狸藻、星形狸藻、黄花狸藻、绶草、红丝姜花、印度石莲花、版纳蝴蝶兰、桫椤、天麻和山苍树等。野生动物主要有：短吻果蝠、大蹄蝠、噪鹃、鹊鸲、银耳相思鸟、红嘴相思鸟、亚洲象、普通猕猴、沙狐、藏狐、孟加拉狐、印度野牛、小灵猫、大灵猫、豹猫、渔猫、果子狸、泽蛙、长颈鹿锯锹形虫、黑眶蟾蜍、孟加拉巨蜥、食蟹獴、细嘴兀鹫和彩雉等。

在尼泊尔南部地区，河流在此聚积，是众多野生动物的家园。其中最为著名的就是占地面积930 km^2的奇特旺国家野生动物公园，它是尼泊尔第一个国家公园，也是该国最大的野生动物园。奇特旺国家野生动物公园成立于1962年，曾经是英国、印度王室贵族的狩猎场和尼泊尔皇家公园，后对外开放。最初建立该公园目的是为了保护濒临绝种的独角犀牛，如今公园内还可以看到珍稀的孟加拉虎、大象、犀牛、虎豹和鳄鱼等，以及500多种鸟类。1984年奇旺作为自然遗产列入联合国教科文组织《世界遗产名录》。

三、林业法规政策

（一）林业法规

1956年尼泊尔颁布了第一部《林业法》，该法的重要作用是将私有林地或个体林地国有化，并将森林资源的管理工作全部归于国家林业部门。但是，该法的颁布和实施并没有起到预期的科学管理森林资源的目的，相反，人们对国有森林资源的无序开发和利用，严重破坏了林业的可持续发展，造成森林资源迅速减少。针对这一问题，1993年尼泊尔重新修订了《森林法》，其核心是让社区参与森林经营和管理。修订后的《森林法》将森林分为国有林和私有林两大类，国有林又进一步分为社区林、租赁林、政府林和宗教林4个亚类。

此外，尼泊尔还先后颁布了《土地法》《野生动物保护法》和《水土保持法》等一系列与林业相关的法律法规，提出了生物多样性保护、自然资源管理和水土保持等行动计划，从政策体制上保障了自然生态的有效保护。

目前，地区水平上的规划和执行能力不足是执行《森林法》和相关法律法规的主要障碍。

（二）林业政策

尼泊尔林业政策的主要关注点就是促进当地人民参与森林资源的管理。在一些双边或多边捐助机构的支持下，社区林业于1978年就被引入尼泊尔。自2000年以来，尼泊尔林业部门制定了一系列促进社区森林经营的方针政策，其已成为尼泊尔社区森林可持续经营的一种工具。

目前社区林业发展政策冲突集中体现在社区林和租借林，社区林的主要问题是在平原地区推广社区森林经营面临诸多困难；租借林的主要问题是人们认为森林不能仅限于租赁给公司和商业机构，当地社区也有权利将森林租赁给本社区的穷人或弱势群体。

（三）林业发展规划

1. 林业总体规划

尼泊尔森林与土壤保护部(Ministry of Forests and Soil Conservation)1988年开始着手制定《林业总体规划》(Ministry of Forests and Soil Conservation，2010)，该规划于1989年获得政府批准，为尼泊尔今后25年的林业发展制定了政策框架。《林业总体规划》的目的是改善国家森林资源管理，达到人类需求、生态系统和环境之间的可持续平衡。该规划制定的长期目标和中期目标如下：

长期目标包括：①在可持续发展的基础上，满足人们对薪材、木材、饲料和其他林产品的基本需求；②保持水土，防止土壤退化；③保护森林生态系统和基因资源；④通过森林资源经营(包括发展森工企业)来促进当地经济和国家经济的发展。

中期目标包括：①促进人民在森林资源开发、管理和保护中的参与；②制定有利于提高人民在森林资源开发、管理和保护中作用的法规和制度；③强化林业部门组织机构。

政府针对中、长期目标，《林业总体规划》已制定出12项具体计划，内容包括：社区林业和私有林业，国家林业和租赁林业，木材工业，政策和法律改革，药用植物、芳香类植物和其他林产品，人力资源，监测和评估，基因资源保护，机构改革，规划与资助，研究和开发，水土保持和流域管理。其中，社区林业和租赁林业是《林业总体规划》的2个优先项目。

根据《林业总体规划》的要求，政府已采取了下列措施：①1989年批准了与总体规划相关的林业政策；②进行了森林法修订和新森林法的筹备；③成立了林业合作委员会；④对目前的林业项目进行重新确定，使之符合《林业总体规划》的要求；⑤根据《林业总体规划》中的人力资源发展计划，设立了新岗位。

《林业总体规划》强调：①要在不损害资源的基础上提高森林产量和生产力；②要通过提高资源利用率、开发替代性能源、恢复退化林地、推动私有林业和强化立法来减轻资源压力。这一规划在促进社区参与森林资源管理方面发挥了重大作用。

2010年以来，尼泊尔森林与土壤保护部又对《林业总体规划》进行了修订，进一步明确了实现《林业总体规划》目标的具体措施和预算来源，并且将森林集约经营和减贫作为林业政策关注的焦点。

2. 社区振兴与森林保护规划

2002年，尼泊尔政府专门聘请国外专家制定了《尼泊尔王国社区振兴与森林保护规划》，该规划的目标是：依靠居民自我管理，建立一个可持续的森林保护体系(Kanel等，2005)。居民自我管理是指居民全程参与森林保护规划的制定和各项保护活动，以体现当地居民的利益和需求。

该规划的突出特征是：不按照流域划分治理单位，而是以行政区划（村、屯）为单位进行划分，以利于规划的后续管理，也便于当地居民的积极参与，只有这样，森林的保护才能可持续。另外，对村屯必要设施（包括造林、护坡工程、护岸工程、架桥修路工程、水资源保护、水路、灌溉系统等设施）的规划，以及相关的财政支出、技术支持，都将当地居民自身的利益放在首位。

尼泊尔森林与土壤保护部官员表示，为确保规划的实施，已着手准备将该规划纳入法律体系，以形成规章制度，指导落实。希望通过该规划的实施，不断提高居民自我管理森林的能力和保护森林的自觉性。

（四）林业发展的历史沿革

森林是尼泊尔众多贫民生计的重要来源，林业对于国家农村发展具有重要的作用。20世纪70年代，由于山区老百姓滥伐树木，国际上认为喜马拉雅的环境危机进一步加深，引起了喜马拉雅山地区国家对森林保护的关注。1978年引进的社区林业可以说是尼泊尔林业最重要的变革。尼泊尔提高推行社区林业发展模式，开展社区森林管理，成功地解决了在人口密度最大、对林区需求最多的重点地带，人与林之间的冲突，也使得尼泊尔的森林覆盖率逐年提高。1995年，尼泊尔还成立了社区林业使用小组联盟，通过分权、承包实现林权下放。小组联盟下设社区林业使用小组，每个小组由几户人家联合组成。使用小组会和政府签订合同，并在乡村发展委员会注册，这样他们的承包权就在法律上得到认可。截至2009年，社区林业使用小组联盟成为尼泊尔最大的非政府组织。在尼泊尔全国的75个区，每个区都有使用小组，其数量已经达到1.4万个，管理的森林面积约占全国森林面积的21%（FAO，2009）。

可以说，尼泊尔社区林业在提高森林质量和产出、帮助社区群众增收、促进REDD+机制发展和提高妇女等弱势群体参与性等方面取得了显著成效。当前，尼泊尔社区森林管理已属于世界领先水平。

四、林业机构与管理体制

森林与土壤保护部（MFSC，1997）是政府主要的林业行政管理机构，该部下设5个司：林业管理司、国家公园和野生动物保护司、水土保持和流域管理司、林业研究和勘测司和植物资源司。森林与土壤保护部与国家计划委员会共同负责制定林业政策和规划，林业预算由财政部负责。森林与土壤保护部还与司法部密切合作，负责起草林业法案，同时也负责监督尼泊尔松香松脂产业、草药生产和加工公司、林产品开发委员会、森林研究与调查中心发展委员会的运作。另外，尼泊尔木材公司（TCN）也参与政府对原木的销售管理。

（一）林业管理机构

在地区层面上，分别设有相应的地区森林办公室，其职能主要是贯彻落实上级林业管理部门的决定，满足国家对木材和薪炭材的需求。

在民间层面上，分布于各地的社区森林使用者小组（Community Forest Users Group）也建立了自己的森林资源利用和管理组织。另外，鉴于森林资源的破坏和退化已严重影响到林产品及服务的提供，国内和国际的非政府组织在尼泊尔也很活跃，许多非政府组织也积极参与了尼泊尔森林资源的管理。众多的国际双边和多边捐赠机构也积极向尼泊尔提供技术和资金支持，并且与国内相关部门或林业部门密切合作，共同致力于推动尼泊尔林业的发展。

（二）林业管理体制

尼泊尔的林业管理主要有3种方式：政府管理、国家宏观调控下的社区管理和以宗教文化为基础的民间自主管理。

1. 政府管理

政府管理主要针对国家公园和自然保护区，目的是保护自然生态系统和珍稀生物物种资源。在管理机构上，森林与土壤保护部下设国家公园和野生动物保护司，全面负责国家公园和自然保护区管理工作。国家公园和野生动物保护司有在全国72个区设立了办公室，具体负责各自辖区内国家公园和自然保护区的管理工作。对于跨区的自然保护区或国家公园，如朗唐（Langtang）国家公园，则会设立一个区域办公室，协调跨区管理。

森林与土壤保护部下设的水土保持和流域管理司、林业管理司、林业研究和勘测司，分别负责全国的水资源和土地资源、林业资源（包括草原和湿地资源）的保护、管理和监察工作。各司在全国72个区设有办公室，具体负责各区的水资源、土地资源、林业资源的保护和管理工作。

政府林业管理部门有责任为林业管理提供必要的科学依据和有力的技术支撑，因此还与国内外NGO联合开展了包括造林、自然资源管理、水土保持、防灾减灾和社区可持续发展等一系列的工程项目和研究计划。

2. 国家宏观调控下的社区管理

社区林业管理是尼泊尔林业管理体制中的一大特色。社区林业管理的主要模式是：国家将林地的经营和管理权下放给当地社区，在国家和地方林业部门的宏观调控下，将已遭破坏或退化的林地作为“造林地”、将基础状况良好的林地作为“保护地”加以管理；社区林业管理根据“谁建设、谁受益，谁保护、谁获利”的原则，鼓励社区成员有效培育、管理和利用林地资源；社区“造林地”内可以适当发展商品林（如药材和用材林种植），社区委员会通过大会决议讨论种植方法、收获量及收益分配方式；社区“保护地”内，社区成员可以自由采集枯枝落叶和牧草等副产品，但对原始林实行严格保护，通过罚款或取消经营权等手段禁止社区成员乱砍滥伐；非社区成员采集社区森林的林副产品时需要付费，部分商品林或“保护地”的林产品交易，必须通过委员会大会讨论决定（Nurse M. 等，2006）。

这种参与式的社区管理不仅使尼泊尔的森林资源得到了有效保护，而且使当地农民从中受益。据报道，尼泊尔社区林业的总收益约为9.13亿尼泊尔卢比/年（1尼泊尔卢比约为0.11元人民币），社区林业总收益的36%用于学校、道路和医院等基础设施建设，极大地提高了当地群众的生活水平（董世魁，2008）。

3. 以宗教文化为基础的民间自主管理模式

尼泊尔是多民族文化融合的宗教国家，多种宗教信仰、多元民族文化的融合与渗透，造就了尼泊尔保护森林资源和自然环境的宗教文化和民族文化，对森林资源的可持续利用和生态保护起到了十分重要的作用。例如，印度教将大象视为神的使者和化身，同时对水资源异常珍惜，这些宗教文化对野生动植物保护和水土保持发挥着重要作用。草地游牧和树叶堆肥等传统知识，也有效地促进了森林资源管理与林业的可持续发展。

五、森林经营与管理

（一）人工林营造

尼泊尔人工林面积为 4.3 万 hm^2，仅占全国森林面积的 1.2%。人工林主要分布在 Terai平原，主要造林树种是印度黄檀、赤桉、儿茶、柚木和合欢等，都是国有林。另外，喜马拉雅中山区也有少部分的人工林，主要树种是喜马拉雅长叶松。

尼泊尔主要的林业收入来自天然林的非木质林产品和保护区的森林旅游，因此，人工林并没有得到充分的重视，一些经营人工林的私人公司也得不到政府的资金扶持和技术支持。

（二）森林保护

尼泊尔森林火灾的发生频率为400 次/年(FAO，2015)，每年森林火灾面积约 40 万 hm^2。引发森林火灾的原因主要是人为因素。据统计，有 58% 的森林火灾是由放牧者、狩猎者或非木质林产品采集人引起的。

尽管森林火灾会对生态和经济造成严重影响，但由于经费和人员缺乏，尼泊尔政府并没有将森林防火列为优先的管理领域，森林防火工作是由当地社区承担。该国采取的森林防火措施主要有以下几方面：①森林培育措施：包括修枝、间伐、有计划烧除、控制放牧和树种选择等，以减少燃烧物的数量，降低火灾风险。②采伐方式：优先选择择伐方式，不仅可以提高林木成活率，同时还能减少采伐剩余物的堆积，降低火灾发生的风险。③鼓励当地社区积极参与森林防火活动。例如，建立社区森林火灾巡逻机制，同时充分利用当地居民的传统知识开展森林防火，该国称这种方式为“参与式森林火灾管理”。这种方式因为有了社区的积极参与，防火效果非常显著。

尼泊尔化学杀虫剂非常短缺，基本是采用传统方法来进行病虫害的防治，例如，利用科瑞(Khira)植物的叶子碾磨成浆状物来防治蛀干害虫。因此，在尼泊尔，森林病虫害的防治基本是采用民间综合防治的方法，政府没有专门的针对病虫害防治的体系或计划。

（三）森林服务

尼泊尔是一个多民族的宗教国家，森林也是他们的精神家园，森林已经成为尼泊尔人民生活中不可缺少的组成部分。在乡村，宗教林和神树表达了人们对自然的敬畏和保护；在城镇，城市林业和游憩林业越来越受到欢迎，道路两旁的行道树不仅可以降低污染，还可以美化环境，市中心的森林也成为人们野餐和游憩的最佳选择。

尼泊尔生态旅游和登山业比较发达。根据国家公园和野生动物保护司的统计，2005 年尼泊尔共接待了 37.5 万游客，比上年增加 2.6%，其中有 40% 以上的游客都参观了森林公园和保护区(Nepal Ministry of Forests and Soil Conservation，2010)。成立于 1973 年的奇旺国家公园吸引了大批国外游客。

六、生物多样性保护

尼泊尔虽然是一个山地小国，但物种非常丰富。在占全球面积 0.1% 的国土上，生长着 6 500 多种植物、1 000 多种野生动物和鸟类、650 多种蝴蝶、600 个特有植物、319 种兰花。从物种多样性来看，尼泊尔位居世界第 26 位，亚洲第 11 位。尼泊尔拥有全世界 2.7% 的开花植物、5% 的苔藓植物、3% 的蕨类植物、9.3% 的鸟类和 4.5% 的哺乳动物。有 26 种哺乳动物、9 种鸟类和 3 种爬行动物作为珍稀濒危物种被列入国际自然与自然资源保护联合会(IUCN)红皮书。综合来看，尼泊尔的生物多样性保护工作主要集中在以下方面：

（一）自然保护区建设

为了保护这些丰富的生物多样性和典型的生态景观，尼泊尔将 19.7% 的国土面积(2.9 万 km^2)划为保护区，覆盖了尼泊尔所有生态区。这些保护区分为 5 种类型：国家公园(对动植物及其自然环境进行保护、管理和利用的地区)、自然保护区(用于科学研究的具有生态意义的地区)、野生动物保留地(对动物和鸟类资源及其栖息地进行保护的地区)、狩猎保留地(以狩猎为目的对动物和鸟类资源进行管理的地区)和保护区(以人类和自然资源的可持续发展为经营目的的地区)。此外，政府还可以依据《土壤和流域保护法》将任何公有或私有土地划为受保护流域。目前，尼泊尔开设了 14 个国家公园和保护区(董世魁，2008)。其中，北部的珠峰国家公园被列为世界自然遗产，重点保护温带至寒带的冰川、草甸、湿地、森林等生态系统。南部的奇塔旺国家公园有 50 种不同的草本植物和 43 种动物，重点保护热带、亚热带的草地、森林生态系统。这些国家公园和保护区对尼泊尔稀有野生动植物、特殊景观和生态系统的保护起到了非常重要的作用。

（二）水土保持

尼泊尔是个山岳之国，地形险峻，年降雨量大，雨季集中，加上近年来人口迅速增长，流域生态系统承受着越来越沉重的压力，特别是为了满足粮食需求，山区坡地开垦现象屡禁不止，致使盆地逐减萎缩成小的流域。同时，土壤侵蚀现象也日益严重，特别是在坡地的地段上，降雨径流引起的滑坡、道路堵塞现象屡见不鲜。据报道，由于土壤侵蚀，导致了土地生产力每年都下降 1%。

面对严峻的形势，尼泊尔政府开展了一系列的土壤保持和流域管理活动，目的是确定出最佳的水土保持措施，降低环境压力。目前，在全国 75 个地区中，有 55 个地区都建立了土壤保持和流域管理服务站，负责提供水土保持技术和经费方面的支持。近年来，尼泊尔政府采取措施鼓励当地社区积极参与水土保持活动，并将其作为乡村发展的一个不可或缺的组成部分。

七、林产品生产、加工与贸易

（一）林产品生产

1. 木质林产品

根据 FAO 林产品年鉴的数据(FAO，2015)，尼泊尔原木生产量在 2006—2015 年基本保持在每年 1 400 万 m^3 左右，并略有下降(表 2)。木炭材占原木产量的 90% 以上，主要用于生产木炭；工业原木产量所占比例还不足 10%，这也反映出尼泊尔木材工业非常不发达(表 2)。

表 2 尼泊尔原木生产量 （万 m^3）

年份 类别	2006	2007	2008	2009	2010	2011	2012	2013	2014	2015
工业原木	126	126	126	126	130	130	130	130	130	135
木炭材	1 265	1 262	1 259	1 256	1 253	1 246	1 240	1 234	1 229	1 223
合 计	1 391	1 388	1 385	1 382	1 379	1 376	1 370	1 364	1 359	1 358

资料来源：FAO Yearbook of Forest Product，2015。

2. 非木质林产品

尼泊尔主要的非木质林产品包括药用植物和芳香植物、洛克塔(Lokta)纸、松脂、卡萨(Katha)和狭叶拟金茅。目前，用于非木质林产品商业化生产的主要植物有 161 种，其中，药用植物占 50%，食用植物占 17%，另外，用于生产精油的植物占 7%、生产植物纤维的植物占 6%、生产手工艺品的植物占 5%、生产染料和香料的植物各占 4%，而用于生产松脂等产品的植物占 7%(FAO，2009)。

药用植物和芳香植物大部分出口到印度用作药品原料。据估计，每年从森林中采集的药用植物和芳香植物总量达 1 万 ~1.3 万 t，价值 860 万美元。Lokta 是一种生长在高海拔温带森林中的灌木，很久以来就被作为手工制纸的原料，手工制纸是当地居民重要的收入来源。喜马拉雅长叶松树脂的采集也有几十年的历史，据估计，2010 年松香产量达 3 300 t。Katha 是从儿茶心材中提取的一种浅棕色晶体，可用来生产南亚流行的一种口香糖，还可用作鞣料和染料。尼泊尔有 6 家 Katha 工厂，年总产量达 650 t，大部分出口到印度和其他南亚国家。狭叶拟金茅是一种生长在尼泊尔亚热带森林中的野草，传统上用于制绳或作为屋顶建筑材料，也可和稻草一起用于造纸，可明显提高纸的质量。另外，竹藤资源在尼泊尔的经济发展也发挥着重要作用，主要用来生产家具和家居用品，年产值可达 1 700 万卢比(Kozak R，2007)。

（二）林产品加工

尼泊尔自 1938 年建立起第一家木制品加工厂至今已 70 多年，但由于条件限制，林产工业发展极为缓慢。目前，尼泊尔林产品加工企业绝大多数是中小型企业，还有一些是家庭作坊式的微型企业。

尼泊尔制材厂都属私人所有，技术水平低、设备简陋，其原料由尼泊尔木材公司提供，生产的锯材主要用于家具和建筑等行业。目前，原料不足和设备落后是制材厂面临的两大难题。家具业包括几家现代化工厂、几百个小型车间和几千个手工作坊。家具的高附加值使其具有较高的出口潜力，但目前家具业面临着原材料短缺、产品质量低、设计缺乏创新和国际市场知识不足等问题。全国仅有 2 家胶合板厂，总生产能力 6.23 万 m^3。胶合板生产面临着机器老化和管理粗放等问题，同时由于原材料短缺，实际生产量仅为生产能力的 50%。国内胶合板需求量的 2/3 从印度进口。造纸厂主要利用非木质原材料。木制手工艺品生产遍及全国，但由于生产极为分散，没有全国统计数据。据有关人士估计，木质手工艺品生产每年消耗锯材达 4 300 m^3，总产值达 100 万美元(FAO，2009)。目前，缺乏高质量的木材原料成为限制该产业发展的最大障碍。总体而言，尼泊尔林产品加工业面临着原材料短缺、设备老化、企业规模小、生产分散、产品质量低下等诸多问题。据FAO林产品年鉴(2015年)的估计数据，2006—2015年尼泊尔主要林产品产量，如表3所示。

表3 尼泊尔主要林产品产量 （万 m^3，万t）

林产品 \ 年份	2006	2007	2008	2009	2010	2011	2012	2013	2014	2015
锯材	63	63	63	63	63	63	63	63	63	63
单板	3.9	3.9	3.9	3.9	3.9	3.9	3.9	3.9	3.9	3.9
胶合板	3.0	3.0	3.0	3.0	3.0	3.0	3.0	3.0	3.0	3.0
纸和纸板	1.3	1.3	1.3	1.3	1.3	1.3	1.3	1.3	1.3	1.3

资料来源：FAO Yearbook of Forest Product，2015。

由表3可以看出，10年来尼泊尔的林产品生产基本处于停滞的状态，反映出尼泊尔林产工业发展极为缓慢，最主要的林产品是锯材，其他产品如单板、胶合板、纸和纸板的产量都很低。

（三）林产品贸易

尼泊尔林产工业不发达，木质林产品贸易也不活跃。根据FAO林产品年鉴的数据(FAO，2015)，尼泊尔仅有少量的锯材、胶合板、纸和纸板进口，出口几乎为零。

与木质林产品不同，尼泊尔非木质林产品贸易相当活跃。特别是随着消费者越来越青睐天然制品和手工制品，尼泊尔非木质林产品的全球市场也日益扩大。根据尼泊尔贸易促进中心的数据，非木质林产品远销亚洲、欧洲和美洲的30多个国家，主要的出口目的地国有印度、巴基斯坦、新加坡、日本、韩国、中国、法国、德国、意大利、瑞士、瑞典、荷兰、英国、美国和加拿大。一些高价值、稀有产品，如精油和手工纸等特殊天然制品主要用于出口。但是，尼泊尔非木质林产品贸易也面临着一系列的问题，如缺乏市场信息、产品附加值低、缺乏运输和仓储设施、产品缺乏品牌和认证以及缺乏质量控制等。

（四）林业产业发展政策

如上所述，除一些传统的家庭作坊式的制造业，如木雕、手工非木质制品生产之外，尼泊尔现代林业加工制造产业非常落后。因此，尼泊尔非常鼓励林产品出口和就地加工，以期为当地居民提供更多的就业机会，促进制造业的发展。同时，尼泊尔也出台了大力发展生态旅游业的相关政策，鼓励民间投资生态旅游设施的建设，吸引更多的海外游客到尼泊尔开展生态观光旅游。

八、林业科研与教育

（一）林业科研

尼泊尔的林业科研始于20世纪60年代，但没有专门的林业科研机构，林业管理部门同时兼有科研职能。1963年在森林与土壤保护部下成立了森林资源清查办公室，1999年更名为林业研究和勘测司(DFRS)。在尼泊尔，林业研究和勘测司(DFRS)是开展林业研究和森林资源调查的主要机构，其主要职能包括：①开发和推广适宜的林业技术；②开展地区和国家水平的森林资源清查，更新林业统计数据；③建立并维护国家林业图书馆和信息中心。林业研究和勘测司(DFRS)自成立以来，在政府投入和国际援助下，在森林清查、人工林营造、育苗、天然林经营、竹藤培育、社区林业以及非木质林产品生产等方面开展了试验研究。

除林业研究和勘测司(DFRS)外，森林与土壤保护部下属的其他部门，如林业管理司、国家公园和野生动物保护司、水土保持和流域管理司、植物资源司以及尼泊尔自然保护协会，也参与相关的具体研究活动。大学和一些非政府组织及国际援助机构也积极参与林业科研活动，开展了许多案例研究。

（二）林业教育

尼泊尔林业教育由林业管理司下属的森林研究所(Forest Institute)承担，森林研究所成立于1947年，当时只能进行初级的林业技术培训。后来，在印度技术和财政的支持下，在20世纪80年代早期，尼泊尔森林研究所与印度森林研究所合作联合培养林业工程师，可以授予学士学位。80年代以后，尼泊尔森林研究所陆续得到世界银行(WB)、国际开发署(IDA)和美国开发署(USAID)等国际机构的技术和资金援助，教育水平得到大幅提升，2001年已经可以培养林业硕士。

九、林业国际合作与交流

中国与尼泊尔是山水相连的友好邻邦，建交以来始终相互尊重、平等相待，树立了邻国间和睦相处和互利合作的典范。两国在林业领域也已开展了密切合作，建立了中尼林业工作组会议机制，特别是在野生动植物保护、社区林业发展、应对气候变化和跨境生态保护等方面的合作已经取得了卓有成效的进展。展望未来，特别是在“一带一路”建设的推动下，中尼林业领域方面的合作将重点集中在以下几个方面：

(1)社区林业领域。尼泊尔社区林业管理模式成功解决了人口密度最大、对林区需求最多的重点地带上人与林之间的冲突，促进了林区社区居民参与森林可持续经营，已成为国际公认的社区林业模式典范。我国森林面积60%都为集体林，森林生态保护和经济产出矛盾突出，而尼泊尔的社区林业模式不仅有效保护生物多样性等森林生态功能，同时也为当地居民提供了重要经济来源，对促进我国森林可持续经营具有较强的借鉴作用。

(2)森林生态旅游领域。随着“一带一路”建设的展开，近年来到尼泊尔旅游的中国游客剧增。众所周知尼泊尔拥有多样化的森林旅游资源，如何可持续地发展生态旅游，实现社会、经济和生态的协调发展，将具有巨大的合作空间。

(3)野生动物保护领域。尼泊尔南部野生动物资源丰富，许多珍稀濒危物种例如亚洲犀牛保护的合作潜力巨大，不仅有利于提高我国CITES履约能力，也可为跨境物种保护提供有益的借鉴。

(4)天然林保护领域。喜马拉雅是国际社会关注的重要生态系统，中尼合作开展喜马拉雅山地天然林保护领域的合作，不仅可为中尼边境居民带来巨大福祉，更重要的是有利于保护世界独一无二的世界屋脊生态景观。

(5)林业产业，尤其是竹藤产业领域。尼泊尔林业产业十分落后，而我国在林产品制造业方面具有丰富的经验，两国开展该领域的合作，将会极大地促进尼泊尔林产加工业的发展，造福当地社会经济的发展。

（6）应对气候变化等领域。例如开展冰川消退与气候变化联合研究、湿地管理合作研究、非木质林产品合作开发研究等。

十、分析与借鉴

（一）面临的主要问题

尼泊尔依赖森林为生的居民比例很高，林业是农业和乡村生计不可或缺的一部分。近年来，在众多国际组织的援助下，尼泊尔林业取得了一些显著的进展，特别是在社区林业管理模式方面成为值得效仿的典范。但是，尼泊尔作为世界上最不发达的国家之一，森林资源在社会经济发展过程中所承受的压力也日益增加，林业发展也面临着许多问题和挑战，归纳如下：

（1）资源问题。随着尼泊尔人口的日益增长，森林资源承受着愈来愈沉重的压力。随意放牧导致了森林天然更新骤减、土壤板结、径流增加、土壤侵蚀等严重后果。非木质林产品的无序采集在某些地区已经导致植被严重破坏，面临着资源枯竭的威胁。同时，国内政局动荡和腐败使得乱砍滥伐在平原地区日益猖獗，毁林呈现愈演愈烈之势。

（2）产业问题。尼泊尔森林工业面临着原材料日益短缺的严峻现实。尼泊尔木材公司拥有原木和薪材采伐和销售的独家垄断权，不利于林产工业和林产品市场的良性发展。对于非木质林产品，由于相关产业发展缺乏整体规划和协调管理，其未来发展前景堪忧。

（3）社区林业问题。目前，尼泊尔社区林业管理模式最成功的地区集中在尼泊尔人口密集的中海拔山区。这些地区森林植被破坏较为严重，为了促进植被的恢复，政府赋予当地社区经营森林以及合理使用非木质林产品的权力。但是，这种社区林业管理模式在平原地区的推广面临着许多挑战，政府不愿意继续将国有森林转变为社区森林，官僚主义开始盛行，相关的冲突也日益增加。与此同时，尼泊尔林业部门对社区森林使用者小组的技术支持严重不足，阻碍了尼泊尔社区林业的进一步发展。

（4）林业科研和教育问题。尼泊尔的林业科研和教育体系薄弱，存在科研和教育设施落后、人员素质亟待提高、经费不足、管理低效、缺乏相关的扶持政策等问题，导致科学技术对提升森林资源经营和利用水平的推动作用无法充分发挥。目前，尼泊尔政府正着手成立林业研究协调委员会（FRCC），同时开始制定相关的林业科研和教育政策，希望通过资源整合和多部门参与，逐步解决上述问题。

（二）未来发展趋势

综上所述，尼泊尔未来林业的发展将面临更加严峻的挑战。综合相关文献的分析，将今后尼泊尔林业的发展趋势总结如下：

（1）租赁林业将日益扩大。鉴于尼泊尔林产工业原材料的日益短缺，发展商品林已经成为必然的选择。目前，尼泊尔南部平原地区集约经营的商品林面积不断扩大，规模化经营水平不断提高，森林培育与森工企业的关系也更加密切，这必将会带动租赁林业的迅猛发展，以实现规模化经营，降低森林培育的总体成本。

（2）冲突管理将成为尼泊尔社区林业发展亟须解决的首要问题。随着尼泊尔社区林业实践的不断深入，特别是随着社区森林使用者小组模式从森林资源破坏较严重的中山区推广到森林资源相对丰富的南部平原地区，有关土地权属和社区权利的相关冲突将日益激烈，冲突管理将成为尼泊尔社区林业进一步发展亟须解决的首要问题。

(3)水土保持将成为尼泊尔林业部门的首要任务之一。尼泊尔是一个山地国家，鉴于目前尼泊尔严峻的水土流失现状，水土保持必将受到更多的关注，林业部门也明确表示今后将加大流域治理的力度。因此，水土保持将成为今后林业部门的优先工作领域之一。

(4)生态旅游市场将日益扩大。生态旅游业一直是尼泊尔林业的支柱产业，优美独特的山地森林风光、神秘的宗教文化吸引了来自全世界的旅游观光客。为了吸引更多的游客，尼泊尔已经决定进一步扩大国家公园、野生动物保留地和自然保护区体系的面积，因此，今后尼泊尔的生态旅游市场必将日益繁荣。

（三）对我国的启示

尼泊尔的社区森林管理模式的成功经验在于：森林的管理权、使用权和决策权都归社区，责任主体明确。同时，社区居民通过从森林中采集一些非木质林产品，例如菌类、药材等，获得一定的经济收入。从本质上说，这是一种以伙伴关系存在的森林经营策略，这种社区森林管理模式既给当地居民的生产生活带来了实惠，同时也对森林资源保护发挥着重要作用，是解决森林资源保护和利用矛盾的可能途径之一。同时，尼泊尔社区森林使用者联合会的形式，也为实现社区群众参与森林经营活动提供了组织保障。

我国森林有一半以上为集体林，随着集体林权制度改革的不断深入，在一些经济欠发达地区，如何处理好森林保护和利用之间的关系，提高居民保护与培育森林资源的意愿与自觉性，实现集体林的更有效管理成为了林改后面临的重要挑战。尼泊尔的社区森林管理模式作为一种充分运用社区力量来解决森林保护与利用冲突的有效方式，对我国林改后的集体林管理具有针对性的借鉴作用。同时，尼泊尔这种社区林业模式也可为我国集体林区实现森林资源良好经营与改善当地群众生活水平的共赢目标提供新的思路。

（胡延杰）

参考文献

董世魁 . 2008. 探寻尼泊尔自然生态保护性管理的有效模式[J]. 环境保护，(9)：85 – 87.

苏如 . 2011. 中国与尼泊尔双边贸易及投资前景[J]. 经济论坛，(1)：94 – 96.

赵光 . 2005. 尼泊尔森林保护策略[J]. 水土保持科技情报，(1)：11 – 12.

中华人民共和国外交部 . 2016. 尼泊尔国家概况 . http：//www. fmprc. gov. cn/chn/pds/gjhdq[2016-8-12].

FAO. 2009. Asia Network for Sustainable Agriculture and Bio-resources. Challenges and Opportunities for Nepal's Small and Medium Forest Enterprises (SMFEs), Rome.

FAO. 2015. Yearbook of Forest Products. http：//www. fao. org/decrep/015/i2715m/i2715moo. htm [2012-07-16].

FAO. 2015. Global Forest Resources Assessment 2015. Rome.

Kanel, Paudyal and Baral, 2005. Nepal Community Forestry. FAO：Rome.

Karki, M. 2003. Potentials of Joint and Community Forestry in South Asia：Lessons Learned, Road Blocks and Future Prospects. FAO：Rome.

Kozak R. Small and Medium Forest Enterprises：Instruments of Change in the Developing World. 2007, FAO：Rome.

Nepal Ministry of Forests and Soil Conservation. 2010. Asia Forestry Outlook Study 2010：Country Report NEPAL.

Nurse, M. , Malla, Y. 2006. Advances in Community Forestry in Asia. FAO：Rome.

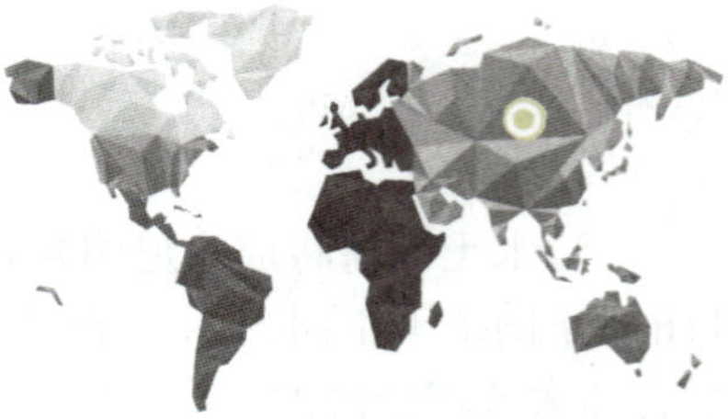

泰国(Thailand)

泰王国(简称泰国)位于中南半岛中部，印度洋和太平洋之间，与老挝、柬埔寨、缅甸、马来西亚等国家毗邻，东南临泰国湾(太平洋)，西南濒安达曼海(印度洋)。面积51.31万km^2。人口6 970万(2017年)。全国共有30多个民族，傣族为主要民族，占总人口40%，其余为老挝族、华族、马来族、高棉族等。90%的居民信仰佛教，马来族信奉伊斯兰教。泰语为国语。全国分中部、南部、东部、北部和东北部5个地区，共有77个府，府下设县、区、村(中国外交部网站，2017)。

境内多低缓山地和高原。地形为北高南低，北部高山地带多为南北平行的山岭，向南延伸，山势逐步平缓。西北部地区山势尤为陡峭，最高峰因他暖峰海拔2 595 m。东部为呵高原，中部为湄南河平原，地势平坦，是主要的农业区。地处热带，大部分地区属热带季风气候，年均温差较小，平均气温27℃，5~10月为雨季，11月至翌年4月为旱季。年降水量在1 000~3 000 mm。

泰国1996年被列为中等收入国家。1997年金融危机后陷入衰退。1999年经济开始复苏。农业是传统经济产业，农业人口约1 530万人。全国可耕地面积约占国土面积的41%。主要作物有稻米、玉米、木薯、橡胶、甘蔗、绿豆、麻、烟草、咖啡豆、棉花、棕油、椰子等。旅游业保持稳定发展势头，是泰国外汇收入重要来源之一。

对外贸易在国民经济中具有重要地位。2014年对外贸易额为4 52亿美元，其中出口额2 275亿美元，进口2 277亿美元，分别缩减0.4%和9.0%。中国、日本、东盟、美国、欧盟等是泰国重要贸易伙伴。

2017年国内生产总值为4 210亿美元，人均国民生产总值6 594美元，国内生产总值增长率为3.9%(中国外交部网站，2017)。

一、林业在国民经济中的地位

泰国的林业产业包括木材和主要林产品的生产。20世纪70年代高峰时期，林业对国民生产总值的贡献率为2.5%，1988年降至0.37%，1990年进一步下降到0.16%。2010年国内生产总值3 189.1亿美元，其中来自林业的总附加值达2.47亿美元，林业贡献率仅为0.08%。林业部门对国民生产总值的贡献率呈现出下降的趋势，并不表明林业在泰国社会与经济中的作用与地位的降低，主要原因在于林业产品与服务未能全部进入市场领域和林业产品与服务的价值低估，另外，随着泰国经济发展水平的提高，国内生产总值增长比较快，2014年国内生产总值为3 736亿美元，比2010年增加17.1%。

二、森林资源

1. 森林资源现状

根据FAO统计，2015年森林面积为1 639.9万hm^2，森林覆盖率为32.1%，森林蓄积量为15.1亿m^3，泰国天然林面积为单位面积蓄积量为92 m^3/hm^2，人均森林面积为0.25 hm^2。碳蓄积为8.6亿t。泰国天然林面积为673万hm^2，占总面积的41%；人工林为398.6万hm^2，占总面积的24.3%；天然次生林为568.7万hm^2，占总面积34.7%。2015年泰国红树林总面积为24万hm^2。泰国所有的森林资源归国家所有，公有制森林面积变化见表1(FAO，2015)。

表1　泰国不同所有制的森林面积变化　(10^3hm^2)

类型	公有制				私有制			
年份	1990	2000	2005	2010	1990	2000	2005	2010
面积	14 005	17 011	16 100	16 249	0	0	0	0

资料来源：FAO，2015。

2. 森林植被类型

泰国森林的植被类型分为8种，其分布如下：

(1)热带低地常绿雨林。分布在年均降水量超过2 000 mm的低海拔地带至略高的海拔地带。年温度变化在3℃以下。树种丰富，由上、中、下3层组成，上层龙脑香科树种达到蓄积量的50%。

(2)热带沼泽林。分布在溪流常年浸水的地区。林型为混交林和巴丹疏林2种类型。

(3)红树林。分布在河口、海岸的浅滩地带。有的地区的红树林由互叶白千层(*Melaleucaleuca dendron*)纯林组成。

(4)热带常绿季雨林。分布在年均降水量2 000 mm、有4~5个月的干旱季，或年均降水量1 500~2 000 mm、有1~2个月旱季的地区，因海拔高度、干燥程度而出现不同的林型。而且，北部、中部的原始林中较多见龙脑香科树种。

(5)热带湿润落叶树林。分布在年降水量1 500 mm、有4~5个月旱季的北部和中央部。柚木林分布在湿润、排水良好的北部溪谷和山麓。

(6)热带低地半落叶雨林和热带湿润落叶林。分布在北部地区，低地半落叶雨林的上层有较多的龙脑香科树种，在湿润落叶林中，豆科(14种)、马鞭草科(5种)、使君子科(4种)的树种较多。

(7)热带干旱落叶林。分布在年均降水量1 000~1 500 mm的气候偏热的东北部地区。龙脑香科树种较多。

(8)热带山地雨林。分布在西部地区，亚热带树种较多(世界林业动态，2015)。

3. 森林资源消长

泰国曾经是森林资源丰富的国家之一。20世纪初，森林覆盖率曾高达75%，但至60年代以后逐渐下降到53.3%，1985年降至30%，到1995年，森林覆盖率降至22.8%。政府1989年禁止采伐天然林，进入90年代后，加强了天然林保护工作，并推进了红树林采伐许可无效等政策，国内森林减少的速度放缓。金融危机后，泰国促进了林业的发展，森林面积和森林覆盖率也有所提高。如表2所示，2010—2015年期间森林面积年均增加3万hm^2，森林年均增长率0.18%。

1990~2000年间，森林减少速度是近30年来最快的，每年减少30多万hm^2，年均减少率达2.1%，2000—2010年期间森林面积继续下降，但减少速度明显下降，森林面积年均减少0.45%。总的来讲，2015年与1990年相比，森林面积增加239.4万hm^2。

表2　泰国森林面积变化

面积(10^3hm^2)				年变化率					
1990	2000	2010	2015	1990—2000		2000—2010		2010—2015	
				10^3hm^2/年	%	10^3hm^2/年	%	10^3hm^2/年	%
14 005	17 011	16 249	16 399	-301	-0.20	-76	-0.5	30	0.2

资料来源：FAO，2015。

三、林业法规政策

（一）林业立法

泰国的林业受到很多法规的限制，有20个以上的法律和诸多政令涉及森林管理。在泰国林业部门成立之前，仅制定过与树种选择利用相关的政策。1896年泰国皇家林业厅正式成立后，为保护森林资源和控制森林采伐，于1913年制定了《森林保护法》，规定了森林采伐规则。1941年又颁布了《森林法》，限制森林资源的利用。1960年颁布了《国家公园法》，建立4个国家级森林公园、18个地区级森林公园和2个树木园，并禁止在森林公园内进行一切砍伐利用活动。1961年颁布了《野生动物保护法》，建立禁猎区9.63万hm^2。随着环境保护的升温，1989年泰国政府通过了《社区林业法案》，社区林业逐渐为泰国政府和社会认可，被认为是可持续的森林利用模式，泰国的森林管理从单一的国家管理模式走向社会参与模式。1995年，泰国政府开始起草《社区森林法案》，FAO认为这是具有里程碑意义的事件。该法案的宗旨是鼓励生活方式与森林相关、居住在社区内的公民，参与到环境的保护和发展中来，让社区公民可持续地管理和利用森林资源，鼓励他们与政府合作保护生态系统和环境，减少森林退化。《社区森林法案(草案)》分别于1997年、2001年和2007年3次提交泰国立法部门，均未能获得通过。截止到2015年，泰国涉及森林的主要6个法律，包括：《森林法》《国家公园法》《国家自然保护区森林法》《野生动物保护法》《人工林法》《电锯法》，并根据这些法律已发布了启动保护，并确定了相应的恢复、保护的地区。

（二）林业政策

19世纪末期泰国皇家林业厅成立后，林业政策的核心是森林资源保护。但是，由于在处理森林资源保护和利用的关系上缺乏协调，引起了国家利益与社区利益之间的争执。为把森林资源保护与利用有机地结合起来，1982年泰国成立了一个主要由各部门政府官员组成的专门委员会，制定和修改国家林业政策。在《维护和保护环境的国家第一政策展望(1997—2016)》中鼓励居民和地方参与区域森林、水、生物多样性及流域管理，同时，提出了森林覆盖率提升到50%（保护林30%、生产林20%）的目标。

泰国从1962年开始每5年制定一次经济社会发展计划(NESDP)，在第1~6个计划中，农产品出口优先度很高，奖励农地扩大，此后的第7个和第8个计划，政府认识到如果经济发展和环境保护没有当地居民的参与，将会对环境造成恶劣影响。因此，政府的第9个和第10个计划推进了环境、社会以及经济发展之间的平衡。到现行的第11个计划进一步推动了环境、社会及经济发展之间的平衡，其目标是通过维持占整个陆地面积40%的森林和19%的保护林，实现天然资源及生物多样性的保护。而且，2006年制定了经济林造林基本规划，推动民营企业在私有林地上造林，目标是10年造林240万hm^2。

四、林业机构与管理体制

泰国林业行政管理归属于自然资源部(过去为原来的农业与合作社部管辖)。该部下设的4个局，其中皇室林业局负责管理保护区以外的森林；国家公园、野生动物和植物保护局负责管理保护区的森林；海洋与沿岸资源局负责管理海岸林(红树林)；事务局负责管理环境事务(图1)。全国各地均设有下属机构。

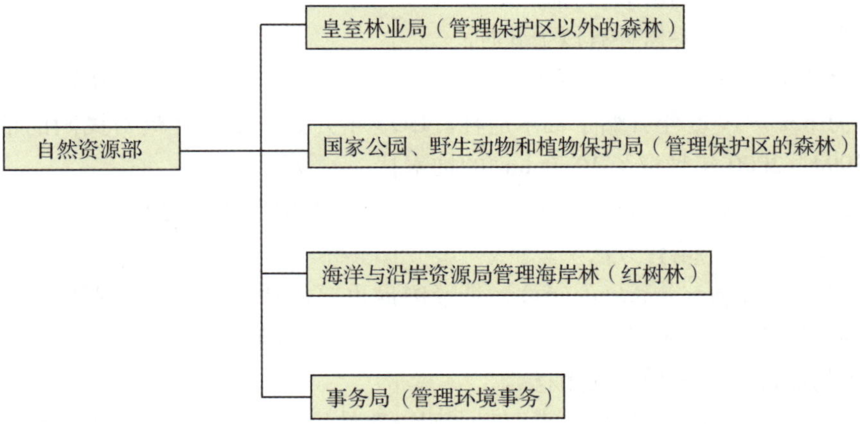

图1　泰国的林业管理机构

泰国有一个全国性的平台，促进利益相关者参与到森林政策的发展与制定中。泰国王国宪法(2550，85条)表明政府关于自然资源和森林经营管理的计划应该基于当地居民和社区的参与；政府2011年8月的声明中，强调保护和恢复野生动物和森林环境要基于参与式管理的方法。居民和森林应该和谐相处，而且当地居民能够从森林中获益。利益相关者可通过多种方式如研讨会，讨论会或任何一种社会会议上将多数居民的需求向政府代理或直接向政府反映。利益相关者在森林决策的计划阶段、施行阶段和验收阶段均有参与。

2014年7月3日，泰国RECOFTC项目中心(Center for People and Forests' Thailand Country Program)组织了一次政策对话，来自皇家林业局、国家公园局、自然资源和环境政策及规划办公室、学术机构、社区林业网和非政府组织的约40位高管出席了会议。会议提出现在泰国正在建立省级的林业机构，在每个林区建立森林委员会是有关人士与皇家林业局一道参与森林管理的另一个途径。

五、森林经营与管理

（一）森林经营

1. 人工造林

泰国的人工造林是从1906年柚木造林试验开始的，1919年以后开始了其他树种的造林。1960年后第1个国家经济社会发展计划(1962—1966年)开始大规模人工造林，第2个5年计划以后积极推动了森林的恢复性造林。特别是1991年制定了国家造林长期计划，以官民一体的形式推动了造林。2000年开始实施森林村制度，通过农民定居，雇用造林，来遏制森林消失，促进再造林。由此形成了柚木大径材造林地，以及北部山区的松树水源林造林地。截至2015年，泰国人工林面积包括橡胶人工林约为399万hm^2(FRA，2015)。

泰国的人工造林主要有以下几种类型：①皇室林业局政府资助造林；②特许权人实施造林；③皇室林业局提供苗木给地区居民实施造林；④村落共有林造林；⑤民营部门造林。其中，以政府资助造林为主。森林经营方式主要包括择伐、伞伐、萌芽更新等各种方式，但没有形成系统的固定的营林方法。

泰国现在造林的主要树种有以下3种：

(1)柚木(*Tectona grandis*)。泰国的天然柚木林在1854年时有232万hm^2，但2000年时仅剩15万hm^2。1906年开始了柚木造林。1993年开始皇室林业局对民间的柚木造林给予奖励，1994—2000年种植了10万hm^2的柚木林。

(2)龙脑香树(*Dipterocarpus macrocarpus*)。主要在泰国东北部的低山地种植，建立了种子库，并开发了基本的培育方法。

(3)桉树(*Eucalyptus amaldulensis*)。是泰国最重要的树种之一，其木材用途广泛，在泰国造林的桉树70%~80%用于造纸或纸浆，10%~15%用作燃料，5%为建筑用材，近年也作为生物能源与能源相关的用材。

除以上3个主要造林树种外，泰国现在用于造林的主要树种还有松科、豆科、龙脑香科、木麻黄科、山龙眼科、马鞭草科、大戟科、楝科、桦木科、桃金娘科等二三十个树种，主要有：思茅松(*Pinus kesiya*)、南亚松(*P. merkusii*)、加勒比松(*P. aribaea*)、展叶松(*P. patula*)、墨西哥柏木(*Cupressus lusitanica*)、木麻黄(*Casuarina equisetifolia*)、西南桦(*Betula alnoides*)、银桦(*Grevillea parallela*)、龙脑香(*Dipterocarpus alatus*)、芳香坡垒(*Hopea odorata*)、钝形娑罗双(*Shorea obtuse*)、娑罗双(*S. roxburghii*)、缅甸紫檀(*Pterocarpus macrocarpus*)、交趾黄檀(*Dalbergia cochichinensis*)、铁刀木(*Cassia siamea*)、粗轴双翼豆(*Peltophorum dasyrachis*)、儿茶(*Acacia catechu*)、大叶相思(*A. auriculiforms*)、马占相思(*A. mangium*)、厚荚相思(*A. crassicarpa*)、绢毛相思(*A. holosericea*)、纹荚相思(*A. aulacocarpa*、*A. difficilis*)、巴西橡胶树(*Hevea brasiliensis*)、柚木(*Tectona Grandis*)、云南石梓(*Gmelina arborea*)、大叶桃花心木(*Swietenia macrophylla*)、银合欢(*Leuceana leucocephala*)、赤桉(*E. camaldulensis*)。

2. 天然林经营

泰国的天然林作业方式以30年为轮伐期开展择伐作业，采伐面积以1 000 hm^2为单位，采伐木胸高直径100 cm以上。但由于大径木减少，近年胸高直径50 cm以上的树木也被列入采伐范围。

3. 森林认证

泰国森林认证主要是通过森林管理委员会(FSC)认证的森林，并没有进行其他类型的认证。2010—2012年每年FSC森林认证面积分别为1.90万hm^2，1.86万hm^2和2.34万hm^2(FSC，2018)。

（二）森林保护

1. 天然林保护

长期的商业采伐，使泰国的森林资源遭到严重破坏。因此，泰国政府决定，从1989年1月起，在全国范围内禁止商业采伐，成为亚太地区第一个全面禁止商业采伐的国家。全面禁伐后，毁林得到一定程度上的遏制，毁林率由20世纪80年代的1.7%降至90年代的0.3%，毁林率低于禁伐要求的0.86%，森林资源得到一定程度上的保护，森林生态环境恶化也得到一定的遏制。为了进一步保护和恢复森林资源，2011年启动了“退胶还林”计划。按照计划，2011年泰国政府依法收回非法用于种植橡胶的林地，并陆续种植上替代性非经济林木野生植物，2011年完成绿化面积1 600 hm^2。

2. 国家公园及各类保护区

为了恢复森林和有效保护生物多样性，泰国政府把建立国家公园、森林公园、野生生物庇护区和禁猎区作为保护森林及其他自然资源的一项宏观保护战略来实施。目前，泰国共建立了77个国家公园，总面积达392.8万hm^2，占泰国土地面积的7.65%；建立了48个禁猎区，总面积达41.7万hm^2；以上2项合计，总面积达到719.3万hm^2，占全国土地面积的14%。同时，在2 600 km海岸线上大约有30%的海岸线上有红树林分布，泰国政府已将沿岸60 m内的红树林划为保护带，红树林面积为600 hm^2，并建有4个红树林国家公园，总面积达8 000 hm^2。

此外，国家还建立了几十个大象、鸟兽、鳄鱼、蛇类、鱼类等野生动物驯养基地和检验中心。政府在机构设置、总体规划、税收政策、经费预算等方面鼓励和支持这些单位把野生生物资源保护与环境美化、设施建设以及为社会服务等有机地结合起来，使之互相促进，协调发展，相得益彰。保护战略的顺利实施，从宏观上建立了全泰国生态平衡、水土保护、环境美化和资源保护的骨干基地，同时也为泰国森林旅游业的蓬勃发展打下了坚实的基础。

六、林产品生产、加工与贸易

（一）林产品生产

由于所需原料依赖进口，泰国林产工业的发展受到严重制约。锯材、单板和胶合板厂开工严重不足，甚至导致一些企业关闭。根据 1985 年颁布的国家森林政策，国土面积 15.0% 的森林作为生产性森林，截止到 2015 年生产用森林面积为 326.5 万 hm^2。纸、纸浆、家具等在内的制材工业成为泰国木材加工的主流，企业通过这些产品的加工贸易提高收益。橡胶木和桉树树种成为了重要的加工原料。据 FAO 统计，2012 年泰国木材生产量为 3 300 万 m^3，其中 1 900 万（占 58%）为木质燃料；锯材产量为 290 万 m^3，人造板产量为 540 万 m^3（表 3）。

表 3　泰国主要林产品生产量　（万 m^3，万 t）

林产品	2006	2007	2008	2009	2010	2011	2012	2013	2014	2015
原木	2 843.6	2 831.5	3 410.3	3 399.8	3 390.1	3 378.7	3 368.0	3 358.1	3 349.1	3 340.7
工业原木	870.0	870.0	1 460.0	1 460.0	1 460.0	1 460.0	1 460.0	1 460.0	1 460.0	1 460.0
木质燃料	1 973.6	1 961.5	1 950.3	1 939.8	1 930.1	1 918.7	1 908.0	1 898.1	1 889.1	1 880.7
锯材	28.8	28.8	286.8	285.0	285.0	285.0	285.0	285.0	285.0	285.0
人造板	136.5	136.5	136.5	485.0	540.0	540.0	540.0	540.0	540.0	540.0
刨花板	53.8	53.8	260.0	260.0	260.0	260.0	260.0	260.0	260.0	260.0
纤维板	72.4	72.4	168.5	194.5	249.5	249.5	249.5	249.5	249.5	249.5
木浆	99.1	102.5	81.8	107.7	101.4	100.1	97.4	101.0	101.0	92.7
纸和纸板	530.5	448.4	410.8	418.0	436.2	439.6	438.6	452.5	452.5	482.9

资料来源：FAOSTAT，2015。

（二）林产品贸易

历史上的泰国一直是一个重要的原木出口国，木材出口在外汇收入中占有重要地位，1961—1965 年年均木材出口额在 200 万～300 万美元。而目前泰国已成为世界上木材和林产品进口较多的国家之一，木材和其他林产品的进口量正逐渐增大，2015 年原木、锯材、人造板的进口量分别为 5.7 万 m^3、95.6 万 m^3 和 44.4 万 m^3，进口额合计达到 4.6 亿美元（表 4）。另外，原木、锯材、人造板的出口量分别为 1.5 万 m^3、308.9 万 m^3 和 416.0 万 m^3，出口额合计达到 18.70 亿美元。人造板出口近年来稳定增加，比 2006 年增长了 56.9%，比 2003 年（120.2 万 hm^2）增长了 200% 以上（表 5）。

表 4　泰国主要林产品进口　（万 m^3，万 t，万美元）

林产品		2006	2007	2008	2009	2010	2011	2012	2013	2014	2015
原木	数量	50.4	53.2	30.4	29.2	27.4	24.0	16.1	19.0	14.3	5.7
	金额	10 860.0	8 677.9	10 753.7	4 962.3	6 010.2	5 487.9	6 592.0	8 081.3	7 046.5	1 280.0
工业原木	数量	50.4	53.2	30.3	29.2	26.8	23.9	16.0	18.9	14.3	5.6
	金额	10 860.0	8 677.9	10 747.0	4 955.6	5 989.4	5 478.8	6 555.2	8 044.5	7 038.2	1 271.0

（续）

林产品		2006	2007	2008	2009	2010	2011	2012	2013	2014	2015
锯材	数量	100.7	103.2	78.8	72.1	91.0	99.9	98.2	78.2	73.7	96.5
	金额	27 584.4	26 518.9	27 719.9	22 197.4	26 873.0	27 403.2	31 926.1	27 956.2	27 074.1	24 780.5
人造板	数量	36.6	31.6	29.8	27.9	34.5	39.6	40.8	45.5	32.7	44.4
	金额	10 771.1	12 332.2	13 038.7	11 667.5	14 533.4	18 724.9	18 984.3	20 270.9	21 038.0	19 596.6
木浆	数量	46.4	46.5	45.3	43.1	56.2	52.8	55.6	55.6	55.0	63.1
	金额	28 103.8	33 997.3	35 369.0	26 177.7	48 622.7	50 300.3	43 003.5	43 003.5	42 073.7	45 442.3
纸和纸板	数量	65.6	75.1	75.6	63.0	73.7	73.1	73.7	73.6	97.8	99.9
	金额	69 949.9	79 139.0	97 078.6	77 745.8	91 275.6	103 066.8	71 018.6	70 829.3	107 901.4	106 613.9

资料来源：FAOSTAT，2015。

表 5　泰国的主要林产品出口　（万 m^3，t，万美元）

林产品		2006	2007	2008	2009	2010	2011	2012	2013	2014	2015
原木	数量	1.7	1.6	1.9	1.3	0.9	1.6	2.3	2.8	4.6	1.5
	金额	805.2	958.0	686.7	482.7	380.6	741.4	1 718.5	2 585.5	3 724.0	876.3
工业原木	数量	1.7	1.6	1.9	1.3	0.9	1.5	2.3	2.7	4.5	1.5
	金额	805.2	958.0	679.7	475.7	373.9	716.6	1 691.9	2 558.9	3 680.5	843.1
锯材	数量	129.7	97.6	114.3	136.7	154.7	172.5	164.3	193.7	227.5	308.9
	金额	27 015.0	29 144.1	31 844.9	33 900.5	54 876.6	32 308.0	37 999.5	88 893.3	92 738.8	105 222.9
人造板	数量	265.1	268.1	252.4	286.2	337.0	326.8	316.0	363.4	410.5	416.0
	金额	39 545.8	49 753.3	52 794.0	49 142.2	64 761.3	73 100.2	69 793.2	73 019.1	84 071.2	80 941.6
刨花板	数量	168.7	171.1	156.6	173.4	186.3	175.3	172.0	179.5	207.1	194.0
	金额	21 858.3	23 316.2	25 803.2	22 707.3	27 503.0	30 897.9	28 074.9	26 797.2	31 998.7	28 200.5
纤维板	数量	95.2	94.8	94.0	110.7	146.7	148.6	141.2	179.1	198.4	215.5
	金额	15 921.0	24 044.2	24 582.7	24 403.5	34 789.3	39 834.3	39 386.7	43 119.2	48 946.6	49 638.4
木浆	数量	17.9	17.9	12.7	9.2	5.8	7.5	4.0	4.0	14.1	17.2
	金额	9 954.4	9 954.4	7 475.6	4 005.5	3 946.6	4 984.0	2 503.5	2 503.5	10 893.3	12 479.6
纸和纸板	数量	108.8	98.4	102.6	106.3	96.3	91.8	82.6	82.6	92.5	86.4
	金额	71 021.3	73 796.0	81 427.5	73 624.9	78 064.7	80 273.6	71 544.2	71 544.2	79 258.6	67 935.5

资料来源：FAOSTAT，2015。

1989 年泰国实施天然林禁伐政策以来，主要从东南亚联盟成员国马来西亚、缅甸、老挝等国家进口所需要的林产品，进口的树种主要为龙脑香科和柚木等。

七、林业科研与教育

泰国很早建立了卡色萨大学林学院、帕府林业管理学校及塔克林业培训中心等著名林业科研教育机构。泰国的林业高等教育的重点是森林保护、造林、流域治理和森林生物学等专业，为国家制定的恢复森林覆盖率和保护生物多样性的宏观林业政策服务。同时，为了林业高等教育事业的生存和发展，卡色萨大学林学院已向森林旅游、野生动物驯养、水产繁殖、社会林业等专业及学科领域扩展，因地制宜地创办了一批具有本国特色的新兴专业。目前，这些专业正趋于成熟，其中的社会林业已具有较大的国际影响。

由于多方面的原因，泰国在培养林业人才方面曾走过国内培养规模小、层次低、专业窄、适应性差和国外培养成本高、人数少、流失大、收回率低的弯路。为了解决这些问题，有效地培养高层次林业科技人才，泰国政府采取了国内与国外培养相结合，自费与公费培养相结合，培养与吸引相结合的对策，拓宽了人才培养的渠道。首先，是国内培养，国家着力办好卡色萨大学林学院这一泰国最高学府；同时，也通过朱拉隆功大学、清迈大学、孔敬大学、亚洲理工大学等院校培养了一批泛农林业科技人才；另外，泰国还通过官方或民间、自费或公费等多种途径向国外派遣了大批留学生，对于选派留学生，泰国采取了派往国别多样化，以博采世界各国之长，且对从各国学成归国的留学生一视同仁的政策，使留学生从各国学到的知识在为本国服务的过程中产生较大的互补性。2010 年泰国直接从事林业的人数达到 3000 人（FAO，2015）。

八、林业国际合作与交流

桉树是泰国人工林造林的主要树种之一，政府也非常重视桉树人工造林，希望与中国加强在桉树种植方面的学术和科技合作交流。另外，已经有泰国公司来中国投资用材林，并逐步扩大投资规模。中泰两国林业部门正在努力、积极加强两国林业合作与交流，共同维护森林生态环境的同时，实现环境与经济的共赢。

九、分析与借鉴

泰国林业的发展经历着一个由自然生长、破坏到建设的过程。历史上泰国的森林资源是极为丰富的，但在 1961—1975 年间，由于滥砍盗伐，森林覆盖率由 69% 迅速下降到 17.8%。另外，从 60 年代中期开始，泰国也开始注意保护森林资源和提高林木生长量，建立起林业组织机构，制定林业政策，加强科学研究和技术指导，采取多种保护与营林措施，其中比较有特色的主要有建立森林村、鼓励以木材为生产资料的工业部门购买林地使用权、建立森林保护区，除此之外，泰国非常重视对广大公民进行保护森林教育，注重将森林和私人利益结合起来。泰国发展林业的特点是十分重视树木改良，以树木改良为林业发展的主要途径，重视引进外国先进技术，1965 年与丹麦合作，先后成立柚木改良中心和松树改良中心，80 年代利用日本的资金和设备，建立中央林业研究所和林业技术培训中心，后与加拿大合作建立东南亚－加拿大林木种子中心，为这些林木改良中心和研究所推动着全国林业生产的发展。泰国林业的发展在经历总结经验教训，提高认识，大力营林护林，并吸收林业先进国家的技术和财力后，又得到了迅速的发展，其间有些经验是值得我们借鉴的。一是科研与生产结合，重视科学造林。把树木遗传改良的先进技术广泛应用于林业生产中，把科研－中试－生产推广一竿子进行到底。二是基层林业科研机构精简而高效。三是重视林业技术改革。四是在森林经营管理中，重视公众参与，将森林保护与私人利益结合起来。

（叶兵　李婷婷）

参考文献

白秀萍. 2015. 泰国林业概况[J]. 世界林业动态，(2).

施昆山，等. 2007. 当代世界林业·泰国[M]. 北京：中国林业出版社.

泰国皇家林业部. 2007. http：//www. forest. go. th/stat/stat50/TAB21. htm.

泰国皇家林业部. 2007. http：//www. forest. go. th/stat/stat50/TAB8. htm.

中国外交部网站. 2015. 泰国国家概况.

FAOSTAT，2015.

Global Forest Resoarces Assessment，2015.

越南(Vietnam)

越南社会主义共和国(简称越南)位于东南亚中南半岛东部，北与中国接壤，西与老挝、柬埔寨交界，东面和南面临南海。国土面积32.96万km^2，2015年全国总人口为9 170万人，主要语言为越南语。共有54个民族，其中京族占总人口86%，岱依族、傣族、芒族、华人、侬族人口均超过50万人。主要宗教为佛教、天主教、和好教与高台教。全国划分为58个省和5个直辖市，首都为河内。

越南全境3/4的面积为山地和高原，地势由西北向东南倾斜。海岸线长3 260万km。河流密集，主要河流为红河和湄公河。全境位于北回归线以南，属热带季风气候，高温多雨，年平均温度24℃，雨量充沛，年平均降雨量为1 500～2 000 mm。北方分春、夏、秋、冬四季，南方分雨、旱两，大部分地区5～10月为雨季，11月至翌年4月为旱季(中国外交部网站，2018)。

越南系发展中国家，1986年开始实行革新开放。经过25年的革新，经济保持较快增长，经济总量不断扩大，三产结构趋向协调，对外开放水平不断提高，基本形成了以国有经济为主导、多种经济成分共同发展的格局。2013年，越南经济克服了国际金融危机的不利影响，实现了平稳较快增长，国内生产总值达到了1 700亿美元，增长率为5.4%，人均GDP为1 960美元。

越南是传统的农业国，农业人口约占总人口的75%。耕地及林地占国土面积的60%。粮食作物包括稻米、玉米、马铃薯、番薯和木薯等，经济作物主要有咖啡、橡胶、胡椒、茶叶、花生、甘蔗等。2017年，越南农林渔业总产值为896.1亿美元，比2016年增长2.9%，其中农、林、渔业产值分别增长2.07%、5.14%、5.54%。2014年上半年越南农林渔业总产值比同期增长2.96%。

越南和世界上150多个国家和地区有贸易关系。近年来越南对外贸易保持高速增长，对拉动经济发展起到了重要作用。2017年上半年货物进出口贸易总额约为4 249亿美元，其中出口额2 138亿美元，增长21.1%，进口额2 111亿美元，增长20.8%。中国现为越南第一大贸易伙伴(中国外交部网站，2018)。

一、林业在国民经济中的地位

2000年越南的林业产值为76 739亿盾，约合3.64亿美元(1美元=21 080越南盾，下同)。2012年林业产值达到了268 004亿盾，约合12.71亿美元，增长249%，占全国国内生产总值32 454 190亿盾(约合1 540亿美元)的0.83%。其中，林产品开发产值达226 111亿盾(约合10.73亿美元)，占林业产值的84.37%(表1)。

2005年，越南的全日制林业就业人数为24.6万人，其中初级生产部门的就业人数为

23.9 万人，比 1990 年的 8 万人增加了近 200%。

表 1　2000—2012 年越南林业生产总值　（现价比，亿盾）

年份	总额	其中		
		森林种植与管护	林产品开发利用	森林服务和其他
2000	76 739	11 315	62 354	3 070
2001	79 999	10 542	66 236	3 221
2002	84 111	11 652	68 550	3 909
2003	86 536	12 502	68 823	5 211
2004	90 641	13 597	71 758	5 286
2005	94 962	14 035	75 503	5 424
2006	103 314	14 905	82 500	5 909
2007	121 083	16 371	97 810	6 902
2008	143 698	20 405	115 246	8 047
2009	161 058	22 870	129 169	9 019
2010	187 147	27 111	149 480	10 556
2012	268 004	27 647	226 111	14 246

资料来源：Vietnam Statistics Yearbook，2013。

二、森林资源

（一）森林资源现状

到 2013 年年底，越南全国森林总面积为 1 477 万 hm^2，森林覆盖率为 44.8%。其中天然林为 1 040 万 hm^2，人工林为 356 万 hm^2，分别占森林面积的 70% 和 30%（表 2）。全国森林蓄积量为 8.7 亿 m^3，其中针叶林为 0.22 亿 m^3，阔叶林为 8.48 亿 m^3，每公顷森林蓄积量为 63 m^3，人均森林蓄积量为 9.7 m^3。森林碳储量为 1715 百万 t。公有林占 72%，私有林 24% 及其他所有制形式的森林占 4%。生产林占 47%，水土保持林占 37%，生物多样性保护林占 16%（General Statistic Office of Vietnam，2014）。

表 2　越南的森林面积　（万 hm^2）

森林类型 \ 年份	林地面积					
	1990	1995	2000	2005	2010	2013
天然林	840	820	970	1 030	1 030	1 040
人工林	70	100	160	230	310	356
总面积	910	920	1 130	1 260	1 340	1 477

资料来源：Vietnam Statistics Yearbook，2014。

越南北部与中国接壤的国境地带的山地以及从北部向中部延伸的 Annam 山脉，为亚热带照叶树林地带。从北部向中部低地为略湿润气候下的落叶或半落叶热带林地带。红河三角洲及湄公河河口沿岸地带为红树林地带。这些三角洲地带的内陆地区分布着热带湿地林。安南山脉西侧的内陆低地为热带干旱落叶林地带。

越南的植被类型包括 7 种：热带低地常绿雨林、山地照叶林、热带低地半落叶雨林和热带湿地落叶雨林、热带干旱落叶林、红树林、热带不定期湿地林、热带稀树草原（图 1）。其中主要植被类型有：热带低地常绿雨林、热带低地半落叶雨林及热带湿地落叶树林、山地照叶林和红树林。

越南主要的用材树种有松科、龙脑香科、豆科、罗汉松科、苦楝科及楠木科树种，包括南亚松（*Pinus merkusii*）、思茅松（*P. kesiya*）、罗汉松（*Podocarpus* spp.）、坡垒（*Hopea* spp.）、龙脑香木（*Dipterocarpus* spp.）、大花米仔兰（*Aglaia gigantea*）、越南木姜子（*Litsea pierrei*）、越南紫檀（*Pterocarpus cambodianus*）、越南缅茄（*Pahudia cochinchinensis*）等。越南南部分布着商业树种中最珍贵的交趾黄檀（*Dalbergia cochinchinensis*）、巴里黄檀（*D. bariensis*）、格木（*Erythrophleum fordii*）、麻楝（*Chukrais tabularis*）、灰木莲（*Manglietia glauca*）等树种。疏林中可利用的树种有娑罗双（*Shorea obtuse*）、钝叶娑罗双（*Pentacme siamensis*）、毛榄仁树（*Terminalia tomentosa*）、缠结羯布罗香（*D. intricatus*）、钝叶羯布罗香（*D. obtusifolius*）、羯布罗香（*D. tuberculatus*）、紫薇属（*Lagerstroemia*）、印支娑罗双（*S. cochinensis*）及木荚豆（*Xylia dolabriformis*）。

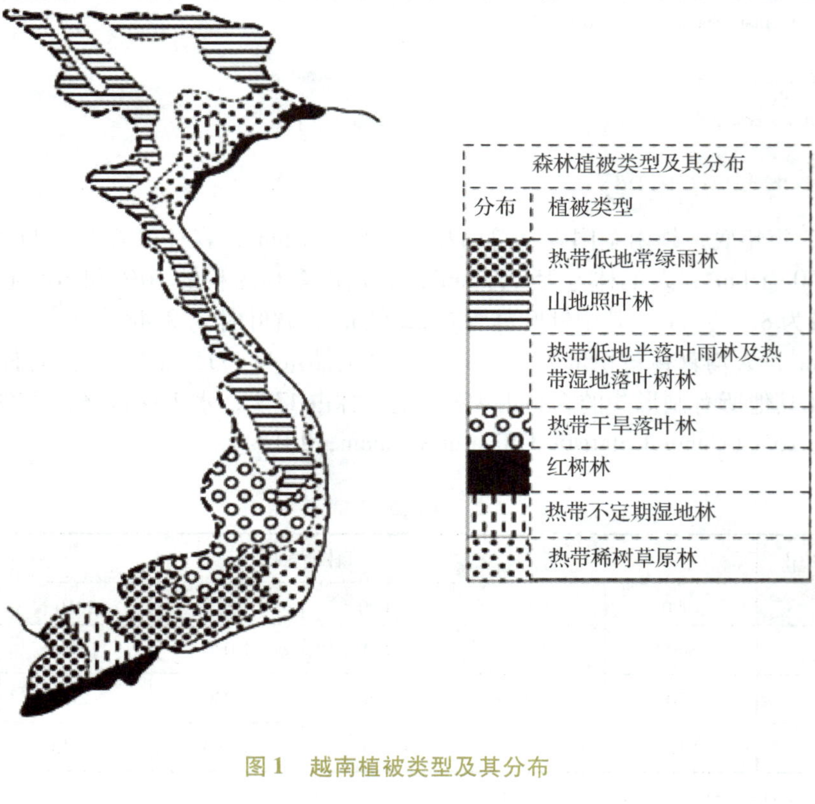

图 1　越南植被类型及其分布

（二）森林变化情况

由于过度采伐和战乱等原因，越南的森林遭到了严重破坏，森林覆盖率由 1945 年的 43% 减至 1990 年的 27%。据统计，1990—2005 年，全国减少了 78% 的原始林，原始林只有 8.5 万 hm^2，仅占全国森林面积的 0.66%，丧失率居全球前列。政府意识到问题的严重性，毁林现象得到一定的遏制，到 20 世纪 90 年代末期，年均毁林率下降了 18%（表 3）。

表 3　越南的森林破坏面积　（万 hm^2）

森林类型 \ 年份	1995	2000	2005	2006	2007	2008	2009	2010	2011	2012	2013
总面积	—	—	1.01	0.55	0.64	0.47	0.33	0.86	0.79	0.37	0.17
林火破坏	—	—	0.68	0.24	0.51	0.15	0.17	0.47	0.12	0.14	0.05
其他破坏	1.89	0.35	0.33	0.31	0.13	0.32	0.16	0.39	0.67	0.23	0.12

资料来源：Statistical handbook of Vietnam，2014。

从 1992 年起，越南政府开始推行大规模造林计划，先后制定了“327 项目（1993—2000）”和“661 项目（1998—2000）”等大规模造林计划，以增加森林面积和蓄积量。“327 项目”的目标是到 2010 年造林 200 万 hm^2，而“661 项目”计划造林 500 万 hm^2，将森林覆盖率从 1995 年的 28% 提高到 2010 年的 43%。该计划还提出，在恢复森林的同时减少自然灾害、涵养水源、保护生物多样性、减轻粮食不足及削减贫困，提高木材及林副产品等供应能力。经过近 20 年的不断努力，2013 年全国森林面积达到 1 477 万 hm^2，森林覆盖率恢复到 44.8%。特别是 1995—2005 年间，森林面积由 930 万 hm^2 增加到了 1 260 万 hm^2，年均增加 30 万 hm^2。

三、林业法规政策

（一）林业法规政策

越南的林业基本政策主要体现在《森林保护与发展法》《林业发展战略（2006—2020）《森林保护和发展计划（2011—2020）》等法律与规划中。

1. 森林保护与发展法

《森林保护与发展法》是越南林业政策的基础。此法第一条规定了森林的管理、保护、开发和利用以及森林所有者的权利和义务。在越南，根据《土地法》（第 13 条），按照土地利用目的，国土划分为“农业用地”“非农业用地”“未利用土地”3 种类型。林地属于农业用地，也区分为“生产林”“保护林”及“特种用途林”3 种类型。森林在《森林保护发展法》第 4 条中被分为“保护林”“特种用途林”“生产林”，其主要定义分别为：①保护林。包括流域保护林、防风防沙林、防潮防海岸侵蚀林、环境保护林，主要通过水源和土地的保护、防止土壤侵蚀和沙化、减轻自然灾害、调节气象，以提高环境保护功能。保护林不仅以保护森林为目的，而且通过发挥森林的功能实现保护周边环境的目的。②特种用途林。以严格保护为目的的森林，包括国家公园、自然保护区及栖息地保护区等自然保护区、遗迹或文化景观遗产等景观保护区、科学研究及实验林。③生产林。在保护环境的同时，以木材及非木质林产品为主要目的的森林，包括天然生产林、人工生产林、从人工林及天然林中筛选的采种林。

2. 林业发展战略(2006—2020)

越南的《林业发展战略(2006—2020)》于2007年制定，该战略的目标是：到2020年全国森林覆盖率提高到47%，工业用木材生产量达到2200万m^3，80%的生产林通过FSC森林认证，让森林真正发挥保护水源和沿海地区环境、减缓自然灾害的作用(表4)。

表4 越南的林业发展战略目标 (万hm^2,%)

项目		2005	2010	2020目标
森林覆盖率		37	42.6	47
生产林	人工林	138	265	415
	天然林	310	363	363
	荒废地/农用林	262	182	62
工业用木材生产量		1 000	1 400	2 200
薪炭材生产量		2 500	2 600	2 600
生产林森林认证率		0.1	30	100
农民林业知识普及率		—	30	80
林业生产企业改革		—	全部公社化	全部公社化
社区林业经营		—	250	400

为发挥森林的各种机能，2007年，越南决定由国家财政拨款提高造林补助，将条件差的地区特别是西北部作为优先发展地区，大力推进对生产林的投资造林。为实现2020年森林覆盖率47%的目标，越南制定了新的造林计划。新计划采取与社会经济发展计划(SEDP 5年计划)同步的形式，计划期为2011—2015年。

关于林业生产企业改革，国有林业企业原则上改为林业公司。对于可以大规模集约经营的生产林由林业公司统一经营，原管理防护林和特种用途林的国有林业企业分别改组为防护林管理事务所和特种用途林管理事务所。此外，分散的森林、裸地及退化林等大方向是分配给农户。

3. 森林保护和发展计划(2011—2020)

该计划是依据越南《森林法》第16条制定的10年计划为基础制定的5年计划和年度计划。而且，根据《森林法》第17条规定，该计划在国家层面上由MARD负责制定，而在地方层面上由各级人民委员会负责制定。该计划的主体内容包括：

(1)计划目标。①为保证森林覆盖率从2015年的42%~43%提高到2020年的44%~45%，要促进对现有森林和计划造林土地的有效持续的管理、保护、开发和利用，为国家的可持续发展和确保环境安全做贡献。②提高各林区的生产能力、质量和价格，以适应国内消费和出口的木材、燃料材及其他林产品需求。而且，通过为可持续的社会经济、环境发展作贡献，使林业成为重要的经济部门。③谋求增加地区居民就业和收入的机会，削减贫困。④为提高森林部门附加值，以利用各种经济领域的全部资源为基础，开发可持续的林业生产体系。同时，改善林业相关产业，保证有效地切实地运行。

（2）发展方向。该计划拟谋求与林业发展战略（2006—2020）的整合性，特别强调：①通过对不同森林类型与林地使用权的重组，强化林业的社会一般化。"国家机关"和"家庭、组合、社区和个人"的使用权的分配比例标准为：特种用途林 85∶15，防护林 70∶30，生产林 25∶75。②再有利于应对气候变化的主要地区，要提高森林的防护功能。为确保生态系统安全的重要区域及可持续的经济增长，要提高森林覆盖率。③为提高天然林及人工林的生产力、质量和效率，要提高林业生产效率，提高林产品的价值和林业部门对国家经济的贡献。④要提高来自于以森林环境服务及其他森林为基础的服务的林业部门相关收入。面向综合碳市场的准备，强化可持续森林资源保护和可持续利用相关者的责任和为可持续收入作贡献。⑤通过积极参与和协作国际的、区域的及双边的林业关系，强化国际的和区域性的林业整合。要进一步推动有利于支持森林保护和开发的《濒危野生动植物种国际贸易公约》（CITES）、《联合国生物多样性公约》（UNCBD）、UNFCCC、REDD + 等林业相关的国际公约及多边环境协定等。

（3）计划项目。①将现有（2010 年）森林 1 338.8 万 hm^2 扩大到 2015 年的 1 427.3 万 hm^2 和 2020 年的 1 507.3 万 hm^2；减少违反森林法的违法案件数量，有效利用森林的防护功能、生态系统保护功能、生物多样性保护功能，促进国家可持续经济发展。②森林发展项目将重点放在改善生产力、质量、材积和提高森林覆盖率上，实现以下造林目标：造林 260 万 hm^2，生产林新增造林 100 万 hm^2，主要是生产林收获后在造林 135 万 hm^2；天然更新及抚育管理 125 万 hm^2；天然林改进 35 万 hm^2（主要是生产林）。

4. 国家绿色增长行动计划（2013—2020）

2013 年 9 月，越南政府总理刚批准了《国家绿色增长战略》，提出了下一阶段任务是提高经济发展质量、节约能源、保护环境、保障社会公正与进步，并据该战略提出了 2013—2020 年《国家绿色增长行动计划》（简称《行动计划》）。

《行动计划》旨在实现 3 大目标：①进行结构重组并完善政策机制，鼓励各产业提高能源和自然资源使用效率；②注重科研工作并广泛应用先进技术，提高自然资源使用效率，尤其是减少温室气体排放量，有效应对气候变化；③通过建立绿色基地和树立善待环境的生活方式，在工业、农业、绿色服务等领域创造更多就业机会，改善国民生活质量。

《行动计划》的核心任务之一，就是减少温室气体排放、促进绿色能源和再生能源利用率，提出在主要产业将单位 GDP 的能源消耗年均减少 1% ~1.5%，温室气体排放比 2010 年减少 8% ~10% 等指标。

（二）其他法规政策

1. 森林使用权

根据越南《宪法》第 17 条规定：国土、森林等财产在全民所有权下归国家所有；第 18 条规定：为长期利用的土地由国家分配给组织或个人，土地使用权可流转给组织及个人。根据《土地法》第 67 条规定，森林可按最长 59 年分配或租赁给家庭及个人，分配给社区人民委员会的土地作为活期土地，将来可以分配给当地居民。

2. 林地承包制

越南《土地法》于 1988 年颁布和实施，开始实行林地承包到户政策，即将林地划分给非国营企业经营管理，土地仍属国家所有，但林木使用权归土地使用者。由于种种原因，没有达到预期效果，在总结经验的基础上，越南政府决定将原来小面积承包改为以村为单位的林地承包制，政府对建立林业技术推广体系和提供技术服务等给予支持。

3. 林业发展投资政策

越南拟通过强化国家非控股国有林业企业的平等地位，来推行森林经营权和所有权的多元化。同时，政府还鼓励国有企业与私人企业和社团之间在营造森林、保护森林以及林产品生产方面建立合作和伙伴关系。

为鼓励私人企业和外国企业投资林业。投资林业发展的企业的所得税征收额从原来的28%减少到10%～20%。同时，企业还可以得到最多4年免交企业税的优惠，并至少在9年内享受税额减半的待遇。发展林业不属于限制投资的范围。150亿越南盾以下的投资项目无需登记；3 000亿越南盾以下的投资项目，投资者在当地政府登记即可；超过3000亿越南盾的投资项目需要得到当地投资部门的批准，然后发放投资许可证书。除了传统的直接投资方式以外，外国投资者正在探索以持股方式介入木材加工企业（必胜网，2008）。

四、林业机构与管理体制

越南于1976年成立林业部，负责全国的林业工作。1995年进行体制改革，将农业部、林业部和食品工业部合并为农业与乡村发展部（MARD），下设19个局。2010年后开始调整机构，调整后农业与乡村发展部下设3个总局和其他机构。原来的林务局和森林保护局合并为森林总局，作为3个总局之一专门负责管理森林规划、森林发展、森林资源开发利用等，以及国家森林资源保护、森林经营、森林法规实政等。在地方省，至今仍保持着林业分局及森林保护分局的管理体制。森林总局为6部3室编制（图2），局长由农业与农村发展部副部长兼任，下设3名副局长，每个副局长各管辖3个部门（世界林业动态，2015）。

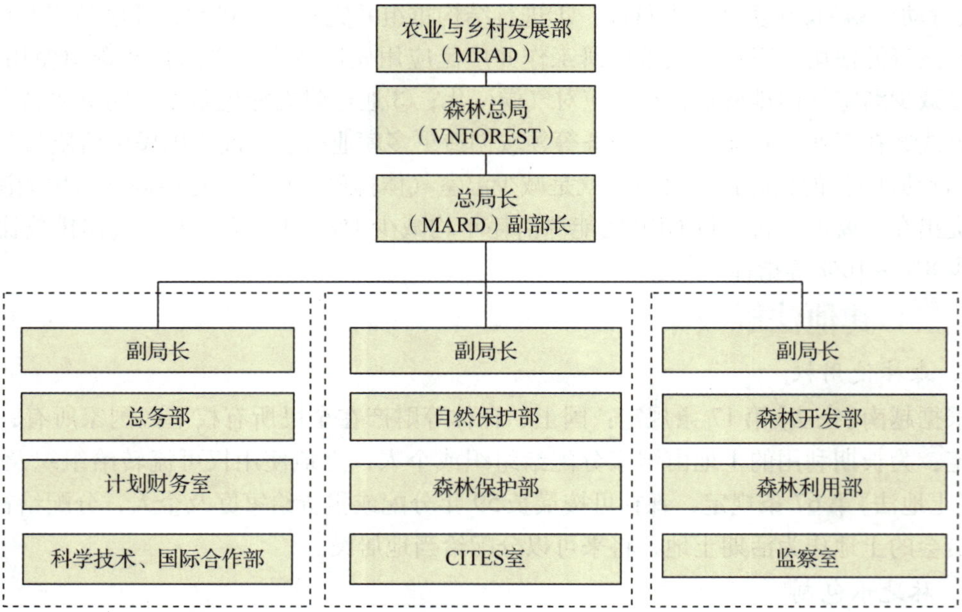

图2 越南农业与农村发展部森林总局机构

五、森林经营与管理

（一）人工造林

越南的人工造林正式开始于1955年。1955—1975年的20年间造林约21.9万hm^2。1976年后的10年间，造林约105.4万hm^2，年均造林面积达到16万hm^2。20世纪90年代起，开始大规模造林，2010年人工林面积达到308万hm^2，占森林总面积的23%，森林覆盖率恢复到39.5%。2000—2013年越南人工造林面积见表5。特别是1995—2005年间，越南的森林面积由930万hm^2增加到了1 260万hm^2，森林面积年均增加30万hm^2。

表5　2000—2013年越南人工造林面积统计　（万hm^2）

年份	面积	与上年相比(%)
2000	19.64	85.4
2001	19.08	97.2
2002	19.00	99.6
2003	18.13	95.4
2004	18.44	101.7
2005	17.73	96.1
2006	19.27	108.7
2007	18.99	98.5
2008	20.01	105.4
2009	24.30	121.4
2010	25.25	103.9
2011	21.20	84.0
2012	18.70	88.2
2013	11.8	63.1

资料来源：Vietnam Statistics Yearbook，2014。

越南的造林树种67%为桉树、相思树、松树类等的速生树种，阔叶乡土树种较少。主要造林树种为：南亚松（*Pinus merkusii*）、思茅松（*P. kesiya*）、马尾松（*P. massoniana*）、细叶桉（*Eucalyptus tereticornis*）、赤桉（*E. camaldulensis*）、大叶相思（*Acacia auriculiformis*）、马占相思（*A. mangium*）、灰木莲（*Manglietia glauca*）、越南安息香（*Styraxton kinensis*）、木麻黄（*Casuarinae quistifolia*）、龙脑香木（*Dipterocarpus* spp.）等。

（二）采伐管理

越南的生产林中有一半是天然林，其采伐采用择伐方式，仅采伐胸高直径60 cm以上的立木；在薪炭林中，采用轮回期为25年的方式择伐；在红树林中，保留河岸宽50 m和母树及小径木，按照轮回期为25年的作业方法进行采伐。生产林的利用以保护森林环境为前提，允许开展其他经营活动，但是原则上禁止造成土壤侵蚀的农地开发、违背森林管理计划的采伐。

越南政府规定，有天然林采伐权的企业、家庭和个人必须制定投资及森林管理、保护和生产运营计划，并获得政府批准才能够采伐森林。同样，采伐人工林必须制定森林培育计划。国家经营的人工林，采伐者必须向政府提交采伐计划。采伐计划必须符合农业与农村发展部批准的全国计划，并得到地方(省或中央直辖市)农业与农村发展局的认可后，纳入地方森林采伐计划，地方的林务局批准采伐计划后可实施采伐。

(三) 社区林业

20 年来，越南在全国开展社区林业经营模式试点。第一阶段为 2006—2009 年，在 10 个省市开展；第二阶段为 2012—2013 年，在 9 个省(市)开展。目前，全国共有近 400 万 hm^2 森林引入社区林业经营模式。

六、林产品生产、加工与贸易

(一) 林产品生产和加工

1985 年以前，越南的木材加工由中央按计划控制，当时是木材出口国。90 年代初期，越南政府为制止工业采伐导致的森林急剧减少，开始调整林业政策，从森林的开发利用转向了森林的保护，减少了对天然林的采伐，并禁止了原木和锯材出口。天然林年采伐量从 1997 年的 52 万 m^3 减少到 2000 年的 30 万 m^3。到 2007 年，采伐限额因天然林保护减少了一半，仅为 15 万 m^3。

目前，越南成为主要的木材进口国，80% 的木材靠进口。由于非法采伐，天然林的实际采伐量远远超过采伐限额，估计约为 50 万 m^3。另外 300 万 m^3 产自人工林，主要为速生的桉树和相思树等人工林小径木，大约 80% 用于纸浆及造纸原料。品质较高的橡胶、松树、相思树采伐量约为 30 万 m^3，用于家具及工艺品的木材加工业。

越南目前约有 1500 个木材加工企业，年加工能力合计为 250 万 m^3，其中 450 家企业从事出口业。这些企业有国营、地方和团体的或民营的类型，但多数企业因设备陈旧、技术落后以及原材料不足等，整体生产和管理水平比较落后，开工率低(如一些锯材企业约 40%，单板企业约 60%)，出材率低(锯材企业为 35% ~45%)，经济效益也差。生产的木材加工产品主要面向国内市场，主要产品以木质燃料为主，其次是锯材和纸浆用材。2017 年生产原木为 4 015. 3 万 m^3，锯材 600 万 m^3(表 6)。

表 6 越南的主要林产品生产 (万 m^3，t)

林产品 \ 年份	2005	2006	2007	2008	2009	2010	2011	2012	2013	2014	2015	2016
原木	3 110. 4	3 102. 2	3 416. 7	2 785. 0	2 785. 0	2 820. 0	2 710. 0	3 880. 0	3 932. 2	3 965. 4	4 015. 3	3 865. 3
工业原木	475. 4	487. 1	421. 1	585. 0	585. 0	670. 0	670. 0	1 880. 0	1 932. 2	1 965. 3	2 015. 3	1 865. 3
锯材	323. 2	300. 0	315. 0	500. 0	500. 0	580. 0	600. 0	620. 0	600. 0	600. 0	600. 0	600. 0
人造板	44. 1	57. 6	55. 9	56. 4	56. 4	57. 5	60. 2	69. 8	86. 5	97. 0	97. 0	97. 0
木浆	27. 8	30. 3	31. 6	30. 0	30. 0	37. 0	38. 0	54. 0	54. 0	54. 0	54. 0	54. 0
纸和纸板	88. 8	128. 2	130. 9	137. 8	138. 4	157. 0	160. 0	173. 7	174. 2	174. 2	174. 2	174. 2

资料来源：FAO Yearbook of Forest Product，2017。

（二）林产品贸易

越南的林产品出口量不大，而进口量大。主要进口产品有原木、锯材和人造板等，2016 年进口量分别为 159.4 万 m^3、184.7 万 m^3 和 111.2 万 m^3，分别比 2005 年增长了 1185%、342% 和 248%（表 7）。进口的原木主要来自柬埔寨的橡胶和老挝的松木，还有俄罗斯的松木等。另外，主要出口产品有原木、锯材、人造板、家具和木片等，2016 年原木、锯材、人造板出口量分别为 6.9 万 m^3、44.0 万 m^3 和 59.2 万 m^3（表 8）。

表 7　越南的主要林产品进口　　（万 m^3，t，万美元）

林产品＼年份		2005	2006	2007	2008	2009	2010	2011	2012	2013	2014	2015	2016
原木	数量	12.4	20.3	20.3	78.7	70.0	89.8	126.1	125.7	181.8	211.0	175.2	159.4
	金额	1 908.1	5 400.0	5 400.0	13 166.5	24 224.1	25 020.2	35 288.9	35 253.3	43 111.0	52 829.7	51 181.6	45 940.7
工业原木	数量	12.4	20.3	20.3	78.7	69.8	89.4	125.7	125.7	181.7	210.0	175.1	159.1
	金额	1 908.1	5 400.0	5 400.0	13 166.5	24 208.9	24 981.3	35 250.0	35 250.0	43 019.8	52 818.5	51 146.6	4 5910.0
锯材	数量	41.7	53.1	56.3	53.5	57.7	93.0	93.0	106.7	132.1	157.0	128.8	184.7
	金额	12 501.1	18 070.0	21 980.8	22 598.7	36 100.7	60 073.8	60 073.8	53 824.3	80 360.8	101 185.6	81 036	74 923.6
人造板	数量	31.9	57.5	48.8	48.8	38.9	69.2	101.7	104.1	68.2	62.4	119.6	111.2
	金额	9 444.0	15 761.5	19 017.7	19 017.7	23 756.9	28 127.2	31 757.1	32 096.1	31 057.5	30 937.6	39 166.2	34 080.9
木浆	数量	10.5	16.0	13.0	13.0	12.4	15.8	15.8	22.5	34.8	22.6	26.4	34.5
	金额	4 361.9	6 750.9	5 726.6	5 726.6	10 203.4	9 687.1	9 687.1	9 595.7	16 098.3	14 503.1	12 238.3	14 988.1
纸和纸板	数量	37.8	59.7	64.8	64.8	64.9	87.1	87.1	97.6	127.7	125.8	122.2	148.4
	金额	28 136.9	40 432.4	44 263.1	44 263.1	66 151.6	76 187.2	76 187.2	74 954.5	111 072.5	111 314.7	103 050.0	136 054.4

资料来源：FAO Yearbook of Forest Product，2017。

表 8　越南的主要林产品出口　　（万 m^3，t，万美元）

林产品＼年份		2005	2006	2007	2008	2009	2010	2011	2012	2013	2014	2015	2016
原木	出口量	1.9	14.6	22.1	7.2	11.9	14.8	23.9	15.3	14.0	28.9	10.7	6.9
	出口额	938.5	3 465.8	13 250.5	4 799.3	2 771.9	5 758.9	30 339.1	18 731.0	20 359.7	29 029.5	8 618.1	7 668.7
工业原木	出口量	1.9	14.6	22.1	7.2	5.8	11.1	20.2	15.0	13.9	28.8	10.5	6.8
	出口额	938.5	3 465.8	13 250.5	4 799.3	2 341.8	5 466.4	30 046.6	18 698.5	20 331.8	29 001.6	38 600.5	7 652.0
木质燃料	出口量	0.0		0.0	0.0	0.0	6.2	3.73.7	0.2	0.1	0.1	0.2	0.1
	出口额	0.0	0.0	0.0	0.0	430.1	292.5	292.5	32.5	27.9	27.9	17.6	16.7
锯材	出口量	3.6	6.1	8.6	6.5	11.5	22.9	28.7	21.7	35.8	36.7	60.5	44.0
	出口额	946.8	3 736.2	4 059.2	3 470.0	3 654.9	6 260.9	15 674.7	14 499.8	16 345.2	18 222.5	35 102.4	22 931.2
人造板	出口量	1.4	3.5	4.6	5.1	8.8	24.6	35.3	60.2	98.7	140.2	100.2	59.2
	出口额	811.9	2 010.8	2 508.4	3 433.4	5 344.7	10 907.2	13 196.5	18 391.4	28 478.1	33 454.3	11 822.3	32 227.5

（续）

林产品		2005	2006	2007	2008	2009	2010	2011	2012	2013	2014	2015	2016
木浆	出口量	0.0	0.0	0.0	0.0	0.0	1.3	4.1	3.9	7.9	7.9	0.8	0.1
	出口额	2.5	0.0	0.0	0.0	0.7	830.7	2 188.2	1 717.7	3 317.8	3 317.8	342.6	48.2
纸和纸板	出口量	2.3	3.0	2.4	2.4	2.2	7.0	7.0	4.7	4.5	4.5	11.1	13.1
	出口额	1 962.5	3 268.7	2 485.9	2 485.9	2 767.9	8 140.3	8 140.3	5 596.1	5 956.9	5 956.9	11 975.8	15 513.9

资料来源：FAOSTAT，2017。

七、林业科研与教育

1992 年后，越南提出了加快林业科研发展的发展战略，改革原有的林业科研发展模式，制定林业科研长期发展指导原则，加强林业基础科学研究，突出生物技术研究，加大林业科研成果的推广力度，使林业科研同林业发展、生产、市场、科研人员的利益紧密结合。

越南林业科学研究院是越南的主要林业科研机构，下设 3 个专题研究中心，分别为森林树种研究中心、生态和环境研究中心、林业、物种和森林生物技术中心(有 8 个区域中心)(越南林业网，2014)。

越南林业大学是越南林业高等教育学府，创建于 1964 年。主要教学内容有营林、森林资源管理、野生动物、国家森林公园管理、林业工程、林产品加工、森林保护、森林采伐等。2002 年，越南林业大学与北京林业大学签订校际合作协议，并于 2012 年又签订了本科 2 +2 生物技术专业及会计专业合作办学项目协议，在亚太地区特别是东南亚地区林业院校中的重要地位逐渐凸显，影响力日益提高，并为推动区域林业教育合作交流做出了贡献。

太原农林大学(Thai Nguyen Agriculture and Forestry university)、西原大学(Tay Nguyen university)、顺化农林大学(Hue Agriculture and Forestry university)、守德农林大学(Thu Duc Agriculture and Forestry university)也有相关的林业培训内容。另外，一些地方大学/学院也设有林业系，还有一些林业科技人员在国外接受培训。

八、发展趋势

根据越南《林业发展战略(2006—2020)》计划，越南未来的木材与林产品加工发展方向是：具有竞争力的可持续木材及木制品基本满足国内与出口需求，重点发展室内与户外家具、手工艺品及竹藤产品；森林产值保持以每年 4% ~5% 的速度增长，林业 GDP 占全国 GDP 的 2% ~3%；林产品出口额超过 78 亿美元(包括 8 亿美元非木材林产品)；加工行业与林产品贸易为林业的经济驱动力；以创新管理机制、国有企业改革、鼓励私有企业参与的方式，重点调整、改进和升级中小加工企业，2015 年后发展大型企业，建立更加透明与公平的市场；在其他能够稳定投入有潜力的地区建立并发展林产品加工业，保证在国际市场上的利益与竞争力。

从中越林业合作看，20 世纪 90 年代起，中国与越南林产品贸易快速发展，显现互惠互利合作局面，两国林业贸易类别主要涉及越南有比较优势的木材及木制品、木炭、软木、编织品和中国有比较优势纤维素浆、废纸、纸、纸板及、人造板等，中国具有比较优势的突出产品主要是高附加值制成品和资本技术密集型产品，而越南具有比较优势的产品主要是低附加值的初级产品。进入 21 世纪以来，中越林产品贸易结构形势变化，存在着较强的互补性，我国林产品进出口贸易额逐年递增，特别是 2010 年中国与东盟正式启动自由贸易区，林产品进出口贸易呈现强劲的增长态势，越南的花梨木、柚木等木材及木制品成为了中国木材加工及制造的主要进口原料，越南也成为中国锯材出口前 5 位的国家之一。

随着中国－东盟自由贸易区的建立，会对合作双方产生贸易创造和贸易转移效应，特别是贸易创造效应，能使中国更多的从东盟国家进口林产品。通过 10 年(2001—2010 年)中国与越南的林产品比较优势研究，越南的林产品比较优势(RCA)指数上升比较明显，林产品发展空间很大，很有竞争力，而中国的林产品虽有比较优势，但比较优势(RCA)指数呈下降趋势，我国林产品贸易市场将进一步受到来自越南等发展中国家的竞争(耿利敏，2012)。

九、分析与借鉴

根据越南的林业发展战略(2006—2020)计划，越南未来的木材与林产品加工发展方向是：具有竞争力的可持续木材及木制品基本满足国内与出口需求，重点发展室内与户外家具、手工艺品及竹藤产品；森林产值保持以每年 4% ~5% 的速度增长，林业 GDP 占全国 GDP 的 2% ~3%；林产品出口额超过 78 亿美元(包括 8 亿美元非木材林产品)；加工行业与林产品贸易为林业的经济驱动力；以创新管理机制、国有企业改革、鼓励私有企业参与的方式，重点调整、改进和升级中小加工企业，2015 年后发展大型企业，建立更加透明与公平的市场；在其他能够稳定投入有潜力的地区建立并发展林产品加工业，保证在国际市场上的利益与竞争力。

从中越林业合作看，20 世纪 90 年代起，中国与越南林产品贸易快速发展，显现互惠互利合作局面，两国林业贸易类别主要涉及越南有比较优势的木材及木制品、木炭、软木、编织品和中国有比较优势纤维素浆、废纸、纸、纸板及人造板等，中国具有比较优势的突出产品主要是高附加值制成品和资本技术密集型产品，而越南具有比较优势的产品主要是低附加值的初级产品。进入 21 世纪以来，中越林产品贸易结构形势变化，存在着较强的互补性，我国林产品进出口贸易额逐年递增，特别是 2010 年中国与东盟正式启动自由贸易区，林产品进出口贸易呈现强劲的增长态势，越南的花梨木、柚木等木材及木制品成为了中国木材加工及制造的主要进口原料，越南也成为中国锯材出口前 5 位的国家之一。

随着中国-东盟自由贸易区的建立，会对合作双方产生贸易创造和贸易转移效应，特别是贸易创造效应，能使中国更多地从东盟国家进口林产品。通过 10 年(2001—2010 年)中国与越南的林产品比较优势研究，越南的林产品比较优势(RCA)指数上升比较明显，林产品发展空间很大，很有竞争力，而中国的林产品虽有比较优势，但比较优势(RCA)指数呈下降趋势，我国林产品贸易市场将进一步受到来自越南等发展中国家的竞争(耿利敏，2012)。另外，TPP的建立必然使得越南林产品在美国、日本、澳大利亚等市场上获得更优惠的准入条件，这显然会对中国林产品的出口形成一定压力。

（叶兵　蒋业恒）

参考文献

白秀萍.2015. 越南林业概况[J]. 世界林业动态，(5).

耿利敏. 中国－东盟林产品贸易互补性及潜力分析.

黄宗华.2009-06-05. 广西与越南林业合作途径及其对策.233网校论文中心.

施昆山.2001. 当代世界林业[M]. 北京：中国林业出版社.

越共电子报.25/05/2013.

越南林业网[http：//www. vietnamforestry. org. vn/list_ news. aspx? NCID =105].

中国－越南合作网.2010-04-26. http：//www. chinavietnam. gov. cn/cvweb/cvc/info/Article. jsp? a_ no = 101707&col_ no =532.

中国外交部网站.2014. 越南国家概况.

FAO Yearbook of Forest Products(2003 –2007).

FAO Yearbook of Forest Products(2008 –2012).

General Statistic Office of Vietnam. 2011. Statistics Yearbook of Vietnam.

General Statistic Office of Vietnam. 2013. Statistics Yearbook of Vietnam.

巴基斯坦(Pakistan)

巴基斯坦伊斯兰共和国(简称巴基斯坦)位于南亚次大陆西北部，曾是英属印度的一部分，1947 年独立。东接印度，东北与中国毗邻，西北与阿富汗交界，西邻伊朗，南濒阿拉伯海。国土面积为 79.6 万 km^2(不包括巴控克什米尔地区)。巴基斯坦的国体为联邦制，由俾路支省、西北边境省、旁遮普省和信德省四个联邦组成，各省下设专区、县、乡、村联会。巴基斯坦为多民族、多宗教国家，主要民族有遮普族、俾路支族、普什图族、信德族等，95% 以上的居民信奉伊斯兰教，少数信奉基督教、印度教和锡克教等。国语为乌尔都语，英语为官方语言。全国总人口约 2.08 亿人，首都伊斯兰堡人口 110 万人(中国外交部网站，2018)。

巴基斯坦的地理、自然特征东西差异明显。地势西北高东南低，全境 3/5 为山地和高原。北有喜马拉雅山脉，西北有兴都库什山脉，东部为印度河中下游冲积平原，东南为塔尔沙漠的一部分。东部地区地势低平多河流三角洲与沼泽，气候属亚热带季风型，湿热多雨；西部地区主要是山地与高原，属亚热带草原和沙漠气候；南部属热带气候，受季风影响，雨季较长；北部地区干燥寒冷，有的地方终年积雪。全国年平均气温为 27℃。

巴基斯坦煤炭资源丰富。主要矿藏资源有天然气、石油、煤、铁、铝土，还有大量的铬矿、大理石和宝石。农业产值占国内生产总值的 24%，农业人口约占全国人口的 66.5%，主要农产品有小麦、大米、棉花、甘蔗等。最大的工业部门是棉纺织业，其他还有毛纺织、制糖、造纸、烟草、制革、机器制造、化肥、水泥、电力、天然气、石油等。

近年来，巴政府一直致力于加速工业化，扩大出口，缩小外贸逆差。2016 年，巴基斯坦出口额 205 亿美元，进口额 530 亿美元，与 90 多个国家和地区保持贸易关系。2016—2017 财年，国内生产总值为 3 040 亿美元(中国外交部网站，2018 年)。

一、林业在国民经济中的地位

巴基斯坦的林业发展水平较低。2013 年林业生产总值 5.57 亿美元，对国内生产总值贡献率为 0.2%，林业部门就业人数约为 3.2 万人，占总劳动力的 0.1%(FAO，2015)。

二、森林及其他自然资源

(一) 森林资源及分布

巴基斯坦森林资源自 20 世纪 90 年代起减少了约 41.7%。1990 年森林面积为 252.7 万 hm^2，2015 年巴基斯坦森林面积减少至 147.2 万 hm^2，25 年间平均每年减少 2.1%

(FAO，2015)。活立木蓄积量从1990年的2.61亿m^3减少至2015年的1.35亿m^3，森林资源减少的主要原因是人口激增和毁林。2015年，巴基斯坦森林覆盖率约为1.9%。森林蓄积量为1.35亿m^3，其中针叶林蓄积量为1.13亿m^3，阔叶林蓄积量为0.22亿m^3，单位面积蓄积量为92 m^3/hm^2。森林地上生物质量为2.72亿t，地下生物质量约为0.98亿t。地上碳储量约为1.28亿t，地下碳储量约0.46亿t(FAO，2015)。巴基斯坦森林种类繁多，反映出其自然地理和气候的丰富变化。森林类型及树种分布如表1所示。

表1 巴基斯坦森林类型及树种分布

类型	树种	分布
红树林、海岸沼泽林	细蕊红树(*Ceriops tagal*)、海榄雌(*Avicennia marina*)	信德省、俾路支省，阿拉伯海岸
热带干旱落叶林	厚皮树(*Lannea coromandelica*)、木棉树(*Bombax*)、刺篱木属(*Flacourtia indica*)、野桐属(*Mallotus*)和金合欢(*Acacia farnesiana*)；鸭嘴花(*Justicia adhatoda*)、美登木属(*Celastraceae*)、木蓝属植物(*Indigofera*)	拉瓦尔品第山麓
热带旱生林	牧豆树(*Prosopis juliflora*)、滇刺枣(Ziziphus mauritiana)、无叶柽柳(*Tamarix aphylla*)	印度河平原
亚热带常绿阔叶林	木犀榄属(*Olea*)、车桑子灌木(*Dodonaea viscosa*)	喜马拉雅山麓及低坡、盐岭、卡拉奇塔、苏莱曼山脉
亚热带松林	喜马拉雅长叶松(*Pinus roxburghii*)	喜马拉雅山西部 海拔900～1 700 m地带
喜马拉雅湿润温带林	雪松(*Cedrus deodara*)、长叶云杉(*Picea smithiana*)、印度冷杉(*Abie*)、高山栎(*Quercus semecarpifolia*)	喜马拉雅山西部 海拔1 500～3 000 m地带
喜马拉雅干旱温带林	雪松(*C. deodara*)、喜马拉雅白皮松(*P. bungeana*)、圣栎(*Quercus ilex*)	内陆山脉西北部
亚高山林	喜马拉雅冷杉(*Abies spectabilis*)、糙皮桦(*Betula utilis*)	喜马拉雅山 海拔3 350 m到森林生长限
高山灌丛	柳属(*Salix*)、忍冬属(*Caprifoliaceae*)、小檗属(*Berberis*)、子属(*Lauraceae*)	亚高山林以上150m或更高区域

资料来源：Country Report Pakistan FRA，2010；世界林业研究，2001。

(二)森林类型

按森林起源划分，巴基斯坦以天然次生林为主，其面积约为111万hm^2，占森林面积的75.4%，人工林面积约为36.2 hm^2，占24.6%。天然林中主要有针叶林(亚高山林、干旱温带林、圆柏林、湿润温带林和亚热带松林)、灌木林(干旱亚热带阔叶林和干旱热带棘树林)、河畔林和红树林。人工林类型主要有灌溉人工林、农用林、带状人工林(道路、水陆沿线种植的树木)等。

按森林用途划分，巴基斯坦生产林面积为47.1万hm^2，占全国森林面积的33%；多用途林面积为78.5hm^2，占全国森林面积的53.3%，生物多样性保护林地21.6万hm^2，占比13.7%(FAO，2015)。现有森林中约有32%是以木材和烧柴供应为主的生计林。

按权属结构划分，巴基斯坦林地分为国有林和私有林两种类型。国有林面积为

111.3 万 hm^2，约占森林面积的 66.0%。私有林面积共计 57.4 万 hm^2，约占森林面积的 34.0%。随着农用地造林的推广，私有林的比重呈逐渐增加趋势(FAO，2015)。

（三）其他自然资源

1. 湿地

尽管巴基斯坦地处干旱气候，但原有湿地面积仍达 18 万 hm^2，占国土面积约为 9.5%，共计 225 处国家重点湿地，其中 19 处被列为国际重要湿地。

巴基斯坦大面积湿地主要包括：①印度河流域。巴基斯坦地处印度三角洲流域，印度河贯穿全境由东北向西南流向阿拉伯海，全长 2 897 km，北部为冷水河流，至平原地带为温水生态系统，具有典型的湿地特征。②天然低地湖泊。旁遮普省和信德省有许多天然低地湖泊，其中 Manchar 湖是巴基斯坦最大的淡水湖、也是亚洲最大淡水湖之一，位于印度河以西，面积随季节变化在 350 ~ 520 km^2 范围内。③人工水坝。供电水坝、供水人造湖也是巴基斯坦重要的湿地资源之一，以 Tarbela 大坝为代表，面积 250 km^2。④沿岸湿地。巴基斯坦沿岸湿分为印度河流域红树林、河口湿地、海滩及珊瑚礁。印度河流域覆盖约 60 万 hm^2的国土，其中约 16 万 hm^2为森林及红树林，俾路支省的马克兰流域沿岸一带红树林面积约 1 万 hm^2，据统计全国在红树林附近居住的人群达 9 万人。

每年的 7 ~ 8 月是洪灾高发时段，由于疏于管控，湿地受其资源影响较为严重。与此同时，农村人口增长加剧湿地水资源负担，农村地区土地用途转变、过度开发造成水土流失；公众保护意识淡薄，大量砍伐使印度河沿岸的洪水更加严重，而在北方山区也常见山体滑坡等灾害。自 1992 年巴基斯坦建立国家生态保护战略之后，其湿地仍在人口发展的威胁下继续退化，由于贫困及管理不当而加剧。2005 年，巴基斯坦《国家湿地项目》报告显示，有 60% 以上的内陆湿地或已经退化甚至消失。

2. 荒漠化

荒漠化对巴基斯坦森林面积构成巨大威胁，全国 80% 的面积为干旱、半干旱土地，其中境内受荒漠化影响的土地约占总面积的 51%。7 960 万 hm^2 国土面积中，约 6 800 万 hm^2 为脆弱性土地，年降水量不足 300 mm。巴基斯坦约有 60% 面积为牧场，但其中又有 48% 为退化土地。在旁遮普省、信德省以及巴勒吉斯坦地区，有 300 ~ 500 万 hm^2 土壤受风蚀及干旱影响严重，农业及林业用地常遭风沙侵蚀。据统计，受干旱气候及荒漠化影响的森林年退化率为 3%（0.7 ~ 0.9 hm^2），木质生物质年损失率达 5%（巴基斯坦土地可持续管理项目宣传手册，2013）。

三、林业法规政策

（一）林业发展目标与计划

巴基斯坦政府计划委于 2008 年制定了《巴基斯坦国家 2030 展望》，提出了林业的发展目标：到 2030 年，实现森林及相关自然资源的有效管理，充分发挥其生物多样性的潜能，实现社会的可持续发展，在满足木材需求的同时保护生态环境。《巴基斯坦国家 2030 展望》将林业发展计划分为森林管理、商业林业、环境林业、参与式林业、林业政策与法律五个部分，并分别制定了发展目标。

（二）林业政策

巴基斯坦的林业政策一直以来都是作为国家农业政策的一部分（表2）。2004年，由环境部编制了第一部独立的《国家森林政策2010》，于2010年颁布并实施。该政策涵盖森林管理、流域管理、牧场以及野生动物保护等，旨在建立可再生资源的保护机制，通过所有机构和利益相关者的参与，消除导致可再生自然资源枯竭的根本原因，保护、开发和持续利用可再生自然资源。该政策确立了森林可持续管理的基本原则，鼓励开发非木质林产品，支持各省林业管理部门加强与各利益相关方的合作，共同应对环境恶化的挑战，实现千年发展目标。

表2　巴基斯坦林业政策的演变

政策	年份	背景	制定单位	主要内容及影响
《印度森林政策》	1894	巴基斯坦独立前	英属印度政府	森林资源的使用权限受到政府的严格控制，继而森林资源得到了有效的保护，而弊端是没有通过营林的手段提升森林质量，同时无法满足当地居民对木材的需求
《国家森林政策》（1955年）	1955	独立后第一个林业政策政府议程	林业中央委员会	扩大森林面积，在运河灌溉系统的支持下，利用河畔土地种植；未使用的政府土地授予省级林业部门，用来培育森林；同时在沿河、公路与铁路两侧栽种防护林
《国家森林政策》（1962年）	1962	军事政变后的新宪法出台	联邦政府和省政府的代表	旨在扩大林产，措施包括将当地居民迁出山区，剥夺当地居民的森林使用权利与放牧权；强制在私有土地上种植树木，鼓励农场发展林业，并为提高木材产量培育速生林。而森林面积或产量没有大幅增加，森林持续恶化
《国家森林政策》（1975年）	1975	孟加拉国分出，巴基斯坦由新政府接管	政府和非政府机构的代表	将国家代为管理的古扎拉私有森林放权给私有林主，国家只对其进行监督；建议林主组建合作社管理森林，而由公共部门进行森林采伐
《国家森林与野生动物政策》（1980年）	1980	林业作为《国家农业政策》的一部分	国家农业委员会	针对森林面积减小、薪材和木材的短缺提出了改善措施；鼓励培育速生林、薪材林；在省级和国家级部门的参与下鼓励全民参与植树和自然保护；建立国家公园；鼓励森林的科学采伐；在荒地生产药用植物
《国家森林政策》（1991年）	1991	作为《国家农业政策》的一部分	相关利益方协商制定	计划在2006年将绿化面积由5.4%提高至10%，以满足国家的木材、薪材、饲料等产品的需求和环境要求；促进开展社会林业项目；通过天然林保护、植树造林、改善野生动物栖息地的方式保护生物多样性、维持生态平衡；在省林业部门下建立小面积公有林，旨在增加政府收入

（三）现行林业法律法规

现行与林业相关的法律分为联邦法律与地方法律两大部分。其中，联邦法律有《森林法》《环境保护法》《禁止任意砍伐树木法》《植物检疫法》等；各地方法律由省环境部门制定，林业大省旁遮普省及西北边境省立法较多，如《旁遮普省森林法》《旁遮普省造林营林法》《旁遮普林木销售法》《西北边境省森林条例》《西北边境省保护林管理条例》《哈扎拉森林法》与《西北边境省林务官员权力、责任和报酬条例》等。

1. 森林法

1927 年，巴基斯坦立法议会颁布第一部《森林法》，于 1947 年正式开始实施。该法规定国家拥有划定任何林地与荒地为保护区的权利，对保护林的认定与管理、非政府管控林地的保护与管理、木材及其他林产品的税收、木材及其他林产品的运输监管等做出了规定。在联邦《森林法》的基础上，各地方可以制定法律及管理条例，对其森林资源进行管理。

2. 禁止任意砍伐树木法

该法律颁布于 1992 年，主要针对靠近巴基斯坦北部边界树木的砍伐做出了规定。该法禁止任何未经批准的树木砍伐，违反者将被处以 5 000 卢比（Ⅰ类区域）或 2 000（Ⅱ类区域）卢比的罚款，并没收所获木材及采伐工具。各级地方政府可以根据法律规定，制定相应的实施办法或条例。

3. 西北边境省森林条例

该条例由西北边境省于 2002 年出台，旨在加强森林和自然资源的保护、管理，完善自然资源监测机制，在保证生物多样性的前提下不断提高生产力，实现可持续发展。条例规范了储备林、保护林的建立与管理，通过设立处罚条款加强了对该省边界地区公有林的保护。条例还鼓励当地社区参与制定可持续发展的森林经营方案。

四、林业机构与管理机制

（一）政府管理部门

联邦政府环境部是巴基斯坦林业的主管部门，负责制定国家林业发展计划，指导各省级机构的森林管理工作。各省林业主管部门负责本省林业政策、法规的制定和实施，负责管理全省的森林、荒地和牧场，保护林地，发展苗圃，推进造林。同时，组织开展木材及非木林产品的研究与推广。巴基斯坦四个省与一个大区的林业部门机构，如图 1 所示。

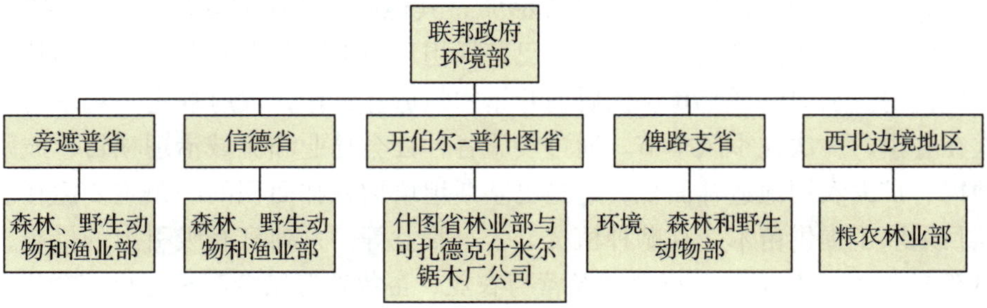

图 1　巴基斯坦林业管理机构

（二）社区和民间社会组织

巴基斯坦政府鼓励和支持民间社会组织发展，并为非政府组织的林业项目提供小额赠款，民间社会组织发挥着政府和社区之间的桥梁作用。进入 21 世纪以来，一些国际非政府组织在提高民众森林保护意识、开展民间林业教育、推动社区苗圃发展、开展植树造林以及防止森林火灾、林木盗窃行为等方面发挥了积极的作用。例如，世界自然保护联盟(IUCN)、世界自然基金会(WWF)等国际组织一直是巴基斯坦政府在林业、生物多样性保护领域的重要合作伙伴，大部分活动依赖于国际组织提供的资金。

五、森林经营与管理

近年来，林业在经济与环境服务方面的重要性已经在国家层面得到了重视，但各省的林业发展与其他领域如农业、水利、卫生医疗、教育等相比受重视程度仍然有限。

（一）森林经营

在巴基斯坦，居民采伐利用木材与薪材，并将其出售获得收入，这是森林经营的主要模式。巴基斯坦政府十分重视薪材采伐对森林造成的影响，通过禁伐与造林 2 种措施致力于改善森林状况。

1. 森林采伐

国有林供应国内大部分工业木材与薪材需求，受到严格的采伐控制。在国有林区域森林官员生长情况推算采伐数据，根据标准限制伐木胸径。灌木林(集水区与野生动物生境)禁止开展商业采伐，但允许当地居民可进行可持续的采伐与放牧。

巴基斯坦境内森林滥伐情况严重，在 1975 年出台的《禁止森林砍伐》的基础上，1992 出台了《禁止任意砍伐法》，各省政府也制定了具体法律法规。1993 年 10 月起在全国范围内实行了为期 2 年的森林采伐禁令，并对滥砍滥伐的违法行为处以 500 卢比以上、5000 卢比以下的罚款，一旦发现违法行为，将所得木材与工具一并没收。各省政府均根据法案制定实施方案，对森林砍伐行为进行监管。

2008 年，瑞士与巴基斯坦西北边境省政府环境部合作，对该省的木材采伐禁令实施情况进行了研究。结果显示，在木材采伐禁令的约束下，与实施禁令之前相比合法木材采伐总量每年平均减少 28%，但非法采伐仍然需要更严格的管控。

2. 人工造林

巴基斯坦森林退化一直难以得到有效控制，国内对燃料的需求较大，导致薪炭材过度采伐，遭到破坏的面积占森林退化面积的 84%，其他原因造成的森林破坏占 14%。

为了缓解森林面积急剧减少的情况，巴基斯坦环境部呼吁群众共同参与植树造林，鼓励利用农田植树。从 20 世纪 70 年代后期开始加强造林工作，政府规定一年举行两次植树周，一次在春季，一次在季风季节。通过实施各种社会林业和流域治理项目，鼓励农民在农田上种树、扩大农用地造林面积，这是巴基斯坦增加森林面积的一条主要途径。其中社会林业项目采取了提供苗木、补贴种植费、公平收益等一系列富有吸引力的措施，并鼓励占人口 50% 的妇女参与植树，将森林经营与农业、畜牧业等结合起来进行综合经营，从而增加收益。1997 年在农田上种植了 2.384 亿株树，成活率为 63% ~81%。农地周边的树木已经从1992年的平均每公顷20.5棵增加到2004年的25棵。2004年统计，经过10年的造林，全国农田立木蓄积量增加了3.86%（表3）。

表3 农田立木蓄积量增加情况（1992—2004）

年份	林木总量（万株）	立木蓄积量（万 m^3）	平均蓄积量（m^3）	平均每公顷立木棵数
1992	33 100	7 000	3.63	20.5
2004	55 400	9 700	4.91	25
平均逐年增长（%）	6.37	3.86	3.52	2.20

资料来源：FSMP，2005。

（二）森林保护

巴基斯坦近年来面临的生态问题中，有三大问题与森林息息相关，即森林的砍伐、水土流失、森林火灾与荒漠化。

1. 水土流失

每年的7～8月是巴基斯坦洪灾的高发时段，而大量砍伐使印度河沿岸的洪水更加严重，北方山区常见山体滑坡等灾害。目前，巴基斯坦林业研究所已经针对流域区灾情严重处进行研究，在6个地区建立了流域监测保护站。对山体滑坡等严重现象进行研究，通过改善山体植被、播撒饲料树种与草种保护土壤，同时缓解过度放牧造成破坏。

2. 森林火灾

森林火灾在巴基斯坦相当频繁。2000年受火灾影响的森林面积达4.99万 hm^2，占总面积的1.27%。2007年，巴基斯坦出台了《国家灾害风险管理框架》，明确巴基斯坦北部森林为火灾敏感地区，制定国家灾害风险管理整体战略，将火灾防控机构列入管理部门，实施了减缓社区风险等级项目，加强了火险防控培训与教育。

3. 荒漠化治理

巴基斯坦干旱、半干旱区总面积约7 000万 hm^2，其中包括1 100万 hm^2 的沙漠和海岸带。在半干旱区，荒漠化日益成为困扰农业和畜牧业发展的严重问题，导致荒漠化的主要原因为水土流失、土地的盐碱化、内涝、洪水和缺乏组织管理。巴基斯坦于2002年签署《防止荒漠化公约》后逐步加强了对水土流失的治理。主要途径包括实行土地可持续管理，调整土地利用结构和方式，合理利用土地；加强营造防护林，引进优势草木等外来物种加速植被覆盖以固定流沙；引入GIS等土地监测技术，了解受灾区域、研究土地退化的成因，积极推出水土保持、恢复土地退化等应对策略。注重发挥社区作用，在旁遮普省建立防治项目，组织500多个村组，其中包括380个盐碱土地村组共计1 000多人展开微生物－盐碱改良技术培训，利用石膏肥料改善土质，并完成近30万 hm^2 造林任务。

4. 生物多样性保护

巴基斯坦陆地内海拔高度差在世界范围内都属少有，特殊的地理因素造就了其丰富的生物多样性。然而，人口压力增大、自然资源信息统计能力欠缺、缺少资源保护协作机制等诸多因素导致其生物多样性遭到严重破坏。20世纪后期，巴基斯坦逐渐开始重视生物多样性保护，1973年签署CITES公约，设立了全国野生动物保护理事会。1992年签署里约《生物多样性公约》，按照《1992林业部门总体规划》制定了水土保持、流域开发、木材生产以及生物多样性保护计划。1999 年在世界自然保护联盟(IUCN)、世界自然基金会(WWF)的技术支持与世界银行、全球环境基金(GEF)的资金资助下，出台《生物多样性行动计划》，范围涵盖阿拉伯海沿岸的红树林、西部的喜马拉雅山区，通过建立野生动物保护区，在三角洲地区补植树木、开展红树林等资源保护项目，保护国内珍稀濒危动植物资。2012 年统计，巴基斯坦已建立 26 个国家森林公园，109 个猎物繁殖和保护区，97 个野生动物避难所，4 个野生动物保护区(WWF - Pakistan，2012)。

（三）森林服务

随着全球变暖，冰雪加速融化的现象已在巴基斯坦北方和西北山区有所显现，对巴基斯坦林业造成决定性的影响。加入《联合国气候变化框架公约》后，巴基斯坦开始重视森林固碳作用。2009—2010 年，巴基斯坦森林研究所在旁遮普省植物园选取 773 棵、75 种不同的样树，开展了关于影响林木碳汇能力的调查研究。结果显示，平均树龄 40 年、直径 36 cm、高 13 m 的树木，固碳约为 850 t。

为了实现千年发展目标，着眼于增加 1% 的森林覆盖率，巴基斯坦政府已在所有四个省份，包括克什米尔地区出资共计 11 494. 13 万卢比，开展 Mega 林业碳汇项目，并根据《京都议定书》的要求，为造林和再造林(碳汇)项目制定林业碳融资计划。

六、林产品生产、加工与贸易

（一）木质林产品生产

由于巴基斯坦森林主要分布于北温带和西北温带和亚热带地区，用于木材生产的树种主要有冷杉(*Abies fabri*)、云杉(*Picea asperata*)、杜松(*Juniperws rigida*)、黄毛槭(Acer fulvescens)、胡桃木(*J. nigra*)、杨树(*Populus* spp.)和板栗(*Castanea mollissina*)、黑松(*Dalbergia sissoo*)、桑树(*Morus alba*)、苦楝(*Melia azadarach*)和木棉(*Bombax ceiba*)等。木材生产地主要集中在西北部地区，该地区森林约占国家森林总覆盖率的 39. 3%，其中约一半林地为生产林，树种以针叶林为主。

2010 年木材短缺率高达 70%。木质林产品主要包括原木、工业原木、纸和纸板及木质燃料等。据 FAO 估计，2016 年巴基斯坦木质燃料产量为 3 252 万 m^3，2016 年主要木质林产品产量如表 4 所示。2010—2016 年间的原木产量稍有减少。

表 4 巴基斯坦主要木质林产品产量　（万 m^3，t）

林产品＼年份	2010	2012	2014	2016
原木	3 265	3 265	3 252	3 252
其中：工业原木	299	299	299	299
锯木	1 381	1 381	1 381	1 381
人造板	8	8	8	8
纸和纸板	89. 20	92. 00	92. 00	92. 00
木质燃料(估值)	2 966	2 966	2 953	2 953

资料来源：FAOSTAT，2017。

（二）非木质林产品生产

香料、药用产品和其他经济植物是巴基斯坦森林产业中重要的组成部分，除此之外还有蘑菇、蜂蜜、野生水果、树脂、坚果和各种其他产品。目前巴基斯坦有10个领先的草药行，所产药材每年价值约20亿卢比，效益十分可观。除药行之外，当地农民也收集和销售药材等产品，以增加收入。畜牧方面，巴基斯坦森林和牧场可提供约90万头大牲畜的饲草。印度河三角洲的红树林湿地也具有较好的经济效益。据估计，每年可捕捞约28.80万t虾和2 441 000 t鱼。红树林还可提供8 000峰骆驼、5 000头水牛和1 000只山羊的饲草。但由于早期的森林政策和管理重点主要侧重于木材生产及销售，非木质林产品并没有得到重视。

（三）林产品贸易

1. 林产品出口

巴基斯坦出口量占其贸易额较小。主要出口产品为人造板与家具(表5)。有关调查显示，巴基斯坦60% ~70%的办公家具市场已被中国占领，虽然巴基斯坦劳动力非常廉价，但未能在家具市场上取得较大的市场份额。

表5 巴基斯坦主要林产品出口量 （万 m^3，t）

林产品＼年份	2010	2012	2014	2016
原木	0.12	0.04	0.15	0.16
其中：工业原木	0.10	0.04	0.14	0.16
锯材	0.00	0.00	0.04	0.07
纤维板	1.87	5.42	7.70	5.49
纸和纸板	0.84	0.72	1.58	0.10

资料来源：FAOSTAT，2017。

2. 林产品进口

巴基斯坦对木材的需求远远超过国内供应水平，因此需要依靠进口木材与纸制品来填补供需缺口(表6)。2011年，《伊斯兰堡木材市场调研》显示，几乎所有国内产品价格都远高于进口木材价格，以锯材为例，同树种、规格木材，进口木材价格较国产才低30%左右。除此之外，木材质量较低，以纸浆为代表的木质林产品，国产纸浆生产主要原料为农业废弃物如麦麸、稻草等，相比进口木浆纸而言质量较差。树种制约也导致市场对于进口木材的青睐。巴基斯坦木材市场内进口材如：美洲橡木、非洲或缅甸柚木等比国内材种更受欢迎。

从进口原产地来看，原木主要从阿富汗、缅甸、马来西亚和新加坡进口。单板及胶合板从印度、中国、马来西亚、新加坡及美国进口，锯材从英国、美国、罗马尼亚、缅甸及新加坡进口。纸及纸板的进口数量庞大，主要从法国、俄罗斯、瑞典、日本、意大利、芬兰和韩国进口。木制家具从则中国进口份额较大。巴基斯坦农业研究委员会调研结果显示："巴基斯坦实际进口木材量要远高于官方披露数据，这意味有更多的木材从非官方渠道流入市场。"

表6 巴基斯坦主要林产品进口量 （万m^3，t）

林产品＼年份	2010	2012	2014	2016
原木	14.30	10.54	6.00	6.39
其中：工业原木	14.30	10.54	6.00	6.38
锯木	22.37	23.00	21.14	15.10
纤维板	7.70	7.01	10.60	10.46
纸和纸板	43.57	44.34	43.29	37.98
木质燃料	0.00	0.00	0.01	0.01

资料来源：FAOSTAT，2017。

七、林业科研与教育

巴基斯坦林业科研机构主要是巴基斯坦森林研究所（PFI）。该所位于西北边境省的白沙瓦市，是巴基斯坦唯一的全国性林业研究机构。为了满足联邦机构、省级林业部门、私有领域以及社会组织的要求，PFI负责林业多方向的教育与培训。通过研究和职业培训，帮助他们管理森林、牧场、野生动物、流域、保护环境与生物多样性。

巴基斯坦森林研究所下设五个部门，即林业研究部门、生物科学研究部门、森林产品研究部门、养蚕部门和森林教育部门。该所与粮农组织、联合国开发计划署、美国国际开发署、德国技术合作公司等国际机构共同开展了诸多发展项目，通过国外短期培训，使其研究能力得到了提升。

PFI研究涉及面较广，目前在研项目包括林业部门研究发展计划和加强森林产品研究等，但在研究成果的推广与应用方面存在不足，特别是林业政策和林业问题方面研究能力不足。

PFI的培训课程除2个博士专业与3个硕士专业之外，还有地方培训课程，包括林木种苗课程9项、牧草种子课程5项、GIS/RS技术课程4项、野生生物管理课程3三项、造林课程2项，每年培训人数为300人左右。目前林业研究所没有紧随时代的专业技术更新，而为了满足全球气候变化与全国林业可持续管理面临的挑战，需要建立与时俱进的知识体系，提高师资力量（PFI网站，2013）。

除PFI之外，巴基斯坦林业相关的研究机构还有巴基斯坦农业研究所，教育机构还有旁遮普省森林学院、费萨拉巴德农业大学、信德省农业大学、沙希德贝·布托大学森林系、皮尔梅尔·阿里·沙阿旱区农业大学森林与野生动物管理系。

八、分析与借鉴

（一）主要问题

巴基斯坦林业面临的主要问题包括以下三个方面：

1. 林业受到经济发展阶段的制约

由于巴基斯坦的经济实力较弱、人民生活水平较低，因此不得不优先发展高利润产业，而林业发展仍得不到足够的重视。虽然环境问题迫使政府在森林经营方面走可持续发展的道路，但长久形成的林业发展模式并非短期内可以转变，仍然需要民间与各省政府提高环境保护的意识，从控制森林资源的滥伐开始，为进一步修复森林生态打下基础。

2. 经营与管理水平不高

巴基斯坦林业经营与管理水平整体较弱，其问题主要体现在国家对森林资源、森林产品数据的收集、分析与传播方面。联邦政府在林业的影响力较弱，而各省级森林部门在执行和实施林业计划方面疏于管理，导致了林业系统管理上缺乏一致性与执行力。巴基斯坦目前尚不具备林业中央数据库的信息化建设能力，因此把握国家林业现状、制定政策和发展战略的基础较为薄弱。不仅在管理上缺乏行之有效的体制之外，而且也缺乏技术与设备的必要支持。

3. 洪水等自然灾害频发

长久以来，洪水灾害频发严重影响着巴基斯坦的社会民生与自然环境。目前，巴基斯坦环境部对洪水监测的能力有限，洪水的防范与治理水平亟待提高。每年受到洪水侵袭的地域水土流失、旱涝问题严重，流域生态系统负担沉重。

（二）发展趋势

尽管森林采伐已经受到限制，农田和荒地上种植的树木有所增加，但总体上巴基斯坦的森林仍在不断减少。在全球可持续发展的大环境下，巴基斯坦政府承诺，将加大对林业部门的拨款预算，并给其他利益相关者提供鼓励资金，力争在2020年，将森林覆盖率提高到6.25%。为此，巴基斯坦政府正在从以下几个方面做出努力：

1. 解决能源问题

薪材的供给依然是林业发展中面临的重要问题。巴基斯坦政府提出了能源替代方案，鼓励使用液化石油气、天然气、沼气和太阳能等能源替代品，减少薪材消耗和森林过度采伐。

2. 提高管理能力

巴基斯坦确定的未来林业发展指导原则是加强森林保护，推进林业可持续发展，而不再以商业利润为发展的首要目的。为确保森林在为当地居民提供生存基本需求的同时，进一步提高森林的环境服务水平，巴基斯坦正在加强政府、地方、农民、捐赠者和非政府组织的协作，努力在保证需求的同时减少自然林的生态压力。

3. 防治自然灾害

受自然气候条件影响，加之不合理的土地利用方式，巴基斯坦的水土流失、土地盐碱化、沙化问题非常严重。同时，洪涝灾害也非常频繁，给人民生命财产安全和经济社会发展构成了巨大威胁。为此，巴基斯坦政府正在争取国际组织的支持和帮助，提高应对自然灾害的能力，努力减轻灾害损失。

（何 璆　徐 斌）

参考文献

巴基斯坦林业.2001. 世界林业动态.

巴基斯坦研究所.http：//www.pfi.gov.pk/division.html.

徐斌.2011. 世界林业热点问题2010[M]. 北京：科学出版社.

Critical Analysis of the Forest Policies of Pakistan, Civil Service of Pakistan http://www.cssforum.com.pk/css-optional-subjects/group-b/forestry/34864-critical-analysis-forest-policies-pakistan.htmlWednesday, April 08, 2015.

FAO. 2009. Pakistan Forestry Outlook Study - Asia - Pacific Forestry Sector Outlook Study Ⅱ.

Forestry-Summary 2008 &DevelopementProgramme 2009 - 2010.

Ministry of Environment Government of Pakistan. 2000. National Forest Policy.

Mohammad IqbalSialDeputy Conservator of ForestsNorth West Frontier Province, Pakistan Non - Wood Forest Products in Asiahttp://www.fao.org/docrep/X5334e/x5334e08.htm 2015/04/08.

Pakistan : forestry sector survey (English) | The World Bank, 1978 http://documents.worldbank.org/curated/en/1978/06/1555144/pakistan-forestry-sector-survey.

Pakistan: A Land Left to Drown by the 'Timber Mafia' Published onSunday, August 29, 2010 by The Sunday Herald/Scotland http://www.commondreams.org/news/2010/08/29/pakistan-land-left-drown-timber-mafia.

Thomson Reuters, Pakistan's timber mafia threaten forest protection plans-environmentalistsWed, 29 Jan 2014 http://www.trust.org/item/20140128134348-w6xb1/.

《The Frest Act, 1927》.

不丹(Bhutan)

不丹王国(简称不丹)位于喜马拉雅山脉东段南坡，东、北、西三面与中国接壤，南部与印度交界，为内陆国。面积约 3.8 万 km^2。人口约 78 万(2016 年)。不丹族约占全国总人口的 50%，尼泊尔族约占 35%。不丹语“宗卡”为官方语言。藏传佛教(噶举派)为国教，尼泊尔族居民信奉印度教。全国划分为 4 个行政区、20 个宗(县)。

境内多山，山地面积占国土 95% 以上。地势北高南低。喜马拉雅山脉横亘北部，中部为喜马拉雅山地，南部为丘陵和平原地带。河流密布，水利资源丰富。北部山区气候寒冷，中部气候温和，南部丘陵平原属湿润的亚热带气候。年降雨量 3 000 ~ 6 000 mm，雨季集中在每年 6 ~ 9 月。

自然资源有白云石、石灰石、大理石、石墨、石膏、煤、铅、铜、锌等矿藏。水力资源丰富。水电资源蕴藏量约为 3 万 MW，目前仅约 1.5% 得到开发利用。森林覆盖率约为 70.46%，自然保护区占国土面积的 51.4%。物种丰富，每万平方平方上有植物 3 281 种。

工业主要有电力、建筑业和制造业。2010 年工业总产值约为 5.88 亿美元(293.95 亿努)，占 GDP 的 40.6%。其中，建筑业产值和制造业产值对 GDP 的贡献率分别为 14% 和 8.7%。近年来，对印度电力出口带动了水电站建设，电力行业逐渐成为经济支柱之一。2010 年水电产值 127.636 亿努，占 GDP 的 17.6%。

可耕地面积占国土总面积的 16%，主要农作物有玉米、稻子、小麦、大麦、荞麦、马铃薯和小豆蔻。畜牧养殖较普遍。主要树种有娑罗双树、橡树、松树、冷杉、云杉、桦树等，以丰富的名木花草闻名遐迩。盛产水果。苹果、柑橘等大量向印度和孟加拉国出口。

旅游业是重要的外汇来源之一。1974 年开始对外开放旅游业，但控制较严，一般只接受团体旅游。出于环保考虑，对境外游客设定每人每天需达到的最低消费额。1987 年 7 月起，寺院、宗教圣地不对外开放。每年 3 ~ 6 月、9 ~ 12 月是旅游旺季，游客主要来自日本、美国和中国等地。2015 年入境游客 16.7 万人次，创收 7 105 万美元。

对外贸易主要在南盟成员之间进行。2014/2015 财年、出口额分别约为 619.23 亿努和 359.01 亿努。主要进口产品为燃料、谷物、汽车、机械、金属、塑料等。主要出口产品为电力、化学制品、木材、加工食品、矿产品等。主要贸易伙伴是印度，占不丹进、出口总额的 78% 和 85%，其他贸易伙伴国是韩国、泰国、新加坡、日本、中国等。

2015 年国内生产总值约 22 亿美元，人均 GDP 约 2 836 美元，经济增长率为 6.5%，通货膨胀率 4.58%，失业率 2.5%。

不丹是最不发达国家之一，经济建设严重依赖外国和国际组织援助，2013 年在联合国发展署发表的全球人类发展报告中排名第132位（中国外交部网站，2018）。

一、林业在国民经济中的地位

2010年不丹林业产值为2.28亿美元，林业直接就业人口约2 000人。2016年，不丹林业值产对GDP贡献率达4.4%（World bank，2018）。森林在保护水源地、陡峭山地和山谷农业用地等方面发挥了重要的作用。不丹利用森林保护下的自然环境和水源地进行水力发电，并使水力发电成为国家最大的创汇产业。森林资源还是人们赖以生存的重要保障。人们从森林获取木材以及薪材、饲料、落叶、药草、蘑菇等非木材林产品，还可以在林中放牧等（伊藤忠男等，2011）。在第10个五年计划（2008—2013）制定的削减贫困措施中，政府提出了促进森林及水资源的可持续商业利用。

二、森林资源

截至2015年，不丹森林面积约275.5万hm^2，占国土面积的72.3%。森林蓄积量为5.1亿m^3。单位面积蓄积量为185 m^3/hm^2。活立木生物量中的碳储量为2.94亿t（FAO，2015）。

天然林273.3万hm^2，占森林总面积99.2%；人工林2.2万hm^2，仅占0.8%。在天然林中约有原始林41.3万hm^2、天然次生林232万hm^2（FAO，2015）。森林类型较多，其中阔叶林占森林总面积54.4%，针叶林占19.8%，针阔混交林占1%，冷杉林占5.9%，乔松林占2.6%，喜马拉雅长叶松林占3.5%，灌木林占12.9%（Katwal，2011）。

各种类型的森林分布情况为：①亚热带和温带阔叶林由高地阔叶林、低地阔叶林和热带低地阔叶林3个亚类组成，其中很大一部分阔叶林处于完好的原始状态。②喜马拉雅长叶松（*Pinus roxburghii*）林分布于海拔900～1 800 m的山谷。由于火灾频发，林下植被稀少。③针阔混交林主要分布在缓坡地带。主要树种为栎树，伴生树种通常为乔松（*Pinus griffithii*），在高山地区伴生树种为云杉或铁杉。④乔松林分布在海拔1 800～3 000 m的温带地区，为速生树种，能够迅速形成森林群落。⑤西藏云杉（*Picea spinulosa*）林很少纯林，多与栎树等在干旱立地条件下形成混交林，或与铁杉和红豆杉等在较湿润地区形成混交林。⑥墨脱冷杉（*Abies densa*）林主要生长在海拔2 700～3 800 m的最高山脊上，发挥着流域保护的重要功能。林下植物有杜鹃、亚高山竹、灌木、草类和苔藓。随着海拔升高，冷杉林逐渐演变为矮生桧柏和杜鹃混生的灌丛。⑦针叶林分布在海拔2 000～2 700 m的亚高山地区。优势树种有云杉、铁杉和落叶松。在比较湿润的山坡，铁杉比云杉多。林下植被有杜鹃、竹类和灌木。⑧灌木林分布在树木线和裸岩区之间，包括高山灌丛和温带灌丛。矮生桧柏是灌木林中的常见树种，有时还可见到矮生栎树和柳树（Katwal，2011）。

不丹的森林全部为国有林，其中水土保持林为149.5万hm^2，占森林总面积的46%；生物多样性保护林为87.7万hm^2，占27%；生产林为52万hm^2，占16%；其余11%的森林未划分明确的用途。在过去20年里，森林总面积从1990年的250.7万hm^2增至2015年的375.5万hm^2，年均增加9.9万hm^2；同期，森林蓄积量从5.34亿m^3减少至5.1亿m^3，年均减少1 000 m^3（FAO，2015）。

三、林业法规政策

（一）林业法规

不丹政府1969年制定了首部《森林法》，明确规定森林全部归国家所有。1974年正式批准了国家森林政策，提出保持森林占国土面积的60%，而且这一政策已被写入2008年公布的新宪法。

1995年不丹政府通过了《森林和自然保护法》(Forest and Nature Conservation Act, 1995)，替代1969年的森林法。新法承认在民主化和地方分权化的大趋势下当地居民利用森林资源的传统和文化权利，同时谋求国有林中的社会林业和民有地林业的法律建设等，森林管理向当地居民参与和民间利用的方式转变。1999年修改了林业政策，将招投标制度引入木材市场，采取了基于国内市场原理促进木材流通的政策，力争搞活市场。

（二）林业发展规划

不丹自1961年启动第1个五年计划以来，已经实施了10个五年计划。第10个五年计划(2008—2013年)的总目标是提高人民的生活质量。国民幸福总值(GNH)是第10个五年计划的核心理念。GNH的四要素是：促进公平和可持续的社会经济发展；保护和促进文化价值；保护自然环境；良好的治理。第10个五年计划的优先事项、战略和计划也都是围绕着这4个核心要素制定的(FAO，2009)。

第10个五年计划中与林业相关的政策目标是：①为不丹子孙后代和全人类的整体利益保护不丹独特的生物多样性；②防止脆弱的山区发生土壤侵蚀和滑坡等自然灾害；③通过保护有限的农业用地来支持农业发展，实现政府的自给自足政策目标并改善农村居民的社会经济状况；④开展流域保护和恢复，以促进优质饮用水和灌溉用水的生产和水力发电；⑤鼓励人们参与林业和森林管理，使农村社区实现林产品自给自足；⑥通过防止森林防火、防治森林病虫害、防止侵占林地和转变林地用途、再造林、宣传教育和林业技术推广等各种努力，使全国森林覆盖率保持在60%以上；⑦对森林进行可持续经营，在提高森林质量的前提下获取经济收益；⑧通过科学采伐为当地社区和工业部门提供林产品，促进农村的发展和创收。

为实现第10个五年计划提出的目标，不丹政府制定了14项林业行动计划：社区林业计划、私有林计划、造林和苗圃管理计划、流域治理与水土保持计划、林火管理计划、林业推广计划、森林资源发展计划、保护区管理计划、林业教育计划、机构发展计划、服务交付计划、信息管理计划、人力资源发展计划、监测和评价计划。

（三）森林保护与利用政策

不丹提倡"国民幸福总值"思想。在1976年斯里兰卡首都科伦坡举行的国际会议上，不丹第4代国王吉格梅·辛格·旺楚克强调："国民幸福总值(Gross National Happiness, GNH)比国民生产总值更为重要"，第一次明确提出了国民幸福总值的理念。

不丹第4代国王旺楚克说道："惟有喜马拉雅高耸、雨雪丰沛、森林茂密，吾国才会国泰民安，政府要为此而勤勉努力。"这句话代表了不丹的林业发展方针。

20世纪80年代，不丹拥有辽阔的森林，林业对全国工业和商业的发展具有重要的作用。但是，在现代化发展的初期阶段，不丹吸取邻国过度采伐森林的教训，转变了基本战略。政府的法律规定，要保证全国的森林覆盖率在60%以上；严禁造成环境恶化、威胁野生动植物生境的工业和商业活动；采伐树木必须向有关部门提交申请。

不丹政府在发展经济的同时重视环境和生态资源的保护。对森林旅游业，政府规定，每年限制外国游客在6 000人，其行程须经政府审核。虽然现在放宽了限制，但入境游客必须由国内旅行社全程陪同。为保护环境，不丹政府规定禁止攀登5 000 m以上的高山。还规定，每人每年至少种植10株树。

2010年制定了新的森林政策，新政策针对国内木材生产与需求的巨大缺口，提出了优先考虑生产林的可持续管理、自然保护、流域管理、社区林业及木材产业，从以前重视保护转向了谋求森林可持续利用与保护相平衡的政策(伊藤忠男等，2011)。

(四)森林应对气候变化国家战略

不丹政府认识到应对气候变化的脆弱性制定长期战略的必要性，1995年批准了《联合国气候变化框架公约》(UNFCCC)，发布了2次国家报告。在第2次国家报告中就目前应对气候变化应开展的工作进行了评估。国家环境委员会期待着在第10个五年计划(2008—2013)完成后决定国家可持续发展战略。该战略内容应该考虑到现有政策和计划上的可持续土地管理、灾害管理、能源可持续性、全球化、基础设施建设等，同时将气候变化纳入考虑内容(伊藤忠男等，2011)。

四、林业机构与管理体制

不丹的林业行政管理工作由农业部林务局负责，2010年农业部改为农林部，林务局改为森林与公园局(Katwal，2011)。该局下设社会林业、森林资源管理、森林保护和警备、野生生物保护、自然疗养和生态旅游、流域管理及地区7个科室。此外，国家公园、Yusipang森林研究发展中心、UgenWangchuck环境保护协会及各县行政机构内的林业科也由森林与公园局管理。国家生物多样性中心作为独立机构设在农林部(伊藤忠男等，2011)。

五、森林经营与管理

(一)森林经营

1. 人工造林

不丹的人工林不足全国森林面积的1%。随着木材需求的增加，对人工造林的需求日趋提高。从1940年开始，在南部地区用柚木、娑罗双等树种造林，20世纪80年代中期以后在全国正式推广人工造林。人工林面积已从1990年的0.1万 hm^2 增加到2000年的0.2万 hm^2 和2010年的0.3万 hm^2，尽管年均仅增加100 hm^2，但是20年里在持续增加(FAO，2011)。主要造林树种有乔松、西藏柏木(*Cupressus torulosa*)等针叶树。与天然林可持续管理一样，对育种和育苗等人工林造林技术的研究和推广是亟待解决的问题(伊藤忠男等，2012)。

2. 森林采伐

在不丹，以木材生产为主的森林是位于高海拔地区(2 500 ~ 3 200 m)的针叶树混交林。

在铁杉、冷杉、云杉等针叶树占优势的天然林中，树木粗的直径达到 1 m，树高达 30 ~ 40 m，基本上实行以大径材为主的择伐。同时，借鉴欧洲的作业法，尝试通过采用群状采伐、天然下种更新等作业方式，减少对环境的破坏，进行森林采伐的可持续作业。但是，不丹木材的年生产量约为 28 万 m^3(2004 年)，远远低于国内约 77 万 m^3 的需求量，为满足国内需求，需要增加采伐量。基于需求与供应的缺口较大，考虑到环境保护和可持续作业，不丹制定了采伐作业规则，规定在择伐作业时主要采用架线集材，架线的各条采伐带之间至少确保 100 ~ 120 m 的保留带，采伐后 30 ~ 60 年不得再次采伐等(伊藤忠男等，2012)。

（二）森林生态保护

不丹自然资源丰富，全国有 203 种哺乳动物。野兽对农作物及牲畜的为害日趋严重。为此，2008 年政府制定了《人类与动物冲突管理策略》，加强对野生动物的管理和农民的防范意识，并在森林与公园局野生生物保护处设立了野生动物管理部(伊藤忠男等，2012)。

（三）森林服务

不丹位于印度洋与喜马拉雅山脉之间，地形和气候类型的多样化，造就了丰富多彩的自然景观，加之人文景观和文化习俗构成了不丹极具魅力而又独具特色的自然旅游资源。自 1974 年以来，不丹旅游业为国家创造的外汇逐年增多，从 1994 年的 650 万美元增至 2004 年的 1 300 万美元和 2011 年的 4 770 万美元。2011 年国内旅行社已增至 741 家，提供了 8 800 多个就业岗位(李宁，2014)。

不丹第 10 个五年计划将以社区为基础的生态旅游列为优先发展项目，目的是使农村地区从中受益。目前社区生态旅游项目已在旺楚克国家公园、皇家马纳斯国家公园、楚恩馨拉国家公园、旺楚克百年纪念公园和萨克藤野生动物保护区等 5 个保护区实施，布姆德林野生动物保护区、晋美多吉国家公园等保护区也规划生态旅游项目。另外，为促进国家公园的生态旅游开发，2009 年开始举办每年一次的公园节活动。旺楚克百年纪念公园每年 2 月举办游牧民节，楚恩馨拉国家公园每年 8 月举办蘑菇节，晋美多吉国家公园每年 1 月举办羚羊节，英国皇家植物园每年 5 月举办杜鹃花节，其他公园也正在规划公园节活动(Katwal，2011)。

不丹有关部门还利用公园景区开展环境教育，通过举办研讨会和培训班，讲解自然知识，使人们认识自然、体验自然，提高自然环境的保护意识。

六、林产品生产、加工与贸易

（一）林产品生产与加工

2006—2016 年，不丹主要林产品的年产量：原木 490 万 ~ 530 万 m^3，锯材 2 万 ~ 3 万 m^3，人造板 3 万 ~ 4 万 m^3，其中原木和锯材生产以阔叶材为主，人造板生产以碎料板为主(FAOSTAT，2018)。

2017 年，原木产量为 528.0 万 m^3，其中阔叶材为 524.7 万 m^3，占原木总产量的 99.4%，针叶材仅 3.3 万 m^3，占 0.6%；从用途看，工业原木仅占原木总产量的 2.3%。

同年，锯材产量为2.2万m^3，其中针叶树锯材0.4万m^3，阔叶树锯材1.8万m^3；人造板产量为2.9万m^3，其中碎料板占93.1%，胶合板占6.9%，其他人造板产量为零（FAO，2018）。从近年的统计数据看，不丹原木产量略有增长，锯材产量浮动在2万m^3左右，人造板产量浮动在3万m^3左右。

不丹有数百种非木质林产品，其中包括药用植物、芳香植物、山野菜、蘑菇、香料、染料、树胶、水果、精油、纤维、蕨类、藤、竹和其他许多产品。非木质林产品的采集、加工和销售在不丹农村经济中发挥着越来越重要的作用，能够帮助农村居民减轻贫困和改善粮食安全状况。在第10个五年计划中，不丹政府充分认识到非木质林产品在扶贫中的作用，将发展非木质林产品作为可再生自然资源行业的一个主要计划。不丹制定了许多非木质林产品收获指南，以确保非木质林产品收获的可持续性。

非木质林产品的合法收获有2种方式：第一种是根据经认可的社区森林管理计划进行收获，该计划由森林与公园管理局与地方社区共同制定并实施，所依据的法律是《森林与自然保护法（1995）》和《森林与自然保护管理条例（2006）》，其中管理条例鼓励以社区为基础进行收获；第二种是成立非木质林产品经营组织并为其签发许可证。林业官员帮助成立非木质林产品小组，并在其采集非木质林产品过程中提供技术支持。

不丹拥有良好的优质竹种，适合用于建筑业。为推广竹子在建筑业的使用，森林与公园管理局在谢姆冈（Zhemgang）建造了竹材样板房。森林与公园管理局还特别鼓励人们在贫瘠的土地和滑坡易发地区种植竹子。这不仅能控制土壤侵蚀，还能发挥竹子卓越的固碳功能（Katwal，2011）。

（二）林产品贸易

不丹主要林产品基本能够自给自足，原木、锯材、人造板、纸和纸板的生产是能够满足国内消费的，因此原木等林产品的进出口贸易量很小。

根据FAO最新发布的统计报告，2009—2017年不丹国内的原木生产量和消费量均保持在每年500万m^3左右，供给可以满足需求。但是，2012年和2013年国内原木消费量分别由2011年的502.4万m^3猛增至560万m^3和565万m^3，而同期生产量增幅不大，为510万m^3左右，由此导致2012年和2013年原木进口量分别从上年的0.2万m^3猛增至52.5万m^3。原木出口保持在每年0.3万m^3。人造板进口量2012年和2013年均为0.2万m^3，出口量分别为0.6万m^3和0.4万m^3，出口大于进口。纸和纸板的进口和出口贸易最近几年均保持在0.1万m^3（FAO，2018）。

七、林业科研与教育

不丹农业部可再生天然资源研究委员会全面管理农林畜牧业领域的研究工作。该委员会设有政策研究和规划、技术审查和监督、科技情报管理和宣传、研究调整和资源调配4个室，负责科研战略、规划和预算等工作。

农林牧科研工作由可再生天然资源研究开发中心（RNRRDC）及其分中心负责。RNRRDC下设4个研究所，分别位于Yusipang、Bajo、Jakar和Wengkhar，各所分别负责林业、农作物、畜产和园艺领域的研究及技术普及工作。林业研究项目由Yusipang研究所负责，制定并协调全国林业研究课题的优先度，并通过4个研究所联网进行研究。RNRRDC

的林业科研人员隶属于Yusipang研究所，并由Yusipang派往其他各所。截至2009年，从事林业研究的科研人员4个所合计只有研究人员13名，研究助手23名，人才培养和能力建设是当务之急。在不丹第10个五年计划中，4个研究所的科研预算规模基本相同，但在农作物和园艺领域稍多，林业和畜产领域投入相同(伊藤忠男等，2011)。

RNRRC根据《森林研究计划与战略2009》开展课题研究。该战略的重点是通过开发非木质林产品资源、加强社会林业措施、发展土著林业等搞活地区经济，减少贫困。

林业研究的8个领域及其主要研究课题包括：①自然保护：野生动物对农作物的危害；②针叶林管理：森林动态、林内过度放牧的影响及过度采伐林的天然更新；③阔叶林管理：冷温带森林动态、林业系统评估及林内过度放牧的影响；④林产品：针阔叶树的采伐及采伐废材的利用；⑤非木质林产品：当药的生态与管理、竹藤繁殖、冬虫夏草生态、松蘑收获对资源量和经济的影响等；⑥再造林及企业造林：荒废地造林的树种选择和造林技术、尼泊尔赤杨产地评价和种子生产、有用树种的育种程序及苗木保护；⑦社会林业：农用林试验、水源地的社会经济与振兴；⑧森林保护：喜马拉雅五叶松立枯病害(伊藤忠男等，2011)。

八、分析与借鉴

(一)林业特点

不丹是一个山地小国，也是最不发达国家之一。但是，不丹倡导“国民幸福总值”思想，在积极保护自然环境的前提下，合理利用自然资源创造经济价值，在自然环境保护和自然资源利用方面堪称世界楷模。

1. 自然环境保护成绩显著，是全球“幸福指数”最高的国家之一

不丹政府从20世纪80年代开始实行现代化时就有强烈的环保意识，采取了一系列保护森林资源和生态环境的措施，如严格控制入境旅游人数、不允许任意砍伐树木、规定全民植树节、规定每人每年至少要种植10棵树等。不丹保护森林成效显著，被列为世界十大生物多样性保护区之一。为表彰不丹国王和人民在环保领域的突出贡献，2005年联合国首届“地球卫士奖”授予了旺楚克国王和不丹人民。不丹追求“国民幸福总值”，取代国民生产总值，2006年被评为全世界“幸福指数最高的国家”之一，“幸福指数”亚洲排名第1，世界排名第13(李忠东，2010)。

2. 合理利用自然资源，水力发电成为全国最大的创汇产业

不丹既重视森林等自然资源保护，同时又有效地利用了受到保护的自然资源发展水力发电业，使水力发电业成为国内最大的经济产业和创汇产业。2010年水电产值占GDP的17.6%，超过农业(16.8%)、建筑业(14%)和制造业(8.7%)。现在发电总量的85%出口印度，使电力成为不丹最大的出口产品(中国外交部网站，2013)。水力发电业的发展除具备地形、降雨量及冰川等有利自然条件外，政府和人民对森林等自然环境的保护也功不可没。

(二)林业问题

不丹的森林资源在过去的几十年里得到了很好的保护，但随着社会经济的发展，不丹林业也面临着一些问题和挑战。

1. 国内木材需求量增大

不丹对建筑用木材的需求量超过了其森林的木材可持续生产量，薪材的需求也在逐渐增加，每年约有72.46万t木材被用作薪材(Dhital，2009)。在人口集中的山谷和其他条件比较优越的地区，对附近森林造成较大压力，并导致森林退化和破碎化等。

2. 林地用途改变

不丹是一个发展中国家，正处在各种规模基础设施建设的发展阶段，如政府为医疗卫生和社区学校等建造大楼，建设电力输送线路，建设林区道路等。随着全国现代化和城市化建设的迅速发展，2001—2005年约有1 347 hm^2的林地改变了用途，其中林区道路建设是导致林地用途改变的重要原因。

3. 过度放牧和采伐妨碍更新导致森林退化

流动放牧造成动物啃食所带来的影响仍然在加剧。流动放牧引起土壤侵蚀、兽害发生，妨碍了原有植被的天然更新，对生态系统也会产生各种负面影响。另一方面，木材和薪材采伐量的增加使生长在针叶混交林下层的锥栗属、栎类等占优势的常绿阔叶树面临被采伐的压力，这是造成森林退化的主要原因。

4. 森林火灾

不丹因其地形条件导致村庄和定居点都比较分散，使林区居民的活动相对频繁。依赖明火照明的村庄和野外活动提高了林火的发生概率。另外，森林凋落物的不断累积和严重的干旱季节也容易引发林火。不丹的地形特点也增加了进入森林灭火的难度。

5. 面临全球经济一体化的机遇和挑战

全球经济一体化给发展中国家带来机遇，使其更容易获得国际资本、技术和市场，但另外，也可能带来金融动荡以及社会和经济的混乱。对不丹而言，生态旅游是其得天独厚且容易创收的行业。世界各地越来越多的游客希望领略不丹独特的高度多样化的自然生态景观(Dhital，2009)。

针对以上情况，不丹林业急需解决的问题：一是扩大人工造林以缓解对天然林的压力；二是广泛研究树种选育及苗田管理等造林技术以解决人工造林的技术问题；三是加强木材采伐和游牧管理，使其兼顾环境保护；四是加强森林防火安全管理和宣传以减少火灾隐患；五是立足于社区经营的理念，使当地人民能够从生态旅游中获益。

（白秀萍　万宇轩）

参考文献

李宁．2014. 试析不丹旅游产业的成就与问题[J]. 陕西行政学院学报，28(2)：96－100.

李忠东．2010. 不丹摘取“地球卫士奖”桂冠[J]. 资源与人居环境，(12)：58－58.

新华网．2008. 不丹概况．http：//news. xinhuanet. com/ziliao/2002－06/18/content_ 445371. htm.

後藤忠男，尾本卓也，大井 徹，等 2011. ブータンにおける森林？林業分野の研究課題(1). 海外の森林と林業 No. 82(2011)：28－32.

後藤忠男，尾本卓也，大井 徹，等. 2012. ブータンにおける森林？林業分野の研究課題(2). 海外の森林と林業 No. 83(2012)：9－14.

中国外交部网站．2014. 不丹国家概况．http：//www. fmprc. gov. cn/mfa_ chn/gjhdq_ 603914/gj_ 603916/yz_ 603918/1206_ 604090/.

Dhital D B. 2009. Bhutan Forestry Outlook Study. Bangkok: Food and Agriculture Organization of the United Nations Regional Office for Asia and the Pacific.

FAO. 2015. 粮农组织林产品年鉴(2009－2013).

FAO. 2011. 2011年世界森林状况. 罗马: 联合国粮农组织.

FAOSTAT. 2013. Forestry production and trade. http://faostat. fao. org/site/626/default. aspx#ancor.

Katwal S. 2011. Forestry Development in Bhutan. www. dofps. gov. bt.

朝鲜(North Korea)

朝鲜民主主义人民共和国(简称朝鲜),位于亚洲东部朝鲜半岛北半部,北部与中国为邻,东北与俄罗斯接壤,面积12.3万km^2。人口2 400万(2015年),单一民族,通用朝鲜语。全国划分为1个直辖市、2个特别市和9个道,分别为平壤市、南浦市、罗先市、平安南道、平安北道、慈江道、两江道、咸镜南道、咸镜北道、江原道、黄海南道、黄海北道。

半岛海岸线全长约1.73万km,平均海拔440 m,山地约占国土面积的80%。属温带季风气候,年平均气温8~12℃,年平均降水量1 000~1 200 mm。

朝鲜已探明矿产300多种,其中有用矿200多种。石墨、菱镁矿储量居世界前列。铁矿及铝、锌、铜、银等有色金属和煤炭、石灰石、云母、石棉等非金属矿物储量丰富。水力和森林资源也较丰富。

工业重视发展冶金、电力、煤炭、铁路运输四大先行产业和采矿、机械、化工、轻工业,努力实现生产正常化、现代化。农业集中力量发展粮食生产,继续推行种子改良和二熟制,扩大土豆、大豆种植。粮食生产以水稻和玉米为主。交通运输以铁路运输以主,铁路总长度为8 800多km。公路总长超过7.75万km(中国外交部网站,2015)。

一、林业在国民经济中的地位

朝鲜林业在国民经济中占有一定地位。2006年林业部门就业人口为2.6万人,占全国总劳动力的0.2%;林业增加值为2.99亿美元,占GDP2.5%。与1990年相比,林业就业人口在减少,但林业产值呈增长的趋势;林业对GDP的贡献率从0.5%提高至2.5%(表1)。

表1 朝鲜林业部门就业和增加值情况

类别	就业(万人)			增加值(万美元)		
	1990	2000	2006	1990	2000	2006
林业和采伐业	1.3	2.3	1.9	4 900	16 300	22 000
木材工业	0.8	0.6	0.4	800	2 700	3 300
纸浆和造纸业	0.8	0.5	0.4	1 900	2 600	4 600
合 计	2.8	3.4	2.6	7 600	21 600	29 900
占总劳动力或GDP比率(%)	0.3	0.3	0.2	0.5	1.9	2.5

资料来源:增加值是不变价格,根据2006年通货膨胀率和汇率调整。FAO,2010a。

二、森林及其他自然资源

（一）森林资源总量

截至 2015 年，朝鲜森林总面积为 503.1 万 hm^2，森林覆盖率为 41.8%。森林立木总蓄积量为 3.19 亿 m^3，每公顷蓄积量为 63.4 m^3(FAO，2015)。

（二）森林资源结构和森林权属

截至 2015 年，朝鲜原始林 70.1 万 hm^2，占森林面积的 13.9%；天然次生林 362.6 万 hm^2，占森林面积的 72.1%；人工林 70.4 万 hm^2，占森林面积的 14%。朝鲜的森林大部分用于生产，2015 年生产性森林占森林总面积的 86%，生物多样性保护林占 14%（FAO，2015）。

朝鲜以针叶树为主的寒带林占 54%，阔叶林为主的温带林占 46%。寒带林分布在最北部鸭绿江流域和图们江上游地区，其余地区为温带林。在中南部地区，针阔叶混交林以阔叶树为主，而在北方和高海拔地区针叶树比例比较高，甚至是针叶纯林。针叶树树种主要有油松（*Pinus tabulaeformis*）、赤松（*P. densiflora*）、红松（*P. koraiensis*）、朝鲜崖柏（*Thuja koraiensis*）、日本落叶松(*Larix leptolepis*)、云杉(*Picea* spp.)；阔叶树树种主要有栎类(*Quercus* spp.)、小叶杨(*Populus simonii*)、椴树(*Tilia tuans*)、三角枫(*Acer buergerianum*)、千金榆(*Carpinus cordata*)、板栗(*Castanea mollissima*)等。森林分布面积最大的为赤松和油松林。

朝鲜的混交林主要分布在两个地区，一是在中央温带林地区，二是在北方温带林地区。这些天然混交林对野生动物、气候和水土保持具有非常重要的影响，同样也是薪材、木炭、木材、纸浆材的主要来源。

森林按用途划分为特别保护林、一般保护林、用材林、经济林和薪炭林 5 大类。

朝鲜独立后不久便把全部森林划归国家或集体所有。根据朝鲜森林法，森林划分为两大类，一是国有林，占森林面积的 92%；二是属于合作农场及地方公共团体的集体所有林，占 8%。

（三）森林资源动态变化

根据 FAO 数据，1990 年以来，朝鲜森林呈现持续减少的趋势，1990 年森林面积为 820.1 万 hm^2，2015 年降至 503.1 万 hm^2；立木蓄积量也从 1990 年的 5.04 亿 m^3 减少到 2015 年的 3.19 亿 m^3。25 年里森林面积减少了 317 万 hm^2，立木蓄积量减少了 1.85 亿 m^3（FAO，2015）。

三、林业法规政策

（一）林业发展目标

朝鲜成立初期，森林覆盖率高达 80%。朝鲜成立后对森林进行国有化调整之后，其林业政策的基调定位在计划经济上，“促进和利用森林的经济效能，通过综合利用森林保障生产需求，提高人民生活水平”是其林业的发展目标。由于对森林的过度开发和利用、林地向农耕用地的肆意转化以及中央对林业支援的不足，20个世纪90年代以后朝鲜的森林退化速度不断加剧，由此导致的自然灾害也不断激增。为了解决由此产生的问题，强化国家对森林资源的管理，1992年朝鲜政府制定森林法，为积极推进“造林与保护”提供法律保障，逐渐开始向森林保护和森林的可持续经营方向转变。现阶段，朝鲜林业的发展目标是实现森林的可持续经营，在实现森林生产性的同时确保生物多样性的保护和森林再生能力的提高。

朝鲜《宪法》中规定森林管理的首要目标是为了保护环境而不是生产。为了恢复退化的天然林和提供水土保护，政府集中建立了人工林以提供必要的和有价值的木材。政府也致力于恢复天然林和建设薪炭林。森林经营方式也从传统的以木材生产为中心向实现森林生态效能、多方面经济价值以及社会性功能的综合利用转变。

（二）林业计划与政策

朝鲜向可持续森林管理方向转变后于2000年制定了一个长期计划，即《2001—2010年10年造林计划》。该计划被写入内阁决议，规定必须要达到的造林面积和需要改造的森林面积。为了计划的最终达成，朝鲜政府就国土环境机关和林业机关的职能以及权限、劳动力和财政支援等方面作出了特别强调。国家计划委员会、国土环境保护省、林业省、劳动省、道·市·郡三级人民委员会和所属机关对所辖地区森林面积进行统筹，对造林和育林、防沙工程等进行责任制分配，相应区域内设立技术支援室。这个计划的目标为10年间造林150万hm^2。据不完全统计，2001年朝鲜共完成造林3.7万hm^2；2002年7.4万hm^2；2004年15万hm^2；2007年完成6.6万hm^2，3～4月的春季国土总动员期间全国共完成7万余hm^2，共计植树4亿株（朝鲜中央年鉴编委会，2008）。在10年计划执行期间朝鲜政府提出了实现“树林化”的政策目标，“使国民生活的每个地方都植满可利用的、景致良好的树林”。为实现“树林化”的目标，鼓励适地适树地种植速生且高利用价值的树种，并在市和郡建立育苗场，禁止无许可伐木和农耕地过度转化，并积极预防林火。

朝鲜建立了全面详细的《森林经营运作规则》，指导森林资源的管理和保护。该国的森林被纳入经营单位收获调整计划。这个计划用来解决妨碍天然林和人工林可持续发展的问题。经营规则要求，森林管理计划包括下列内容：自然地理、经济、森林资源、森林面积和边界，以及造林区和森林采伐区、采伐作业的车辆、苗木生产的范围及森林保护措施。

朝鲜的林业政策强调采伐更新，在保障造林数量的同时，重视适地适树原则，并提倡种植纸浆材树种和果树。注重保护森林和国土资源，不允许将树木茂盛的森林改成农耕地。但是，由于常年洪灾以及粮食紧张，朝鲜要求不断增加耕地面积的政策与森林的管理目标有相互冲突之处。

（三）林业法律体系

朝鲜独立后不久相继颁布了《林业所有制法令》和《林业管理令》等法律法规，除了把全部森林划归国有，还制定了造林、保护和利用，以及林业经营方针等森林法规，严格禁止企业和个人自主毁林开荒。

1992年12月11日，朝鲜第一次颁布了单独森林法，内容分5章47条，开始用法律保护森林资源，林业步入了依法治林的轨道。该森林法制定的目的是改善森林资源不合理的利用秩序，落实和指导森林抚育计划的贯彻实施，加强中央对森林的管理职能。因此，随着森林法的生效实施，朝鲜将之前由地方政权机关管辖的森林经营范围移至政务院和国家计划机关以及中央党政统治体系下。相对于土地法对林业的相关规定，森林法更加强调了森林经营的秩序和国家统治力。

2000 年 6 月颁布了新的《森林法实施条例》，条例对森林部门的投资、扩大与国际社会的技术交流、森林建设总计划的贯彻执行，以及机关、企业、团体等责成管辖的“造林负责区”（责任林）等相关内容进行了规定。《森林法实施条例》在 2001 年 10 月和 2005 年的 8 月进行了修正和补充，一直沿用至今。

为促进造林和保护，逐步解决此前忽视的森林可持续经营所带来的问题，2005 年的森林法修正条例对“树林化和园林化”进行了重点强调，确定了造林和抚育优先于采伐的政策，强调了森林政策对国土环境和国土保护的重要性。此外，法律规定对未完成造林和抚育义务的机关、企业、团体要进行问责，强化森林部门的科学研究事业，强调现代化和科技化。

四、林业机构与管理体制

朝鲜对森林实行中央集权、分口管理的体制。现阶段，林业部负责林产工业林的经营管理，以生产木材为主要任务。国土环境保护部负责国土保护林、地方林、责任林的管理。国土环境保护部成立于 1998 年，负责制定政策、统筹国土管理事业，并从土地利用和环境保护层面对农业、渔业、林业进行监督，直接对党和政府负责。

林业部于 1980 年成立，几经职责变迁。现阶段林业部森林管理局管理全国林产工业林。林业部系统实行 3 级管理（图 1），即中央林业部，道的林业管理局，基层的林产事业所、坑木事业所和林产工业林经营所。林产工业林经营所是管理森林的单位，它监督林产事业所和坑木事业所执行林业法规。森工和营林的计划、财务、物资、生产、销售等全部由林业部负责。林业部系统从上到下形成了统一政策、统一计划、统一要求、统一步骤的产业整体。林业企业的任务是保证森林的永续利用，完成国家下达的生产任务和其他经济指标。国家把林业企业作为一个纯企业，它不承担社会性任务。

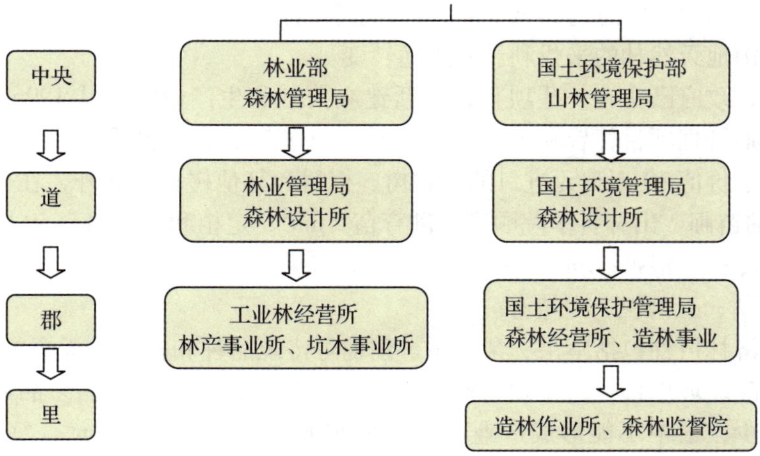

图 1　森林相关行政组织体系

资料来源：朴经石等，2008。

国土环境保护部的“道”级机关是国土环境管理局，主要负责国土保护和保护林的监督和管理，统筹“道”一级森林行政业务，并通过森林设计所规划造林事业。“郡”级机关为森林经营所、造林事业所以及爱林宣传台，森林经营所的主要业务是管理责任林，造林以及保护，防止林火；造林事业所由30～40人组成，主要负责管理育苗场和育苗工作；爱林宣传台负责造林和抚育工作的大众动员，以及森林保护的宣传教育。“里”一级的造林事业所直接执行造林的一线工作，森林监督院负责向群众解读森林政策并指导造林和保护，此外还负责对采伐和林产品进行管理，并对林火进行监测。

五、森林经营与管理

（一）森林经营

朝鲜山地较多，山地按海拔要求种植不同的树种形成不同的林带。海拔1 000 m以上的山地种植造纸用材林及纤维用材林树种；海拔500～1 000 m的山地主要种植油料林；海拔500 m以下山地及丘岭地主要种植果树。在低产林改造方面，种植速生针叶树种替代生长缓慢的阔叶树，红松广泛用于人工造林。此外，栽植的还有引种的日本落叶松。朝鲜非常重视义务植树造林，每年4月和10月定为植树月，4月16日定为植树节。凡是6～60岁的公民，随所在学校、工厂、农场团体参加植树造林。

朝鲜十分重视山地水土保持，规定在缓坡山地砍伐12～30 m宽林带用作人工造林时，其间要保留3～5 m宽的原始林；在陡坡山地砍伐相同宽的林带时，则要保留12～30 m宽原始林，以防水土流失。几乎所有的林地都被砍伐过，现在约630万hm^2已天然更新，120万hm^2已栽植外来树种。朝鲜的天然林更新主要依靠萌蘖更新，许多地区已经过了反复的砍伐更新。朝鲜人工林轮伐期为4～5年，在森林成熟时进行皆伐，然后重新造林。在天然林中，只在选定的区域进行采伐，或进行块状或带状采伐，从而保证其余森林的完整性。采伐后主要依靠天然更新而不是人工造林。采伐方法通常是劳动密集型的，而且主要依赖手工作业而非机械化作业。合欢和刺槐用来提供薪材和土壤保护，日本落叶松和红松林用来提供木材和坑道支架。这些针叶树轮伐期是35年左右。轮伐期为50年左右的林分用于生产锯材。间伐通常进行两次，以10年左右为间隔。近年来，自然灾害之后，逐渐减少了对陡峭山地天然林的采伐利用和用途转变。

育苗方面，政府已实施一些项目，包括建立苗圃和生产设施。从1996年开始，朝鲜实施了国家土地管理项目，旨在加强植树造林、改善道路和河流堤岸。在1999年秋季的活动中，栽种了价值30万美元进口的合欢树、枫树和其他树种。此外，在平壤Sanwon县建立了5 hm^2的苗圃。山林科学院顺安苗圃育苗5 hm^2，定植和大苗培育50 hm^2。已种植的树种有云杉、冷杉、银杏(*Ginkgo biloba*)、水杉(*Metasequoia glyptostruboides*)、落叶松、柏类(*Sabina* spp.)、五角枫、山楂等。

朝鲜的经济林树种包括苹果、梨、桃、葡萄等传统品种和核桃、板栗等干果树种。果园多分布在丘陵缓坡地带，由于缺乏肥料和经营管理粗放，所以果品多品质差、产量低。核桃面积也很少，根本不能形成产业。板栗分布面积达6.7万多hm^2，每株最高产量为12～15 kg，也未形成规模化产业。由于经济林经营水平较低，传统品种退化，新品种少，加之面积减少，果品供应不能满足国内需求(韩恩贤，2002)。

在朝鲜，当地社区都在合作农场工作，生产消费品。虽然大多数的森林被保护起来，但农民可以对这些资源进行多功能利用，获得一系列非木材产品，如坚果、浆果以及在传统的朝鲜饮食中备受珍视的块根类产品。山区农民依靠森林获取薪柴，在林业部的允许下可砍伐收集枯死木。

（二）森林保护

朝鲜的保护区包括自然保护区、野生动物保护区、严格的自然保护区、森林保护区、科学实验保护区、景观和古迹保护区等。法律上规定的保护区约 30 万 hm^2，其中包括 4.35 万 hm^2的森林。

林业管理部门负责自然保护区的管理，土地和环境保护部负责以环境保护为目的的地区管理。主要的环保目标包括提高流域管理水平，保护仅存的原始森林和生物多样性。政府已启动重新造林和森林保护的重大项目。林业部经营着 90 个苗圃，主要用于造林计划，其中也培育了一些保护土壤的树种。

林业部门主要负责管理进入森林和相关采集的限制、动植物保护和控制土壤侵蚀(在森林中，水平阶经常用来防止土壤侵蚀)。

天然林受到管理部门的保护。如果林业不遵循既定的环境保护规则，国土环境保护部有权修改林业部的规划。环境保护规则规定了森林保护措施，如火灾监测和控制、建立森林病虫害防治体系、除草等。

城市管理部以及国土环境保护部正在建立保护朝韩边境地区环境的计划。在非武装区(约 10 410 km^2)形成了相对原始的森林环境，有约 2 800 种动植物，其中约 146 种是稀有或濒危物种(FAO，2010d)。

六、林产品生产、加工与贸易

朝鲜林产品的生产以第一产业为主，森林工业较少，机械化和工业化程度较低。林业贸易量很少，主要出口一小部分原木和木屑，2016 年原木出口量仅为生产量的 0.58%，进口化学木浆、纸和纸板，进口量也很少。

迫于人口的压力，朝鲜对薪材需求旺盛。政府正在营造大面积薪炭林以解决人们的生活需求。木材生产以原木为主，其中大多为木材燃料(表 2)。2016 年原木生产量为 766.9 万 m^3，其中木材燃料为 616.9 万 m^3，占原木生产的 80% 以上(FAO，2017)。

表 2　朝鲜木材生产情况　（万 m^3）

林产品＼年份	2002	2004	2006	2008	2010	2012	2014	2016
原木	712	723.7	733.5	741.1	748.7	754.7	760.6	766.9
其中：木材燃料	562.0	573.8	583.5	591.1	598.7	604.7	610.6	616.9
锯材	28	28	28	28	28	28	28	2

资料来源：FAO，2017。

七、林业科研与教育

朝鲜林业科研机构设有山林科学研究院，下设多个研究所，是朝鲜林业研究的代表机构。其中经济林研究所设有木本油料、造纸林、饲料、燃料、土壤肥料、山果等7个研究室，6个实验场，2001年有工作人员300多人，其中研究人员60多人，博士5人、学士35人。

截至2011年，朝鲜有7～8所大学设立与林业相关的学科，培养符合地域特征的林业科学技术人才。其中，中央直属的惠山农林大学是朝鲜林业教育领域首屈一指的院校。惠山农林大学成立于1959年，以研究高山地带农业和林业发展为目的。该校有数十名教授、副教授、研究员，有1 500～1 800名本科生和研究生在读，设立的林业院系主要有林产工学系、林业设计系、木材加工系、木材化学系、山林学系、山林育种学系、林业经营学系等。

在林业相关学校里，为培养生产一线的人才，随着学年的增加，会越来越加强现场实习教育。因此，在大部分林业学校里都设有学术研究林、实习研究场和实习作业场。此外，林产联合企业所和林产事业所会设立林学夜校以培养林业专业技术人员。

目前，由于持续的经济困难等原因，朝鲜的林业相关教育和研究一直停留在相对低端的水平。

八、分析与借鉴

目前，朝鲜的森林退化问题十分严重，究其原因，朝鲜中央集权的森林管理政策以开发和获取资源为重心，再加上经济困难和能源匮乏，造成了山地开垦和滥砍滥伐现象不断加剧。森林的退化使森林调节干旱和洪水的功能日益弱化，频发的灾难导致了农地淹没和水土流失，土地沙化使道路和工厂遭到破坏，反过来加剧了经济困难，这是一个恶性循环的状态。由于政府放松了对森林地区的控制，并鼓励更多的林地开垦种植，导致了大面积的天然林被开垦，造成了严重的水土流失。如何解决生态与经济发展的矛盾，是为朝鲜面临的重大问题之一。

20世纪90年代以来，朝鲜政府已开始重视森林生态保护，近10年来森林减少的速度放缓，但是依然呈现退化趋势。2000年以后，朝鲜政府认识到这一问题的严重性，开始从土地保护管理的层面制定森林政策并重视造林和保护森林，摆脱过去以木材生产为重心的传统森林经营模式，重视森林的多样生态效能、多方面的经济价值、社会功能的综合发展和利用，开始强调可持续的森林经营方式。朝鲜在土壤改良、育苗和引种方面取得了一定的成绩，但是林业生产还处于比较低的水平，木材生产仍以薪材原木为主，木材生产和加工工业化水平较低，资金和技术比较欠缺，制约着林业发展。此外，由于朝鲜森林退化程度比较严重，经济问题和能源问题又非短期内能够得到解决，因此，只靠朝鲜单方面的努力要想尽快扭转森林退化的局面是比较困难的。朝鲜已经认识到这方面的局限性，正在努力寻求国际社会的支援和技术交流。

（樊宝敏　李 静　陈凤洁）

参考文献

朝鲜中央年鉴编委会. 2008. 朝鲜中央年鉴. 平壤：朝鲜中央通讯社.

韩恩贤. 2002. 赴朝鲜林业考察报告. 山西林业科技，(1)：90－92.

朴经石，朴素英. 2009. 1990年后北韩山林管理变化研究. 统一问题研究，21(1)：459－492.

中国外交部网站. 2015. 朝鲜国家概况. http：//www. fmprc. gov. cn/mfa_ chn/gjhdq_ 603914/gj_ 603916/yz_ 603918/1206_ 604114/.

FAO. 2010a. Global forest resources assessment 2010. Rome：FAO.

FAO. 2010b. Forest management-History—Korea, Dem People's Rep. http：//www. fao. org/forestry/country/61580/en/prk/.

FAO. 2010c. Forest management-Management plans—Korea, Dem People's Rep. http：//www. fao. org/forestry/country/61583/en/prk/.

FAO. 2010d. Forest management-Practices—Korea, Dem People's Rep. http：//www. fao. org/forestry/country/61585/en/prk/.

FAO. 2013. Removals and production of wood and paper products—Korea, Dem People's Rep. http：//www. fao. org/forestry/country/57025/en/prk/.

哈萨克斯坦(Kazakhstan)

哈萨克斯坦共和国(简称哈萨克斯坦)位于亚洲中部，北邻俄罗斯，南与乌兹别克斯坦、土库曼斯坦、吉尔吉斯斯坦接壤，西濒里海，东接中国。国土总面积272.49 万 km^2。全国人口 1 760.8 万(2015 年)，由 140 个民族组成，其中哈萨克族占 65.5%，俄罗斯族占 21.4%，还有乌兹别克族、乌克兰族等其他少数民族。50% 以上居民信奉伊斯兰教(逊尼派)，此外还有东正教、天主教和佛教等。通用哈萨克语，官方语言为哈萨克语和俄语。全国共分为 2 个直辖市和 14 个州，首都阿斯塔纳(中国外交部网站，2016)。

哈萨克斯坦属典型大陆性气候，夏季炎热干燥，冬季寒冷少雪，1 月平均气温 -19 ~ 4℃，7 月平均气温 19 ~ 26℃。地形多为平原和低地，荒漠和半荒漠占国土面积的 60%。河流、湖泊众多，冰川达 1 500 条。荒漠地带年降水量不足 100 mm，北部 300 ~ 400 mm，山区 1 000 ~ 2 000 mm。自然资源非常丰富，已探明的矿藏有 90 多种，油气资源充裕，石油储量居世界第 7 位，独联体第 2 位。

哈萨克斯坦地理位置十分独特，是中欧间重要的贸易流通枢纽。依靠丰富的自然资源和较雄厚的工业基础，哈萨克斯坦为全球中高收入国家，但轻工业发展薄弱，油气业和采矿业是国家经济发展的支柱产业，是世界主要粮食出口国之一。哈萨克斯坦是独联体中经济发展最快的国家，2015 年国内生产总值为 1 805.4 亿美元，人均国内生产总值 1.03 万美元(中国外交部网站，2016)。

一、林业在国民经济中的地位

2011 年，哈萨克斯坦林业年产值为 8 600 万美元，占国民 GDP 的 0.05%。林业提供的就业岗位占全国总就业人口的比例较低，多集中在林产品的初级生产部门(FAO，2015)。根据当地生态环境脆弱和多灌木少乔木的森林类型现状，该国将林业定位为以控制荒漠化、保护集水区和调节小气候等生态功能为主，经济功能为辅(周吉仲，2006)。生产的木质林产品多用于满足国内需求，出口较少。由于森林面积小，该国林业的主要经济价值来自于森林中丰富的动植物产品，在全国主要林区，野生动物狩猎和林果采集活动是当地居民生活的重要来源，优质的野生林果和药材为哈萨克斯坦出口换汇做出了一定的贡献。

二、森林及其他自然资源

由于特定的地理和自然气候条件，哈萨克斯坦森林资源禀赋较差。根据 FAO 统计数据，2015 年全国林地总面积为 2 699.7 万 hm^2，占国土总面积的 9.6%。单位面积蓄积量为 110 m^3/hm^2，与世界平均水平持平。此外，其他疏林、散生木蓄积量为 1 200 万 m^3。森林生物固碳量较高，2015 年达到 1.36 亿 t，每公顷达 41 t(FAO，2015)。

（一）森林资源结构与消长

在哈萨克斯坦的林地中，森林有 330.9 万 hm^2，占林地总面积的 16.7%；其他林地 1 647.9万 hm^2，占林地总面积的 83.3%；天然林面积为 240.8 万 hm^2，占森林总面积的 73%；人工林面积 90.1 万 hm^2，占森林总面积的 27%。2015 年森林立木总蓄积量为 3.64 亿 m^3，其中针叶林 2.39 亿 m^3，阔叶林 1.25 亿 m^3(FAO，2015)。

哈萨克斯坦森林火灾和滥砍滥伐较为严重。近 20 年来，哈萨克斯坦森林减少了约 11.3 万 hm^2，平均每年约减少 5 650 hm^2，年减少率为 0.17%。特别是近 5 年来，针叶林明显减少。其主要原因是部分地区扩大工业企业建筑、交通设施和修建疗养院等，占用了林地。

（二）森林资源类型及分布

在所有树种中，梭梭树(*Haloxylon ammodendron*)面积最大，占全国森林面积的 50%，其次是灌木林，占 25%。全国近 2/3 的林木不具备工业利用价值，利用价值较高的乔木林仅占森林总面积的 25%，其中针叶林占 13.5%，阔叶林占 11.5%。林地受自然条件影响，分布较集中：东哈州林地面积最大，占全国林地的 44%；西哈萨克斯坦州第 2，占 15%；其次是阿克莫拉州、阿拉木图州和巴甫洛达尔州。哈萨克斯坦森林全部为国家所有。在森林面积中，有 16% 主要用于生物多样性保护，13% 提供社会服务，其余 71% 提供其他多种功能。

（三）其他自然资源

据世界保护监测中心的数据显示，哈萨克斯坦现有两栖类、鸟类、哺乳动物和爬行动物物种 708 种。其中，1.8% 属哈萨克斯坦特有种，濒危物种占 5.8%。有 6 000 余种维管束植物，2.9% 属于世界自然保护联盟划分的 4 类保护植物(Mongabay，2013)。

三、林业法规政策

哈萨克斯坦缺乏森林经营经验，长期缺少自然资源经营方面的政策。直到 2006 年，政府提出“向可持续发展过渡”的森林经营理念，制定了《2007—2024 年林地中长期发展规划》。在制订林地发展规划之前，《防治荒漠化十年计划(2005—2015 年)》是唯一涵盖森林经营内容的全国性规划，其行动纲领是增加森林覆盖率。执行至今，该国已对林木采伐采取了严格的限制措施，2005 年以来先后对阿拉木图州的梭梭林和针叶林实行了禁伐，后在全国范围内对松林实行了禁伐；在森林资源富集地区确定了林木利用的新规则，规定在禁伐地段必须经过投标获准后才能采伐，而且只有获得林木采伐许可证的企业才能参加投标，采伐必须保证森林的长期(10～50 年)利用价值。

2003 年 6 月出台了《哈萨克斯坦共和国森林法》。该法规定森林资源属国家所有，并推行地方分权和租赁制。森林法禁止国家林业管理系统的企业进行主伐和对主伐木的加工，将林场改组为与森工业务脱钩的企业，但可开展间伐利用和间伐木加工，且间伐利用必须经过程序严谨的招标和申领许可证获得。为了确保林业管理资金，设立了森林更新、防治灾害与保护基金。此项基金按一定比例从森工企业的产品价值中征收，费用用于森林的更新、防灾和保护以及相关的科学研究。

2004 年，在联合国可持续发展委员会的帮助下，该国制订了《环境保护构想（2004—2005）》，要求全国的环境保护区达到国土总面积的 6.4%，但到 2004 年只达到 1%，远远低于国际标准（周晓玲，2004），近 10 年来稍有增长，但至 2014 年仍低于 2%。为此，哈萨克斯坦政府建立了 2 个国家级的森林保护区，即东哈萨克斯坦州的塞米巴拉金斯克保护区和巴甫洛达尔州的额尔齐斯河保护区。两个保护区内拥有额尔齐斯河流域的所有树木种类，在东哈萨克斯坦州还建立了面积达 60 万 hm^2 的卡通卡拉盖国家森林公园（周晓玲，2004）。近年来，哈萨克斯坦积极推进跨境环境保护，将东哈萨克斯坦州将加入中国、俄国、蒙古和哈萨克斯坦四国共建共管的阿尔泰－萨彦跨界生态圈保护区；2011 年与中国签订《中华人民共和国政府和哈萨克斯坦共和国政府环境保护合作协定》，使森林整体保护面积有了较大增长，环保效果较快提高。

四、林业机构与管理体制

哈萨克斯坦环境保护部是制定环境保护和自然资源利用政策、确保生态可持续发展的主管部门。农业部森林业与狩猎委员会是林业、湿地保护的主管部门，主要负责森林法、保护区法、水资源法案及动物保护繁殖和利用法等相关法律的制定和实施。

哈萨克斯坦林业管理实行森林资源监督管理与森林的经营利用分离的双轨制：中央及其在地方的授权机构负责管理保护全国的森林资源，而森林的经营利用由各个地方政府设立单独的机构管理。根据《哈萨克斯坦共和国森林法》，森林及狩猎委员会（CFHM）是森林保护、森林基金使用及维护、野生动植物保护等工作的最高管理机构，其上级部门为农业部。该委员会在地方设立自然保护区和国家公园管委会（SPHR），负责贯彻国家的林业经营和森林资源利用的科技政策，对森林的状况、利用、再生产和森林防火、保护进行监督，不直接领导森林工业生产。各个地方政府设立森工企业及狩猎管理局（GE）负责管辖各自区域内国有或合资森工企业，包括林业康采恩等大型企业是哈萨克斯坦森林工业的主体，负责各自区域内的木材采运、纸浆造纸、木材加工等，以满足国内对林产品的需求，并负责所辖林区的森林再生产和再造林，保障森林的永续利用（图 1）。

通过不断的调整和修改森林立法来提高森林管护水平是哈萨克斯坦的一大特点。在森林资源保护领域不同层次的林业管理部门中，均设有不同级别的森林检察官，他们的责任是：制止和预防所辖区内违反国家林业保护规定、木材采伐规定和林地使用规定的行为；在森林工业领域发生特殊情况，如中央及地方授权机构通过的林地使用计划在一年内发生一次以上变动；该区域发生的森林火灾严重程度达到国家森林基金委员会规定的级别；区域内发生个人或法人关于林地案件的上诉案例及在行政诉讼的有效期限内发现违法行为时，有权提出修改或补充区域性的森林法规。

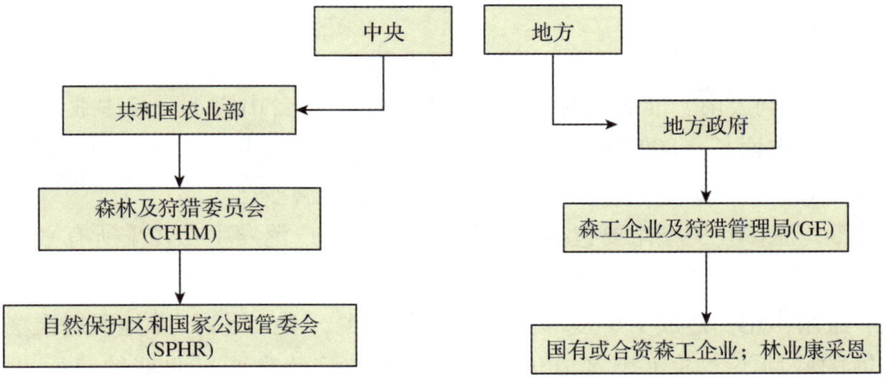

图1　哈萨克斯坦林业机构设置

五、森林经营与管理

（一）人工造林

哈萨克斯坦全国平均森林覆盖率为1%，其西部各州(乌拉尔、古里耶夫、卡拉干达、库斯坦奈州)的森林覆盖率则不到0.2%，因而在无林州进行人工造林是国家林业工作的中心环节。目前政府将造林重点放在土壤气候条件适宜、但火灾等自然灾害影响频繁的裸地上培育速生树种，营造防护林或用材林。主要树种是耐旱性强的河滩黑杨(*Populus nigra*)、白杨(*P. tomentosa*)和白柳(*Salix alba*)。目前，造林的主要任务是：尽量使用近自然的方式育林，提高造林成活率，尽快发挥森林防风固沙、涵养水源的作用。

（二）森林保护

森林防火是哈萨克斯坦林业部门最重要的工作之一。哈萨克斯每年发生上千起森林火灾，1997—2000年，年平均森林火灾达1 300起，平均过火面积6.67万hm^2；2005—2007年，年平均火灾741起，平均过火面积3.46万hm^2，虽较以前有所减少，但造成的损失仍然相当严重。烧荒、野外吸烟和采伐作业等人为因素是起火的主要原因，其次是雷击火。由于森林火灾发生多处于边境地区，人烟稀少，扑救相当困难，造成火灾蔓延迅速，损失加重。

据统计，近20年来，由于过度砍伐、重大火灾导致的森林面积和木材资源减少、森林防护功能衰退现象严重。仅2005—2007年，滥砍滥伐的林木就达到16万m^3，在阿拉木图，林地面积已减少60%以上；原国营农场和集体农庄造林树木遭到砍伐，公路和铁路防护林带的造林活动几乎停止(FAO，2010)。

六、生物多样性保护

作为典型大陆性气候的内陆国家，荒漠化是哈萨克斯坦最主要的环境问题，哈土地资源管理署署长表示荒漠化已严重动摇该国经济支柱，对荒漠化的预防和治理无疑是哈萨克斯坦生态保护的主要任务。

（一）荒漠化概况

哈萨克斯坦荒漠化土地面积约占国土面积的70%。荒漠占据了该国南部地区，从北纬48°起，向南蔓延到天山、准噶尔阿拉套山系和塔尔巴哈台山脚下，与中亚几个共和国的边界接壤，荒漠东西长2 800 km，南北宽500～700 km，面积超过120万km^2。这些地区属温带荒漠气候，植被稀少，盐渍化严重，土地表层布满沙丘。

哈萨克斯坦荒漠化类型主要包括：①风蚀沙漠化，广泛发生在几乎所有平原地区，包括20.5万km^2耕地及2.5万km^2草地。②水蚀沙漠化，面积约1.92万km^2，冰雪融水及降水的侵蚀、搬用作用，造成了6 000万t表层土壤损失，11.9万km^2草地下层土壤直接暴露在水力侵蚀的威胁下。③土壤贫瘠化，主要分布在哈萨克斯坦北部的草原区，面积约11.2万km^2，自1960年以来，因自然侵蚀过程及不合理的土地利用方式造成的土壤中腐殖质含量损失约20%～30%。④盐渍化，主要发生在水成土或盐沼地区，哈萨克斯坦可灌溉耕地1.4万km^2，其中5 000 km^2因次生盐渍化已不能耕种，另有3 800 km^2耕地正在受到盐渍化的侵蚀。

（二）荒漠化成因及影响

哈萨克斯坦荒漠化有较大的人为因素，其主要原因是：过度放牧等不合理的土地利用方式造成水土流失，植被稀疏；受气候影响水资源严重匮乏并分布不均；落后的灌溉习惯导致土壤沙化并侵害可耕地，致使土地肥力持续下降。此外，在二战后苏联组织的大规模全国垦荒运动中，由于缺乏必要的科学论证和对生态环境可能问题的预测，导致天然植被被大面积破坏，雨量在300 mm以上的草原带土地被大量开垦，土壤结构发生变化，土壤腐殖质减少，土地沙化，土壤风蚀严重。天然牧场和草场也在此过程中出现程度不同的沙化和退化。

以上原因导致哈萨克斯坦全国70%的土地正遭受荒漠化侵蚀。该国土地管理署指出，目前全国有3 050万hm^2的可耕地正在遭受风沙和水的侵蚀，其中160万hm^2为现有耕地。哈萨克斯坦有近1.8亿hm^2的荒漠化土地，在中亚国家中高居首位。此外，许多地区还出现了土壤盐渍化，牧场退化，生物多样性遭到严重破坏，一些区域甚至发生了生态灾难。土地荒漠化对哈萨克斯坦整个国家的经济状况和居民健康水平造成了负面影响。

（三）荒漠化治理及成效

为遏制荒漠化不断扩张的局势，哈萨克斯坦积极开展国际合作，与世界上一些国家和国际组织共同研究治理荒漠化问题，制定了合理利用、开发沙漠资源和治理沙漠的发展战略，并采取了行之有效的政策措施。

哈萨克斯坦早有因地制宜固沙造林的经验。在牧区开展混播混栽，根据不同季节利用的需要，筛选生长快，既耐寒、又耐旱的植物种进行混播，建立季节牧场，严格限制畜牧量，同时鼓励发展传统的手工业等副业；在废旧矿区逐步恢复农牧业生产；在可耕地区研发和种植节水型农作物，更新灌溉设施，通过一些工程措施增加土壤内的腐殖质，增强土壤肥力。近年来，该国在各荒漠化区域普遍种植草类和一些低矮灌木以改善当地气候，同时在铁路和公路两侧营造防护林以防风固沙，这些措施或多或少的限制了人类无规律的经济活动，在一定程度上防治了土地荒漠化。

（四）生物多样性保护及其他努力

哈萨克斯坦高度重视生物多样性保护，早在1999年，就出台了《生物多样性保护及可持续利用的国家战略和行动计划》。2003年，在联合国环境规划署的协助下，哈萨克斯坦环保部出台《国家生物安全框架(2004—2015)》，就生物安全的政策出台、管理机构等内容做出了规定，保证了哈萨克斯坦生物多样性的可持续利用。2006年又制定了2007－2012年度生态保护计划。2007年政府还颁布了《生态法》。在生态环境领域，政府关注的另一个人焦点为空气污染(侧重于里海和巴尔喀什地区)和水污染等。为此，2006年哈萨克斯坦国制定了《2007—2012年度生态保护计划》。颁布《2007—2024年可持续发展过渡方案》总统令，2007年还颁布了《哈萨克斯坦共和国生态保护法》。

七、林产品生产、加工与贸易

（一）林产品生产与加工

哈萨克斯坦可利用的林木资源很少。高大乔木由于火灾等灾害频发损失严重，且受林产加工业水平限制，生产木材只能满足少部分国内需求。20世纪90年代以后，木材采伐权下放到地方，各州只根据本地区的需要作业，区域间得不到协调和统筹，木材市场非常混乱，木质林产品严重短缺，一度严重依赖境外援助。

20年来，哈萨克斯坦总体林产品产量基本保持稳定。受国内经济波动影响，原木和木质燃料生产又呈先上升后下降的趋势。近10年来，随着哈萨克斯坦加工工业的发展，开始有锯材、人造板等林产品的出现，但产量较小，多用于国内自销(表1)。

表1　1992—2015年哈萨克斯坦主要林产品产量　　（万 m^3）

林产品＼年份	1992	1997	2002	2007	2015
原木	48.6	49.32	24.75	34.5	34
木质燃料	48.6	34.74	4.96	27.2	24.1
人造板	—	1.22	0.39	11.58	15.01
锯材	—	23.22	11.1	10.78	23.2

资料来源：FAOSTAT，2018。

（二）林产品贸易

哈萨克斯坦大部分林产品均需进口。目前，锯材和木质燃料等初级产品尚有出口，其出口量在2000年前后达到高峰，后呈逐年下降之势，近几年，几乎没有林产品出口。林产品进口需求旺盛且品种多样，涵盖各种初级林产品和深加工林产品。贸易逆差明显，2015年全年林产品出口额仅为1 509.3万美元，进口额则高达5.9亿美元(FAOSTAT，2016)。

进入21世纪，随着哈萨克斯坦经济的崛起，加工业水平不断提高，一部分国内生产的林产品替代了进口，对人造板、纸和纸板和单板等林产品的需求呈现先升后降的趋势。2007年，纸和纸板的进口量为21万t，较2002年上升了117%；到2012年，其进口量下降到18万t，较2007年下降了12%。相对而言，对木浆等初级林产品的进口量则一直保持较快增长，2002—2015的10年间，木浆进口量增长了37倍。

哈萨克斯坦是一个以重型工业为主，轻工业较为落后的国家，其林产品需求受经济形势和轻工业发展水平影响显著，且对外依存度不断攀升（表2、表3）。

表2　1992—2015年哈萨克斯坦主要林产品进口量　（m^3，t）

林产品＼年份	1992	1997	2002	2007	2015
锯材	34	202 200	1 459 917	455 871	424 181
人造板	601	156 038	705 217	809 368	828 150
纸和纸板	34	97 300	210 791	187 381	217 154
木浆	—	200	3 251	7 601	7 240
木质燃料	—	600	6	4 393	7 860
单板	—	300	998	445	

资料来源：FAOSTAT，2018。

表3　1992—2015年哈萨克斯坦主要林产品出口量　（m^3，t）

林产品＼年份	1992	1997	2002	2007	2015
锯材	—	126 500	85	966	138
木质燃料	—	13 000	45	0	0
人造板	0	828	417	26 661	6 498
纸和纸板	250	867	5 401	8 134	8 451
木浆	—	0	0	794	1 532

资料来源：FAOSTAT，2018。

哈萨克斯坦进口的林产品主要来源于俄罗斯和近邻欧洲，包括捷克、波兰等东欧国家和德国、芬兰等中北欧国家，中国也是其主要进口国之一。出口的林产品由于种类少，数量低，主要销往周边的乌兹别克斯坦、土库曼斯坦等国家（FAOSTAT，2016）。

近年来，哈萨克斯坦对木质产品需求的日益增多，以及落后的木材加工业为中国木材加工产品提供了广阔的市场。随着哈萨克斯坦经济的不断发展，对木材产品的需求也将日益增多，但木材加工业相当落后，可采伐利用的森林资源有限，当地加工的木材产品远远无法满足需要。相反，中国木材加工业获得长足进步，所生产的木材产品质量有保证，价格又低于欧美及日本等发达国家生产的产品，因此，中国生产的质优价廉的家具对生活水平日趋提高的哈萨克斯坦来说将具有很大的吸引力，中哈林业贸易前景广阔。

八、林业科研与教育

哈萨克斯坦的林业科研归口农业大类，设置相关专业的院校有3所：哈萨克国立农业大学、哈萨克斯坦塞夫林国立农业技术大学和西哈萨克斯坦农业科技大学。其中，哈萨克国立农业大学于2000年10月成立了5所新的科研单位，涉及林业的有两个所：农业生物生态研究所和林业生物群落科研中心。新科研单位以原有科研部门为基础，能够承担教学和科研任务，并能为哈国大农业的发展解决所面临的“热点问题”。其中，农业生物生态研究所着重从事农业生物工程与生态环境保护；林业生物群落科学中心着重研究解决哈森林生态及林业可持续发展面临的系列问题。这些科研单位是在国立农大原有教学科研生产联合体的基础上创立的，比较适应市场经济的要求，在经费来源、课题分配、科研工作等方面引进竞争、投标等机制并享受专项拨款，更好的发挥了农大各科专家的专长和积极性。国立农大教学人员近500名，其中有教授50名，副教授250名和100余名其他研究人员。近年来，国立农大加快建设与国际相关院校的合作和互动关系，如积极与新疆农业大学、西北农林科技大学和塔里木大学等中国高校签署教育科技合作协议，建立合作伙伴关系，在教学科研、师生培训、双语推广和培养留学生等方面开展了多项合作。2015年，包括国立农大在内的三所农林院校划归农业部直接管理，有效推进了哈萨克斯坦国家农业创新体系的建设，提高了哈萨克斯坦农业的国际竞争力水平，加快了区域农业的一体化进程。

哈萨克斯坦涉及林业科研的机构还有哈萨克斯坦教科部农业研究中心及其所管辖的系列科研院所。该中心有4个分支机构，6个部门，29个研究院所，18个农业、林业和兽医试验站，38个试验企业，1座国家农业科学图书馆。中心下辖的林业相关研究院所有：哈萨克斯坦植物保护研究所、哈萨克斯坦咸海沿岸农业与农业生态学研究所、哈萨克斯坦林业与农林土壤改良研究所，研究领域涵盖植物保护学、植物栽培学、水与森林管理学和农业生态学等。此外，哈萨克斯坦教科部农业研究中心下辖图书馆是哈萨克斯坦最大的图书馆，集中有农林及相关专业的信息资源，藏书40余万册，并与哈萨克斯坦国家图书馆、哈萨克斯坦科学院图书馆等主要的图书馆保持着密切伙伴关系，为哈农林业的研究提供了重要的信息来源和资料渠道。

九、林业国际合作与交流

（一）国际合作

哈萨克斯坦严重干旱的气候环境造成了荒漠化、盐渍化等土地退化问题，对该国生态带来严重威胁。目前，哈政府已投入了大量资金进行荒漠化防治，并积极争取国际援助、加强区域协作。目前已建立合作关系的国家和组织涵盖欧美发达国家和新兴国家、各种联合国机构、欧盟，发展银行和亚行等金融机构，以及政府间组织和非政府组织。未来气候变化下的绿色基金也正在提供支持。哈萨克斯坦林业部门已将今后的项目与已有的资助进行整合，整合后的合作领域包括：国际政策对话、气候变化，各国林业政策、立法、能力建设，森林监测与评估、森林清查与森林经营规划，改善森林生态系统服务功能或森林生态系统功能付费服务等。

此外，哈萨克斯坦还积极争取森林及大生态保护领域的国际扶助资金，世界银行于2005年11月批准给萨克斯坦贷款3 000万美元以实施《保护森林并提高哈萨克斯坦森林覆盖率》的规划。该规划旨在对哈萨克斯坦经济的稳步发展和生态系统的恢复及管理给予支持，重点保护哈萨克斯坦额尔齐斯河沿岸地区的带状针叶林，解决咸海干涸、非法砍伐及森林管理方面的其他问题。

（二）与中国的合作

1. 中哈林业合作相关背景

2001年，中哈两国签署了《中华人民共和国政府和哈萨克斯坦共和国政府关于共同利用和保护跨界河流的合作协定》，在中哈利用和保护跨界河流联委会机制下开展了卓有成效的合作，为共同开发霍尔果斯河水资源创造了条件。2006年，中哈霍尔果斯国际边境合作中心获得正式批复，中心建立在中哈国界线两侧毗邻接壤区域，是跨境经济贸易区和区域合作项目，也是上海合作组织框架下区域合作的示范区，目前中心实行封闭式管理，主要功能是贸易洽谈、商品展示和销售 、仓储运输、宾馆饭店、商业服务设施、金融服务、举办各类区域性国际经贸洽谈会等。

2013年9月，习近平主席访问哈萨克斯坦期间首次提出建设丝绸之路经济带倡议。哈萨克斯坦表示愿成为"丝绸之路经济带建设"的重要伙伴，并提出"光明之路"新经济政策作为中国"丝绸之路经济带"构想的补充。哈方计划在2015—2017年投资90亿美元用于"光明之路"新经济政策，致力于在哈萨克斯坦国内推进基础设施建设，主要涉及交通、工业、能源、社会和文化等领域。推进丝绸之路经济带"建设与"光明之路"新经济政策对接合作成为重要的研究课题。

2. 中哈林业合作现状

目前，中国与哈萨克斯坦林业合作的重点领域包括林业政策回顾和完善，森林资源的监测与评估，跨境生物多样性保护，荒漠化监测和防治，边境地区森林火灾联合防控以及沙生植物种植和开发利用。后续，中哈林业合作将深化务实，开展政策对话，实施能力建设和示范项目，增强对话机制的凝聚力和影响力。中哈林业合作是落实中国"一带一路"重要国家战略和建立中蒙俄经济走廊全方位合作战略倡议的重要内容，在2014年召开的"中亚地区林业战略合作高级研讨会"上已初步达成了以亚太森林组织（NPFNet）与哈萨克斯坦的林业合作框架，计划以亚太森林组织为依托，建立中亚区域林业部长级会晤机制，推动区域林业高级别研讨会的定期举办，通过亚太森林组织奖学金项目和主题培训班，加强针对中亚地区的能力建设，同时在区域内开展示范项目合作。

3. 中哈林业合作展望

2015年5月中国政府发布《推动共建丝绸之路经济带和二十一世纪海上丝绸之路的愿景与行动》，强调突出生态文明理念，加强在生态环境、生物多样性和应对气候变化等方面的合作，共建绿色丝绸之路。

目前，中哈林业部门通过多次洽谈提出了后续合作的6个重点方向：一是开展中哈两国交通干线、城镇（绿洲）综合生态防护体系建设，推动内陆河湖流域生态防护林建设；二是建立和完善"一带一路"沿线国家荒漠化/土地退化、沙尘暴监测、预警评估体系；三是推动沙尘暴源区和路径区的沙源控制，提高灾害预警预报和应急能力，开展流沙固定、盐碱地治理、沙区植被重建等示范合作；四是加强中哈两国世界自然和文化遗址周边地区的生态维护和修复，保护自然和文化遗产，保护沙漠景观免受破坏；五是采取综合生态系统管理措施，维护和加强沿线荒漠、草原和绿洲生态系统封禁保护合作，提高生态系统适应气候变化能力；六是探索发展沙产业示范，将生态恢复与民生发展相结合。引种和培育沙区经济作物。

合作的主要方式：一是合作研究和技术研讨，为双方科研机构搭建双边联合研究的途径、开展技术研讨；二是技术转移和示范，选择有代表性地点，开展示范项目，推广流沙固定、退化草场植被恢复、生态经济作物及沙产业培育、开发与利用；三是信息沟通和能力建设，建立专项专家工作组，保持信息沟通机制，利用现有双边渠道开展技术培训。建议的示范项目包括双边的中哈伊犁河流域荒漠化和荒漠生态系统管理合作项目和区域性的中亚两河流域荒漠化防治项目。

十、分析与借鉴

（1）生态环境脆弱，气候条件较为恶劣，森林资源禀赋较差。加之监管不当，烧荒、采伐作业和雷击等原因造成的森林火灾异常严重。近年来，随着总量林产品产出的减少，森林带来的直接经济效益降低，间接影响了哈萨克斯坦政府和人民对林业发展重要性的认识，盗采、私自毁林等问题突出。森林资源退化严重，生态功能相应减弱。

（2）现有林业管理体制给予地方过高的自主权，森林工业领域全权由地方负责，缺乏中央统筹，使得各地区只根据本地区需要进行生产，地区间的经营者与决策者缺乏沟通与联系，造成一些地区有木材不生产而另一些地区严重缺乏木材只能依靠进口的情况，在一定程度上影响了哈森林工业的有序发展。

（3）由于森林面积狭小，哈萨克斯坦林业的主要经济价值在于森林中丰富的动植物产品，在主要的森林分布区，野生动物狩猎和林果采集活动为当地居民的生活带来了很大的帮助，优质的野生林果甚至为哈萨克斯坦出口换汇做出了一定的贡献。

（4）全国森林保护的主要措施集中在阻止乱砍滥伐、防治森林火灾和病虫害，多以新工艺技术为基础，通过建立跨区域森林监护机构，预防森林灾害。但是，由于中亚地区国家关系复杂，经济发展程度不一，地缘政治敏感，以及跨界河流合理利用问题等，在短时期内都难以解决，因此，哈萨克斯坦提高资源环境、控制和治理沙漠化将是一项长期性任务。

哈萨克斯林业发展特点反映出的问题值得我们引以为鉴。做好林业工作需要创新林业体制与机制，全面深化林业改革，破除阻碍林业发展的不合理制度，加快推进林业治理体系和治理能力现代化，充分发挥生态林业民生林业的强大功能，为我国深入开展生态文明建设和创造美丽中国创造更好的生态条件。

（赵晓迪）

参考文献

哈萨克斯坦共和国驻华大使馆．2016．投资者指南．

中国绿色时报．2014．探讨林业交流合作 共建绿色丝绸之路．

中国外交部网站．2016．哈萨克斯坦国家概况．

周吉仲．2007．FAO发表中亚和西亚林业展望研究报告[J]．世界林业动态．

周晓玲．2004．哈萨克斯坦拟扩大森林覆盖率．哈萨克斯坦新闻通讯社．

FAO. 2011. 2011世界森林状况．

FAO. Global forest resources assessment 2015[EB/OL]. (2016-12-26).

FAO. 2010. Global forest resources assessment 2010 country report—Kazakhstan.

FAO. 2015. Global forest resources assessment 2010 country report—Kazakhstan.
FAOSTAT. 2013. Kazakhstan. http：//faostat3. fao. org/download/F/FO/E.
Forest Ecology and Management. SCIENCE TO SUSTAIN THE WORLD'S FORESTS VOLUME 352 - 2015.
http：//www. greentimes. com/green/news/gjhz/wsdt/content/2014 - 11/04/content_ 274947. htm.
http：//www. kazembassy. cn/shangwuxinxi/touzizhengce/.
Mongabay. 2014. Kazakhstan Forest Information and Data. http：//rainforests. mongabay. com/deforestation/2000/Kazakhstan. htm.

吉尔吉斯斯坦(Kyrgyzstan)

吉尔吉斯斯坦共和国(简称吉尔吉斯斯坦)位于中亚东北部，北邻哈萨克斯坦，西南邻塔吉克斯坦，西邻乌兹别克斯坦，东南面和东面与中国新疆维吾尔自治区接壤。2010 年 6 月 27 日，吉全民公决通过新宪法，成为议会制国家。国土面积 19.99 万 km^2。至 2016 年 7 月，全国总人口 678 万。有 90 多个民族，其中吉尔吉斯族占 68.4%，乌兹别克族占 14.3%，俄罗斯族占 9.5%，还有东干族、维吾尔族和塔吉克族等少数民族。70% 左右居民信仰伊斯兰教，多数属逊尼派。国语为吉尔吉斯语，俄语为官方语言。全国共划分为 2 个市，7 个州，首都为比什凯克市。

吉尔吉斯斯坦境内多山，90% 领土在海拔 1 500 m 以上，属大陆性气候，1 月平均气温 -6℃，7 月平均气温 27℃。

自然资源主要有黄金、锑、钨、锡、汞、铀和稀有金属等。其中锑产量居世界第三位、独联体第一位，锡产量和汞产量居独联体第二位，羊毛产量和水电资源在独联体国家中居第三位。吉尔吉斯斯坦的国民经济以多种所有制为基础，农牧业为主，工业基础薄弱，主要生产原材料。2012 年以来，政府逐步实施经济稳定发展战略，经济走势趋向平稳。2015 年，吉国内生产总值为 66 亿美元，同比增长 3.5%。2016 年 1～10 月国内生产总值 51.43 亿美元，同比增长 2.7%(中国外交部网站，2016)。

一、林业在国民经济中的地位

2011 年，吉尔吉斯斯坦林业总附加值为 900 万美元，年产值占国民 GDP 的 0.2%，林业提供的就业岗位占全国总就业人口的 0.2%［FAO，2014］，在 1990 -2006 年呈逐渐下降趋势(FAO, 2010)。森林在高海拔山区的经济、社会和环境等方面发挥着重要的作用。高山地区的居民多依靠木材采伐和非木质林产品生产等维持生计，生活较贫困。吉尔吉斯斯坦，多数人口从事农业工作，农业部门畜牧总产值多年来一直在增加，牲畜数量增加，加剧了牧区的土地需求，加剧了草场的退化，同时也加重了对生态环境的压力(Undeland，2012)。

二、森林及其他自然资源

(一) 森林资源

1. 森林资源现状

根据 FAO 统计数据，2015 年吉尔吉斯斯坦森林面积为 63.7 万 hm^2，占国土总面积的

3.19%；其他林地 70.42 万 hm^2，占国土总面积的 3.52%。原始林面积为 61.37 万 hm^2，占全国森林总面积的 96.3%；人工林面积 4.7 万 hm^2，占 7.4%。2015 年，森林立木总蓄积量为 4 800 万 m^3，其中针叶林 3 940 万 m^3，阔叶林 610 万 m^3。单位面积蓄积量为每公顷 75 m^3。全国森林生物固碳量，2015 年达到 1 330 万 t，平均每公顷为 20.9 t(FAO，2015)。

2. 森林资源类型及分布

全国 90% 的森林位于海拔 700～3 600 m 的地区。在吉尔吉斯斯坦北部，主要树种有雪岭杉(*Picea schrenkiana*)、中亚方枝柏(*Juniperus turkestanica*)等；在天山西部，主要树种有巴旦木(*Prunus amygdalus*)、阿月浑子(*Pistacia vera*)等；在西南山区，有全球面积最大的核桃林。

3. 森林权属及用途

吉尔吉斯斯坦森林全部为国家所有。其中，75% 为水源涵养林，15% 为经济林，9% 为生物多样性保护林，1% 提供社会服务等(FAO，2010)。

4. 森林资源消长情况

2000—2015 年，吉尔吉斯斯坦森林面积呈略减少趋势。1990 年森林总面积为 83.6 万 hm^2，2000 年森林总面积为 85.8 万 hm^2，2010 年森林总面积为 67.7 万 hm^2，2015 年森林面积为 63.7 万 hm^2。

（二）其他自然资源

吉尔吉斯斯坦现有两栖类、鸟类、哺乳动物和爬行动物物种 302 种。其中，2 种属吉尔吉斯斯坦特有，12 种属濒危物种。有 4 500 余种维管束植物，其中 1 种属于世界自然保护联盟划分的树种红色名录中弱势树种类(Mongabay，2005)。

三、林业法规政策

吉尔吉斯斯坦的森林一直为国家所有。20 世纪 30 年代，林业政策主要针对森林的利用，大量树木被采伐用于建筑。到 20 世纪 60 年代，吉尔吉斯斯坦的森林覆盖率下降近半，导致水土流失和山体滑坡频发。为此，吉尔吉斯政府将国家林业政策转向森林资源的保护，并要求地方林业部门强制执行。由于政策变化，从 1966 年开始，吉尔吉斯斯坦森林资源极速下降的状况有了转机。

吉尔吉斯斯坦政府在保护森林和促进林业发展方面做了不少工作。1999 年 6 月 29 日，共和国最高会议立法会议通过了《吉尔吉斯斯坦共和国林业法典》。该法典规定了合理、保护、维护和培育森林，提高其生态和资源潜力以及合理利用的法律基础。根据该法，其活动影响森林状况和生产的公民和组织必须经常告知管理林业的国家机关林木的保护和维护状况以及经地方自治机关、地方国家行政机关和管理林业和保护环境的国家机关同意进行采取旨在保护和维护森林的技术、卫生和措施。

近 50 年来，吉尔吉斯斯坦国家林业政策主要集中在森林保护、植树造林以及增加林业经济效益等方面，其木材需求主要通过进口来满足，从俄罗斯进口量最多。

1999 年 7 月，吉尔吉斯斯坦通过了《森林法》，这是林业部门最主要的法律之一。2007 年 7 月，对《森林法》进行了修改。根据《森林法》，所有森林归属于吉尔吉斯斯坦国家统一的森林基金会(即国家)所有。规定森林的四大功能为：①保护河流、湖泊及水库；

②在山区、林区道路、防风带以及干旱地区保护森林以避免发生侵蚀；③涵养水源和提供森林休憩娱乐场所；④划定森林保护区，保护森林自然遗产和遗传资源，建立国家森林公园，提供相关的科学研究基地。国家的《环境法》《土地法》等法规中也有部分条例涉及森林资源的管理和利用。

为加快林业发展，吉尔吉斯斯坦制定了5个文件：《新国家森林政策—总统令》(1998)、《到2025年林业部门发展概念》《国家森林计划—支持林业发展概念的实施》《国家林业发展行动计划2006—2010(NAP)》，以及《关于加强林业部门执法管理行动计划(FLEG)》(2009)。

四、林业机构与管理体制

目前，吉尔吉斯斯坦林业管理机构分为国家、州和林业企业3个层次，在国家层面上，主要由环境保护和林业部(SAEPF)的森林生态司负责。

根据2008年4月的决议，SAEPF的主要职责为：

(1)负责制定和实施环保政策；

(2)保护森林生物多样性，贯彻自然资源的可持续利用；

(3)发展林业和狩猎企业，保障国家生态安全；

(4)承担自然资源评估，传播环境保护信息。

目前，SAEPF森林生态司下设森林保护处和森林管理处，有主任、副主任和首席专家等工作人员11名。森林生态司主要负责制定和实施政策，起草法规，监督执行，审查和批准的年度计划与预算，任命林业企业负责人，并为全国各地的林业活动提供全面的监督与管理。

五、森林经营与管理

(一) 森林经营

费尔干纳谷地是世界上最大的坚果产地之一。但由于缺乏森林经营经验，加之乱砍滥伐和非法贩卖木材等现象，森林经营存在不少困难。

2004年，瑞士国际合作局同吉尔吉斯斯坦政府签署了协定，瑞士为吉尔吉斯斯坦深化林业经济改革提供了380万美元赞助，资金用于两国共同制定的林业经济改革计划的落实与实施(维佳，2004)。专家们对吉尔吉斯斯坦南部地区的森林制定了经营计划。计划中指出，要改革森林管理机构和建立森林培育及木材加工登记制度，吸引当地居民以租赁的方式参与林区管理。当地居民可租赁国家森林基金会的核桃等坚果林地，接受林管区的指导和帮助，得到的收获一部分交给林管区，其余留给租赁者自己。计划规定，林管区在居民提出租赁申请的1个月内做出同意租赁的决定并给其颁发证件和注册登记。租赁面积的大小取决于租赁人的意愿和森林管理机构的决定。此经营计划受到了当地居民们的热烈响应，从而形成了林管区和当地居民互惠互利的社会化森林经营体系(谷维，2005)。

2000年，吉尔吉斯斯坦政府对全国森林进行保护性采伐和林木恢复工作：在6 186.6 hm^2的森林中采伐木材4.8万m^3。其中，疏伐4 700 m^3、生长伐(每隔10~15年定期采伐次要树木，以提高中龄林的生长）2 100 m^3和试验性采伐500 m^3。与此同时，不断种植新的苗木。1995—2000年，共种植苗木95 494株。1997—2001年，全国林场由39个增至57个。根据1997年4月15日吉尔吉斯斯坦政府第226号决议，原先被农业企业长期使用的144.04万hm^2土地退还给林业部门。此外，原属集体农庄和国营农场的8.95万hm^2林地转让给林场。

（二）人工造林

吉尔吉斯斯坦《森林法》第91条规定，采伐后应强制性对该采伐区域进行重新造林；应该在适合造林的裸地上营造人工林：人工造林应重点使用珍贵树种；造林要注意树种组合、经济效益和环保功能；重视遗传资源保护和森林生物多样性保护。

六、生物多样性保护

1948年，吉尔吉斯斯坦建立了伊塞克湖野生动物保护区。伊塞克湖为世界最大的山地湖泊之一，以其壮丽的景色和独特的科学价值而著称。湖泊面积约6 300 km^2，其名字源自吉尔吉斯语，意为“热湖”，寓意是一个冬天不封冻的湖。湖滨四周1.6 km的湖岸区内禁止狩猎，兔子、狐狸和麝鼠，这些动物均生活在灌木丛里。湖中有20余种鱼，湖的东和西岸是水鸟过冬之地，过冬鸟主要有潜鸭、绿头鸭、秃头蹼鸡和水鸭等。保护区内总共约有40种的哺乳动物和200种鸟类。

阿拉阿查国家公园（Ala Archa National Park）是吉尔吉斯斯坦境内天山山脉的一处高山公园，建立于1976年，位于首都比什凯克以南40 km的地方。阿拉阿查国家公园面积为200 km^2，这里的山峰约有50个，海拔高度从入口处的1 500 m至最高峰Semenova Tian - Shanski的4 895 m。该公园有20多个大小不等的冰川，还有2条由冰川融化水汇合而成的小河。Adygene峡谷是一个布满绿色植物的山谷，山谷里有小瀑布、温泉和许多鲑鳟鱼。阿拉阿查国家公园里还有许多其他的野生动物，如高山草地上稀有的雪豹，以及海拔2 500 m以上冰雪覆盖地区的野山羊和獐鹿等。

吉尔吉斯斯坦土地荒漠化严重。随着吉尔吉斯斯坦草原的逐步退化，荒漠化面积逐渐扩大，预计其在100年后荒漠面积会翻倍，干旱和半干旱地区逐步在扩大，全国各个地区均受到荒漠化的干扰。为恢复正常的牧民生活方式，国家采取了一些措施治理荒漠化，在一定程度上恢复了土地肥力，种植适合的植被，促进了畜牧业的发展；同时也改善了环境，减少了自然灾害的发生。在沙漠治理方面，吉尔吉斯斯坦主要采取如固沙造林，限制牧民使其合理放牧，合理利用草地，禁止过度砍伐和放牧等政策措施。

七、林产品生产、加工与贸易

（一）林产品生产与加工

随着吉尔吉斯斯坦政府国家林业政策的转变，近10年来，全国木材产量呈持续下降趋势。木质林产品以锯材、纸和纸板为主，有少量原木生产。其中，锯材产量有一定增幅，10年间增幅2倍多；纸和纸板产量自2007年持续上升，2011年达到峰值740 t，此后呈平稳趋势，到2017年只有少量生产(表1)。

表1　2005—2017年吉尔吉斯斯坦主要林产品产量　(万 m^3，t)

林产品＼年份	2005	2007	2009	2011	2013	2015	2017
锯材	2.2	5.2	—	8.6	10.6	12.5	13.5
原木	2.7	2.7	3.8	4.6	4.6	4.6	4.6
纸和纸板	2 400	367	158	740	730	730	700

资料来源：FAOSTAT，2018。

(二) 林产品贸易

吉尔吉斯斯坦木材消费主要依靠进口。其各类林产品进口量在近十几年来均有较大幅度的增长(表2)。其中，锯材、胶合板、刨花板等进口量增长最为明显，其中刨花板2015年的进口量较2003年增长了52倍，但2015年之后急剧下降，至2017年达到16 053 m^3。

表2　2003—2017年吉尔吉斯斯坦主要林产品进口量　(m^3，t)

林产品＼年份	2003	2008	2013	2015	2017
锯材	37 000	180 000	346 600	740 900	353 158
胶合板	19 722	3 871	24 600	12 500	25 258
刨花板	2 247	44 886	153 200	119 600	16 053
新闻纸	2 429	3 327	3 100	3 000	1 500
印刷纸和书写纸	3 391	4 831	10 700	13 460	7 889

资料来源：FAOSTAT，2018。

近10年来，吉尔吉斯斯坦生产的少量木质林产品多用于满足国内需求，很少出口。据统计数据，仅锯材有少量出口，纸和纸板自2007年整体上呈上升趋势(表3)。

中国是吉尔吉斯斯坦林产品领域最重要的贸易国家，除中国外，吉尔吉斯斯坦还从美国、日本和英国等国家进口林产品；出口方面，也是向北美、欧洲的主要贸易伙伴销售，其主要贸易国相对集中(FAOSTAT，2018)。

表3　2005—2017年吉尔吉斯斯坦主要林产品出口量

林产品＼年份	2005	2007	2009	2011	2013	2015	2017
刨花板(m^3)	6	0	0	155	0	0	0
锯材(m^3)	81	264	0	0	1 300	93	1
其他纸和纸板(t)	659	101	82	455	0	300	527

资料来源：FAOSTAT，2018。

在非木质林产品生产领域，吉尔吉斯斯坦有着较强的历史优势和发展条件，多年来培育出很多优良果树品种，包括干果类品种。

八、林业科研与教育

吉尔吉斯共和国国家科学院，设在比什凯克市，建于1954年，是吉最高、最重要的科研机构，在发展基础科学方面发挥着主导作用。它由4个学部组成，负责协调26个科研单位。林业科研机构下设在化工、生物医学和农业科学部，拥有化学与化工所、土壤生物所、生化与生理所、高山生理与反应实验所、森林与坚果栽培和植物园等6个科研机构。

与林业领域相关的大学主要有吉尔吉斯斯坦吉尔吉斯国立农业大学等。

九、林业国际合作与交流

（一）林业对外合作的主要诉求

吉尔吉斯斯坦与中国，共同边界约1 100 km，吉尔吉斯斯坦与我国新疆南疆相邻，是中国通往中亚的门户和中国新丝绸之路经济带的重要节点，是中国资源开发和产业转移的接续地。吉尔吉斯斯坦以农牧业为主，工业极度落后，靠大量进口工业产品来满足本国需求。吉尔吉斯斯坦水土流失严重，草场退化，生态退化，荒漠化严重，对于交通、工农业生产危害较大。随着人口增长，工业、农业和畜牧业迅速扩张，森林退化严重，盗伐盗猎现象普遍，造成土地退化和荒漠化，迫切需要加强国际合作。吉尔吉斯斯坦正处于经济转型和管理方式转变的关键时期，政府开始道路等基础建设，关注生态保护。

中国部分地区，如新疆、内蒙古、青海、西藏与吉尔吉斯斯坦在气候、地形地貌、植被等自然条件方面具有相似之处，可以推广荒漠化和盐碱地治理技术，交通干线防护林建设、矿区和其他退化地区植被恢复、山地林木资源、林副产品和沙区经济作物深加工等经验。吉尔吉斯斯坦山地种植资源丰富，开展林木种子资源调查、种子基因库建设具有重要意义。

（二）林业国际合作

吉尔吉斯斯坦在欧盟、瑞士发展和合作署（SDC）及日本国际协力机构（JICA）的资金和技术支持下，开展了流域综合治理、林改政策示范、联合森林管理等项目，提升了吉尔吉斯森林资源综合管理的能力。

（三）与中国开展双边合作的历史和重点问题

吉尔吉斯斯坦自1992年1月5日与中国建交以来，双边贸易基本保持稳定增长态势，中国是吉尔吉斯第二大贸易伙伴国与第二大进口来源国。2008年之后，我国对吉尔吉斯斯坦投资增长较快，年度投资流量接近8 000万美元，但近年来受到能源与原材料市场价格波动与吉尔吉斯内需情况变化影响，出现了一些波动。2014年1～11月，吉尔吉斯斯坦与中国的双边贸易额为11.087亿美元，同比下降15.4%。

自2013年9月国家主席习近平提出共建“丝绸之路经济带”的倡议之后，“一带一路”建设已经提升为新时期我国全方位对外开放战略。吉尔吉斯斯坦等中亚国家是丝绸之路经济带建设的核心区域，具有重要的地缘政治和地缘经济战略地位。据中国海关总署统计，

2016年1~11月，中吉贸易额50.5亿美元，同比增长26.6%，其中中方出口49.9亿美元，增长27%，进口0.6亿美元，增长1.4%。

今后，两国将深入开展共建“一带一路”合作，加强中吉动植物检验检疫机构合作，为吉方向中方出口农产品创造良好条件。同时中吉双方将共同采取行动，应对吉尔吉斯斯坦土地退化和荒漠化问题。

（四）与中国加强双边合作的潜在领域和方式

1. 荒漠化防治技术和培训示范中心

依据吉尔吉斯斯坦社会发展特点，利用吉方现有技术研究机构，在不增加基础设施建设的前提下，合作建立中吉荒漠化防治技术培训合作示范中心，利用我国成功的技术，联合研发、进行荒漠化防治技术培训和林产业开发技术示范。内容包括：改善基础条件和设备，技术培训与交流。

2. 技术合作和项目示范

合作内容包括：荒漠化现状监测与评估、交通干线防护林建设、种质资源保护与开发、土壤侵蚀防治技术集成与示范、盐碱地综合治理技术集成与示范，困难立地造林技术集成与示范，退化石质草场恢复技术集成与示范、荒漠经济植物资源开发利用与产业发展，筛选胡桃、沙棘、扁桃、野生苹果和麻黄等经济植物栽培技术，设施林业技术示范。

十、分析与借鉴

(1)吉尔吉斯斯坦是一个山地国家。高海拔在一定程度上限制了该国的林业发展。

(2)吉尔吉斯斯坦林业相关法律较少，法律相对笼统，缺乏相应的地方性林业管理条例，存在法律盲点。

(3)地方林业管理机构较为简单。吉尔吉斯斯坦地方林业机构缺乏合理的人员配置，人才匮乏，管理人员缺乏林业专业知识，不能保证林业政策的实施与落实，缺乏林业机构与地方政府之间的有效协调。

（王雅菲）

参考文献

谷维.2005. 吉尔吉斯斯坦的森林资源及其管理. 吉尔吉斯斯坦报.

维佳.2004. 瑞士赞助吉尔吉斯斯坦的林业经济改革. 俄罗斯中亚新闻通讯社.

中国外交部网站.2016. 吉尔吉斯斯坦国家概况.

FAO. 2011. 2011世界森林状况.

FAO. 2014. 2014世界森林状况——提高森林的社会经济效益.

FAO. 2015. Global forest resources assessment 2015 country report—Kyrgyzstan.

FAOSTAT. 2015. Forestry Production and Trade. http://www.fao.org/faostat/en/#data/FO.

Mongabay. 2005. Kyrgyzstan. http://rainforests.mongabay.com/deforestation/archive/.htm#8-wildlife.

Undeland A. 2012. The Development Potential of Forests in the Kyrgyz Republic. Washington, DC: Program on Forests (PROFOR).

孟加拉国(Bangladesh)

孟加拉人民共和国(简称孟加拉国)，南亚国家，位于南亚次大陆东北部的三角洲平原上。东、西、北三面与印度毗邻，东南与缅甸接壤，南濒临孟加拉湾，国土面积约 14.75 万 km^2，海岸线长 550km(中华人民共和国外交部，2017)。

截至 2017 年，孟加拉国总人口约 1.6 亿。孟加拉族占 98%，另有 20 多个少数民族。孟加拉语为国语，英语为官方语言。伊斯兰教为国教，穆斯林占总人口的 88%。信奉印度教的占 10.5%。孟加拉国的社会生活以传统和和谐为主要特点。人口密度达每平方公里 1 100 多人，是世界人口大国(即 5 000 万以上人口国家)中人口密度最高国家。75% 的人口住在农村，60% 的人口的生活以农业为主。

孟加拉国全境 85% 的地区为平原，东南部和东北部为丘陵地带。大部分地区属亚热带季风型气候，湿热多雨。全年分为冬季(11 月至翌年 2 月)，夏季(3～6 月)和雨季(7～10 月)。年平均气温为 26.5℃。冬季是 1 年中最宜人的季节，最低温度为 4℃，夏季最高温度达 45℃，雨季平均温度 30℃。孟加拉国被人称为“水泽之乡”和“河塘之国”，是世界上河流最稠密的国家之一。全国有大小河流 230 多条，内河航运线总长约 6 000 km。全国约有 50 多万个池塘，平均每平方公里约有 4 个池塘。

孟加拉国自然资源主要是天然气，已公布的天然气储量为 3 113.9 亿 m^3，煤储量 7.5 亿t。

孟加拉国经济基础薄弱，2013 财年国内生产总值 1 536 亿美元，人均国内生产总值 1 044美元，国民经济主要依靠农业。农产品主要有茶叶、稻米、小麦、甘蔗、黄麻等。工业以制麻、皮革、制衣、棉纺织和化工为主，重工业薄弱，制造业欠发达(新华网，2013)。2017 年双边贸易额为 160.4 亿美元，同比增长 5.8%，其中中国出口额 151.7 亿美元，进口额 8.7 亿美元。孟加拉国是中国在南亚地区第三大贸易伙伴，中国是孟加拉国第一大贸易伙伴。

一、林业在国民经济中的地位

2011 年，林业就业人口为 73.4 万人，占劳动力总量的 1.0%。林业生产总值为 145.8 万美元，占国内生产总值的 1.3%(FAO，2015)。全国林业产值在国内生产总值中的占比较低，但这并不能反映真实情况。因为这一数字将木材加工的附加值计入工业产值而非林业产值，并且大量的薪材、饲料、小径材、杆材、药材和违禁采伐的木材产量未计算在内，同时，森林资源在保护流域和灌溉设施、改造海岸田、保护海岸地区免受风暴侵害及维护和提高环境质量方面的贡献也未计算在内。

二、森林及其他自然资源

（一）森林资源

1. 资源总量

孟加拉国是世界上森林资源最贫乏的国家之一。根据 FAO 的统计，2015 年，孟加拉国森林面积达到 142.9 万 hm^2，森林覆盖率为 11%。森林总蓄积量约为 8 600 万 m^3，单位面积蓄积量为 60 m^3/hm^2（FAO，2015）。

2. 森林资源结构

从林分起源来看，天然原始林为 41.1 万 hm^2，占森林总面积的 28.8%；天然次生林为 74.4 万 hm^2，占森林总面积的 52.1%；人工林面积为 27.4 万 hm^2，占森林总面积的 19.2%。

从林种结构来看，2015 年，孟加拉国发挥生产功能为主的森林为 70 万 hm^2，占森林总面积的 49%；发挥水土保持功能的森林为 11.5 万 hm^2，占 8%；发挥保护生物多样性功能为主的森林为 27.1 万 hm^2，占 19%；发挥社会服务功能的森林为 11.4 hm^2，占 1%；发挥多种用途功能的森林为 33.6 万 hm^2，占 23%。

从森林权属结构来看，2010 年，孟加拉国公有林分占 62%，私有林占 36%，其他林分占 2%。在私有林中，私人所有的占 33%，当地的社区所有的占 67%。从林业用地管理权属结构来看，孟加拉国林地面积 250 万 hm^2，其中国有林地约 200 万 hm^2，私人控制的乡村林地约 50 万 hm^2。国有林地中约 72 万 hm^2归土地部门管理；其他约 130 万 hm^2归环境和林业部管理，包括山地林地 64 万 hm^2、柳桉林地 12 万 hm^2和红树林 52 万 hm^2，设有 11 个野生动物保护区、4 个国家公园和 1 个禁猎区。但由于非法采伐、毁林开垦和偷猎，以及保护力度不够，国有林区的林地退化和林地侵占现象十分严重（国家林业局，2015；FAO，2015）。

森林按地形可分为 4 种：山地林、平原林、海岸林和社区林。树种为阔叶树种，优质林木、竹子和藤大多分布在山区。柚木是主要的人工林造林树种，橡胶人工林近年来也有较大发展。

3. 森林资源消长变化

2010 年森林总面积为 144.2 万 hm^2，比 1990 年减少了 5.2 万 hm^2，平均每年减少约 0.5 万 hm^2的森林。2015 年森林总面积为 142.9 万 hm^2，比 2010 年减少了 1.3 万 hm^2，平均每年减少约 0.26 万 hm^2的森林，较之之前 20 年，森林减少的速率有所下降。2010 年森林采伐量为 0.26 万 hm^2，再造林量为 0.81 万 hm^2 森林减少的主要原因是森林采伐，但内陆地区以娑罗双树为主要树种的落叶林变化较小。

三、林业法规政策

（一）法律

孟加拉国林业经营已有百年历史。主要的法律包括孟加拉《环境保护法》（1995 年 2 月

颁布)、《森林法》(1927 年 9 月颁布)，针对各项法律都制定了相应的实施条例。(国家林业局，2015)

(二) 发展规划

孟加拉国制定了一个为期 20 年的林业综合计划(1993—2013)，旨在保护和发展本国森林资源，解决林业部门面临的难题。该计划建议采取新的策略，并在林业政策、立法、土地使用权、林产品销售和加工等方面进行改革。主要包括：加强环境保护；引进合理的林地利用模式；促进公众在资源管理中的参与并提高其收益；扩大资源基础，同时促进资源的高效利用；改进林业管理工作(中国国家林业局，2015)。

为保证林业综合计划的实施，政府还要求 FAO 提供技术支持并已获准。提高森工企业的现代化水平，充分利用森林资源，并引进竞争机制和效益制约的管理模式。

孟加拉国地处恒河三角洲附近，容易发生洪灾。毁林和森林退化使孟加拉国下游地区频繁地发生严重的洪灾，并影响到了农作物的生长。政府积极提倡植树造林，鼓励人们在自家休耕地、边缘地、水池旁及庭院等私有土地上种树，政府提供技术支持和其他帮助；鼓励人们在学校、清真寺、孤儿院等公共场所及其周围地区种树；针对乡村林地启动社会林业计划和扩大森林资源计划。

为控制城市污染，政府将在市区内实施特殊造林计划，在山区执行各种群众性造林计划；为保持水土和生物多样性，山区的天然林和乡村河流集水区将被划为保护区、禁猎区和国家公园，以实现 2015 年将全国 10% 的森林划为保护区的目标。

(三) 社会林业

社会林业是孟加拉林业管理的一个特色，《森林法》规定社会林业的概念，为政府和非政府机构在社会林业领域内的合作开辟了道路，促进传统林业经营向参与式林业经营转变。

四、林业机构与管理体制

孟加拉国环境与林业部(MOEF)全面负责国家林业发展，政府已建立 3 个委员会，其中立法委员会和制度委员会归环境和林业部秘书处领导；捐赠合作委员会归计划委员会领导。在世界银行的支持下，已启动国家环境管理计划(NEMAP)，对天然林和人工林进行参与式管理，以制止毁林现象。林业部门是管理森林资源的主要机构，负责人工林的营造和维护、国有林地监测、木材供应及外部关系协调等。

孟加拉国林业研究院(BFRI)位于吉大港，下设森林经营研究所、林产品研究所和服务研究所。分别位于吉大港和锡尔赫特的林学院和林业学校负责培训林业技术人员。

为了加强林业部门的职能，孟加拉国出台了一系列改革方案，主要内容包括：①所有人员的工资应来自于收入预算而非开发预算；②政府不应再被项目驱使而应回过头来落实自己的长期计划；③新组建的林业机构中应包括宣传机构；④在林业机构总部和 2 个分部应建立一个监测和评价机构；⑤从事森林经营管理与社会林业的人员比例应为 1∶1。

五、林产品生产、加工与贸易

（一）林产品生产

孟加拉国是世界上木材生产量和消费量均很低的国家之一，人均年木材消费量很少，全国有0.2%的人口(约300万人)居住于部分使用木材建造的房屋中。2016年，原木产量为2 666.35万m^3，但其中多数为薪材，薪材是孟加拉林业产出的重要产品，全国用木质燃料烹饪的人口达到5 944.5万人，占人口总数的39.5%。工业原木产量仅为40.80万m^3，锯材产量为38.8万m^3。孟加拉国林产品的加工业不发达，人造板产量仅为9 300 m^3，纸浆产量为6.5万t(表1)。

表1　2016年孟加拉国林业产业状况　　(万m^3，万t)

产品	原木	工业原木	纸浆	锯材	家具	人造板
产量	2 666.35	40.80	6.50	38.80	6.50	0.93

资料来源：FAOSTAT，2017。

（二）林产品贸易

孟加拉国的林产品国际贸易存在较大的逆差，2016年孟加拉国的林产品进口额达到7.45亿美元，出口额仅为627万美元(表2)。

孟加拉国进口的林产品主要是家具和纸浆，这两项的进口额占林产品进口的85%，纸浆进口主要从印度尼西亚，另有少量来自于美国、加拿大、荷兰等地。另外，孟加拉国也进口少量的原木和人造板，原木主要从邻国缅甸进口，通过吉大港和特克纳夫陆路口岸运输入境。少数进口商也从尼日利亚、喀麦隆、俄罗斯和新西兰进口原木。近年来原木在造船、卡车车厢和城市房屋门窗中的用量成倍增加，原木进口量也随之上升。

林产品出口方面，受制于本国木材资源缺乏，加工能力低等原因，孟加拉国林产品出口的规模较小，主要是家具和人造板。

表2　2016年孟加拉国林业产业状况　　(万m^3，万t，万美元)

类别	原木	工业原木	纸浆	锯材	家具	人造板
进口量	3.6	3.6	51.0	1.57	31.47	2.9
进口额	762.8	761.1	2 358.9	825.5	14 096.4	1 489.6
出口量	0.01	0.01	0.0	0.01	0.03	0.2
出口额	1.90	1.60	0.0	1.80	67.60	113.9

资料来源：FAOSTAT，2017。

六、林业问题

孟加拉国的林业发展具有如下问题：

(1)森林总量不足，缺乏有效的多功能经营天然林的方法，而人工林的木材产量又远远不能满足需求。

(2)森林采伐和林产品加工技术落后，森林工业不发达，造成林产品贸易存在大量逆差。

(3)社会林业项目虽然取得了一些成效，但由于其国内相对较为贫困，还需在保证平等基础上进一步发展林业经济，以更好地改善当地居民的福利。

(4)森林的游憩潜力是一个被严重忽视的领域，对其既没有保护也没有充分利用，是未来林业产业发展的方向之一。

（张德成　张金晓　廖望）

参考文献

国家林业局．孟加拉国．http://www.forestry.gov.cn/portal/main/map/sjly/mengjiala/bangladesh01.html [2015-12-12].

新华网．孟加拉国概况．[2013-06-03] http://news.xinhuanet.com/ziliao/2002-07/04/content_469840.htm.

中华人民共和国外交部．孟加拉国概况．[2018-07-03]. http://www.fmprc.gov.cn/mfa_chn/gjhdq_603914/gj_603916/yz_603918/1206_604474/.

Bangladesh Forest Figures . http://rainforests.mongabay.com/20bangladesh.htm.

Bangladesh Forest Information and Data http://rainforests.mongabay.com/deforestation/2000/Bangladesh.htm.

FAO. Bangladesh Forests and the forestry sector. http://www.fao.org/forestry/country/57478/en/ben/[2012-05-03].

FAO. 2011 年世界森林状况 http://www.fao.org/forestry/sofo/en/.

FAO. 2015 年世界森林状况. http://www.fao.org/forestry/sofo/en/.

FAO. 林业数据库. http://faostat3.fao.org/download/F/FO/E.

缅甸（Myanmar）

缅甸联邦共和国（简称缅甸）位于中南半岛西部，东北与中国毗邻，西北与印度、孟加拉国接壤，东南与老挝、泰国交界，西南濒临孟加拉湾和安达曼海，国土为67.657 8万km^2，海岸线长3 200km。人口约5 141.9万（2014年），其中华人华侨约250万人。全国共有135个民族，其中缅族占总人口65%，另外，还有克伦、掸、克钦、钦、克耶、孟和若开等少数民族。全国85%以上的人信奉佛教，8%的人信奉伊斯兰教。全国行政区划分为7个省、7个邦和联邦区。省是缅族主要聚居区，邦多为各少数民族聚居地，联邦区是首都内比都。官方语言为缅甸语（中国外交部网站，2015）。

地形以山地、高原和丘陵为主，平原主要分布在河流中下游谷地和三角洲。属热带季风气候，年平均气温27℃，自然条件优越，适合林木生长。

矿产资源主要有锡、钨、锌、铝、锑、锰、金和银等，宝石和玉石在世界上享有盛誉。石油和天然气在内陆及沿海均有较大蕴藏量。水力资源丰富，境内有伊洛瓦底江、钦敦江、唐锡河和萨尔温江四大河流，但由于缺少水利设施，江河水资源尚未得到充分利用。

缅甸自然条件优越，资源丰富。2011年缅新政府上台后，大力开展经济领域改革，积极引进外资，确立了4项经济发展援助，包括加强农业发展、工业发展、省邦平衡发展和提高人民生活水平等。国际货币基金组织数据显示，2015/2016财年GDP总额为670亿美元，人均约1 291美元，实际增长率7%（中国外交部网站，2018），平均消费价格指数达5.8%，财政赤字占GDP比率达4.9%。至2016年年底，外国直接投资637.22亿美元，缅外债余额91亿美元（中国外交部网站，2018）。

一、林业在国民经济中的地位

农业是缅甸国民经济的支柱产业，2011年农业产值约占国民生产总值的40.2%，农业就业人数约1 890万，约占全国就业总人数的70%（中国外交部网站，2012）。与农业相比，林业发展水平较低，2010年林业产值465.8万美元，林业增加值16.3万美元，林业雇员6.6万人（FAO，2015）。2016年缅甸林业对GDP贡献率为3.6%（World bank，2018）。但是，森林与农村居民的生计有着密切的关系，薪材和木炭满足了全国约62.33%的能源需求（王登科等，2011）。同时，木材一直是缅甸重要的出口创汇产品，出口额达到全国出口总额的10%左右。农业、畜牧业、能源和旅游等行业的发展也得益于林业。

二、森林及其他自然资源

（一）森林资源

缅甸的森林总面积为2 904.1万hm^2，森林覆盖率为44.2%，森林总蓄积量为13.42

亿 m^3，单位面积立木蓄积量为 46 m^3/hm^2(FAO，2015)。森林碳储量合计 16.15 亿 t，其中地表以上碳储量 12.93 亿 t，地表以下 2.58 亿 t，枯枝落叶层 0.64 亿 t(FAO，2015)。缅甸森林覆盖率居大湄公河次区域第 3 位，森林蓄积量居东盟地区第 2 位(Khin，2009)。

1. 森林类型和分布

在森林资源中，原始林为 319.2 万 hm^2，占森林总面积 11%；天然次生林为 2 490.5 万 hm^2，占 85.8%；人工林为 94.4 万 hm^2，仅占 3.3%。此外，缅甸还有较为丰富的竹藤资源和橡胶种植林，其中竹子种类有 90 多种，竹林一般与其他树种混生，面积为 85.9 万 hm^2；橡胶种植林为 7.3 万 hm^2(表 1)。

表 1　缅甸森林面积　(万 hm^2)

年份	森林面积	原始林	天然次生林	人工林	竹林	橡胶种植林
1990	3 921.8	319.2	3 563.2	39.4	96.3	4.0
2000	3 486.8	319.2	3 098.0	69.6	89.5	5.4
2005	3 332.1	319.2	2 928.0	84.9	85.9	7.2
2010	3 177.3	319.2	2 759.3	98.8	85.9	7.3
2015	2 904.1	319.2	2 490.5	94.4		

资料来源：FAO，Globle Forest Resources Assessment 2015。

缅甸的森林资源主要分布在北部的克钦邦、东北部的掸邦、东部的克耶邦和克伦邦、西北部的钦邦和实皆省，以及三角洲地区的勃固省和伊洛瓦底省等。红树林主要分布在若开邦、亚瓦迪三角洲和德林地区。

森林植被类型大致可分为热带常绿林、混生落叶林、滩涂林和旱地灌木林 4 种类型，具体可分为潮汐林、海滩及沙丘林、沼泽林、常绿林、混交落叶林、干旱林、落叶双翅龙脑香林、亚热带和温带常绿林 8 种。其中，混交落叶林分布最广，其次是亚热带和温带常绿林。潮汐林主要用于生产薪炭和提取鞣料。

2. 主要树种

柚木(*Tectona grandis*)是缅甸最主要的树种，世界上大约 75% 的天然柚木分布在缅甸。此外，还有龙脑香属类(*Dipterocarpus* spp.)、铁木(*Xylia xylocarpa*)等珍贵树种。据 Khin Htun(2009)的数据，柚木、番樱桃木(*Eugenia* spp.)、龙脑香属类、毛橄榄(*Ternimalia* spp.)、缅甸铁木等 10 个主要树种的林木蓄积量合计约 5.6 亿 m^3，约占全国森林蓄积总量的 19.51%(表 2)。

3. 森林用途

森林资源以生产林为主，面积为 2 047 万 hm^2，占森林总面积的 70.49%；其次是多种用途林，面积为 410.5 万 hm^2，占 14.14%(FAO，2015)；生物多样性保护林 64.3 万 hm^2 水土保持林 186.5 万 hm^2。

4. 森林权属结构

从森林权属结构看，除少数社区林外，所有的森林资源均为国家所有。社区林(2003 年 3.4 万 hm^2、2004 年 3.5 万 hm^2、2005 年 4.1 万 hm^2)是通过与政府签订长期租赁合同的形式由当地居民拥有(Khin Htun，2009)。

5. 森林资源动态变化

1990—2015 年，缅甸的森林以每年 40.71 万 hm^2 的速度减少，年均减少率为 1.2%（FAO，2015）。同时，树种构成也发生了变化，主要树种蓄积量从 13.4 亿 m^3 减至 5.6 亿 m^3，尤其是阔叶树种的蓄积量减少幅度大，如柚木的蓄积量从 2.42 亿 m^3 减至 1.49 亿 m^3，缅甸铁木从 2.85 亿 m^3 减至 4 665 万 m^3（表 2）。在此期间，缅甸森林面积的年净损失量排在世界第 4 位，成为世界毁林最严重的国家之一。

表 2　缅甸主要树种蓄积量变化

树种	蓄积量（亿 m^3）	占总蓄积量的%	树种	蓄积量（亿 m^3）	占总蓄积量的%
1990			2000		
缅甸铁木（*X. xylocarpa*）	2.85	10.18	柚木（*T. grandis*）	1.49	5.21
柚木（*T. grandis*）	2.42	8.63	番樱桃木（*E.* spp.）	0.97	3.38
龙脑香属类（*Dipterocarpus* spp.）	2.21	7.90	龙脑香属类（*Dipterocarpus* spp.）	0.76	2.65
龙脑香（*D. turbinatus*）	1.96	6.99	毛榄榄（*Ternimalia* spp.）	0.58	2.02
毛榄榄（*Ternimalia* spp.）	1.12	3.98	缅甸铁木（*X. xylocarpa*）	0.47	1.63
钝叶娑罗双木（*Shorea obtusa*）	1.04	3.69	马蹄果木（*Protium serratum*）	0.44	1.55
钝形（重黄）娑罗双木（*S.* spp.）	0.65	2.33	钝叶娑罗双木（*S. obtusa*）	0.41	1.45
番樱桃木（*Eugenia* spp.）	0.59	2.12	钝形（重黄）娑罗双木（*S.* spp.）	0.20	0.69
崖豆木（*Millettia dorwardi*）	0.37	1.32	青冈栎（*Cyclobalanopsis glauca*）	0.18	0.61
马蹄果木（*Protium serratum*）	0.18	0.65	胶漆树（*Gluta* spp.）	0.09	0.32
合计	13.40	47.81	合计	5.60	19.51

资料来源：Khin Htun，2009。

2000—2010 年，森林的净减少面积下降到每年 31 万 hm^2，年均减少率为 0.93%，森林面积的年净损失量从世界第 4 位降至第 8 位，森林消失速度有所减缓，但是在此期间红树林消失速度很快，是世界红树林损失最严重的 3 个国家之一（FAO，2011）。2010—2015 年，森林的净减少面积又增至每年 54.64 万 hm^2，年均减少率攀升到 1.8%，成为自 1990 年以来森林减少速度最快的 5 年（FAO，2015）。

另据缅甸林业部统计，2001—2005 年柚木和其他阔叶树资源在全国森林面积中的占有率已大幅下降。伊诺瓦底（Ayeyarwady Division）、曼德勒（Mandalay Division）、仰光（Yangon Division）、若开（Rakhine State）以及勃固（Bago Division）是缅甸毁林最为严重的 5 个地区，年均毁林率分别达到 14.3%、9.8%、5.7%、5.3% 和 3.9%。毁林的主要原因是种植甘蔗、木薯、蓖麻以及橡胶等经济作物。

（二）其他自然资源

据缅甸联邦林业部资料(2001)，缅甸境内现已查明的维管植物约有7 000多种，包括1 696种攀缘植物、65种藤类植物、841种兰花，其中有85个树种被确定为多用途的高品质木材。动物约2.5万种，包括300种哺乳动物，1 000多种鸟类，360种爬行动物和1 200多种蝴蝶，其中受保护的有98种(Myanmarteak，2006)。此外，缅甸有一处湿地(Moneyingyi Wetland Wildlife Sanctuary)于2004年11月17日列入《湿地公约》的国际湿地名录，面积约为256 hm^2(Ramsar Convention，2012)。

三、林业法规政策

缅甸林业以可持续经营为发展目标，现有的林业法规及政策在2005年以后基本没有变化。目前形成了以现行《缅甸联邦森林法》(1992年)为核心，以其他相关法规和林业政策为补充的法律制度。这些法规政策包括：缅甸林业政策(1995年)、《缅甸联邦林业章程》(1995年)、《野生动植物和自然保护区法》(1994年)、《国家森林采伐实施细则》、《缅甸社区林业细则》(1995年)、《乡村林业指南》(1996年)、林业可持续经营的标准与指标(1999年)、缅甸21世纪议程与环境政策及《国家环境法框架》等。

（一）林业法规

《缅甸联邦森林法》(简称《森林法》)是指导林业发展和政策制定的重要法律。《森林法》强调森林可持续经营，对森林资源的开发利用做出了详细规定，提倡公众参与森林资源保护和林业政策的制定，突出强调防止森林退化、保护天然林以及保护生物多样性的重要性(Khin，2009)。《森林法》对森林权属、森林规划利用、森林开发许可、森林损耗补救和责任追究等5个方面做出了严格规定(欧阳爱辉，2010)。具体规定如下：

(1)森林等自然资源绝对归国家所有。尽管20世纪80年代后期已宣布实行市场经济，1995，年联邦政府还成立了国家私有化委员会来推动私有化进程，但在森林所有权上政府始终持谨慎态度。为保障森林等自然资源的妥善利用，缅甸政府一直坚持森林等自然资源绝对归国家所有的方针。而且，鉴于柚木尤其是天然柚木一直是缅甸最主要的出口林产品，对国家外贸经济发展具有至关重要的作用，所以《森林法》规定，不论柚木生长在国家的什么地方，一律归国家所有。

(2)森林的规划利用以实现可持续经营为目标。《森林法》规定要以“保护水和土壤、保护旱带森林、保护红树森林、保护环境和生物差异、保护林产品的持久产量”为目标对林地进行规划。

(3)森林开发许可。《森林法》对林产品运输设定了严格的许可规定。森林开发者除为满足个人需要或用于农业、渔业而非商业目的，均需得到审批官员明示许可。商业规模的森林开发，省、邦一级林业官员有不超过1年的短期许可批准权，2年以上的中长期开发许可则须由林业部部长等高级别官员批准。除非符合法定条件，将木材从国内某地运往其他地区的任何行为均须向林业部长授权的森林官员申请相关通行证。

(4)森林损耗补救。《森林法》规定，要通过造林来弥补森林损耗，将人工林划分为商业林(包括商业以及用于木材出口而进行的造林)、村庄林、工业林(更侧重于供应国内木质林产品加工原料)以及水土保持林4大类人工补救林区，明确规定季风季节为植树造林的时间，所有的造林费用均由政府承担。

(5)责任追究。《森林法》对乱砍滥伐、严重破坏森林资源、损害公共利益等行为的责任追究做出了具体规定，有效遏制了相关的违法行为。首先，规定了行政和刑事2种责任追究实体性法律。在行政责任追究中，规定了罚款、没收和暂停或吊销林产品许可证3种方式。在刑事责任追究中，规定了罚款、有期徒刑和没收财产3种惩罚方式。《森林法》还附带规定，森林犯罪给林业部门造成损失时应进行民事赔偿。同时，为防止林业部门工作人员滥用职权，《森林法》强调任何林业员工滥用职权、无正当理由、无根据地没收林产品，将被处以1万缅元的罚款或1年的监禁，或二罚并施。贪污或违法接受现款或物品者，可监禁最短1年、最长7年。

为了保证《森林法》的顺利实施，1995年缅政府制定出台了《缅甸林业章程》，强调建立森林保护区，保护公有林，鼓励民众参与林业活动，让民众了解森林资源所具有的经济效益、社会效益和生态效益，强调需通过环境友好的方式进行木材采伐和林业生产(Khin, 2009)。

(二)林业政策

在FAO的帮助下，缅甸政府1995年制定并出台了《缅甸林业政策》，确定了林业发展的6个使命：

(1)保护——防治土地退化、保护流域、保护野生动植物、保护生物多样性和保护环境；

(2)持续利用森林资源；

(3)满足基本需求——满足国民对燃料、住所、食物和娱乐等的基本需求；

(4)高效利用森林资源——通过环境友好和社会和谐的方式利用森林资源并使其经济效益得以充分发挥；

(5)鼓励民众参与林业发展——提高国民在森林资源保护和开发利用等领域的参与度；

(6)提高公众意识——提高公众对森林资源产生的社会福利、社会效益和经济效益的认知。

在林业产业发展政策方面，强调按照可持续经营标准确定合理采伐量，以实现木材的永续利用。鼓励发展低损耗原料高生产效率的木质林产品；鼓励使用单一用途或较少用途的树种作为原料；鼓励高附加值木质林产品和终端产品的出口；提高国内林产品生产能力、发展非木质林产品以满足国内需求；成立小规模林产品加工企业以提供就业。

在社区林业政策方面，《乡村林业指南》提倡社区林业管理模式，将现有的政府人工林和部分天然林划为"社区林"，由社区居民使用、管理和保护，期限一般为30年。"社区林"通过赋予林区村社保护天然植被、自发设置森林保护机构的权限等方式，为合理利用森林资源，满足当地居民生产生活对林木的需求提供了便利条件。由于红树林大面积消失，政府出台了《缅甸21世纪议程与环境政策》等政策，专门针对沿海地区破坏较严重的红树林生态系统开发做出了具体规定，以切实保护海岸红树林生态平衡(欧阳爱辉, 2010)。

（三）主要林业发展计划

缅甸主要通过制定短期和长期计划来管理森林。为实现科学管理森林资源，缅甸制定了覆盖范围不同、时间长短不等的多级森林计划，主要有国家森林管理计划和行政区森林管理计划。

为长期实现林业可持续经营，缅甸于 2001 年制定了为期 30 年的国家森林管理计划（NFMP，2001—2030），提出了林业发展的一系列措施。这些措施包括：通过造林和再造林发展林业；有效管理流域治理，延长水坝寿命，增加蓄水量；加强关于非法采伐和非法采集林产品的法律制度建设；提高柚木和硬木的出材率，拓宽林业科研领域；鼓励使用天然气等其他燃料取代薪材和木炭；出口高附加值木质林产品和非木质林产品、发展生态旅游等。另外，还制定了干旱地区绿化的总体方案。

缅甸还制定了为期 10 年的行政区森林管理计划（1996—2005）。该计划涉及 61 个行政区，每个区域都有特定的管理目标，这些目标包括生产、造林、流域保护、社区林、非木质林产品和自然保护区等（Myanmarteak，2001）。

四、林业机构与管理体制

1992 年之前，缅甸主管林业的政府部门是农林部，农林部下设森林局和木材公司，具体负责全国的林业工作。1992 年缅甸将林业管理从农林部分离出来，成立了联邦林业部（MOT）。该局下设森林局（FD）、缅甸木材公司（MTE）、干旱地区绿化局（DZGD）、计划和统计局（PSD）以及国家环境事务委员会（NCEA）5 个部门（图 1）。各部门的主要职责为：森林局是核心部门，主要负责森林资源的保护、恢复和可持续经营管理；缅甸木材公司为国有企业，主要负责木材采伐、木材加工、林产品的生产和销售以及出口业务；干旱地区绿化局主要负责干旱地区造林绿化、环境修复等工作；计划和统计局负责评价和监督林业政策的实施、林产品生产，制定短期和长期计划，以及设计林业项目并对计划和项目工作进行检查和评价，负责国际合作相关事宜，协调和组织其他部门的工作等；国家环境事务委员会是国家环境问题的协调部门，主要负责国家层面环境发展的相关事务，如制止毁林等关乎环境的重要工作。

此外，缅甸还成立有林业协会、非政府组织和研究所等单位，协同联邦林业部共同致力于解决林业发展问题。1993 年 11 月成立的缅甸林产品和木材消费协会（MEPTMA）是缅甸唯一的从事木材生产和销售的商业组织。

非政府组织主要有森林资源环境发展和保护协会（FREDA）、生物多样性和自然保护区协会（BANCA）、缅甸热带雨林友好组织（FORM）、缅甸可更新能源协会（REAM）和生态保护与社区发展倡议（ECCDI）以及缅甸农林牧渔研究所等，这些组织在森林经营、提高公众对森林资源的认识、帮助民众提高非农收入等方面都发挥了重大作用。

五、森林经营与管理

（一）森林采伐

缅甸从 1856 年就开始探索经营天然林的科学方法。由 Brandis 博士建立的 Brandis 择

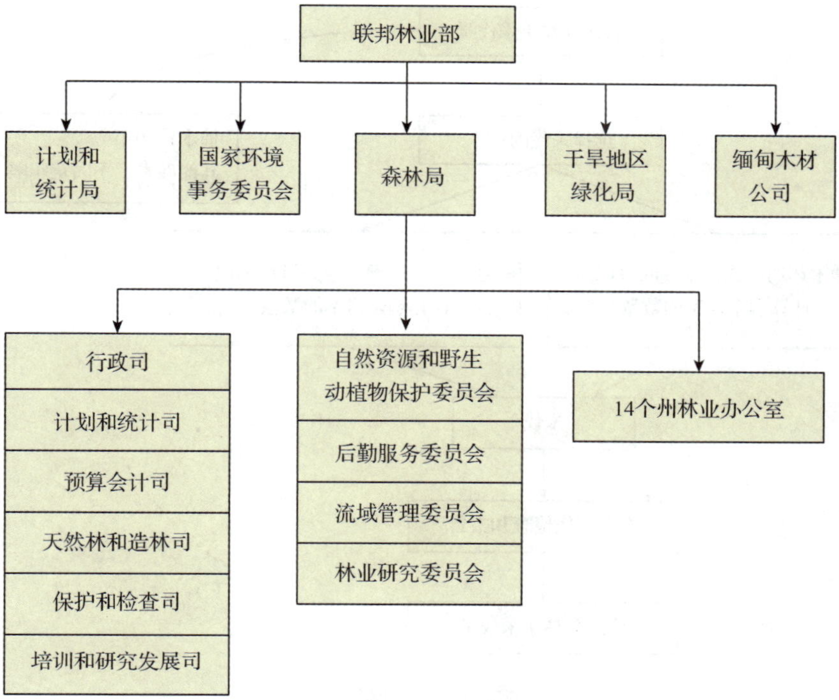

图 1　缅甸联邦林业部组织结构(2006)

资料来源：根据缅甸林业部网站整理。

伐体系经过多年实践和发展，于 1920 年形成了缅甸森林择伐体系(MSS)。该体系的基本思想是在保持产量持续和稳定的原则下，事先计算出 30 年周期内每个树种的年度采伐限额(AAC，每年都相同)，然后按照柚木直径一般为 39 cm、其他阔叶树直径不小于 10 cm 的采伐标准进行采伐(图 2)。

1999 年，缅甸出台了《林业可持续经营的标准与指标》，详细确立了一整套关于森林规划利用以实现可持续经营的总体指标体系，共包括 7 项标准、76 个具体指标和 257 项行动计划，有效推动了森林保护与资源开发的平行运作。2000 年出台的《国家森林采伐实施细则》以缅甸森林择伐体系(MSS)为基础，通过国家立法形式规范了柚木等重要森林资源的采伐制度。

在缅甸，柚木和其他硬木的采伐和出口均由缅甸木材公司(MTE)独家经营，不允许私人部门从事此项业务。2003/04 财年至 2012/2013 财年(缅甸为财年制，每年 3 月 31 日到次年 4 月 1 日为一个财年)柚木和其他硬木的年采伐量如表 3 所示。因为天然林区多分布在交通不便的山区，一般采用水运或以大象为运输工具将木材运出林区。为使木材易于漂流，通常要在运走的前 3 年就对柚木进行环剥。如果不采用水运，通常在当年采伐。不符合采伐标准的树木，如果不能存活到下一个采伐周期也可进行采伐。如果母树数量不足，采伐过程中也会保留一些树干高大的优良树木作为母树。天然林采伐后主要依靠天然更新，但由于近年来柚木和其他硬木林的大面积消失，所以也进行人工更新。

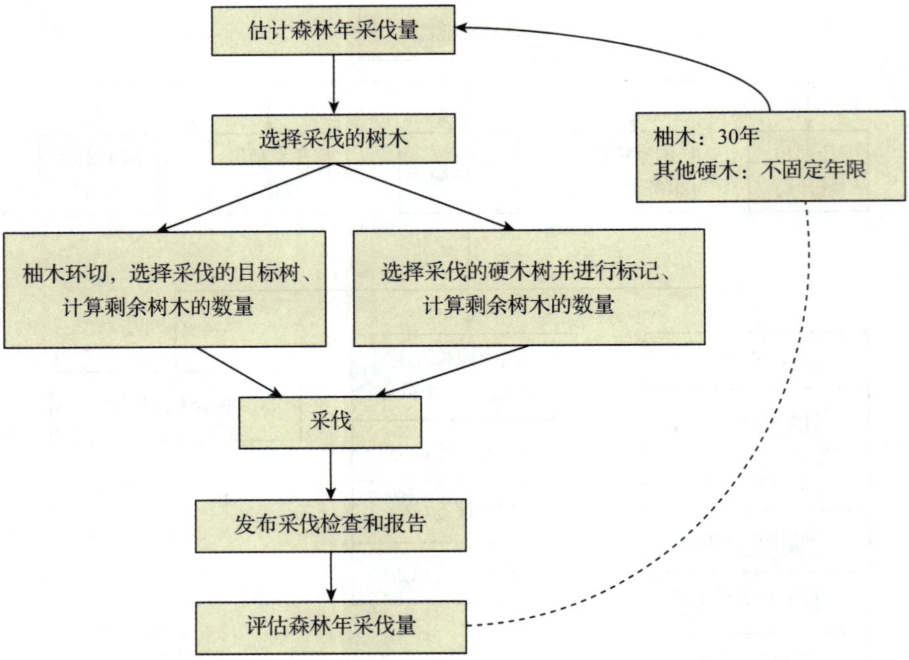

图 2　缅甸森林择伐体系（MSS）

资料来源：根据 Khin Htun（2009）报告整理。

表 3　2003—2013 年缅甸木材年采伐量　（万 t）

财年	柚木	硬木	合计
2003/04	28. 797 2	118. 693 0	147. 490 2
2004/05	25. 172 3	112. 094 4	137. 267 1
2005/06	34. 104 8	115. 363 8	149. 468 6
2006/07	33. 540 5	146. 447 1	179. 987 6
2007/08	30. 325 5	140. 115 4	160. 440 9
2008/09	38. 241 6	139. 758 0	177. 999 6
2009/10	30. 073 9	151. 226 3	181. 300 2
2010/11	28. 780 7	150. 110 0	178. 890 7
2011/12	26. 398 2	150. 639 0	177. 037 2
2012/13	25. 812 4	147. 822 1	173. 634 5
合计	301. 247 5	1 362. 269 1	1 663. 516 6
平均	30. 124 8	136. 226 9	166. 351 7

资料来源：缅甸环保与林业部计划统计局，2013 年（根据 Win Hlaig Kyaw 的文章整理）。

缅甸的人工林分为 4 类：商业林、村庄林、工业林和水土保持林。前 3 类为用材林，第 4 类为生态林。各类人工林的采伐要根据造林计划所规定的采伐活动和采伐量进行，如人工柚木林按照造林计划规定要在 40 年后进行采伐，私营企业种植的人工林还需要相关部门批准才可以采伐，同时向政府上缴 25% 的利润。

（二）人工造林

缅甸非常重视人工造林。近几年，每年造林 2 万 ~ 3 万 hm^2（表 4）。根据缅甸计划和统计局资料，2005 年造林 3.04 万 hm^2，其中柚木林 1.22 万 hm^2，其他硬木林 1.82 万 hm^2。

表 4　缅甸人工林类型及其造林面积　（hm^2）

年份	商业林	社区林	工业林	水土保护林	总计
2000	16 848	4 335	2 086	7 451	30 720
2001	15 571	4 543	3 703	6941	30 758
2002	15 358	4 695	3 513	7 831	31 397
2003	15 344	4 413	3 319	7 366	30 442
2004	16 279	3 656	3 905	8 134	31 974
2005	17 085	4 219	2 995	8 903	33 202
2006	17 094	2 600	1 922	6 712	28 328
2007	12 889	2 125	1 926	6 961	23 901

资料来源：FAO，2010。

从 1998 年起，森林局制定并实施了一项柚木人工林造林计划，该计划分为 8 期，每期 5 年，计划建成 20 个种植园，每个种植园每年营造柚木人工林 405 hm^2，40 年后采伐，到 2038 年柚木人工林将达到 32.4 万 hm^2（ITTO，2011）。

为防止土地荒漠化、保护环境和应对气候变化，干旱地区绿化局也制定了部门造林计划，目标是到 2030 年完成 73 hm^2次生林改造，营造 32.38 万 hm^2人工林（ITTO，2011）。

缅甸城市化发展缓慢，约有 70% 的人居住在农村地区，主要以薪柴和木炭为能源，而红树林是木炭原料的重要来源，因此导致大面积的红树林消失和红树林生态系统退化。为满足燃料和能源的需要，村一级也制定了地区薪炭林营造计划，主要树种包括本国树种铁刀木和外来树种桉树。在沿海地区主要选择 Kanaso 和 Lamu（辣木）营造薪炭林。

在造林政策上，缅甸从 2005 年开始准许私人申请土地种植柚木，土地使用年限为 25 ~ 40 年。从 2008 年开始，进一步允许私人申请土地种植竹、藤和其他硬木。干旱地区绿化局还计划将 50 万 hm^2森林（包括天然林和人工林）转化为社区林，交给农村社区经营。2014 年，缅甸允许外资进入在全国范围内的荒山区域进行木材种植，但是实际外资投入很少（晨夕，2014）。

（三）森林可持续经营与森林认证

为提高森林经营技术和实现科学管理森林资源，缅甸建立了 2 个示范林。一个是勃固山脉的 Paukkhaung 示范林，这里是柚木天然林的生长地，由森林局（FD）和日本国际林业促进组联合建立和经营管理；另一个是奥顿（oktwin）示范林，于 1998—1999 年由森林局（FD）和日本海外林业咨询协会（JOFCA）联合建立，主要目的是评估森林管理水平，并以此为依据建立实现森林可持续经营的标准和指标（Myanmarteak，2006）。

1998 年，缅甸联邦林业部成立了木材认证委员会（TCC），并基于本国的可持续经营指标机制和林业管理体系建立了缅甸木材认证机制，同时致力于与其他木材认证机构，如马来西亚木材认证理事会和印度尼西亚生态标签研究所的双边互认关系，但至今缅甸还没有获得认证的森林。缅甸在国际上被认为是非法采伐的高风险国家，因此为发展林业，必须加快木材合法性认证体系建设。目前缅甸正处于欧盟自愿伙伴关系协议的预谈判阶段。

（四）森林与生态保护

缅甸对野生动植物和原始森林的保护，最早可以追溯到1860年闽东国王建立的野生动物保护区（面积约7 100 hm^2）。根据缅甸林业部网站资料，至2003年年底，缅甸共建有27个野生动物保护区和6个国家公园，总面积达30万 hm^2，约占国土面积的4.2%。按照现行林业政策，缅甸的自然保护区面积将达到国土面积的5%。

在生物多样性保护方面，缅甸加入了多项国际公约。1995年2月加入了《联合国生物多样性公约》，1997年9月加入了《濒危野生动植物种国际贸易公约》，2001年3月签订了《联合国生物多样性公约》下的《卡塔赫纳生物安全议定书》。

由于农地侵占以及过度采伐红树林用做薪柴和木炭原料，导致红树林生态系统严重退化。对此，缅甸政府制定了《薪炭林种植计划》《节约利用薪材计划》和《替代木质能源》等3项计划，并在孟加拉湾对超过2 000 km的沿海红树林开展了保护，在亚瓦迪三角洲划定了约38.59万 hm^2的红树林加以修复和保护。

20世纪初，人类发展倡议项目（HDI）下的UNDP/FAO项目在缅甸启动实施。该项目的目标是普及和推广环境友好理念，通过改善当地社区社会经济福利来保护红树林生态系统。其主要做法是采用社区林业的管理方式，建立苗圃和种植园，培育种子和苗木，采取天然更新经营技术及河岸侵蚀控制措施，向当地居民发放先进的炉灶，提供技术服务等。

（五）森林服务

在缅甸，森林对保护生态环境的作用尤为突出。勃固山脉的森林对缅甸低海拔地区的流域保护发挥着重要作用。红树林不仅具有极大的经济效益，为人们提供了诸如鱼类等食物和薪柴等能源，同时在保护海岸线、防风防暴、保持沿海生态系统的稳定和保护生物多样性等方面起到了重要作用。

缅甸在开展森林碳交易方面有着巨大潜力。缅甸作为发展中国家，如果与发达国家开展碳交易，将可获得1.28亿~18亿美元的收益。如果每年减少森林采伐26.6万 hm^2，将会带来32万~93万t的碳减排（Mongabay，2006）。

缅甸最具吸引力的森林服务是生态旅游。缅甸拥有茂密的原始林、种类丰富的动植物资源、美丽的雪山和漫长的海滩，具有发展生态旅游的巨大潜力。目前，缅甸林业部已指定了15个旅游景点，其中5个是东盟成员国的主要生态旅游景点，2006年接待游客60多万人次。

六、林产品生产、加工与贸易

（一）林产品生产

1. 木质林产品生产

木质林产品主要包括原木、锯材和人造板等。在缅甸，原木几乎全部为阔叶材，其中约90%用于木质燃料，仅有10%为工业原木（表5）。用于木材生产的树种绝大部分为柚木、金车花梨（*Pyinkado* spp.）等阔叶树种以及少量的松树等针叶树种。

2001—2015年，原木产量波动增长，从3 936.50万 m^3增至4 428.6万 m^3，年均增长

0.87%。其中，工业原木年均增长3.37%，木质燃料年均增长0.59%。2006—2015年，原木产量基本稳定，锯材和人造板的生产呈逐年递增的趋势。2011—2015年工业原木产量逐年增长，木质燃料产量保持稳定。2001—2006年，锯材产量从67.10万m^3增至161.04万m^3，年均增长20.91%，2006—2015年锯材产量稳定在161.04万m^3；2001—2010年人造板产量从5.4万m^3增至14.9万m^3，年均增长14.18%，2011—2015年人造板产量稳定在15.2万m^3。在人造板产量中，胶合板从2001年的5.3万m^3增至2007年的11.60万m^3，年均增长16.96%，2008—2015年产量保持在11.60万m^3；单板从2001年0.1万m^3增至2011年的3.6万m^3，年均增长122.14%，2012—2015年产量稳定在3.6万m^3。2001—2005年，纸和纸板产量从4.16万t小幅增至4.51万t，2006—2015年产量稳定在4.51万t。2001—2005年，纸浆产量从4.7万t降至3.98万t，年均减少3.83%，2006—2015年纸浆产量稳定在3.98万t。

表5　缅甸主要木质林产品生产量变化

年份	原木（万m^3）		锯材（万m^3）	人造板（万m^3）	纸和纸板（万t）	纸浆（t）
	工业原木	木质燃料				
2001	396.20	3 540.30	67.10	5.40	4.16	4.7
2002	393.89	3 493.85	101.18	8.02	4.94	1.82
2003	423.76	3 795.35	100.13	13.16	4.49	1.45
2004	419.59	3 756.00	113.30	12.25	4.29	1.52
2005	426.20	3 828.60	159.13	11.29	4.51	3.98
2006	426.20	3 828.60	161.00	13.38	4.51	3.98
2007	426.20	3 828.60	161.00	14.78	4.51	3.98
2008	426.20	3 828.60	161.00	14.78	4.51	3.98
2009	426.20	3 828.60	161.04	14.90	4.51	3.98
2010	426.20	3 828.60	161.04	14.90	4.51	3.98
2011	473.90	3 828.60	161.04	15.20	4.51	3.98
2012	498.70	3 828.60	161.04	15.20	4.51	3.98
2013	454.70	3 828.60	161.04	15.20	4.51	3.98
2014	600.00	3 828.60	161.04	15.20	4.51	3.98
2015	600.00	3 828.60	161.04	15.20	4.51	3.98

资料来源：FAOSTAT，2015。

缅甸国内约有100多种木材产品，约有25个厂家是以出口为目标的家具生产企业，其余企业主要生产内装修材、地板、家具零件、指接板、单板以及胶合板等（K Htun，2009）。缅甸林产品生产企业数量少、规模小和技术落后。缅甸林产品和木材消费协会的资料显示，缅甸每年生产柚木和其他硬木1.4亿t，出口80万t，出口额仅4亿美元，而马来西亚每年仅生产木材30万t，但木质林产品出口额就可达到60亿美元。与马来西亚相比，2006年缅甸林产品生产企业数量仅相当于马来西亚的1/8、出口额仅相当于马来西亚的1/15。

缅甸自2004年1月开始实施来料加工的合作方式，即缅甸木材公司将原木赊销给私营企业，私营企业生产出成品（锯材）后以缅甸木材公司的名义出口。此种生产方式由最初的6家企业扩展到100家，但是由于2007年受到经济制裁和2008年经济危机的一连串重创，很多私营企业无法在规定时间内结清货款，所以缅甸于2010年末宣布停止与私企的来料加工合作。现在，私企只能通过参加木材公司每月举办的招标会，通过招标方式购买木材或者通过申请工业原料的方式来购买（中国建材，2011）。

缅甸林产工业长期以来发展缓慢的主要原因是缺乏资金和技术。其中，造成林业产业资金短缺的原因主要有2个方面：一是缅甸经济落后，林业产业并不是国民经济的支柱产业，所以资金投入少；二是国内木材供给无法满足林产品加工的需求，不能形成稳定的原料供给，因此企业无法形成投资林业的合理预期收益。近年来，缅甸开展了以供给国内林产品加工原料为主的人工造林计划，但是与国内需求相比仍存在较大缺口。

为提高林产工业的技术含量和工人的技能，缅甸林产品和木材消费协会于2005年成立了一个培训中心，为私营和国有木材企业的员工提供高附加值产品生产技能的培训，截至2007年，共有1 209个木材企业（包括林产品生产企业和销售企业）成为该中心的会员。

2. 非木质林产品生产

缅甸约70%的人口生活在农村，主要依靠森林为生，如采集纤维原料、菌类、药材和化妆品原材料、树脂和松脂、非食用动物产品和其他各种产品。

林业部指定的合法生产的非木质林产品有竹、藤、儿茶（药材）、茅草、蜂蜜、蜜蜂蜡、蝙蝠粪、兰花和燕窝等（表6）。近年来，在各类非木质林产品中，藤类出口量较大，约600万美元，约占林产品出口总额（2.5亿美元）2.4%（1996—2006年）。虽然非木质林产品的产量不高，但是缅甸林业部仍认为其产出超过了可持续经营确定的产量，并宣布在今后将会加强对非木质林产品的管理（K Htun，2009）。

表6 2000—2005缅甸非木质林产品产量

林产品	单位	2000/01	2001/02	2002/03	2003/04	2004/05
竹子	万根	102 224.3	106 264.1	109 924.3	112 882.9	132 121.1
竹藤	万根	4 604.1	3 897.0	4 826.8	4 838.1	7 247.3
儿茶*	t	416.25	623.57	478.93	241.07	401.79
树脂－松香*	t	851.79	900.03	911.25	1 060.72	—
松油树脂*	t	—	8.04	8.04	8.04	11.25
蜂蜜*	t	27.41	33.75	36.96	48.21	64.29
蜂蜡*	t	1.40	1.22	1.23	1.92	1.98
蝙蝠粪*	t	567.32	557.68	668.57	686.25	748.93
燕窝*	t	2.23	2.42	1.75	1.36	0.92
虫胶*	t	353.57	337.50	948.22	819.65	1 317.86
兰花	万枝	1.50	1.4	1.4	1.1	1.3

注：（1）表中“t”的原单位是 viss，按 622.22viss＝1t 换算为 t；（2）“－”为数据缺失。资料来源：根据 K htun（2009）报告整理。

（二）林产品贸易

缅甸林产品贸易以出口原木等木材原料为主，同时进口高附加值林产品，因此缅甸是原木、锯材和人造板的净出口国，是纸和纸板以及家具的净进口国。

1. 林产品出口

缅甸工业原木的出口以热带阔叶材为主。2001—2015 年全国工业原木出口总量为 2 629. 75 万 m^3，其中热带阔叶材占 96. 14%，针叶材不足 4%。2001—2005 年，工业原木的出口量逐年增加，从 101. 12 万 m^3 增至 294. 56 万 m^3，年均增长 34. 69%，其中热带阔叶材从 101. 12 万 m^3 增至 286. 15 万 m^3，年均增长 35. 28%。但是，缅甸工业原木出口量在 2005 年达到 294. 56 万 m^3 峰值后逐年减少，到 2009 年仅为峰值的 50%，为 136. 57 万 m^3，2010—2014 年逐年有所增长。其主要原因是，为保证国内木材生产原料稳定供应，缅甸行业发展计划（Myanmar Industrial Development Plan）调减了原木出口量，使工业原木出口量从 2006 年起平均每年减少 11. 68%，其中热带阔叶材出口年均减少 11. 46%（表 7）。

缅甸工业原木总出口量的 97% 和出口额的 80% 出口到亚洲国家，印度、泰国、中国、新加坡和马来西亚是最主要的贸易国。此外，还有少量出口到中东、美国、欧洲和非洲等地。

2001—2010 年，缅甸锯材出口量波动较大，其中 2001—2007 年波动增长，从 27. 89 万 m^3 增长到 52. 92 万 m^3，年均增长 28. 01%；而 2008—2014 年则波动下降，从 17. 92 万 m^3 先增加到 20. 79 万 m^3，又降至 9. 20 万 m^3，年均下降 8%。其中，针叶锯材的出口量在 2001—2005 年波动增长，从 3. 63 万 m^3 增至 4. 80 万 m^3，年均增长 12. 21%；2006—2014 年大幅下降，从 0. 55 万 m^3 降至 0. 28 万 m^3，年均减少 11%。与出口量相比，针叶材单价从 2001 年的 69. 78 美元/m^3 增长到 2014 年的 495. 65 美元/m^3，年均增长 32. 01%。阔叶锯材变化趋势与锯材总出口量相同，2001—2007 波动上涨，2008—2010 年先升后降；单价波动增长，从 2001 年 376. 21 美元/m^3 增长到 2014 年的 1 045. 17 美元/m^3，年均增长 16. 95%，但增长幅度小于针叶锯材（表 8）。

表 7　缅甸工业原木出口量和出口额　（万 m^3，万美元）

年份	工业原木出口量			工业原木出口额		
	针叶材	热带阔叶材	合计	针叶材	热带阔叶材	合计
2001	0. 00	101. 12	101. 12	0	19 461. 8	19 461. 8
2002	8. 02	108. 67	116. 69	325. 6	21 745. 1	22 070. 7
2003	7. 51	127. 96	135. 47	433. 1	28 504 . 7	28 937. 8
2004	12. 71	137. 02	149. 72	564. 9	23 254. 1	23 819
2005	8. 41	286. 15	294. 56	682	55 033. 2	55 715. 2
2006	10. 60	197. 59	208. 19	564	57 592. 2	58 156. 2
2007	16. 63	166. 02	182. 65	1 040. 6	59 861. 0	60 901. 6
2008	3. 33	153. 94	157. 27	829. 4	76 098. 6	76 928
2009	2. 98	133. 59	136. 57	267. 9	54 448. 1	54 716
2010	7. 85	178. 60	186. 45	346. 3	81 072. 6	81 418. 9

（续）

年份	工业原木出口量			工业原木出口额		
	针叶材	热带阔叶材	合计	针叶材	热带阔叶材	合计
2011	5.07	223.20	228.27	552.9	97 315.2	97 868.1
2012	4.03	209.75	213.79	501	105 607.5	106 108.5
2013	3.37	271.80	275.17	587.1	145 413.0	146 000.1
2014	3.07	232.70	235.77	345.1	134 035.2	134 380.3
2015	3.07	5.00	8.07	345.1	5 000	5 345.1

资料来源：FAOSTAT，2017。

缅甸人造板出口产品主要有胶合板和单板，占到人造板出口量的99%。2001—2007年，人造板出口总量波动增长，从45 372 m^{3}增加到95 091 m^3，年均增长11.69%；2008—2015年，人造板出口总量先降后升，从53 673 m^{3}降至2013年的45 249 m^3，年均减少30.47%，主要是因为2007年末缅甸受到经济制裁以及2008年金融危机爆发的影响，导致大量林产品加工企业倒闭，当年胶合板出口量急剧下降；2010年缅甸停止与私营企业的来料加工合作方式，导致碎料板、胶合板以及单板的出口量均大幅下降。2014—2015年有所增长，从69 354 m^{3}增加到167 989 m^3（表9）。

表8　缅甸锯材出口量　　（万m^3，美元/m^3）

年份	出口量			出口单价	
	针叶锯材	阔叶锯树	合计	针叶锯材	阔叶锯材
2001	3.63	24.26	27.89	69.78	376.21
2002	5.00	21.90	26.90	70.60	370.77
2003	5.45	42.70	48.15	83.42	257.07
2004	5.26	28.31	33.56	76.42	347.09
2005	4.80	41.95	46.76	91.40	331.60
2006	0.55	32.30	32.85	202.92	307.00
2007	0.27	52.65	52.92	547.64	246.65
2008	0.52	17.40	17.92	962.52	684.00
2009	0.26	20.52	20.79	605.47	412.34
2010	0.23	15.99	16.22	289.97	598.61
2011	0.17	15.44	15.61	336.99	563.64
2012	0.21	16.47	16.68	247.73	568.63
2013	0.55	15.80	16.35	214.85	754.00
2014	0.28	8.92	9.20	495.65	1045.17
2015	0.01	17.71	17.72	2 507.94	415.00

资料来源：FAOSTAT，2017。

表 9　缅甸人造板出口量

(m³)

年份	人造板	其中：胶合板	其中：单板	胶合板单板占比(%)
2001	45 372	44 800	572	100.00
2002	53 703	47 821	5 882	100.00
2003	68 064	62 752	4 684	99.08
2004	58 178	48 442	9 108	98.92
2005	70 125	60 146	9 351	99.10
2006	85 851	69 046	16 177	99.27
2007	95 099	66 254	28 217	99.34
2008	53 673	22 885	30 160	98.83
2009	50 794	19 488	30 678	98.76
2010	53 347	23 028	30 311	99.99
2011	49 737	18 907	30 622	99.58
2012	44 710	17 545	26 553	98.63
2013	45 249	15 976	28 661	98.65
2014	69 354	16 921	52 091	99.51
2015	167 989	11 970	155 677	99.80

资料来源：FAOSTAT，2017。

2. 林产品进口

缅甸进口的林产品主要有纸浆、纸和纸板及少量人造板。进口的人造板主要有硬质纤维板、绝缘板、中密度纤维板、碎料板及少量胶合板，这 5 种产品进口量占人造板总进口量的99%。2001—2015 年，人造板进口总量从 4 300 m^3 增至 23 642 m^3，年均增长 29.21%（表 10）。在人造板的进出口贸易中，缅甸是硬质纤维板、绝缘板、中密度纤维板和碎料板的净进口国，是胶合板的净出口国。

表 10　缅甸人造板进口量

(m³)

年份	硬质纤维板	绝缘板	中密度纤维板	碎料板	胶合板	人造板合计
2001	300	0			4 000	4 300
2002	0	0			2 034	2 034
2003	2 197	2 279	273	505	1 125	6 379
2004	500	2 279	273	1 000	1 020	5 072
2005	500	2 279	273	1 000	497	45 49
2006	500	2 279	273	1 000	669	4 721
2007	500	2 279	273	1 000	3 524	7 576
2008	500	2 279	273	1 000	1 809	5 861
2009	500	2 279	273	1 000	2 499	6 551
2010	612	241	3 145	2 674	3 480	10 152

（续）

年份	硬质纤维板	绝缘板	中密度纤维板	碎料板	胶合板	人造板合计
2011	1 627	163	4 166	5 511	5 962	17 473
2012	2 915	72	5 187	2 675	3 826	15 139
2013	2 915	72	5 187	2 675	5 338	16 674
2014	3 427	434	12 158	2 485	21 150	40 580
2015	3 427	434	12 158	2 485	4 554	23 642

资料来源：FAOSTAT，2017。

2001—2015 年，纸浆进口量从 300 t 增加到 1 565 t，年均增长 19. 38%。进口的纸浆几乎全部为化学木浆。纸和纸板进口量先降后增，其中新闻纸、纸和纸板以及印刷纸和书写纸这三类产品进口量占比达到 75. 88%。纸和纸板进口量从 2001 年的 5. 52 万 t 降低到 2010 年的 4. 63 万 t，年均减少 0. 67%，其中新闻纸进口量大幅度下降，印刷纸和书写纸的进口量基本保持平稳。2011—2015 年纸和纸板进口量有较大幅度增长，从 8. 19 万 t 增长到 24. 35 万 t，年均增长 44. 33%，其中印刷纸和书写纸的进口增长幅度较快(表 11)。

表 11　缅甸进口林产品主要的种类及数量

年份	纸浆(t)	纸和纸板(万 t)			
		合计	新闻纸	纸和纸板	印刷纸和书写纸
2001	300	5. 52	1. 17	0. 20	2. 26
2002	400	5. 15	1. 17	0. 11	2. 27
2003	921	3. 74	0. 68	0. 25	1. 77
2004	921	3. 93	0. 39	0. 27	2. 41
2005	921	3. 93	0. 39	0. 27	2. 41
2006	921	3. 93	0. 39	0. 27	2. 41
2007	921	3. 38	0. 39	0. 27	2. 15
2008	921	3. 38	0. 39	0. 27	2. 15
2009	921	3. 38	0. 39	0. 27	2. 15
2010	988	4. 63	0. 89	0. 32	2. 21
2011	607	8. 19	2. 00	0. 36	3. 22
2012	1358	14. 21	3. 49	0. 24	7. 35
2013	1358	14. 21	3. 49	0. 24	7. 35
2014	1565	24. 35	3. 77	0. 21	14. 23
2015	1565	24. 35	3. 77	0. 21	14. 23

资料来源：FAOSTAT，2017。

七、林业科研与教育

缅甸林业科研和教育相对落后，主要的科研教育机构是缅甸林业大学(University of Forest，UOF)和缅甸林业研究所(FRI)，此外林业部还设立了中央林业发展培训中心(CFDTC)。

缅甸林业大学位于耶津，主要开展林业专业的本科教育和硕士研究生教育，从2003年11月开始招收博士研究生。目前，UOF共有180名教职员工，每年招收50名学生(ITTO，2011)。

缅甸林业研究所成立于1978年，位于耶津，从事林业各领域的科学研究。目前有研究人员近77人和辅助人员220人，在读研究生19人，已发表论文230篇。该研究所的课题主要来源于缅甸林业部森林局和干旱地区绿化局，很少有其他部门的合作，因此其科研成果转化为现实生产力受到了极大限制。该研究所正在寻求与国际研究组织的合作(ITTO，2011)。

中央林业发展培训中心由缅甸林业部和日本国际合作组织于1990年在茂比的仰光区共同组建。自成立以来，组织和进行了约30种不同类型的培训。最近，缅甸林业部在曼德勒建立了一个社区林业发展培训中心，专门为社区提供参与式林业发展培训，是CFDTC下属机构(ITTO，2011)。

2008年，在与林业相关专业的毕业生中，有23人获得硕士或相等学位，其中女性为4人(FAO，2010)。

八、林业国际合作与交流

缅甸主要和亚洲国家开展了林业国际合作与交流，同时注重加强与国际非政府组织的合作，以帮助解决其国内的林业发展问题。

缅甸与日本合韩国等国家的合作多数以造林为主。从1992年开始，缅甸在日本的援助下实施绿化和环保工程，重点放在中部干旱地区。1998年7月，日本再次援助缅甸在中部干旱少雨的曼德勒省良吴镇区实施了为期3年的植树造林计划，年均植树149.8 hm^2。1999年缅甸和韩国签署了林业合作协定，韩国国际合作署援助缅甸在中部干旱地区实施植树造林绿化计划。

缅甸与马来西亚、印度尼西亚等国主要开展的林业合作以木材合法性认证为主。缅甸与中国的双边合作涵盖森林恢复与森林可持续经营、森林防火、木材企业投资和竹藤资源可持续经营等方面。在森林恢复与可持续经营方面，中国与缅甸拟开展“澜沧江－湄公河区域森林生态综合治理项目”，目前项目正处在可研阶段。缅甸是中国重要的木材供给国，同时也是木材非法采伐的高风险国家，因此为禁止中缅边境走私木材，缅甸与中国开展了共同打击非法采伐的合作。在竹藤资源利用方面，中国开展了人力资源培训班，举办竹藤培训班来提高缅甸政府官员和技术专家对竹资源经营加工利用认知水平和技术水平。

另外，缅甸重视寻求林业科研教育的国际交流和合作，积极参加国际、地区以及双边林业科研教育机构的会议和合作项目，以此提高国内的林业科技水平。

九、分析与借鉴

缅甸是典型的发展中国家，政局动荡，经济落后，导致了森林资源与保护问题突出，而且还由于林业不是经济的支柱产业而未受到足够的重视，导致长期以来发展缓慢。缅甸林业面临的主要问题与挑战是：

1. 经济发展与资源保护的矛盾突出

缅甸是经济不发达的国家，要满足国民的生活需求和经济发展，必将会导致森林资源过度利用以及毁林开荒等问题，加剧经济发展与森林资源保护之间的矛盾，如何实现经济发展与资源保护的双赢是缅甸林业发展面临的最大问题。为了保护森林资源，缅甸将从2014年4月1日开始停止原木出口，所有木材必须经过加工提高其附加值后方可出口（中国商务部，2012）。

2. 森林的过度采伐和非法采伐问题严峻

缅甸森林采伐虽然严格按照森林择伐体系确定的森林年采伐量来执行，但在现实中，每年采伐的木材都超过了AAC规定的可采伐量。2003—2006年柚木和其他硬木的年采伐量分别为58.8万m^3和211.3 m^3，均超过了规定的33.4万m^3和160.2万m^3的标准。造成超采的原因是林产品加工对原木的需求增加，以及由于土地利用方式的转变导致林地面积缩小（Zaw Win Myint，2009）。同时，非法采伐仍然严重。2001—2009年被收缴的非法采伐木材高达24.1万t（Global Witness，2009）。

为打击非法采伐，缅甸政策采取了立法等措施，但由于非法采伐主要发生在少数民族地区，而这些地区不受法律和政策的约束（Global Witness，2009），因此打击非法采伐成效不大，森林面积和森林蓄积量仍在持续下降。

3. 林业投资不足等诸多原因导致林产业发展缓慢

缅甸森林资源丰富，但林业发展一直停滞不前。其主要原因有4个方面：

（1）林业投资不足。由于经济发展落后，政府对林业的投资仅限于造林以及森林生态系统的修复和保护，而对林产业发展几乎没有资金支持，对林业科研的投入也非常少，导致林业科技落后，严重阻碍了林业产业的发展。而且，由于木材主要用于出口创汇，导致国内林产品加工原料短缺，林业生产无法形成合理预期，因此很难吸引资金投向林业。

（2）制度不合理。缅甸几乎没有出台任何支持林业企业的优惠政策，而且10%的出口税率对企业出口林产品造成了极大的消极影响。

（3）原材料获取困难。缅甸的私企只能通过招标或者申请工业原料的方式来购买原材料，增加了原材料获取的难度。

（4）人力资源匮乏。林业科研教育水平落后，无法满足林业发展对人才的需求。

如上所述，缅甸林业面临着森林资源保护与林业发展的巨大挑战，一方面要强化林业政策、法律和制度，使国家政策能够切实得到执行；另一方面要加大林业投资力度，强化和提升林业各部门的能力，在打击非法采伐、加强森林资源保护的同时，促进林业和林产业的发展。

（张英　廖望）

参考文献

晨夕. 2014. 缅甸批准外资进入木材种植业[J]. 中国木业, 4: 44－44.

董康. 1992. 缅甸林业概况[J]. 云南林业, 3: 26－27.

林锡星. 1988. 缅甸的森林和野生动物[J]. 世界农业, 6: 27－27.

欧阳爱辉. 2010. 缅甸的森林保护法律制度[J]. 世界环境, 9: 58－59.

欧阳爱辉. 2010a. 缅甸森林法评介[J]. 云南财经大学学报(社会科学版), 25(5): 15－18

钱伯良. 1988. 缅甸林业一瞥[J]. 东南亚研究, 4: 33－36.

王登科, 陈炳先. 2011. 缅甸能源政策目标及其评价[J]. 东南亚纵横, 7: 47－54.

中国国家林业局. 2012. 世界林业[J]. 缅甸 http: //www. forestry. gov. cn/portal/main/map/sjly/Burma/web/burma05. html[2012-11-15].

中国建材网 http: //www. jiancai365. cn/news/49808. htm[2012-11-13].

中华人民共和国外交部. 2015. 缅甸国家概况.

作峰. 1998. 缅甸林业的可持续发展[J]. 浙江林业, 5: 33－33.

Energy Planning Department. 2008. Ministry of Energy, Union of Myanmar, Developments in Myanmar Energy Sector, presented in the second meeting of the Subregional Energy Forum(SEF－2), Ho Chi Minh City, Vietnam, 22.

FAO. 2015. Global Forest Resources Assessment.

FAO. 2010. Global Forest Resources Assessment Country Report Myanmar.

FAO. http: //www. fao. org/index_ en. htm[2016-12-07].

Global Witness 2009. A Disharmonious Trade: China and the Continued Destruction of Burma's Northern Frontier Forests. Global Witness, London, UK (available athttp: //www. globalwitness. org/media_ library_ detail. php/856/en/a_ disharmonious_ trade_ china_ and_ the_ continued_ dest).

http: //www. fmprc. gov. cn/mfa_ chn/gjhdq_ 603914/gj_ 603916/yz_ 603918/1206_ 604498/[2016-12-09].

http: //www. fmprc. gov. cn/mfa_ chn/gjhdq_ 603914/gj_ 603916/yz_ 603918/1206_ 604498/[2012-11-10].

http: //www. myanmarteak. gov. mm/default. aspx[2012-11-10].

ITTO. 2011. Status of Tropical Forest Management.

Khin Htun. 2009. Myanmar Forestry Outlook Study . Working Paper, 55.

Ministry of Forestry. Myanmar. 2006.

Mongabay. 2006. Stopping Deforestation Could Net Burma $1 Billion. Available Form: http: //rainforests. mongabay. com/deforestation /2000/Myanmar. htm (accessedFebruary2008).

Ramsar convention. 2012 . http: //www. ramsar. org/pdf/sitelist_ order. pdf[2012-11-14].

Win Hlaig Kyaw. 2014. 缅甸林业及其保护政策探析[J]. 王楠峰译. 广西民族大学学报(哲学社会科学版), 7: 99－101.

Zaw Win Myint. 2009. Status of Forest Law Enforcement and Governance (FLEG) in Myanmar. Union of Myanmar country paper at the Asia-Pacific Regional Workshop on Strengthening Forest Law Enforcement and Governance (FLEG), Kuala Lumpur, Malaysia.

斯里兰卡(Sri Lanka)

斯里兰卡民主社会主义共和国(简称斯里兰卡)是南亚次大陆以南印度洋上的岛国，西北隔保克海峡与印度相望。国土面积6.56万km^2，人口2 048万(2013)，主要有三大民族：僧伽罗族占75%、泰米尔族16%、摩尔族9%。官方语言是僧伽罗语和泰米尔语，居民70.2%信奉佛教，12.6%信奉印度教，9.7%信奉伊斯兰教，此外还有天主教和基督教。全国分为9个省和25个区，9个省分别为西方省、中央省、南方省、西北省、北方省、北中省、东方省、乌瓦省和萨巴拉加穆瓦省(中国外交部网站，2016)。

斯里兰卡接近赤道，属热带季风性气候，年平均气温28℃，年平均降水量1 634 mm(2016年)。因为境内风景秀丽，素有“印度洋上的珍珠”之称。

斯里兰卡是一个以种植园经济为主的农业国家，渔业、林业和水力资源丰富。茶叶、橡胶和椰子是斯里兰卡国民经济收入的三大支柱。主要矿藏有石墨、宝石、钛铁、锆石、云母等，其中石墨的产量居世界首位，兰卡宝石在世界享有盛誉。斯里兰卡的工业有纺织、服装、皮革、食品、饮料、烟草、造纸、木材、化工、石油加工、橡胶、金属加工和机器装配等，大多集中于科伦坡地区。出口商品主要有纺织品、服装、茶叶、橡胶、椰子和石油产品。此外，旅游业也是斯里兰卡经济的重要组成部分，每年为国家创汇数亿美元。近年来，斯里兰卡经济保持中速增长。根据斯里兰卡中央银行年度报告，2016年斯里兰卡国内生产总值(GDP)为813亿美元，人均国内生产总值3 759美元，国内生产总值增长率为2.87%(中国外交部网站，2016)。

一、林业在国民经济中的地位

斯里兰卡政府并没有开展专门的研究来具体评估林业对GDP的贡献率，因此很难确定具体的数据。根据世界银行的估计，2011年斯里兰卡林业对国内生产总值的贡献率为0.44%，为最低值；最高值是1978年，当年林业对国内生产总值的贡献率为3.35%。但是，这一数值仅仅考虑了木材产值在GDP中所占的比例，未将非木质林产品产值以及森林的其他环境服务价值(例如森林旅游的产值)计算在内。

二、森林及其他自然资源

(一)森林资源总量

斯里兰卡森林资源比较丰富，2015年森林面积为207万hm^2，以天然林为主。天然林面积 186 万 hm^2，人工林面积仅 22 万 hm^2，森林覆盖率 32%，森林的立木蓄积量为 4 566 万 m^3，平均蓄积量为 22 m^3/hm^2(FAO，2015)。

（二）森林类型和分布

斯里兰卡天然林占森林总面积的 90%，按照气候带可以划分为 3 种类型：①干旱季雨林，分布在北部及东南部，主要生产高质量的木材，主要树种包括：桃花心木(*Swietenia mahogani*)、乌木(*Syzygium cumini*)、核子木(*Perrottetia racemose*)和扁担杆属(*Grewia*)植物。②湿润季雨林，分布在干燥及湿润地带的中间地区，主要树种包括楝树(*Melia azedarach*)和大花紫薇(*Lagerstroemia specioosa*)。③低地雨林及亚高山林，分布在西南部及中央高地，主要树种包括风吹楠(*Horsfieldia glabra*)、刺果松(*Pinus aristata*)，以及坡垒属(*Hopea*)植物(施昆山，2001)。

斯里兰卡最常见的人工林树种是柚木(*Tectona grandis*)、桉树、松树和桃花心木。

按照功能来划分，斯里兰卡森林可以分为 4 种类型：用材林(占 9%)、水土保持林(占 12%)、生物多样性保护林(占 30%)和多用途林(占 49%)(FAO，2015)。

（三）森林权属结构

斯里兰卡的森林所有权主要有 2 种类型：公有林和私有林，其中公有林面积 192 万 hm^2，占森林总面积的 94%；私有林面积 15 万 hm^2，仅占 6%(FAO，2015)。

（四）森林资源消长变化

根据 FAO 的统计数据，斯里兰卡森林面积在 1990—2000 年每年减少 9 200 hm^2；2000—2005 年每年减少 1.5 万 hm^2；2005—2010 年间，森林面积每年减少 3 000 hm^2；2010—2015 年平均每年减少 6 600 hm^2(FAO，2015)。毁林开荒、为获取薪材和饲料进行过度采伐以及非法采伐是造成森林消失的主要原因。

三、林业法规政策

（一）国家林业政策

斯里兰卡很重视林业发展。目前实施的国家林业政策制定于 1995 年，核心是实行森林的可持续经营，保护重要的生态系统并确保持续提供林产品和其他生态服务。同时，该政策也强调尊重林区居民的传统权利、文化价值观和宗教信仰，鼓励在保护区与当地居民开展合作经营。

斯里兰卡国家林业政策主要有 3 个目标：一是保护森林，尤其注重生物多样性保护、水土保持，以及森林的历史、文化、宗教和美学价值。二是提高森林覆盖率和生产力，以满足当代及子孙后代对林产品和森林服务的需求。三是提高林业对国家经济的贡献率，尤其是提高森林对林区居民福利的贡献率。

（二）林业发展总体规划

1986 年，斯里兰卡制定了第一个林业发展总体规划，首次采用系统性的方法来发展本国的森林资源，但在实施过程中发现该规划范围过于局限于森林本身，没有考虑林业的环境方面的因素，同时规划的制定过程也缺少各利益相关方的参与。因此，为了解决上述不足，1989 年斯里兰卡政府实施了一个环境评估项目，基于该评估项目的结果，于 1995 年制定出了目前正在实施的林业发展总体规划，该规划涉及林业部门的各个方面，规划期为

1995—2020 年。

斯里兰卡林业发展总体规划的要点包括以下几个方面：①保护现有的天然林以维护生物多样性；②赋权给林区居民和当地社区，鼓励其经营和保护多用途森林并从中获取收益；③在林业开发活动中建立伙伴关系；④发展庭院林业和其他农用林业体系以及人工林，以满足人们的基本需求并确保木材的供应；⑤政策和法律改革；⑥发展和强化林业管理体系，提升管理水平。

（三）林业法律体系

斯里兰卡与林业相关的法律主要有《森林条例》《国家遗产和荒野保护区法》《动植物保护条例》。

1. 森林条例

斯里兰卡 1885 年颁布了第一部《森林条例》，其后历经多次修订，截止到目前最后一次修订是在 2009 年。该条例集中规定了有关森林资源保护和可持续经营的条款，另外也特别规定了当地社区参与森林经营和通过森林协议获取收益的条款。该条例由斯里兰卡林业司具体的执行。

2. 国家遗产和荒野保护区法

该法令 1988 年通过，特别规定了对独一无二的生态系统、遗传资源，或者具有重要自然特征的森林的保护条款。该条例也由斯里兰卡林业司具体执行。

3. 动植物保护条例

该条例最初制定于 1937 年，其后也是历经修订，截止到目前最后一次修订是在 2009 年。该条例规定了有关国家保留地和保护区的保护野生动植物的条款，在某些情况下也包括私有地。此外，该条例也规定了在保护区之外保护特定植物的条款，禁止和控制某些野生动物出口的条款，以及保护某一特定树种的条款。该条例由斯里兰卡野生动植物保护司具体管理。

另外，《国家环境保护法》《土壤保护法》《土地法》等也涉及林业管理方面的相关内容。

四、林业机构与管理体制

（一）林业管理机构

斯里兰卡重组成立了马哈威利（Mahaweli）发展和环境部，负责全国环境和自然资源管理。下设森林资源司和生物多样性保护司，负责全国林业发展以及生物多样性保护，另外还专门设立了气候变化秘书处，负责清洁造林机制（CDM）事务以及相关的国际合作事宜。

森林资源司主要负责森林资源保护、林业政策制定和森林经营活动的行政管理，下设造林处、森林清查与经营处、环境管理处、社会林业和林业推广处、森林保护和执法处、研究和教育处、规划和监测处。生物多样性保护司主要负责其管辖范围内的生物多样性保护，包括保护区管理、项目实施、研究、兽医培训和行政管理等方面。国家木材公司负责国有林木材的采伐、加工和销售。

森林资源司在地区层面上有 4 个区域林业管理办公室，分别是科伦坡（Colombo）地区、阿努拉达普勒（Anuradhapura）地区、拉特纳普勒（Ratnapura）地区和努瓦瑞利亚（Nuwaraeliya)地区。另外，在4个区域办公室下属的20个地区还设有地区林业管理办公室，其职能主要是贯彻落实上级林业管理部门的政策和决定，具体负责各自辖区内的林业管理工作。

在民间层面上，斯里兰卡还有1 000多个非政府组织，其中200多个直接或间接地从事林业活动，共同致力于推动斯里兰卡林业的发展。

（二）林业管理体制

斯里兰卡的林业管理主要有2种方式：政府管理和社区管理。

1. 政府管理

政府管理主要体现在对森林经营规划的管理，规定所有的天然林和人工林都必须制定森林经营规划，按照森林经营规划来开展森林可持续经营。并且规定了森林经营规划必须包含下列内容：森林资源的范围，生物多样性，森林健康与活力，森林资源的生产功能，森林资源的保护功能，森林资源的社会经济功能，以及法律、政策和制度框架。在技术支持方面，林业司制定的《林业管理手册》，详细说明了天然林和人工林的培育和经营技术规程，为基层林业人员提供了技术指南。

2. 社区管理

斯里兰卡非常重视发挥当地社区在森林经营中的作用，《林业发展总体规划》强调对当地居民进行培训并与其签订长期租赁合同，使他们在国家资助下管理自己的多用途森林。社区参与森林管理的程度取决于森林活动的类型和社区自身的社会经济条件。目前，斯里兰卡社区林业管理主要有以下几种类型：

(1)租赁管理。将0.5～1 hm^2的国有林分别租赁给当地社区居民经营，一般签署25年的森林租赁协议，林业部门免费负责提供种苗和技术支持，社区居民负责日常管理，他们还可以在林中间作经济作物，林子的木材收益和经济作物收益都归社区居民所有。

(2)合作造林。主要是针对林业部门确定的造林地区，鼓励造林地周边的社区居民参与造林活动，并且每个参与的居民都可以获得2 hm^2林地4年的经营权。社区居民负责造林，并可以在造林地间作经济作物。林业部门负责提供种苗并支付造林所需的劳力费用，社区居民享有所有间作经济作物的收益。4年之后，社区居民再将造林地返还给林业部门。

(3)联合森林经营。主要是针对分散分布的天然林的经营，周边社区居民通过与林业部门签署天然林联合管理协议，明确收益分成，参与天然林的管理。

(4)庭院林业管理。目前，庭院林业是斯里兰卡木材的主要来源，供应了42%的全国木材需求。林业部门通过免费提供种苗、种植和管理技术来支持庭院林业的发展。社区居民通过发展庭院林业也可获取可观的收益。

五、森林经营与管理

（一）人工林营造

为满足国内对木材和薪材的需求，斯里兰卡自20世纪50年代起就开始大力发展人工林，至2015年，斯里兰卡林业部门总共营造了22万 hm^2不同类型的人工林。斯里兰卡主要采用外来树种造林，人工林主要造林树种包括：柚木、桉树、松树、相思树(*Acacia confuse*)和桃花心木。为了节约政府资金，斯里兰卡还陆续出台了人工林发展扶持政策，例如通过扩大信贷和立法支持来鼓励私有部门参与人工林的营造和经营。

（二）生物多样性保护

斯里兰卡多样的地形和热带海岛条件赋予其丰富的生物多样性，在南部干燥地带广泛分布着稀树草原林，北部湿润地区广泛分布着热带雨林，而且由于南部高地和北部低地之间的海拔差，保留着大量的花卉植物、两生类及爬虫类的固有种。据统计，斯里兰卡拥有3 650多种开花植物、300多种蕨类植物、大约400种鸟类、近100种哺乳动物及160多种爬行动物，其中26%的开花植物、76%的陆地蜗牛、60%的两栖动物和49%的爬行动物为其特有物种。

为了保护生物多样性，斯里兰卡已经建立了保护区系统网络。其中，大多数森林保护区建于20世纪20年代；1975年林业部门建立了"人与生物圈"保护区；90年代中期，森林的保护区网络已扩大到湿润和半湿润地区；同时，在马哈韦利河盆地及相邻地区扩展了野生动物保护网络，目的是保护流域并为动物提供栖息地。这些保护区分别由林业部门和野生动物保护部门管理。其中最重要的生物多样性保护区位于斯里兰卡西南部的辛哈拉加，其面积60 km^2，是斯里兰卡仅存的一片原始热带雨林。它不仅是斯里兰卡最大的国家森林公园，也是世界上最重要的动植物保护区之一。这一地区已被列为生物圈保护区，并入选世界自然遗产名录。目前，斯里兰卡为了进一步强化生物多样性的保护，已经暂停所有天然林的采伐活动。

（三）森林服务

复杂多样的地理条件使斯里兰卡成为了热衷大自然的游客的绝佳目的地。在20世纪90年代中期，生态旅游就已成为斯里兰卡林区的一个重要服务项目，尤其是国家公园吸引了众多国内外游客。另外，大学和各种环境团体的学生和研究人员也利用森林进行科学研究，其中辛赫拉惹森林保护区是最受欢迎的研究基地。

六、林产品生产、加工与贸易

（一）林产品生产

根据FAO林产品年鉴的统计数据，斯里兰卡工业原木产量在2011—2015年5年间基本保持在每年550万m^3左右，2016年上升较快（表1），但是锯材产量年均仅6万m^3左右，人造板产量自2008年一直稳定在16万m^3左右，这反映出斯里兰卡的木材工业并不发达（FAO，2017）。

表1　斯里兰卡主要林产品产量　（万m^3）

林产品＼年份	2011	2012	2013	2014	2015	2016
工业原木	574.7	567.2	559.9	552.7	545.6	698.0
锯材	6.1	6.1	6.1	6.1	6.1	6.1
人造板	16.1	16.1	16.1	16.1	16.1	16.1

资料来源：FAO，2017。

除木制产品外，非木质林产品在斯里兰卡乡村经济中也发挥着重要作用，大约有1 400万乡村居民依靠森林所提供的各种非木质林产品为生。与这些非木质林产品有关的知识、技能、社会风俗和传统代代相传，形成了传统文化的一部分。斯里兰卡是红茶和天然橡胶生产大国，产量位居世界前列。另外，据记载，斯里兰卡有1 000多种传统药用植物，其中50%以上采自天然林。斯里兰卡天然林内还分布着种类丰富的藤本植物，促进了当地藤制品手工业的发展。在食用植物方面，酒鱼尾葵是常见的食用植物，其树液是广受欢迎的当地啤酒的原料。酒鱼尾葵的树液采集在斯里兰卡有悠久历史，是最重要的古代传统贸易产品之一。同时，斯里兰卡椰子也非常有名，2012年椰子喜获丰收，产量达30亿个。

（二）林产品加工

斯里兰卡大约有近万家的木材加工企业，大多数木材加工企业规模小，生产能力有限，技术落后，产品主要面向国内市场，只有一小部分产品出口(管宁，2009)。斯里兰卡的木材加工业面临的最大问题是木材短缺，它限制了国内制材厂和胶合板厂的生产潜力，导致林产品的供需差额日益加大。目前，木材工业存在着诸多问题：生产成本日益提高而原材料利用率低，导致劳动生产率急剧下降；机械效率低；管理粗放；能源不足且费用高昂；缺乏稳定的政策指导；木材和最终产品的流通不畅；设备改良资金不足；缺乏市场和工业信息系统；缺乏技术支持。

（三）林产品贸易

斯里兰卡的林产品国际贸易不发达，根据FAO林产品年鉴的统计数据，斯里兰卡木制品的贸易量很少，进口的林产品主要是锯材、单板，以及纸和纸板。2011—2016年间，每年锯材进口量在2.5万m^3左右，单板进口量在2 000 m^3左右，纸和纸板在40万~55万t左右，变化不大。仅有极少量的原木、锯材出口，年均出口量仅1 000 m^3左右(FAO，2018)。

与木质林产品不同，斯里兰卡的非木质林产品贸易相当活跃。首先，斯里兰卡是世界红茶生产和出口第一大国，茶叶的品质和质量位居世界首位，是斯里兰卡最重要的出口创汇产品，主要出口俄罗斯和中东各国，其红茶在国际上的品牌为“锡兰茶（Ceylon Tea）”，享有高溢价，拍卖价格比竞争对手印度茶叶高50%以上。其次，斯里兰卡是天然橡胶出口大国，该国的天然橡胶价格受中国、美国、欧盟和印度橡胶市场需求增长的影响而持续走高。另外，斯里兰卡花卉贸易发展迅速，政府制定了建设“鲜花出口村”计划，将分别种植安祖花和玫瑰花，同时在中部山区另辟土地种植兰花。斯里兰卡鲜花在日本、法国、英国等国家非常畅销，贸易前景看好。

七、林业科研与教育

（一）林业科研管理和机构

斯里兰卡的林业科研始于1937年，随着林业的重要性日益凸显，政府逐渐加大了对林业科研的投入，已经建立起系统性的林业科研体系。

在林业科研管理方面，1990年，斯里兰卡成立了国家林业研究委员会，其成员包括杰出的林业科学家、林产工业方面的实业家，以及林业管理部门的决策者。该委员会的主要职能包括：优化科研项目，为林业管理部门出台相关政策提供决策参考。具体来说，国家林业委员会的职能包括：优化科研项目，并针对实施国家林业政策的科研需求提出建议；

协调、监测和评估斯里兰卡的林业研究活动，确保林业科研符合国家林业政策的目标。

国家林业研究委员会主席由林业司司长担任，林业司下属的研究和教育处作为委员会的联络机构具体承担协调的任务，包括组织相关会议、接收研究项目建议书提交委员会批准、以国家林业研究委员会的名义协调林业科研活动等。具体来说，国家林业研究委员会的活动主要有以下几个方面：

(1)评估林业研究项目申请书，针对项目的适宜性、可行性和优先性为决策部门提供建议；

(2)全面评估科研项目的重要性、所涉及的范围和工作量，为决策部门提供项目科研价值和经费预算方面的建议；

(3)定期监测研究活动的进展；

(4)追踪研究林业科学领域方面的科研现状和最新进展，为决策部门制定科研规划提供建议。

目前斯里兰卡的林业科研机构主要包括 2 个林业研究中心(库姆巴普拉林业研究中心和巴杜拉林业研究中心)，每年的研究项目紧密配合林业司、国家木材公司和人工林营林公司的需求。除了研究活动之外，林业科研人员也为林业产业提供咨询服务，同时参与针对学生和一般公众的教育、推广和科普活动。林业研究中心的研究领域主要集中在以下几个方面：人工林培育技术、非木质林产品开发、人工林树种改良、退化森林的恢复。现将 2 个林业研究中心的具体情况简介如下：

(1)库姆巴普拉(Kumbalpola)林业研究中心。位于库鲁内格勒(Kurunegala)，目前在研项目集中在以下方面：人工林树种遗传改良，引种驯化，繁殖技术(包括组培技术)开发，种子技术研究，森林经营体系研究，病虫害防治研究，竹藤栽培技术，藤类加工技术，生物多样性清查技术，松树人工林向阔叶林转化研究，入侵物种管理研究。该研究中心设有一个种子中心，收集有全国各地种子园的种子(主要是柚木种子)，然后分发给各地用于人工林营造。该中心还负责出版林业研究年报，系统报道林业发展方面的实用性信息。

(2)巴杜拉(Badulla)林业研究中心。位于巴杜拉(Badulla)，目前在研项目集中在以下方面：人工林树种遗传改良，种子园的营建和维护，乡土树种驯化，植物繁殖技术研究，生物燃料树种改良研究。该中心还有一个高地林业试验站，位于威利玛达(Welimada)。

(二) 林业教育

斯里兰卡的林业教育始于 20 世纪 50 年代，当时在东北部的港口城市亭可马里(Trincomallee)成立了锡兰林学院，主要为林业官员提供培训服务。1987 年该学院迁到努沃勒艾利耶并更名为斯里兰卡林学院。该学院由林业司研究与教育处管理，开设有林业和环境学科的培训课程，目的是提高林业部门技术人员的能力。具体来说，斯里兰卡林学院提供的课程如下：

(1)林业文凭课程。为 2 年期的全日制课程，对象主要是林业部门的地区管理官员和国家木材公司的地区经理。

(2)林业证书课程。为一年期的全日制课程，对象是基层林业人员和国家木材公司职员。

(3)短期培训课程。为期 1 ~ 2 周，培训对象广泛，课程涉及林业概况、社会林业、林业推广、森林清查、森林法、农用林业、苗木培育技术等方面。

（4）在职培训课程。针对在职人员可提供特定科目的培训。

八、分析与借鉴

目前，斯里兰卡林业面临的主要问题包括：①人口增长以及经济发展导致森林资源所承受的压力日益增加；②生物多样性保护面临严峻挑战；③木材供需缺口日益加大。

为了解决这些问题，斯里兰卡政府已经采取了一些有效的措施和对策，未来斯里兰卡林业发展趋势将主要体现在以下几个方面：

（1）鼓励发展社会林业，一方面探索多样化的参与式林业形式，另一方面将在任何可能的地区与乡村社区联合经营多用途森林，以获得社会所需的各种林产品和服务，并通过发展乡村工业来提高当地人民的生活水平。目的是平衡森林资源保护与社会经济发展之间的矛盾，减轻森林资源承受的压力。

（2）强化生物多样性保护，建立并完善一个可充分代表森林生态系统、群落和物种生物多样性的保护区网络。同时，规范森林生态旅游开发活动，将开发活动对生态系统的影响降至最小，特别是在森林退化严重的北部干旱地带及南部湿润地带的生物多样性保护区，严格限制市场化的生态旅游开发活动。

（3）森林经营将更加注重环境保护，森林经营理念将由简单地在“最好立地”上培育“最好树木”转变为将森林保持在更加自然的状态。同时，将采取多种手段包括森林认证来促进森林可持续经营。

（4）促进人工林的科学经营，并制定鼓励计划和技术支持计划来鼓励私人积极参与人工林的营造，同时大力发展庭院林业和农用林业，鼓励以可持续的方式来经营庭院林业和农用林业，最大限度发挥其在木材供应方面的重要作用。

（5）鼓励非木质林产品的可持续利用，逐步以栽培的方式生产非木质林产品。并大力发展高效无污染的、以非木质林产品为原料的乡村工业。同时，还将建立必要的服务机构，以开发和引进最佳的加工、分级和质量控制技术，提高生产率；并确保从事非木质林产品采集、生产和加工的乡村居民能够获得较高的收入。

（6）积极参与林业国际合作，重点准备 REDD 项目，通过森林保护来降低排放和减缓气候变化。目前，斯里兰卡林业部门已经着手收集 REDD 所需的大量数据和信息，并成立专家组进行天然林的碳储量测算工作。

（胡延杰）

参考文献

管宁 . 2009. 斯里兰卡热带木材产品出口[J]. 国际木业，(6)：42.

施昆山 . 2001. 当代世界林业[M]. 北京：中国林业出版社 .

中国外交部网站 . 2016. 斯里兰卡国家概况 . http：//www. fmprc. gov. cn/mfa_ chn/gjhdq_ 603914/gj_ 603916/yz_ 603918/1206_ 604594/.

FAO. 2015. Global Forest Resources Assessment 2015.

FAO. 2016. The State of the World's Forests.

FAO. 2015. Yearbook of Forest Products. http：//www. fao. org/decrep/015/i2715m/i2715moo. htm.

塔吉克斯坦(Tajikistan)

塔吉克斯坦共和国(简称塔吉克斯坦)位于中亚东南部，东与中国接壤，南邻阿富汗，西部和北部与乌兹别克斯坦和吉尔吉斯斯坦相连。国土总面积14.31万km^2，人口839.82万(2015年)，其中，塔吉克族占80%，乌兹别克族15.3%，俄罗斯族约1%。塔吉克语(属印欧语系伊朗语族)为国语，俄语为族际交流语言。居民多信奉伊斯兰教，多数属逊尼派，帕米尔一带属什叶派伊斯玛仪支派。全国分为三州一区一直辖市：索格特州、哈特隆州、戈尔诺-巴达赫尚自治州、中央直属区和杜尚别市。首都杜尚别。

塔吉克斯坦属大陆性气候，夏季干燥炎热，降水多集中在冬、春两季。塔吉克斯坦境内多山，约占国土面积的93%，其中约一半在海拔3 000 m以上，有“高山国”之称。大部分河流属咸海水系，湖泊多分布在帕米尔高原。塔吉克斯坦水利资源位居世界第8位，人均拥有量居世界第1位。塔吉克斯坦矿产资源丰富，种类全、储量大。有世界有第二大银矿区，锑矿储量占亚洲第2。油气资源储量为石油1.131亿t，天然气8 630亿m^3，但没有进行有效开发。

塔吉克斯坦历史悠久，被称为丝绸之路上的“明珠”。索戈帝安、卡纳特哥姆帕米尔等3条主要的丝绸古道横贯整个塔吉克斯坦，为当时经济的发展和文化交流做出了重要贡献(中国外交部网站，2016)。

塔吉克斯坦经济基础薄弱，结构单一，主要有大型铝厂和水电设施。轻工业和食品加工业比较落后。全国只有占国土面积5%～6%的可耕地，棉花是最重要的农作物。2014年塔吉克斯坦经济仍保持增长态势，国内生产总值GDP为92.4亿美元，同比增长6.7%，人均国民生产总值为1 100美元(中国商务部，2016)。

一、林业在国民经济中的地位

塔吉克斯坦三分之二以上的人口生活在农村，林区周边居民主要靠收集木材和其他林副产品维持生计。林业对国民经济贡献率低，森林主要起水土保持、调节气候、改造环境，以及提供食物、医药和生产原料的作用。2006年，塔吉克斯坦林业年产值100万美元，依靠林业提供的就业岗位占全国总就业人口的0.1%，且多集中在林产品的初级生产部门(FAO，2011)。林业是月平均工资最低的行业。

尽管如此，森林资源仍是农村居民生计和福祉的主要来源。例如，森林可向当地居民提供动物、毛皮、种子、坚果、浆果、蘑菇、草药、泥煤、薪材、蜂蜜、苗木和薪材等资源(龙超等，2015)。

二、森林及其他自然资源

（一）森林资源

1. 森林资源现状

根据FAO统计数据，2015年，塔吉克斯坦林地总面积为55.4万hm^2，森林面积为41.2万hm^2，森林覆盖率仅为3%。天然林面积为29.7万hm^2，占森林总面积的72.1%；天然次生林面积1.2万hm^2，占2.9%；人工林面积10.3万hm^2，占25%。2015年森林资源立木总蓄积量为500万m^3，每公顷森林蓄积量13 m^3。2015年，森林生物固碳量为600万t，每公顷达14 t(FAO，2015)。

2. 森林资源结构

塔吉克斯坦有200种乔木和灌木，主要林型有胡杨林(*Populus euphratica*)、阔叶林、桦树林、杨树林和刺柏林(*Juniperus formosana*)等。刺柏林是塔吉克最主要的森林类型，主要树种有圆柏(*Sabina chinensis*)、刺柏等。

1997年之前，塔吉克斯坦森林全部属于国有，之后将国有和集体林场进行重组，部分林分配给农户长期使用，约占国有林的12%。按用途划分：84%为生物多样性保护林，11%为水土壤保持林，只有5%为生产林(FAO，2015)。

3. 森林资源消长情况

100年前，塔吉克斯坦的森林覆盖率曾达25%，之后四分之三的森林被砍伐，土地用于棉花生产。毁林的主要因素是非法砍伐、林地转化为农业用地、薪材砍伐和过度放牧。据统计，森林面积的减少要比森林自身更新的速度快1.5～3倍。森林资源也因气候的持续干燥等原因进一步恶化。到20世纪90年代，塔吉克斯坦开始重视森林保护。据FAO统计，1990—2010年，塔吉克斯坦的森林面积没有继续减少，但森林蓄积量明显降低；2010—2015年，塔吉克斯坦森林面积略有增长，森林覆盖面也呈现缓慢增长态势。

（二）其他自然资源

塔吉克斯坦因其自然条件的巨大差异，植物资源异常丰富，约有5 000个植物种，被列入塔吉克斯坦红皮书的植物树种有226种(Khukmatullo Akhmadov，2008)。据世界保护监测中心的数据显示，塔吉克斯坦现有两栖类、鸟类、哺乳动物和爬行动物物种485种。其中，濒危物种占3.5%。近年来，塔吉克斯坦盘羊的数量已从11 000只降至7 500只，布哈拉羊从1 500只降至800只。其他濒危物种包括中亚水獭、鹅喉羚、沙漠巨蜥、虎鼬、雪豹、天山棕熊以及大鸨和猎隼(Firuza Faizitdinovna Abdurahimova，2001)。

塔吉克斯坦森林中中有药用草本植物50余种，其使用需由公共卫生服务机构授权(FAO，2015)。

三、林业法规政策

塔吉克斯坦政府根据环境因素、合理利用自然资源和保障人权三个因素来制定与保护自然资源和环境相关的政策法律。

国家涉及生态环境的法律有：《塔吉克斯坦共和国森林法》(1993年)、《自然保护法案》(1993年)、《塔吉克斯坦共和国环保法》(1996年)、《生物安全法》(2005年)、《塔吉克斯坦国家森林保护区条例》(2000年)、《塔吉克斯坦国家森林管理机构条例》(1999年)等。

1993年通过的《自然保护法案》是塔吉克斯坦最重要的法律文件之一。该法律与一系列的组织、经济和教育措施相结合，旨在促进自然环境保护法律框架的发展，并确保全国的环境安全。其主要目标是维护生物多样性，并保存历史上建立起来的动植物物种繁衍的必要条件；保护自然群落，保持自然平衡，同时发展环境监测(Khukmatullo Akhmadov, 2008)。

《塔吉克斯坦共和国环保法》于1996年2月公布，2002年5月、12月和2004年7月修订，2011年8月2日再次修订。该法律规定，有偿使用国家的所有资源，包括：水、森林、土地、植物和动物等；有偿丢弃污染自然资源和对环境有不良影响的废料、废弃物、边角料及其他有害物；并要求国家自然保护区内禁止一切生产和其他商业活动；法人和自然人因污染环境，耗竭、毁灭、不合理利用自然资源，使自然生态系统、自然综合体和自然景观遭受退化和破坏及其他违反环境保护法规的行为给华景造成损害的，必须依法予以赔偿(中国商务部，2016)。

1993年6月政府颁布了《塔吉克斯坦森林法》，分别于2004年和2006年进行了修订，以便为保护和合理利用森林、保护和改善自然环境，以及木材和农产品生产创造条件。《森林法》规定森林属于国有资源，是全国人民的共同财产；如有违反采伐许可证的情况，将终止使用人的林木使用权(Tajikistan，1993)。

为了促进人们更好地从森林资源中获益，2000年塔吉克斯坦颁布了相关林业政策，并于2005年制定了国家林业规划。

塔吉克斯坦高度重视生物多样性保护，1993年塔国会制定并出台的《关于塔吉克斯坦共和国野生动物管理法》，其中包括保护自然环境；野生动物的界限管理；野生动物基金管理；保护濒危物种；国家对保护自然环境的控制等内容(FAO，2010)。

除此之外，塔吉克斯坦还出台了一些规范林业企业的法规，其主要目的是协调林业企业工作，确保森林及其资源保护的国家监督，以及规范狩猎、收获和药品采用。

四、林业机构与管理体制

塔吉克斯坦林业主管部门为国家环境保护委员会(CEP)，与地方机构构成国家林业管理体系。CEP主要负责自然资源保护和养护活动的监督；制定和实施自然资源保护和林业科学技术政策；耕地保护、地表和地下水、大气、动植物、森林和鱼类资源的国家控制，以及编制中长期自然保护和合理利用自然资源的国家计划。

CEP下设3个机构：国家林业与狩猎管理办公室、国家保护区办公室和国家林业科学研究院。国家林业与狩猎管理办公室下设林业司，对国有森林资源全权负责，其两个部门，分别负责森林恢复和森林保护。全国大部分地区的森林由林业司管理，小部分由集体农庄负责管理，且CEP对这些森林的合理利用有监督权(Joachim-F. Kirchhoff，2010)。国家林业与狩猎管理办公室还负责宣传上级机关的法规、法律、程序等，并确保计划执行。

五、森林经营与管理

（一）森林经营计划

塔吉克斯坦针对环境保护的主要策略包括《国家生物多样性战略和行动计划》（NBSAP）、《国家环境行动计划》（NEAP）和《国家森林计划》（NFP）。NFP 针对 2006—2015 年的森林经营，强调保护、恢复和可持续利用森林，但没有提出实现这些目标的策略，且实施和融资问题没有得到解决。由于塔吉克斯坦森林面积较小，根据 NFP 采伐规定，每年全国仅允许采伐木材 6 700m^2（Joachim-F. Kirchhoff，2010）。

（二）造林育种

由于森林覆盖率低，人工造林是塔吉克林业工作的重要任务。塔吉克很重视坚果树种的种植，主要树种有：杜松（*Juniper rigida*）15 万 hm^2，阿月浑子（*Pistacia vera*）8 万 hm^2，核桃（*Juglans regia*）9 000 hm^2。为了适地适树，1969 年以来，全国大力开展了最适宜旱地生长的乡土树种的研究和开发，经过不断的良种选育，不断地改良乡土树种的遗传性状，使之达到更加优质高产。

1992 年之前，塔吉克斯坦每年约造林 4 500 hm^2，1993 年，由于缺乏资金，造林面积减少至 3 000～3 500 hm^2。从 2000 年开始，全国每年造林面积约 80 hm^2，由于气候干燥，缺乏经营管理资金，每年只有小片造林地转化为林地（FAO，2011）。

（三）森林保护

塔吉克斯坦大部分森林集中在生态环境极为脆弱的高原沙漠地区。据统计，1998—2002 年塔吉克斯坦平均每年受病虫害影响的森林面积高达 10.94 万 hm^2，2003—2007 年平均每年 2.42 万 hm^2。

资料表明，1998—2002 年，年平均发生森林火灾 6 起，平均过火面积 4 100 hm^2；2003—2007 年，年平均发生森林火灾 5 起，平均过火面积 3 000 hm^2；2008—2012 年，年平均过火面积 2 200 hm^2，其中林地年平均过火面积 500 hm^2。所有林地火灾均为人为火所致，造成的生态损失估计在几十亿美元（FAO，2015）。

塔吉克斯坦约 260 万 hm^2（占总土地面积的 18%）的林地已划入保护区。其中，严格意义上的保护区约 17 万 hm^2，自然公园 6 805 hm^2，国家公园 260 万 hm^2，物种管理区 31 万 hm^2（Joachim-F. Kirchhoff，2010）。

塔吉克斯坦政府为了防治荒漠化，建立了荒漠化监控机制，并实施国家与区域行动方案。根据当地实际，建立环境早期预警系统，制定并实施自然资源可持续管理的国家政策，开展意识教育活动。国家行动方案主要涉及预防、减轻和恢复等部分，充分发挥政府、当地社会、土地使用者和资金的作用等，包括减轻旱灾的措施。

六、生物多样性保护

（一）自然保护区建设

由于纬度地带和海拔地带性的原因，塔吉克斯坦植被类型多样，生物多样性十分丰富。全国的自然保护区和国家公园由国家保护区办公室管理。

塔吉克斯坦共有四个自然保护区，分别是老虎沟、罗米特、Dashtijum 和佐尔库尔自然保护区，总面积达 173 418 hm^2。

老虎沟自然保护区位于南部，在瓦赫什河和喷赤河下游的保护区内有世界上面积最大的原始胡杨林，面积超过 49 700 hm^2。罗米特自然保护区位于塔吉克斯坦中部，面积 16 100 hm^2。罗米特自然保护区建立的目的是保护塔吉克斯坦中部中山和高山生态系统，特别是山地针叶林和阔叶林的保护和恢复。Dashtijum 自然保护区位于达瓦孜山脊的南麓，面积超过 19 700 hm^2。主要保护捻角山羊、北山羊和雪豹。佐尔库尔自然保护区位于东南部，面积 87 000 hm^2，包括佐尔库尔湖、湖中岛屿及周边地区，主要保护斑头雁和马可波罗盘羊。由于盘羊密度较低，实际保护价值非常有限(吾买尔夏提·塔汉，2013)。

（二）湿地保护

湿地生态系统包括杜加依林、草甸沼泽和湿地生态系统。他们在保护全球的生态平衡方面，特别是对于调节水禽的数量起非常重要的作用，因为一些欧亚大陆水禽的栖息地在这里。世界上完整的杜加以生态系统只保存在塔吉克斯坦的 Tigrovaya 水库，共计 645 种植物，其中 70% 以上是专为杜加依特有，近 30% 是草甸沼泽和沙漠生态系统常见的植物。主要的植被优势种有灰叶胡杨、沙枣、枸杞、狭叶香蒲、白茅、芦苇和喀什柽柳等(周鹿，2014)。

（三）野生动植物保护

塔吉克斯坦一共有 15 个物种保护区，建立于 1959—1984 年。总面积 313 390 hm^2。所有的物种保护区都是临时的，主要用于目标动植物物种的恢复重建，通常是濒危物种。物种管理区的面积也不是固定的，根据物种恢复重建的状况进行增减。

塔吉克斯坦红皮书于 1988 年正式出版。所有红皮书列入的物种都受国家保护。红皮书包含 226 种植物和 162 种动物。受到威胁最大的是哺乳类和爬行类，44.7% 的爬行类物种和一半的哺乳类物种被列入红皮书。在 84 种哺乳类中，2 种已灭绝，12 种濒危，28 种罕见、数量减少或待确定，包括布哈拉马鹿、鹅喉羚、北山羊和捻角山羊等。很多鸟类也处于濒危状态而列入红皮书。例如多种涉禽、猛禽、维类、鹤类和鹳类。塔吉克斯坦的部分物种开展了国际狩猎，例如盘羊、北山羊和岩羊。

七、林产品生产、加工与贸易

（一）林产品生产与加工

塔吉克斯坦只有少数几家木材加工企业，商业木材主要用于建筑和家具制造。目前，每年从俄罗斯进口大约 10.9 万 m^3 商品材，价值超过 2 000 万美元，主要用于建筑。

近年来，随着国家森林资源的不断减少和加强了森林保护措施，塔吉克斯坦授权的采伐量进一步减少。目前，塔吉克每年生产薪材 7 000 m^3，不足该国的薪材需求量的 5%(Khukmatullo Akhmadov，2008)。

2011—2017 年，塔吉克斯坦年原木产量和木质燃料产量均达到 9 万 m^3，且近 7 年内保持不变(见表 1)。由于历史上塔吉克斯坦对森林的过度利用，导致林地面积和蓄积量大量减少，林业资源匮乏。塔吉克斯坦人口较少，产业以初加工为主，主销国内市场。根据FAO统计数据表明，随着塔吉克斯坦对林地保护意识的不断增强，通过近25年的保护，近5年森林面积和蓄积量才略有增加。因此，塔吉克斯坦是原木、锯材等林业产业原料的进口国。其中锯材进口量最为显著，其次是人造板，随后是原木(表2)。

表1　2011—2017年塔吉克斯坦主要林产品产量　（万 m^3）

林产品＼年份	2011	2012	2013	2014	2015	2016	2017
原木	9	9	9	9	9	9	9
木质燃料	9	9	9	9	9	9	9

资料来源：FAOSTAT，2018。

表2　2011—2017年塔吉克斯坦主要林产品进口量　（m^3，t）

林产品＼年份	2011	2012	2013	2014	2015	2016	2017
原木	21 247	15 865	15 870	15 870	15 870	15 870	15 870
锯材	854 451	853 581	853 580	1 028 600	685 100	685 100	685 100
人造板	110 026	120 507	120 510	120 510	120 510	120 510	120 510
纸和纸板	8 441	8 766	8 780	8 780	8 780	8 780	8 780
木浆	62	189	190	190	190	190	190

资料来源：FAOSTAT，2018。

（二）林产品贸易

塔吉克斯坦林产品大部分需要进口。目前，只有极少量锯材以及纸和纸板向外出口。锯材出口量保持平缓，平均每年出口量约为29 m^3。2010年后，纸和纸板出口量呈逐年下降之势，到2012年，几乎没有出口。林产品进口需求旺盛且品种多样，涵盖各种初级林产品和深加工林产品。2017年全年林产品出口额仅为0.3万美元，进口额则高达9 200万美元(FAOSTAT，2018)，贸易逆差明显(表3)。

表3　2011—2017年塔吉克斯坦主要林产品出口额　（万美元）

林产品＼年份	2011	2012	2013	2014	2015	2016	2017
锯材	0.8	0.8	1	1	1	1	1
纸和纸板	5	0	0	0	0	0	0
人造板	0.2	/	0	0	0	0	0

资料来源：FAOSTAT，2018。

塔吉克斯坦进口的林产品主要来源于俄罗斯、中国和近邻欧洲国家，包括波兰、土耳其和白俄罗斯等(表4、表5)。出口的林产品种类少，数量极低，主要销往周边的吉尔吉斯斯坦，以及俄罗斯和荷兰等国家(FAOSTAT，2016)。

表 4　2010—2014 年塔吉克斯坦从中国进口林产品贸易额　（万美元）

林产品＼年份	2010	2011	2012	2013	2014
刨花板	331.4	474.3	553.0	646.6	496.9
胶合板	20.8	9.2	37.6	124.5	100.1

资料来源：FAOSTAT，2014。

表 5　2000—2014 年 塔吉克斯坦从俄罗斯进口林产品贸易额　（万美元）

林产品＼年份	2010	2011	2012	2013	2014
原木	113.7	152.6	98.0	82.2	51.9
锯材	7 034.4	9 116.1	8 921.4	9 883.7	9 451.1
新闻纸	61.5	123.1	135.0	128.2	109.2
刨花板	284.0	683.2	1.5	4.3	—
胶合板	65.5	105.2	122.6	139.4	262.5
单板	1.0	—	1.0	—	—

资料来源：FAOSTAT ，2014。

八、林业科研与教育

1992 年之前，塔吉克斯坦没有林业院校，林业专家主要依靠俄罗斯和乌克兰高等院校进行培养。1998 年，塔吉克农业大学设立了林学专业，目前有 60 名学生。此外，理工技工学校培养中等水平的林业技术人员，包括林业技术员和林业官员。

目前，林学毕业生中获硕士学位的有 16 名，获林业技术员证书的有 28 名；在公共资金资助的森林研究中心工作的专业人员中，获博士学位的有 20 名，硕士学位 16 名。

塔吉克的研究机构主要有林业科学研究院、植物研究所和动物研究所等。其中林业科学研究院主要研究森林保护、培育和珍稀物种保护等领域；植物研究所和动物研究所，主要负责研究该国森林和保护区的物种组成及其现状(FAO，2010)。

九、林业国际合作与交流

近年来，塔中关系重要性大幅提升，塔吉克斯坦是中国亲密无间的友好邻邦，是“一带一路”的重要合作伙伴，中塔两国领导人多次会面。中塔将继续推进“一带一路”倡议，继续深化双边合作，共建“一带一路”框架内容，深化农业、基础设施、安全等领域的合作，实现共同发展繁荣，更好造福两国人民。

（一）林业对外合作的主要诉求

由于塔吉克斯坦林业的自身特点，其对外合作也表现出以下主要诉求：森林资源和荒漠化监测、干旱地区植被恢复、跨境生物多样性保护、边境防火和非木质林产品开发利用等领域。同时塔吉克斯坦缺乏资金与技术支持，希望得到国际社会的援助。

（二）林业国际谈判的立场

由于塔吉克斯坦林业在国民经济中的地位不突出，因此，在国际林业舞台上也显得不活跃。总体来看，塔吉克斯坦在林业国际谈判上的立场基本与中亚五国保持一致，在林业应对气候变化、野生动物保护等问题上的观点与我国一致。但是值得一提的是，塔吉克斯坦尚不是 CITES 的成员国，这就产生一个潜在的隐患，如果塔吉克斯坦与其他国家签署关税同盟，可能对 CITES 的管控带来新的挑战。如 CITES 中规定禁止贸易或限制贸易的植物可能在关税同盟的庇护下予以出口。但目前这一担忧还未得到证实。

（三）林业国际合作

塔吉克斯坦在德国国际合作机构（GIZ）支持下，与中亚其他四国一起开展了“中亚国家自然资源可持续利用项目”（2002—2014），对牧场、森林和野生动物资源进行有效管理，国家林业部门将林地长期租赁给个人用于可持续管理，鼓励当地群众参与退化林区造林，禁止非法采伐和过度放牧，帮助地方林业部门工作人员制定管理计划，提供技术培训，并将地方积累的良好经验反馈到国家林业部门改革进程（龙超等，2015）。

联合国欧洲经济委员会（UNECE）与联合国粮农组织（FAO）双方共同推动 UNECE-FAO 林业工作综合计划在中亚的实施。塔吉克斯坦参与了此项计划，执行时间为 2014—2017 年。主要合作领域包括木质能源、可持续林产品、林业政策、统计、森林监测、林业部门展望、林业交流和绿色就业等。所有工作都会得到专家团队的支持。

2008 年 8 月 27 日，中塔两国签署了《中华人民共和国政府和塔吉克斯坦共和国政府对所得和财产避免双重征税和防止偷漏税的协定》，其中包括林业所得税的减免。

2015 年 11 月 10 ~ 13 日，湿地公约秘书处和塔吉克斯坦共和国环境保护委员会在塔吉克斯坦首都杜尚别举办区域性研讨会，主要目的是审议并最终确定建立拉姆萨尔中亚区域倡议的建议书，以提交给第 51 次拉姆萨尔常务委员会批准。会议由日本政府资助，出席会议的有哈萨克斯坦、吉尔吉斯斯坦、塔吉克斯坦、土库曼斯坦和乌兹别克斯坦等中亚 5 国的政府代表，以及国际和地区合作组织如中亚区域环境中心（CAREC）、日本国际协力机构（JICA）、国际自然保护联盟（IUCN）和世界自然基金会（WWF）的代表。

（四）与中国开展双边合作的历史和重点问题

中塔两国是战略伙伴关系，塔吉克斯坦是全球第一个中国签订《共同推进“丝绸之路经济带”建设谅解备忘录》的国家，塔政府与企业均对中国表现出强烈的合作愿望和诉求。中亚地区林业合作是落实中国国家主席习近平提出的丝绸之路经济带战略构想和建立中蒙俄经济走廊全方位合作战略倡议的重要内容。随着中国“一带一路”倡议在塔吉克斯坦的深入推进，中塔林业合作的前景也将更为广阔。

国家林业局和亚太森林组织在促进中亚林业合作方面做出了突出贡献，特别是建立区域林业部长级会晤机制，推动区域林业高级别研讨会的定期举办，通过亚太森林组织奖学金项目和主题培训班，加强针对中亚地区的能力建设，同时在区域内开展示范项目合作。

其中，由国家林业局和亚太森林组织共同举办的中亚地区林业战略合作高级研讨会已经在北京和乌兰巴托召开了两届。研讨会吸引了来自哈萨克斯坦、吉尔吉斯斯坦、塔吉克斯坦、乌兹别克斯坦和土库曼斯坦，以及蒙古和中国林业高级官员和专家参与。会议探讨了林业发展战略和政策体系、共同交流干旱地区林业发展经验、森林经营和植被恢复模式，跨境生物多样性保护和林火管理，中亚区域林业管理面临的挑战、未来合作领域和方式，以及依托亚太森林组织建立中亚地区林业高层对话机制的可行性。研讨会得到了各经济体政府林业部门的高度重视和积极参与，并在中亚林业合作方面发挥着重要作用。

2016 年 5 月 30 日，首届大中亚地区林业部长级会议在哈萨克斯坦首都阿斯塔纳召开。国家林业局局长张建龙指出，大中亚国家自然条件相近，地形地貌类似，均处于经济社会的快速发展和转型期，加强区域林业合作符合区域各国整体利益。会议通过了《阿斯塔纳宣言》，决定建立大中亚林业部长级会晤机制，定期组织部长级会议和专家研讨会，增进各经济体之间的沟通联络，加强在森林保护和恢复、应对气候变化、荒漠化防治、减缓土地退化等领域的区域合作。

（五）与中国加强双边合作的潜在领域和方式

中塔两国开展双边林业合作的领域与方式主要有以下几方面：

(1)在机制建设上，继续落实大中亚地区林业部长级会晤机制，召开高级别研讨会，研讨区域林业发展的重大问题。

(2)加强区域林业科技交流与合作，加强森林资源评估和监控以及数据收集，交流非木质林产品技术，通过双边渠道，加强人员交流和项目合作，提升区域林业科研水平和能力。

(3)加强在森林防火、荒漠化防治、非木质林产品发展及乡村生计改善等领域的技术交流与研讨。一方面加强实施森林和树木资源可持续管理的政策、法律和法规的研讨；另一方面加强森林和树木在环保方面的作用，如防治荒漠化，控制水土流失，恢复山脉的可持续发展，保护河岸湿地森林，适应并减缓气候变化。

(4)开展荒漠化防治和森林经营等领域的能力建设活动，继续通过培训班、考察调研等形式加大对各级林业管理和技术人员的培训力度，同时增加防治荒漠化内容考察实习，特别是分享中国在林权制度改革、荒漠化防治及森林与生计方面的进展等。

(5)资金的支持。整合现有的发展银行和亚行等金融机构的融资手段，以及政府间组织和非政府组织的资金支持，同时扩宽新的资金渠道，如气候变化下的绿色基金等，在潜在合作领域下开展合作。

十、分析与借鉴

(1)塔吉克斯坦生物多样性丰富，政府重视生物多样性保护方面的立法与行动。但是林业主管部门兼备决策和经营管理职能，容易引发利益纠纷。因此，尽管政策上重视生物多样性保护，但是却优先发展能够迅速带来短期经济收益的活动，使得政策执行不力。

(2)森林资源贫乏。塔吉克斯坦生态环境脆弱，气候条件较为恶劣，加之监管不当，大多数天然林被破坏，少量剩余的森林资源因非法砍伐和过度放牧和灾害面临严重威胁。

(3)塔吉克斯坦尽管颁布了国家森林计划(NFP)，将森林保护、恢复和可持续利用作为战略重点，但是缺乏实现上述目标的具体措施，因此，无法确保森林计划的有效实施。

(4)森林定义不统一，森林资源统计方法自相矛盾，缺乏可靠的林业数据。如塔吉克斯坦官方统计中把果树种植园也算作“森林”，尤其是缺乏非木材林产品的相关信息，包括产量、产品范围、政策、市场及对整个国家、国有森工企业和乡村社区的经济贡献等(龙超等，2015)。

(5)塔吉克斯坦的气候条件很适合发展核桃和开心果等坚果人工林，但因资金不足无法形成商业化种植，且缺乏相关的技术人员。

(6)塔吉克斯坦的生态环境保护和林业发展正在面临着林地私有化后，个人利益与国家利益之间的冲突。如何利用外部力量开展合作，学习其他国家的相关经验将是十分有帮助的。

(7)塔吉克斯坦政治局势稳定，实行对外开放的经济政策。目前塔吉克斯坦正处于经济转型和管理方式转变的关键时期，关注林业的生态价值和服务功能，希望提高林业对国民经济的贡献，但因财政资金缺乏、林业政策法规执行能力差和科研人员缺乏等原因，使各项重要林业计划和活动难以得到有效实施。因此，极为需要加强国际合作，通过引进技术、设备与资金改善目前面临的困境。

(宿海颖　钱伟聪)

参考文献

龙超，鲁德，龙跃，江京辉．2015. 中亚五国林业发展及国际合作展望[J]. 世界林业研究．

魏岩，吾买尔夏提・塔汉，海德洛夫・Z・Y. 2014. 塔吉克斯坦的生态系统和植物多样性．

魏岩．2016. 中国外交部网站．

吾买尔夏提・塔汉，海德洛夫・Z・Y. 2014. 塔吉克斯坦的生态系统和植物多样性．

中国商务部网站．2016. http：//www. mofcom. gov. cn/.

中国新闻网．2016. http：//money. 163. com/16/0623/17/BQ8U6CM300253B0H. html.

周鹿，李叶，T・A・卡迪诺夫，时磊．2013. 塔吉克斯坦野生动物保护管理与利用现状．

FAO. 2015. 世界森林状况．

FAO. 2010. Global forest resources assessment country report-Tajikistan.

FAOSTAT. 2015. http：//faostat3. fao. org/download/F/FO/E.

Firuza Faizitdinovna Abdurahimova，Raymond Daviesson，Galina Fet. 2001. Biodiversity Assessment for Tajikistan.

http：//www. fmprc. gov. cn/web/gjhdq_ 676201/gj_ 676203/yz_ 676205/1206_ 676908/1206x0_ 676910/.

http：//www. forestry. gov. cn/portal/main/s/237/content-515186. html.

Joachim-F. Kirchhoff，André Fabian. 2010. Forestry Sector Analysis of the Republic of Tajikistan.

Khukmatullo Akhmadov. 2008. Forest and forest products country profile-Tajikistan.

Mongabay. com. 2015. http：//rainforests. mongabay. com/deforestation/2000/Tajikistan. htm.

Tajikistan. 1993. Forest code of the Republic of Tajikistan.

土耳其（Turkey）

土耳其共和国（简称土耳其）地跨亚、欧两洲，邻格鲁吉亚、亚美尼亚、阿塞拜疆、伊朗、伊拉克、叙利亚、希腊和保加利亚，濒地中海、爱琴海、马尔马拉海和黑海。领土面积 78.36 万 km^2，其中 97% 位于亚洲的小亚细亚半岛，3% 位于欧洲的巴尔干半岛。2018 年总人口 8 081 万人，其中土耳其族占 80% 以上，库尔德族约占 15%。99% 的居民信奉伊斯兰教，其中 85% 属逊尼派，其余为什叶派（阿拉维派），少数人信仰基督教和犹太教。行政区划分为省、县、乡、村四级，全国共有 81 个省（中国外交部网站，2018）。

土耳其的地形东高西低，大部分为高原和山地，仅沿海有狭长平原。境内的阿勒山高达 5 402.58 m，山顶终年积雪覆盖，景色最为壮观。河流湖泊众多，是底格里斯河和幼发拉底河的发源地。气候类型变化很大，沿海地区属亚热带地中海气候，东南部地区属内陆气候，向热带草原和沙漠型气候过渡，中部安纳托利亚高原比较凉爽。年平均气温沿海地区为 14～20℃，内陆地区为 4～18℃。年平均降水量黑海沿岸 700～2 500 mm，地中海沿岸为 500～700 mm，内陆地区为 250～400 mm。夏季长，气温高，降雨少；冬季寒冷，多降雪和冷雨。

土耳其工、农业均有一定基础。自 20 世纪 80 年代中期起，开始推行自由市场经济模式，大力发展私营经济，实行国营企业私有化，实现了由传统国家计划经济向自由市场经济的转变，私人资本不断扩大，金融实现完全自由化。自 2002 年至发党上台以来，土耳其加大基础设施建设投入，不断改善投资环境以吸引外资，大力发展对外贸易，经济建设取得较大成就。2003—2015 年，土耳其经济总量从 3 049 亿美元增至 7 200 亿美元，人均国民收入从 4 559 美元增至 9 261 美元。2017 年土耳其国内生产总值 7 695 亿美元。同比增长 3%，人均国民生产总值 9 647 美元。目前，土耳其已成为全球第 16 大经济体、欧洲第 6 大经济体，属于中等偏上收入国家。

一、林业在国民经济中的地位

土耳其林业较为发达，尤其是木材加工业，通过实施新的林业技术并改善基础设施，得到了快速发展。工业木材产量逐年提高，2005 年达到 850 万 m^3，但每年仍需进口 5 亿美元木材，植树造林位居世界前列。同时，原木加工，木材加工和纸浆造纸等林业部门创造了较多的就业机会，2006 年共创造就业 16.7 万人，占总就业人数的 0.5%。2006 年土耳其林业部门总增加值 27.86 亿美元，对国内生产总值的贡献率为 0.7%（FAO，2011）。

二、森林资源及其他自然资源

（一）森林资源总量

土耳其森林资源比较丰富，2015 年森林面积为 1 171.5 万 hm^2，森林覆盖率 15%。其中，天然林面积为 741.6 万 hm^2，占森林总面积的 63.3%；人工林面积 338.6 万 hm^2，占森林总面积的 28.9%。森林的立木总蓄积量为 15.26 亿 m^3，平均每公顷蓄积量为 135 m^3（FAO，2015），主要树种及其蓄积量如表 1 所示。

表 1 土耳其主要的森林树种及其蓄积量（2010） （亿 m^3）

树种	蓄积量	树种	蓄积量
松属	7.85	雪松属	0.27
山毛榉属	3.04	鹅耳枥属	0.02
栎属	1.35	栗属	0.08
冷杉属	1.1	桧属	0.07
云杉属	0.6	桤木属	0.11

资料来源：FAO，2011。

（二）森林类型和分布

由于气候条件和地形的巨大差异，森林类型分为北部高山森林生态类型、西部和南部沿海的内陆森林生态类型，各地低海拔的冲积带森林和中部及东部地区的干旱半干旱带森林生态类型。

树种资源十分丰富，主要树种约有 40 种。针叶树占乔林的 80% 以上，分布范围很广，从低海拔到高海拔都有分布。其中，欧洲黑松、土耳其松、欧洲赤松为针叶林优势树种，高加索冷杉、西里西亚冷杉、东方云杉、黎巴嫩雪松及刺柏属树种等也是重要的针叶树树种。阔叶树则主要分布在低海拔条件适宜的地区。山毛榉和栎树为主要阔叶树种，桤木、栗木、鹅耳枥、槭木等是重要的阔叶树种。

在北部山区，主要分布着欧洲赤松、东方云杉、东方水青冈、欧洲鹅耳枥、欧洲桤木等树种。在南部山区则主要分布着欧洲黑松、黎巴嫩雪松、叙利亚圆柏、刺桧、乔桧、意大利果松、地中海柏、土耳其松、海岸松、红豆杉、尖果白蜡、东方枫树等树种。

除天然林外，在南部山区和沿海还分布着以黑杨为主的杨树人工林和引种栽培的桉树林；在中部高原区，则分布着洋槐、沙枣、臭椿等耐旱树种构成的人工林（张华新，2001）。

按照用途划分，在全国 1 171.5 万 hm^2 的森林面积中，用材林 789.6 万 hm^2，占森林总面积的 70%；水土保持林 222 万 hm^2，占森林总面积的 17.4%；多用途林 67.5 万 hm^2，占森林总面积的 6%、其他类型林占森林总面积的 4%（FAO，2015）。

（三）森林权属结构

根据土耳其森林法的规定，森林的所有权类型包括 3 种：国有林、公共管理林和私有林。其中，国有林和公共管理林属于公有林，公有林面积为 1 119.3 万 hm^2，占森林面积总量的 95.5%；私有林仅为 0.992 万 hm^2，占森林面积总量的 0.01%（FAO，2015）。

（四）森林资源动态变化

1990—2000 年，土耳其森林面积年均增加 4.7 万 hm^2，年均增长率为 0.5%；2000—2015 年，森林面积年均增长 5.1 万 hm^2，年均增长率为 0.48%（FAO，2011）。1990—2005 年，每年增加 2 万 hm^2，年增加率为 0.42%。2005—2015 年天然林面积每年减少 1.9 万 hm^2，减少率为 0.03%。1990—2015 年人工林每年增长 18.91 万 hm^2，年增长率为 10.6%。

总体来看，土耳其森林总面积持续增长，尤其是 2000—2015 年天然林面积持续增长，并且人工林面积在较长时期内保持持续增长。

三、林业法规政策

（一）国家经济发展计划

土耳其于 2005 年颁布了《土耳其国家经济第 9 个五年发展计划》。该计划涵盖了经济产业中的各个方面，其中林业部门的发展计划主要包括：

（1）保护天然林生态系统。有效地保护天然林，特别是注意火灾和病虫害对天然林的影响。保持生物多样性和遗传资源，在天然林健康发展、林下经济和生态旅游等方面进行更好的管理。

（2）抑制荒漠化。通过发展人工林来加强对土壤的保护，恢复城市林业和农村林业，并加大对私人种植园的监管。

（3）农村林业信息化。通过电子商务与林业的结合，转变传统林产品销售模式。

（二）土耳其国家林业计划

土耳其是泛欧洲及近东可持续森林进程的重要组成部分。在 FAO 的支持下，2004 年土耳其政府专门制定了《土耳其国家林业计划（2004—2023）》（UN，2012），该计划的主要目标是加强林业部门对森林资源的可持续发展管理，具体内容包括：

（1）对贫困林农进行财政补贴，促进林业与农村区域发展；

（2）利用森林资源增加潜在收入；

（3）支持林农养蜂，种植有助于养蜂的植物，提高蜂蜜产量；

（4）将消除林业与农村贫困列入森林资源可持续发展管理之中。

（三）林业法律体系

1937 年，土耳其颁布了第一部《森林法》，从法律的角度界定了森林的定义并且建立第一套林业政策，规定了国有林、公有林、基金林和私有林的 4 种森林所有制形式。为了更有效地保护和持续利用森林，1945 年修改后的《森林法》将所有的森林都划归国家所有。1950 年又把已经国有化的森林都归还给原来的林主。1956 年土耳其颁布了第 3 部《森林法》（6831 号《森林法》），确定了土耳其林业的管理部门，并规定了国有、公共管理和私有的 3 种森林所有制形式。从 1956 年至今，针对《森林法》共颁布了 30 余个修正令，最后一个修正令是 2013 年 3 月 15 日颁布（6444 号修正令），政策变化比较频繁。

此外，土耳其先后颁布了《国家公园法》《国家造林动员法》《林农支持发展法》《森林总理事会法》《林业部法》和《环境与林业部法》等一系列林业法律法规，通过这些法律法规提高了对森林资源以及相关环境资源的保护力度，明确了林业各组织部门的分工，从法律层面上有效地促进了林业的发展。

四、林业机构与管理体制

土耳其林业与水务部是政府负责管理林业的主要行政机构。林业与水务部设立于1991年，其中2003—2011年期间称为林业与环境部(Atmiş & Çil，2013)，主要职能是植树造林、水土流失治理、森林更新与恢复、森林防火、发展林业公共关系、保护林地和森林资源、增强社会的爱林护林意识等。土耳其的林业机构设置采取林业行政和森工分开管理的模式。林业行政部分的中央机构设有负责造林和水土流失控制、发展森林和乡村事务、国家公园和野生动物管理的3个主要业务总局，其派出机构(研究单位除外)共有9个大区林业局。其中，造林和水土流失控制总局负责全国林木种苗的生产与供给、造林和水土保持；森林和乡村事务总局负责帮助林区及周边地区村民发展非林非木替代产业，提高生活水平，促进林区经济发展，维护林区稳定，保护森林资源；国家公园和野生动物总局负责管理和保护全国的国家公园、野生动物和狩猎、林中水资源、湿地和游憩地。在自然、地理条件和森林类型相似的区域(7~10个省)，设有一个大区林业局，负责辖区内的造林、水土流失治理、育苗生产、国家公园经营管理、野生动物保护和发展林业村镇等。

森工部分的中央机构是林业总局，负责全国森林资源调查、林地和森林权属管理、森林采伐、木材生产与营销、森林更新和抚育及森林保护，其派出机构有27个大区林业局，每个林业局一般管辖2~4个省的国有森林资源，负责辖区内林地和森林的管护、木材生产经营、迹地更新、森林防火以及10年以上人工林的经营管理等。森工系统的大区林业局下设若干个小区林业局(森林生产局)，全国现有250个小区林业局，下设森林生产首席办公室，相当于一个工区，在全土耳其有1 400个森林生产首席办公室(张华新，2001)。

五、森林经营与管理

(一)人工林营造

2015年，土耳其人工林面积为338.6万hm^2，占总森林面积的28.9%。人工林主要分布在南部山区、中部高原区和沿海。人工林主要由以黑杨为主的杨树人工林和引种栽培的桉树林以及洋槐、沙枣、臭椿等耐旱树种构成。土耳其政府非常重视人工林的营造，2000—2015年森林面积年均增长10.2万hm^2，年增长率为1.0%。其中，人工林面积年均增长9.6万hm^2，年增长率为4.9%。

土耳其人工林的发展得益于其所采取的适合自己本国国情的运行机制和管理技术手段(赵良平，1999)：

(1)在管理方式上，形成了由上到下2条垂直营林管理体制。一条是行政营林管理体制，另一条是森工营林管理体制。

(2)在管理机制上，国家造林、营林生产基本是封闭式的计划管理模式。土耳其的各项造林、营林计划性很强。造林的第二年要检查成活情况，3年保存率要达到80%以上。

营林部门负责从整地开始到人工幼林 10 年以内培育任务，主要包括造林勘察、规划设计、整地、植苗造林、10 年内的抚育护管等。造林 10 年后，经成林验收合格的人工林，移交给森工系统的大区林业局管理。

(3)在造林、营林投资上，采取国家投入和以林养林相结合的办法。土耳其规定从木材销售收入中提取 12% 上缴国家财政。这笔资金分为两个使用方向：一半用于建立林业乡村发展资金，一半用于建立特殊造林基金，财政将这两笔资金全部返还林业部，由林业部门具体支配使用。在土耳其已建立的多项林业基金中，"保护、促进环境和文化资产基金""自然资源保护、防治水土流失基金"是与造林密切相关的两项基金。

(4)在造林方式上做到因地制宜。由于土耳其大部分地区比较干旱，一些地区降雨量仅为 40 mm 左右，坡地水土流失严重。在土壤条件比较好的平地和缓坡上主要是培育用材林，在土壤有薄、干旱或坡度较大的地区则营造保护林。在有些坡地，如果雨量充沛，土壤条件好，采取宽行等高线整地造林方式培育速生丰产林。基于过去营造的针叶纯林比例过大，不利于森林防火和防治病虫害，土耳其正在有计划地多营造阔叶树，积极发展针阔混交林。

(5)积极搞好林区与周边群众的关系，维护林区稳定，保护森林资源。通过开展林区村镇建设，积极发展替代产业，帮助群众寻找不依赖林木的经济来源，是土耳其近 20 几年来，在处理林区社会关系，保护森林资源上采取的一个重要步骤。

（二）生物多样性保护

根据世界保护监测中心的数据，土耳其有 737 种已知两栖动物、鸟类、哺乳动物和爬行动物。其中，3.5% 的物种是土耳其独有的，但是这些物种中的 6.2% 正在受到灭绝的威胁。土耳其至少有 8 650 种维管植物，其中 30.9% 是当地特有的，0.7% 的植物物种被纳入 IUCN 保护名录(Turkey Forest Information and Data，2013)。

由于现代工业发展导致的环境变化，使土耳其本土特有的物种数量急剧减少。对此，土耳其政府划定了各种保护区，以保护生物多样性。根据 FAO 统计，截至 2015 年，土耳其的保护区总面积达到 61.9 万 hm^2，比 2005 年增加了 3.5 万 hm^2。其中，减少人类影响的保护区 16.8 万 hm^2，增加 0.9 万 hm^2；国家公园 22.7 万 hm^2，增加 1.2 万 hm^2；自然保护区 2.4 万 hm^2，增加 0.2 万 hm^2；野生动物保护和发展区 42.9 万 hm^2，增加 2.3 万 hm^2；景观保护区 1.9 万 hm^2，增加 0.1 万 hm^2；特殊环境保护区 7.1 万，增加 0.4 万 hm^2。通过这些保护区的划定，近年来土耳其的生物多样性保护呈现良性发展态势。

（三）森林防火

近年，土耳其森林火灾呈现出范围大、次数多的特点，2008—2012 年全国共发生森林火灾 7 500 余次，过火面积超过 3.47 万 hm^2(表 2)。2001—2005 年森林火灾面积和火灾次数在趋势上是降低的，但是 2006 年和 2007 年林火范围和次数上升迅速。

表 2　2008—2012 年土耳其森林火灾情况

年份	2008	2009	2010	2011	2012
火灾面积(hm^2)	23 400	3 400	2 100	2 800	9 100
火灾次数(次)	1 539	1 175	1 128	1 349	2 450

资料来源：FAO，2015。

大多数火灾是人为造成的，其中50%以上是由于人们对火灾的忽视，但是近年来森林火灾的增多与全球气候变暖有着密切的关系。为减少森林火灾，土耳其在森林防火上采取多种有效的措施和办法。第一是加强防火意识和培训消防技术；第二是开防火隔离带，一般带宽为12～18 m；第三是大力发展林区公路，土耳其政府和林业部对林区公路建设十分重视，既作为是发展经济的需要，也作为是森林防火的需要，目前土耳其林区公路网密度已超过每公顷6 m；第四是加强森林防火、灭火队伍及技术装备建设和监测；第五是采取了一些营林措施，如避免营造单一树种的人工林纯林，营造和保护混交林，及时疏伐过密林分等；第六是非常注重辅助设施的建设，为了给灭火提供充足的水源，修建了238个水塘和195个小型水库。

六、林产品生产、加工与贸易

（一）木质林产品生产与加工

土耳其是一个重要的工业原木生产国，并具有较发达的林产工业，利用当地森林资源生产锯材、刨花板和胶合板。纸浆和造纸工业可满足国内对纸制品的部分需求。木材在满足国内燃料需求方面也具有重要作用。

土耳其木材产品生产总体上呈上升趋势。2000年原木生产量为1 593.93万m^3，2005年达到1 618.5万m^3，2016年达到2 593.6万m^3。锯材、胶合板、单板和纤维板的生产也呈上升趋势。木片和木屑在2005—2012年一直保持85万m^3，木浆的生产量从2000—2012年则处于下降趋势，之后略有波动但变化不大(表3)。

表3　土耳其主要木材产品产量(2000—2016)　　（万m^3，万t）

林产品 \ 年份		2000	2005	2006	2007	2008	2009	2010	2011	2012	2013	2014	2015	2016
原木	工业原木	1 042.9	1 120.2	1 225.3	1 367.4	1 446.2	1 425.2	1 569.5	1 642.3	1 770.1	1 676.2	1 853.5	2 000.8	2 038.9
	木制燃料	551.03	498.3	583.1	464.5	495.8	504.8	490.2	461.6	425.8	410.0	430.0	463.4	554.7
	合计	1 593.93	1 618.5	1 808.4	1 831.9	1 942	1 930	2 059.7	2 103.9	2 195.9	2 086.2	2 283.5	2 464.2	2 593.6
锯材		552.8	644.5	647.1	659.9	617.5	585.3	624.3	646.1	668.2	640.5	663.5	777.2	849.9
木片及木屑		0	85	85	85	85	85	85	85	85	36.5	31.6	32	32
人造板	单板	1.7	7.5	8.4	9.5	9.6	8.2	9.6	8.8	8.5	8.4	8.5	8.7	27
	刨花板	188.4	289	275	304.7	318.1	235	310	362	395	422.5	442.5	436.1	420.2
	胶合板	4.7	6.4	5.5	11.7	11.1	10	11	11.5	11.6	11.6	15	11.6	12
	纤维板	42.2	174.2	210	220	222.6	295	330	358.5	401.5	430	490	479.2	508.4
	合计	237	477.1	498.9	545.9	561.4	548.2	660.6	740.8	816.6	872.5	956	935.6	967.6
纸和纸板		156.7	164.3	164.3	164.3	205	215.6	234.8	265.9	265.9	285	290	292	295
木浆		30.6	22.5	8.5	7.5	6.5	5.6	6.5	7.5	6.3	6.5	7.0	5.6	7.0

资料来源：FAOSTAT，2017。

（二）木质林产品贸易

土耳其木质林产品贸易的显著特点是进口远远大于出口，进口额是出口额的 10 倍左右。进出口额总体上均呈现上升趋势，但在 2008 年、2009 年、2012 年、2015 年和 2016 年进出口额呈现出同升同降的趋势(表 4)。

表 4　土耳其木质林产品进出口贸易额　（万美元）

年份	2000	2005	2006	2007	2008	2009	2010	2011	2012	2013	2014	2015	2016
进口额	125 069. 4	275 574. 9	278 982. 9	340 331. 9	357 367. 4	271 365. 3	379 112. 2	437 692. 4	429 827. 1	425 602. 1	422 937. 4	388 859. 2	407 202. 4
出口额	8 151. 6	25 627. 8	29 476. 4	49 268. 8	63 201. 5	51 786. 3	62 181. 2	75 641. 5	64 616. 1	86 654. 9	97 110. 7	94 739. 9	109 055. 5

资料来源：FAOSTAT，2017。

（三）非木质林产品

土耳其非木质林产品较为丰富，主要的非木质林产品有意大利松果、野猪、天然牛肝菌、月桂叶、百里香、栗子、长角豆、苔藓、迷迭香、漆树叶等。非木质林产品总价值为 314 545. 8 万土耳其里拉，其中上述 10 种主要的非木质林产品占总价值的 76. 5%。在非木质林产品中，意大利松果的价值最大，达到 142 201. 6 万土耳其里拉。

七、林业科研与教育

（一）林业科研

土耳其的第一个林业研究机构是 1952 年在博卢成立的林业研究站，该研究站与伊斯坦布尔大学的林学院共同进行林业科学研究。以后相继建立了一些地区性林业科学研究所和专业研究所。

目前，土耳其有 11 个林业研究所和研究中心，其中 2 个是根据具体研究目标设立的，其余 9 个按不同地区设立。林业研究机构在行政上隶属于林业与水务部，由研究计划和协调委员会统一领导，研究计划和协调委员会的环境和研究司所属研究处负责全国研究项目和活动的协调和监督。11 个林业研究所之间在行政建制上相互独立，在科学研究上相互合作。各研究所主要从事林业应用研究，针对林业生产中存在的问题和在实施林业项目时出现的问题开展研究。在这 11 个研究所中，安卡拉林木改良研究所和依兹米特杨树和速生树种研究所是以具体研究领域和目标设立的林业研究所，前者主要从事全国种子采集、林分选择、种子生产和收获、林木育种、种子质量控制、项目计划和评估等，如负责全国的种子园营建、种源试验等；后者主要从事杨树和桉树的遗传改良和栽培研究。其余 9 个研究所是地区性研究机构，侧重负责所在区域的林业研究工作。

除了 11 个林业研究所，在土耳其各地还建有 8 个森林土壤实验室，即欧尔佐罗东安纳托利亚森林土壤实验室、恰巴东黑海森林土壤实验室、中固尔大科西黑海森林土壤实验室、伊兹米尔爱琴森林土壤实验室、安塔利亚地中海森林土壤实验室、欧拉兹戈东南安纳托利亚森林土壤实验室、欧司克斯黑中安纳托利亚森林土壤实验室和考卡利马尔马拉森林土壤实验室。与林业研究所相比，土壤实验室的研究工作相对简单，他们各自负责某一地区的森林土壤分析研究，主要是为适地适树造林提供指导依据。

土耳其对科研成果没有评奖制度，主要是通过对科研项目的严格管理、监督及后续项目的支持来激励和约束研究者。同时通过晋级、晋升工资、优先保障科研项目、提供到高校进修和出国访问等手段，对取得优秀科研成果的研究者给予奖励。

（二）林业教育

土耳其具有悠久的林业教育史，1857 年在伊斯坦布尔成立了第一所林校，后来发展成为现在的伊斯坦布尔大学林学院。该学院为大学本科教育 4 年制，设有林业、森林工业和陆地景观 3 个专业，同时也培养研究生。

1971 年成立的黑海技术大学林学院，起初仅限于森林工业专业，现在也增加为林业、森林工业和陆地景观 3 个专业。

1993 年以后，耳其在全国不同地区的大学中成立了 7 个林学院，分别是都觉(Duzce)大学林学院、昌基利(Cankiri Karatekin)大学林学院、卡斯塔莫努(Kastamonu)大学林学院、卡夫卡(Kafkas)大学林学院、萨特库伊玛目(Kahramanmaras Sutcu Imam)城市大学林学院、德米雷尔(Suleyman Demirel)大学林学院和巴丁(Bartin)大学林学院。另外，林业与水务部还设立了 6 个林业培训中心，为护林员和苗圃人员提供为期 2 年的培训。

八、分析与借鉴

土耳其属于发展中国家，在林业建设与生态治理方面，土耳其的一些政策措施值得借鉴。

(1)政府提供良好的公共产品，为林业发展和农民增收打下坚实基础。土耳其政府为林区居民提供公共产品，包括一些重要的基础设施，促进了林业发展和农民脱贫致富。

(2)积极发展林区与周边群众关系，维护林区稳定，保护森林资源。土耳其国有林占 99.9%，分布在全国各地，也存在着林区与周边乡村的矛盾。政府对此十分重视，设立专门机构森林和乡村事务总局，具体负责林区社会稳定，处理林区与乡村的关系，指导林区乡村、村民发展非林非木替代产业，并在资金上给予扶持，使群众依托森林资源并在森林资源之外挖掘潜力。

(3)林业法规和政策稳定是林业发展的重要前提。土耳其林业法规不稳定给林业生产带来了消极的影响，尤其是对林业产权制度不稳定导致产权主体对林业生产预期不明确，林业生产要素投入不足，一定程度上制约了林业的发展。这也表明，稳定的林业政策法规是林业发展的重要前提，其中产权制度安排的稳定尤为重要，政府需要为林业生产经营主体创造良好的外部条件，促进生产要素投入到林业生产之中。

（吴水荣　朱洁净）

参考文献

董妍，张蕾，高玉英，徐旺明，刘璨 . 2008. 埃及和土耳其林业与消除贫困考察报告[J]. 林业经济，(12)：74 – 77.

张华新 . 2001. 土耳其林业和林业管理机构设置[J]. 世界林业研究，(4)：61 – 65.

张华新，周力军，马志华 . 2001. 土耳其林业生产和经营管理模式[J]. 世界林业研究，(1)：58 – 63.

中华人民共和国外交部 . 2012. 土耳其国家概况 . Accessed on 20 September 2013 at http：//

www. fmprc. gov. cn/mfa_ chn/gjhdq_ 603914/gj_ 603916/yz_ 603918/1206_ 604666/.
赵良平，周力军，马志华 . 1999. 土耳其林业考察[J]. 国土绿化，(5)：33 -36.
Erdogan Atmiş & Ayşegül Cil (2013). Sustainable Forestry in Turkey. Journal of Sustainable Forestry, 32(4): 354 -364.
FAO. 2013. Forestry production and trade. Accessed on 20 September 2013 at http：//faostat3. fao. org/home/index. html#DOWNLOAD.
FAO，2011. Global Forest Resources Assessment 2010. Rome.
FAO，2011. State of the World's Forests 2011. Rome.
Turkey Forest Information and Data，2013. Accessed on 10th Febuary 2013 athttp：//rainforests. mongabay. com/deforestation/2000/Turkey. htm#01-cover.

土库曼斯坦(Turkmenistan)

土库曼斯坦位于中亚西南部，为内陆国家。北部和东北部与哈萨克斯坦和乌兹别克斯坦接壤，西濒里海与阿塞拜疆和俄罗斯相望，南邻伊朗，东南与阿富汗交界。国土总面积49.12万km^2。实行总统制。全国总人口684万(2016年)，有100多个民族，土库曼族占94.7%。土库曼语为官方语言，俄语为通用语。多数居民信仰伊斯兰教(逊尼派)，俄罗斯族和亚美尼亚族信仰东正教。除首都阿什哈巴德市外，全国共划分为5个州，1个直辖市。

土库曼斯坦约80%的国土位于卡拉库姆大沙漠。1月平均气温4.4℃，7月平均气温37.6℃；年降水量从东北部地区的80 mm向南部山麓的300 mm递增，科佩特山区年降水量可达400 mm。

土库曼斯坦矿产资源丰富，主要有石油、天然气、芒硝、碘和有色稀有金属等。据BP世界能源统计2012年数据，石油和天然气的资源量为27.54亿t和26万亿m^3，石油和天然气探明储量分别为1亿t和24.3万亿m^3，天然气储量居世界第四位。石油、天然气工业为国民经济支柱产业。农业主要是棉花和小麦种植。独立后，在保持经济稳定发展的同时，逐步向市场经济过渡。2016年，国家经济运行总体良好，在油气产业快速发展带动下，GDP继续保持较快增长，国内生产总值增长率11.1%(中国外交部网站，2016)。

一、林业在国民经济中的地位

土库曼斯坦国土荒漠化严重，经济发展主要依靠农业，2016年国内生产总值为581.9亿美元(中国外交部网站，2017)，国内生产总值增长率为17%(土库曼斯坦官方数据，2012)，林业对国家经济GDP贡献极小，可忽略不计。

二、森林及其他自然资源

(一) 森林资源

1. 森林资源现状

由于特定的地理和自然气候条件，土库曼斯坦森林资源较少。据FAO统计，2015年全国森林总面积为412.7万hm^2，占国土总面积的8.5%。其中，针叶林面积2.5万hm^2，阔叶林面积410.2 hm^2。在森林面积中，原始林10.4万hm^2，占2.5%；天然次生林402.3万hm^2，占97.5%。2015年，森林立木总蓄积量为1 450万m^3，森林单位蓄积较低，平均每公顷4 m^3，大大低于世界平均水平。2015年，森林生物固碳量为820万t，平均每公顷为2 t(FAO，2015)。

2. 森林资源类型及分布

土库曼斯坦国土的大部分地区为沙漠，绿洲主要分布在阿姆河、穆尔加布河、捷詹河和阿特拉克河流域。主要植被有白梭梭(*Haloxylon persicum chinensis*)、黑梭梭(*H. aphillum mongolicum*)、刺柏(*Juniperus* spp.)、黄连木(*Pistacia chinensis*)和沙拐枣(*Calligonum mongolicum*)等。

3. 森林权属及用途

森林全部为国家所有。其中，水土保持林占97%，生物多样性保护林占3%。

(二) 其他自然资源

土库曼斯坦现有两栖类、鸟类、哺乳动物和爬行动物物种525种。其中，1.1%属土库曼斯坦特有种，5.1%属濒危物种，4%属于世界自然保护联盟划分的IV保护级别(Mongabay. com，2010)。

三、林业法规政策

自1991年独立以来，土库曼斯坦政府始终高度重视林业，特别在植树造林和荒漠化治理等方面做了大量工作，先后出台了一系列法律法规，已逐步建立起一套相对完整、内容具体的林业法律法规体系。1993年4月12日制定的《土库曼森林法》沿用至今。《森林法》确定了土库曼斯坦合理的林业管理原则，同时对于生态、经济和社会的保护与发展提出了具体要求。《森林法》的要点为：

(1)森林所有者、使用者职责。在林区内设置必要的防火设施；制止非法砍伐等破坏森林资源的行为；防止林区遭受污水、化学品和生产生活垃圾的污染；保护对森林资源有益的动物群；做好森林病虫害防治工作等。

(2)各项工程建设应当不占或少占林地，必须占用或者征用林地的，应按法定程序报地方行政主管机关、自然保护部和其他相关机构审批，未经审批部门审查或者审查后未予批准的项目不得建设；在实施此类项目前，应预先规划并切实采取防护措施，避免森林遭受污水、化学品和生产生活垃圾的污染；管理部门有权中止不符合要求项目的实施。

(3)在林区进行勘探、矿产开发等与林业无关的活动，须事先征求地方行政主管机关、自然保护部和其他相关机构的意见，待同意后才可进行。

(4)国家视情况实行提供护林专项资金和支付护林费等经济鼓励政策。

(5)地方行政主管机关、自然保护部和其他相关机构负责监督、管理森林防护工作，森林防护措施具体细则和程序由自然保护部负责制定。

(6)企业、团体和个人如违反相关规定，造成森林或树木受到毁坏的，须依法进行赔偿；对违法情节严重者，将依法追究刑事责任。

土库曼斯坦的森林政策的主要目标：有效保护现有的森林资源、植被及生物多样性；促进被破坏的森林植物资源再生；在全国范围内营造多用途林，提高森林覆盖率；改进苗木培育方法，提高苗木质量和产量，实现植树造林计划；积极参与国际林业活动；为林业人员提供就业和发展机会，培养专业林业人才(UNECE，2005)。

四、林业机构与管理体制

1999 年以前，土库曼斯坦的林业管理主要由环境保护部下的林业司负责。1999 年后，由同年设立的"Gok Gushak"(绿带)JSC 公司负责，该公司是国家性质的股份制公司，由林业部门、农业部门，机械化部门和金融部门 4 个部门组成，并由该机构的总裁统一管理，承担森林、苗圃的管理，以及植树造林等任务。

五、森林经营与管理

由于荒漠化严重，土库曼斯坦 90% 以上的森林用作水土保持林。从 1998 年开始，土库曼斯坦实施居民点大规模绿化规划。2003 年秋，总统命令全国继续实施绿化家园的规划，要求每个州都要建立森林公园，至 2005 年，全国共种植苗木 6 230 万株，其中，在首都阿什哈巴德市种植了 2 387. 5 万株，8 年间全国绿化面积增加了 14 倍。2006 年，国家决定在首都周边的广大地区建立森林公园。根据土林业发展纲要，2016 年首都及其近郊、各州区要种植 300 万株树，其中包括阔叶树、针叶树和果树。

在土库曼斯坦，种植最多的树种为松树、柏树、杜松、白蜡树、榆树、桑树和东方悬铃木等常绿树和灌木。同时，桉树、栎木和橄榄树等观赏树种及阔叶灌木也受到市场青睐。对杏树、苹果树、梨树、柿树、石榴树和无花果树等果树的市场需求量也很大。

六、生物多样性保护

（一）自然保护区建设与野生动植物保护

土库曼斯坦尽管沙漠占其国土面积 80% 以上，但其境内也不乏其他经典的自然地理景观，在土库曼斯坦境内也有典型的山脉、高原、草原和亚热带地貌等。国内共有自然保护区 8 处，分别是哈扎尔自然保护区、雄特－哈萨尔达克自然保护区、卡普兰克尔自然保护区、科佩特自然保护区、巴特赫兹自然保护区、雷佩泰克自然保护区、库吉唐套自然保护区和阿姆河自然保护区。保护区内野生动物资源较为丰富。

其中，巴特赫兹自然保护区较为著名。该保护区位于土库曼斯坦最南部，归马雷州管辖(部分归阿哈尔州管辖)，面积 8. 67 万 hm^2，成立于 1941 年 12 月。目前，保护区内有 40 余种哺乳动物，300 种鸟类，30 种爬行动物，其中，盘羊、鹅喉羚、条纹鬣狗、狞猫、兔狲、豹、骞驴、短趾雕、金雕、隼、阿富汗草蛇和中亚眼镜蛇等已被列入《土库曼斯坦国家红皮书》，为《世界自然保护联盟》规定的重点保护动物。保护区内约有 1 000 种植物，其中有 300 多种为稀有或特有种植物，如库什卡郁金香、巴德赫兹阿月浑子、阿富汗无花果和蓼蓝等已被列入《土库曼斯坦国家红皮书》。

2012 年，在巴赫德兹自然保护区的各种法律文件基础上，土库曼斯坦政府还专门制定了《关于特别受保护的土库曼斯坦自然领地的法律》。

（二）荒漠化防治

土库曼斯坦在荒漠化防治中，编制了防治荒漠化国家行动方案，不断增加农田灌溉面积及退化水浇地的复垦，并于1954年开始新建卡拉姆运河，调水到西部灌溉350万hm^2的荒漠草场和100万hm^2的新农垦区。并改善700万hm^2草场的供水条件，运河两岸成为以棉花为主的农业基地。

在土地沙漠化遥感监测系统的帮助下，土库曼荒漠化得到了有效的遏制，2000—2012年土库曼斯坦国沙漠化面积总体呈逆转趋势，其中尤其是2000—2006年沙漠化面积呈明显缩小趋势，2006年与2000年相比，沙漠化面积减少了2 588.89 km^2，随后的几年中，沙漠化面积总体进一步减少，总面积减少了将近7 000 km^2。随着沙漠化治理的逐步进行，土库曼沙漠化的面积正逐步减少。

土库曼斯坦在沙漠化治理方面主要应用了沙漠化遥感监测系统，在RS和CIS技术支持下，运用MODIS遥感影像对沙漠化地区动向进行监测，同时在干旱区和半干旱区选择适合气候环境的植被进行种植，限制人类过度活动，合理利用、防治沙漠。土库曼也有固沙造林的计划，其中国家计划种植300万株合适当地生长的树种。

七、林产品生产、加工与贸易

（一）林产品生产与加工

近年来，土库曼斯坦的林业政策侧重于自然资源的保护，加之地理和气候等不利条件，除生产极少量锯材、胶合板和中密度纤维板等产品外，很少生产木质林产品（FAOSTAT，2015）。

（二）林产品贸易

土库曼斯坦的锯材、胶合板和中密度纤维板等产品有少量出口，但近年来出口量逐渐减少。全国大部分林产品需进口，进口林产品包括胶合板、刨花板和中密度纤维板等加工产品和锯材等初级产品，且需求量大。林产品贸易逆差非常明显，2017年全年林产品出口额几乎为零，但进口额则高达1.5亿美元(表1，表2)。

随着对木质林产品的消费需求不断增加，该国锯材等初级林产品和胶合板、刨花板、中密度纤维板、印刷纸和书写纸，以及其他纸和纸板等加工林产品的进口量快速增加。2017年，印刷纸和书写纸进口量达到2 673 t，较之2008年上升221%。

表1　1998—2017年土库曼斯坦主要林产品进口量　(m^3，t)

林产品＼年份	1998	2003	2008	2013	2015	2017
胶合板	330	330	330	33 419	33 419	33 419
刨花板	770	770	770	39 670	39 670	39 070
中密度纤维板	288	368	368	24 015	24 015	24 015
新闻纸	6	6	6	7 129	7 129	2 673
印刷纸和书写纸	832	832	832	2 673	2 673	2 673
锯材	23 803	23 803	23 803	323 960	346 100	346 100

资料来源：FAOSTAT，2018。

表 2　1998—2017 年土库曼斯坦主要林产品出口量　（m^3）

林产品＼年份	2005	2007	2009	2011	2013	2015	2017
胶合板	788	788	788	788	0	0	0
中密度纤维板	151	151	151	151	0	0	0
锯材	44	44	44	44	0	0	0

资料来源：FAOSTAT，2018。

土库曼斯坦进口的林产品主要来源于美国、中国、日本、德国和英国等国家，包括近邻欧洲的比利时等国，日本是其第三大林产品进口国。

土库曼斯坦主要林产品出口国有德国、加拿大、中国和俄罗斯等国家，同时林产品还销往法国、瑞典和芬兰等欧洲国家，以及马来西亚和印度尼西亚等亚洲国家（FAOSTAT，2015）。

八、林业科研与教育

土库曼斯坦全国最大的科学研究中心是创建于 1951 年的土库曼斯坦科学院。独立时科学院下设 3 个学部（物理技术和化学科学部、生物科学部和社会科学部），15 个研究所，拥有院士 17 人，通讯院士 27 人，有 1 112 名科技研究员，其中博士 80 人，副博士 581 人。科学院藏书 199. 92 万册，同世界 40 个国家的 278 个科研机构建立了联系。

该国科学院有著名的沙漠研究所，专门研究沙漠利用、治沙、沙土种植和沙土灌溉等农林业技术。土库曼斯坦也设立了农业科学院，有专门培养农林业科技人才的农林学院和各类中等专业学校。该国在护田造林、排灌、耕作技术、土壤改良、防治土壤侵蚀以及农作物育种、除草灭虫和防治植物病害等方面都取得了许多研究成果。

九、林业国际合作与交流

（一）林业对外合作的主要诉求

土库曼斯坦是位于中亚的重要石油资源国，为世界上最干旱的地区之一，其森林面积 412. 7 万 hm^2，森林覆盖率仅为 9%，无人工林，因此在防沙治沙、造林和植被保护方面的对外合作需求较大。

（二）林业国际合作

在德国国际合作机构（GIZ）支持下，土库曼斯坦曾与哈萨克斯坦、吉尔吉斯斯坦、塔吉克斯坦和乌兹别克斯坦开展了“中亚国家自然资源可持续利用项目（2002—2014）”，对牧场、森林和野生动植物资源进行有效管理，国家林业部门将林地长期租赁给个人用于可持续管理，鼓励当地群众参与退化林区造林，禁止非法采伐和过度放牧，帮助地方林业部门工作人员制定管理计划，提供技术培训，并将地方积累的良好经验反馈到国家林业部门改革进程。

（三）与中国开展双边合作的历史和重点问题

1992 年 1 月 6 日，土库曼斯坦同中国建立大使级外交关系。自建交以来，两国高层领导人互访不断，两国关系发展迅速，双方在各领域中的合作不断加强。2013 年 9 月 3 日，国家主席习近平抵达阿什哈巴德，开始对土库曼斯坦进行国事访问，两国决定建立战略伙伴关系。2014 年 5 月别尔德穆哈梅多夫总统访华期间，双方签署《中土友好合作条约》。中国是土库曼斯坦第一大贸易伙伴 2014—2017 年上半年两国贸易额达 230 多亿美元，占土同期对外贸易总额 24. 9%。土对华贸易顺差 155 亿多美元。

2013 年 9 月 3 日至 4 日，习近平主席对土库曼斯坦进行国事访问，期间中国驻土大使代表我局与土库曼斯坦环境保护部部长阿纳巴伊拉莫夫在两国领导人见证下签署了《中华人民共和国国家林业局和土库曼斯坦自然保护部关于林业与荒漠化防治的合作谅解备忘录》，内容涵盖了森林可持续经营、生物多样性保护、森林防火、荒漠化防治等领域。

（四）与中国加强双边合作的潜在领域和方式

依托中亚经济走廊，联合新亚欧大陆桥经济走廊，中土可重点开展沙尘暴预防和尘源区修复、荒漠化和盐漠化综合治理合作，同时加强湿地保护与修复、绿色生态旅游和林业应对气候变化等方面的合作。

此外，还可加强中国与土库曼斯坦斯坦在森林生态系统综合管理、中亚地区退化土地景观恢复等方面合作。通过对土库曼斯坦选定示范点区域进行植被恢复及开展森林资源管理利用最佳实践示范，为土库曼斯坦林业发展提供参考模式，促进区域森林资源有效保护和利用，实现林业可持续发展，并促进减贫和提高当地居民生活水平。

十、分析与借鉴

(1)土库曼斯坦全国荒漠化严重，严重制约了国家林业发展。森林资源匮乏，森林单位蓄积量低于世界平均水平。

(2)国家对林业投资不足，没有有效的林业发展预算，阻碍了林业政策的实施，这是目前制约土库曼斯坦林业发展的主要因素之一。

(3)林业机构设置过于简单，人员配置不合理，知识和技能不足，缺乏对森林的专业认知，没有林业专业高校，专家和研究水平较低。

（王雅菲）

参考文献

聂书岭．土库曼斯坦开始植树．土库曼斯坦通讯社，2004.

鄢雪英 丁建丽，张喆，等．2014. 中亚土库曼斯坦典型绿洲荒漠化动感遥感监测[J]. 自然灾害学报，23(12).

杨建梅．2006. 土库曼斯坦的绿化工作．土库曼斯坦杂志网站．

中华人民共和国外交部．2016. 土库曼斯坦国家概况．

中华人民共和国驻土库曼斯坦大使馆经济商务参赞处．http：//tm. mofcom. gov. cn/.

FAOSTAT. 2015. http：//www. faostat. org/.

FAO. 2005. Forestry Outlook Study for West and Central Asia.

FAO. 2010. Global forest resources assessment 2010 country report—Turkmenistan.
FAO. 2010. Global forest resources assessment 2015 country report—Turkmenistan.
FAO. 2011. 2010 森林资源评估主报告.
FAO. 2011. 2011 世界森林状况.
FAO. 2014. 2014 世界森林状况——提高森林的社会经济效益.
FAO. FAO Yearbook of Forest products 2010 [EB/OL]. (2012-05-11).
Mongabay. com. http: //rainforests. mongabay. com/deforestation/2000/Turkmenistan. htm.
UNECE. 2005.《Capacity Building in Sharing Forest and Market Information》Country statement—Turkmenistan.

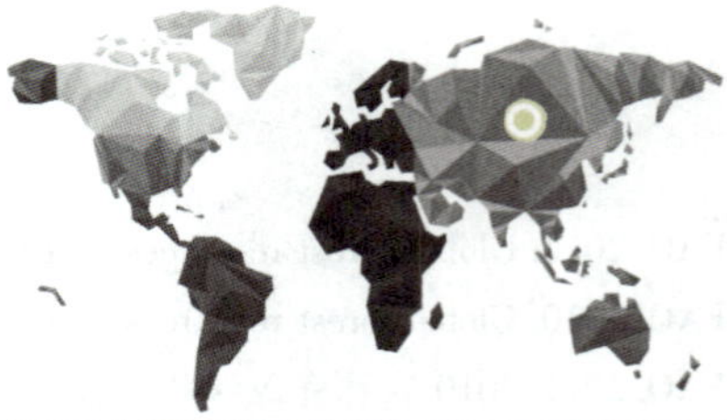

文莱(Brunei)

文莱达鲁萨兰国(简称文莱)位于加里曼丹岛北部，北濒南中国海，东南西三面与马来西亚的沙捞越州接壤，并被沙捞越州的林梦分隔为不相连的东西两部分。国土面积5 765 km^2，海岸线长约162 km，沿海为平原，内地多山地，有33个岛屿。东部地势较高，西部多沼泽地。2018年人口42.26万人，其中马来人占65.7%，华人占10.3%，其他种族占24%。马来语为国语，通用英语，华语使用较广泛。伊斯兰教为国教，其他还有佛教、基督教、道教等。行政区划分为区、乡和村三级。全国划分为文莱－穆阿拉、马来奕、都东、淡布隆4个区。区长和乡长由政府任命，村长由村民选举产生。

文莱属热带雨林气候，全年高温多雨，一年分为两季：旱季和雨季。每年11月至翌年2月是雨季，12月雨量最大；每年3～10月是旱季。近年来两季区分不是很明显。年降雨量为2 500～3 500 mm。最高气温为33℃，最低为24℃，平均气温28℃，平均湿度为82%。近年来，文莱干湿季的变化逐渐模糊，大有干季不干、湿季不湿之嫌(中国外交部网站，2015)。

文莱是东南亚主要产油国和世界主要液化天然气生产国。石油和天然气的生产和出口是国民经济的支柱，约占国内生产总值的67%和出口总收入的96%。近年来侧重油气产品深度开发和港口扩建等基础设施建设，积极吸引外资，促进经济向多元化方向发展。经过多年努力，文莱的建筑业和服装业有较大发展。2016年文莱国内生产总值(GDP)为157.5亿文元，同比下降2.5%，人均GDP约为3.7万文元(中国外交部网站，2018)。

一、林业在国民经济中的地位

文莱的经济以天然气和石油为主，农、渔、林业仅占GDP的0.9%。2012年，林业产值仅为4 000万美元。文莱已开始有计划地大规模种植沉香树，在10年后树木成材时沉香产业将帮助文莱实现初级资源产值达到45亿美元的目标。

1989年文莱的国家森林政策序言中指出，林业对履行国家发展目标和贯彻生态系统的全球战略起到了至关重要的作用，政府致力于对森林资源进行保护、发展和经营管理以保护资源和改善生活质量；促进社会、政治和人民的经济福祉，以及国家技术的进步，可持续性的环境美化和生态平衡。在这一政策背景下，林业部门面对新的挑战和机遇，已经将林业重点聚焦在执行长期发展目标上。文莱国家林业局将发展优良的热带森林作为愿景，其主要目的是更加高效率地管理国家森林。

二、森林及其他自然资源

（一）森林资源

根据2015年FAO统计数据，文莱的森林面积为37.0万hm^2，森林覆盖率约为72.1%。其中，天然林有26.3万hm^2，约占森林总面积的9.3%；天然次生林约11.4万hm^2，占森林总面积的30%；人工林仅有0.3万hm^2，占森林面积的0.7%。从整体上看，在1990—2010年，森林覆盖面积呈下降趋势（图1）。2015年森林覆盖面积与2010年相同为38万hm^2。

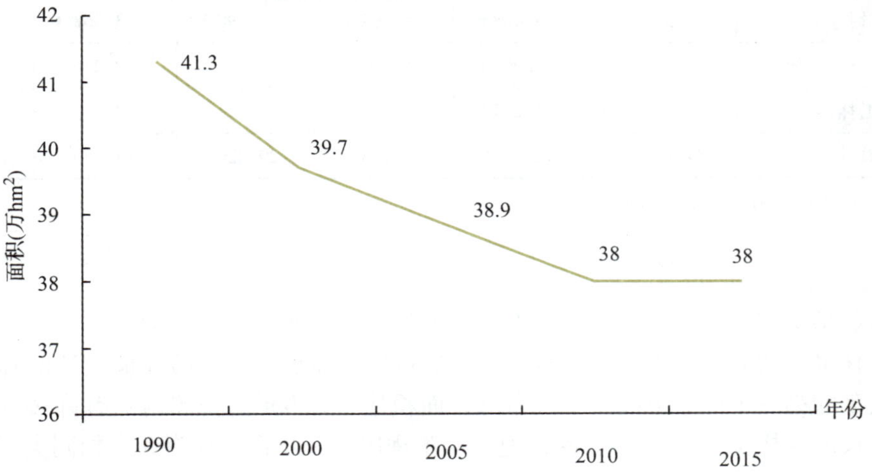

图1　文莱1990—2015年森林面积变化趋势

资料来源：FAO，2015。

文莱的森林蓄积量为7 300万m^3，每公顷蓄积量约为192 m^3。文莱地处热带，森林均为阔叶林，其中可用作商业用途的树种占84%。森林蓄积量1990—2015年整体呈下降趋势，但2015年相比2010年增加了100万m^3，2015年文莱森林碳储量9300万t。

文莱的森林100%为公有，全部由国家管理。

由于经济收入基本来自于石油和天然气，并不需要大规模开发森林。因此，有28%的天然林受到完全保护，被划为防护林（指定用于水土保持）或保护林（包括国家公园及用于生态旅游、科学和教育的区域）；有43%的森林属于用材林，可进行低强度的商业性择伐；剩余29%为多用途国有林。目前，文莱国内超过50%的锯材需求均来自控制性的采伐。

天然林主要分为6种类型：沿海沼泽的红树林；河岸地区的淡水沼泽林；内陆泥泞地区的泥炭沼泽林；白沙地区的荒地森林；低地和低海拔地区的龙脑香混交林；海拔800 m以上的山地林（表1）。

表1 文莱主要森林类型及其分布 （万 hm^2）

森林类型		1979			1996		
		原始林	次生林	总量	原始林	次生林	总量
红树林		1.841 8		1.841 8	1.079 8	0.762 0	1.841 8
淡水沼泽林		1.266 8		1.266 8	1.266 8		1.266 8
泥炭沼泽林		9.088 4	1.282 1	10.370 5	8.726 7	1.643 8	10.370 5
荒地森林		0.345 5	0.415 3	0.760 8	0.151 7	0.504 1	0.655 8
龙脑香混交林		19.257 5	3.117 9	22.375 4	16.477 5	5.897 9	22.375 4
山地森林		0.719 6		0.719 6	0.719 6		0.719 6
混交林	总量	1.598 8	3.668 3	5.267 1	1.398 8	3.868 3	5.267 1
	次生林/其他		0.007 6	0.007 6		0.236 0	0.236 0
	人工林		4.295 0	4.295 0		2.078 8	2.078 8
总计		34.118 4	12.786 2	46.904 6	29.820 9	14.990 9	44.811 8

资料来源：FAO，2015 Country Report。

（二）生态旅游资源

旅游业是文莱近年来除油气业外大力发展的又一产业。文莱致力于将生态旅游开发作为一种森林资源的非破坏性利用，将过去需通过漫长而危险的探险才能到达的林区开放给游客。文莱的第一个国家公园位于淡布隆，面积达5万 hm^2。公园内部有许多设施，包括世界上最长的木栈步道(7 km)、露营地、避难棚屋以及步道。现有5个相同类型的公园和休闲型林区。

三、林业法规政策

（一）林业法规

文莱1934年颁布了第一部森林法。2007年，文莱对森林法进行了修订。森林法修正案和森林条例提供了更全面的新规定，适合目前林业部门的需求和面临的挑战。为了减少与林业有关的违法行为，除了更新行政方面的法律，修正法案也通过引入更重的罚款和处罚加强了林业执法。

（二）林业政策

文莱林业部门在新世纪面临着新的挑战和机遇，将重点转向实施长期发展目标，需要在战略方针、规划和执行方面进行重大的改变，注重前瞻性，而非被动地应对。

在20世纪，文莱林业部门的目标是经营好热带森林，并以一种有效的方式实现这一愿景。具体致力于以下几方面的工作：①至少将土地总面积的55%作为永久性林地或森林保护区；②合理的配置自然资源和利用可持续的多功能森林；③开发三位一体的国家林业战略计划：环境林业、林业产业和经营良好的热带森林；④改革森林管理机构；⑤制定并执行林业产业发展计划，包括天然林和人工林的培育经营以及森林动态管理；⑥制定并实施恢复退化土地的国家计划。⑦制订和实施环境森林保护项目，涉及生态系统的保护，开展资源保护、建立文献中心等；⑧制定并实施管理、开发和发展规划，以开展林业生产和维持国有土地上的森林；⑨制定并实施森林旅游和国家公园发展规划，包括生态旅游和科学研究；⑩制定并执行林业推广和教育的行动计划；⑪制定并实施国家森林保护计划；⑫制定并执行林业技术开发和转让计划；⑬建立国际联系，让文莱林业走向国际。

四、林业机构与管理体制

文莱林业厅建立于1933年，是文莱最早的政府机构的之一。目前文莱国家林业的管理部门是工业与初级资源部下设的林业厅。在早期，林业管理部门主要关注的是如何获得收入，以及木材和非木质林产品采用最低采伐量，其中包括作为国内和出口使用的乳胶。在过去的几年中，大多数的开发活动集中在商业性天然林的合理开发和经营，特别是龙脑香科树种的混交林。

五、森林经营与管理

文莱拥有最佳的、可持续性的和生态基础健全的森林经营方式。主要经济目标有：提高能够长期自给自足的木材生产能力和其他必要林产品的供给能力，促进高附加值产品的后期加工，将森林生物多样性应用于工业生物技术，加强生态旅游，发展具有国际竞争力的林业市场。以上都是为了实现林业部门对国家经济多样化贡献的最大化。

更重要的是，森林经营以保护其固有的价值为原则。包括自然生命维持系统的保护、环境设施的维护、科学事业和自然教育的推广，以及国家遗产的永存。

六、林产品生产、加工与贸易

（一）林产品生产

在2003—2016年，文莱主要林产品产量略有下降，其中锯材保持10年产量不变，木质燃料产量有微微上涨，而原木、工业原木、锯材原木和单板原木都呈下降趋势。文莱原木在2003—2016年的平均生产量为12.356万m^3（表2）。

表2 文莱2003—2016年主要林产品产量统计 （m^3）

林产品 \ 年份	2003	2004	2005	2006	2007	2008	2009	2010	2011	2012	2013	2014	2015	2016
原木	123 690	123 713	134 137	134 143	134 200	119 000	118 968	118 979	118 972	118 966	118 961	118 957	96 654	91 650
工业原木	112 100	112 100	122 500	122 500	122 500	107 300	107 300	107 300	107 300	107 300	107 300	107 300	85 000	80 000
锯材原木和单板原木	101 100	101 100	111 500	111 500	111 500	96 300	96 300	96 300	96 300	96 300	96 300	96 300	74 000	—
锯材	50 900	50 900	50 900	50 900	50 900	50 900	50 900	50 900	50 900	50 900	50 900	50 900	38 000	41 000
木质燃料	11 590	11 613	11 637	11 643	11 700	11 700	11 668	11 679	11 672	11 666	11 661	11 661	11 657	11 650

资料来源：FAOSTAT，2018。

（二）林产品贸易

从文莱2003—2016年主要林产品进出口的情况来看，文莱的林产品出口量很小，进口林产品以纸和纸板、纤维板、人造板占比较大。在最近10年间，主要林产品进、出口额尽管数额较小，但整体均呈现缓慢增长趋势(表3、表4)。

表3 文莱2003—2016年主要林产品出口额 （万美元）

林产品＼年份	2003	2004	2005	2006	2007	2008	2009	2010	2011	2012	2013	2014	2015	2016
纸和纸板	13.3	13.1	13.1	14.6	14.6	14.6	19.3	19.3	22.9	38.1	45.8	58.7	30.5	30.3
锯材	11.2	19.9	19.9	19.9	18.1	10	25.7	22	21.2	6.7	9.4	12.1	7.4	7.4
工业原木	10.7	10.7	10.7	10.7	10.7	12.6	12.6	12.6	12.6	5.9	5.8	11.8	5.9	5.9
原木	10.7	10.7	10.7	10.7	10.7	12.6	12.6	12.6	12.6	5.9	5.8	11.8	5.9	5.9
人造板	4.5	5.2	5.2	5.2	31	6.4	37.7	142.9	35.3	50.5	38.8	211.0	9.8	9.8
纤维板	4.3	4.3	4.3	4.3	4.3	4.3	4.3	4.3	4.3	14.5	6.7	5.0	5.0	5.0

资料来源：FAOSTAT，2018。

表4 文莱2003—2014年主要林产品进口额 （万美元）

林产品＼年份	2003	2004	2005	2006	2007	2008	2009	2010	2011	2012	2013	2014	2015	2016
纸和纸板	495.4	423.8	423.8	365.9	555.4	587.9	612.6	610.5	826.9	968.4	795	858.8	691.2	691.2
纤维板	32.3	115.9	115.9	87.0	126.4	89.2	79.2	150.3	95.2	38.7	107.5	113.5	93.4	93.4
锯材	16.4	3.6	3.6	3.1	31.8	46.8	7.9	10.5	8.9	49.8	30.5	40.5	21.5	21.5
原木	15.2	6.1	6.1	6.1	2.5	4.9	3.1	2.8	3.1	2.8	6.8	6.1	15.1	15.1
人造板	46.5	413.6	413.6	221.4	388.0	208.4	164.9	266.2	548.1	687.0	917.6	819.6	732.2	732.2
工业原木	10.9	1.8	1.8	1.8	1.8	4.2	2.4	2.1	2.1	2.1	6.8	6.1	15.1	15.1

资料来源：FAOSTAT，2018。

七、林业科研与教育

由于森林的优质性和多样性保存完好，文莱也成为一个国际性的雨林研究基地。文莱达鲁萨兰国大学在雨林的中心地带Kuala BelalongKuala Belalong野外研究中心建立了一个专供教学和研究的地点，并成立了全国性的研究项目。国家林业厅正在进行的一个项目是，在标本馆收集和编录国内所有的植物物种(包括未知的)并建立一个由选定的森林植物群组组成的植物园，如藤、棕榈、竹、野生果树、乔木及濒危物种。文莱博物馆中记载了关于土著居民林产品使用的传统知识，例如食品、药材、衣物及建筑材料，以传承文化遗产。

八、林业国际合作与交流

目前，文莱与中国目前关系十分密切，双方在不远的将来在正在开始的Borneo的中心行动计划中，能进一步合作，主要包括林基生物产品，高附加值木产品生产，以及传统林药和草药开发等。根据这点，提议建立 Borneo 的中心行动计划中心，集中开展与林业有关的研究及开发活动。目前还在筹建的文莱热带生物多样性中心也可以配合开展商业性的研发和环保的宣传教育。加强优先注重的地区的能力建设。尤其是在那些能促进文莱工业的发展的林基传统药物及草药方面，加强研发的能力建设。

九、分析与借鉴

文莱森林资源十分有限，但其对林业的可持续经营作为国家可持续发展的一个模式，制定一系列行动计划增加和保持森林和林业对国家经济的贡献，包括鼓励生产对森林影响低的林产品、鼓励木材深加工行业、开发和经营生态旅游和开展环保宣传教育、充分开发利用林下产业经济等。加强国际合作交流，增强能力与研发水平，在资源十分有限的条件下，持续增加林业经济贡献。文莱对林下经济和木制品的深加工产业值得我们借鉴。

（赵 劼　李婷婷）

参考文献

商务部 . 2014. 对外投资合作国别指南 http：//images. mofcom. gov. cn/bn/201506/20150604112520682. pdf.
FAO. Asia and the Pacific national forestry programmes.
http：//www. fao. org/docrep/003/x6900e/x6900e08. htm.
FAO. 2010. 2010 country report.
FAOSTAT. 2015. http：//faostat3. fao. org/faostat-gateway/go/to/home/E.
MONGABAY. Brunei Darussalam Forest Information and Data. 2009.
http：//rainforests. mongabay. com/deforestation/2000/Brunei. htm.

乌兹别克斯坦(Uzbekistan)

乌兹别克斯坦共和国(简称乌兹别克斯坦)南靠阿富汗，北部和东北与哈萨克斯坦接壤，东、东南与吉尔吉斯斯坦和塔吉克斯坦相连，西与土库曼斯坦毗邻。国土总面积44.74万km^2。全国总人口3 100万人(2016年)，有134个民族，乌兹别克族占78.8%，塔吉克族占4.9%，俄罗斯族占4.4%。乌兹别克语为官方语言，俄语为通用语。主要宗教为伊斯兰教，属逊尼派，其次为东正教(中国外交部网站，2016)。全国共划分为1个自治共和国、12个州和1个直辖市，首都塔什干。

乌兹别克斯坦属严重干旱的大陆性气候，夏季漫长、炎热，7月平均气温为26～32 ℃；冬季短促、寒冷，1月平均气温为-6～-3 ℃。全境地势东高西低，平原低地占国土面积的80%，大部分位于西北部的克孜勒库姆沙漠。主要河流有阿姆河、锡尔河和泽拉夫尚河。年均降水量平原低地为80～200 mm，山区为1 000 mm，大部分集中在冬春两季。

乌兹别克斯坦自然资源非常丰富，是独联体中经济实力较强的国家。国民经济支柱产业是黄金、棉花、石油和天然气，但经济结构单一，加工工业较为落后。旱作农业、畜牧业和采矿业发达，是世界上主要的棉花出口国之一。2014年国内生产总值678.02亿美元，人均2 187美元(中国外交部网站，2016)。

一、林业在国民经济中的地位

由于荒漠化十分严重，乌兹别克斯坦将森林的功能定位为生态防护，主要目的是涵养水源、保持水土、防止土地退化(风蚀、水蚀)和流沙。

2010年，乌兹别克斯坦林业年产值9 979万美元，占国民GDP的0.25%。林业提供的就业岗位占全国总就业人口的比例很小，其中管护人员所占比例极低，大部分林业就业岗位集中在非木质林产品及相关产业的活动中(FAO，2015)。

林业收入的一大来源是非木质林产品及依靠森林产生的其他活动，如林果采摘、林菌种养、蜂蜜养殖、中药材养殖、甘蔗采集，以及割草放牧等。此外，一些森林抚育间伐物也常被用于制作扫帚、竹篮、木铲等小型家具及生产生活用品，在一定程度上改善了当地居民的生活(UNECE，2005)。

二、森林及其他自然资源

由于特定的地理和自然气候条件，乌兹别克斯坦森林资源较贫乏。据FAO统计，2015年全国林地总面积为440.66万hm^2，其中森林322万hm^2，占国土总面积的7.3%；

其他林地118.66万hm^2，占国土总面积的2.7%。人均森林面积0.1 hm^2，明显低于独联体国家3.3 hm^2的平均水平，且未显露出明显的增长趋势。

（一）森林资源结构及消长

乌兹别克斯坦森林全部为国家所有。其中，水土保持林占93%，生物多样性保护林占6%，其余主要为用材林。在森林面积中，原始林7.3万hm^2，占全国森林面积的2.3%；天然次生林234.5万hm^2，占72.8%；人工林80.25万hm^2，占24.9%。2015年乌兹别克斯坦森林立木总蓄积量为5 500万m^3，其中针叶林1 500万m^3，阔叶林4 000万m^3。森林单位蓄积量较低，平均每公顷仅为17 m^3，明显低于世界平均水平，基本无其他散生木蓄积量。2015年森林生物量固碳量为5 400万t，平均每公顷为6 t。

近25年来，乌兹别克斯坦森林面积变化总体上呈上升趋势，但上升幅度逐渐降低且近几年稍有下降。1990—2000年森林面积年平均增长量为1.67万hm^2，年均增长率为0.54%；2000—2010年森林面积平均年增长量为0.64万hm^2，年均增长率为0.22%；2010—2015年森林面积平均年增长量为-1.11万hm^2，年均增长率为-0.3%。森林面积增长以人工林为主，1990—2015年人工林增长了59.9万hm^2。

（二）森林资源类型及分布

根据土壤与气候条件，乌兹别克斯坦森林以干旱稀疏林为主，且分布很不规则，主要分布在沙地平原、山谷河滩（洪泛区）和山区。

在沙地平原上最大的林区位于卡拉卡尔帕克、布哈拉和纳沃伊地区，主要树种是梭梭树（*Haloxylon ammodendron*）、红柳（*Tamarix ramosissima*）等耐旱植物，占森林总面积的87.9%。在山区，小面积的山林主要分布在天山、突厥斯坦和吉萨尔山脊西坡，主要生长着一些灌木和落叶针叶林树种，如杜松（*Juniperus rigida*），以及一些坚果和耐旱果树，如开心果（*Pistachio* spp.）、山杏（*Armeniaca sibirica*）、苹果（*Malus* spp.）和山楂（*Crataegus pinnatifida*）等，占森林总面积的10.4%。在山谷河滩、岛屿及沿江地带，森林呈带状分布在阿姆河和锡尔河沿岸，主要树种为胡杨（*Populus euphratica*）和沙枣（*Elaeagnus angustifolia*），约占森林总面积的1.7%。

（三）其他自然资源

据世界保护监测中心的数据显示，乌兹别克斯坦现有哺乳动物97种，鸟类424种，爬行类动物59种，鱼类83种。有维管束植物4 800种，涉及650个属种，特有物种占10%～12%。近年来，随着生态环境的恶化，部分植物种类，尤其是一些丰富的坚果树种，如沙枣、忍冬（*Lonicera maackii*）、山杏、天山桦（*Betula tianschanica*）、灰叶胡杨（*P. pruinosa*）等，面临濒危险境，另有大量沙漠物种被联合国2001年国际红皮书列入IUCN红色名录，保护困境突出（Mongabay.com，2013）。

三、林业法规政策

乌兹别克斯坦涉及生态环境的法律有28部，其中最主要的有《乌兹别克斯坦自然保护区法》《乌兹别克斯坦水及水资源利用法》《乌兹别克斯坦动物世界保护利用法》《乌兹别克斯坦共和国森林法》和《乌兹别克斯坦生态鉴定法》等。此外，还制定了10年森林政策规划和5年短期森林行动计划等具体的林业政策以保障相关法规的落实。

（一）林业法规

出台于1999年的《乌兹别克斯坦共和国森林法》是规范和约束乌兹别克斯坦林业管理和森林经营的根本大法。该法提出森林是国有财产和国家财富，应当合理地利用和保护；规定进行森林恢复是当前以及以后较长一段时间林业工作的首要任务。并做出以下规定：①原则上所有森林均属国家储备林，包括具有重要生态功能的和正在被各种类型的林业机构和企业与个人使用的林分。但是，公路和水渠沿线林、农田防护林带、城市绿化林和居民住宅内的小型园林等几种类型林分不纳入国家储备林。②对未列入国家储备林的植物群落，依据1997年出台的《野生动植物物种保护与利用法》的相关规定进行维护和利用。③在法律框架下，纳入国家储备林的林地可以被集体或个人经营利用；在达成永久性协议的前提下，林业企业、机构或组织都可享有对林分的永久使用权。④森林资源开发的承包时间可以是永久的，也可是临时的；临时森林利用时间可以是短期的（最多3年），也可是长期的（10年及以上）。

与林业发展相关的法律还有：1992年颁布的《乌兹别克斯坦共和国自然保护法》，1993年颁布的《乌兹别克斯坦共和国特别保护自然区法》，1997年颁布的《野生动植物物种保护及利用法》和1998年颁布的《乌兹别克斯坦共和国土地法典》等（WB，2007）。

（二）林业政策与战略规划

乌兹别克斯坦国家层面的林业政策主要包括10年森林政策规划和5年短期森林行动计划。后者为前者的具体行动方案，往往在前者批准后方可实施。森林政策规划包括目标、主要任务和发展的基本方向，并规定了政策实施的必要条件。行动计划主要是具体的实施战略，包括为达到既定目标而进行的分期目标和具体行动。为了实施国家林业政策还明确了应具备的条件，这些条件包括改善森林立法、改进林业组织和其他利益相关者之间的关系、加强对话和建立伙伴关系、加强制度建设以及制定监测和评价制度等（Evgeniy Botman，2010）。

此外，乌兹别克斯坦在保障生态安全方面也制定和实施了一系列重要的措施。为了解决自然资源利用的经济问题，1992年政府在环保委员会内成立了地方及共和国自然保护基金会，引入了环境污染付费机制，该基金会可以向实施环保措施、科学研究和考察、编制环保及自然资源利用的现代标准规范等工作提供资金。目前，乌兹别克斯坦林业领域的主要工作是开展植树造林以扩大林地面积，选育新树种（品种）以适应不同地区的气候条件，以及贯彻落实相关规划、方案等（杨建梅，2006）。

四、林业机构与管理体制

乌兹别克斯坦森林管理、保护、利用和经营等工作由国家环境保护委员会和国家农田水利部下属的林业管理总局两类部门执行，各司其职，相互无行政隶属关系。

1. 国家环境保护委员会

乌兹别克斯坦共和国国家环境保护委员会（简称“环保委员会”）负责全国的生态环境保护工作，下辖3个监督总局（水资源监督总局、土地监督总局、大气监督总局）、2个管理局（科技进步与宣传管理局、经济及大自然利用组织管理局）和1个法律事务处，是全国生态环境建设的最高管理机构。继承了前苏联体制——高度集权的管理模式，乌兹别克斯坦在简政放权及参与式管理方法上有所保留。在林业领域，该委员会负责制定关于保护和合理利用森林的国家政策；控制国家森林基金的规模；规范森林立法；确定森林利用的税费；确保国有林的合理利用等工作。环保委员会通过下设的67个办事处执行在各个州的林业管理工作，包括各项具体政策的实施和执行，对除国家储备林和自然保护区内森林之外的森林进行经营管理；对违反相关法律法规的林业机构和组织或企业实施处罚；开展森林保护教育，鼓励公众合理利用林下等非木质林产品资源等。67个办事处直接对环保委员会负责，州政府自主权非常有限。

2. 国家农田水利部林业管理总局

乌兹别克斯坦林业管理总局机构繁杂，下辖4个中心(良种培育中心、中草药繁殖中心、园艺装饰设计中心和林业培训中心)、6个专门处理非木质林产品(以药材为主)事宜的派出机构、6个储备林基地、6个森林狩猎场、1个国家公园(即Zaamin国家公园)、7个试验站、2个专业化企业(药材培育和园艺设计)、10个速生林基地和1个专门负责林业新技术开发的研究室(图1)。

林业管理总局负责林业专项和重大工程细则的制定及实施，对森林狩猎作出规范；对全国森林及动植物资源进行定期清查；防治土地荒漠化；管理国家公园和自然保护区；定期组织实施植树造林和绿化活动；防治森林防火和病虫害；鼓励和帮扶林业企业对非木质林产品的开发和利用(UNDP，2002)。

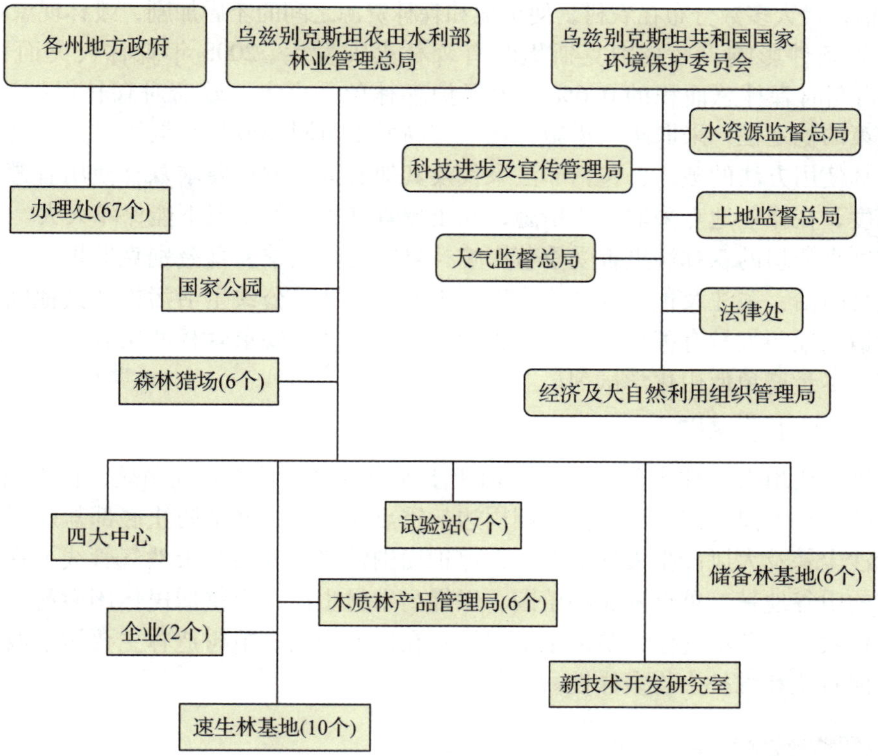

图1　乌兹别克斯坦林业机构设置

五、森林经营与管理

乌兹别克斯坦森林以干旱稀疏林为主，分布不规则，缺乏具体的经营举措，森林退化严重。近年来，该国林业部门开始将更多的资金和精力投入到人工造林中，但人工林发展仍然缓慢，土地没有得到充分的利用。

（一）森林经营

2006 年，乌兹别克斯坦林业管理总局出台了《2006—2010 年林业发展规划》，强调了造林和森林恢复，提出增强森林的环保和生态功能；扩大林地面积和森林覆盖率；扩大药用植物种植面积；加快发展合资林业企业；选育适应不同地区气候条件的新树种；更加有成效地贯彻前期的方案政策等。目前，这些目标已初见成效。

林业部门制定的长期规划在许多方面表现出计划体制时期前苏联风格的特点：经济计划，包括计划播种、计划种植；支持自然再生和造林措施，规定各种类型树种的造林数量和指标；在林业管理监测和评价活动中沿用苏联时期早已过时的办法等（Evgeniy Botman，2010）。

（二）森林保护

近年来，乌兹别克斯坦的森林退化严重，干旱、雷击火灾和病虫害等自然灾害导致全国三分之一的森林退化，更多的是人口的急剧增长带来的负面效应。近一个世纪，全国人口增长了 7.5 倍，且大多数分布在农村，使土地和森林资源之间的矛盾加剧，毁林现象频发。

受气候条件影响，乌兹别克斯坦时有森林火灾发生。2008 年森林火灾面积为 2.06 万 hm^2，占当时森林总面积的 0.6%。为保护森林免受火灾，政府对森林保护进行立法，确保了政策的稳定性；采取防火措施，在火灾高发季节限制或禁止居民进入森林；保护森林免受森林使用方法的破坏，包括非法采伐及其他有害影响；要求森林使用者遵守森林防火安全制度，在作业地点采取防火措施，在出现森林火灾的情况下能保障灭火。

乌兹别克斯坦的森林病虫害受季节影响，夏季为高发季，乌兹别克斯坦政府积极采取了措施进行防治：关注及预报森林病虫害、工业危害区、公共生活污染及其他因素发展情况，采取措施预防大量有害物及森林病害的发生和传播；要求森林使用者使用生物方法防治病虫害，尽量避免使用化学试剂。

（三）人工造林

乌兹别克斯坦人工林比重近 20%，由于土地类型多样且差异性明显，在不同区域的造林目标不同：在沙漠地带的河谷及绿洲周边，重点建立防护林带防止底部盐碱侵蚀土壤表面，防治沙尘暴及大风沙尘天气的发生，保护周围铁路、公路及天然气管线；在立地条件相对优越的山谷地带，重点发展种植园，以提高木材生产，提供居民休闲游憩需要，同时为周边旱作农业调节小气候，防治土壤侵蚀；在广大山区，植树造林主要用于改善地表径流，防治泥石流和维护生物多样性。

六、生物多样性保护

作为典型大陆性气候的内陆国家，荒漠化是乌兹别克斯坦最主要的环境问题，对荒漠化的预防和治理构成了乌兹别克斯坦生态保护的主要内容。

（一）荒漠化概况

乌兹别克斯坦超过85%的国土面积由荒漠和半荒漠组成，约47%的土地为草地或牧场，10%的土地为耕地，仅有1%的土地可连续耕作，1/3的土地处于未使用状态。因人类活动导致的沙漠化土地占到了国土面积的60%，严重影响了国民经济的发展。克孜勒库姆沙漠是位于乌兹别克斯坦和哈萨克斯坦境内的沙漠，面积约30万km^2，在锡尔河和阿姆河之间、咸海东南。

（二）荒漠化成因和后果

乌兹别克斯坦土地退化的成因包括地质、地貌以及人为因素。Bukhara，Navoi，Kashkadarya和Fergana地区主要表现为土壤退化，而水蚀沙漠化则严重地影响了Surkhandarya，Tashkent，Namangan和Andijan地区的农业用地。绵羊养殖牧场主要建立在山区的夏季牧场，而过度放牧则是该地区退化的主要原因。由于过度放牧，牧场缺乏维护，以及其他人为因素，在过去的15～20年牧场土地发生了大面积的退化。全国95%的粮食作物由占耕地面积15%的水浇地(约447.2 km^2)产出，将可利用水资源量的90%用于灌溉。据研究显示，至2003年，乌兹别克斯坦有66%的农业用地发生不同程度的盐渍化，其中严重盐渍化约占35%。随着盐渍化程度的加剧，棉花产量也由每公顷1 500～1 900 kg下降到每公顷800～1 200 kg，同时棉花的质量也受到影响。同样，植被退化主要由过度放牧、过度砍伐、将污水排入荒漠低洼地区以及超量灌溉等导致。咸海的逐渐干涸使干涸海底沉积的有毒物质直接暴露出来也是该国面临的一大威胁。因土地退化导致的土壤肥力及作物产量下降是该地区生活水平下降的主要原因。据世界银行估算，每年因沙漠化导致的经济损失高达约100亿美元。

（三）荒漠化治理

乌兹别克斯坦在沙漠化治理方面主要应用了沙漠化遥感监测系统，在RS和GIS技术支持下，运用MODIS遥感影像对沙漠化地区动向进行监测，同时在干旱区和半干旱区选择适合气候环境的植被进行种植，限制人类过度活动，合理利用、防治沙漠。与此同时，做到与中亚其他国家的通力合作，保证跨界河流对乌兹别克斯坦水资源的供应；采用高新技术，加强防渗和发展节水灌溉工程；合理利用农田排水，改变大水漫灌的灌溉方式，逐步采用喷灌、滴灌和膜下灌以及在计算机控制下定时定量的供水方式。目前，乌兹别克斯坦治理沙漠的技术模式效果显著，荒漠化有望得到有效控制，恢复绿洲系统也并非无望。

（四）生态保护的其他努力

乌兹别克斯坦还积极参与国家合作，签订一系列生态保护的国家公约：《保持生物多样性公约》(1995年乌议会批准)、《联合国关于气候变化框架公约》(乌议会1999年批准)、《拉姆萨尔关于水泽用地、特别是作为水鸟栖息之地具有国际意义的公约》(乌2001年加入)。这些公约由乌兹别克斯坦环保委员会协调履行。除此之外，“环保委员会”还协调一系列国际项目的实施：“西部天山生物多样性保持”“完善环保机构项目”及“乌兹别克斯坦共和国环保大纲”等(UNECE，2005)。

七、林产品生产、加工与贸易

乌兹别克斯坦可利用的木质林产品资源非常有限，且以技术含量较低的初级产品为主。大部分林产品需要进口，进口渠道以俄罗斯和临近的中东欧国家为主，中国也是其重要的林产品进口国。

（一）林产品生产与加工

乌兹别克斯坦可利用的木质林产品资源非常有限。2000 年以前，全国缺乏林产品生产统计数据，2002 年后才有系统统计数据。从表 1 可以看出，近 10 年来，乌兹别克斯坦大部分林产品产量稍有增长，与其森林资源变化情况一致。2014 年以后，人造板产量极速上升，至 2016 年年产量已达到 15.59 万 m^3。目前，生产的林产品主要为原木、锯材等初级林产品，多用于国内消费。

表 1　2004—2016 年乌兹别克斯坦主要林产品产量　（万 m^3）

林产品＼年份	2004	2008	2010	2012	2014	2016
原木	2.70	3.00	3.00	3.00	3.60	3.4
木质燃料	1.80	2.20	2.20	2.20	2.60	2.40
人造板	—	0.33	0.33	0.33	0.38	15.59
锯材	—	0.97	0.97	0.97	2.54	0.6

资料来源：FAOSTAT，2018。

（二）林产品贸易

乌兹别克斯坦大部分林产品需进口。目前，锯材、原木等初级产品尚有出口，但出口量变动幅度较大，与当年森林采伐量和出口换汇需求呈正相关。进口的林产品包括人造板、单板等加工产品和锯材等初级产品，且需求量大。林产品贸易逆差明显，2017 年全年林产品出口额仅为 2 470 万美元，进口额则高达 5.5 亿美元(FAOSTAT，2018)。

乌兹别克斯坦林产品进口产品涵盖各种初级林产品和深加工林产品。随着人口剧增，对木质林产品的消费需求不断增加，使该国原木、锯材等初级林产品和人造板、单板等加工林产品的进口量快速增加。2017 年，原木进口量达到 21.80 万 m^3，较之 2002 年上升 327%；人造板进口量达 65.72 万 m^3，较 2002 年上升 276%，一直保持较快增长(表 2、表 3)。

表 2　1997—2017 年乌兹别克斯坦主要林产品进口量　（万 m^3，m^3）

林产品＼年份	1997	2002	2007	2012	2015	2017
原木	0.14	5.10	44.42	28.88	28.79	21.80
锯材	0.10	0.35	132.35	213.01	241.21	212.2
人造板	7.97	17.46	42.69	57.87	54.90	65.72
木质燃料	—	211.00	46.00	75.00	0	0
单板	100.00	50.00	700.00	919.00	841.00	—

资料来源：FAOSTAT，2018。

表 3　1997—2017 年乌兹别克斯坦主要林产品出口量　　　　(m^3)

林产品 \ 年份	1997	2002	2007	2012	2015	2017
锯材	0	1 740	52	482	10 284	1 718
人造板	0	3 307	3 086	306	3 809	13 653
原木	—	416	4 124	2 213	54	553

资料来源：FAOSTAT，2018。

乌兹别克斯坦进口的林产品主要来源于俄罗斯和近邻欧洲，包括乌克兰等东欧国家和芬兰等中北欧国家，中国是其第三大林产品进口国。出口的林产品由于种类和数量较少，主要销往相近的韩国和俄罗斯等国家(FAOSTAT，2013)。

乌兹别克斯坦是著名的“丝绸之路”古国，与中国有着悠久的通商历史。近年来，该国快速增长的经济和人口为中国木材加工产品提供了广阔的市场，其丰富的自然资源也使两国在资源和产业结构方面具备较高的互补性。在中乌能源、农牧业领域合作较为广泛和成熟的前提下，在林产加工业领域的合作将进一步加深。

八、林业科研与教育

2003 年乌兹别克斯坦境内第 1 所林业院校——塔什干森林培训学院建立，但由于缺少有资质的教师，该学院只能勉强维持每年培训 45～60 名学生。此外，乌兹别克斯坦还有 4 所高校和研究机构设有林业专业，分别是乌兹别克斯坦林学院、塔什干州立农业大学林学院、努库农业大学林学院和撒马尔罕农业研究所林学部。其中，塔什干州立农业大学林学院在 2004—2012 年共培养了 117 名博士。但是，受限于本国林业发展程度，相当数量的林业专业毕业生从事了非林工作，林业教育未能发挥应有的作用。

乌兹别克斯坦科研力量薄弱，2007 年相对实力最强的乌兹别克斯坦林学院也受限于师资力量不足而将研究生的专业由之前的森林经营、景观设计和农林复合经营 3 个合并为 1 个，即只保留森林经营专业。所有林业专业的研究生只能学习该专业，且林业领域只有 3 名教授、4 名副教授和 7 名助理教授，不具备从事科研活动的团队基础和水准，研究能力和素质较为低下。

九、林业国际合作与交流

（一）国际合作

乌兹别克斯坦与欧洲国家及亚洲毗邻国家积极开展国际林业合作，在德国国际合作机构(GIZ)支持下，乌兹别克斯坦协同其他亚洲四国开展了“中亚国家自然资源可持续利用项目”(2002—2014)，对牧场、森林和野生动物资源进行有效管理，国家林业部门将林地长期租赁给个人用于可持续管理，鼓励当地群众参与退化林区造林，禁止非法采伐和过度放牧，帮助地方林业部门工作人员制定管理计划，提供技术培训，并将地方积累的良好经验反馈到国家林业部门改革进程。

（二）与中国的合作

2013年3月，中乌"吉扎克中乌工业特区"成立，旨在为吸引境内外投资创造便利条件，包括吸引具有生产高附加值和竞争力产品的现代化高科技工业生产投资项目，以综合和有效利用吉扎克州和锡尔河州的生产和资源潜力，创造新的就业岗位，提高居民收入。

中国作为亚洲地区林业大国之一，在林木种子基因库建设、林业资源信息库建设、风沙源治理、流域生态治理、生态廊道建设、矿区和其他退化地区植被恢复、林副产品深加工、发展替代能源及利用城市生活污水解决灌溉用水短缺问题等方面具备良好技术基础。近年来，乌兹别克斯坦快速增长的经济和人口也为中国木材加工产品出口提供了广阔的市场，其丰富的自然资源使两国在资源和产业结构方面具备较高的互补性。在大力发展开放型经济、加快推进"一带一路"战略的今天，我国的林业领域应积极与乌兹别克斯坦开展多方位合作，深入开展在森林可持续经营、林下经济、森林资源监测与评估、跨境生物多样性保护、荒漠化监测和防治、边境地区森林火灾联合防控，以及沙生植物种植和开发利用等方面的跨境合作具有广阔的前景，可推动次区域林业生态文明建设持续更好地发展（龙超等，2015）。

十、分析与借鉴

（1）乌兹别克斯坦严重干旱的气候环境和恶劣的生态条件导致荒漠化和盐渍化等土地退化问题，对该国生态环境造成严重威胁，加之不断膨胀的人口对旱作农业的要求越来越高，使林业在当前以及今后相当长的时间内成为其改良生态和改善农民生活的重要途径（王永春，2008）。

（2）在林业产业领域，非木质林产品的种植、采集、加工和销售产业链是乌林业经济效益的集中体现。独特的气候环境使其发展旱地林果的优势明显。近年来，依靠一系列林下经济活动，使很多农村居民的生活条件得到改善，其发展前景非常可观，也为其他沙漠化严重的国家提供了范例。

（3）乌兹别克斯坦林业以沙地林业为主，造林和森林培育的资金和人力成本较高。近年来，各地方政府积极发动社区力量，鼓励居民发展林下经济，培育经济林，通过提高社区居民的参与程度，使造林成本大幅降低，树立了一个可推广的社会林业典型。

由于土地退化严重，林业作为生态恢复的主要力量，受到乌兹别克斯坦政府的重视。然而，乌兹别克斯坦正处于经济转型和管理方式转变的关键时期，财政资金缺乏、林业政策法规执行能力差、科研力量薄弱，各项重要的林业计划和活动难以得到有效实施（聂书岭，2003）。

（赵晓迪）

参考文献

龙超，鲁德，龙跃，等. 2015. 中亚五国林业发展及国际合作展望[J]. 世界林业研究.

聂书岭. 2003. 乌兹别克斯坦加大植树造林力度[J]. 中亚信息.

王永春. 2008. 乌兹别克斯坦农业投资环境[J]. 俄罗斯中亚东欧市场.

乌兹别克斯坦环保委员会官方网站. 2013. http：//www. uznature. uz.

中华人民共和国商务部. 2013. 乌兹别克斯坦总统签署总统令，设立中乌合作吉扎克工业特区.
中华人民共和国外交部. 2016. 乌兹别克斯坦国家概况.
Center of Investment and Financial Analysts. 2011. Major trends in Financing forestry sector in the Republic of Uzbekistan.
Centre of Hydrometeorological Service under the Cabinet of Ministers of the Republic of Uzbekistan(UNFCCC). 2013. Second National Communication of the Republic of Uzbekistan under the United Nations Framework Convention on Climate Change.
Evgeniy Botman(Republican Scientific Production Centre for Decorative Gardening and Forestry). 2010. Forest Rehabilitation in the Republic of Uzbekistan.
FAO. 2011. 2010 森林资源评估主报告.
FAO. 2011. 2011 世界森林状况.
FAO. Global forest resources assessment 2015[EB/OL]. (2016-12-26).
FAO. 2010. Global forest resources assessment 2010 country report—Uzbekistan.
FAO. 2015. Global forest resources assessment 2010 country report—Uzbekistan.
FAO. FAO Yearbook of Forest products 2010[EB/OL]. (2012-05-11).
Main Administration on Hydrometeorology (Glavgidromet) at the Cabinet of Ministers of the Republic of Uzbekistan. 2002. National Report of the Republic of Uzbekistan on the Implementation to Combat Desertification (CCD).
Main Administration on Hydrometeorology. 1999. Initial Communication under the UNFCCC is approved by the National Commission of the Republic of Uzbekistan on Climate Change.
Mongabay. com. http://rainforests. mongabay. com/deforestation/2000/Uzbekistan. htm.
The Government of Uzbekistan. 1994. Law of the Republic of Uzbekistan on Enactment of the Criminal Code of the Republic of Uzbekistan.
The Government of Uzbekistan. 2003. Land Code of the Republic of Uzbekistan.
The Government of Uzbekistan. 2013. Welfare Improvement Strategy of the Republic of Uzbekistan for 2013 – 2015.
The World Bank. 2007. Integrating Environment into Agriculture and Forestry Progress and Prospects in Eastern Europe and Central Asia Volume II UZBEKISTAN.
UN. 2001. United Nations Framework Convention on Climate Change-Hague.
UNECE. 2005. Capacity Building in Sharing Forest and Market Information.
UNEP. 1999. National Action Programme to Combat Desertification in Republic of Uzbekistan.

新加坡（Singapore）

新加坡位于马来半岛南端、马六甲海峡出入口，北隔柔佛海峡与马来西亚相邻，南隔新加坡海峡与印度尼西亚相望。由新加坡岛及附近63个小岛组成，其中新加坡岛占全国面积的88.5%。国土面积714.3 km^2。总人口561万（2017年），华人占75%左右，其余为马来人、印度人和其他种族。马来语为国语，英语、华语、马来语、泰米尔语为官方语言，英语为行政用语。主要宗教为佛教、道教、伊斯兰教、基督教和印度教（中国外交部网站，2018）。

新加坡地势低平，平均海拔15 m，最高海拔163 m，海岸线长193 km。属热带海洋性气候，常年高温潮湿多雨。年平均气温24～32 ℃，日平均气温26.8 ℃，年平均降水量2 345 mm，年平均湿度84.3%。

新加坡自然资源匮乏。用于农业生产的土地仅占国土面积1%左右，产值占国民经济不到0.1%，主要由园艺种植、家禽饲养、水产养殖和蔬菜种植等构成。绝大部分粮食、蔬菜从马来西亚、中国、印度尼西亚和澳大利亚进口。

新加坡的经济传统上以商业为主，包括转口贸易、加工出口、航运等，是东南亚最大的海港、重要商业城市和转口贸易中心，也是国际金融中心和重要的航空中心。独立后的新加坡经济发展引人瞩目，被称为亚洲四小龙之一。新加坡是东南亚国家联盟（ASEAN）10个成员国之一，也是世界贸易组织（WTO）以及亚洲太平洋经济合作组织（APEC）成员经济体之一。2017年，国内生产总值3 239亿美元，人均国内生产总值5.5万美元（中国外交部网站，2018）。

一、森林及其他自然资源

据FAO数据显示，2015年，新加坡森林面积为1.6万hm^2，森林覆盖率为23.4%，森林类型为典型的热带雨林，主要包括旱地原始林、沼泽原始林、红树林、次生林。主要集中在新加坡岛中部的武吉知马自然保护区。

新加坡森林面积很少，全部被划为保护区，用于生物多样性保护，因此新加坡不开展生产性森林采伐。森林全部属于公有，由公共管理部门负责管理。

二、林业法规政策

新加坡为实现其花园城市的目标，建立健全了城市绿化的法律制度，并加以严格执行。从20世纪70年代开始，先后出台了《公园与树木法令》《公园与树木保护法令》等法律法规，城市绿化权责分明。例如，城市道路两旁的绿地、树木归国家园林局管辖，市镇中小区公园、绿地由开发商建设，市镇理事会维护；任何人不得随意砍树，所有的行道树都有编码，要砍伐都要经过审批；任何部门都要承担绿化的责任，没有绿化规划，任何工程不得开工，一年内不开工的土地必须绿化；住宅小区的绿化必须达到总用地的30% ~ 40%等(姚兆祥，2009)。政府在培养绿化意识的同时，对损坏绿化的行为实行严厉处罚，包括大额罚款以及一定时限的人身强制。

为了保护森林资源，新加坡在人工建设的地区公园、城镇公园、社区公园和城市公园等绿化主体，把大树浓密的地方，列为树木保护区，树木保护区里的树木，胸径要达到1 m才可砍伐，而且要获得专门机构的审批。新加坡还通过立法保存了一些原始林区，如武吉知马山热带雨林保护区，这里保存了1 000 hm^2的次生原始森林和再生植被茂密的废采石场，以及长有红树林的湿地等。

一直以来，新加坡将栽植树木作为其城市森林发展的一项长期战略举措，充分发挥森林的环境美化和服务功能。绿化建设并不仅仅是政府主管部门的责任，从政府工作人员到普通市民都要坚持参加一年一度的植树运动；各居住小区、学校、企业都有自己养护的绿地；所有的绿化工程都征求市民的意见和建议；鼓励市民承包或租赁公共绿地、花木、公园设施以达到全民参与环境建设的目的。所有的建设项目，如街道、建屋、开发土地的绿化都作为项目建设的组成部分，经国家园林局审批后，按照绿化规划予以落实，验收合格后移交国家园林局管理。对于大面积的绿化养护、树木花草的管护、公园设施的维护、绿地的建设等，都用招标的方式承包或租赁经营。此外，除了严厉的惩罚措施，新加坡法律也向为绿化做出贡献的人提供奖励。

三、林业机构与管理体制

1967 年新加坡政府制定了“花园城市计划”，由“花园城市行动小组”负责监管，1976年成立公园育乐署，负责全面推动落实花园城市的概念与计划。1996 年成立国家园林局，该局隶属于国家发展部，以建设花园中的城市为目标，负责规划、建设与管理植物园、公园、自然保护区，制定每年的绿化指标和园林绿化的规划蓝图，实施各项园林和绿化工程，教育、研究以及推广园林休闲活动(黄志军，2012)。为保证各项建设与景观建设协调，不管政府还是私人工程都必须报经国家园林局批准，并按照批准的计划实施。伐木和景观建设也必须经国家园林局批准。截至2008 年，国家园林局管理着9 431 hm^2的公园和绿地，千人绿地拥有面积达1.96 hm^2。国家园林局从1992 年开始进行绿色廊道建设，目的是把主要公园、自然保护区等连结起来。

四、森林经营与管理

（一）城市园林绿化

新加坡在城市建设初期，就引入了花园城市的理论，经过30 多年的园林绿化和花园城市建设，新加坡已经被打造成了一座花园城市，实现了“热带最佳园林城市”的目标。

新加坡地处热带，绿化的遮荫功能很重要，因此，城市行道树多以高大乔木为主，并适时修枝剪枝，提高通透性，底层辅植多色彩的灌草，达到绿化美化生态化的平衡。新加坡在植物品种选择方面不局限于本地自然分布的乡土植物，在人工园林中，也引种栽培了许多全世界优良观赏植物品种。在自然保护区、公园的自然保留地或其他自然区域，则非常强调自然演替，减少人工干扰，优先采用乡土植物，防止外来物种入侵，以确保自然生态的平衡。在乔灌草搭配结构方面进行简化配置，主要采用自然风格与自然修复等低成本维护管理模式，降低绿化养护成本，在高绿化率与财政低投入之间找到了可持续发展的交集点。

同时，充分发挥科技创新优势，提高绿化科技水平。从 1980 年开始，政府推行园林绿化机械化操作与信息化管理，从而提高劳动效率。新加坡广泛开展国际合作与培训，结合先进的计算机信息管理系统，建立了园林综合管理系统、植物检测程序、公众评估系统、植物生理资料库等，可以轻而易举地了解每棵树的地点、种类、年龄、每段时间的施肥、修剪、喷药等情况。同时，新加坡拥有一批专业的植物师，对植物的病虫害及生态情况进行监控，实施科学管理。

新加坡从小就开始培养公民的绿化保护意识，并且每年都会举行大量的有关绿化保护的公众活动。包括每年上千次的学生与公众观光与论坛，上万学生参加的小学生生态与自然教育实习、小学生生态湿地学习项目等。还会邀请社区自愿人士参与园林绿化规划建设计划、园林领养计划、家庭园艺培训计划等，使全民参与到绿化保护中来。目前，新加坡全国已经形成了全民规划绿化、建设绿化、宣传绿化、保护绿化的氛围。

（二）自然保护区建设

新加坡重视自然生态系统的保护，包括建立针对各种类型森林的自然保护区。截至 2013 年，新加坡共建有 4 处自然保护区，总面积约为 3 144 hm^2。其中，中央集水区自然保护区面积最大，占地 2 889 hm^2。该保护区位于新加坡岛的中心，形成一个巨大的绿肺，但是保护区内大部分原始森林已遭砍伐，现在的林木多为人工补种。

武吉知马自然保护区占地 164 hm^2，距离市中心约 12 km，是新加坡最大的原始林保护区之一，这里的树木品种之多甚至超过了整个北美洲。保护区的中心是海拔 164.3 m 的武吉知马山，也是新加坡的至高点。保护区内有各种珍奇鸟类、蝴蝶、猴子、松鼠、猫猴等动物，以及食虫植物。

双溪部落自然保护区占地 87 hm^2，位于新加坡西北部，临近柔佛海峡。这是一处以湿地为主的自然地带，由于候鸟在此越冬的习性而受到重视，1989 年由新加坡国家发展部划为自然保留区，将原有的渔牧业者迁出后建成了自然公园，并于 1993 年 12 月 6 日正式开园。

拉柏多自然保护区常被人们称之为“拉柏多公园”，坐落于新加坡南部的沿海地区，成立于 2002 年，占地约 4 hm^2，因海岸悬崖和茂盛的次生森林而知名（白秀萍，2012）。

五、林产品生产、加工与贸易

新加坡不生产工业原木，锯材、人造板、纸和纸板等产量不大，是林产品进口国。根据 FAO 估值推测，除锯材进口额小于出口额外，工业原木、人造板、纸和纸板及纸浆等林产品进口额均大于出口额。2017 年，新加坡林产品进口额达 14.7 亿美元，出口额达 17.1 亿美元贸易顺差达 2.4 亿美元。该国近年来林产品进出口额最大的纸和纸板，2017 年进口额为 8.9 亿美元，出口额为 11.2 亿美元；人造板和锯材的进口额分别为 1.4 亿美元和 0.67 亿美元(FAOSTAT，2018)。

六、分析与借鉴

新加坡的森林面积很小，但其生态建设经验却值得我们借鉴：

(1)科学规划，长期贯彻。新加坡在生态建设方面所取得的突出成果是在其严密的国家中长期规划之下取得的。早在 1963 年新加坡独立前，时任总理李光耀就提出了“绿化新加坡、建设花园城市”的构想，1965 年建国后不久，该国政府就确立了建设“花园城市”的规划目标。之后的半个多世纪，新加坡政府始终坚持着“绿化新加坡”的目标，在不同的发展阶段制定了不同的具体规划并严格实施。在长期土地使用计划中，该国综合考虑了工业、商业、人口增长、居住条件的改善、环境保护等各方面的因素，使生态建设和经济增长齐头并进，避免了许多国家先破坏环境、后进行治理的发展道路。

(2)政策法规体系完善，执行严格。注重利用立法来统一思想、强化政策的合法性，使生态建设和保护工作有法可依，同时加大执法监督工作力度，是新加坡在生态建设与保护工作中最为成功的经验。因此，生态法治建设的途径是完善生态立法，把构建完善科学的政策法规体系作为解决生态问题的重要保障。在执法方面，应切实贯彻“执法必严”的精神，加强执法、司法环节的生态保护，真正在政府层面上、在部门条块分割管理层面上，把保护生态的法律意识贯穿于公共管理行为的每个环节。

(3)适度利用市场化手段推进林业生态服务。新加坡把企业化经营理念引入政府公共管理领域，注重成本控制和获取最大效益。所有的建设项目，如街道、建屋、开发土地的绿化都作为项目建设的组成部分，经国家公园局审批后，按照绿化规划予以落实。对于大面积的绿化养护、树木花草的管护、公园设施的维护、绿地的建设等，都用招标的方式承包或租赁经营。市场机制的有效利用加快了城市绿化的步伐，提高了绿化的成功率，调动了社会各方面资金投入、管理、养护的积极性。政府与市场作用充分发挥，社会办绿化格局得以实现。

(李 静)

参考文献

白秀萍 . 2012. 新加坡的森林保护与城市绿化[J]. 世界林业动态 .

黄志军 . 2012. 借鉴新加坡经验 致力绿色崛起[J]. 湖南林业 .

美丽之国必是森林之国——中国林业代表团赴新加坡、马来西亚的考察报告 . 2012.

夏正兴 . 2011. 新加坡城市规划建设及管理的经验及启示[J]. 江苏建筑 .

姚兆祥 . 2009. 借鉴新加坡城市绿化经验探讨我国节约型园林建设模式[J]. 广西职业技术学院学报 .

FAO. 2016. 世界森林状况 .

叙利亚(Syria)

阿拉伯叙利亚共和国(简称叙利亚)位于亚洲大陆西部、地中海东岸。北靠土耳其，东南邻伊拉克，南连约旦，西南与黎巴嫩、巴勒斯坦地区接壤，西与塞浦路斯隔海相望。国土面积 18.518 万 km^2(包括被以色列占领的戈兰高地约 1 200 km^2)。海岸线长 183 km。全国划分为 14 个省(市)。首都大马士革。全国人口 1 980 万人(2015 年)，其中阿拉伯人占 80% 以上，还有库尔德人、亚美尼亚人、土库曼人等。居民中 85% 信奉伊斯兰教，14% 信奉基督教。穆斯林人口中逊尼派占 80%(约占全国人口 68%)，什叶派占 20%。在什叶派中阿拉维派占 75%(约占全国人口 11.5%)。阿拉伯语为国语(中国外交部网站，2015)。

叙利亚领土大部分是西北向东南倾斜的高原。可分为 4 个地带：①西部山地和位于两座山脉之间的山间纵谷，位于西南部的谢赫山为全国最高峰，海拔 2 841 m；②西北部地中海沿岸平原，有长 183 km 的海岸线，是全国少数比较青绿的地方；③东部内陆的高原；④东南叙利亚沙漠。北部地区属亚热带地中海气候，南部地区属热带沙漠气候。沙漠地区冬季雨量较少，夏季干燥炎热。最低气温 0 ℃以下，最高气温达 40 ℃左右。年平均降水量沿海地区 1 000 mm 以上，南部地区仅 100 mm(中国外交部网站，2015)。

叙利亚主要资源有石油、天然气、磷酸盐、岩盐、沥青等。已探明石油储量 25 亿桶，石油及其产品基本自给，并部分出口。已探明的天然气储量 6 500 亿 m^3，磷酸盐储量 6.5 亿 t，岩盐储量 5 500 万 t（中国外交部网站，2015）。

叙利亚工业基础薄弱，现代工业只有几十年历史。现有工业分为采掘工业、加工工业和水电工业。采掘工业主要有石油、天然气、磷酸盐、大理石等。加工工业主要有纺织、食品、皮革、化工、水泥、烟草等。作为中东地区农业大国，农业在国民经济中占据重要位置。农业耕种面积为 473.6 万 hm^2，农业人口 440 万人。主要作物有小麦、大麦、玉米。经济作物有棉花、豆类、甜菜和烟草。水果有柑橘、大马士革杏、无花果、橄榄等。叙利亚是中东地区重要畜牧业国，主要畜禽品种有牛、绵羊、山羊和鸡。水资源缺乏是影响叙农业发展的主要因素（中国外交部网站，2015）。主要出口产品有石油和石油产品、棉花和棉花制品、磷酸盐、香料、皮革等。主要进口产品有机械、钢材、纺织品、燃料、粮食、罐头、糖、化工原料、文教用品、医药、木材等。

叙利亚属于中等偏下收入国家。2014 年国内生产总值 330 亿美元，人均国内生产总值 1 666 美元，国内生产总值增长率为 −30%，2014 年失业率达 58% 以上。2011 年叙利亚局势动荡后，美国等西方国家、阿盟对叙利亚实施制裁，叙利亚面临货币贬值、物价上升、失业率高企等多重压力，经济形势更趋严峻。近年来，叙利亚经济逐步向社会市场经济转轨。政府力图通过实施经济建设和社会发展的“十一五”计划(2011—2015 年)，优化经济结构，推动经济发展，但受多重因素影响，经济改革进程较为缓慢（中国外交部网站，2015）。

一、林业在国民经济中的地位

叙利亚是少林国家，是木材及木制品净进口国。政府能够认识到森林和森林服务的价值及效益，以及森林及森林服务在改善环境和提供游憩方面的作用，并致力于植树造林和发展林业。由于战乱、毁林种田、管理不善、经费不足等原因造成林业各项工作严重滞后。

2011 年叙利亚林业部门就业人数约 3 万人，占全国劳动力总数的 0.5%。林业部门产值为 2.53 亿美元，对国民经济 GDP 的贡献率为 0.4%（FAO，2014）。

二、森林及其他自然资源

截至 2015 年，叙利亚森林总面积为 49.1 万 hm^2，森林覆盖率为 2.7%，人均森林面积为 0.023 hm^2。叙利亚森林资源全部属于公有制，均由公共管理部门管理。森林资源全部为多种用途林，其中，保护区内的森林和有管理计划的森林分别为 10.0 万 hm^2 和 25.0 万hm^2，占森林总面积的 20% 和 51%。叙利亚已没有原始林，现有天然次生林 19.8 万 hm^2、人工林 29.4 万 hm^2，分别占森林总面积 40% 和 60%（FAO，2015）。

森林资源主要分布在西北部的拉塔基亚省 Alaouite 山的低山区。分布有大面积的灌木丛林，主要优势种为巴勒士登栎（*Quercus calliprinos*）。在降雨量充沛的中海拔地区小亚细亚栎（*Q. aegylops*）和（*Q. pseudocerris*）可形成良好的密林，而在海拔 1 000 m 以上的地区仍然有小面积的西伯利亚冷杉（*Abies cilicica*）和黎巴嫩雪松（*Cedrus libani*）分布。在低海拔地区主要生长有卡拉里亚松（*Pinus brutia*）纯林。由于频繁的森林火灾，这些森林大部分属于幼龄林（FAO，2012）。

叙利亚有 519 种已知两栖动物、鸟类、哺乳动物和爬行动物。其中，0.8% 为叙利亚特有；3.3% 处于濒危状态；至少有 3 000 种乡土维管束植物（Mongabay. com，2012）。据世界银行统计报道，叙利亚受到威胁的哺乳动物种类有 16 种、鸟类 15 种、高等植物种类 4 种，GEF 生物多样性效益指数为 0.9。

叙利亚已建立了 5 个保护区网络，另有 3 个正在讨论之中，国家森林保护区管理局为森林保护采取了有效措施（FAO，2012）。

三、林业法规政策

叙利亚的林业法律法规主要有：1994 年 6 月颁布的《森林法》，1994 年 10 月颁布的居住在国有林区内和其周围 5 km 范围内的居民有权利用林产品的指令，1995 年 3 月颁布的《林地放牧许可证指令》，以及 1996 年 2 月颁布的《私有林开发法令》（FAO，2012）。据不完全统计，与林业相关的主要法律法规有 10 余项（表 1）。

为了保护森林和牧场，叙利亚已建立了严格的保护措施。森林法规定，对于违法者将处以巨额罚款。但是，这还不足以保证对森林进行保护和开展可持续经营管理。开展牧场和森林改善及综合管理，允许村民开展适度的木材和饲料生产，并在放牧区放牧，有助于减少对森林和牧场危害(FAO，2012)。

表1　叙利亚林业相关主要法律法规

序号	法规名称	颁布日期
1	叙利亚－委内瑞拉农业合作谅解备忘录(阿拉伯文)	20060830
2	叙利亚农业和土地开垦部关于宣布 Mar Mousa Alhabashy 地区的森林为保护林的法令	20040913
3	叙利亚和白俄罗斯关于农业检疫和植物保护的双边协议(阿拉伯文)	20031209
4	叙利亚农业和土地开垦部关于成立中央造林委员会的决定的补充令(阿拉伯文)	20030113
5	叙利亚农业和土地开垦部关于成立中央造林委员会的决定(阿拉伯文)	20021219
6	约旦和叙利亚农业检疫合作协议(阿拉伯文)	20020821
7	叙利亚关于在农业和土地开垦部下成立过火和被毁林造林更新部门的法令	20001028
8	叙利亚关于授权开发灌丛和森林的法令(阿拉伯文)	20000718
9	叙利亚农业和土地开垦部关于森林开发的法令(阿拉伯文)	19950215
10	叙利亚关于发放道路和公路两侧树木的采伐许可证的法令(阿拉伯文)	19941024
11	叙利亚林业法(阿拉伯文)	19940620
12	叙利亚关于建立森林防护公司的法令补充案(阿拉伯文)	19620728
13	叙利亚总统关于防止山羊对林木植物破坏的法律	19580823
14	叙利亚森林法(阿拉伯文)	19530921

资料来源：中国林业信息网“世界林业法律”(http://www.lknet.ac.cn/sjly/)。

四、林业机构与管理体制

叙利亚负责森林经营管理、森林保护和开发利用的主要机构是农业和土地改革部林业和绿化局，职工人数超过3 000多人。该局下设4个部门：利用处(包括公共林和私有林)、保护处(包括森林防火、立法、护林、自然保护区、推广等)、营林处(包括经营管理)和生产处(包括苗圃和造林)。此外，该局还成立了林业研究部，以开展森林开发和改良工作。

在每个省都设有林业和绿化服务处，处长通过省农业厅负责人向中央林业和绿化局局长报告事项(FAO，2012)。

1977年根据总统令，成立了造林高层委员会，受总理领导。该委员会主要任务是推动造林工作(包括森林和果树)，最终目标是使全国森林覆盖率达到15%左右。该委员会还与农业和土地改革部林业和绿化局合作编制年度造林计划(FAO，2012)。

在叙利亚直接或间接参与林业事务的其他机构还有：①绿带项目组。正在开展植树造林活动，规划绿带长度超过1 000 km、宽10～20 km，该区的降雨量为150～250 mm。通过实施此项目将显著提高森林和果树的覆盖率。②农业和土地改革部推广局。负责开展与林业有关的推广活动，并与林业和绿化局密切合作与协调。③农业和土地改革部培训和认证局。负责农业和畜牧业培训课程和林业活动培训课程的组织。④农业和土地改革部畜牧局。负责饲料灌木生产及其在干草原区的造林，并推动这些地区自然资源的可持续利用，特别是防止过度放牧，通过在最濒危的区域建立保护区的措施防止过度放牧（FAO，2012）。

1991 年成立的环境事务委员会，受分管环境事务的部长领导，是一个关于森林和自然资源保护工作的协调和咨询机构。该委员会主要任务是制定环保计划和法规，协助处理自然资源保护方面的问题，预防和防止生态退化，提高民众环保意识。该委员会还出版月刊杂志《生命与环境》，旨在传播有关环境问题的基本信息。这个委员会还成立了各种专业委员会，与其他机构合作，处理与林业和环境有关的特定事项（FAO，2012）。

五、森林经营与管理

叙利亚鼓励发展私有林，以提高林产品自给能力，在政府高层已经认识到森林的价值、效益以及在改善环境和提供游憩方面的作用，有强烈的政治意愿支持造林和其他林业活动，但目前尚未制定相关政策。林业的主要目标是保护现有天然林和营造的人工林，其中包括多用途树种，如板栗、石松、开心果、豆角树、核桃、杏树、相思树、桉树及其他树种。为实现上述目标，已建立 40 个林业苗圃，可年产 3 000 万株树苗。平均每年绿化面积约 2.4 万 hm^2。大多数新造人工林属于降雨量较低的区域，主要包括路边和光秃的丘陵区，这些地区具有生态和景观价值（FAO，2012）。

早在 20 世纪 60 年代初叙利亚就制定了林业政策总体草案并经几次修订，但始终没有正式发布。叙利亚政府除了通过年度造林计划开展造林外，还通过植树节的形式推动造林工作。每年的最后一个星期四为国家植树节，已成为全国重要的节日。在植树节，公民和政府机构一起参加植树造林活动。

林业和绿化局广泛参与森林火灾预防和扑救，目前已建立 3 个森林防火中心，森林防火中心配备了专业的和训练有素的防火队，以及现代化的防火设备和通信系统。林业和绿化局还建设了 2 900 km 的防火隔离带，以及 2 400 km 的林道网（FAO，2012）。叙利亚森林火灾主要由野火引起。2005 年虫害危害面积为 1 000 hm^2（FAO，2010）。

六、林产品生产、加工与贸易

叙利亚属于少林国家，是木材及木制品净进口国，林产品国内生产量仅占其需求量的 5%～6%。

叙利亚生产的木质燃料主要供国内消费，近些年有少量出口。生产的工业原木主要供国内消费，有一定量的进口，出口量较少，生产量和消费量呈逐年增加的趋势。锯材产量较小，国内消费主要依赖进口。人造板的产量较小，国内消费主要依赖进口，有少量出口。国内纸浆消费全部依赖进口，纸张和纸板生产量、出口量均很少，国内消费量主要依赖进口（表 2）。

表 2　叙利亚 2000—2016 年主要林产品产量、进口量、出口量及消费量统计

（万 m^3，万 t）

林产品		2000	2004	2006	2008	2010	2012	2014	2016
木质燃料	产量	1.6	2.1	2.5	2.6	2.8	3.0	3.2	3.3
	进口	0	0	0	0	0	0	0	0
	出口	0	1	1.8	0.8	0.4	1.5	0	0
	消费	1.6	2.0	0.7	1.8	2.4	1.5	—	—
工业原木	产量	3.5	4.0	4.0	4.0	4.0	4.0	3.9	3.9
	进口	0.1	1.7	0.7	0.4	1.2	0	1.4	1.9
	出口	0	0	0	0.3	0	0	0	0
	消费	3.6	5.7	4.7	4.1	5.2	4.0	—	—
锯材	产量	0.9	0.9	0.9	0.9	0.9	0.9	0.9	0.9
	进口	29.1	75.3	53.9	59.4	69.5	29.6	18.2	4.7
	出口	0	0.2	0	0.4	0	0	0	0
	消费	30.0	76.0	54.8	59.9	70.4	30.5	—	—
人造板	产量	2.7	2.7	2.7	2.7	2.7	2.7	2.7	2.7
	进口	10.6	58.8	31.2	25.9	43.5	9.5	6.4	5.5
	出口	0	0.1	0.1	0	0.1	0.1	0	0
	消费	13.3	61.4	33.8	28.6	46.1	12.1	—	—
纸浆	产量	—	—	—	—	—	—	—	—
	进口	1.1	5.0	4.7	3.8	6.0	1.7	2.0	1.3
	出口	0	0	0	0	0	0	0	0
	消费	—	—	—	—	—	—	—	—
纸张和纸板	产量	1.1	7.5	7.5	7.5	7.5	7.5	7.5	7.5
	进口	13.7	18.5	19.6	23.3	25.5	13.9	8.7	8.4
	出口	0.1	1.0	0.2	0.3	0.6	0.2	0.1	0.1
	消费	14.7	25.0	26.9	30.5	32.4	21.2	—	—

资料来源：FAOSTAT，2017。

近 10 年来，叙利亚林产品的进出口值均呈增加的趋势，且进口远大于出口（表 3）。叙利亚主要进口纸张和纸板、胶合板、锯材、木浆等，主要供应国是俄罗斯、中国、罗马尼亚、泰国、瑞典、芬兰、马来西亚、德国、意大利、加拿大、土耳其等国家；主要出口纸张和纸板、纤维板、单板等，出口目的地主要是黎巴嫩、塞浦路斯、土耳其、奥地利、德国、沙特阿拉伯、俄罗斯、阿尔巴尼亚等国家。

表3 叙利亚2001—2016年林产品进出口额 （万美元）

年份	进口额	出口额
2001	14 302.00	561.70
2002	10 629.60	855.60
2003	29 567.00	1 239.30
2004	36 200.00	840.60
2005	36 200.00	840.60
2006	36 200.00	840.60
2007	37 985.70	687.30
2008	35 193.20	1 257.00
2009	33 740.90	848.30
2010	45 942.50	1 162.20
2011	42 318.40	792.80
2012	21 459.50	517.40
2013	11 243.10	173.90
2014	14 675.70	183.60
2015	8 658.80	151.40
2016	9 135.80	144.50

资料来源：FAOSTAT，2017。

七、林业国际合作与交流

叙利亚政府已经认识到保护本国和全球特有生物多样性的重要性，并已批准了《生物多样性公约》《世界遗产公约》《国际湿地公约》(《拉姆萨尔公约》)和地中海生物多样性特别保护区议定书等。1996年，叙利亚政府在国家环境部内成立了国家生物多样性小组，赋予保护和管理保护区的职责。虽然没有配备足够的工作人员和设备，但该小组已成功地监督制订了第一个叙利亚国家生物多样性研究规划。

在国际合作方面，叙利亚接受了一些国家和国际组织的林业援助项目。例如，FAO/意大利援建的林木种子储藏中心，FAO援助的试验示范林项目和林火管理项目，WFP(世界粮食计划署)援助的社会林业实施计划以及FAO、GTZ提供的林业教育项目等(文美，2001)，通过这些项目的实施有力推动了本国的林业发展。

八、分析与借鉴

在叙利亚，由于过度放牧、森林火灾、非法砍伐薪材和木炭材、农垦，以及受自然气候条件限制等原因，造成森林更新困难，天然林已逐渐退化。加上国内局势长期动荡不稳、经济困难以及西方国家的经济制裁，林业发展面临着不少的困难和问题。

中、叙于1956年建交，双边关系发展平稳良好。中国是叙利亚的主要贸易伙伴，2011年双边贸易额达到30亿美元，其大部分贸易额都来自中国对叙利亚的出口，而叙利亚对中国的出口主要是石油。在林业领域，中国主要向叙利亚出口木材及制品、木炭、软木、木浆、废纸、纸、纸板及其制品、动物产品等。发挥中国在资金、技术、人才等方面的优势，开展两国林业合作，将有助于推动叙利亚林业的发展。

（高发全　校建民　周禄涛）

参考文献

文美 . 2001. 叙利亚林业情况[J]. 世界林业动态，(19)：5.

中华人民共和国外交部 . 2015 – 07. 叙利亚国家概况 . http：//www. fmprc. gov. cn/mfa_ chn/gjhdq_ 603914/gj_ 603916/yz_ 603918/1206_ 604810/[2015-08-18].

FAO. 2012 – 03. FAO Forestry country information：Syrian Arab Republic. . http：//www. fao. org/forestry/country/57478/en/syr/[2013-05-18].

FAO. 2014. 世界森林状况[J]. 罗马：FAO.

FAO. 2015. Global Forest Resowrces Assess ment 2015.

Food and Agriculture Organization of the United Nations. 2010. Global Forest Resources Assessment 2010. Rome：Food and Agriculture Organization of the United Nations.

Mongabay. com. 2012. Syria Forest Information and Data. http：//rainforests. mongabay. com/deforestation/2000/Syria. htm[2013-05-10].

The Statistics Division of Food and Agriculture Organization of the United Nations. FAOSTAT. http：//faostat. fao. org/[2015-08-20].

伊朗(Iran)

伊朗伊斯兰共和国(简称伊朗)地处亚洲西南部，同土库曼斯坦、阿塞拜疆、亚美尼亚、土耳其、伊拉克、巴基斯坦和阿富汗相邻，南濒波斯湾和阿曼湾，北隔里海与俄罗斯和哈萨克斯坦相望，素有“欧亚陆桥”和“东西方空中走廊”之称。全国人口约8 000万人，官方语言为波斯语。伊斯兰教为国教，98.8%的居民信奉伊斯兰教，其中91%为什叶派，7.8%为逊尼派。伊朗全国共划分为有31个省，首都德黑兰。伊朗是具有四五千年历史的文明古国，史称波斯(中国外交部网站，2018)。

伊朗国土面积164.5万km^2，海岸线长2 700 km。属大陆性气候，冬冷夏热，大部分地区干燥少雨。境内多高原，为高原与山地相间的国家，东部为盆地和沙漠。北部有狭长的厄尔布尔士山脉，高山带覆盖着冰川，年降水量1 200 mm。山地占总面积的54.9%，卢特沙漠占20.7%。

伊朗石油、天然气和煤炭蕴藏丰富。截至2016年年底，已探明石油储量1 584亿桶，天然气储量33.5万亿m^3，分列世界第4和第1位。天然气年产量2 024亿m^3，居世界第三位。石油是经济命脉和外汇收入主要来源，石油收入占其外汇收入的一半以上。伊朗其他矿物资源也十分丰富，可采量巨大(中国外交部网站，2015)。

伊朗以石油开采业为主，另外还有炼油、钢铁、电力、纺织、汽车制造、机械制造、食品加工、建材、地毯、家用电器、化工、冶金、造纸、水泥和制糖等，但基础相对薄弱，大部分工业原材料和零配件依赖进口。农业在国民经济中占有重要地位。伊朗农耕资源丰富，全国可耕地面积超过5 200万hm^2，占其国土面积的30%以上，已耕面积1 800万hm^2，其中可灌溉耕地830万hm^2，旱田940万hm^2。农业人口占总人口的43%，农民人均耕地5.1 hm^2。农业机械化程度较低，其综合收割机与拖拉机保有量分别为1.3万台和36万台。自2003年以来，伊朗政府逐年加大农业扶持力度，重点支持水利灌溉等农田基础设施建设，以及农业科研、信贷与自然环境保护，以便改良农耕环境，提高农民生产积极性，力争实现政府第4个五年社会经济发展计划制定的13.5%的行业增长目标(中国外交部网站，2015)。

近年来，伊朗经济总体保持低速增长。2017年伊国内生产总值4 277亿美元，人均国内生产总值5 250美元，属中高等收入国家(中国外交部网站，2018)。

一、林业在国民经济中的地位

伊朗林业部门产值2015年为11.06亿美元，对国民经济GDP的贡献率为0.2%；林业就业人数为1.4万人，占全国劳动力总数的0.1%(FAO，2015)。在伊朗，由于农业国民经济中占有重要地位，政府高度重视、大力发展农业，增加作物生产的政策致使国家的部分森林改为农业用途，大量的林地变成农田，伊朗的森林面积正在以每年1%的速度萎缩。

二、森林及其他自然资源

截至2015年，伊朗森林总面积为1 069.2万hm^2，森林覆盖率5.8%，人均森林面积0.134 hm^2；森林立木总蓄积量为3.94亿m^3，单位面积林木蓄积量为37 m^3/hm^2；1990年、2000年、2005年、2010年和2015年的森林活立木生物量中碳储量分别为2.49亿t、2.49亿t、2.54亿t、2.58亿t、1.67亿t，2010年单位面积森林活立木生物量中碳储量为16 t/hm^2。

根据伊朗宪法，一切自然资源归国家所有，由政府负责管理，伊朗森林全部属公有。森林按功能划分，生产林占14%，生物多样性保护林占4%，多种用途林占82%。按森林起源划分，原生林面积20万hm^2(约占森林面积的1.9%)，其他天然次生林955.1万hm^2(约占森林面积的89.3%)，人工林94.1万hm^2(约占森林面积的8.8%)(Food and Agriculture Organization of the United Nations，2015)。

伊朗大部分地区属亚热带荒漠，由于极端的气候条件，森林稀少，以生长稀疏草类和多刺植物为主。森林大多数分布在里海沿海平原北部边缘和厄尔布尔士山脉北坡地区，多为阔叶林，里海是主要木材产地。伊朗大部分森林属于郁闭的落叶阔叶林，其优势树种主要有栗叶栎(*Quercus castaneifolia*)和鹅耳枥属(*Carpinus*)树种(FAO，2012)。伊朗北部森林分布着80个乔木树种和180个灌木树种。

全国森林可划分为5个森林植物生长区(沈照仁，2003)：

(1)里海森林区。该区有森林190万hm^2，绵延在里海南岸，分布在伊朗北部，为天然实生混交林，以阔叶树种为主。单位面积年生长量为3.5 m^3/hm^2，蓄积量为210 m^3/hm^2。该区主要树种为各种栎、紫杉、榆、桧、槭、鹅耳枥、桦、椤、花楸、槐、栗、核桃、椴、桤及扁柏等。里海林区是伊朗唯一供应木材的地方，这里的森林具有开发价值。为确保持续供应木材，又不损害森林的防护作用，必须实施严格的经营制度。经营中既考虑森林发挥多种效益，又开展主伐和间伐利用。

(2)阿拉斯巴伦森林区。该区的森林面积16.4万hm^2，分布在伊朗西北部东阿塞拜疆省，属气候较凉爽的半湿润带。该区森林主要发挥着保护土壤和水源调节功能，对保护自然环境和生物多样性意义重大，同时该区森林还提供薪柴。该区森林主要采取矮林作业，主要树种有栎、鹅耳枥、椤、榆、荚蒾、杨、榛和紫杉等。

(3)伊朗图拉年斯克森林区。该区约有森林350万hm^2，分布在霍拉桑、阿塞拜疆和中、西部省。因地形和植物不同，该区可划分为草原亚区和山地亚区。山地亚区气候干燥、寒冷，但夏季气候温和，年降水量400 mm，生长着多种桧柏。草原亚区属沙漠气候，夏季炎热。该区不论人工造林还是天然更新，都要求严格规划设计，否则难以成功。主要树种有柽柳、榆、朴、柳、扁桃、黄连木和山楂等。

(4)札格罗斯森林区。该区约有森林470万hm^2，分布在伊朗西部和南部的札格罗斯山脉，包括西阿塞拜疆、库尔德斯坦、克尔曼沙赫、洛雷斯坦、法耳斯、恰哈马哈勒－马赫蒂亚里、亚兹德省以及胡泽斯坦省北部。该区气候半干旱，冬季温和。森林对保持土壤、调节地下水和地表水均有积极意义，该区是3条主要河流（卡伦河、卡尔里河和札因代河）的发源地。主要树种为各种栎树，次要树种有黄连木、扁桃、朴、山楂和楞等。该区森林因土壤瘠薄和经营不当而产材质次量小，但仍具多种防护功能。森林仍处于不合理利用状态，生长非常稀疏。残留林木以老龄为主，幼树很少，更新主要靠萌芽。

（5）波斯湾和阿曼湾森林区。该区约有森林213万hm^2，分布于伊朗南部，包括胡泽斯坦、布什尔、霍尔木兹甘及锡斯坦－俾路支斯坦省。该区为半赤道性气候，主要树种有相思、牧豆、枣、海榄雌、红树及杨等。

伊朗西部的扎格罗斯森林大部分林地已转换为放牧地。而在高海拔地区主要是刺柏属（*Juniperus*）林，其中一些森林已被破坏或严重退化。导致森林受到破坏的主要因素是过度放牧、皆伐、将林地转换成牧场和采集薪柴等。由于严酷的气候条件和森林退化，里海林区以外的其他地区森林不进行工业木材生产，这些地区的森林商业生产仅限于非木材森林产品，主要包括天然色素和染料、植物芳香精油、蜂蜜、开心果、核桃、植物胶和药用植物。伊朗大约60%的土地为干旱沙漠或半沙漠地带，其植被主要是稀疏的金合欢和牧豆树灌木林（FAO，2012）。

根据世界保护监测中心的数据显示：伊朗至少有8 000种乡土维管束植物（Mongabay. com，2012）。另据世界银行统计报道，伊朗受威胁的哺乳动物种类为17种，受威胁的鸟类为22种，受威胁的高等植物种类为2种，GEF生物多样性效益指数为7.3。

三、林业法规政策

伊朗林业政策的主要目标是：编制国家自然资源综合计划，应用现代技术使自然资源可持续利用，增加木材和饲料生产；制定和实施农林牧计划；建立木材工业机构为林区居民获得经济收入创造条件；建立林业合作组织，与当地林农合作，在条件许可和法定的范围内开展森林经营、森林保护、森林恢复和森林开发活动；提供技术支持投资，建设道路网络；在北部林区加速传统畜牧业系统工业化以增加创收，林地外的边缘地区建设畜牧业设施；通过增加设备和投入，实现贯彻落实国家自然资源开发计划；通过机械化和现代技术，提高木材生产和减少浪费；通过改善设施，使用其他合适的燃料以取代薪材的利用；确定合理的方式开发利用森林资源，满足本地需求及出口；扩大农用林业、多用途人工林以及中短轮伐期速生树种人工林面积，以满足对木材的需求；建立国家自然保护区以保护珍稀森林群落和物种；推动国家、私营部门和合作社投资开发、恢复和利用的国家的旅游区和风景区；通过培训和推广项目，提高人们对保护和恢复自然资源重要性的认识。当地合作社通过实施林业管理计划，有助于防止林地转换成农业用地和改善农民生计。自1986年以来，共实施了18个项目，面积达13万hm^2，18个合作社的5 000多名成员参与了这些项目（FAO，2012）。

伊朗林业最重要的目标之一就是森林保护。政府要求当地社区民众参与所有的森林活动，特别是森林保护，包括防火。因为伊朗的森林火灾通常是人为因素引起的（FAO，2012）。

四、林业机构与管理体制

伊朗林业事务由农业部林业和牧业组织负责管理。林业和牧业组织对于农村发展和林农参与森林采伐和造林活动非常重视。1972年3月成立的环境局是自然保护和保护区管理的行政机构。它的职责包括自然保护、野生动物资源管理和污染防治，也参与栖息地管理规章的制定。然而，对现有自然保护法规的贯彻执行能力有限。环境局设有多个部门负责管理不同的环境事务。公园和野生动物处负责保护区管理，提出保护区建立和保护区划分变化的建议。放牧管理工作由林业与牧业组织和环境局依据相关规章制度共同负责（FAO，2012）。

五、森林经营与管理

19世纪，伊朗开始采伐北部森林以赚取外汇，森林的经济作用明显。此外，在1962年森林国有化之前，一些土地所有者也采伐属于自己的森林。尽管在1951年已成立了森林、牧场和土壤委员会，1958年颁布了森林管理条例，但是森林仍然被外国企业和森林所有者采伐（FAO，2012）。

1959年，里海地区编制了第一个森林经营方案并付诸实施。1963年以前林业计划也只在很少地区实施，当森林国有化后林业和森林开发计划才大规模实施。现在实施的包涵非木材林产品和木材生产的多用途林业计划，主要是满足当地对薪材和精细木工的需求。在一些适宜的地区，渔业、养蜂、畜牧业和饲料生产也纳入到林业规划之中（FAO，2012）。

自1965年以来，林业和牧业组织在大城镇周边地区开展了大量的营造绿色林带和森林公园项目。在20世纪80年代初，推出了一个在灌溉区和非灌溉区植树造林的新项目，其目的是满足当地对木材和环境保护的需要。1989—1992年即第一个五年社会经济计划期间，其植树造林面积约为25.3万hm^2。到2000年，植树造林总面积达到了230万hm^2。水资源短缺是伊朗在干旱地区发展人工林最主要的制约因素。整地成本高，灌溉设施的建设也是非常昂贵的。伊朗政府给土地所有者免费提供苗木供其植树造林（FAO，2012）。

伊朗宪法第50号法令规定，所有公民必须履行保护自然和自然资源的职责。伊朗第一个野生动物保护区于1927年成立。1956年组建了旨在保护濒危物种和控制打猎的狩猎委员会。1967年，狩猎和渔业局依法建立了动植物保护区。1974年环境保护和促进法令明确确定了4类自然保护区，即国家公园、野生动物保护区、保护区和国家自然遗迹。1967年颁布了《森林和牧场保护与开发法》，其中对森林公园的设置作了具体规定。林业和牧业组织负责管理主要用于游憩目的的森林公园。伊朗拥有广泛的保护网络，包括7个国家公园和大约60个其他类型保护区，其中包括约12%的国家森林（FAO，2012）。

六、林产品生产、加工与贸易

伊朗生产的工业原木大部分用于农业用途，如柱杆。伊朗森林工业主要是生产锯材、人造板、纸浆和造纸，纸张主要是靠进口，也有不少的木材作为薪材烧掉。

从表1可以看出，伊朗生产的木质燃料主要供国内消费，只有少量进口，年份间变化不大。生产的工业原木主要供国内消费，并有一定量的进口，生产量、进口量和消费量呈逐年增加的趋势。锯材产量有减少的趋势，国内消费主要依赖进口，进口量和消费量均呈逐年增加的趋势，近年来少量出口。人造板的产量、进口量和国内消费均呈增加的趋势，其中产量和进口量分别约消费量的50%多和40%多，出口很少，基本保持稳定。纸浆产量和国内消费均增加的趋势，也有少量进口。纸张和纸板生产量、进口量、出口量和消费量呈逐年减少的趋势，但出口量较少。

表1　伊朗2000—2016年主要林产品产量、进口量、出口量及消费量统计　（万 m^3，万 t）

林产品		2000	2004	2006	2008	2010	2012	2014	2015	2016
木质燃料	产量	5.4	7.7	6.5	6.7	5.3	5.2	5.2	5.2	5.2
	进口	0	0.1	0.1	0.1	0.1	0.2	0.2	0.2	0.2
	出口	0	0	0	0	0	0	0	0	0
	消费	5.4	7.8	6.6	6.8	5.4	5.4	5.4	5.4	5.4
工业原木	产量	106.0	74.3	72.9	81.9	69.7	73.0	73.0	73.0	73.0
	进口	0.8	1.4	9.7	10.7	1.7	7.8	0.3	0.5	0.5
	出口	0	0	0	0	0	0.7	0	0	0
	消费	106.8	75.7	82.6	92.6	71.4	80.1	73.3	73.5	73.5
锯材	产量	10.6	6.8	5.0	5.0	3.2	3.3	3.3	3.3	3.3
	进口	12.7	65.1	65.8	82.6	94.7	93.0	67.	80.3	80.3
	出口	0	0	0	1.4	0	0	0	0	0
	消费	23.3	71.9	70.8	86.2	97.9	96.3	70.6	83.6	83.6
人造板	产量	41.4	69.1	67.7	87.5	94.0	131.4	156.7	145.3	177.3
	进口	5.0	50.7	43.7	57.4	106.0	93.4	106.4	135.4	150.0
	出口	0	0.8	0.7	0.7	0.5	1.2	0.2	0.4	0.4
	消费	46.4	119.0	110.7	144.2	199.5	223.6	251.9	280.3	326.9
纸浆	产量	4.5	34.5	50.7	49.4	25.7	29.8	29.8	29.8	29.8
	进口	3.4	7.2	7.5	7.5	106.7	121.9	9.7	11.5	11.5
	出口	0	0	0	0	0	0	0	0.1	0.1
	消费	7.9	41.7	58.2	56.9	132.4	150.7	39.5	41.2	41.2
纸张和纸板	产量	25.1	41.1	39.3	42.1	41.9	76.6	76.6	76.6	76.6
	进口	57.6	69.6	57.3	60.0	94.9	92.3	74.3	65.4	64.8
	出口	0	0.7	0.4	0.4	1.0	1.0	1.1	1.0	1.0
	消费	82.7	110.0	96.2	101.7	135.8	167.8	149.8	140.0	139.4

资料来源：FAOSTAT，2017。

从伊朗林产品进出口额看，进口额远大于出口额（表2）。近10年来，林产品进口额整体呈下降，进口的林产品主要是纸张和纸板、人造板、纸浆、工业原木、锯材等，主要从奥地利、比利时、巴西、加拿大、中国、芬兰、法国、德国、意大利、马来西亚、韩国、俄罗斯、西班牙、瑞典、泰国、土耳其、美国等国家进口；出口的林产品主要有刨花板、纸和纸板、胶合板、纤维板和锯材，主要出口到亚美尼亚、阿塞拜疆、印度、巴基斯坦、土耳其、阿联酋等国家(FAOSTAT，2017)。

表 2　伊朗 2003—2017 年林产品进出口额　（万美元）

年份	进口额	出口额
2003	61 565. 80	1 756. 90
2005	57 517. 80	409. 30
2007	84 808. 70	409. 30
2009	94 504. 60	828. 20
2011	161 967. 50	2 542. 30
2012	164 650. 40	2 976. 70
2013	124 212. 60	9 483. 00
2014	147 752. 00	15 605. 00
2015	136 653. 10	16 771. 00
2016	136 380. 20	16 166. 00
2017	—	—

资料来源：FAOSTAT，2017。

七、林业科研与教育

伊朗的林业科研工作由政府部门和大学开展。几乎所有的部委都有自己的研究所和研究中心。德黑兰大学自然资源学院林业系和林业经济系开展森林现状和森林保护研究工作(FAO，2012)。

伊朗森林和畜牧研究所(RIFR)是从事林业科学研究的机构，主要研究领域包括造林、遗传学、生态学和山毛榉林经营管理等。该研究所下设植物研究部、森林研究部、木材学和林产品研究部、畜牧研究部、沙漠研究部、药用植物及其产品研究部、林业和牧业机械研究部、杨树和速生树研究部、生物技术研究部、森林和畜牧保护研究部。

八、分析与借鉴

地处干旱地区的伊朗是低森林覆盖率国家，林地严重退化，森林面积正在以每年 1% 的速度萎缩。保护主义者和专家们警告，如果过度的森林开发活动继续下去，在 60 年内伊朗将不会再有林地存在。造成林地退化的主要原因，除气候条件以外，还包括不利于林业发展的政策。林业专家认为，农业管理者奉行的增加作物生产的政策致使国家的部分森林改为农业用途，大量的林地变成农田，农田又被卖掉用于建造房屋和别墅。尽管低森林覆盖率国家秘书处几年前在德黑兰设立了办公室，以帮助低森林覆盖率国家制定森林保护计划，但并没有发挥显著的作用(周吉仲，2007)。

为保护森林，伊朗政府实行了木材进口政策，通过进口高质量木材创造就业机会，并阻止过量的森林采伐。中伊建交 40 多年来，各领域友好合作发展顺利。中国在干旱地区和恶劣环境中发展林业的经验和技术将有助于推动中伊两国的林业合作。

（高发全　校建民　焦龙鳍）

参考文献

沈照仁. 2003. 伊朗的森林概况[J]. 世界林业动态,(36):1-2.

中华人民共和国外交部. 2015-07. 伊朗国家概况. http://www.fmprc.gov.cn/mfa_chn/gjhdq_603914/gj_603916/yz_603918/1206_604882/[2015-08-18].

周吉仲. 2007. 伊朗的森林面积在萎缩[J]. 世界林业动态,(19):10.

FAO. 2012-03. FAO Forestry country information: Iran. http://www.fao.org/forestry/country/en/irn/[2013-04-18].

FAO. 2014. 世界森林状况[J]. 罗马: FAO.

Food and Agriculture Organization of the United Nations. 2010. Global Forest Resources Assessment 2010. Rome: Food and Agriculture Organization of the United Nations.

Mongabay.com. 2012. Iran Forest Information and Data. http://rainforests.mongabay.com/deforestation/2000/Iran.htm[2013-05-10].

Research Institute of Forests and Rangelands (RIFR). http://www.rifr-ac.ir/[2013-05-10].

The Statistics Division of Food and Agriculture Organization of the United Nations. FAOSTAT. http://faostat.fao.org/[2015-08-20].

以色列(Israel)

以色列国(简称以色列)位于亚洲西部，东与叙利亚、约旦接壤，北与黎巴嫩毗邻，西南与埃及相连，西濒地中海，是亚、非、欧三大洲的结合部。根据1947年联合国关于巴勒斯坦分治决议的规定，以色列国的面积为1.52万km^2。1948—1973年，以色列在4次阿以战争中占领了大片阿拉伯国家领土，20世纪80年代以后陆续部分撤出。目前以色列实际控制面积约2.5万km^2。其中丘陵和荒漠占90%。人口874.3万(2017年)，其中犹太人约占74.6%，其余为阿拉伯人和德鲁兹人等。大部分居民信奉犹太教，其余信奉伊斯兰教、基督教和其他宗教。希伯来语和阿拉伯语均为官方语言，通用英语(中国外交部网站，2018)。

以色列地势北高南低，海拔为500～1 200 m。北部和中部为加利利和马利亚山地和高原，南部为内盖夫荒漠，东、西部为约旦河谷和地中海沿岸平原。气候属地中海型气候，11月至翌年3月为冬季雨季，温和湿润；4～11月为旱季，炎热干燥。降水分布不均，年平均降水量北部达700多毫米，南部不足50 mm。2/3的国土属于干旱和半干旱荒漠地区，淡水资源严重缺乏。

以色列总体经济实力较强，竞争力居世界前列。采取混合型经济发展模式，工业化程度较高，以知识密集型产业为主。2015年国内生产总值(GDP)3 003亿美元，比2014年增长2.5%，人均GDP3.58万美元(Israel Central Bureau of Statistics，2017)。主要发展能耗少、资金和技术密集型产业，注重对科技研发的投入。工业部门的门类集中在高新技术产业及宝石加工行业，在电子技术、计算机软件、医疗设备、生物技术、信息和通讯技术、钻石加工等领域达到世界尖端水平。农业发达，科技含量较高，其滴灌设备、新品种开发举世闻名。农业组织结构以莫沙夫和基布兹为主。主要农作物有小麦、棉花、蔬菜和柑桔等。粮食接近自给，水果和蔬菜生产自给有余并大量出口。旅游业在经济中占重要地位，是外汇的主要来源之一。独特的旅游胜地和众多的名胜古迹，每年吸引数以百万计的游客游览观光。

一、林业在国民经济中的地位

由于历史上过度开发和过度放牧，以色列植被稀少。1948年以色列成立后，政府将森林视为植被保护和恢复的区域，限制森林的经济利用。2011年，林业部门创造附加值7.41亿美元，对GDP的贡献率为0.3%。林业部门提供了约1.3万人就业，占全国总劳动力的0.4%(FAO，2014)。

二、森林及其他自然资源

以色列森林面积为16.5万hm^2，森林覆盖率约7.5%。森林蓄积量为580万m^3。林地的59%分布于北部和中部地中海地区，41%分部于南部半干旱地区。人工林为8.8万hm^2，占森林总面积的53.9%，是世界上人工林比例较高的国家之一，这得益于建国后的造林运动(FAO, 2015)。天然林为7.6万hm^2，主要分布在以色列中部和北部的山区，大多由地中海植被构成。灌木地带的主要树种是栎属树种如土耳其栎等，以及地中海松(*Pinus halepensis*)、长角豆(*Ceratonia siliqua*)、帕莱斯蒂纳黄连木(*Ceratonia siliqua*)和南欧紫荆(*Q. ithaburensis*)。以色列乡土森林主要分布在谢法拉姆、拿撒勒和台伯山之间的沙龙和阿洛尼姆地区，地中海松集中分布在加利利西部、犹太山北部和卡尔迈勒山地区(KKL-JNF Staff, 2011)。

以色列的植物按地理位置分为3个区域：地中海地区、伊朗—吐兰地区(半干旱)和撒哈拉辛迪地区(干旱)。地中海地区一个鲜明的特点是年均降雨量超过400 mm，北方可达到1 000 mm，甚至更多，年均气温19 ℃。该地区植被的代表种是天然地中海橡树、阿月浑子、阿勒颇松树和角豆。伊朗—吐兰地区从北部内盖夫沙贝尔谢巴地区延伸到内盖夫山脉的高地。该地区的年均降雨量为150～400 mm，年均气温20～23 ℃。天然植被的代表种是隔离开心果(*Pistacia atlantica*)和叙利亚枣(*Zizyphus spina－christ*)。撒哈拉辛迪地区包括上述地区以外的领土和约旦裂谷南部，该地区年均降雨量为25～150 mm，年均气温25 ℃，代表树种是柽柳(*Tamarix spp*)和相思(*Acacia* spp.)。柽柳零星地或呈团状生长在沙质和半沙质土壤，相思生长在绿洲和河谷(KKL-JNF Staff, 2011)。

以色列森林经营的主要目标是游憩、景观改善、保护土壤和生态服务，没有单独发挥木材生产功能的商品林。以色列重视发挥森林的多种功能，生态效益和社会效益高于经济效益，用于多种服务的森林面积为9.9万hm^2，占森林总面积的64%；水土保持林为2.3万hm^2；生物多样性保护林为2.7万hm^2；社会服务林为0.5万hm^2。

以色列绝大部分森林为国有林，占森林总面积的76.6%，私有林面积为11.8万hm^2。全部人工林和大部分天然林由土地开发局下设的林业部门经营。目前约2.66万hm^2被划为森林公园，其中海岸森林公园约4 200 hm^2。森林生态系统年固碳量为957万t，其中地上部分产生的固碳量为769万t，地下部分产生的固碳量为180万t，枯死木固碳量为8万t(FAO, 2015)。

以色列荒漠化土地的类型多为石灰岩低山丘陵、戈壁、假戈壁和干旱草原，而真正意义上的沙漠占比非常少。现已建立的保护区有150多处，面积超过3 000 km^2。

三、林业法规政策

(一) 林业立法

以色列有关森林问题的立法可以追溯到英国托管时期。由于土地沙化问题的日益严重，1922年，以色列颁布了《风沙侵蚀法令》，授权政府征用沙化土地，雇佣当地人种植适宜的树木和灌木，在沙地状况的缓解和改善上取得了明显的成效。1920年出台了《林地和森林法令》，指导完成了国有林的登记和标注工作。1926年颁布实施了以色列《森林法令》，据此确定和宣布了430个森林保留地，但没有形成采取保护措施的保护区。

建国后，主要依据为1926年颁布的《森林法令》制定了《森林法》，目的是保护森林并经营特殊区域的森林。国家将非私有的多岩石地区视为"特殊区域"，鼓励通过植树造林等经营活动，使之逐渐向森林生态系统过渡。《森林法》规定了保护林地和可能成为森林的特殊区域、受保护的树种和灌木（包含森林和未成林地区）、造林要求、森林用途、允许和禁止的森林生产活动，并区分了封闭森林和开放森林。根据法律，封闭森林以造林初期和保护价值较高的森林为主，禁止木材采伐和放牧。开放森林可以进行木材采伐和放牧，必须持有林业部门发放的许可证（Moti Kaplan，2011）。

2008年对《森林法》进行了最后一次修订，修订后的《森林法》规定，所有的土地开发计划必须在地图上详细标出可能影响到的树木，开发计划在获得批准前必须征求林业主管部门的意见，开发者砍伐树木后必须补种同等数量的树木。

以色列于1963年颁布了《国家公园和自然资源法》，首次对自然栖息地、野生动植物资源提供法律保护。国家专门成立的自然保护局和公园局依据此法行使保护自然资源的职能。

（二）国家林业计划

森林和造林总体规划（NOP 22）由主管林业的土地开发局于1995年颁布实施，是以色列本着可持续发展原则制定的核心林业计划。规划中涉及的主要造林活动和政策目标是：保护开阔地；开发、培育和保护森林和常绿乔－灌丛林；发展游憩和旅游基础设施；改善景观；在特殊地区培育植被；恢复受损立地；改善牧场；兼顾木材生产。该计划明确了拓展林地在总体规划中的地位，将其作为重要组成部分纳入国家综合土地利用计划，有利于与其他活动协调考虑。计划的实施不仅保障了森林生长和林地拓展的空间，而且有力地减少了不受控制的过度发展，特别是对阻止郊区城市化起到了明显作用。同时，计划也具有一定的灵活性，在符合国家规划原则的地区发展计划中保证了休憩用地、自然保护和景观财富。虽然人口增长、社会发展和经济增长对土地利用提出了更多的建筑需求，但长久以来，在该计划的指引下，森林与发展相互协调。

四、林业机构与管理体制

以色列建国初期，林业局设在农业部下，负责全国林业和森林保护。当时，林业局对部分森林的功能进行了重新划分，设定了自然保护区和国家公园等。1959年，政府决定将大部分林业管理职能交由犹太国家基金会（JNF）负责。1961年，政府与JNF正式签署协议，规范土地管理和保护，成立土地开发局（KKL），负责土地的合理开发和保护。KKL设置林业部门，主管造林事务和可持续经营活动。KKL的工作重点集中于4个领域：地中海和半干旱地区的造林与再造林、人工林生态系统产品和服务、城市林业、国际合作与能力建设。绝大部分森林在森林和造林总体规划（NOP 22）和国家自然保护和公园指导规划（NOP 8）框架下受到保护（KKL-JNF Staff，2011）。

农业部下设的林业委员会承担着《森林法令》和《树木保护条例》的执法和监督职能，对KKL开展的森林经营活动进行指导和监管，审批森林工作方案并监督执行，对全国的树木保护公司进行指导和管理。此外，林业科研也由农业部主管。

以色列自然保护与国家公园管理局负责自然保护区、国家公园、景观和遗产的保护和管理。该局成立于1998年，由此前独立的自然保护局和国家公园局合并而成。自然保护与国家公园管理局的主要职责是保护生物多样性、生态系统和景观，维护历史遗迹，自然、景观和遗产保护的价值观宣教及公众意识提升。

五、森林经营与管理

（一）人工造林

以色列森林经营经历了曲折的发展过程。19世纪末和20世纪初，森林资源曾受到过度采伐、过度放牧和火烧的破坏，导致森林面积减少，植被组成发生变化，植物物种多样性水平降低，植被景观的特点也发生了变化。天然林演变成了常绿乔－灌丛林以及由低矮常绿灌木组成的退化植被。自然资源的过度开采和人为破坏导致水土流失和土壤盐碱化，使土地荒凉和严重退化。20世纪初，JNF最先在以色列造林，拉开了以色列规模最大且持续至今的造林活动。以色列的造林与再造林集中在地中海和半干旱地区。

1. 地中海地区的造林和再造林

地中海地区的第一代造林项目主要是在丘陵和山区营造阿勒颇松同龄纯林，后来因容易发生虫害而被地中海松取代。这些森林是根据松树同龄纯林的一般营林方法进行营造和经营的。在沿海平原和山谷，桉树是人工林的主要树种。以色列国家退化土地恢复计划使造林成果得到巩固和发展。随着时间的推移，这些人工纯林经过以下3个过程逐渐演变成复杂的森林结构：①乡土树种和灌木在下层的更新；②林木自然死亡、破坏性因素和补植使简单林分结构变得多样化；③混交树种的种植。以色列“近自然”的森林生态系统目前正在不断发展，它体现了自然和人工过程的结合，形成了以松树为主的造林树种和地中海本土橡树组成的森林结构。

2. 半干旱地区造林

在半干旱地区，以色列通过大规模造林来防治荒漠化，恢复退化土地，以及为居住在南部内盖夫沙漠地区的人们提供生态系统服务。该地区的造林以种植抗旱树种和适当的土壤和水资源管理为基础。在内盖夫沙漠区的北部，因地形和土壤特征不同而存在2个主要的人工林类型：①常见的阿勒颇松同龄纯林，大多营造在山坡上。初期造林密度较高，每公顷约3 500株，随后逐渐间伐至每公顷300～500株。如今的造林密度为每公顷约1 500株；②稀疏人工林，造林密度为每公顷200株，位于缓坡、平原和山谷。此造林方法被命名为“savanization”。在这种类型的人工林中，常见树种有金合欢树和红柳等乡土树种，也有外来树种，大多是桉树。

在半干旱地区，森林的存活和生长依赖于良好的集水技术。他们采用了内盖夫沙漠地区古代农民在粮食生产中所采用的集水方法，并与现代技术和知识相结合，提供了成功栽培人工林木、乡土灌木和草本植被所需的土壤水分。径流水是可再生和可持续的资源，即使在干旱和全球变暖的气候条件下也可以提供给种植地。收获径流水是沿等高线梯田在斜坡上进行。梯田的高度是0.7 m，宽度8～25 m。多余的径流通过泄洪系统流出，以避免在极端暴雨和洪水事件中的土壤侵蚀。树和改良牧草栽种于每年可截获几次径流水的梯田。

在降雨量100 mm以下的区域，仅在筑坝集水区种植树木。筑坝集水区建造在河谷和山谷中，可以把水流引至种植的树木。筑坝集水区面积通常为0.2～0.6 hm^2，由10～100

倍于集水区面积的流域供水。筑坝集水区可以用于娱乐，为当地提供燃料，或为人类、牲畜和野生动物提供遮荫。

集水技术和流域造林发挥了控制洪水灾害和防止土壤侵蚀的作用，并使已遭受侵蚀地区得以恢复，使农业用地和城市用地得到保护。有控制的放牧可以减少火灾隐患，并为人工栽种的树木提供更多的径流水。

沿着内盖夫沙漠干涸河床(旱谷)造林是土地恢复工作的一部分，其目的是防止土壤侵蚀，保护河谷、耕地和城市用地免遭侵蚀。沟头和河岸的防治措施和耕作区的适当排水等土壤保护措施是土地恢复工作的重要组成部分。这些经过造林的干河床可用于季节性放牧，作为休闲场所以及城镇和居民区附近的绿化带(KKL-JNF Staff, 2011)。

(二) 森林与生态保护

截至2007年，以色列全国共有190个自然保护区和66个国家公园，面积约占国土面积的20%，另有200余个自然保护区和国家公园处于规划和审批阶段(The Israel Nature and Parks Authority, 2009)。保护区为约2 500种本土野生植物、20种鱼类、400种鸟类和70种哺乳动物提供了栖息地。

(三) 森林服务

1. 生态服务

以色列的人工林和天然林被视为多功能生态景观系统，除经济效益外还发挥着重要的生态环境效益和社会效益。以色列林务局的首要目标是保护人工林和天然林资源，并为市民的福祉将高质量森林作为开放绿地。

2. 森林游憩

森林游憩服务是以色列林务局的优先事项之一。以色列林务局提供森林游憩服务和园区基础设施建设，促进森林旅游业的可持续发展，使每个人都能享受森林。许多人渴望在森林中度过周末和节假日。每年访问森林的人数超过1 200万人，反映了森林旅游受欢迎的程度。

在过去20年，数以千计的野餐点、景区道路、观光点、远足和自行车道、游乐场、自然公园、历史遗迹得到开发或重建。这些设施中有许多是残障人适用的。以色列所有的森林及其设施免费向公众开放。

以色列林务局创办了《绿色通讯》，发送到全国各地数以万计的人们，为他们提供在森林中举行的活动、实地考察和文化生活的信息。

对于以色列这样一个面积小、人口稠密且城市化和工业化程度较高的国家而言，森林在固碳、控制水土流失、抵御环境污染和降低噪音等方面都发挥着极其重要的作用(KKL-JNF Staff, 2011)。

3. 城市森林

伴随着城市化进程的快速发展，以色列对城市森林和林地的需求近年来持续上升。以色列超过91%的人口居住在城市地区。20世纪90年代，流向以色列的移民显著提高了该国本已很高的人口增长率，并加快已有社区和新增社区的发展速度。一方面，这对绿地特别是市区附近的森林构成巨大压力。另一方面，需要有更多的城市林地和其他绿地来满足日益增长的城市人口在休憩等方面的需求。

1956 年，在耶路撒冷市周围营造了一片森林作为城市绿化带，后来成为以色列的第一个城市森林，到 1967 年以色列林务局在耶路撒冷森林中种树约 100 万株，至今该森林占地 450 hm^2，已成为城市居民游览大自然和娱乐的主要场所。至 2011 年 7 月，以色列共有 16 处城市森林。

以色列城市森林管理的原则包括：①保护和关心城市森林及其自然资产和文化遗产；②城市森林及其设施全部向所有居民免费开放；③国家林务局、地方政府和当地社区在营造和管护城市森林方面建立合作关系，对社区森林实行共同管理。

六、生物多样性保护

以色列的国土几乎完全是荒漠，且引发荒漠化的类型多样。虽然自然环境相对恶劣，但自以色列自建国以来，政府一直致力于荒漠化治理，取得了世界瞩目的成绩。其荒漠化防治的主要措施在以下 4 个方面：

1. 做好荒漠化防治的科学规划

以色列防治荒漠化的规划战略可分为以下 4 类：

(1)出台国家级荒漠蔓延治理计划。鼓励中部地区采取措施防治内盖夫荒漠北部边缘的扩张；

(2)采取升级的可持续水资源管理办法，鼓励干旱地区在污水回收的基础上加快推进海水淡化、集水等技术的研发，建立流域管理办法；

(3)加快造林，促进可持续林业的发展。通过森林类型分区，提高生态承载力、降水水平和景观价值；

(4)促进农业可持续发展的政策。在生态脆弱地区实施土地利用控制，调节游牧放牧方式，促进先进农业技术的发展，开展节水农业。为更好的实施以上规划，以色列从水土保持、造林、放牧和水资源管理等方面出台了法律和相关的政策，保证规划的合理实施。

2. 制定优惠政策，科学开发和利用水资源

以色列为了解决水资源短缺这一问题，对水资源进行了有效的保护、管理、调配和使用，特别是对“边缘水资源”(废水回收、人工降雨、咸水淡化等)的有效开发，并通过各种节水措施，使之在农林业方面取得了显著成效。这些措施主要包括：

(1)北水南调工程。为解决水资源分布的区域差异，以色列于 1948 年启动了北水南调的宏大输水工程，通过多级扬水站、蓄水坝、运河、水库及输水管道，将以色列北部的最大淡水湖加工利湖之水输送到南部的内盖夫荒漠。该工程于 1964 年完成，每年可向南部地区输送淡水 5 亿 m^3，主要作为饮用水消费(约占 60%)，其余部分注入地下水库储存，以备旱季使用。

(2)边缘水资源的开发利用。地表径流集水，主要是在流域内分级设立一些集流坝、蓄水坝、坡面采流和沟道集流工程，将雨季降水形成的不固定水源收集起来用于农林业生产。深层地下苦咸水开发，特别是在南部地区，把苦咸水与淡水混合通过滴灌技术发展旱作农业和养渔业，不仅解决了农业用水问题，也有效地防治了土地盐碱化，且利用苦咸水灌溉的作物品质良好。加强对民用废水的收集处理并广泛用于农业生产，未来民用废水的处理和利用有望成为以色列未来农业灌溉的主要水源。

(3)高效节水灌溉技术的推广应用。以色列在节水灌溉技术和提高水源效用方面一直走在世界前列，已达到水肥配套、定时、定量完全自动控制。同时还可有效提高产品质量和产量，防治病虫害和杂草生长。在北部地区，针对不合理的灌溉方式和土地利用方式造成的次生盐碱化问题，政府开展了防治次生盐碱化的科研与实践工作，重点放在预防次生盐碱化上，主要是改进灌溉技术，废除漫灌和超量灌水等。

(4)水资源的保护和管理。注重水源保护，防止水质退化。在加利利湖区有专门机构长年监测水质变化，研究各种生物、矿化物对湖水的影响，而且在湖区周围采取了生物工程措施，防治水土流失以及农用废水对湖水的影响；注意调整农田耕作方式，减少因土地利用方式不当而对湖水造成的污染。以色列对居民生活用水、农业用水、工业用水实行不同收费标准，普遍限额用水，限额以内低价，超额加价。对荒漠改造、林业建设和农业开发用水则实行低价优惠。以水价作为农产品生产管理的宏观调控手段之一，鼓励生产出口创汇农产品。

3. 保护植被，节水防治荒漠化

以色列对荒漠的开发利用一直把生态环境保护作为前提。为保护荒漠地表植被，以色列政府对放牧进行了严格控制。荒漠地区的牛羊基本上实行了圈养、集约化和工厂化饲养，不仅提高了畜产品的产量，而且也防止了自然放牧对地表植被的破坏。另外，通过对径流的有效利用，在荒漠地区开展稀树草原化工程和最佳用水景观绿化工程，在荒漠地区开展植树种草，改善荒漠的自然景观。政府确定了荒漠人工造林和自然资源管理的优先项目。重点放在应用研究和基础研究以及科研技术人才和研究周期方面，创办专门基金支持人工林的保护和天然林的最佳开发研究和项目。以色列仿照热带干旱地区稀树草原这一自然景观，于 1986 年在内盖夫荒漠启动了稀树草原化项目。采用小流域综合治理和系统生态方法，通过项目的实施，在退化土地上建立和经营人工稀树草原；在保护旱地生物多样性的同时，采取生态和水文措施培肥土壤，以增加生物生产力；干旱地区径流集水技术的推广及降雨、径流、土壤湿度和动植物间正效互作的模式研究。

4. 治理的同时，重视荒漠资源的合理开发利用

以色列在防治荒漠化的同时，非常重视荒漠资源的开发利用，包括各类产品和荒漠旅游等。主要的利用活动包括：

(1)发展温室生产，走资源效用型农业之路。以色列的温室技术十分先进，可谓是高科技、高投入、高产出、高质量和高效益的荒漠农业典范。这种温室最突出的优势一是充分利用了光能，二是自动控制，植物生长光合作用需要的因子都通过计算机实现了自动控制，以达到最佳的受控生长环境。以色列的温室农业是荒漠地区实现可持续发展的一种成功范例，具有广阔的发展前景。

(2)研发植物资源，开发荒漠产品。广泛开展引种驯化工作，收集世界上干旱地区有价值的物种并在荒漠地区建立了种质资源库、汇集圃，对其适应性进行观察，研究其利用价值，以便示范和推广。科研院所从世界各地引进树种和农作物，选择有较高市场价值的品种加以培育，使之适应荒漠气候，获得经济效益。对作物品种引种驯化和育种改良工作都以市场为目标，发挥荒漠地区的自然优势，重视品种特殊品质优势、季节优势和质量优势，使得农产品和植物开发研究技术一直处在国际市场最前沿。

(3)保护荒漠景观，发展旅游业。在荒漠地区划定景观保护区，同时结合一些历史文

化遗址，建立荒漠自然公园。一方面保护地表自然景观，另一方面也通过建立人工森林公园来开展荒漠旅游、度假和休闲活动，最大限度地发挥荒漠地区的潜在优势和价值，促进荒漠地区资源的保护与开发。

(4)开发利用太阳能，解决能源问题。以色列未来能源发展目标之一，是试图通过太阳能的成功开发来解决荒漠开发，特别是荒漠高技术造林和农业生产对能源的巨大需求，通过荒漠地区太阳能充足这一优势的充分发挥来进一步推进荒漠开发的深度和广度。

七、林业科研与教育

以色列土地开发局研究委员会发起并资助多个领域的林业研究。土地开发局资助的研究旨在加深对森林的了解，包括环境、土壤和对开放区域的管理，以采取更合理的土地资源利用管理。土地开发局 KKL 平均每年资助 60 个研究项目，资助金额达 350 万谢克尔，约合 97 万美元。这些研究主要分为两大类，一类是以专业实用型项目为主，以解决目前土地利用面临的实际问题为导向，如为特定造林地区选取适合的树种，提高植物培育技术，保护植被，整合草场和森林，预防病虫害等。另一类是偏理论性的研究课题，目的是帮助人们深入地了解生态过程和机制，以及开展一些需要长期研究和追踪的题目，如特定树种的生长率，灌溉土壤的盐度变化趋势，森林的固碳能力，森林的水平衡和水质净化过程等。

由于研究课题深入具体，与生产实践的结合比较紧密，加之高效的技术推广体系，使科研成果比较容易应用到生产实践中去。政府决策部门、研究机构、推广中心和生产者协会形成了紧密的合作关系。

目前，以色列在以下技术领域处于国际领先水平：①干旱和半干旱地区荒地和森林的管理；②荒漠化防治；③截获和利用径流的先进技术的开发和应用；④利用湿地和生物过滤方式进行的河流恢复和水净化；⑤通过可持续农业进行的土地保护；⑥病虫害生物防治技术的研究与应用。

通过培训、研讨会和讲习班等形式提供专业服务，广泛开展国际交往，在各种不同领域扮演领导者的角色。

八、分析与借鉴

以色列林务局 110 多年的林业工作为以色列自然资源的发展做出了重要贡献。一个多样化的森林覆盖体系在以色列社会发挥着重要的生态效益和社会效益。在此期间，以色列建立了规模达 10 万 hm^2 的人工林，森林结构和物种组成的多样性显著提高。

以色列的人工林和天然林均被视为多功能生态景观系统，其管理目标是为社会提供多种服务和改善周边生态环境。20 世纪 80 年代以来，以色列对人工林进行了改造，从同龄纯林转变为混交林、异龄林和多用途林镶嵌体系，具有较高的生态稳定性、生物多样性和景观美学价值。这一进程将随着越来越多的林分得以更新和新土地被纳入全国森林资源清查而得到进一步发展。

以色列在下列几个方面具有自己的特点和优势：

1. 重视对土地开发管理

为防止各种不合理利用导致的土地退化，国家对土地实行统一开发，承包经营。草场与畜牧业由不同部门管理，并实行放牧许可证制度，严禁过牧。无论是农业开发、工业交通设施还是军事基地建设，都把环境保护评估放在首位并严格依法监管。如制止乱砍滥伐和过载放牧、大规模植树造林、开发水资源、减轻对土地的使用强度、发展可持续经营的集约化农业等措施。严格的生态保护法规有效地改善了以色列的土地状况，与周边原本景观格局相同的邻国相比，以色列大面积沙丘极少，而以稀树草原为主。

2. 科学规划指导造林

以色列根据土壤退化的不同程度，确定不同的植树造林项目。在造林前必须由科技人员进行规划设计，根据设计计算出所需的集水汇流面积，然后进行施工。不盲目追求大面积和高密度的造林，也不一味讲求高大乔木和景观美化，而是以水分平衡和“适地适树”原则来确定植树的密度和树种搭配。评价造林项目的成果是根据立地条件、林种和树种来评定考核其可持续利用与综合效益。凡造林区域禁止放牧，加上树冠遮阴，促进林地植被恢复和水土保持。很多造林地点是沿着山涧峡谷和河流进行的，防止山谷和堤岸受到冲蚀。还有些造林项目是为了稳定沙地，减少风蚀和扬尘。近年来，造林更多地为公众服务，增加休息旅游场所，促进了森林旅游业。

3. 研究与生产结合防治荒漠化

以色列林业和荒漠化防治科研工作从国家和地方生产现实需求选题，把基础研究、应用研究、技术开发和示范推广紧密结合，使科研成果迅速转化为生产力。以色列十分注重应用与开发研究，从适宜荒漠环境的乔灌木引种选育、基因工程、组织培养、营造技术、病虫火灾防治到林木管护、抗逆性研究等方面，尤其重视防治与利用结合。研究方向和项目大都来源于生产，并且有些项目是生产者委托并资助的。他们的应用基础、技术开发和技术推广大都是一个连续的系统或项目，保证了他们的研究成果能很快产生直接的经济效益、良好的社会效益及生态效益。近些年他们推广的径流农林复合系统将区域的积水集到低洼处，进行果园、风景林与牧草间作种植，以最少的投入产出食物和牧草等，取得了很好的效果。

（李 茗）

参考文献

方峨天，王耀琳，等.2008. 以色列林业与荒漠化防治科研现状[J]. 甘肃科技，24(1)：17－20.

中国林业赴以色列考察代表团.2007. 以色列荒漠化防治启示录[N]. 中国绿色时报，8－2(A3 版).

中国外交部网站.2018. 以色列国家概况.http：//www. fmprc. gov. cn/web/gjhdq_ 676201/gj_ 676203/yz_ 676205/1206_ 677196/1206x0_ 677198/.[2018-05-08].

FAO，2014，Contribution of the forestry sector to national economies 1990 －2011，http：//www. fao. org/3/a-i4248e. pdf ，[2017-03-15].

FAO，2015，The Global Forest Resources Assessment Country Report，http：//www. fao. org/3/a-az244e. pdf ，[2017-03-20].

Israel Central Bureau of Statistics. 2017，Israel in Figures 2016. http：//www. cbs. gov. il/www/publications/isr_ in_ n16e. pdf .[2017-03-17].

KKL－JNF Staff，2011，http：//www. jpost. com/Green－Israel/People－and－The－Environment/Afforestation

– in – Israel, Afforestation in Israel, [2013-09-03].

Moti Kaplan, 2011, National Outline Plan for Forests and Afforestation (NOP 22), http://www.kkl.org.il/eng/files/forests/tma/TAMA22_ eng.pdf, [2013-09-03].

The Israel Nature and Parks Authority, 2009, http://old.parks.org.il/BuildaGate5/general2/data_ card.php?U = no&SiteName = parks&ItemID = 660964978&ValuePage = Card13, The Israel Nature and Parks Authority—The Spirit of the Land Conservation of Nature, Landscape, and Heritage in Israel [2014-05-27] Shau Amir, Orly Rechtman, 2006, Forest Policy and Economics, The development of forest policy in Israel in the 20th century, Forest Policy and Economics, vol. 8: 35 – 51.

大洋洲林业

- 澳大利亚
- 巴布亚新几内亚
- 新西兰
- 斐济
- 所罗门群岛
- 汤加
- 瓦努阿图

澳大利亚(Australia)

澳大利亚联邦(简称澳大利亚)位于南太平洋和印度洋之间，由澳大利亚大陆、塔斯马尼亚岛等岛屿和海外领土组成，东濒太平洋的珊瑚海和塔斯曼海，北、西、南三面临印度洋及其边缘海，国土面积769.2万km^2，海岸线长36 735 km。澳大利亚的人口为2 486万人(2018年)，是世界上人口密度最低的国家之一。其中74%为英国及爱尔兰后裔；5%为亚裔，其中华裔约67万人，占3.4%；土著居民约45.5万人，占2.7%；18.3%为其他民族。澳大利亚的官方语言为英语，居民中63.9%信奉基督教，5.9%信奉佛教、伊斯兰教、印度教和犹太教等。首都是堪培拉，全国划分为6个州和两个地区。6个州分别是新南威尔士、维多利亚、昆士兰、南澳大利亚、西澳大利亚、塔斯马尼亚(中国外交部网站，2018)。

澳大利亚分为东部山地、中部平原和西部高原3个地区，沙漠和半沙漠却占全国面积的35%。北部属热带，大部分属温带。年平均气温北部27℃，南部14℃。内陆地区干旱少雨，年降水量不足200 mm，东部山区500～1 200 mm。

澳大利亚矿产资源丰富，锌、钽、铅、镍、银、铀的探明经济储量居世界首位，是世界最大的铅、钽铝矾土、氧化铝、钻石、生产国，也是世界最大的铝矾土、烟煤、钻石、锌精矿出口国。澳大利亚渔业资源也十分丰富，捕鱼区面积比国土面积多16%，是世界第三大捕鱼区，海水、淡水鱼以及甲壳及软体类水产品的品种分别超过3 000，其中已进行商业捕捞的约600种。澳大利亚最主要的水产品有对虾、龙虾、鲍鱼、金枪鱼、扇贝、牡蛎等。

澳大利亚是一个后起的工业化国家，农牧业发达，自然资源丰富，盛产羊、牛、小麦和蔗糖，同时也是世界重要的矿产品生产和出口国。属于高收入国家。农牧业、采矿业为澳大利亚传统产业。近年来，制造业和高科技产业发展迅速。服务业已成为国民经济主导产业。20世纪70年代以来，澳大利亚进行了一系列经济改革，大力发展对外贸易，经济持续较快增长，在经济合作与发展组织(OECD)国家中名列前茅。2016/2017财年国内生产总值约1.69万亿澳元，人均GDP约6.9万澳元，通货膨胀率为1.8%(中国外交部网站，2018)。

一、林业在国民经济中的地位

林业产业对于澳大利亚经济和农村、区域的社会福利都有巨大的贡献。澳大利亚林业产业的年产值约22亿美元，占澳大利亚国内生产总值的0.7%，在制造业产出中占6.2%。大约有65 700人直接从事林业和木材产业，其中有9 100人从事森林培育和林木采伐，有56 600人从事木材加工生产。2015年，澳大利亚的原木生产量为3 139万m^3。

二、森林及其他自然资源

（一）森林资源总量

截至 2015 年，澳大利亚拥有 1.248 亿 hm^2 森林，森林覆盖率达 16%，其中天然林 1.227 亿 hm^2，人工林 202 万 hm^2。全世界人均森林拥有量仅为 0.6 hm^2，而澳大利亚人均森林拥有量高达 5 hm^2，成为全球人均森林拥有量最高的国家之一（FAO，2015）。

表 1　澳大利亚森林和林业基本数据

森林总面积（2015 年）	1.248 亿 hm^2
森林覆盖率（2015 年）	16%
人均森林面积（2015 年）	5hm^2
天然林面积（2015 年）	1.227 亿 hm^2
人工林面积（2015 年）	202 万 hm^2
新造人工林（2011 年）	7.2 万 hm^2/年（5 年平均）
净增人工林（2011 年）	6.1 万 hm^2/年（5 年平均）
伐木总量（2011 年）	2 649 万 m^3
木材产品总出口（2017 年）	23.4 亿美元
木材产品总进口（2017 年）	19.9 亿美元
木材贸易顺差（2017 年）	3.5 亿美元
林业从业人数（2011 年）	65 700 人
林业总产值（2015 年）	80 亿美元
林业对 GDP 的贡献率（2010 年）	16.2%

（二）森林类型

澳大利亚绝大多数地方都较为干旱，旱地占据澳大利亚内陆面积的 70%，难以支撑森林的成长。澳洲的天然林主要分布在年降雨量超过 500 mm 的地区，商用人工林则主要分别在年降雨量超过 700 mm 的地区。天然林的主要树种有桉树林（78%）、刺槐林（7%）和白千层林（5%）。人工林中 52% 是以辐射松为主的外来针叶树种，另外 48% 以桉树为主的硬木林。

在澳大利亚天然林中，郁闭度为 20% ~50% 的森林面积为 9 900 万 hm^2，中等覆盖率 51% ~80% 的为 4 412 万 hm^2，90% 以上的高郁闭林为 427 万 hm^2。从树木高度看，树高 2 ~10 m 的天然林面积为 3 584.6 万 hm^2，10 ~30 m 高的天然林面积 1.04 亿万 hm^2，2 ~30 m以上树高的天然林面积 732.9 万 hm^2。

表 2 澳大利亚森林面积分布 （万 hm^2）

森林类型		面积
天然林	刺槐	1 036.5
	柏杉木	259.7
	木麻黄	222.9
	桉树	11 644.9
	红树	98.0
	白千层	755.6
	热带雨林	328.0
	其他森林	394.2
	合计(2008)	14 739.7
人工林	硬木人工林	99.1
	软木人工林	102.0
	其他人工林	0.9
	合计(2009)	202.0
森林总面积		14 941.7

（三）森林权属结构

20 世纪 90 年代以前，人造林主要为各州（区）政府所有。随着私人投资的增多，私人所有的比例不断上升。2010 年，澳大利亚公有林面积 8 934.9 万 hm^2，私有林面积 3 250.6 万 hm^2，还有 135.6 万 hm^2 的森林未知权属。（FAO，2015）

三、林业法规政策

（一）林业法律法规

澳大利亚联邦、州和地区各级政府共同建立了一个集经济、环境与社区服务为一体的林业可持续经营管理体系，独特的森林政策体制奠定了林业可持续发展的基石。澳大利亚政府在与各州政府、地区政府协调管理林业，制定林业发展政策方面起到重要作用。各州政府与地区政府对林业管理负有首要责任。为保证林业的健康发展，各州与地区政府制定了各种法律保护本州的森林资源，如维多利亚州颁布了《可持续林业（木材）法案》(2004 年)。

（二）林业战略规划

1. 国家林业战略

这是澳大利亚政府通过与当地社区和林业行业股东进行协商提出的国家林业战略，主要目的是鼓励在林业行业中的本地区联合，形成林业行业合作的机制，使本地区获得更加长远的利益，这项措施也包括林业和木材生产产业。

2. 澳大利亚人工林——2020 年远景

这是联邦、各州、地区政府与人工林木材生长和加工产业之间的一种战略合作关系。远景战略的首要原则是通过实现澳大利亚人工林的可持续经营，以提高地区的经济增长和国际间的竞争力，促进澳大利亚人工林的种植面积和效益。目标是要在 2020 年增加商业用林面积约 300 万 hm^2。

（三）林业政策体系

1. 国家林业政策声明

1992 年，在联邦政府、州和地区的共同参与下，制定了《国家林业政策声明》(National Forest Policy Statement，NFPS)，确定了林业发展的十大目标：

(1)保护：确保澳大利亚天然林资源永续性，并按生态可持续方式加以管理，以保留森林能为当代和后代所能提供的价值。这些价值包括生物多样性、遗产、土著和其他文化价值。

(2)木材生产和产业发展：建立一个具有国际竞争力、生态可持续的森林产品行业，提高木材资源的利用效率，提高行业增加值，并提升行业综合生产力。

(3)整体协同决策和管理：减少联邦政府和州政府之间在土地利用决策过程中的脱节和重复现象，通过采用整体决策方法促进森林管理机构之间的交流合作，以达到一致和持久的土地利用分配。

(4)私有天然林：确保私有天然林按生态可持续的方式加以经营管理。

(5)人工林：增加澳大利亚人工林资源(包括天然硬木资源)，为产业发展提供额外、可靠和高质量的木材资源，同时或分别达到恢复清除农地、提高水质及满足其他环境、经济或审美目标。

(6)蓄水和供水管理：确保从林地获得优质水源的能力并保护森林的蓄水功能。

(7)公众意识与参与：获取公众对森林可持续经营的理解和支持，并为公众参与决策提供机会。

(8)其他经济、社会和就业机会：对澳大利亚的森林资源以生态可持续的方式加以经营管理，实现多途径开发利用，包括旅游休闲，并创造就业机会。

(9)研究与发展：增加国家森林研究和发展投入，确保研究工作协同高效开展，研究结果得到有效利用，不断丰富天然林、人工林、森林保护和森林产品发展方面的知识。

(10)国际义务：促进世界其他国家加强森林资源保护和可持续利用，确保澳大利亚履行相关国际协议规定的义务。

2. 地区森林协议

澳大利亚林业政策的制定和执行包括国家层面、各州层面和地区层面三部分。其中各州层面和地区层面对于林业的经营管理负有基本责任。各州和地区都签署了 1992 年的《国家林业政策声明》，明确当对于社区有利时，政府可以通过合作实现澳洲森林可持续发展的行动框架。其中的一个关键环节是澳大利亚政府与各州达成的《地区森林协议》(Regional Forest Agreements，RFAs)。RFAs 有效期是 20 年，主要是为了保护澳大利亚的原生森林，同时也是发展林业产业，依靠林业为生的社区和加强森林保护的保障。RFAs 利用科学的方法决定森林的不同功能和经营策略的森林配置问题，它是经过对各方面利益进行了实质性的科学研究、研讨和协商才得以达成的一项协议，目的是建立一个综合、充足、具有代表性的自然保护区系统。该系统是为了保留至少 15% 的 1750 年以前分布的各森林类型，包括现有的分布的各个森林类型的 60%；现有的原始森林的 60%；高质量的荒野森林的 90% 或更多；所有剩余的珍稀濒危森林生态系统。

（四）林业融资体系

澳大利亚联邦政府的林业金融服务由联邦农业、水产和林业部（Department of Agriculture, Fisheries and Forestry，以下简称农林水产部）负责。该部的主要职责是制定和实施行业政策和方案，以保持澳大利亚农业、渔业、食品业和林业具备竞争能力、盈利能力和可持续发展的能力。在澳大利亚的现代林业金融体系下，金融服务的主要提供者是银行，对于澳大利亚林业的发展起着十分重要的作用。各主要银行都比较重视林业金融问题，都系统地设置了林业综合企业金融业务。除了日常交易设施、普通储蓄贷款之外，各银行还根据林业的特点开发了特殊的贷款和储蓄业务。同时，结合林业面临的特殊风险，银行还为客户提供与其生产经营相关的风险管理业务。部分银行还设置了针对林业生产经营者的理财规划业务和产业继承业务。

澳大利亚保险业务主要有9家保险公司提供农业、林业、畜牧业和水产业等方面的保险服务。其中，5家为直保公司，4家为代理公司。代理公司代理一家或多家保险公司。保险服务中60%的业务是通过代理公司完成的。澳大利亚现行的林业金融管理办法主要是20世纪80年代开始发展起来的，由市场主导、政府引导的现代林业金融法律与服务体系。虽然澳大利亚的保险业在林业金融中份额还不算大，但它也是该国林业金融服务的必不可少的提供者。保险业提供的业务范围十分细致广泛，足以应对日常的风险可能带来的损失。

在市场发挥着决定性作用的同时，澳大利亚政府的主要职能是利用利率和税收杠杆进行政策引导，促进林业产业的健康发展，在发生自然灾害时进行及时、有效的金融救助与支持。具体来说，联邦政府的林业金融立法内容散见于多部林业事务的法案中，在林业金融服务方面并不直接介入市场，主要功能在于援助、救济和产业引导。各州和领地政府在林业金融立法时考虑了本区域的特殊情况，制定了适合本地区林业金融发展的法律法规，通过市场途径以政策性贷款的方式促进林业创业、产业升级以及资源环境保护。总体而言，澳大利亚拥有与其政治体制、经济特征相适应的林业金融法律制度，而且该国市场和政府具备出色的林业金融服务能力。澳大利亚较为完备的林业金融服务体系为该国林业的发展提供了坚实的基础和强大的动力，使其林业产业可以持续不断地保持世界先进水平。例如，在塔斯马尼亚岛的大量原始森林采伐和运输承包企业面临的财政困难的情况下，澳大利亚政府承诺提供2 240万美元来资助塔斯马尼亚承包商及其雇员。这笔费用是通过两个计划提供：1 700万美元的塔斯马尼亚森林承包商退出援助计划是由农业、渔业和林业部门提供；540万美元的塔斯马尼亚森林承包商的金融支持计划，由塔斯马尼亚政府实施。

（五）林业投资税收规定

《林业投资税收规定》是2007年澳大利亚在林业管理投资计划中出台的面向林业投资的新税收政策。这次调整目的是通过私人投资鼓励扩大用材林的资产，70%的投资直接用于林业投入，像是土地的租金，用材林的培育经营、维护和采伐。2008年，在主要的天然林木材生产区，为了改进采运部门的资本设备、提高产业加工的能力、增加澳大利亚天然林木材的价值以及促进林产品市场化，政府投资4 800万美元进行产业结构调整项目。在林产品国际贸易方面，澳大利亚林产品进口关税范围为0～5%，对林业产业较低的保护政策有利于资源的合理分配，也有利于本国的森林可持续经营管理。

四、林业机构与管理机制

（一）管理机构

如图 1 所示，澳大利亚主管林业的联邦政府部门为农渔林业部（Department of Agriculture，Fisheries and Forestry，DAFF）。森林管理的具体职责主要在各州（区）政府。全国性森林政策则由联邦政府与州（区）政府和林业产业共同合作制定。澳政府在森林方面的管理目标是实现森林的可持续管理，有效整合森林在环境、经济和社会等各领域的价值和作用。

制订和协调林业政策的主要机构是林业、渔业和水产部长理事会（MCFFA）和澳大利亚政府委员会（COAG），MCFFA 由 COAG 于 1993 年通过合并澳大利亚林业委员会和澳大利亚与新西兰渔业和水产理事会成立的，组成单位包括联邦政府和各州政府部长，有两个常设的支持委员会，分别是林业常设委员会（SCF）和渔业和水产常务委员会（SCFA），林业常设委员会则由这些政府的有关高级官员组成。MCFFA 包括 7 个业务部门，即农业司、渔业司、动植物检疫司、林业司、环境和温室效应司、农村事务司以及研究和开发司。此外，澳大利亚各州均设有不同形式的林业管理机构。将来很有可能将内部的农业与林业机构合并，多数州政府正在致力于人工林的私有化，增加私营投资。

图 1　澳大利亚林业、渔业和水产部长理事会组织机构

各州或地区的各种林业机构是森林经营管理的主要机构，这些机构在不同的州或地区有各自不同的名称，如昆士兰称基础产业部、新南威尔士称州森林局。在 20 世纪 90 年代，这些机构为了适应增加透明度和提高盈利能力的需要，改变其组织模式，进行公司化改革，但公司化程度各州也不相同。

（二）研究机构

澳大利亚有许多林业研究机构，以下仅对一些主要研究机构的进行介绍。

（1）联邦科学与工业研究组织（CSIRO）：所属的林业和林产品研究所是最大的国家林业研究与开发机构，承担国家与国际合作研究项目。主要课题包括树种与种源选择、遗传资源与育种、人工造林、木材保存与加工及制浆造纸（施昆山，1992）。

（2）森林与木材产品协会（FWPA）：是一个非盈利组织，主要为森林和木制品行业提供服务及科研成果，为研究与开发提供资金等，通过产品创新、有效投资和相关产品的研究和开发以提高澳大利亚森林和木制品行业的竞争力和可持续发展。

（3）林业合作研究中心（Cooperative Research Centre，CRC）：是由林业产业、研究机构、澳大利亚政府和各州政府支持的合资企业，主要通过研究、教育、通讯和协作推动澳大利亚林业可持续健康发展。培养研究包括森林工业、森林育种、造林、采运，主要的研究课题包括森林的经济增长、林业健康管理和控制、高价值的木材资源、林业的采伐与经营等。

森林资源丰富和木材产生较多的州，如昆士兰州第一产业和渔业部、塔斯马尼亚州林业局、新南威尔士州第一产业部、西澳大利亚林产品委员会等，设有自己的林业研究与开发部门，主要支持本州的森林经营活动。

五、森林经营与管理

（一）森林可持续经营管理

澳大利亚十分重视森林的可持续经营，各种造林主题均严格按照指定的经营方案进行经营，注重生态环境的保护，确保森林可持续经营。为确保森林可持续经营的顺利实施，澳大利亚各方面采取了积极的措施。在国家层面，澳大利亚采用国际标准及指标蒙特利尔进程为基础的框架，用于森林的可持续经营的监视和测量森林。

在澳大利亚，由于每个森林地区有所不同，在不同的森林类型中，每个标准的实施和重要程度是不同的。澳大利亚制定了一个可以应用在所有澳大利亚森林中的评估可持续森林管理的“框架”。这个框架是通过国家级蒙特利尔进程实施小组的制定（Montreal Process Implementation Group，MIG），折中了澳大利亚林业方面各方代表，以及各州政府的意见设计了 44 个指标用来追踪森林可持续经营管理的进展。

除了在制度层面上制定森林可持续经营的措施之外，澳大利亚还在具体的森林经理方面采取了一系列的措施。

(1)澳大利亚森林认证。一些私人机构进行森林与供应链监管认证，它们使用的标准包括澳大利亚森林认证体系（AFCS）和森林管理委员会体系（FSC）。2000 年 4 月，澳大利亚开始制定支持森林可持续经营的澳大利亚林业标准，它可以独立于 IS014001，也可以与其相结合；2003 年制定了《澳大利亚林业标准》。2004 年 10 月，AFCS 实现了与森林认证体系认可计划（PEFC）的互认。相互认可使澳大利亚的森林认证体系与国际要求相一致，成为与 PEFC 获得互认的 22 个国家森林认证体系之一（韩文等，2007）。到 2008 年，澳大利亚森林认证面积约有 1 040 万 hm^2，包括用于木材生产的天然林认证，认证的森林面积 80% 是天然林，85% 是公有林地。

(2)作业规程（codes of practice）。除了森林认证之外，多功能公共林和私人林通过森林作业规程进行管理。一些森林经营者使用环境管理体系（Environmental Management Systems，EMS），它是一个独立于 ISO 标准的认证。拥有 EMS 的公共林业管理机构包括森林新南威尔士、森林南澳大利亚、昆士兰州环境资源管理部门、西澳大利亚林产品委员会、维多利亚州可持续和环境部、森林塔斯马尼亚，一些大型的私人森林企业也有环境管理体系认证。

(3)符合环境要求的森林采伐。澳大利亚天然林的采伐周期为 80 年。采伐天然林有皆伐、择伐、单株伐、丛状伐、带状伐等多种方式。皆伐为每 80 年采伐 1 次，采伐面积为 50～100 hm^2；择伐选择 50% 的树木进行砍伐，留下 50% 树木下种进行自然更新，这主要是为了便于自然更新和保护原有的生态环境；单株伐是砍伐森林中单个树木，适合异龄森林的砍伐；丛状伐是森林砍伐树木后，未被砍伐的树木呈丛状，这主要是给动物留下栖息地，利于保护动物的活动；带状伐是间隔一定宽度砍伐树木，被砍伐树木带宽为 20～

30 m，这是在采伐树木后易造成水土流失地带所采取的砍伐方式。

（二）人工林培育

澳大利亚高度重视对环境方面的保护，特别是加大对天然林的保护措施，甚至如昆士兰州将于2025年停止采伐天然林。而面对日益高涨的木材需求，澳大利亚正开展实施对大径材人工林的培育计划。主要措施如下：

(1)树种选择。桉树在澳大利亚种植面积中占了2/3，主要根据当地气候条件选择树种进行培育，大洋洲中部亚热带地区是以种植巨桉、弹丸桉、斑皮桉类树种，南部冷凉地区则适宜种植亮果桉(*Eucalyptus nitens*)、王桉(*E. regnans*)、蓝桉(*E. globulu*)。

(2)密度控制。为了培育高质量林分，澳大利亚注重在造林时采取合理的造林密度，在生长过程中又及时合理调整密度。维多利亚州，用于大径材培育的蓝桉、亮果桉的造林密度为1 100 株/hm^2，4 年生时进行首次间伐，8 年生时进行第 2 次间伐，此后可再间伐 1 次，最终保留 300 株/hm^2。塔斯马尼亚州的造林密度限定于1 330 株/hm^2以下，间伐较迟且仅一次，在第 8 年生间伐，主伐时间也较迟，在 15～20 年生，但主伐和间伐的收入都大。

(3)立地选择。澳大利亚人工造林多数在年降雨量大于 600 mm 的地区，如昆士兰州和新南威尔士州的东部沿海、维多利亚州的东南部，以及塔斯马尼亚州。人工造林地地势平缓，土壤较厚，进行机耕作业。

(4)修枝技术。澳大利亚研究显示，修枝可提高人工林木材性质，将树冠 20% 的枝条修去不会影响树木的胸径和树高生长(陈健波，2010)。

澳大利亚人工林面积已经稳定增长了相当长的时间，到 2010 年，每 5 年平均新增天然林面积 6 万 hm^2，但是近几年天然林的扩张速率已有所下降。

（三）森林保护

1. 森林防火

2001—2006 年，澳大利亚的林火面积为 2 470 万 hm^2(每年约 493 万 hm^2)，在澳大利亚南部发生火灾面积为 520 万 hm^2，澳大利亚北部 1 950 万 hm^2。在不同的维度和季节，火灾发生的范围和程度都有所不同，在澳大利亚东南部，夏季高温干旱、多风，一旦发生丛林大火将难以控制。除造成人员伤亡、财产损失外，南澳大利亚州火灾还造成了土壤退化和水质恶化。如何有效地控制火灾是澳大利亚森林保护最重要的内容。澳大利亚在森林防火方面在全国建立起 4 级组织，包括第一级为州政府，主要负责林木的管理；第二级为国家公园，包括动物保护；第三级是市区；第四级是乡村。全国有森林管理协会，各个地区都有相应的管理人员，委员会每年召开二三次会议，对有关人员进行免费培训。除此之外，政府通过了防火条例，制定了三大体系：日常保护、应急处理、事后处理。澳大利亚的森林防火也注重公众的参与，实行专职人员与志愿者相结合的做法，志愿者在日常防火工作中发挥着重要作用，主要是巡查、宣传，发生火灾时协助专业人员开展灭火工作。平时经常要深入到社区、学校对居民和学生进行演讲，还要到农场主家中进行走访，召开不同层次的讨论会，充分发挥当地人员的作用。

2. 自然保护区管理

澳大利亚自然资源极为丰富，许多地区保持着良好的原生态环境，全国有 60 多个不同类型的保护区、550 个国家公园，其中 15 个列入世界遗产。澳大利亚有着 100 万种不同的自然物种，其中 80% 以上的开花植物、哺乳动物、爬行动物和蛙类动物，以及大部分的鱼类和接近一半的鸟类都是澳大利亚所特有的。在这些动物中，有152种属濒危种，其中哺乳类占41种，鸟类96种，爬行类6种，两栖类9种(周波，2011)。澳大利亚除了具有特色的动植物种类外，还建有为数众多、面积广大的各类国家公园。澳大利亚是较早建立国家公园的国家之一，生物多样性保护事业的起步和发展有100年历史。国民普遍有自觉和强烈的生态保护意识。澳大利亚十分注重宣传野生动物和自然保护区，将其作为生物多样性保护的重要手段。为保护珍稀的野生生物及其环境，截至2010年，澳大利亚有近2 240万 hm^2 的天然林作为保护区严格保护，占天然林面积的16%，自然保护区内的森林类型也有明显增加，尤其是热带雨林（森林类型增加了22%）和红树林（森林类型增加5%）。

澳大利亚自然保护区经费充足，所需经费均由联邦政府和州政府专项拨款和各地动植物保护组织的募捐组成。在资金管理上实行收支两条线的政策。国家公园不搞营利性创收。开展生态旅游所得的资金并非用于工作人员的报酬，而是由国家专门部门机构负责。目前，在保护区管理方面，联邦政府与州、领地政府均设有保护区管理机构。近些年，一些非政府组织和私人组织等私人因素也积极加入到保护区的管理中，纷纷建立私人保护区。澳大利亚保护区类型丰富，管理模式多样化，一共有50多种认定的保护区类型。从土地所有权的性质划分，目前澳大利亚的保护区管理主要采取了3种形式：公共保护区（政府拥有土地所有权）、本土保护区（在原住民自己的土地上建立的保护区）、私人保护区（政府鼓励和帮助私人建立的保护区）。

3. 荒漠化防治

澳大利亚大陆干旱少雨，全年降水量低，干旱半干旱土地面积占75%，沙漠面积为269万 km^2，占国土面积的35%，是世界上受荒漠化影响较为严重的国家之一。澳大利亚政府为防治沙漠化，颁布了一系列有利于防沙治沙的相关法规，如《2003年澳大利亚沙漠知识机构法》《土壤保持法》《1999年环境保护和生物多样性保护法案》等。同时采取了有效的水资源管理措施，制定了从联邦政府到各州的多目标水资源开发利用规划和分水计划，建立了流域委员会协商机制，并且以州为核心的水资源统一管理体制保障了水资源管理政策的实施；实行草畜平衡，严格保护地表植被；推行了生态可持续发展理念；依靠科技手段治沙，加强监测预警；充分发挥社团与非政府组织的作用，将宣传保护的意识深入社区。

(四) 森林服务

1. 生态服务

澳大利亚于1992年发布的《国家林业政策声明》中，对国家林业战略进行了重大调整，强调森林的生态功能，随后出台的《地区森林协议》(1997年)、《澳大利亚人工林——2020年远景》(1998年)，以及国家林业战略(2005年)等一系列战略重新巩固以生态为基础的林业三大效益一体化经营思想。包括强化人工林生态服务和社会服务的要求及协调天然林经济价值以及其生态服务功能；在政府扶持上，澳大利亚政府积极资助森林生态服务市场开发，启动商业环境保护计划；在具体实施中，在对森林生态服务功能科学认识的基础上，澳大利亚根据地方生态服务经济可行性、需求特殊性、环境敏感性等原则，分类、分区优化地方森林经营作业规程，用规章制度管制定经营措施来保证以生态服务为基础的生态系统可持续经营，具体表现在造林、经营与抚育、采伐等方面，以保证森林的三大效益最大化。

2. 森林旅游

澳大利亚对自然环境和景观进行利用，生态旅游就是最主要和最成功的利用方式。现在，生态旅游所提供的就业机会占全国总就业机会的12%，每年创造经济效益近400亿澳元。2006年澳大利亚森林旅游直接收入是389.35亿澳元，占GDP的3.7%，带动其他行业经济288.22亿澳元，直接就业人数达37万，占国内劳动力人数的3.6%。近10年，澳大利亚的旅游业直接收入增长了近60%，旅游行业就业人数增长了10倍，旅游行业直接就业人数占国内劳动力人数的比例增长了近4倍(黄东等，2010)。例如悉尼附近的蓝山国家森林公园，每年吸引数百万游客来此享受自然美景；塔州林业公司近年来开发的Ta Hune云中漫步廊桥等森林生态旅游景点，每年游客量已经增加到20万人次(高均凯，2007)。

六、林产品生产、加工与贸易

2017年，澳大利亚原木产出3 727.5万m^3，比2010年增长了9.2%，森林工业是澳大利亚的第二大加工行业，在过去的10年，森林和林产品行业的就业机会增加了13%。2010—2011年期间，澳大利亚用材林的原木出产量显著增加是因为除了西部以外，澳大利亚用材林面积大量增加。特别是昆士兰州，面积增加了0.8%(DAFF，2012)。

目前，澳大利亚最重要的进口对象是中国和新西兰。主要的进口产品包括纸质产品和锯木产品，纸质产品主要是来自中国和新西兰，其次是美国和芬兰；锯木产品主要是来自新西兰。中国已成为澳大利亚重要的林产品贸易国家。2015—2016年，中国已经成为澳大利亚最大的林产品进口国，进口总额约为3.3亿美元，占到澳大利亚林产品进口总值的12%。

澳大利亚最重要的出口对象是中国、日本和新西兰，占到总出口量的80%以上。与中国的林产品出口贸易，在近几年中一直处于增长状态，在2015—2016年期间，出口到中国的林产品占到澳大利亚林产品出口总值的24%，达到60亿美元，主要出口原木和纸类制品。中国是澳大利亚最大的林产品出口国。

（一）木材生产

澳大利亚每年消费约2 200万m^3的林产品，大多数林产品使用的原木来自对本国林业的采伐，在过去的几十年中，人工林的采伐量增加了42%，天然林的采伐量减少了44%。天然林的采伐量增加是因为大面积的人工林已经达到了采伐年龄。而一系列的商业、经济活动和自然保护区的建立，是天然林采伐量减少的重要原因。

表3　2001—2011年澳大利亚木材生产量　（万m^3）

生产量＼年份	2001	2002	2003	2004	2005	2006	2007	2008	2009	2010	2011
天然阔叶林木材	1 080.2	982.9	1 031.4	1 009.0	988.6	857.5	855.1	894.0	773.9	658.9	632.7
人工阔叶林木材	97.5	111.2	159.4	181.9	293.6	377.9	405.2	427.0	474.6	455.5	512.1
针叶林木材	1 269.7	1 335.6	1 391.1	1 458.9	1 419.6	1 437.9	1 459.0	1 515.7	1 331.4	1 443.3	1 504.2
总木材	2 447.4	2 429.6	2 581.9	2 649.8	2 699.8	2 673.4	2 719.2	2 838.6	2 579.9	2 557.7	2 649.0

资料来源：FAOSTAT，2017。

表3是澳大利亚2001—2011年木材生产量情况，其中由于对天然林的保护措施，以及对人工林培育的政策引导得当，天然阔叶林的生产量一直持续下降，2011年比2001年下降了41.4%，而人工阔叶林木材生产量则增加了4.25倍。针叶林木材生产量在近10年中一直处于增长状态，由于金融危机的影响，在2009年有所下降，针叶纸浆木(pulp logs)和针叶可锯木(coniferous sawlogs)采伐量增加了21%。总木材生产量整体呈增长趋势，在2009年有所下降。

（二）林产品加工

澳大利亚林产品加工工业较为发达，主要林产品是锯材、纸和纸板、锯材。澳大利亚锯材生产量在2007—2009年间持续上涨，由于金融危机，2009年后锯材生产量有所下降。如表4所示，人造板产量处于逐步下降趋势，2007—2016年人造板产量减少了5%。纸与纸板产量处于基本平稳状态，产量起伏不大。

表4 2007—2016年澳大利亚主要林产品产量 （万 m^3，万t）

林产品 \ 年份	2007	2009	2011	2013	2014	2015	2016
锯材	516.3	473	455.6	459.3	488.8	508.4	510.4
人造板	174.5	177.8	186.3	158.2	165.5	182.5	183.7
纸和纸板	320.1	327.5	315.5	317.3	307.7	317.6	322.4

资料来源：FAOSTAT，2017。

澳大利亚林产品加工工业基本处于稳定状态，一部分原因是良好的市场环境，还有部分原因是技术的不断创新。木材加工业采用先进技术对以前未使用过的小径材进行加工利用，这种对资源的高效利用，使一些地区即使在收获量减少的情况下，木材加工市场也可保证持续的木材供应。澳大利亚木业企业中锯木以及加工处理部门一般位于人工林和天然林产品中心附近。

（三）林产品贸易

2017年，澳大利亚林产品总出口额是23.4亿美元，总进口额19.9亿美元，贸易顺差3.5亿美元。

表5 澳大利亚各州主要进出口产品

产品 \ 州	新南威尔士	维多利亚	塔斯马尼亚	西澳大利亚	昆士兰	南澳大利亚
主要进口产品	纸和纸板	纸和纸板	纸浆	纸和纸板	纸和纸板	纸和纸板
主要出口产品	纸和纸板	纸和纸板	刨花	刨花	纸和纸板	纸和纸板

如表5所示，澳大利亚各州主要进出口产品，由于国际市场对纸浆、纸张和纸板产品的巨大需求以及人工林采伐量增加，刨花出口量已经在过去的几十年中不断增长，特别是塔斯马尼亚州。各州的林产品贸易形势与当地的林业产业特点相一致。例如，塔斯马尼亚州与西澳大利亚州阔叶林(天然林和人工林)出产相当大比例的木材用于木浆(pulp log)生产，这有助于这些州的刨花的出口。

表 6 2005—2016 年澳大利亚工业原木和锯材贸易量 （万 m^3）

类别 \ 年份		2007	2009	2011	2013	2014	2015	2016
工业原木	进口量	0.5	0.14	0.06	0.08	0.04	0.08	0.04
	出口量	117.1	98.6	163.8	200.6	260.4	335.3	393.1
锯材	进口量	61.1	62.8	84.6	64.5	69.7	79.4	68.7
	出口量	41.6	35. 5	34.8	27.3	33.9	37.4	28.2

资料来源：FAOSTAT，2017。

如表 6 所示，澳大利亚工业原木主要用于出口，本国生产的工业原木即可满足国内需求，2016 年出口量较 2007 年增加了 3.5 倍。锯材进口量要明显大于出口量，主要从新西兰进口。

表 7 2007—2016 年澳大利亚主要林产品进口量 （万 m^3，万 t）

林产品 \ 年份		2007	2009	2011	2013	2014	2015	2016
人造板	单板	2.9	2.1	1.7	0.7	0.9	1.2	1.4
	胶合板	24.4	19.9	27.8	31.2	31.9	31.1	39.3
	刨花板	7.8	6.9	7.2	8.9	6.	7.2	6.4
	纤维板	4.1	9.9	6.5	15.3	13.1	17.3	188
木浆		35.9	34.5	23.3	27.1	29.1	29.2	27.9
纸和纸板		179.6	165.6	188.6	167.5	144.6	134.5	134.6

资料来源：FAOSTAT，2012。

表 7 是澳大利亚主要林产品进口量变化表，除了受金融危机影响在 2009 年有所下降，胶合板的进口量基本处于稳步上升状态。此外，纸和纸板的进口量也有所增长。木浆进口量在 2007 年以后逐渐下降，于 2013 年达到最低。2013 年比 2008 年下降了 10.8%。

表 8 2007—2016 年澳大利亚主要林产品出口量 （万 m^3，万 t）

林产品 \ 年份		2007	2009	2011	2013	2014	2015	2016
人造板	单板	0.4	8.6	11.9	2.2	10.7	5.0	4.5
	胶合板	1.3	5.3	0.7	1.4	1.9	1.4	2.8
	刨花板	1.8	1.7	0.6	0.02	0.7	1.1	1.2
	纤维板	27	18.9	8.2	8.7	9.3	9.4	10.8
木浆		1.6	2.2	3.1	0.7	0.3	0.1	0.04
纸和纸板		80.5	76.9	102.9	108.7	117.6	92.4	110.8

资料来源：FAOSTAT，2017。

表 8 是澳大利亚主要林产品出口量变化表，单板、纸和纸板的出口量在 2014 年之前处于不断上升阶段，其中，相较 2007 年，单板的出口量增加了约 25.75 倍，纸和纸板的出口量增长了 35%。至 2013 年，刨花板、纤维板出口量有所下降，胶合板的出口量相比

10 年前下降了 56.3%，刨花板下降了 99.7%，纤维板下降了 78.5%，之后（2016—2016年）有所回升。澳大利亚人造板主要出口国是中国、韩国和马来西亚。

（四）林产品贸易政策

为了支持澳大利亚林业产业，澳大利亚政府正加强国际间的努力以实现全球化森林可持续管理。政府通过与相邻的亚太地区进行多边和双边的协商、积极开展亚太林业技术和资本建立项目以及参加一系列的国际论坛，如美国林业论坛和蒙特利尔进程。

澳大利亚政府坚决反对非法采伐和及进口非法采伐木材，禁止进口来源于非法采伐资源的木材产品，当前政府有关部门正在出台新的法律来应对这种违法行为。在法律的规范下，将使澳大利亚只能进口合法认证过的木材产品。

澳大利亚在进口林产品中实施低关税策略，为了促进出口市场的公平，澳大利亚积极开展消除主要出口国家的贸易壁垒和关税配额的国际交流，主要包括通过 WTO 进行国际谈判，通过 APEC 会议等与周边国家进行合作，通过与中国、日本、马来西亚进行自由贸易协定的谈判（Negotiating Free Trade Agreements，FTAs）。自由贸易协定在国际林产品贸易中的作用正日益凸显，比如说，由于自由贸易协定的规则，为了满足中国的需求，澳大利亚将 2011 年采伐的 3 600 万 m^3 木材中的 1 000 万 m^3 出口到中国。

七、林业科研与教育

（一）林业高等教育

澳大利亚全国共有 8 所大学设有林学院或资源环境学院。其中只有澳大利亚国立大学资源环境与社会学院和墨尔本大学林学院可以授予林学学士学位。其余大学可提供林学方向的有关课程，但不能授予学位，可以向这两所大学申请授予。该国的高等林业教育规模不大，林科本科每年招生不到百人，在校博士 50 人左右。澳大利亚国立大学的特色是将林学与社会学合并在一起，主要是因为林业的研究与发展同社会方面的联系十分密切。墨尔本林学院主要专业方向有森林培育、木材科学、森林防火等，学院受联合会和雇主的委托，还承担着国内职业教育和技术培训的工作。

2010 年，澳大利亚政府开展了以澳大利亚国立大学、南十字星大学、墨尔本大学、昆士兰大学、塔斯马尼亚大学 5 所大学为主体进行联合授课的林业硕士项目，该项目为 2 年制，集结了各所学校林学院的优势资源，除面向全日制学生外，在职人员也可以通过学习、培训增加相关知识和技能。

（二）林业培训

澳大利亚林业培训咨询机构是政府部门出资向社会提供服务。咨询机构的成员来自整个行业的各个方面，有政府、企业职员，有专家、工人等，其目的是为了推广国家培训标准，目前有 50% 的企业培训机构得以很好地实施。同时林业培训结构咨询委员会对企业培训机构标准接受的情况进行评估、修改，以确保国家培训计划的实施。

澳大利亚林业培训机构是获得澳大利亚职业教育培训部资质证注册达标的专门机构。按照国家培训规范的林业职业培训的能力标准和证书等级，通过各州培训咨询机构以推广国家林业职业培训包的形式为所有注册的培训机构提供免费服务；培训机构根据培训需求调查分析，实施林业职业培训包计划。政府直接对培训机构给以投资，推动职业培训的重要性，林业行业协会同样给予支持，还有工会组织也积极参与。一般大型林业企业有自己的培训机构，中小型企业则多是通过注册培训机构以合同的形式合作对本企业的员工培训，然后进行评估。

注册的培训机构类似于职业继续教育，一类是私人机构，主要是从事在岗位培训、技术理论培训；一类是政府公立的职业技术学校，侧重于理论课堂知识的培训。

在培训内容上紧紧围绕国家培训包计划，突出林业、环保等方面在世界上保持先进水平，重点是林业管理、林产品技术培训。培训方式突出实用有效，以老员工现场培训等形式为主。

八、林业国际合作与交流

（一）多边林业合作

在非法采伐问题上澳大利亚态度积极。2011 年 11 月，澳大利亚政府颁布 2011 森林非法采伐禁令，目的是禁止在澳大利亚境内进口及销售非法采伐木材。主要通过以下方式：禁止进口包含非法采伐木材的林产品；禁止加工国内生长的非法采伐的原木；受管制的木材产品的进口商和原木加工商将应尽职完成调查的要求；建立综合监测和调查权力来执行上述要求的法案。该法案提供了法规规定的尽职调查的要求和木材产品加以监管的发展。这些法案的开发将与利益相关者共同磋商并于 2 年后将通过议会立法进行提议。

在国际森林公约问题上，不同国家在国际森林问题上的分歧呈现一定的趋势。发展中国家(如非洲国家、印度、马来西亚等)强调“发展”，更多地关注与森林相关的社区或人的发展问题；澳大利亚主要站在发达国家一方强调“环境保护”，要求缔结全球性森林公约或协定，有助于阻止毁林，保护生物多样性，促进积极的林业行动，降低全球森林所面临的威胁，更多地关注森林本身。国际社会为解决森林问题，先后建立了可持续发展委员会(CSD)、政府间不限成员名额的森林问题特设工作组(简称政府间森林问题工作组，英文简称 IPF)和政府间不限成员名额的森林问题特设论坛(简称政府间森林问题论坛，英文简称 IFF)、联合国森林论坛(UNFF)定期开展国际森林问题谈判活动。

如表 9 所示，澳大利亚在森林公约问题上在一段时期内曾处于反对态度，这主要是出于政治原因。但国内大多数国民支持森林公约，注重环境保护与森林可持续发展。

表 9　1992—2007 年主要集团和国家在国际森林公约问题上的立场

时间段	支持态度	反对态度
环发大会(1992 年)	主要发达国家	中国、77 国集团
IPF4(1997 年)	加拿大、马来西亚，印度尼西亚、哥斯达黎加，菲律宾、小部分非洲国家	美国、日本、澳大利亚、新西兰、南美国家、大部分非洲国家
IFF4(2000 年)	加拿大、部分欧盟国家、马来西亚、俄罗斯	美国、日本、澳大利亚、英国、新西兰、主要南美国家、大部分非洲国家
UNFF7(2007 年)	加拿大、欧盟、澳大利亚、韩国、中国、智利、阿根廷、以墨西哥为代表的非洲国家	美国、日本、印度尼西亚、大部分非洲国家、以巴西为首的亚马孙国家

（二）双边林业合作

在双边合作方面，澳大利亚正在与一些国家密切合作，以确保全球林业和森林管理目标的实现。

澳大利亚与巴布亚新几内亚之间达成谅解备忘录，目的是在如下方面鼓励更多的合作关系，包括可持续森林管理和森林认证；促进改善贸易，投资和可持续发展，包括改善合法认证的木材和木材产品的起源；确定未来两国森林工业增长所需的产能建设；通过现有的多边林业论坛，确定在地区林业问题上进行更密切的合作；确定进行更密切的有关支持互惠互利的成果的森林研究活动的合作机会。

澳大利亚与印度尼西亚两国成立澳大利亚和印度尼西亚的工作组（WGAFFC），并签订意向书，说明两国在林业方面的合作主要在产能建设和验证木材产品的合法来源。意向书提供了一个支持框架，包括含防止非法采伐森林的专业人士和专家的合作在内的，实现在该地区的可持续森林管理做法的产能建设；确定木材和木制品贸易的法律规定；包括森林认证和产销监管链的发展在内的，保证木材及木制品的合法性系统的发展；协作以加强森林执法和治理，鼓励通过合法和可持续的林业实践渠道获得木材及木制品。

（三）中澳林业合作

1973 年 7 月 24 日，中澳两国签署政府间贸易协定，相互给予最惠国待遇，并成立联合贸易委员会。1984 年签署的澳中农业合作协议（ACACA）促进林业合作问题和加强两国之间的贸易机会，主要包括：加强范围更为广泛的农业部门合作，发展农业贸易关系，举行论坛来交换科学信息。为了配合这些协议和指导的进行和中澳两国林产品贸易额不断攀升，澳大利亚和中国对林业问题加强合作，2009 年 10 月底、11 月初，李克强副总理访澳期间，双方签署了《中华人民共和国政府与澳大利亚政府关于打击木材非法采伐及相关贸易支持森林可持续经营的谅解备忘录》《中华人民共和国国家文物局与澳大利亚环境、水利、遗产和艺术部关于文物保护的谅解备忘录》。主要内容是：加强全球和区域努力打击非法伐木和相关贸易；促进可持续森林管理；推动亚太地区的共同理解需求的合法性验证国际交易的木材；鼓励对合法采伐和可持续管理的森林木材和木制品贸易；加强森林执法和治理，对森林认证方案进行信息共享；加强亚太地区森林管理专业人员和专家能力建设。

九、分析与借鉴

（一）面临的主要问题

（1）人工林经营问题。澳大利亚实行土地私有化，已经开垦为农田的林地，由于经济价值比经营林地获益高，土地经营者一般不愿意在种植人工林以防止生态环境的恶化。再者，高度集约营造的人工林一般结构简单，树种单一，大大增加了病虫害发生的概率，生态环境易进一步恶化。

澳大利亚林产品供给满足不了国内林产品的需求。到 2011 年木材贸易逆差 19.4 亿美元，天然林受到保护、限制开采，人工林生长周期长等造成国内木材的供给量不高。澳大利亚国内也提出为了澳大利亚未来产业的发展，提高国内林产品供给能力、调整产品结构，满足国内林产品供给能力的建议。

(2)林业产业发展问题。澳大利亚林业产业对国内生产总值的贡献率并不高，相对于其他产业有一定的滞后性。此外，在澳大利亚森林资源较为丰富的地区，当地经济对于林业的依赖性很高，澳大利亚实行分类经营的政策，造成林业产业发展受到影响，如何振兴、发展林业产业就成为当代澳大利亚的新主题。特别对于林业加工产业来说，人工林锯木产品将进一步增多，这将意味着以前用于天然林加工处理的设备需要作出一定的调整；天然林锯木产品来自公共和私人林地，而私人林地天然林锯材出产是有限的并且管理的政策也是不确定的，这将导致天然锯木产品产量很难预测；在近 10 年中，木材加工生产企业有所下降，硬木加工工厂下降了 43%，针叶林加工工厂下降了 58%(Burns 等，2009)，主要原因是国际大型企业的规模报酬效应造成的生产成本小于澳大利亚林业企业(URS，2007)。

（二）采取的措施

(1)提高人工林经营效率。对人工林经营中，树种选育、抚育、采伐更新等过程都进行科学的研究，根据各区域的不同情况，实施不同的有效的经营方案。

(2)振兴林业产业。从政府、社区、家庭整体上重视林业的发展，政府制定政策，社区参与当地林业的管理，注重林业产业的方向性领导。加大政府投资，营造良好的投资环境以及便于资金流入林业的渠道，运用市场机制，加强对林业产业的调整作用。例如，澳大利亚板材行业的消费量在过去 20 年中一直处于稳步增长状态，实木制板材产品产量逐渐降低。这为板材市场的成长、国内加工生产设备更新，以及就业提供了机遇，特别是对于胶合板企业，澳大利亚胶合板企业技术、设备等方面较为落后，生产规模小于世界平均水平，这需要对该行业进行再投资以及采用先进技术对产业进行升级(URS，2008)。

（三）值得借鉴的经验

(1)超前的森林保护意识。虽然澳大利亚的林业产值占国民生产总值的比例很低，但是政府已经意识到了森林除经济效益以外的生态效益、社会效益。自 1992 年联合国环境发展大会以来，澳大利亚一直致力于本国林业的发展，特别是林业可持续性发展，主要包括政府在宏观角度制定林业的方向以及相关政策，各州林业管理部门制定适合本州林业发展的法律，共同对林业进行管理。除此之外，澳大利亚对于林业可持续性管理业体现在林产品对外贸易方面，严格控制本国进口非法采伐木材，实现森林的可持续管理还包括大力支持森林认证的开展。国家公园的建立与开发也致力于森林的生态效益和社会效益，为公众提供娱乐、教育、研究的场所。

(2)健全、系统的林业政策法律保障体系。澳大利亚的林业法律保障体系包括国家林业方向性政策《国家林业政策声明》，这项政策的出台改变了澳大利亚林业的经营方向，从而加强了对天然林的保护和对人工林的发展。为保证人工林的顺利经营，又出台了《澳大利亚人工林：2020 远景》。政府还调整了税收结构，以此改善人工林经营的环境以及建立市场机制促进再造林以及森林健康经营。各州政府在各自的管辖区域内因地制宜地出台法律，包括一些商业性激励，给予私营投资更多的机会等，提高了政策法律的针对性和可操作性。

（陈勇　李茗）

参考文献

澳大利亚林业教育考告.2004. http://www. 21gwy. com/xiezuo/2037/a/3838/353838. html.

陈健波，周卫玲，黄开勇，李开祥，陈国臣.2010. 澳大利亚的森林经营、林业研究及启示[J]. 广西林业科学，(6)：112-116.

高均凯.2007. 澳大利亚的森林经营及其对我国的启示[J]. 世界林业研究，(6)：56-60.

韩学文，杨建新，陈学军.2007. 澳大利亚森林可持续经营与森林认证的启示[J]. 世界林业研究，12(5)：41.

黄东，谢晨，赵金成等.2010. 澳大利亚多功能林业经营及其对我国的启示[J]. 林业经济，(2)：117-121.

施昆山. 2001. 当代世界林业[M]. 北京：中国林业出版社.

中国外交部.2018. 澳大利亚国家概况. http://www. fmprc. gov. cn/web/gihdg_ 676201/gi_ 676203/dyz_ 681240/1206_ 681242/1206x0_ 681244/[2018-05-10].

周波.2011. 澳大利亚森林生态旅游的战略选择与可持续发展研究[J]. 安徽农业科学，(10)：6153-6155.

Department of Agriculture, Fisheries and Forestry. 2012. Australian Forest and Wood Products Statistics.

National Forest Policy Statement, 1992.

R. Lyster. 2004. Common but Differentiated? Australia's Response to Global Climate Change[J]. Georgetown International Environmental Law Review, 16(4): 563.

巴布亚新几内亚(Papua New Guinea)

巴布亚新几内亚独立国(简称巴布亚新内亚，以下简称巴新)位于太平洋西南部，西与印度尼西亚的巴布亚省接壤；南隔托雷斯海峡与澳大利亚相望。巴新属美拉尼西亚群岛，全境共有600多个岛屿，主要岛屿包括新英格兰、新爱尔兰、马努斯、布干维尔和布卡等，国土面积46.28万km^2。巴新总人口约740万人，其中98%是美拉尼西亚民族，其余为密克罗尼西亚人、波利尼西亚人、白人和华人等。官方语言为英语，有地方语言820余种，其中皮金语在全国大部分地区流行，南部的巴布亚地区多讲莫土语。居民中93%为基督教徒，传统拜物教也有一定影响(中国外交部网站，2018)。

巴新拥有8 300 km的海岸线，包括200海里专属经济区在内的水域面积达240万km^2。海拔1 000 m以上属山地气候，其余属热带气候。5～10月为旱季，11月至翌年4月为雨季，沿海地区年均气温21.1～32.2 ℃，山地地区比沿海地区低5～6 ℃。年平均降水量2 500 mm。

矿产、石油和经济作物种植是巴新经济的支柱产业。金、铜产量分别列世界第11位和第10位，石油、天然气蕴藏丰富，还有富金矿、铬、镍、铝矾土、海底天然气和石油等资源。可耕地面积占全国土地的5%，农业人口占全国人口的85%。主要农产品为椰干、可可豆、咖啡、天然橡胶和棕榈油。2009年农产品出口总额为22.23亿基那。渔业资源丰富，是南太平洋地区第三大渔区。盛产金枪鱼、对虾和龙虾。金枪鱼年捕捞量约20万t，占世界捕捞量的10%及南太地区的20%～30%。2009年渔业出口总额为2.3亿基那。

贸易在经济中占重要地位。2015年进出口总额293.83亿基那，其中进口额为62.57亿基那，出口额为231.26亿基那，顺差168.69亿基那。主要出口铜、金、矿砂、原木、原油、椰干、椰油、可可、咖啡 、棕榈油等初级产品。主要贸易对象国有澳大利亚、日本、新西兰、中国、韩国、英国、新加坡、美国和德国等。

巴新资源丰富，但经济落后，许多山区居民仍过着自给自足的原始部落生活。全国人口中近37%生活在国际贫困线(人均1.25美元/天)以下。2016年联合国开发计划署人类发展指数显示，巴新在188个国家中列第154位。

近年来，巴新政府集中精力发展经济，制定了《2011—2015年中期发展规划》《2010—2030年发展规划》《2050年远景规划》等发展战略规划，为巴新经济社会发展提供了相对稳定的外部政策环境，使巴新经济实现连续15年正增长。但是，由于人口增长较快，大量农村人口流向城市，失业率居高不下，社会治安有待改善，广大民众生活依旧艰难。2016年国内生产总值为202亿美元(中国外交部网站，2018)。

一、林业在国民经济中的地位

2004年巴新木材出口额为8.15亿基那，占出口总额的4.7%（中国驻巴布亚新几内亚大使馆，2015）。2011年，原木生产增加值3.28亿美元，木材加工增加值0.30亿美元，林业产业总生产值3.58亿美元，对国内生产总值贡献率为2.8%（FAO，2011）。林业尤其是大量的原木出口，增加了外汇和财政收入。

巴新85%的人口在很大程度上依赖森林，靠直接或间接地获取各种林产品来维持生计。许多生活在沿海和高地的社区与森林之间形成了紧密的关系，并掌握了丰富的森林生产利用知识。2011年，巴新原木生产直接创造就业岗位0.7万个，木材加工直接创造就业岗位0.4万个，林业产业总计直接创造就业岗位1.1万个（FAO，2014）。

二、森林及其他自然资源

（一）森林资源

巴新森林资源丰富，据FAO《2015年森林资源评估》统计，巴新森林面积为3 355.9万hm^2，占土地面积的72.5%；其他林地面积为408.7万hm^2，占土地面积的8.8%。森林立木蓄积量共计51.95亿m^3，每公顷蓄积量155 m^3。

1. 森林类型和分布

森林以原生林为主，为大洋洲原始林面积最大的国家。2015年，原始林面积为1 759.9万hm^2，占森林总面积的52.4%；其他天然次生林面积为1 596.0万hm^2，占森林总面积的47.6%；人工林面积极小（FAO，2015）。

森林按海拔高度分为4种类型：

（1）低地热带雨林：位于海拔1 000 m以下，植被由3层构成，上层树冠高50m左右，树种繁多，主要树种有龙脑香科、使君子科、无患子科、梧桐科、漆树科。

（2）低山林：位于海拔1 000～2 100 m，植被由2层构成，为常绿针阔混交林，优势树种为栎木类。低山林的特征是生长有肯宁汉南美杉和韩斯丁南美杉。

（3）山地林：位于海拔2 000～4 000 m，树高只有12～13 m，主要树种为南洋山毛榉，还有罗汉科、柏科针叶树大径木。

（4）高山植物群落：位于海拔4 000 m以上，为灌木林及丛生草地（白秀萍，2001年）。

2. 森林的主要用途

在1991年制定的森林政策中，按照功能将森林分为五大类：

（1）生产林：确定为木材生产区；

（2）保护林：根据森林的所在位置、地形因素，以及环境、文化和生态因素，划分出来予以保护；

（3）保留林：还没有划分出具体类型的森林，但在今后会对其进行划分；

（4）残值林：进行皆伐并转化为其他土地利用方式的森林；

（5）再造林地。

表 1 为各类森林的面积。尽管巴新森林具有丰富的生物多样性，但是其森林功能分类却越来越偏离保护目标，逐渐倾向于促进木材生产。大约三分之一的森林被划为生产林，其次是比生产林面积稍微小一些的保留林，保护林面积很少。

表 1　巴新的森林分类　(hm^2,%)

森林分类	面积	比例
生产林	14 645 520	31.5
保留林和保护林	12 442 970	26.8
造林地和残值林	9 223 600	19.9
其他	10 098 290	21.8
总计	46 410 380	100

资料来源：巴新林业局修订(2013)。

3. 森林权属结构

巴新的森林以私有林为主。从 2010 年的森林面积看，私有林占 97%，公有林占 3%。私有林的管理权持有者 100% 为当地、土著和部落社区，公有林的管理权持有者 96% 为公共管理部门，4% 为企业和私营机构(FAO，2015)。

4. 森林资源动态变化

在 1990—2015 年，巴新的森林面积由 3 362.7 万 hm^2 减少至 3 355.9 万 hm^2。其中，原生林明显丧失，从 3 132.9 万 hm^2 减少至 1 759.9 万 hm^2，成为大洋洲原生林损失最严重的国家，尤其在最近 10 年，年均退化率超过 2%。随着森林面积减少，活立木生物量中的碳储量也从 61.22 亿 t 减到 61.10 亿 t，呈逐年减少的趋势(FAO，2015)。

(二) 其他自然资源

巴新有南太平洋最全的陆栖生态物种。有 5 种低地雨林、13 种山区雨林、5 种棕榈林和沼泽林、3 种红树林；有青蛙近 200 种、蝴蝶超过 400 种、各种鸟类超过 700 种。南部的巴布亚平原地势低平，有大片沼泽地，很适合鳄鱼生长。鳄鱼是巴新的珍贵动物，过去外国商人为了取得鳄鱼皮，曾在这里大肆捕杀鳄鱼，以致野生的鳄鱼数量急剧减少。巴新独立后，一方面采取措施保护这一宝贵的自然资源，另一方面大力发展鳄鱼饲养业。现在巴新每年出口鳄鱼皮 3 万张，可换取外汇 1 000 万美元。因此，巴新被称为“鳄鱼之国”(中国驻巴新大使馆经济商务参赞处网站，2013)。

三、林业法规政策

(一) 林业法规

巴新《森林法》制定于 1991 年，1992 年正式颁布。根据《森林法》成立了新的森林管理局，取代旧的森林管理部门。《森林法》对森林的收购和分配制定了更严格的限制。根据《森林法》的规定，森林资源必须严格按照国家林业计划进行管理。林业计划主要包括国家林业发展方针、国家林业发展规划、年度采伐限额。林业发展规划为期 5 年，明确了 5 年内的林业开发活动。各省的年度采伐限额由国家林业董事会本着森林资源永续利用的原则制定，对生产性森林，在一个省的范围内，采伐量原则上不超过生长量。

1993 年 4 月对《森林法》进行第一次修订，主要是省级森林管理委员会明确了董事会的行政职能——国家森林服务。1996 年 6 月对《森林法》进行第二次修订，这次修订主要涉及董事会成员，董事会仍有 8 名成员组成，包括一名国家资源拥有者协会代表和巴新林农协会的代表。

为了实现森林可持续经营，1996 年制定并实施了《巴新森林采伐作业规程》，1997 年通过了《森林保护政策》。1998 年巴新林业局研究制定了国内木材工业的新政策，为森林可持续发展寻求技术支持和资金来源。由于天然林资源的减少，政府已考虑发展人工林和开发其他林产品，包括非木材林产品。与林业相关的法律法规还有《林业开发指南》（于 2009 年修订）、《天然林采伐作业规划、监督和控制程序》（1995 年）、《巴布亚新几内亚择伐主要标准》（1995 年）、《国家森林方案》（1996 年）、《木材出口程序》（1996 年）、《林业条例》（1998 年，于 2010 年修订）。

（二）林业政策

1990 年，巴新政府提出了国家林业政策的主要目标：经营和保护作为可更新财产的国家森林资源，以造福子孙后代；通过森林开发增加政府收入；使巴新人民更多地参与工业生产和木材加工业生产，以取得经济增长和提供就业机会；鼓励国内企业参与林业，鼓励国内加工业使用国产原材料，以振兴国内民族工业；扩大林业区域和村落；为妇女参加林业活动提供机会。

1991 年，全国执行委员会出台了国家森林政策，这个政策涵盖森林管理、森林工业、森林研究、森林培训和教育、林业组织和管理等领域。

20 世纪 90 年代后巴新实施了《国家森林和保护的行动计划》（NFCAP），以响应森林可持续发展和制止毁林的国际倡议。该计划确定了以森林资源调查和评估、建立新的林业管理机构、为禁止原木出口而对发展木材工业进行可行性研究及保护和利用土地等 6 个主要行动领域。到 1994 年，该计划已成功地实现了所提出的部分目标。林业在以下方面取得了进展：森林经营协议取代了采伐权购买协议，由此促进了土地所有者积极参与森林利用和政策的制定；成立了国家林业总局、顾问委员会和森林服务机构；公民的环境意识已经有所提高。

从 2007 年 1 月 1 日起，巴新对木材出口税进行调整。之前的木材出口税按每立方米木材出口价格累计征收，调整后将从浮动税率变更为 28.5% 的统一税率，以抵消“发展税”的实施和平均税率的增长对木材出口商造成的损失。

2008 年，巴新政府对林业部门主要政策进行了改革，以更好地解决林业可持续管理和鼓励投资等问题，改革主要包括：至 2010 年停止所有原木出口，鼓励发展原木岸上加工出口；根据《森林法》现行规定，允许巴新政府营销机构购买林业公司 25% 的出口原木；正在考虑将林地土地主特许权使用费从目前的 10 基那/m^3（约 3.8 美元）提高至 30 基纳/m^3（约 11.4 美元）等。政府希望通过禁止原木出口拉动国内下游产业发展，但基于多方因素考虑，实际上政府并未按计划发布原木出口禁令（Pngexposed Blog，2012）。

四、林业机构与管理体制

20 世纪 90 年代初，巴新的林业工作由产业部下设的林业局负责管理。林业局设有 4 个职能管理部门：业务处、林政处、地方处和研究培训处。1992 年实施新的《森林法》，在森林和气候变化部下成立了巴新林业局，由国家林业董事会、森林服务局和地方分支机构组成(图 1)，取代了以前的林业局。巴新林业局的主要职责是监管和保证林业遵守相关法律法规，包括政府、土地所有者与投资商之间签订合同。巴新林业局经《森林法》授权，与传统土地所有者商议签订森林经营协议，选择木材开发商进行采伐，并发放木材采伐许可证、木材采伐执照等。

国家林业董事会是林业局的最高权力机构，其职能是：①管理、发展和保护国家森林资源和环境资源；②最大限度地使国家森林资源得到有效利用和开发，促进经济增长和就业，提高木材加工水平；③鼓励对森林资源进行科学研究和考察；④通过教育和培训宣传，普及林业技术、知识和信息。

森林服务局是国家林业政策的执行机构，由国家林业董事会管理。森林服务局下设 6 个处室，分别为企业服务处、林业规划处、项目审批处、林业发展处、外业服务处、林业研究处，负责国家层面的林业事务。外业服务处下设 5 个地区办公室和 19 个省办公室，为所辖区域内的森林提供外业服务。

此外，巴新各省均设有省级林业管理委员会。中央政府、省政府和各级林业局在国家林业计划的制定过程中，均有发言权和决策权。

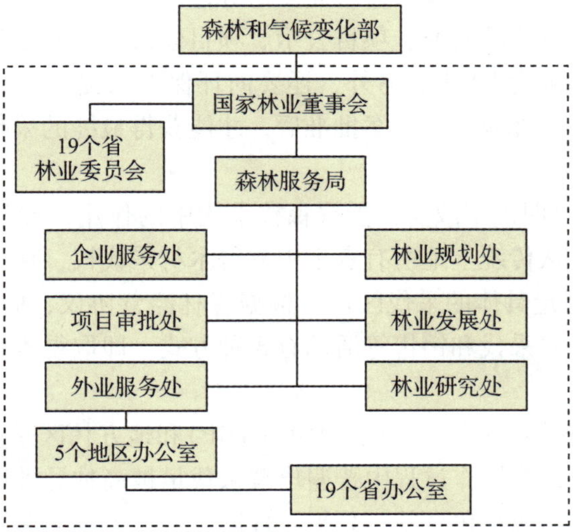

图 1　巴新林业局组织架构

除森林管理外，一些与林业相关的职能设置在环境与保护部。环境与保护部设有环境保护司、可持续环境项目司、政策协调和评估司(图 2)。如传统所有者在一段较长时期内不希望利用其森林资源，可向林业局申请成为禁止采伐的保护区。具体的保护事宜，环境与保护部负责协商。企业从事森林采伐须接受由环境保护部组织开展的环境影响评估。野生动植物保护的职能也设置在环境与保护部，包括《濒临绝种野生动植物国际贸易公约》

(CITES)和《生物多样性公约》(CBD)的履约工作，以及保护物种及其栖息地的保护。

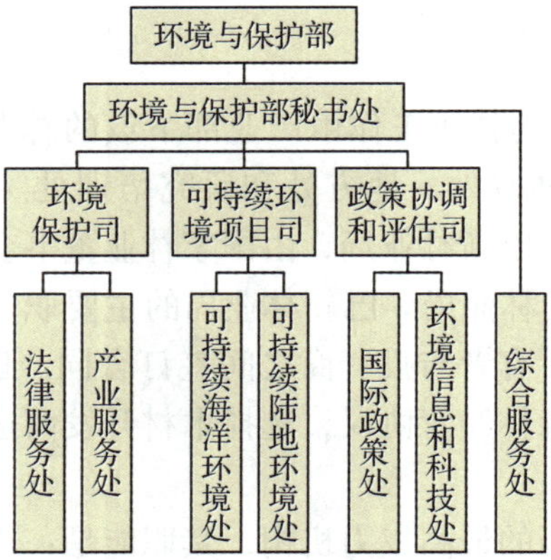

图 2 巴布亚新几内亚环境与保护部组织架构

资料来源：巴布亚新几内亚环境与保护部，2014。

五、森林经营与管理

（一）天然林经营

巴新国有林仅占 3%，传统上的土地所有权大部分归氏族或村组掌握，且林权复杂。要实现可持续森林经营管理必须实行林地所有权与经营权的分离，这就需要和不同的土地拥有者进行谈判。要获得林地采伐权，首先要对林地的归属进行确认，之后由林业局进行统一规划，在完成发展方式的研究、项目公示、项目建议和谈判之后，才能与林地所有者签订林业管理协议，期限为 50 年。另外，还要向环保部门提交林地的环境分析、环境评价方案及环境影响评估，林业工作方案批准后，才能获得最终的采伐权。所有相关费用由政府承担。

《森林法》(1991 年)明确了政府在授权森林采伐中的作用，授权巴新林业局通过签订森林经营协议的形式，从传统土地所有者手中取得木材采伐权，在《国家森林方案》和相应《省级森林方案》之中规定具体的采伐区域。根据森林经营协议，向开发者颁发为期 50 年的特许经营权。开展原木采伐和销售等活动有 3 种方式，即取得木材采伐授权、木材采伐执照和森林皆伐授权。

旧的《林业法令》允许以木材权属购买协议(TRP)和地方林区采伐协议(LFA)的形式取得木材采伐特许经营权，在操作过程中普遍出现采伐量被高估导致森林经营不可持续、传统所有者缺乏与采伐公司或承包商签订公平合理协议的能力等诸多弊端，不利于森林资源保护和森林所有者权益保障。《森林法》(1991 年)废除了上述 2 种协议形式，但仍在有效期内的协议仍可继续执行。

（二）人工造林

巴新最早的人工造林始于 1931 年前德国统治时期，当时利用从缅甸引进的外来树种柚木进行了造林试验。此后，1951 年在拉包尔近郊开始了正规的人工造林，乡土树种剥桉(*Eucalyptus deglupta*)因造林效果好而一举成名。针叶树造林最早开始于 1941 年，当时在莱城附近种植了乡土树种肯宁汉南美杉和韩斯丁南美杉。此后不久，又用外来树种火炬松、湿地松(*Pinuselliotii*)和 *Pinusresiya* 进行了造林试验，并逐渐开始了正规的人工造林。巴新人工造林的主体是国家、社区和企业。

目前，巴新人工林所选用的树种均是基于在当地的良好适应性和市场的可盈利性。马占相思和剥桉在现有的人工林树种中占有很高的比例，同时南洋杉、柚木和褐榄仁是较为重要的造林树种(表2)。肯宁汉南美杉、韩斯丁南美杉、剥桉、褐榄仁和金丝柚木是生产锯材和单板的重要树种，马占相思主要用来生产木片。

由于高地的人口密度高而不具有种植人工林的优势，因而人工林主要分布在莫尔兹比港和新几内亚群岛(表3)，合计占人工造林面积82%。从树种分布看，柚木、剥桉等阔叶树造林多分布在新几内亚岛东半部及新不列颠岛，而肯宁汉南美杉和韩斯丁南美杉针叶树造林仅限于新几内亚岛。与东南亚各国相比，巴新的人工林生长状况良好，特别是剥桉在新不列颠岛生长良好。截至2006年，巴新的人工林面积已达到6.2万 hm^2(表4)。

表2 巴新人工林主要树种

树种名称			面积	占人工林面积
中文名称	拉丁学名	当地常用名	(hm^2)	(%)
马占相思	*Acacia mangium*	Acacia	12 375	20
肯宁汉南洋杉	*Araucaria cunninghamii*	Hoop Pine	3 335	5
韩斯丁南美杉	*A. hunstenii*	Klinkii Pine	3 210	5
剥桉	*Eucalyptus deglupta*	Kamarere	25 770	42
其他桉树	*Euclyptus* spp. (others)	Kamarere	2 143	4
轻木	*Ochroma lagopus*	Balsa	400	0.4
苏门达腊八果木	*O. sumatrana*	Erima	213	0.3
加勒比松	*Pinus caribaea*	Pine	1 617	2.4
展叶松	*P. patula*	Pine	5 125	8
其他松树	*Pinus* spp. (others)	Pine	240	0.4
柚木	*Tectona grandis*	Teak	4 023	6
褐榄仁	*Terminalia brassii*	Talis	3 474	6
其他树种			352	0.5
合计			62 277	100%

资料来源：巴新林业局，2013。

表3 巴新主要造林树种的区域分布 (hm^2)

区域 树种	莫兹比港	南部	高地	岛屿
韩斯丁南美杉	3 210			
肯宁汉南洋杉	3 335			
马占相思	12 274	101		
轻木				400
剥桉	1 617	850		23 303

（续）

树种	莫兹比港	南部	高地	岛屿
其他桉树			2143	
松树	1 617		5 365	
苏门达腊八果木	18			195
柚木	34	2 004		1 985
褐榄仁	317	750		2 407
其他树种	212	39		101
合计	22 634	3 744	7 508	28 391

资料来源：巴新林业局，2013。

表 4　巴新人工造林基本情况（截至 2006 年）

区域	起始年	面积（hm^2）	树种	权属
中部	1955	1 266	柚木	社区，国家
	1985	738	柚木	国家
米尔恩湾	1985	1 465	剥桉、褐榄仁	社区，国家
莫罗贝	1985	12 000	肯宁汉南美杉、韩斯丁南美杉、松树	国家
马丹	1975	1 375	马占相思、剥桉	企业，国家
新爱尔兰岛	1986	200	剥桉	国家，社区
西新不列颠	1972	12 000	剥桉、褐榄仁	企业
东新不列颠	1950	14 385	柚木、轻木、剥桉、褐榄仁	社区，企业
东部高地	1963	4 884	展叶松	国家，社区
西部高地	1962	2 143	尾巨桉、大叶桉	国家
南部高地	1972	240	展叶松	国家，社区
合计		62 277		

资料来源：巴新林业局，2013。

六、林产品生产、加工与贸易

（一）木质林产品的生产和消费

巴新政府为促进本国的木材加工业，对原木出口实行 20% 的出口关税，对加工后的木材实行零关税。但巴新木材加工业仍处在以锯材为主的初级产品加工阶段，并存在严重的资源浪费问题。目前巴新木材工业基本由外国投资者垄断，本国企业仅占很小的份额，且多为小型锯材厂。在锯材厂中，大中型企业多为澳大利亚、马来西亚、日本等外国投资企业。马来西亚常青集团是在巴新的最大外国林业公司。近 15 年来巴新主要林产品生产和消费总体上呈增长的趋势（表 5）。

表 5 巴新主要林产品生产与消费 （万 m³）

年份	原木		锯材		人造板		单板		胶合板	
	生产	消费	生产	消费	生产	消费	生产	消费	生产	消费
2001	724.1	522.2	4.0	1.6	1.5	0.8	0.5	0.3	1.0	0.3
2002	724.1	538.3	7.0	4.2	7.9	4.1	7.0	3.4	0.9	0.6
2003	724.1	522.2	6.0	3.2	4.5	0.7	4.0	0.4	0.5	0.2
2004	724.1	522.5	6.0	4.4	7.0	0.3	6.5	0	0.5	0.2
2005	724.1	522.5	6.0	4.4	7.0	0.3	6.5	0	0.5	0.2
2006	852.3	624.1	6.1	0.4	9.5	2.8	8.3	1.8	1.2	0.9
2007	857.3	573.8	6.1	1.7	9.4	4.2	8.1	3.0	1.3	1.0
2008	857.3	605.8	6.1	2.1	9.4	8.5	8.1	7.3	1.3	1.0
2009	843.7	633.8	8.1	5.4	9.5	8.0	8.1	7.6	1.4	0.2
2010	1 000.9	722.5	9.0	6.3	9.4	9.1	8.1	7.9	1.3	0.9
2011	964.9	632.8	12.4	9.2	15.0	14.4	10.5	10.1	4.5	4.1
2012	922.7	608.0	8.2	6.8	9.9	10.2	6.3	5.7	3.6	4.3
2013	955.0	625.0	8.2	4.0	9.1	9.1	6.3	5.9	2.8	3.0
2014	1 068.2	626.3	8.2	5.9	9.1	9.2	6.3	5.8	2.8	3.2
2015	1 007.3	592.5	8.2	5.7	9.2	8.9	6.3	5.8	2.9	3.0
2016	957.3	573.9	8.2	5.6	9.1	8.4	6.3	5.8	2.8	2.5

资料来源：FAOSTAT，2017。

（二）林产品贸易

2001—2008 年，巴新林产品贸易持续增长，在 2008 年全球经济危机之后出现短暂的萎缩，随后大幅回升，2014 年贸易额达到 11.1 亿美元的历史最高值（表 6），同比增长 37.8%。近年来，受到国内政策调整和对出口林产品的管理影响，贸易额有所回落，但仍维持在高位。巴新是林产品净出口国，2016 年出口额 7.0 亿美元，占进出口总额的 94%，进口额仅为 0.4 亿美元。

表 6 巴新林林产品进出口额 （万美元）

年份	进口额	出口额
2001	887.5	11 349.9
2002	890.2	12 874.6
2003	885.9	27 598.2
2004	969.2	15 709.3
2005	975.4	18 906.0
2006	1 029.9	21 503.9
2007	1 036.3	23 985.7
2008	1 446.2	55 887.8

（续）

年份	进口额	出口额
2009	1 389.7	36 901.5
2010	2 038.1	60 882.7
2011	2 960.1	77 753.9
2012	3 945.3	67 841.7
2013	3 749.9	77 386.1
2014	3 345.6	108 476.6
2015	2 146.9	84 646.2
2016	2 007.8	70 286.3

资料来源：FAOSTAT，2017。

1. 林产品进口

巴新主要进口一些制成品，如家具、建筑材等，纸制口全部依靠进口，如表7所示。

表7 巴新主要林产品进口量 （m^3，t）

年份	原木	锯材	人造板	胶合板	纤维板	纸和纸板	纸浆
2001	0	0	1 000	400	200	16 400	0
2002	0	401	600	0	200	16 000	0
2003	0	154	694	94	200	16 000	0
2004	0	38	1 972	662	284	16 187	0
2005	0	38	2 238	913	284	16 187	0
2006	0	0	4 022	2 729	284	16 187	0
2007	0	65	3 005	1 693	284	16 187	2
2008	450	312	3 493	2 140	1 049	17 420	0
2009	566	501	6 850	4 473	1 507	15 717	1
2010	43	648	8 575	5 903	1 764	20 743	4
2011	673	3 879	12 616	10 289	1 790	24 281	189
2012	697	3 874	18 328	15 856	2 344	21 397	212
2013	563	2 195	13 232	10 759	2 344	21 397	212
2014	576	3 470	18 261	15 557	2 397	24 399	212
2015	594	1 447	9 742	7 487	1 610	1 793	212
2016	80	448	4 778	4 142	421	22 128	249

资料来源：FAOSTAT，2017

2. 林产品出口

巴新林产品贸易以原木出口为主，其次是木片、锯材、胶合板、单板及少量的家具。原木出口始于20世纪60年代后期，80年代以来出口量稳步增长。特别是近年来，由于热带原木最大出口国马来西亚的出口量减少，加之菲律宾、泰国等国家已由林产品主要出口国转变为进口国，由此导致木材减少带来的采伐压力转向以前很少采伐森林的国家，巴新就是其中之一。热带材进口国尤其是日本对巴新的原木需求表现出强劲的势头，致使巴新原木出口增长迅速，如表8所示。

近年来，巴新原木出口价格呈逐年上涨趋势。原木价格上涨主要是亚洲经济发展快的一些国家，如中国和印度等国家对木材原料的需求不断增加所引起的。虽然巴新根据森林管理协议执行了新的木材采伐项目，同时对一些过去尚未执行的老项目重新启动，使原木出口量有一定增长。

表 8　巴新主要林产品出口量

（m^3）

年份	原木	锯材	人造板	胶合板	纤维板
2001	1 560 200	40 600	8 000	3 000	0
2002	1 857 750	42 600	38 150	2 150	0
2003	2 066 970	42 900	71 910	3 085	0
2004	2 018 431	58 486	69 261	4 261	0
2005	2 014 493	44 332	62 618	4 152	0
2006	2 282 835	59 300	6 595	4 746	0
2007	2 835 171	45 649	26 060	5 944	0
2008	2 576 659	44 286	23 109	6 605	0
2009	2 095 806	33 266	12 731	9 880	0
2010	2 784 254	27 297	12 019	9 988	49
2011	3 321 366	35 478	17 741	13 415	49
2012	3 147 275	18 141	15 089	8 880	49
2013	3 300 014	44 632	16 254	11 885	49
2014	3 810 185	26 703	16 833	11 892	49
2015	3 648 906	26 811	12 163	6 931	49
2016	3 834 185	26 811	12 163	6 931	49

资料来源：FAOSTAT，2017。

（三）木材合法性认证管理

面对越来越多的经济体要求木材合法出口的规定，巴新采取相应措施来审视目前的供应链，并正在一些国际组织的支持下，研究建立木材合法性认证系统，以保障出口木材的合法性。木材合法性认证系统包括可追溯性、合法性和透明度。

1. 针对复杂林权制定相应管理规定

巴新森林资源丰富，但林权复杂，97% 的林地属私人拥有。为实现森林的可持续经营，巴新采取了林地所有权与经营权分离的管理方式，通过与土地所有者签订协议获得林地采伐权。而要签订协议，首先要对林地的归属进行确认，之后由林业局进行统一规划，在完成发展方式的研究、项目公示、项目建议和谈判之后，才能与林地所有者签订限期为 50 年林业管理协议。另外，还要向环保部门提交林地的环境分析、环境评价方案及环境影响评估，林业工作方案批准后，才能获得最终的采伐权。签订协议所涉及的所有相关费用由政府承担。

2. 重视木材出口监控联合开展原木追踪

巴新林业局于 1994 年聘请 SGS 公司对原木出口进行监控，提供原木来源合法性检验、木材追踪和产销监控服务。巴新林业局市场营销部负责原木及木制品出口的审批。在巴新，想要获得出口证书需要办理以下手续：取得采伐许可证；出口商要为每种树种申请价格审批；接受林业局对提交的出口量是否符合项目出口定额的检查；交纳一定的税费。林业局检验并颁发出口许可证后，贸易与工业局才能为每批货物发放不同的出口证。

所有的木材加工商都必须将 SGS 的条码标签贴在原木上，出口商需要把原木条码标签及出口资料提供给 SGS 公司，SGS 公司负责检验树种和测量尺寸，并使用赫尔热塔(Helveta)数据库及个人数码助理/扫描器，记录采伐区信息，在 SGS 发表验证声明之后，林业局和海关才会发放出口许可证。

SGS 业务行动中心会收集和分析采伐区的全面资料，出口商把商业发票、提单、信用证、出口许可证等文件发给 SGS。SGS 每月向中央银行、财政部、商务部、海关、税务局等提供详细的林业市场报告，并将林业治理问题报告给林业局和财政部。

目前，巴新林业局已收到国际热带木材组织的基金，准备开展以下两个项目：发展合法/守法性标准及鼓励林业经营企业家遵守道德准则；开展原木追踪的试行项目(从采伐到出口)，包括统一原木产销链、加工厂及出口记录的信息系统，以便对原木进行追踪。

3. 严格采伐权管理保证采伐合法性

巴新政府根据《森林法》购买立木采伐权，然后将采伐许可证发放给承租人。根据有关规定，每一个砍伐周期为 35 年，只有胸径 50 cm 以上的树木才能砍伐。这样就从源头确定了林木采伐的合法性。

根据巴新《森林法》，立木采伐权可通过 3 种形式获得：由政府签发的木材许可证，适用于较大规模的项目；由林务官审批的木材管理证(政府收取一定的手续费)，可直接向部落村社购买采伐权，只能用于年产 5 000 m^3 以下的小规模开发；由政府规划部门出具的许可证，针对大规模林地面积的采伐。根据《森林法》，私有林主可与开发者直接协商开发森林，但任何协议生效前必须经林业局长同意。

巴新中央政府、省政府和各级林业局在国家林业计划制定过程中，均有发言权和决策权。《森林法》规定，森林资源必须严格按照国家林业计划进行管理，主要包括国家林业发展方针、规划及年度采伐限额。林业发展规划为期 5 年，明确了林业开发活动。各省的年度采伐限额由国家林业董事会本着森林资源永续利用的原则制定，对可生产性森林，在一个省的范围内，采伐量原则上不超过生长量。

4. 鼓励加工业对加工品出口实行零关税

巴新木材工业由外国投资者垄断，本国企业仅占很小的份额，且多为小型锯材厂。截至 2012 年，巴新仅有 20 家锯材厂、1 家木片厂、2 家胶合板厂、5 家家具厂。在锯材厂中，大中型企业多为澳大利亚、马来西亚、日本等外国投资企业。马来西亚常青集团是在巴新的最大外国林业公司。森林工业解决了巴新 8 000 人的就业问题。

巴新政府为促进本国的木材加工业，对原木出口实行 20% 的出口关税，对加工后的木材实行零关税。但是，巴新木材加工业仍处在以锯材为主的初级产品加工阶段，并存在严重的资源浪费问题(宿海颖，2012)。

七、林业科研与教育

巴新林业科研主要由巴新林业局下设的森林研究所承担。受到资金、人力等资源限制，巴新总体林业科研水平不高。由于资金不足，导致基础研究设施配套不足，人才流失现象明显。近年来，森林研究所开展了积极的国际合作，与澳大利亚国际农业研究中心（ACIAR）、日本国际协力机构（JICA）、国际热带木材组织（ITTO）等机构联合开展研究（Papua New Guinea Forest Authority，2009）。

巴新林业教育主要由巴新技术大学开展，该大学是在太平洋区域内授予热带林业科学学士学位的唯一一所大学，同时也为布洛洛大学林学课程和木材和林业培训学院的木材加工课程颁发结业证书。巴新技术大学和巴新大学开展林业相关的研究生培养工作。近年来，在政府奖学金资助下，研究生课程通常在澳大利亚、欧盟、日本、新西兰和美国进行（Papua New Guinea Forest Authority，2009）。

八、分析与借鉴

巴新作为澳大利亚代管的前英殖民地，于 1975 年才获独立。至今殖民地经济留下的痕迹仍然很深，还停留在靠廉价出售资源来换取必要工业品的阶段。就林业而言，森林开发和原木出口仍然是目前主要的林业经营活动。木材工业基本上停留在初级产品加工阶段，且被国外资本所垄断。现阶段巴新林业仍然面临着很多困难与问题。

（1）森林资源正在减少。由于经济落后，财政收入很大程度上依靠天然林资源，特别是以天然林原木出口为代价。原木出口使国内森林资源承受的压力也越来越大。另外，人口的增长，经济压力的增大，也是造成森林资源进一步减少的主要原因。由此可见，今后巴新林业所面临的重要课题之一，就是森林资源的保护与合理利用。

（2）林业管理比较落后。巴新林业管理机构很不健全，缺少有能力的管理人员，林业部门的管理能力尤其是管理森林采伐和木材出口的能力十分有限。巴新 97% 的土地归宗族或部落所掌管，这也给林业管理带来很大困难。完善管理体制是巴新林业的重要方向。

（3）缺少资金和技术。巴新经济落后，林业投资依靠外援。国内由于缺少资金，致使森林资源清查、林业基础设施建设、科研与教育、林业知识和技术的普及、林业机构改革等许多方面的林业工作难以开展，木材工业技术落后的状况也难以改变。因此，资金和技术的引进是巴新林业发展的关键之一。

（4）缺乏林业科研人员和熟练的林业工人。由于文化和语言差异大。巴新全国各地约使用 700 多种不同的语言和方言，文化和语言的差异也是制约林业发展的因素。因此，培育林业科技人才将是巴新林业振兴的重要课题。

（罗信坚　李 茗）

参考文献

世界林业.2012. 巴新独立国林业[EB/OL]. http://www.forestry.gov.cn/portal/main/map/sjly/babuyaxinji-neiya/index.html.

中国驻巴布亚新内亚大使馆. 2015. 巴布亚新几内亚国家概况[EB/OL]. http：//pg. china-embassy. org/chn/bxgk/.

中华人民共和国外交部. 2018. 巴新国家概况[EB/OL].（2018-03）http：//www. fmprc. gov. cn/web/gjhdq_676201/gj_ 676203/dyz_ 681240/1206_ 681266/1206x0_ 681268/.

Food and Agriculture Organization of the United Nations. 2015. Global Forest Resources Assessment 2015[R].

Food and Agriculture Organization of the United Nations. 2016. State of the World's Forests 2016[R]. The International Year of Forests.

Food and Agriculture Organization of the United Nations. 2007. FAO Yearbook of Forest Products 2001 – 2005[R]. FAO Forestry Series, No. 40.

Food and Agriculture Organization of the United Nations. 2011. GlobalForest Resources Assessment 2010[R]. FAO Forestry, 163.

Food and Agriculture Organization of the United Nations. 2011. State of the World's Forests 2011[R]. The International Year of Forests.

Food and Agriculture Organization of the United Nations. 2012. FAO Yearbook ofForest Products 2006 – 2010[R]. FAO Forestry Series, No. 45.

Papua New Guinea Forest Authority. 2009. Papua New Guinea Forestry Outlook Study [R]. http：//www. fao. org/docrep/014/am614e/am614e00. pdf.

Papua New Guinea Forest Authority. http：//www. forestry. gov. pg/site/index. php.

PNG Forest Authority | PNGexposed Blog, 2012. https：//pngexposed. wordpress. com/tag/png – forest – authority/. New forestry projects exporting logs despite supposed govt ban.

新西兰(New Zealand)

新西兰位于太平洋南部，介于南极洲和赤道之间，由北岛、南岛、斯图尔特岛及其附近的一些小岛组成，海岸线长约1.5万km，总面积2 700万hm^2。总人口480万人，其中欧洲移民后裔占74%，毛利人占15%，亚裔占12%(中国外交部网站，2018)，太平洋岛国裔占7%，官方语言为英语和毛利语，48.9%的居民信奉基督教新教和天主教。全国设有16个行政区，其中11个行政区由“地方议会”(Regional Council)管辖(相当于我国的省)，其余5个行政区由“区域当局”(Territorial Authority)管辖(相当于我国的直辖市)。首都为惠灵顿，主要城市还有奥克兰、克赖斯特彻奇(基督城)、哈密尔顿、达尼丁等(中国外交部网站，2018)。

新西兰境内多山，山区和丘陵占其总面积75%以上，平原狭小。河流短而湍急，航运不便，但水利资源丰富，全国80%的电力为水力发电。北岛多火山和温泉，南岛多冰河与湖泊。北岛第一峰鲁阿佩胡火山高2 797 m，火山上有新西兰最大的湖泊陶波湖，面积6.16万hm^2。南岛最高峰库克峰，海拔3 754 m，为全国最高峰。新西兰属温带海洋性气候，平均气温夏季20℃左右，冬季10℃左右。年平均降水量600～1 500 mm(中国外交部网站，2018)。

矿藏主要有煤、金、铁矿、天然气，还有银、锰、钨、磷酸盐、石油等，但储量不大。工业以农林牧产品加工为主，主要有奶制品、毛毯、食品、皮革、烟草、造纸和木材加工等轻工业，产品主要供出口。近年来，陆续建立了一些重工业，如炼钢、炼油、炼铝和农用飞机制造等。农业机械化程度高，主要农作物有小麦、大麦、燕麦、水果等。粮食不能自给，需从澳大利亚进口。畜牧业发达，生产用地1 352万hm^2，占国土面积的一半。渔产丰富，是世界第四大专属经济区，200海里专属经济区海域每年商业性捕捞和养殖鱼、贝类约60万～65万t，其中超过半数供出口。

新西兰经济以农牧业为主，农牧产品出口约占出口总量的50%(中国外交部网站，2018)。主要出口产品为乳制品、肉类、林产品、水果和鱼类等，其中羊肉和奶制品出口量居世界第一位，羊毛出口量居世界第三位(中国外交部网站，2018)。主要进口产品为石油、机电产品、汽车、电子设备、纺织品等，主要贸易伙伴依次为澳大利亚、中国、美国、日本、韩国、新加坡、英国、德国。2016—2017年度国内生产总值为2 830亿新元，人均国内生产总值为5.9万新元，经济增长率为2.9%(中国外交部网站，2018)。

一、林业在国民经济中的地位

林业是新西兰国民经济的支柱产业之一，林业产业的年均总收入高达50亿美元，占国民生产总值的3%，直接提供就业岗位约2万个(MPI，2012)。林业产业国际贸易活跃，据统计，新西兰工业用材供给量占全世界供给总量的1.1%，林产品贸易量占全世界林产品贸易总量的1.3%，在亚太地区林产品供给量占到9%，贸易额占到20%(MPI，2012)。2017年，新西兰年度林业出口总额约46亿新元(中国外交部网站，2018)。林产品出口已是新西兰出口贸易中除乳制品、肉制品外第三大支柱产业(MPI，2012)。

二、森林资源

(一)森林资源总量

截至2015年，新西兰森林总面积为1 015.2万 hm^2，森林覆盖率38.6%(FAO，2015)。林木总蓄积量为39.75亿 m^3，其中，针叶林蓄积量为11.31亿 m^3，占28.5%；阔叶林蓄积量为28.44亿 m^3，占71.5%。

表1　新西兰森林面积　(万 hm^2)

面积 / 类型	2005	2010	2015
人工林	185.4	181.2	208.7
其中：引进新树种的森林	185.4	181.2	—
天然林	645.7	645.7	806.5
其中：自然更新的森林	431.3	431.3	—
引进新树种的森林	—	—	—
森林总面积	831.1	826.9	1 015.2

资料来源：FAO，2015。

(二)主要树种

银山毛榉(*Nothofagus menziesii*)是新西兰最主要的树种，其森林蓄积量约达到4.58亿 m^3；其次是辐射松(*Pinus radiata*)，蓄积量仅次于银山毛榉，约为4.33亿 m^3；其他树种依次为红榉(*N. fusca*)3.71亿 m^3、卡玛希(*Weinmannia racemosa*)2.64亿 m^3、山地山毛榉(*N. solandri* var. *cliffortioides*)1.80亿 m^3、芮木泪柏(*Dacrydium cupressinum*)1.26亿 m^3、新西兰琼楠(*Beilschmiedia tawa*)1.13亿 m^3、卡拉塔树(*Metrosideros umbellata*)7 800万 m^3、硬山毛榉(*N. truncata*)7 500万 m^3、黑山毛榉(*N. solandri*)5 500万 m^3(FAO，2005)。

(三)森林起源

在新西兰的森林面积中，天然林为806.5万 hm^2，占79.4%；人工林为208.7万 hm^2，占20.6%(FAO，2015)。天然林主要分布于南北半岛的山地、丘陵地带。主要树种有山毛榉、芮木泪柏、新西兰琼楠和贝壳松(kauri)等(董得红，2006)。天然林面积的88%已被划为国家公园、森林公园和其他自然保护区进行保护，其中国有天然林近500万 hm^2 和私有天然林70万 hm^2。只有一小部分天然林划为生产性森林。人工林主要分布在北岛和南岛。北岛人工林面积为124.1万 hm^2，蓄积量3.54亿 m^3，分别占全国70%和80%；南岛人工林面积52万 hm^2，蓄积量0.92亿 m^3，分别占全国30%和20%(白秀萍，2009)。人工林的主要种植树种是辐射松，面积约159.7万 hm^2，占人工林的89.2%；其次是花旗松，约 11.3 万 hm^2，占人工林的 6.3%；其他针阔叶树种占 1.9%。

（四）森林权属

2010 年，新西兰 60% 的天然林为国有，40% 为私有（FAO，2015）。2007 年，新西兰人工林中，注册私营企业所有的占人工林总面积的 79%，注册上市公司所有占 14%，中央政府所有占 2%，地方政府所有占 3%，国有企业所有占 2%（表 2）。

表 2　人工林所有制类型（2007 年）　（hm^2，%）

所有制类型	面积	百分比
国有企业所有	32 082	2
地方政府所有	55 775	3
中央政府所有	36 821	2
注册上市公司所有	244 313	14
注册私营企业所有	1 420 559	79

注：私有林权属情况统计时未计算收获后等待种植的林地。资料来源：FITEC，2009。

（五）林种结构

新西兰的林种结构按主要功能区分主要分为生产性森林、水土保持林、以及多功能林。2015 年新西兰生产性森林 206.5 万 hm^2，水土保持林 674.2 万 hm^2，功能保护林为 28.1 万 hm^2（FAO，2015）。

（六）森林资源动态变化

新西兰人工林面积在过去近 100 年中一直在增加，但进入 21 世纪，趋势有所变化，人工林面积在 2005 年达到 185.4 万 hm^2 高峰后呈减少趋势（表 1），其中辐射松人工林面积减少明显，花旗松人工林较为稳定。

20 世纪 90 年代以后，新增造林面积在 1994 年达到 9.8 万 hm^2 高峰后不断减少，1996 年降为 8.4 万 hm^2，2000 年 3.4 万 hm^2，2003 年 2.0 万 hm^2，2006 年 3 000 hm^2，2007 年仅造林 2 000 hm^2。同时，每年更新造林面积仅相当于皆伐面积的 80%，约 3 万 hm^2。

尽管造林面积不断减少，但近 20 年来人工林的采伐量却不断增加。据统计，1988 年，新西兰人工林采伐量仅 968.8 万 m^3，到 1992 年增长 44%，达到 1 390.3 万 m^3，1998 年为 1 663 万 m^3，2002 年达到 2 088.3 万 m^3 高峰，之后虽有波动但仍维持在较高的水平，2007 年采伐量为 2 002.2 万 m^3（FAO，2010）。

近年来，新西兰天然林面积基本没有变化，人工林面积不断减少，由此导致森林总面积从 2005 年的 831.1 万 hm^2 减少至 2015 年的 806.5 万 hm^2。但是，新西兰的森林蓄积量从 2005 年的 34.49 亿 m^3 增至 2015 年的 39.75 亿 m^3。

（七）森林碳储量

新西兰丰富的森林资源有着较强的固碳能力，并且有逐渐增加的趋势。从表 3 可以看出，生物碳储量高于枯死木和凋落物的碳储量，主要是由于森林生物量较大等原因引起的，这也间接说明新西兰森林资源质量很好。从时间序列来看，2010 年与 2005 年相比，生物碳储量增加了 2 900 万 t，枯死木和凋落物的碳储量增加了 600 万 t，说明近几年来新西兰森林生产力和生态功能均有所增强，这可能与新西兰实施的森林可持续经营和多目标森林经营有很大关系。

表 3　新西兰森林和林地碳储量　（万 t）

项目	森林		其他林地	
	2010	2015	2010	2015
地上生物碳储量	103 800	111 600	8 900	1 700
地下生物碳储量	25 400	27 100	2 200	400
生物碳储量小计	129 200	138 700	11 100	2 100
枯死木碳储量	14 700	16 500	1 100	400
凋落物碳储量	5 700	17 500	900	300
枯死木/凋落物碳储量小计	20 400	34 000	2 000	700
森林碳储量合计	14 900	172 700	13 100	2 800

资料来源：FAO，2015。

三、林业法规政策

（一）林业法律体系

《森林法》是新西兰林业最主要的法律，1949 年颁布后经历了 1993 年、1996 年、2004 年的修订，对森林经营、森林采伐和加工利用、森林资源保护、林业产业，森林恢复和可持续发展等各个方面做了较为全面的规定。除《森林法》之外，《第一部新西兰法案》（1874 年）、《国土条例》（1877 年）、《新西兰林业促进法》（1962 年颁布，1965 年、1966 年、1967 年修订）等也是新西兰林业法律体系中较为重要的法律。

关于森林资源的保护，1949 年颁布实施的《森林法》要求，私人拥有的天然林在经营利用时要确保天然林的固有价值。1993 年修订的《森林法》，允许少量天然林资源在符合政府可持续经营和保护的条件下，进行有限量的采伐利用，这部分天然林面积约 30 万 hm^2。另外，政府通过立法建立了总面积占国土面积三分之一的原始森林保护区、国家公园、沿海自然保护区及岛屿海洋生物保护区，加强环保理念和意识的推广和教育，加大对环保组织的支持力度，发挥环保组织的作用，加强国际交流与合作，签署了《生物多样性公约》《气候变化框架公约》等多项国际公约，加强了对森林资源在内的自然资源的保护力度。同时，与森林资源保护相关的法律有《新西兰土壤和水资源保护法》（1987 年颁布，1988 年修订）、《动物福利法》（1999 年）、《动物改革法》（1989 年）、《国家公园法》（1980 年）、《资源管理法》（1991 年颁布，1993 年修订）等。

在森林经营方面，2004 年的《森林法》规定：水土流失比较严重地区造林，每公顷补助 800～1 000 新元，相当于造林经营成本 20%（周吉仲，2008）；各林区的主要道路、通讯等由政府负责，超出企业承受能力的大范围火灾、病虫害由政府帮助解决，其余全部由企业、公司自主经营，自行管理，独立运行。与森林经营相关的法律有《造林鼓励法》《森林经营法》（1991 年）、《林业可持续管理计划》（1996 年）等。

在森林采伐方面，《森林法》规定：依据林地年度或时期内产量确定最适采伐率，包含病死树砍伐量；特定阔叶硬木采取缓冲式采伐，包括特定选择性（单株或群体）采伐手段（不能因采伐手段而改变林地特征）；因喜光树种采光需要而进行的皆伐，面积不能超过 0.5 hm^2；对于敏感型耐阴阔叶硬木树种的择伐或小群体采伐须考虑其自然更新率，以采伐量的至少 5 倍栽植幼树（从该地块采集种子，并在苗圃中成苗）；当附近地区现存再生幼苗高度达到 4 m，木材储量达到或高于先前采伐量时，可以进行采伐等。其他与森林采伐相关的法律有《林业激励法》（1962 年）、《林业激励性贷款条理》（1967 年）、《森林法（西海岸协定）》（2000 年）等。

在森林恢复和可持续发展方面，《森林法》对“林业可持续管理计划”的内容进行了详细的规定，主要包括：确定该计划实施的具体地区（地图/航片及文字描述）；确定该地块所有者的姓名和地址（住宅地址或公司）；确定所有规定与《资源管理法》（1991 年）相一致；明确该计划的有效期限；提供森林数量化研究结果，以此为基础制定计划草案；明确不同树种的计划采集量，栽培管理措施（尤其是再生方法和采伐引起的病害相关防治措施）和森林保护措施；以保护森林功能和环境价值为出发点；明确针对特有树种进行的保护和保存方法。另外，与森林健康相关的法律有《森林病虫害防治条例》（1967 年）、《新西兰森林和农村火法》（2000 年）等。

（二）林业政策的演变

新西兰林业发展根据政策导向的不同，大致可分为 6 个阶段（Rhodes，2004）。

第一阶段（1870—1918 年）：政府对农地上造林给予有限支持。1870 年以前，欧洲殖民者大量砍伐天然林，新西兰政府逐渐认识到天然林不能满足需求，今后的供材需要依靠进口或人工林。为了补充天然林供材不足，政府开始有限支持农地上的造林活动。

第二个阶段（1919—1938 年）：政府开始重视林业，大力支持人工林的发展。1919 年，新西兰成立国家森林服务局，同时，开展大规模植树造林，培训相关技术人员，实施促进林业持续发展的项目。

第三个阶段（1939—1958 年）：政府政策转向支持木材加工利用。这个阶段新西兰经济萧条，外加人工林面积增长过快，导致木材价格下降，供给过剩。政府改变了大量投资造林的政策，开始将有限的资金投入到木材加工利用，以期拉动国内经济发展。

第四个阶段（1959—1984 年）：政府再次大力支持人工林。这一时期，第一次营造的人工林已经进入采伐期，木材的大量出口拉动了国内经济发展。政府认识到人工林对新西兰经济的重要性，提供大量贷款、补贴支持人工林的发展。

第五个阶段（1985—2002 年）：政府从直接支持林业转为主要依靠市场。在这一阶段新西兰实施了以国有商品人工林私营化为重点的林业分类经营改革（何友均，2006）。随着市场经济发展和改革的不断完成，政府对林业的支持逐渐从直接支持转为间接支持。以前造林贷款、补贴等政策进行了重大调整，政府更倾向于在税收、投资环境等方面间接支持林业的发展。

第六个阶段（2003 年至今）：政府政策主要支持应对气候变化等新领域。随着林业可持续发展、气候变化及其相关环境问题成为国际社会关注的话题，新西兰政府主要将政策向林业可持续经营、林业适应和减缓气候变化等新领域倾斜，一方面促进了林业可持续发展，另一方面也表现出政府在应对全球环境问题方面的积极态度和行动。

（三）现行林业政策

20 世纪 80 年代的国有林管理体制改革（详见第四部分），使新西兰逐渐从高度监管的经济过渡到市场经济。政府主管部门只履行制定规则和服务的职能，信奉市场有能力解决人工林经营（营建、采伐、科技支撑等）的各类问题。即使新西兰国内有强烈的呼声，要求政府进行干预，新西兰政府也极少采取任何措施。

1. 天然林保护政策

对于天然林，新西兰政府总体原则是不鼓励天然林的工业利用。规定国有和私有的天然林经营管理要符合持续经营的原则。同时，政府正逐步购买私有天然林，扩大保护面积，防止和遏制生物多样性丧失。在天然林采伐、利用、加工方面，设置了严格的限制条件。在林业私有化过程中，绝大部分售出的森林都是新西兰林业公司所属的人工林，而天然林则移交给资源保护部管理，甚至曾经计划出售的天然林在环保主义者抗议下都退出了出售计划。

2. 人工林扶持政策

对于人工林可持续经营，新西兰政府采取了积极的扶持政策。在项目实施方面，在饱受土地侵蚀之苦的东海岸地区，政府通过东海岸林业项目提供资金支持，发展商业人工林的同时也致力保护当地脆弱的生态环境，并在未利用土地上营建人工林。在税收方面，1983 年以后，新西兰政府明文规定，企业、公司、农场主、个人等均可从应缴纳税费中扣除造林成本，即减少了交税金额/比例。这项政策保护了造林者的利益，鼓励了更多人从事造林，尤其是私营公司。在补贴方面，由于新西兰政府对林业的支持逐渐从直接转为间接，人工林补贴政策有减少的趋势，目前实施的补贴政策多以生态补偿为主。除《森林法》中的规定外，2009 年 9 月，新西兰农林部出台了《造林补贴计划指南》（AGS），该计划是一个通过在新西兰增加符合京都标准的新造林地以更多地吸收温室气体的林业计划，也为新西兰排放交易机制（ETS）提供了一个简单的选择。根据计划，林主于 1989 年 12 月 31 日之前在没有森林的土地上造林的所有权，可以获得政府提供的补贴。获得补贴的林主拥有新造的森林，并可从其木材获得收益，而官方保留 10 年补贴协议期间所产生的碳信用。该计划的另一个目标就是新造林将有助于减低气候变化可能带来的影响，也有利于产生其他环境效益，如减少水土流失，养分流失和降低洪峰，并改进当地生物多样性（MAF，2009）。

四、林业机构与管理体制

（一）林业管理机构

1997 年 12 月，新西兰对林业政府机构逐步进行了改革。1998 年 3 月 1 日，新西兰政府将农业部和林业部合二为一，成立新西兰农林部（Ministry of Agriculture and Forestry，MAF）。农林部设有政策司、产业司（下设森林处等 6 个处）、执法司和森林经营司。农业和林业部没有单独的农业司，但却设有单独的森林经营司，表明新西兰政府对林业的足够重视。

为了加强新西兰各初级产业部门之间的合作，提高部门生产效率，统筹协调自然资源可持续管理，降低生物风险和保护新西兰的生物安全，新西兰于 2011 年对包括林业在内的管理机构进行了有效改革。2011 年 7 月 1 日，新西兰对林业政府机构再次进行改革，农林部同渔业部(Ministry of Fisheries)、新西兰食品安全委员会(New Zealand Food Safety Authority)一起合并为初级产业部(Ministry for Primary Industries)。新成立的初级产业部由贸易支持与管理司(Administration and Business Support Group),生物安全、食品和动物保护政策理事会(Biosecurity, Food and Animal Welfare Policy Directorate),国际政策理事会(International Policy Directorate),资源政策理事会(Resource Policy Directorate),部门政策理事会(Sector Policy Directorate)和战略、体制与科技理事会(Strategy, Systems and Science Directorate)六个部门组成。其中,部门政策理事会中的森林与种植小组(Forestry and Plant Sector Group)主要负责新西兰林业的日常事务;资源政策理事会中的资源管理政策小组(Resource Management Policy Group)、气候变化小组(Climate Change Group)、北岛事务小组(North Island Regions Group)、南岛事务小组(South Island Regions Group)负责森林资源保护和可持续发展方面的工作;贸易支持与管理小组负责林产品进出口贸易等方面的工作。总体看来,初级产业部的成立有利于理顺林业管理体制,统一协调森林资源和其他资源的保护和利用,加强森林可持续经营水平,提高林业产业的国际竞争力(MPI, 2012)。

(二)国有林管理体制改革

20世纪80年代后期,作为社会改革的一部分,新西兰进行了以国有商品人工林私营化为重点的林业分类经营改革。尽管面临许多压力,但新西兰还是坚决实行了以国有人工林公司化经营、国有人工林资产拍卖、林业保护局独立、林业部专职政策法规的制定与监督执行为主要内容的林业分类经营,林业由多效经营模式逐步走上了分类经营的道路(何友均,2006)。

1. 改革背景

新西兰国有林改革是在私有化政策顺利推进、国内债务危机不断严重、林业经济与生态效益的矛盾逐渐显现的多重背景下产生的。

私有化政策顺利推行为改革奠定基础。进入20世纪80年代,新西兰经济停滞不前。1984年,新西兰劳动党执政后,打破限制,先后提出改革税制、健全物价管理体制、推动国有企业私有化和民营化等9项改革措施。在这些改革的基础上,新西兰政府于1987年颁布了私有化政策,拍卖了包括林业企业在内的、经济效益不好的国有企业。

新西兰国内债务危机催生了改革。为了促进木材出口,获得外汇,新西兰在营造人工林过程中投入了大量资金,但是预期过分乐观,人工林投资利润未能如愿,使得新西兰陷入了严重的债务危机中。

林业经济效益和生态效益的矛盾促使国有林进行改革。改革前,新西兰一直沿用林业多效用经营模式,即同时兼顾生态效益和社会经济效益,这种经营思想无法满足商业团体和非商业团体(环保运动团体)的要求,在执行过程中阻力很大。

2. 改革内容

林业机构改革,实现了行政权、管理权和经营权分离。1919—1987年,林务局是新西兰政府唯一的林业机构,主要职能是管理、经营森林资源,并从中获利。1985年新西兰林务局通过决议,将林务局一分为三:新西兰林业公司负责人工林经营;保护局(之后更名为自然资源保护部)负责管理国有天然林;林业部(1997年、2011年再次进行改革)负责林业政策的研究和制定。

林业分类经营改革，推行了可持续经营理念。从 19 世纪 40 年代开始到 20 世纪初，前后不到 70 年时间，新西兰占国土总面积的 50% ~60% 原始森林，除高山陡坡外几乎全被砍光。在这种情况下，新西兰保护局和各个利益团体签署了《Tasman 协定》，按国有林功能的不同，将其分为两大类：一类为天然森，即生态林，这类森林不以生产木材等林产品为目的，主要获取旅游、水土保持、野生动植物保护等生态效益和社会效益，由保护局管理；另一类就是生产商品材的人工林，即商品林，以经济效益为主。分类经营既照顾了生态效益，又满足了商业团体的要求。

国有商品人工林私有化改革，提高了林业投资效率。为了摆脱危机，提高收益，新西兰政府决定推进国有林的私营化进程，依靠私营激励机制和市场拉动机制盘活林业资本，摆脱债务危机。新西兰政府于 1988 年宣布要将其森林资产全部私有化。1990—1996 年是私有化改革的具体实施阶段。按照《国有森林资产法案》(1989 年)的规定，新西兰将所有森林资产分为 90 份，面积从 51 ~132 112 hm^2不等，1990 年 6 月进行的第 1 轮拍卖，66 份森林资产供竞拍，售出 43 份，共 246 706 hm^2，收入 10 亿新元，余下未能出售的 55 % 的森林则交给同年成立的 3 家国有企业经营，即新西兰林业有限公司(管理 170 000 hm^2列入出售计划的森林)，西海岸林地公司(管理退出出售计划的 24 000 hm^2天然林)和新西兰林地有限公司(经营南岛和北岛 36 块森林共 109 000 hm^2)，而原来的新西兰林业公司不复存在。1992 年 2 月，新西兰林地有限公司经拍卖出售，新西兰林业有限公司则于 1996 年 8 月出售。至此，新西兰林业私有化进程宣告结束(陈洁，2009)。

值得注意的是，新西兰的林业私有化保留了土地的所有权，只出售森林的所有权。在出售森林资产时，政府同时发放规定了土地租用期限的国家林权证(crown forestry license)。土地所有权通过《Waitangi 协议》一经确认，就将土地交还土地所有人。然而，法律规定，即使土地所有权归还给毛利人以后，持有国家林权证的公司或个人仍享有最高 35 年的经营期限，有足够的时间采伐其投资营建的人工林，以确保他们投资经营的收益不会因土地所有权的变更而遭受损失。

五、森林经营与管理

(一)森林经营

20 世纪 30 年代之前，新西兰人均消耗木材量与现在差不多，但 90% 的木材来源于天然林，仅 10% 来自于人工林(杨守坤，2004)。进入 21 世纪后，情况发生了根本性改变，不到 1% 的木材产量来源于天然林，且数量仍在减少，99% 以上的木材来源于人工林(表 4)。这一变化主要是由新西兰大力发展人工林并采取科学经营措施提高生产力所形成的。

表 4　2007 年新西兰森林采伐量　(万 m^3,%)

森林类型	采伐量	百分比
人工林	2 002.0	99.73
天然林	1.8	0.27
总计	2 003.8	1

资料来源：FAO，2010。

新西兰人工林的迅速发展得益于找到了一个适宜的树种——辐射松。目前辐射松是新西兰人工林的主要种植树种，面积约159.7万hm^2，占人工林的89.2%。在新西兰，辐射松病虫害少并且产量高。与世界上其他林种相比，每公顷新西兰辐射松人工林相当于10 hm^2东南亚热带雨林、20 hm^2非洲热带雨林、40 hm^2亚马孙流域热带雨林的生产力（杨守坤，2004）。

新西兰致力于辐射松的育种改良（改良程度用GF表示，数值越大表明改良越好，现在已达到GF30）。其价格根据改良程度而不同，GF30每千株为380新西兰元，GF19则为225新西兰元。GF19可用在高海拔地、贫瘠地和陡峭地，而肥沃和平坦地用哪种苗木都可以。苗木经销商年销售270万株辐射松苗木，其中GF30占40%～50%，GFI9占60%～50%（李星，2008）。经过几十年的遗传改良，平均每年每公顷材积生长量比60年前提高了30%，达到28 m^3。

新西兰辐射松人工林一般采取集约化经营，制定有严密的经营计划，包括整地（机械或人工整地）、造林、除草、虫害鼠害控制、修枝、间伐、补播等各个环节都严格按照森林经营方案执行。

新西兰人工林采伐全部采用小片皆伐的方式，一般为25～30年，平均出材为500～900 m^3/hm^2，最高可达1 200 m^3/hm^2。政府批准可行的采伐计划后，采伐时间、地点、数量等完全按公司的意愿进行，政府不干涉，但是要符合生态环境管理要求，主要是不造成水土流失和河流污染。例如新西兰制定了《良好管理人工林的环境认证国家标准》和《新西兰人工林操作环境规程》（刘林福，2005）。

人工林采伐后的迹地，公司可以继续造林，也可以改变其用途而形成牧场。林地内的多种经营，如养牛、羊鹿、山地自行车、森林旅游等，由公司自行运作，无任何部门干涉，完全靠市场和经济利益驱动（刘林福，2005）。

新西兰对天然林实施保护性经营战略。天然林主要起到生态保护、维护生物多样性和用于旅游休闲等目的，因此并不对其进行经常性抚育管理，仅在能保持可持续的前提下，进行少量采伐利用，并且要遵循森林可持续经营计划、森林可持续经营许可证和年度采伐计划的要求，采取低影响采伐技术，采伐后要及时更新。新西兰在天然林利用、加工方面设置了严格的限制条件，并且要求国有和私有的天然林经营管理要符合持续经营的原则。

为了增加新西兰东、西海岸抵御海啸、风暴的能力，政府加大了海岸防护林营造和保护战略。在西海岸地区，防护林只占冲积平原整个农牧业景观的1/5左右，为了保护好原有的天然防护林，禁止采伐或农牧业扩张时侵占这些林分。同时加大树种选择和培育工作，增加沿海防护林的数量和提高防护功能。在东海岸地区，国家实施了东海岸林业工程项目，从土地可持续利用角度保护、恢复和重建海岸带森林生态系统，提高防护功能。

（二）森林服务

森林在新西兰文化中有着特殊的地位，是国民宝贵的精神财富。对新西兰土著毛利人来说，森林就是圣地。因为森林赐予毛利人以食物、燃料、衣服、工具，亦为他们原始的和宗教的艺术创作提供原料和灵感。即便是在近代新西兰殖民文化中，亦强烈地保留着与森林的联系。新西兰的艺术、文化、电影中，森林和自然主题仍占据相当重要的位置。

新西兰森林旅游业非常发达，国内外游客基本上都是以自然景观旅游为主，而森林则是自然景观的主体。其中 Waipoua 林区的 Kauri 和 Tane Mahuta 两地是新西兰规模最大的生态旅游点，每年络绎不绝的游客慕名而来。同时，还专门建立了 20 个森林公园，其中 13 个分布于北岛，7 个分布于南岛。这些森林公园地貌奇特，森林类型多样，野生动物种类繁多，在森林休闲服务方面发挥了重要作用。

（三）森林保护

由于新西兰地处太平洋岛国，气候条件较好，以及对森林资源管理和保护的高度重视，森林资源质量很好，有效维护了生态系统的平衡性，保证了市场木材的供应。据统计，新西兰森林每年虫害受灾面积约 4 万 hm^2，占森林总面积的 0.5%，病害受灾面积约 32 万 hm^2，占森林总面积的 3.9%（FAO，2010），造成经济损失每年约 200 万美元（MAF/NZFOA，2006）。人工林主要受树皮甲虫（*Hylaster ater*）、小环绵盘菌（*Cyclaneusma minus*）、松针红斑病（*Dothistroma pini*）、蜜环菌根腐病（*Armillaria root rot*）等病虫害侵袭。天然林受害面积较小，在虫害方面，黄胡蜂（*Vespula vulgaris*）数量过多，影响到山毛榉林的生态平衡；在病害方面，仅发现土壤中有樟疫霉菌（*Phytophthora cinnamomi*）的存在，没有大面积受灾的记录（FAO，2010）。此外，野生树种蔓延的问题逐渐显现出来，主要涉及黑松、道格拉斯冷杉、科西嘉松，这些树种的蔓延活力都比辐射松强。

新西兰森林火灾较少，2007 年发生 3 983 次森林火灾，面积为 460 hm^2，占森林总面积的 0.006%。2006 年为近几年森林火灾较为严重的年份，发生 4 271 次森林火灾，面积为 604 hm^2，仅占森林总面积的 0.007%。但是随着气候变化的影响，受到气温升高、干旱加剧等因素的影响，新西兰的森林火灾风险有上升的趋势。

六、林产品生产、加工与贸易

（一）林产品生产与加工

新西兰主要林产品包括：原木、锯材、人造板、纸浆、纸等木材产品和蜂蜜、泥炭藓（*Sphagnum moss*）、圣诞树、野山羊、野鹿、负鼠皮等非木材林产品。

1. 原木

原木是新西兰最主要的林产品，在新西兰林产品出口贸易中一直处于领先地位。新西兰的原木产量在 1999—2006 年呈山形曲线增减，2002 年达到 2 208.4 万 m^3 峰值，之后由于受新西兰元升值和出口价格下降的影响有所减少。2007 年开始原木产量由减少转变为增加，2016 年达到 2 866.3 万 m^3（表 5）。原木再次增产的原因主要是进入伐期的辐射松增多，出口需求增加，争取流动资金进行原木生产的林主增多。

2. 锯材

新西兰锯材产业与新西兰建筑业和木材包装业密切相关，每年大约有 60% 的锯材在建筑行业使用，40% 在工业中应用。新西兰锯材产量在 2003 年以前一直持续增长，2003 年达到 445 万 m^3 后基本保持稳定，但 2009 年之后有所下降。2016 年新西兰锯材产量为 424.2 万 m^3（表 5）。

3. 人造板

新西兰木材加工业一直以来受到相关部门的重视，发展态势良好。人造板产量从在

1990—2007 年保持稳定增长，从 125 万 m^3 增加到 220 万 m^3（表 5），这种增长趋势与国内住宅市场需求旺盛相吻合（何友均，2009）。2008 年之后产量有所下降，到 2016 年纤维板、单板和胶合板的总产量为 182.9 万 m^3。

胶合板工业在人造板工业中发展较快，特别是层压胶合板（LVL）的生产对新西兰胶合板工业的发展起到了积极的推动作用。新西兰有 Juken Nissho 和 Tokoroa 两家规模较大的胶合板企业，是胶合板的主要供应商。近 10 年，新西兰胶合板产量在 20 万 m^3 左右波动，2009 年产量最大为 36.6 万 m^3，自 2011 年之后一直保持 36 万 m^3 左右（表 5）。

纤维板生产能力在 2007 年之前增长迅速，1990 年纤维板产量为 60.1 万 m^3，到 2006 年纤维板年产达到 90.7 万 m^3，之后产量有所下降，2016 纤维板年产量为 76.0 万 m^3。新西兰生产的纤维板并不都是中密度纤维板。奥克兰的 FCL 厂还生产硬质纤维板和软质纤维板，Juken Nissho 胶合板厂则生产以纤维板为中层，上下两层胶合板为夹层的新产品。

刨花板生产厂家主要有 3 家，年生产能力在 17.5 万 m^3 左右。在过去的 20 年里，新西兰刨花板产量稳重有升，1990 年产量为 17 万 m^3，2000 年上升为 18.8 万 m^3，随后继续上升到 2007 年新西兰刨花板产量达到最高值 25.6 万 m^3，2008 年有所回落，为 24.5 万 m^3 2013 年达到 15.3 万 hm^3。新西兰刨花板产量下降主要是国内建筑业用纤维板大量代替刨花板所致。

4. 木浆

新西兰有 6 家较大规模的木浆生产工厂，Kawerau 和 Kinlei 是其中具有国际水准的木浆及纸制品生产厂家。新西兰木浆产量比较稳定，1990 年的木浆总产量为 140.1 万 t，2000 年略有上升，为 152.8 万 t，之后，最低产量为 2004 年的 146.3 万 t，最高产量为 2016 年的 148.3 万 t。新西兰制浆业在拓展市场方面做出了富有成效的努力。Kawerau 厂正在使用新的热磨机械浆（tMP）制浆技术替代传统的石磨制浆生产技术，同时该厂进行技术改造减少了单一辐射松木浆生产，增加了辐射松和桉树针阔混合木浆生产。这些变化表明，新西兰的制浆业已进入了转型时期，也预示着新西兰制浆业今后的技术和市场发展态势。

5. 纸和纸板

1990 年新西兰纸及纸板的产量为 75.7 万 t，到 2000 年上升为 87.7 万 t，2006 年产量达到最大，为 95.1 万 t，之后有所下降，到 2016 年纸及纸板的产量为 68.0 万 t（表 5）。新西兰纸和纸板产品以新闻纸、牛皮纸及线性纸板（linerboard）为主。新西兰林产品工业的主力厂家 FCL 是纸和纸板的主要生产商，占领了新西兰纸及纸板的大部分市场，且出口国外。

表 5　新西兰木质林产品产量情况　　（万 m^3，万 t）

年份	原木	锯材	木质人造板					纸浆	纸和纸板
			纤维板	单板	胶合板	刨花板	合计		
1990	1 581.4	322.4	60.1	28.6	19.2	17.0	124.9	140.1	75.7
2000	1 819.6	380.6	79.5	37.8	24.0	18.8	155.1	152.8	87.7
2001	1 928.7	384.8	81.9	40.2	24.4	20.5	165.1	152.7	83.9

（续）

年份	原木	锯材	木质人造板					纸浆	纸和纸板
			纤维板	单板	胶合板	刨花板	合计		
2002	2 208.4	430.1	88.2	55.3	29.9	20.5	193.9	155.1	87.4
2003	2 123.0	428.9	86.9	63.8	34.4	22.2	207.3	141.9	81.0
2004	1 976.1	441.9	87.2	68.1	40.2	24.4	219.9	159.6	91.7
2005	1 900.5	424.9	86.1	67.2	40.5	23.8	217.6	160.3	95.1
2006	1 930.0	423.4	90.7	66.5	40.4	23.8	221.4	156.1	94.1
2007	1 991.4	430.1	83.7	68.8	42.2	25.6	220.3	152.9	87.2
2008	2 031.0	434.1	76.5	51.3	41.6	24.5	193.9	154.6	87.1
2009	2 021.0	361.0	66.6	48.8	36.6	21.8	173.8	147.8	87.0
2010	2 195.6	369.5	67.5	46.3	25.7	14.3	153.8	156.5	89.7
2011	2 512.3	369.5	68.1	68.8	37.6	14.6	189.1	159.1	80.0
2012	2 597.0	400.8	73.4	67.9	35.6	16.4	193.3	143.3	84.7
2013	2 597.0	402.3	71.9	62.3	36.0	15.3	185.5	157.9	73.1
2014	2 958.0	397.1	69.2	—	—	—	186.0	151.5	73.3
2015	2 853.6	403.0	72.7	—	—	—	188.2	147.2	72.6
2016	2 866.3	424.2	76.0	—	—	—	182.9	148.3	68.0

资料来源：Forestry Statistics，Policy Innovation and Research Group，Ministry of Agriculture and Forestry。

6. 非木材林产品

新西兰盛产丰富的非木材林产品。据 FAO 统计数据显示，2005 年新西兰的蜂蜜产值达到 1 468.8 万新西兰元，居所有非木材林产品之首。排在之后的是泥炭藓、圣诞树、野山羊、野鹿、负鼠皮（表 6）。2005 年新西兰非木材林产品总产值高达 3 963 万新西兰元（FAO，2010）。

表 6　2005 年新西兰非木材林产品产量情况

排序	非木材林产品	产量	产值（万新西兰元）
1	蜂蜜（t）	3 197	1 478.8
2	泥炭藓（t）	900	1 044.0
3	圣诞树（个）	500 000	750.0
4	野山羊（t）	1 458	390.5
5	野鹿（t）	700	287.7
6	负鼠皮（个）	24 000	12.0

资料来源：FAO，2010。

（二）林产品贸易

1. 林产品进口

新西兰林产品进口量、进口值很少，且每年波动不大。进口量和进口值最大的是纸和纸板，进口量最少的是原木。新西兰原木进口量从2003年开始减少，直到2007年有大幅增加，但从2008年开始又有减少的趋势，到2013年，原木进口量有所增加，为2 892 m^3。日本和韩国是新西兰原木的主要进口国。2014年、2015年、2016年原木进口量波大较大，分别为7 216 m^3，3 508 m^3 和2 017 m^3。

新西兰锯材、人造板、纸和纸板的进口量在2001—2007年持续增加，但从2008年开始有所下降。新西兰人造板进口数量十分有限，主要从澳大利亚、印度尼西亚、马来西亚、斐济和巴西等国家进口。纸及纸板主要从欧洲、澳大利亚、日本和美国进口。

木浆的进口量波动较大，2001年为21 000 t，2002年下降为6 000 t，之后几年保持相对平稳，但从2007年开始大幅增加，进口量为24 000 t，2016年新西兰木浆进口量为64 485 t(表7)，美国和南非是新西兰纸浆进口的主要供给国。新西兰也进口一些家具，中国占其家具进口额的一半以上，2009年达到1.3亿新西兰元(立花敏，2010)。除中国外，也从澳大利亚、越南、马来西亚进口数千万新西兰元的家具。

表7　2001—2016年新西兰林产品年进口量与进口值

年份	原木		锯材		人造板		木浆		纸和纸板	
	进口量（m^3）	进口值（万美元）	进口量（m^3）	进口值（万美元）	进口量（m^3）	进口值（万美元）	进口量（t）	进口值（万美元）	进口量（t）	进口值（万美元）
2001	5 050	171	32 000	1 822	14 000	1 109	21 000	862	322 000	22 173
2002	6 100	211	36 000	2 441	18 000	1 211	6 000	264	350 000	26 027
	3 100	137	39 000	2 632	20 000	1 315	8 000	409	423 000	32 222
2004	2 100	118	41 000	3 118	21 000	1 740	4 100	263	464 000	39 850
	3 000	169	49 000	3 549	28 000	1 955	3 000	229	482 000	42 885
2006	3 400	398	50 000	3 891	41 000	2 411	5 000	391	470 000	41 991
	5 800	450	52 000	4 811	68 000	3 450	24 000	1 667	478 000	45 502
2008	4 000	354	42 000	4 433	47 000	2 678	25 000	1 642	469 117	45 773
	3 500	301	33 000	3 687	33 000	1 554	20 000	1 645	440 292	35 574
2010	1 909	181	36 206	3 710	62 410	2 823	20 605	1 558	487 216	40 796
	2 266	194	43 669	3 792	81 925	3 227	19 506	1 535	450 345	49 480
2012	2 892	229	36 376	3 888	115 027	3 718	18 364	1 274	402 206	45 496
2013	2 892	229	36 376	3 888	115 027	3 718	18 364	1 274	414 158	455 935
2014	7 216	825	48 109	58 800	170 665	52 454	41 574	2 699	419 648	499 113
2015	3 508	395	69 638	83 160	167 765	60 246	51 307	3 985	412 948	516 737
2016	2 017	186	75 445	65 852	148 510	47 442	64 496	26 911	444 413	385 645

资料来源：FAO，2017。

2. 林产品出口贸易

新西兰林产品出口在对外贸易占有非常重要的地位，出口额比重逐年增高，出口增量平稳。原木是众多林产品中最主要的出口产品，其次是锯材，纸和纸板出口量最少(表8)。

新西兰原木出口量从2004年开始大幅降低，之后平稳增长，2016年达到1 595万m^3。原木出口的波动主要由两方面的原因：一是由于政府政策的改变。1988—1992年间，新西兰政府在60年代初营造的人工林大部分已到了成熟期，新西兰林产品出口量不断增加，且以原料出口为主。但1993年后，新西兰政府为保持本国木材生长周期和砍伐量的平衡，减少了对原木的开采和出口，增加了板材、胶合板等产品的出口。二是与1987年新西兰实行森林私有化改革有直接关系，改革后成立的新西兰林业公司不同于改革前，其主要目标就是实现辐射松人工林的市场价值，而促进原木出口是十分重要的途径之一。

新西兰锯材出口量在近15年内有小幅度波动，但整体呈逐渐增高的趋势，2001年新西兰锯材出口量为161万m^3，2006年扩大到196万m^3，2007年有所下降，出口量为178万m^3，随后平稳增长，2016年新西兰锯材出口量为177万m^3。

新西兰人造板的出口量在2001—2006年平稳增加，从84万m^3增加到90万m^3，但2007年出现拐点，出口量开始下降，到2009年人造板出口量降为65万m^3。新西兰人造板出口量减少的主要原因是国外新建了大量的人造板厂，尤其是在美国、加拿大和亚洲部分国家，众多人造板厂开工挤占了新西兰人造板的国际市场份额。

新西兰木浆出口量呈现出上升趋势，2016年新西兰木浆产量为93万t。新西兰的纸浆出口主要由Kawerau、Kinlei、Karioi和Whirinaki 4家制浆厂承担。

新西兰纸和纸板的出口量在2005年达到最高，为67万t，之后逐年下降，到2016年新西兰木浆出口量为43万t(表8)。对于可能出现的出口市场萎缩，新西兰的对策是，扩大内需以弥补外需的不足。

新西兰林产品出口主要贸易对象是澳大利亚、日本、韩国、美国、中国、台湾省、印度尼西亚和香港特别行政区。以2006年4月至2007年3月新西兰林产品出口为例，当时出口总额约为35.61亿新西兰元，占全国出口总额10%左右。林产品出口的第一大市场是澳大利亚，出口额为9.07亿新西兰元，其次为日本(5.12亿新西兰元)、中国(4.72亿新西兰元)、韩国(4.47亿新西兰元)、美国(3.96亿新西兰元)和印度尼西亚(1.18亿新西兰元)。新西兰对澳大利亚的出口以纸和纸板为主；对日本出口以木质板及原木为主；对中国出口以木浆及原木为主；对韩国出口以原木出口额居多；对美国出口以锯材出口额占大部份份额(何友均，2009)。

表8 2001—2016年新西兰林产品年出口量与出口值

年份	原木		锯材		人造板		木浆		纸和纸板	
	出口量(m^3)	出口值(万美元)	出口量(m^3)	出口值(万美元)	出口量(m^3)	出口值(万美元)	出口量(t)	出口值(万美元)	出口量(t)	出口值(万美元)
2001	7 283 700	29 754	1 614 000	33 777	835 000	20 873	795 000	23 422	502 850	24 626
2002	7 880 300	41 853	1 792 000	42 943	872 000	25 582	768 000	22 760	505 300	23 121

（续）

年份	原木		锯材		人造板		木浆		纸和纸板	
	出口量（m^3）	出口值（万美元）	出口量（m^3）	出口值（万美元）	出口量（m^3）	出口值（万美元）	出口量（t）	出口值（万美元）	出口量（t）	出口值（万美元）
2003	7 518 000	33 530	1 632 000	40 447	880 000	23 068	675 000	23 576	447 050	23 576
2004	5 240 000	29 074	1 848 000	53 432	929 000	32 071	861 000	33 705	622 100	32 132
2005	5 143 000	30 680	1 805 000	50 631	897 000	29 910	837 000	31 902	673 100	37 213
2006	5 570 700	36 616	1 960 000	52 535	902 000	27 707	838 000	38 061	593 100	33 214
2007	5 979 700	44 563	1 781 000	53 910	765 000	28 944	867 000	45 284	591 800	36 145
2008	6 644 100	49 632	1 794 000	50 491	746 000	28 680	791 000	40 679	590 800	33 800
2009	8 768 300	59 028	1 860 000	45 452	654 000	23 776	883 000	35 578	560 800	26 721
2010	10 745 276	96 290	2 024 720	60 772	832 727	32 406	780 806	45 169	541 567	33 762
2011	12 626 428	129 245	1 911 928	59 435	930 904	38 026	815 873	48 312	572 791	45 594
2012	13 758 473	127 670	2 113 921	63 920	910 402	39 0171	853 175	43 887	538 696	39 916
2013	16 645 261	192 025	2 030 219	66 661	835 330	338 623	882 725	471 051	441 696	33 043
2014	16 556 696	188 333	1 708 008	61 170	824 383	402 451	894 693	509 518	419 422	340 151
2015	14 691 352	134 385	1 786 977	57 565	856 396	479 664	936 984	469 398	422 220	361 130
2016	15 951 148	163 206	1 771 044	59 478	849 617	347 434	928 269	437 259	432 802	270 306

资料来源：FAO，2017。

七、林业科研与教育

（一）林业科研

新西兰政府和生产部门十分重视林业科技的研究和发展，努力开拓林产品生产技术的新领域。新西兰林业研究所（New Zealand Forest Research Institute）成立于1947年，是新西兰主要的林业科研单位，隶属于新西兰农林部，总部设在罗特鲁瓦（Rotorua），研究人员来自10多个国家，人员最多时达500多人。该所具有一流的研究试验设备，研究领域涉及林业的各个方面，尤其是在辐射松树种的遗传品质改良、病虫害防控、木材加工等研究领域实力显著。

自20世纪80年代中期以来，由于新西兰政府科技政策的变化，导致该所相应地采取了一系列措施（包括转变体制），以适应这种变化。1985年以前，新西兰林业研究所作为一个科研单位，只负责科研项目的实施，其研究经费由国家全额拨款，其研究成果也无偿提供给社会。1985年新西兰政府决定，3年内逐步减少科研单位的研究经费（在新西兰，人力成本即工资和行政费用也包括在科研经费中），其经费的不足部分由科研单位从其他渠道争取。为适应政府科技改革的需要，从1992年7月1日开始，新西兰林业研究所分为两部分，研究所的绝大部分成为新西兰林业研究有限责任公司（New Zealand Forest Research Institute Ltd），其余部分与其他单位合并成为另一个科研公司。新西兰林业研究有限责任公司是一个由新西兰政府全资拥有的公司，其董事会由政府内阁任命。后来，新西兰政府卖掉了一部分股份，使新西兰林业研究有限责任公司变为由政府和新西兰的部分林业集团公司共同持股，具有新的内部结构的公司，拥有更大的财(政))权、人(事)权、研究项目自主权和技术转让(推广)优先权等。公司设有林业技术部、(林业)生物技术部、木材技术研究室、制浆与造纸研究部、木材加工部、木制品部、森林采伐部等。公司虽然内部机构总数不多，但与工业界密切相关。新西兰林业研究有限责任公司的科研资金来源于政府和工业界或私有基金会，前者是通过向研究、科学与技术部和研究、科学与技术基金会投标竞争科研项目，获得资金；后者是通过出售产品、与工业界开展合作研究、合同研究、技术转让、技术入股等获得资金。

(二)林业教育

新西兰虽然是一个林业比较发达的国家，但是以前林业技术人员的教育培训主要在英国等海外林业院校中完成。经过近 20 年的发展和建设，新西兰的林业教育已初具规模，自成体系。新西兰坎特伯雷大学建有专门的林学院，设有 4 年制林业专业，开设了林木育种、造林、森林生态、森林保护、林业经济与法律、木材科学等课程，可授予学士、硕士和博士学位，为新西兰林业培养了一大批林业的专业人才。

为了加强从事林业的各类人才培训工作，教育部专门成立了林业教育中心，通过培训，不仅提高了林业从业人员的知识技能，还为他们提供了富有竞争力的林业就业岗位。目前，林业培训在新西兰越来越收到重视，各种相关培训机构应运而生。同时，还成立了森林采伐等特殊工种的培训机构，只有获得由类似培训机构和政府机构合签的证书，才有资格从事采伐工作。

八、林业国际合作与交流

新西兰林业和澳大利亚林业合作紧密。2012 年 8 月 21 日，双方林业主管部门已经就加强长期合作事宜签署备忘录，涉及领域包括打击非法采伐和促进可持续森林管理。双方共同承诺，努力解决非法采伐和促进可持续森林管理，非法采伐和相关贸易是一个重要的全球问题，澳大利亚和新西兰将在打击这些行为的行动中发挥重要作用。具体安排包括：双边合作构建一个框架以打击非法伐木，以及减少其对就业，经济和环境的影响；从政府和行业入手，提高森林可持续经营的能力，同时在澳大利亚、新西兰和泛亚太地区升级木材和木材产品合法性验证系统。双方林业部门强调，在“需要”时召开双边正式会议。澳大利亚和新西兰经常在多边会议召开时，进行特别的“非正式”会议(Department of Agriculture and water resource，Australia，2017)。

九、分析与借鉴

1. 坚持分类经营和可持续管理

新西兰林业改革后，一直坚持实施森林分类经营和可持续管理的策略，对以天然林为主的生态林和以人工林为主的商品林采取不同的经营策略和管理方式，不仅维护了森林生态系统的稳定性，而且满足了国内木材需求并有大量林产品可供出口，拉动了林业产业，促进了社会经济持续发展。中国在林业发展过程中也初步摸索出了一条实施森林分类经营和可持续管理的道路，按照生态优先的原则和森林主导功能利用的不同，将森林、林木和林地划分为生态公益林和商品林，分别按照各自的特点和规律进行经营，取得了较好效果。但是，由于实践中对森林分类经营的认识存在偏差，对生态公益林实行了近乎绝对的保护，而在商品林经营过程中忽略了生态环境管理，致使经营对象整体功能没有得到充分发挥。因此，今后需要以可持续经营管理为目标，借鉴新西兰的经验，在坚持分类经营的基础上，平衡森林的社会、经济、生态和文化等功能，大力发展多功能林业，从而实现现代林业又好又快发展。

2. 建立森林采伐分类管理机制

新西兰实行人工林和天然林采伐分类管理的机制，有效保护了天然林资源，调动了人工林经营者和投资者的积极性。对人工林采伐管理没有太多限制，在符合环境保护要求的条件下完全由经营主体自行处理。天然林采伐需要遵循森林可持续经营计划、森林可持续经营许可证和年度采伐计划的相关规定。新西兰的分类采伐管理机制为中国改革森林采伐管理方式，探索建立森林采伐分类管理的新机制提供了借鉴。建议以森林分类经营和分类管理为基础，以实现森林的多功能为目标，对于公益林和商品林、人工林和天然林实施森林分类采伐管理政策。对于重点公益林需要实行严格保护，只能开展抚育性或更新采伐；一般公益林可以进行合理的改造性采伐；对天然商品林实行限伐措施；对人工商品林的采伐限额予以放宽，主要由经营者按照森林经营方案确定，但是要符合生态环境保护要求，并报林业主管部门备案。通过分类采伐管理，最终实现森林采伐由指标管理向森林可持续经营管理转变，建立高效管理的新模式。

3. 立足国内解决木材安全问题

新西兰的长期实践已经证明，加大科技投入和提高森林经营水平是保障木材供给的根本途径。同时，通过大力发展人工林，把以发展定向培育、集约经营和速生丰产为特点的工业人工林作为保障木材供给的一项战略性措施。新西兰用占森林总面积22%的人工林提供了99%左右的林产品。我国是一个森林资源相对贫乏的国家，森林资源结构不合理，中幼林多，成过熟林少，生产力低下，不能满足国内社会经济发展对林产品的需求，木材资源对外依存度高，木材进口几乎占整个木材消费的一半。但是，我国具有借鉴新西兰成功经验的基础，完全可能立足国内解决木材安全问题，有效提高木材供给能力：一是加强森林经营，对天然次生林和中幼林进行抚育改造，用近自然的方法经营人工生态林，提高林地生产力，实施森林多目标经营；二是强化科技支撑，通过加快速生丰产用材林基地建设，以培育中短周期工业原料林为主、长周期工业原料林为辅的发展思路，提高木材供给能力；三是通过建立大径级、珍稀树种用材林资源生产基地，增加木材资源的战略储备。

4. 重视下游产业的拉动发展

新西兰因为过分依赖初级产品的出口，在20世纪80年代的经济危机中受到很大的影响，因而林业私有化的最终目的是吸引各类资金加大对林业的投入，推动下游产业的快速发展。新西兰政府要求森林的购买者在当地建设锯材厂，就地将原木加工成成品，然后再出口到国外。在第一轮出售中，新西兰政府只是表达了相关意愿，并未强制性地要求。但其后政府发现，购买者缺乏对下游产业进行投资的动力。在20世纪90年代，新西兰确定林业为经济增长的支柱产业，为了促进林业的发展，增加对高附加值的木材加工业的投资，政府认为有必要进行认真规划，加大基础设施投资。与此同时，对购买新西兰国有林的国内外投资者也做出了相关的规定。在1996年出售新西兰林业公司时，要求参加竞购的各方首先表明其是否愿意在新西兰境内投资木材加工业，并利用公众压力使购买者信守承诺，比如购买国有林的公司如违背承诺，公司将被公之于众。通过这些措施，迫使不少投资新西兰人工林的外资企业将一部分资金投入木材加工业，从而在事实上带动和促进了新西兰国内木材加工业的发展。要在较长时期内促使农民增加对林业的投资，推动森林可持续经营，不但需要制度上的保证，还需要国家加强相关基础设施的建设，培育需求稳定的市场。因此，新西兰加强下游产业发展的措施值得关注和学习(陈洁，2009)。

5. 全面推进国有林政革

新西兰政府退出国有人工商品林的经营管理，推动了新西兰国有林事业的良性循环，对中国东北、内蒙古重点国有林区的管理体制改革具有重要借鉴意义。在目前我国的管理体制下，森工林业局既是经济组织的企业法人实体，还代表国家行使森林资源监督管理职能，又具有管理所辖林区社会行政事务管理的职能。这种政企不分、政资不分、企资不分的管理体制越来越不适应市场经济体制和经济全球化进程的需要。在新的形势下，要解除重点国有林区的"两危"，实现生态、经济、社会效益的统一，就必须打破"资源管理、企业经营、政府职能"三权合一的管理体制，组建省级重点国有林管理局和分局，代表国家行使所有权者职能，将森林经营等企业经营职能交给森工集团总公司其所属分公司，将社会行政事物职能划归地方政府。

(何友均　张 谱)

参考文献

白晓艳，宋熙龙. 2008. 对新西兰人工林营造和管理的分析与借鉴[J]. 河北林业科技，(5)：80－81.

秀萍. 2008. 新西兰林业及林产工业近况[J]. 世界林业动态，(34)：6.

陈洁，刘欣. 2009. 新西兰林业私有化的特点及启示[J]. 世界林业动态，22(4)：7－10.

董得红. 2007. 新西兰林业分类经营成功的经验与思考[J]. 中南林业调查规划，26(2)：68－71.

何友均，李智勇，徐斌，等. 2009. 新西兰森林采伐管理制度与借鉴[J]. 世界林业研究，22(5)：1－5.

何友均，李智勇. 2006. 新西兰国有林管理体制改革及其对中国的启示[J]. 世界林业研究，19(6)：58－61.

何友均. 2008. 私有人工林可持续经营的成功范式[N]. 中国绿色时报，9－4.

李星. 2009. 新西兰人工林资源与林产品生产[J]. 世界林业动态，(21)：4.

刘林福. 2005. 新西兰的森林可持续经营与发展[J]. 内蒙古林业调查设计，28(1)：22－24.

杨守坤. 2004. 新西兰林业——世界人工林经营的成功典范[J]. 湖北林业科技，(124)：54－57.

张耀启. 2003. 新西兰林业分类经营的再认识[J]. 世界林业研究，16(3)：52－57.

周吉仲. 2008. 新西兰将实行扶持林业的新政策[J]. 世界林业动态，(32)：4.

FAO. 2010. Global Forest resources assessment 2010-New Zealand[R] Roma：FAO.

Ministry of Agriculture and Forestry. 2012. Forestry Res ources[EB/OL]. http：//www. maf. govt. nz/forestry/re2s ources/09－02.

Ministry of Agriculture and Forestry(MAF). 2008. A national exotic forest description as at 1 April 2006[R]. Wellington：MAF.

Ministry of Agriculture and Forestry(MAF). 2009. A guide to the afforestation grant scheme[M]. Wellington：MAF，3.

MPI. 2012. Overview of Policy Branch design[EB/OL]. http：//www. mpi. govt. nz/about－mpi/our－organisation/our－structure. aspx，09－02.

斐济(Fiji)

斐济共和国(简称斐济)属大洋洲，位于西南太平洋中心，180°经线穿过境内。陆地总面积1.8万多km^2，海洋水域面积129万km^2，由332个岛屿组成，多为珊瑚礁环绕的火山岛，其中106个岛有人居住，维提岛和瓦努阿岛两个主要岛屿的人口占全国的87%。2017年总人口88.8万人，其中51%为斐济族人，44%为印度族人。官方语言为英语、斐济语和印地语，通用英语。全国共有2个直辖市、4大行政区和14个省。

斐济处于南太平洋火山地震带上，多为珊瑚环绕的火山岛。沿海地势平坦，最高的托马尼维山海拔1 324 m。年平均气温为22～30 ℃，年温差较小，属热带海洋性气候。一年分为两季，5～10月为干季，受东南风影响，气温一般在18～27 ℃；11月至翌年4月为湿季，气温一般在23～30 ℃。

斐济有2个金矿，还有铜、银、铝土、石油等资源。渔业资源丰富，盛产金枪鱼。工业以榨糖为主，其次是服装加工、黄金开采、渔产品加工、木材和椰子加工。斐济的耕地面积约28.8万hm^2，主要产甘蔗、椰子、香蕉等。小麦全部靠进口，大米自给率约20%。近年来，斐济积极发展多种经营，推广水稻种植。斐济旅游业较发达，旅游收入是斐济最大的外汇收入来源。斐济为太平洋岛国地区交通枢纽，水、陆、空交通较为发达，首都的苏瓦港是重要的国际海港。

斐济是南太平洋岛国中经济和军事实力较强、经济发展较快的国家。2017年，斐济的国内生产总值(GDP)为50亿美元，经济增长率4.2%。斐济长期处于贸易逆差，主要出口伙伴为美国、澳大利亚和英国，主要进口伙伴为美国、中国等，主要进口燃料、运输设备、化工产品、食品等，出口蔗糖、鱼类、黄金和木材等。尽管斐济是太平洋上经济最发达的岛屿之一，但总体上仍是一个依赖农业的发展中国家(中国外交部网站，2017)。

一、林业在国民经济中的地位

农林业是斐济重要的经济部门之一，林业在国民经济发展中发挥着重要的作用。据FAO统计，2006年斐济林业部门提供了3 000个就业机会，占总劳动力的0.6%，其中木材加工行业提供的就业机会约占林业部门就业总数的67%。林业总产值为9 200万美元，对国民生产总值的贡献率为3.4%，其中原木、木材加工、纸浆和纸张的产量贡献值分别为2 900万美元、5 200万美元、1 100万美元(FAO，2010)。林业是政府税收的重要来源。由于受到政变和金融危机的影响，2010年的林业税收从2005年的381.9万斐元下降至350万斐元(Mongabay，2010)。近年来斐济政府正在努力推动木材加工业发展，木材及木制品已成为在国内排名第五的重要出口商品。2016 年，木材及木制品出口额约为 292.9 万美元（中国外交部网站，2017）。此外，斐济的林业资源对以土地为生的传统社区居民具有重要意义，其文化和生计都与森林资源紧密相连，森林是他们赖以生存的基础。

二、森林资源

（一）森林资源总量

2015 年，斐济的森林面积为 101.7 万 hm^2，森林覆盖率为 56%，出产优质的硬木和松木。其他林地面积为 9.7 万 hm^2，占土地面积的 4%（FAO，2015）。斐济的森林碳储量没有经过具体核算，根据其森林资源规模估算，约为 0.8 亿 ~1 亿 t（ITTO，2011）。

（二）森林类型与结构

斐济的森林类型以热带雨林为主，主要分布在维提岛和瓦努阿岛东部的两边。西部斜坡的大草原地带有少量火灾后保留的热带雨林。在森林和草原的交界处，还保留一些原始森林地带和已经退化的灌木丛地带（ITTO，2006）。

根据起源划分，2015 年斐济的原始林面积为 41.1 万 hm^2，占森林面积的 40.4%；天然次生林为 45.2 万 hm^2，占 44.4%；人工林面积为 15.4 万 hm^2，占 15.2%（FAO，2015）。大多数天然林分布在陡峭山区，可及性差，因此大都保存完整。不可及的原始林中以原生的乔木和蕨类植物为主，而天然次生林中以棕榈和竹子为主。人工林树种主要有松木和桃花心木，分别为 4 万 hm^2 和 5.1 万 hm^2。桃花心木是斐济主要商品材，每年采伐量在 5 万 m^3 以上（FAO，2010）。2015 年，多用途林面积为 85.9 万 hm^2（FAO，2015）。

按林地用途划分，斐济森林分为用材林、水土保持林、自然保存林和多用途林，2010 年 4 种森林类型占比分别为 17%、9%、9% 和 65%（FAO，2012）。

（三）森林权属结构

斐济的土地权属包括土著所有、私有和国有 3 种类型，分别占斐济土地总面积的 85%、10% 和 5%（FAO，2010）。土著所有的土地由当地部落、氏族和家庭等基本的社区单位持有和管理；国有土地一般由国家持有并进行管理。斐济 1940 年成立了土地信托委员会（NLTB），经土地持有人同意后对当地土著的土地进行管理。

按森林权属划分，斐济的森林可分为国有林和私有林，其中国有林占森林总面积的 5%，私有林占 95%。2005 年，私有林面积为 94.4 万 hm^2（FAO，2015）。私有林绝大部分为土著所有（ITTO，2006）。斐济的土著土地禁止买卖，如需租赁必须通过土地信托委员会。由于土地所有权处于不断变化的状态，在租赁过程中时有纠纷发生，还有一些地区土地出现了权属不清的问题，因此，斐济政府正对土地政策进行改革，目的是改进土著土地的租赁关系，使土地资源得以充分开发利用，更好地发展林业。外资在斐济用地通常采取租赁国有土地或购买私有土地的方式。前者由政府出租，租期最长达 99 年，后者可自由买卖土地产权。

（四）森林消长变化

总体来看，斐济森林面积呈逐年递增的趋势。根据 FAO《2015 年全球森林资源评估》报告显示，近 20 年来，斐济森林面积稳步增长，已从 1990 年的 95.3 万 hm^2 增加到 2015 年的 101.7 万 hm^2，平均每年增加森林面积 3 200 hm^2。与 2005 年相比，2015 年的森林面积增加了 2.1 万 hm^2。森林面积增长的主要原因是由于斐济政府推行森林可持续经营的新政策。

三、林业法规政策

（一）林业法规

斐济林业法律的核心理念是实现林业可持续发展，落实国家土地资源利用规划。1953年，斐济颁布了《森林法》，确定了林业管理的最初框架，并于1992年进行了更新和简化。2005年颁布了《环境管理法》，其中规定，所有采伐作业必须进行环境影响评价。这项评价由林业部门和环境部门负责实施，只有评价合格才能获得批准。1990年颁布了《针叶林法》，2010年颁布了《阔叶林产业发展法》，为规范松树和桃花心木产业发展提供了法律保障。2002年颁布的《濒危和受保护物种法》规定，CITES树种的出口需获得CITES许可证并支付一定的费用，所有受威胁树种的商业贸易需要进行登记，所有濒危物种的商业利用（包括没有列入公约名单内的濒危物种）都需要经过环境局的批准。

（二）林业政策

斐济最早的林业政策是1950年由当时的立法理事会颁布的。20世纪60年代，为了支持现代化工业的发展，斐济发布了锯木业政策，并于1995年进行了修订。

2007年斐济发布了新的国家森林政策。新政策强调了森林的可持续经营、森林资源所有者的参与和森林的增值，并明确了政策实施举措和财政战略，为斐济林业发展指明了方向。新政策的总体目标是"实现斐济林业的可持续经营，并获得更大的社会、环境和经济效益"。主要包括5个具体目标：①通过保护森林生物多样性、集水区和土壤肥力，保护生态系统的稳定性；②通过有效的管理保护充分的永久性森林面积，以确保林产品和服务的可持续供应；③增进土地所有者和社区居民对森林可持续经营的参与，对林产品生产和加工进行公平的利益分配，包括知识产权的保护；④通过林产工业的可持续发展和贸易，增加林业就业，满足国内市场需求，并增加林业外收入；⑤在各类利益相关方充分参与和共同协作的基础上，增强国家管理和发展林业的能力（ITTO，2011）。

在斐济农村土地利用政策中，根据土地供应能力和土地利用实践对土地利用类型进行了划分，明确提出根据需要可以划定作为永久森林资产保留和经营的森林区域，并建立保护区，以保护具有代表性的原始森林类型。2004年土地信托委员会（NLTB）专门制定了土著土地的林业政策。

为鼓励林业发展，斐济还出台了一些优惠政策。例如，政府对于农业、林业和渔业等自然资源的深加工项目给予初期投资补贴，如果企业在1年内购置价值超过5万斐元的固定资产，经申请可以获得政府40%的投资补贴。

为履行《生物多样性公约》（CBD），斐济政府于2007年制定了《生物多样性战略与行动计划》，由林业局负责执行与实施。此外，斐济于在2010年加入了REDD+（减少毁林及森林退化造成的碳排放，简称REDD+）机制，成为REDD+正式成员。政府出台了REDD+政策，旨在通过使用REDD+融资，保护森林、减缓和适应气候变化、降低灾害风险，推动可持续的土地管理和保护生物多样性，并为社区带来直接的益处。

四、林业机构与管理体制

斐济的林业主管部门是林业渔业部下属的林业局。林业渔业部由过去的农林渔业部独立出来，旨在加强林业渔业的各部门的职能，更好地促进林业渔业的可持续发展。

林业局的主要职责是负责实施和执行森林政策和法规，确保森林资源实现可持续利用；负责许可证的批准和发放，包括木材采伐、运输和出口许可等；提供森林相关的培训服务，如木材加工培训等；开展造林和木材利用等研究工作。下设八个职能部门，包括造林研究室、森林管理服务处、木材利用研究室、森林公园管理处、森林推广咨询处、木材加工培训处、林业培训中心和森林采伐管理处(图 1)。

在斐济，除林业局以外，还有很多机构参与林业管理，主要的机构包括土地信托委员会(NLTB)、环境局、人工林公司、信托处。其中土地信托委员会(NLTB)负责对林业租地进行管理。环境局负责制定和实施斐济的环境法律框架。人工林经营公司负责斐济的人工林经营，包括斐济针叶林有限公司(FPL)和斐济阔叶林有限公司(FHCL)。针叶林有限公司成立于 1991 年，主要负责松树针叶人工林的建立、管理、使用和销售，是政府和土地所有者全资拥有的一家上市公司。阔叶林有限公司成立于 1999 年，属于国有企业，负责斐济阔叶人工林的种植。两个人工林经营公司都是将土地所有权最终政府化。斐济桃花心木信托处和松木信托处也是林业管理体制的一部分，主要负责管理和开发桃花心木和松树人工林。

此外，非政府组织作为利益相关者也参与斐济的林业管理，如自然斐济(Nature Fiji)、国际自然保护联盟(IUCN)、保护国际(Conservation International)和湿地国际(Wetlands International)等。如南太平洋大学和斐济国立大学等科研机构为斐济的林业管理提供培训和技术支持。每两个月召开一次的林业委员会也代表了不同利益相关者的意见和建议。由此可见，斐济已建立多方共同参与林业管理的机制。

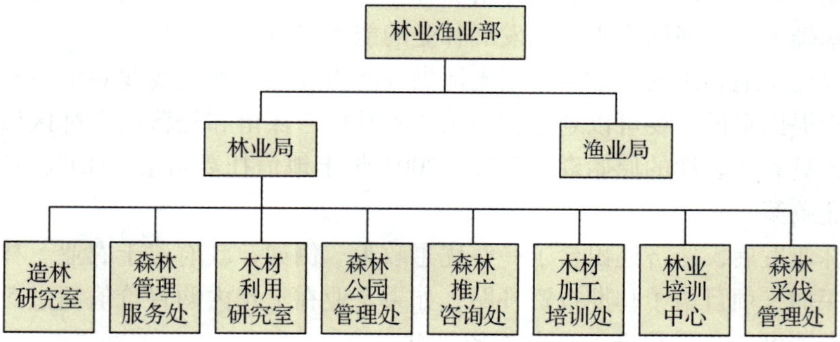

图 1 斐济林业管理机构

五、森林经营与管理

(一) 森林经营

1. 天然林经营

根据法律规定，在斐济任何土地上进行采伐都需要获得林木采伐许可证。如进行天然林采伐需要得到公共组织“MATAQALI”和土地信托委员会的双方许可，并获得采伐许可证和采伐特许协议，申请采伐人需和土地信托委员会进行协商，最终由林业局进行许可批复，方可进行天然林采伐。

斐济对森林采伐实行以下4种许可证制度：采伐特许证(15～30年期)、长期许可证(10年期)、年度许可证及其他预付许可证(通常用于伐区清理)。申请获得木材采伐证还需缴纳采伐许可证费用。2006年国际热带木材组织的报告显示，斐济约有29万hm^2的森林获得了长期的采伐许可证(ITTO，2011)。

斐济出台的《国家采伐实践规程》对林木采伐操作、人员安全和环境等内容做了具体规定，并对树木采伐直径有所限制，通常将伐木直径限制在胸径35 cm，由林业局对采伐规程的实施进行监督和评估。

在斐济，天然林采伐后需进行补偿性造林，尽管在采伐特许协议中明确规定伐前和伐后需进行造林，但是补偿性造林的实施效果并不好，补偿造林和森林恢复计划常常被忽视。大多数的锯木厂都有自己的采伐作业区域，但是很少完成种植计划。

2. 人工林经营

斐济大规模的针叶人工林种植始于20世纪60年代初，全国拥有6个森林庄园，2010年针叶人工林面积约10.8万hm^2，比2005年增加了1.5万hm^2。但是针叶人工林还未达到可持续经营管理的水平。人工林的主要树种是加勒比松(*Pinus caribaea*)，由斐济针叶林有限公司管理，主要分布在斐济维提岛和瓦努阿岛的干燥区域。

阔叶人工林的种植始于20世纪50年代，主要树种为桃花心木(*Swietema mahagoni*)。由斐济阔叶林有限公司管理。斐济共建立了14个造林站，2010年阔叶人工林约6.8万hm^2，比2005年增加了0.7万hm^2。同针叶人工林一样，虽然可以获得收益，但是仍没有达到可持续管理的水平。未来，斐济的阔叶人工林种植仍会选择桃花心木作为主要经营树种，预计到2020年，阔叶人工林种植面积将达到10万hm^2。此外，还有面积大约为2.8万hm^2的椰子种植园(FAO，2010)。

根据法律规定，斐济所有商业用途的人工林经营公司都需向林业局提交一份森林经营方案。虽然林业局无法监督和核实每个方案的有效实施，但是这对于人工林经营发挥了很好的推动作用。

3. 采伐和利用的树种

在斐济，有一份“树种的强制采伐清单”，即使贸易市场对这些树种无购买需求，也要求对清单中的22种树种进行强制采伐。斐济用于生产和贸易的树种也包括在这份清单中，其中“斐济硬木”或“混合硬木”是斐济的原生树种，最易采伐并具有很高的商业价值。天然林采伐的主要树种有斐济贝壳杉(*Agathis vitiensis*)、肉豆蔻(*Myristica* spp.)、大叶黄桐(*Endospermum macrophyllum*)、海棠木(*Calophyllum fragrans*)、胶木(*Palaquium kajewskii*)、印茄木(*Intsia bijuga*)。工业原木采伐的树种有桃花心木、加勒比松、肉豆蔻、大叶黄桐和斐济贝壳杉等(表1)。

(二)森林保护

1. 生物多样性保护

斐济十分重视生物多样性保护，在《国家采伐作业准则》中对森林采伐中保护濒危野生物种做出了相应的规定。在斐济，有4种哺乳动物，7种鸟类，1种两栖动物和1种植物都被收录在《IUCN红色名录》受威胁物种中，此外还有26个植物物种被列入CITES附录II，有1个物种收录在附录III中(UNEP－WCMC，2011)。2010年，斐济政府确定了127种植物、4种哺乳动物、45种陆地鸟类、12种水鸟、10种爬行动物、1种两栖动物、17种鱼类和2种蝴蝶作为濒危物种。

斐济在森林经营方面重视各类森林类型的保护，包括建立各类森林类型的永久森林样地，并收集所有的植物物种信息。通过获取生物多样性、树木生长情况和碳储量等相关资料，可以为森林经营提供多方面的信息。

2. 保护区建设

斐济约有38.5万hm^2的森林被划分为生物多样性保护林，主要分布于坡度超过30°的陡峭山地和土壤不稳定的土地(FAO，2015)。据2010年UNEP-WCMC数据，斐济受保护的永久森林带的范围约为9.2万hm^2，在保护区域内符合IUCN1-4类保护区的森林面积约有11.7万hm^2。但2015年FAO报告显示，受保护的森林面积仅为5.6万hm^2，共分布在22个区域。目前，斐济正在扩大受保护的森林区域，增加森林可持续经营的面积(ITTO，2015)。

(三)森林服务

从20世纪80年代起，斐济政府利用得天独厚的自然条件大力发展旅游业。目前，旅游收入约占斐济国内生产总值的20%，旅游业是斐吸引外资和创汇最多的产业，发展潜力巨大。斐济全国约有4万人在旅游部门工作，占就业人数的15%。2005年以来，每年来斐游客数均在50万人次以上。斐济旅游业已经成为斐济的主要外汇来源和就业的支柱产业，政府采取鼓励政策，重点发展生态旅游。同时促使企业和资源所有者一起参与环境保护，为发展生态旅游做贡献。

六、林产品生产、加工与贸易

(一)木材生产和加工

2004年，斐济获得生产经营许可的锯木厂有26个，其中18个已经开始运营，其中仅一家为大型锯木厂，工厂木材利用率约在50%左右，主要林产品为原木、木片、锯材和纸浆等初级加工产品。

2016年斐济的原木产量83.7万m^3，锯材产量13万m^3，单板和胶合板产量分别为0.9万m^3和1.1万m^3(表1)。主要利用的树种为加勒比松和桃花心木等。

表1 斐济2001—2016年主要林产品产量 (万m^3，t)

林产品＼年份	2001	2003	2005	2007	2009	2010	2011	2012	2013	2014	2015	2016
原木	51.6	44.2	50.9	48.6	48.2	48.2	48.2	48.2	83.7	83.7	83.7	83.7
其中:工业原木	47.9	40.5	47.2	44.9	44.5	44.5	44.5	44.5	80.0	80.0	80.0	80.0
木质燃料	3.7	3.7	3.7	3.7	3.7	3.7	3.7	3.7	3.7	3.7	3.7	3.7
锯材	7.2	8.4	12.5	9.0	9.0	9.0	9.0	9.0	13.0	13.0	13.0	13.0

（续）

年份 / 林产品	2001	2003	2005	2007	2009	2010	2011	2012	2013	2014	2015	2016
木片及木屑	27.3	15.9	21.0	21.0	21.0	21.0	21.0	21.0	21.0	21.0	21.0	21.0
人造板	1.2	1.6	2.6	2.5	2.0	2.0	2.0	2.0	2.0	2.0	2.0	2.0
其中:单板	0.3	0.8	1.8	1.7	0.9	0.9	0.9	0.9	0.9	0.9	0.9	0.9
胶合板	0.9	0.8	0.9	0.8	1.1	1.1	1.1	1.1	1.1	1.1	1.1	1.1
木浆	27.3	15.9	21.0	23.2	20.6	20.6	20.6	20.6	40.0	40.0	40.0	40.0

资料来源：FAOSTAT，2017。

（二）非木质林产品生产

斐济的非木质林产品很丰富，对农村社区的生产和生活尤为重要。森林里的许多植物被用作食品、药品、建筑和屋顶材料，在宗教仪式和典礼中一些植物被作为手工产品和染料。野猪等森林野生动物是斐济珍贵的食物来源，人们在桃花心木树林中可以获取泥蟹、龙虾和贝类等，林区树蕨植物的茎也被人们广泛使用。还有一些植物，如阳高那（*Piper methisticum*）可作为酿酒原料，已经大规模的开始种植。海滨木巴戟（*Morinda citrifolia*）作为一种药用植物，被越来越广泛的使用，并进入国际市场。檀香木（*Santalum album*）作为林产品也有巨大的潜在市场，每千克檀香木的售价高达40多斐元，由此也导致了更多的非法采伐（斐济时报在线，2009）。

（三）林产品贸易

斐济是南太平洋主要的木材生产国之一。20世纪50年代和60年代，随着人工林的广泛种植，林产品贸易开始走向成熟。在20世纪80年代中期，斐济的林产品成为重要的出口贸易产品，林产品的出口收入在国家出口部门中排名第三，仅次于农业部门，近年来已逐渐超越其他部门。木材产品已成为国内排名第五的出口商品，其原木主要被加工成锯材、单板、胶合板、细木工板、模具、木片等出口。

最近10余年来，斐济加工和出口的大部分木材产品主要来源于天然林和人工林的资源。斐济拥有大量的桃花心木资源，林产工业发展在很大程度上需要依赖桃花心木资源。此外，木家具生产和制造也是斐济重要的加工产业，其中用棕榈木制造的家具出口也正在增长。

斐济的主要进口林产品为人造板，包括刨花板和纤维板等。近年来，人造板进口量呈增长趋势，2005年人造板进口量达1.8万m^3，此后由于金融危机的影响有所有所下降。此外，斐济的纸和纸板也主要依靠进口（表2）。木制品主要进口国为美国、中国等。

表2　斐济2001—2016年主要林产品进口量　（万m^3，t）

年份 / 林产品	2001	2003	2005	2007	2009	2010	2011	2012	2013	2014	2015	2016
人造板	0.2	1.1	1.8	0.5	0.3	0.3	0.5	0.5	0.8	1.1	1.1	0.7
其中:刨花板	—	0.3	0.6	0.2	0.1	0.1	0.1	0.1	—	0.2	0.2	0.1
纤维板	0.2	0.8	1.0	0.2	0.2	0.2	0.2	0.3	0.6	0.6	0.6	0.4
胶合板	—	—	0.2	0.1	—	—	0.2	0.1	0.2	0.3	0.3	0.2
纸和纸板	2.1	5.4	3.3	3.9	2.6	1.9	2.4	1.8	2.0	3.8	1.1	2.6

资料来源：FAOSTAT，2017。

斐济的出口林产品主要为原木、锯材、木片及木屑等初级加工产品，也有少量的单板和胶合板。由于受到金融危机影响，2009 年林产品出口量均有所下降。近年来，原木出口量呈现稳定增长趋势。但自 2010 年以来，锯材、木片及木屑等林产品的国内需求量增多，导致出口量呈现下降趋势(表 3)。木制品主要出口国为美国、澳大利亚、新西兰、英国和日本等，其中原木大部分销往澳大利亚和新西兰，单板和木片分别销往美国和日本。

表 3　斐济 2001—2016 年主要林产品出口量　(万 m^3)

林产品 \ 年份	2001	2003	2005	2007	2009	2010	2011	2012	2013	2014	2015	2016
原木	0.1	1.0	0.8	0.5	0.3	0.4	0.9	0.9	4.3	4.4	1.4	1.4
锯材	1.1	1.8	2.0	1.3	1.5	2.0	1.6	1.3	1.8	2.1	1.3	1.0
木片及木屑	20.6	17.5	23.3	24.2	9.9	24.6	11.0	11.0	15.5	34.1	24.4	19.9
人造板	0.6	0.7	0.2	0.2	0.2	0.3	0.2	0.2	0.1	0.3	0.1	0.2

资料来源：FAOSTAT，2017。

七、林业科研与教育

斐济的林业科研机构主要有造林研究室和木材利用研究室。这两个研究室是林业局的下设机构，在开展科研的同时，也承担林业部门的一些管理职能。造林研究室主要开展森林经营研究，为人工林经营提供技术支持；木材利用研究室主要针对木材加工生产和利用开展研究，为木材产业发展提供技术支持。

斐济前沿研究所(Frontier - Fiji)是环保领域的主要科研机构，它是由环境勘探协会和国际海洋研究所合作成立，主要聚焦于沿海和海洋环境的研究，关注斐济高斯岛(Gauisland)的生物多样性保护和资源使用，致力于减少由于过度的森林砍伐造成的生态系统破坏。

斐济政府对林业教育十分重视。林业局专门下设有林业培训中心，可提供森林经营、木材加工等相关领域的培训服务。此外，南太平洋大学和斐济国立大学等高等院校也可提供林业培训等课程，主要是为政府林业管理部门提供相关培训和技术支持。斐济还通过各类学校，对居住在沿海地区的岛民开展社区环境教育和环境保护意识的培训。

八、林业国际合作与交流

斐济政府非常关注与世界上其他国家和地区的交流合作，斐济的林业发展得到了国际上的支持。例如，森林碳伙伴基金(FCPF)为斐济森林提供资金支持其开展 REDD + 机制的准备工作，太平洋共同体(SPC)和德国国际合作机构(GIZ)等也在斐济实施了林业项目，欧盟委员会于 2010 年 11 月在斐济启动了为期 3 年的可持续森林管理资助项目。同时，斐济也积极与国际科研机构发展合作关系，努力提升本国的林业发展水平。

斐济非常重视和中国的商务关系，特别是在经贸领域，斐济和中国已经在签署了自由贸易协议，斐济在南太平洋地区是中国的第二大贸易伙伴。在林业领域，斐济林业部长曾专门访问中国的一些沿海城市，与中方签署了合作备忘录。

九、分析与借鉴

（一）主要问题

斐济的林业资源虽然丰富，但是仍然面临着很多问题。主要包括：

(1)没有划定正式的永久森林带。2010 年 FAO 的数据显示，斐济的永久森林带约有 21.9 万 hm^2，仍然没有达到 2005 年 35.4 万 hm^2 的规划，并且在此范围内包含 17.6 万 hm^2 的人工林，较 2005 年的面积增加了 6.3 万 hm^2。此外，斐济约有 0.63 万 hm^2 可持续经营的天然林，但是却不在永久森林带的范围内。因此，斐济需要尽快建立和划分永久森林带，才能更好地保护丰富的林业资源，实施林业的可持续发展。

(2) 木材加工业欠发达，木材利用率较低。斐济拥有大约 17.6 万 hm^2 的人工林，多数是高价值的桃花心木和加勒比松。预计桃花心木每年的年采伐量达到 10 万 m^3。但是斐济的木材加工率较低，生产木材的损耗率约为 50%，因此造成大量优质木材的浪费情况。斐济政府正在努力改善木材加工行业的技术和设备等硬件设施。目前，斐济的社区已经开始引入相关生产设备，建立小型锯木厂，能够对小型原木进行初加工。此外，斐济的木材工业劳动力缺乏。当地木材生产雇佣的斐济本地劳动力只占 8%，其他的都是外来劳动力。

（二）值得借鉴的经验

斐济在以下林业管理方面的做法值得借鉴：

(1)重视林业政策的宣传。由于斐济的种族和语言多样，虽然官方语言为英语，但是斐济族人口占到 51%。因此斐济当地的非政府组织用斐济语翻译了国家林业政策，并广泛普及。在林业社区中对居民开展林业意识的宣传活动。由于斐济林业中超过 90% 的森林都在土著社区范围内，因此发动土著社区居民参与保护森林至关重要。

(2)加强政府职能作用。斐济的林业管理以前归属于农林渔业部，近年来归属到新成立的林业渔业部。新部门的成立加强了林业和渔业的决策性和部门功能，更好的促进林业和渔业的可持续发展，加强林业部门的职能和作用，从而对林业事业更好的进行监督和管理。

(3)发展可持续生态旅游业。斐济政府重视减轻对环境的负面影响，使旅游活动的影响最小化，开发和评估旅游环境影响，促进生态旅游和经济社会的发展，保护生态环境，有效利用环境和自然资源。开展环境教育，提高对可持续旅游的关注和认识。

（李岩　徐斌）

参考文献

国家林业局 . 2008. 斐济共和国 . http：//www. forestry. gov. cn/portal/main/map/sjly/feijiqundao/fiji% 20islands01. html[2014 - 11].

中华人民共和国外交部网站 . 2018. 斐济国家概况. http：//www. fmprc. gov. cn/mfa_ chn/gjhdq_ 603914/gj_ 603916/dyz_ 608952/1206_ 609054/default. shtml.

Department of Fisheries. 2014. Welcome to the Department of Fisheries Website. http：//www. fisheries. gov. fj/

[2014 - 11].

FAO. 2005. A Review of The Fforest Revenue Systemand Taxation of the Forestry Sector in Fiji.

FAO. Fiji Forestry Outlook Study 2010. Bangkok.

FAO. Global Forest Resources Assessment 2010 Country Reportfiji 2010. Rome.

FAO. 2010. 2010 年森林资源评估.

ITTO. Status of tropical forestmanagement 2011.

Ministry of Fisheries and Forest. 2014. Welcome to the Ministry of Fisheries and Forest (MFF). http://www.mff.gov.fj/[2014 - 11].

Mongabay. 2009. Fiji Forest Information and Data. http://rainforests.mongabay.com/deforestation/2000/Fiji.htm#03 - forests[2014 - 11].

Strategic Development Plan: 2003—2005 (Fiji). 2002.

所罗门群岛(Solomon Islands)

所罗门群岛位于太平洋西南部，属美拉尼西亚群岛，位于澳大利亚东北部，巴布亚新几内亚东部，是英联邦成员之一。共有6个大岛和900多个小岛屿(其中347个岛屿有人居住)，最大的瓜达尔卡纳尔岛面积6 475 km^2，陆地总面积28 450 km^2。首都霍尼亚拉(Honiara)。总人口59.9万人(2016年预计)(中国外交部网站，2018)，人口密度19.5人/km^2。美拉尼西亚人占总人口94.5%，波利尼西亚人占3%，密克罗尼西亚人占1.2%。人口年增长率3.5%。全国有87种方言，通用皮钦语，官方语言为英语。居民95%以上信奉基督教新教和天主教，圣公会拥有全国2/3的信教者。全国分为8个省和1个市：西部省、瓜达尔卡纳尔省、马莱塔省、中部省、圣伊萨贝尔省、马基拉省、特姆突省、东部省和首都霍尼亚拉市。

所罗门群岛是太平洋岛国中面积第二大、人口第三大国。所罗门群岛绵延1 500 km^2，地处南纬5°~12°、东经155°~170°。由瓜达尔卡纳尔岛、新乔治亚岛、马莱塔岛、舒瓦瑟尔岛、圣伊萨贝尔岛、圣克里斯托瓦尔岛、圣克鲁斯群岛和周围许多小岛组成。属热带雨林气候，高温多雨，年平均降水量3 000~3 500 mm，年平均气温27 ℃。

国民经济以种植业、渔业和黄金开采为主。该国大部分制造业与石油产品依赖进口，但尚未开发的矿产资源较为丰富。

所罗门群岛是世界上最不发达国家(低度开发国家)之一。农村人口占总人口的76.8%(FAOSTAT，2017)。大多数人口依靠务农、捕鱼和种植为生，主要产品有椰肉、木材、大米、可可、加工鱼、甘薯、大蕉、菠萝和马蹄螺的壳。农业产值占国民经济总产值的60%，工业产值仅占5%。所罗门群岛2016年国内生产总值为12.38亿美元，人均2 064美元经济增长率为3.2%。主要出口木材、椰干、鱼类及棕榈油，进口交通运输工具、机械、食品、燃料、化工品等。主要贸易伙伴为中国澳大利亚、新加坡、印度、英国等(中国外交站网站，2018)。

一、林业在国民经济中的地位

林业部门对所罗门群岛的经济非常重要，2011年原木生产和锯材加工创造的产值为9 900万美元，对国内生产总值(GDP)的贡献率达到11.8%。木材生产约占政府收入的60%，大多来自原木出口税。林业还明显有助于群岛创造就业、创收和农村地区基础设施的发展。所罗门群岛85%的农村居民在很大程度上靠森林的600多种植物产品来维持生计，并越来越多地通过人工林木材、藤和恩加利(ngali)坚果——生长于爪哇橄榄(*Canarium indicum*)等其他林产品的销售来获得收入。林产品如恩加利坚果的销售对许多人尤其是妇女来说是一个重大的收入来源(WWF，2005)。

二、森林资源

截至2015年，所罗门群岛的森林面积为218.5万hm^2，森林覆盖率78.1%，森林蓄积量2.08亿m^3，单位面积蓄积量为95 m^3/hm^2(FAO，2015)。

所罗门群岛的森林主要是热带阔叶林。植被类型分为草地及非林地区、盐性湿地林、淡水湿地林、低地雨林、高地林、季风林。在各种森林类型中，高地林占所罗门群岛森林总面积的78.8%(含采伐迹地及退化林地)，在所罗门群岛森林资源中占有重要地位。

所罗门群岛有原始林110.5万hm^2，占50.6%；天然次生林105.3万hm^2，占48.2%；人工林为2.7万hm^2。按用途划分，木材生产林37.63万hm^2，占17%；水土保持林为61.39万hm^2，占27.74%；生物多样性保护林49.15万hm^2，占22.21%；社会服务林40万hm^2，另有73.126万hm^2的森林没有划分用途。森林几乎全部为私人所有，根据FAO 2010年统计数据，私有林为220.6万hm^2，占99.71%；公有林仅占0.29%(FAO，2015)。

1990—2010年，所罗门群岛森林减少了约13.9万hm^2，年平均损失森林5 600 hm^2；森林覆盖率下降了0.2%。除原始林面积保持不变外，天然次生林和人工林面积均呈减少趋势，尤其是红树林面积从5.3万hm^2减少到3.4万hm^2。水土保持林、生物多样性保护林和社会服务林面积没有发生变化，但生产林面积显著减少(FAO，2015)。

三、林业法规政策

(一)林业发展目标和计划

所罗门群岛于1997年重新修订了《1995—2000年国家发展计划》，但该计划的长期发展目标保持不变。林业政策的主要内容也没有改变，其政策理念在1999年的森林法中得以细化。森林法的基本目标是：①为现代及子孙后代，要确实可持续地管理森林资源；②为了给人民带来更大的效益，要促进木材产业的开发；③传统土地所有者的森林资源要在合法土地所有权确权手续完成后进行采伐，而且土地所有者要熟知收获预期。林业局局长必须依法编制森林作业计划，并把基础放在森林生产的可持续性、合法的作业、环境保护、市民的最佳受益和满足所罗门群岛的需求等几个方面。

在所罗门群岛政府的森林发展方针中，政府要发挥以下作用：采伐迹地造林；对目前的园艺、药草产品进行重新评估；通过“木材采伐行为规范”的制度化和实施，有效地管理森林资源；支援Eco Timber所罗门群岛木材生产协会；停止发放新的采伐许可证；开展环境教育启蒙；实施保护计划，通过保护区动物相及植物相调查保护其自然资源。

1989年政府发布林业政策声明，阐明了林业政策的6项义务和规范。6项义务包括森林保护、可持续森林利用、基本需求充足、森林发展、官民参与及利益分配。同时阐明了妨碍林业发展的问题：制定计划的信息不足、造林和采伐不均衡、对木材出口的依赖、行动措施与相关机构的能力及标准相背离。

作为政策目标，林业政策声明还提出了成立计划部门、实施资源调查、创建造林机构、减少采伐率等13项目标，其中也包括，在充实林业和扩大社会林业项目中，通过居住在传统土地上的居民积极扩大有益于居民的社会林业。

（二）林业法律法规

所罗门群岛现行林业法规缺乏一致性和连贯性，并很少涉及环境问题。

1969 年最初颁布的《森林资源与木材使用法》是监督所罗门群岛林业经营的现行法律。为反映不断变化的森林政策，此法已做出多次修订。此法要求所有的树木采伐都要由森林专员授予采伐许可，还规定了林业部长可以设立"森林保护区"以保护水资源，但是该权限从未被使用。此法还授权林业部长征收税费。

1996 年制定了可持续木材采伐活动指南——《木材采伐行为规范》(CPTH)，以进一步促进可持续地管理森林，改进和降低大规模采伐造成负面影响。CPTH 规定，针对木材公司一年 5 000 hm^2 的采伐活动，必须雇用森林计划专家和 2 名助理。而且，还制定包含以采伐和环境的和谐为理念的各种规范，如在采伐活动中，要留心避免损伤幼树的具体措施及运出木材时使用器械的限制，将森林采伐对环境的影响控制到最小等。2002 年对 CPTH 进行了修改，重点是设定"主要标准"。这些都关系到采伐、运输等活动。但是，由于前林业部的管理能力欠缺等，对木材产业是否遵守了行为规范，缺乏现场检查。

1999 年所罗门群岛政府出台了新的《森林法》，并于 2000 年 2 月正式实施。此法以促进林业可持续发展为目标，并在规划热带雨林未来的商业用途时，吸纳了当地社会团体的意见。《森林法》的发展和实施，标志了所罗门群岛争取生态可持续和社会公正的立场。

2004 年对现行的《1969 年森林资源和木材利用法》进行修订，形成了新的《林业法案》，并于年底提交所罗门群岛议会。这项法案改进了部门规划程序，修改了木材采伐许可证体系，把许可证持有人(通常为土地所有者)的责任监管转移到采伐者的采伐行为上来，引入采伐控制(如采伐实践守则)，并提出履约保证金问题。该法案旨在保护森林、改进森林资源管理、控制木材采伐、奖励可持续的林业活动，推进人工造林以及培植国内木材加工。但由于土地所有者的理解等若干问题及政治原因，该法案暂被搁置(FAO，2009)。

四、林业机构与管理体制

所罗门群岛负责林业行政工作的国家机关是林业部(MOF)。林业部的职能涉及采伐作业和生产量，改善与海关和所罗门群岛中央银行(CBSI)的合作和信息共享的监控、审计和检查工作，也负责采伐实践守则的起草，制定和实施新的林业法律和森林政策(FAO，2009)。

五、森林经营与管理

（一）人工林经营

20 世纪 50 年代以来，所罗门群岛政府已经在全国的不同地点人工种植了本土和外来树种。人工造林采用的是萌芽更新法，这种造林方式适合该岛的自然环境和国情。2010 年所罗门群岛的人工林为 2.7 万 hm^2，比 2003 年减少了 8 600 hm^2，其中包含大规模造林地阿卢、科隆班加拉、维鲁、吉佐、乔依绍尔湾、摩力、阿勒代斯和圣克鲁斯(FAO, 2009)。所罗门大规模商业人工林主要集中在西部地区(表1)。

表1 所罗门群岛大规模商业人工林的面积分布 (hm^2)

省份	所有者/公司	地点	面积	
			2003	2005
西部省	KFPL	科隆班加拉岛	12 000	7 600
	Eagon(EPPL)	维鲁海港	8 900	10 600
	FD	肖特兰岛	1 200	800
	FD	吉佐	200	0
乔伊索省	Eagon(ERC)	乔伊索岛/摩力	300	300
伊莎贝尔省	FD	阿勒代斯	2 300	0
泰莫图省	FD	圣克鲁斯	2 900	2 900
总计			27 800	22 200

资料来源:URS Sustainable Development, 2006。

所罗门群岛如下树种在人工造林中占有重要地位:马占相思(*Acacia mangium*)、大叶贝壳杉(*Agathis macrophylla*)、南洋杉(*Araucaria cunninghamii*)、海棠木(*Calophylum kajewskii*)、坎偌漆(*Campnosperma brevipetiolata*)、香洋椿(*Cedrela odorata*)、赤桉(棉芝老桉)(*Eucalyptus deglupta*)、云南石梓(*Gmelina arborea*)、大叶桃花心(*Swietenia macrophylla*)、柚木(*Tectona grandis*)、红榄仁树(*Terminalia brassii*)、菲律宾榄仁(*T. calamansanai*)、白梧桐(*Triplochiton scleroxylon*)。其中6个为原有种,8个为引进种。这14个树种按照使用和计划使用情况还可分为4类:

(1)主要造林树种是香洋椿、云南石梓、大叶桃花心木、柚木和红榄人树。

(2)对林业局造林地蓄积量极其重要的树种但现在不种植的树种是大叶贝壳杉、坎偌漆、赤桉和菲律宾榄仁。

(3)将来造林计划中有可能使用的树种是马占相思、海棠木白梧桐。

(4)在地方上有种植经验但造林计划中不使用的树种是南洋杉。

种植面积最大的树种是坎偌漆,但在1988年以后就不在种植了。该树种大部分种植在新乔治亚岛及科隆班加拉岛,但由于适合这个树种的低地及湿地在这两个岛屿已经很少了。为数不多的针叶树种大叶贝壳杉仅在1977—1983年进行了种植。

在所罗门群岛,尽管造林规格参差不齐,但农民造林的模式已经确立。在林业部和所罗门群岛森林管理项目(SIFMP)的支持下,1985年以后整个所罗门群岛扩大了农民植树造林的面积,2005年农民造林总面积达9 000 hm^2。企业造林公司如科隆班加拉林产品有限公司(Kolombanga Forest Products Limited, KFPL)和艺根资源有限公司(Eagon Resources Ltd., ERC)等还分别在科隆班加拉岛和乔伊索岛支援农民植树造林。农民造林使用的树种集中在高价值和较易成活的树种,如柚木和大叶桃花心木。工业造林使用的树种主要是赤桉、云南石梓(FAO, 2009)。

（二）天然林经营

所罗门群岛的木材生产主要依赖于天然林的采伐。森林采伐在所罗门群岛海拔 400 m 以下，树冠密度 30% 以上及坡度 30°以下的森林中进行。

如前所述，森林采伐者获得林业局颁发的采伐许可证后，再提交关于采伐面积、采伐量等的申请，然后获得森林采伐权。木材生产要向土地所有者支付使用费。

在整个所罗门群岛，估计可采伐的森林为 59. 8 万 hm^2、蓄积量为 2. 08 亿 m^3，允许采伐量估计为 32. 5 m^3。

从商业角度看，所罗门群岛蓄积量高的森林分布在乔伊索省、西部省、肖特兰岛；蓄积量较高的森林分布在伊莎贝尔省、马来塔省、瓜达尔卡纳尔省及马基拉省。

六、林产品生产、加工与贸易

（一）林产品生产与加工

所罗门群岛木材年产量在 1991 年之前处于 30 万～40 万 m^3 的水平上，但 1992 年达到 64 万 m^3，比上年猛增约 90%。1992 年以后生产量继续增加，1995 年达到 85 万 m^3。这是因为从 1992 前后东南亚诸国开始加强原木采伐限制，由此扩大了对所罗门群岛的木材需求所致。在 1991 年之前森林采伐没有超过允许采伐量，但 1992 年以后，采伐量是年允许采伐量的 2～3 倍。2000—2010 年所罗门群岛的原木生产量在 70 万～160 万 m^3，2011—2016 年年产量超 200 万 m^3，产量逐年增加（表 2）。生产的木材全部为阔叶材，其中约 90% 用于生产锯材和单板，其余全部用做燃料材。

表 2　所罗门群岛原木生产量变化　（万 m^3）

年份	薪炭材	工业用材				合计
		锯材和单板用	纸浆用	其他	小计	
1985	12. 2	42. 0	—	0	42. 0	54. 2
1990	13. 8	44. 2	—	0	44. 2	58. 0
1995	13. 8	73. 4	—	0	73. 4	87. 2
2000	13. 8	56. 6	—	0	56. 6	70. 4
2005	13. 8	114. 8	—	0	114. 8	128. 6
2010	12. 8	162. 4	—	0	162. 4	175. 2
2015	13. 3	234. 5	—	0	234. 5	247. 8
2016	13. 4	234. 5	—	0	234. 5	247. 9

资料来源：FAOSTAT，2017。

所罗门锯材工业过去一直由大型运营商控制，采用固定基带和圆锯进行锯材加工。随着时间的推移，便携式电锯和卢卡斯锯木机的使用越来越广泛。锯材产品面向地方及海外市场。有 2 家配备干燥设备的工厂，其中一家由 KFPL 经营。从事木材采伐和运输的企业数量达到过去最高水平，由林业部批准的采伐企业有 141 个、锯材生产企业有 150 个，其中约15%现在仍然在运转。除这些木材企业外，还有2个造林企业参与采伐和制材生产。另外，锯材生产一直靠天然林木材供应，产品售价高，因此私人的持牌运营商纷纷利用这个机会，采伐和加工自己的木材。由于所罗门锯材工业依靠天然林木材供应，很快将面临着原料短缺，今后可能会以人工林或椰树材替代天然林木材。

所罗门群岛的林副产品种类繁多，有藤、蜂蜜、水果、坚果、种子、树皮、树根、树叶、染料、树脂、药材等。其中，藤制家具的出口逐渐增多，国内的家具制造业也逐渐发展起来。1990年所罗门群岛政府采取措施，禁止出口未加工的藤及用于生产家具的树种材。此外，蜂蜜及坚果类也有商业发展的可能性。

（二）林产品贸易

所罗门群岛以原木出口为主，有少量锯材出口，同时也进口少量锯材（表3）。据所罗门林业部数据库截至2006年的数据，所罗门群岛原木出口量已从1995年的73.7万m^3增至2005年的106.7万m^3（表4），11年里增加了约45%。到2013年，原木出口量已超过215.5万m^3。到了2016年又下降到181.5万m^3，从2013年到2016年间，所罗门群岛人造板进出口贸易明显增加（FAOSTAT网站，数据更新至2016年）。

表3 所罗门群岛木材贸易量（2016年） （万m^3，万美元）

林产品	进口		出口	
	进口量	进口额	出口量	出口额
原木	0.01	10.8	181.46	45 703.2
锯材	0.03	12.9	2.0	617.8
胶合板	0.17	73.9	0.08	5.2

资料来源：FAOSTAT，2017。

表4 所罗门群岛各省天然林原木出口量变化 （万m^3）

年份＼地区	中部省	乔伊索省	瓜达尔卡纳尔省	伊莎贝尔省	马基拉省	马莱塔省	西部省	总计
1995	1.99	8.84	5.51	10.27	4.03	3.84	39.22	73.70
2000	0.51	4.41	1.41	10.13	1.61	1.77	32.29	52.13
2001	1.59	0.82	0	16.74	0.15	3.41	28.23	50.94
2002	0.95	2.10	0	17.18	0.72	1.74	35.73	58.42
2003	1.41	4.60	0	18.85	1.93	0	47.10	73.89
2004	3.06	11.32	0	14.43	3.52	2.00	62.55	98.68
2005	3.43	7.64	0.98	9.36	7.75	5.02	72.55	106.73
合计	23.90	69.26	35.24	138.97	27.43	24.56	455.15	774.51

资料来源：Central Bank of Solomon Islands，2007。

所罗门群岛进口的木材制品主要来自澳大利亚和中国，而本地制造的家具和其他木材产品主要在国内市场销售。但是，随着森林资源的减少和国内需求的增大，所罗门群岛将会增加木材制品的进口，尤其是从亚洲国家进口家具。在供应短缺将导致木材工业崩溃的情况下，所罗门群岛的一般建筑用锯材也将依靠进口。住房建设等国内需求对成材及其他木制品成材的需求也将会上升（New Zealand Ministry of Foreign Affairs & Trade，2013）。

七、分析与展望

由于频繁的修订，所罗门群岛现行的林业法规缺乏一致性和连贯性，并对环境问题的关注性不足。建立适当和有效的国家立法，以保护区建设促进生物多样性，森林可持续经营，并满足传统土地所有者的需求，已经到了刻不容缓的地步。

所罗门群岛森林面临天然林枯竭的威胁。所罗门群岛当前的采伐没有以生态可持续为前提，全部以有商业价值的低地和低山森林为采伐目标。长期的天然林采伐已使所罗门群岛面临着天然林枯竭并导致林业部门崩溃的威胁，并将对所罗门群岛经济带来严重的负面影响。天然林木材资源的巨大消耗，严重影响了森林工业的可持续性、林产品贸易和农村发展，而用以维持当地工业发展的人工林代替天然林计划迟迟不能出台。所罗门群岛的林业正处在是维持现状，还是最终走上依靠进口木材的十字道路口上。

所罗门当前遇到的林业发展困境拉响了警钟，如果没有可持续经营的适度规划，对天然林的过度开采必将使本国林业走上衰败，而大力发展天然林是必由之路。

（蒋宏飞）

参考文献

腾讯新闻．2006. 所罗门群岛[N]. http：//news. qq. com/a/20060424/000965. htm.

Central Bank of Solomon Islands. 2007. Honiara, Solomon Islands.

FAO. 2009. Solomon Islands Forestry Outlook Study. www. fao. org/docrep/014/am626e/am626e00. pdf.

FAO. 2010. Global Forest Resources Assessment 2010：Solomon Islands. http：//www. fao. org/docrep/013/al628E/al628E. pdf.

FAOSTAT. 2014. Forestry Production and Trade . http：//faostat3. fao. org/download/F/FO/E.

New Zealand Ministry of Foreign Affairs & Trade. 2013. Solomon Islands.

URS Sustainable Development. 2006. Solomon Islands Forestry Management Project（SIFMPII）. National Forest Resource Assessment Update 2006. Honiara, Solomon Islands.

World Bank. 2015. Solomon Islands. http：//data. worldbank. org/country/solomon – islands.

WWF. 2005. A Forests Strategy for Solomon Islands 2006 – 2011.

汤加(Tonga)

汤加王国(简称汤加)位于南太平洋西部、国际日期变更线西侧，南与新西兰隔海相望，西邻斐济。由汤加塔布、瓦瓦乌、哈派三大群岛和埃瓦、纽阿等小岛组成，共173个岛屿，无河流。陆地面积747 km^2，水域面积25.9万km^2。全国人口10.8万(2017年)，98%是汤加人，属波利尼西亚人种，其余为其他太平洋岛国人、欧洲人、亚洲人及其后裔。全国共分5个政区，首都设在努库阿洛法(Nuku'alofa)。通用汤加语和英语。居民多信奉基督教。原为英国殖民地，1970年独立后成为英联邦成员国，实行君主立宪制(中国外交部网站，2018)。

汤加属热带雨林气候，年平均气温南部23℃，北部27℃，年平均降水量1 793 mm。海洋资源丰富，陆地基本无矿产。生产力水平低下，经济发展落后，严重依赖外援。2017财年国内生产总值约4.9亿美元，人均国内生产总值4 700美元。外国援助主要来自澳大利亚、新西兰、日本、中国、欧盟、世界银行、亚洲开发银行。近年来，汤加接受外援的资金额度不断增加，2016/17财年预计国际援助资金额为1.79亿潘加。农业、渔业和旅游业是国民经济的三大支柱，但长期以来未能有效开发，工业不发达。贸易逆差巨大。2016年进口额3.22亿潘加，出口0.15亿潘加，出口额占进口额的4.7%。主要贸易对象是新西兰、澳大利亚、斐济、美国和日本(中国外交部网站，2018)。

一、林业在国民经济中的作用

2006年，汤加林业年产值100万美元，占国民GDP的0.5%，依靠林业提供的就业岗位占全国总就业人口的0.3%。另外，森林还提供大量的动植物食品、药品，为汤加国民的生活带来了极大的便利(Ministry of Agriculture & Food, Forestry and Fisheries, 1998)。对于75%～90%的汤加国民来说，天然药材是其唯一的医药来源，从这个意义上来看，森林为改善国民的身体素质和营养水平做出了巨大的贡献(FAO, 2010)。近年来，随着旅游业成为汤加国民经济中的一个重要组成部分，森林生态旅游及其创造的巨大产值也逐步受到重视。此外，森林以外的树木(农地上的树木)及其附属品产生的隐性价值，即那些未被量化的资源，在当地人的生计中也发挥着十分重要的作用。木质手工艺品，从树皮中提取的染料，棕榈树提供的棕榈油，椰子树提供的椰子、干椰子肉，木材纤维制成的狩猎工具、农具、渔具、食品容器、船和独木舟等，已经成为汤加国内及出口创汇非常重要的经济来源(中国国家林业局网站，2013)。

二、森林及其他自然资源

截至2015年，汤加森林总面积为9 000 hm^2，占国土12.5%。其中，原始林和天然次生林各为4 000 hm^2，各占森林总面积44%；人工林为1 000 hm^2，占11%。森林活立木总蓄积量为140万 m^3，森林生物量中的碳储量为218万t（FAO，2015）。

汤加森林资源可分为四大类：①红树林：主要分布于汤加塔布和瓦瓦乌地区陡峭或人迹罕至之地，以原始林为主。面积达1 767 hm^2，占森林总面积19.6%（FAO，2015）；②濒海及沿海沼泽林：濒海森林主要分布于岛屿的西北部，植根于环境恶劣的海滩植被区。树种包括漆树（*Toxicodendron verniciflluum*）、榄仁（*Terminalia chebula*）、黄槿（*Hibiscus tiliaceus*）等。沿海沼泽林除以上乔木外，还包括马缨丹（*Lantana camara*）、番石榴（*Psidium guajava*）等低矮灌木和藤本植物；③热带低地和高地雨林：热带雨林曾经是汤加最常见的森林类型，后因大规模的农业开发受到破坏，目前只在汤加塔布和瓦瓦乌地区有所分布，树种有肉豆蔻（*Myristica fragrans*）、琼崖海棠（*Calophyllum inophyllum*）、石栗（*Aleurites moluccana*）、檀香（*Santalum album*）、蒲桃（*Syzygium jambos*）等；④椰树林：混农林业是汤加的传统林业，尤以椰树种植为主，采用农林复合经营的方法，椰树下套种多种农作物。目前，传统林业正向商品化农作系统转变，导致活立木数量有所减少（Government of the Tonga，2002a）。

在森林总面积中，公有林占56%，为5 040 hm^2，其中4 032 hm^2由公共管理部门管理（即国有林），其余1 008 hm^2由企业和其他私营机构管理。私有林为3 960 hm^2，占森林总面积的44%（FAOb，2015）。

在FAO的统计数据中，汤加森林总面积自1990年以来没有显著变化，根据其他资料推测，该数据可能长期未更新。汤加现存森林资源质量较好，2010年单位面积蓄积量为156 m^3/hm^2，高于世界平均水平（114 m^3/hm^2）；单位面积森林碳储量为114 t/hm^2，接近世界平均水平（161.8 t/hm^2）。现有7处陆地、9个滨海和2个边陲地区被划为国家森林公园（FAO，2011）。

据世界保护监测中心数据显示，汤加现有已知两栖动物、鸟类、哺乳动物和爬行动物46种。其中，17.4%属汤加特有，15.2%为濒危物种。有463种维管束植物，其中5.4%是当地物种。23.7%的动植物已被纳入世界自然保护联盟第四类保护物种（Secretariat of the Pacific Community，2008）。

三、林业法规政策

1961年，汤加颁布了首部林业法规《森林法案》。1988年，汤加农林水产部（MAFFF）对该法案进行修订，并于1991年出台新《森林法案》。新法案对森林保护、区域森林资源界定、森林经营许可、森林警察的权利及滥伐罪判定等做出了规定。该法案沿用至今，成为指导汤加林业发展的主要法规（United Nations Economic Commission for Europe，2006）。

1991年以来，汤加还先后出台了《森林公园和自然保护区法》《森林消防法》《野生鸟类及鱼类保护法》，不断加强对森林及动植物资源的保护，成效显著。

直至1991年，汤加尚无明确的森林政策颁布，林业发展主要依据《汤加王国五年发展规划》中的"国家林业目标"，包括发挥林地水土保持功能；实现木材可持续生产；促进老龄椰树木材资源的最佳利用；鼓励社会资金投资造林；鼓励能源企业种植薪炭林等。

1992 年，汤加制定第一个环境管理战略，开始实施林业项目。项目为 3 年为一期，期间可修改和调整。项目的重点领域包括：以生态学为基础开展天然林普查并据此制定发展管理计划；对农林复合经营中的树种进行优化；促进 Eua 国家公园的发展；加强现有苗圃的管理，并建立一个农林复合的苗圃；开展造林试验；进行椰树资源清查并制定发展计划；对 Mataliku 锯木厂的商业化管理；实现采伐迹地的天然更新；人工造林；建立椰木制材厂；提高现有制材厂的等级。实践证明，建立小型的可转移的制材厂，对于岛国汤加来说非常有效，可以生产优质锯材且价格比进口的低廉，为提高森林利用效率做出了贡献(Government of the Tonga，2002b)。

2009 年，汤加农林水产部提出新的国家林业政策，要求建立国家农林复合经营体系，建立檀香木种植园，加强林业研究和森林保护，开展区域椰木制材培训，加强流域管理。该政策沿用至今，对汤加森林资源因地制宜持续发展发挥了重要作用。

四、林业机构与管理体制

农林水产部是林业主管部门，下设森林资源管理司、森林保育局、公园和保护区管理局，分别负责森林资源的培育、经营许可及森林公园和自然保护区的管理(图 1)。

各级林业管理机构分工明确。农林水产部部长负责森林政策的制定、重大森林问题的决断；林业司局主管官员负责实施与林业相关的管理任务；各级别林业隶属官分别负责相应的具体林业工作，各自向上一级林业官员负责；见习森林官需拥有林学专业本科(及以上)学位，工作 3 年以上，负责协助各级别林业官员开展工作。

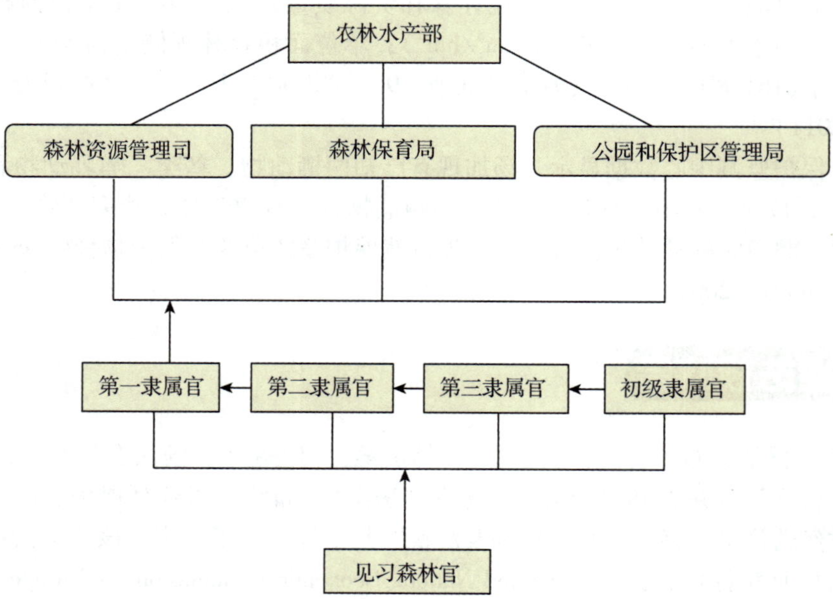

图 1　汤加林业管理组织结构

五、森林经营与管理

（一）森林经营计划

2006 年出台的《国家生物多样性战略与行动计划》(NBSAP)提出汤加森林经营的战略目标：培育可持续的森林生态系统。该计划指出，汤加森林资源管理应通过多种方式，综合自然保护区内外 2 种土地利用模式，优化配置，保证生态产品和经济产品的持续供给，保障国民经济发展和社会福祉提高。为确保森林资源的可持续利用，行动计划提出了一些具体的操作目标：①在原始林集中分布的埃瓦等地区，针对农业用地大量挤占林地的现状，尽快确立并实施土地综合利用方案，做好规划工作，最大限度保护原始森林。②对全国森林资源进行清查，制定更加全面、可持续的国家森林政策，在生物多样性战略和可持续林地利用原则的基础上提出相应的具体策略。③审查和更新有关森林立法及执法情况，整合更多人力物力以保障国家森林政策和生物多样性战略的实施。④鼓励用人工林替代原始林作为木材燃料。⑤在更多森林科学领域加强科技研发，提高科技水平和林木利用率(Government of the Tonga，2006)。

2008 年出台的《土地及资源管理计划》对国有林的开发利用做出规定：汤加的国有林应主要用于休闲娱乐及森林旅游，将生态功能作为其主要利用方式。该计划实施 5 年来获得来自利益相关者和广大市民的意见反馈，如更新林木储备和管理标准，加强对森林野生动植物偷猎滥伐的审查，建立森林监测评价体系等，对不断修订和完善管理计划起到了积极作用。此外，计划财政部 2011 年出台的《汤加战略性发展框架》(TSDF)也对森林资源的可持续发展提出要求，并为森林保护提供财政保障(Department of Environment，2006)。

（二）生物多样性保护

汤加政府认识到环境对国家经济和人民福祉的重要意义，将环境与生物资源的保护纳入国家发展计划。1998 年 5 月，汤加签署了《生物多样性公约》(CBD)，2009 年环境部出台《第四个国家生物多样性战略行动方案》(FNBSAP)，进一步为保护生物多样性及促进经济社会的可持续发展提供了保障(Department of Environment，2006)。该方案包含森林生态系统、海洋生态系统、物种保护、农业生物多样性、社区和民间机构、遗传资源的惠益分享、珍稀物种保护和财政与制度保障等 8 个部分。每部分都遵循“严格监管执行机构”“评价指标设置具体全面”“定期审查、修订更新”三大原则，确保计划得以独立、完整、及时的实施，为汤加生物资源的可持续发展做出了突出贡献(Ministry of Finance and National Planning，2011)。

六、林产品生产、加工与贸易

（一）林产品生产与加工

汤加林木资源利用非常有限。次生乔木林因过度开发和农业轮垦砍伐日趋减少，只能满足一小部分自用木材的需求。目前，汤加的木材主要来自集约经营的椰子种植园和私有人工林。

20 世纪 90 年代末期，汤加加入了《生物多样性公约》，相继出台一系列政策，使滥采乱伐的局面得到控制。2002 年汤加原木产量比 1992 减少 21%；2006 年汤加发生骚乱，森林管理缺失，原木产量下降；2007 年政局趋稳，原木产量回升到 4 158 m^3；近 5 年来原木产量趋于平稳。木炭和锯材产量 20 年来稳中有增，变化不明显(表 1)。

表 1　汤加主要林产品产量变化　(m^3，t)

林产品＼年份	1995	2000	2005	2010	2015
原木	4 456	3 710	3 375	4 134	4 098
木炭	229	247	252	253	254
锯材	1 489	2 009	2 009	2 009	2 009

资料来源：FAOSTAT，2017。

(二) 林产品贸易

汤加工业不发达，大部分林产品需要进口。原木、锯材等初级产品目前尚有出口，但出口量波动较大。进口的林产品既包括人造板、纸和纸板等加工品，也包括原木、木浆等初级产品，均需求旺盛。林产品贸易逆差明显，2015 年全年林产品出口额仅为 35.9 万美元，进口额则高达 447.0 万美元(FAOSTAT，2017)。

汤加木材出口始于 20 世纪 90 年代末期，由于技术和加工水平落后，出口的种类和数量均不乐观。进入 21 世纪以来，其原木和锯材出口量均有明显增长，其中，受政局影响，原木出口量呈先增后降趋势，锯材出口增长则较为平稳(表 2)。由于经济落后，林业规模小，加工业发展必需的公共行政和基础设施建设成本较高，且国内市场狭小，有限的出口量推高了运输成本，降低了国际竞争力。短期来看，在汤加建立起有竞争力的林产工业还比较困难。

表 2　1995—2015 年汤加主要林产品出口量　(m^3)

林产品＼年份	1995	2000	2005	2010	2015
原木	0	116	6 626	457	607
锯材	0	6	45	52	177

资料来源：FAOSTAT，2017。

汤加林产品的进口需求旺盛且品种多样，涵盖各种初级林产品和深加工林产品。随着汤加经济发展速度的不断加快，其原木和锯材进口量不断增加，20 年间，原木进口量增长了 16.6 倍，锯材进口量增长了 2.7 倍。受世界及国家经济形势影响，人造板、纸和纸板的进口量呈先减后增的趋势(表 3)。以人造板为例，1995 年进口量为 632 m^3，人造板进口量受到国内政局动荡影响；到 2000 年，随着政局稳定，人造板进口量逐渐恢复到稳定水平。总体来看，汤加林木加工品需求受国内外经济政治形势影响显著，且对外依存度不断攀升。

表 3　汤加主要林产品进口量　(m^3，t)

林产品＼年份	1995	2000	2005	2010	2015
原木	165	1 970	2 270	15 046	2 745
锯材	5 645	4 689	7 919	11 377	15 093
人造板	632	1 154	1 183	1 209	1 116
纸和纸板	248	241	723	643	302
木浆	—	—	—	9	9
木炭	—	—	—	3	19

资料来源：FAOSTAT，2017。

汤加初级林产品主要出口到新喀里多尼亚等周边小岛屿国家，种类少、数量低。进口的林产品由于总量大、种类多，来源也广，包括新西兰、澳大利亚等大洋洲国家，美国等北美国家，新加坡等东南亚国家都有林产品出口到汤加，中国也是其重要的进口国之一（United Nations Economic Commission for Europe，2006）。

七、分析与借鉴

作为小岛屿国家，受制于其独特的自然地理和政治文化条件，汤加森林资源的可持续发展面临着严重的挑战，目前呈现出以下 3 个主要问题：

（1）频繁的自然灾害和严重的毁林开荒使森林资源流失严重。受地理位置影响，汤加自然灾害严重，且灾害发生范围常常波及全国，对全岛的林木带来毁灭性的打击；随着人口密度的不断增加，有限的土地面积和自然资源加剧了土地的替代性竞争，土地用途趋向于保障农业生产，毁林开荒现象严重。

（2）土地利用管理不当，森林经营方式混乱。一方面汤加缺乏规范的土地利用总体规划，部分地域性规划也缺乏可操作性，执行困难；另一方面，国家林业管理机构缺乏合理的人员及资金配备，不能满足汤加多种森林资源分类管理的需求，使现有的林业政策也难以落实。

（3）木材采伐不当使森林的生物多样性不断减少。经济落后推高了汤加的对外移民率，熟练森林工人不断减少，木材采伐方法不当使优良的种质资源得不到合理保存和利用，部分特有品种先后消失，严重影响到森林的生物多样性。

（赵 荣　赵晓迪　赵麟萱）

参考文献

国家林业局网站 . 2013. 世界林业 . http：//www. forestry. gov. cn/portal/main/map/sjly/tangjia/tonga02. html.

中国外交部网站 . 2019. 汤加国家概况 .

Department of Environment. 2006. National Biodiversity Strategy & Action Plan.

FAO. 2011. 2011 世界森林状况 .

FAO. 2010a. Global forest resources assessment 2010 country report-Tonga.

FAO. 2010b. FAO Yearbook of Forest products.

FAOSTAT. 2017. Forestry production and trade. http：//faostat3. fao. org/download/F/FO/E.
Government of the Tonga. 2002a. Public Enterprises Act 2002.
Government of the Tonga. 2002b. Tonga National Report of the United Nations Convention to Combat Desertification.
Government of the Tonga. 2006. Fourth report-Review of Tonga National Biodiversity Strategy and Action Plan.
Ministry of Agriculture & Food, Forestry and Fisheries. 1998. Forest Produce Regulations.
Ministry of Finance and National Planning. 2011. Tonga Strategic Development Framework.
Secretariat of the Pacific Community. 2008. Tonga Country Profile.
United Nations Economic Commission for Europe. 2006. The North American Forest Sector Outlook Study.

瓦努阿图(Vanuatu)

瓦努阿图共和国(简称瓦努阿图),位于太平洋的西南部,属美拉尼西亚群岛,南北距离约850 km,陆地总面积1.219万km^2。海洋专属经济区面积68万km^2。共有82个岛屿。2017年总人口约28.2万,其中98%为瓦努阿图人,其余为法、英、华后裔和越南、波利尼西亚移民以及其他一些附近岛国人。官方语言为英语、法语和比斯拉马语,通用比斯拉马语。其主要宗教为基督教及传统原始宗教,84%的人信奉基督教。

瓦努阿图属热带海洋性气候,北部属潮湿热带气候,南部属亚热带气候。年平均温度25.3℃,年降雨量1 642.3 mm,年相对湿度为70%~83%。5~10月为旱季,11月至翌年4月为雨季,也称龙卷风季节,平均每年发生2.5次龙卷风,龙卷风是该国最大的自然灾害。由于地处于太平洋火环带,多活火山,地震频繁。

瓦努阿图国土面积的41%为肥沃的可耕地,主要农产品是椰干、卡瓦、可可、咖啡、芋头、木薯、红薯、香蕉等。渔业资源丰富,盛产金枪鱼。矿产资源有少量锰矿、铁矿、镍、铜和铝矾土等,还有大量的白硫火山灰,但目前没有采矿作业。

瓦努阿图的人们仍过着原始的部落生活。2006年和2010年,曾两度被英国新经济基金会评为全球幸福指数最高的国家,但也被联合国列为经济最不发达国家之一。工业基础薄弱,基本工业品均依赖进口,农业和旅游业是瓦努阿图经济支柱。2016年国内生产总值7.7亿美元,同比增长4.0%,人均2 860美元。

一、林业在国民经济中的地位

瓦努阿图的林业和林产工业均不发达。2015年,全国林业总产值约为1 300万美元,林业对国民生产总值的贡献率为3.5%(FAO,2008)。林业对当地居民的生活非常重要,除商业用材外,森林为当地居民的生存提供了广泛的产品。林业是农村社区经济收入的主要来源之一。全国80%的人口生活在农村,几乎所有人都从事小规模商品性林产品经营或一些维持生计的林业活动(亚洲发展银行,2009)。据估计,林产工业共提供了1 000个工作岗位,占全国总劳动力的1.4%(FAO,2008)。

二、森林资源

(一)森林资源总量

据FAO统计,2015年,瓦努阿图的森林面积为44.0万hm^2,森林覆盖率36%。其他林地（主要为灌木林）面积 47.6 万 hm^2，占全国土地面积的 39%。据国家森林资源清查估计，可采伐的森林面积约为 11.7 万 hm^2，占森林总面积的 25%。森林总蓄积量约为 1 300 万 m^3。根据森林面积估算，森林总碳储量为 35 万～60 万 t。

（二）森林类型和主要树种

据 2010 年 FAO 估计，瓦努阿图有中高地森林 20.5 万 hm^2，低地森林 23.9 万 hm^2，灌木林 43.4 万 hm^2，矮林 4.5 万 hm^2 和疏林 380 hm^2，红树林 2 050 hm^2（Spalding 等，2010）。

瓦努阿图的森林绝大部分为天然林，占全国森林总面积的 99.32%。人工林只有 3 000 hm^2，占 0.68%。在天然林中，中高地林和低地林为热带常绿树种，主要包括美珊瑚属（*Calophyllum*）、坎诺漆属（*Campnosperma*）、第伦桃属（*Dillenia*）、杜英属（*Elaeocarpus*）、黄桐属（*Endospermum*）和石梓属（*Gmelina*）的树种。红树林主要包括红树属（*Rhizophora*）、海榄雌属（*Avicennia*）、榄李属（*Lumnitzera*）、海桑属（*Sonneratia*）和木果楝属（*Xylocarpus*）的树种。人工林主要是破布木属（*Cordiaalliodora*）的树种（ITTO，2006）。

（三）森林权属

根据瓦努阿图宪法，所有的土地（包括林地）均为传统土地所有者——原住民所有。土地可用于租赁，租赁最多年限为 75 年。根据《土地租赁法》，政府代表传统土地所有者对租赁土地进行管理和监督，非原住民租赁原住民（Ni-Vanuatu 人）的土地需经过政府的许可。部落团体间普遍存在土地权属争议（瓦努阿图政府，2008）。

（四）森林消长变化

根据 FAO 2015 年森林资源评估数据显示，近 20 年来瓦努阿图森林面积、覆盖率等无明显变化，基本保持一致。据瓦努阿图政府 2008 年估计，2000—2005 年，每年约有 1 700 hm^2 的森林遭到破坏，林地改为他用。不同岛屿毁林或森林退化的程度不同，毁林主要发生在埃斯皮里图桑托岛、埃法特岛、塔纳岛和埃罗芒阿岛。

三、林业法规政策

（一）林业法规

2001 年瓦努阿图颁布的新《森林法》取代了 1982 年的旧《森林法》。在该国运行的林业法规政策还包括：《国际贸易（动植物）法案》（1989 年）、《国家公园法》（1993 年）和《木材权利保障法》（2000 年）。政府依据这些法律法规，制订了相关的规定，如《原木出口禁令》（1993 年）、《木材采伐规程》（1996 年）、《移动锯木厂条例》（1996 年）和《檀香木法规》（1997 年）。

（二）林业政策

瓦努阿图的宪法规定，保护本国的自然资源和环境是每个人的基本责任。1991 年政府制定了国家林业计划，并于 1995 年起草了国家森林政策草案，1997 年正式发布。该政策含盖了全国各岛屿森林经营管理的各个方面（ITTO，2006）。2010 年，为了应对林业新出现的问题，包括森林可持续经营、林产品贸易以及气候变化等，瓦努阿图政府对国家林业政策进行了修订。

瓦努阿图政府鼓励加工木材，出口增值的森林产品。根据森林法，禁止出口未经加工的原木，但涉及在当地无市场、对地主和政府收益较高、在本国无法加工的特殊树种，经内阁批准可以出口原木或板材，但数量不能超过其许可采伐量的20%。瓦努阿图的国家森林政策强调天然林的开发应以可持续为基础，并促进私营部门发展商业人工林。该政策规定全国可持续木材产量每年为6.8万m^3，采伐的木材70%分配给大型木材加工厂，30%给小型的移动性锯木厂。政府计划在25年内建立至少2万hm^2商业性人工林，使将来每年可伐木材达到16万m^3（FAO，2011）。

瓦努阿图政府在林业方面的发展目标是：利用国家森林资源促进经济发展和就业增长；增加木材加工设施，满足国内需求，增加高附加值加工；发展高效的、具有国际竞争力的林业；增加就业机会，建立一支具有高水平林业技术的劳动队伍；扩大高附加值的木材产品的出口能力。吸引外国投资，主要用于发展高科技、资本密集型、高附加值的木材加工业和建立商业性林场。

（三）森林应对气候变化国家战略

瓦努阿图早在1989年就成立了气候变化国家咨询委员会，并在2007年最终确定了应对气候变化的行动方案。该行动方案中提出了一系列的措施，包括制定森林可持续经营计划，加强采伐区域的人工补植，推广商业人工林和扩大农用林等。

四、林业机构与管理体制

瓦努阿图的农业、林业和渔业部是林业的主管部门，具体工作由下属的林业局负责。林业局成立于1980年1月，负责国家森林政策的实施和国家森林立法的推进，并为森林保护、保护区和国家公园的规划和建设提供指导意见，同时对政府提供森林政策方面的指导意见，以确保森林的可持续经营管理和保护；通过制定发展计划、保护措施、森林培育原则和指南等，实施天然林经营管理，对人工林、再造林和小规模锯材厂进行管理。瓦努阿图对非政府组织持开放的政策，并与非政府组织密切合作，开展一些培训和推广项目（ITTO，2006）。

五、森林经营与管理

（一）森林经营管理

在森林私有制下，林业局的主要作用是给传统的森林所有者在利用和发展其森林资源时提供指南和支持，最终如何利用和发展还是由这些林地所有者自己决定。相关的指南条例的主要内容包括：依据估计的生长量来确定4个岛屿（被视为森林经营单位）的采伐限额；确定每种树种的最低采伐径级；定期停止檀香木的采伐；颁发采伐资格证来确保良好的采伐实践；采用择伐的采伐方式。

根据《森林法》的要求，采伐公司须提交采伐计划，提供所有采伐的详细信息，并须在采伐前得到林业部的批准。采伐计划往往要通过省政府、林业局、环境部、土地部的代表以及土地所有者代表和伐木公司共同来协商确定。在协商的基础上，瓦努阿图制定了采伐实践条例，旨在促进可持续的森林采伐，减少对土壤和环境的破坏。由于缺乏采伐作业的监测和伐后测量，往往很少有采伐量的准确信息。采伐许可协议的期限一般为5～10年。

尽管《森林法》中强调了制定长期森林经营规划的重要性，并制定了详细的管理措施，但至今该法律并没有在森林经营单位得到实施(ITTO，2006)。

据估计，在瓦努阿图11.7万hm^2可采伐的森林资源中，可持续的年采伐量为6.8万m^3(ITTO，2006)。实际上，2001—2005年的森林采伐量为10.3万m^3，2001—2004年的年平均采伐量为2.39万m^3，2005年采伐量直线下降至7 270 m^3(瓦努阿图政府，2008)。

瓦努阿图没有制定针对生产林造林更新管理的综合指南，只是建议采用择伐体系并规定了最低采伐径级。全国具有商业价值的树种约有20种，但目前加工利用的树种很少，其中包括查樫木(*Dysoxylum confertiflorum*)、印度紫檀(*Pterocarpus indicus*)、印茄(*Intsia bijuga*)、红原克属(*Calophyllum*)和黄桐属(*Endospermum*)等，主要在国内销售。其他常用的树种还包括蒲桃属(*Syzygium*)、野肉豆蔻(*Myristica fatua*)、圆果杜英(*Elaeocarpus angustifolius*)、见血封喉(*Antiaris toxicaria*)和栗豆树(*Castanospermum australe*)等。此外，大叶贝壳杉(*Agathis macrophylla*)也曾是重要的出口木材树种。檀香(*Santalum album*)的造林更新面临着重大的挑战(ITTO，2006)。

(二) 森林保护

1. 生物多样性保护

瓦努阿图约有15%～20%的树木和灌木是当地特有种，有5种哺乳动物、6种鸟类、1种爬行动物和1种植物在《世界自然保护联盟受威胁红色物种名录》中被列为珍稀濒危受威胁物种(IUCN，2011)。26种植物种类被列为《濒危野生动植物种国际贸易公约》附录Ⅱ的名录中。瓦努阿图还有专门针对6种商业树种的保护策略(ITTO，2006)。

2. 保护区及其他保护措施

国际热带木材组织2006年报告显示，瓦努阿图有5个森林保护区，面积共计8 366 hm^2，其中包括中高地森林6 349 hm^2(约占中高地森林的3%)、低地森林1 717 hm^2(约占低地森林的0.7%)和红树林300 hm^2(约占红树林的12%)。在生产林中，采伐条例规定了采伐禁区(如陡坡，环境敏感带和不稳定土壤和溪流缓冲带)的保护措施、基础设施指南(如道路标准)和操作控制措施。

但是，国家目前很难落实《国家公园法》的保护措施开展对这些区域的保护。同时，在传统土地所有制下，也很难再建立新的保护区，现有50%以上的保护区都是由土地所有者和周边社区共同发起和支持的(ITTO，2006)。尽管天然林在山区起着重要的生态保护作用，但由于放牧或燃烧使部分林分退化，导致一些地区水土流失和土壤退化严重。

六、林产品生产、加工与贸易

(一) 木质林产品

2016年，瓦努阿图原木生产量约为12.9万m^3，其中9.1万m^3用作薪材(FAO，2016)。自2010年起，工业原木的生产量稳定在3.8万m^3，锯材的产量约为1.4万m^3，其中约395 m^3用于出口(FAO，2017)。

瓦努阿图可开发的森林资源的局限性和地域的分散性导致木材加工企业规模较小，技术水平低，国际竞争力弱。目前多数是年木材加工量不超过500 m^3的中小规模工厂，另外还有 50 个移动锯木厂(ITTO, 2006)。

瓦努阿图政府鼓励加工木材，出口高附加值的森林产品。根据森林法规定，禁止出口未经加工的原木，但在以下情况下可出口原木或板材：当地无市场、对地主和政府收益较高、在瓦努阿图无法加工的特殊品种。在这些情况下，经内阁批准，公司每年可以出口原木或料板，数量为其许可开采量的 20%。

（二）非木质林产品

提取檀香油的檀香是瓦努阿图最重要的非木质林产品。在 2000 年檀香油的出口量达到 70 t，大部分是出口到中国的台湾，估计价值约 70 万澳元(Berry, 2002)。檀香油的可持续年采伐量约为 80 t，目前已经建造了一个檀香油的采油设备，来用于国内檀香油的生产。其他本地加工和出口的重要非木质林产品还包括西米果壳、橄榄果和水茄冬果。竹子、棕榈纤维、药用植物和活禽也是都是当地重要的非木质林产品(ITTO, 2006)。

七、林业科研与教育

瓦努阿图的林业科研机构主要是林业研究所。该研究所根据国家森林政策中优先发展行动的需要，开展相关的应用研究、教育和规划，内容涵盖当地林产工业和农村人口的生活的各个方面。该研究所的发展目标是：针对林业部门所涉及的各个方面开展有针对性的研究和应用研究；提高瓦努阿图社会各阶层对森林的关注意识；为所有林业部门的利益相关方提供足够的培训，并提供以下服务：种苗技术；基因库保护；树种改进；综合农业系统；造林管理；林产品开发；气候变化相关的森林健康和保护。林业研究所与其他区域研究机构开展合作，从事新兴的全球热点问题的研究，如气候变化、非法采伐以及森林资源的可持续经营与发展等。

八、分析与借鉴

瓦努阿图几乎 75% 的土地面积被天然植被覆盖，自然资源非常丰富，但自然灾害频发、市场规模小、商业能力低下等成为限制该国林业发展的主要因素。

该国所有的林地均为传统的原住民所有，林业部门的主要作用是给传统所有者在利用和开发森林资源时提供指南和支持，但最终如何利用和发展还是由这些林地所有者决定，因此限制了该国森林经营管理水平的提高。

自 2005 年以来该国林业发展政策变化不大，森林可持续经营没有明显的提高。政府发布的国家森林政策包含了瓦努阿图森林经营的各个方面的行动计划，如果能充分得到实施，将会对瓦努阿图森林经营的改善和提高发挥重要作用。

（刘小丽）

参考文献

中国外交部网站，2018. 瓦努阿图国家概况 http://www.fmprc.gov.cn/mfa_chn/gjhdq_603914/gj_603916/dyz_608952/1206_609602/1206x0_609604/.

瓦努阿图林业局. http://forestry.gov.vu/forestry-sections/conservation/.

Asian Development Bank. 2009. Vanuatu Economic Report 2009: Accelerating Reform. Asian Development Bank, Mandaluyong City, Philippines.

Berry, A. (2002). Vanuatu country report. In Proceedings of SPCRegional Workshop on Sandalwood Research, Developmentand Extension in the Pacific Islands and Asia. 7 – 11 October2002, Noumea, New Caledonia.

FAO. 2010. Global forest resources assessment 2010 country report: Vanuatu (available athttp: //www. fao. org/forestry/fra/67090/en/).

Government of PNG. 2010. Pilot program for climate resilience. proposal for Papua New Guinea Phm²se 1 activities. Submitted to the Strategic Carbon Funds, World Bank, 2010.

Government of Vanuatu. 2007. National implementation programme for action. National Advisory Committee on Climate Chm²nge, GEF and UNDP, Port Vila.

ITTO. 2006. Status of Tropical Forest Management 2005. ITTO, Yokohm²ma, Japan.

ITTO (2011, website accessed March 2011). Annual Review Statistics Database (available athttp: //www. itto. int/annual_ review_ output/? mode = searchdata).

IUCN (2011, website accessed March 2011). IUCN Red List of Threatened Species (searchm²ble database available atwww. redlist. org).

Spalding, M., Kainumu, M. & Collins, L. (2010). World Atlas of Mangroves. Earthscan, London, UK.

Tudrau – Tamani, A. 2010. Vanuatu forest policy undergoes review.

UNDP. 2009. Human Development Report 2009. United Nations Development Programme, New York, United States.

UNEP – WCMC (2010). Spatial analysis of forests within protected areas in ITTO countries. Data prepared for ITTO. UNEP – WCMC, Cambridge, UK.

UNEP – WCMC (2011, website accessed March 2011). UNEP – WCMC species database: CITES – listed species (searchm²ble database at available atwww. cites. org/eng/resources/species. html).

United Nations Population Division (2010). World population prospects: the 2008 revision. http: //esa. un. org/unpp/p2k0data. asp.

非洲林业

- 加蓬
- 喀麦隆
- 刚果(金)
- 埃塞俄比亚
- 刚果(布)
- 加纳
- 肯尼亚
- 马达加斯加
- 莫桑比克
- 南非
- 坦桑尼亚
- 安哥拉
- 贝宁
- 博茨瓦纳
- 几内亚
- 津巴布韦
- 科特迪瓦
- 利比里亚
- 马拉维
- 马里
- 毛里求斯
- 摩洛哥
- 尼日尔
- 尼日利亚
- 塞内加尔
- 特立尼达和多巴哥
- 乌干达
- 赞比亚
- 中非

加蓬(Gabon)

加蓬共和国(简称加蓬)位于非洲中部西海岸，横跨赤道线，东、南与刚果(布)相连，北与喀麦隆接壤，西北与赤道几内亚毗邻，西濒大西洋，海岸线长 885 km。国土面积 26.8 km^2。全国人口为 176 万人(中国外交部网站，2016)。加蓬是个多民族的国家，主要包括 Fang、Bapounou、Nzebi、Obamba 4 大种族。55% ~75% 的加蓬人信仰基督教，穆斯林信仰者不足 1%。加蓬官方语言为法语，官方货币为中非金融合作法郎。首都为利伯维尔，全国划分为 9 个省，下辖 48 个州、27 个专区、150 个区，737 个镇、2 423 个自然村(中国外交部网站，2018)。

加蓬沿海为冲积平原，内地为高原、山地。土地面积 2 576.67 万 hm^2，水域面积 100 万 hm^2。主要山地有：北部的克黎斯达山地，南部的古姆那—布阿里和夏伊吕山地，东南部的比罗固山地。山地都在海拔 1 000 m 以上。境内最高山峰伊本吉山，海拔 1 575 m；最大河流为奥果韦河，全长 1 200 km。加蓬北部因赤道横贯，属热带雨林气候，炎热、潮湿，全年温差不大，平均温度为 26℃左右，全年分为 4 季。年降水量为 1 500 ~ 3 000 mm。南部属热带草原气候，分干湿两季，季节更替在时间上恰好与北半球热带草原气候相反。

加蓬人口少，自然资源丰富。自 1960 年 8 月 17 日脱离法国统治而独立以来，逐步成为撒哈拉以南经济发展相对较好的非洲国家之一。石油、锰、铀和木材的出口成为加蓬经济的四大支柱。2017 年国内生产总值 151.44 亿美元，人均国内生产总值 8 604 美元/人。加蓬工业发达，主要包括石油开采、伐木和胶合板、水泥的生产等。然而，加蓬农业基础薄弱，林农产品主要包括可可、咖啡、糖、棕榈油、橡胶、奥古曼和鱼。旅游业被列为国家重点发展产业。2025 年成为新兴国家为目标的整体发展战略，出台了增加基础设施投资，提高能源、资源产品就地加工比例，逐步禁止原木出口等政策措施。

一、林业在国民经济中的地位

加蓬素有“绿金之国”之美誉，森林覆盖面积约占国土面积的 85%。在发现石油之前，森林开发曾是加蓬经济的主要支柱性产业，其中开发最多的树种是奥古曼和奥齐戈。2010 年林业部门雇员约为 2.0 万人，根据世界银行统计数据，2016 年加蓬林业部门 GDP 的贡献率为 2.77%。2015 年加蓬境内薪材产量为 107.0 万 m^3，全部用于国内消费；工业用材产量 220 万 m^3，出口 1.9 万 m^3；锯木产量 65 万 m^3，出口 63.5 万 m^3；人造板产量 36.5 万 m^3，出口 12.5 万 m^3；纸浆、纸和纸板产量和消费量较少(FAO，2016)。此外，阳光、沙滩和多样的动植物生态结构为发展旅游业奠定了良好的基础。2003 年接待国外游客 22.2 万人次，创造了可观的经济利益。

加蓬林业始终保持可持续发展的良好态势，不仅因为其本身具有得天独厚的自然条件，还归功于政府对保护森林的重视。2005 年在耶鲁大学发布的环境可持续指数排名中，加蓬居世界第 12 位、非洲第 1 位。一方面，林业直接提供了可观的经济收入(表 2)，加蓬年产木材约 300 万 m^3，其出口收入占对外贸易总收入的 12%，占国民经济比重 8% 左右，提供了全国 1/5 的就业机会(CIA，2012)。另一方面，林业的发展使旅游业也取得了长足发展，同时带动了相关产业的发展。此外，林业还是加蓬人的精神支柱。加蓬绿、黄、蓝三色国旗代表的就是森林、阳光和海洋，而居于三色之首的就是绿色。加蓬政府于 2002 年决定在全国范围内成立 13 个国家自然保护区，以便保护那里的林木和各种动植物。这些国家自然保护区分布在全国 9 个省内，其面积加起来约占整个国土面积的 10%。在这些保护区内，人们不仅不能进行砍伐，甚至连修路也不行。

二、森林及其他自然资源

（一）森林资源总量

加蓬森林资源十分丰富，森林面积约 2 300 万 hm^2。森林覆盖率高达 85.8%，每千人拥有森林面积 13 068 hm^2。加蓬森林地上生物量和地下生物量常年保持稳定，总量维持在 63.67 亿 t（干重）(FAO，2015)。

（二）森林类型

根据加蓬的地理和自然气候条件，其森林大致可分为四大类：

(1)热带常绿雨林。这类森林分布在加蓬的北部，特别是几内亚湾沿岸，那里有茂密的热带雨林，树种丰富，树冠相接，构成巨型的帷幕。主要树种有加蓬榄、艳榄仁树、中非蜡烛树、非洲紫檀、安哥拉密花树、桑巴桃花心木及翼红铁木等。加蓬的热带雨林与热带稀疏草原林交错依存。

(2)常绿林、半落叶林。这类森林主要分布在加蓬的东部，是常绿和半落叶林的中间型，它与常绿林的基本区别是没有加蓬榄。

(3)热带草原林。这类森林分布在加蓬的南部，通常与热带草原林、稀疏草原林互相交错，而以稀树草原林为主，树木稀疏，生产力很低。

(4)红树林。这类森林分布在加蓬北部沿海几内亚湾海岸低湿地带。加蓬北部沿海地带有 3 大片潮水河，周围都是红树林，面积约有 12.5 万 hm^2，其分布在与赤道几内亚相连的加蓬湾、蒙塔港和木尼河湾。仅加蓬湾就有 8 万 hm^2，其中被水淹的至少有 2 万 hm^2。

（三）树种结构

加蓬最主要的森林类型为热带雨林，同时也有少量的人工林。目前，已有 1 188 万 hm^2 森林制定了森林规划(占可采林木总量 89%)，其中约 100 万 hm^2 通过了 FSC 认证。加蓬森林中的各类树木达 800 多种，立木总蓄积量为 54.05 亿 m^3，全部为阔叶林。全国有 400 余种商业树种，蓄积量为 4 亿 m^3。主要有奥古曼木(*Aucoumea klaineana*)和奥齐戈木(*Guibouritia*)，其中奥古曼木的蓄积量为 1.3 亿 m^3，居世界首位。此外，加蓬禁止砍伐的树种有 5 种：赤非红树木(*Poga oleosa*)、紫檀(*Pterocarpus* spp.)、中非蜡烛木(*Dacryodes buettneri*)、猴子果木(*Tieghemella heckelii*)、毒籽山榄木(*Baillonella toxisperma*)。加蓬盛产加蓬榄，又称黑檀木，产量居世界首位。这种珍贵树种树高可达 40～50 m，直径 1.2～

1.5 m，树根直径可达 2 m 以上，树高挺直，成材率较高，木材浅红褐色，干燥后不开裂、不变形，是生产胶合板的上等原料。加蓬榄木材花纹美丽，且有芳香味，是制作高级家具、乐器和工艺美术品的好材料，颇受世界各国欢迎。

(四)权属结构

目前，加蓬实施的是 2001 年 12 月 31 颁布的《森林法》，该法规定加蓬的林地都属于国有，分为国有永久性林地和农村林地。国有永久性林地主要为保护林和生产林。农村林地由村集体使用，集体林按照中央要求管理方法进行管理，每个村集体都要与当地的资源加工企业签订供应协议(图 1)。

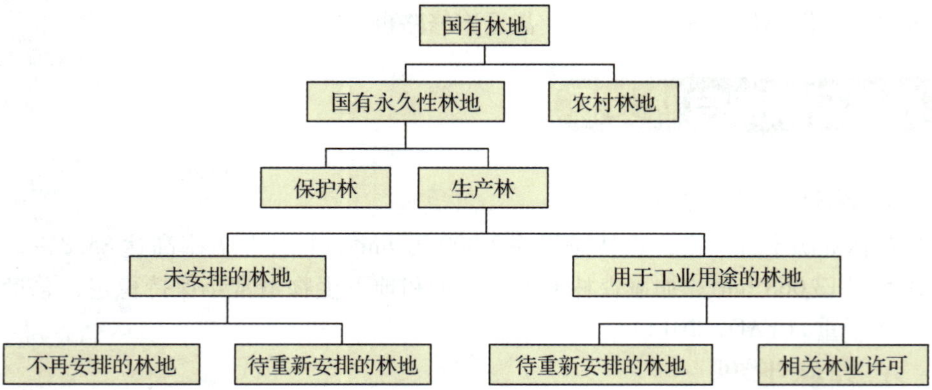

图 1　国有林地组织结构

从面积变化看，加蓬的国有永久森林从 1990 年的 1 909.8 万 hm^2 减少 2015 年的 1 000 万 hm^2，保护区内森林基本稳定在 290.2 万 hm^2。2005—2010 年，可持续经营林地由 750 万 hm^2 增加至 940 万 hm^2，经营计划指导下的森林面积由 320 万 hm^2 增加到 750 万 hm^2(表 1)。

表 1　加蓬 1990—2015 年各管理类别林地面积　　(万 hm^2)

管理类别	1990	2000	2005	2010	2015
国有永久性森林	1 909.8	1 909.8	1 000.0	1 000.0	1 000.0
保护区内森林	290.2	290.2	290.2	290.2	290.2
可持续经营下森林	0	0	750.0	940.0	—
经营计划指导下的森林	0	0	320	750	—

资料来源：FAO，2015。

(五)林种结构

加蓬按照林地功能将林地划分为生产林、水土保持林、生物多样性保护林、社会服务林和多功能用途林。如表 2 所示，2010 年生产林从 1990 年 1 907.8 万 hm^2 削减到 998.7 万 hm^2，2015 年重新增长至 1401.1 万 hm^2 用于生物多样性保护和多功能用途的林地有所增加。

表 2　加蓬 1990—2015 年森林功能分类　（万 hm^2）

功能分类	1990	2000	2005	2010	2015
生产林	1 907. 8	1 907. 8	1 097. 9	998. 7	1 401. 1
水土保持林	0	0	0	0	0. 014
生物多样性保护林	290. 2	290. 2	300. 7	400. 0	385. 7
社会服务林	2. 0	2. 0	1. 5	1. 3	—
多功能用途林	0	0	800. 0	800. 0	499. 1
其他	0	0	0	0	—
总计	2 200. 0	2 200. 0	2 200. 0	2 200. 0	2 300. 0

资料来源：FAO，2015。

（六）森林起源

加蓬森林有两个明显的自然带，即东部及东北部原始森林带和次生林带。东部的第 3 林区约有 1 200 万 hm^2 的原始森林，树木茂密，许多树种混生在一起，林层一般可达到 4 层，最高一层离地面约有 40 m，个别树冠高可达 70 m；第 2 层离地面 25 ~ 30 m；第 3 层离地面约 20 m；最下层为灌木。原始森林的树木一般质地坚硬，生长缓慢，有的树龄可达千年。如表 3 所示，加蓬原始林总量在过去的 20 年显著减少。根据 2015 年 FAO 的报告，加蓬原始森林年消减量高达 30. 6 万 hm^2，这主要因为采伐和其他人类活动的干扰，使得原始林重分类为“其他自然次生林”。2015 年加蓬其他次生林增加至 1 016. 6 万 hm^2。沿海地区及可通航的恩戈尼埃河、尼扬加河和奥果韦河中下河谷中的原始森林早已砍伐殆尽，那里主要分布着次生林带。但次生林带中的林木一般生长较快，主要树种有加蓬榄、阳伞树、奥多罗、奥卡拉、木棉和油棕树等。

加蓬人工造林，尤其是纸浆用材林营造卓有成效。例如，加蓬在上奥果韦省稀树干旱草原区和台地上营造了大面积桉树人工林，用于生产木炭。从 1970 年开始，国营加蓬榄林业公司营造了大规模的用材林。1957—1981 年营造加蓬榄人工林 2. 7 万 hm^2，1976—1986 年平均每年造林 2 000 ~ 2 500 hm^2（中国国家林业局，2009）。

表 3　加蓬 1990—2015 年森林起源分类　（万 hm^2）

林分类型	1990	2000	2005	2010	2015
原始林	2 093. 4	1 763. 4	1 598. 4	1 433. 4	1 280. 4
其他次生林	103. 6	433. 6	598. 6	763. 6	1 016. 6
人工林	3. 0	3. 0	3. 0	3. 0	3. 0
总计	2 200. 0	2 200. 0	2 200. 0	2 200. 0	2 300. 0

资料来源：FAO，2015。

（七）其他自然资源

加蓬森林生物多样性丰富。植物种类总计 0. 6 万 ~1 万种（Lejoly，1996）。动物种类同样丰富。根据 Christy 等（2003）研究，加蓬森林中栖息着的大猩猩、黑猩猩和大象，分别占世界总量的 30%、35% 和 11%。

加蓬对森林保护工作很重视，早在1946年就建立了Lope自然保护区。该保护区生物多样性丰富，其中分国家公园、狩猎保护区和综合保护区。Lope保护区是非洲最早建立的保护区之一。20世纪60年代初，曾对保护区内的动物群落进行了合理的开发，划出35hm^{2}森林作为狩猎区。1996年Lope保护区又分为中心地带和外围地带2个部分。中心地带禁止狩猎，禁猎区面积约为24万hm^2，禁猎区内有非洲大象、大猩猩和长尾猴等珍贵动物。据1995年估测，Lope自然保护区的非洲大象、大猩猩和长尾猴分别有5 500头、900头和2 250头。外围地带可进行经营开发，经营面积约占整个保护区的30%。加蓬有组织地开展商业性狩猎，狩猎主要集中在野生动物的肉用商品及少量的皮、牙副产品。

三、林业法规政策

（一）法规政策制定

传统上，国家制定林业相关决策可以通过法律、法规等形式，包括法令、逮捕令和部长令等。法律是由政府提出，交由议会审核；审核通过后，由共和国总统颁布实施。在未核准之前，不展开公开机构讨论。然而，消息灵通的利益相关方(比如伐木公司)可能会在法律通过前表明其意见。同时，不太知情的一些团体(包括当地居民)在法律制定上并没有话语权。在加蓬重大林业决策制定上有举足轻重地位的国际社会机构，尤其是世界金融组织，如世界银行和国际货币基金组织。同时，部长级会议决策等较低层次决策制定，公众参与度也十分有限。通常情况下，这些决策由林业部门的技术人员制定，并交部长审核签订。然而，在大多数情况下，林业行业可以通过游说等方式参与决策制定，国际利益相关者还可以监督法规的修订和实施。但是，地方居民和林业工人几乎完全不参与，非政府组织参与度同样很低(Richard，2004)。

（二）森林法

目前，加蓬实施的是2001年12月31制定的加蓬《森林法》。该法规定，加蓬境内所有的森林划归国有(Government of Gabon，2001)。国有林细分为国有永久性森林(PFE)和农村森林(非永久森林)。国有永久性森林包括保护区、植物园、休憩林、科研林、动物园以及注册的用材林。该类森林用于森林保护，不可以更改其土地利用类型，如转为农业用地、牧业用地等其他土地类型。相反，在需要的情况下非永久性森林可以被砍伐，转换为其他土地利用类型(Richard，2004)。为实现可持续的发展，必须做到以下3个方面。

(1)林地规划。加蓬规定，林地租赁者要对林地进行规划，目的是为了对森林资源实行有计划的、长期可持续的管理和合理开发。特别是近年来国际社会对木材认证产品的需要，进行林地规划是达到认证标准的第一步。林地规划的内容主要包括以下4个方面：规划森调(树种构成)、社会经济学研究、生物多样性研究(包括对植物和动物的研究)、提交综合报告。通过林地规划的企业可以获取林地的长期使用权，并减免50%的林地税，这也是实现森林可持续经营的有效途径。加政府已经做出规定，凡是未进行林地规划的、未能完全交纳相关税费的林地将被国家收回。目前，加蓬已有1 188万hm^{2}的森林完成森林规划(占可采林总数的89%)。

(2)加蓬政府为了提高当地的原木加工率，扩大国民的就业机会，提高林产品的附加值，采取了一系列措施来发展本国的木材加工业。例如，加工产品出口免征关税、用于加工厂的生产设备在进口关税上享有优惠、规划过且有加工厂的林地可以减免50%的林地面积税，由每亩600中非法郎降为每亩300中非法郎。经过一段时间的努力，加蓬木材加工率已由1999年的7%上升到目前的30%。根据政府制定的目标，2025年将达到90%（中国建材网，2011）。

（3）对原木出口的限制。早在2001年，出于创造更多就业机会的考量和提高当地木材加工率，加蓬林业部门制订并通过了一部新的《森林法》。该法要求企业逐步改变只砍伐不加工的传统做法，要求各企业必须制定树木轮伐规划和建立木材加工厂，方可申请获得砍伐许可证。该法已于2005年颁布实施，目标是到2012年把原木加工率提高至75%。

然而，由于森林整治规划成本较高，截至2004年，新《森林法》颁布已近3年，距离国际货币基金组织、世界银行给予加蓬的执行期限已近。然而，只有4家法国公司持有的9个CFAD在法国发展署的援助下对林地进行了规划。据统计，在加蓬1 000万 hm^2 具有采伐证的林地中，仅有300万 hm^2 的林地进行了规划，与水森部签署了临时协议的林地面积有100万 hm^2，其余的均未进行规划。为了尽快透明、公正地实施《森林法》已刻不容缓，加政府做出规定，凡是未进行林地规划的、未能完全交纳相关税费的林地将限期被国家收回。那些规模较小的公司和家庭砍伐的林场主，因无力进行森林规划，均面临林地被收回的困境。

针对森林行业工业化程度较低的状况，加蓬政府近几年也采取了一系列措施，2012年出台了新《森林法》，对于森林开发后的整治，木材加工企业的建立、利益分配、当地村民的参与以及森林经济部的管理职能、税收等，均做了详细规定；对原始林、国家级自然保护区、用于可持续开发林区和城市周边林带等制定了长远开发和保护规划。同时，政府对森林开采发放固定数量许可证，适当扩大树种的开采范围；提高林业工业化程度，增加林产品附加值；原木生产考虑当地企业加工和出口的需要，适应环保要求，保持平衡。

加蓬新《森林法》执法情况比较严格、规范。比如，林地税增加了3倍，森林许可证持有者要对森林进行规划和保护才能采伐，从而减少乱砍滥伐现象；对采伐木材径级采取了软木60 cm、硬木50 cm的限制措施，制止破坏性采伐。另外，新《森林法》还恢复了家庭采伐许可证制度，允许在居民区和工业区边缘进行限量采伐，不仅增加了居民的就业渠道和机会，也繁荣了国家林业市场。

四、林业机构与管理体制

（一）林业管理机构

加蓬林业主管部门是加蓬共和国林业、水利、渔业、环境和自然保护部（以下简称加蓬水森部），下设水利和森林总局，负责林业调查、森林保护、植树造林、森林经营和森林采运工作（图2）。为了实现森林的可持续发展，加蓬近年来已实施且仍在继续实施机构改革和战略规划，以创建有利于森林环境部门发展的框架，要求该框架在国家经济多样化中发挥重要作用。这些改革包括：重新统一林业、水利、渔业、环境和自然保护部；重组并彻底改革国家水利及森林研究院；现正在世界银行的支持下编制林业及环境部门计划。

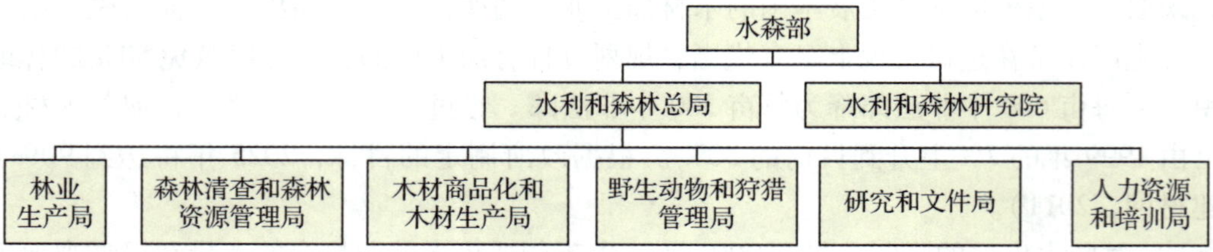

图 2　加蓬林业管理机构设置

各管理机构的具体职能如表 4 所示。

表 4　加蓬林业管理机构的主要职能

机构名称	职责
林业生产局	制定森林经营指导规划，监控林业生产，监督经营许可证的申请和发放
森林清查和森林资源管理局	指导森林经营和森林清查规划的实施，监督森林清查、森林经营和规划
木材商品化和木材生产局	管理工业许可证，监督企业和林产品的商业化转化
野生动物和狩猎管理局	监督森林经营相关活动和野生动植物保护，划定和管理保护区
研究和文件局	经济调研，整合统计数据，处理森林纠纷，收集经营活动和进程报告
人力资源和培训局	人力资源管理和规划，开展专业的人员培训

资料来源：中国国家林业局，2006。

此外，新《森林法》规定，为了保持森林可持续开采，今后所有小采伐商应组成相应的森林协会，由协会申请对重组后的林地进行规划，方可继续采伐，以保证森林继续为国民造福。由于森林整治规划成本较高，且加蓬政府认可的相关规划公司不多，大多为法国公司，使得那些规模较小的公司和家庭砍伐的林场主，因无力做森林规划，面临林地被收回的困境。为此，加蓬政府启动了一个专项贷款资助项目，专门贷款给那些想对林地进行规划的林场主。

（二）林业管理体制

在加蓬，所有森林采伐行为都需要有林业主管部门的授权。然而，为维系地方财政，地方社区在某些林产品上享有一定的使用权。这些使用权建立在国家和地方居民有效磋商后制定的习惯法的基础上。这些使用权通常包括：将枯死木用作燃料，砍伐树木用作房屋建材，采集非木质林产品（如树皮、乳胶、胶树脂、水果和坚果等），以及采伐森林来种植粮食，开辟道路或者取得水源（Government of Gabon，2001）。

由于加蓬的木材生产基本上掌握在外国人手里，受利润的驱使，森林资源遭到破坏，森林面积逐年减少。为此，加蓬政府强调要对森林资源实行有计划的、长期持续的管理和合理采伐，要求对林木实施规划砍伐，以保证其可持续开发。《森林法》规定采伐企业必须对林地实施规划砍伐，以保证林地可持续开采。工业采伐大多为注册的用材林。个人或企业在进行工业木材采伐时，应当从林业主管部门取得许可证。政府颁发的采伐证主要分为 3 类：

（1）长期规划采伐特许证（Concession Forestière sous aménagement Durable，CFAD）。单个 CFAD 授予采伐面积为 5 万～20 万 hm^2，申请者应先与水森部签署临时协议，其后 3 年

内做出林地规划。在此期间，每年可砍伐林地总面积的1/30。单个采伐公司可以获取多个CFAD，但是总面积不得超过60万hm^2。CFAD授予分为2个阶段。第1阶段，企业与政府签订为期3年的临时协议。第2阶段，如果经营计划和工业化计划被核准，特许CFAD以总理令形式，发放至企业；

(2)联合采伐许可证(Permis Forestier Associé，PFA)。此许可证仅发放给加蓬籍居民，可以被列入CFAD统一规划，面积则不得超过1.5万hm^2；如自营规划，则可达到5万hm^2；

(3)双方认可的采伐许可证(Permis de Gré à Gré，PGG)。即原家庭砍伐许可证，此许可证仅发放给加蓬籍居民，采伐量少于50棵树。

CFAD和PFA的授予仅仅限制在永久性森林地产(PFE)范围内，并且，所授予林地经营计划由特许经营权所有者制定，且报请林业主管部门审批。同时，PGG仅仅在农村森林范围内授予。在CFAD框架下，申请采伐权的公司除制定经营计划外，还需要制定工业化计划，以表明其加速当地木材加工发展的承诺。截至2004年2月，加蓬政府已经将11万hm^2林地授权给221家伐木公司。其中700万林地被授予给大型外国投资企业，主要是欧洲人，尤其是法国人投资的企业。约有50%的可授权林地被13家企业采伐，然而，在全部的可授权林地中，30%是由5家最大的伐木公司经营，他们是Rougier Ocean Gabon，Leroy Gabon，Compagnie Forestière du Gabon（CFG），Compagnie Equatoriale du Gabon（CEB）and Lutexfo/Soforga。

在通常情况下，采伐公司需要承担2项森林税费。一种是基于林地面积的税费，另一种基于林产品的经济价值。针对基于林地面积的税费，伐木公司应支付600中非金融合作法郎(折合0.91欧元或1.1美元)，作为对经营计划未实现可持续性的补偿。然而，一旦经营计划被核准，基于林地面积的税收将在原有基础上削减50%。基于林产品价值的税费，主要取决于各类树种的官方活立木蓄积量估计值和采伐地区。

五、森林经营与管理

（一）森林经营

在造林方面，加蓬于1935年开始营造加蓬榄人工林，并取得了成功。从1957年开始，每年造林500hm^2，主要造林树种有加蓬榄、美洲榄、桃花心木、西蕊苏木、阿夫苏木、非洲紫檀、非洲麦拉木、翼形红铁木、南洋木、加勒比松、卵果松、象牙海岸榄仁树和桉树等。从20世纪60年代初至90年代末期，加蓬人工造林约有3万hm^2以上。加蓬独立后，人工造林的资金由政府提供，后来大面积造林得到国际组织的资助。由于造林技术上的成功，管理体制的建立，加上国际组织的援助，加蓬人工造林已从粗放经营向集约化栽培的方向发展。建立了林木优良无性系种子园，推动林木良种化，加蓬林木种源改良主要是在种源试验区进行个体选育、优良植株繁殖和建立优良无性系繁殖圃及种子园3个方面的工作。人工造林一般采取带状造林，带宽8 m，株行距4 m×4 m，密度625株/hm^2。

此外，为保护生物多样性，加蓬建有200万hm^2保护林区，有13个国家级公园，全国约有7 000多种植物，其中木本植物约有4 000～5 000种，而热带树种就有300多种。加蓬对森林保护工作很重视，早在1946年就建立了Lope自然保护区。该保护区生物多样性丰富，其中分国家公园、狩猎保护区和综合性保护区(施昆山等，2001)。加蓬森林中具有商业开采价值的树种众多，但随着开发树种不断减少，实施树木再生、保护生态多样化已迫在眉睫。特别是近年来中非首脑会议对保护森林资源极为关注，极力倡导各国成立国家公园，保护生物多样性，造福人类。因此，加蓬《森林法》中也特别制定了设立国家公园和保护区等条款。

（二）森林可持续经营与认证

至2017年年底，加蓬森林面积中有1188万hm^2已制定森林规划(占可采林木总量89%)，其中约100万hm^2通过了FSC认证(中国国家林业局，2011)。加蓬现有森林认证计划包括国际组织森林管理委员会(FSC)和Keurhout系统。FSC在喀麦隆设置机构，在加蓬等国家增设工作小组，有效扩大了影响力，促进了FSC在中非区的森林认证(Boetekees，2002)。最近包括加蓬在内的非洲国家引入了森林认证体系认可计划(PEFC)，加蓬当地采伐公司对此非常支持但是到目前为止，PEFC在加蓬的发展并不十分有效。

在加蓬，所有的森林认证基本上都基于Keurhout系统(Richard，2004)，森林经营者需要做到以下几点：①给予森林的生态功能足够的重视，关注经济、社会和文化功能的可持续性协调发展，注重一些内在的标准和指标；②需制定经营计划和相应的管理体系；③认定主体需要独立，需在机构设置、监管流程和技术指标等方面与国际指导方针一致；④在木制品运输过程中，需要对其来源进行清晰可靠的记录。更翔实的标准由ATO/ITTO PCI设定。在ATO框架下，检测试验由来自国际、国内和地方的专家进行，更多的利益相关者代表会参与到讨论中(ATO，1999)。此外，仍然有很多其他因素制约加蓬实现森林可持续经营，比如，加蓬境内猖獗的偷猎行为(Thibault等，2003)和原始林中珍稀木材和野味的非法利用等(Wunder，2003)。

（三）森林与生态保护

据联合国负责国际野生动植物贸易的机构——《濒危野生动植物种国际贸易公约》(CITES)秘书处报告表明，2012年是加蓬境内大象偷猎现象最为猖獗的一年。据世界自然基金估计，非法野生动物产品的全球贸易额现在为每年80亿~100亿美元。甚至在奥耶姆地区的一个生态保护园中，也存在夜间猎杀大象的情况。2012年7月加蓬总统阿里·邦戈(Ali Bongo)亲自点燃了国家库存象牙堆，他以此表示加蓬对野生动物犯罪实施“零容忍”政策，并将进一步落实相关法律制度，以确保这项政策的贯彻执行。邦戈总统还强调，应加强区域合作，共同打击野生动物犯罪，一个国家的反盗猎举措需得到周边国家的配合。

此外，加蓬的毁林和森林退化现象，追根溯源来自于人口和贫困压力(ITTO，2003)。更直接的原因是：①有效资金少，导致林业部门能力有限；②林业部门在政策方面不享有优先权，导致体制和政策框架约束力有限；③过度采伐，缺乏训练有素的工人和机器设备，林业部门从业人员薪水低，加剧腐败行为，并导致控制、监测和执法力度不足；④在宏观和部门的层次上，缺乏对私营部门长期投资的前提条件约束；⑤地方相关部门对森林经营信息利用权限有限；⑥由于热带森林生态系统自身的复杂性，相关知识储备不足。

六、林产品生产、加工与贸易

加蓬林业主管部门一直在致力于提高森林开发的工业化程度，提高原木当地加工率，为本国国民扩大就业机会，提高林业产品的附加值。加蓬森林覆盖面积广，人口稀少。原木加工可以提高产品的附加值，为国民提供更多的就业机会并创造效益，因此加蓬政府一直鼓励在当地加工。

（一）林产品生产

加蓬政府对森林采伐实行发放固定数量许可证的方法进行控制。允许采伐的森林面积约为800万hm^2，但目前只有400万hm^2的森林处于采伐利用状态。森林出让的期限分10年、15年或20年不等。采伐林分3个区域，1类区约350万hm^2，主要位于沿海地区，由当地公司开采。由于这一区域离港口近，并可以通过河流放木运抵港口，开采费用很低，而且不需要基础设施的投资。2类区约1 000万hm^2，位于N'GONNIE、NYANGA、中奥果韦和OGOOUE－IVINDO四省区内。3类区约650万hm^2，位于加蓬的中部地区（BOUE－LASTOURVILLE至FRANCEVILLE地区）。在2～3类林区的投资比较高，因为一是木材运输费用相应增加，如需用专用卡车、火车或通过水运；二是基建费用昂贵，包括住房、电力等。林业开采的经济规模要求较大，一个生产单位每月要开采5 000 m^3以上才能有经济效益。

根据《森林法》和《环境法》的规定，加蓬政府制定了3类经营许可证和1种砍伐许可证。其中，临时经营许可证出让森林面积的42.1%，对就地木材加工没有配额规定；加蓬铁路运输区域内的经营许可证大部分发给用以出口原木的生产者，占出让林地面积的30.1%。工业经营许可证占出让林地面积的27.8%。家庭砍伐证主要发给当地老百姓，砍伐数量以棵计算，其最高限额是每证不得超过100棵。但是，这些砍伐证和一些临时经营许可证所有者却经常将证出租给他人使用，实际上这是法律所不允许的。

森林开采涉及的树木约有60种，其中奥古曼和奥齐戈木材占绝大多数（约占产量的75%～80%）。主要有3类经营企业：①工业经营公司，它们绝大部分是欧洲大型企业在加的分公司；②合资公司，主要是由外国人和加蓬人合作兴办；③加蓬个体企业，其经营规模很少超过5 000 hm^2，这类企业大部分持有临时经营许可证，以租赁的方式开展经营活动。前2类企业的装备和管理均较为先进。

加蓬各类林产品的生产、消费情况如表5所示。各类林产品消费如表8所示：随着加蓬加工制造业的发展，2010年来锯材及人造板产量均有所增长，锯材年产最高达2015年的65万m^3，2012年人造板产量近38.7万m^3，而2013年开始有所回落。

表5　加蓬2005—2015年各类林产品生产　（万m^3）

林产品	2005	2007	2009	2011	2013	2015
原木	427	447	357	257	307	327
木质燃料	107	107	107	107	107	107
工业原木——未加工木材	320	340	250	150	200	220
锯材原木和单板原木	320	340	250	150	200	220
锯材	23	29.6	28	50	52	65
人造板	31.6	33.5	19.7	34.2	36.5	33.4
单板	17	25	12	25	27	27
胶合板	14.6	8.5	7.7	9.2	9.5	6.4

资料来源：FAOSTAT，2015。

加蓬的森林开发大部分被外国企业所控制。在大型企业中，有5家法国公司，占加蓬森林产值的一半以上，约52%。其中：ROUGIER OCEAN GABON公司(ROUGIER集团占80%的股份)是目前加蓬最大的奥古曼生产企业；第2大企业是“赤道木材公司”(其中90%为THANRY集团所占有)。与加蓬森林开采公司合作，赤道木材公司每年约开采20万m^3的原木。另3家大企业分别是：LEROY~GABON(ISOROY的分公司)、LUTEXFO公司和LASTOURVILLE木材公司。从1995年以来，一些新的投资者，主要是马来西亚商人，开始进入加蓬的森林工业。亚洲商人的涌入，在现有的企业中引起了不少的忧虑，担心过度开采会对加蓬的森林资源造成损害。

（二）林产品加工

加蓬木材加工业主要分3类：①锯材厂，约有30家，主要分布在首都利伯维尔和让蒂尔港。这些工厂的设备不先进，只能作一些简单的加工。锯材产量较为稳定，一般维持在3万m^3左右，出口量极少，不超过1 000 m^3。②木材旋切厂，主要加工奥古曼，生产贴面和胶合板，其产量约5.5万m^3，80%用于出口。③家具生产厂。这类厂家大部分水平较低，产量有限，主要是生产一些简单的家具和承揽装修工程(中国商务部，2007)。

过去，加蓬木材加工率很低，不足7%。大部分锯材在当地销售，出口量微不足道。由于当地木材加工厂的设备陈旧，可加工品种单一，以粗加工为主，且缺乏质量检测，因此大部分加工厂缺乏竞争力。现在，为充分利用林业资源，加蓬政府改变了以往单一的原木出口模式，重点扶持发展木材加工行业。经过努力，木材加工率已从1999年的7%上升到2002年的20%。目前全国森工行业从业人数达6 000多人，间接从业人员1万多人，已成为加蓬国民经济的第二大支柱产业，也是国家财政收入的第二大来源。

（三）林产品贸易

加蓬境内工业原木产量约400万m^3(OIBT，2002)，其中70%出口。近年来，一些企业开始投资于胶合板和单板的生产。未加工的原木主要出口到亚洲，而胶合板及单板主要出口欧洲。此外，加蓬还出口锯材，但数量较少。

表6~表8分别列出了2006—2016年加蓬林产品国家贸易的总量和结构。可见，加蓬林产品进口量在不断增加，出口量在2007年后有所回落。从结构上讲，2006—2010年原木出口在林产品出口方面占据主导地位。然而，由于原木出口限制条款的增加，原木出口在2009年以后显著减少(FAO，2016)。

表6　加蓬2006—2016年林产品国际贸易额　　(万美元)

贸易额	2012	2013	2014	2015	2016
进口	1 308.2	1 497.2	1 158.1	889.2	841.4
出口	41 081.8	42 745.8	46 866.2	51 654.2	42 180.7

资料来源：FAO yearbook 2006—2010，2016。

表7 加蓬2006—2016年各类林产品进口量 （万 m^3，万 t）

林产品	2006	2007	2008	2009	2010	2011	2012	2013	2014	2015	2016
人造板	0.06	0.5	0.3	0.3	0.4	0.07	0.07	0.1	0.09	0.06	0.02
胶合板	0.05	0.5	0.2	0.3	0.3	0.04	0.04	0.04	0.06	0.03	0.007
纸和纸板	0.5	0.5	0.6	0.6	0.5	0.7	0.6	0.9	0.6	0.5	0.5
印刷纸和书写纸	0.1	0.1	0.4	0.3	0.3	0.5	0.3	0.6	0.4	0.3	0.3
其他纸和纸板	0.3	0.3	0.1	0.2	0.2	0.1	0.2	0.2	0.2	0.1	0.2

资料来源：FAOSTAT，2016。

表8 加蓬2006—2016年各类林产品出口量 （万 m^3）

林产品	2006	2007	2008	2009	2010	2011	2012	2013	2014	2015	2016
原木	171.6	186.0	216.2	174.2	90.5	4.2	5.8	5.6	4.3	3.2	1.9
工业原木	171.6	186.0	216.2	174.2	90.5	4.2	5.8	5.6	4.3	3.2	1.9
锯材	19.9	25.3	22.3	20.9	27.8	33.6	42.9	41.0	45.3	55.5	63.6
锯材(非针叶)	19.9	25.3	22.3	20.9	27.8	33.6	42.9	41.0	45.3	55.4	63.5
人造板	10.8	12.6	11.8	11.0	13.0	14.1	9.7	15.9	15.0	15.3	12.5
单板	7.1	8.1	7.1	5.9	7.5	9.9	5.6	10.8	10.4	11.4	9.7
胶合板	3.7	4.5	4.7	5.1	5.5	4.1	4.1	5.1	4.6	3.9	2.8

资料来源：FAOSTAT，2016。

国家加蓬木材公司(SNBG)负责木材产品在国际市场的商业化，该机构由国家和私人股东共同所有。目前SNBG正在试图调节木材出口量，以维持在国际市场上的价格优势。

七、林业科研与教育

（一）林业科研

利伯维尔作为加蓬文化教育中心，拥有奥马尔·邦戈大学、国家图书馆、热带农业和家畜研究所、地质矿业研究所、林业研究所、科学技术研究中心等科学研究机构，直接或者间接地为林业科研服务。

同时，国外研究机构也与加蓬开展林业合作研究。2011年世界自然基金会(WWF)与中国国家林业局林产品国际贸易研究中心和加蓬水森部联合在利伯维尔加蓬参议院大厦ECCA会议室举办了可持续林业经营研讨会，就加蓬劳工法律、木材政策、森林管理法规、森林认证的现状及认证方法、中国政府打击非法采伐和促进可持续贸易的相关政策展开讨论。

（二）林业教育

加蓬的教育由教育部和高等教育部共同管理。在林业领域，加蓬高等教育机构包括加蓬国家林业学院，由高等教育部管理。位于利伯维尔的邦戈大学大学，在林业与水力学学院开设了林业相关学科，接受已经从中等教育学校毕业的学生。该校教学语言为法语，在校生2 400人，教职工300人。此外，位于埃斯蒂瑞尔角(Cap Estérias)的国立森林研究所(Ecole Nationale D'Etudes Forestières)也在开展林业教育，提供为期3年的大学教育，授予土木工程学士学位(FAO，2010)。通常，在开始林业专业学习之前，学生需要进行1年的基础科学学习。

八、林业国际合作与交流

（一）国际合作项目

加蓬政府奉行自由开放的贸易政策，吸引外资企业在加蓬发展。在加蓬的外资企业享受投资优惠政策，包括：①外企投资10年内免除材料进口关税和营业税，生产所需机械设备及工具进口只交税5%的减税待遇；②免除前5年的利润税和暂免土地税；③开办对国民经济有重要意义的企业，规定25年稳定税收不变制度。另外，对外资企业给予产品稳定销售条件、自由雇工、优先供应原材料及其企业经营所需用品等优惠。

此外，加蓬政府与世界自然基金会(WWF)保持着良好的合作关系。WWF主要致力于帮助加蓬政府开展生物多样性的保护工作，为保护非洲大象、黑猩猩、山地大猩猩等，开展野生动物的巡护工作。同时，协调政府和当地资源使用者(如伐木、采矿、石油公司、当地社区等)之间的关系，帮助当地社区可持续地开发当地森林和渔业资源，发展生态旅游等。

（二）与中国的合作

中加双边贸易自20世纪90年代以来增长较快，但我国对加蓬出口规模不大，从加蓬进口增长迅速，中方连年逆差。我国向加蓬出口商品主要是纺织品、小五金、日用品、家用电器等；进口商品主要有木材及木制品、木炭、锰矿砂和石油，其中主要为木材。1994年我国向加蓬出口仅158万美元，1997年双边贸易总额达3.19亿美元，其中我国出口为592万美元，而我国从加蓬进口达到创纪录的3.13亿美元。在林业领域，中加合作项目包括淋漆地板项目(艾龙公司)和华嘉木业股份公司。

加蓬木材的最大出口国是中国，其次是法国。由于加蓬原木是生产高品质胶合板的重要原料，而我国又缺少大径级热带落叶原木，因此，加蓬对于中国来说是重要的原木供应国。随着加蓬原木出口禁令的实施，未来锯材将替代原木的出口。因此，中国对加蓬的木材资源依存度还会在一定时期内存在，但随着美国、新西兰、澳大利亚等国销往中国的原木持续增加，加蓬在我国原木出口国中的地位将逐渐弱化。

2010年中加林产品贸易额3.35亿美元，比2009年减少了13.6%，其中进口3.33亿美元，减少13.8%；出口2.3万美元，增加14.2%。加蓬一直是中国原木进口的重要国家，由于2010年原木出口禁令的实施，使得加蓬在中国原木进口中的份额快速下降。2010年我国从加蓬进口原木73.9万m^3，同比减少92.54%；进口金额3.17亿美元，同比减少15.4%。按原木进口量来看，加蓬从2009年的第5位下降到第9位。2010年我国从加蓬进口的锯材为3.6万m^3，进口锯材金额0.14亿美元，增长趋势明显。

九、分析与借鉴

（一）面临的问题

加蓬林业发展主要面临以下问题：

(1)木材加工业落后。生产条件和技术限制，已有的加工工厂生产能力十分有限。木材加工主要生产锯材、贴面板和胶合板及简单家具等，但原木加工率始终徘徊在30%以下。

(2)交通落后。同非洲其他国家一样，加蓬同样面临着基础设施落后的状况，全国只有1条铁路。加蓬主要靠水运和空运，进出口物资90%靠海运。近些年来，加蓬政府在基础设施方面加大投入力度，但加蓬的交通运输网络、港口设施的运行能力仍显落后，满足不了国内木材等物资运输的需求。

(3)资金缺乏，政策性银行偏少。加蓬共有加蓬法国国际银行(BGFIBANK)、加蓬国际工商银行(BICIG)、加蓬联合银行(UGB)、花旗银行(Citibank)、金融银行(FINANCIAL BANK)和加蓬发展银行(BDG)等6家银行。前5家为商业银行，BDG为国家政策性银行。从事林产品生产加工等中小企业机构(SME/SMI)融资途径较少，能够为长期投资谋得银行贷款的不足1%。

(4)森林退化严重，大象等野生动物偷猎现象严重。媒体指出，边境线上的象牙交易尤为猖獗，非法商人往往越过国境线逃脱追捕。此外，加蓬法律对上述违法行为处罚不严厉，威慑性不足也是造成这一现象屡禁不止的原因之一(中国商务部，2012)。

（二）展望

(1)加蓬人口少，森林储量高，生物多样性丰富，林业发展还存在很大的潜力。较好的市场前景吸引了大量外资，不仅促进了林业发展，也有效带动了整个国家的经济发展。目前，加蓬正在通过引入先进的管理理念和科学技术，促进森林资源的合理利用，确保实现森林的可持续经营，协调经济、社会和环境的和谐发展。加蓬政府为了提高当地的原木加工率，扩大国民的就业机会，提高林产品的附加值，采取了一系列措施来发展本国的木材加工业。

(2)对于存在的一些不合理的资源利用，偷猎和危及当地野生动植物多样性的问题，加蓬林业部门也开始给予重视，不断提高执法力度。

(3)随着森林问题涉及环境、生态、碳汇、可持续发展、气候变化等影响越来越广，政治敏锐性不断增强，森林问题已成为国际热点问题并直接关系未来发展空间。随着加蓬国内森林保护的不断加强，外资开发加蓬森林的难度也将不断增大。同时随着加蓬自身木材加工产业的发展，原木出口将会逐渐减少。因此，外资企业购置林地开发权，与当地合作共同开发森林资源，建立生产基地和加工厂，也是今后的基本趋势。

（陈 勇　原磊磊　王雅菲　何 璆）

参考文献

广东省对外贸易经济合作厅.2007. 关于提供WTO贸易政策审议材料的通知[EB].

国家林业局 . 2009. 加蓬 2010 年 1 月起将禁止原木出口[EB].
国家林业局 . 2009. 加蓬禁止 4 个主要用材树种的采伐[EB].
国家林业局 . 2011. 加蓬林业政策[EB].
江苏省外贸厅 . 2005. 我驻非使馆推荐的有合作前景的部分项目清单[EB]. 中华人民共和国商务部.
施昆山 . 2001. 当代世界林业[M]. 北京：中国林业出版社.
中国对外投资合作国别指南 . 2011. 中国对外投资合作国别指南—加蓬[EB].
中国建材网 . 2006. 加蓬新《森林法》简介[EB]. 中国建材网 .
中国林科院 . 2011. 可持续林业经营研讨会在加蓬举行[EB].
中华人民共和国商务部 . 2002. 加蓬[EB].
中华人民共和国商务部 . 2007. 加蓬林业资源[EB].
中华人民共和国商务部 . 2012. 加蓬政府加大对非法偷猎象牙、贩卖象牙制品的整治力度[EB].
驻加蓬经商参处 . 2008. 加蓬政府推出扶持木材加工行业新招数[EB].
ATO. 1999. Test of PCIV in Central African Republic . ATO, Libreville, Gabon.
Boetekees, G. 2002. Capacity building for sustainable forest management and certification in Africa. Project document. FSC. 23.
Central Intelligence Agency 2012. The World Factbook, Africa, Gabon. Available from: http: //www. cia. gov/library/publications/the ~ world ~ factbook/geos/gb. html (Accessed JULY 13, 2012).
Christy, P. , Jaffré, R. , Ntougou, O. , & Wilks, C. 2003. La forêt et la filière bois au Gabon. République Française. Ministère des Affaires Etrangères. Paris. 389.
FAO. 2011. 世界森林状况 2011. FAO[EB].
FERN. 2001. Behind the logo: An environmental and social assessment of forest certification scheme. Moreton – in Marsh, UK.
Food and Agriculture Organization. 2010. Forestry education and training in Africa. Available from: http: //www. fao. org/docrep/x5596E/x5596e07. html.
Food and Agriculture Organization. 2010. FRA 2010 Country Report Gabon. Available from: http: //www. fao. org/docrep/013/al509F/al509F. pdf (Accessed JULY 13, 2010).
Government of Gabon. 2001. Loi N° 016/01 portant code forestier en République Gabonaise. Présidence de la République. République Gabonaise. 298 art.
INDUFOR and FRM. 2003. Feasibility study on Pan – African forest certification. Study report. Helsinki, Finland.
ITTO. 2003. Promotion of sustainable management of African forests. Project documents. PD124/01 Rev. 2 (M). ITTO. Yokohama, Japon.
Lejoly, J. , 1996. Synthèse régionale sur le biodiversité des ligneux dans les sites du project ECOFAC en Afrique Centrale. Groupement AGRECO – CTFT. Libreville. Gabon.
OIBT. 2002. Revue annuelle et Evaluation de la Situation mondiale du Bois. ITTO. Yokohama. Japon.
Richard, E. A. 2004. Forest Certification in Gabon. Conducted by Yale School of Forestry and Environmental Studies. Connecticut: New Haven.
Thibault, M. & Blaney, S. 2003. The oil industry as an underlying factor in the bushmeat crisis in Central Africa. Conservation biology 17: 1807 – 1813.
Wunder, S. 2003. When the Dutch Disease met the French connection: Oil, Macroeconomics and forests in Gabon. CIFOR. Bogor. Indonesia.

喀麦隆(Cameroon)

喀麦隆共和国(简称喀麦隆)位于非洲中部，西南濒几内亚湾，西接尼日利亚，东北界乍得，东与中非共和国、刚果(布)为邻，南与加蓬、赤道几内亚毗连。国土面积47.5万km^2，海岸基准线长360 km。人口2 330万人，有200多个民族，主要有富尔贝族、巴米累克族、赤道班图族、俾格米族、西北班图族。法语和英语为官方语言，有众多的民族语言。全国划分为极北、北部、阿达马瓦、东部、中部、南部、滨海、西部、西南、西北10个大区，共有58个省，309个区。

喀麦隆西部沿海和南部地区为赤道雨林气候，北部属热带草原气候。年平均气温24～28℃。按地理环境特点区分，喀麦隆大致可分为5个自然区：西部山区、沿海森林平原、内陆森林高原、阿达马瓦高原、北部热带草原。喀麦隆地理位置和自然条件优越，矿产资源较丰富。已探明的主要矿藏有铝矾土(储量为11亿t以上)、铁矿(约3亿t)、金红石(约300万t，钛含量92%～95%)等。

农业和畜牧业为国民经济主要支柱。喀麦隆素有“中部非洲粮仓”之称，近年来农业生产稳步增长。全国60%的劳动力从事农业。主要粮食作物有小米、高粱、玉米、稻谷、薯类、芭蕉等。主要经济作物有可可、棉花、咖啡、香蕉、油棕等，系世界第六大可可生产国。喀麦隆北部有丰富的草原和水源，因此畜牧业比较发达，主要饲养牛、羊、猪等牲畜。2017年喀麦隆国内生产总值347.6亿美元，人均国内生产总值1 492美元，经济增长率3.7%，通货膨胀率0.5%。

喀麦隆实行贸易开放政策，强调贸易伙伴多样化，同120多个国家和地区有贸易往来，与30多个国家签有贸易协定。2017年进出口总额126亿美元，其中进口额为48.85亿美元，出口额为48.47亿美元。主要出口原油、木材及木材制品、可可豆、棉花等；主要进口机械设备、汽车和拖拉机、钢铁制品、电器等工业产品。欧盟始终是喀麦隆第1大贸易伙伴，占喀麦隆对外贸易总额的50%以上(中国外交部网站，2018)。

一、林业在国民经济中的地位

林业为喀麦隆国民经济支柱产业之一，2005年木材出口2 190亿非洲法郎，占出口总额的13%，是第二大创汇产品(中国外交部网站，2012)。据喀麦隆林业与动物资源部统计，木材业已成为喀麦隆国民经济第三大支柱产业。2013—2015年创造林业岗位数由2.3万增至2.8万个，原木生产直接创造岗位1.2万个。2016年林业总产值13.2亿美元对国内生产总值贡献率达4.1%(FAO，2015)。2013年林业对国内生产总值贡献份额为3.21%(世界银行，2015)。

林业是喀麦隆政府2035年经济增长愿景的基石之一。2012年喀麦隆林业和动物部打算通过促进主要生产环节发展，将林业建设成一个具有竞争力的生产部门。例如，改进和发展木材的第一、二、三次加工；在雅温得和贝图阿建立木材加工产业集群；放宽对企业的限制，以改善木材经营环境。之所以优先考虑木材的深加工问题，是因为这样可以创造更多的就业机会，提高产品的附加值，提升工业化水平。

二、森林及其他自然资源

（一）森林资源

喀麦隆是非洲森林资源最丰富的国家之一，森林面积仅次于刚果民2015年，主共和国和加蓬，为非洲第三森林大国。据FAO《2015年森林资源评估》统计，喀麦隆森林面积为1 881.6万hm^2，占土地面积的39.6%；其他林地面积为1 271.5万hm^2，占土地面积的26.9%。喀麦隆森林立木蓄积共计58.02亿m^3，每公顷蓄积量达308 m^3。其中阔叶林蓄积58.02亿m^3，其他林地立木蓄积共计2.44亿m^3（FAO，2015）。

1. 森林的类型及分布

喀麦隆森林类型大致可分为以下5种：①热带常绿雨林：从西南一带延伸到北界到达雅温得与杨德（位于高原的中南部），森林郁密，层次很多。②山地雨林：喀麦隆西部地势最高，森林垂直变化显著。海拔2 100 m以上为山地雨林，生长高大而形成密实树冠的树木。③热带稀树草原林：内地逐渐为高大乔木树木组成的稀树草原。④沼泽林：延伸于西起里奥德雷、南至莫尼河的整个海岸。这个森林地带具有河口湾、沼泽地及无数河流为特征，而在里奥德雷附近尤其显著。⑤红树林：分布在几内亚海湾沿岸低温地带（徐春富，2001）。

喀麦隆主要有2种主要类型的热带雨林，即低地常绿林（约占总林地面积的54%）和低地半落叶林（约占总林地面积的28%）。喀麦隆商业物种丰富，楝科种类繁多，如沙比利（*Entandrophragma cylindricum*）和良木非洲楝（*E. utile*）等。常绿林可以分为环绕几内亚湾的比夫拉森林和地处喀麦隆南部、东南部的刚果盆地森林二大类。据喀麦隆政府2010年测算，总计有1 280万hm^2的天然永久林区，其中760万hm^2为生产林，520万hm^2为防护林（表1）。

表1　喀麦隆永久森林区分布情况　（万hm^2）

年份	总森林面积	郁闭天然林面积	永久森林区			
			生产林		防护林	总计
			天然林	人工林		
2005	2 101.6	1 998.5	884	1.7	390	1 275.7
2010	1 991.6	16 900	760	1.9	520	1 280

2. 主要树种及用途

喀麦隆有被子植物800多种，300多个树种具有开发价值，其中有桃花心木（*Swietenia mahagoni*）、奥克榄（*Aucoumea moschatum*）、紫檀（*Pterocarpus* spp.）、曼氏乌木（*Diospyros marmorata*）、铁木（*Ostrya japonica*）等珍贵树种。

在 1 881.6 万 hm^2 的森林中，生产性森林面积占 83.2%，水土保持林面积占 2.6%，生物多样性保护林面积占 12.7%，多种用途林面积占 3.8%（FAO，2015）。

3. 森林权属结构

根据林地的所有权，喀麦隆森林分为 3 类。第 1 类是归个人所有的私有林，其数量非常少，主要是个人在其私有土地上栽植的圣诞树等。第 2 类是州政府所有林，也被称作永久林和永久性森林资产（PFE），它包括保护区内的森林和为获得可持续林产品和服务的森林。永久林，特别是进行可持续木材生产林的经营权可以特许给私人公司或个人，但严格禁止将永久林转变成非林地使用。第 3 类是国有林，包括批准给当地居民用于其他用途（如农业生产）的林地上生长的森林。所有的国有林构成非永久性森林资产（NPFE），并根据当地的制度和传统确定经营权（肖翔等，2008）。

据 FAO《2015 年森林资源评估》统计，2010 年，喀麦隆国有林面积达 1 991.6 万 hm^2，即喀麦隆所有森林属国有林（FAO，2015）。

4. 森林资源动态变化

与其他热带国家相比，喀麦隆的净毁林率相对较低，只有 0.14%，每年大概减少 27 万 hm^2。但是与刚果盆地其他国家相比，喀麦隆的毁林却是相对严重的。喀麦隆政府（2008）将砍伐森林和森林退化的原因归纳为：农业活动的开展，包括自给自足的农业和经济作物（例如可可）种植；非法采伐 PFE 之外的木材；薪材的利用，特别是在主要城市；以及采矿业（铝土矿、钴）的发展，导致林区工人数量增加，由此增加了狩猎和其他环境压力。

近 25 年来，喀麦隆活立木生物量中的碳储量呈逐年减少的趋势，由 1990 年的 32.92 亿 t 减至 2015 年的 25.48 亿 t（FAO，2015）。

（二）其他自然资源

喀麦隆动植物资源非常丰富，其鸟类和哺乳动物种类约占非洲的一半。为了保护野生动物，喀麦隆成立了反偷猎全国委员会，负责民众保护生态环境的宣传教育，并建立反偷猎哨所，组织、培训保护野生动物的专业人员。2011 年 4 月 4 日喀麦隆农业发展研究学院（IRAD）和英国皇家植物园联合发布研究报告，指出在喀麦隆现有的 7850 种植物中，有 815 种正濒临灭绝。报告认为，城市化和农业生产等人为活动使生态环境遭到破坏、自然灾害、气候变化等，是导致物种濒临灭绝的主要原因。为此，政府必须加大宣传力度，提高民众环保意识，制止滥砍滥伐等非法行为，否则物种灭绝的趋势将不可避免。

喀麦隆东南为低高原，有大片的沼泽和湿地。喀麦隆湿地保护主要包括中部大区的 MikoaMEyos 湖、西北部大区的 Awing 湖、西南部大区的 Barombi 湖等。

三、林业法规政策

（一）林业法规

喀麦隆于 1994 年颁布了《森林法》。其中明确规定：人人都有保护森林的权利和义务，明确规定生产林的管理职责和范围，允许将国有林出租给个体经营；对南部地区的森林实施分类经营；明确划分农业、林业、矿产和工业用地；全国规划 90 个森林经营单位为森林持续生产部门，森林规划每5年调整1次；制定利用外资发展林业的计划。

《森林法》第71条第1款规定：自本法颁行之日起5年过渡期内，70%带皮原木须在国内加工；过渡期结束后，禁止带皮原木出口，所有带皮原木须由国内企业进行加工。该条第3款规定，未经加工的林产品在出口前，必须向喀麦隆林业和动物资源部申请出口许可证，并交纳一定税金，出口量越大，税率越高。

1999年8月，受经济危机影响，喀麦隆总统签发总统令，将第71条条款修改为：自本法颁行之日起5年过渡期内，70%带皮原木须在国内加工；过渡期结束后，禁止带皮原木出口，所有带皮原木须由国内企业进行加工。不过，为推动发展部分树种，在交纳一定税金后，部分带皮原木仍可继续出口，此类树种的种类、出口税率、实施法则通过法规形式确定。

2012年11月9日，喀麦隆林业和动物资源部宣布，自即日起在全国范围内暂时禁止采伐非洲花梨和非洲鸡翅木2个树种。对于已经采伐的这2个树种，相关责任人限1个月内向林业部有关部门申报登记。

（二）林业政策

2005年喀麦隆环境与自然保护部(MINEP)和林业与动物资源部签署林业与环境政策协议，明确了喀麦隆森林资源可持续管理的基本原则。喀麦隆的森林政策和战略主要体现在以下几个方面(喀麦隆政府，2005)：

(1)加强森林可持续管理，创建永久林和永久性森林资产。

(2)通过缴纳给村议会的部分税收收入，创造就业机会和鼓励社区林业发展以促进经济增长和减贫。

(3)参与式管理，通过与民间团体和私营部门进行协商，提高农村人的森林生态意识，并与国际社会保持长期对话。

(4)建立全国保护区网络进行生物多样性保护。

(5)提高公共部门的监管能力，将生产功能转移到私营部门。

(6)履行国家签署的国际公约，细化地方层面涉及私营部门管理的法律。

(7)通过分区规划，统一协调区域管理。

(8)通过提高透明度和向公众系统地传播信息。

2009年11月10日，喀麦隆林业与动物资源部和喀麦隆森林地区协会(AFCAM)签署合作协议，共同管理和保护喀麦隆的森林资源。根据双方签署的合作协议，喀麦隆森林地区协会将在林业与动物资源部的支持下，实施一系列的森林资源保护计划，包括对各地区的森林资源进行分类、保护并合理开发，在部分地区开展退耕还林工作等。协议的另一项重要内容是促进林区的社会经济发展以使当地社区从森林资源合理开发中直接获益。该协议是喀政府在实施国内森林资源可持续管理方面迈出的重要一步。

2010年5月初，欧盟和喀麦隆政府就木材贸易达成了《自愿合作伙伴关系协议》。协议规定，喀麦隆国内市场上的木材以及出口到欧盟成员国和世界其他国家的木材中，不得含有任何非法木材。2011年12月，喀麦隆首个VPA认证产品面世。在签署该协议的同时，喀麦隆政府也已着手落实一项全面规划，旨在加快改革进程，强化对林业的管理。根据协议，欧盟市场将不接受喀麦隆的非法木材，欧盟将对喀麦隆提供技术协助，帮助喀麦隆改善木材检验制度。

2012 年 10 月 4 日喀麦隆与欧盟签署关于实施森林法律法规、治理和贸易的自愿合作伙伴协议(APV - FLEGT)。该协议旨在加强林业治理、推介喀麦隆木材形象和提高喀麦隆在国际木材市场上的竞争力。预计协议将于 2013 年开始实施。上述自愿合作伙伴协议的目的是要提供一个更加严密的法律框架，以确保协议所涵盖的、来自喀麦隆并销往欧盟的所有木材及其加工产品都是合法生产或获得的。

喀麦隆是《雅温得宣言》的签约国及中非森林管理委员会的成员国。

四、林业机构与管理体制

喀麦隆的林业主管部门为林业与动物资源部(MINFOF)。该部负责起草制订国家森林及野生动物管理的相关政策并进行落实，负责国内森林的保护与管理、实施造林、开展森林资源清查、监督森林开发和利用、森林执法、协调林业相关机构工作，此外还负责植物园的规划与管理，履行森林和野生动物国际公约并野生动物狩猎。

林业与动物资源部下设 3 个技术局：一是森林总局，负责森林管理、存量、执法、造林以及社区林业；二是推广及变革局，涉及木材加工业、非木质林产品、森林资源清查和木材认证；三是野生动物和保护区管理局，负责管理保护区。林业与动物资源部遍布全国的 58 个省份，2011 年总员工达 930 人，其中总部 101 人，森林工程师 220 人，农学家和技术工程师 25 人。

为应对全球气候变化的挑战，保护国内林业资源并保证其再生，喀麦隆政府专门成立了国家林业与发展署(ANAFOR)。该署为半官方的技术机构，直属于喀麦隆林业与动物资源部，主要职责是通过在喀麦隆全国范围内推动环境保护并对自然资源进行可持续经营，保证国内森林资源的可再生，推动农民、社区及私营部门参与人工林营造，使喀麦隆成为绿色环保国家。ANAFOR 的主要任务是扩大植树面积、防治土地沙漠化。

五、森林经营与管理

（一）森林管理

1. 生产性森林

《森林法》为喀麦隆森林可持续经营奠定了基础，规定了长期森林管理计划和简单森林管理计划，设立特许权条款，建立森林大队和检查委员会对森林资源进行管理控制。喀麦隆通过特许经营和政府、企业签订的木材许可合同对商业林进行管理。森林采伐森林经营单位为基本单位，最大规模限制为 20 万 hm^2，通过公开招标进行分配(ITTO，2006)。1998—2007 年喀麦隆陆续引入森林经营单位归属权及经营相关的一系列系统招投标、经营管理理念。2005 年 72 个森林经营单位中有 32 个实施了管理计划。

目前，与大多数热带国家相比，喀麦隆实行森林管理计划的生产性森林所占比例已经很高。2009 年 103 个森林经营单位总面积高达 610 万 hm^2，其中 74 个森林经营单位实行了森林管理计划，并有 41 个实行森林管理计划超过 5 年。在这 5 年内，受管理的森林经营单位内非法采伐及侵占林地等现象得到有效扼制。除了通过特许经营权将生产性森林划批给工业投资者外，还有7种形式的木材采伐合同，如社区森林合同和市政合同。例如，社区可以使用简化森林管理计划管理社区森林用于木材或非木材生产。2008年6个占地面积约14.1万hm^2的市政森林被划批，其中4个完全执行森林管理计划。177份社区森林合同划批出63.2万hm^2的森林，其中143个(54.6万hm^2)执行简化森林管理计划。

2. 森林认证

2005年以前，喀麦隆还不存在经过认证的林地。近年来，第三方认证发展迅猛。2010年6月已有五大特许经营林区获得了FSC森林管理认证，这五大林区分别为Lokoundjé(6.9万hm^2)、SFIL Decolvenare(70 912hm^2)、TRC(12.55万hm^2)、Palissco(34.17万hm^2)、Cafeco Wijma(7.18万hm^2)和Wijma(9.7万hm^2)。另外有120万hm^2的森林经营单位正在认证过程中。

自2005年起，喀麦隆和其他ITTO会员国一起参与了区域ITTO项目，该项目旨在帮助会员国提高能力建设以在非洲ITTO会员国之间实施ATO/ITTO非洲热带天然林可持续经营，并达到其原则、标准与指标要求，项目的推进大大提升了喀麦隆的森林认证进程。

（二）森林采伐

喀麦隆林业资源管理采取林业许可证制度，由林业主管部门依照林区作业手册对采伐进行管理(吕兰旭等，2010)：

(1)每伐一棵树都要做到双向挂号，即在树根和树身上挂同一样的编号，当地政府派人监督合作。伐倒木分段时也要标明每节每段(即每段木材都标有公司代号、树种代号、节数代号、径级等)方可运输。

(2)要用油锯伐木，禁止火烧木，保护林木和林地。

(3)伐木时要控制好树倒方向，避免搭挂和砸伤林木。

(4)架桥木可以采但不允许销售，采用桥梁木时应按架桥木处理，架桥横梁木的使用公司必须交一定的费用。

(5)所要采伐的森林地块边界线要标有边界挂牌标志。

(6)开发公司每年采伐的森林面积应控制在2 000 ~7 500 hm^2。

(7)森林中所开辟的林道，应上报情况，尽可能减少林木破坏，不能乱改河流方向，河流边缘尽可能避免伐木或不伐木，保护好森林环境。

(8)防虫药品应按规定使用，不能乱用，防止污染。

(9)采伐工作中禁止打猎，保护野生动物。

(10)有关费用及税收，每年按每公顷交1 100中非法郎，并向村里缴纳每公顷50中非法郎，伐木税、出口税按有关规定及时缴纳，并根据当地政府的要求，做一些福利工程。

2011年年初，喀麦隆政府取消了72个非法木材经营者资格。目前，喀麦隆允许采伐森林面积约650万hm^2，已发放林业许可证约100个，其中45%发放给了喀麦隆国籍投资者，外国投资者占55%。

（三）人工林发展

喀麦隆政府十分重视植树造林工作，采取许多措施发展林业，其中一项是采用速生树种造林(如桉树、山毛榉等)，对林地进行施肥、除草、防病虫害等集约栽培措施。目前，中央大区、东部大区、滨海大区、南部大区和西南大区是喀麦隆5个主要林业大区，可采伐面积达1 400万 hm^2。

1994年以来，政府颁布相关法令，推行植树造林政策，其中包括“乡村林业支持项目”(PAFRA)和“国家植树造林规划”(PNR)。PAFRA项目自1998年启动以来，截至2005年，累积植树造林2万 hm^2。2006年，PNR规划接替PAFRA项目，截至2009年累积植树造林20 706 hm^2。但是也有人认为，由于投资不力，PNR规划没有收到预期效果。自2011年起，喀麦隆政府将开始实施“国家森林种植规划”，旨在通过创立基金、提供大量优质树种等方式，为植树造林提供资金支持和政策扶持。

2012年5月喀麦隆国家森林扶持与发展局(ANAFOR)与喀地方政府签署了植树造林促进项目协议。该项目为期5年，总投资54.3亿非郎，其中75%由国家森林扶持与发展局出资，其余25%由地方政府自筹，计划植树造林2.5万 hm^2。

(四)森林保护

自1996年开始实施森林许可证以来，喀麦隆的森林资源得到了保护和发展，国家规范了森林的采伐和利用，改善了伐木工人的生活条件，增加了收入，打击了非法采伐活动，地方政府也从中获得收益，生态环境得到改善。在政府森林保护和植树造林方针的指导下，截至2003年年底，喀麦隆累计恢复森林面积37 621 hm^2，植树造林20 706 hm^2，预计到2012年造林面积还将增加15 000hm^2。

喀麦隆约有520万 hm^2 的郁闭林和稀树草原属于IUCN的Ⅰ～Ⅳ类保护区，其中包括15个国家公园、6个野生动物保护区、4个野生动物庇护所和77个森林保护区。另外有876 000 hm^2 的生产性森林经营单位被预留做保护区。2010年中旬，7个国家公园和1个野生动物保护区已经执行了管理计划，2个跨国保护区受到ITTO的支持，他们分别是Lobéké国家公园和涉及喀麦隆、刚果和加蓬三国的Dja－Odzala－Minkébé保护区。

自2005年以来，喀麦隆的森林保护取得了巨大进展。欧盟的中部非洲生态系统项目(ECOFAC)自1992起对喀麦隆的Dja生物保护区提供支持，其总面积53万 hm^2，在MINFOF注册的9个特许经营区(90万 hm^2)经营状况良好。

2009年11月10日是“中非地区森林日”，喀麦隆林业与动物资源部当日与喀麦隆森林地区协会(AFCAM)签署合作协议，共同管理和保护喀麦隆的森林资源。根据双方签署的合作协议，喀麦隆森林地区协会将在林业与动物资源部的支持下，实施一系列的森林资源保护计划，包括对各地区的森林资源进行分类、管理和合理开发，在部分地区开展还林工作等。协议的另一项重要内容是森林地区的社会经济发展可以从每年森林资源合理开发中直接获益。该协议是喀政府在实施国内森林资源可持续管理方面迈出的重要一步。

六、林产品生产、加工与贸易

(一)林产品生产和消费

为了充分发挥本国的森林资源优势，缓和国内严重的经济危机，喀麦隆政府采取灵活的政策，制定优惠的措施，吸引外国公司到喀麦隆开发森林，发展本国木材加工业。2016年喀麦隆生产原木1 425.75万 m^3，其中工业原木383.19万 m^3，占比26.9%。喀麦隆近十年间原木及锯材的生产量均成逐渐增长趋势(表2)。

表2　2008—2016 主要林产品产量

（万 m^3）

林产品	2008	2010	2012	2014	2016
原木	1 189.85	1 225.39	1 213.57	1 350.88	1 425.75
其中：工业原木	216.60	234.80	205.50	324.70	383.19
锯材	86.00	92.20	101.50	102.20	102.20
人造板	10.30	8.90	6.20	4.73	5.30

资料来源：FAOSTAT，2018。

（二）林产品贸易情况

喀麦隆自然条件优越，森林资源丰富，是世界主要木材出口国家之一，木材是喀麦隆重要的出口物资。2009 年 ITTO 报告显示，喀麦隆木材的内外销比为 2.4∶1，同时向邻国的乍得、尼日利亚和苏丹等国家提供木材。2011 年喀麦隆为排名第 10 的热带木材出口商(2005 年排名第 7)，在非洲 ITTO 成员国中仅次于刚果成为排名第 2 的木材出口国。主要出口地为欧盟(占木材总出口额的 60%)和亚洲(22%)。喀麦隆林产品贸易以出口为主，出口林产品主要为原木、锯材及人造板，2008—2016 年喀麦隆主要林产品的出口量。2016 年喀麦隆出口原木 107 万 m^3，出口锯材 63.52 万 m^3(表3)。

表3　2008—2016 年喀麦隆主要林产品进出口额

（万 m^3，万 t）

	林产品	2008	2010	2012	2014	2016
进口量	工业原木	0.68	0.08	0.10	0.07	0.09
	锯材	0.22	0.00	0.01	0.02	0.02
	人造板	0.10	0.08	0.10	0.16	0.11
	纸和纸板	4.88	4.49	4.69	5.35	5.52
出口量	工业原木	36.39	70.23	85.21	105.12	107.00
	锯材	63.26	61.44	74.61	55.04	63.52
	人造板	4.36	3.44	4.18	3.62	3.90
	纸和纸板	0.00	0.18	0.20	0.27	0.06

资料来源：FAOSTAT，2018。

喀麦隆的原木主要出口至中国、越南、印度、土耳其、法国及意大利等国家，其中中国一直是喀麦隆原木最大的出口目的国，2008 年原木出口至中国的金额占喀麦隆原木总出口额的 80.3%，创历史新高。喀麦隆出口至越南的原木急剧增长，越南一度成为喀麦隆原木第 2 大出口目的国。

七、林业科研与教育

有诸多机构在喀麦隆从事森林研究工作，例如农业研究发展研究所(IRAD)、世界混农林业中心(ICRAF)、国际林业研究中心(CIFOR)和热带农业国际研究所(IITA)等，另有本地大学及学院开展林业科研教学，如德尚和雅温得的大学、姆巴尔马约林业学校、加鲁阿野生动物学院以及地方的农业教学中心等。

八、分析与借鉴

（一）主要问题

喀麦隆森林是刚果盆地热带雨林的重要组成部分。但是，由于非法采伐使喀麦隆的林业资源浪费、流失严重。该国负责森林和野生动物事务的部门在2005年底公布了一份报告，列举了70种非法采伐行为，其中32种是2005年新出现的。在这些非法采伐行为中，最普遍的一种就是"在许可证规定范围之外的国有林地进行采伐"。在许可证所涉及的一些林地，界标体系并不完善，因此"越线"采伐非常普遍。据非政府组织"透明国际"估计，目前喀麦隆境内有40%的采伐企业正在实施或曾经实施过这种行为。此外，一些采伐者在许可地域内砍伐禁止采伐的树种。还有不少企业超过许可证限量采伐木材。

目前，喀麦隆的森林可持续管理存在着几大问题：一是缺少有关森林和野生动植物保护的国家控制策略；二是法律法规的不完善；三是组织不力，管理能力欠缺，执行森林法不严；四是林业装备缺乏；五是相关部门间合作较差。

（二）借鉴

（1）喀麦隆对原木出口的管理越来越严格，禁止原木出口的政策将对包括我国在内的原木进口国产生不利影响。

（2）尽管喀麦隆已经实施禁止原木出口政策，但其国内木材加工企业经营规模较小，加之投资不足、技术落后等原因，这也给喀麦隆的林业产业带来了负面影响。因此，引入国外资金、技术和设备，加快木材加工业发展，将是未来的必然发展方向。

（3）扩大与国外企业的森林开发合作，也是喀麦隆林业发展的方向之一。如购置林地开采权、加大投资力度、提高森林培育技术、发展加工企业等。

（胡娜娜　何璆　罗信坚）

参考文献

吕兰旭，李孝忠，徐文国.2010. 喀麦隆的林业政策及对我国的借鉴意义[J]. 黑龙江生态工程职业学院学报，23(1)：66，116.

肖翔，陆文明.2008. 从政府作用角度看喀麦隆的森林认证[J]. 世界林业研究，21(5)：64－67.

世界林业．喀麦隆共和国林业[EB/OL].(2012－6)
http：//www. forestry. gov. cn/portal/main/map/sjly/kamailong/index. html.

中华人民共和国外交部．国家和组织．喀麦隆国家概况[EB/OL]. http：//www. fmprc. gov. cn/chn/pds/gjhdq/gj/fz/1206_ 21/.

中华人民共和国驻喀麦隆共和国大使馆经济商务参赞处.(2010-04-29)
http：//cm. mofcom. gov. cn/index. shtml.

Fiftieth Anniversaries of theIndependence and Reunification of Cameroon. Ministry of Forestry and Wildlife in Cameroon [EB/OL].
http：//www. cameroon50. cm/en/component/content/article/148-administration/228-ministere-de-la-foret-et-de-la-faune-au-cameroun. html.

Food and Agriculture Organization of the United Nations. 2007. FAO Yearbook of Forest Products 2001 －2005[R].

FAO Forestry Series No. 40.
Food and Agriculture Organization of the United Nations. 2012. FAO Yearbook of Forest Products 2006 – 2010[R]. FAO Forestry Series No. 45.
Food and Agriculture Organization of the United Nations. 2011. Global Forest Resources Assessment 2010[R]. FAO Forestry Paper 163.
Food and Agriculture Organization of the United Nations. 2011. State of the World's Forests 2011[R]. The International Year of Forests.

刚果(金)(Democratic Republic of the Congo)

刚果民主共和国，简称刚果(金)，地处非洲中部，有“非洲心脏”之称，因一半以上刚果盆地热带雨林位于该国境内，亦有“地球第二肺”的美誉。国土面积234万km^2，2016年总人口约7 970万。其中，城镇人口占30%，农村人口占70%。全国有254个部族，分属班图、苏丹、俾格米3个人种。其中班图人种占全国人口的84%。官方语言为法语，地方语言约250多种，50%居民信奉罗马天主教。全国划分为10个省和首都金沙萨1个直辖市。货币刚果法郎，简称刚郎。

地形主要为高原，约77%的土地在海拔1 000 m以上。北部属热带雨林气候，南部属热带草原气候。年平均气温27℃，年降水量1 500～2 000 mm。

1993—2003年期间，刚果(金)陷入战乱。战乱结束后，该国宏观经济总体上保持平稳增长，2006—2011年GDP年均增长率保持在6%左右。2015年GDP总量345亿美元，人均GDP 494美元，经济增长率7.2%，通货膨胀率1.3%，外债69.89亿美元，属于低收入国家。

出口商品以初级产品为主，矿产品占出口贸易的比重高达98%，主要出口钴、铜、原油、钻石、农林产品，进口粮食、日用消费品、机电产品、各类原材料等，刚果(金)传统的主要贸易伙伴是南非、比利时、美国、中国、法国、赞比亚、肯尼亚等。据刚果(金)中央银行提供的统计数据显示，2017年，刚果(金)进出口总额为217.99亿美元，其中进口109.78亿美元，出口108.21亿美元，贸易顺差1.57亿美元。2017年对外贸易中占前5位的出口贸易伙伴分别是中国、赞比亚、意大利和比利时；前5位的进口贸易伙伴分别是南非、中国、比利时、赞比亚好比利时(中国外交部网站，2018)。

一、林业在国民经济中的地位

林业在刚果(金)具有重要地位，根据世界银行统计数据，2016年刚果(金)林业对GDP的贡献率高达19.12%。在有统计的林业部门，就业人数约1.5万人，其余的林业生产部门没有就业统计数据。林业税收政策规定，涉林税收50%以上需要上缴国库，有的税种上缴比例甚至高达100%，林业税收约385万美元。除了矿业，政府把林业确定为第2大经济支柱，同时把林业作为国家减贫战略中的主要减贫部门。可见林业部门在该国经济发展中地位的重要性(FAO，2015)。

二、森林及其他自然资源

（一）森林资源总量

刚果(金)整个国家位于刚果盆地内，森林资源十分丰富。据FAO《2015年全球森林资源评估报告》，刚果(金)森林面积为1.53亿hm^2，约占非洲森林总面积的23%，森林覆盖率为67%，人均占有森林面积2.2 hm^2。森林蓄积量351亿m^3，平均每公顷森林蓄积量230 m^3。其中，8 000万hm^2森林可供商业采伐，木材年均可伐量600万m^3，但目前仅开采62万hm^2。2015年生物质碳储总量194亿t，2010—2015年间年均减少3 960万t，年递减率为0.2%，每公顷碳储量127 t。

刚果(金)森林几乎全部是天然林，2015年人工林面积仅为6万hm^2，所占比例几乎为零。在天然林中，原始林为1.03亿hm^2，约占67%；天然次生林0.50亿hm^2，占33%。(FAO，2015)

（二）森林资源结构

刚果(金)的森林分为热带常绿雨林、山地雨林、热带稀树雨林和沼泽林(表1)。热带常绿雨林生长在中部和西部地区，约占50%以上，约有5%的山地雨林。在中央盆地生长着5%的沼泽林，特有树种有德米古夷苏木(*Guibourtia demeusei*)、沼泽非洲楝(*Entandrophragma palustre*)和藤黄属(*Garcinia*)等。刚果(金)拥有世界上最大的连片沼泽林。永久水淹沼泽林几乎由棕榈科酒椰单一树种构成。虽然刚果(金)只有42km的海岸线，但刚果河两旁生长着约19.3万hm^2的红树林(ITTO，2011)。

表1　刚果(金)不同森林类型面积及所占比例

森林类型	森林面积(万hm^2)	所占比例(%)
热带常绿雨林	8 370	54
山地雨林	700	5
沼泽林	820	5
热带稀树草原林	2 860	18
干旱林	2 800	18

数据来源：De Wasseige 等(2009)。

森林树种约有256种，名贵优质树木较多，乌木、金柚木、非洲柚木、沙比利、大鸡翅木、巴花等。有78个树种可供采伐利用，但目前仅采伐利用了40多个树种。

刚果(金)树木的生长期一般为200年左右，90～110年生的树木胸径可达70 cm，且很少有空心和树节。所产木材大多属于物理性能良好的硬木。木材颜色丰富，有带条纹的黑木，颜色深浅不同的各种红木、黄木和白木。为了保护林木资源，政府规定，只能采伐直径60 cm以上的树木。

按照森林功能划分，刚果(金)森林中生产林占5%，生物多样性保护林占17%，森林功能不明确的占78%。

按照用途划分，刚果(金)森林可分为多用途林(classified forests)、保护林和永久生产林3大类。其中多种用途林包括完全天然保留地、国家公园、动植物园、动物保护区和狩猎区、生物圈保留地、娱乐林、供研究用的森林、城市森林等。2010 年全国有 14 个严格自然保护区(IUCN 类别Ⅰ)、14 个国家公园(IUCN 类别Ⅱ)和 22 个狩猎区(IUCN 类别Ⅵ),共计 2 630 万 hm^2。

刚果(金)法律规定,土地属于国家所有。根据 2009 年刚果(金)政府统计,该国热带林地面积 1.12 亿 hm^2,其中,永久性森林地产 3 820 万 hm^2,只有 8 000 hm^2 为个人、公司和其他团体所有的私有林。该国《森林法》规定,国家拥有森林所有权,公民只有森林的使用权。

(三) 森林资源动态变化

由于近 20 年的战乱,国内及周边国家掠夺性开发森林资源,毁林和非法采伐致使刚果(金)森林资源破坏相当严重,森林面积呈逐年递减的趋势。据 FAO 2015 年全球森林资源评估统计,1990—2000 年、2000—2005 年、2005—2010 年、2010—2015 年期间森林资源年均递减率均是 2%。但从刚果(金)毁林和土地退化的实际情况看远远超过这个递减率。1998—2003 年战乱期间,数百万难民逃进林区,火烧森林开垦土地和种植农作物对森林生态造成了很多的破坏。据 FAO 调查显示,刚果(金)热带雨林正在以每年 30 万 hm^2 的速度在减少。

(四) 其他自然资源

刚果(金)动植物资源非常丰富。拥有植物 10 531 种,其中种子植物 8 867 种(其中 1 337个为外来物种)。野生动物包括哺乳动物 421 种,鸟类 1 099 种,陆地无脊椎动物 456 种,水生无脊椎动物 1 782 种,淡水鱼 1 000 种。

刚果(金)拥有丰富的湿地资源,湿地面积约 744 万 hm^2。为了保护湿地资源,刚果(金)1996 年申请加入国际湿地公约,至今有 3 处湿地入选国际重要湿地名录。

三、林业法规政策

(一) 林业发展规划

2003 年刚果(金)环境、自然保护和旅游部(MECNT)与 FAO 国家林业计划基金(NFP)签订伙伴关系协议,启动了首个社区林业发展规划,主要目标是通过发展社区林业减少贫困。之后又启动了森林和自然保护国家计划(PNFoCo),主要目标是优先恢复战争中被毁坏的国家公园和世界文化遗产保护地,扩大保护区面积,将国土面积的 15%(约 3 500 万 hm^2)确定为保护区。

2004 年刚果(金)与 FAO 国家林业计划基金签订伙伴关系协议,启动刚果(金)国家林业计划,建立了国家林业信息平台,制定了土地利用规划。

(二) 林业政策

近年来,刚果(金)主要采取了两大政策举措,目的是明确和强化林权,增加林业收益。第 1 个举措是,在 2002 年出台了新的《森林法》,积极推动基层森林经营,强化社区参与;第 2 个举措是,延缓并重新审查所有特许权合同。

为了保护森林资源,刚果(金)政府也制定了鼓励木材加工产品出口,限制原木和大方材出口的政策。政府规定,原木出口公司必须拥有正常投入运营的木材加工厂,对每个公司年原木出口数量实行限额管理。在出口税收方面,也体现了该国政府鼓励木材加工产品出口、控制原木出口的政策。在刚果(金)原木出口税最高，依次为锯材、旋切薄木、胶合板。加工附加值越多的产品，出口税越低。原木出口除了要征收高额商业税和商检税外，还需具备以下手续：①环境部颁发的“恢复森林资源基金会账户”，当地称为“A 账户”；②伐木许可证；③出口许可证；④出口定额；⑤提供木材发票；⑥银行担保；⑦商检局检验证明。

刚果(金)林业税收政策规定，涉林税收 50% 以上上交国库，有的税种比例甚至高达 100%。税种包括：①特许林地面积税：该税收 40% 交木材和林产品产地的地方行政部门，60% 交国库。②采伐税：税率根据森林树种的等级和开采地区而变化。其中，该税收 50% 交国家森林基金，50% 交国库。③出口税：原产品的出口税率比加工产品的出口税率高。该税收 100% 交国库。④伐光树木税：税率和每公顷植树造林价相符。其中，该税收 50% 交国库，50% 交国家森林基金。⑤植树造林税：税率为每公顷植树造林价的 10%。该税收 100% 交国家森林基金。

（三）林业法律法规

刚果(金)主要的林业法律就是 2002 年在世界银行援助下制订的《森林法》。《森林法》中明确规定，所有森林属国家所有，当地居民和森林特许权持有者只拥有利用森林的各种权利。例如，当地居民可以采集林产品，经省级政府许可，也可以在 2 hm^2 以上的森林内进行农作物轮作(de Wasseige 等，2009)。社区和直辖市在其管辖范围内对森林有传统的使用权利，并成为这类森林的长期特许经营者。该法还对如何保护森林、森林使用权、森林开采与转让以及惩罚条例等做出了明确规定。

四、林业机构与管理体制

刚果(金)环境、自然保护和旅游部(MECNT)负责林业行政管理，员工 840 人。2009 年进行了机构改革，业务部门从 24 个减少到 12 个。环境、自然保护和旅游部包括 3 大林业行政管理部门：①森林经营理事会，负责监测森林经营和采伐；②森林调查与规划司，负责森林资源调查和制定森林经营计划；③自然保护司，负责生物多样性保护和执行有关的国际公约。此外，环境、自然保护和旅游部还设有刚果(金)自然保护研究所(ICCN)，全面负责保护区和国家公园内野生动植物的保护，有 2 000 多名员工。

刚果(金)最重要的林业管理体制是工业用材林特许权管理制度。工业用材林特许权是通过招投标或双方协议的方式授予的开发利用森林资源的权利。特许权期限长达 25 年，并可以延长。森林特许权的最大面积是 50 万 hm^2。2003 年约 2 000 万 hm^2 用材林被用于商品林开发，但 2004 年政府暂停了森林特许权的发放，并依据《森林法》中有关环境、森林经营和社会方面的规定对已发放的森林特许权进行了审查。2005—2009 年通过多利益方参与的方式和法律评估程序开展了把旧森林特许权转换为新森林特许权的工作。2009 年共有 156 个旧森林特许权的转换申请提交给政府，但其中仅有 65 个得到部长间委员会的批准。未被批准的旧森林特许权被视为非法并予以取消，森林特许权涉及的森林面积由原来的 2 000万 hm^2 降至 1 000 万 hm^2。政府将有关森林特许权的完整信息以报告和上网的方式公布于众，增加了透明度，显示出林业部门负责任的态度，为森林可持续经营奠定了基础。

五、森林经营与管理

(一) 森林经营与管理

刚果(金)正在致力于按照森林可持续经营的标准和指标推进森林经营。2010 年 12 月刚果(金)在世界自然金会(WWF)和国际热带木材组织(ITTO)帮助下，根据 ATO(非洲木材组织)/ITTO 非洲热带天然林可持续经营原则、标准和指标(PCI)制定了用于监督森林可持续经营的原则、标准和指标。

刚果(金)营造人工林的目的是生产木材、薪材和防止土壤侵蚀。据刚果(金)政府估计，人工林面积约 6.7 万 hm^2，主要造林树种是桉树和相思树。近 3 年来，在清洁发展机制(CDM)和社区林业制度下又新营造了 2 500 hm^2 人工林，计划到 2012 年年底新营造 8 000 hm^2 社区人工林。

在永久用材林中，2010 年天然林可采面积 910 万 hm^2，其中 70% 以上具有经营计划；在 6.7 万 hm^2 人工林中，60% 以上具有经营计划。

(二) 森林与生态保护

1. 森林防火

刚果(金)几乎没有火灾及其他灾害的统计数据。为了预防和扑救森林火灾，国家和地方森林主管部门采取下列措施：①在某些地区特别是受火灾威胁的地区设立观察哨所；②组织、培训消防人员，并动员和培训当地居民参与森林防火活动；③禁止在沼泽地里和沼泽地边缘森林 500 m 以内范围点火。也禁止在沼泽地多种用途林的公路两侧点火；④除了整治需要，绝对禁止在完全天然保留地和国家公园里点火。

刚果(金)有一年一度农业烧垦的习俗，已经延续了几百年，甚至数千年。即每年的 5 月前后是该国的农业燃烧季节，会有数百处森林燃烧的火点，用于开垦新的农耕地，它不一定立即造成火险。但它对空气质量和公共健康造成了很大的危害(FAO，2006)。

2. 生物多样性保护

刚果(金)拥有丰富多样的森林生态系统和树种。在 1.05 万个已知的植物种中，其中 1 337 种被认为是特有种。刚果(金)森林中有 700 多个树种、415 种哺乳动物和 1 086 种鸟类(ITTO，2006)。在森林中发现的 23 种哺乳动物、20 种鸟类、14 种两栖动物、1 种爬行动物、2 种节肢动物和 17 种植物在 IUCN 濒危物种红色清单中被列为易危、濒危或极危物种(IUCN，2011)。

野生动物肉在农村和城市都有巨大的市场需求，由此导致偷猎现象频发，对野生生物构成严重威胁。森林中大象数量已经从 1980 年前的 30 万只减少到 2000 年的不到 5 万只(ITTO，2006)。8 个植物种被列入《濒危野生动植物种国际公约》附录Ⅰ，35 个植物种包括树种大美木豆(*Pericopsis elata*)和非洲李(*Prunus africana*)被列入附录Ⅱ(UNEP－WCMC，2011)。

(三) 森林采伐管理

与很多严格禁止原木出口的国家不同，刚果(金)政府允许合法采伐的原木出口。在刚果(金)必须获得环境部门签发的采伐许可证才能采伐，采伐证主要有 2 种：一种是手工采伐证，只有刚果（金）当地自然人才能申请，每人每年只能拥有2份许可证，每份每年采伐量不得超过350 m^3。如果是鸡翅木等濒危树种，还需另行申请许可。第2种是工业采伐证，这种证件截至2012年年底共签发了43份，全部为西方企业或当地大商人所有。依据法律规定，这些证件是2002年颁布《森林法》之前即已拥有林权证进行重新认定和转换的。目前，此类证件暂不对外发放。

在刚果（金）多种用途林中，禁止修剪树木的枝杈和在采伐迹地上耕种。在河流两边50 m内和水源周围100 m内禁止砍光树木。禁止砍伐、拔掉和毁坏保护树种。为了保护森林的生物多样性，林业主管部门可以在已经特许的林地上保留某些树种。

皆伐者必须补种或为种植同等面积和质量的树木支付费用。

任何人均不得随意为了矿业、工业、城市化、旅游、农业或其他需求皆伐森林，必须事先征求地方林业部门，地方林业部门将根据调查研究提出意见。采伐森林面积在2 hm^2或2 hm^2以上时，必须事先办理采伐许可证。采伐森林面积在10 hm^2及以下时，许可证由省长签发；10 hm^2以上由部长签发（ITTO，2011）。

六、林产品生产、加工与贸易

（一）林产品生产与加工

总体来看，刚果（金）木材工业比较落后，只有少数木材企业生产水平较高。全国有大小38家木材生产企业，较大的木材企业仅有4家，即扎德森林工业公司、华茂公司、索金艾克斯公司和艾蒂毕公司。其中，扎德森林工业公司是刚果（金）最大的木材企业，也是非洲最大的木材公司之一。华茂公司是中国独资经营的公司，其前身是美国人和比利时人合资兴办的。由于经营不善，于1988年卖给中方的。索金艾克斯公司和艾蒂毕公司规模同华茂公司差不多。木材加工企业生产的主要产品有原木、锯材、旋切单板、刨切单板和胶合板。

由于基础设施和生产加工技术落后，刚果（金）在世界木材市场上无足轻重，林产品生产量十分有限，主要生产原木及少量锯材、人造板、纸和纸板（表2）。

表2　刚果（金）2011—2016年林产品产量　（万 m^3，万 t）

林产品	2011	2012	2013	2014	2015	2016
工业原木	461	461	461	461	461	461
锯材	15	15	15	15	15	15
人造板	0.4	0.4	0.4	0.4	0.4	0.4
纸和纸板	0.3	0.3	0.3	0.3	0.3	0.3

资料来源：FAOSTAT，2017。

（二）林产品贸易

从表3可以看出，2011—2015年刚果（金）林产品进口量很少。刚果（金）十分重视发展本国的木材工业，限制原木的出口，将原木产量的50%用于就地加工，努力增加胶合板、锯材和单板等木材制品的出口量，努力争取国际木材市场份额。为了限制原木出口量，刚果(金)木材出口需获得环境部发放的采伐证、销售证、购买证及出口配额，且征收6%的关税。

表3 刚果(金)2011－2016年林产品进口量 (万 m^3，万 t)

林产品	2011	2012	2013	2014	2015	2016
工业原木	0.1	0.1	0.3	0.1	0.1	0.1
锯材	1.0	0.3	0.5	0.1	0.1	0.1
人造板	0.2	0.3	0.7	0.3	0.2	0.1
纸和纸板	2.1	1.1	1.3	1.5	0.1	1.0

资料来源：FAOSTAT，2017。

七、林业科研与教育

刚果(金)主要的林业科研机构是成立于1948年、位于金沙萨的国家农业研究所，以及本加米萨农业研究所。没有国家级的林业大学，只是在基桑加尼大学和金沙萨大学内设有林业课程(施昆山，2001)。

八、林业国际合作与交流

在国际上刚果(金)是受援国，主要通过国际机构的财政援助开展林业重建工作。与刚国(金)林业部门存在合作关系的国际机构有世界银行(WB)、欧盟(EU)、非洲开发银行(ADB)、全球环境基金(GEF)、联合国开发计划署(UNDP)、世界保护监测中心(UNEP－WCMC)，这些机构对刚果(金)的森林经营改革给予了支持。还有一些国际非政府组织，包括"保护国际"基金会、国际野生生物保护学会(WCS)和WWF也参与了刚果(金)的林业改革和森林保护活动。2010年年初，SGS的林业监测计划部与刚果(金)环境、自然保护和旅游部签署了一个5年合同以制定一个综合的森林监控系统，用于对森林采伐、监管链和林产品出口的监测与核查。

在2012年召开的"支持刚果(金)农区林业成长研讨会"上，非洲发展银行宣布将在将来3年内向刚方提供600万欧元，用于支持刚果盆地应对气候变化和防止水土流失。规划包括培训700名技术人员。项目实施后，将使该地域3 500 hm^2的农区林业得到发展，使近7万人从中受益。

九、分析与借鉴

刚果(金)林业发展面临的主要问题及相应的措施如下：

(1)刚果(金)《森林法》中的规定很难付诸实施，林业发展并没有带动林区人们生活水平的提高，由木材产生的利益分配不均频繁引发社区与企业之间的冲突。由于拥有传统权利的当地居民不了解《森林法》条款，有时会与森林特许权经营者发生冲突。目前刚果(金)政府优先调整木材部门，尽量公平分配由木材产生的利益。

(2)林业部门管理人员的能力和素质亟待提高，森林保护主要受到贫困、政治动荡以及传统狩猎习惯的威胁。

(3)采伐技术落后、设备陈旧、运输条件差、生产能力低和税费过高等问题，严重制约了林业的迅速发展。为加速森林资源的合理利用，刚果(金)已采取措施改善水陆运输的基础设施。同时，刚果(金)还采取放宽出口限制、简化出口程序等措施，以鼓励外商投资，支持刚果(金)林业的发展。

(4)生物多样性受到严重威胁。IUCN 已经把刚果(金)森林中 43 种植物、23 种哺乳动物、20 种鸟类、14 两栖动物、1 种爬行动物、2 种节肢动物列入濒危物种。市场对野味有需求，偷猎对野生生物产生巨大威胁。森林中大象数量已经从 1980 年前的 30 万只减少到 2000 年不足 5 万只(ITTO 2011)。

(5)保护区总体上没有有效的管护措施，普遍存在非法侵占、狩猎和盗伐木材现象。除了位于刚果(金)东部的卡胡兹－别加(Kahuzi-Biega)国家公园(占地 60 万 hm^2)刚刚完成经营计划的制定，其他保护区都没有正式的经营计划，该国家公园是东部低地大猩猩最后的避难所之一。

虽然刚果(金)在 2002 年已经制定了《森林法》，但是由于该国的林业机构建设相当弱，执行力很差，《森林法》中保护和利用森林的措施形同虚设，很多问题并没有实质性的解决。目前，主要是靠世界银行、FAO 以及 WWF 等国际组织的资金和技术援助开展林业建设。刚果(金)林业发展呈现如下趋势：

(1)林业管理机构逐步健全，管理体制不断完善，森林采伐许可证发放进一步透明化。

(2)随着管理体制的不断完善，刚果(金)林业行政官员素质不断提高，腐败现象将会减少。

(3)森林保护和经营水平将有很大幅度的提高，保护区面积进一步扩大，据专家预测，刚果(金)30% 的土地面积具有保护或作为生态走廊的巨大潜力。

(4)参与式林业得到进一步推进。刚果(金)承诺在林业发展过程中将增进政府与各利益方特别是与林区居民开展对话，使各方共同参与森林的管理并共同受益。

(5)林业部门权力下放进一步深入。2006 年的刚果(金)新宪法对国家行政管理体制进行了改革，赋予了 25 个省和金沙萨直辖市更大的自主权，省级部门有权制定自然资源计划(包括林业、农业和矿业)。

(6)林业和矿业仍是刚果(金)的两大经济创收部门。

(谭秀凤)

参考文献

明向荣. 2013. 刚果(金)坚持森林资源保护与开发并重. 非洲[J]. 2013(1): 80－81.

施昆山. 2001. 当代世界林业. 中国林业出版社.

中国商务部. 2016. 2015 年刚果(金)对外贸易总体情况. http://cd.mofcom.gov.cn/article/ztdy/201604/20160401290023.shtml.

中国外交部. 2018. 刚果(金)国家概况. http://www.fmprc.gov.cn/web/gjhdq_676201/gj_676203/fz_677316/1206_677680/1206x0_677682/t9421.shtml.

FAO. 2015. 2015 年全球森林资源评估. 罗马: FAO.

FAO. 2006. Fire Management Global assessment 2006.

FAO. 2011. 2011 年世界林业状况.
FAO. 2015 粮农组织林产品年鉴.
Isabelle Amsallem. 2002. STATUS AND TRENDS IN FOREST MANAGEMENT IN CENTRAL AFRICA. Working Paper FM/3 FAO.
ITTO. 2011. Status of tropical forest management: 81 – 89.
Jean – Robert B. Bwangoy, Matthew C. Hansen, Peter Potapov, Svetlana Turubanova, Raymond S. Lumbuenamo. 2013. Identifying nascent wetland forest conversion in the Democratic Republic of the Congo. Wetlands Ecol Manage, 21: 29 – 43.
National Progr amme Document Submission Form – Democratic Republic of Congo. 17 – 19 March 2010. UN – REDD PROGRAMME.
The timber sector in the DRC: A brief overview. Forests Monitor Rights, Research, Policies, People.

埃塞俄比亚(Ethiopia)

埃塞俄比亚联邦民主共和国(简称埃塞俄比亚)是非洲东北部内陆国家，东与吉布提、索马里毗邻，西同苏丹、南苏丹交界，南与肯尼亚接壤，北接厄立特里亚。国土面积为110.36万km^2(中国外交部网站，2016)。2015年人口9 940万。全国约有80多个民族。居民中45%信仰埃塞正教，40%~45%信奉伊斯兰教，5%信奉新教，其余信奉原始宗教。官方语言是阿姆哈拉语，属阿拉伯语系。全国分9个民族州和2个自治行政区，首都是亚的斯亚贝巴。埃塞俄比亚是世界上最贫穷的国家之一，2014年国内生产总值529亿美元，经济增长率为9.9%，人均年收入548美元(中国外交部网站，2016)。埃塞俄比亚经济以农牧业为主，工业基础薄弱，是非洲牲畜数量最多的国家，也是非洲农作物种类最多的国家之一。

境内以山地高原为主，中西部是高原的主体，占全国面积的2/3，东非大裂谷纵贯全境，平均海拔近3 000 m，素有“非洲屋脊”之称。地处热带，但因地势高，大部地区气候温和，年平均气温10~27 ℃。大部分地区10月至翌年2月为旱季。年均降水量高原区为1 000~1 500 mm，低地和谷地为250~500 mm(中国外交部网站，2016)。

一、林业在国民经济中的地位

林业在埃塞俄比亚国民经济中重视程度较低。2007年，全国林业总产值为2.91亿美元，占国内生产总值的4.74%(Tsegaye Tadesse，2008)。2008年，全国林业公职人员为675人。全国95%的家庭能源来源于森林，大量森林资源用于薪材。随着森林资源的减少，森林资源难以满足700万农村家庭的薪材和建房的需求。2009年，全国薪材缺口约6 500万m^3，且缺口呈增加趋势。

二、森林及其他自然资源

(一)森林资源及分布

2015年，埃塞俄比亚森林面积为1 249.9万hm^2，森林覆盖率11.4%，其他林地面积为4 063.1万hm^2，占国土面积37.1%(FAO，2015)。全国约95%的森林分布在奥米亚州、南方各族州和甘贝拉州。森林立木蓄积量为25 100万m^3，平均每公顷蓄积量为20 m^3，商品林蓄积量占森林总蓄积量的25%；其他林地林木蓄积量为10 300万hm^2，平均每公顷蓄积量为3 m^3。蓄积量根据林地种类的不同而不同：乔林地为每公顷131.5 m^3，疏林地为21 m^3，人工林为178.8 m^3。在贝立特基拉地区，未砍伐过的商品林单位面积蓄积量为每公顷410.8 m^3，轻度砍伐过的为282.8 m^3，重度砍伐过的为174.8 m^3。

表1 2000—2015年埃塞俄比亚林地面积及林木蓄积量统计表

年度	林地面积（万 hm^2）		林木蓄积量（万 m^3）	
	森林	其他林地	森林	其他林地
2000	1 370. 5	4 465. 0	30 600	10 300
2005	1300. 0	4 465. 0	28 500	10 300
2010	1 229. 6	4 465. 0	26 400	10 300
2015	1 249. 9	4 463. 1	25 100	10 300

（二）森林类型

1. 森林起源

埃塞俄比亚森林以天然次生林为主。据FAO统计，2015年，全国天然次生林面积为1 152. 7万 hm^2，占林地面积的92. 2%，这些林地没有明确的功能限定。人工林面积为97. 2万 hm^2，占林地面积的7. 8%，全部为商品林（FAO，2015）。人工林主要树种为：桉树（*Eucalyptus*，spp. ）占58%，柏树（*Cupressus*，spp. ）占29%，刺柏（*Juniperus procera*）占4%，松树（*Pinus* spp. ）占2%，其他树种约占7%。

2. 森林权属

1974年以前，埃塞俄比亚约有一半的林地属于私有。1975年，全国实施土地改革后，所有土地划归国有，集体、企业和个人没有土地所有权，只有使用权。随着改革，该国林地和林产品加工企业逐步实现国有化，森林全部为国有林。

3. 植被类型

（1）干旱山地常绿林。干旱山地常绿林分布在奥罗米亚州博勒纳地区的山区和坡地，以及阿姆哈拉和提格里 地区东部大裂谷沿线，海拔1 500～2 000 m，年降雨量为400～700 mm，年平均温度18～25 ℃。主要树种为刺柏，伴生树种有钩毛树（*Barbeya oleoides*）、阿拉伯茶（*Catha edulis*）、洋橄榄（*Olea europaeao africana*）、黄连木（*Pistacia aethiopiica*）和翼谢氏木（*Schrebera alata*）等。

（2）山地常绿混交林。主要分布在奥米亚、南方各族和阿姆哈拉地区，海拔1 500～2 700 m，年降水量700～1 100 mm，平均年温度1～20 ℃。主要建群树种有非洲圆柏（*J. procera*）、罗汉松（*Podocarpus gracilor*），中下层林分有橄榄木（*O. europaea africana*）、异木患（*Allophylus abyssinica*）、非洲朴（*Celtis africana*）、巴豆（*Croton machrostachys*）、非洲芙蓉（*Dombeya* spp. ）、类岑楝（*Ekebergia capensis*）、非洲齐墩果（*O. hochstetteri*）和非洲李（*Prunus africana*）；海拔3 000～3 400 m过渡到苦苏林（*Hagenia abyssinica*）、非洲高地竹（*Arundinaria alpine*）；海拔更高的区域分布有欧石楠（*Erica arborea*）。

（3）混生罗汉松的湿润山地阔叶林。主要分布在贝尔山南部和西南部，海拔1 500～2 600 m，年平均温度15～20℃，年平均降雨量800～2 000 mm处，主要树种是阔叶树，混生有罗汉松。

（4）以阿林山榄木为主的湿润山地阔叶林。主要分布在奥罗米亚州、南方各族州和甘贝拉州地区，海拔1 500～2 600 mm，年平均降雨量700～2 000 mm，年平均温度15～20 ℃处。主要树种为阿林山榄木（*Aningeria adolfi－friederici*），还有榕树、蒲桃（*Syzygium guineense*）、咖啡树（*Coffea arabica*）等。在海拔 2 400 m 以上，降雨量更多的坡地，生长着密度很高的非洲高原竹（*Arundinaria alpina*）。

（5）河岸林。沿河地带的树种丰富，主要有埃及榕（*Ficus sycamorus*）、西非乌木（*Diospyros mespiliformis*）、赤才（*Lepisanthes senegalensis*）、香榄（*Mimusops kummel*）、非洲海枣（*Phoenix reclinata*）、酸豆（*Tamarindus indica*）和桃花心木（*Trichilia emetica*），还有呈带状分布的埃及榕、大叶凤果（*Garcina livingstonea*）、非洲破布木（*Cordia africana*）、柿树（*Diospyros* spp.）和非洲树兰（*Trichilia emitica*）。

（三）湿地和荒漠地区的野生动植物资源

埃塞俄比亚拥有丰富的水资源和湿地生态系统，境内有大量的河流、湖泊、沼泽，洪泛区和大型水库。据统计，埃塞俄比亚湿地面积为 13 699 km^2，约占陆地总面积的 1.14%（IUCN，2003）。湿地按生物群落的不同分为 4 大类：埃塞俄比亚湿地生态系统（Afro-Tropical Wetland System）、索马里—马赛湿地生态系统（Somali-Masai Wetland System）、苏丹几内亚湿地生态系统（Sudano-Guinean Wetland System）和萨赫勒湿地生态系统（Sahelian Transitional Wetland System）。

流域内野生动物资源较丰富，品种繁多，主要有猴、豺、狐狸、野兔、松鼠、野鸭、野鸡、鸽子、山雀和鱼类等。当地农民受宗教影响保护野生动物的意识较强，人与动物能和谐相处，但流域内的植被很差，野生动物无栖息场所，故多为迁居生活方式，同时因缺乏食物，普遍营养不良，处于半饥饿状态，长势较弱。

埃塞俄比亚沙漠的土壤有机物含量低，且常常无生物活动，尽管在某些地区有固氮菌。洼地的土壤常含盐。沙漠边缘上的土壤则含有较集中的有机物质。沙漠植被整体来说是稀少的，高地、绿洲洼地和干河床四周散布有成片的青草、灌木和树，在含盐洼地发现有盐土植物（耐盐植物）。在缺水的平原和撒哈拉沙漠的高原有某些耐热耐旱的青草、草本植物、小灌木和树。沙漠高地残遗木本植物中重要的有油橄榄、柏和玛树，高地和沙漠的其他地方还发现的木本植物有金合欢属和蒿属（*Artemlsia*）植物、埃及姜果棕、夹竹桃、海枣和百里香。草类在撒哈拉沙漠则广泛分布，包括下列品种：三芒草属（*Aristjda*）、画眉草属（*Eragrostis*）和稷属（*Panicum*），沿岸则有马伴草帆和其他盐生草。沙漠的哺乳动物种类有沙猫、沙鼠、跳鼠、开普野兔和荒漠刺猬；沙漠的湖池中有蛙、蟾蜍和鳄；岩石和沙坑中有蜥蜴、石龙子类动物以及眼镜蛇。

三、林业法规政策

埃塞俄比亚林业政策关注的领域包括森林的管理、发展和利用，林产品价格和市场管理，国有企业管理和私营企业发展等。

埃塞俄比亚的《森林法》为该国涉及林业的最主要法律，进行了多次修订，2007 年发布的《森林法》沿用至今。《森林法》对林木、森林、林地、国有林和社区林等进行了界定，规定要促进林业发展，加强林业技术研究，丰富林产品市场，预防森林火灾，对破坏森林资源进行处罚等。但《森林法》在全国未能很好地执行。政府还出台了其他促进林业发展的法规。1994 年 12 月，埃塞俄比亚编制了森林行动计划。3 个地区编制了区域行动计划、发展战略和计划实施的项目，强调优先关注森林保护与林业发展。

《94/1994 法案》是埃塞俄比亚森林资源保护、发展和利用的法律文件。国家和地方政府负责区划、登记国家、地区和受保护的森林。国家和地方根据森林管理方案来利用森林，采伐林木、放牧、养蜂和收获其他林产品要经过地方政府的批准。该法案同时规定，林业发展应有利于当地人民生活水平的提高。在划定的森林保护区，一般要禁止采伐、利用森林或从事其他活动。

《542/2007 法案》是埃塞俄比亚最新颁布的森林法规。该法规明确了森林权属、森林分类(生产用林和保护林)，提出了林业经营管理体制改革。

四、林业机构与管理体制

埃塞俄比亚农业部森林管理局负责全国森林和野生动物的管理与利用，并与其他部门合作，制订土地利用政策，起草保护法律和规章，促进森林和野生生物资源的可持续利用。在地方，由地方农业部门负责森林的管理。2002 年，奥罗米亚州建立了独立的自治机构——乡村土地和自然资源管理协会，负责管理森林资源。

埃塞俄比亚政府和非政府组织都倡导参与式森林管理，但目前还处于发展的初期阶段。参与式森林管理得到当前新林业政策的支持，当地社区也意识到参与管理的重要性。

五、森林经营与管理

目前，埃塞俄比亚森林经营呈现以下特点：

(1)森林缺乏适当的经营管理。除部分由大型林业企业和非政府组织参与经营的林地外，森林经营被忽视，大部分森林退化严重，滥砍滥伐现象较为普遍，木材供给短缺。大部分人工林都没有得到适时的疏伐、整枝和主伐。其主要原因是该国林业科研水平较低：一方面，缺乏对不同地区、不同树种生长模型的研究，没有最优轮伐期和间伐时间表；另一方面，缺乏相应的收获量表。只有特定区域的少量树种得到深入研究。

(2)政府正在通过法律手段，改变林业管理现状。例如，引入利益相关者参与的森林经营、封山育林和参与非政府组织造林项目。目前，埃塞俄比亚政府正在通过参与与气候变化相关的林业项目，来改善该国林业经营现状。埃塞俄比亚已获得一个以植被恢复为主要内容的清洁发展机制(CDM)项目(2009 年，南部各族州，面积 2 728 hm^2)。此外，REDD +、CDM、非洲农场组织(FARM Africa)、SOS Sahel、生物圈保护区(Biosphere Reserves)等在埃塞俄比亚开展了大量造林项目。该国政府正在从这些项目中总结经验，调整政策，从而更好地利用非政府组织提供的项目资金，开展造林。此外，政府开展了全国造林运动，提高民众造林意识。

(3)致力于多目标经营。受全球对森林资源的多重需求(木质林产品、应对气候变化和保护生物多样性等)的影响，该国的林业经营以多目标经营为主。

六、林产品生产、加工与贸易

埃塞俄比亚林业生产以原木和薪柴为主，近十年来原木、薪柴生产量一直保持 10 亿 m^3

左右且逐年稳步上升，至 2017 年原木生产量达 11.23 亿 m^3，薪柴生产量达 10.94 亿 m^3。此外，2017 年埃塞俄比亚锯材生产量为 1.8 万 m^3，人造板生产量为 10.28 万 m^3。

埃塞俄比亚林产品进口额长期远高于出口额，2014 年全国林产品进口额是出口额的 31.55 倍。至 2017 年该情况有一定程度缓解，全国林产品进口额 2.09 亿美元，出口额 0.28 亿美元，进口额是出口额的 7.46 倍。埃塞俄比亚主要进口林产品是原木、锯材、人造板、胶合板。2017 年进口量分别为：4 408 m^3、63 814 m^3、78 065 m^3、22 611 m^3。

七、林业科研与教育

林业科研由埃塞俄比亚农业研究院负责，该机构除了林业外，还负责农作物、牲畜、土壤和水资源等方面的研究和科学普及工作。从事湿地管理与研究的机构：埃塞俄比亚野生动物保护组织致力于湿地分布、湿地测绘的研究；埃塞俄比亚野生动物和自然史联合会致力于湿地鸟类的鉴定和濒危物种的研究；埃塞俄比亚湿地研究计划致力于本土文化、湿地与经济社会可持续发展等的研究。此外，还有环保局、生物多样性保护研究所等。

八、林业国际交流与合作

埃塞俄比亚呼吁国际社会关注非洲林业发展，创新融资方式，增加林业融资渠道，加大对非援助力度。主张改革林业体系，为非洲国家增加相应林业政策空间，增加非洲代表性和发言权。埃塞俄比亚认为非洲国家应认真思考自身林业发展道路和政策，避免被进一步边缘化。

在气候变化方面，梅莱斯总理生前曾担任非洲气候变化问题国家元首和政府首脑委员会协调员、联合国气候变化资金问题高级别小组共同主席(该小组因任务完成已解散)。他坚持“共同但有区别的责任”，呼吁非洲国家加强团结与合作，建立气候变化问题非洲集体谈判机制，基本认同全球升温不超过 2℃及 2050 年全球排放减半的长期目标，要求发达国家必须率先大幅减排，并向发展中国家提供足够的资金和技术支持。他对德班会议结果基本满意，认为会议坚持了双轨谈判机制和“共同但有区别的责任”原则，就《京都议定书》第二承诺期作出安排，启动了绿色气候基金，向国际社会发出了积极信号，整体对非洲有利。

在林业合作方面，中国政府一直通过多种渠道，如通过派遣林业业教师、高级林业专家和创办林业技术示范中心等将中国林业技术成果带出国门，造福非洲人民，造福世界。中埃林业合作主要包括以下几种类型：一是政府主导型，通过林业技术职业教育与培训项目、林业技术合作项目、林业技术示范中心等形式开展合作。二是企业和个体主导型，但和欧美国家相比，中国林业投资份额不高。中埃林业合作虽然卓有成效，但合作的深度和广度还不够，中国企业还未大规模参与埃塞俄比亚林业开发，也没有从根本上帮助其摆脱相对落后面貌。总体来说，通过一系列林业合作，埃塞俄比亚政府和人民敬佩中国在改革开放和林业发展中取得的巨大成就，与中国在森林、湿地、沙漠治理等领域积极开展双边合作。

九、分析与借鉴

埃塞俄比亚林业发展较为落后，其原因可以归结为以下几方面：

(1)政府部门对林业重视不够，未采取有效措施发展林业。该国林业的主导功能还停留在满足国内薪柴和工业用材需要上；森林缺乏经营，管理较为松散，违规砍伐现象严重，在森林资源匮乏的情况下，还存在森林面积减少的趋势；林产工业水平落后，产量不足，国内需求大量依赖进口，出口的林产品数量少，且多是技术含量低、经济附加值低的初级加工产品。

(2)林业部门权利集中，私人部门参与造林和经营管理受到限制。由于这种落后的管理体制，一方面，严重影响私人部门参与林业建设的积极性；另一方面，法律法规的严格限制导致大量的私人违法采伐，加之政府部门监管不到位，乱砍滥伐现象较为严重。

(3)林业科研水平较为落后，专业人才和专门科研机构缺乏。这一现象导致该国的森林经营管理处于较为原始的状态。林业行业缺乏科学的规划，部门呈现衰退趋势，严重影响该国经济社会的发展。

埃塞俄比亚林业发展存在的问题值得我们引以为鉴。做好林业工作需要创新林业体制与机制，破除阻碍林业发展的不合理制度，才能为我国生态林业和民生林业建设注入强大动力。

（王 鹏）

参考文献

徐卿，薛中官，张景友．保护森林资源，加快人工林建设，促进埃塞俄比亚林业的健康发展[J]．中国林业，2007.

中华人民共和国外交部网站．2016．埃塞俄比亚国家概况．http：//www. fmprc. gov. cn/mfa_ chn/.

Badege Bishaw. 2000. Forest History of Ethiopia Past and Present. http：//etff. org/Newsite/articles/article_ histryt. html. [2012-09-10].

Bekele Million. [2013-09-01] Berhanu Leykun. 2001. State of Forest Genetic Resources in Ethiopia.

FAO. 2015. Global forest resources assessment：Ethiopia. Rome：FAO. http：//www. google. com. hk/search? client = aff – cs – 360se&forid = 1&ie = utf – 8&oe = UTF – 8&q = State + of + Forest + Genetic + Resources + in + Ethiopia.

IUCN. 2003. Wetlands of Ethiopia. 2013-12-14. http：//www. google. com. hk/search? client = aff – cs – 360se&forid = 1&ie = utf – 8&oe = UTF – 8&q = Wetlands + of + Ethiopia[2013/12/24]

IUCN. 2003. Wetlands of Ethiopia. http：//www. google. com. hk/search? client = aff – cs – 360se&forid = 1&ie = utf – 8&oe = UTF – 8&q = Wetlands + of + Ethiopia[2013-09-10].

Motuma Didita，Sileshi Nemomissa，Tadesse Woldemariam Gole. 2010. Floristic and structural analysis of the woodland vegetation around Dello Menna，Southeast Ethiopia. Journal of Forestry Research，21 (4)：395 – 408.

刚果(布)(Republic of the Congo)

刚果共和国[简称刚果(布)]位于非洲大陆中西部，赤道横贯东西。东、南两面邻刚果(金)、安哥拉，北接中非、喀麦隆，西连加蓬，西南临大西洋。陆地边境线总长5 500 km，海岸线总长170 km。国土面积34.2万km^2，人口462万(2016年)，有56个民族，属班图语系，官方语言为法语。全国划分为12个省，首都布拉柴维尔。

气候类型总体属赤道性气候，南部为热带草原气候，中部和北部为热带雨林气候。年平均气温24～28 ℃。最高气温近40 ℃，最低10 ℃。年平均降水量为1 000～1 600 mm，西部最高可达2 000 mm以上。地形由南向北分为五大地区，分别是沿海低地、马永贝山区(平均海拔600～800 m)、尼阿里山谷及沼泽洼地、丘陵地带、北方盆地及森林。

石油和木材为刚果(布)经济两大支柱。自1999年下半年起，国际石油价格大幅上升，刚果(布)石油收入增加，经济形势逐步好转。近5年经济平均增长率近5%。2017年国内生产总值83亿美元，人均国内生产总值1 797美元。货币名称为中非金融合作法郎(简称中非法郎)。汇率1美元等于493中非法郎(中国外交部网站，2018)。

一、林业在国民经济中的地位

刚果(布)是非洲重要的木材出口国之一，林业在国民经济中占重要地位。最近20年来，木材一直是刚果(布)第二大财政收入来源。在其生产的鼎盛时期，木材出口一度占到刚果(布)整个外贸总额的85%，占国内生产总值的10%以上。

据世界森林状况报告，刚果(布)2016年林业部门总产值达4.15亿美元，占全国GDP的5.3%。从事林业部门工作人数达7 000人，其中原木生产和木材加工工作的人数分别为4 000和3 000人。

二、森林及其他自然资源

(一)森林资源总量

截至2015年，刚果(布)森林总面积2 233.4万hm^2，森林覆盖率65.3%，人均拥有森林面积4.83 hm^2；森林立木蓄积量共计45.23亿m^3，每公顷蓄积量为203 m^3；其他林地立木蓄积量4.77亿m^3，每公顷蓄积量46 m^3(FAO，2015)。

(二)森林资源结构

2015年，刚果(布)有原始林740.7万hm^2，占森林面积33.2%，其他天然次生林(主要指热带稀树草原林）1 485.6 万 hm^2，占森林面积 66.5%，人工林 7.1 万 hm^2，占森林面积 0.3%（FAO，2015）。

刚果（布）永久性生产林面积达 1 520.3 万 hm^2，占森林面积的 67.8%。保护区内森林面积 98.6 万 hm^2，占 4%，有管理计划的森林面积约 541.7 万 hm^2，占整个森林面积的 24%。生产性森林占 88%、生物多样性保护林占 4%，多用途林占 7%。刚果（布）人工林主要是桉树（6 万 hm^2），还有松树等树种（中华人民共和国驻刚果（布）大使馆经济商务参赞处，2012）。

刚果（布）森林树种繁多，初步统计有 600 多种。300 余种可用于木材生产，主要有奥克榄（*Aucoumea klaineana*）、红木、桃花心木、黑檀木、铁木、达木、次果美木等，还是继巴西后的世界第二大桉树原木出口国。刚果（布）的棕榈也负有盛名，其北部省份有大面积的天然棕榈林，出产供当地生产肥皂用棕榈油。

刚果（布）森林分为热带常绿雨林、热带稀疏草原林、河岸廊形林和红树林四大类型。其中主要森林类型为热带常绿雨林和热带稀疏草原林。热带常绿雨林主要分布在以下三大林区：

（1）奎卢－马永贝林区。该林区位于刚果（布）南部，面积 110 万 hm^2。它构成了刚果（布）西南沿海和内地的天然屏障。该林区地势平缓，自第二次世界大战以来遭到了强度采伐，导致原本极为丰富的艳榄仁树和加蓬榄等优良用材树种资源接近枯竭。该林区的木材产量目前还能保持较稳定，其原因是使用了先进的采运机械，现在可以采伐因地形条件复杂过去无法采伐的树木；开发利用了一些过去弃之不伐的次等树种，如加蓬紫金牛、加纳乌檀、非洲甘比山榄（*Gambeya africana*）及蜡烛树等。

（2）夏于－尼阿里林区。位于刚果（布）与加蓬的边界地区，面积 320 万 hm^2。主要树种为奥克榄，占 27%，还有非洲胡桃、安哥拉丛花木、*Baillonelle toxisperma* 及 *Microberlinia brazzavilliens* 等。由于有横贯尼阿里平原的铁路，运输极为方便，该林区是刚果（布）的主要木材产区，其产量占全国木材总产量的 70% 左右。全国产量最大的商品材奥克榄全部产于该林区。

（3）北方林区。是刚果（布）最大的林区。该林区分为两部分，一部分在桑加地区的干质土壤地带，面积近 1 000 万 hm^2；另 700 万 hm^2 在刚果（布）盆地的水淹地带和季节性水淹地带。该林区拥有刚果（布）最多的森林资源，蓄积量最大的商品材树种是筒状非洲楝，其次是鸡血藤木、艳榄仁树（*Terminalia superba*）、非洲梧桐、非洲紫檀等。非洲楝、安哥拉丛花木、非洲桃花心木、尼日非洲楝、驼峰楝、非洲胡桃也有一定的蓄积量，还有一些西非大瓣苏木纯林。由于该林区远离木材出海口岸黑角港，尚未进行大规模开发。20 世纪 90 年代中期，木材产量仅占全国木材产量的 20% 左右。

2005 年，刚果（布）森林 100% 为国家所有。其中，42% 归公共管理部门管理，58% 归企业单位和私营机构管理（FAO，2011）。

至 2011 年末，刚果（布）野生动物保护区域面积总计 365.5 万 hm^2，约占国土面积 11%，包括 3 个国家公园、6 个自然保护区、2 个狩猎区和 4 个大猩猩及黑猩猩保护区。Odzala 公园占地约 13 万 hm^2，如此大的占地面积使它成为中部非洲最大的公园之一。

（三）森林资源动态变化

1990—2015 年，全国森林面积减少约 39.2 万 hm^2；35 年间，森林变化率下降约 0.1%。刚果（布）政府官方公布年度森林砍伐率为 0.03%，约 67 000 hm^2/年（ITTO，

2011)。毁林的主要原因包括：森林经营管理者缺乏营林计划、贫困问题、人口增长、缺乏替代能源来支撑低收入、生产力低下和缺乏森林管理等[刚果(布)政府报告，2010b](表1)。

表1 刚果(布)森林、原始林及人工林面积的变化(1990—2015年)

项目	面积(万 hm^2)					年变化率							
	1990	2000	2005	2010	2015	1990—2000		2000—2005		2005—2010		2010—2015	
						万 hm^2/年	%	万 hm^2/年	%	万 hm^2/年	%	万 hm^2/年	%
森林	2 273	2 256	2 247	2 241	2 233	−1.7	−0.08	−1.7	−0.08	−1.2	−0.05	−15.5	−0.1
原始林	755	749	746.	4 744	741	−0.6	−0.07	−0.6	−0.07	−0.6	−0.08	−5.8	−0.1
人工林	5	5	5	8	7.	0	0	0	0	0.5	8.02	−0.8	−1.1

资料来源：FAO，2015年全球森林资源评估。

三、林业法规政策

1974年，刚果(布)颁布了《刚果(布)共和国林业法》，1982年和2000年先后对《林业法》做出修订。1991年出台《环境保护法》。新颁布的《林业法》修订稿规定，今后所有在刚果(布)从事森林采伐的公司均须向林业部申请普通森林采伐证，并废除了原用于私人采伐的特别采伐证。采伐木材必须持有刚果(布)政府颁发的采伐证，采伐证上标明伐区地点、面积、所采伐树种及数量。在伐区标出界线，给拟伐树木打上标记。同时规定，对北部森林合理进行采伐予以减税，同时，鼓励在北方营造用材林。

刚果(布)议会于2000年8月通过了新的《森林法》。新《森林法》与1994年的《森林法》相比增加了一项重要内容，即森林开发商所开采木材总产量的60%必须在刚果(布)就地加工，改变过去以原木出口为主的做法。另外，对非法砍伐树木者将施以重罚。新《森林法》强调加强对森林资源的管理，承认私人对森林的所有权，保护森林生态系统，增加林产品的种类，并重视在森林管理方面加强同中部非洲国家以及国际间的合作(中国人民网，2000)。2002年，为加强森林资源经营管理，出台了一系列林业政策和法规。2008年开始制定国家森林计划(FAO，2011)。刚果(布)主要的林业法规列表见表2。

表2 刚果(布)林业法规

序号	法规名称	颁布时间
1	刚果(布)共和国2000年林业法(法文)	2000-11-20
2	刚果(布)共和国森林经营和利用法规(法文)	2002-12-31
3	刚果(布)共和国林产品出口管理局权限、组织和职能法(法文)	2002-12-31
4	刚果(布)共和国进口木材产品和派生产品税收法(法文)	2002-12-31
5	刚果(布)共和国天然林和人工林产品出口税法规(法文)	2002-12-31
6	刚果(布)共和国私有工业人工林木材采伐税则(法文)	2002-12-31
7	刚果(布)共和国森林副产品税收法规(法文)	2002-12-31
8	刚果(布)共和国天然林采伐税法规(法文)	2002-12-31

（续）

序号	法规名称	颁布时间
9	刚果(布)共和国林业基金组织和职能法(法文)	2002-12-31
10	刚果(布)共和国河流和森林管理团体和机构组织和职能法(法文)	2002-12-31
11	刚果(布)共和国关于林业基金管理办公室的组织和职权的法令（法文）	2005-07-22
12	刚果(布)共和国关于返还林业收益的法令（法文）	2005-12-05
13	刚果(布)共和国关于二号林业地区森林经营单位的建立和管理的法令（法文）	2006-10-05
14	刚果(布)共和国关于森林材种开发奖励的法令（法文）	2007-05-31
15	刚果(布)共和国关于林业经济部组织和职权的法令（法文）	2007-06-14
16	刚果(布)共和国关于建立木材特许采伐林的法令（法文）	2007-06-19
17	刚果(布)共和国关于制订国家森林特许使用权可持续管理指南的法令（法文）	2007-06-19
18	刚果(布)共和国关于曼比利林业管理区开发和经营的法令（法文）	2007-11-05

资料来源：根据中国林业信息网资料整理。

四、林业机构与管理体制

刚果(布)中央政府设立林业部，主管全国森林经营管理工作。全国每个省级行政区设有林管局，下设林管区。林管区是森林经营、森林保护、更新造林和木材采伐的基层管理单位。刚果(布)造林局是一个带有科技性质的公共林业机构，它承担全国造林组织工作，实行独立核算。造林局的主要任务是营造人工林，此外，也参与天然林的改造。造林局的管理委员会由水利部和林业部共同管理和监督，下设7个造林站，经费来源于国家林业基金、国家财政补贴、国外援助和贷款(图1)。

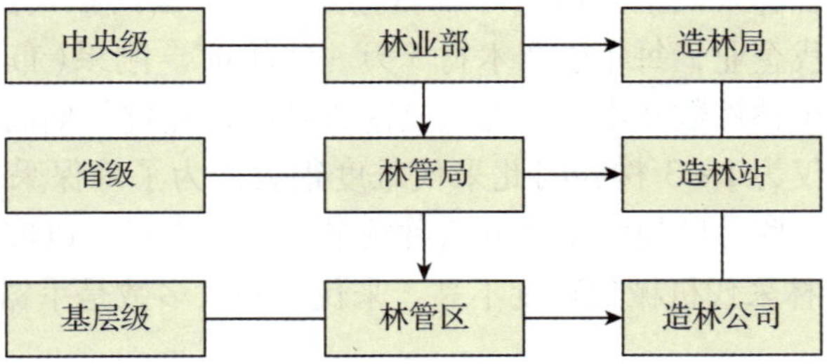

图1　刚果(布)林业行政管理结构示意

刚果(布)还创办了国家工业人工林发展局(UAIC)，初期靠政府扶持及国际援助，随后该部门逐步走向经济独立并自我发展壮大，专门从事人工林的开发和利用(谭秀凤，2001)。

五、森林经营与管理

（一）森林经营

刚果(布)森林经营的目标是合理采伐并提高木材产量，提高林业和森工企业的经济效益，促进森林更新，实现森林资源的可持续利用。

在 FAO 的帮助下，刚果（布）林业部把国家森林分成多个经营单位，每个经营单位的大小足以支持一个独立的森工企业。要求每个森工企业对森林经营单位进行调查，并提出林业部认可的经营计划。刚果（布）森林可持续经营的潜力南北差异很大。在人口稀少的北方地区，采伐后森林受干扰的影响不大，并更新良好。因此，周期性择伐具有可持续性。在人口密集的南方，许多森林经营单位已经被刀耕火种者侵占，潜在的木材产量已经大大降低。

刚果（布）从 20 世纪 50 年代就开始引进桉树和松树，在热带草原地区开展大面积人工造林（贺文同，1991）。刚果（布）是世界上第一个把插扦技术运用到桉树培育上的国家。刚果（布）造林有时采用农林混种方法。当地农民可凭林业管理部门的特许证进行土地耕种。农作物播种以后，再按一定的株行距造林。在林分郁闭之前的 3 ~ 4 年，农民均可利用这些土地生产农作物。这样，既给当地农民带来实惠，又可节省造林整地费用和抚育费用。

刚果（布）国家林业资源评估计划指导委员会于 2012 年启动了林业资源评估计划，旨在对多种林业资源进行全方位评估，进而推动全国森林资源评估、信息管理及分析其对国家林业政策的影响，并希望由此起草一个覆盖全国的林业管理规划。此项战略计划利于政府更好地摸清森林资源状况，并依此划分区块及保护林地，从而可以加强对刚果（布）森林生态系统的管理及使用，更加有的放矢地进行农业开发、提升农产品产量，亦可提升当地民众生活水平。同时，可以与其他国家一道确立森林系统分级标准，对森林中碳储藏及固定进行量化[刚果（布）使馆经商处，2013]。

目前，刚果（布）官方没有编制相关的森林经营管理方案。由于原有的 5 家国有林业公司——刚果韦索木材公司、林业与木材加工公司、马森交木材加工公司、刚果木材加工与开发公司及刚果木材开采加工林场已于 2002 年基本完成私有化进程，刚果（布）目前已不存在国有采伐企业。森林采伐主要由国外私营企业进行，国内私人公司只占很小一部分，只有 2 个大型国营采伐企业，每年生产木材 5 万 ~6 万 m^3。刚果（布）森林树种成分复杂，但伐区内可伐的用材树种株数并不多。尤其是南方林区，经过长期高强度的采伐，用材树种株数更少，每公顷仅为 1 ~ 3 株，因此采伐难度很大。为了确保采伐的林木达到成熟年龄，保留幼小林木，一些林区规定了部分树种的最小采伐直径，以实现可持续利用。从整体上看刚果（布）的森林采伐机械化程度不高，采伐工具大多数是手锯，油锯只在人工林抚育间伐时使用。

采伐木材必须持有刚果（布）政府颁发的采伐证，采伐证上标明伐区地点、面积、所采伐树种及数量。2002 年，刚果（布）林业部长亨利・琼博宣布政府将停止发放森林特别采伐证。停止发放特别采伐证对大型木材公司的规模型采伐不产生任何影响。

在刚果（布）的森林采伐量中，82% 为加蓬榄、筒状非洲楝、非洲楝、安哥拉非洲楝、艳榄仁树、非洲梧桐、坦桑黄叶树及加蓬紫金牛，其中加蓬榄独占 44.6%。在刚果（布），还有一些树种尚未被人们认识，开发利用不够。如西非大瓣苏木在北方林区蓄积量很大，可以制枕木或生产室外细木工制品，目前很少利用。

刚果（布）还注意发展森林多种经营，如生产食用菌、干果（核桃）、鲜果、浆果、药用植物等。藤本植物和棕叶被广泛用于编织和农村住房的建造。养蜂业也有很大发展。此外，还开辟了猎场，供旅游者进行狩猎，积极开展森林旅游（谭秀凤，2001）。

（二）森林认证

认证森林面积增加，是保护森林的重要途径。2008 年 5 月，在当地俾格米人的帮助下，一片刚果盆地热带林成为世界上最大的森林认证区域，面积为 75 万 hm^2，由刚果（布）木材工业公司经营，其中包括波喀拉（Pokola）森林经营区。

刚果（布）是世界上第一个拥有 250 万 hm^2 认证森林的国家（涵虚，2012），在热带木材生产国中处于领先地位。这表明刚果（布）在加强林业管理及展现合法采伐承诺的同时，还能在木材市场上获得新机会（周密，2009）。

（三）森林与生态保护

为了保护森林资源，1935 年刚果（布）在奥扎拉（Odzala）建立一个国家公园，1988 年在 Dimonika 建立了一个生物保护区。此外，还有动物保护区和狩猎保护区。20 世纪 90 年代中期，刚果（布）非法狩猎和偷猎现象很普遍。

刚果（布）注重通过增加新的自然保护区来保护生物多样性。刚果（布）2004 年建立了 bambama - Lékana 国家公园，这里是景观独特、呈板块镶嵌的热带稀树草原，作为大象、黑猩猩、狮子和其他热带草原野生动物的森林栖息地走廊，此后，还在沿海区域扩大海洋保护区和在南部边界建立了新的保护区。

刚果（布）在中非世界遗产地的保护中处于领先地位，保护区网络使近 11% 的国土面积得到保护。

六、林产品生产、加工与贸易

（一）林产品生产

2008 年，刚果（布）的木材采伐量为 345.77 万 m^3，2016 年达到了 361.01 万 m^3，其中木质燃料 146.60 万 m^3，工业原木 214.41 万 hm^3（表 3）。

刚果（布）的棕榈也富有盛名。其北部省份桑加和利夸拉有大面积的天然棕榈林。目前已经开发的仅桑加省的 Kandeko 和 Mokeko 棕榈林场，共计 6 000 hm^2，主要生产供当地制造肥皂用的棕榈油。自 2000 年起，这两个林场由马来西亚公司负责经营。

刚果（布）热带森林中蕴藏了丰富的非木质林产品，大部分作为国内人民的食物、药材、佐料来源。较为著名的酒椰、rônier 叶子出口到邻近国家（ITTO，2006）。

表 3　刚果（布）2008—2016 年木材生产量　（万 m^3）

类别	2008	2010	2012	2014	2016
原木	345.77	337.13	370.27	354.00	361.01
木质燃料（包括木炭材）	129.51	133.58	137.86	142.29	146.60
工业原木（未加工）	216.26	203.55	232.41	211.71	214.41
锯材	19.66	17.90	28.80	35.00	37.00
人造板	4.01	6.00	7.10	8.70	10.05

资料来源：FAOSTAT，2018。

（二）木材加工

刚果(布)木材工业在经济发展中的地位较低，主要是初加工工业，包括制材和旋切单板工业，占总采伐量的50%。2000年颁布的新《森林法》规定，所采伐的原木至少有60%必须在国内加工，以促进木材增值。

（三）林产品贸易

刚果(布)近年来经粗加工原木年出口量大幅增加(表4)，从2010年60.61万m^3，增至2016年的79.50万m^3，出口额由2008年的2.73亿美元增长为2016年的31.62亿美元。

表4　刚果(布)主要林产品历年出口状况

林产品	出口量(万m^3)				出口额(万美元)			
	2010	2012	2014	2016	2010	2012	2014	2016
原木	60.61	77.45	79.00	79.50	24.32	26.75	32.58	31.62
其中：工业原木	60.61	77.45	79.00	79.50	24.32	26.75	32.58	31.62
锯材	16.70	8.62	8.22	14.30	7.74	5.22	6.01	10.86
人造板	2.37	0.64	1.31	1.33	1.06	1.06	1.55	1.46

资料来源：FAOSTAT，2018。

刚果(布)每年要出口价值近3亿美元的木材和木材产品，其中约50%被欧盟国家购买，剩余部分用于当地加工。一般来说，刚果(布)的木材比东南亚的木材价格昂贵，主要是因为木材运输的费用高。

刚果(布)生产的主要树种为人工经营的桉树，是继巴西之后世界第二大桉树原木出口国。荷兰皇家壳牌公司SHELL曾经于1997年和刚果(布)政府合资开办刚果(布)桉树公司ECO－SA，在主要港口城市黑角附近采伐4.2万hm^2桉树林。其中，壳牌公司所占股份达85%。该公司成立初期经营状况颇佳。生产的桉树原木主要出口到北非、法国、意大利、西班牙和挪威。

刚果(布)林产品进口量和进口额都很少(表5)，主要进口产品为锯材以及人造板，2016年进口锯材及人造板量分别为0.3万m^3和0.18万m^3。

表5　刚果(布)主要林产品历年进口状况

林产品	进口量(万m^3)				进口额(万美元)			
	2010	2012	2014	2016	2010	2012	2014	2016
原木	0	0.25	0.01	0	0	0.08	0	0
其中：工业原木	0	0.25	0.01	0	0	0.08	0	0
锯材	0.24	0.18	0.24	0.30	0	0	0.01	0.02
人造板	0.18	0.24	0.30	0.18	0.11	0.15	0.21	0.10

资料来源：FAOSTAT，2018。

七、林业科研与教育

（一）林业科研

刚果（布）热带林业技术中心（位于港口城市黑角），成立于1958年。其方针是优先研究速生树种，以谋求为制浆造纸工业提供充足的原料。同时，积极研究其他用材树种。其研究课题与造林工作密切结合。研究步骤一般为引种、种源试验、选择优良表型、进行有性繁殖或无性繁殖（扦插）及进行有控制的杂交等。刚果（布）重视桉树等林木的育种工作，制定改良林木品种计划，建立相应的实验机构和种子园。在布拉柴维尔、黑角和马洛洛各设立一个试验站，从事林木选种育种工作。

（1）桉树引种造林研究。研究目的是通过遗传改良，培育适于在刚果（布）栽培的优良品种或无性系。桉树主要引种地区为卢迪马、黑角和布拉柴维尔附近。

刚果（布）从1953年起至今已引种了70多种桉树。主要有棉兰老桉、柳叶桉、阔叶桉、帝汉岛白桉、细叶桉、友桉和糖桉等，从事无性系和人工杂交育种项目研究。

（2）松树的引种研究。刚果（布）重视国外松的引种工作，已引种数十种外国松，主要有加勒比松、展叶松、南亚松、卡西松、杜兰戈松、奇瓦瓦松和卵果松等。经过观察试验证明，加勒比松和卵果松比较适于刚果（布）的立地条件。

（3）艳榄仁树的研究。艳榄仁是刚果（布）的乡土珍贵树种之一，由于在热带天然林中光照条件差，天然更新困难。随着艳榄仁木材产量的下降，刚果（布）对艳榄仁进行了人工集约造林的研究，以扩大其木材产量。人工培育的艳榄仁将是刚果（布）今后有潜力的商品用材树种。

（二）林业教育

自1985年，在农村开发研究所和布拉柴维尔的Marien Ngouabi大学以及莫森焦国家水利和森林学院设立了3年制林业技术学位课程。还在加蓬、喀麦隆、古巴、俄罗斯、罗马尼亚、法国和比利时等国家，培养大批具有大学水平的林业工作者。

八、林业国际合作与交流

刚果盆地内的原始森林为世界第二大热带雨林，仅次南美洲亚马孙流域雨林，对遏制全球气候变暖具有重要意义。但受非法砍伐等影响，当地森林面积逐年减少。

2002年"刚果河盆地森林伙伴关系"在南非约翰内斯堡举行的世界可持续发展首脑会议期间成立。2003—2005年，国际社会已经为保护该地区森林拨款10多亿美元。保护中部非洲森林生态系统第二届首脑会议2005年2月5日在刚果（布）首都布拉柴维尔举行。与会的8国领导人共同签署了一份决议书，承诺为了全人类的利益，积极采取措施保护刚果河盆地的生物多样性和生态系统。中部非洲8国向"刚果河盆地森林伙伴关系"成员国申请50亿美元，用于2004年至2013年的10年保护热带雨林项目。中部非洲8国领导人支持成立地区性投资机构，从林木和动物出口的收入中提取一定比例资金建立基金，用于资助地区性森林合作机构或项目。各方代表一致认为，将由过去几年侧重保护热带雨林的战略转变为保护与合理开发并重，使热带雨林保护与帮助当地人民脱贫能够协调起来，重点打击非法的森林开采和贸易活动。为应对乱采滥伐森林，刚果(布)政府于2011年计划筹资26亿美元开展“再造林”计划，其中近20亿美元来自全球各国资助与投资。

为保护热带森林，许多环保组织以及世界各国都十分关注刚果(布)的热带林保护工作，每年都会给予一定的资金和技术支持。在$REDD_+$的推动下，刚果(布)天然林的碳保存及人工林的碳隔离等相关工作都具有十分重大深远的意义。(ITTO，2010)

为禁止非法砍伐树木和林业可持续发展，刚果(布)可持续发展、林业经济和环境部长最近在布鲁塞尔与代表欧盟的西班牙环保部长签署了有关的自愿合作协议(APV)。加入该协议将有助于刚果(布)在2011年6月前获得“欧盟FLEGT行动计划”(即林业执法、改善管理和贸易)颁发的木材出口许可。

世界银行董事会于2012年批准了国际开发协会(IDA)援助刚果(布)整顿林业资源和经济多样化项目(PFDE)。援助额为1 000万美元，刚政府为此要拿出2.26亿美元配套资金实施该项目。该项目主要是为了改善林业资源的管理，促进当地社会和私人的参与，以期达到林业的可持续发展。

虽然中刚两国相隔千山万水，但自从1964年2月22日两国建交以来，中国共向刚果(布)提供了45个援助项目，其中成套项目37个、技术合作项目6个、考察项目2个，现已完成37个，在实施项目6个，待实施项目2个(高潮，2010)。刚果(布)拥有丰富的林业资源且具有较大的开发潜力，吸引了许多国内林业企业纷纷在刚果(布)投资建厂，推动了中刚两国的木材贸易。中国与刚果(布)的林业国际合作与交流十分频繁，在森林资源调查与开发、森林资源可持续利用、木材加工等领域有着密切的合作。

九、分析与借鉴

刚果盆地有仅次于非洲亚马逊的世界第二大森林。但由于贫困、人口增加、非法采伐、采矿、经营不善和林地转变等，刚果盆地森林面积每年约减少4万km^2(周吉仲，2008)。自实行民主化以来，政府对农村旧的土地管理制度进行了改革。改革使刚果(布)林业得以再次发展壮大，但也暴露出一些问题：①林业相关部门社会职能不明确，管理跟不上，致使破坏人工林、伐木烧炭和人为火灾现象增多；②缺乏管理木材外运的机构，交通运输能力不足，造成原木产量下降；③刚果(布)木材生产主要依靠天然林，出口木材树种单一，对薪炭商缺乏管理，导致森林和林地破坏严重，对环境产生较大影响；④由于技术及经费等问题，发展人工林较为困难，林下经济产业(树下种植可可树)发展缓慢。

面对上述问题，刚果(布)政府所采取的措施是积极争取国际援助。刚果盆地热带雨林面积占世界第2位，对于全球生态环境有着举足轻重的作用。因而，国际上很多国家都积极参与保护刚果盆地的各项援助活动。其中，刚果盆地倡议是由在南非召开的可持续发展世界首脑会议发起的，其目标是支持建立1 000万hm^2有效管理的国家公园和保护区以及2 000万hm^2良好经营的森林网络，以促进经济发展、消除贫困和改善管理。此外，英国也投资1亿美元用来保护刚果热带雨林，这一倡议得到了其他10个国家的支持议。这项资助计划不仅帮助刚果(布)减少了毁林，同时也改善了中非地区5 000万居民的生计(高发全，2007)。除了资金上的援助外，刚果(布)还积极向美国、英国等林业强国学习森林管理经营技术，大力发展人工林，以降低对天然林的依赖。

(樊宝敏　张衔　何璆)

参考文献

保护中部非洲热带雨林是全人类的责任.2005. 新华网.http://news.xinhuanet.com/world/2005-02/07/content_2557497.htm.

丁沪闽.2010. 非洲主要林业国家木材资源概况[J]. 河北农业科学，14(2)：88-90.

刚果(布)(布)林业资源丰富.2013-07-12. http://congo.forestry.gov.cn/1259/1273/2013-07/20130704-082652.html.

刚果(布)(布)林业资源丰富——原木生产大国.2007-08-21. 中国木业国际网.http://www.chinatimber.org/news/8593.html.

刚果(布)出台新森林法.2000-09-01. 人民网.http://www.people.com.cn/GB/channel2/570/20000901/212231.html.

刚果(布)共和国林业. 中国林业网.http://www.forestry.gov.cn/portal/main/map/sjly/gangguobu/congo%20(brazzaville)01.html.

刚果共和国的森林采伐管理制度.2011-04-22. 国家林业局.http://www.forestry.gov.cn/portal/main/s/235/content-475100.html.

高潮.2010. 投资刚果(布)：开发资源处女地[J]. 中国对外贸易，(2)：35.

高发全.2007. 英国将投资1亿美元保护刚果(布)热带雨林[J]. 世界林业动态，(14)：7-8.

涵虚.2012. 刚果(布)共和国邀请印度公司到该国投资木材生产[J]. 国际木业，(4)：47-47.

贺文同.1991. 刚果(布)的林业[J]. 世界农业，(6)：22.

粮农组织国别概况：Congo，[2013-05-28]，http://www.fao.org/countryprofiles/index/zh/? no_cache=1&iso3=COG.

龙超.2006. 非洲：刚果(布)共和国正式提出开放两种新的森林管理单位[J]. 国际木业，36(6)：31-31.

谭秀凤.2001. 刚果(布)林业//施昆山. 当代世界林业[M]. 北京：中国林业出版社.

徐斌.2003. 刚果(布)盆地倡议[J]. 世界林业动态，(9)：9-10.

徐芝生.2009. 刚果(布)(布)又一片热带林取得FSC认证[J]. 世界林业动态，(4)：11-11.

张兵，盛强，汤建中.2000. 中国林业对外直接投资的区域战略[J]. 资源科学，22(5)：11-15.

中华人民共和国外交部.2013. 刚果(布)共和国国家概况.http://www.fmprc.gov.cn/mfa_chn/gjhdq_603914/gj_603916/fz_605026/1206_605366/.

中华人民共和国驻刚果(布)(布)大使馆经济商务参赞处. 刚果(布)(布)概况，http://cg.mofcom.gov.cn/article/ddgk/.

周吉仲.2007. 洲中部国家的森林经营[J]. 世界林业动态，(2)：3-7.

周吉仲.2008. 刚果(布)盆地热带林已成为世界最大的森林认证区域[J]. 世界林业动态，(26)：10-11.

周密.2009. 刚果(布)共和国与欧盟签署木材出口协议[J]. 国际木业，(10)：56-56.

周秀慧，张重阳.2007. 非洲森林资源的开发、利用与可持续发展[J]. World Regional Studies，16(3).

FAO. 2010. Global forest resources assessment 2010 country report: Republic of the Congo. http://www.fao.org/forestry/fra/67090/en/.

Forests and the forestry sector: Congo, Republic of. [2004-01] http://www.fao.org/forestry/country/57478/en/cog/.

ITTO. 2010. Annual Review statistics database. http://www.itto.int/annual_review_output/? mode=searchdata.

ITTO. 2006. Status of Tropical Forest Management 2005. http://www.itto.int/en/sfm/.

King T. 2005. Gorilla reintroduction programme, Republic of Congo. Gorilla Gazette, (18): 28-31.

加纳(Ghana)

加纳地处非洲西部、几内亚湾北岸，西邻科特迪瓦，北接布基纳法索，东毗多哥，南濒大西洋，国土面积22.85万km^2。全国共设10个省，省下设有138个县，首都阿克拉。加纳人口2 700万(2015年)。全国有4个主要民族：阿肯族(52.4%)、莫西—达戈姆巴族(15.8%)、埃维族(11.9%)和加—阿丹格贝族(7.8%)。官方语言为英语，另有埃维语、芳蒂语和豪萨语等民族语言(中国外交部网站，2016)。

加纳属低海拔国家，最高海拔仅885 m，50%的国土位于在海拔150～300 m，约1/3在海拔150 m以下。地势基本上是北高南低，西南部和北部为切割高原，沿海和东部沃尔特河沿岸为平原和盆地。海岸线长562 km。沿海平原和西南部阿散蒂高原属热带雨林气候，沃尔特河谷和北部高原地区属热带草原气候。4～9月为雨季，11月至翌年4月为旱季。各地降雨量差别很大，西南部平均年降雨量2 180 mm，北部地区为1 000 mm(中国外交部网站，2016)。

加纳矿产资源丰富，主要有黄金、锰、铁矿、铝矾土、钻石、石灰石、红柱石、石英砂、高岭土、原油等。其中，黄金约6万t；钻石储量约1亿克拉，居世界第4位；锰储量4 900万t，居世界第3位。

加纳经济以农业为主，矿产品、可可和木材为三大支柱产业。从1983年开始推行以建立市场经济为核心的经济结构调整，并取得明显成效。1994年被联合国取消最不发达国家称谓。按世界银行标准，加纳于2010年由低收入国家进入中等偏低收入国家行列。2015年国内生产总值(GDP)达367亿美元，人均GDP为1 361美元，GDP增长率：3.8%(中国外交部网站，2016)。

对外贸易在国民经济中占重要地位，但外贸长期逆差。自20世纪90年代以来，对外贸易逐年增长，外贸收入占国内生产总值的40%左右。实行贸易自由化政策。长期以来近90%的外汇收入来自黄金、可可和木材3大传统出口产品，2014年黄金、可可出口收入分别为41亿美元和18.6亿美元。主要贸易伙伴为中国、美国、法国、荷兰和尼日利亚。2015年外贸总额约为244.7亿美元，其中出口额约为109.18亿美元，进口额约为135.52亿美元(中国外交部网站，2016)。

一、林业在国民经济中的地位

林业在加纳国民经济中占有相当重要的地位。据统计，2011年加纳林业部门总附加值26.78亿美元，占GDP的7.3%(表1)，明显高于非洲平均水平(2%)。其中，正规林业部门附加值12.87亿美元，占全国GDP的3.5%；非正规林业部门附加值13.91亿美元，占GDP的3.8%。2011年林业部门为加纳提供了约123.7万个就业岗位，占全国总劳动力的 11.6%，明显高于非洲平均水平(4.8%)。其中，正规林业部门解决 3.7 万就业，占本国总劳动力的 0.3%；非正规林业部门帮助 120 万人就业，占本国总劳动力的 11.3%。

表 1　2011 年加纳林业部门对 GDP 和就业的贡献　（亿美元，万人）

林业部门	增加值	就业人数	
正规林业部门	原木生产	10.25	0.8
	木材加工	2.49	2.7
	纸浆和纸	0.13	0.10
	小计	12.87(3.5%)	3.7(0.3%)
非正规林业部门	小计	13.91(3.8%)	120(11.3%)
合计(占全国各部门比重)	总计	26.78(7.3%)	123.7(11.6%)

注：(1)数据来自 FAO(2014)文献；(2)表中小括号的百分比数据是其括号外数值占全国各部门总值的比重。

林业部门在创造就业、社区增收、出口创汇和环境保护方面做出了重要贡献，成为加纳国民经济最重要的部门之一。林业提供的有形与无形产品分为三类：一是木材与木制品；二是非木质林产品，例如野味、竹藤产品、香油精、丹宁酸、树脂、树胶、染料、软木橡树皮、蜂蜜与药用植物；三是环境服务，例如水土保护、生物多样性保护、固碳、净化空气、游乐与提供就业(PPMD－MLNR，2016)。

二、森林及其他自然资源

(一) 森林资源总量

如表 2 所示，2015 年加纳森林总面积为 933.7 万 hm^2，森林覆盖率 40.86%；森林立木蓄积量为 3.78 亿 m^3(FAO，2015)。1990—2015 年，森林面积呈现持续增长趋势。

表 2　加纳森林面积　（万 hm^2）

年份	1990	2000	2005	2010	2015
森林面积	862.7	890.9	905.3	919.5	933.7

资料来源：FAO，2015。

2015 年原始林面积为 39.5 万 hm^2，占森林总面积的 4.2%；天然次生林面积 861.7 万 hm^2，占 92.3%；人工林面积 32.5 万 hm^2，占 3.5%。由此可见，在加纳森林资源中，天然次生林占有绝对优势。

(二) 森林资源结构

加纳森林植被类型有以下 5 种(庄作峰，2001；ITTO，2011)：①常绿雨林，主要分布在西南部；②湿润常绿林，主要分布在中部和西部；③湿润半落叶林，分为 2 个亚型，即西、北亚型和东、南亚型；④干旱半落叶林，分布在全国各地；⑤海防林，主要分布在海岸和河口地区。

加纳用材林主要为半落叶林与常绿林。其中，半落叶林主要树种包括缅茄和硬白(梧)桐(*Triplochiton scleroxylon*)、曼森梧桐(*Mansonia altissima*)、罂粟尼索桐(*Nesogordonia papaverif-*

era)、桃花心木(*Mansonia altissima*);常绿林主要树种包括白驼峰楝(*Guarea cedrata*)、猴子果木(*Tieghemella heckelii pierre*)、良木银叶树(*Tarrietia utilis*)与阿萨姆红茶(*Uapaca* spp.)。此外,沿海防护林面积相对较小,这一类型的森林物种与热带雨林相似(庄作峰,2001;ITTO,2011)。

从森林用途看,生产林 151.7 万 hm^2,占 16.25%;水土保持林 35.3 万 hm^2,占森林总面积的 3.78%;生物多样性保护林 13 万 hm^2,占 1.39%(FAO,2015)。

从森林权属看,加纳大部分森林属公有林,即为了国家公民利益,森林归全体公民所有,政府负责管理和控制。森林保护区和森林公园均受到法律保护。原始林和天然再生林归属于国家,林业委员会负责管理;个人和私人组织在保护区外种植的树木(即人工林)归私人所有(FAO,2016)。

(三)森林资源质量

2015 年加纳森林活立木单位面积蓄积量为 40 m^3/hm^2;森林总生物量(地上和地下)为 42.14 亿 t,其中:地表以上 11.71 亿 t;地表以下 3.45 亿 t。森林碳储量 24.39 亿 t,其中:地表以上生物质 5.50 亿 t,地表以下生物质 1.62 亿 t,枯腐木 12.68 亿 t,枯枝落叶层 0.2 亿 t,土壤 4.39 亿 t(FAO,2015)。

(四)森林资源动态变化

从森林面积看,1990—2000 年,加纳森林面积以每年 2.82 万 hm^2 的速度增长,年均增长率 0.3%;2000—2010 年期间年均增长 2.86 万 hm^2,年均增长率 0.3%;2010—2015 年期间年均增长 2.86 万 hm^2,年均增长率 0.3%。1990—2015 年期间加纳森林年均增长 2.84 万 hm^2,年均增长率 0.3%(FAO,2015)。推动森林面积增长的一个重要原因是人工林发展。加纳政府于 1999 年设立人工林发展基金,鼓励私营企业投资人工林。由此开始,人工林发展处于快速增长阶段。2000—2015 年,人工林面积由 6 万 hm^2 增至 32.5 万 hm^2(FAO,2016)。

(五)其他自然资源

加纳具有丰富的湿地资源。加纳有 6 个拉姆萨尔国际重要湿地,占全国土地面积的 10%,对维护加纳生物多样性、保护生态环境发挥了重要作用。加纳土地荒漠化十分严重。据估计,加纳荒漠化土地面积约占陆地面积的 35%,每年带来的经济损失约占国内生产总值的 4%,并且土地荒漠化趋势尚未得到有效遏制。造成这种局面的主要原因是人口增长、森林过度采伐、火灾与不恰当的土地利用(PEN,2008)。

加纳具有较为丰富的野生动植物资源。根据世界保护监测中心数据,加纳大约有 1 185种两栖动物、鸟类、哺乳动物和爬行动物。其中,0.8% 为乡土物种,3.0% 为濒临灭绝物种。加纳拥有至少 3 725 种维管植物,其中 1.2% 是乡土物种。约有 4.6% 的加纳物种被世界自然保护联盟(IUCN)列为Ⅰ~Ⅴ级濒危物种。

三、林业法规政策

(一)主要林业法规

加纳林业法规主要包括《山火防控法》(1990 年)(229 号法令)、《森林和野生动植物政策》(1994 年)、《木材资源管理规定》(1998 年)、《树木和木材修正案》(1994 年)(493 号法令)、《植树造林发展基金》(2000 年)(583 号法令)、《植树造林发展基金(修订)》(2002 年)(623 号法令)、《森林保护法(修正案)》(2002 年)(624 号法令)、《木材资源管理法(修正案)》(2002 年)(617 号法令)与《森林和野生动植物政策》(2012 年)等，其中最重要的是《森林和野生动植物政策》(2012 年)(FAO，2011[b]；PPMD - MLNR，2016；FC，2016)。

为加强对森林资源的管理，加纳于 1948 年通过首部《森林政策》法规。1994 年，在《森林政策》法规基础上颁布实施《森林和野生动植物政策》；2012 年，加纳又通过了新的《森林和野生动植物政策》。前后两部《森林和野生动植物政策》法规总体目标与具体目标见表 3。

表 3　新旧《森林和野生动植物政策》法规比较

项别	1994 年(旧)	2012 年(新)
总目标	加强森林资源与野生动植物资源管理，维持环境质量，为社会各阶层创造最佳效益	在遵循国际公约前提下，加强森林与野生动植物资源保护与管理，扩大森林生态系统经济、生态与社会产出，增强环境稳定性，实现林业可持续发展
具体目标	(1)加强对森林和野生动植物资源管理，防止水土流失，保护生物多样性，改善生态环境，保障森林资源可持续开发利用； (2)推动以森林为基础的相关产业高效发展，特别是推动林业第二与第三产业发展，充分利用森林资源，向国内外市场提供富有竞争力的木质林产品与非木质林产品； (3)提高农村居民保护森林和野生动植物的意识，维持生态系统平衡，保护风景名胜区，开发森林旅游资源，为农村居民增收创造机会； (4)加强森林和野生动植物资源管理与开发利用技术研究，确保森林可持续经营、林业经济不断增长和生态环境更加稳定； (5)从国家、地区与社区三个层面提升森林和野生动植物可持续经营的能力	(1)增强森林、草原、湿地与其他生态系统的生态完整性，防止水土流失，保护生物多样性与增加碳储量； (2)通过植树造林、人工补植与社区林业发展促进景观生态恢复，保护与改善生态环境，满足国内工业用木材需求； (3)推进林业精深加工，提高林产品附加值，增强高附加值林产品国际竞争力； (4)建立透明治理机制，促进社区居民参与森林与野生动植物资源管理，并平等分享各种收益； (5)加强技术培训与技术研发，为森林可持续经营提供技术支撑，同时，促进公共机构信息公开

(二)林业发展规划

为贯彻落实《森林和野生动植物政策》(2012 年)法规，加纳政府制定了《加纳林业发展总体规划(2016—2036 年)》(简称林业规划)。林业规划总目标是：保护与培育森林与野生动植物资源，向国内外市场提供林产品；同时，建立良好的政府治理机制，促进林业企业发展，保护生物多样性，推动生态旅游业发展。(PPMD - MLNR，2016)。林业规划具体目标包括六个，其中，前五个目标与《森林和野生动植物政策》(2012 年)法规是一致，最后一个目标是：建立与健全融资机制，为天然林与野生动植物资源管护、用材林培育、工厂建立、林产工业发展以及林业小微企业发展提供资金支持(PPMD - MLNR，2016)。为实现上述目标，林业规划根据时间划分为 3 个阶段：近期(2016—2020 年)、中期(2021—

2030年)与远期(2031—2036年)。

(三)主要林业政策

1. 林权管理政策

加纳的森林划分为森林保护区内森林和森林保护区外森林，但无论是在保护区还是保护区外都可以开展木材生产。加纳林农通常在部落管理的传统土地上开展木材生产。林地使用权满40年后可以转让给木材企业，转让费的50%交给森林委员会作为管理费，其余50%分配给部落(占12.5%)、郡议会(占27.5%)、长老会(占10%)(白秀萍，2009)。2003年加纳重新建立了木材利用合同(TUC)体系，使用权转让采取投标方式，即以林业委员会确定的最低拍卖价起拍，由出价最高者获得林地使用权。

2. 林业发展政策

近年来，加纳政府制定了一系列木材工业振兴政策以及打击木材非法采伐政策。其中，林业委员会发布的《加纳人工林发展战略(2016—2040年)》是加纳关于人工林的全国性长期发展规划，其总目标是实现人工林产品与服务的可持续供给，发挥人工林的经济、社会与环境效益。总目标分为五个分目标：①通过加强人工林培育与经营，持续提供木质林产品、非木质林产品以及环境服务；②为各种不同规模的人工林经营主体改善投融资环境；③通过发展人工林，为农村创造就业机会和改善可持续生计；④通过增加技术研发、技术培训与能力建设投入，推动人工林培育、木材利用与木材市场发展；⑤加强信息公开，改善政府治理机制(FC，2016)。

3. 林业贸易政策

国际经济形势影响着加纳林业贸易政策。林业贸易政策的关键包括出口许可申请、关税和服务平台。

(1)出口许可申请。加纳海关出台了针对第3级木材产品①出口的新规定。新规定要求，列入非传统出口商品的第3级木材产品的出口商，在出口上述产品前，必须向林业委员会木材工业发展部申请出口许可。海关要求所有出口商必须遵守上述新规定。

(2)出口关税。加纳对出口木材征收的出口税为离岸价的10%~30%，征收比例因树种及木材种类有所不同。例如，与人工干燥材(KD材)相比，对天然干燥材(AD材)征收较高的出口税。加纳通过调控出口税，促进了国内企业干燥设备的普及并提高了林产品的附加值。加纳政府将征收的税款按离岸价的1%分配给林业委员会用于自身的运营，离岸价的0.5%分配给造林发展基金。

(3)服务平台。加纳社区网络(GCNet)是木材出口许可证处理和批准的电子平台。为借助GCNet降低本土企业成本，提高其国际竞争力，加纳林业委员会木材工业发展部通过为木材出口商和行业的主要利益相关者组织系列研讨会，以促进该网络在加工、木材出口许可证管理和批准过程中的应用。

---

① 根据加工程度，加纳的木材产品可分为3级：初级产品(如木杆、木棍)，2级产品(如锯材、薄饰板、胶合板等)和3级产品(如模具、地板、木钉等)。

四、林业机构与管理体制

土地和自然资源部是加纳林业的最高主管部门，负责制定国家林业政策和监督国家计划的实施。它下设3个委员会：土地委员会、矿产委员会与林业委员会。其中，林业委员会(FC)负责国家层面的森林资源与野生动植物的日常管理工作。林业委员会主要由3个相对独立的司局组成，即森林服务司、野生动植物司、林业行业发展司(图1)。森林服务司是林业委员会下辖的最大司局，负责保护和管理森林资源资产，具体包括统计林业数据，通过行政许可控制保护区内外原木采伐，通过直接监督手段保护森林保护区内的自然资源；野生动植物司负责野生动物的保护与保护区的管理；林业行业发展司负责木材行业产品标准的制定、市场营销信息的收集与促进木材加工业发展(Teye，2008)。此外，林业委员会还下设2个服务机构，即资源管理支持中心与林业委员会培训中心。其中，资源管理支持中心负责提供森林及野生动植物资源保护、利用、管理方面的政策咨询；林业委员会培训中心组织各种林业技术与政策法规培训。

加纳林业科学研究院(简称林科院)隶属关系经历了多次变化，目前隶属于科学与工业研究理事会，成为其直属的13个研究院之一。林科院科学研究坚持需求驱动，同时注重能力建设与技术推广，致力于通过不断加强森林资源可持续管理水平增进社会福利，致力于建成潮湿热带地区一流林业研究中心(FRIG，2016)。

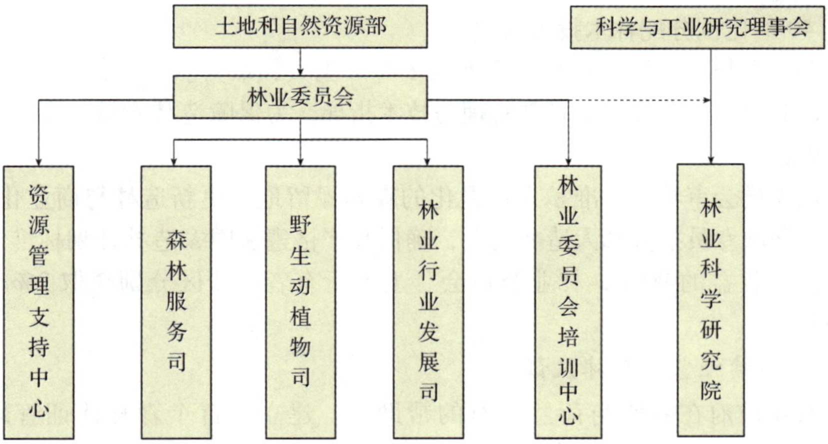

图1　加纳土地和自然资源部林业委员会(FC)组织机构图

加纳还有各种非政府组织参与森林资源保护与开发利用工作。据初步统计，加纳国内与环境和林业领域相关的非政府组织多达79个(TIG，2008)。其中，Abutia青年协会颇具典型性与代表性，其使命与目标为：提高居民生态环境保护意识，加强森林资源的保护与管理，利用现代森林经营技术保护森林生物多样性。Abutia青年协会在加纳国内开展了各项实践活动，如在Abutia地区的Kalakpa资源保护区成功实施了森林可持续经营项目、成立了灌木林火灾自愿救助小组等。

五、森林经营与管理

（一）森林经营

加纳积极推进森林可持续经营，不仅考虑到经济因素，还考虑到维持环境稳定与保护生态平衡。

1. 天然林经营

加纳天然林的采伐作业主要采用渐伐和择伐作业，采伐周期为40年。林木年采伐量通常由蓄积量调查结果与森林服务司规定的胸径大小确定。单次林木采伐量只能占规定胸径以上所有林木的20%，其他剩余林木只能下一个采伐周期采伐。采伐之后需要更新造林，相关经营措施应促进林木生长并保持可持续。此外，加纳天然林有许多硬木用材树种，但是具有较高商业价值的林木已越来越少（ITTO，2011）。

2. 人工林经营

为了促进林业可持续发展，改善生态环境和满足未来工业木材需求，加纳政府于2010年实施了《国家人工林发展计划》，加强人工林经营（ITTO，2011）。在执行《国家人工林发展计划》时，加纳政府突出如下三大举措：

一是改进混农林业作业法。森林服务司负责提供土地、树苗与技术指导，农民投工投劳，主要从事森林清理、造林、护林与森林防火等工作。农民、土地所有者、社区和政府按40∶15∶5∶40的比例分配林木投入收益。

二是雇佣工人与职业经理人经营管理人工林。工人领取月薪，具体负责造林与护林；职业经理人领取年薪，主要负责日常管理与技术指导。为保障造林质量，森林服务司对造林活动进行监管。

三是林业委员会审核与批准私人在退化的森林保留地上更新造林与商业化营林计划。森林服务司定期派专员抽查私人造林情况，确保其严格遵从国家造林计划标准。私人投资者获取林木投资收益的90%，林业委员会、土地所有者、社区分别获取2%、6%、2%（ITTO，2011）。

3. 森林可持续经营与森林认证

1996年加纳政府在欧盟与荷兰政府的帮助下，建立了首个森林认证管理体系。从2002年起，加纳开始进行产销监管链与日志跟踪系统的现场测试，不断完善森林可持续经营标准。典型的森林认证实践有：Smartex公司是一家从事木材和胶合板生产的公司，2003年它旗下的11万hm^2森林通过了SGS森林认证，达到了加纳原木产销监管链的标准（ITTO，2006）；2011年2月加纳一块柚木林地与约15万hm^2天然林通过了FSC认证（ITTO，2011）。

（二）森林与生态保护

1. 森林防火

加纳森林火灾面积大，已经成为非洲森林火灾最为严重的国家之一。据FAO（2011）统计，2005年加纳森林火灾面积为50万hm^2，其中野火占80%。森林火灾，特别是发生在稀树草原和农林地过渡地带的火灾对加纳森林破坏和森林退化造成的影响更为严重。受森林火灾影响，加纳国民经济也为此付出沉重代价。据估计，加纳每年因森林火灾造成的损失相当于全国 GDP 的 3%（MLFM，2006）。

2006 年以前，加纳政府对森林防火采取了一系列措施。从管理机构看，森林火灾防控主要由国家土地、林业和矿产部与内政部负责。土地、林业和矿产部负责野火管理政策协调、野火监测和核实监测结果，及时将其发送给相关的机构与利益主体，同时还负责给火灾管理提供资金与技术支持。土地、林业和矿产部林业委员会负责林火的日常管理工作，一方面协调各利益相关者的关系，另一方面负责管理野火协同管理系统与社区野火管理系统。隶属内政部的国家消防局负责全国灭火工作，负责消防相关培训项目的设计、组织与实施，负责建立火灾监测、预警系统。

然而，由于过去长期缺乏一个明确、系统的野火管理政策，野火管理效果不明显，由野火导致的森林火灾未能得到有效遏制。为扭转这种局面，土地、林业和矿产部于 2006 年发布了《国家野火管理政策》，从国家层面明确了野火管理政策。该政策从指导原则、政策目的与目标、政策战略等方面细化了国家森林火灾防控的目标与方法。根据《国家野火管理政策》，加纳政府坚持多部门合作原则，加强综合协调管理，重视开发事故现场指挥系统和实施野火管理技术项目，允许授权利益相关主体参与野火管理，加强社区消防志愿者分队建设（MLFM，2006；USFS，2013）。在《国家野火管理政策》指导下，加纳政府理顺了野火管理与森林火灾防控的思路，但实际成效尚有待实践检验。

2. 生物多样性保护

（1）设立森林保护区。为了保护森林资源，加纳政府设立了森林保护区，对保护区森林资源进行严格保护。2015 年加纳保护区内森林面积 13 万 hm^2，约占全国森林面积的 1.39%（FAO，2015）。

（2）加强对生态敏感区保护。加纳生态敏感区有 10 万 hm^2。为降低林木采伐对生态敏感区的影响，加纳政府采取了一些保护措施，如规定在缓冲区（溪流两岸 25 m 内，河流两岸 50 m 内）不容许采伐原木；允许采伐非缓冲区林木，但必须清除落入河道的树枝与碎片。

（3）设立野生动植物保护区。为保护野生动植物的生物多样性，加纳政府建立了各种野生动植物保护区（包括国家公园与自然保护区等），其面积累计达到 141.73 万 hm^2（Attuquayefio et al.，2005）。

（三）森林服务

1. 应对气候变化

自 1960 年以来，加纳年平均温度升高了 1℃。21 世纪以来，加纳水资源日益短缺。基于此，加纳制定了能源战略计划，并大力推进国家造林计划。1990—2010 年加纳人工林面积由 5 万 hm^2 增长到 26 万 hm^2，年均增长约 1 万 hm^2。此外，加纳在恢复退化林方面成果显著，2000—2007 年共成功恢复 12 万 hm^2 退化林。

加纳政府坚持贯彻落实《京都议定书》（1997 年），利用清洁发展机制，积极推动森林碳汇开发。目前，加纳政府组织成立了国家碳汇有限公司，由它具体负责指导与监督森林碳汇项目建设与市场交易。为了确定项目的可行性，国家碳汇有限公司首先指派技术专家对项目申请材料进行初审；进而根据现有规章制度与相关标准，核准碳排放数量与碳信用额度，对初选通过的项目材料进行复审。

2. 森林旅游资源开发

加纳具有丰富的森林旅游资源。晴好的赤道天气和肥沃湿润的土壤有利于动植物生长发育。为进行保护，设立了16个国家公园和众多保护区，其所占面积超过了国土面积的5%。在加纳，北部大草原上的莫尔国家公园和离海边不远的卡昆国家公园是最受欢迎的旅游目的地，每年吸引大批国际游客前来观光与休闲(非洲－加纳旅游局，2012)。

六、林产品生产、加工与贸易

（一）木材生产

加纳2001—2015年期间原木的生产情况(表4)。加纳原木产量在2001—2015年期间一直呈稳步增加的趋势，2015年原木产量与2001年相比，增加了55.25%。其中，工业原木由2001年的121.20万m^3增长到2015年的219.20万m^3，增幅达80.86%；木质燃料由2001年的2 771.71万m^3增长到2015年的4 271.96万m^3，增幅为54.13%。由此可见，工业原木增幅较高，但其产量明显偏低。

表4　2001—2015年加纳原木及木质燃料产量　（万m^3）

年份	2001	2003	2005	2007	2009	2011	2013	2015
工业原木	121.20	140.00	120.00	130.40	130.00	193.90	233.70	219.20
木质燃料	2 771.71	2 976.81	3 191.45	3 418.89	3 656.38	3 898.46	4 144.82	4 271.96
合计	2 892.91	3 116.81	3 311.45	3 549.29	3 786.38	4 092.36	4 378.52	4 491.16

资料来源：FAOSTAT－Forestry(2016)，下同。

（二）林产品加工

加纳林产品主要包括锯材与人造板，而人造板又主要包括单板与胶合板。如表5所示，2001—2015年锯材从48.0万m^3增长到52.1万m^3，增幅达9%；但人造板产量反而出现了下降。

表5　2001—2015年主要林产品产量　（万m^3）

林产品	2001	2003	2005	2007	2009	2011	2013	2015
锯材	48.0	49.6	53.0	53.0	53.2	51.5	51.1	52.1
人造板	38.1	41.3	42.8	41.8	47.4	45.2	45.6	28.7
单板	25.9	30.0	30.0	23.7	27.5	27.3	27.2	10.3
胶合板	11.4	10.5	12.0	17.3	19.1	17.1	17.6	17.6
刨花板	0.8	0.8	0.8	0.8	0.8	0.8	0.8	0.8
纤维板	0.0	0.0	0.0	0.0	0.0	0.0	0.0	0.0

（三）林产品贸易

加纳大多数林产品出口量明显大于进口量，属于林产品净出口国家。从原木贸易量

（贸易量等于进口量＋出口量）看，工业原木占绝对优势，木质燃料所占比重不足 10%；无论是工业原木，还是木质燃料，绝大多数年份其出口量远大于进口量。由于加纳 2006 年放开了工业原木出口，导致 2007 年工业原木出口量（28.18 万 m^3）激增，同比增长 60.34%。2001—2015 年期间锯材贸易量由 23.70 万 m^3 下滑到 17.96 万 m^3，下滑幅度为 24.22%，其下滑的主要原因是出口量减少。在人造板贸易结构中，胶合板与单板占绝对优势，纤维板与刨花板所占比重很小。另外，纸和纸板进口量远大于出口量。表 6 是加纳 2001—2015 年主要林产品进出口量变化情况。

表 6　2001—2015 年主要林产品进出口量　（万 m^3，万 t）

林产品	指标	2001	2003	2005	2007	2009	2011	2013	2015
工业原木	进口量	0	0	0	0.04	0.92	0.13	2.13	17.46
	出口量	0	0	11.57	28.18	14.39	16.64	25.25	25.00
锯材	进口量	—	—	0.15	0.33	0.06	0.09	0.30	0.15
	出口量	23.70	19.90	25.92	21.20	11.86	17.12	16.18	17.81
人造板	进口量	0.00	0.04	0.14	0.22	0.11	0.43	0.49	0.49
	出口量	16.70	18.82	17	20.92	7.49	7.50	5.80	4.78
单板	进口量	0	0	0	0.02	0.04	0.04	0.04	0
	出口量	11.40	10.80	9.98	6.97	4.06	2.99	2.83	2.01
胶合板	进口量	0	0.01	0.03	0.08	0.02	0.29	0.22	0.18
	出口量	5.30	8.00	6.98	13.91	3.42	4.47	2.97	2.76
刨花板	进口量	0	0.02	0.03	0.03	0	0.04	0.06	0.03
	出口量	0	0.02	0.02	0.02	0.02	0.05	0	0.01
纤维板	进口量	0.00	0.021	0.088	0.088	0.04	0.07	0.18	0.28
	出口量	—	—	—	—	—	0	0	0
纸和纸板	进口量	3.62	5.96	7.59	6.53	6.74	8.29	8.04	7.72
	出口量	0	0.06	0.03	0.03	0.01	0.18	0.22	0.18

2001—2015 年加纳林产品贸易总额由 15 758.3 万美元增长到 41 667.3 万美元，期间增长了 1.6 倍；贸易顺差由 12 058.5 万美元增长到 23 652.1 美元，增长了近 1 倍。其中，进口额由 1 849.9 万美元增长到 9007.6 万美元，增长了 3.8 倍；出口额由 13 908.4 万美元增长到 32 659.7 万美元，增长了 1.4 倍。表 7 列出了加纳 2001—2015 年主要林产品进出口额变化情况。

表 7　2001—2015 年主要林产品进出口额　（万美元）

林产品	指标	2001	2003	2005	2007	2009	2011	2013	2015
工业原木	进口额	0	0	0	7.6	157.9	17	209.9	1 990.8
	出口额	0	0	2 517.8	6 900.1	5 096.7	6 487.9	12 179.7	10 525
锯材	进口额	—	—	53.6	133.5	33	19.9	109.9	40.1
	出口额	7 503	8 485.6	11 005.1	10 158.2	7 112.5	7 432.6	9 649.5	14 369.9

（续）

林产品	指标	2001	2003	2005	2007	2009	2011	2013	2015
人造板	进口额	0	37.7	85.6	143.1	41.2	256.3	229.4	298.1
	出口额	6 405.4	8 404.3	8 289.8	10 913.6	5 214.7	7 431.6	6 405.9	6 700.4
单板	进口额	0	0	0	35.7	10.4	41.6	16.4	0.2
	出口额	5 055.6	5 948.3	5 928.9	5 649.3	3 635.9	3 091.4	2 619.4	3 013
胶合板	进口额	0	6.6	21.9	43.7	13	163.4	118.5	47
	出口额	1 349.8	2 447.8	2 334.4	5 237.8	1 573.6	4 327.7	3 785.4	3 679.4
刨花板	进口额	0	16.6	19	19	1.5	18	28.7	85
	出口额	0	5.5	5.2	5.2	5.2	10.6	0.1	4.8
纤维板	进口额	0	14.5	44.7	44.7	16.3	33.3	65.8	165.9
	出口额	—	—	—	—	—	1.9	0.1	—
纸和纸板	进口额	1 830.5	3 301.6	4 391.9	4 762	5 391.9	7 603.4	6 615.5	6 615.5
	出口额	0	20.4	9.9	9.9	16.3	188.9	276.2	201.4
林产品	进口额	1 849.9	3 402.9	4 649.6	5 189	5 730	7 989.9	8 047.2	9 007.6
	出口额	13 908.4	17 044.1	21 945.2	28 036.5	17 868.6	22 207.7	29 485.7	32 659.7

从林产品贸易流向看，中国、印度、丹麦、埃及、布基纳法索、尼日利亚、南非与美国是加纳林产品主要的出口市场，其林产品进口市场则以美国、南非与俄罗斯为主。从林产品贸易结构看，出口以工业原木、锯材为主；进口以人造板与纸和纸板为主。

七、林业科研与教育

加纳林业科研与教育在非洲地区属于中等水平，主要的科研教育培训机构是加纳林业科学研究院、恩克鲁玛科技大学与木材工业培训中心。

（一）林业科研

加纳林科院是林业委员会直属的综合性、多学科、社会公益型国家级科研机构，共设立了7个研究所，分别是林产品市场与贸易研究所、林业产业发展研究所、生态服务与气候变化研究所、生物多样性与土地利用研究所、森林生计和管理研究所、森林与野生动植物资源管理研究所、商业化和信息研究所，并在全国5个地区设立了研究中心或工作站（FRIG，2016）。林科院主要从事林业基础应用、高新技术、社会重大公益性、技术开发和软科学等领域研究。林科院的战略目标是：坚持客户导向的高质量林业研究，向社会提供科学知识与适宜技术；传播林业相关信息，致力于改善生态环境；加强森林资源可持续开发利用；推动科学家、利益相关者与外部人士之间的多学科研究合作。

（二）林业教育

加纳形成了具备培养中职、学士、硕士、博士完整的林业教育体系。开展林业教育的主要机构是木材工业培训中心、恩克鲁玛科技大学（相关院系包括森林资源经营技术系、可再生自然资源系、农学系）以及林科院。在加纳2008年森林相关教育的毕业学生中，获得技术工人证书或文凭的人数、本科生及硕士生人数分别为175、150和37人；在2008年公费赞助的森林研究中心工作的专业人士中，19人拥有博士学位（FAO，2010）。

八、林业国际合作与交流

在非法采伐问题上，加纳持坚决打击态度，并采取了一些具体措施。政府在全国主要道路设有8个木材检验站，林业委员会组织人力查处非法采伐木材，阻止木材偷运国外。然而，国内开展的相关打击活动成效并不明显。近年来，加纳政府不断加强与欧盟的合作，希望从国际木材市场方面寻求打击非法采伐的新途径。加纳作为非洲木材生产国，首次于2008年与欧盟签订了自愿伙伴关系协议（VPA），重新确定了木材生产、交易的"合法性定义"以及"合法性原则和基准"。按照VPA协定，加纳需要构建木材合法性保证体系（TLAS），确保对木材采伐、加工、流通的每一个环节都进行合法性核查。实际上加纳正在计划从木材采伐现场、木材检查站、木材出口港等配置便携式终端，建立和运用更有效的监管系统。落实VPA的相关规定有助于实现加纳与欧盟森林执法、施政和贸易行动计划（FLEGT）对接，促使合法木材的认证及贸易落到实处，从而遏制非法采伐的猖獗势头（胡杨，2010）。

九、分析与借鉴

加纳是典型的发展中国家，经济发展水平较低，森林资源过度利用问题突出。林业虽然是加纳经济的支柱产业之一，但长期以来处于缓慢发展阶段。加纳林业发展中面临的问题主要有：

一是木材采伐和农业用地扩张导致了现有森林退化。虽然由于人工林和混农林业的发展，森林总面积得到增长，但是由于木材采伐和农业用地扩张，现有森林出现退化。森林退化突出表现是林分的质量降低，其危害是水土防护、生物多样性保护、防风固沙、碳汇等生态系统服务功能下降。

二是森林资源保护与社会经济发展之间的矛盾凸显。加纳是经济欠发达的国家，迫切需要满足居民的生计需求和社会经济发展的需要，这将导致毁林开荒、非法采伐等森林资源过度利用问题，加剧森林资源保护与社会经济发展与之间的矛盾。因此，如何协调森林资源保护与社会经济发展成为加纳林业发展面临的重要问题。

在解决上述问题过程中，加纳政府主要采取了针对性的对策措施，这些措施对中国林业政策制定具有一定的借鉴意义。

1. 大力营造人工林

加纳政府加大营造林的资金投入，将营造人工林放在林业长期发展战略的首位，希望以人工林替代天然林木材供应，为实现森林可持续发展奠定了基础。

中国已经成为世界最大的木材进口国和第二大木材消耗国、木材安全形势严峻复杂，全社会对木材刚性需求越来越大，但受制于国内木材短期供给能力不足，木材供需缺口将进一步拉大。在这一大背景下，中国应大力营造人工林，扎实推进国家储备林建设。

2. 实施严格的森林采伐制度

为了避免森林过度采伐，加纳于1994年发布了新的《森林保护法》，废除了原有的租用制，取而代之的是竞争性招标与行政许可制度：

(1)竞争性招标。森林资源的分配依赖森林采伐权市场竞标，竞标形式采用了木材利用合同(TUC)形式，由政府对其过程进行定期审计，保证森林资源管理规范并符合环保标准。TUC具有明确的法律依据，《木材资源管理法令》(1997)与《木材资源管理条例》(1998)都有相应的陈述。

(2)行政许可制。包括2种形式：一是木材利用许可证，通过木材利用许可证直接对木材采伐权进行分配。具体操作程序是：地区议会、镇居民委员会、农村社区组织、非政府组织根据林业委员会的各项要求首先提出申请，然后林业委员会根据申请材料给申请人颁发木材利用许可证(TUP)，从而分配木材采伐权；二是拯救伐许可证，若一个地区进行道路建设、居民区扩建、农场建立等土地开发活动时，则需要这种行政许可(ITTO，2011)。

长期以来，我国实施比较严格森林采伐限额制度，对遏制森林资源过量消耗方面发挥了积极作用，但在束缚林业经营主体生产积极性的弊端也日益凸显。在完善采伐限额制度过程中，应探讨引进竞争性招标等市场机制的可能性。

3. 打击非法采伐

落实加纳与欧盟的森林执法、治理与贸易(FLEGT)自愿伙伴关系协定行动，努力打击非法采伐。考虑到导致森林过度采伐与非法采伐的动力之一是国际市场对木材的需求。禁止或减少原木出口，有利于减少原木的市场需求，从而为加纳森林资源保护奠定好的基础。

4. 划定保护区，实行分类分区经营

为了促进森林可持续经营与实现经济发展和资源保护的共赢，加纳政府划分保护区与非保护区，实施分类分区经营。首先，将森林划分为保护区森林和非保护区森林，有区别地进行木材生产(保护区森林木材生产的前提是森林资源与生物多样性得到严格保护)(胡杨，2010)。其次，根据森林主要功能，又将森林划分成生产林、水土保持林、生物多样性保护林、社会服务林及其他类型，根据不同的主要功能进行分类经营(FAO，2011)。

5. 建立激励机制，鼓励多方参与林业建设

政府通过财政政策(如气干板材的出口税)引导私有企业投资林场，合理分配森林保护区内土地退化地区(FAO，2016)。通过推动林权改革，落实还权于民，增强林农投资林业、经营林业的内生动力。鼓励利益相关者参与制定发展政策，促进社区林业发展，增强社区居民林业建设主人翁自豪感。

当前中国正在深化集体林权制度改革，应进一步健全激励机制，实现利益相关方权责利的统一，提高经营主体内生动力。

(赵荣　宁攸凉)

参考文献

白秀萍.2009. 加纳林业、木材产业动向及非法采伐对策[J]. 世界林业动态，(30)：6-10.
陈溯.2017. 中国国家林业局：中国已全面停止天然林商业性采伐[EB/OL]. http：//www.chinanews.com/

gn/2017/03 – 15/8175012. shtml/（2017-03-15）[05-08].
非洲－加纳旅游局．2012．生态旅游[EB/OL]．http：//www. visitghana. cn/index. htm（2012）[09-08].
胡杨（编译）．加纳林产工业状况及遏制非法采伐木材对策[J]．中国人造板，2010（9）：36－37.
中国外交部网站．2016．加纳国家概况[EB/OL]．http：//www. fmprc. gov. cn/web/gjhdq_ 676201/gj_ 676203/fz_ 677316/1206_ 677776/1206x0_ 677778（2016－07）[10-06].
庄作峰．2001．加纳林业[G]//施昆山．当代世界林业．北京：中国林业出版社，769－774.
Attuquayefio D K and Fobil J N A. 2005. Overview of Biodiversity Conservation in Ghana：Challenges and-Prospects[J]. West Africa Journal of Applied Ecology，（7）：1－18.
FAOSTAT – Forestry. 2016. http：//faostat3. fao. org/download/F/ * /E[DB/OL]. [10-04].
FAO. 2015年全球森林资源评估报告（案头参考）[R]．罗马：FAO，2015：10、35、72、91、102、113、144、151.
FAO. 2016. 2016年世界森林状况[R]．罗马：FAO：67－70.
FAO. Legislation – Ghana[EB/OL]. （2011[b]-12-15）[2012-10-01]http：//www. fao. org/forestry/country/30806/en/gha.
FAO. 2010. Global Forest Resource Assessment 2010 County Report：Ghana[R]. Rome：FAO：47－48、8－10.
FAO. 2011. 2010年森林资源评估主报告[R]．罗马：FAO：53－63，240.
FAO. 2014. 2014年世界森林状况：提高森林的社会经济效益[R]．罗马：FAO：98，106.
FC（Forestry Commission）and MLNR（Ministry of Land and Natural Resource）. 2016. Ghana Forest Plantation Strategy[R]. 2016－2040.
FRIG（Forestry Research Institute of Ghana）. 2016. Forestry Research Institute of Ghana[EB/OL]. http：//csir – forig. org. gh/ [10-07].
ITTO. 2006. Status of Tropical Forestry Management 2005[R]. Japan：Hakuahudo Printing Inc.：98－104.
ITTO. 2011. Status of Tropical Forestry Management 2011[R]. Japan：Hakuahudo Printing Inc.：99－111.
MLFM（Ministry of Lands Forestry and Mines）. 2006. National Wildfire Management Policy[R].
PEN（Poverty Environment Net）. 2013. Ghana in the Fight Against Desertification and Drought[EB/OL]. http：//www. povertyenvironment. net/node/572（2008-07-31）[08-03].
PPMD-MLNR（Policy Planning and Monitoring Division，Ministry of Land and Natural Resource）. 2016. Ghana Forestry Development Master Plan（2016－2036）[R].
Teye J K. 2008. Forest Resource Management in Ghana：An Analysis of Policy and Institutions[R]. England：The University of Leeds.
TIG（Tropenbos International Ghana）. 2008. Overview of Environmental and Forestry Sector NGOs in Ghana[R]. Tropenbos International Ghana.
USFS（US Forest Service）. 2013. Wildfire Management[EB/OL]. http：//www. fs. fed. us/global/globe/africa/ghana. htm#2（2013）[08-01].

肯尼亚(Kenya)

肯尼亚共和国(简称肯尼亚)位于非洲东部，东邻索马里，南接坦桑尼亚，西连乌干达，北与埃塞俄比亚、南苏丹交界，东南濒临印度洋，国土总面积582 646 km^2，海岸线长536 km。赤道横贯其中部，东非大裂谷纵贯南北，境内多高原，平均海拔1 500 m。全境位于热带季风区，沿海地区湿热，高原气候温和，全年最高气温为22～26 ℃，最低为10～14 ℃。肯尼亚2017年总人口4 970万人，共有42个民族。45%的人口信奉基督教新教，33%信奉天主教，10%信奉伊斯兰教，其余信奉原始宗教和印度教。国语为斯瓦希里语，与英语同为官方语言。首都为内罗毕，全国分47个郡。

肯尼亚是撒哈拉以南非洲经济基础较好的国家之一。2008年肯尼亚政府正式启动2030年远景规划，提出优先发展旅游业、农业、服务业、制造业和批发零售业等重点产业，争取年均经济增长10%，到2030年发展成新兴工业化和中等发达国家。2015年肯尼亚出台《国家工业化发展规划》和《经济特区法》，大力加强基础设施建设，重视油气资源与地热、太阳能等新能源开发，积极推进工业化进程和经济转型。

2017年国内生产总值783亿美元，经济增长率5.1%①。农业、服务业和工业是国民经济三大支柱，其中农业2007年增长率为2.3%，产值约占国内生产总值的1/3，其出口占总出口一半以上。全国80%以上人口从事农牧业。茶叶等农产品，旅游、侨汇是农业3大创汇项目，其中肯尼亚是目前非洲最大的鲜花出口国，占据欧盟31%～36%的市场份额，2010年花卉出口6.93亿美元。旅游业发达，为主要创汇行业之一，直接创造就业25万人，间接就业55万人。工业在东非地区最发达，日用品基本自给(中国外交部网站，2018)。

一、林业在国民经济中的地位

肯尼亚林业对国民经济、就业和能源利用等方面都有不同程度的贡献。据估计，林产品和森林服务为肯尼亚经济贡献70亿肯尼亚先令，仅木材工业的投资就超过了440亿肯尼亚先令。林业直接吸纳5万人就业，间接吸纳3万人就业。肯尼亚的森林保护区5 km半径范围内就有超过53万个家庭居住，他们的耕种、放牧、捕鱼、薪柴、蜂蜜、草药、用水和其他利益都依赖森林(Ndiritu，2009)。按估算，肯尼亚林业2012年的增加值为196.2万美元(FAO，2015)。但是与其他很多国家一样，肯尼亚森林的实际价值并没有得

① 来源于2013年6月《经济季评》的数据，当时1美元兑换85.88肯尼亚先令。

到充分的估算或者被低估，如森林的生态和环境价值、森林的间接价值等，或有些其价值不纳入林业部门的核算。

二、森林及其他自然资源

（一）森林资源

1. 森林资源总量

肯尼亚森林覆盖率较低，2015 年森林面积为 441.3 万 hm^2，森林覆盖率只有 7.8%(FAO，2016)。活立木总蓄积量为 8.36 亿 m^3，其中针叶林活立木蓄积量为 1.89 亿 m^3，阔叶林 7.74 亿 m^3，单位面积蓄积量平均为 189 m^3/hm^2(FAO，2015)。

2. 森林资源变化

肯尼亚森林总体上呈现持续下降的趋势，根据《2015 年世界森林资源评估》统计(FAO，2015)，1990 年以后肯尼亚森林每年以不低于 0.3% 的速度在减少，总面积从 1990 年的 472.4 万 hm^2减少到 2010 年的 355.7 万 hm^2，进入 21 世纪，肯尼亚森林面积出现增长，2005 年森林面积达到 404.7 万 hm^2，2010 年达到 423 万 hm^2，2015 年达到 441.3 万 hm^2。其中，天然次生林 419.3 万 hm^2，人工林 22.0 万 hm^2，分别占森林面积的 95% 和 5%。天然次生林面积在 1990 到 2015 年间也经历了先下降在上升的过程，从 1990 年的 456.1 万 hm^2减少到 2010 年的 343.7 万 hm^2，进入 21 世纪，天然次生林面积出现增长，2005 年森林面积达到 388.1 万 hm^2，2010 年达到 403.7 万 hm^2，2015 年达到 419.3 万 hm^2。与之相同，人工林面积从 1990 年的 163 万 hm^2减少到了 2000 年的 120 万 hm^2，随后开始增长，到 2005 年达到 166 万 hm^2，2010 年达到 193 万 hm^2，到 2015 年达到 220 万 hm^2。此外，肯尼亚的活立木蓄积也经历了先下降后增长的过程，从 1990 年的 8.49 亿 m^3减少到了 2000 年的 6.39 亿 m^3，随后开始增长，到 2005 年达到 7.25 亿 m^3，2010 年达到 7.81 亿 m^3，到 2015 年达到 8.36 亿 m^3。

3. 森林资源结构

从森林用途上看，肯尼亚 96% 的森林以发挥水土保持功能为主，只有 4% 的森林以生产功能为主(FAO，2010)。在权属结构方面，与以私营经济为主体的国民经济体制不同，肯尼亚的森林以公有为主。根据《肯尼亚森林法》(2005)，肯尼亚森林所有权分为国有、地方所有和私有 3 大类：①国有林，包括部长依法宣布为国家所有的森林；②地方林，包括地方当局通过信托土地营造的森林，以及依法建立的树木植物园、休闲森林公园和小规模森林，还有地方当局自己营造的森林；③私有林，包括个人所有、私人商业实体和机构所有的森林，其中个人所有林只有 1 万 hm^2，而私人商业实体和机构所有的森林有 8 万 hm^2(Kenya，2005；FAO，2010)。总体来看，地方林占比最大，国有林次之，个人或公司等私有林占比最少。根据 1990 年至 2010 年间的数据显示，私有林面积在逐渐增加，而国有林，特别是地方林的面积在持续下降(表 1)。

表 1　1990—2010 年肯尼亚森林所有权属变化情况　　（万 hm^2，%）

类型	1990		2000		2005		2010	
	面积	比例	面积	比例	面积	比例	面积	比例
国有林	149.0	40.2	140.4	39.2	136.4	38.7	136.4	39.3
地方林	215.0	58.0	210.0	58.6	207.5	58.9	201.3	58.1
私有林	6.8	1.8	7.8	2.2	8.3	2.4	9.0	2.6
总计	370.8	100.0	358.2	100.0	352.2	100.0	346.7	100.0

资料来源：FAO，2010。

（二）其他自然资源

肯尼亚还有很多珍稀和特有的野生动植物资源。根据世界保护监测中心的数据，在肯尼亚已知的两栖类、鸟类、哺乳类和爬行类的物种大约 1 847 种，其中 4% 是当地特有的其他国家未发现的物种，3.8% 的物种受到威胁。肯尼亚至少是 6 506 种乡土维管束植物，其中 4.1% 是肯尼亚的特有种。同时有 6.0% 的肯尼亚物种属于国际自然保护联盟(IUCN) Ⅰ～Ⅴ类保护名录之列(MONGABAY，2011)。此外，2015 年，林地生物量 13.47 亿 t，红树林面积 4.9 万 hm^2。

三、林业法规政策

（一）林业发展目标和方针

根据《肯尼亚 2030 年发展远景》有关环境可持续性和社会经济转型的要求，肯尼亚制定了林业下一个五年总体战略方向。其发展目标是：促进生物多样性保护；管理、管制与开发森林和野生动物资源；赋权于林业与野生动物保护的所有利益相关者；促进森林与野生动物资源的可持续利用，以及公平公正分享利益；提高林业在国家 GDP 中的贡献；减缓贫困，提高肯尼亚人民的生活质量；促进相关信息和专家在国家、区域和国际间的交流。

肯尼亚的林业发展方针可以简单归纳为：可持续性、公众参与、社区共管和法治。具体指导方针如下：①为当代和下一代提供并维持森林和野生动物的多样性；②由公众决定森林和野生动物的未来；③支持公众参加森林与野生动物以及其他相关活动，并对他们开展教育；④遵守国家和国际有关林业与野生动物资源利用、保护和管理的法律与公约；⑤维护与森林和野生动物周边社区的良好关系。

（二）林业法律体系

由于土地权属和自然资源管理的政策与立法，直接和间接地影响肯尼亚的森林经营管理，因此，与林业相关的法律比较多，涉及环境和森林保护管理的法律条款分散在 77 个法规里(UNDP，1999)。

肯尼亚《宪法》是其国内一切立法的依据。尽管肯尼亚当前的《宪法》在森林或环境方面并没有可直接参考的内容，但是在土地权属和个人财产保护等具体方面直接影响森林的经营管理。另外，一些有关政治治理体系和非洲民俗法也间接影响环境和森林问题。例如，《宪法》规定信托土地授予代表当地社区居民利益的地方当局，因此这些土地上的大部分森林为地方林。《宪法》承认并保护私有财产，并对没收私有财产权的条件进行了具体说明，这些条款可用于保护森林集水区，也可为意在保护环境、防止环境破坏提供基本法律依据。考虑到非洲的一些传统习俗，肯尼亚的《宪法》也认可当地部落、小组、家庭或个人在分配给他们的信托土地上的权利和利益(Matiru，2000)。此外，《宪法》还提供了改善治理问题的全国基本原则，这些原则同样适用于改善林业治理问题，包括权力分享、分权、法治、民主、民众参与和公正等(Oksanen 等，2011)。

《森林法》(2005 年)是肯尼亚林业改革与发展的主导法律，该法总体思想是森林管理权力与责任的下放，并通过提高森林的社区获益来促进合作(John，2011)。根据这一思想，肯尼亚开始实施林业改革，其中涉及应用参与式森林管理的概念，通过当地社区参与和鼓励私人投资，使得私人和社区能够投资国家指定的森林保留区中的商品林(Oksanen 等，2011)。因此，该法对林业管理部门即林务局的建立，造林和森林经营，社区参与等内容进行了规定(Kenya，2005)。

在《森林法》(2005 年)中，对森林治理制度进行了一般性法律规定，除了常规的森林经营等规定外，其主要呈现两大鲜明特征：一是要求成立行新的管理部门，二是强调分权与社区参与。

经过将近 10 年的林业改革之后，肯尼亚林业部门于 2014 年 2 月提交了《森林保护与经营管理法案》(2014 年)，这是肯尼亚自 2005 年实施林业改革以来林业立法进程的一大举措。在《森林法》(2005 年)的基础上，其内容更加具体和丰富，包括：行政管理、财政规定、森林保护与经营管理、社区参与、鼓励提高森林和树木覆盖、林产品贸易等内容。在增加林业发展资金和林产品贸易等新内容的同时，更加强调了增加森林资源和社区参与的重要内容(KFS，2014)。

肯尼亚还有很多与林业相关或影响林业发展的法律。例如，1972 年出台的《木材法》(2012 年最近修订)，主要涉及木材定级、销售与出口等内容(Kenya，2012)；1976 年出台的《野生动物法》(后期经过多次修订)，是国家公园、国家保护区和地方禁猎区建立、废除和界线变更的主要法律依据；2002 年的《水法》涉及森林中水资源的管理与保护。还有涉及水土保持的《农业法》，涉及环境和自然资源综合管理的《环境管理与协调法》以及《古物古迹法》《地方政府法》和《渔业法》等。这些法律涉及木材、水、土、野生动物等与林业最相关的内容，是除了《森林法》之外，整个林业法律体系的重要组成部分。

（三）林业政策演进

肯尼亚的林业政策历史演进是以集权向分权管理的转变为主线。1902 年，肯尼亚殖民政府成立了专门的林业部门，负责管理和控制所有的森林。1963 年肯尼亚独立后，通过一系列的捐赠来资助农场造林和再造林项目，以减缓薪柴的短缺。但由于当时的林业部门对森林经营管理缺乏与政府部门之外的其他利益相关者商讨，导致 20 世纪 80 年代后期需要大量薪柴的社区与林业部门不断发生冲突(Ongugo 等，2004)。

2005 年，根据新的《森林法》成立了肯尼亚林务局。通过该法期望肯尼亚林务局赋权给私人部门、森林保护委员会和社区森林协会。通过肯尼亚森林行动网络和肯尼亚森林工作组对肯尼亚主要森林周边社区的宣传，成立了许多社区森林协会，通过社区森林协会，社区参与得以实现，而且森林综合管理成为推进新林业政策的核心原则，(Ongugo 等，

2007）。按照2005年《森林法》的要求，肯尼亚林务局也带头引导森林周边社区成立社区森林协会，其主要资金来源于成员缴纳的会费（Ogada，2012）。因此，从2005年开始，肯尼亚实施了以森林分权管理为主要内容的林业改革，其林业政策也将逐渐向这个方向演进和加强。其中根据2014年2月肯尼亚林业部门提交的《森林保护与经营管理法议案2014》，肯尼亚继续强调了社区参与和共管等分权管理等（KFS，2014）。

四、林业机构与管理体制

在中央层面，肯尼亚林业主管部门是肯尼亚环境、水与自然资源部，针对林业方面，其主要职能包括：①立法，制定和评估森林与野生动物资源的政策；②与利益相关者合作，促进森林与野生动物资源管理与保护；③制定有关林业、野生动物与环境保护教育计划；④制定适当政策，促进森林和野生动物资源的利用，提高肯尼亚人民社会经济发展福利；⑤加强森林和野生动物资源管理的人力资源和硬件基础设施建设；⑥促进森林和野生动物资源的研究及其成果的推广；⑦监测、评估和协调林业研究所、林务局、野生动物服务局和野生动物俱乐部在战略规划实施中的运行。

该部下设的肯尼亚林务局，是森林资源管理的核心部门，其核心职责有以下7个方面：①开展天然林可持续经营管理；②提高工业人工林生产力，加强木材有效利用；③推动农场林业和经济林种植；④推动林产品有效利用和营销；⑤促进旱地森林的可持续经营管理；⑥保护林业资源和肯尼亚林务局财产；⑦建设和维护必需的基础设施，有效经营和保护森林。而肯尼亚林务局由一个董事会进行管理，该董事会由部里各个部门的8位常任秘书或负责人或指定的人员，以及部长任命的8位非公务员构成。

在地方层面，肯尼亚林务局区划了10个生态保护区，成立了76个森林区域办事处、150个森林工作站和250个遍布全国和森林管理与监测热点的森林推广分区办事处。按照肯尼亚《森林法》（2005年）关于森林管理权力和责任下放的总体思想，为了参与森林经营管理，肯尼亚政府还推动森林周边社区注册成立了325个社区森林协会，作为合作伙伴和共管者，目前他们已经与肯尼亚林务局共同开展森林可持续经营管理。

在管理体制上，肯尼亚国有的森林，包括森林自然保护区主要由肯尼亚林务局进行经营管理，并制定森林经营方案。以保护野生动物为主的国家公园、国家保护区和国家禁猎区等主要由肯尼亚野生动物服务局管理。地方所有的森林由地方负责经营管理，各自制定森林经营方案。公司、个人和社区的森林由各自经营管理，林务局可以提供服务。

五、森林经营与管理

（一）森林培育与经营

1. 植树造林

由于人口、耕地需求以及城镇化对木材需求增加等原因，肯尼亚森林减少速度令人担忧（Opanga，2003）。根据肯尼亚战略目标要求，到2030年森林覆盖率达到10%（Namusende等，1997）。因此，植树造林是肯尼亚非常重要的森林活动，是应对森林资源持续减少的重要手段。为了增加森林覆盖率，肯尼亚鼓励私人培育造林种苗。其中，2010—2011 年肯尼亚共培育了 1.28 亿株外来和乡土树种苗木，大部分由私人苗圃培育，占全年度苗木生产总量的 92%，只有 8% 由国家林务局培育。相对 2007—2008 年的 0.58 亿株，肯尼亚苗木培育有了很大的发展。同时，为了鼓励私人造林，肯尼亚《森林法》(2005 年)规定，私有林主或造林个体可以申请免税。为了减少对天然林的依赖，肯尼亚也在不断营造商品人工林，2010—2011 年已经营造了 1.04 万 hm^2，其中在高潜力造林区完成了 7 375 hm^2 造林，在干旱和半干旱地区营造了 3 031 hm^2。在中高潜力的造林区，最常用的造林树种有巨桉、银桦和木麻黄，在干旱地区常选择种植楝科植物，如印楝以及相思树等(Namusende 等，1997)。

2. 森林经营方案

在森林经营管理方面，肯尼亚实行森林经营方案制度。根据肯尼亚《森林法》(2005 年)规定，国有林、地方林和临时性森林都必须制定森林经营方案，并按照方案开展森林经营管理活动。肯尼亚林务局负责制定国有林和临时性森林经营方案，地方林业部门负责制定当地管辖内的地方林经营方案。无论是林务局还是地方林业部门，都要与当地森林保护委员会共同商议制定森林经营方案。

（二）森林保护

1. 天然林保护与管理

由于肯尼亚大部分是天然林，很多林业生产活动都依赖天然林资源。肯尼亚对天然林的保护与管理以可持续为基础，即要满足生态保护的要求，还要可持续生产木材和非木材林产品。为此，肯尼亚《森林法》(2005 年)对天然林的作用或功能进行了定位：保护生物多样性和保持水土，保护河岸和海滨，利用和传承文化，休闲和旅游，可持续生产木材和非木材林产品，固碳和其他环境服务，开展教育和研究，为野生动物提供栖息地等。天然林保护与利用兼顾可持续管理要求，为了实现上述目标，肯尼亚林务局需要与该天然林所在地的森林保护委员会共同制定森林经营方案，需要的话还可能与任何个人、机构和政府部门或森林协会缔结共管协议。

2. 自然保护区

肯尼亚自然保护区的建立和管理都是非常严格的。肯尼亚环境、水与自然资源部部长根据肯尼亚林务局的建议，并与相关官员商议，可以对具有一定环境、文化、科学或其他特殊价值的森林在国家公报上宣布为自然保护区。若这些森林为私有林，则要求评估师进行评估，对私有林主进行补偿。肯尼亚对自然保护区的利用实施严格的许可制度。法律规定除非出于研究目的并获得许可，否则不得在自然保护区内采伐、放牧、采集林产品、狩猎或捕鱼。由于肯尼亚的森林周边许多居民对森林都具有一定的文化和信仰等特殊需求，因此规定任何森林社区和个人出于文化、信仰、教育、科学或其他原因而需要利用或保存自然保护区的部分森林或树丛，都需要填写特定表格，通过当地森林保护委员会向林务局董事会提交申请。

3. 国家公园

肯尼亚被誉为动物王国，其国家公园以野生动物为主要保护对象。肯尼亚第 1 个国家公园——内罗毕国家公园，建于 1946 年。发展至今，肯尼亚已有 23 个陆地国家公园、

4 个海洋国家公园。在国家公园内，除了观光和研究外，自然资源也受到良好的保护。肯尼亚国家公园的运行管理部门是肯尼亚野生动物服务局，该局全权负责全国野生动物的保护、保育和野生动物法规的实施，总体负责全国野生动物服务的管理，具有国家公园和野生动物保护区的全面管辖权。肯尼亚野生动物服务局还在地方上建立了 125 个野外工作站，并通过各种建设项目，促进了国家公园基层工作站的建设。同时，为了更好地实施有关森林和野生动物保护、可持续管理战略规划，肯尼亚野生动物服务局还接受肯尼亚环境、水与自然资源部的协调、监督和评估。《野生动物(保护与管理)法》是肯尼亚国家公园体系建设的核心法律，该法制定于 1976 年，后期经过多次修订和完善。为了确保该法在肯尼亚国家公园的实施，肯尼亚野生动物服务局还制定了包括陆地野生动物和海洋野生动物在内的《肯尼亚野生动物服务局公园法则》。

4. 树木和树种保护

根据肯尼亚环境、水与自然资源部部长的建议，总统可以在国家公报上宣布全国范围或特定地区内需要保护的树木和树种，部长则负责向公众传播信息。砍伐、损害和在国内外销售这些树木将被视为犯罪行为。

5. 森林防火

肯尼亚森林火灾比较严重，20 世纪 90 年代平均每年发生 78 起林火，涉及 4 万 hm^2 的茂密森林，已经影响到肯尼亚的几个重点林区，而这些重点林区不仅是肯尼亚最大的林区，也是至少 12 条河流的水源地(Tengeye 等，2009)。人类活动，包括农耕或放牧需要用火清理林地，还有使用传统窑洞来烧制木炭等，是引起大量林火、严重破坏森林生物多样性的重要原因。另外，野火也较为严重，2005 年森林野火过火面积 2 000 hm^2(FAO，2010)。肯尼亚非常重视林火管理，针对林火采取了预防、应对和恢复 3 个方面的措施。在预防上，通过教育、管理和了解潜在火因，采用包括社会的和物理的策略将灾害性林火发生风险最小化。在应对方面，包括从快速消防策略到森林景观变化的长期管理。而恢复工作则是在因林火反复管理不善导致严重的生态破坏时需要开展的工作。

（三）社区参与

肯尼亚森林管理和野生动物保护工作非常注重地方和社区的参与。在肯尼亚《森林法》(2005 年)中，专门以一章的篇幅来引导和规范社区参与问题。根据该法和《社团法》，森林社区的任何成员都可以和其他成员或居住在同一社区的人合作，共同注册成立一个社区森林协会。经注册的社区森林协会可以向审批董事会提出申请，按照本法规定参与国有林和地方林的保护和经营管理。申请的同时要求社区森林协会的参与需要有一个初步的森林经营方案，如果当地没有森林经营方案，或协会想计划一个新的经营方案，申请中则需要提供其初步的森林经营方案。社区森林协会除对森林具有一定的保护责任外，还拥有一定的森林使用权，包括采集药草、蜂蜜，采伐木材或薪柴，割草或放牧，采集社区工业需要的林产品，开展生态旅游和游憩活动，科学研究与教育活动等。

六、林产品生产、加工与贸易

（一）林产品生产和加工

根据近 10 年来的统计(表 2)，原木和木质燃料的生产占肯尼亚林产品生产的主导地位，每年生产规模都在 2 000 万 ~ 3 000 万 m^3；其次是锯木和人造板的生产，锯木的生产规模呈现产量逐年上升的趋势，人造板和木质燃料的生产规模 2005 年以来变化不明显。

表 2　肯尼亚 2003—2016 年林产品生产规模　（万 m^3）

林产品	2003	2005	2007	2009	2010	2011	2012	2013	2014	2015	2016
原木	2 194. 24	2 671. 40	2 764. 60	2 747. 90	2 753. 30	2 754. 10	2 743. 20	2 743. 20	2 743. 20	2 743. 20	2 743. 20
锯木	7. 80	13. 60	14. 20	14. 20	14. 20	15. 90	17. 00	29. 60	29. 60	29. 60	29. 60
人造板	8. 55	8. 30	8. 30	8. 30	8. 30	8. 30	8. 30	8. 30	8. 30	8. 30	8. 30
木质燃料	2 018. 24	2 560. 00	2 640. 00	2 640. 00	2 640. 00	2 640. 00	2 640. 00	2 640. 00	2 640. 00	2 640. 00	2 640. 00

资料来源：FAOSTAT，2017。

（二）林产品进出口贸易

从近 10 年林产品进出口情况看，肯尼亚林产品以进口为主（表 3）。其中纸及纸板产品进出口贸易量最大。肯尼亚原木虽然生产规模大，但逐渐从出口国向进口国转变，2007 年以来每年的进口量都超出了出口量，人造板的进出口贸易在 2009 年后也出现了类似趋势。锯木、纤维板、纸及纸板均以进口为主，尤其是纸及纸板产品进口量远大于出口量（FAOSTAT，2018）。

表 3　肯尼亚 2003—2016 年主要林产品进出口规模　（万 m^3，万 t）

林产品		2003	2005	2007	2009	2010	2011	2012	2013	2014	2015	2016
原木	出口	0. 14	0. 54	0. 21	0. 15	0. 07	0. 35	0. 20	0. 23	1. 20	0. 2	0. 1
	进口	0. 06	0. 17	0. 96	2. 88	1. 73	1. 26	0. 84	0. 76	0. 80	0. 80	0. 04
锯木	出口	0. 02	0. 07	0. 06	0. 04	0. 03	0. 01	0. 04	0. 04	0. 30	0. 01	0. 02
	进口	0. 03	0. 44	0. 51	1. 03	1. 94	3. 25	0. 35	1. 58	0. 20	0. 23	0. 09
人造板	出口	0. 92	1. 22	0. 89	1. 60	1. 55	0. 84	1. 01	1. 10	0. 81	0. 72	0. 31
	进口	0. 88	1. 06	0. 84	4. 06	3. 02	3. 55	3. 93	5. 16	6. 7	7. 31	8. 51
纤维板	出口	0. 31	0. 24	0. 23	0. 37	0. 40	0. 38	0. 64	0. 42	0. 60	0. 55	0. 20
	进口	0. 45	0. 58	0. 29	2. 31	1. 31	1. 29	2. 53	2. 46	2. 60	2. 98	3. 62
纸及纸板	出口	1. 86	2. 68	2. 15	2. 37	0. 82	0. 63	2. 33	2. 72	0. 40	0. 37	0. 35
	进口	10. 90	10. 92	15. 95	22. 31	28. 02	29. 77	20. 46	20. 27	29. 50	27. 36	32. 96

资料来源：FAOSTAT，2017。

七、林业科研与教育

（一）林业科研

肯尼亚专门从事林业科学研究的机构较少。根据肯尼亚《科学与技术法》，1986 年在首都内罗毕成立了肯尼亚林业研究所，主要从事农场林业、天然林、旱地林业、人工林业等领域的研究工作，在地方还有6个区域研究中心（KEFRI，2011）。另外，位于内罗毕的世界混农林业中心是一个开展林业研究的国际机构。林业科技推广服务工作主要由林务局下设的农场林业与推广处负责，主要是促进肯尼亚农场和社区林业的发展。

（二）林业教育

肯尼亚林业教育机构主要涉及2个高校。一个是位于伦迪亚尼的肯尼亚林学院，成立于1957年，是专门从事林业及相关领域的教育培训院校，主要开设有2年期的林业课程和1年期高级林业课程，同时也开展林业和相关领域的短期课程，也为护林员开展准军事培训。该学院主要设置有基础科学、森林经营管理、森林培育、森林工程、森林推广等教育部门。除了国内的学员，也为周边国家、非政府组织和私人组织出经费资助的学员提供教育培训服务。另一个是位于埃尔多雷特的莫伊大学，该校下设的自然资源管理学院开设林业相关的教育课程。另外还有一些从事能力建设和环境教育的非政府组织，如“森林行动网络”组织、“绿带行动”组织、“肯尼亚自然”组织等。除以上正式的林业教育组织之外，肯尼亚林务局还组织开展了很多农民林业田间学校（FFFS），这种教育模式的目的在于加强农民应用混农林业技术的能力建设（Namusende 等，1997）。

八、林业国际合作与交流

肯尼亚的主要援助国和国际组织主要包括日本、德国、英国、美国、法国以及世界银行、国际货币基金组织、国际开发协会、联合国开发计划署、非洲开发银行、欧洲发展基金和环球基金等。在外交与国际合作上，肯尼亚奉行和平、睦邻友好和不结盟的外交政策，积极参与地区和国际事务，大力推动地区政治、经济一体化，反对外来干涉，重视发展同西方及邻国的关系，注意同各国发展经济和贸易关系，开展全方位务实外交，强调外交为经济服务。近年来，肯尼亚提出了以加强与中国合作为重点的“向东看”战略。肯尼亚是联合国、非洲联盟、不结盟运动、七十七国集团成员国，洛美协定签字国，也是东非政府间发展组织、东部和南部非洲共同市场、东非共同体和环印度洋地区合作联盟等次地区组织的成员。联合国在内罗毕设有办事处，联合国环境规划署和联合国人类住区规划署总部设在内罗毕。

在国际环境谈判，尤其是关于气候变化方面，肯尼亚是非洲气候变化国家元首和政府首脑委员会成员，支持非盟共同立场。坚持共同但有区别的责任原则，要求发达国家率先减排，反对为发展中国家设定强制减排指标。认为发达国家应该向发展中国家提供资金和技术，帮助其提高适应气候变化的能力。主张联合国环境规划署在气候变化谈判中发挥关键作用（中国外交部网站，2014）。

肯尼亚非常重视“中非农业合作论坛”，中肯双方可以通过这个平台一方面进一步加强中肯两国林业高层交往，推动多双边交流与合作达成广泛共识（中国国家林业局，2011）。根据我国2014年与肯尼亚签署的林业与生态保护合作领域的备忘录，充分利用中肯林业工作组机制，商定未来合作行动计划，并探讨、设计和推动双方林业合作示范项目。在提高野生动物栖息地管理水平和反盗猎、协调国际履约立场、加强宣传教育、促进竹产业发展、加强能力建设、森林防火、造林、气候变化等领域开展具体合作。尤其是竹子领域，根据《全球森林资源评估》（2010年），肯尼亚有15万 hm^2 的竹林面积（FAO，2010），竹产业发展较有潜力。

九、分析与借鉴

（一）林业特点

1. 通过立法加强和规范社区参与

社区参与在《肯尼亚森林法案》(2005 年)中单独成章，可见具有重要的法律地位。通过《肯尼亚森林法案》(2005 年)的颁布，肯尼亚倡导森林资源保护与管理摆脱政府单独管理的局面，强调当地社区的参与，以及私人部门保护和可持续利用森林。同时要求改善森林管理，以及利益相关者的参与和投入，并引导林区当地的农村社区建立社区森林协会这类合作组织，在履行森林保护相关责任的同时，享有相关森林利用权利。另外，为了更好地开展野生动物保护工作，肯尼亚野生动物服务局也与当地社区采取战略伙伴关系开展国家公园的野生动物保护工作，将当地社区纳入野生动物管理主体。

2. 作为野生动物王国，肯尼亚的国家公园体系发达

肯尼亚国家公园虽以野生动物保护为主要对象，但在全国范围内建成了由陆地国家公园和海洋国家公园等组成的国家公园体系，肯尼亚国家公园体系建设在发展理念、运行管理、基层建设和社区参与、资金投入、品牌建设和法律制度建设等方面独具特色。

3. 通过立法实施权力下放，强调基层建设

肯尼亚通过《森林法》(2005 年)等立法实施权利下放，加强基层建设，扩大和加强了林业与野生动物管理部门在全国和地方范围的存在和影响力。包括资源向地方配置，在地方开展相关活动等方式下放权力，在地方进行生态区划，设立保护区域，并与地方利益相关者开展合作，通过各种建设项目促进基层工作站或野外工作站的建设。

（二）主要问题

1. 肯尼亚林业频繁受到严重干旱的威胁

肯尼亚 80% 的陆地为干旱和半干旱地，这些地区的自然资源受到频繁和严重的干旱挑战(Sinange，2013)。对森林防火、造林等林业工作带来了巨大挑战。

2. 森林资源持续减少

由于森林减少，生态调节服务减弱，对经济不断产生了负面影响（Strohmaier 等，2012)。这些影响甚至超过了森林的经济贡献。联合国环境规划署与肯尼亚共同发表的《山地森林及其生态服务对肯尼亚经济的作用和贡献》报告显示，仅 2009 年和 2010 年，肯尼亚因毁林造成的经济损失就分别达到 66 亿肯尼亚先令和 58 亿肯尼亚先令(约合7 700万美元和6 800 万美元)，超过该国每年森林和木材收入的4 倍。报告指出，导致肯尼亚毁林的原因复杂，其中包括煤炭生产、非法采伐、大麻种植、农业开发、放牧及住宅区开发等。过去 10 年，由于人口成倍增长，大量私人消费加快了毁林，而且非法采伐也不断加剧，肯尼亚经济因此蒙受了巨大损失(徐芝生，2013)。

3. 森林治理体制不健全

长期以来肯尼亚的治理体制问题一直是个顽疾，林业部门也不例外(Oksanen 等，

2011）。尽管肯尼亚自2005年以来实施了林业改革，包括林业治理机构建设、法律法规建设、分权放权、促进社区参与和共管等具体措施，但改革进程缓慢，依然面临着例如采伐禁令、资源保护等诸多挑战。

（三）未来展望

纵观肯尼亚林业的发展，可以发现肯尼亚林业正处于过渡或转折期，以2005年颁布的《森林法》为标志，肯尼亚开始了林业改革，肯尼亚政府希望通过这次林业改革为林业发展带来诸多机遇或转机。尽管改革进展缓慢，同时面临国外市场环境和国内治理制度等制约，但有关领域和工作的开展值得关注，包括生态建设中基层建设和社区参与等。另外，肯尼亚的国家公园体系建设也是世界著名的，其国家公园建设的经验值得借鉴。未来，在野生动物保护、竹产业、森林防火、造林、气候变化以及国际履约等领域，中肯具有非常广泛的合作前景。

（谢和生　韩　锋）

参考文献

国家林业局.2011. 赵树丛副局长会见肯尼亚林业与野生生物部部长.
http：//news. 163. com/11/0916/10/7E2LSVEU00014JB5. html[2014-03-15].

徐芝生.2013. 肯尼亚毁林年损失数千万美元[N]. 中国绿色时报.

中国外交部网站.2014. 肯尼亚国家概况.
http：//www. fmprc. gov. cn/mfa_ chn/gjhdq_ 603914/gj_ 603916/fz_ 605026/1206_ 605656/[2015-08-31].

FAO. 2010. Global Forest Resources Assessment 2010：Main report. Rome，FAO.

FAOSTAT. 2014. Forestry Production and Trade-Kenya.
http：//faostat3. fao. org/download/F/FO/E[2015-09-01].

FAO. 2010. Global Forest Resources Assessment 2010：Country Report Kenya. Rome，FAO Foresry Department.

FAO. 2011. 2011年世界森林状况. 罗马：FAO.

John，K. 2011. Sustainable Forest Management & Enforcement Strategies in Kenya. Nairobi，Kenya Forest Service.

KEFRI. 2011. Kenya Forestry Research Instittute. http：//www. kefri. org/[2014-03-17].

Kenya. 2005. Forests Act，no. 7 of 2005. Nairobi，The Government Printer.

Kenya. 2012. Timber Act Cap. 386 of 1972 Revised Edition of 2012. Nairobi Kenya，National Council for Law Reporting with the Authority of the Attorney－General.

KFS. 2014. The Forest Conservation and Management Bill 2004. Nairobi，Kenya Forest Service.

Matiru，V. 2000. Forest cover and forest reserves in Kenya：Policy and practice，IUCN Eastern Africa Regional Office.

MONGABAY. 2011. Kenya Forest Information and Data.
http：//rainforests. mongabay. com/deforestation/2000/Kenya. htm[2014-03-20].

Namusende，F. L.，J. M. Kimondo，M. Kungu and J. M. Wanyiri. 1997. A Review of Current Silvicultural Regimes for Kenya Forest Plantations：A paper prepared by the FD/KEFRI Forest Managemeot and Silvicultural Task Force. Muguga，Kenya Forestry Research Institute.

Ndiritu，D. G. 2009. Forest Policy，Legal and Institutional Framework Information Sheet. Nairobi Kenya.

Ogada，M. J. 2012. Forest Management Decentralization in Kenya：Effects on Household Farm Forestry Decisions in Kakamega. International Association of Agricultural Economists（IAAE）Triennial Conference，18－24 August，2012，Foz do Iguacu，Brazil.

Oksanen，T.，M. Gachanja and A. Blåsten. 2011. Strategy Note for Forest Governance Reform in Kenya. Helsinki Finland，Indufor.

Ongugo, P., M. Mbuvi, J. Maua, C. Koech and R. Othim. 2007. Emerging Community Institutions for PFM Process Implementation in Kenya. 3rd International PFM Conference, Addis Ababa. Ethiopia.

Ongugo, P. O. and J. W. Njuguna. 2004. The Potential Effects of Decentralization Reforms on the Conditions of Kenya's Forest Resources. Biennial Conference of the International Association for the Study of Common Property (IASCP) on 3 – 13th August, 2004. Oaxaca, Mexico.

Opanga, P. 2003. Unions in Afforestation Solidarity in Kenya: A Model for Sustainable Industrial Growth in the Wood and Forestry Sector. This is the Original, Unedited Version of a Paper Submitted to the XII World Forestry Congress, Quebec City, Canada.

Sinange, R. 2013. Increasing Finance for Sustainable Land Management – Kenya. Rome, The Global Mechanism of the UNCCD.

Strohmaier, R. and P. Munoz. 2012. The Role of Forest for the Kenyan Economy (Report for UNEP). Nairobi, United Nations Enviromental Programme.

Tengeye, L., B. Chemutai, P. Shibutse, N. Jeruto, M. Wabwoba and E. Muyodi. 2009. Forest Fires in Kenya: Causes and Mitigation Measures. Workshop on Environmental Fires. E. M. Neyole, G. W. Waswa and K. Onkware. Masinde Muliro University of Science and Technology, Kakamega, Kenya, ADMK ann CDMHA: 64.

UNDP. 1999. Programme Support Document: Environment and Natural Resource Management. Nairobi Kenya, UNDP.

马达加斯加(Madagascar)

马达加斯加共和国(简称马达加斯加),位于印度洋西南部,隔莫桑比克海峡与非洲大陆相望,是世界第四大岛屿。国土面积59.075万km^2(包括周围岛屿),海岸线5 000 km。2016年,马达加斯加的总人口约2 490万人,由18个民族组成,其中较大的有伊麦利那(占总人口的26.1%)、贝希米扎拉卡(14.1%)、贝希略(12%)等。民族语言为马达加斯加语(属马来-波利尼西亚语系),官方通用法语和英语。居民中信奉传统宗教的占52%,信奉基督教(天主教和新教)的占41%,信奉伊斯兰教的占7%(中国外交部网站,2018)。

马达加斯加地形独特,中部为海拔1 000~2 000 m的中央高原地区,错落分布着平原、山丘、群山和盆地;东部为宽度25~100 km,起伏不平的山坡地形;西部为平原和高原地区,地形起伏较缓;南部主要是平原,地形较为平缓;北部以盆地为主,地形复杂,系火山及喀斯特地貌。独特的地形,使得全岛各地的气候差异较大:东海岸湿润多雨,属于热带雨林气候,年降水量2 000~3 800 mm,经常遭受飓风袭击;中部高原地区属热带山地气候,旱季和雨季比较分明;西部沿海和中南部地区属热带草原气候,较干旱;南部地区为半干旱气候。

马达加斯加物产丰富。尤其是矿藏丰富,主要矿产资源有石墨、铬铁、铝矾土、石英、云母、金、银、铜、镍、锰、铅、锌、煤等,其中石墨储量居非洲首位。此外还蕴藏丰富的宝石、半宝石资源以及大理石、花岗岩和动植物化石。旅游资源也非常丰富,2008年游客人数达37.5万人次,但2009年马达加斯加政治危机爆发后,旅游业遭受沉重打击,游客人数急剧减少,2011年游客人数降至21万人次。

马达加斯加是世界经济最不发达国家之一。据《2011年世界人类发展报告》统计,马达加斯加人类发展指数在187个国家和地区中列第151位。国民经济以农业、畜牧业为主;工业基础薄弱,无支柱产业;旅游业发展较快,已经成为国民经济重要产业。2017年,国内生产总值为115亿美元,人均国内生产总值456.4美元,国内生产总值增长率4.2%,通货膨胀率8.3%(中国外交部网站,2018)。

一、林业在国民经济中的地位

在马达加斯加,森林是乡村生计不可或缺的一部分,但政府没有评估林业对GDP的贡献率的具体数据。据世界银行的估计,2016年,马达加斯加林业对国内生产总值的年贡献率为10.5%(世界银行,2018)。这一数值仅仅考虑了木材产值,未将森林的其他服务价值(例如森林旅游的产值)计算在内,因此马达加斯加林业对国内生产总值的实际贡献率要高于世界银行的估计值。

二、森林资源

（一）森林资源总量

马达加斯加拥有丰富的森林资源。2015 年，森林面积为 1 247.3 万 hm^2，森林覆盖率为 21.2%。其中原始林 299.3 万 hm^2，占全国森林总面积的 24%；天然次生林 916.8 万 hm^2，占 73.5%；人工林 31.2 万 hm^2，仅占 2.5%。森林的立木蓄积量为 21.33 亿 m^3，平均蓄积为 171 m^3/hm^2（FAO，2015）。

（二）森林类型和分布

马达加斯加天然林面积占森林总面积的 97.5%，其类型复杂多样，主要有以下森林类型：

(1)热带常绿雨林。主要分布在东海岸，主要有棕榈（*Trachycarpus fortunei*）、漆树（*Toxicodendron vemiciflumn*）、橡胶树（*Hevea brasiliensis*）、槟榔（*Areca catechu*），以及红木（*Pterocarpus sandalinus*）、紫檀（*P. indicus*）、乌木（*Diospyros crassiflora*）及巴里桑（*Dalbergia greveana*）等珍贵热带树种。另外还生长着 8 000 多种野生植物，其中 30% 以上是当地特有种。

(2)干旱落叶林。主要分布在西部山地，树种繁多，代表树种是猴面包树（*Adansonia digitata*）。

(3)稀树草原和落叶灌木林。主要分布在西部和南部的平原地区，常见树种包括非洲木棉（*Bombax breuicuspe*）、罗望子（*Tamarindus indica*）等，以及多刺、肉质的落叶灌木例如仙人掌（*Opuntia* spp.）等。

(4)红树林。主要分布在滨海湿地，主要由红茄冬（*Rhizophora mucronata*）、木榄（*Bruguiera gymnorrhiza*）、角果木（*Ceriops tagal*）、杯萼海桑（*Sonneratia alba*）等组成，林缘处常生长着大型地锦（*Parthenocissus cuspidifera*）和木麻黄（*Casuarinn equiestifolia*）。

人工林主要分布在中部高山区和沿岸地区，造林树种包括松树（*Pinus* spp.）、桉树（*Eucalyptus* spp.）和杨树（*Populus* spp.），主要是短轮伐期的纸浆林。

按照用途划分，马达加斯加用材林 327.8 万 hm^2，占森林总面积的 26.3%；水土保持林 17.3 万 hm^2，占 1.38%；生物多样性保护林 491.3 万 hm^2，占 39.3%；多用途林 410.9 万 hm^2，占 32.9%（FAO，2015）。

（三）森林权属结构

马达加斯加的国有林面积为 1 229.3 万 hm^2，占森林总面积的 98.6%；私有林仅为 26 万 hm^2，占 2%。在私有林中，个人所有的森林 23.1 万 hm^2，占私有林总面积的 92%；土著社区所有的森林 2 万 hm^2，仅占 8%（FAO，2015）。

（四）森林资源动态变化

马达加斯加是非洲大陆的离岛。历史上，这个大岛的地理环境远避尘世，形成一处生灵千姿百态的美妙仙境。而如今，马达加斯加森林资源正面临着严峻的人口、贫困及农业低产等造成的多重压力。特别是由于该国的红木、紫檀木和巴里桑等热带珍贵木材在国际市场供不应求，对这些珍贵木材的非法采伐已经严重威胁到了马达加斯加东北部的热带雨林。但近几年来，政府已采取严格措施，禁止上述名贵树种原木出口。根据 FAO 的统计，1990—2015 年，马达加斯加森林面积每年减少 4.9 万 hm^2，年消失率为 0.4%（FAO，2015）。

从历史上看，马达加斯加森林资源破坏最严重的时期是 20 世纪下半叶(1950—1999)，根据世界银行的统计，1960—2000 年，马达加斯加约减少天然林 1 200 万 hm^2(世界银行，2003)。进入 21 世纪以后，毁林现象曾经得到一定程度的遏制，但自 2009 年马达加斯加政局出现动荡、社会秩序混乱之后，森林破坏现象又出现上升趋势。毁林的主要原因主要包括薪材采集、农业扩张、道路建设和矿业开发。

三、林业法规政策

（一）林业政策

从 20 世纪 90 年代联合国环境与发展大会之后，马达加斯加开始在其发展战略中关注环境和森林。1992 年制定了《环境宪章》(*Environmental Charter*)和《国家环境行动计划》(NEAP)。《国家环境行动计划》是迄今为止非洲最为宏伟的环境项目，其基本目标是通过协调人口与环境的关系，控制环境恶化。该计划分 3 期实施，每期 5 年，共 15 年。其中涉及林业的内容主要包括：强化生物多样性的保护，建立保护区；加强执法，改善森林资源管理体系；退化森林的恢复和造林；权力下放，将保护森林的重心从政府转移到地方，依靠当地居民来保护森林，鼓励当地社区参与森林保护与管理(Daniela Raik，2007)。

马达加斯加曾经是法国殖民地，其林业政策也经历了曲折的变化过程(表 1)。

表 1　马达加斯加林业政策变迁

时期	特点	政策	政府的作用
殖民前（1896 年之前）	马达加斯加全岛被森林所覆盖	禁止采集薪材	制定和实施政策，禁止毁林
	人类活动导致毁林	禁止炼山和林区定居	保护森林为皇家所用
		禁止毁林开荒	
殖民时期(1896—1961)	法国利用马达加斯加森林	利用速生树种来造林	制定和实施政策，建立保护区、禁止毁林
	马达加斯加人无权管理森林	禁止狩猎	统一经营森林
		防止森林火灾和毁林发生	
		建立采伐特许地	

（续）

时期		特点	政策	政府的作用
后殖民时期（1962 年至今）	独立初期（1962—1991）	国家是森林资源唯一的合法管理者	禁止毁林	制定和实施相关政策
		人类活动导致毁林	禁止对几个物种开展狩猎	统一管理森林
			强制性造林	
	国家环境行动计划（NEAP）时期（1992 年至今）	亟需保护森林以挽救生物多样性	保护和发展一体化项目	建立保护区，以停止毁林活动；加强执法；提供替代性的经济发展机会
		以社区为基础的森林经营，当地人参与森林的保护和管理	森林经营的分权化	将经营权利和责任转给当地居民，以实现长期的森林可持续经营
			授权当地居民参与林业决策	遵循政府或第三方 NGO 组织制定的原则，监督管理当地的森林经营决策

资料来源：Ashley Clayton. A Review of Policies to Combat Deforestation in Madagascar. 2011。

（二）林业法规

1956 年马达加斯加颁布了第一部《森林法》，将林地分为禁垦区和允许农业垦殖 2 种类型，以防止土壤侵蚀和地力衰退。同时规定，禁止在天然林保护区、植被恢复区采伐森林，并确定了采伐许可证制度。1997 年，马达加斯加对《森林法》进行了修订，重点是扩大保护区的面积，同时把“全民参与”作为最重要的原则之一，强调实现森林的可持续经营。但是从实施来看，情况并不乐观，特别是商业采伐并没有得到严格监管，严重的非法采伐和贸易引发了国际社会的批评。迫于国际舆论压力，2010 年 3 月马达加斯加政府颁布了禁止红木和其他珍贵木材出口的 2010－141 号法令，该法令有效期为 2～5 年。

除 1992 年颁布的《环境宪章》外，近年又制定了《环境保护法》和《自然保护区管理法》等有关法律法规，规定保护生态平衡和珍稀动植物是公民的神圣职责，违者将被处以罚款或追究其刑事责任。政府还成立了“国家环境办公室（ONE）”负责相关环境法规的制定和落实。但由于各项法律法规还有待完善，加上近年来政局动荡，制定的一些相关环境法规难以实施。

在国际公约方面，马达加斯加政府认识到保护生物多样性的重要性，签署并认可了保护生物多样性公约（CBD），并制定了《21 世纪议程》，承诺马达加斯加将坚持可持续发展的生产、消费模式，控制环境污染，关注生态系统的承受能力，为下一代保留生存机会。另外，马达加斯加还加入了《联合国气候变化框架公约》《荒漠化防治公约》等其他国际条约。

四、林业机构与管理体制

（一）林业管理机构

马达加斯加设有环境和森林部，下设林业委员会，职责是确定地区层次森林资源管理的各种活动，是森林资源经营管理的咨询部门或决策部门。林业委员会下辖 6 个营林局、20 个营林分局和 95 个营林站。林业委员会主要负责制定国家林业政策和规划；地方营林局负责按照林业政策和规划制定具体的林业计划，开展森林经营活动；营林分局和营林站是林业计划的基层实施部门。

（二）林业管理体制

自 20 世纪以来，马达加斯加森林管理已经从自上而下、集中立法、限制森林资源的利用，转变到更加分权化的管理形式。尽管这种趋势日趋明显，但是权力下放管理模式的真正实施是一个复杂的过程，涉及机制、权力转移等各个方面。在马达加斯加，分权管理安排正在改变不同部门之间的相互作用，特别是随着一些林业国际援助项目的实施，国家宏观调控下的社区管理体制已经初步形成，并将在今后林业管理中发挥更加重要的作用。

五、森林经营与管理

（一）人工林营造

马达加斯加从 1953 年开始进行大规模人工造林。从 1998 年开始，马达加斯加政府出台了优惠政策，鼓励营造短轮伐期的纸浆林，吸引国外公司建立木材加工厂和原料人工林基地。人工林主要分布在中部高山区和沿岸地区，其中山区主要是松树人工林，沿岸地区主要是桉树纸浆林（FAO，2011）。

（二）生物多样性保护

马达加斯加是世界上生物多样性最丰富的国家之一，其生物种类占世界生物的 80%，有“世界活生物博物馆”的美称。根据世界保护监测中心（The World Conservation Monitoring Centre）的统计，马达加斯加拥有大约 1 036 种两栖动物、鸟类、哺乳动物和爬行动物，其中 72.1% 为该岛所独有，15.1% 为濒危物种；马达加斯加还拥有至少 9 505 种维管植物，其中 68.4% 为该岛所独有，有些植物的历史甚至可以追溯到恐龙时代。其中 9 种最有代表性的动植物包括：猴面包树（*A. digitata*）、狐猴（*Lemur macaco*）、长颈象鼻虫（*Giraffe*）、维氏冕狐猴（*Propithecus verreauxi*）、豹纹变色龙（*Furcifer pardalis*）、长尾水青蛾（*Actias selene ningpoana.*）、鹅掌藤（*Scheffera arboricola*）和阿加诺卡龟（*Geochelone Agonoka*）。这种动植物圈的唯一性，对研究生态学和物种保护具有极其重要的价值。

但是，随着自然环境的恶化以及依赖森林生存的人口的不断增长，马达加斯加面临着生物多样性急剧减少的威胁。其中，森林退化是生物多样性减少的主要原因，同时农业开垦也日益加剧了生物多样性的锐减。由于马达加斯加是世界公认的生物多样性最为丰富的国家之一，因此其生物多样性锐减将对全球的生物多样性造成难以估量的影响，这使得马达加斯加的生物多样性保护成为世界关注的焦点。在国际社会的援助下，马达加斯加是

《生物多样性公约》最早的缔约国之一，制定了“生物多样性可持续管理”国家战略，通过实施环境影响评价、建立保护区和森林公园、建立生物多样性保护基金等措施来保护生物多样性。目前，马达加斯加已初步建立了国家森林公园和保护区系统，截至2010年，建立的各类自然保护区的总面积已达265万hm^2，目标是各种类型自然保护区的总面积达到435万hm^2（占森林总面积的36.4%）（Ashley Clayton，2011）。此外，2012年12月在卡塔尔多哈进行的后京都时代应对气候变化的谈判中，REDD规定每年为马达加斯加提供近1亿美元来帮助其保护生物多样性、改善农村地区的生活水平。为此，马达加斯加政府成立了一个国家工作小组并确立了实施REDD的5个试点工程，森林退化速度有望得到控制的许多地方都被划为新保护区的一部分。另外，马达加斯加有关部门也多次组织全国性植被及自然系统调查，出版了有关书籍，积极促进一批具有重要科学、经济和文化价值的生态系统得到保护。

（三）森林防火

马达加斯加每年森林火灾面积约1.6万hm^2（FAO，2010），引发森林火灾的原因主要是人为因素。尽管制定了《森林防火条例》，但由于经费和人员缺乏，政府并没有将森林防火列为优先的林业管理活动，大量的森林防火工作是由当地社区居民来承担的。

（四）森林服务

马达加斯加政府为了发展生态旅游，规划了多处自然保护区和国家公园。例如迪戈的琥珀山森林国家公园，拥有保存完好的热带雨林，并以野生狐猴闻名。2008年，马达加斯加旅游部门开展国一项针对旅游业的调查，结果显示平均每年境外游客人数增幅约为14.7%，旅游收入增幅约为26.6%，生态旅游占到了55%的旅游市场份额（王建，2009）。

六、林产品生产、加工与贸易

（一）林产品生产和消费

根据FAO林产品的数据，马达加斯加工业原木产量在2008—2015年基本保持在每年1 300万m^3左右，锯材产量保持在每年10万m^3以内，其他林产品，例如人造板、木浆、纸和纸板的产量极少。这也反映出马达加斯加木材工业非常不发达。

专家估计，马达加斯加每年的木材消费量为2 173万m^3，其中薪材903万m^3，木炭858 m^3，建筑用木材413万m^3（Meyers等，2005）。在马达加斯加，木质能源在家庭能源需求中占90% ~95%，且这一比例还可能持续增加。

除了木质产品之外，马达加斯加的香草世界闻名，是全球最大的香草生产国。这些“绿色黄金”芳香四溢，又可入药，构成了当地独一无二遗产，吸引着大批植物学家、自然科学家、天然香气收集者和精油炼制商。目前，国际知名化妆品公司例如香奈儿和法国娇兰都是马达加斯加香草的采购大户。

（二）林产品加工

如上所述，马达加斯加工业基础薄弱，木材加工业非常落后，主要的木材加工企业是制材厂，产品主要是锯材和极少量的单板。目前，马达加斯加并没有制定林产品加工业发展计划。由于政局动荡，基础设施落后，外国投资商也没有建立林产品加工厂的意愿。因此，马达加斯加木材加工业在短期内都很难有大的发展。

（三）林产品贸易

马达加斯加木质林产品贸易不发达。该国仅进口少量的纸和纸板、工业原木、锯材和单板，出口的主要产品是锯材和原木(表2)。

马达加斯加热带雨林中生长着众多珍贵的热带阔叶树种，例如红木、巴里桑和乌木等。由于这些珍贵热带材的国际市场价格日益飙升，近年来，特别是2009年3月马达加斯加政局危机以来，非法采伐和非法贸易日趋严重，引起国际社会的强烈关注，特别是一些非政府组织的猛烈抨击。根据非政府组织——“环境调查机构”(EIA，Environmental Investigation Agency)和“全球见证”(Global Witness)发布的调查报告，1992，2006和2009—2010年是马达加斯加红木出口的3个高峰期，2009年珍贵热带材的出口量高达36 730 t，主要采自东北部的国家森林公园，并且大量小径级原木也遭到采伐。为了制止木材的非法采伐和贸易，马达加斯政府制定了一系列出口限制措施，主要包括：自2003年起禁止一切乌木和红木的原木出口；2007年，对限制木材出口做了更为详细的规定：允许出口巴厘桑木(黄檀、花梨)、玫瑰木(红木)、乌木(黑檀)，但必须加工成锯材，经过初加工后方可出口；2010年政府颁布了2010－141号法令，要求在2～5年内全面禁止红木和珍贵树种木材的出口。

表2　马达加斯加工业原木、锯材和林产品贸易量　（万 m^3，万 t）

年份		2008	2010	2012	2014	2016
工业原木	进口量	0.72	0.72	0.07	0.00	0.80
	出口量	1.05	0.41	1.59	0.37	1.05
锯材	进口量	0.10	0.00	0.00	0.00	0.02
	出口量	3.50	2.56	3.22	4.74	2.46
人造板	进口量	0.34	0.27	0.40	0.48	0.40
	出口量	0.01	0.01	0.01	0.01	0.28
纸和纸板	进口量	2.87	2.29	2.27	3.74	4.21
	出口量	0.05	0.05	0.04	0.03	0.04

资料来源：FAO Yearbook of Forest Product，2016。

七、林业科研与教育

马达加斯加在1960年独立之前一直受法国的殖民统治，法国对马达加斯加的科研影响很大，目前国内仍保留着很多法国的研究机构，其研究也涉及林业的内容。目前涉及林业领域的科研和培训机构主要包括：

(1)国家乡村发展研究中心，位于首都塔那那利佛，其研究领域中包括林业。

(2)马达加斯加环境保护研究所，其研究领域中也包括森林保护方面的内容。

(3)马达加斯加巴斯德(Pasteur)研究所，主要开展药用植物生物学、微生物学的研究。

(4)Bibikely 生物多样性研究所，是马达加斯加最主要的生物多样性研究和培训机构，1992 年成立，承担了众多研究项目。

(5)热带环境保护研究所，毗邻 Ranomafana 国家公园，创立于 1986 年，主要开展生物多样性方面的研究、培训和教育活动。在研究方面，开展针对马达加斯加东部热带雨林生物多样性的基础和应用研究(例如行为生态学、物种评价、环境评价和生态监测)以及社会生态学和社会经济学方面的研究(例如自然资源和林产品的可持续利用)。在培训方面，该研究所也开展针对大学生的野外研究项目，协助他们完成硕士和博士学位。同时还开展有关造林、可持续农业、社区发展和保护方面的技术培训。

另外，塔那那利佛(Antananarivo)大学、菲那兰索(Fianarantsoa)大学和麦哈捷干(Mahajanga)大学都有林业系，培养林业专业人才，同时也开展相关的林业研究项目和针对基层林业人员的技术培训活动。

八、分析与借鉴

(一) 林业的主要特点

马达加斯加林业的主要特点可以归纳为以下 3 点：

(1)森林的生物多样性极为丰富。其生物种类占世界生物的 80%，并且 60% 以上为马达加斯加独有，这种动植物圈的唯一性，对研究生态学和物种保护具有极其重要的科学价值。

(2)毁林和森林退化严重。20 世纪下半叶，马达加斯加几乎一半的天然林遭到破坏，虽然近年来毁林现象得到遏制，但森林退化日趋严重，严重威胁到林业的可持续发展。

(3)林业管理亟待加强。突出表现在森林执法体系混乱，一些相关法律法规难以实施，腐败、工作效率低下的问题比较突出。特别是 2009 年 3 月马达加斯加政局危机以来，对热带珍贵木材的非法采伐和非法贸易日趋严重，已经严重威胁到了马达加斯加东北部的热带雨林，这不仅引起了国际社会的强烈关注，也遭到了一些非政府组织的猛烈抨击。

(二) 未来发展趋势

面对严峻的形势，如何有效地遏制森林退化、保护森林资源、降低生物多样性急剧减少的威胁就成为马达加斯加林业急需解决的重要问题。在众多国际组织的支持和督促下，马达加斯加政府已决定未来重点开展下列活动：

(1)重视通过发展林业改善民生。鉴于国内大部分人口都处于贫穷之中，他们大多生活在森林和保护区附近，对森林的依赖性很强，马达加斯加今后将重点强调土著居民在保护森林中的积极作用，开展一些社会林业项目，鼓励当地居民参与林业经营决策和森林保护活动。同时，为土著居民提供非林业的经济来源，降低其对森林的依赖性。

(2)大力开展植树造林活动。国际社会已经承诺 REDD 每年为马达加斯加提供近 1 亿美元的资金来帮助其保护森林、改善农村地区的生活水平。马达加斯加政府已成立了一个国家工作组来负责开展造林活动，落实各项措施，将其作为拯救森林的有效措施之一。

(3)加强森林管理。中央政府已经决定集中立法，同时逐渐建立比较完善的森林执法体系，确保林业法律法规真正得到贯彻落实，实现保护现有森林资源，特别是严格禁止珍贵木材的非法采伐及其相关贸易的目标。

（胡延杰　何璆）

参考文献

世界银行. 2009. 2009年世界发展报告[M]. 北京：清华大学出版社：333－334.

王建. 2009. 马达加斯加旅游开发战略初探[J]. 西亚非洲，(10)：56－60.

中华人民共和国外交部. 2012. 马达加斯加国家概况. http：//www. fmprc. gov. cn/mfa_ chn/gjhdq_ 603914/gj_ 603916/fz_ 605026/1206_ 605802/.

Ashley Clayton. 2011. A Review of Policies to Combat Deforestation in Madagascar. PORTAL Project Report.

Daniela Raik. 2007. Forest Management in Madagascar：An Historical Overview[J]. Madagascar Conservation & Development，2(1)：5－10.

FAO. 2011. Global Forest Resources Assessment 2010. Rome.

FAO. 2012. Yearbook of Forest Products. http：//www. fao. org/decrep/015/i2715m/i2715moo. htm [2012-07-16].

Maria Tengo，Kristin Johansson，Fanambinantsoa Rakotondrasoa etc. Taboos and Forest Governance：Informal Protection of Hot Spot Dry Forest in Southern Madagascar[J]. AMIBO，36 (8)：644－646.

Rakotozafy Harisoa Clementine Rosia. 2005. 马达加斯加森林开发[J]. 湖南环境生物职业技术学院学报，11(2)：99－102.

Ratsimbazafy Lalaina. 2005. 中国和马达加斯加在环境保护法领域的比较研究[J]. 湖南环境生物职业技术学院学报，2005，11(2)：113－117.

Soja Tsimandilatse Lahimaro，2013. 沈海滨译. 马达加斯加的森林何去何从[J]. 世界环境，(2)：54－57.

Volker Kohler & Franz Schmithusen. 2004. Comparative Analysis of Forest Laws in Twelve Sub－Saharan African Countries，FAO. Rome.

莫桑比克（Mozambique）

莫桑比克位于非洲东南部，南邻南非、斯威士兰，西界津巴布韦、赞比亚、马拉维，北接坦桑尼亚，东濒印度洋，隔莫桑比克海峡与马达加斯加相望，海岸线长 2 630 km。至国土面积 79.94 万 km^2。2017 年，莫桑比克人口 2 886 万。官方语言为葡萄牙语，各大民族有自己的语言，绝大多数属班图语系。28.4% 的居民信奉天主教，17.9% 信奉伊斯兰教，其他多信仰原始宗教和基督教。

莫桑比克高原、山地约占全国面积 3/5，其余为平原。属热带草原气候，年平均气温 20℃，年平均降水量 500～900 mm。10 月至翌年 3 月为雨季，4～9 月为旱季。全国划分为省、市、县。现有 10 个省，首都马普托是全国政治、经济、文化中心和交通枢纽中心，是非洲最大的港口之一。

莫桑比克拥有丰富的矿产资源，主要包括钽、煤、铁、铜、金、钛和天然气等。其中。钽矿储量居世界之首，煤储量超过 100 亿 t，钛 600 多万 t，大部分矿藏尚未开采。水利资源丰富，坐落于赞比西河上的卡奥拉·巴萨水电站，装机容量为 207.5 万 kW，是建成当年非洲最大的发电站。

莫桑比克为农业国，是联合国宣布的世界最不发达国家和重债穷国。国际金融危机对莫出口及吸引外资产生较大负面影响，但莫桑比克政府通过加大基础设施投入，大力发展旅游业，改善投资环境，鼓励开发矿产、能源、农林渔业等资源，保持了经济平稳增长。2017 年莫桑比克国内生产总值为 113.47 亿美元，人均国内生产总值为 393.2 美元（中国外交部网站，2017）。

一、林业在国民经济中的地位

1975 年莫桑比克独立后，政府将发展农业作为国民经济的基础，重视森林资源在国家经济发展中的重要作用。丰富的森林资源不仅在提供林副产品、出口创汇和带动农村经济发展等方面发挥了作用，也为野生动物提供了良好的栖息地。

据 FAO 数据显示，2017 年，莫桑比克的林业总产值为 6.1 亿美元，其中原木产值 2 974万美元。截止到 2010 年，林业部门解决了 3.7 万人就业。

二、森林及其他自然资源

（一）森林资源总量

据莫桑比克土地和森林局统计，2015 年莫桑比克森林面积为 3 794.0 万 hm^2，森林覆盖率48.2%，人均森林面积1.74 hm^2（FAO，2015）。天然林面积占森林总面积的99%，人工林面积仅占1%。目前，莫桑比克年允许采伐量约为51.6万～64万 m^3，实际年采伐量为20万 m^3，仅占年允许采伐量的39%。

（二）森林资源结构

莫桑比克拥有约5 500种植物，受气候的影响，大多是热带草原型，主要为低矮的耐干旱植物。在主要河流沿岸分布着热带密林，生长着桃花心木（*Swietenia mahagoni*）等极珍贵树木。在内陆高原地带是热带草原，其间分布的树木高度不超过10 m。另外，在山坡、河谷地带，可看到稀疏森林。沿海地带的河口附近，生长有许多湿地植物。有300种植物属于红色名录，其中120种属于濒危物种。

莫桑比克盛产红檀（*Swartizia* spp.）、黑檀（*Dispyyos* spp.）、红木（*Bixa orellana*）、香木（*Dalbergia* spp.）等硬木。拥有东非最大的红树林，约40万 hm^2，主要分布在伊尼扬巴内湾，马普托湾和伊尼亚卡岛。在人口密集地区，为获取薪柴和木材，红树林正面临日益减少的风险（Isilda Nhantumbo，2003）。

莫桑比克的森林基本都为国有林，仅有1.2万 hm^2 的私有林，仅占森林总面积的0.1%。莫桑比克的森林按用途划分：用材林为2014万 hm^2，占森林总面积的37%；保护林为1 320万 hm^2，占森林总面积的24%，其中833万 hm^2 的森林用于水土保护，占森林总面积的16%，高于全球平均水平（8%）。；其他林为1 470万 hm^2，占森林总面积的27%（FAO，2015）。

（三）森林资源的碳汇服务

由于森林资源的减少，莫桑比克生物量中的碳储量近20年略有下降。2015年，活立木生物量中的碳储量为16.4亿 t，平均每公顷43 t，2010—2015年年变化率为1020万 t（FAO，2017）。

（四）森林资源动态变化

由于森林资源采伐和经营不善造成莫桑比克森林资源不断减少。FAO 2010年的数据显示，近20年来，莫桑比克的森林面积持续减少。1990—2000年，森林减少了21.9万 hm^2，2000—2010年，森林面积继续减少了21.7万 hm^2，2010—2015年，森林面积继续减少为20.64万 hm^2。

（五）其他自然资源

莫桑比克境内约有4 271种野生动物，其中72%的昆虫、17%的鸟类、5%的哺乳动物和4%的爬行动物。在过去40年，由于人口的增加、政治的不稳定，已有8种哺乳动物灭绝或濒于灭绝，包括黑色犀牛、长颈鹿等（Ministry for the Coordination of Environmental Affairs，2009）。

三、林业法规政策

（一）林业法律法规

莫桑比克的林业法律体系主要包括：《环境法》（1996年）、《森林和野生动物法》（1999年）、《森林和野生动物法的实施细则》（2002年）。

《森林和野生动物法》规定了有关林业资源及野生动物资源的保护、维护及可持续利用的基本原则与标准，制定了以下原则：①国家公共区域的所有权：在国境内的自然森林资源及野生动物资源归国家所有；②平衡：经济、社会发展政策、生物多样性的维持与维护政策，一般有当地组织、私有部门及民用企业参与，为当代及子孙后代实现可持续发展；③预防与保护：将现代技术引入到林业及野生动物保护中，对此应当实施有关影响的评估研究，并确保其可持续发展的特性；④承担责任：所有对森林及野生动物资源造成的影响，必须进行相应的补偿，并承担相应的责任；⑤国家当地机构与当地组织间的协调：推动森林与野生动物资源的维护、管理与利用，并在分散管理的框架中与森林与野生动物资源的维护及可持续利用的原则保持一致；⑥私营部门的参与：私营部门参与森林及野生动物资源的管理、维护与开采，以增加附加值，并为当地社区的发展做出较大贡献；⑦研究调查的原则：推动有关本地物种的调查，收集数据并在此之后由有关单位对数据进行加工整理；⑧正式及非正式环境教育：在当地组织间实施教育与经验交流，提高他们管理与保护森林及野生动动物的能力；⑨国际合作：在森林与野生动物资源的保护、维护及管理中与其他国际组织协作，制定方案（Filippo Del Gatto，2003）。

（二）林业政策

进入21世纪以来，莫桑比克制定了新的中长期经济发展战略，主要围绕减贫脱困、推动政府体制改革，提高其在南非共同体成员国中的竞争力和政治经济地位。政府颁布了一系列林业政策，强调林业由过去的商业开发转向更大范围的社会经济发展的综合体系，其发展领域包括：森林资源、森林采伐、木材加工、林产品出口、薪材和建筑用材、造林、扩大森林面积、林业科研、人员培训和机构建设等。

政府鼓励外国投资者来圭亚那投资林业，投资环境逐年改善，经济开放度不断扩大。该国的投资主管部门为计划发展部下单独设立的外国投资促进中心，其任务是向国内、外的投资者提供咨询服务，投资者享受到莫桑比克政府提供的一系列优惠政策，帮助企业办理开业手续。政府鼓励对木材加工业的投资，但要求必须对投资项目的环保影响进行评估，对可能造成环境污染的投资项目实行环境保护特别许可制度，由环保部签发特别许可，并收取一定费用。尽管政府对投资方式没有限制，但是对资雇佣外籍劳务人有严格的规定，要求投资项目应该为莫桑比克创造更多的就业机会，提供当地的劳动力职业素质，促进技术发展，提高企业的生产率和效益，扩大出口，为国家创造更多的外汇收入等。

政府为了发展本国的木材加工业，提高木材出口附加值和木材出口创汇能力，吸引外资直接投入，确立了鼓励木材深加工产品的出口，降低原木等初级产品的出口政策。

世界经济论坛《2011—2012年全球竞争力报告》显示，莫桑比克在全球最具竞争力的142个国家和地区中，排名第133位。世界银行的数据显示，2010年莫桑比克贫困率为55.2%。2010年莫桑比克吸引外商投资项目225个，投资总额达到5.79亿美元。其中，中国在莫桑比克投资额达到3 857万美元，位列第五。

（三）国家生物多样性战略和行动计划

2003年，莫桑比克政府颁布了国家生物多样性战略和行动计划。其目标是：满足生物多样性公约的要求，制定相应的国家发展战略；确定国家优先行动和需要；建立政府、社区协调机制，以确保所有与生物多样性有关的政府政策的计划得以实现（Filippo Del Gatto，2003）。

四、林业机构和管理体制

莫桑比克土地和森林局是林业主管机构，直属于农业部。其职能包括：制订森林养护和管理的计划，工作守则和指南；研究、整理、分析、准备和传播有关森林和林业各方面的数据和统计，包括森林生态和森林产品的使用；开展森林资源清查；提供或促进与林业相关的教育和培训；提供林业推广服务，并给个人或社区提供建议；提供林产品检验、认证和森林质量控制认证服务等。

五、森林经营与管理

（一）天然林经营

莫桑比克的大部分森林是天然林，森林更新多采用天然更新方式。2002 年，莫桑比克国会通过的林业政策，其中包括：进行森林资源清查；保证林业的可持续发展和永续利用；在天然林中合理采伐木材；在农村和郊区营造人工林；为居民提供燃料和传统建筑用材；加强基础研究，保护天然林发展。

莫桑比克将天然林分为 4 个级别，根据第 8/2007 号部长公文，将皮灰(黑木)、红檀、红瑰宝和非洲柚木(黄檀)列为 1 级，森林法案允许出口的珍贵树种原木为 2、3、4 等级，1 级原木不允许出口(Salomão，2006)。

（二）森林采伐

莫桑比克森林经营管理有 3 种体制：内部消耗、简单执照和森林特许权。

内部消耗：允许当地社区在任何时间采伐森林和获取野生动植物资源，政府不收税；

简单执照：针对不超过 1 万 hm^2 的林地。只对本国公民开放，由省长批准，开采合同有效期为 5 年，可续签。对开发有数量及期限的限制，必须遵循预先批准的管理计划，由国家运营商及在生产林区及多用林区中的当地组织进行开发。其允许采伐量最多为 500 m^3。

森林特许权：针对公民和外国投资人，指在林业特许经营合同制度下，由自然人或法人，及生产林区及多用林区中的当地组织进行开发，在遵循由部门预先批准的管理方案的条件下，为加工工业或能源产业提供服务。特许权合同有效期为 50 年，可续签。

2012 年，莫桑比克年允许采伐量为 321 370 m^3，与 2011 年相比，增长了 19%，而 2012 年实际采伐量仅占允许采伐量的 56%。采伐量最高的树种为：鸡翅木、非洲花梨木、缅茄木、皮灰、红瑰宝和红檀。

（三）森林保护

莫桑比克很重视森林资源保护，设立了保护区，包括国家公园、国家自然遗产区。政府规定在国家公园中，严格禁止：在公园限制区域中狩猎；森林、农业、矿业或渔业采伐；研究或勘探、钻井或填方施工；所有能够改变地形或植被特性的活动；所有动物或植物物种的引进。

保护区的设立是为了保护稀有的、地方性的、濒临灭绝的或数量呈明显下降趋势的动植物物种及脆弱的生态系统，例如湿地、沙丘、红树林和珊瑚礁，以及对同一生态系统中现存动植物的维护。

近年来，莫桑比克政府加大了对非法采伐的打击力度，根据莫桑比克农业部国家土地和森林理事会年度报告，2007 年，政府从 1 043 起违规案件中共收取罚款 1 600 多万梅蒂卡尔。然而，林业收入的最大部分是发放许可证，其占 2007 年全年总收入的 81%。全国仅有 395 名护林员，护林员得到当地林业和野生动物管理委员会的支持。

2002 年，莫桑比克、南非和津巴布韦三国总统签署协议，将莫桑比克的林波波国家公园、南非的克鲁格国家公园、津巴布韦的戈纳雷若国家公园合三为一，成立大林波波河跨国公园，占地面积达 3.6 万 km^2。新成立的一个 3 国部长级联合委员会将负责整个公园的管理工作。

六、林产品生产、加工与贸易

莫桑比克一直是国际市场上热带原木及锯材的主要生产国和出口国之一。木材加工业不仅带来了可观的经济效益，也带动了就业人数的大幅增加，提升了整个产业的价值。

（一）林产品生产与加工

2004—2016 年莫桑比克原木产量一直保持平稳增长，2013 年原木产量为 1 870.8 万 m^3，其中工业原木产量为 198.4 万 m^3，工业原木的产量仅占原木总产量的 10%。资金短缺、设备老化、市场需求量下滑等都是工业原木产量低的主要原因。与之相对应的是，锯材的产量急剧上升，这与莫政府鼓励加工产品出口有直接关系。2013 年莫桑比克锯材产量为 38.5 万 m^3，是 2003 年(2.8 万 m^3)的 13 倍。莫桑比克林产品始终以初级加工产品为主的产业，深加工产品能力很弱。

（二）林产品贸易

莫桑比克是一个初级林产品净出口国，主要的进口产品是锯材、纤维板和纸和纸板，但进口量不大。近年来，政府为大力发展本国林业深加工业，出台了一系列林业管理措施，包括实行简单许可证、森林特许经营权许可证，第 12/2002 号令禁止出口第一等级的珍贵树种，如红檀、鸡翅木、花梨木等，促进了木材初、深加工产品的出口，但木材出口仍以初级产品为主。

如 2016 年，莫原木出口量为 57.1 万 m^3，比 2006 年的 13.4 万 m^3 增长了近 4 倍。同期，锯材出口量也出现了明显上升，从 2006 年的 3.5 万 m^3 增长到 2013 年的 13.7 万 m^3，增长了 3 倍，后 2016 年下降到 3.28 万 m^3。

莫桑比克一心想振兴其林业深加工业，但是由于缺乏资金与技术，生产设备得不到及时的更新和改进，整个林业深加工业都很落后，因此在现阶段只能通过引入投资为林业深加工业赢得发展所需的资本和技术支持。

尽管中莫林产品贸易额总量不大，但该国却是我国在非洲主要的热带木材及锯材来源地之一。2012 年，中莫主要林产品贸易额为 2.29 亿美元，同比增长 32.78%，仅占中非林产品贸易额的 5%。其中，进口 2.09 亿美元，同比增长 35.18%；出口 0.20 亿美元，同比增长 11.81%。2012 年中国进口莫桑比克原木 32.2 万 m^3，占中国进口非洲原木总量的

12%；进口莫桑比克锯材 12.2 万 m^3，占中国进口非洲锯材总量的 24.3%。

莫桑比克拥有丰富的森林资源、劳动力等要素，中国拥有资金、技术、设备等要素，生产要素禀赋的不同促使中莫林产品贸易的发生。

（三）林业产业发展政策

莫桑比克为了提高森林资源可持续的利用，逐渐增加本国出口木材深加工产品，于2010 年 8 月 13 日颁布了《出口木材增值税法》，并于在 2011 年 6 月 1 日正式实施(表 1)。《出口木材增值税法》及其实施条例的实施将发展本国的木材深加工业，产生集成效益和累积价值，提高当地就业。

表 1　出口木材增值税　　(%)

代码	木材产品分类	税率
4403	原木	20
4404	小型原木	
4407	厚木板(不小于 6 mm)	15
4406	横木	5
4409	板材	
4418	木条	3

七、林业科研与教育

莫桑比克的主要林业科研机构是新近建立的莫桑比克农业研究所(简称 IIAM：Instituto de Investigação Agrária de Moçambique)，其前身是国家农业研究所(简称 INIA：Instituto Nacional de Investigação Agrária)，主要研究领域为农林业。该研究所可对林业研究和发展各方面均有非常大的促进作用。

八、林业国际合作与交流

2009 年 3 月，莫桑比克政府向世界银行提交了有关 REDD + 的战略起草文本，由挪威政府支持其中的咨询工作。在此基金的支持下，巴西、芬兰、莫桑比克的大学及研究机构一起开展战略的起草，并邀请了相关利益方参与，这也是巴西和莫桑比克南南合作的一部分。

2010 年 4 月，日本政府与莫桑比克签署了无偿援助森林保护计划，支持莫政府购买卫星图像和 REDD + 监控设备。2010 年 10 月，莫桑比克成为 REDD + 伙伴关系的成员。2011 年 12 月日本国际协力事业团规划调查小组访问了莫桑比克，并同意从 2012 年起建立为期 5 年的可持续森林资源信息平台，监测 REDD +。除此之外，在莫桑比克境内还有一些关于碳储量的自愿性倡议和计划。

九、分析与借鉴

（一）主要问题

(1)投资环境差。尽管莫桑比克政府鼓励外来投资，但其基础设施较差，技术力量弱，消费水平低，在一定程度上制约和限制了企业的投资收益。在劳动力方面，莫桑比克高素质劳动力匮乏，管理人才和高级技术工人都极度缺少，只有一般体力工人可以满足市场需要。莫桑比克对外籍劳务管理严格，不允许有一般劳动工人入境，只允许少部分技术人员在莫工作，且实行配额制度，按企业大小，最多不能超过总人数的10%，这严重制约了企业在当地发展木材深加工业的决心。莫桑比克政府已经意识到上述问题的存在，试图改变投资环境现状，陆续出台了鼓励投资措施。特别是针对木材深加工能力比较低的问题，制定了国家林业战略及规划，对投资木材深加工业的企业给予一定的税收优惠。

(2)非法采伐比较严重。FAO的报告显示，莫桑比克的非法采伐现象比较严重，每年未经授权的原木产量可能在9万～14万 m^3(FAO，2003)，这也造成了原木采伐费及大量税收的损失，同时给社区发展和生态环境也带来了负面影响。目前，莫桑比克正在与国际组织合作解决毁林、非法采伐、农村消除贫困、环境保护和生物多样性保护等林业相关问题。莫桑比克和世界粮农组织合作开展“支持莫桑比克森林执法施政的技术合作”项目，主要针对木材非法采伐问题，包含三个方面的内容：对查验原木采伐现场的工作人员进行培训；给予充足的后勤和设备(地图、GPS、数码相机等)的支持；利用遥感技术，提供航空图片等。通过以上手段，解决实际中遇到的问题。

（二）值得借鉴的经验

当前外部环境的变化，使莫桑比克政府越来越多意识到林业在社会发展中的主要作用，有些做法值得我方借鉴：

(1)将森林管理纳入国家扶贫策略。在莫桑比克越贫穷的人越依赖森林获得现金和非货币收入，因此政府很重视林业在减贫和农村发展中的作用，将扶贫作为重要目标，纳入国家发展计划和策略中，强调森林在促进贫困人口就业增收、改善生产生活环境等方面的重要作用。莫政府意识到林业产业对于减贫具有显著作用，除林产品生产和加工外，还大力发展非木材产品，如养蜂业，让更多的当地居民参与到林业生产中。政府还采取了提供市场信息、加强监管并维护居民权利等措施。

(2)发展社区林业。尽管莫桑比克的林权以公有制为主，森林由政府直接管理和经营，但目前出现了由国家经营转向由地方经营的趋势。法律允许地方社区获得“经过注册”的土地使用权。这种土地使用权增强了社区对土地资源的控制权。社区在征得主管部门批准后，可以转让土地及地上资源。莫桑比克还建立了社区森林委员会，在基础设施建设、公共服务、能力建设以及资金等方面，支持发展社区林业，同时发挥社区林业对减贫的重要作用，明确社区当地居民，特别是贫困人群对森林的所有权和收益权。

（宿海颖　王璐）

参考文献

中华人民共和国外交部. 2013. http：//www. fmprc. gov. cn/chn/pds/gjhdq/gj/oz/1206_ 13/[EB/OL].

Agriculture and Rural Development Department North. 2006. East and South. Republic of Mozambique Forestry and Wildlife Resources Management.
FAO. 2010. Global Forest Resources Assessment 2010 Country Report Mozambique.
FAO. 2003, Filippo Del Gatto , Forest law enforcement in Mozambique: An Overview Mission Report.
FAO. 2011. 2011 世界森林状况.
Filippo Del Gatto. 2003. Forest law enforcement in Mozambique: An Overview Mission Report.
Isilda Nhantumbo, Simon Norfolk, João Pereira. 2003 . Community Based Natural Resources Management in Mozambique: A Theoretical or Practical Strategy for Local Sustainable Development.
Ministry for the Coordination of Environmental Affairs. 2009. th National Report on Implementation of the Convention on Biological Diversity in Mozambique.
Salomão, Matose. 2006 . Towards community – based forest management of miombo woodlands in Mozambique.

南非(South Africa)

南非共和国(简称南非)国土面积121.909万km^2，位于非洲大陆最南端，北邻纳米比亚、博茨瓦纳、津巴布韦、莫桑比克和斯威士兰，另有莱索托为南非领土所包围，东、西、南三面濒临印度洋和大西洋，海岸线长3 000 km，地处印度洋和大西洋间的航运要冲，其西南端的好望角航线历来是世界上最繁忙的海上通道之一，有“西方海上生命线”之称。南非全境大部分为海拔600 m以上的高原，德拉肯斯山脉与郎厄山共同把全境分为内陆高原和沿海平原，其中卡斯金峰为全国最高点，高达3 660 m；西北部为沙漠，是卡拉哈里盆地的一部分；北部、中部和西南部为高原；沿海是窄狭平原。奥兰治河和林波波河为两大主要河流。大部分地区属热带草原气候，东部沿海为热带季风气候，南部沿海为地中海式气候。全境气候四季分明，12月至翌年2月为夏季，最高气温可达32～38℃；6～8月是冬季，最低气温为－10～12℃。全年降水量由东部的1 000 mm逐渐减少到西部的60 mm，平均450 mm。南非人口5 496万，分黑人、有色人、白人和亚裔四大种族，分别占总人口的79.6%、9%、8.9%和2.5%。英语和阿非利卡语为通用语言。南非是世界上唯一一个同时设3个首都的国家，比勒陀利亚为行政首都，开普敦为立法首都，布隆方丹为司法首都。本届政府于2014年5月成立，政府分中央、省和地方三级，全国共划9个省，设有278个地方政府，包括8个大都市、44个地区委员会和226个地方委员会(中国外交部网站，2017)。

南非属于中等收入的发展中国家，也是非洲经济最发达的国家，为世界“金砖五国”的第五国。矿业、制造业、农业和服务业是南非经济4大支柱。其中农业较发达，其产值占国内生产总值的3%，农、林、渔就业人数约占总人口的7%。旅游业是当前南非发展最快的行业之一，产值占国内生产总值的8.7%，从业人员达140万人。南非矿产资源丰富，是世界五大矿产资源国之一，矿业历史悠久且发达，有完备的现代矿业体系和先进的开采冶炼技术，是南非经济支柱，2012年产值约占国内生产总值的5.5%。南非实行自由贸易制度，是世界贸易组织(WTO)的创始会员国。欧美是南非的传统贸易伙伴，近年与亚洲、中东等地区的贸易也在不断增长，中国是南非最大贸易伙伴，南非是中国在非洲最大贸易伙伴。据南非税务总局统计，2015年南非货物进出口额为1 689亿美元，其中出口855亿美元，进口834亿美元。但南非国民经济各部门和地区发展不平衡，城乡、黑白二元经济特征明显。为应对2008年金融危机冲击，南非政府采取了一系列经济刺激措施，加之在国际经济环境逐渐好转和筹办世界杯足球赛的共同作用下，2009年南非经济逐渐回升向好。2010年以来相继推出“新增长路线”和《2030年国家发展规划》，以强化政府宏观调控为主要手段，加快推进经济社会转型。2010年经济增长率为2.8%，2011年增长到

3.5%。但由于受全球经济增长缓慢尤其是欧债危机拖累，经济总体低迷，增长乏力。2013年以来，由于美国退出量化宽松政策等因素影响，出现了大幅资本外流，经济增长率滑落，2014年和2015年国内生产总值年增长率分别为1.5%和1.3%。2016年国内生产总值约3 125亿美元，年增长率0.5%（预估值），人均国内生产总值约5 730美元（中国外交部网站，2016）。

一、林业在国民经济中的地位

南非农林渔业部对林业的范畴界定广泛，涉及不同行业：①森林的利用和经营管理；②木材产品的进一步加工，如纸浆和包装行业、锯材、家具、货架、地板等；③非木质林产品的利用、经营管理和加工，如森林中各类水果、植物、药草和动物等；④木质燃料利用和木炭生产；⑤重要建材生产，如木梁、木杆和盖屋顶的木料等；⑥家养和野生动物的牧草供应（DAFF，2011a）。

林业是南非的重要产业之一，对国家经济、就业和改善生计具有重要作用，尤其是对大量生活在边远农村的人们来说非常重要。根据联合国粮农组织对森林社会经济效益的统计，2011年南非正规和非正规林业部门就业合计54万人，占总劳动力的2.9%；正规和非正规林业部门国内生产总值合计42.37亿美元，对全国国内生产总值的贡献率为1.2%（FAO，2014）。重要的是，其中人工林产业为下游相关产业活动，如纸浆制造、造纸、锯木制造、木条出口、造板、矿木和木杆加工等提供了原材料（DAFF，2011b）。此外，南非有许多国家公园和保护区位于林区，估计每年的经济贡献为155亿兰特（State of Forest Report，2003）。在生计贡献方面，每年每个家庭，其林地的生计利用总经济价值估计为4 000兰特（Shackleton，1999）。另外，南非有2 800万药用植物使用者，以及25.5万传统医师，药用植物的贸易估计每年创造了6 000万兰特的价值（INR，2005a）。

二、森林及其他自然资源

（一）森林资源

根据南非《国家森林法》（1998年第84号法）对森林的界定，南非的森林包括：①天然林、灌草林和人工林；②森林内的林产品；③森林构成的生态系统（Republic of South Africa，1998）。其中，天然林一般是指具有多层植被单元的以树木（通常是常绿或部分落叶树种）为主的森林，树冠覆盖达75%或以上（Shackleton，1999）。灌草林则包括树冠覆盖在5%～10%之间的草原，以及密集的灌树丛（灌树丛的树冠面积覆盖75%以上）。人工林通常由多片或多块树林组成，一片树林里多数是同种和同龄的树木，并以一定的间距种植。这些树种多数是外来喜光树种，以皆伐方式采伐。

这里以联合国粮农组织的统计为准。根据统计（FAO，2015），南非2015年森林面积924.1万hm^2，森林覆盖率7.6%，自上个世纪90年代以来其森林面积和森林覆盖率变化不大。2015年南非原始林94.7万hm^2，占10.2%；其他天然更新的森林653.1万hm^2，占70.7%；人工林总面积为176.3万hm^2，占19.1%。其中人工林大部分（90%以上）分布在普马兰加、夸祖鲁－纳塔尔和东开普敦3个省，且多为外来喜光树种（松树和桉树为主）。从近25年来看，南非1990年人工林面积为162.6万hm^2，2000年为172.4万hm^2，

2005 年为 175 万 hm^2，2010 年为 176.3 万 hm^2，2015 年人工林面积不变，2015 年较 1990 年增加了 13.7 万 hm^2，年增加 0.55 万 hm^2，年变化率 0.3%，但期间面积增速呈现放缓趋势(FAO，2015)。2015 年南非森林立木蓄积 6.7 亿 m^3，单位面积蓄积量 73 m^3/hm^2(FAO，2015)。按森林产权划分，南非 2010 年公有林面积 553.4 万 hm^2，约占森林总面积的 59.88%；私有林 370.7 万 hm^2，约占森林总面积的 40.12%，20 世纪 90 年代以来，其林权结构未发生大的变化(FAO，2015)。

(二)其他自然资源

就生物多样性而言，南非目前是世界上排名第 3 的国家(DAFF，2011c)。根据世界保护监测中心(WCMC)的数据，南非大约有 1 632 个已知的两栖类、鸟类、哺乳类和爬行类物种。其中 13.4% 为南非特有物种，6.5% 为濒危物种，5.3% 的物种处于世界自然保护联盟(IUCN)的 Ⅰ ~ Ⅴ类保护范围。另外，至少有 2.342 万种维管植物起源于南非(热带雨林与野生动植物网，2006)。按照哺乳类、鸟类和两栖类特有种的数量，南非在世界排名第 24 和非洲第 5 位(Grundy 等，2001)。

三、林业法规政策

(一) 林业发展目标和计划方针

南非林业发展的总体目标是建设一个繁荣的森林产业，并将其作为国家的长远利益，持续利用、开发和经营森林，以保护环境(DAFF，2011c)。为实现繁荣的森林产业总体目标，南非制定了相应的林业发展计划，并纳入国民社会经济发展战略。其中最重要的是《国家林业行动计划(1997)》，将其作为实现目标的一个重大战略。为了实现森林保护及其可持续利用，南非于 2004 年采用了 FAO 的国际标准，编制了《国家林业计划》，以满足南非的需求，并将其纳入《国家可持续发展战略》(DAFF，2011c)。该计划内容包括国家锯材策略、国家综合森林保护策略、中小企业策略、全国产业政策行动计划(纸、木材和家具)以及气候变化应对策略。为了进一步实现林业发展的总体目标，南非已开始着手制定名为《林业 2030 路线图》的林业产业长期战略。

(二)林业法律体系

与南非林业发展相关的基本法规包括：《南非宪法》(1996 年第 108 号法)、《南非可持续森林发展白皮书》(1995 年)、《国家森林法》(1998 年第 84 号法)、《国家草原与林火法》(1998 年第 101 号法)、《国家林业行动计划》(1997 年)以及《国家林业计划》(2004 年)、《林业 2030 年路线图》。其中，与林业最直接相关的具有法律效力的是《南非森林法》(1998 年第 84 号法)和《国家草原与林火法》(1998 年第 101 号法)2 个基本法律。

《国家森林法》(1998 年)包括了一系列指导森林可持续经营的原则。它的主旨是促进和加强森林所有效益的可持续经营管理和发展，促进森林的可持续利用，并为保护森林和树木提供特定的措施。为了平衡森林保护与森林持续利用，该法规定了一系列广泛的利用范围，并明确每个人都有以非消耗性为目的的合理利用森林的权利。全国森林及其林内产品的利用、管理、控制和经营权利取决于林业机构所在部门的部长，并通过《国家森林法》(1998 年)由林业所在部门进行规定。该法于 2005 年通过《2005 年林业法修订案》(2005 年第 35 号法)修订。

《国家草原与林火法》(1998 年)旨在通过国家开展草原、森林和山火的防治，进而减少因火灾对南非境内的生命、不动产、基础设施、动产、树木、作物、动植物和大草原造成的损失。该法是南非现行主要的综合管理草原火的法律。此后发布了其修订稿《国家草原和林火法修订案》(2001 年第 12 号法)。

此外，在其他部门的法律中，与森林经营有关的法律还涉及《国家水法》(1998 年第 36 号法令)、《国家环境管理法》(1998 第 107 号法令)、《国家环境管理生物多样性法》(2004 年第 10 号法令)和《农业资源保护法》等。上述这些法律和政策共同构成了南非森林经营管理和林业发展的政策法规体系。

四、林业机构与管理体制

南非林业管理机构经历了数次变迁。二战期间，为了更好地管理森林(天然林和商品林)，南非正式成立了林业部。期间加速了植树造林，但规模较小。到了 1938 年，共营造了 15 万 hm^2的人工商品用材林，建立了第 1 个国有锯材厂。1990 年政府决定移交商品材活动，于是成立了半国营的“南非林业有限公司”，该公司接管了当时国家的 50 万 hm^2林地，其中 26.3 万 hm^2为人工用材林，而国家继续管理天然林。1994 年，即南非第 1 次民主选举后，将原来由自治邦和国家管理的人工林暂时又收回林业部管理，其目的是将这些人工林和“南非林业有限公司”的资产准备移交南非政府重构后的全新部门，这些转变都是南非政府重构的一个重要进程(DAFF，2011d)。

为了加强政府部门的服务供给，2009 年 5 月，随着新的行政机构选举的开展，南非重构了政府部门。其中，林业管理机构从原来所隶属的水利林业部转移到了现在新整合成立的农林渔业部。林业管理机构目前作为农林渔业部 9 个分机构中的 1 个，即“林业与自然资源管理局”，主要负责制定并实施林业管理政策。目前该局主要设有“林区管理司”“林业开发与法规司”以及“自然资源管理司”3 大部门。其中林区管理司下设 4 个管理处室：东开普省林业管理处、夸祖鲁-纳塔尔省林业管理处、普马兰加省和林波波省林业管理处以及其他地区林业管理处。林业开发与法规司下设 3 个处室：商品林业处、小规模林业处、林业政策法规与监督处。自然资源管理司下设 4 个处室：灌草林和天然林管理处、用水与灌溉管理处、气候变化与灾害管理处、土地利用与土壤管理处(DAFF，2011e)，详见下图 1。南非林业管理机构的主要作用是保证国家森林资源的可持续经营管理，以发挥它们最佳的社会、环境和经济效益。在促进整个南非可持续发展的同时，推动当地社区进行森林经营的共管和参与管理(DAFF，2011c)。

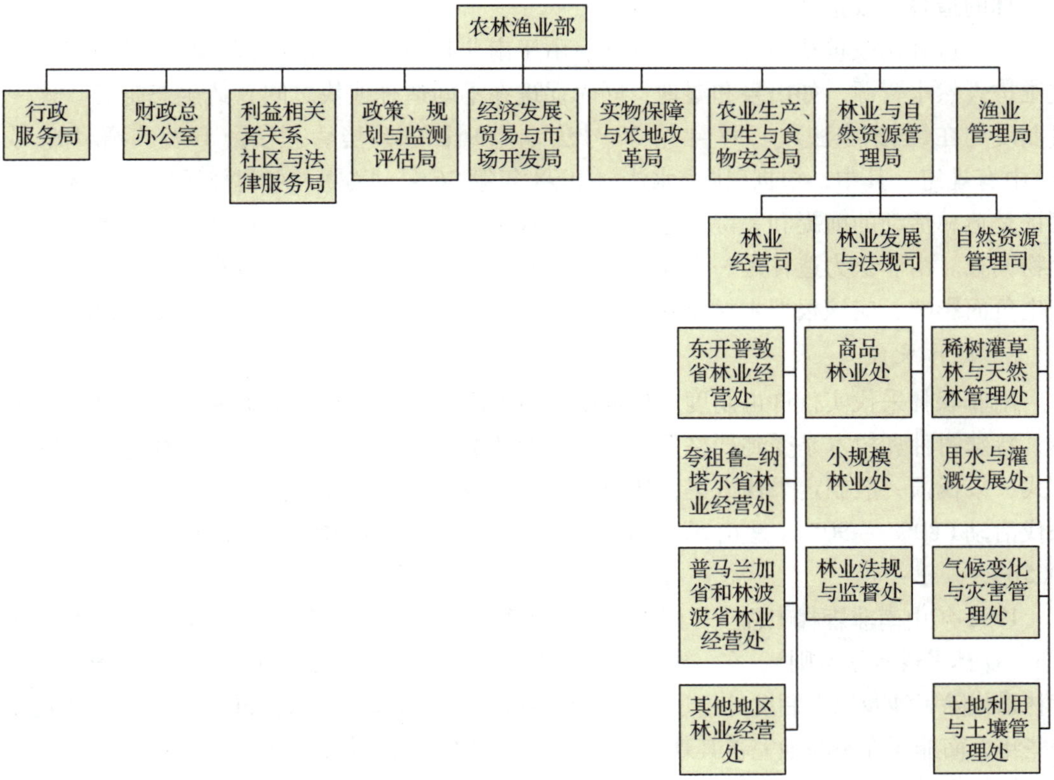

图1 南非林业与自然资源管理局机构设置

资料来源：南非农林渔业部网站(DAFF，2011e)。

五、森林经营与管理

(一)森林经营

1. 造林

南非对造林非常重视，并将其上升到国家社会经济发展的战略层次。根据南非《国家产业政策框架》，林业被视为促进南非经济增长的一个潜力巨大的产业，只要营造新的人工林，林业就能实现经济增长。

一直以来，为了解决逐渐减少的木材资源，南非已经开展了几十年的造林活动，主要树种有松树(展叶松、湿地松、辐射松、火炬松、海岸松)、桉树、杨树和黑荆树。据估计，南非营造了130万hm^2的商品林，主要在草地和高山硬叶灌木地进行(Sarah，2012)。为了满足未来不断增长的木材需求，到2020年南非还需要100万hm^2的土地进行造林(Van der Walt，2004)。但是，在2005年至2008年期间，南非造林年均减少6.1%，尤其是软木种植面积，3年间剧减了37%，这主要是因为林业公司转向种植其他林木(DAFF，2011f)。

南非实施造林许可制度。该制度由1972年南非的一个跨部门委员会制定并管理，该委员会有权批准或否决造林或再造林。该造林许可制度在用地上也有明确规定，要求必须是宜林的造林地或荒地。

南非造林比较重视环境的可持续性。由于南非是一个干旱的国家，其造林许可制度侧重维护天然水资源，如山泉和湿地，同时促进在不同造林地块之间营造生态走廊。这一许可制度均在《国家水法》(1998 年第 36 号法令)和《国家环境管理法》(1998 年第 107 号法令)中有规定。其中，根据《国家水法》(1998 年第 36 号法令)，水利部颁发的造林用水许可证是造林活动的前提和关键。这 2 个法律规定，经营林业的公司造林需要开展详细的动植物调查。南非认为造林是一个高效的土地利用形式，尽管其效益可观，但对环境也可能产生负面影响，应该根据木材及其产品的需求，衡量经济和环境成本(DAFF，2011c)。

2. 森林采伐

南非森林采伐实行许可制度。根据南非《国家森林法》(1998 年第 84 号法令)，其天然林、特殊树种和树木是受到严格保护的，一般情况下不允许采伐。而商品林通常采取皆伐方式，采伐前一般制定采伐方案，涉及林道、运输和集材等具体内容。南非森林的大部分采伐活动(80% ~90%)是由承包商承担的，并有专门的南非林业承包商协会(INR，2005b)。

1992 年由南非森林工程工作组成立了森林采伐实施准则项目组，着手制定了自愿性质的《南非森林采伐实施准则》，在一定程度上为南非的森林采伐及其环境管理提供了指导。南非森林采伐除了涉及以上制度外，还有一些经过森林认证的森林，其采伐也具有一定的要求。近些年，南非还在不断地完善其森林采伐制度。2012 年通过商品林业研究所、斯泰伦博斯大学和纳尔逊曼德拉市大学之间的合作研究，形成了与森林采伐有关的 2 个重要成果，分别是《南非实施机械化采伐的转型计划》和《南非困难地形地面采伐实施指南》。

3. 森林认证

南非林业产业主要是基于其人工林的发展，20 世纪 90 年代后期和 21 世纪早期，在市场驱动的认证进程中，南非已有超过 80% 的人工林获得了认证(Ham，2006)，而且据联合国森林议题的统计，南非人工林的认证占到整个非洲的一半左右。南非森林认证主要是森林管理委员会(FSC)的认证，且多为私有林。根据南非《国家森林报告》(2007—2009)，南非当时已经共有 157.26 万 hm^2 森林通过了森林管理委员会(FSC)的认证，其中共有 76.6% 为私有林，被认为是世界上人工林认证比例面积最高的国家之一(DAFF，2011c)。截至 2018 年，南非共有 141.4 万 hm^2 的森林通过了 FSC 认证(FSC，2018)。

(二)森林保护

1. 天然林保护

根据南非《国家森林法》的规定，所有天然林都是受保护的，但实际上大约只有 500 万 hm^2，即 17% 的林地得到一定的保护(DAFF，2011c)。保护区外的森林通常由于周边社区的薪柴消耗以及社区的其他需求而受到过度利用。南非农林渔业部和南非生物多样性研究所等部门已经认识到森林生态系统受到了威胁。按照《国家环境管理生物多样性法》(2004 年第 10 号法令)，2009 年 11 月 6 日南非发布了受威胁的生态系统清单。清单表明，南非有 3 个森林生态系统受到威胁，6 个森林生态系统处于脆弱状态，此外还有几个受威胁的具有高保护价值的森林地块。

2. 树种和树木保护

除了森林生态系统的保护外，南非还开展了树种保护和独特树木的保护(后者称为“优树计划”)。关于树种的保护，根据《国家森林法》(1998 年第 84 号法)第 12 部分，南非农林渔业部每年要发布一个树种保护清单，目前已经发布了大约 50 个保护树种(DAFF, 2011c)。其中包括受到砍伐压力的骆驼树和风车子木，还有一些稀有树种如巴伯顿山糖槭，以及对生态系统功能发挥非常重要的关键树种，如木榄木，还有具有很高文化和利用价值的树种，如玛鲁拉树。此外，根据《国家森林法》(1998 年第 84 号法)第 7 部分，天然林的所有树木都受到保护。关于独特树木的保护，在《国家森林法》框架下南非通过实施“优树计划”来确定并保护独特的树木。根据该法的第 12 部分，部长可以宣布要保护的个别树木或者群落分布的树木，这些受保护的树木都必须具备国家级的重要性，而且可以根据其大小、年龄、审美价值、文化历史价值或者旅游的重要性来命名。南非还鼓励省和地方制定他们自己的优树名单。目前，南非已经在“政府公报”和国家报纸上声明了 44 个受保护的优树(DAFF, 2011c)。根据《国家森林法》(1998 年第 84 号法)，一旦列入保护名单，将对优树采取严格的保护措施，没有许可证，是不允许砍伐、干扰或毁坏这些树木的，只有在特例的情况下才会颁发许可证，例如一棵树危及生命和财产。

3. 森林防火

根据 FAO 的统计，2003 年至 2012 年间南非森林过火的土地面积在 354.0 万 ~569.8 万 hm^2之间(FAO, 2015)。主要原因是：一方面，草原和森林易发生火灾是南非自然景观的共同特点，也是该国的植被易过火及其干暖气候导致的不可避免的结果；另一方面，山火缺乏管理，也是南非社会经济风险和环境退化的主要因素之一。

为了更好地管理山火，目前南非农林渔业部使用各种系统收集山火数据，包括国家山火信息系统，以及来自防火协会、消防项目工作组和灾害管理中心等各个利益相关者的报告。通过采取成立防火协会、开发与维护国家火险等级系统、与利益向者共同合作等措施，确保《国家森林法》(1998 年第 84 号法)的遵守和实施。在这些措施下，2009 年山火发生次数出现了下降，部分原因是农林渔业部与防火协会、消防项目工作组和其他合作伙伴的共同合作。另外，私营部门通过安装灵敏的电子监测设备，以及部署大量人力和消防设备，在促进灭火和反应迅速方面也发挥了重要作用。

南非近些年在山火研究领域的技术已经取得了很大进展，现在运用了不同的技术工具来辅助山火和相关风险管理方面的决策。在山火探测、监测和描绘方面，卫星也发挥了很大作用。目前，南非还计划运用中分辨率成像光谱仪来加强未来山火发生数据的收集。

4. 病虫害防治

近些年，南非人工林的病虫害包括松树溃疡病和一种吸食树液的桐椿科害虫。据记载，引进树种黑荆人工林有超过 200 种昆虫，其中一些导致了经济损失，其中蛴螬、白蚁、草蜢和切根虫对苗圃造成了危害。最严重的害虫是蓑蛾(鳞翅目蓑蛾科)，它会导致树木落叶，影响生长(Nair, 2007)。据评估，金合欢人工林每年有 1.2 万 ~2 万 hm^2受其侵害。根据 1953—1994 年统计数据，平均每年约有 25% 的人工林受害(Atkinson 等, 1996)。关于天然林，南非近些年乡土树木群落的病虫害发生率在持续增长，其中骆驼刺和大戟这 2 种树种的死亡尤为明显。2008 年南方对北开普敦 Kathu 森林的骆驼刺树木的死亡开展了研究，这里的树木从20世纪90年代起开始死亡，但至今尚未确认其原因。近期，大戟树在南非几个地方也被发现持续死亡，其中90%染病或濒死。

在森林病虫害防治研究方面，南非及国际都对其开展相关研究。目前，开展森林病虫害防治或森林健康保护的科学研究机构主要是比勒陀利亚大学林业与农业生物技术学院和彼得马里茨堡的商品林业研究所等。比勒陀利亚大学林业与农业生物技术学院是国际知名的"树木保护合作项目"在南非获得巨大成功的基础上成立的，该项目于1990年启动，已经在南非支持了十多年，主要是开展森林病理学和森林昆虫学研究。

在病虫害监测方面，"树木保护合作项目"和林业与农业生物技术学院的"树木健康生物技术卓越中心"开展了人工林病情发展的监测工作。这些研究和监测数据能够保证早期及时发现新病虫害，以及对各种疾病的长期观察。病虫害数据监测的具体运作是这些机构与林业公司合作，利用他们的永久样地并对其进行监测。而这些机构还为这些公司开展病虫害领域的培训，并提供实地咨询。目前，已经获取了有关人工林病虫害和其他破坏性药剂影响方面的数据(FAO，2004)。同时，该中心在天然林的病虫害和监测方面也开展了相关活动，从2004年起对乡土树木的病虫害问题进行了调查，并利用生物技术促进南非乡土树木的健康发展(FAO，2007)。

在病虫害防治手段上，南非通过各种各样的措施来降低病虫害造成的损失。包括生物防治和化学防治。其中一个典型的生物控制项目，即引进寄生蜂解决了黑色松蚜虫的入侵，这一措施取得了良好的效果，蚜虫种群大量减少(Kfir等，1985；Mills，1990)。还有已经完成测试的微生物杀虫剂，已用于防治人工松林里的本地害虫——食叶害虫(Murphy，1998)。在化学防治方面，南非金合欢人工林的病虫害防治主要采用化学杀虫剂，每年喷洒防治面积为800~4 000 hm^2(Atkinson等，1996)。

六、林产品生产、加工与贸易

(一)林产品生产加工

根据联合国粮食及农业组织林业数据库近期的统计(FAOSTAT，2017)，南非生产的林产品种类丰富，以原木、木质燃料和制浆类产品的生产为主。其中原木生产规模最大，维持在3 000万m^3左右，其次是木质燃料，每年生产规模基本在1 200万m^3。其次是纸和纸板，以及制浆类林产品，期中纸和纸板、木浆的生产规模都维持在200万t以上，纸浆的生产规模也在100万~200万t的范围内。锯木生产规模呈现下降的趋势，由200多万m^3下降到100多万m^3。纤维板生产规模一直较小，年均产量维持在15万m^3左右。人造板生产规模近年变小，且下降明显(表1)。

表1　南非2005—2015年林产品生产规模　(万m^3，万t)

林产品	2005	2007	2009	2010	2011	2012	2013	2015
原木	3 456.41	3 151.18	3 088.76	2 898.86	2 790.64	2 990.64	2 640.62	2 555.70
锯木	221.65	199.50	187.56	188.05	156.68	144.31	155.27	186.60

（续）

林产品	2005	2007	2009	2010	2011	2012	2013	2015
木质燃料	1 200.00	1 200.00	1 200.00	1 200.00	1 200.00	1 200.00	1 200.00	1 202.91
纸和纸板	244.40	272.60	224.50	251.60	217.60	242.25	231.82	225.75
纸浆	170.90	186.20	155.10	166.90	165.00	161.50	161.23	138.85
木浆	208.40	231.00	207.50	229.80	230.60	227.60	228.80	224.22
人造板	57.28	84.39	67.54	58.31	60.94	10.24	97.77	115.29
纤维板	16.08	15.55	13.15	11.68	11.68	21.68	29.30	41.10

资料来源：FAOSTAT，2017。

（二）林产品贸易

根据联合国粮食及农业组织林业数据库近十年的统计（FAOSTAT，2017），南非林产品贸易呈现出逐渐依赖进口，出口逐渐减少的趋势，正从一个林产品出口国向进口国转变。其中纸和纸板，以及木浆的进出口贸易量比较大。原木出口量在逐渐减少，进口增加明显。锯木主要依赖进口，有少量出口。纸浆，纸和纸板两大类产品出口均在减少，进口在增加。人造板以进口为主，有少量出口。木质燃料近几年进口为主，有少量出口。木浆和纸浆出口占主导，进口量少，但在有增加趋势（表2）。

表2 南非2005—2015年主要林产品进出口规模 （万 m^3，万 t）

林产品		2005	2007	2009	2010	2011	2012	2013	2015
原木	出口	25.30	19.13	21.99	24.20	24.98	29.28	20.19	26.99
	进口	3.75	5.07	3.54	34.01	41.57	27.65	21.71	35.40
锯木	出口	6.40	7.85	1.47	2.30	1.83	1.95	5.26	9.26
	进口	46.44	53.53	29.70	35.09	30.20	10.30	34.13	33.98
木质燃料	出口	0.00	0.00	1.02	6.40	9.10	16.20	0.46	0.29
	进口	0.00	0.00	0.00	33.20	41.30	27.50	20.41	32.26
人造板	出口	12.22	7.29	7.95	7.10	10.25	9.51	3.87	3.35
	进口	26.65	34.48	16.12	20.21	30.79	14.73	16.69	12.92
纤维板	出口	7.08	2.57	2.28	3.87	4.23	4.06	2.92	2.50
	进口	17.02	19.36	8.58	10.75	19.00	8.65	11.72	6.05
木浆	出口	75.45	73.25	93.96	94.13	99.31	87.58	85.81	106.75
	进口	7.05	10.34	6.22	5.98	6.58	7.63	12.60	14.41
纸浆	出口	22.87	18.74	31.28	21.77	30.11	15.71	12.51	16.37
	进口	7.33	10.43	6.70	6.65	7.20	8.25	12.57	14.32
纸和纸板	出口	89.36	90.43	68.69	63.17	49.45	50.36	44.76	41.26
	进口	40.23	59.82	62.37	61.49	62.87	69.07	69.65	63.73

资料来源：FAOSTAT，2017。

七、林业科研与教育

（一）林业科研

林业企业、专门研究机构、科学委员会和大学与技术学院构成了南非的主要林业科研主体。研究经费来源主要有林业私营部门（如私营企业或企业代表和专业协会等）、南非政府机构（国家、省和当地部门，以及像自然资源保护和自然资源基金等组织）、大学、非盈利组织和其他来源等。根据2005年统计数据，来源林业产业私营部门的科研经费共1.36亿兰特，占当年总经费的84%，尽管如此，与林业发达国家相比，南非林业科研投入依然偏低（Zata Consulting，2005）。这些机构的研究领域归纳起来涉及：工业原木生产（造林、森林经营和工程等）、非工业原木生产（天然林和灌草林）、工业原木加工、非木材林产品、林业政策与法规、林业经济、环境、社会问题和其他等。按研究经费计算，2005年南非的工业原木生产和工业原木加工两大研究领域所占比例最大，各自大约都占到41%；其次是林业经济问题研究和非木材林产品研究，分别占11%和3%（Zata Consulting，2005）。

（二）林业教育

南非林业教育机构除了传统的院校外，还有一些研究机构也开展部分教育培训活动。这些教育单位除了综合性大学外，还有Saasveld林学院、Fort Cox农林学院、南非野生生物学院、南非林业培训学院、林业教育培训协会等专门的林业教育与培训机构；以及南非森林工程、商品林业研究所、科学与产业研究委员会、南非林业研究院等兼有教育与培训职能的林业研发机构（Lewis等，2005；Zata Consulting，2005；DAFF，2011g）。

南非还有一个良好的有关职员教育培训的资金机制。在南非，所有林业雇主都必须向技能教育培训协会缴纳员工工资总额的1%用于林业教育培训。因此，林业雇主们就可以要求该协会对他们的雇员进行技能拓展和培训。同时林业教育培训协会还针对林业中小企业开展了一个旨在发展中小企业技术与业务技能的计划（Lewis等，2005）。

另外，其他相关机构也通过各种方式支持林业教育，如南非林业协会每年持续直接参与林业教育事业，为高校提供资金支持，如奖学金、国际林业研讨会差旅费等（FSA，2012）。

八、林业国际合作与交流

中国与南非的正式建交历史不长，但外交关系发展迅速，为中南（非）林业双边合作创造了良好的氛围。1998年1月1日我国与南非正式建立了外交关系，2000年两国确立了伙伴关系，2004年提升为平等互利、共同发展的战略伙伴关系，同年6月南非承认中国的市场经济地位。2010年提升至全面战略伙伴关系，同年被纳入金砖国家之一，2014年12月签署了《中华人民共和国和南非共和国5～10年合作战略规划2015—2024》。且中国已是南非最大贸易伙伴，南非是中国在非洲最大贸易伙伴，两国双向投资规模将不断扩大。两国高层互访不断，伙伴关系日益深化，各领域的合作全面展开。

中南（非）林业领域的双边合作在进入21世纪后逐渐开展。在正式建交3年之际，

2001 年南非水利林业部到访中国，就推进两国林业领域的合作交换了意见。此后双边逐渐签署了重要的林业合作文件，主要有 2003 年签署的《中华人民共和国国家林业局和南非共和国水利林业部林业技术合作意向书》，2006 年签署的《中华人民共和国政府与南非共和国政府关于林业合作的谅解备忘录》。在这些合作文件框架下，成立了国家林业局与南非水利林业部林业双边工作组，重点开展了桉树速生丰产林保护、商品林健康研究等合作项目，在造林、森林调查、森林防火、能力建设、森林认证以及人员培训等方面互派了考察团和学员等并开展了实质项目。与中国开展林业双边合作与交流的南非机构主要有南非水利林业部、南非科技部林木健康生物技术创新中心、南非比勒陀利亚大学林业与农业生物技术研究院、南非金山大学、南非斯泰伦博斯大学等。

在良好的中南(非)战略合作伙伴关系下，以及国家强调“走出去”的战略背景下，目前我国至少可以在以下几个方面与南非开展合作(中国商务部网站，2013)。

(1)可以借鉴南非在人工林种植和热带亚热带森林健康方面的技术，提高我国人工林质量。在科学技术飞速发展的今天，人工种植树木的概念也已经有所改变。南非森林资源原本并不丰富，但其对木材的需求，推动了其森林工业的科研。科研促进了发展，发展又推动了科研。因此，南非对人工林种植研究在世界上有一定的地位。中国有关部门可以与南非在这方面开展持续合作，广采各家之长，提高我国森林种植质量和开发的效益。

(2)可以继续从南非进口纸张和纸浆。南非的纸浆和纸张质量在国际市场上具有一定的知名度，特别是其新闻纸和包装纸的质量较好。南非矿产资源比较丰富，增加进口其矿产品也有助于扩大双边贸易额。但由于其开采能力和客户结构的原因，目前很难有大的突破。而如能增加进口一些纸浆和纸制品，将有助于改变双边贸易的格局。

(3)加强与南非在林产品生产方面的合作。虽然南非林产品加工工业比较先进，但由于历史原因，其在地理分布和企业所有制机构方面很不平衡，一些在新南非成立后新兴的省份对发展森林工业的兴趣很大。根据“走出去”战略，我国可以把国内的一些闲置设备运到南非，在当地开发森林资源，并可以将加工的半成品再运回国内或出口到第三国。当然，也可以吸引南非的纸浆和造纸商到中国投资或合作生产纸制品。

(4)与南非企业共同利用南部非洲共同体成员国的资源，扩大合作的领域和范围。仅仅就南非本身的森林资源储量来讲，虽然有发展潜力，但毕竟受资源拥有量的限制。所以，南非政府和企业也在探讨利用南部非洲共同体成员国其他国家(如安哥拉、莫桑比克、斯威士兰)的森林资源扩大生产规模。我们可以与南非的企业一起，在这些国家开发森林资源，运到南非生产，然后再将半成品或运回国内，或出口到第三国(中国商务部网站，2013)。

(5)其他方面。以《中华人民共和国和南非共和国 5 ~ 10 年合作战略规划 2015—2024》和《中非合作论坛约翰内斯堡行动计划》为指导，在《中华人民共和国政府与南非共和国政府关于湿地与荒漠化生态系统和野生动植物保护合作的谅解备忘录》和《中华人民共和国政府与南非共和国政府关于林业合作的谅解备忘录》的基础上，积极落实《关于湿地与荒漠生态系统和野生动植物合作的谅解备忘录五年实施计划》，在森林可持续经营、干旱和半干旱地区植被恢复技术、野生动植物保护、荒漠化防治、湿地保护、节水林业技术、林木培育和木材加工、国家公园管理等领域进一步加强合作交流，通过工作组会和专家技术人员交流等形式，推进务实合作。继续同南非在 CITES 公约领域等多边场合保持合作沟通，协调立场，争取配合和支持。

九、分析与借鉴

（一）林业特点

(1)南非非常重视社区林业及其参与式森林经营管理，并制定了专门的战略规划。20世纪中期以前，南非一直忽视社区利益相关者，森林经营管理中的社区参与非常有限。直到1994年民主独立新政府成立之后，逐渐意识到林业对当地社区生计、减贫和社区发展等方面的重要作用，因此南非之后的林业政策向社区的倾向明显，不但明确了森林资源的使用权，还规定了森林的参与式管理，并于2004年出台了《南非参与式森林经营管理政策与战略框架》，这是世界上专门针对社区林业或参与式森林经营管理制定战略规划为数不多的国家之一。该林业战略的实施能有效地保证南非森林资源的社区利用，发挥森林的社会效益和经济效益，并促进当地农村社区发展。同时，南非多个综合性大学都开展了社区林业研究与教育。

(2)南非非常重视商品人工林的认证，是认证比例最高的国家之一。南非已有超过80%的商品林通过了森林管理委员会(FSC)的认证，这使之成为世界上人工林认证比例最高的一个国家(DAFF，2011c)。南非将森林认证作为一个市场开发工具，进一步提升了其林产品在国际上的竞争力，对于保证现有市场，并占领新市场非常关键。下一步南非将准备实施小规模商品人工林认证。

(3)南非对造林用水管理非常严格，是第1个对造林用水收费的国家。美国宾夕法尼亚大学M. G. Jacobson受FAO资助开展调研，在2003年8月发表调研报告，其中指出，南非是世界上第1个对造林用水收费的国家(沈照仁，2003)。与世界上其他多数国家不同，造林在其他多数国家是积极并受欢迎的事情，尽管南非政府非常重视造林，也认为造林对拉动社会经济发展的重要作用，但是造林活动在南非却一直是其国内各方利益团体争论的焦点。认为南非是干旱或缺水严重的国家，造林将会消耗掉当地大量的水资源，也会产生一定的环境成本。南非《国家水法》对林业用水有一系列规定，未经批准林业用水活动不得擅自进行，这在一定程度上限制了林业发展。因此，南非实施的造林许可制度非常严格，需要严格的用水许可，以及严格的环境影响评估。为此，针对用水问题，在当前的林业行政管理部门中还专门设置了“用水和灌溉发展”这一处室。

（二）林业问题

1. 造林问题

南非新造林潜力非常有限。南非过去10年已经没有多少新造的人工林，造林增长率一直在下降，其中原因多样。最大原因还是造林用水受《国家水法》《国家环境管理法》和《农业资源保护法》等法律法规严格的管制，造成了非常繁杂、费时，并且费用高的造林许可。也正由于这种严格的许可制度，南非很多小规模的森林种植者，很难获得造林许可证，因此南非木材加工企业也发现目前很难从这些小规模种植者手中购买到木材(DAFF，2011c)。除此之外，其他原因包括缺乏稳定产权的造林地，缺乏降雨量充沛的土地，很多集水区水量不足。尽管农村社区有一些小规模的适宜造林地，但社区似乎并不愿意流转出来实施规模造林。还有一些土地权属不确定，纠纷未解决的土地。南非《林业 2030 路线图》指出，大约 65% 的私有人工林存在土地权属争议（陈洁，2011）。林火、病虫害等较高的林业相关风险以及社区林业项目的成本和风险也打击了私人投资者的造林积极性。

2. 林业劳动力问题

林业劳动力问题在南非也比较突出，一些林业方面的劳动，如森林采伐在南非甚至被视为“无望的就业”，其中原因包括森林采伐劳动力流动率（20% ~50%）和旷工率高（10% ~20%），有 90% 的承包商的劳动力处于最低工资水平，削皮机、链锯等机械操作员的工作期也只有 9 年（Laengin 和 Krieg，2010）。体力劳工通常存在营养不良、缺水、无休息等现象，健康状况问题突出，艾滋感染率超过 30%（Basson 等，2009）。

3. 林业科研问题

南非林业科技研发虽然有各种机构参与，具有坚实的组织基础。但在南非林业发展面临着转型和创新问题的情况下，现有科研不足以支撑，其中包括以下几个突出的方面。现有林业科研支持或处理土地改革和技术转换等能力有限。尽管有大量的研究关注商品林耗水问题，但很少有关注威胁森林长期生产力的问题，如生物多样性管理、非木材林产品和薪材的可持续利用、气候变化对森林生产力的潜在影响等。人力资本是林业科研核心的关键资源，由于缺乏对林业高等教育的支持，基础研究活动也缺乏战略支撑，导致森林产业人力资本下降和林业高等教育的危机，难以出现林业科技领域的领军人物。林业科研投入偏低，大部分研发资金源于私人部门，同时政府部门也很少提供资金促进公共知识的发展，如果脱离国际发展部门的资助，今后科研资金将进一步减少。总体来说，南非的林业科技问题主要是公共部门的支出少，呈现出重视应用研究，忽略基础研究和林业高等教育，忽略非工业原木、非木材林产品、社会和环境的研究；重视工业原木生产研究，忽略产品质量和创新研究等。这种林业科技布局，不利于南非林业产业的转型和创新发展。

4. 其他问题

包括病虫害和林火灾害防治等，这些灾害在南非比较普遍，这些还需要南非加强相关科研的投入。由于新造林难以顺利开展，国内木材短缺和需求的矛盾将进一步恶化。还有由于森林退化和滥伐，导致森林采伐率超过了森林的承载力等问题（Chipeta，2010）。这些问题和挑战在一定程度上都制约了南非林业的可持续发展。

（三）借鉴

南非与中国同为发展中国家和金砖国家，共同面临着国家经济和林业的转型发展。尽管南非林业发展问题的应对进程较慢，但南非在林业发展过程中存在的一些问题及其所采取的一些对策或措施依然有一定的启示，其中包括以下几点。

南非的土地问题告诉我们，土地产权的安全或稳定对林业投资者的预期影响很大，我国在这次林权制度改革中，不但要明晰产权，解决土地纠纷，更要保护权利人的利益，稳定林业经营主体的信心和预期。

南非由于造林有限不得不面临木材短缺的挑战，所采取的策略除了逐渐增加林产品进口外，主要是以国内林业发展战略转型为核心。我国的造林虽取得了举世瞩目的成绩，但单靠大面积造林并不是一个持续的策略，我国适宜造林的土地也是有限的。因此为了满足我国木材需求的高涨，除了“走出去”策略外，更多地要从科技或研发入手，加强森林经营，提高森林质量和产量，通过产业转型、调整产业结构和布局，发展绿色经济方是上策。

南非公共部门对于林业的基础研究，及其社会生态方面研究的投入一直处于被动状态，与私营部门关于工业原木生产与加工研究的投入形成鲜明的对比，尽管南非政府也意识到林业基础研究及其社会等方面的重要作用。我国社会经济较以往已经取得了一定的发展，政府部门应更多地关注和投入到森林的公共产品和服务方面上来。

南非对社区林业和参与式森林经营管理的重视程度，让当地农村社区看到了希望，并将这种方式纳入战略框架使之制度化。在这方面对我国集体林权制度改革后农村社区及其林业的发展具有很大的启示，确权后农民能最大程度地参与到了集体林的经营，农民营林护林的热情高涨。在配套改革和增加收入方面，应继续坚持确权时的参与精神和原则，制定后续政策过程中体现农民这一最大利益相关者的意愿。

（谢和生）

参考文献

陈洁．2011．南非木材原料供应严重不足[N]．中国绿色时报，09-13.

沈照仁．2003．南非人工林的利弊[J]．世界林业动态，(25)：6－8.

中国商务部网站．2013-09-05．中国与南非在森林方面合作．http：//south－africa. forestry. gov. cn/article/1301/1303/1317/2013－06/20130627－063400. html[2014-03-21].

中国外交部网站．2017－01．南非国家概况．http：//www. fmprc. gov. cn/web/gjhdq_ 676201/gj_ 676203/fz_ 677316/1206_ 678284/1206x0_ 678286/[2017-04-11].

FAO．2014．世界森林状况——提高森林的社会经济效益．罗马：98－106.

FAO．2015．2015年全球森林资源评估报告．罗马：7－239.

Atkinson P R and Laborde de R M. 1996. Estimates of the extent of infestation and potential losses caused by common forestry pests in South Africa. In Impact of Diseases and Insect Pests in Tropical Forests, ed. K. S. S. Nair, J. K. Sharma and R. V. Varma. Peechi, India: Kerala Forest Research Institute, 274－88.

Basson P M, Jonker J A & Steenkamp J C. 2009. The prevalence of HIV and AIDS and average demographic data in forestry contracting businesses in South Africa. Southern Forests: a Journal of Forest Science, 71(1), 71－77.

Chipeta S. 2010. Forest policy, governance and institutional arrangements in a changing environment. Mpumalanga: Forestry Indaba. 4－11.

DAFF (Department of Agriculture, Forestry and Fisheries). 2011a. An overview of forests. http://forestry. daff. gov. za/webapp/ForestsOverview. aspx [2013-07-31].

DAFF (Department of Agriculture, Forestry and Fisheries). 2011b. Facts and figures on the Gross Domestic Product. http://forestry. daff. gov. za/webapp/FactsGDP. aspx[2013-07-30].

DAFF (Department of Agriculture, Forestry and Fisheries). 2011c. State of the forests report (2007－2009). Pretoria: DAFF.

DAFF (Department of Agriculture, Forestry and Fisheries). 2011d. The History of the forestry function. http://forestry. daff. gov. za/webapp/AboutUsHistory. aspx [2013-10-07].

DAFF (Department of Agriculture, Forestry and Fisheries). 2011e. Organizational structure. http://www. nda. agric. za/doaDev/topMenu/aboutUs/organisationalStructure/18% 20JUNE% 202013% 20% 20organogram. pdf [2013-10-08].

DAFF(Department of Agriculture, Forestry and Fisheries). 2011f. Forest: Commercial Plantations. http://www2. dwaf. gov. za/webapp/ForestsCommercial. aspx [2013-10-12].

DAFF (Department of Agriculture, Forestry and Fisheries). 2011g. Forestry research and development. http://forestry. daff. gov. za/webapp/ResearchDevelopment. aspx[2013-11-19].

DAFF (Department of Agriculture, Forestry and Fisheries). 2012. Report on commercial timber resources and primary roundwood processing in South Africa 2010/2011. http://www2. dwaf. gov. za/webapp/Documents/Timber_ Statistics_ Report_ 2010_ 2011. pdf[2013-11-19].

FAO (Food and Agriculture Organization of the United Nations). 2004. International Standards for Phytosanitary Measures #5: Glossary of phytosanitary terms: terms, definitions and supplements (ISPM #5). Rome, Italy. https://www. ippc. int/id/13399? language = en [2013-10-23].

FAO (Food and Agriculture Organization of the United Nations). 2007. Overview of forest pests – South Africa. www. fao. org/docrep/24847e/24847e02. htm[2013-10-23].

FAOSTAT. 2017. South Africa Forestry Productions and Trade. http://faostat3. fao. org/download/F/FO/E [2017-05-20].

FSA (Forestry South Africa). 2012. FSA 2012 Annual Report. http://www. forestry. co. za/uploads/File/industry_ info/annual%20reports/FSA%20Annual%20Report%. pdf[2013-11-20].

Grundy I, Wynberg R. 2001. Integration of biodiversity into national forest planning programmes: the case of South Africa. International Workshop of Integration of Biodiversity into National Forest Planning Programmes. CIFOR Headquarters, Bogor, Indonesia, 13 – 16 August, 2001: 1 – 34.

Ham C. 2006. Forest Certification in South Africa. In: Confronting Sustainability: Forest Certification in Developing and Transitioning Countries. Cashore B, Gale F, Meidinger E and Newsom D (eds). New Haven: Yale Publishing Services Center, 477.

INR (Institute of Natural Resources). 2005a. Pilot State of the Forest Report. Scottsville: Institute of Natural Resources, 31.

INR (Institute of Natural Resources). 2005b. Pilot State of the Forest Report. Scottsville: Institute of Natural Resources, 59.

Kfir R, Kirsten F and van Rensburg N J. 1985. Pauesia sp. (Hymenoptera: Aphidiidae), a parasite introduced into South Africa for control of the black pine phid, Cinara cronartii (Homoptera: Aphididae). Environmental Entomology, 14: 597 – 601.

Laengin D, Krieg B. 2010. Forest Engineering Southern Africa Research overview(PPT). Focus on Forest Engineering conference, 2.

Lewis F, Horn J, Howard M & Ngubane S. 2004. Small and medium forest enterprise in South Africa. Institute of Natural Resources. Pietermaritzburg and International Institute for Environment and Development, London, UK. 17 – 18.

Mills N J. 1990. Biological control of forest aphid pests in Africa. Bulletin of Entomological Research, 80: 31 – 36.

Mongabay. com(野生动物与热带雨林网). 2006. South Africa Forest Information and Data. http://rainforests. mongabay. com/deforestation/2000/South_ Africa. htm [2013-08-02].

Mucina L & Rutherford M C. 2006. The vegetation of South Africa, Lesotho and Swaziland. Pretoria: South African National Biodiversity Institute.

Murphy S T. 1998. Native and alien invasives in pine and eucalypt forestry: prospects for biological control. In Proceedings: Congresso Internacional de Plagas Forestales, 18 – 20 de Agosto de 1997, Pucon, IX Region, Chile. Corporacion Nacional Forestal, 4 – 14.

Nair K S. 2007. Tropical forest insect pests: ecology, impact, and management. New York: Cambridge University Press, 189.

Republic of South Africa. 1998. National Forests Act (No. 84 Act 1998). Pretoria: Office of the President, 5.

Sarah K. 2012-01-16. Afforestation in South Africa: Managing forestry resources using assessment plans. http://www.consultancyafrica.com/index.php?option=com_content&view=article&id=928:afforestation-in-south-africa-managing-forestry-resources-using-assessment-plans&catid=92:enviro-africa&Itemid=297[2013-10-12].

Van der Walt T J, Struwig A and Van Rensburg J R J. 2004. Forestry as a streamflow reduction activity in South Africa: Discussion and evaluation of the proposed procedure for the assessment of afforestation applications in terms of water sustainability. GeoJournal, 61(2): 173-181.

Zata Consulting. 2005-06-29. South Africa Forest Sector and Development: Current Activities & Future Requirements (Final Draft). http://www.nda.agric.za/doaDev/sideMenu/ForestryWeb/webapp/ResourceCentre/Documents/Research_And_Development/SA_Forest_Sector_R&D_Report_July_05.pdf[2013-11-19].

坦桑尼亚(Tanzania)

坦桑尼亚位于非洲东部、赤道以南。由大陆、桑给巴尔岛、奔巴岛和20多个小岛组成。大陆东临印度洋，南接赞比亚、马拉维和莫桑比克，西邻卢旺达、布隆迪和扎伊尔；北邻肯尼亚和乌干达。国土面积94.5万km^2，其中桑给巴尔岛面积2 657 km^2，大陆海岸线长840 km。

坦桑尼亚全国划分为31个省，133个县。其中大陆26个省，桑给巴尔5个省。总人口5 730万(2017年)，其中桑给巴尔人口130万。拥有126个民族，人口超过100万的民族有苏库马、尼亚姆维奇、查加、赫赫、马康迪和哈亚族，还有阿拉伯人、印巴人和欧洲人后裔。大陆居民中32%信奉天主教和基督教，30%信奉伊斯兰教，其余信奉原始拜物教；桑给巴尔岛99%的居民信奉伊斯兰教。斯瓦希里语和英语同为官方语言。首都达累斯萨拉姆为全国第一大城市及政治、经济、文化中心，也是东非重要港口所在地。

坦桑尼亚全国为热带气候。东部沿海地区和部分低地属热带草原气候，西部内陆高原属热带山地气候，桑给巴尔、奔巴及马菲亚等岛屿属热带海洋性气候，终年湿热。大部分地区年平均气温21～25 ℃，年降水量500～1 400 mm。全国最热的月份为10月至翌年2月，长雨季从3月中至5月底，短雨季从10月至12月。

坦桑尼亚是联合国宣布的世界最不发达国家之一。2018年，国内生产总值508.4亿美元；人均国内生产总值887美元。经济主要依赖农业，包括种植业、林业、渔业、牧业。服务业产值约占国内生产总值的45%。国际援助在其国民经济中占有重要地位，相当于每年发展支出的近90%，主要捐助国有英国、印度、南非、荷兰、肯尼亚、美国、加拿大、意大利、德国和国际货币基金组织、世界银行、欧盟、非洲开发银行等。

一、林业在国民经济中的地位

林业在坦桑尼亚经济中发挥着非常重要的作用，国家已将发展林业作为减少贫困、促进经济发展的重要战略。森林是农民生计的重要来源，满足了国家90%以上的能源需求，林业部门每年提供就业岗位73万个。

坦桑尼亚森林提供的许多产品和服务并未计入国民经济统计中，如森林提供非销售的木材、薪材、非木质林产品等，这些未被统计的林产品几乎占全部林产品的80%以上。此外，森林旅游和娱乐服务、生物多样性保护、碳储存服务、流域保护服务等均未量化统计，因此林业对国民经济的贡献被严重低估。在传统的经济统计中，坦桑尼亚林业部门的产值占 GDP 的比重仅为 3.1%（Tanzania Economic Survey，2010），其中木材工业占一半左右。对森林贡献的低估影响了政府的决策，也影响了林业的发展模式。

二、森林及其他自然资源

（一）森林资源总量

坦桑尼亚大陆的森林面积为 4 606 万 hm^2，占大陆面积的 52%。其中乔木林地占 90% 以上，其余为红树林、山地林、小块的海岸林以及人工林。森林资源中，43% 的林地被划为森林保护区和国家公园。桑给巴尔岛的森林面积为 6.39 万 hm^2，占岛屿面积的 23.7%，包括珊瑚礁区的灌木林和乔木林、红树林、人工乔木林、椰树林以及稀树植被（URT，2012）。坦桑尼亚森林活立木蓄积量为 33.33 亿 m^3，其他有林地活立木蓄积量为 1.56 亿 m^3；森林活立木生物量中的碳储量为 54.38 亿 t，单位面积碳储量平均为 118 t /hm^2（FAO，2015）。

（二）林种结构与分布

森林以天然林为主，面积为 4 577 万 hm^2，占森林面积的 99.4%，均为天然次生林；人工林面积 29.0 万 hm^2，仅占 0.6%（URT，2009）。

天然林主要有 3 种类型：短盖豆林地（Miombo woodland）、山地林和红树林。短盖豆林地是坦桑尼亚最主要的森林类型，树种以豆科苏木亚科（Caesalpinoideae，又称云实亚科）的短盖豆属（*Brachystegia*）植物（在木材界统称非洲柚木）以及本亚科的一些其他植物为主，短盖豆林地占天然林面积的 2/3 以上，分布于国家的中部和南部。短盖豆林地又分为湿润型林地和干旱型林地，分别分布于沿海、内陆湖区和干旱半干旱地区。山地林主要分布于东部弧形山区和乞力马扎罗山斜坡和阿鲁沙地区，面积约 200 万 hm^2，大部分为重要河流的源头。红树林主要分布于坦桑尼亚的沿海地区。

人工林的主要树种为松树、柏树、桉树、柚木等，每年可提供木材约 129 万 m^3。

（三）森林权属与功能划分

坦桑尼亚的林地所有权属国家和集体所有。根据林地的管理权，分为公共林地（这类林地由国土部负责管理，不属于林业部门），面积占总林地面积的 54%；政府保留林地，占 37%；私有林地或社区林地，占 9%（FBD，2000）。在保留林中，根据经营管理主体，又分为中央政府保留森林、地方政府保留森林和村级保留森林。

根据森林的用途，分为生产林和保护林。生产林主要分用于生产木材、薪材或其他林产品生产，占 71%；保护林主要用于生物多样性和水源区保护，占 29%。

（四）森林资源的变化

坦桑尼亚的毁林率一直居高不下，平均每年减少林地 40 多万 hm^2（FAO，2009），森林覆盖率已从 1938 年的 50% 降至 1987 年的 43%，再到 2010 年的 37%。1990—2010 年，森林面积减少了 800 万 hm^2，年毁林率为 1.1%。2010—2015 年森林面积减少 386 万 hm^2，年毁林率为 0.8%。主要森林类型——短盖豆林地在这 10 年减少了 13%，东北部乌萨姆巴拉地区（Usambara）森林减少了 70% 以上，达累斯萨拉姆周边的森林也从 1990 年的 2 000 hm^2减少至 2007 年的 385hm^2。

毁林的主要原因为农业扩张、过度放牧、火灾、木材的过度采伐以及其他人类活动。每年因农业扩张而被毁的森林面积均在 30 万 hm^2 以上；能源消费也是毁林的重要原因，

97% 的家庭以木炭和薪材为燃料。国家对木材出口创汇的依赖也加剧了毁林，1997—2005 年，合法的木材出口值增加了 1 400%，木材出口值占总合法出口值的近 10%。

（五）其他自然资源

坦桑尼亚是非洲生物多样性最丰富的国家，非洲 8 个生物多样性热点地区有 2 个分布在坦桑尼亚东部的弧形山脉和环绕坦噶尼喀湖的艾尔伯丁裂谷。坦桑尼亚的森林中，哺乳动物的数量（359 种）在非洲排名第 1，植物种类（10 000 种）排第 2，鸟类（1 035 种）排第 3，两栖类（123 种）和爬行类（245 种）动物排第 4。

坦桑尼亚拥有丰富的渔业资源，目前每年渔业收获量大约是 35 万 t。湿地面积约占国土面积的 10%，包括与东非共享的一些大湖，即维多利亚湖、坦噶尼喀湖和尼亚萨湖，以及其他小型的天然湖泊、人工湖泊、河流系统及许多湿地。

坦桑尼亚地处热带，气候潮湿，生长着丰富的药用植物。据调查，乞力马扎罗、汤加、莫罗戈罗、达累斯萨拉姆以及滨海五大省区 405 种森林植物中，有 21.9% 的植物可药用；生长在非洲的药用植物共有 254 种，占世界药用植物总数的 62.7%，其中 46 种仅生存于东非地区，有 13 种仅坦桑尼亚独有。

三、林业法规政策

（一）林业法规

2002 年通过的《森林法》是坦桑尼亚林业的基本法律。《森林法》的宗旨是加快林业发展以促进国民经济可持续发展，加大保护和管理自然资源力度，造福子孙后代。主要目标包括：①促进和增强林业部门对国家可持续发展的贡献，保护和管理自然资源；②明确权利，鼓励和推动全民参与森林资源的可持续规划、管理、利用与保护；③保护森林生物多样性、水源区及土壤肥力，确保生态系统的稳定性；④将森林资源的管理权转移至地方；⑤保持足够的森林面积，并进行经济有效地管理，确保森林产品和服务的有效供给；⑥提高林产品质量，规范其出口；⑦加强部门间的协调与合作；⑧开展培训、研究和公共教育，增强公众森林保护意识；⑨加大国家财政支持，保护生物多样性。

《森林法》对国家森林权属的划分、林业管理体制、森林经营计划、采伐许可、林产品贸易、野生动植物保护、林火管理以及林业融资等都做出了明确的规定。

继《森林法》之后，坦桑尼亚又出台了一些具体管理条例和指南，如《森林条例》（2004 年）、《木炭生产、运输和销售管理条例》（2006 年）、《森林补充条例》（2006 年）和《社区森林管理指南》（2007 年）等。

其他部门的法律，如《土地法》《村级土地法》《野生动物保护法》《环境保护法》《渔业法》《水资源法》等对林业部门也有重要影响。此外，坦桑尼亚也签署了与林业相关的一些国际公约，如《生物多样性保护公约》《拉姆萨湿地公约》《濒危野生动植物种国际贸易公约》，对保护森林资源具有重要意义。

（二）林业政策

1998 年，坦桑尼亚政府批准了新的林业政策《国家林业政策》（1998 年）。其总体目标是：加快林业发展，促进国民经济可持续发展；加强森林资源保护和管理，造福当代和子孙后代。林业政策集中于4个重要领域：林地管理、森林工业及其产品、生态系统保护与管理、制度与人力资源。具体政策措施包括：通过保持足够的森林面积并通过有效的管理，保障森林产品和服务的可持续供给；通过发展可持续的森林工业和贸易，增加就业和外汇收入；通过保护森林生物多样性、集水区及土壤肥力，确保生态系统的稳定性；通过与其他利益相关者合作，提高国家管理和开发森林部门的能力。

为了确保林业政策的落实，坦桑尼亚制定了“国家林业计划(2001—2010年)”(NFP)，其中包括森林资源保护和管理计划、机构和人力资源发展计划、法律法规框架计划、森林工业和可持续生计计划4个具体的计划。林业政策强调参与式森林资源管理，并鼓励私有部门发展人工林。

四、林业机构与管理体制

（一）林业管理机构

坦桑尼亚的森林资源管理主要由两大机构负责：一是自然资源与旅游部(MNRT)的林业与养蜂司(FBD)；另一是隶属总理办公室的区域政府和地方政府(PMO-RALG)，下设区域自然资源办公室(RNRO)、行政区林业办公室(DFOs)，以及乡、村自然资源委员会(图1)。

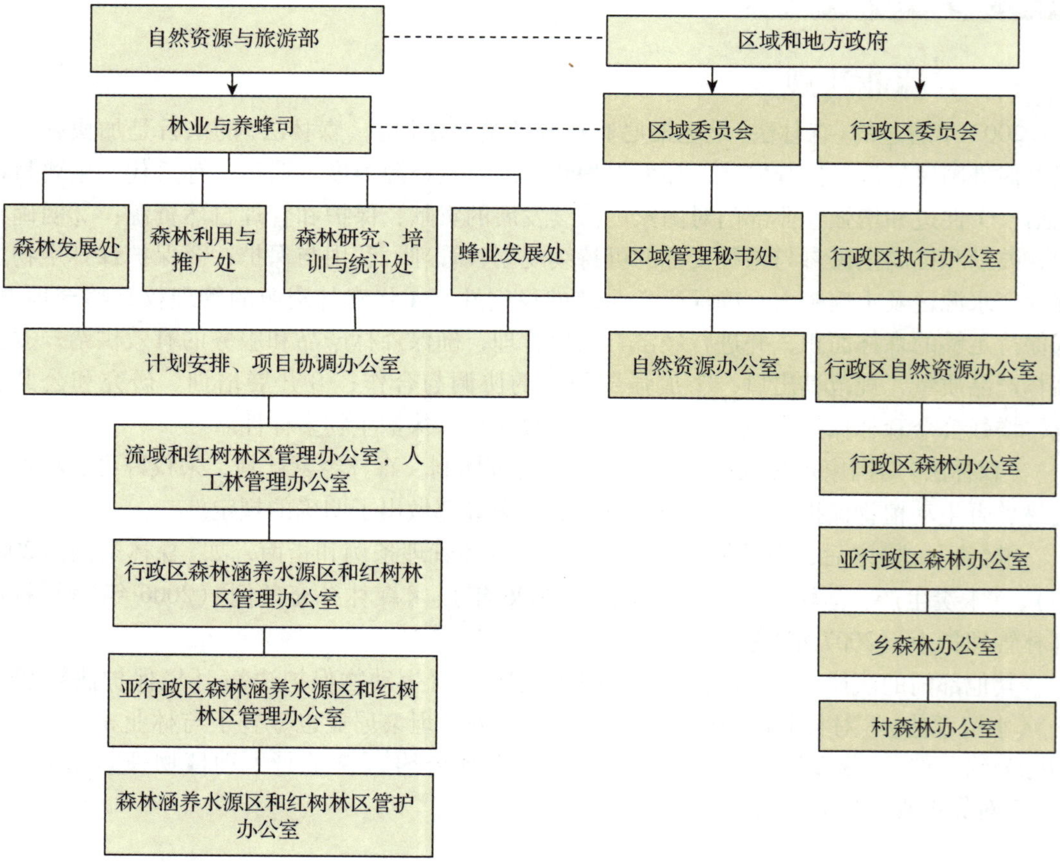

图1　坦桑尼亚林业机构和管理体制

林业与养蜂司(FBD)是自然资源与旅游部的3个部门之一，其主要职责是：落实和执行《国家林业政策》(1998年)和《森林法》(2002年)；受中央政府委托负责监督和管理国家森林保留区；征收林业税费；颁发森林采伐执照和许可证；促进林业发展；开展林业培训和林业研究。FBD下设森林发展、森林利用、森林研究培训与统计、养蜂发展4个部门。其中，森林发展处负责制定林业政策和规划，森林资源发展，推广服务，森林资源评估，森林投资，项目协调和宣传；森林利用处负责征收林产品税；森林研究培训与统计处负责协调林业研究，培训、收集与管理林业部门的统计数据。FBD在区域和地方设有相应的管理办公室。2011年7月，为提高林业管理效率，FBD的部分职能移交给坦桑尼亚林务局(TFS)。

坦桑尼亚林务局(TFS)是一个半自制自筹经费的执行机构，成立于2011年7月，隶属FBD。其宗旨是保护和可持续供应优质森林和蜜蜂产品和服务。TFS承担了FBD的一些核心职能，包括建立和管理国有天然林保留区、建立和管理国有人工林、管理公共土地上的森林资源、加强其所辖范围内森林法规的执行、在其所辖范围内提供林业推广服务、发展人力资源、征收林业税、提供林产品营销服务等。TFS的经费来自于执行各种林业活动和项目的经费提成。

PMO - RALG是总理办公室下的一个部门，其职责是保障地方政府提供优质、高效及公平的服务；协调部门间对森林资源的管理。该机构在区一级设有区域自然资源主任(RNRO)；在地方一级设有地方森林办公室(DFOs)，负责管理当地的森林保留区。

为了监管森林产品的收获，2006年，PMO - RALG在地方一级专门成立了地方森林收获委员会(DFHC)，主要职责是受理林产品收获申请，核查收获的森林面积，准备和协调收获计划，审查来自地方森林办公室的收获报告等。

其他与林业相关的重要机构还有："林业工作者协会"(TAF)、"北方林业工业协会"(NOFIA)和"南方林业工业协会(SOFIA)。

（二）管理体制

森林资源管理实行中央政府和区域与地方政府并行的管理体制(图1)。中央政府主要通过FBD实施管理职能，从宏观上管理森林资源，包括制定林业政策，贯彻执行林业法规，开展林业研究和宣传培训，管理国有森林保留区，实施国家重点林业工程(如人工造林、集水区森林管理)等。具体的林地经营和森林管理权则下放给区域和地方政府。

地方政府设有行政区委员会，由委员会的林业官员负责管理当地的森林保留区。

在村一级，由村政府负责落实和执行国家的政策和法规，包括实施参与式的森林管理。2004年，国家通过了环境管理法，要求每个村成立村自然资源委员会，委员会的主要职责是监督和管理村级森林产品的收获，包括确定收获的森林面积、审核收获计划、评估收获报告等。

根据森林的权属不同，森林的经营与管理分为6种情况：①国有森林保留区，为中央政府所有，由FBD负责经营与管理；②地方森林保留区，为地方政府所有，由隶属地方政府的行政区理事会负责管理；③村级森林保留区，为村集体所有，由村理事会代表全体村民负责经营管理；④社区森林保留区，类似于村级森林保留区，由村理事会委托社区内的某些团体来经营；⑤私有林，私人或公司通过租用土地所营造的森林，私人或公司负责管理；⑥公共土地上的森林，是坦桑尼亚森林的主体，占总森林面积的57%，这部分森林由国家的土地委员会代表总统负责管理。

在上述各类型的森林中，由于FBD的人力有限，国有森林保留区的森林通常是由政府与森林附近的社区签订协议，共同管理森林的，并分享森林的收益。公共土地上的森林，采取社区林业管理模式。至 2012 年，坦桑尼亚实施社区林业联合管理的国有林保留区有 210 个，经营森林面积 161.11 万 hm^2。

五、森林经营与管理

（一）森林经营

坦桑尼亚对于常规森林经营没有太多的要求，但对森林采伐和利用有严格的规定，提倡可持续利用森林。

1. 天然林经营

天然林经营措施依据森林的经营目的而定。对于发挥流域保护和生物多样性保护作用的森林，主要通过限制人类活动而促进森林发展；对于生产性森林，经营措施则集中于促进木材生产，提高生产力。天然林经营措施包括诱导天然更新，补植以及割灌、防火、防牧等保护更新树种。

2. 人工造林

为了满足日益增长的木材需求，坦桑尼亚鼓励人工造林。人工造林十分注重树种的选择，由于当地树种生长较慢，从 20 世纪 50 年代就开始引进外来树种，主要从中美洲、墨西哥和澳大利亚引进了桉树、加勒比松、湿地松、卡西亚松、卵果松、展叶松等速生树种，并建立了许多种子园。

2003 年，国家颁布了公共林地上造林密度规程，要求一般生产锯材的松树林初始密度为 3.0 m×3.0 m，作为纸浆材的松林初始密度为 2.0 m×2.0 m，柚木的初始密度为 2.5 m×2.5 m。人工林的其他经营措施通常依据具体的立地条件采用常规的丰产措施。

3. 森林采伐与利用

坦桑尼亚对采伐木材有严格的规定。采伐林木必须向 FBD 申领采伐许可证。采伐许可证上规定了林木采伐的地点、范围、时间、树种、蓄积量（活立木）等。采伐天然林，必须是择伐，平均每公顷只能采伐 22~35 m^3 的蓄积量，而且采伐林木胸径根据采伐的材种确定，一般材种胸径必需大于 50 cm 以上；采伐人工林，可以择伐，也可以皆伐，但采伐林木胸径必需大于 20 cm 以上。获得许可证后，需根据不同树种和材质向政府缴纳一定的税费。只有公司能申领在国有林中采伐林木，个人只能申领私有林内的林木砍伐许可证。

在森林采伐中，由行政区林业办公室负责对采伐过程的监督。木材运输和加工必需持有森林资源管理机构发放的许可证。坦桑尼亚禁止原木、枕木和木炭出口，允许锯材出口。但锯材厚度不能超过 10 cm，宽度和长度任意。

（二）森林保护

目前，坦桑尼亚有 1 300 万 hm^2 的森林被划为森林保留区，主要用于保护生物多样性和发挥集水区水源涵养功能；此外，还有 160 万 hm^2 的森林位于国家公园内，严格限制人类活动的干扰（生物多样性公约报告，2009）。

（三）森林服务

坦桑尼亚的森林服务主要体现在维持生物多样性、水文服务、碳汇服务和游憩服务。

坦桑尼亚积极参与国际上的 REDD 项目，并与2012 年制订了 REDD + 国家战略。坦桑尼亚因其独特森林自然风光吸引了全球各地的旅游者，森林生态旅游业在国民经济中占有相当重要的地位，直接提供了约 20 多万个就业岗位。

六、林产品生产、加工与贸易

（一）林产品生产

2007—2015 年坦桑尼亚主要木材产品生产量见表 1。

表 1　2007—2015 年坦桑尼亚主要木材产品生产量　（m^3，t）

年份	2007	2008	2009	2010	2011	2012	2013	2014	2015
原木	24 441 200	24 665 700	24 901 785	25 149 697	25 382 998	25 904 759	26 408 297	26 676 696	26 957 293
锯材	24 000	24 000	24 000	24 000	24 000	35 000	48 000	48 000	48 000
胶合板	1 032	1 032	1 032	1 032	1 032	1 032	1 032	1 032	1 032
刨花板	1 600	1 600	1 600	1 600	1 600	1 600	1 600	1 600	1 600
木浆	56 000	56 000	56 000	56 000	56 000	56 000	56 000	56 000	56000

资料来源：FAOSTAT，2016

森林除了提供木材外，还提供种类繁多的非木材林产品，如食品、水果、坚果、药用植物、树胶、树脂、树皮、天然染料、芳香化合物、纤维等，这些产品是许多农村家庭现金收入、补充日常食物的重要来源。

（二）木材需求

近 10 年来，随着经济的发展，坦桑尼亚国内对林产品的需求不断增加。2010 年，国内原木总消费量达 128 万 hm^2，主要是建筑业、纸业、家具和细木工业以及电线杆等部门(图 2)。

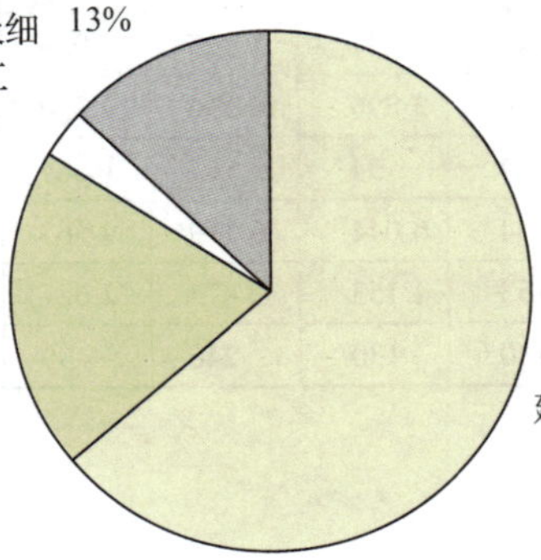

图 2　2011 年坦桑尼亚各部门对原木的需求

资料来源：Indufor，2011。

（三）木材加工

坦桑尼亚森林资源丰富，但木材加工业却相当落后。木材加工多为手工作业，缺乏现代化的机械加工设备。加工企业规模小、数量少，大多是小作坊。这些企业大部分产品因技术和设备陈旧，质量较差，缺乏市场竞争力。此外，落后的基础设施也制约了木材工业的发展，森林多位于偏远地区，许多地区尚未通电、通车，道路年久失修，使得木材砍伐和交通运输十分困难。因此，坦桑尼亚的木材加工尚未形成大的商业规模。

（四）林产品贸易

坦桑尼亚一直以出口传统林产品为主，包括原木、锯材、木方、檀香木以及柱材。但近几年，许多非传统的林产品，如金鸡纳树皮、雕刻品、家具、麻疯树油、棕榈树叶等成为出口市场的热门产品。出口产品中，锯材和原木是出口量最大的产品(表2)。

表2　2006—2015年坦桑尼亚主要木材产品出口量　(m^3，t)

年份	2006	2007	2008	2009	2010	2011	2012	2013	2014	2015
原木	58 318	23 838	5 603	18 957	12 890	9 738	14 281	3 500	4 944	18 729
锯材	31 679	36 434	44 413	44 413	71 643	56 313	45 206	40 076	77 047	51 889
单板	68	47	4	4	299	249	322	59	283	1 138
胶合板	17	67	115	115	110	16	15	6	143	179
刨花板	1 274	374	374	374	24	79	31	35	22	90
木浆	51	51	51	51	891	624	82	82	110	110

资料来源：FAOSTAT，2016。

肯尼亚是坦桑尼亚锯材的最大出口市场，出口至肯尼亚的林产品占总出口量的67%，2010年锯材产品几乎全部出口肯尼亚，达3.4万m^3。其他出口目的地包括欧盟、日本和中国。

坦桑尼亚林产进口主要以原木、锯材和胶合板为主，其进口量在2006—2015年的10年里总体上呈上升趋势(表3)。

表3　2006—2015年坦桑尼亚主要木材产品进口量　(m^3，t)

年份	2006	2007	2008	2009	2010	2011	2012	2013	2014	2015
原木	1 658	4 804	247	247	1 225	4 939	3 687	4 314	36 608	226 425
锯材	1 221	2 668	3 896	3 896	14 596	19 250	14 076	24 166	43 274	15 529
单板	71	30	34	34	67	1 684	957	307	284	113
胶合板	8 060	4 348	6 044	6 044	6 119	9 563	8 872	9 593	15 565	11 988
刨花板	1 653	727	4 153	4 153	2 473	2 621	2 038	1 256	1 284	1 744
木浆	435	175	130	130	246	99	116	67	143	161

资料来源：FAOSTAT，2016。

七、林业科研与教育

（一）林业科研

坦桑尼亚林业研究所(TAFORI)是国家级的林业研究机构，成立于1980年，总部设在莫罗戈罗市。在机构组成上，TAFORI由林业生产研究部、森林利用研究部和财务管理部组成。

林业生产研究部负责开展天然林管理、社区和农场林业、人工林和林木改良、森林资源评估和社会经济学、政策与推广等方面的研究与成果推广工作，下设 6 个研究室：森林保护研究室、森林生态与生物多样性研究室、林木选育和改良研究室、信息、文献与社会经济学研究室、治理和政策研究研究室。这些研究室在全国不同生态区设有 7 个研究中心，具体包括：多多马干旱区造林研究中心，基巴哈低地造林研究中心，Lushoto 造林研究中心，Malya 湖区绿化研究中心，Moshi 木材利用研究中心，Mufindi 纸浆材研究中心，塔波拉 Miombo 林地研究中心。主要研究领域包括参与式森林管理、植物病害、森林生态学/森林生态系统管理、混农林业、乡土知识体系、保护生物学、土壤保护以及森林经济学。

森林利用研究部（DFUR）负责实施森林利用与作业研究，由 6 个研究室组成：森林作业研究室、非木林产品研究室、木材工程研究室、木结构研究室、木材能源研究室、木材化学研究室和森林产品开发和营销室。主要研究领域涉及：低影响的木材采伐，木材采伐的经济影响评估，非木材林产品的开发、深加工和销售；木材加工、材性和木材防腐、木材化学，不同树种的木炭质量，木材产品市场研究等。

财务管理部与上述 2 个部门密切合作，为他们提供高效的资金管理、人力资源、后勤和行政服务，由财务处和人力资源处 2 个部门组成。

TAFORI 现有研究人员 221 人，其中具有博士学位人员 3 人，硕士学位 45 人，本科学历 70 人，一般技术人员 103 人。经费来源包括国家财政拨款、贷款、服务收费、林业基金以及外部捐助等。

为了适应林业和社会经济发展新形势，坦桑尼亚在其林业发展总体规划 2000—2009 年中确定了 6 个优先研究领域：天然林经营、社区和农场林业、人工林和树木改良、森林资源评估、森林作业与利用、林业经济与政策。

除坦桑尼亚林业研究所外，其他从事林业研究的主要机构还有 Sokoine 农业大学和达累斯萨拉姆大学。

（二）林业教育

坦桑尼亚主要的林业专业教育机构有 Sokoine 农业大学、Arusha 林业培训学院（FTI）和林业工业培训学院（FITI）。此外，达累斯萨拉姆大学、非洲野生动物姆维卡学院、塔波拉养蜂培训学院等也提供林业专业培训，尤其是森林生态方面的培训。

Sokoine 农业大学是坦桑尼亚唯一的一所农业大学。大学设有农学院、林业与自然保护学院、兽医学院和科学学院，有农业、林业、兽医、环境科学、教育、信息和通信技术及相关专业的 28 个学士学位授权点、37 个硕士学位授权点和 2 个非学位教育课程。2012 年，在校教职工 508 人，在校学生 5 788 人，58% 的教师具有博士学位。

Arusha 林业培训学院（FTI）成立于 1937 年，直属于自然资源与旅游部，提供各种资格培训，也根据需要开展有关林业技术方面的培训。

林业工业培训学院（FITI）成立于 1975 年，隶属于自然资源与旅游部，是坦桑尼亚木材工业方面的高等培训学院，提供职业与技术资格培训，主要领域包括锯木业、锯材制造业、木材加工业、采伐技术与采伐机械。2012 年，有教职工 52 人。

八、林业国际合作与交流

（一）林业对外合作的主要诉求

坦桑尼亚在林业发展中存在着基础设施落后、运输网络存在严重缺陷、电力输送落后、通讯手段不足以及燃油供应困难等问题，而且多数森林位于偏远地区，没有与外界相通的公路，木材砍伐和交通运输十分困难。因此，坦桑尼亚希望得到其他国家的援助和合作，发展国内的木材工业。此外，坦桑尼亚也希望与其他国家在林业信息、森林经营、生物多样性保护、气候变化、人员培训、生态城市规划、环境管理、打击野生动植物及其制品非法贸易等方面加强信息交流与合作。

（二）与中国开展双边合作的情况

坦桑尼亚是与中国建交较早的非洲国家。建交以来，中坦关系长期健康稳定发展。中坦双边合作的领域主要有基础设施建设、能源、通讯、农业、投融资等。在林业领域，由于坦桑尼亚的森林资源较非洲其他国家较少，且基础设施落后、人力资源匮乏、企业运行成本较高、土地使用权办理手续复杂等原因，中国与坦桑尼亚的林业双边合作不多。未来两国具有潜力的合作领域包括林业基础设施建设、林业信息化、木材采运与加工、生态环境保护、林业扶贫、生态旅游等。

九、分析与借鉴

（一）林业面临的主要问题

1. 林产工业比较落后

坦桑尼亚木材资源丰富，但木材加工技术落后。国家缺乏有规模的森工企业，2005年，注册的森工企业有363家，只有28家企业规模较大。森工产品单一，以锯材、纤维板，刨花板，细木工和家具为主，这些产品不仅对材质的要求较高，而且由于缺乏先进的加工技术使得木材利用率较低。在林业部门对GDP的贡献中，上述产品占50%以上，非木林产品的生产与加工没有得到应有的重视与开发。

2. 林业人才与投资不足

由于工作环境艰苦和工资报酬相对较低，坦桑尼亚缺乏有专业知识和技能的林业人才，实施林业项目的能力不足。在中央级的林业管理机构与区域及地方林业管理机构之间缺乏清楚的职责界定，无法进行有效的协调与合作。国家对林业的投资不足，林业方面的预算只占国家总预算的1%，近60%的林业经费来自外部捐助的林业项目，林业经费的持续性得不到保障。

3. 参与式森林管理机制有待完善

坦桑尼亚自20世纪90年代引入参与式森林管理机制，其发展迅速，如今已覆盖400多万hm^2的林地，但在实施过程中也面临着许多问题。对于国有森林保留区的联合管理协议，国家与森林经营者的利益分享机制不明确，当地社区获得的收益较少，同时由于森林经营期长且收益少，社区参与的积极性不高；此外，许多国有森林保留区的管理预算非常少，很难与周边社区开展联合经营。对于公共林地上的社区森林管理，也存在着森林权属不明晰、资金缺乏可持续性、制定和实施森林经营计划的人才欠缺、经营者收益较少等问题。

（二）值得借鉴的经验

近10多年来，坦桑尼亚政府十分重视林业的发展，采取许多积极有效的措施，取得了显著的成效，其中有些做法值得借鉴。

1. 双线并行的林业管理体制

坦桑尼亚曾经也实行中央集权式的森林管理体制，但由于管理效率低下，毁林率居高不下，森林保护与社区居民利益冲突严重，迫使政府将森林管理权逐步下放。实践证明，坦桑尼亚中央政府和地方政府并行的森林管理体制是十分有效的，使得中央级管理机构有更多的精力把握林业发展方面、制定有效的林业政策和法律法规，提高了中央政府的决策效率，同时，地方政府也有更大的空间根据各地方的实际情况管理好自己的森林资源。

2. 稳定的林业政策

1998年，坦桑尼亚政府批准通过了新的林业政策，确定了林业发展的总体目标以及优先重点发展的领域，为林业发展指明了方向。为保障林业政策的落实，通过了森林法、国家林业计划，以及一系列的具体管理条例和指南，为林业政策的稳步推进奠定了坚实的基础。正是稳定有效的林业政策才使得坦桑尼亚的林业有了较快的发展，森林资源保护和减少贫困取得了显著成效。

3. 积极推行参与式森林资源管理

坦桑尼亚的参与式森林资源管理有自己的特点。首先，当地社区不仅是森林的经营者，而且是能够自主决策的管理者，这种权利来源于国家广泛的授权和承诺；其次，坦桑尼亚的参与式森林资源管理其目标不是定位于利益分享而是权力分享，国家与社区分享森林保护的责任。许多国家的实践都证明，当地村民对森林的权力越大，他们管理森林就越认真，其效益也就越明显，这种责任分享的参与式管理模式值得借鉴。

（李玉敏　徐芝生　白秀萍）

参考文献

施昆山，等．2001．当代世界林业，坦桑尼亚国别报告[M]．北京：中国林业出版社．

中国外交部网站．2013．坦桑尼亚国家概况．http：//www.fmprc.gov.cn/mfa_ chn/gjhdq_ 603914/gj_ 603916/fz_ 605026/1206_ 606284/.

Chamshama, S. A. O. and L. Nshubemuki. 2011. Plantation forest management in Tanzania: Current situation and future focus. Paper presented at the the forest plantations pests, insects and soil problems workshop, Kibaha, Tanzania.

Division of Environment, Vice President's Office. 2009. Urt. Fourth Natiional Report on Iimplementatiion of Convention on Biiologiical Diiversiity((CBD)).

Dosteus Lopa, Iddi Mwanyoka, George Jambiya, Thabit Massoud, Paul Harrison, Mark Ellis – Jones, Tom Blomley, Beria Leimona, Meine van Noordwijk and Neil D. Burgess 2012. Towards operational payments for water ecosystem services in Tanzania: a case study from the Uluguru Mountains. Oryx, 46, pp 34 – 44. doi: 10.1017/S0030605311001335.

Faostat. 2018. http: //faostat3. fao. org/faostat – gateway/go/to/browse/F/ * /E.

FAO. 2012. 2011 世界森林状况.

FAO. 2010. Global forest resources assessment 2010 country report-Tanzania.

FAO. 2011. 2010 森林资源评估.

FBD. 2000. National Forest Programme in Tanzania 2001 – 2010.

FBD. 2003. Technical specifications for management of forest plantations in Tanzania. Forestry and Beekeeping Division, Ministry of Natural Resources and Tourism. Dar es Salaam, Tanzania.

FBD. 2010. Plantation forest management plans for all public plantations.

Government of Tanzania, 2010. THE ECONOMIC SURVEY 2010. Available at: http: //www. mof. go. tz/mofdocs/Micro/eco _ report/THE% 20ECONOMIC% 20SURVEY% 202010. pdf [Accessed February 8, 2012].

Iddi, S. , Chamshama, S. A. O. & Malimbwi, R. E. 1996. Planting spacing in Tanzania – a review. Record No. 63: 25 – 33.

Indufor. 2011. Timber market dynamics in Tanzania and in key export markets. Private forestry and carbon trade project.

TFCMP. 2007. Mapping Sub – component Volume 1 (Main report). Ministry of Natural Resources and Tourism, Forestry and Beekeeping Division, Dar es Salaam.

United Republic of Tanzania (URT). 2012. Division of Environment, Office of theVice – President. National Strategy for Reduced Emissions from Deforestation and Forest Degradation (REDD +). Dar es Salaam, Tanzania.

安哥拉(Angola)

安哥拉共和国(简称安哥拉)位于非洲西南部。北邻刚果(布)和刚果(金)，东接赞比亚，南连纳米比亚，西濒大西洋，海岸线长 1 650 km。国土为 124.67 万 km^2，全国总人口约为 2 430 万(2014 年估算值)，主要民族有奥温本杜(约占总人口的 37%)、姆本杜(25%)、巴刚果(13%)、隆达等。全国有 49% 的人信奉罗马天主教，13% 的人信奉基督教新教，其余人口大多信奉原始宗教。全国划分为 18 个省，设有 164 个市，首都为罗安达。官方语言为葡萄牙语(中国外交部网站，2018)。

安哥拉北部大部分地区属热带草原气候，南部属亚热带气候，高海拔地区属温带气候，每年 10 月至翌年 4 月为雨季，平均气温 33℃；5 ~9 月为旱季，平均气温 24℃。年均降水量约 400 mm。安哥拉石油、天然气和矿产资源丰富，是非洲第二大产油国。主要矿产资源有钻石、铁、磷酸盐、铜、锰、铀、铅、锡、锌、钨、黄金、石英、大理石和花岗岩等。安哥拉境内河流密布，水力资源丰富，约有 30 条较大河流，主要有刚果河、库内内河、宽扎河、库帮戈河等(中国外交部网站，2018)。

石油和钻石开采是安哥拉的国民经济支柱。主要工业有水泥、建材、车辆组装和修理、纺织服装、食品和水产加工等。由于之前战乱对农业生产体系造成严重破坏，现在近一半的粮食供给依赖进口或援助。主要出口产品有石油、钻石、天然气、咖啡、剑麻以及水产品等。2017 年安哥拉的国内生产总值为 1 228 亿美元，人均 GDP 6 573 美元(中国外交部网站，2018)。2010 年在原木生产和木材加工业的就业人数分别为 2 000 人和 1 000 人，共计 3 000 人(FAO，2010)。

一、林业在国民经济中的地位

石油和钻石开采是安哥拉的国民经济支柱。主要工业有水泥、建材、车辆组装和修理、纺织服装、食品和水产加工等。由于之前战乱对农业生产体系造成严重破坏，现在近一半的粮食供给依赖进口或援助。主要出口产品有石油、钻石、天然气、咖啡、剑麻以及水产品等。2014 年安哥拉的国内生产总值为 1 228 亿美元，人均 GDP 6 573 美元(中国外交部网站，2015)。2010 年在原木生产和木材加工业的就业人数分别为 2 000 人和 1 000 人，共计 3 000 人(FAO，2010)。2016 年，安哥拉林业对经济贡献率达 0.5%(世界银行，2018)。

安哥拉石油、天然气和矿产资源丰富。已探明石油可采储量超过 131 亿桶，天然气储量达 7 万亿 m^3。主要矿产有钻石、铁、磷酸盐、铜、锰、铅、锡、锌、钨、黄金、石英、大理石和花岗岩等。钻石总储量约 1.8 亿克拉，铁矿 17 亿 t，锰矿近 1 亿 t，磷酸盐 2 亿 t。森林面积 5 785 万 hm^2，出产乌木、非洲白檀木、紫檀木等名贵木材。

二、森林及其他自然资源

安哥拉森林面积5 785万hm^2，森林覆盖率46.4%，森林总蓄积量22.66亿m^3(商业树种蓄积量占总蓄积量的12%)，单位面积蓄积量39 m^3/hm^2，是非洲第二大森林资源国。其中，生产林占4%，生物多样性保护林占3%，有93%的森林未作明确分类。森林全部为国有林(FAO，2015)。

安哥拉的森林植被种类繁多，从北到南可以分为：①湿润的热带雨林(占森林总面积的2%)，主要分布在卡宾达省、扎伊尔省、本戈省和北宽扎省，具有木材产量高、生物多样性好等特点。②干燥林和稀疏大草原(占森林总面积的80%)，主要分布在中部和东部的高原地区。这些森林主要服务于当地居民，是薪柴、建筑材料、草料、食物和药材的主要来源。③湿地、草原、沙漠和半沙漠地区，这些区域有零星树木和灌木，主要分布在南部(FAO，2008)。

安哥拉森林面积从1990年的6 097.6万hm^2减至2015年的5 848万hm^2，年均减少0.21%。安哥拉森林主要为天然次生林，约为5 131.2万hm^2，人工林约为12.5万hm^2，其中人工林面积从1990年14万hm^2减至2015年的12.5万hm^2，年均减少0.2%。2015年，活立木生物量中的碳储量43.38亿t(FAO，2018)。

安哥拉约有5 000~8 000种植物，其中1 260种是当地特有的(FAO，2008)。主要树种有乌木(*Dispyyos* spp.)、非洲白檀木(*Santalum album*)、紫檀木(*Pterocarpus angolensis*)、桃花心木(*Khaya senegalensis*)等名贵木材。阔叶材主要产自北宽扎、卡宾达、威热和本戈四省，针叶材主要产自万博和本格拉两省。

安哥拉保护区的森林面积为186.2万hm^2(FAO，2015)。安哥拉很重视森林和野生动植物保护，安国内共有6个国家公园和2个自然保护区，还有4个跨境自然保护区部分在安境内，如罗安达省奎卡玛国家公园、莱多角旅游区，马兰热省卡兰杜拉旅游区，宽多库帮戈省奥卡万戈旅游区，莫西科省卡米亚国家公园等。此外，安哥拉还与赞比亚、津巴布韦、博茨瓦纳和纳米比亚建立了跨境自然环境保护区。大黑羚羊(*Black Antelopes*)是安哥拉独有的动物，也是安哥拉国家的标志和象征(中国外交部网站，2015)。为了进一步加大打击非法狩猎、乱砍乱伐，安哥拉林业管理部门在2010年将森林护卫人员从此前的850人增加到1 700人(新浪财经，2009)。为了防止荒漠化和森林退化，安哥拉森林开发研究院(IDF)计划从2009年开始每年植树5 000 hm^2(AllAfrica，2009)。

三、林业法规政策

为了刺激木材生产行业的发展，安哥拉政府一直在采取相关措施改善木材市场的经营环境。安政府于2013年实施了一项重塑木材、家具及相关产品的行业计划，还采取了相应措施来编制和批准一部新的关于森林和野生动物的国家法律，以便取代目前正在使用的殖民时期所制订的法律。

对于木材生产行业损害严重的状况，安哥拉政府目前还没有相应的法律方面制约。业界人士各抒己见。据相关资料显示，大约在15年前，木材生产企业的采伐许可证的有效期可达12个月，但如今，许可证的有效期只有半年时间，因为根据安哥拉林业发展局

（IDF）的规定，木材采伐季节是每年 5 月份到 9 月份，在这个期限之外不能采伐树木，所以许可证在 5 月份才发放，在一定程度上限制了木材采伐活动的时间。

据最新消息，相关部门在 2 年前就已经开始研究“特许经营权的批准原则”，在试点阶段，将会在卡宾达省和威热省挑选出一两个具备技术和资金实力的木材生产企业，逐步引入森林特许经营权的程序。

在这个阶段中，木材生产企业所获得的特许经营权年限将可能是 25 年或者 30 年，无论对国家还是对企业都有利。特许经营权这一模式还将要求木材生产企业必须对规定区域进行重新造林。

四、林业机构与管理体制

如图 1 所示，安哥拉与林业有关的机构有 3 个：森林开发研究院（IDF）、国家农业、畜牧业和林业局（DNAPF）以及城市化与环境部（MINUA）。DNAPF 负责制定林业政策，IDF 是执行林业政策的机构，MINUA 下属的农业和农村发展处（MINADER）以及自然资源处（DNRN）负责保护区的相关工作（FAO，2008）。IDF 分为中央级机构和地方级机构，其中中央级机构包括 7 个处室，地方级机构包括地区中心和省级主管部门两个相关机构。

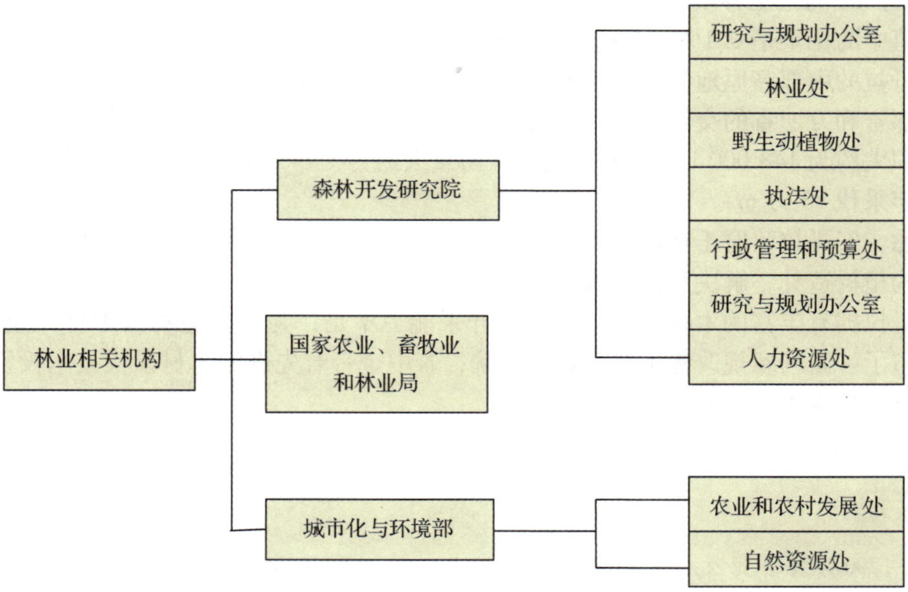

图 1　安哥拉林业管理机构

五、林产品生产、加工与贸易

安哥拉的林产品生产主要满足国内需求，出口的林产品有工业原木、少量的锯材和纸浆，进口少量的人造板、纸和纸板。2016 年，安哥拉原木产量为 580.3 万 m^3，其中约 78% 是薪材。人造板的进口量为 2.8 万 m^3，纸和纸板的进口量为 2.5 万 t（表 1）。

表1　2016年安哥拉主要林产品生产及贸易状况　（万 m^3，万 t）

林产品	产量	进口	出口
木质燃料	458.3	0.000 2	0.015
工业原木	122	0.3	5.9
锯材	1.5	0.09	0.8
人造板	1.1	2.8	0.06
纸浆	0	0.3	0.09
纸和纸板	0	3.6	0.5

资料来源：FAO，2018。

六、分析与借鉴

目前，安哥拉原木的年平均生产量大约为62 000 m^3，据估计其消费的总需求和生产能力达到50万 m^3。虽然安哥拉国内的木材产量还不足以满足市场的需求，但却在以可持续的方式不断增长。预计安木材生产年产量在未来可达到约40万 m^3，将显著缓解目前产量不足问题。安哥拉木材产业很有潜力。安哥拉可以生产出32.6万 m^3 的天然林地原木，以及85万 m^3 的人工种植林木材，这些产量将使安哥拉国民经济增加1.5亿美元，在国内生产总值中的比重是0.1%～4%，占农业部门收入的25%。

安哥拉的中部高原地区被认为是木材生产行业的核心区域，包括了本格拉省、威拉省、比耶省和万博省的交汇部分。安哥拉拥有多种外来树种的种植林，例如桉树和松树，种植面积大约为148 000 hm^2，按株数的贸易量大约为1 745万 m^3，每公顷平均为130 m^3，允许每年采伐85万 m^3。

据悉，安哥拉政府正在加强林业监管工作，并且制定了国家造林和再造林规划，鼓励私营机构植树造林，解决和减轻对天然林所造成的压力。

安哥拉拥有丰富的木材资源，但目前开采能力不足，为了促进本国木材产业的发展，政府发布了一系列新规改善木材产业的现状，若中企带着先进的木材采伐技术投资安哥拉当地企业，也将大有作为。

（张英　王璐）

参考文献

新浪财经.2009.安哥拉林业局将增加森林护卫人员.http：//finance.sina.com.cn/roll/20090903/04106701253.shtml.

中国外交部网站.2015.安哥拉共和国国家概况.http：//www.fmprc.gov.cn/mfa_chn/gjhdq_603914/gj_603916/fz_605026/1206_605100/.

FAO. 2011. 2011世界森林状况.

Allafrica. 2009. Angola：Forest Institute to Plant Trees in Over 5000 Hectares Per Year. http：//allafrica.com/stories/200903110891.html.

FAO. 2008. Agreement between The Government of The Republic of Angola and The Food and Agriculture Organization of the United Nations Concerning Technical Assistance Services. http：//www.fao.org/forestry/17847/en/ago/.

FAO. 2010. Global Forest Resources Assessment 2010.

贝宁（Benin）

贝宁共和国（简称贝宁）位于西非中南部，南濒几内亚湾，东邻尼日利亚，北与尼日尔接壤，西北与布基纳法索相连，西和多哥接壤。国土面积 1 126.2 万 hm^2，海岸线长 125 km。2018 年，全国人口约 1 120 万。共 60 多个部族，主要有丰族、阿贾族、约鲁巴族、巴利巴族、奥塔玛里族、颇尔族等。居民中 60% 信奉传统宗教，20% 信奉基督教，15% 信奉伊斯兰教。各族使用本族语言，官方语言为法语（中国外交部网站，2018）。

全境南北狭长，南窄北宽。南部沿海为宽约 100 km 的平原。中部为海拔 200 ~ 400 m 波状起伏的高原。西北部的阿塔科拉山，海拔 641 m，为全国最高点。韦梅河是全国最大河流。沿海平原为热带雨林气候，中部和北部为热带草原气候，高温多雨。沿海为平原，多泻湖、沼泽，属热带雨林气候。常年气温 20 ~ 34℃，最高可达 42℃。中、北部是海拔 200 m 以上的高原，属热带草原气候常年气温在 20 ~ 34℃。年均降水量 1 000 mm 以上，仅西南沿海地区为 800 mm 左右（中国外交部网，2018）。

资源贫乏。矿藏主要有石油、天然气、铁矿石、磷酸盐、大理石、黄金等。石油已探明储量 52.5 亿桶，可开采的约 9.2 亿桶，天然气储量 910 亿 m^3。2000 年 8 月，贝宁与多哥、加纳、尼日利亚就天然气输出签订了“西非输气管道议定书”。铁矿石储量约 10 亿 t。渔业资源丰富，海洋鱼类约有 257 种。森林面积 313 万 hm^2，约占国土面积的 27%。

贝宁的经济不发达，农业和出口贸易为国民经济两大支柱。2017 年，贝宁国内生产总值 92 亿美元，实际增长率 5.5%，人均国内生产总值 821 美元，通胀率为 0.3%。农业就业人口占总就业人口 70%。有可耕地 7 万 hm^2，实际耕种面积不足 17%。经济作物有棉花、腰果、棕榈、咖啡等，其中棉花出口额约占出口创收总收入的 70% ~ 80%，粮食作物有木薯、玉米和高粱等。工业基础薄弱，设备陈旧，生产能力较低。主要有食品加工、纺织和建材业等。近年来政府对旅游业的投入不断加大（中国外交部网站，2018）。

一、林业在国民经济中的地位

贝宁林业从业者人数为 21.9 万，占全国总人口的 5.9%，2010 年，贝宁的林业产值为 450.5 亿美元，占国内生产总值的 2.2%（FAO，2015）。

二、森林及其他自然资源

（一）资源总量及变化

2015 年，贝宁的森林面积约为 431.1 万 hm^2，森林覆盖率达 39%。其中薪炭林面积

127.44 万 hm^2(FAO，2015)。森林主要分布在中部和南部地区，南部沿海地区主要为热带海洋防护林为主，中部以原始林为主。北部与撒哈拉热带稀树草原相邻，为热带稀树草原，森林蓄积量极低，只有河流地带有森林(肖承刚，2015)。

（二）森林资源结构

贝宁的森林以天然林为主，2015 年面积为 428.8 万 hm^2，占森林总面积的 99.5%。由于人口膨胀，农业用地十分紧张，在 20 世纪 60～70 年代已有 50% 的天然林被垦殖为农田；发达国家在此投资扩大棉花种植面积，也是天然林不断减少的原因之一。2010 年，柚木(*Pericopsis elata*)人工林面积约为 1.9 万 hm^2，占森林总面积的 0.3%，大多属私人经营，少部分由铁路部门与林业局共同经营。

2015 年，贝宁有 2522 万 hm^2的保护森林，占森林总面积的 58.5%。

2010 年，贝宁公有林面积为 451.7 万 hm^2，占森林总面积的 99%；私有林 4.4 万 hm^2，约占森林总面积的 1%，其中 1.8 万 hm^2为土著部落所有，2.6 万 hm^2为其他产权人所有(FAO，2015)。

贝宁的主要树种有红木(*Bixa orellana*)、猴面包树(*Adansonia digitata*)和非洲柚木(*Pericopsis elata*)等，多分布在中部几内亚气候区(Guinea Zone)。成熟林面积小，采伐量较大，面积在逐步减少。棕榈资源丰富，但树木老化严重。此外，有少量红树林，近年红树林遭到破坏，1990 年时，全国拥有红树林 2 000 hm^2，到 2015 年仅有 1 000 万 hm^2。

三、林业法规政策

（一）林业法律

贝宁的林业相关的法律主要包括：《贝宁共和国林业条例》(1993 年 7 月颁布)、《贝宁关于森林和自然资源管理部门的责任、组织和职能的法令》(2002 年 4 月颁布)、《环境法》(1999 年 2 月 12 日公布)、《植物保护法》(1991 年 2 月颁布)、《林业条例实施方案》(1996 年 7 月颁布)、《进出口植物和作物健康管理法》(1995 年 3 月公布)。

（二）资源保护政策

贝宁政府一方面制定了相应的森林植被保护措施，另一方面大力开展植树造林，并把每年的 6 月 1 日定为全国的植树节。

为保护森林资源，贝宁的木材出口为政府控制，手续繁琐。贝宁在林业开发中，制定一系列的民族扶持和帮助政策，例如在不同民族地域，结合当地情况和政府要求，开发适合本地需求的苗木种类和苗圃，并派专业技术人员辅助指导，加大宣传和政策扶持，这样不仅解决当地人的就业，而且调动本地居民植树造林的积极性(FAO，2012)。

贝宁是西非乃至整个非洲最具旅游资源开发潜力的国家之一，在进行旅游业投资方面，享有 3 年免税。贝宁政府对野生动植物的保护政策特别严格，旅游区内的湿地和特色树种合理规划和开发，保护动植物群落是贝宁林业部门的政策要求，这些稀有的野生动植物为全球的共同财富(宋煜青，2010)。

（三）薪炭林政策

鉴于贝宁森林面积的日益减少和退薪炭需求的增加，贝宁政府自 2003 年通过国际援助和无偿贷款结合全国各林业部门现状制订了“薪林Ⅱ号计划”，提高木材的供应和燃料需求的平衡，促进替代能源。促进中南部8大城市的木材薪炭供应，建设3 000 hm^2森林和5万hm^2的保护区，培养800个苗圃和2 000个种植者，这些苗圃按照国家规定供应苗木给农民，农民按照国家规划建设1万hm^2桉树和相思树种植园；新建木材市场和木材加工厂（FAO，2012）。

四、林业机构与管理体制

贝宁林业由森林和自然资源总局负责统一管理，该局设在中央人力和环境资源部之下。

国立贝宁大学建立于1970年，拥有19个院系，林业科学的研究领域在其中的农艺学系。巴拉库大学设有国立保护区和野生动物学院（Wikipedia，2015a，2015b）。

五、林业国际合作与交流

自1980年开始，贝宁和德国开展林业合作，合作项目的最终目的是通过林业发展改善贝宁的国民经济现状。所制定的长期林业发展计划目标是使贝宁逐渐走上森林可持续利用、森林资源良性发展的正规森林经营轨道。实施计划的基本途径是提供先进的林区作业设备、扩大造林面积和科学抚育管理森林、培训森林经营管理人员，最终使贝宁人能依靠自己的力量去经营森林。德国专家的帮助下，实施林业合作项目取一定结果。

六、林产品生产、加工与贸易

（一）林产品生产

贝宁林业生产以原木生产为主，产值达到1.29亿美元，占林业总产值的89%，木材加工业产值为0.16亿美元，占林业总产值的11%。国内的锯材需求主要靠中部和北部的天然林来满足，除此以外，天然林还成为林副产品如药材、香料、林果品、蘑菇的采集地。贝宁出产非洲乌木（*Diospyros ebenum*）、非洲菠萝格（*Erythrophleum fordii*）等木材，多被制成雕塑工艺品出售，尚形不成出口规模（宋煜青，2010）。

2016年，贝宁原木产量为692.1万m^3，工业原木产量为38.5万m^3，锯材产量为13.3万m^3，林产品是建筑的主要材料，居住于部分使用木材建造房屋中的人口为249.4万人，占总人口的27.4%。

薪材是贝宁主要的燃料之一，全国有83.6%的人（761.1万人）以薪材为燃料。2013年，薪炭材产量达到640.90万m^3（宋煜青，2010）。

可规模开发的非木材产品品种为棕榈、红椰、菠萝、棕榈、芒果等，特别是贝宁红椰分布广阔，营养丰富，用途广泛。

（二）林产品贸易

2016年，林产品为6 256.9万美元，进口额为1 339.8万美元，存在较大顺差，贝宁出口的林产品以初级产品工业原木为主，2016年原木出口量达17万m^3，出口额为

4 743.1 万美元。2013 年锯材出口量为 2.83 万 m^3，出口额为 1 492.2 万美元，原木主要出口到印度、中国、塞内加尔、多哥，少量出口到德国、丹麦等欧洲国家（FAOSTAT，2018）。

2016 年，贝宁原木进口量为 54 m^3，进口额为 5 000 美元，没有工业原木，当年没有进口锯材（FAOSTAT，2018）。

贝宁有少量的人造板、家具和纸浆的国际贸易。2016 年贝宁人造板进口量为 5 427 m^3，进口额为 199.7 万美元，出口量为 2 m^3，出口额为 1 000 美元。贝宁在 2016 年纸浆进口量为 451m^3，进口额为 30.1 万美元。2013 年贝宁木质家具进口量为 588 t，进口额为 29.2 万美元，出口量为 79 t，出口额为 1.7 万美元。

七、建议

在贝宁的林业开发，建议重点开发如下几类产品：

(1) 木质板材及家具加工。由于贝宁木材加工产业相对滞后，可发展高级家具及相关板材产业。非洲离欧洲更近，产品可以出口欧洲，如以贝宁为据点，可以进口周边国家的木材，发展细木工板、纤维板、胶合板等产业也是可以考虑的。

(2) 棕榈油。棕榈油是非洲和欧洲人需求的重要日用生活品，贝宁具有棕榈资源优势，存在一定市场空间。

(3) 热带林果。热带水果制品是欧洲人热衷的产品，可借助欧洲给非洲地区的便利政策，开发热带林果的初级产品和半成品，出口欧洲市场。

(4) 森林旅游。旅游业是贝宁政府扶持开发的市场。开发前景很好，市场很广阔，但需要科学管理，合理经营。

（张德成　万宇轩）

参考文献

宋煜青. 2010 贝宁林业市场初步调查与开发报告. http://bj.mofcom.gov.cn/article/zxhz/201008/20100807057871.shtml.

肖承刚. 2015. 贝宁林业. http://www.forestry.gov.cn/portal/main/map/sjly/sjly8.html.

中国驻贝宁大使馆经商参赞处网站. 2003. 贝宁投资指南. http://bj.mofcom.gov.cn/article/ztdy/200303/20030300077482.shtml.

中国驻贝宁大使馆经商参赞处网站. 2015. 贝宁经济概况. http://bj.mofcom.gov.cn/article/about/201506/20150601027508.shtml.

FAOSTAT. 2014. Forestry Production and Trade. http://faostat3.fao.org/download/F/FO/E.

FAO. 2012. Benin Forests and the forestry sector. http://www.fao.org/forestry/country/57478/en/ben/.

FAO. 2011. 2011 年世界森林状况. http://www.fao.org/forestry/sofo/en/.

FAO. 2014. 2014 年世界森林状况. http://www.fao.org/forestry/sofo/en/.

Wikipedia. 2015a. List of forestry universities and colleges. http://en.wikipedia.org/wiki/List_of_forestry_universities_and_colleges.

Wikipedia. 2015b. National University of Benin. http://en.wikipedia.org/wiki/National_University_of_Benin.

博茨瓦纳(Botswana)

博茨瓦纳共和国(简称博茨瓦纳)是非洲南部内陆国家。东接津巴布韦，西连纳米比亚，北邻赞比亚，南接南非。国土面积 58.17 万 hm^2。总人口约为 225 万，绝大部分为班图语系的茨瓦纳人(占人口的 90%)。主要民族有恩瓦托、昆纳、恩瓦凯策和塔瓦纳等，其中恩瓦托族约占人口的 40%。官方语言为英语，通用语言为茨瓦纳语和英语。多数居民信奉基督教，农村地区部分居民信奉传统宗教。

博茨瓦纳平均海拔 1 000 m 左右。国土中部和西南部属卡拉哈里沙漠，沙漠约占国土面积的 70%，多草原和盐沼。东南部为丘陵。气候区可分为西南干旱区、东南半干旱区、中部半干旱区和北部湿润地区，年均气温 21℃，年均降水量 400 mm。

博茨瓦纳的矿产资源丰富。主要矿藏为钻石，其次为铜镍、煤、苏打灰、铂、金、锰等。钻石储量和产量均居世界前列，钻石业是其经济支柱，产值约占国内生产总值的三分之一。已探明的铜镍矿蕴藏量为 4 600 万 t，煤蕴藏量 170 亿 t。农业较落后，畜牧业占农业产值的 70%，是国民经济传统支柱产业之一。旅游资源丰富，是非洲主要旅游国之一，是国家的第二大外汇收入来源和重点发展产业。

2017 年博茨瓦纳的国内生产总值为 169.57 亿美元，人均国内生产总值约 7 536 美元，经济增长率为 2.4%。

博茨瓦纳实行自由贸易政策。主要出口钻石、铜镍矿产品、苏打灰、牛肉产品、纺织品和汽车配件等；进口汽车及交通设备、机械及电子产品、食品及饮料、金属、化工和橡胶制品、燃料和烟草等。主要贸易伙伴有：南部非洲关税同盟其他国家(南非、纳米比亚、莱索托、斯威士兰)、欧盟、津巴布韦等。2017 年博茨瓦纳进口额为 60.06 亿美元，出口额为 67.47 亿美元，贸易顺差 7.41 亿美元(中国外交部网站，2018)。

一、林业在国民经济中的地位

旅游业是博茨瓦纳经济发展的重要基础。林业为国家提供直接的经济效益较少，对国民经济的贡献难以量化。博茨瓦纳林业的总产值为 9 700 万美元，仅占国内生产总值的 0.7%，林业正规及非正规部门所创造就业人数约 4.5 万人，占总劳动力的 4.3%(FAO，2011)。

二、森林及其他自然资源

(一) 森林资源

1. 森林资源总量

据 FAO 统计，博茨瓦纳森林面积为 1 084 万 hm^2，森林覆盖率约为 19.1%，森林立木蓄积量约 7.6 亿 m^3，每公顷蓄积量为 760 m^3（FAO，2015）。

2. 森林资源结构

（1）森林分布和主要树种分布。博茨瓦纳主要树种包括：金合欢属（*Acacia ataxacantha*）、猴面包树（*Adansonia digitata*）、罗得西亚柚木（*Baikiaea plurijuga*）、羊蹄甲属（*Bauhinia petersiana*）、非洲格木（*Erythrophleum africanum*）、安哥拉紫檀（*Pterocarpus angolensis*）、非洲檀香木（*Spirostachys africana*）、海檀木属（*Ximenia*）等（FAO，2012）。

森林群落分为 3 种类型：偏北方有少量柚木林，在卡拉哈里沙漠中形成半干旱常绿森林，主要树种为赞比西河柚木（*B. plurijuga*）又名罗得西亚柚木；沙漠地区旱生灌丛植物为博茨瓦纳典型植物群落，以相思属树种（*A. erioloba*，*A . tortilis*）为代表，其他旱生植物、肉质植物以及草本中生植物分布广泛；沙漠之外有常绿阔叶林及沼泽，分布在博茨瓦纳最大的奥卡万戈流域一带。

博茨瓦纳的森林全部为天然次生林，永久性森林的面积为 42.0 万 hm^2，占森林面积的 4%（施昆山，2001）。

（2）森林权属结构。FAO 统计，2005 年博茨瓦纳的森林所有权 24% 为国有林，其中包括国家、公共管理部门或公共管理下属机构与合作机构所有的森林，可为公用放牧，建立保护区或国家公园，可根据不同用途租赁给个人或团体；5% 为私有林，为私人、家庭、私人合作社、社区、企业和其他商业实体、宗教和教育机构、养老或投资基金、非政府机构、自然保护协会等民间机构所有，其余 71% 的森林权属不清。2010 年公共所有森林 182.4 万 hm^2，私有森林 952.7 万 hm^2。

3. 森林资源动态变化

1999—2015 年，博茨瓦纳的森林面积由 1 371.8 万 hm^2 减至 1 084 万 hm^2，每年约减少 17.99 万 hm^2，年变化率约为 1.3%；森林蓄积量由 7.99 亿 m^3减少至 7.25 亿 m^3，活立木生物量中的碳储量由 6.80 亿 t 降至 6.36 亿 t，年变化率约为 -0.3%。

由于博茨瓦纳为热带干旱草原气候，冬季受季风控制，形成干季，不利于林木的生长，近 10 年退化的森林难以快速恢复。

（二）其他自然资源

野生动物种类和数量较多，拥有的非洲象数量为非洲大陆之冠，据 2012 年调查，全国约有 20.7 万头大象，并以平均每年 5% 的速度增长。全国约有 2 500 种植物，其中有 650 种树木（FAO，2010）。植物群落由阔叶树草原、稀树草原灌丛、半干旱草原灌丛组成。野生植物如漆树、骆驼刺、野生椰枣树、纸莎草、悬铃木、蒲葵、非洲山竹以及腊肠树等。野生动物 300 多种，主要分布在东北部的乔贝区、西部卡拉哈迪沙漠和北部奥卡万戈三角洲及其周边地区（中国驻博茨瓦纳大使馆经商参赞处网站，2008）。

湿地资源集中在东部的奥卡万戈三角洲（Okavango Delta），生物多样性十分丰富。其中，约有 14 万头黑斑羚、6 万头水牛、6 万头红驴羚、3.5 万头大象以及河马等动物；鸟类约 444 种；濒危猎豹和野狗；水生鸟类如鹈鹕、苍鹭、鹳、翠鸟、非洲鱼鹰等（Secretary of the Ramsar Convention of Botswana，2015）。

三、林业法规政策

（一）林业政策

1. 森林政策

2011 年博茨瓦纳出台《森林政策》，是森林与牧场资源保护、开发与可持续利用的首个指导框架。

该政策制定了森林和各种自然资源管理的基本原则、目标、战略和行动计划，以满足当前和子孙后代在社会、文化、经济、环境以及生态方面的需求。强调法制化与制度化的政策环境对管理效果的积极作用。

2. 森林与牧场资源法

为了迎接环境退化带来的挑战，博茨瓦纳计划在 2013—2016 年间重新梳理现有农业、水资源、能源、交通、矿业、卫生与环境等领域内与林牧资源相关的法律、法规以及指导方针，以编制《森林与牧场资源法》，为森林与牧场资源的可持续管理提供法律支持。

（二）林业法律

1. 森林法

1968 年，博茨瓦纳颁布了《森林法》，2005 年进行了修订。该法对林地类型、各省森林保护区的建立与管理、受保护树种、林产品许可证、采伐证管理办法、林产品税收办法以及违反法规的处罚方式做出了相关规定，制定了涉及濒危物种贸易、林产品许可、损失定罪等多个方面的条例与细则。2013 年，对《森林法》根据 CITES 公约再次进行了修订。

2. 环境影响评估法

2005 年，博茨瓦纳出台了《环境影响评估法》，该法案要为环境影响评估拟定标准，评估发展计划的潜在影响；确定对环境可能的不利影响并提供缓解措施；规定在地方项目的实施过程中要对环境的影响开展监控和评估。

3. 其他林业相关法律

此外与林业相关的法律还有《国家公园与狩猎公园保护条例》《植物病虫害法》以及签署的《非洲自然及自然资源保护公约》，加强森林野生动物及植被的保护。

四、林业机构与管理体制

博茨瓦纳的林业主管部门为农业部下属的林业和牧场资源部（DFRR），一度只负责造林、放牧管控、税金、租金及特许权使用费的征收，后逐渐将其职能扩展到保护森林资源、建立森林政策与法律等方面。其部门结构见图 1。

博茨瓦纳林业和牧场资源部下设养护和管理司、推广服务司、研究与监测司及负责协调的管理区协调推广服务部门。林业和牧场资源部主要职责是确保资源的可持续利用，以应对森林砍伐、水土流失、能源需求、社会经济危机以及环境保护的挑战；编制森林和牧场资源的信息；促进森林和牧场资源的再生及增强公众对森林和牧场资源的保护意识；森林和牧场资源为社区的创收推广计划。

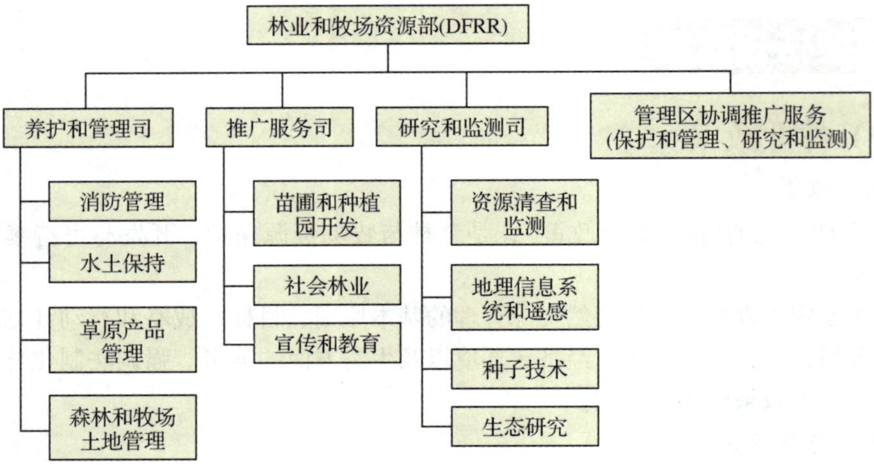

图1 博茨瓦纳林业和牧场资源部部门结构

资料来源：博茨瓦纳统计局，2010。

研究和监测司确保植被资源的管理、保护及可持续利用，主要负责与国家和国际科学原则和标准相关的植被资源研究。该司以下分为生态研究科、地理信息系统和遥感科、资源清查和监测科以及种子技术科4个科。

养护和管理司负责开发、实施和监测有关森林、牧场资源和其他栖息地保护和利用的政策和方案。其中包括森林火灾和监测项目，以及土壤和环境恶化的高风险领域的土壤培育和保护计划的管理。该司分为森林管理科、草原产品管理科、消防管理科及水土保持科4个科。

推广服务司负责促进森林和牧场资源的开发，通过提高公众认识，提供技术知识、教育技能、演示和培训等方式提供推广服务。该部门还负责森林和牧场资源保护和管理方面内外信息的共享，并开展以下工作，如扩展编程流程、规划、实施以及评价社区活动。该司分为苗圃和种植园开发科及宣传和教育科。

2000年后，非政府组织与民间捐助机构在林业方面的相关活动显著增多，对促进国家的林业发展发挥了一定作用。博茨瓦纳与美国政府签订了合作协议，2006年在农业部下面成立森林保护协会(公司)，支持博茨瓦纳的自然资源保护与可持续利用。其业务范围主要是帮助林业管理部门建立保护区、恢复保护动植物物种并提供技术培训，研究热带森林植物的药用价值，给予热带林附近居民生计支持等，利用2007年设立的热带森林保护基金委员会资助赠款，在博茨瓦纳奥卡万戈三角州及乔贝国家公园等重要生态保护区积极开展活动，促进生物多样性的保护。

五、森林经营与管理

(一) 育苗与造林

20世纪30年代博茨瓦纳为了满足基础设施建设的需求大力造林，但成活率仅为25%，造林面积约为2 000 hm^2。以后，政府每年都在全国范围内实施造林计划，2012年生产约6.4万株苗木，植树约12.3万株。2014年，政府将苗圃建立纳入到消除贫困计划中，在全国范围内建立了200多个苗圃，其中有近50个苗圃用扶贫资金建立。

（二）森林与生态保护

1. 森林防火

2008年，博茨瓦纳森林火灾面积为39.9万hm^2，其他有林地受灾面积为672.1万hm^2，博茨瓦纳参与南部非洲发展共同体的非洲环境可持续发展监测项目，加强国家范围内防控森林野火的能力建设，通过火灾探测系统及时了解火险指数，天气预测及火势植树，同时加强森林火灾危害的宣传工作；自2009年起，政府与澳大利亚消防专家合作，确立荒地火灾的敏感区域，有针对性地规范消防管理制度，改进防火策略，培训1 200余名消防人员，严防森林火灾的发生。

2. 荒漠化防治

博茨瓦纳荒漠化治理水平较低，但已签署荒漠化防治公约，积极寻求应对方法。技术方面，博茨瓦纳注重牧场的保护与管理。为防止荒地的进一步侵蚀、牧草资源枯竭，博茨瓦纳引进遥感技术监测土壤侵蚀程度，监测牧场载荷量，防止草原资源的过度开发。2013年博茨瓦纳开展土地恢复项目，恢复土地面积达315 hm^2，国家中部地区为主要恢复地域，面积达295 hm^2，造林为主要恢复措施。在哈博罗内国家狩猎保护区内建立沟渠以控制水流对土壤的侵蚀，减缓土地的退化。

在政策方面，博茨瓦纳政府从限制扩大生产规模入手，推行社区自然资源管理计划，一方面确保社区合理利用森林资源，为生物多样性及生态系统的保护奠定基础；另一方面提高耕地补贴，改善农业生产者的收入分配，防止人口大规模的农村向城市迁移（Ministry of Environment, Wildlife and Tourism, 2006）。

3. 生态保护

博茨瓦纳于2007年出台《生物多样性战略与行动计划》，通过制定具体的措施提高生物多样性，鼓励资源的可持续发展与合理利用。全国现有森林保护区面积约45万hm^2，占国土面积的0.8%，38%的国土面积划为野生动物保护区。政府非常重视野生动物保护，设立了3个国家野生动物公园，5个野生动物保护区。乔贝国家公园面积10 566 km^2。该园分为四大生态区：东北部乔贝河水域的草场森林区、西部湿地、西北部沼泽地和干旱腹地。园区基本保持大自然的原生状态。

六、林产品生产、加工与贸易

近10年来，博茨瓦纳原木生产和消费状况呈缓慢增长趋势，生产的原木全部供本国消费。2015年，原木生产量为80.41万m^3，其中木质燃料69.91万m^3，工业原木10.5万m^3（FAOSTAT, 2015）。

博茨瓦纳林产品进出口规模较小，2015年博茨瓦纳进口1 669 m^3工业原木，3.65万m^3锯木，154 m^3单板和4.58万t纸和其他纸产品，林产品进口量总体呈减少趋势；2013年仅出口林产品0.8万t。博茨瓦纳国内不生产锯材、纸和纸板，全靠进口产品满足国内消费。

博茨瓦纳非木质林产品较为丰富，包括医药、食品、饲料、家用织品以及野生动物制品，是农业以外居民生活用品的第二大来源，可为家庭提供更多收入，提高生活水平。非木质林产品的需求不仅买足国内需要，更有特色产品远销国外，如可乐豆木虫（*Imbrasia belina*）蛋白质十分丰富，在西欧地区尤其是德国有很好的市场。

七、林业科研与教育

博茨瓦纳林业教育科研单位较少。林业相关单位包括博茨瓦纳大学的环境科学系、生物系以及其附属于博茨瓦纳大学同时由国家农业部监管的农学院，开设课程包括植物生理学、野生动物生态学、花卉学等。

八、分析与借鉴

博茨瓦纳林业在国家现有经济产业中较为薄弱，主要存在三方面原因：

1. 社会经济发展较快，而能源发展水平滞后

钻石、矿产出口及其他能源产业发展较快，属非洲内陆国家中经济状况较好的国家之一，但经济的发展忽略了对环境的保护，全国对于薪材、木质燃料的需求较高，据统计该国53%的能源消耗来自于木质燃料，而在林业管理水平与力度薄弱的状况下，难以实现森林资源的可持续利用。

2. 林业法律体系不完善，林业发展缺乏政策支持

缺乏全面的发展战略与政策支持是制约博茨瓦纳林业发展的主要因素。截至2014年，博茨瓦纳《国家林业政策》仍为草案，尚未正式出台，导致一些根据该政策制定的保护与发展规划无法实施。尽管《森林法》《林木保护令》等对公有林的保护进行了规定，但博茨瓦纳大部分私有林及权属不清的林地仍缺乏有效的管理。

3. 林业教育力量薄弱，缺少专业技术人员

博茨瓦纳教育水平欠发达。同时，由于缺乏对生态保护与林业发展重视，一方面环保与林业教育相对薄弱，应对环境及林业问题专业能力有限，无法为国家的发展提供有效的决策与技术支持；另一方面，缺乏对公众合理利用自然资源的教育，在人口扩张的情况下，森林资源面临很大的威胁。

（罗信坚　陆霁）

参考文献

博茨瓦纳统计局网站 . 2010. 林业和牧场资源部组成结构 .

施昆山 . 2001. 当代世界林业[M]. 北京：中国林业出版社 .

中国外交部网站 . 2015. 博茨瓦纳国家概况 . http：//www. fmprc. gov. cn/mfa_ chn/gjhdq_ 603914/gj_ 603916/fz_ 605026/1206_ 605148/.

中国驻博茨瓦纳大使馆经商参赞处网站 . 2008. 博茨瓦纳概况 . http：//bw. mofcom. gov. cn/.

FAOSTAT. 2015. Forestry Production and Trade. http：//faostat3. fao. org/home/E.

FAO. 2010. Global Forest Resources Assessment Country report Botswana.

FAO. 2011. State of the World's Forests]. The International Year of Forests.

FAO. 2012. Species list for Botswana. http：//foris. fao. org/reforgen/byCountry. jsp? g = 14&t = －1.

HKo N C. 1992. 博茨瓦纳和赞比亚(南部非洲)境内的卡拉哈里沙漠植被及其开发利用．丘德明译，马长春校．http：//www. mewt. gov. bw/DFRR/article. php？ id_ mnu = 146.

Ministry of Environment, Wildlife and Tourism. 2006. Botswana National Action Programme to Combat Desertification.

Secretary of the Ramsar Convention of Botswana. 2015. National Report on the Implementation of the Ramsar Convention on Wetlands.

几内亚(Guinea)

几内亚共和国(简称几内亚)北邻几内亚比绍、塞内加尔和马里，东与科特迪瓦、南与塞拉利昂和利比里亚接壤，西濒大西洋，面积24.59万km^2，人口1 240万(2018年)。全国有20多个民族，其中富拉族(又称颇尔族)约占全国人口的40%以上，马林凯族约占30%以上，苏苏族约占20%。官方语言为法语。各民族均有自己的语言，主要语种有苏苏语、马林凯语和富拉语(又称颇尔语)。全国约85%的居民信奉伊斯兰教，5%信奉基督教，其余信奉原始宗教。首都为科纳克里(Conakry)(中国外交部网站，2018)。

几内亚地形复杂，全境分4个自然区：海滨几内亚、上几内亚、中几内亚和森林几内亚。海滨几内亚为西部沿大西洋的狭长平原，气候湿热，全区多沼泽；上几内亚，即东部、东北部高原，海拔500 m左右，全区地势平坦；中几内亚为中部山地，有海拔600～1 500 m的佛塔扎隆山地；森林几内亚为东南丘陵地带，终年潮湿。几内亚年降水量达3 000 mm，素有“西非水塔”之称。几内亚海岸线长352 km，沿海地区为热带季风气候，内地为热带草原气候。年平均气温为24～32℃(中国外交部网站，2018)。

几内亚系全球最不发达国家之一，为农业国，工业基础薄弱，粮食不能自给，但矿产资源丰富。(矾土贮藏总量估计为400亿t，占世界已探明储量的30%，居世界第一位。铁矿石储量为70亿t，钻石储量为2 500万～3 000万克拉，此外还有黄金、铜、铀、钴、铅、锌等。)2016年国内生产总值(GDP)83.17亿美元，人均国内生产总值687美元。(中国外交部网站，2018)。根据联合国开发计划署公布的《人类发展报告》，2017年，几内亚在全球188个国家综合发展排名中，列第183位。

一、林业在国民经济中的地位

几内亚林业发展水平较低。2006年，林业部门全日制劳动力为1万人，占全国总劳动力的0.2%。其中，从事原木生产的为9 000人，占林业劳动力总人数的90%，从事木材加工等劳动的为1 000人。2006年，几内亚林业部门的总产值为4 500万美元，对当年GDP的贡献份额为1.7%，其中原木生产产值3 900万美元，木材加工等产值为600万美元(FAO，2011a；FAO，2011b)。

森林对几内亚有着十分重要的作用，大面积森林发挥了涵养水源、保持水土和维护生物多样性的作用。薪材和木炭是农村和大部分中小城市的主要能源。出售木材和木炭又是林区农民主要经济收入之一。此外，几内亚农业、畜牧业和旅游等行业发展也得益于林业。

二、森林及其他自然资源

（一）森林资源结构

2015 年，几内亚森林面积为 636.4 万 hm^2，森林覆盖率 25.9%，人均森林面积 0.51 hm^2。全国有 500 多种乔、灌木树种，东南部有大片原始森林，盛产红木(*Bixa orellana*)、黑檀木(*Diospyros* spp.)等贵重木材。此外，热带雨林和常绿落叶混交林中的竹藤资源也非常丰富。

几内亚森林主要分布在森林几内亚、海滨几内亚、上几内亚和中几内亚 4 大自然区。其森林类型包括热带雨林、高山密林、旱生热带林和山地森林等。

热带雨林区：分布在东部和南部，主要树种有红铁木(*Lophira alata*)、蝴蝶木(*Viburnum* spp.)、月桂异叶红树(*Anisophyllea* spp.)、五束藤黄(*Garcinia* spp.)、安哥拉密花树(*Rapanea angolensis*)及东非绿柄桑(*Chorophora excelsa*)等。

高山密林区：分布在南部海拔 1 400 m 的山岭地带，主要树种有红木(*B. orellana*)、黑檀木(*Diospyros* spp.)、花梨木(*Ormosia henryi*)以及非洲桃花心木(*Khaya senegalensis*)等。

旱生热带林区：分布在上几内亚，主要树种有西非紫檀(*Pterocarpus soyauxii*)和非洲梧桐(*Tripolchiton seleroxylon*)等。山地森林区：分布在中部海拔 800 ~ 1 300 m 的佛塔扎隆山地，主要树种有围涎树(*Pithecellobium clypearia*)、塞内加楝(*K. senegaliensis*)、东非绿柄桑(*C. excelsa*)和格木(*Erythrophleum* spp.)等。

此外几内亚还有中山密林区，该地区森林为复层林，分布较广，树种资源丰富(施昆山，2001)。

从森林功能来看，森林可划分为用材林、水源涵养林、生物多样性保护林和多用途森林。2010—2015 年各种用途森林面积均无变化，用材林面积为 11.9 万 hm^2，水源涵养林面积为 59.3 万 hm^2，生物多样性保护林面积为 300.6 万 hm^2，多用途森林面积为 47.5 万 hm^2。另外还有一部分未知用途林，2010 年为 234.1 万 hm^2，2015 年为 217.0 万 hm^2，5 年间减少 18.1 万 hm^2。2015 年，几内亚用材林面积占森林总面积的 1.9%，水源涵养林占 9.3%，生物多样性保护林占 47.2%，多用途森林占 7.5%，未知用途的森林占 34.1%。

从森林类型来看，几内亚有原始林、天然次生林和人工林。1990—2015 年，原始林面积没有变化，为 6.3 万 hm^2，而天然次生林面积逐渐减少，人工林面积不断增加(表 1)。

表 1　几内亚不同类型森林面积　（万 hm^2）

年份	原始林	天然次生林	人工林		合计
			乡土树种	引进树种	
1990	6.3	714.1	1.2	4.8	726.4
2000	6.3	676.9	1.4	5.8	690.4
2005	6.3	657.9	1.6	6.6	672.4
2010	6.3	638.8	1.9	7.4	654.4
2015	6.3	619.7	2.2	8.2	636.4

资料来源：FRA，2010；FAO，2015。

从森林权属来看，有国有林和私有林。2005 年，国有林面积 668.3 万 hm^2，占全国森林面积的 99.4%，私有林面积达到 4.1 万 hm^2，占全国森林面积的 0.6%（FAO，2010）。

（二）森林资源动态变化

由于森林管理粗放、森林火灾频繁等原因，1990—2015 年几内亚的森林面积不断减少。1990 年森林面积为 726.4 hm^2，森林覆盖率为 29.5%，而到 2015 年森林面积降为 636.4 hm^2，森林覆盖率降为 25.9%（表 2）。

表 2　几内亚不同年份森林面积　（万 hm^2，%）

年份	森林面积	其他林地面积	森林覆盖率
1990	726.4	585	29.5
2000	690.4	585	28.1
2005	672.4	585	27.3
2010	654.4	585	26.6
2015	636.4	585	25.9

资料来源：FAO，2015。

1990—2015 年，几内亚生物量总干重不断减少，生物量总干重从 15.05 亿 t 减少到 13.20 亿 t（表 3）。在此期间，森林的蓄积量、碳储量和红树林面积也不断减少，蓄积量从 1990 年的 5.62 亿 m^3 减少到 2015 年的 4.92 亿 m^3，森林生物量从 6.87 亿 t 减少到 6.02 亿 t。

表 3　几内亚不同年份森林生物量（干重）　（亿 t）

年份	地上生物量	地下生物量	朽木	合计
1990	10.18	2.65	1.32	15.05
2000	10.53	2.53	1.26	14.32
2005	10.26	2.46	1.22	13.94
2010	9.98	2.40	1.19	13.57
2015	9.70	2.34	1.16	13.20

资料来源：FAO，2015。

三、林业法规政策

几内亚的森林保护法律为《森林法》。1989 年几内亚通过了国家森林行动计划并补充和修改了《森林法》，补充的内容包括林业官员要向民众提供技术咨询服务；进一步区分国家森林资源和地方政府森林资源；减少护林员数量；民众参与森林资源管理；设立国家森林基金等。1990 年 2 月 5 日，几内亚政府通过了《056 /PRG/SGG/90 号法令》，为几内亚林业的发展制定了 25 年的长期规划。同年，几内亚建立了红树林国家行动计划的总体布局。1992 年通过的《土地法》进一步承认了私有林权的合法性。几内亚国家能源方案（ES-

MAP）也提到在对木质能源进行开发和利用时要注重生态平衡和可持续发展（FAO et al.，2001）。此外几内亚在2002年提出了生物多样性可持续利用的保护行动计划，在2006年提出了防治荒漠化和干旱国家行动方案（USAID，2007）。

近几年，几内亚对林业等行业实施了鼓励政策，对投资林业所需进口设备、工具给予免两年的关税，对投资偏远地区林业的企业延长企业所得税的免缴期限，以及外资企业的股息、资本利益、外债本息、租金、管理费、清算收益等可以自由汇出等政策。此外，几内亚正在研究鼓励地方投资林业的政策，特别是在内陆地区包括林区，开展林业深加工、农业种植、淡水养殖等（中国商务部国际贸易经济合作研究院，2014）。

四、林业机构与管理体制

独立40年来，几内亚林业隶属关系几度发生变化。20世纪90年代中期，林业归于农业、水利和森林部。现在，几内亚的林业主管部门主要为环境、水域和森林部（中国驻几内亚大使馆网站，2014）。

五、森林经营与管理

几内亚森林火灾频繁，在独立以来的40年，全国约有五分之一的森林毁于森林大火，损失巨大。2013年，几内亚成立了森林警察部队，其主要任务是驻守重点林区，通过打击滥伐森林以及放火烧山等行为，保护几内亚植被和水源（中国新华网，2013）。

几内亚政府在制定《矿产法》时规定，在矿权证批准范围内进行的开垦作业和修建公路等工程，必须预先获得林业部长的批准，在持有砍伐许可证或开垦许可证后方可砍伐树木。

六、林产品生产、加工与贸易

（一）林产品生产

几内亚的林产品生产以初级林产品为主，包括原木、薪材、锯材和人造板等。原木均为非针叶原木，2013—2016年，其产量由1 276.8万m^3增至1 291.1万m^3。1988—1992年，几内亚工业原木产量呈增长趋势，从51.3万m^3增长到58.2m^3，1999—2016年，几内亚工业原木产量没有变化，均为65.1万m^3。

1998年，几内亚薪材产量较少，为800万m^3，1999—2016年薪材产量变化呈现增长趋势，2016年产量为1 226.6万m^3（图1）。

2012—2016年，几内亚锯材年产量均为3万m^3，人造板年产量均为4.2万m^3。2008—2016年，几内亚锯材原木和单板原木产量均为13.8万m^3，单板产量均为0.2万m^3，胶合板产量均为4万m^3，木炭产量由36.4万t增长到39.6万t（FAO，2017）。此外，几内亚还有竹藤、野生水果和坚果等非木质林产品，但产量很少。

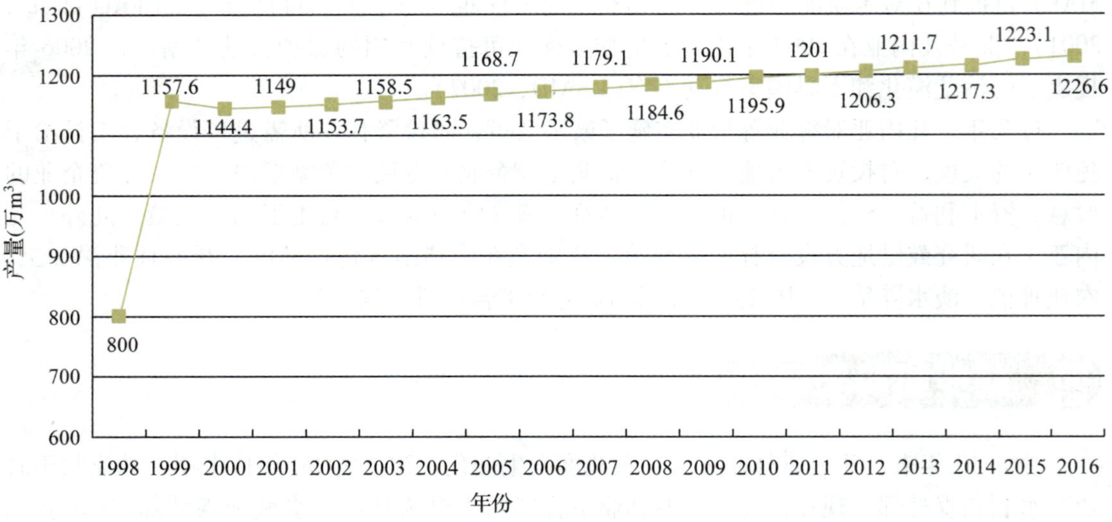

图 1　几内亚薪材产量变化趋势图(1998—2016)

资料来源：FAO，2017。

（二）林产品贸易

几内亚林产品加工简单，绝大多数林产品用于本国消费，出口贸易额不大，出口主要以工业原木为主。

2010—2012 年，几内亚进口额呈增长趋势，出口额逐渐减小。2016 年，几内亚林产品进口贸易额为 679. 5 万美元，出口贸易额为 1 173. 6 万美元(表 4)。

表 4　几内亚林产品进出口贸易额(2008—2016)　（万美元）

年份	进口额	出口额
2008	560. 5	3 285. 3
2009	549. 8	1 169. 7
2010	411. 4	6 403. 9
2011	980. 9	1 900
2012	949. 8	243. 6
2013	938. 5	256. 2
2014	678. 9	760. 4
2015	722. 4	1 239. 2
2016	679. 5	1 173. 7

资料来源：FAO，2017，FAOSTAT。

几内亚工业原木和锯材都是以出口为主，进口量很小，不足 0. 1 万 m^3。2010 年，几内亚工业原木出口量最大，为 15 万 m^3，其后呈下降趋势。2012 年几内亚工业原木出口量为 0. 2 万 m^3，出口贸易额为 81 万美元。2008 年，几内亚锯材出口量最大，为 2. 5 万 m^3，

2012 年，锯材出口量最少，为 0.1 万 m^3，出口额为 80.1 万美元(表 5)。几内亚工业原木和锯材主要出口目的国为瑞士、法国和俄罗斯等。

表 5　2008—2016 年几内亚工业原木、锯材贸易情况　（万 m^3，万美元）

年份	工业原木		锯材	
	出口量	出口额	出口量	出口额
2008	1.5	1 272.8	2.5	1 508.7
2009	1.8	721.6	0.2	181.1
2010	15	5 841.3	0.4	265.5
2011	3.8	1 538.8	0.3	148.8
2012	0.2	81	0.1	80.1
2013	0.4	158.6	0.02	13.6
2014	0.9	388.5	0.4	126.0
2015	0.3	93.9	1.6	844.1
2016	0.5	244.7	1.0	553.5

资料来源：FAO，2014；FAOSTAT，2018。

几内亚的人造板和胶合板进口量均以 2012 年最多，出口量均以 2012 年最少。2012 年，几内亚人造板进口量 0.8 万 m^3，贸易额为 614.8 万美元，胶合板进口 0.4 万 m^3，贸易额为 417.3 万美元；人造板出口 0.1 万 m^3，贸易额为 49.8 万美元，胶合板出口不足 0.1 万 m^3，贸易额为 5.8 万美元(表 6，表 7)。

表 6　2008—2016 年几内亚人造板贸易情况　（万 m^3，万美元）

年份	进口量	进口额	出口量	出口额
2008	0.6	210.7	0.4	491.4
2009	0.2	135.3	0.3	252.4
2010	0.2	120	0.3	286.4
2011	0.7	475.9	0.2	177.1
2012	0.8	614.8	0.1	49.8
2013	0.8	555.0	0.1	49.8
2014	0.6	183.9	0.3	213.0
2015	0.4	229.6	0.3	231.5
2016	0.4	204.0	0.4	304.8

资料来源：FAO，2014；FAOSTAT，2018。

表 7 2008—2016 年几内亚胶合板贸易情况 （万 m^3，万美元）

年份	进口量	进口额	出口量	出口额
2008	0.1	38.9	0.3	350.8
2009	0	41.2	0.3	198.5
2010	0	20.5	0.2	154.4
2011	0.2	237.4	0.1	63.4
2012	0.4	417.3	0	5.8
2013	0	4.4	0	4.8
2014	0.02	17.9	0.07	36.9
2015	0	1.2	0.02	27.2
2016	0	1.2	0.07	111.2

资料来源：FAO，2014；FAOSTAT，2018。

几内亚的纤维板、纸张和纸板主要依靠进口。几内亚纤维板 2008、2013、2014 年进口量最多，2009 和 2015 年进口最少；纸张和纸板 2014 年进口量最多，2010 年进口量最少。2015 年，纤维板进口 0.2 万 m^3，贸易额为 110.0 万美元。2015 年，纸张和纸板进口 0.5 万吨，贸易额为 364.5 万美元（表 8）。此外，薪材没有进出口，几内亚生产的薪材全部用于本国消费。

表 8 2008—2016 年几内亚纤维板、纸张和纸板贸易情况 （万 m^3，万美元）

年份	纤维板		纸张和纸板	
	进口量	进口额	进口量	进口额
2008	0.5	158.4	0.3	310.3
2009	0.2	79.9	0.3	367.5
2010	0.2	89.6	0.2	261.6
2011	0.4	222.3	0.4	479.9
2012	0.3	152.5	0.3	292.9
2013	0.5	227.6	0.3	334.3
2014	0.5	83.4	0.6	437.1
2015	0.2	110.0	0.5	364.5
2016	0.3	129.2	0.4	336.2

资料来源：FAO，2017。

七、林业科研与教育

几内亚林业科研和教育基础薄弱，水平较低。2009 年，几内亚全国林业工程师仅有 171 人。几内亚农业研究所（IRAG）最早在几内亚了开展了林业科学研究，并创建了森林实验室。除了国家层面以外，几内亚农业、林业和兽医等相关专业毕业论文也是几内亚林业科研的重要部分。

1994—2008 年，几内亚国家林业技术学校（l'Ecole Nationale des Agents Techniques des Eaux et Forêts）共培养了 15 届 261 名毕业生。该学校面临招生不满、毕业生就业难等问题。

八、分析与借鉴

几内亚的森林资源虽然丰富，但森林经营管理粗放，主要面临的问题是：

（1）政府没有发挥足够的宏观指导作用。对林业资金投入少，依靠工业原木作为主要的森林产出，对木材的利用率低，加工能力弱。

（2）林业科技落后。国家级的林业技术学校招生数量不满，林业科技人才严重不足，林业管理机构也不健全。

（3）森林火灾频繁。几内亚农民的烧荒习惯和森林火灾监测系统的不健全，以及防火救火机制的不完善，是导致森林发生火灾并损失惨重的主要原因。

（4）森林工业落后。森林的主要以工业原木为产出，木材加工能力很低，浪费严重，国内主要木材加工企业均由其他国家援建。

（范圣明　万宇轩）

参考文献

商务部国际贸易经济合作研究院．2014．对外投资合作国别（地区）投资指南——几内亚（2013 版）．

施昆山．2001．当代世界林业［M］．北京：中国林业出版社．

新华网．2013．几内亚成立森林警察部队保护森林资源．http：//news. xinhuanet. com/world/2013 - 08/13/c_ 116915466. htm.

中国外交部网站．2013．几内亚国家概况．http：//www. fmprc. gov. cn/mfa_ chn/gjhdq_ 603914/gj_ 603916/fz_ 605026/1206_ 605438.

中国驻几内亚大使馆网站．2014．几内亚政府成员名单．http：//gn. chineseembassy. org/chn/gyjny/t1123642．htm.

FAO，IPGRI，ICRAF. 2001. Situation des Ressources Génétiques Forestières de la Guinée.

FAO. 2010. Evaluation Des Ressources Forestières Mondiales 2010.

FAO. 2011a. 2011 世界森林状况．

FAO. 2011b. 2010 年森林资源评估．

FAO. 2014. 林产品年鉴 2012.

USAID. 2007. Guinea Biodiversity and Tropical Forests 118/119 Assessment.

津巴布韦(Zimbabwe)

津巴布韦共和国(简称津巴布韦)位于非洲大陆东南部，北部及西北部与赞比亚为邻，东部与东北部连接莫桑比克，西南部与博茨瓦纳毗邻，南部与南非接壤。国土面积约 39 万 km^2。国境线全长 3 066 km。人口为 1 615 万(中国外交部网站，2018)，主要为绍纳族(占 84.5%)和恩德贝莱族(占 14.9%)。官方语言为英语、绍纳语和恩德贝莱语。58% 的居民信奉基督教，40% 信奉原始宗教，1% 信奉伊斯兰教。全国划分为 8 个省、2 个省级直辖市，首都为哈拉雷。

津巴布韦是中南非高原的一部分，地势平坦。全境 80% 地区海拔 600 m，少数地区海拔 1 500 m。按地形特征可分为东部高地、高草原、中草原和低草原 4 个部分。虽然地处热带地区，由于地形地貌原因，呈现亚热带气候型，全国近一半地区常年气候温和宜人。总体上，可分为 3 个季节性气候期：4～7 月为干凉季节，气候干燥少雨；8～11 月中为干热季节，气温为全年最高热；11 月中至翌年 3 月为干热和潮湿季节，全年降雨主要集中在这一季节。全境 40% 的面积降水量在 700 mm 以上，东北部高草原地区年降水量一般为 700～900 mm，西部为 500～700 mm，雨量最多是东部山区，一般达 1 000～1 700 mm，而低草原地区年均降雨量不足 400 mm。全国年均气温 22℃。

津巴布韦自然资源丰富，工农业基础较好，经济发展水平在南部非洲地区仅次于南非，农业、工业和服务业为国民经济的 3 大支柱。工业主要有金属加工、食品加工、石油化工、卷烟、纺织等。农业主要生产玉米、烟草、棉花、花卉、甘蔗和茶叶等，畜牧业以养牛为主。农业人口占全国人口的 67%，粮食自给有余，已成为非洲主要粮食出口国、世界主要烤烟出口国和欧洲鲜花市场的第 4 大供应商，农产品出口约占全国出口收入的 1/3。

2016 年，国内生产总值为 124 亿美元，人均国内生产总值(按购买力平价计算)827 美元，经济增长率 0.8%(中国外交部网站，2018)。津巴布韦约与 27 个国家或地区有贸易关系。主要进口国为南非、中国、博茨瓦纳；主要出口国为刚果(金)、南非、博茨瓦纳、中国。2015 年出口额约为 2 亿～82 亿美元，进口额约为 60.03 亿美元(中国外交部网站，2018)。

一、林业在国民经济中的地位

相对于农业、工业、服务业等津巴布韦的支柱产业，林业产业较弱，以木材生产和加工为主。2015 年，林业平均年产值占 GDP 的 4.798 7%，林业直接从业人员 7 000 人。

虽然林业在国民经济中的比重相对较小，但在国民生活中却发挥着极其重要的作用，是许多林区居民的生计基础。61.7% 的津巴布韦人生活在农村地区，其生产生活严重依赖于自然资源。森林为他们提供了各种林产品，包括薪材、木炭、锯材、纸浆、建筑材料、饲料、野果、蜂蜜、蘑菇、药材等，同时森林也是他们生存的生态屏障。在农村地区，80%的能源消费来自于薪材，在城市地区也占到40%。在有些省份，家庭现金收入的近70%来自采集的林产品(World Resources Institute，2005)。

二、森林及其他自然资源

(一) 森林资源

1. 森林资源总量

津巴布韦森林总面积1 406.2万hm^2，森林覆盖率36.4%，活立木总蓄积量5.4亿m^3，平均林分蓄积量38 m^3/hm^2(FAO，2015)。

津巴布韦的森林植被分为2大类型区：Zambesiaca植被区(Flora Zambesiaca)和山地植被区(Afromontane phyto)。其中，Zambesiaca植被区的森林包括5种类型：短盖豆林地(Miombo woodland)，分布于1 200 m以上的高地；Mopane林地，分布于海拔900 m以下的干、热地区；柚木林地，分布于津巴布韦的西北部，是商业用材的集中地；金合欢林地；风车子属(*Combretum*)和榄仁树属(*Terminalia*)林地。山地植被区包括4种类型：山地森林，分布于海拔1 650 m以上；亚山地森林，分布于海拔1 350～1 650 m；中高度山地森林，分布于海拔850～1 350 m；低地森林，分布于海拔350～850 m。

2. 森林资源结构

根据森林起源，分为原始林、天然次生林和人工林，面积分别为80.1万hm^2、1 317.4万hm^2和8.7万hm^2(FAO，2010)，分别占森林面积的5.7%、93.7%和0.6%。在树种构成上，天然林以苏木亚科(Caesalpinoideae)短盖豆属(*Brachystegia*)和可乐豆树(*Colophospermum mopane*，亦称非洲酸枝木)植物为主；人工林以外来树种为主，其中松树占71%，桉树占13%，其他为金合欢树等。90%以上的人工林分布在东部山区，是国家的木材生产基地。天然林中具有商业价值的树种主要是安哥拉紫檀(*Pterocarpus angolensis*)和红苏木(*Baikiaea plurijuga*)，集中分布于国家西部地区。

根据森林用途，分为生产林、水土保持林、生物多样性保护林和多用途林，2015年各用途森林面积分别为140.6万hm^2，422万hm^2，80.1万hm^2和1151.3 hm^2。

根据权属，津巴布韦的土地权属分为私有地和公有地，其中公有地又分为国有地、共有地和租赁地。相应地，森林权属也分为公有林和私有林，分别占63.16%和36%～84%。公有林中，国有林占57%，共有林占25%，租赁林占18%。

3. 森林资源变化

过去20多年间，津巴布韦的森林面积大幅度减少，从1990年的2 216.4万hm^2减至2015年的1 406.2万hm^2，减少了810.2万hm^2，平均每年减少32.41万hm^2；森林覆盖率也从1990年的57.29%减至2015年的36.40%(FAO，2010)(表1)。

农业用地的扩张是森林面积减少的主要原因，约占森林总流失面积的55%，因发展经济而皆伐林地所致的森林流失占20%，其他毁林的原因还有不当的林业政策、薪柴能源消耗、烟草种植以及频繁的火灾等。林业委员会预计，津巴布韦的森林将在52年后消耗殆尽(Masara，2012)。

表1 津巴布韦森林资源的变化 （万 hm^2，%）

年份	1990	2000	2005	2010	2015
森林面积	2 216.4	1 889.4	1 725.9	1 562.4	1 406.2
森林覆盖率	57.29	48.84	44.61	40.39	36.4

（二）其他野生资源

津巴布韦地广人稀，野生动植物资源非常丰富。据统计，津巴布韦拥有维管束植物 4 440种，其中地方特有种为 214 种；鸟类 672 种，其中地方特有种 450 种；哺乳动物 196 种；爬行动物 156 种；两栖动物 57 种；鱼类 132 种（USAID，2012）。

津巴布韦还有拥有丰富的湿地资源，湿地面积约 128 万 hm^2（McKenzie，2013）。近年来，由于焚烧、移民、非法倾倒垃圾和非法开垦等原因，湿地破坏严重，为了保护湿地资源，2013 年，津巴布韦申请加入国际湿地公约，成为第 164 个成员国，并有 7 处湿地入选国际重要湿地名录。

三、林业法规政策

（一）林业法规

林业部门的法律有 2 部：《森林法》和《共有地林产品法》。

《森林法》于 1948 年通过，并于 1982 年和 1996 年进行了两次修订。《森林法》主要适用于国有林和私有林的管理，该法授权成立国家林业委员会，具体负责森林资源的管理。法律同时对森林与林地资产、森林类型的划分、木材采伐权及其管理、林产品贸易、森林防火以及人工林的发展做出了明确规定。

《共有地林产品法》于 1975 年通过，主要适用于共有地上的森林管理。该法规定，国家林业委员会委托地方政府（农村地区理事会）具体管理共有地上森林的开发与利用。该法赋予当地居民和社区收获林产品自用的权利，但不能销售。

其他部门的法律也部分涉及森林资源的管理，如《土地征用法》《公园和野生动物法》《自然资源法》《公共土地法》《矿产法》《水法》和《区域地方及农村规划法和环境管理法》，这些法律都包含涉及森林资源的相关规定。

在国际层面上，津巴布韦也签署了一些与林业部门相关的国际公约，如《生物多样性公约》《联合国防治荒漠化公约》《关于特别是作为水禽栖息地的》（简称《湿地公约》）和《联合国气候变化框架公约》等。

（二）林业政策

20 世纪 90 年代，为解决持续的毁林和森林退化问题，津巴布韦制定了《国家森林可持续管理战略》，并以此作为林业的核心政策。战略的主要内容包括：推行环境友好的采伐实践；实施造林计划；提倡混农林业；推动森林资源的非消耗性利用；增强林业委员会在监督毁林和植被变化中的能力；增加林产品的附加值，禁止出口未经加工或者粗加工的林产品。

1999 年，国家实施了“农村植树造林计划”，其目标包括：通过植树造林和林地管理提高森林覆盖率；通过发展林业企业增加农民收入；加强地方能力建设，推行森林可持续管理。

其他与林业相关的国家政策和战略还有：《森林土地改革政策》《国家保护战略》《荒漠化公约国家行动计划》和《国家生物多样性战略和行动计划》。

2009 年，国家颁布了《国家环境政策与战略》，为生物多样性和森林管理提供了指导原则。其目标为：避免不可逆的环境影响，维持基本的生态过程；保护生物多样性以维持自然资源长期满足人类基本需求的能力；制定和实施津巴布韦生物多样性综合战略；促进和支持当地社区的活动，包括建立社区保护区和保留地，保护国家公园、野生动物保护区和国有林以外的生物多样性。

为了应对气候变化带来的挑战，2013 年 9 月，津巴布韦起草了《国家应对气候变化战略》，强调了森林在减缓气候变化中的作用，同时建议调整过去的森林皆伐政策，修订森林土地改革政策。为了适应新形势的变化，林业委员会正在制定新的国家林业政策，预计 2014 年完成(Government of Zimbabwe，2013)。

四、林业机构与管理体制

（一）林业机构

2009 年，重新组建的环境与自然资源管理部(MENRM)负责全国的环境与自然资源管理，主要职责是确保国家自然资源的可持续利用。环境与自然资源管理部设有环境管理局、公园与野生动物管理局和林业委员会 3 个下属部门，这 3 个部门均有相应的林业管理职能，其中林业委员会是主要负责森林资源管理的部门。

根据《森林法》，林业委员会主要负责国有林和国有土地上的其他森林(如自然保护区、国家公园)的管理和利用，并为环境与自然资源管理部提供林业政策咨询。该委员会的具体职责包括：促进国家森林资源的发展；通过非消耗性利用森林，实现森林效益的最优化；开展林业研究，提高林业效率；增强公众的森林资源保护意识，吸引社会资金投资林业建设；开发适当的形式将土著林地纳入到农村社区的整个生产过程。

根据津巴布韦现行的行政管理体制，林业委员会属于半官方机构，其部分经费需要自筹。林业委员会下设 4 个部门：林业推广服务处、乡土资源处、研究与开发处和商业处。这些部门依据森林法和共有地林产品法分别行使不同的职能。

林业推广服务处负责与林业相关的咨询与常规的林业服务，重点是健全环境管理和提高农村福利方面的服务；乡土资源处负责国家西部喀拉哈里沙地(Kalahari sands)80 万 hm^2 脆弱森林的保护与管理；研究与开发处主要从事树种(包括外来树种和乡土树种)改良研究，开发适宜的森林经营实践，以提高林业部门对国民经济的贡献，改善农村生计；商业处主要负责森林非消耗性的商业开发(如狩猎)。

共有地上的森林管理由农村地区理事会负责(Rural District Council)。农村地区理事会由下属各社区选出的委员组成，理事会主任由国家任命，具体负责本区域包括自然资源在内的各项事务的管理。在林业方面，具体负责辖区内森林与林地的利用和规划。

其他与森林资源管理相关的机构还有：国家植物标本馆和植物园(NHBG)、研究和专家服务部(DRSS)、农业和农村发展管理局(ARDA)、总统办公室下设的生物技术研究所、国家水资源局等。

（二）管理体制

津巴布韦林业委员会负责全国森林资源管理。林业委员会通过制定政策和各种规章制度保护和开发利用森林。外来树种人工林中有一部分为私有林，这部分森林林业委员会只负责分配采伐配额和监控采伐，木材产品的经营与销售由所有者自行决定。

对于共有地上的森林，林业委员会委托农村地区理事会管理，并全面监督森林管理。这些森林有两种管理方式：首领式管理和社区发展委员会管理。首领式管理即利用酋长的威信以及传统信仰、宗教信仰、民间的社会规范来分配森林资源的使用权；社区发展委员会类似于中央政府的代理机构，根据法律赋予的权限来管理森林资源。在同一地区，这两种管理方式界线不清，往往首领式管理方式发挥主导作用。

五、森林经营与管理

（一）森林经营

1. 天然林经营

津巴布韦90%的天然林几乎不生产商业材，只是为当地居民提供维持生计的非木材林产品和生态服务，因此绝大多数天然林处于无经营状态，没有明确的森林经营规划（Shumba，2001）。

具有商业价值的天然林集中分布在西部地区，主要盛产红苏木（*Baikiaea plurijuga*）、非洲红木（*Guibortia coleosperma*）和安哥拉紫檀（*Pterocarpus angolensis*）等名贵木材。这些地区干旱少雨，生态环境脆弱，为了保护这里的生态环境以及可持续生产木材，国家划出80多万 hm^2 作为保留林，另有70多万 hm^2 林地作为共有林地。对于这些森林，国家实行控制采伐，预防森林火灾的发生。

2. 人工林经营

人工林是津巴布韦木材需求的主要来源，经营历史较长。为了满足不断增加的木材需求，津巴布韦从20世纪30年代就开始引种国外的速生树种，主要是松树和桉树，在东部地区建工业人工林。人工林的经营活动主要是树种的选育。建立了松树和桉树的种子园，并进行了多代的遗传改良，定向选育出了抗旱、抗虫及其他特定用途（如纸浆材、矿柱材、能源材等）的品种。

人工林经营非常重视对环境的影响。人工林经营者与锯材厂商联合组建了木材生产者联盟，制定了“自我监管的环境管理指南”，指南要求联盟成员在人工林内遵守森林可持续经营，促进森林资产增值，保护和管理所属区域的自然资产（Gogo，2013）。

2012年，津巴布韦标准协会推出了人工林可持续经营国家标准《ZW923：2012》，并对当地木材工业的环境影响进行认证。该标准支持并加强了林业政策和相关法规框架，鼓励企业可持续经营森林（Gogo，2012）。

（二）森林保护

津巴布韦目前有22处森林保护区，面积约83.26万 hm^2，约占国土面积的2%。森林保护区分为2类：一类是分布于西北部喀拉哈里沙地的森林，树种以商业树种为主，如安哥拉紫檀和红苏木；另一类是东部高地的中海拔山地森林，主要用于科研、保护野生动物栖息地、集水区以及森林生物多样性。

林业委员会在森林保护区内针对特定树种还设立了“严格的自然保护区(SNRs)”，保护的树种均是珍贵用材树种，在保护区内开展各种科学研究。林业委员会还建立了“植被资源信息系统”(VegRIS)，利用遥感和地理信息系统监控森林植被的变化(USAID，2012)。

为了保护野生动植物群，国家也建立了其他形式的保护区，如国家公园、游猎区、野生动物庇护所和植物园等，面积约占国土面积的13%。

森林火灾是津巴布韦毁林的一个重要原因。据统计，2000—2007年，平均每年森林火灾面积为1.1万hm^2(FAO，2010)。据林业委员会统计，超过50%的火灾是由于非法移民所致。虽然政府的环境管理法对人为引起的森林火灾有明确的惩处规定，但由于执法不力，每年仍有大面积森林火灾发生。

六、林产品生产、加工与贸易

（一）林产品生产与加工

津巴布韦的木材加工业曾经是全国最大和最具活力的产业之一，但由于2000年政府实施的土地改革计划，严重制约了木材生产及加工业的发展。生产量从2002年的99.20m^3降至2015年的63.5m^3；纸和纸板最高年份的生产量为每年6万t，目前基本停产。马尼卡兰省是全国最重要的木材生产基地，国家90%以上的木材产自该省，2015年的木材产量只有最高峰时期1998年的一半。

表2 津巴布韦主要木材产品生产量 (万m^3)

产品＼年份	2002	2006	2008	2010	2011	2012	2013	2014	2015
薪材	811.50	838.00	854.30	870.90	878.80	886.70	894.70	902.78	910.94
工业原木	99.20	77.10	65.80	51.80	51.80	48.00	63.50	63.54	63.54
锯材	39.70	26.80	26.80	17.70	17.70	19.80	19.80	19.83	19.83
人造板	7.70	6.80	6.80	6.80	6.80	1.90	1.90	1.89	1.89

资料来源：FAOSTAT，2018。

津巴布韦的主要木材产品有薪材、原木、锯材和人造板。近年来，除薪材产量不断增加外，其他各种木材产品的产量均呈下降趋势(表2)。特别是工业原木，2002年的产量为99.2万m^3，而2012年的产量仅为48.0万m^3，下降了一半；同样，锯材产量也从2002年的39.7万m^3降至2013年的19.8万m^3，此后趋于稳定(FAOSTAT，2018)。津巴布韦木材生产者联盟预测，木材工业将在未来5年内彻底崩溃，并认为导致木材工业萧条的主要因素是政治问题。

（二）林产品贸易

津巴布韦为林产品的净进口国。自2000年以来，整体上，各类林产品出口额呈逐年减少趋势，而林产品进口额则称逐年增加趋势，而且贸易差不断扩大，到2011年，进口额是出口额的近7倍(表3)。

表3　津巴布韦林产品出口额和进口额　（万美元）

年份	原木		锯材		人造板		木浆		纸和纸板	
	出口	进口	出口	进口	出口	进口	出口	进口	出口	进口
2002	0	0	306.7	0	165.3	313.8	0	1 094.6	3 11.3	3 885.5
2004	42.9	7	183.2	61.4	519.3	293.3	1.2	855.4	2 059.9	7 659.7
2006	42.9	7	183.2	61.4	519.3	293.3	1.2	855.4	2 059.9	7 659.7
2008	44.1	18.7	924.6	23.7	207.3	267	1.3	229.4	1 560.3	5 618.7
2010	21.9	29.2	846.7	43.2	99.5	1 091.7	1.3	172.6	666.1	13 249.7
2011	5.9	4	370.6	62	77.3	1 251.2	1.3	152.6	622.5	11 042.4
2012	21	8.4	448.8	83.5	303.6	1619	1.3	150.3	262.5	13 315.2
2013	32.6	4.3	263.7	121.7	454.1	691.4	1.3	192.6	354.5	13 099.7
2014	41.5	6.7	341.9	89.7	563.2	761.3	1.3	90.4	431.9	15 467.6
2015	34.3	4.6	455.3	54.1	449.7	742.3	71.4	97.7	459.9	12 348.7

资料来源：FAOSTAT，Forestry Production and Trade，2016。

津巴布韦林产品的贸易伙伴主要为博茨瓦纳、南非、赞比亚、肯尼亚、坦桑尼亚、欧洲和美国。就贸易的林产品种类而言，原木进口与出口基本持平，锯材为净出口产品，人造板最近几年进口明显大于出口，而木浆及纸和纸板则为净进口产品(表4)。

表4　津巴布韦主要林产品进口量与出口量　（万 m³，t）

年份	原木		锯材		人造板		木浆		纸和纸板	
	出口	进口	出口	进口	出口	进口	出口	进口	出口	进口
2002	0.0	0.0	2.0	0.0	1.0	1.3	0.0	9.0	5.0	35.0
2004	0.5	0.2	10.1	0.2	2.0	1.6	0.0	10.0	13.0	45.0
2006	0.5	0.2	1.0	0.2	2.0	1.6	0.0	10.0	13.0	45.0
2008	0.3	0.1	5.4	0.1	0.5	0.4	0.0	2.0	11.0	16.0
2009	0.1	0.2	11.7	0.2	0.4	0.7	0.0	1.0	3.0	25.0
2010	0.2	0.2	3.6	0.2	0.2	2.3	0.0	1.0	3.0	58.0
2011	0.1	0.2	2.2	0.2	0.1	2.4	0.0	1.0	2.0	50.0
2012	0.4	0.1	2.4	0.3	0.5	2.9	0.0	1.0	1.0	56.0
2013	0.6	0.0	1.6	0.5	0.7	1.1	0.0	1.0	1.0	60.0
2014	0.4	0.05	2.0	0.3	1.2	1.4	0.0	0.1	1.3	16.3
2015	0.4	0.1	2.7	0.2	1.1	1.5	0.2	0.1	1.8	14.4

资料来源：FAOSTAT，2015。

七、林业科研与教育

（一）林业科研

津巴布韦从20世纪30年代就开始关注林业研究，研究内容主要针对具有商业价值的乡土林木，目的是为了可持续地经营和利用高价值的树种以及保护脆弱的生态系统。由于乡土树种生长较慢，无法满足国家的木材需求，研究重点转向外来的速生树种，并建立人工林。20世纪60～70年代，在东部地区建立了许多林业研究站，主要开展松树和桉树的遗传改良研究，选择适合津巴布韦气候和立地特点的树种。

如今，林业研究的重点仍然是外来树种的遗传改良，定向培育各种用途的优良品种，如高产、抗虫、耐寒、纸浆、柱材、薪材等性状。其他研究内容涉及满足当地居民生计需求的经济林培育、林下种植、乡土树种的生态特性与经营管理、天然林更新、混农林业、资源评估、生物技术在林业上的应用以及森林保护区与周边社区间的利益分享等。

开展林业研究的主要机构是林业委员会和林业研究中心。津巴布韦大学的环境研究所、植物保护研究所、林学院也开展相关的林业研究。

（二）林业教育

津巴布韦林学院是全国专业林业教育机构，提供森林工业和森林培育专业教育，可以颁发资格证书和学位证书。森林工业培训中心主要开展木材加工和机械维修方面的教育与培训。

八、林业国际合作与交流

（一）林业对外合作的主要诉求

由于津巴布韦在林业科技和教育方面的投资较少，使得林业科技的发展一直停滞不前。因此，津巴布韦希望在林业科学技术研发、教育、培训等方面与其他国家合作，以提高本国的林业技术水平，促进森林资源的可持续发展。具体需求领域包括：热带天然次生林的可持续经营技术；退化生态系统的恢复技术；非木质林产品的开发与加工利用技术；优良速生树种的选育技术；人工林经营技术；木材加工技术等。其他相关领域包括水资源保护与管理、可持续的流域综合管理、林业管理人员及技术人员的能力建设、生物多样性保护等。

津巴布韦签署了绝大多数与林业部门相关的国际公约，如《生物多样性公约》《联合国防治荒漠化公约》《湿地公约》《联合国气候变化框架公约》《京都议定书》《濒危野生动植物种国际贸易公约》《国际植物保护公约》等。津巴布韦在气候变化与环境保护方面与其他国家有着合作。

（二）与中国开展双边合作的情况

1980年4月18日，中国与津巴布韦正式建立外交关系。建交以来，两国关系发展顺利。自2011年起，津巴布韦已成为中国在非洲投资的热点，投资涉及的领域主要有通讯、水利、电力及房建等领域，林业领域两国的双边合作非常少。2010年4月，中国林业产权交易所与津巴布韦国有企业部签署战略合作备忘录，津巴布韦期望在林产品、花卉等方面加强与中国的合作，以推动本国林业乃至经济的发展。津巴布韦曾多次派遣科技人员到中国参加由国家林业局主办的竹业技术培训班，以促进本国竹业的发展。

中国与津巴布韦在林业上有潜力的合作领域有林业生物质能源的开发、森林经营、人工林培育与经营、林业信息技术、林业各类技术标准的制定、木材及林产品加工、森林病虫害防治以及林业人员的能力建设等。

九、分析与借鉴

总体来说，津巴布韦的林业具有如下特点：

（1）森林资源相对丰富，但价值低劣。津巴布韦森林覆盖率为40%，资源相对丰富，但多为低质次生林，商业材种非常少。

（2）森林面积快速减少，林业产业萧条。目前，津巴布韦平均每年森林面积减少30多万hm^2，森林面积的减少严重影响国内的木材生产，进而影响木材工业，导致多数林产品依赖进口。

（3）多头管理，效率低下。森林法授权国家林业委员会负责全国森林资源管理，而共有地林产品法又赋予地方政府开发和利用辖区内森林的权利；其他部门如环境管理局、公园与野生动物管理局、水资源局也都具有相应的森林管理职能。多头管理，而又缺乏有效的协调机制，导致森林资源管理效率低下，毁林严重，森林覆盖率逐年下降。

（4）部门间法规相互冲突，降低了执法的效力。《森林法》《共有地林产品法》《公园和野生动物法》等法规之间，对有关森林管理的规定有着很多条款相互冲突，使管理对象无所适从。

以上津巴布韦的林业特点也正是其林业所面临的主要问题，政府也意识到这些问题，在某些方面正在采取措施，比如重新修订法律，使各部门之间的法律更加协调；加强森林管理部门的能力建设，更好地执行法律法规；明晰森林所有权和使用权，完善产权制度；提高公众的森林保护意识，将可持续发展理念纳入森林保护与利用中等。这些措施的真正落实，会促进津巴布韦森林资源的恢复和林业快速发展。

（李玉敏　邹文涛）

参考文献

中国外交部网站. 2015. 津巴布韦国家概况. http://www.fmprc.gov.cn/mfa_chn/gjhdq_603914/gj_603916/fz_605026/1206_605534/.

FAO. 2010. Global forest resources assessment 2010: Zimbabwe country report.

FAOSTAT. 2015. Forestry Production and Trade. http://faostat3.fao.org/faostat-gateway/go/to/download/F/*/E.

Gogo J. 2012. New Forest Management Standard Welcome, but … http://allafrica.com/stories/201206041299.html.

Gogo J. 2013. Zimbabwe: Redd + Key to Preserving Forests. http://allafrica.com/stories/201310140474.html.

Government ofZimbabwe. 2013. Zimbabwe National Climate Change Response Strategy (draft).

Masara C. 2012. Deforestation still rampant in Zim. http://www.thestandard.co.zw/2012/11/11/deforestation

- still - rampant - in - zim/.
McKenzie S. 2013. Zimbabwe must Protect Wetlands to Solve its Water Crisis. http://www.globalpolicyjournal.com/blog/05/02/2013/zimbab.
Shumba M E. 2001. Biodiversity and Planning Support Programme: Zimbabwe Case Study. https://www.cbd.int/doc/nbsap/forestry/Zimbabwe.pdf/.
The Source. 2013. Zimbabwe timber exports plummet after land invasions- report. http://source.co.zw/.
USAID. 2012. Zimbawe Biodiversity and Tropical Forest Assessment (118/119).
World Resources Institute. 2005. The Wealth of the Poor: Managing Ecosystems to Fight Poverty.

科特迪瓦(Côte d'Ivoire)

科特迪瓦位于非洲西部，西邻利比里亚和几内亚，北邻马里和布基纳法索，东与加纳交界，南部面向几内亚湾，海岸线长约 550 km，国土面积 32.25 万 km^2。人口2 080 万(2014 年)。全国有 69 个民族，各民族均有自己的语言，官方语言为法语。全国共包括 31 个大区和 197 个市镇(2011 年)，政治首都亚穆苏克罗，经济首都阿比让。

地势由西北缓慢向东南倾斜。西北部山地海拔 500 ~ 1 000 m，北部和西南部为低高原和低平原，东南部沿海平原海拔不到 50 m。境内有邦达马河、科莫埃河、萨桑德拉河、卡瓦利河等河流。科特迪瓦属热带气候，北纬 7°以南为热带雨林气候，以北为热带草原气候。大部分地区年平均气温 22 ~ 32℃。境内雨量丰富，年降水量 1 000 ~ 2 400 mm。

农业是科特迪瓦经济的重要支柱。全国可耕地面积为 802 万 hm^2。2013 年农业从业人口占全国劳动力的 49%，农业产值占国内生产总值的 26.3%。

主要出口可可、咖啡、棕榈油、棉花、橡胶、凤梨、香蕉以及象牙、矿产和手工艺品等。森林资源丰富，木材一直是主要出口产品。主要矿藏有钻石、黄金、锰、镍、铀、铁和石油。2016 年，科特迪瓦主要出口国为荷兰、美国、法国、比利时，主要进口国为法国、尼日利亚、中国和美国，2017 年出口与进口额分别为 111.38 亿美元和 85.27 亿美元(中国外交部网站，2018)。

2017 年国民经济实现较快增长，国内生产总值为 430.89 亿美元，人均国内生产总值为 1 818 美元。

一、林业在国民经济中的地位

科特迪瓦树种丰富多样，林业在国民经济中占有重要地位，木材产量居西非首位，盛产红木、黑檀木。木材出口占全国出口总额的 4% 左右，一度是国民经济的重要支柱。

林业对促进当地经济发展有重要影响，并提供了一定的就业机会。据 FAO 提供的数据，与 1990 年相比，2006 年原木生产年产值增加了 1.47 亿美元，但由于木材加工业产值的大幅降低，林业部门总产值从 1990 年的 8.41 亿美元降至 2006 年的 8.01 亿美元。林业产值占国内生产总值的比例为 5.0% ~ 6.3%。家具行业产值从 1990 年的 500 万美元增加至 2006 年的 1 000 万美元。

原木生产为全国提供了就业岗位。2000 年，林业就业人数高达 5 万人，林业全职岗位就业人数为 3.4 万人。2016 年科特迪瓦林业对 GDP 贡献率为 2.8%(世界银行，2018)。

二、森林及其他自然资源

（一）森林资源

1. 森林资源总量

科特迪瓦森林分布较广，覆盖了全国南部、东部和西部地区。2015 年，全国森林总面积为 1 040.1 万 hm^2，森林面积占国土面积的 32.7%。其他林地面积为 255.4 万 hm^2，森林与其他林地总的覆盖率约为 40.7%，1990—2005 年，科技迪瓦森林面积呈上升趋势，然而 2005—2015 年，则呈下降趋势（表 1）。

表 1　科特迪瓦森林及其他林地分类面积统计　（万 hm^2）

类别＼年份	1990	2000	2005	2010	2015
森林	1 022.20	1 032.80	1 040.50	1 040.30	1 040.10
其他林地	267.50	266.20	262.60	259.00	255.40
总计	1 289.70	1 299.00	1 303.10	1 299.30	1 295.5

资料来源：FAO，2015。

1990、2000、2005、2010 和 2015 年的活立木蓄积量分别为 25.88、26.18、26.38、26.32 和 26.26 亿 m^3，2015 年单位面积蓄积量 252 m^3/hm^2。

2. 森林资源结构

由于特殊的自然条件和社会经济环境，科特迪瓦森林资源具有独特的结构。

（1）森林类型。包括热带湿热森林、旱生热带林、热带稀疏草原和红树林 4 种类型。

（2）树种结构。有 700 多种阔叶树，其中 50 多种有较高经济价值。主要有豆科、桑科、茜草科、使君子科、梧桐科、楝科、肉豆蔻科及橄榄科的树种，如柚木（*Tectona grandis*）、黄芸香（*Triplochiton scleroxylon*）、木棉树（*Ceiba pentandra*）、非洲栎树（*Lophira alata*）等，以及非洲腰果（*Anacardium occidentale*）、非洲楝属（*Khaya*）和榄仁树属（*Terminalia*）的树种。

（3）起源。2015 年，原始林面积为 62.5 万 hm^2，占森林总面积的 6%；天然次生林面积 934.9 万 hm^2，占森林总面积的 89.9%；人工林面积 42.7 万 hm^2，占森林总面积的 4.1%。1990—2005 年，原始林面积一直保持稳定，人工林面积增加 1 倍多（表 2）。

表 2　科特迪瓦森林面积统计　（万 hm^2）

类别＼年份	1990	2000	2005	2010	2015
原始林	62.5	62.5	62.5	62.5	62.5
天然次生林	944.3	944.2	944.3	944.1	934.9
人工林	15.4	26.1	33.7	33.7	42.7
总计	1 022.2	1 032.8	1 040.5	1 040.3	1 040.1

资料来源：FAO，2015。

（4）林型结构。在南方有常绿雨林和半常绿林，前者商品材蓄积量低，半常绿林主要分布在林区的中部和北部，原来有很多贵重的用材树种。除少数有效保护的地区以外，这两种类型的森林严重退化，或处于次生林的早期阶段。山地林分布在海拔 1 000 m 以上地区。海防林沿河岸呈带状分布，主要树种有红榄李（*Lumnitzera littorea*）和樟科树种奥蔻梯木（*Ocotea* spp.）。红树林主要分布在于达洛亚和阿本古鲁地区。

（5）权属结构。按森林权属划分，一种是国有林，包括禁伐林和用材林；另一种是私有林，这类森林根据当地民俗保留，不能采伐。2010 年，国有林和私有林面积所占比例分别是 99% 和 1%。

（6）功能结构。2010 年用于生产、生物多样性保护和水土保持的面积分别占森林总面积的 89%、8% 和 3%，承担社会服务功能的森林面积一直保持在 1.7 万 hm^2（表 3）。

科特迪瓦种植的最重要的经济林是油棕榈（约 16 万 hm^2）、橡胶（7 万 hm^2）和椰子（3 万hm^2）。目前最广泛种植的品种是柚木，2007 年的种植面积约 6.7 万 hm^2。

表 3　科特迪瓦承担不同功能的森林面积　（万 hm^2）

类别	1990	2000	2005	2010
生产林	939.70	915.50	923.20	923.00
水土保持林	—	34.80	34.80	34.80
生物多样性保护林	80.80	80.80	80.80	80.80
社会服务林	1.70	1.70	1.70	1.70
合计	1 022.20	1 032.80	1 040.50	1 040.30

资料来源：ITTO，2011。

（7）经营类型结构。从 2005—2010 年，永久性森林总面积为 853.5 万 hm^2，保护区森林面积为 80.80 万 hm^2，有管理计划的森林面积 208.7 万 hm^2（FAO，2010），三者面积之比是 10.38∶1∶2.59。尚未统计到可持续经营的森林面积。

3. 森林资源的储碳量

从 1990—2015 年，科特迪瓦森林储碳量基本保持稳定，2015 年单位面积活立木生物量中的碳储量为 16.71 t/hm^2。生物质储碳量约占总储量的 68.5%，土壤储碳量占总储量的 23.80%（表 4）。

表 4　森林储碳量统计　（亿 t）

类别	储碳量				
	1990	2000	2005	2010	2015
地上生物质	16.46	16.65	16.79	16.75	16.71
地下生物质	1.65	1.67	1.68	1.67	1.66
枯落物	0.22	0.22	0.22	0.22	0.22
土壤	5.73	5.79	5.84	5.83	5.82
合计	24.06	24.33	24.53	24.47	24.41

资料来源：FAO，2015。

4. 森林资源的动态变化

科特迪瓦森林覆盖率曾高达60%。但是，商业采伐、人口增长、农业用地扩张、森林火灾以及薪材砍伐等因素给科特迪瓦的森林管理与保护带来巨大压力。至20世纪末，科特迪瓦森林面积每年以30万hm^2的速度迅速减少(Toue A 等，2013)。科特迪瓦年均森林采伐量为26.5万hm^2，约有200万hm^2的森林因农业活动和采矿而受到严重破坏，2002年全国森林覆盖率仅为9%。由于过度樵采及森林火灾，热带半落叶林和热带稀疏草原林面积和蓄积量持续减少。进入21世纪，情况有所好转，政府曾采取造林等措施提高森林覆盖率，据联合国2010年世界森林状况的报告显示，2000—2010年，科特迪瓦为遏制森林进一步退化，年均增加森林面积80万hm^2，但是收效甚微(表5)。

表5　科特迪瓦森林及其他林地面积的动态变化　(万hm^2)

类别 \ 年份	1990	2000	2005	2010	2015
森林面积	1 022.2	1 032.8	1 040.5	1 040.3	1 040.1
其他林地面积	267.5	266.2	262.6	259.0	255.4
合计	1 289.7	1 299	1 303.1	1 299.3	1 295.5

资料来源：FAO，2015。

森林内地上、地下及枯立木生物量均保持稳定，三者的比例为13.79∶1∶1.67(表6)。

表6　森林生物量统计　(亿t)

类别 \ 年份	1990	2000	2005	2010	2015
地上生物量	35.79	36.2	36.49	36.41	36.33
地下生物量	3.58	3.62	3.65	2.64	3.63
总生物量	39.37	39.82	40.14	39.05	39.96
枯立木	4.33	4.38	4.42	4.41	4.4
总计	43.7	44.2	44.56	44.46	44.36

资料来源：FAO，2015。

(二) 其他自然资源

1. 生物多样性

科特迪瓦生物多样性非常丰富，森林中有1.2万余个物种。其中，动物1 265种(232种哺乳动物、鸟类712种、爬行类134种、两栖类76种和鱼类111种)、植物8 200种(包括3 500多个树种)。其中，18种哺乳动物、10种鸟类、12种两栖类、2种爬行动物及8种植物被国际自然保护联盟红色名录(Toue A 等，2013)列为极度濒危、濒危或脆弱濒危物种。7种植物被列入濒危物种公约中附录Ⅱ，其中包括阔叶树种美木豆(*Pericopsis moonana*)。

2. 国家公园和保护区

科特迪瓦有8个国家公园和6个自然保护区，1个野生动物保护区及17个植物保护区。水土保持林面积为 37.4 万 hm^2。

保护区中，划为永久性森林的面积是 209 万 hm^2，占国土面积的 6%。其中，有两个跨境保护区，一个在几内亚和塞拉利昂边境线附近，另一个在与加纳相邻的塔诺河流域（FAO，2012）。

国家公园和自然保护区森林面积为 172.8 万 hm^2，主要位于赞赞区、巴芬区、登盖莱地区、沃罗杜古、十八山地区和北部大草原。

三、林业法规政策

（一）林业发展目标

据科特迪瓦 1988 年制定的《1988—2015 年林业规划》，林业发展目标是保护森林生态系统平衡和森林施业合理化，计划平均每年至少造林 400 万 m^2。与此同时，制定全国范围的经营计划，扩展森林与草原绿化带，在保持森林可持续发展的基础上进行合理的采伐，以及建设完善的森林工业体系等。

（二）实现林业目标的方针政策

为了实现林业目标，科特迪瓦制定和发布了一系列林业政策，主要有：

(1)1965 年制定了关于野生动物保护与猎捕的《255 号法令》，禁止捕猎野生动物。受政治因素的影响，于 1974 年在全国范围内实施。

(2)1994 年发布了与林业有关的《385 号法令》。该法令针对日益减少和退化的森林，要求停止对现有林的工业用采伐，禁止在天然林、禁伐林及国家森林公园中进行工业用材生产；编制森林经营方案；加强对森林采伐的管理；林地所有者在按照采伐面积和材积缴纳采伐管理费后，在林业工作人员监督下进行采伐作业，并加大恢复造林工作力度。但是，由于战乱等原因，制定的各种林业政策都未能执行。

（三）林业法律体系

科特迪瓦于 1965 制定了野生动物保护和狩猎的法律(65/255)，并颁布了《森林法》。1978 年，发布了《231 号法令》，法令规定了永久性森林的管理办法。1994 年，发布了《385 号法令》，法令规定了森林采伐改革办法。

在 FAO 的支持下，科特迪瓦于 2002 年修改《森林法》，于 2005 年完成。有关国家公园和其他保护区筹集资金与管理的条款在 2002 年颁布的《102/02 号法令》中有详细说明。

2010 年修订了森林政策，批准了 2010—2015 年战略计划。该计划增加了建立森林发展基金、延续修订森林法、迹地更新指南和农村林业管理法规等内容。

四、林业机构与管理体制

科特迪瓦的林业管理机构一直处于发展变化中。

1966 年，科特迪瓦成立了国家公园与自然保护区造林开发公司(SODEFOR)，初期主要负责该国的造林工作，20 世纪 80 年代参与制定国家林业发展规划。

1992 年，科特迪瓦设立了环境、水利和林业部(MINEEF)，该部委托 SODEFOR 负责对国家森林的分类经营提供技术支持。2002 年，该部成立了公园与保护区国家办公室（OIPR），负责国家公园和自然保护区的管理。

2006 年，按照《310 号法令》，MINEEF 负责林业产业的管理。2008 年，为了改善农村残存林管理现状，专门创建了一个森林开发机构，对现有森林的采伐和经营进行全面管理。

为了管理农村森林，水和森林理事会支持 MINEEF 的工作，它有 4 个主管部门，10 个区域理事会，54 个森林办事处和 70 个森林工作岗位。

目前，该国森林的开发利用由林业部门和 SODEFOR 协同负责，其中林业部门负责森林保护区之外的林业用地管理，SODEFOR 负责该国 231 处森林保护区与社会林业的技术咨询任务。保护区面积为 2 525 521 hm^2。

不稳定的政治环境使科特迪瓦林业管理部门人才匮乏，管理机构与人员队伍不稳定。在近 25 年内，林业管理部门调整了 9 次，更换过 11 位林业部门首脑。林业管理人员基本都没有接受过系统的专业学习或培训，缺乏森林经营方面的理论知识，一些地方林业管理部门甚至不能正确处理森林火灾、水资源以及动物保护问题等。

五、森林经营与管理

（一）森林经营

1. 营林

1998 年，科特迪瓦政府再次对森林资源进行评估，次年制定了森林经营总体方案，至 2005 年接受 FAO 援助之后，才确定了森林经营的修订方案，2010 年开始实施新的森林经营方案。在此基础上，制定了 2010—2015 年国家林业发展计划，并承担了一项木材经营、非木材及野生动植物保护的国际项目。迄今，经营方案仅针对全国 231 个森林保护区禁伐，其中的 86 个已制定了经营方案。1990 年、2000 年和 2005 年新造林面积分别为 3 607 hm^2、17 785 hm^2和 6 000 hm^2。

2. 森林采伐

生产林由 SODEFOR 实施森林分类管理，而农村森林的管理由私人承包者执行。以前木材采伐主要在保留林区进行，但连续 35 年的过量开采严重损耗了林木资源。目前，采伐获取的木材约 90% 来自乡村森林区域。

直到 2002 年，农村林区森林采伐才实行了许可证制度，众多的特许权拥有者分享约 2 500 hm^2森林的采伐许可。

2004 年对政策做了修改，用森林采伐面积取代原有的森林采伐与加工许可制度来控制采伐量。按法律规定，一个森林采伐区的面积至少要有 25 万 hm^2，并分配在 15 ~ 20 年内采完；如果特许权持有人的管理达到要求，还可以续约。但是，该项法律执行不力，很少编制管理计划，森林采伐依然是针对高价值的高级保留林木。

3. 森林认证

科特迪瓦把国际热带木材组织制定的森林认证标准和指标，作为森林经营规划的一种手段。2006 年确定了非洲木材组织/国际热带木材组织的（ATO/ITTO）的原则、标准与指标(PCI)，并在ITTO组织的非洲可持续森林经营(SFM)改善活动中培训25名当地人，科特迪瓦政府又延期培训了30名高级林业官员。

在科特迪瓦森林资源损耗严重的形势下，法国、加拿大、刚果，以及意大利和黎巴嫩裔的一些大型国际木材公司仍然在科特迪瓦运作，这些企业一直在下游投资木材加工。例如，法国Inprobois(法国在科特迪瓦的最大木材商)公司持有7块森林采伐区，共计36.6万hm^2，并与SODEFOR合作经营2.2万hm^2的森林。

（二）森林与生态保护

破坏科特迪瓦森林与生态环境的主要因素是过量采伐、毁林和火灾。

据FAO的资料，科特迪瓦毁林速率在2005—2010年不很明显，但在2000—2005年高达每年15 000 hm^2。其中，把林地转为农地是造成大面积毁林的主要原因。

热带稀树草原和森林与稀树草原过渡带经常发生森林火灾。1990年和2000年，人为引起的森林火灾每年达2.5万余hm^2(ITTO，2011)。

六、林产品生产、加工与贸易

（一）林产品生产与木材加工

科特迪瓦森林工业由几百个小型加工单位组成。有18家企业每年加工生产能力超过1万m^3；其中70%的企业是外商独资(ITTO，2011)。每年的原木产量约为2 150万m^3，其中近2 000万m^3是木质燃料和木炭。

科特迪瓦木材产量居西非首位，主要林产品有工业原木、木质燃料、木质人造板等。2008—2016年工业原木产量一直保持在146.90万m^3，木质燃料产量基本稳定在900万m^3左右。随着国内森林面积的减少，木质人造板工业有所发展，但产量不稳定(ITTO，2018)(表7)。

表7　科特迪瓦林产品年产量统计　　(万m^3，万t)

林产品＼年份	2008	2010	2012	2014	2016
工业原木	146.90	146.90	146.90	—	146.90
木质燃料	883.49	894.68	903.46	—	920.09
木质人造板	47.70	28.80	32.50	—	—
刨花板	0.60	0.60	0.60	—	—

资料来源：ITTO，2017。

（二）林产品贸易

2008—2016年，科特迪瓦出口的林产品主要有锯材、木质人造板(主要是胶合板)、原木、纸和纸板、全纤维碎料、纤维板、纸浆、木浆和木质燃料；进口的林产品主要有纸和纸板、全纤维碎料、纸浆、木浆、木质人造板、纤维板、锯材、原木和木质燃料。由表8的数据可以看出，科特迪瓦林业贸易以出口初级林产品、进口木质加工林产品为主要特点。

表8 科特迪瓦林产品年贸易额统计 （万美元）

林产品 \ 年份		2008	2010	2012	2014	2016
原木	进口	1.9	9.4	4.4	—	4.3
	出口	6 940.1	5 732	5 709	—	9 507.9
锯材	进口	14.8	61.1	11	—	—
	出口	27 980.6	14 736.6	12 380.5	—	—
人造板	进口	467.9	138.8	96.3	—	—
	出口	9 559.1	6 487.5	6 388.1	—	—
纸和纸板	进口	10 241.8	9 013.4	5 936.2	—	5 194.2
	出口	420.5	681.4	37.5	—	54.8
刨花板	进口	180.9	219	166.8	—	—
	出口	178.4	90.2	44.8	—	—
木质燃料	进口	0.4	0.4	0.1	—	0.6
	出口	3.3	1.4	2.1	—	1.4
木浆与纸浆	进口	349.5	387.3	330.9	—	442.9
	出口	0	0	36.4	—	163.2

资料来源：ITTO，2017。

科特迪瓦出口原木主要树种有筒状非洲楝（*Entandrophragma cylindricum*）、良木非洲楝（*E. utile*）等，但它们的出口木材关税较高，分别为每立方米57.49美元和89.20美元。科特迪瓦的橡胶产量和出口量在西非国家中均列第一，产品被欧美国家公司垄断。2008年，锯材主要出口到欧洲（80%），以及美国、日本、马格里布和周边国家。

七、林业科研与教育

据FAO的统计数据，2000、2005和2008年科特迪瓦每年培养的人才数量逐年减少，平均为每年48人，硕士与学士的比例为1∶1。在事业单位从事科研的人员中，具有学位的人员年平均为160人，具有博士、硕士和学士学位的人员比例是1.30∶1.01∶1.18。

八、分析与借鉴

社会政治不稳定、经济发展落后是影响科特迪瓦林业发展的主要背景因素。总体来看，科特迪瓦林业发展面临的主要问题有：

（1）林业机构没有自主决策权。科特迪瓦的环境、水和森林部负责林业管理，尽管森林的开发利用由林业部门和SODEFOR协同负责，但在资金、人员和器材设备的配置等方面会受到环境和水管理部门的影响。

（2）综合管理能力有待提高。在科特迪瓦，最紧迫的问题应当是建设和发展适宜而有效的林业管理体系。不仅需要完善法规、政策，而且要提高管理水平。不稳定的政治环境使林业管理部门人才匮乏，管理机构与人员队伍不稳定，主要负责人频繁更换，管理人员业务素质不高。

（3）森林采伐与造林面积严重失衡。由于早期大量采伐热带森林，出口木材，导致森林面积锐减。过度砍伐及盗伐、农业扩张、人口增长和资源缺乏保护等各种不可持续的开发利用破坏了大面积森林。近10年来，虽然实施了保护和恢复造林的行动，但森林面积增长缓慢。

（4）林产品具明显的初级性特点。科特迪瓦出口的林产品主要是锯材、木质人造板、原木等初级产品，进口的林产品主要是纸和纸板、纸浆、木浆。林产品贸易突出矛盾是“出口原木，进口成品”，导致国内木材加工工业依然薄弱，具有殖民地特色。

（5）与国外合作方式和效果有待改善。科特迪瓦不少的森林为国外公司拥有，其掠夺性采伐方式对当地森林经营、环境保护、林业产业发展和林产品贸易等都产生重要影响。如果科特迪瓦政府不采取有力措施限制森林采伐和木材出口，林业发展将面临严重困难。

（李忠魁　张爽　李慧）

参考文献

中国外交部网站.2014. http://www.fmprc.gov.cn/web/gjhdq_676201/gj_676203/fz_677316/1206_677922/1206x0_677924/.

FAO. 2010. Global Forest Resources Assessment 2010.

FAO. 2011. 2010年世界森林资源评估主报告. http://www.fao.org/docrep/014/i1757c/i1757c00.htm.

FAO. 2012. Forests and the forestry sector, Côte d'Ivoire, http://www.fao.org/forestry/country/57478/en/civ/.

ITTO. 2011. Status of tropical forest management: Côte d'Ivoire. http://www.itto.int/sfm_detail/id=12310000.

ITTO. 2014. Annual Review and Assessment of the World Timber Situation. http://www.itto.int/annual_review_output/.

Toue A，林波，孟晓清，等. 2013. 科特迪瓦林业概况[J]. 世界林业研究，(4)：81－86.

利比里亚(Liberia)

利比里亚共和国(简称利比里亚)位于非洲西海岸，与塞拉利昂、几内亚和科特迪瓦为邻。面积11.137万km^2，全国人口460万(2016年3月)，有16个民族，较大的民族均有自己的语言。官方语言为英语。居民85.6%信奉基督教，12.2%信奉伊斯兰教，2.2%信奉当地传统宗教等其他宗教或无宗教信仰。除首都蒙罗维亚外，全国分为15个州。实行“三权分立”政治体制，国民议会为最高立法机构，总统和议员由直接选举产生。总统是国家元首和武装部队总司令，并根据议会提名任命行政院主席。实行多党制，国家权力由各党派分享(中国外交部网站，2018)。

从地理上看，利比里亚全国可分为3个部分，即沿海低地、中央丘陵以及瓦洛其兹(海拔1 380 m)、尼巴(海拔1 385 m)高山区。地势北高南低。属热带气候，年降水量1 500~5 000 mm。自然资源丰富。铁矿砂已探明储量超过40亿t，另有钻石、黄金、铝矾土、铜、铅、锰、锌等矿藏。

利比里亚经济以农业和矿业为主，天然橡胶生产、木材采伐和铁矿开采是国民经济的三大支柱，均供出口，是利外汇收入的主要来源。农业人口占总人口的72%，全国可耕地380万hm^2，目前已开发的不足13%，粮食不能自给。工业不发达，仅有少数企业生产日用消费品。2017年国内生产总值19亿美元，人均国内生产总值413美元(中国外交部网站，2018)。

一、林业在国民经济中的地位

2009—2010财年，利政府林业部门收入约2 300万美元(中国外交部网站，2015)。2011年，林业部门总增加值为1.22亿美元，占全国GDP的17.7%；林业部门直接为利比里亚提供了约2 000个就业岗位，占全国总劳动力的0.1%。就结构而言，原木生产增加值为1.13亿美元，占林业总增加值的93%；林业就业也集中在初级生产阶段，森林管护、林产品加工和销售等环节和部门提供的就业机会很少(FAO，2011)。

二、森林资源

2015年，利比里亚森林面积为417.9万hm^2，占国土总面积的37.5%，是非洲第一大林区，占西非地区热带雨林总面积的35%。其中，天然次生林为399.6万hm^2，占森林总面积的95.5%；原始林为17.5万hm^2，占森林总面积的4.2%；人工林为0.8万hm^2，占森林总面积的0.2%(FAO，2015)。森林活立木总蓄积量为6.60亿m^3，森林生物量中的碳储量为5.83亿t。

利比里亚的森林大部分为国有林，还有一小部分公有林，即社区或部落供公共使用的林地，目前尚无这部分森林面积的确切数据。

按管理方式，利比里亚的森林可分为4类：永久性森林，面积141.1万hm^2，占森林总面积的33%，这部分森林永久保留，土地不得转作其他用途；保护区森林，面积19.4万hm^2，占森林总面积的4%，是由国家正式划为保护区的森林；可持续经营林，由国家界定，实际面积尚无明确统计；有计划管理的森林，面积为26.5万hm^2，占森林面积的6%，这部分森林有长期(10年以上)管理规划，并进行定期修订(FAO，2011)。根据利比里亚国家森林发展计划，未来要将保护区森林面积增加到102万hm^2，可持续经营林面积将扩展到160万hm^2(FAO，2010)。

按功能，利比里亚的森林可分为：生产林、水土保持林、生物多样性保护林、社会服务林、多用途林、其他林(指用于生产、保护、社会服务或综合开发以外的森林)和未确定用途林。1990—2015年，不同功能森林的面积变化情况见表1，其中部分统计数据缺失。

表1　1990—2015年利比里亚不同功能林面积　（万hm^2）

功能林种类	森林面积				
	1990	2000	2005	2010	2015
生产林	0.8	384.4	384.4	106.5	106.5
生物多样性保护林	17.5	17.5	19.4	19.4	19.8
未确定用途林	474.6	61	44.1	307	291.6
总量	492.9	462.9	447.9	432.9	417.9

资料来源：Liberia Forest Initiative，2015。

按区域，利比里亚的森林大体上可分为2个类型：常绿林，多分布在较为潮湿的南方和中间地带；半落叶林，多分布在较为干燥的西北部地区。常绿林树种有翼红铁木(*Lophira alata*)、软银叶木(*Heritiera utilis*)、圭亚那囊舌木(*Sacoglottis gabonersis*)等；半落叶林中楝属树种十分丰富，如非洲楝(*Entandrophragma* spp.)和卡亚楝(*Khaya* spp.)。

利比里亚森林资源质量较好。2015年，森林活立木单位面积蓄积量为158 m^3/hm^2，高于美国平均水平(155 m^3/hm^2)；单位面积森林碳储量为135 t/hm^2，2倍于美国平均水平(64 t/hm^2)。

1990—2005年，利比亚采用重新造林方式造林，其间有中断。多年来，全国造林总面积仅增加11万hm^2。近25年来，由于毁林和非法采伐的影响，全国森林面积呈现持续下降的态势。1990—2015年，全国每年平均减少森林3万hm^2，年均下降率为0.70%。25年来，共减少森林75万hm^2，为原有森林面积(492.9万hm^2)的15.2%。

三、林业法规政策

(一) 林业立法演变

1953年，利比里亚农业部颁布《国有林保护法》，并依据该法案成立了第一个林业管理机构——森林和野生动物保护局。1976 年 12 月，由参、众两院组成的立法机关通过了特别法，成立了利比里亚国家林业管理机构——林业发展局(FDA)。该局的职能：建立一个由永久森林带构成的国家森林公园；扩大林业对国家经济的贡献；通过公共林业项目提高森林保护和管理的公众参与度。2000 年，《国家林业法》出台。2006 年 6 月，联合国安理会解除对利比里亚木材禁运，同年 9 月利政府修订出台新的《国家林业法》和关于创建林业发展局的条例。根据新《国家林业法》要求，2009 年，利比里亚议会通过《社区森林法》。对社区森林的商业利用进行规范。考虑到非法采伐的巨大风险，林业发展局为森林采伐业设置准入门槛提高，于 2011 年颁布《公共采购与采伐特许法案》，对森林经营与木材采伐销售的相关程序做出规定。目前，利比里亚尚未建立地方性林业政策和法律框架。

（二）林业法规

1. 国家林业法

新的《国家林业法》确认了利比里亚全部森林资源归全体公民所有，产生的效益均为全体公民服务；拟定了森林商业性采伐的管理办法，采用资格预审和招标方式，与企业签订采伐合同，授予企业森林采伐和经营权。该法强调良好森林经营以及社区参与森林管理的重要意义，其目标在于解决利比里亚森林保护和商业性利用之间的矛盾，确保相关利益主体公平、合理地获取森林资源以减少未来冲突的可能性，最终实现社会发展、森林保护和商品林综合开发一体化，以保护全体利比里亚公民的利益(FAO，2011)。

2. 社区森林法

根据《社区森林法》，政府承认社区对所属森林资源的所有权，但社区须根据林业发展局出台的法规和指导方针可持续经营森林资源。该法根据林产品的市场流向确定了 3 类采伐合同：

小型商业合同：林产品主要在国内销售，社区可不通过招标直接与外地市场签订合同。

中型商业合同：林产品既可出口，也可在国内销售，森林经营面积介于 0.5 万 ~ 50 万 hm^2的社区可不通过招标直接对外签订合同。

大型商业合同：木材产品(包括工业原木)主要用于出口。社区必须依照林业发展局《森林采伐 10 项法规》，通过公开招标对外签订合同，其合同须经总统和议会批准才可生效。

3. 公共采购与采伐特许法案

该法案旨在规范森林经营与木材采伐销售活动，对相关利益主体获取森林资源经营权和木材销售权的资格以及程序做出规定。

企业和个人必须通过资格预审和竞标，中标后与政府签订森林经营合同(包含 2 种类型)或木材销售合同后，方可获得森林资源的经营权和销售权：

(1)森林经营合同(FMC)。是指针对上限为 40 万 hm^2的大面积森林签订的长期合同。其中相对较小规模经营合同(10 万 hm^2以下)主要与利比里亚控股(51%)的合资公司签订。

(2)木材销售合同(TSC)。即针对不足 5 000 hm^2的小面积森林签订的短期合同(3 年之内)，主要签约对象同样为利比里亚控股的合资公司。

此外，法案规定，中标者还需通过以下 7 个流程才能正式取得森林经营权和销售权：

(1)所有森林经营合同必须由总统正式授权，木材销售合同只需林业发展局签署。

(2)中标者必须提交履约保证书，最低保证金分别为：木材销售合同2.5万美元、中小规模森林经营合同15万美元、大规模森林经营合同25万美元；或者支付第一年一半的政府预期收益(不包括地租)，或提供最高价值100万美元的抵押物。

(3)经营者必须优先雇用西非经济共同体(ECOWAS)国家公民，禁止雇用来自共同体国家以外的非技术工人；对安防人员进行严格审查，确保其没有暴力犯罪史，未被指控过犯有侵害人权罪、反人类罪或战争罪。

(4)环境影响评估与社会认同。采伐之前，经营者必须按照林业发展局规定的采伐要求进行操作，还要进行环境影响评估并争取环保局认可，与可能受采伐影响的当地社区签署社会认同书。

(5)森林经营规划。采伐前，签订了森林经营合同的经营者必须提交一份林业发展局认可的森林经营方案，包括25年森林经营战略规划(SFMP)、5年森林经营计划(5YFMP)和年度作业计划(AOP)。签订木材销售合同的经营者不需要提交森林经营方案，但必须填写年度采伐计划(HP)。

(6)审计与监管链。所有经营者必须通过年度审计，必须按森林法要求提供即时信息。

(7)公众信息。如果不涉及商业机密，不干扰法律实施或国家安全，公众有权知晓任何林业团体竞标信息。

（三）林业政策

利比里亚国家林业政策的总目标是：保护和可持续地经营森林资源，为全体国民提供林产品和服务，为国家消除贫困做出贡献，保持生态环境稳定，履行加入的国际公约。

为了更好地实现这一总目标，设立以下具体目标：

(1)确保商品林开发、社区生计和森林保护协调发展，以实现森林资源的经济、社会和生态效益。

(2)保护具有代表性的森林生态系统，维持其重要的生态功能。

(3)增加以森林资源为基础的创收活动，促进实现国家扶贫和粮食安全目标。

(4)创造更公平地获取森林资源的机会，降低未来冲突的可能性，使全社会共享林业发展带来的惠益。

(5)确保所有的利益相关者参与林业政策制定和森林资源的保护与管理。

(6)努力提高林业部门收入，扩大其对就业和贸易的贡献。

(7)多部门统筹协作，确保林业发展符合国家发展目标和相关国际承诺(包括区域合作和国家间协作)的要求。

(8)确保林业部门的活动(包括森林经营、人工造林、林木采伐、森林保护和产业发展)建立在较完备的科学技术规程基础之上。

四、林业机构与管理体制

（一）林业行政主管部门及其职能

1976年年底，利比里亚成立了林业发展局，其职责是负责全国的森林资源管理和保护，制定、发布和执行林业技术、发展规划及行政法令；负责土壤贫瘠和森林退化区的造林活动，开展森林保护科普活动，选择和建立国家公园和狩猎区；致力于维持森林面积，保持森林生态系统的结构和生物完整性，恢复过伐的森林，赋予利比里亚人民获取自然资源收益的优先权。至今，林业发展局已发布27项规定，规定内容包括森林和野生动物的行政管理和执法(FRA，2010)。

除林业发展局外，环境保护局也承担一部分森林管理职能。该机构提供了一个跨部委的解决和协调环境问题的反应机制，同时具备构建一系列环境问题(森林管理、自然保护、环境影响评估)政策框架的功能（Forestry Development Authority，2006)。

2000年以来，受联合国对利比里亚木材出口制裁的影响，利比里亚林业行政管理人员数量呈先下降后增长的趋势。2008年，利比里亚林业行政管理人员共296人，其中女性占10%。

（二）非政府组织及其职能

利比里亚12家涉林非政府组织组成了一个“NGO联盟”，在利林业政策法规及发展计划的制定过程中发挥着重要作用。目前，NGO联盟的工作已得到林业发展局的认可，并获准成为林业管理的观察员，监督实施有关林业法规。

利比里亚自然保护学会(SCNL)是该国最具代表性的林业非政府组织，成立于1986年，是维护热带雨林的坚定支持者。利比里亚森林倡议组织(LFI)成立于2004年，致力于促进利比里亚林业部门在立法和法治、透明度和信息管理、政策制定、能力建设、安全建设等领域的发展。其活动内容包括加强利与多国间的林业合作和协调，改革利比里亚林业，促进可持续的森林经营。该组织得到美国政府提供的支持，从事了大量美国倡议的工作和项目。2005年，LFI的合作范围扩大到世界银行(WBG)、欧洲委员会(EU)、联合国粮农组织(FAO)、国际货币基金组织(IMF)和世界自然保护联盟(IUCN)，从而形成了更强有力的多边和跨国伙伴关系。

五、森林经营与管理

（一）森林经营规划

2006年7月，利比里亚林业发展局编制了《森林经营规划指南》，帮助林农和林业企业明确森林经营合同、木材销售合同及社区森林商业性采伐的要求。该指南涵盖了《森林经营战略规划》《五年森林经营计划》《年度森林经营方案》和《采伐计划》4个经营计划。它们之间的关系如图1所示。

《森林经营战略规划》旨在确定森林经营目标及约束性指标，其中经营目标的制定取决于森林资源的类型和规模。

《五年森林经营计划》根据不同森林的特点制定差异化经营目标及具体量化指标，预期达到如下目标：

(1)描述和评估不同森林资源的商业潜力，并估算其可持续的木材产量。

(2)描述和评价森林经营活动在计划期内对环境的影响。

(3)维护特定组织的特殊利益和要求，如自然保护区及流域内的生物多样性保护。

(4)解决木材销售业务引起的相关社会问题，争取得到当地社区对森林经营的支持。

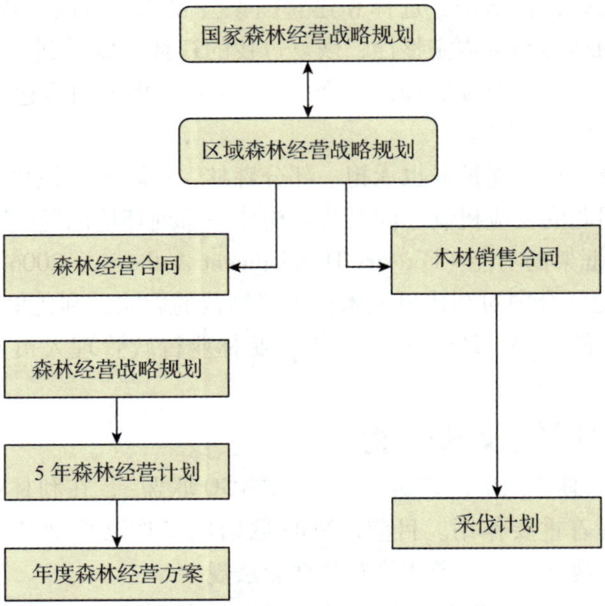

图 1　森林经营计划结构

《年度森林经营方案》将《森林经营战略规划》和《五年森林经营计划》的要求细化。广义上，采伐计划也可纳入年度森林经营方案。

《采伐计划》对来年的主要经营活动（伐木等）进行规定，并对上年的经营活动进行述评。

（二）森林采伐规定

利比里亚实行择伐，其森林采伐条例规定了禁止采伐的区域，如自然保护区、野生动物栖息地、易退化地区（陡峭山坡）、水源地、传统文化习俗保留区等，任何采伐机具不得入内。条例还规定了一些其他的采伐限制措施，如定向砍伐、设立野生动植物保护区、垃圾处理等。

森林采伐由获得长期采伐权（通常为 25 年合同）的外资企业进行，在受到联合国的木材禁运之前，约有 25 个企业在利比里亚采伐木材，黎巴嫩企业最为活跃。林业发展局负责监督森林经营管理及采伐权转让。采伐权转让的面积在 5 万～120 万 hm^2，采伐企业都配备了加工设施，但除部分大型企业外几乎都是形同虚设。在采伐现场有林业发展局管理人员的监督，除部分特殊树种外，通常采伐胸径为 60 cm 以上的立木（每公顷只有几株），但也存在只采伐高价值立木的情况。对于采伐材积则没有限制，但只允许企业每年采伐总面积的 4%。企业的采伐活动结束后，当地居民及城市的木材企业加入到后续采伐行列，伐倒残存的较大立木，并在采伐现场用油锯进行粗加工。具有长期采伐权的企业所采伐的木材几乎都用于出口，只有少量供应国内市场，而用油锯进行粗加工的木材则用于满足国内需求（白秀萍，2005）。

（三）生物多样性保护

利比里亚物种丰富，现存较多珍稀物种。森林中有 2 900 余种开花植物，其中有 240 种树种、150 种哺乳动物、620 种鸟类和 125 种爬行和两栖类动物。为保护其丰富的生物多样性，利比里亚建立了自然保护区，并成立了国际性保护组织。

利比里亚现有2个自然保护区：萨伯自然保护区（180万 hm^2）和东宁巴自然保护区（1.36万 hm^2），约占全国土地面积的2%。利林业发展局计划将戈拉国家森林公园和洛法州国家森林公园及皮索盆地也纳入国家自然保护区。

2005年，利比里亚政府、野生动植物保护国际及其他非政府组织共同制定一个为期5年的萨伯国家公园行动计划，为利永久性森林的保护提供行动支持。

2008年，利比里亚和塞拉利昂两国总统共同推出一项为期4年的全球环境基金项目，创建跨境森林公园，将皮索湖和马歇尔湿地合并为拉姆萨尔湿地，协调经营利比里亚和塞拉利昂边境森林。

六、林产品生产、加工与贸易

（一）林产品生产与加工

受战争影响，1990—2005年，利比里亚工业原木采伐量总体呈先上升后下降趋势，2005年的采伐量降至1990年的60%，而薪炭材采伐量则呈逐年增长趋势，2005年的采伐量较之1990年上升73.77%。

联合国对利比里亚解除禁运后，利比里亚木材产量有了较大提高。2008—2016年，利比里亚原木和单板整体呈稳步增长态势。其中，原木2016年产量较之2007年增长29.41%。锯材产量较低，8年间增长不明显，2016年产量仅为8.2万 m^3（表2）。

表2　2008—2016年利比里亚主要林产品产量　（万 m^3，万t）

林产品＼年份	2008	2010	2012	2014	2016
原木	692.3	748.8	802.6	855.6	895.9
其中：工业原木	42	48	52	51	36
薪炭材	64.03	70.08	75.08	80.43	85.97
单板	16	24	27	33.2	32
锯材	8	8	8	13.24	6.2

资料来源：FAOSTAT，2017。

（二）林产品贸易

由于利比里亚林产工业发展缓慢，其出口的林产品主要为工业原木、纸浆等初级产品，进口的林产品主要为人造板、纸和纸板等加工品。利比里亚林产品贸易顺差明显，2016年全年林产品进口额仅为467.9万美元，出口额则高达4 100.1万美元。

木材出口曾是利比里亚经济的支柱产业之一。2000—2003年，利木材出口维持在每年5 000万美元以上；2004—2006年，受联合国制裁影响，木材出口一度停止；2006年联合国解除制裁后，木材出口逐渐恢复，但出口量仍然较少，主要以往多年累积的采伐库存为主。2009年11月，利比里亚实现了解禁后首批新砍伐木材的出口。随着森林销售合同中标者陆续付款和开始砍伐，2010年后木材出口明显增加。2016年原木和锯材出口量较之

2010 年分别增长 18 倍和 1.8 倍。纸和纸板初期出口量较少，维持在 25t 左右。从 2015 年起，出口量大幅上涨至 206t。2016 年纸浆出口量增长迅速，较之 2010 年增长 6 倍(表 3)。

表 3　2008—2016 年利比里亚主要林产品出口量　(m^3，t)

林产品＼年份	2008	2010	2012	2014	2016
原木	2 130	9 178	190 028	132 000	178 222
锯材	253	272	2 918	2 079	400
人造板	7	0	0	154	0
纸和纸板	24	25	25	154	
纸浆	200	55 600	225 400	—	412 200

资料来源：FAOSTAT，2017。

2008—2016 年，利比里亚进口的林产品主要包括锯材、人造板和纸板等，林产加工产品对外依存度呈攀升之势。2016 年，人造板和纸板进口量分别达到 7 570 m^3 和 1 583 m^3，较之 2007 年分别增长 1.9 倍和 2.7 倍(表 4)。

表 4　2008—2016 年利比里亚主要林产品进口量　(m^3，t)

林产品＼年份	2008	2010	2012	2014	2015
原木	231	1 449	43	0	0
锯材	347	264	1 200	391	3
人造板	5 612	4 364	8 934	6 904	7 570
纸和纸板	579	1 401	1 578	1 640	1 583
纸浆	26	26	26	26	26

资料来源：FAOSTAT，2017。

利比里亚初级林产品主要出口到土耳其、法国、德国等欧洲国家，进口的加工品一部分来自泰国、巴西等林业资源丰富的热带国家，另一部分来自波兰、意大利等林产加工水平较高的欧洲国家。其中，中国在其出口和进口贸易中均占有一定比重，是利比里亚重要的贸易伙伴(Liberia Forest Initiative，2015)。

七、林业科研与教育

利比里亚的林业教育正处于艰难时期，政治动乱和财政困难致使许多部门长期关闭。教育设备落后，学生数量不能满足政府、社区和私人部门的需求。林业公司面临着能否可持续经营林业的压力，许多外国专家在战争中被遣送回国，部分还遭到迫害，员工罢工的情况频发(FAO，2010)。公司缺乏林业技术人才。

利比里亚林业科研力量薄弱，利比里亚大学(农林学院)不具备硕士培养资格，只能培养普通林学和木材专业的学士。2010 年利比里亚林业相关专业毕业生只有 9 名学士。截至

2010 年，在利林业科研机构工作的专业人员数量只有 34 名，其中拥有学士学位的 9 人，硕士学位的 23 人，博士学位的 2 人，女性在总数中约占 11%。

八、林业国际合作与交流

据 FAO 2010 年的统计，利比里亚已加入如下国际公约和协定：生物多样性公约、国际热带木材协定、联合国气候变化框架公约、联合国防治荒漠化公约、濒危野生动植物种国际贸易公约、拉姆萨尔公约。利比里亚政府还保证，国家林业政策将充分考虑利比里亚作为国际社会一员的承诺和义务，将通过财政、技术等手段为履行国际公约和协定做出努力。

由美国国际开发署(USAID)资助的利比里亚森林倡议机构，自 2004 年以来已经为利比里亚的林业改革计划提供了 1 000 万美元的资金。世界银行、欧洲委员会、野生动植物保护国际、国际保护基金会、世界自然保护联盟和联合国粮农组织等国际组织对利比里亚森林倡议机构也给予了资金上的支持。这些国际组织的援助使利比里亚建立起了森林经营与管理的法律和政策框架。

九、分析与借鉴

利比里亚林业发展受到战争的严重影响，林业统计数据缺失、林产工业落后。目前其林业发展呈现出两个主要的特点：

(1)非法采伐，森林资源流失严重。尽管利比里亚森林资源丰富，但由于政府对林业发展不够重视，缺乏法律支持和林业部门没有足够的管理人员，在森林保护方面的执法力度较弱，导致林业违法犯罪现象严重。同时，战乱频繁和农业开发，致使森林资源持续削减。除人为毁林以外，利比里亚森林还面临着森林火灾和森林病虫害的干扰 。

(2)科研教育水平低下，林业技术人员资源不足。全国仅有一所开设农林专业的大学，且只能培养学士。大量林业企业缺乏专业技术人才，很难满足林业可持续经营的需要。

(赵　荣　赵晓迪)

参考文献

白秀萍 . 2005. 利比里亚林业近况[J]. 世界林业动态 .

中国外交部网站 . 2018. 利比里亚国家概况 .

FAO. 2010. FAO Yearbook of Forest products.

FAO. 2016. Global forest resources assessment 2015 country report—Liberia.

FAO. 2018. Forestry production and traole. http: //faostat. fao. org/site/en/#data/FO.

Forestry Development Authority. 2006. National Forestry Policy and Implementation Strategy. http: //foris. fao. org/static/pdf/nfp - and - forest - policy - documents/liberia - forestry - policy. pdf.

Liberia Forest Initiative. 2015. Laws and regulations related to forestry in Liberia. http: //www. fao. org/forestry/lfi/31586/en/.

马拉维(Malawi)

马拉维是非洲东南部内陆国家，与莫桑比克、赞比亚、坦桑尼亚为邻，国土面积1 185万hm^2。人口1 809万(中国外交部网站，2018)，绝大多数为班图语系黑人，官方语言为英语和奇契瓦语。约75%的居民信奉基督新教和天主教，20%信奉伊斯兰教，其余信奉原始宗教。首都利隆圭。

马拉维地处中非，气候温热，地理和气候上堪称“温暖之心”，3/4国土海拔1 000～1 500m。属热带草原气候。雨量适中，气候温和。年平均气温20℃左右，年平均降水量1 000～1 500 mm。

马拉维为农业国，全国90%以上人口从事农业，经济十分落后，是联合国确定的最不发达国家。主要种植烟草、棉花、玉米等，是非洲主要烟草生产国之一，烟草出口占国家外汇收入70%。主要贸易对象是南非、英国、日本、美国、法国、德国、荷兰，以及南部非洲关税同盟成员国，主要出口烟草、茶叶、蔗糖、咖啡，进口工业及交通运输设备、石油、化肥、化工产品等。马拉维财政严重依赖外援。欧盟、英国、美国、世界银行、日本等是其主要援助方。

2016年马拉维GDP为54.33亿美元，人均GDP为301美元，被国际货币基金组织(IMF)评为全球最糟糕的五大经济体之一(国际货币基金组织，2018)。

一、林业在国民经济中的地位

马拉维林业产业较落后，2010年林业总产值为5 000万美元，对国家GDP贡献率仅为2.6%，提供就业岗位2 000个。

虽然林业对国家的GDP贡献率很低，森林为马拉维居民提供了各种林产品，包括木材、薪材、建筑材料、饲料、野果、蜂蜜、蘑菇和药材等，这些林产品是马拉维居民生计的重要来源(FAO，2015)。

二、森林及其他自然资源

(一)森林资源

1. 森林资源总量

马拉维森林总面积为314.7万hm^2，森林覆盖率33.4%，活立木总蓄积为3.45亿m^3，平均每公顷蓄积量为110m^3(FAO，2015)。原始林84.5万hm^2，占全国森林总面积的26.9%；天然次生林188.3万hm^2，占59.8%；人工林41.9万hm^2，占13.3%。天然林中，用于木材生产的森林面积为120.6万hm^2，占全国森林总面积的44%。

森林类型包括低地雨林、高山雨林和亚高山雨林、干旱常绿或落叶阔叶林、热带稀疏干旱草原林和沼泽林。天然林大多为干旱落叶阔叶林和热带稀树干旱草原林，其特点是树干分杈、生长慢、郁闭度低、呈疏林状态。在立地条件较好的地区分布着一些常绿阔叶树，东非桃花心木树高可达到40 m以上。在高海拔地区分布着天然针叶林(FAO，2015)。

2. 森林资源结构

根据森林起源，分为原始林、天然次生林和人工林，面积分别为84.5万hm^2、188.3万hm^2和41.9万hm^2(FAO，2015)，分别占森林面积的26.9%、59.8%和13.3%。在树种构成上，天然林中92%是短盖豆木(*Brachystegia* spp.)；人工林100%是引进的外来树种，松树占68%，桉树占22%，其他树种10%。

根据森林用途，将森林划分为生产林、生物多样性保护林和未知用途林，分别占森林总面积的37%、23%和40%。

2010年，马拉维国有森林面积达240万hm^2，私有林面积达1.5万hm^2，分别占99.4%和0.6%(FAO，2015)。

3. 森林资源变化

20多年来，马拉维的森林面积总的趋势是在逐年减少，且减少幅度逐年增大。1990年森林面积为389.6万hm^2，2000年减至314.7万hm^2，年均减少森林面积5.0万hm^2，2000—2010年年均减少森林33万hm^2，减少率为1%，2010—2015年年均减少森林18万hm^2，减少率为0.6%(FAO，2015)。

森林面积减少的主要原因是农业发展侵占林地和矿产资源非法开采。据专家预测，随着马拉维森林退化率不断上升，如果马拉维政府不采取措施，2050年后全国森林覆盖率将归零，土地将沙漠化(FAO，2015)。

(二)其他自然资源

马拉维植物资源极其丰富，约有6 000多种开花植物，3 765种维管束植物，仅11种植物受到法律保护，128个濒危物种。黑檀木(*Dispyyos* spp.)、野香蕉(*Musa chunii*)、猴面包树(*Adansonia digitata*)和在岩石地区生长的旱生芦荟等是马拉维所特有物种。著名的植物科有大风子科(Flacourtiaceae)、兰科(Orchidaceae)、豆科(Leguminosae)、大戟科(Euphorbiaceae)和桑科(Moraceae)等。

马拉维有192种哺乳动物(如水牛，大象，狮子，豹子、犀牛)和630种鸟类。鱼的种类850种，拥有世界4%的鱼类，14%的淡水鱼，其中约95%的鱼类为马拉维湖特有，如罗非鱼、慈鲷和大鲶鱼(Malawi Fifth National Report to CBD，2014)。

马拉维还拥有丰富的湿地资源，湿地面积约401 hm^2。为了保护湿地资源，马拉维2001年申请加入国际湿地公约，目前有3处湿地入选国际重要湿地名录(Ramsar Convention，2015)。

三、林业法规政策

(一)林业法规

马拉维曾颁布3部与林业有关的法律，即1968年制定的《森林法》、1957年制定的

《土地法》和 1992 年制定的《国家公园和野生动物法》。

1968 年颁布的《森林法》规定：由国家林业局负责建立森林保护地；委托地方议会管理传统用地的天然林。该法律不涉及私有林，其森林采伐和林产品销售不受林业部门的管理。1997 年对《森林法》进行了修订，修订后的《森林法》强调了当地社区经营森林的重要作用，政府只担当顾问角色；还规定了传统用地和私人土地上的原始林、森林保护区的管理和经营规范；成立了林业管理委员会和森林开发和管理基金，促进农林间作、人工林苗圃和林产工业的发展，并界定了政府官员和社区机构的执法权。该法还涉及了跨部门交叉问题，如防火和防治林木病虫害、林产品进出口和林业国际合作等事宜。

1957 年制定了《土地法》，并于 2002 年修订。马拉维《土地法》规定了土地转让权。公有土地上的森林保护地可以通过租借等方式转变为私有土地，同样，传统用地也可转变为公有或私有土地。按照马拉维《土地法》规定，马拉维土地分为普通用地、公共用地和私有土地。以上 3 种土地均可用于工商业开发，但必须符合房屋规划部门相关的区域管理规定。修订后的《土地法》正式承认传统用地的所有权，为了缓解土地资源严重短缺问题，《土地法》要求把废弃的农业地产重新分配，并提出了马拉维解决土地和毁林两大问题的措施。

1992 年制定了《国家公园和野生动物法》，立法重点放在保护濒危、珍稀或有代表性物种和生态系统上。该法规定建立国家公园和野生动物基金，以发展、保护和管理国家公园和野生动物(Malawi Government Report, 2005)。

（二）林业政策

1996 年，马拉维制定《国家林业政策》，目标是让所有公民都能获得森林产品，促进当地社区公平参与森林保护与经营，建立适当的激励机制，把社区保护和可持续利用森林资源作为扶贫的一种手段，实现木材和森林产品自给自足。该政策于 1997 年纳入新《森林法》。2003 年，政府制定了社区林业管理政策，该政策是对马拉维国家林业政策的一个补充。马拉维国家林业政策 2006 年修订一次，2013 年再次修订，主要目的是减少对木质燃料的过度依赖，提高木质燃料的使用效率，减少毁林，提倡可持续木炭生产(Malawi National Report, 2004)。

2001 年，马拉维制定了国家林业计划(NFP)，其总目标是实现森林产品的可持续经营，改善林区居民的生计，并确定了 12 个优先领域，旨在通过开展林业优先行动，促使森林产品和服务可持续经营，实现马拉维政府消除贫困、繁荣经济和良好的环境管理的重要目标。为了实现既定目标，马拉维国家林业计划中制定了如下战略措施：重新调整林业部门的组织结构和管理程序，优化政策对森林和生计的影响，通过权力下放建立地方森林管理体系，鼓励社区森林管理，改善小农生计，减少贫困；加强林业推广，加强研究和信息体系建设；制定木材能源政策，逐步取消政府对木材补贴，鼓励私营部门培育树木；通过政府与 NGO、私营部门建立伙伴关系经营和管理森林保护区，改善林业产业；在政府、私营部门和民间团体之间建立伙伴关系，签订共同融资协议，形成新的林业融资模式 McConnell R, Sibale B and Utila H, 2007)。

1998 年马拉维通过了国家权力下放政策，赋予基层参与决策的权力和履行政策的职责，更好地发展经济以减少贫困。在该政策的影响下，促进了该国社区和村级森林管理模式的发展。

马拉维 2006 年颁布了《国家生物多样性战略和行动计划》，鼓励多部门参与生物多样性保护和开发，鼓励开发生物技术，制定了生物多样性政策和立法、社区参与、外来物种入侵和激励措施。该计划的目标是到 2020 年各利益方全面参与生物多样性保护、管理、可持续利用，公平和公正地分享从中的利益。

在国际层面上，马拉维还签署了与林业相关的国际公约，如《生物多样性公约》《防治荒漠化公约》《国际湿地公约》《野生动植物濒危物种国际贸易公约》和《气候变化公约》等（Malawi Government Report，2006）。

四、林业机构与管理体制

（一）林业机构

国家林业局是马拉维林业的主管部门，隶属自然资源、能源与矿产部。国家林业局由林业发展处、林业推广处、林业科技人教处和造林处 4 个职能部门组成。林业发展处负责管理所有的保护林和工业用材林，并监督实施林业行动计划；林业推广处主要负责传统用地推广项目，包括国家植树造林项目、薪炭林和相关的能源项目；林业科教处主要负责培训、科研和计划；造林处主要负责植树造林活动。

（二）林业管理体制

马拉维森林分为传统习俗类林地、国家公园、森林保护区和人工林，分别占总森林面积的 47%、27%、22% 和 4%。马拉维近 50% 的传统习俗类林地，名义上由国家林业局管理，但实际上由地方的酋长掌控。国家公园和森林保护区由国家公园和野生动物局管理。人工林分为国有和私有两种，分别由国家林业局和私人企业管理。在国家权力下放政策指导下，马拉维建立了社区和村级森林管理制度。

马拉维国家林业局的经费来源是政府，以及森林开发和管理基金。该基金主要来自林业收费和税收，由森林管理委员会监管。

马拉维能源和矿产部负责监管林业企业的运营状况，同林业企业签订租赁合同和租赁协议，对违反管理条例的林业企业有权撤销租赁合同（Malawi Government Report，2007）。

五、森林经营与管理

（一）森林经营

1. 天然林的经营

马拉维近一半的森林是天然林，主要由国家林业局管理，还有一部分天然林由村长和国家林业局达成协议，共同经营和管理。森林经营主要采用社区林业经营模式。其天然林除了生产木材外，还生产蘑菇、蜂蜜、植物药材等非木质林产品，并为森林旅游服务，年允许采伐量为 240 万 m^3。

在天然林经营过程中，马拉维重视与森林有关的信仰和民俗，人们认为祈祷方式能够保护山体和森林。

2. 人工林经营

马拉维的人工林由政府和私人经营，种植的树种主要是展叶松（*Pinus patula*）和桉树。

政府经营的人工林有61处，占人工林总面积的80%，年产木材16万 m^3，薪材310万 m^3。政府经营的最大人工林位于姆津巴区维皮亚，面积5万多 hm^2，每公顷年生长量17 m^3。该人工林除了提供木材外，还有保护水源、作为野生动物栖息地、养蜂、种蘑菇、养鱼、开展森林旅游业等功能。马拉维由私人经营的人工林不到20%，多由茶叶和烟草商经营，人工林年允许采伐量为170万 m^3。

（二）森林保护

目前，马拉维有88个森林保护区，建在公有林地，面积76.8万 hm^2，约占森林面积的24%，采用参与式管理模式，由国家林业局管理与当地社区共同经营。

国家还建立国家公园、森林禁猎区、野生动物庇护所、植物园等形式的保护区，面积约占国土面积的27%。

火灾是马拉维毁林的一个重要原因。据统计，2005年烧毁森林面积1 000 hm^2以上的火灾就发生了85次。火灾频发的主要原因是气温升高，加大了火灾发生的频率和强度。

病虫害也是马拉维森林减少的原因之一。马拉维天然林内的主要有害生物比人工林中多，主要有害生物约17种，而人工林中只有6种。主要病虫害有地中海柏蚜、银合欢木虱、桉黄天牛、桉天牛、松针蚜虫和蜜环菌。治理有害生物的主要措施是采用航空播撒化学与生物杀虫剂，但是缺乏对森林有害生物的综合管理与预防措施。

六、林产品生产、加工与贸易

（一）林产品生产和加工

马拉维主要生产原木和少量的锯材及人造板，原木产量有逐年上升的趋势，从2003年的500多万 m^3增加到2016年的近706万 m^3，锯材和人造板的产量稳定，分别是5.2万 m^3和2.8万 m^3。马拉维人造板主要是胶合板，产量为1.2万 m^3。马拉维不生产木浆、纸和纸板(FAO，2017)。

马拉维林产工业非常落后，只能生产少量的胶合板、细木工板和藤制家具等木质林产品。政府根据企业的工人数量定义企业的规模，5个工人以上的为微型企业，5～20人的为小型企业，20～100人的为中型企业，100人以上的为大型企业，年产值分别为0.7万美元、0.7万～7万美元、7万～36万美元和36万美元以上。马拉维大型林产企业很少，中小型林产企业居多，主要分布在农村和森林保护区附近。两个大型的林产企业是马拉维木材工业国际公司(WICO)和RAIPLY公司。马拉维没有木浆、纸和纸板等产业。在农村天然林附近发展零散的木雕产业。马拉维的木材都是风干，干燥窑很少。

马拉维正在大力发展竹藤产业，于2014年9月已正式成为国际竹藤组织(INBAR)成员国。马拉维希望发展竹业，促进食用竹笋生产，加工竹窗帘、竹地板、竹保健品等，开发竹子领域的潜能，希望不仅能从成员国之间共享的新技术中受益，还能从国际竹藤组织所提供的能力建设中受益(FAO，2012)。

（二）林产品贸易

马拉维主要进口原木、人造板、纸和纸板，但是进口量很少，原木和人造板的进口量不到1万 m^3，自2007年至今已停止进口原木。纸和纸板的进口量逐年上升到2011年的

2 万 t以上，2012 年回落到历史最低点 1.3 万 t，此后逐年上升，至 2015 年进口量达到2 万 t。

2007 年之前马拉维只出口少量的锯材和人造板。马拉维一直没有出口木浆，是因为国内不生产木浆，也不进口木浆。

马拉维林产品贸易极其不发达，2012 年 马拉维林产品贸易总额是 4 622 万美元，其中进口额为 2 039 万美元，出口额为 2 584 万美元，主要贸易国和数据不详（FAOSTAT，2018）。

七、林业科研与教育

（一）林业科研

马拉维主要林业科研机构是马拉维林业研究所，主要的研究领域是造林、林木抚育、森林保护、土壤学、木材工业、育种、生物质能源、林业经济等。该研究所在植树造林、森林保护、农用林、森林经营管理等方面的研究取得了巨大的成绩。近些年，该研究所正在开展森林保护和管理、林权改革、可持续土地管理、REDD +、气候变化等项目。

（二）林业教育

马拉维林学院、姆祖祖大学和利隆圭农业和自然资源大学是马拉维与林业密切相关的 3 所教育机构，承担着教育和培养林业专业技术人员和管理人才的任务，设有林业专业学位和培训课程，都可颁发学位证书和技术资格培训证书。其中马拉维林学院设有森林培育和林产工业的专业课程，开展木材加工和机械维修方面的培训。姆祖祖大学和利隆圭农业和自然资源大学，设有林业和自然资源管理学科的学士、硕士和博士学位课程，以满足社会对林业高质量人才的需求。

八、分析与借鉴

马拉维林业主要特点是森林面积小，森林资源相对丰富，但多为低质次生林，商业材种非常少，森林主要为人们提供薪材、药材和水果等非木质林产品。政府提倡多部门管理林业，比较重视基层的知情权和话语权，林产工业不发达。

面临的主要问题：

（1）毁林和林地退化严重。虽然实施了许多林业项目和工程，森林保护区和人工林中的非法采伐，非法木炭生产和贸易屡禁不止。马拉维烟草烤制毁林严重。为了发展经济，马拉维政府不但未阻止烟草种植对森林环境造成的破坏，还阻碍世卫组织倡导的反烟运动。森林火灾仍然是影响天然林和人工林经营的最大问题之一。

（2）林产工业落后，缺少资金和技术。

（3）林业政策与法律的执行效力低下。森林法与其他相关部门的法律不协调，造成土地、水利、铁路和公路等部门随意砍伐木材。

（4）林业数据缺乏统计。由于能力和资源有限，没有开展林产品贸易、森林产品和服务增值方面的工作，也没有统计林产品的数据和信息。

针对以上林业面临的主要问题，马拉维政府采取一系列的政策和措施制止毁林和土地退化，尽可能将烟草种植对森林的影响最小化。并提出以下具体措施：提高木材生产率和林产品的附加值，增加再造林；加强执法能力建设，激励私人部门参与人工林建设；把权力下放到社区和村落，与地方、NGO 和民间团体建立伙伴关系，共同参与可持续森林经营；激励私营部门植树造林，以满足该国未来木材需求；实现森林经营私有化、森林工业机械化。

（谭秀凤　廖　望）

参考文献

国际货币基金组织 . 2015. 世界经济展望 . http：//www. imf. org/external/pubs/ft/weo/2015/01/weodata/index. aspx.

中国外交部网站 . 2015. 马拉维国家概况 . http：//www. fmprc. gov. cn/web/gjhdq_ 676201/gj_ 676203/fz_ 677316/1206_ 678116/1206x0_ 678118/ .

FAO. 2011. 世界林业状况 2011.

FAO. 2012. 林产品年鉴 2012.

FAO. 2010. Global forest resources assessment 2010：Malawi country report.

Government of Malawi. 2014. Fifth National Report To the Convention on Biological Diversity. https：//www. cbd. int/doc/world/mw/mw – nr – 05 – en. pdf.

Malawi Government. 2005. Decentralisation in Forestry – Moving Forward Together. Ministry of Energy and Mines. Malawi Government，Lilongwe，Malawi.

Malawi Government. 2006. Malawi Growth and Development Strategy. Ministry of Economic Planning and Development. Malawi Government，Lilongwe，Malawi.

Malawi Government. 2007. Micro，Small and Medium Enterprises Policy 2007 – Government of Malawi. Malawi Government，Lilongwe，Malawi.

McConnell R，Sibale B，Utila H. 2007. Linking National Forest Programmes to Poverty Reduction Strategies. Report submitted to the Food and Agriculture Organization.

Ramsar. 2015. National Report To the Implementation of the Ramsar Convention on Wetlands. National Reports to be submitted to the 12th Meeting of the Conference of the Contracting Parties，Uruguay.

马里(Mali)

马里共和国(简称马里)位于非洲西部撒哈拉沙漠南缘，国土面积124万km^2，2017年总人口1 869，有23个部族，主要为班巴拉(占34%)、颇耳(11%)、塞努福(9%)和萨拉考列族(8%)。各民族均有自己的语言，官方语言为法语，通用班巴拉语。80%的居民信奉伊斯兰教。全国划分为8个大区和1个中央直辖区，首都巴马科(中国外交部网站，2018)。

马里全境主要由塞内加尔河上游盆地、尼日尔河中游和撒哈拉沙漠的一部分组成；境内地势平坦，多为海拔300 m的平原和台地，中部为大平原，西部和西南部海拔500～800 m；塞内加尔河和尼日尔河流经全境(中国驻马里经商参赞处，2014b)。北部为热带沙漠气候，干旱炎热。中、南部为热带草原气候。全年分为2个季节：6～10月为雨季，11月至翌年5月为旱季。旱季最高气温达50℃，雨季最低气温为14℃(中国外交部网站，2014)。

马里矿产资源较丰富，主要矿藏资源有：黄金900 t，铁13.6亿t，铝矾土12亿t，硅藻土6 500万t，岩盐5 300万t，磷酸盐1 180万t，锰1 500万t，铀5 200 t。黄金居出口产品之首，2016年黄金产量81 t，产值占国内生产总值的8%，金矿出口额占出口总额的70%，并且创造1.2余个直接就业岗位(中国外交部网站，2014)。

马里2017年国内生产总值156亿美元(中国外交部网站，2018)，人均GDP仅793美元。经济以农牧业为主，主要经济作物有小米、玉米、稻谷、花生和棉花，是非洲主要产棉国(每年棉花对国民经济贡献的占GDP的8%)。马里与100多个国家和地区有贸易关系，出口以黄金、棉花为主，进口以建材、机械、食品为主(中国外交部网站，2018)。

一、林业在国民经济中的地位

马里只有15%的土地适合植物生长。林业是薄弱产业，林业收入仅来自原木生产，缺少林产品加工产业。2011年，林业收入约为151.3万美元，林业值加值为40.7万美元。林业直接就业人数约20万人，GDP贡献率为4.4%。近年来，马里出现了阿拉伯树胶新产业，年产树胶1 308 t，潜在产量可达1.3万t，成为仅次于苏丹和乍得的世界第三大生产国。据估算，马里阿拉伯树胶产业可创造2万个直接和6万个间接就业机会，投资回报率达1/4(中国驻马里经商参赞处，2010)，发展潜力巨大。

二、森林及其他自然资源

(一)森林资源

马里森林面积较少，主要集中于南部、西部和尼日尔河上游河谷地带；大部分为破碎林地，森林很少连片。

1. 总量

2015 年，马里森林面积为 471.5 万 hm^2，占国土面积的 3.9%，人均森林面积 0.25 hm^2；其他林地面积 1 946.6 万 hm^2，占 15.9%。森林立木总蓄积量 0.93 亿 m^3，其他林地的立木总蓄积量 1.46 亿 m^3，活立木生物量中的碳储量 2.84 万 t(FAO，2015)。2011、2012 年森林面积分别下降到 1 241.1 万、1 233.2 万 hm^2，森林覆盖率仅 10.2% 和 10.1%（世界银行，2015）。马里森林资源总量少、面积小、蓄积量低，森林质量不高，单位面积立木蓄积量非常低。2015 年森林每公顷立木蓄积量仅 20 m^3，其他林地每公顷立木蓄积量 8 m^3(FAO，2015)。

2. 结构

(1)按植被。马里森林均为阔叶林，根据气候特点分为 5 种植被类型。撒哈拉地带：年降水量不足 200mm，有零星带刺植物生长，部分草原生长有椰子；Sahelo Saharan 地带：年降水量 200mm 以上，生长多种稻科植物和小灌木的疏林草原；Sahelian 地带：年降水量 350mm 的乔木地带，有山柑科、豆科、鼠李科、使君子科植物；Sahelo Sadanian 地带：年降水量 350～600mm 的稀树林地带，有椰子属、稻科植物；Sudano Guinean 地带：年降水量 800mm 以上的稀树草原林地带，有豆科、大戟科植物。全国几乎看不到构成稳定群落的乡土树种，但特有树种达 38 种(中国林业信息网，2014)。

(2)按起源。马里没有纯原始林，天然林主要为天然次生林，总面积 458 万 hm^2，占全国森林面积的 97.1%；人工林 13.5 万 hm^2，占 2.9%(FAO，2015)。人工林有 90% 为引进树种，包括石梓(*Gmelina chinensis*)、桉树(*Eucalyptus robusta*)、印楝(*Azadirachta Indica*)以及少量柚木(*Tectona grandis*)和铁刀木(*Cassia siamea*)。

(3)按功能。马里没有专门的生产林，但拥有多用途林 266 万 hm^2，占森林总面积 56.4%；按照 FAO 报告(2015)，马里森林中，用于水土保持的林地 373.7 万 hm^2，用于生态服务的林地为 301.2 万 hm^2，这两类林地的面积从 1990—2015 年都没有变化。马里规划用于生物多样性保护的林地面积为 403 万 hm^2，保护区内的森林面积为 295.3 万 hm^2，相较于 2010 年，保护区内的森林面积减少了 4.7 万 hm^2。

(4)按权属。马里森林几乎全为公有林，私有林非常少。2010 年，公有林面积 1 249 万 hm^2，私有林面积仅 0.4 万 hm^2。公有林属国家所有，但可授权社区进行管理。

3. 动态

马里森林面积每年都在下降，1990—2015 年共减少 197.5 万 hm^2，年均减少 1.4%(FAO，2015)；2015 年降至 471.5 万 hm^2(FAO，2015)。其中，天然林不断减少，而人工林逐年增加。为满足薪柴需求，人工林种植面积增长较快，由 1990 年 0.5 万 hm^2 增至 2000 年 5.5 万 hm^2，年均增长 1 倍，2010 年增至 53 万 hm^2，年均增长 86.36%，但是 2015 年，减至 13.5 万 hm^2(FAO，2015)2015 年降至 2.84 亿 t(FAO，2015)。

（二）其他自然资源

1. 湿地资源

巴尼河在马里境内汇入西非最大河流尼日尔河，两条河流经内陆三角洲地区形成最重要的湿地。该地区气候湿热，年降水量 2 300 mm，大水每年淹没过的 2 万～3 万 km^2 土地非常肥沃，百余万居民生活在此，进行渔业、畜牧业和水稻生产(Wetlands，2010)。

2. 沙漠化土地

马里沙漠化现象非常严重，北部沙漠化或半沙漠化土地面积达 7 193 万 hm^2，约占国土面积的 58%；还有 30% 的国土面积受到萨赫勒过渡地带沙漠化的威胁(Afrol News，2001)。马里境内主要有撒哈拉沙漠，边缘地带是萨赫勒地区。据中国科学院兰州沙漠研究所专家组 1996 年调查，马里北方萨赫勒地区总面积 46.088 万 km^2，沙漠化土地面积达 25.488 万 km^2，其中极严重、严重和中度的 3 个等级分别占沙化土地面积的 22.75%、14.98% 和 28.18%(李森等，1999)。

3. 野生动植物

马里野生动植物较丰富。哺乳动物有 146 种，其中达马羚是极度濒危物种，黑猩猩、瞪羚和非洲野狗是濒危物种，猎豹、非洲丛林象、非洲海牛、非洲金猫、非洲狮、加瞪羚、河马、红额瞪羚、巴巴利羊是脆弱物种，斑鬣狗是近危物种；马里特有的著名野生动物是古尔马大象，生活在萨赫勒地区，目前还有 550～700 头，被国际上公认为一个独特而重要的种群(世界野生动物基金会，2014)。国内政局动乱对古尔马地区大象的生存造成了严重威胁。

爬行动物和啮齿动物有沙漠角蝰蛇和眼镜蛇等；水族动物和两栖动物有非洲细长吻鳄和尖啸青蛙等；昆虫和蠕虫有白蚁、翅飞蚁和美洲钩虫等。马里鸟类非常丰富，现有 17 个重点鸟区，约 600 多个品种；加上大象保护区，总面积超过 380 万 hm^2(中国驻马里经商参赞处网站，2003)。

三、林业法规政策

(一) 林业法律法规

马里颁布的第一部林业法规是《马里林产品没收、罚款、损害赔偿、扣押所得的分配法》(1986 年)，还有 4 部重要法规：《马里森林资源管理法》(1995 年)，主要内容包括森林采伐、树种保护、林木使用权及林火的定义和管理条款，森林资源分类和管理规定，以及林业违法处罚；《马里木材贸易经营组织法》(1995 年)和 1996 年颁布的《马里农村木材市场原料供应与功能规则法》及《马里不同来源木材分别发放运输券法》规范了木材的贸易经营、采伐运输和市场运行，为薪材和木材的合法市场贸易创造了条件。

与林业相关的法规有《马里植物保护条例》(1995 年)、《马里地方单位确定扑灭初起火方式法》(1995 年)、《马里开垦方式及国有林分等、降等法》(1996 年)、《马里森林管理机构设置法》(1996 年)、《马里林业管理机构组织和管理方式法》(1996 年)、《马里确定林地采伐税率法》(1997 年)和《马里授权森林资源开发权法》(2001 年)等(中国林业信息网，2015)。近年来马里内乱不断，过渡政府对林业法律是否进行过修改或重新编制尚不清楚。

(二) 国家林业政策

西非国家经济共同体(ECOWAS)是促进西非国家各个领域，尤其是工业、交通、能源、农业一体化的区域集团，实施森林长期可持续发展战略，建立气候的早期预警系统，努力促进森林生态系统的恢复，重视森林管理和生物多样性保护，尤其是农林系统管理技术和非木质林产品生产等(ECOWAS，2011)。马里缺乏国家林业政策，目前政府实施的是前述 ECOWAS 林业政策。

四、林业机构与管理体制

1998 年，马里成立了国家自然保护局，负责制定和实施森林资源规划，并在地方和社区设有服务机构。新政府成立后，国家自然保护局隶属于农村发展部。目前，马里实行全民参与式林业管理模式，林业署长负责制定森林政策，林业处长和林业行政主管负责森林公共管理；国家自然保护局主任负责有关执法，其地方服务机构鼓励人们参与自然资源管理(FAO，2014)。2008 年马里国家森林管理机构工作职员总数 680 人。

五、森林经营与管理

(一) 森林经营

1989 年制定《绿色屏障计划》后，马里积极组织营造商品用材林和防护林。在当时负责马里林业行政管理的水资源森林局支持和外国机构援助下，当地居民发展社区林业营造了人工林。但是，由于存在土地和林木所有权问题，社区林业这种管理方式在一些地区未被当地居民接受。

在马里投资林业比较经济，每年人工林面积不断扩大；由于缺乏造林后的维护，苗木成活率很低(FAO，2011)。

(二) 森林保护

马里生物多样性保护森林面积占全国森林面积的 32%，高于世界平均水平 12%(FAO，2011)。现有 3 个国家公园、9 个野生动物储备区、2 个部分野生动物储备区、1 个森林储备区、1 个动物栖息地、1 个国际重要湿地(《湿地公约》)、1 个联合国教科文生物圈保护区、4 个世界遗产保护区及 1 个其他保护区(国际公园联盟，2014)；这些保护区加上缓冲区和外围区面积，占国土面积的 6.2%。

马里森林退化主要原因之一是森林火灾。全国平均每年森林火灾面积约 9 193.3 hm^2。2005 年，全国森林火灾面积 16.8 万 hm^2，其中 68% 为野火。

(三) 生态服务

目前，由国家林务局管理的国家公园有 3 个、保护区有 19 个，均进行了野生动植物和湿地保护，并提供森林旅游服务。自 2008 年始，在阿迦汗文化基金会资助下，马里对国家公园进行重修和扩建，增加了许多基础设施，为市民休闲及教育活动提供了大型绿色空间。

六、林产品生产、加工及贸易

(一) 林产品生产

马里主要生产原木、木质燃料、木炭和锯材。2000—2014 年间原木年生产量为

514.35 万～599.45 万 m^3，木质燃料年产量为 473.1 万～550.6 万 m^3，均呈逐年缓慢增长趋势(FAOSTAT，2015a)。

马里木材加工行业非常薄弱，相对于世界林业大国，可以忽略不计。马里加工的林产品主要是木炭和锯材，木炭产量从 2000 年 9.6 万 t 增至 2014 年 17.1 万 t；锯材产量 2011 年以前一直维持在 1.3 万 m^3 左右，2011、2012 年分别增至 5.6 万和 16.3 万 m^3，2013、2014 年又降到 13.0 万 m^3(FAOSTAT，2015a)。

(二) 林产品贸易

马里林产品贸易在全国贸易总额中所占比重非常小。根据 FAOSTAT(2018)的数据，在进口方面，2010—2013 年，马里的进口额逐年增加，但是 2013 年以后，林产品进口额逐渐减小；在出口方面，2012 年，马里的出口额降到了最低点，但是此后，进口额逐年增加。2012 年和 2013 年，马里林产品贸易额呈增长的态势，但是往后数年，林产品贸易额都呈下降的趋势。2017 年的进口额、出口额和贸易额与 2016 年持平。马里林产品井出口总额一直呈现较大波动趋势(表 1)，进口额在 2014 年达到最高值，2016 和 2017 年最低；出口额则在 2016 和 2017 年达到最高值，2012 年最低；总贸易额在 2013 年达到峰值，2016 和 2017 年最低。

表 1　2010—2017 年马里林产品进出口贸易额　(万美元,%)

年份	进口额	出口额	贸易额	增长率(%)
2010	2 425.9	51.9	2 477.8	—
2011	2 003.1	79.9	2 083.0	-15.9
2012	3 003.8	39.5	3 043.3	46.1
2013	5 509.6	173.2	5 682.8	86.7
2014	2 430.6	572.7	3 003.3	-47.2
2015	1 840.6	780.2	2 620.8	-12.7
2016	1 027.7	868.0	1 895.7	-27.7
2017	1 027.7	868.0	1 895.7	0.0

资料来源：FAOSTAT，2018。

2017 年，马里出口林产品金额前 5 位的分别为原木、木片和木颗粒、锯材、木材燃料以及纸和纸板(表 2)。马里出口的原木大部分属于工业原木。马里从 2014 年开始原木的出口量始终保持在 1 万 m^3 以上，其中 2014 年的原木出口量最大，达到了 1.4 万 m^3(FAOSTAT，2018)。根据 FAO 的统计，近 2 年马里加大了木片和木颗粒的出口，出口金额达到 222.2 万美元。但是纸和纸制品的进口从 2016 年开始减少。

2017 年，马里进口林产品金额前 5 位的分别为纸和纸板、人造板、原木、锯材和纸浆(表 3)。纸和纸制品是马里最主要的进口产品，占了林产品进口总金额的 72%。纸和纸板、人造板、原木和锯材的进口额最大值均出现在 2013 年，之后一直呈下降趋势。其中人造板、原木、锯材和纸浆均在 2013—2014 年呈现断崖式下降。

表 2　2011—2017 年马里主要林产品出口额　（万美元）

年份	原木	木片和木颗粒	锯材	木材燃料	纸和纸板
2011	49.7	—	0.1	6.7	20
2012	22.4	—	0.5	4.7	8.4
2013	81.4	—	19	37.5	67.7
2014	401.5	3.7	30.5	37.5	109.9
2015	582.7	5.5	60	37.5	129.3
2016	552.5	222.2	55.6	37.5	36.2
2017	552.5	222.2	55.6	37.5	36.2

资料来源：FAOSTAT，2018。

表 3　2011—2017 年马里主要林产品进口额　（万美元）

年份	原木	木片和木颗粒	锯材	木材燃料	纸和纸板
2011	954.3	413.8	0.2	280.4	351
2012	1 188.5	1 253.8	296.8	200.2	62
2013	1 906.1	2 217.2	685	665.1	29
2014	1 841.1	444.9	64	72.7	2.2
2015	1 104.9	598.2	98.3	28.8	5.5
2016	741.6	168.1	57.4	24.3	13.6
2017	741.6	168.1	57.4	24.3	13.6

资料来源：FAOSTAT，20118。

（三）林产品流向

2015—2016 年马里前 5 位的贸易伙伴及其进出口贸易额情况如表 4 所示（FAOSTAT，2018）。

马里进口主要来自非洲、欧洲和亚洲国家。2015—2016 年向马里输出林产品金额最大国家就是科特迪瓦，2015 和 2016 年从科特迪瓦进口林产品金额分别为 540.6 万美元和 615.9 万美元；输出林产品金额最大的国家是中国，2015 和 2016 年出口到中国的林产品金额分别为 542.8 万美元和 1064.4 万美元。

表 4　马里 2015—2016 年主要林产贸易伙伴国及其进出口贸易额　（万美元）

名次	2015				2016			
	出口		进口		出口		进口	
	目的地	金额	来源国	金额	目的地	金额	来源国	金额
1	中国	542.8	科特迪瓦	540.6	中国	1064.4	科特迪瓦	615.9
2	澳大利亚	2.0	比利时	115.6	布基纳法索	1.3	中国	154.8
3	布基纳法索	1.4	法国	51.8	比利时	0.3	印度尼西亚	82.6
4	科特迪瓦	0.6	葡萄牙	48.5	—	—	法国	70.4
5	—	—	德国	45.5	—	—	德国	55.2

资料来源：FAOSTAT，2018。

七、林业科研与教育

马里国民经济落后，林业不受重视，投入非常少，林业科研和教育非常薄弱。马里没有专门的林业科研机构，全国只在有公共资金资助的研究中心有林业方面的研究。该中心从事林业研究的人员很少，实力不强，且研究人员分散在不同机构，难以有效开展工作。2000—2008 年，马里每年林业本科毕业生 8 ~ 13 人，森林技师 25 人。由公共资金资助的研究中心林业专业人员中，2008 年获得博士学位有 13 人，获得硕士学位或同等学力有 9 人，学士学位或同等学力的 28 人。

八、分析与借鉴

马里地理环境恶劣，林业不发达，森林资源匮乏，资源保护困难，提升和发展的空间较大。

1. 生态恶化加剧，林业发展缓慢

地理气候环境恶劣、土壤条件差、水土流失严重、地表水资源分布不均等自然因素，造成马里林业发展困难和土地沙漠化严重；同时，森林资源的不合理开发利用导致森林减少、土地退化和生态恶化加剧，从而使林业发展进入一种恶性循环。

马里缺乏国家和地方林业政策，林业工作没有指导原则；尚未形成完整的林业法律体系，林业发展缺乏法律保障。

2. 森林资源缺乏，林业基础薄弱

马里森林资源十分匮乏，政府不重视林业，国家缺乏资金投入，还没形成林产品加工企业，林产品加工能力非常弱。国内所需纸张和纸板、胶合板等均靠进口，林产品加工能力薄弱进一步限制了林业发展。

随着居民对薪材的需求量越来越大，非法砍伐日趋严重，森林面积逐年减少，林木砍伐速度远远大于造林速度，加剧了土地退化。

作为内陆国家，主要靠铁路和公路运输，但道路设施差，运输费用高；加上没有港口，进出口贸易要通过别国，进一步增加了林产品国际贸易运输成本。同时，全国用电覆盖率不高，2010 年才 27.08%，水电费昂贵，林产品加工成本大大提高。加大投入完善基础设施是解决该国林产品加工运输，促进林业发展的必要条件。

3. 生物保护困难，濒危物种增多

尽管马里 2012 年 10 月决定实施 2013—2017 年湿地保护国家行动计划，但是，尼日尔三角洲许多牧民和渔民转行进行农业生产，使得土地和资源竞争不断增加，湿地遭到破坏（Wetlands，2010；IUCN，2012）。同时，恶劣的生态环境和持续的国内动乱使马里的濒危物种不断增多，增加了国家对生物资源保护的压力。

（李剑泉　万宇轩）

参考文献

阿迦汗发展网 . 2014. 巴马科马里国家森林公园对外开放 . http://www.akdn.org/photos_show.asp?Sid

=167.
国际公园联盟.2014. 马里的公园、储备区及其他保护区. http://www.parks.it/world/ML/Eindex.html.
李森，夏训诚，肖洪浪，等.1999. 马里萨赫勒地区风成沙特征、来源与发育时代. 地理科学，19(2)：163－169.
世界银行.2015. 森林面积. http://data.worldbank.org.cn/indicator/AG.LND.FRST.K2.
野生动物基金会.2014. 马里大象计划. http://www.wild.org/video/mali－elephant－project－interview－with－dr－susan－canney/.
中国林业信息网. 2014. 马里林业. http://www.lknet.ac.cn/sjly/framelimit.cbs? ResName=sjly.
中国林业信息网.2015. 国外林业法规全文库：马里. http://www.lknet.ac.cn/page/framelimit.cbs? ResName=gwfl.
中国外交部网站.2014. 马里国家概况. http://www.fmprc.gov.cn/mfa_chn/gjhdq_603914/gj_603916/fz_605026/1206_605850/.
中国驻马里经商参赞处.2003. 经济. http://ml.mofcom.gov.cn/article/ddgk/200303/20030300076802.shtml.
中国驻马里经商参赞处.2010. 阿拉伯树胶—马里的新产业. http://ml.mofcom.gov.cn/article/ztdy/201011/20101107235409.shtml.
中国驻马里经商参赞处.2014a. 马里概况：人口部落. http://ml.mofcom.gov.cn/article/ddgk/zwminzu/201406/20140600612770.shtml.
中国驻马里经商参赞处.2014b. 马里概况：地理. http://ml.mofcom.gov.cn/article/ddgk/zwdili/201406/20140600614372.shtml.
中国驻马里经商参赞处.2014c. 马里概况：气候. http://ml.mofcom.gov.cn/article/ddgk/zwqihou/201406/20140600612771.shtml.
Afrol News. 2001. Mali and Senegal highlighted in fight against desertification. http://afrol.com/News2001/mal002_desertification.htm.
ECOWAS. 2011. Experts Callfor Promotion of Non－timber Forest Products in West Africa. http://news.ecowas.int/presseshow.php? nb=106&lang=en&annee=2011.
FAOSTAT. 2014. input. http://faostat.fao.org/site/377/DesktopDefault.aspx? PageID=377#ancor.
FAOSTAT. 2015a. Forestry Production and Trade. http://faostat3.fao.org/download/F/FO/E.
FAOSTAT. 2015b. Forestry Trade Flows. http://faostat3.fao.org/download/F/FT/E.
FAO. 2014. Policy and Institutions. http://www.fao.org/forestry/country/18315/en/.
FAO. 2011. 2010 年森林资源评估. http://www.fao.org/docrep/014/i1757c/i1757c.pdf.
FAO. 2011. State of the World's Forests 2011. http://www.fao.org/docrep/013/i2000e/i2000e.pdf.
FAO. 2015. FAO Yearbook of Forest Products. http://www.fao.org/forestry/statistics/80570/en/.
IUCN. 2012. Zones humides : connaitre leurs services pour mieux les protéger. http://www.iucn.org/fr/propos/union/secretariat/bureaux/paco/paco_mali/? 11623/Zones－humides－connaitre－leurs－services－pour－mieux－les－proteger.
Wetlands. 2010. Water and food security threatened by escalating wetland loss. http://www.wetlands.org/News/tabid/66/ArticleType/ArticleView/ArticleID/2236/PageID/2140/Default.aspx.
World Bank. 2015. Population of Mali. http://data.worldbank.org/country/mali.
WTO. 2015. Export value and Import value of Total merchandise of the Mali in 2014. http://stat.wto.org/StatisticalProgram/WSDBViewData.aspx? Language=E.

毛里求斯(Mauritius)

毛里求斯共和国(简称毛里求斯)位于非洲大陆以东、印度洋西南部，包括毛里求斯岛、罗德里格岛、圣布兰登群岛、阿加莱加群岛、查戈斯群岛(现由英国管辖)和特罗姆兰岛(现由法国管辖)等属岛，国土面积 20.40 万 hm^2(包括属岛面积 1.75 万 hm^2)，人口约 126.29 万(2017 年)，半数居民信奉印度教。官方语言为英语，法语亦普遍使用，克里奥尔语为当地人最普遍使用的语言。全国划分为 4 大区和 5 个直辖市，区下设 126 个村。首都路易港(中国外交部网站，2018)。

毛里求斯岛由火山爆发形成，浅海为珊瑚礁环绕。沿海为平原；中部为高原。该国属亚热带海洋性气候，分夏、冬两季，终年湿热。沿海地区年平均气温 25℃，中央高原 20℃。雨量充沛，全岛雨量不均，年平均降水量中部高原为 5 080 mm，西海岸 1 010 mm，东海岸 1 900 mm，夏季多飓风。

制糖业、纺织和旅游业是毛里求斯岛 3 大主要经济支柱。甘蔗是毛里求斯的主要农作物，其种植面积占耕地总面积的 69% 左右。毛里求斯海景尤为独特，拥有 230 万 km^2 的海洋专属经济区，发展旅游业条件得天独厚。

毛里求斯系非洲经济发展较好的国家之一，对国际市场依赖性较大。据《伦敦经济季评》统计，毛里求斯 2017 年国内生产总值为 129 亿美元。人均国内生产总值 10 239 美元，在世界经济论坛 2017—2018 年“全球竞争力排名”中位居第 45 位，在非洲国家中位居第一。属于中等收入国家(国际货币基金组织，2015)。

毛里求斯主要出口蔗糖、鱼类及鱼类制品、纺织服装，进口粮食及其他食品、棉毛原料、机器及运输设备、石油产品等。2017 年，毛里求斯对外贸易总额为 69.24 亿美元。其中，出口额为 23.46 亿美元；进口额为 45.78 亿美元；逆差为 22.32 亿美元(中国外交部网站，2018)。

一、林业在国民经济中的地位

毛里求斯的森林面积较小，森林的环境功能要远远大于其经济功能，主要在生物多样性和遗传资源的保护、休闲娱乐和生态旅游、保持水土、森林碳汇等方面发挥重要作用。

毛里求斯林业部门在森林资源和水域保护、生物多样性保护、植树、木材生产、木材初级和深加工、鹿牧场和生态旅游等领域提供直接和间接就业机会 5 000 个，其中 40% 的人员次在林产工业领域就业。林业年总产值 2 300 万美元，对国民经济的贡献率不高，仅为 0.4%(FAO，2015)。

二、森林及其他自然资源

（一）森林资源

1. 森林资源总量

据毛里求斯林务局统计，全国森林面积为3.9万hm^2，森林覆盖率为19.2%，人均森林面积0.03 hm^2。森林蓄积量300万m^3，平均每公顷森林立木蓄积量76.92 m^3。年采伐量约为2万m^3。生物质碳储总量400万t，每公顷碳储量106 t（Mauritius Forestry Service，2015）。

毛里求斯没有纯粹的天然林，天然次生林面积为2.00万hm^2，约占全国森林总面积的52.6%，其中80%是湿地松；人工林面积为1.80万hm^2，约占47.4%，其中80%是松树和其他针叶树种，20%是阔叶树种。该国阔叶材供给严重不足，靠进口。水果和饲料是森林的副产品，允许居民在国有林内自由采摘。根据2015森林资源评估报告，毛里求斯森林生物中碳储量为600万t，每公顷储碳量153 t（FAO，2015）。

2. 森林类型

毛里求斯的森林分为山地森林和沿海森林两大类。山地森林位于主要集水区，可调节地表径流、雨水和地下水，其中的天然林为稀有濒危植物、鸟类、爬行动物和无脊椎动物的栖息地。

沿海森林是对抗强风和飓风的缓冲区，由木麻黄和棕榈科植物组成的沿海防护林不仅在抗御台风、防灾减灾上发挥了重要作用，而且在林带中设置了休闲娱乐健身设施，是全国的主要旅游胜地，其中红树林是多种鱼类、贝类和虾的养殖场。

3. 森林权属

毛里求斯只有国有林和私有林。国有林占62%，私有林占38%，其面积分别为2.4万hm^2和1.5万hm^2。国有林包括人工林、国家公园、自然保护地。私有林包括人工林、高山保护地和林地，植被多为灌木，很多私有林主把林地转变为有利可图的鹿牧场、森林旅游和房地产开发。

4. 森林用途

毛里求斯的森林，28%用于木材生产，43%用于水土保持，17%用于生物多样性保护，10%用于社会服务，2.5%用于多种用途。

5. 森林资源动态变化

从1990—2015年，毛里求斯的森林面积处于不断变化状态。1990—2010年、2000—2010年森林面积分别增加和减少不到1 000 hm^2，年均增幅和减幅分别为0.2%和0.9%。2010—2015年，全国森林面积略有增长，增幅0.1%（FAO，2015）。1990—2015年，森林面积每年减少100 ha降幅为0.3%。

森林面积减少的主要原因是发展旅游业和房地产业占用了林业用地。

（二）其他自然资源

毛里求斯动植物资源非常丰富。拥有开花植物685种，该国特有植物6个属，267个种，近90%的特有植物受到威胁，61种本土物种已灭绝，141种开花特有植物被列为濒危物种。约有 200 种蕨类植物，其中特有种 13 种，40 种灭绝。有 24 种脊椎动物，52 个原生种已经灭绝，其中包括渡渡鸟、鹦鹉和巨人乌龟。有蝴蝶 39 种本地物种和 125 种原生种蜗牛。

毛里求斯拥有丰富的湿地资源，湿地面积约 401 hm^2。为了保护湿地资源，毛里求斯 2001 年申请加入《湿地公约》，至今有 3 处湿地入选国际重要湿地名录(Mauritius Government，2015)。

三、林业法规政策

（一）林业法律法规

毛里求斯主要的林业法律法规只有一部，即 1983 年制定的《国家森林和保护地法》。该法规规定，禁止将国有林地改为其他土地使用；禁止毁坏国有林地和山地保护区附近的林木，禁止在国有林和自然保护区内放养牲畜，如有发现，林业官员或森林警察有权扣押这些牲畜。

为改善山地自然保护区内的森林环境，只允许采伐保护区内死亡或濒临死亡的树木和灌木林中的小径立木；为修建林区道路，允许采伐保护区内的林木。

此外，毛里求斯还制定了《狩猎和垂钓租赁法案》和《帕斯几何法案》。

毛里求斯还签署了与林业相关的国际公约，如《生物多样性公约》《联合国防治荒漠化公约》《湿地公约》《濒危野生动植物种国际贸易公约》和《联合国气候变化框架公约》等(Mauritius Forestry Service，2006)。

（二）林业政策

2006 年，毛里求斯出台了新的《国家林业政策》，目标是保护森林，让当前和后代子孙受益于森林，改善国家的气候和生态环境；保护国家环境、生物多样性和国家遗产，促进休闲旅游业。其目标是保护和发展林业并重，一方面，保障人民从森林获得收益；另一方面，使人民能够享受森林带来的休闲娱乐的环境。

毛里求斯只有国家级林业政策，不存在地方林业政策。可持续土地管理已被纳入国家林业政策，2010 年建立了林地信息系统。

政府监测新林业政策的执行。为确保政策有效实施，所有林业项目和投资计划都制定了监测和评估制度，每年公布监测和评估结果。政府利用森林资源可持续利用、天然林恢复、维持重要生态服务、开发生态旅游等政策绩效指标评估机构改革和战略规划的影响。

由于林地保护管理压力大，私有林地将逐渐减少，对于生物多样性丰富或水土保护区内的私有林，国家实行补偿后收回或采用措施进行保护。政府正在考虑采取补助金、减税等措施促进私有林主再造林，或对限制敏感地区发展林业给予业主部分补偿。此外，由于土地有限，不能扩大森林面积，取而代之的是通过解决外来物种入侵问题，种植和恢复本土植物种群来改善森林的质量。政府通过向私有林主免费提供苗木和技术，激励他们再造林和可持续经营森林(Mauritius Forestry Service，2006)。

（三）林业发展规划

生物多样性保护和防止外来物种入侵是毛里求斯面临的两大主要林业任务，针对这两大任务，毛里求斯政府制定了“国家生物多样性战略与行动计划(2006—2015)”和“防止外来物种入侵战略与行动计划(2008—2017)”。这两个战略规划的长期目标是为当前和子孙后代保护和可持续经营森林资源，提升森林产品和服务的功能。此外，毛里求斯还制定了“国家应对气候变化行动计划”。

1. 国家生物多样性战略与行动计划

毛里求斯是1992年国际上第一批签署和批准《生物多样性公约》(CBD)的国家之一，国家公园保护局是CBD国家行政执行机构，2006年政府出台“国家生物多样性保护战略和行动计划(2006—2015)”，其主要内容包括：森林和陆地、淡水，沿海和海洋、农业方面的生物多样性保护以及生物技术的应用。战略目标是：建立有代表性和切实可行的保护区网络，控制外来入侵物种，使生物多样性得到可持续利用。管理生物技术及其生物产品。通过合理管理自然资源和发展生态旅游，监测和建立可持续利用生物多样性的机制(Ministry of Agro - Industry and Food Security，2015)。

2. 防止外来物种入侵战略

毛里求斯制定了2010—2019年防止外来物种入侵战略和行动计划，内容包括：预防和早期发现外来物种并做出快速反应的措施；消除和控制外来物种的蔓延；管理和修复外来物种带来的负面影响，并确定了优先研究领域。为了减少外来物种对经济、社会和环境的危害，制定了法律、政策和机构框架。由于没有负责外来物种问题的专门机构，2003年毛里求斯成立应对外来物种入侵委员会(NIASC)，它是一个跨部门机构，只负责为外来物种问题提供建议，没有行政权利和全职工作人员。战略中也提出了成立应对外来物种入侵问题的专门行政机构的建议(Mudhoo，2005)。

3. 国家气候变化行动计划

根据《联合国气候变化框架公约》(UNFCCC)和《京都议定书》，毛里求斯制定了国家气候变化行动计划，该计划确定了监测全球变暖进展和应对气候变化的措施，2010年第2次向UNFCCC秘书处递交了有关国家资源清查和温室气体的报告，毛里求斯作为非附件1国家，没有减排义务，但是作为UNFCCC签约国，制定了相应的减排措施，包括沿海保护、红树林繁殖计划、珊瑚礁监测和保护、推广使用太阳能热水器，提高能效与节能建筑，促进生产可再生能源。

此外，毛里求斯还签署了《联合国防止荒漠化公约》(UNFCCC)、《濒危野生动植物种国际贸易公约》(CITES)和《湿地公约》(Ramsar)(Mauritius Government，2015)。

四、林业机构与管理体制

（一）林业机构

毛里求斯林务局和国家公园和保护局是毛里求斯的两个林业主管部门。

毛里求斯林务局是林业主管部门，隶属毛里求斯农业和食品安全部，主要负责全面的林业管理和经营活动，具体负责森林资源的保护、可持续开发和利用。林务局下设南、北林业局(分别设立护林员总部)、林木种子中心、保护区管理和统计室、木材管理室。

国家公园和保护局负责管理保护区和国家公园，隶属毛里求斯农业和食品安全部，下设一个本土植物繁殖中心，一个人工养殖中心和 3 个研究站。

（二）林业管理体制

毛里求斯林务局由国家财政部全额拨款，执行国家林业政策，全面负责林业管理和经营活动。国家公园和保护局负责森林保护工作，包括国家公园和森林保护区内的水域管理、土壤和生物多样性保护。

此外，毛里求斯与林业有关的机构还有野生动物基金会、毛里求斯糖业研究所、自然保护区委员会和野生动物和国家公园指导委员会和旅游部海滩局。前面 2 个机构负责向林务局提出林业建设的意见和建议，而后者负责森林旅游方面的事宜（Mauritius Forestry Service，2006）。

五、森林经营与管理

（一）森林经营

毛里求斯有经营计划的森林只有 8 000 hm^2，占总森林面积的 17%。

1. 天然林经营

毛里求斯天然林不进行木材生产，经营的重点是加强环境保护和森林的社会功能，主要用于水土保持和森林旅游。天然林主要建成国家公园和保护地，这些地方禁止森林采伐。毛里求斯特别重视高地森林水源涵养功能的保护，森林为农业、旅游和制造业的发展提供了保障。

2. 人工林经营

毛里求斯人工林的主要树种为湿地松，占 68%，其他针叶树占 13%，桉树和木麻黄占 12%、其他阔叶树占 7%。国家经营的人工林多被政府的各种基础设施占用。专家预测，到 2020 年毛里求斯至少有 1 000 hm^2 国有人工林被占用。私人经营的人工林主要用于木材生产，其产量能满足国内 30% 的木材需求。随着人工造林成本的增高，毛里求斯木材生产将逐渐减少，主要依靠进口满足国内木材需求，其战略重点转向保护人工林，将其用于水土保持、生物多样性保护、鹿养殖和生态旅游。

此外，由于土地有限，毛里求斯将通过双边协议在其他国家和地区建造人工林以满足国内木材需求，毛里求斯的一家公司已经在马达加斯加建立锯木厂并正在考虑培育人工林。

毛里求斯制定年度植树造林计划，政府已推出一个植树运动，提供 100 万株苗木，其中一半苗木免费提供给私人业主和各种社会团体造林。国家建立有一个温室和苗圃的林木种子中心，支持再造林计划和繁殖濒危的本土植物。

（二）森林保护

为了保护森林，毛里求斯建有 7 个保护区、8 个国家公园和 1 处历史古迹保护林，其森林保护的主要目的是保护森林中的水域、土壤和生物多样性。毛里求斯通过现行的保护和管理措施，41 个指定地区中 30 个地区得到了有效保护，78% 的保护区用于生物多样性保护。保护区含有 60% 的海洋和 40% 陆地，有 2 个海洋公园和 6 个垂钓保护地。在国有林中，约 30% 用于国家公园和保护地建设，其余的用于木材生产以及土壤和水资源的保护。建立国家公园的目的是恢复退化植被，改善珍稀鸟类和爬行动物的栖息地，为旅游者提供游憩场所。

毛里求斯因龙卷风和其他自然灾害对森林造成巨大损害。据估计，1998—2004 年每年有 256 hm^2 森林遭受龙卷风危害。自 1999 以来，蚜虫是造成松属和桧属林木死亡的主要原因。1998—2002 年，年均遭受森林火灾的面积达 100 hm^2。

为了应对频繁发生的自然灾害，毛里求斯政府采取了一系列措施：建立自然灾害预警系统和设施，建立预测和预防病虫害爆发的数据库；及时处理受到飓风和火灾破坏的林木，预防后续灾害的大面积发生；在高风险地区建立防火通道，建设消防基础设施和培训林火消防人员，以及在商业林中增加抗飓风树种的种植面积。

六、林产品生产、加工与贸易

（一）林产品生产和加工

毛里求斯只生产原木和锯材，原木年产量很少，不足 2 万 m^3，不生产人造板、木浆、纸和纸板，2012 年林产品的产量同比下降 36%。木材产量只能满足国内 30% 的木材需求，其余的靠进口。到 2016 年原木产量下降为 0.2 万 m^3，锯材下降为 0.012 万 m^3。

毛里求斯的林产品加工业门类较少，没有人造板、木浆、纸和纸板等产业。是木材净进口国。为了促进木材进口，政府大幅减少木材的进口关税，为了保护本国的家具产业，禁止进口成品家具。

（二）林产品贸易

毛里求斯为林产品净进口国，在进口人造板、纸和纸板、锯材的同时，还进口少量的原木和木浆。2003—2016 年，毛里求斯的主要林产品进口量比较少，最大值没有超过 8 万 m^3。

2003—2012 年毛里求斯不出口木浆，一直出口的纸和纸板，且呈逐年下降的趋势，从 2004 年的 3 000 t 降到 2016 年的 689 t。2004—2007 年每年出口 3 000 m^3 的人造板，之后就没有再出口。2010—2016 年，毛里求斯原木、锯材出口量在 1 000～3 000 m^3 之间浮动。

2016 年毛里求斯林产品贸易总额 7 198 万美元，其中进口总值为 6 831 万美元，毛里求斯林产品出口总值为 367 万美元。

七、林业科研与教育

（一）林业科研

毛里求斯林业科研力量很薄弱，林务局只与毛里求斯大学合作，主要在生物分类、遗传学、GIS 遥感技术和森林资源清查等方面开展研究。毛里求斯比较重视林业调查研究和评估工作。鼓励在森林面积对碳汇的影响、气候变化对森林影响方面开展调查研究，并重视林业发展对环境影响的评估，如评估废弃甘蔗地转变为林地的可能性，以及对环境的影响。

毛里求斯主要靠国际组织援助开展林业科研。近些年，毛里求斯与联合国开发署

（UNDP）、全球环境基金（GEF）和FAO联合开展了“毛里求斯土地可持续管理能力建设”项目（2006—2013年），联合国开发署（UNDP）和全球环境基金（GEF）资助开展了保护区网络（2010—2015年）项目，《联合国气候变化框架公约》资助的东非和南非区域温室气体可持续调查管理体制能力建设项目（2010—2013年）。

（二）林业教育

毛里求斯国家的林业教育水平不高，林务局与毛里求斯大学合作，在毛里求斯大学内为林业工作者提供一些有关森林经营与林产加工方面的培训课程，培养社会需要的林业人才。在国家级森林机构工作的女性比例极其低，2008年共有213人，其中只有6%是女性在职人员。2008年在与森林相关教育的毕业学生中，技术工人109人，没有女性；本科或同等学历10人，10%是女性；硕士或同等学历9人，女性占11%。

八、林业国际合作与交流

毛里求斯的森林面积小，林业占国民经济的比例小，林业不受重视，林业科研和教育滞后，导致毛里求斯的林业国际合作与交流比较匮乏。

中国目前正与毛里求斯合作共同保护毛里求斯的野生动植物。毛里求斯虽然风景秀丽独特，但生态极为脆弱。由于常年来的气候变化以及外来物种的侵袭，毛里求斯的生态环境正在遭到改变与破坏。为此，中国驻毛里求斯大使馆正与毛里求斯的动植物保护庄园进行合作，主要保护毛里求斯山谷内濒危的野生植物科娄。科娄是毛里求斯独有的树种，目前毛里求斯只发现了4棵存活于动植物保护庄园的科娄树。但这四棵树因为太过苍老，已经失去了自己繁衍的能力。中国林业科学家将针对科娄的培育移栽等技术与毛里求斯展开合作。

九、分析与借鉴

毛里求斯林业的主要特点是林业用地有限，森林面积小，森林的主要功能是提供生态服务，林业生产薄弱，重视生物多样性保护和防止外来物种入侵。由于林地面积有限，毛里求斯的林业发展与农林间作、鹿牧业和生态旅游的发展密切相关。

毛里求斯林业发展面临的主要问题有：

（1）土地退化严重，森林面积呈逐年减少趋势，外来物种入侵引起森林退化。

（2）鹿牧业的发展对林业用地造成了一定的压力，休闲娱乐与旅游业的发展对林业用地、森林生物多样性和环境的造成了很大的影响。

（3）林区居民比较贫困，缺水障碍了林业发展。

（4）林业行政机构建设比较薄弱。

针对以上存在的问题，毛里求斯政府部门采取了以下相应的对策措施，如恢复退化土地，建立保护区，管控外来物种入侵，取消或减少鹿牧场的发展，使旅游业和森林经营相互促进，加强和改善林业管理机构的能力建设，促进森林资源的可持续经营和利用，以满足社会对林产品的需求，更好地发挥森林的保护、休闲娱乐和环境服务的功能。

（谭秀凤　何雅婷）

参考文献

国际货币基金组织 . 2015. 世界经济展望 . http: //www. imf. org/external/pubs/ft/weo/2015/01/weodata/index. aspx.

中国外交部网站 . 2015. 毛里求斯国家概况 . http: //www. fmprc. gov. cn/web/gjhdq_ 676201/gj_ 676203/fz_ 677316/1206_ 678164/1206x0_ 678166/.

FAO. 2011. 世界林业状况 2011.

FAO. 2012. 林产品年鉴 2012.

FAO. 2010. Global forest resources assessment 2010: Mauritius country report.

Mauritius Forestry Service. 2006. Republic of Mauritius National Forestry Policy.

Ministry of Agro – Industry and Food Security. 2015. Fifth National Report on the Convention on Biological Diversity: Republic of Mauritius. https: //www. cbd. int/doc/world/mu/mu-nr-05-en. pdf.

Mauritius Government. 2015. Mauritius National Report: To the Implementation of the Ramsar Convention on Wetlands.

Mudhoo V D. 2005. Mauritius National Biodiversity Strategic and Action Plan(2006 – 2015).

摩洛哥(Morocco)

摩洛哥王国(简称摩洛哥)位于非洲西北端。东接阿尔及利亚，南部为西撒哈拉，西濒大西洋，扼地中海入大西洋的门户。国土面积45.9万km^2(不包括西撒哈拉26.6万km^2)。海岸线1 700多km。全国共划分为17个大区，49个省和13个省级市，首都拉巴特。全国人口3 533万(2017年)，阿拉伯人约占80%，柏柏尔人约占20%。阿拉伯语为国语，通用法语。信奉伊斯兰教(中国外交部网站，2018)。

摩洛哥地理和地形多变，70%的国土是山区，30%是平原。中部和北部为峻峭的阿特拉斯山脉，东部和南部是上高原和前撒哈拉高原，仅西北沿海一带为狭长低暖的平原。乌姆赖比阿河是境内第1大河，还有德拉河、木卢亚河和塞布河等。北部为地中海气候，夏季炎热干燥，冬季温和湿润，1月平均气温12℃，7月22~24℃，降水量为300~800 mm。中部属副热带山地气候，温和湿润，气温随海拔而变化，山麓地区年平均温约20℃，降水量300~1 400 mm。东部、南部为热带沙漠气候，年平均气温约20℃，年降水量在250 mm以下，南部不足100 mm。斜贯全境的阿特拉斯山阻挡了来自沙漠的热浪，把国土分成2个不同的自然条件，一半为海洋性气候、物产丰富，是全国农业和渔业发展的基地，另一半是炎热、干燥的沙漠。

磷酸盐为摩洛哥的主要资源，估计储量1 100亿t，占世界储量的75%，位居世界首位。其他矿产资源有铁、铅、锌、钴、锰、钡、铜、盐、磁铁矿、无烟煤、油页岩等。其中，油页岩储量1 000亿t以上，含原油60亿t。

2017年摩洛哥经济总量在非洲排名第5、北非排名第3。磷酸盐出口、旅游业、侨汇是其经济主要支柱。农业有一定基础，但粮食不能自给。渔业资源丰富，产量居非洲首位。工业发展势头良好，汽车产业发展迅速且初具规模。纺织业、服务行业是重要产业之一。2017年国内生产总值为1 108亿美元，人均国内生产总值3 141美元，经济增长率4.4%(中国外交部网站，2018)。该国经济发展缓慢，在许多方面依靠外来资助。按世界银行统计，摩洛哥属于中低等收入国家。

一、林业在国民经济中的地位

森林在摩洛哥发挥着重要的社会和经济作用。据FAO(2013)统计，摩洛哥林产品产值占国民生产总值的1%，占农产品国民生产总值的5%。此外，农村人口的生计在很大程度上依赖于林产品，全国17%的饲料和近600万t薪材(相当于约400万t石油)及木材来源于森林。摩洛哥森林还在生态环境保护，特别是在防止土壤侵蚀、涵养集水区水资源、减少库坝淤积和保护河流下游基础设施等方面发挥着重要作用。

另据 FAO 2014 年《世界森林状况》报道，2011 年摩洛哥在林业部门就业人数为 2.5 万人，占全国劳动力总数的 0.2%；同年，林业部门产值为 3.30 亿美元，对国民经济 GDP 的贡献率为 0.3%（FAO，2014）。

二、森林及其他自然资源

（一）森林资源及其变化

据 FAO 2011 年《世界森林状况》和《2015 年全球森林资源评估》的统计数据，1990、2000、2005、2010、2015 年摩洛哥的森林总面积分别为 504.9 万、501.7 万、508.1 万、513.1 万和 563.2 万 hm^2，1990—2000 年、2000—2005 年、2005—2010 年、2010—2015 年期间森林面积年变化率分别为 -0.06%、0.25%、0.20% 和 1.95%；森林覆盖率为 11%，人均森林面积 0.159 hm^2；2015 年单位面积森林立木蓄积量为 27 m^3/hm^2，其他林地单位面积立木蓄积量为 1 m^3/hm^2；1990、2000、2005、2010 和 2015 年活森林生物量中总碳储量分别为 1.90 亿、2.12 亿、2.24 亿、2.23 亿和 2.41 亿 t，2015 年单位面积活森林生物量中碳储量为 43 t/hm^2（FAO，2010，2011，2015）。

（二）森林资源结构

在摩洛哥的森林资源中，国有林占 99%，私有占 1%。按森林功能划分，2010 年生产林、生物多样性保护林、多种用途林分别占 21%、12% 和 67%。按森林管理状况划分，2010 年保护区内的森林面积和有管理计划的森林面积分别 37.6 万和 98.5 万 hm^2，分别占森林总面积的 7% 和 19%。按森林起源划分，没有原始林；2015 年其他天然次生林面积为 492.6 万 hm^2，占森林总面积的 87.5%；1990、2000、2005、2010 和 2015 年人工林面积为 47.8 万、52.3 万、56.1 万、62.1 万和 70.6 万 hm^2，分别占当年森林总面积的 9.5%、10.4%、11.0%、12% 和 12.5%，其中 2010 年人工林中引进树种占 33%，1990—2000 年、2000—2005 年、2005—2010 年、2010—2015 年人工林面积年增长率分别为 0.90%、1.41%、2.05% 和 2.5%（FAO，2010，2011；GFRA，2015）。

（三）森林分布和类型

摩洛哥森林主要分布在阿特拉斯山脉中、西和东部，以及里费山、大西洋沿岸等地。阔叶林占全国森林面积的 63%，其中包括圣栎（*Quercus ilex*）、栓皮栎（*Q. suber*）、阿干油榄（*Argania spinosa*）、金合欢（*Acacia* spp.）等树种；针叶林占 20%，其中包括雪松（*Cedrus* spp.）、山达脂柏（*Tetraclinis articulata*）、刺柏（*Juniperus* spp.）、松树（*Pinus* spp.）、阿特拉斯桧（*Cupressus atlantica*）、冷杉（*Abies* spp.）等树种；其余 17% 是低矮林（包括灌木和次生树种），通常是森林退化形成的（FAO，2012）。

森林类型主要有：①湿润林。主要树种有北非雪松（*C. atlantica*），分布在海拔 1 500～2 800 m 的山地，是主要用材林。冷杉分布在 1 650～2 150 m 的里费山，是优质用材林。栎树林也分布在里费山，主要用做薪材。②半湿润林。栓皮栎林主要分布在大西洋沿岸低地，软木为主要出口产品。冬青栎分布在海拔 400～2 500 m 的林区，树皮做栲胶原料，木材用做薪材。海岸松（*P. pinaster*）林分布在里费山和阿特拉斯山海拔 1 000～2 200 m处，是优良用材林，主要做坑木。③半干旱林。侧柏（*Platycladus* spp.）林分布在海拔 1 800 m 的地区，也有松树和桧柏（*Sabina* spp.）分布在高海拔地区，均为用材林。

④干旱林。刺榄(*Xantolis* spp.)仅分布在大西洋沿岸平原和山地，可做坑木。⑤撒哈拉林。主要是各种灌木林，树种有摩洛哥橡胶树(*Hevea* spp.)、金合欢等。在绿洲生长有枣(*Ziziphus* spp.)、无花果(*Ficus* spp.)、橄榄(*Canarium* spp.)、核桃(*Juglans* spp.)、杏(*Prunus* spp.)等(施昆山，2001)。

(四)野生动植物资源

摩洛哥阿特拉斯山区的野生动物资源包括野绵羊、大耳小狐和猕猴等。据世界保护监测中心的数据显示：摩洛哥有675种已知两栖动物、鸟类、哺乳动物和爬行动物。其中，4.3%为摩洛哥特有，4.3%处于濒危状态；至少有3 675种乡土维管束植物，其中17.0%为摩洛哥特有，0.8%被世界自然保护联盟(IUCN)列为Ⅰ～Ⅴ类保护名录(Mongabay，2012)。据世界银行报道，摩洛哥受威胁的哺乳动物种类达17种，受威胁的植物种类达29种，GEF生物多样性效益指数为3.5(GEF生物多样性效益指数是根据各国代表性物种的受威胁状况及其栖息地种类的多样性所得出的各国相对生物多样性潜力的综合指标，其数值范围0～100，即从无生物多样性潜力直至最大生物多样性潜力)。

三、林业法规政策

由水利、林业部水土保持局制定的长期发展战略，强调天然林更新，加强牧场管理和狩猎及内陆渔业管理，高度重视森林保护和防火工作，也十分重视防治荒漠化工作，并将纳入到国家林业计划方案之中(FAO，2012)。

摩洛哥早在1917年就制定了国家林业法律——《摩洛哥国王关于森林保护与开发的诏令》，到目前为止，既没有制定地方林业政策，也没有制定地方森林法律，只有国家级的林业政策和森林法律；1999年制定了国家林业计划。2000年以来，制定的林业法规主要有：《摩洛哥关于由农业、农村发展、水与林业部负责水与林业事务的法令》(法文)(2000年)、《摩洛哥关于农业、农村发展、水与林业部职权的法规》(法文)(2000年)、《摩洛哥关于重新计算森林与水服务费的法规》(林产品增值服务)(法文)(2001年)、《摩洛哥农业与农村发展部关于申请和发放育林造林补偿基金的法令》(法文)(2002年)、《摩洛哥关于林业和防治荒漠化高级专家委员会的职能和组织结构的法令》(法文)(2005年)、《摩洛哥关于林业和防治荒漠化高级专家委员会的职权的法令》(法文)(2007年)(中国林业科学院林业信息，2015)。这些林业法规、政策和规划的制定与出台对林业的发展起到一定的促进作用，但限于经济发展水平和管理水平，实施的效果还有待进一步提升。

四、林业机构与管理体制

水利和林业部是摩洛哥负责森林保护和开发的最高权力机构。2002年选举后内阁改组，水利和林业部被取消，于2003年9月成立了水利和森林与荒漠化防治高级委员会。在水利和林业与荒漠化防治高级委员会下设国家森林委员会，该委员会由与林业有关部级代表组成。省和地方委员会负责协调和管理各地与民众的森林开发活动(FAO，2012)。最新资料显示，目前负责林业工作的部级机构是能源、矿产、水利和环境部。

五、森林经营与管理

摩洛哥积极鼓励植树造林，主要是营造用材林、薪炭林、土壤保护林和游憩林等，并给予税收政策优惠。为鼓励农民营造农田防护林，政府免费向农户提供造林苗木。

摩洛哥没有较完整的天然林作业体系，但是，栎树的萌芽更新措施取得了较好的效果。林业长期发展战略强调天然林更新和加强牧场管理。其目标包括每年更新 1.8 万 hm^2 天然林、固定 3.1 万 hm^2 沿海沙丘，并对 142 万 hm^2 保护区实施保护措施。

政府高度重视森林保护和防火工作，全国拥有完备的预警系统，配备了无线电设备和防火设备，修建了林道。防治荒漠化也将纳入到国家林业规划方案之中(FAO，2012)。

据 FAO《Global Forest Resources Assessment 2010》的统计数据，2005 年摩洛哥林火面积为 4 000 hm^2，均为野火引起；2005 年森林虫害危害面积为 3.3 万 hm^2，其他生物因子危害面积为 1.6 万 hm^2，这 2 项受害面积占当年森林总面积的 1%。

六、林产品生产、加工与贸易

摩洛哥林业不发达，出产软木、雪松木、栎木和冷杉木等木材，林产品消费主要依赖进口。

从表 1 可以看出，摩洛哥生产的木质燃料都供国内消费，没有进出口；生产的工业原木主要供国内消费，有一定数量的进口，出口量极少，木材产量基本保持稳步；锯材国内消费主要依赖进口，产量基本保持稳定，只有极少量的出口；人造板国内消费主要依赖进口，产量基本保持稳定，只有少量的出口；纸浆国内消费较少，其生产主要供出口，进口量较少；纸张和纸板的国内消费大部分依赖进口，出口量较少，进口量和消费量呈逐年增加的趋势。

表 1　摩洛哥 2000—2016 年主要林产品产量、进口量、出口量及消费量统计　（万 m^3，万 t）

林产品		2000	2004	2006	2008	2010	2012	2014	2016
木质燃料	产量	696.9	693.2	698.6	685.9	678.6	674.1	6 700	6 658
	进口	0	0	0	0	0	0	12	538
	出口	0	0	0	0	0	0	28	204
	消费	696.9	693.2	698.6	685.9	678.6	674.1		
工业原木	产量	56.9	56.3	59.9	57.7	37.2	36.1	14.4	9.1
	进口	40.1	56.3	43.8	54.1	24.1	23.0	11.9	12.7
	出口	0	0.1	0	0.3	0.3	0.4	0.1	0.2
	消费	97.0	112.5	103.7	111.5	61.0	58.7		
锯材	产量	8.3	8.3	8.3	8.3	8.3	8.3	14.4	9.1
	进口	39.9	109.4	117.4	128.2	121.9	134.6		
	出口	1.9	0.1	0	0	0	0		
	消费	46.3	117.6	125.7	136.5	130.2	142.9		

（续）

林产品		2000	2004	2006	2008	2010	2012	2014	2016
人造板	产量	3.5	3.5	3.5	3.5	3.5	3.5	3.5	3.5
	进口	3.6	7.6	11.7	15.9	22.5	12.3	11.6	8.2
	出口	1.9	1.8	2.7	1.9	0.2	1.0	0.41	1.16
	消费	5.2	9.3	12.5	17.5	25.8	14.8		
纸浆	产量	13.0	9.4	9.4	15.1	15.6	15.6	27.5	35.8
	进口	2.1	2.1	2.3	2.2	2.5	3.3		
	出口	11.4	10.2	10.3	8.8	12.6	10.9		
	消费	3.7	1.3	1.4	8.5	5.5	8.0		
纸张和纸板	产量	10.9	12.7	12.7	12.7	12.7	12.7	31.1	31.1
	进口	22.1	28.9	25.5	28.9	30.1	30.0	65.6	78.52
	出口	2.2	1.7	1.1	0.7	0.4	0.5	3.77	4.15
	消费	30.8	39.9	37.1	40.9	42.4	42.2		

数据来源：FAOSTAT，2017。

从表2可以看出，近10年来，摩洛哥林产品的进出口额总体均呈增加的趋势，且进口额远大于出口值。林产品进口来源国主要是瑞典、芬兰、西班牙、葡萄牙、法国、德国、加蓬、奥地利、美国、巴西、沙特阿拉伯、罗马尼亚、意大利和比利时等，进口的主要林产品是锯材、纸张和纸板、工业原木、胶合板、木浆、纤维板等；林产品出口国主要是土耳其、意大利、突尼斯、荷兰、埃及和叙利亚等，出口的主要林产品是木浆、胶合板、纸张和纸板、纤维板、锯材、工业原木等。

表2　摩洛哥2002—2016年林产品进出口额　（万美元）

年份	进口额	出口额
2002	16 845.80	4 570.80
2004	51 063.60	9 303.70
2006	51 063.60	9 303.70
2008	53 702.90	9 756.30
2010	78 513.20	11 079.00
2012	79 140.3	9 102.20
2014	93 854.7	4 292.0
2016	88 109.5	5 556.9

资料来源：FAOSTAT，2017。

七、林业科研与教育

摩洛哥塞拉林学院（Salé Forestry College）是本国和其他非洲国家林业培训和高级林业

人才教育的机构(FAO，2012)。据 FAO《Global Forest Resources Assessment 2010》的统计数据，在 2008 年，与森林相关教育的毕业生中，具有硕士或相等学位有 21 人，获技术工人证书文凭有 28 人；在公费赞助的森林研究中心工作的专业人员中，具有博士学位的有 9 人，具有硕士或相等学位的有 36 人。

八、分析与借鉴

摩洛哥森林曾遭受过多年严重退化，每年损失森林约 3 万 hm^2。主要表现为环境恶化、毁林、水土流失、工业废水污染以及水质降低等。日益短缺的水资源压力导致水资源短缺，据预测，水资源赤字和短缺状况将持续到 2040 年。摩洛哥森林资源受到人们需求压力和自然条件明显影响。随着国际社会对环境保护呼声不断增强，摩洛哥政府将在经济发展和外资资助的情况下，将逐步重视林业发展，林业具有良好的发展前景。

中国和摩洛哥传统友谊深厚，摩洛哥是中国在非洲的重要经贸合作伙伴。近年来，双边经贸合作发展势头良好，摩洛哥是中国在非洲第六大出口目的国和全球第一大茶叶出口市场。2010 年中摩两国双边贸易额再创历史新高，达 29.4 亿美元，同比增长 17.2%。双方在基础设施建设、渔业投资、经济技术合作等领域亦开展了良好合作。随着双方合作的深入，两国林业领域的合作也会逐步增多，中国可利用技术、资金、人才等优势，向摩洛哥出口深加工林产品，开展森林经营与荒漠化防治技术及林业机械和设备援助，在摩洛哥开办森林工业企业。

(高发全　赵铁蕊)

参考文献

施昆山. 2001. 当代世界林业. 北京：中国林业出版社.

中国林科院科信所. 2015. 世界林业法律：摩洛哥. http：//www. lknet. ac. cn/sjly/framelimit. cbs? ResName = gwfl.

中国外交部网站. 2015. 摩洛哥国家概况.
http：//www. fmprc. gov. cn/mfa_ chn/gjhdq_ 603914/gj_ 603916/fz_ 605026/1206_ 605922/.

FAO. 2011. 2011 世界森林状况.

FAO. 2014. 2014 世界森林状况.

FAO. 2010. Global Forest Resources Assessment 2010. Rome：Food and Agriculture Organization of the United Nations.

FAO. 2012 – 2017. FAO Forestry country information：Morocco. http：//www. fao. org/forestry/country/en/mar/.

FAOSTAT. 2015. Forestry Production and Trade. http：// http：//faostat3. fao. org/download/F/FO/E.

Mongabay. 2012. Morocco Forest Information and Data.
http：//rainforests. mongabay. com/deforestation/2000/Morocco. htm.

尼日尔(Niger)

尼日尔共和国(简称尼日尔)位于非洲中西部，国土面积126.70万km^2，人口1 720万(2013年)，是撒哈拉沙漠南缘的内陆国。全国包括首都尼亚美市和7个省。尼亚美是全国的政治、经济、文化和交通中心。官方语言为法语。各部族均有自己的语言，豪萨语在全国大部分地区通用。

尼日尔的地势是南部低北部高。南部属于较为平缓的平原区，海拔200~300 m；中部的萨赫勒地区为半沙漠草原区，海拔500~800 m；北部地势高，为艾尔高原和山脉，最高海拔1 000 m左右。主要河流有尼日尔河和科马杜古－约贝河，水资源较缺乏。尼日尔的气候特点是干热少雨，年均温度30℃，全国的降水量从西向东逐渐减少，年均降雨量少于600 mm，蒸发量高达2 000~3 000 mm。全国大致分属热带沙漠气候和热带草原气候。尼日尔铀储量42万t，煤储量600万t。其他矿藏还有锡、铁、石膏、石油、黄金等。尼日尔工业基础薄弱，2016年工业产值占国内生产总值的15%，主要出口铀、石油和黄金等，2013年铀、石油和黄金出口分别占当年出口收入的54%、30%和4.1%。2013年主要出口国家为尼日利亚、韩国、加纳和中国，进出口额分别为21.58和14.86亿美元。

农牧林业等第一产业是最主要的经济部门，2016年农业产值占比45.8%。全国80%以上的居民从事农业，有可耕地1 723.89万hm^2，已耕地588.29万hm^2，有灌溉潜力土地27万hm^2，水浇地7万hm^2。粮食生产不稳定，主要粮食作物有小米、高粱、薯类和豆类等。2014年，尼日尔再次爆发粮荒，400多万人面临粮食短缺。2008—2010年畜牧业产值平均占国内生产总值的11.8%。全国从事畜牧业的人口超过100万。2010年全国牲畜存栏数为：牛981.7万头，羊1 091.7万头，骆驼167万峰。

2017年，尼日尔国内生产总值81亿美元，人均国内生产总值391美元(中国外交部网站，2018)。

一、林业在国民经济中的地位

（一）林业产值

农牧林业是尼日尔最主要的经济来源，2016年，林业产值占GDP的12.2%(世界银行，2016)。根据FAO2015年统计结果，2010年尼日尔林业提供就业人数为1.4万人。

（二）林业对国民经济的促进作用

林业对尼日尔国民经济的促进作用主要表现在创造就业岗位和提供就业，森林经营和林产品加工以及旅游度假、狩猎娱乐等行业提供了大量的就业机会和收入来源。

1990、2005和2010年从事初级林产品生产的人数分别为15.2万人、76.8万人和

76.8万人(FAO，2011)。2006年，原木生产、木材加工、纸浆和造纸部门分别为尼日尔提供0.5万、1.5万和0.7万就业岗位，对GDP的贡献分别达到2.74%、12.45%、7.16%，女性就业人数占总数的10%。2010年林业全职岗位就业人员共14 000人。

二、森林及其他自然资源

(一) 森林资源总量

1990—2015年，尼日尔的森林面积呈减少趋势。到2015年为止，尼日尔的森林面积为114.2万hm^2，约占国土面积的0.9%，其他林地面积314万hm^2(表1)。森林蓄积量也呈减少趋势，1990、2000、2005、2010、2015年的林木蓄积量分别为2 000万m^3、1 400万m^3、1 300万m^3、1 200万m^3和1 100万m^3。

表1　尼日尔森林及其他林地分类面积统计　（万hm^2）

类别＼年份	1990	2000	2005	2010	2015
森林	194.50	132.80	126.60	120.40	14.20
其他林地	464.00	404.00	374.00	344.00	314.00
森林和其他林地总计	677.95	550.08	513.26	476.44	428.20

资料来源：FAO，2015。

(二) 森林资源结构

2015年，按森林类型划分，原始林、天然次生林和人工林面积分别为22.0万、77.2万和15万hm^2，分别占总面积的19.3%、67.6%和13.1%。原始林面积从1990—2015年一直保持在22万hm^2。

按森林功能划分，1990—2010年承担木材生产、水土保持、生物多样性保护和多种利用功能的森林面积呈增加趋势，2015年87.3万hm^2森林中，1990—2010年尼日尔保护区内的森林面积一直保持在22万hm^2，并按计划经营(表2)。

表2　尼日尔不同功能的森林面积　（万hm^2）

类别＼年份	1990	2000	2005	2010	2015
木材生产	0.00	0.00	1.50	0.90	4.7
水土保持	0.25	0.25	0.25	0.25	0.20
生物多样性保护	22.00	22.00	22.00	22.00	22.00
多种利用	172.30	110.60	104.20	97.25	87.3
合计	194.50	132.80	126.60	120.40	114.20

资料来源：FAO，2015。

按地区分布划分，森林植被由南向北依次分为稀树草原、矮灌木草原、半沙漠及沙漠。郁闭的森林极少，疏林占绝大部分，其中用材林仅30万hm^2。

按树种组成划分，主要树种有非洲楝(*Khaya senegalensis*)、缅茄(*Pahudia xylocarpa*)、西

非苏木(*Daniellia* spp.)、棒状苏木(*Cordyla afiricana*)、伯克苏木(*Burkea africana*)、牧豆树(*Prosopis juliflora*)、球花豆树(*Parkia timoriana*)和红木棉(*Rhodognaphalon brevicuspe*)等。

按所有制划分，尼日尔的全部森林为公共所有。

(三) 森林健康

影响尼日尔森林健康的主要因素有火灾、病虫害，以及各类生物和非生物影子的影响。限于统计资料缺乏，只掌握近年来火灾影响面积，1990、2000 和 2005 年的火灾影响面积分别为 34. 1 万 hm^2、61. 4 万 hm^2和 7. 3 万 hm^2。

(四)森林资源的储碳量

1990、2000、2005、2010、2015 年的活立木生物量中的碳储量分别为 0. 60 亿 t、0. 41 亿 t、0. 38 亿 t、0. 37 亿 t 和 0. 27 亿 t。随着尼日尔森林面积的减少和蓄积量的降低，其储碳量也呈降低趋势。2015 年与 1990 年相比，生物质储碳量减少了 41. 67%。2010 年单位面积活立木生物量中的碳储量为 31t/hm^2(表 3)。

表 3　尼日尔森林生物质储碳量统计　(亿 t)

类别	储碳量				
	1990	2000	2005	2010	2015
地上生物质储碳量	0. 47	0. 32	0. 30	0. 29	0. 27
地下生物质储碳量	0. 13	0. 09	0. 08	0. 08	0. 08
合计	0. 60	0. 41	0. 38	0. 37	0. 35

资料来源：FAO，2015。

(五)森林资源质量

森林立木(全部是阔叶树种)总蓄积量 1 200 万 m^3，单位面积蓄积量 10 m^3/hm^2，其中，允许采伐的商品林树种蓄积量 4 000 万 m^3，占 30%。其他林地立木蓄积量 1 100 万 m^3，单位面积蓄积量 3 m^3/hm^2。

(六)森林资源的动态变化

森林资源总量总体上呈下降趋势。森林总面积从 1990 年的 242. 5 万 hm^2减少到 2015 年的 114. 2 万 hm^2，天然次生林面积从 1990 年的 172. 5 万 hm^2减少至 2015 年的 77. 2 万 hm^2，其他林地面积从 1990 年的 464 万 hm^2减少至 2015 年的 314 万 hm^2。各类森林面积动态变化见表 4。

表 4　尼日尔各类森林面积统计　(万 hm^2)

林地类别 \ 年份		1990	2000	2005	2010	2015
森林	原始林	22	22	22	22	22
	天然次生林	172. 5	103. 5	93. 6	83. 6	77. 2
	人工林	48	72	11	14. 8	15
总计		242. 5	132. 8	126. 6	120. 4	114. 2
其他林地		464	404	374	344	314

资料来源：FAO，2015。

由于人口增长、大面积开垦和居民对薪柴需求的不断增加，尼日尔的森林面积以年均2.4%的速度递减。天然植被已被严重破坏，现存的森林植被非常稀疏。森林蓄积量也呈下降趋势。从1990年的2 000万m^3降至2015年的1 100万m^3。其他林地中的立木蓄积量也从1990年的1 500万m^3下降到2015年的1 000万m^3。

森林生物量呈逐年下降的趋势，从1990年的3 900万t下降到2005年的2 400万t，在其他地区亦呈下降趋势(表5)。

表5　森林和林地生物量统计

(万t)

生物存量	森林					其他林地				
	1990	2000	2005	2010	2015	1990	2000	2005	2010	2015
地上生物量	3 100	2 100	2 000	3 500	5 700	2 400	2 100	1 900	2 300	5 200
地下生物量	800	600	500	800	1 600	600	600	500	200	2 100
合计	3 900	2 700	2 500	4 300	7 300	3 000	2 700	2 400	3 000	7 300
总计	3 900	2 700	2 500	4 300	7 300	3 000	2 700	2 400	3 000	7 300

资料来源：FAO，2015。

三、林业法规政策

尼日尔于2004年6月通过了《尼日尔国家森林法》。林业政策的主要目标是：改善生态系统，提高农业生产力，同时满足国内对薪材及用材的需求。为实现这一目标，采取的主要措施是保护现有天然林，号召当地居民积极参与天然林的经营管理，在全国开展速生树种造林活动。

1974年尼日尔发布了森林法执行条例，对森林保护、林产品经营与流通、木材使用等作出规定。目前，林业政策一直是畜牧、农业综合政策方针政策的一部分。林业的重要课题是防治荒漠化。从1960年独立至今，尼日尔已制定10次经济开发计划(每5年制定一次)，每次计划都把地下水灌溉和造林列为防治干旱的最主要措施。在FAO的支持下，尼日尔“国家林业行动计划”从一开始就与国家计划紧密结合形成“国家防治荒漠化计划”(FAO Forestry Department，2010)。

四、林业机构与管理体制

负责林业政策制定的是环境与荒漠化防治部，林业行政管理隶属于水利、环境部的森林、野生生物局。与森林管理有关的全国性机构是环境与水总指挥部，包括7个部门，分别是库存与森林设施处、造林与土地恢复处、国家公园与保护区处、野生动物与狩猎处、渔业与水产养殖处、环境与生活规划处和自然保护与设备处。

五、森林经营与管理

（一）森林经营

20 世纪末尼日尔才起步发展林业，森林实行公有制管理模式。与实际需求相比，人工林种植面积很小，造林存活率只有 50%。主要造林树种有牧豆树、金合欢属（*Acacia*）、赤桉（*Eucalyptus camaldulensis*）等。尼日尔森林采伐长期受外国公司或外国资本控制，采伐具选择性、掠夺性，不利于林业的持续发展。

政府把造林和防治荒漠化作为国家头等大事来抓，造林计划由国家制定。主要造林任务是营造防风林、防沙林，同时动员全社会积极参与社会林业活动。为了固沙，提高土壤肥力，生产薪材和其他非工业用途，大力发展人工林。地方森林局、村社、学校、青年团体等参与了社会造林活动。

与林业发展政策和战略相对应，尼日尔国家林业行动计划通过造林、水土保持、森林管理、改善农牧生产系统及节省能源消耗等措施的实施，改善了森林状况。2000 年和 2005 年每年造林 12 750 hm^2，迹地更新 2 250 hm^2。

（二）森林与生态保护

尼日尔森林火灾较严重，2005 年森林火灾面积高达 59.9 万 hm^2。森林病虫害很少发生。1967—1974 年，尼日尔遭受严重旱灾，受损的森林至今未得到恢复。在尼日尔的保护区网络系统中，尼日尔国家公园是最主要的保护区，其面积占国家森林总面积的 16%。此外，还有位于国家中部和东部的阿伊尔和泰内雷自然保护区，面积为 800 万 hm^2（FAO，2013）。

六、林产品生产、加工与贸易

（一）林产品生产与加工

尼日尔的主要林产品为原木、木质燃料和锯材。据 FAO 的统计报告显示，从 2007 年到 2013 年，尼日尔的原木和木质燃料产量基本保持在 1 000 万 m^3 左右，并呈缓慢增加趋势，锯材产量一直保持在 0.4 万 m^3（表 6）。

表 6　尼日尔主要林产品生产统计　（万 m^3）

年份	2008	2010	2012	2014	2016
锯材	0.40	0.40	0.40	0.40	0.40
圆木	1 013.30	1 057.69	1 101.38	1 147.3	1 192.0
木质燃料	943.20	987.59	1 031.28	1 077.17	1 121.87

资料来源：ITTO，2017。

（二）林产品贸易

尼日尔森林资源缺乏，林产品需求量大。圆木、锯材、林产品、人造板、纸和纸板、木浆等，几乎都需要进口。2016 年纸浆的进出口比例为 51.1:1，锯材的进出口比例分别为 251.75:1。圆木的进出口比例也 3.5:1。其中，林产品进口额年平均为 1 048.90 多万美元，人造板、锯材、纸和纸板的年平均进口额已分别达到 347.30 万、358.37 万和 207.00 万美元，纸浆、木浆和纤维浆料的年贸易额维持稳定（表 7）。

表 7　尼日尔主要林产品进出口统计　（万美元）

年份		2008	2010	2012	2014	2016
圆木	进口	5.00	14.40	1.30	7.30	2.10
	出口	2.20	0.60	0.60	0.60	0.60
锯材	进口	239.50	240.30	381.90	766.20	503.50
	出口	4.90	1.60	4.30	3.60	2.10
林产品	进口	908.50	926.90	1 077.10	1 918.50	—
	出口	90.50	54.60	365.30	53.40	—
人造板	进口	311.90	271.40	388.70	670.4	—
	出口	6.60	6.60	6.60	6.60	6.60
纸和纸板	进口	214.00	257.40	162.20	335.10	169.00
	出口	60.90	27.30	332.30	26.3	77.00
纤维浆料	进口	137.80	138.80	138.60	—	—
	出口	15.50	15.50	17.40	—	—
纸浆	进口	137.70	137.70	137.70	137.70	20.60
	出口	0.40	0.40	0.40	0.40	0.40
木浆	进口	117.10	117.10	117.10	117.10	117.10

资料来源：ITTO，2016。

七、分析与借鉴

尼日尔经济发展落后，森林面积小，属于少林缺材国家。森林经营还处于初级和粗放的阶段，林业科技教育未得到足够的重视。林业发展面临的主要问题有：

（1）林业地位与作用有待提高。对林业在促进国家经济发展、提供就业、保护生态环境等方面的重大作用重视不够。

（2）林业机构不健全。林业部门不具有相对独立的行政管理权，有关林业的工作分散在水利、环境保护等部门。

（3）林业政策与法规不完善。虽然 2004 年通过了《尼日尔国家森林法》，但林业政策一直只是畜牧、农业综合方针政策的一部分。

（4）森林资源保护与利用的关系没有处理好。由于干旱等自然原因和经济发展落后等社会原因，森林砍伐速度过快，森林面积呈减少趋势。

（5）林产品加工技术落后。为了满足国内需要，尼日尔用大量资金进口林产品、人造板、锯材、纸浆和木浆等，林产品进、出口的比例是3.31∶1。

(6)林业教育与科研投入少，人员少。

通过加强林业机构与法规政策建设，增加林业投入，特别是林业科研与教育投入，尼日尔林业有望进入新的发展阶段。

(李忠魁　李　慧)

参考文献

FAO. 2011. 世界森林状况.

中国外交部网站. 2014. 尼日尔国家概况. http://www.fmprc.gov.cn/web/gjhdq_676201/gj_676203/fz_677316/1206_678332/1206x0_678334/.

FAO. 2005. Global Forest Resources Assessment 2005. http://www.fao.org/forestry/fra/fra2005/en/.

FAO. 2010. Global Forest Resources Assessment 2010. http://www.fao.org/forestry/fra/fra2010/en/.

FAO. 2013. Nigeria. http://www.fao.org/countryprofiles/index/en/?iso3=NGA.

FAO Forestry Department. 2010. Evaluation Des Ressources Forestières Mondiales 2010 Rapport National, Niger.

ITTO. 2014. Annual Review and Assessment of the World Timber Situation. http://www.itto.int/annual_review_output/.

尼日利亚(Nigeria)

尼日利亚联邦共和国(简称尼日利亚)位于非洲的几内亚湾西岸顶端,东邻喀麦隆,东北隔乍得湖与乍得相望,西接贝宁,北界尼日尔,南濒大西洋几内亚湾。国土面积92.38万km^2,人口1.9亿,为非洲人口最多的国家。拥有250多个民族,其中最大的民族是北部的豪萨-富拉尼族(占全国人口29%)、西部的约鲁巴族(占21%)和东部的伊博族(占18%)。官方语言为英语,居民中50%信奉伊斯兰教,40%信奉基督教,10%信仰其他宗教。尼日利亚实行联邦制,设联邦、州和地方三级政府,目前全国划分为1个联邦首都区、36个州以及774个地方政府(中国外交部网站,2018)。

尼日利亚地势北高南低,沿海为宽约80 km的带状平原。南部低山丘陵,大部地区海拔200~500 m;中部为尼日尔—贝努埃河谷地;北部豪萨兰高地超过全国面积的1/4,平均海拔900 m;东部边境为山地,西北和东北分别为索科托盆地和乍得湖湖西盆地。境内河流众多,尼日尔河及其支流贝努埃河为主要河流,尼日尔河在境内长1 400 km。属热带季风气候,全年分为旱季和雨季,年平均气温为26~27℃。

尼日利亚有很多尚未大规模开发的矿物资源,包括天然气、煤、石油、矾土、钽铁矿、黄金、铁矿石、石灰石、锡、铌、石墨和锌等30多种矿藏,其中,石油天然气资源十分丰富。迄今已探明石油储量270亿桶,居世界第9位,以现有速度可再开采30年;已探明天然气储量达3.4万亿m^3,居世界第5和非洲第1位,已开发量仅占总储量的12%。尽管这些自然资源有很大的储量,但该国的采掘工业还处于初级阶段。

尼日利亚原为农业国,自20世纪70年代起成为非洲最大的产油国,石油出口逐渐成为该国最主要的经济来源。20世纪80年代后,随着国际市场油价下跌,尼日利亚经济陷入困境,1992年被国际货币基金组织列为低收入国家。主要制造业为纺织、车辆装配、木材加工、水泥、饮料和食品加工,大多集中在拉各斯及其周围地区。由于基础设施年久失修,技术水平较低,多数工业制品仍依赖进口。农业在国内生产总值中占40%,全国70%的劳动力从事农业,农业主要产区集中在北方地区。粮食不能自给,每年需大量进口。近年来,尼政府加大对基础设施、农业和制造业的投入,推进电力、石油行业改革,积极争取外资、外援和债务减免。受国际市场油价持续上扬这一有利因素的影响,目前尼经济形势趋于好转。

一、林业在国民经济中的地位

林业在尼日利亚国民经济中占有相当重要的地位。据统计,2011年尼日利亚林业部门总附加值53.41亿美元，占GDP的2.2%（表1），略高于非洲平均水平（2%）。其中，正规林业部门附加值9.92亿美元，占全国GDP的0.4%；非正规林业部门附加值43.49亿美元，占GDP的1.8%。2011年林业部门为尼日利亚提供了约292.1万个就业岗位，占全国总劳动力的5.7%，略高于非洲平均水平（4.8%）。其中，正规林业部门解决4.4万就业，占本国总劳动力的0.1%；非正规林业部门帮助115.6万人就业，占本国总劳动力的5.6%。

二、森林资源

（一）森林资源总量

2015年森林面积为699.3万hm^2，其中，原始林已被砍伐殆尽，天然次生林为655.3万hm^2，人工林面积为42万hm^2；森林覆盖率7.7%；森林蓄积量为9.36亿m^3（FAO，2015）。1990—2015年，森林面积呈现持续下降趋势。

（二）森林分布

尼日利亚森林主要集中在南方，属于低地热带雨林。中部和北部为热带稀树草原，分别是几内亚热带草原、苏丹草原和萨赫勒大草原。另外，在尼日利亚中部地区有少量的山地林，沿着海岸线有少量的红树林。

（三）森林类型

按起源分，天然林面积占全国森林总面积的96%，全部为天然次生林，人工林面积占4%。人工林主要集中在西南部地区，主要树种为柚木（*Tectona grandis*）、缅茄（*Afzelia xylocarpa*）、铁刀木（*Cassia siamea*）、阔荚合欢（*Albizia lebbeck*）、榆绿木（*Anogeissus acuminata*）、印度黄檀（*Dalabergia sissoo*）和赤桉等。

按照用途划分，生产林191.2万hm^2，占森林总面积的27.34%；生物多样性保护林250.9万hm^2，占35.88%（FAO，2015）。

（四）森林权属结构

尼日利亚相关法律规定，尼日利亚所有土地归国家所有，个人租赁土地的年限通常为99年。政府可随时召回被租赁的土地。森林的所属权也全部为公有（FAO，2015）。

（五）森林资源动态变化

由于农业、工业的发展以及城市化进程带来的植被退化、土地荒漠化，尼日利亚的森林面积日益减少，1990—2000年每年减少40.96万hm^2，年消失率为2.7%；2000—2010年，每年减少40.96万hm^2，年消失率为3.7%；2010—2015年，每年减少40.96万hm^2，年消失率为5%（FAO，2015）。

三、林业法规政策

（一）林业法律体系

在尼日利亚，乱砍滥伐等现象正在威胁森林的可持续性。为此，政府试图通过法律措施来保护森林资源及物种多样性（Jasper et al.，2009）。目前，联邦首都区以及36个州已先后颁布了林业方面的相关法律。然而，目前仍无全国统一的林业法律，国家立法至今并无涉及林业。

联邦首都区的林业法律主要有1989年颁布的《自然资源保护法》。该法建立了自然资源保护委员会，负责自然资源保护计划和项目的制定和实施，对土壤、水、林业、渔业和野生动物依法进行保护。1990年出台的《联邦环境保护法》，建立了尼日利亚联邦环保局（FEPA），旨在保护尼日利亚生态环境免遭恶化，以该国的环境保护政策为指导方针，对污水处理、水质检测、土壤管理等多方面进行法律规定，为自然资源的保护提供有力的法律支持。1992年的86号《环境影响评估法案》要求，在任何工程项目投入建设前，必须先对环境影响进行评估，其目的是为了避免国家的工业建设活动对自然环境造成破坏和不利影响。1985年11号《濒危物种保护法案》明确禁止狩猎、捕获或买卖任何列为濒危的野生动物。

其他对林业方面进行立法的各州，在联邦首都区的相关法律法规基础上，根据自身林业状况，对林业方面法律进行了完善和补充。

（二）国家林业政策

2006年，尼日利亚联邦林业局颁布了《国家林业政策》。该政策的总体目标是实现森林可持续经营，确保森林和树木开发利用考虑到后代子孙利益，实现社会和环境效益的可持续增长。其主要条款包括：

（1）通过有效的森林保护措施，保护和增加森林资源。

（2）在社会发展不损害自然资源及环境的基础上，充分带动林业经济的发展。

（3）促进和维护城市绿化，并满足对林产品需求不断增加的新型城市要求。

（4）建立有效的监管制度以保障公众利益，根据私营部门的森林管理协议，确保法律规定的有效性，以鼓励长期投资。

（5）构建林业咨询服务体系，以农民、社区和森工企业联合的方式，加强林业培训，促进森林资源的合理开发利用。

四、林业机构与管理体制

尼日利亚林业由联邦环境部下属的联邦林业局管理。如图1所示，林业管理有3个层次：联邦林业局、36个州林业部门以及77个地方林业机构。林业机构约有510名专家以及400多名技术人员。联邦林业局下设林业司和农业及土地政策司。林业司下设计划处、森林管理利用处、野生生物处及世界银行合作项目办公室，其职能是制定政策、监督全国林业行政以及协调林业发展。联邦林业局是管理机构，由州林业部门负责处理具体的管理、开发和保护森林资源的工作。

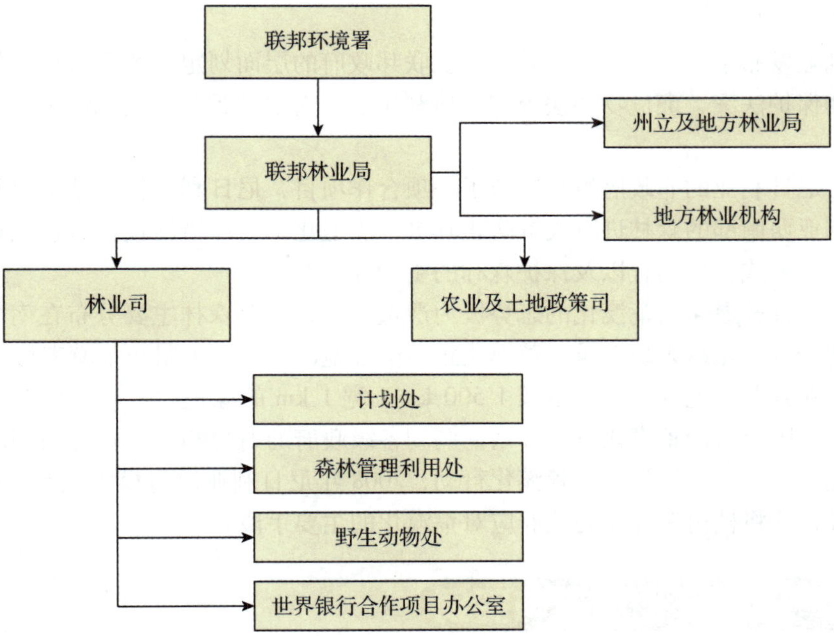

图1　尼日利亚林业部门结构

五、森林经营与管理

（一）人工林营造

尼日利亚政府非常重视人工林的营造，1990—2015 年，全国森林总面积由 1 723.4 万 hm^2减至 699.3 万 hm^2，但人工林面积由 25.1 万 hm^2增至 42 万 hm^2，人工林面积年平均增长 0.68 万 hm^2，年增长率为 2.1%。可以看出，尼日利亚虽然人工林的面积逐年增加，但其造林速度远远赶不上大量采伐天然林对森林的破坏速度。

2008 年，尼日利亚总统提出经济和环境可持续发展活动，该活动的目标是增加森林物种以及提高到森林覆盖率 25%，在活动中政府提供生态基金，其中 60% 用于大规模植树造林，以实现尼日利亚可持续经营森林。第一笔款项 50 亿奈拉已下拨到生态基金办公室，计划 2011 年在 37 个州增加 100 万株苗木用于人工林营造。

（二）生物多样性保护

根据世界保护监测中心的数据显示，尼日利亚有 1 417 种已知的两栖类、鸟类、哺乳动物和爬行动物物种，其中 12% 是尼日利亚特有种。在这些特有物种之中 3.5% 面临灭绝的威胁。尼日利亚至少有 4 715 种维管束植物，其中 4.3% 是尼日利亚特有种，3.6% 的物种受到世界自然保护联盟第四类保护。

据统计，在尼日利亚世界自然保护联盟划定的严格的自然保护区、自然保护区和国家公园面积为 250.9 万 hm^2，自然遗迹、物种管制区和景观保护区面积为 74.5 万 hm^2，资源保护区及其他 224.8 万 hm^2，总计生物多样性保护区共 550.2 万 hm^2。

（三）森林保护

尼日利亚发布了国家公园服务政策，从联邦政府的层面划定了 8 个自然保护区，并依据野生动物保护法案、濒危物种法令和土地利用法，对自然保护区的 254 万 hm^2 森林进行了保护。

另外，尼日利亚的非政府组织宣布了一项合作项目，尼日利亚保护基金会和一些捐助者对尼日利亚西南部的森林进行投资防止其进一步退化，具体措施包括管护人员的能力建设、农户生计模式替代调查以及保护森林的主动性开发等。

尼日利亚森林退化及荒漠化的态势极为严重。尼日利亚森林主要分布在南部地区，随着森林退化和荒漠化越来越严重，荒漠化正向南部地区推进。为阻止荒漠南移，2001 年尼日利亚政府在其北部地区修建一条长 1 500 km、宽 1 km 的绿色隔离带。同时，尼日利亚政府已制定了国家防治荒漠化行动计划，调动各级政府的财力和人力资源与国际社会共同抵御荒漠化。为进一步加强防治荒漠化行动，2008 年尼日利亚政府投资人 5 100 万美元用于植树造林，并将植树造林作为政府应对荒漠化的主要手段。

六、林产品生产、加工与贸易

（一）林产品生产与加工

尼日利亚是一个重要的工业原木生产国，2000 年原木生产量为 6 876. 7 万 m^3，2010 年原木生产量为 7 263. 3 万 m^3，2015 年原木生产量为 7 530. 96 万 m^3。全国生产的原木，85% 以上用作木质燃料，用于工业生产较少。木质燃料的生产量，2000 年为 5 934. 9 万 m^3，2010 年为 6 321. 5 万 m^3，2015 年为 6 528. 76 万 m^3（表 1）。

表 1　尼日利亚 2000—2015 年主要木材产品产量　（万 m^3，万 t）

产品	2000	2005	2010	2011	2013	2015
原木	6 876. 7	7 069. 2	7 263. 3	7 301. 8	7 383. 1	7 530. 96
其中：工业原木	941. 8	941. 8	941. 8	941. 8	941. 8	1 002. 2
木质燃料	5 934. 9	6 127. 4	6 321. 5	6 360	6 441. 3	6 528. 76
锯材	200	200. 2	200. 2	200. 2	200. 2	200. 2
人造板	9. 5	9. 6	9. 7	9. 7	9. 7	9. 7
其中：单板	0	0	0. 1	0. 1	0. 1	0. 1
刨花板	4	4	4	4	4	4. 0
胶合板	5. 5	5. 5	5. 6	5. 6	5. 6	5. 6
纸和纸板	1. 9	1. 9	1. 9	1. 9	1. 9	1. 9
木浆	2. 3	2. 3	2. 3	2. 3	2. 3	2. 3

资料来源：FAOSTAT，2018。

尼日利亚林产品加工能力相对较弱。2000 年锯材产量为 200 万 m^3，2000—2015 年锯材产量基本保持不变。人造板年产量由 2000 年的 9. 5 万 m^3 上升至 2015 年的 9. 7 万 m^3，变化不大，其中，单板的年产量几乎可以忽略不计；刨花板的年产量 2000—2015 年一直保持在 4 万 m^3；胶合板也一致保持在 5.5 万～5.6 万 m^3 之间。纸和纸板以及木浆在近 10 多年中一直保持不变。上述情况表明，尼日利亚林产品加工能力较弱，在林业行业中注重原木生产，但不重视林产品加工。

（二）木质林产品进出口贸易

整体上，尼日利亚木质林产品进口额与出口额逐年均呈现快速上升趋势。2000—2015 年，木质林产品进口额由 14 877.9 万美元增长到 49 871 万美元；出口额由 3 265.8 万美元增长至 43 831.8 万美元（表 2）。

表 2　尼日利亚木质林产品进出口贸易　（万美元）

年份	2000	2005	2010	2011	2013	2015
进口额	14 877.9	24 312.4	65 073.7	64 387.5	59 384.4	49 871
出口额	3 265.8	4 230.7	6 087.4	8 049.7	11 995.8	43 831.8

资料来源：FAOSTAT，2018。

根据表 3 可发现，尼日利亚木质林产品在国际贸易中长期处于逆差地位，但逆差额迅速下降，目前已经接近于零。

尼日利亚木材工艺和技术较为落后，主要出口的林产品是工业原木和锯材，其出口量远远大于进口量（表 3）。

表 3　2000—2015 年尼日利亚工业原木和锯材贸易量

年份		2000	2005	2010	2011	2013	2015
工业原木	进口量（m^3）	0	723	54	1 491	104	1 009
	出口量（万 m^3）	0.73	3.83	11	10.63	12.76	64.53
锯材	进口量（m^3）	900	335	2 399	4 600	4 926	985
	出口量（万 m^3）	5.40	4	1.12	0.56	0.72	1.61

资料来源：FAOSTAT，2018。

尼日利亚的人造板工艺相对落后，生产加工能力不足，国内人造板消费主要依赖进口解决。从发展趋势看，2000—2015 年期间，人造板的进口量较大且逐年上升，出口量较小且波动较大。从进出口量上看，尼日利亚人造板贸易存在严重的逆差（表 4，表 5）。

表 4　2000—2015 年尼日利亚主要林产品进口量

类别		2000	2005	2010	2011	2013	2015
人造板	单板（m^3）	0	1 073	449	1 996	394	82
	胶合板（万 m^3）	0.04	0	8.05	14.65	16.03	15.96
	刨花板（万 m^3）	0.15	0.15	3.71	3.2	1.24	2.21
	纤维板（万 m^3）	4.74	3.99	2.36	8.90	14.46	18.37

资料来源：FAOSTAT，2018。

表 5　2000—2015 年尼日利亚主要林产品出口量　（m^3）

类别		2000	2005	2010	2011	2013	2015
人造板	单板	0	119	19	36	5	160
	胶合板	0	6	42	124	49	22
	刨花板	0	0	11	11	22	133
	纤维板	0	0	4	139	150	32

资料来源：FAOSTAT，2018。

七、林业科研与教育

尼日利亚属于非洲较不发达国家，林业比较落后。但是，尼日利亚从科研角度努力改变现状，并通过教育培养出一批高素质的林业人才。

（一）林业科研

林业科研机构主要包括尼日利亚林业研究所、尼日利亚油棕研究所与尼日利亚橡胶研究所。尼日利亚林业研究所的主要研究领域是国家农业生态区树种种植管理和识别，木材及木材废料的利用和农林技术人员的技术培训等。该研究所也进行林业和林产品利用领域以及野生动物管理和养蚕业的研究，目前正在扩大规模建立更多的实验基地和林业试验站。

尼日利亚油棕研究所成立于 1939 年，研究所主要研究对象是棕榈树。通过生物技术对棕榈树进行种植和保护，使尼日利亚棕榈油能够自给自足，并取得全球棕榈油生产的领先地位。同时，该研究所加强与其他国家和地方政府合作，通过技术支撑推动棕榈相关行业的发展。

尼日利亚橡胶研究所任务是研究橡胶种植和保护的相关生物技术，以及与橡胶相关的社会经济和农业系统等。1999—2006 年该研究所提供了 139.80 万株经改良的优质橡胶树苗木。

（二）林业教育

尼日利亚没有独立的林业大学，但在 10 所综合大学中设有林学院，即三角洲州立大学林业与野生动物学院、联邦科技大学林业和木材技术学院、迈克尔·奥克帕拉农业大学林业与环境管理学院、贝宁大学林学院、伊巴丹大学森林资源管理学院、伊洛林大学森林资源管理学院、哈克特港大学林业与野生动物管理学院、乌约大学林业与野生动物学院和奥斯曼·丹·福迪欧大学林业和野生动物学院。

八、林业国际合作与交流

尼日利亚是世界毁林问题最为突出的国家之一。为扭转森林减少的趋势，加纳政府在加大林业建设投入之外，还注重借助外力——加强与联合国 REDD + 办公室的联系。2009 年，加纳政府首选选择在克里斯河州地区启动 REDD + 项目建设，希望获取外部资金与技术减少砍伐森林和减缓森林退化；2010 年 2 月，加纳正式成为联合国 REDD 计划的伙伴国家。

九、分析与借鉴

在林业建设过程中，尼日利亚林业政策与管理在如下几个方面较为突出：

（一）荒漠化治理

尼日利亚属热带季风气候，全年分为旱季和雨季，而且降雨量不均匀，呈现出从南到北降水量逐渐减少的态势。长期的干旱导致北方向荒漠化发展。由于荒漠化由于导致的水土流失，尼日利亚东南部尼日尔河三角洲可能损失15%的土地（满多清等，2013）。随着近年来大量土地开垦、过牧及砍伐，导致南部森林退化，甚至向荒漠化发展。2006年，联合国环境署对荒漠化做出评估，尼日利亚的沙漠面积已占该国总面积的90%以上。根据联合国环境署的评估结果，2006年，尼日利亚颁布的《国家林业政策》强调了造成毁林、林地荒漠化等问题的根本原因，并进行投资治理。随着政府对环境建设力度的加大，局部地区的荒漠化已得到有效遏制（满多清等，2008）。尼日利亚在20世纪70年代通过引进非本土树种，结合当地筛选的树种，起到了固定流沙的作用，较为有效地阻止了荒漠化从北方向南方蔓延。

（二）自然保护区和国家公园建设

尼日利亚在自然保护区和国家公园建设方面也很有特色，以保护森林资源为中心。从联邦政府层面颁布国家公园服务政策，并重点为自然保护区和国家公园中的森林资源提供有效的保护手段，强化森林中生物多样性。建设国家公园保护森林资源，阻止了森林退化的蔓延，间接对荒漠化进行治理。

（三）政府与非政府组织合作

尼日利亚联邦政府在林业、生态等方面积极与非政府组织合作，其涉及的领域较为广泛。尤其是在应对退化森林以及荒漠化方面，政府和非政府组织共同进行投资治理，有效地促进了国内外交流与合作。

（宁攸凉）

参考文献

满多清，刘世增，杨自辉，等.2013. 尼日利亚农林业发展与荒漠化防治探析[J]. 世界林业研究，(4)：82－87.

满多清，董治宝，纪永福.2008. 腾格里沙漠西南缘植被季节变化及风沙活动[J]. 中国沙漠，8(6)：140－147.

中国外交部网站. 2018. http：//www. fmprc. gov. cn/web/gjhdq_ 676201/gj_ 676203/fz_ 677316/1206_ 678356/1206x0_ 678358//(2018－02)[2018-05-03].

FAO. 2011. Global Forest Resources Assessment 2010[R].

FAO. 2014. 2014年世界森林状况：提高森林的社会经济效益[R]. 罗马：FAO.

FAO. 2015. 2015年全球森林资源评估报告(案头参考)[R]. 罗马：FAO.

FAOSTAT. 2018. Forestry Production and trade[DB/OL]. http：//www. fao. org/faostat/en/#data/FO(2018)[2018-05-23].

Jasper E，Abere S A. Role of Social Capital in Sustainable Livelihoods and Community[R]. 2009.

塞内加尔(Senegal)

塞内加尔共和国(简称塞内加尔)位于非洲大陆西部，西邻大西洋，国土面积 19.672 万 km^2(中国外交部网站，2018)。全国划分 14 个行政区，下设 45 省 117 县。2014 年人口 1510 万。有 20 多个民族，主要是沃洛夫族(占 43%)、颇尔族(24%)和谢列尔族(15%)。官方语言为法语，80% 的人用沃洛夫语。95.4% 的居民信奉伊斯兰教，4.2% 信奉天生教，其余信奉拜物教(中国外交部网站，2018)。

塞内加尔主要为平原，东部和东南部有丘陵高地，沿岸有起伏的沙丘。属夏雨冬干型的热带莽原气候，雨季为 6～10 月，年降水量 500～1 000 mm，由北向南递增；年平均气温为 29℃，最高气温达 45℃，由内陆向海岸递减(中国外交部网站，2014)。

塞内加尔是农业国，矿产资源贫乏，主要有磷酸盐、铁、黄金、铜、钻石、钛等；磷酸钙储量约 1 亿 t，磷酸铝储量约 6 000 万 t；水力资源较丰富。渔业、花生、磷酸盐出口和旅游是其 4 大传统创汇产业。塞内加尔属发展中国家，是联合国公布的最不发达国家之一。2017 年，国内生产总值为 160.57 亿美元，人均 GDP 仅 998 美元。2017 年国内生产总值增长率 6.8%。财政收入主要来源是各种税收和外国援助。主要出口渔业产品、磷酸盐、石油产品、棉花和肥料等，进口粮食、原油、机电和日常消费品等。贸易伙伴主要有法国、马里、印度、尼日利亚、中国、瑞士、荷兰等(中国外交部网站，2018)。

一、林业在国民经济中的地位

2010 年，塞内加尔林业收入 327.1 万美元，林业经费大部分来源于国际援助；从事初级林产品生产的林业工人约 0.5 万人。2010 年，林业部门总产值 7 700 万美元，占国内生产总值的 0.9%。其中，林产工业及锯木业产值为 6 500 万美元，木材产业为 300 万美元，纸浆及纸张产业为 900 万美元，家具制造业为 100 万美元。林业从业人数占全国总劳动力的 0.2%，其中，森林与伐木业从业人数占 0.1%，纸浆及纸张产业占 0.1%(FAO，2015)。

二、森林及其他自然资源

塞内加尔森林和物种资源丰富，但仍有超过 1/3 的国土面临沙漠化威胁。

(一) 森林资源

1. 总量

2015 年，塞内加尔森林面积 827.3 万 hm^2，占国土面积的 43.00%，人均森林面积

0.694 hm^2；森林蓄积量3.08亿m^3，商业蓄积量2.05亿m^3；活立木生物量中碳储量3.34亿t(FAO，2015)。平均每公顷森林蓄积量37m^3、碳储量40 t、生物量88.7 t，森林质量较低。目前森林中没有濒危和珍稀濒危树种。2015年森林面积分别为827.30万hm^2，森林覆盖率分别为43.6%(FAO，2015)。

2. 结构

(1)按起源。2015年，原始林150.8万hm^2，占森林面积的18.2%；天然次生林620.4万hm^2，占森林面积的75.0%；人工林56.1万hm^2，占森林面积的6.8%(FAO，2015)。

(2)按类型。低矮木和小乔木草原林：主要分布在北部地区，是重要的放牧林，主要树种是以阿拉伯胶树为主的相思类；大乔木草原林：分布在东部地区，主要树种有风车子属(*Combretum*)，是木材生产，特别是薪炭材生产的重要林区；高密度森林：分布在南部地区，主要树种有塞内加尔卡雅楝(*Khaya* spp.)、缅茄、高贵绿柄桑(*Chlorophora excelsa*)等，平均每公顷蓄积量100~120 m^3，是主要用材生产林地；红树林：分布在卡萨芒斯河和塞内加尔河等大流域的河口，主要树种有总花红树(*Rhizophora racemosa*)和非洲海榄雌(*Avicennia africana*)，平均每公顷蓄积量只有10~40 m^3(中国林业信息网，2014)。

(3)按权属。森林绝大部分为公有林。2010年，公有林面积847.1万hm^2，占全国森林总面积的99%以上；私有林面积仅0.2万hm^2，占0.02%。在私有林中，个人拥有森林面积占18%，企业和私营机构占82%(FAO，2013a)。

(4)按用途。2010年，生产林508.4万hm^2，占森林总面积的60%；生物多样性保护林152.5万hm^2，占18%；多用途森林186.4万hm^2，占22%。同时，永久性产业森林面积442.4万hm^2，占森林总面积的52%(FAO，2011a)。

(5)按树种。全国已确定的本土树种有315个：其中，苹婆属(*Sterculia*)占10.5%，风车子属(*Combretum*)占9.9%，棒状苏木(*Cordyla pinnata*)占8.7%、刺猬紫檀(*Pterocarpu serinaceus*)占7.5%、达妮埃拉篦子(*Daniella oliveri*)占5.1%(FAO，2012b)。

3. 变化

塞内加尔森林面积呈不断递减趋势，从1990年森林面积的934.8万hm^2、森林覆盖率47.52%降至2010年的森林面积847.3万hm^2、森林覆盖率43.07%。2015森林面积下降到827.3万hm^2(FAO，2015)。

从森林结构变化看，原始林和天然次生林面积在不断下降，而人工林与防护林面积有所增加。原始林由1990年175.9万hm^2减少到2015年150.8万hm^2，减少了140.3%；天然次生林从1990年738.4万hm^2减少到2015年620.4万hm^2，减少了10.0%；人工林由1990年18.5万hm^2增加到2015年56.1万hm^2，年均增长8.1%(FAO，2015)。尽管人工林发展较快，但原始林和天然次生林面积下降更多，整体上森林面积仍在不断减小。

同时，森林蓄积量也呈下降趋势。1990年森林蓄积量3.49亿m^3，其他林地蓄积量为0.25亿m^3。到2015年森林蓄积量下降到3.08亿m^3，20年间减少11.7%；活立木生物量中碳储量从1990年的3.77亿t降到2015年的3.34亿t(FAO，2015)，20年间减少11.4%。

(二)其他自然资源

1. 湿地资源

塞内加尔境内著名的玫瑰湖面积达19.67万km^2，每年可提供富含多种微量元素的湖盐几万 t；自然保护区湿地面积 1.6 万 hm^2，有塞内加尔河、冈比亚河、卡萨芒斯河、吉耶尔湖，以及大量湿地和充足的地下水资源（中国驻塞内加尔使馆经商处网站，2013）。

2. 荒漠化土地

2011 年，塞内加尔仍有 34% 的土地面临着沙漠化威胁，24% 的沙化土地呈现不断加重的趋势，荒漠化土地总面积达 1 141 万 hm^2（新华网，2011）。

3. 野生动植物

塞内加尔著名的朱贾国家鸟类保护区，面积 160 km^2，栖息着 150 万种鸟类，是西非地区主要的古北区迁徙鸟类保护区之一（中国航空旅游网，2013）。种类包括白眉鸭、琵嘴鸭、针尾鸭、流苏鹬、黑尾塍鹬、白脸树鸭、褐树鸭、尖翅雁、紫鹭、夜鹭、白鹭、白鹈鹕、苍鹭、非洲白琵鹭、非洲镖鲈、鸬鹚、白胸鸬鹚等，苏丹大鸨为濒临灭绝的鸟类。

三、林业法规政策

（一）林业法规

塞内加尔与林业有关的国家法规主要有《塞内加尔森林法实施条例》（1995、1999 年）、《塞内加尔森林法》（1998 年）、《塞内加尔农 - 林 - 牧方针政策法》（2004 年）和《塞内加尔修订森林法中有关灌丛火条款的法令》（2010 年）等（中国林业信息网，2015）；区域性规定有《非洲自然及自然资源保护公约》（2003 年）和《"非洲绿墙"计划》（2005、2007、2009 年）等（中国林业科学研究院，2010）。

《塞内加尔森林法实施条例》（1999 年）由国家森林区、森林管理、森林保护和杂项等 4 部分的 68 个项目组成，将森林管理贯穿于国家发展计划中，规定了国家、地方和私人项目执行的具体内容；制定了国家基金用于森林保护的详细措施，如森林分类、土地开垦、放牧和森林火灾监管，建立了物种保护名单等（中国林业信息网，2015）。

（二）林业政策

目前，塞内加尔实施的国家林业政策，坚持权力下放，通过森林保护和可持续经营，加强国际和区域合作，以减少贫困；强调森林和野生动物资源的合理发展与管理，提高当地社区和社会的组织能力，增强森林服务功能，发展私营林业、城市与城郊林业（FAO，2012a）。

在 FAO 帮助下，塞内加尔起草了关于环境和自然资源管理的部门政策文件，建立了环保计划和指导方针，作为对当前正在进行的林业政策修订的补充（FAO，2010c）。新的林业发展支持计划目的是通过委托项目管理来协调全国的合作伙伴，并确定机制来支持当地政府履行权力转移；支持国家和区域林业行动计划实施，提高可再生资源的生产能力和维护生态平衡，满足人们对农业和畜牧业的实际需求。

四、林业机构与管理体制

（一）管理机构

塞内加尔自然环境保护部负责林业管理，下设国立公园局，水资源、森林、狩猎、土壤保护局(DEFCCS)与环境局；DEFCCS 下设森林动物公园处、地方监查处和项目处，为政策的执行和管理机构(图 1)。2000 年，政府森林管理机构职员总人数 568 人，其中女性占 11%；2008 年为 876 人，女性占 16%(中国林业信息网，2014)。

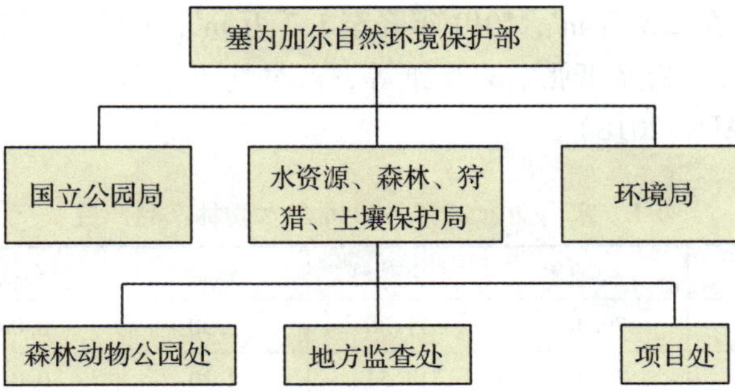

图 1　塞内加尔林业管理机构

(二) 机构职责

DEFCCS 执行国家森林政策，负责森林经营、水土保持、野生动植物及其栖息地管理等工作。DEFCCS 一方面要保护森林，维护森林生态平衡，另一方面要满足人们对林产品的需求(FAO，2011b)。

五、森林经营与管理

塞内加尔森林经营的主要目标是提供薪材、木炭和建筑用木材。同时，森林也提供了水果、药材和饲料等，还在防止水土流失、保护水体、遏制荒漠化加速等方面发挥了重要的生态服务功能。

塞内加尔人工林主要树种是木麻黄属(*Casuarina*)(FAO，2010d)。2007 年年底，欧盟同意援助“非洲绿墙”计划，计划从塞内加尔首都达喀尔延伸到非洲之角的吉布提，营造一条长约 7 000 km、宽约 15 km 的林带；作为计划项目协调者，至 2010 年塞内加尔已完成 525 km 林带。在 FAO 和 UNDP 帮助下，近年来，塞内加尔启动退沙还林计划，完成木麻黄造林 9 000 hm^2，促进了隆普勒地区经济发展(新华网，2011)。

塞内加尔森林火灾严重。1990—2000 年，森林火灾呈不断攀升趋势，1990 年为 5.1 万 hm^2，2000 年上升至 9.7 万 hm^2，2005 年达 81.6 万 hm^2，其中 14% 为野火(FAO，2010a)。

六、林产品生产、加工与贸易

(一) 林产品生产

塞内加尔林产品产量基本保持平稳，逐年略有增加，但仍需进口木质林产品以满足国内消费需求(FAOSTAT，2014)。木质林产品生产以原木为主，其中木质燃料产量比重很大，工业原木维持在 80 万 m^3 左右(表 1)。

据 FAO 数据，2007 年塞内加尔主要非木质林产品产量为：水果 6 275 t，植物油 29.82 万 t，香料 208 t(FAO，2013b)。

（二）林产品加工

塞内加尔林产品加工业有限，主要生产木炭和锯木；其中木炭产量较为稳定，2000—2009年维持在11万t，2010—2014年大幅增至30万t；生产锯材的主要树种是阔叶树，2000—2009年产量保持在2.3万m^3，2010年降至1.7万m^3，2011—2014年又增至2.5万m^3。其他木材加工产品还有纸板及纸张、再生纸等，产量均不足200 t(表1)，在整个林产品加工中所占比重较小(FAO，2018)。

表1　塞内加尔2000—2016年木质林产品产量　（万m^3，万t）

年份	原木	工业原木	木质燃料	锯材	纸和纸板	木炭
2000	590.76	79.40	511.36	2.30	0.00	11.02
2001	593.94	79.40	514.54	2.30	0.01	11.02
2002	597.16	79.40	517.76	2.30	0.02	11.02
2003	600.41	79.40	521.01	2.30	0.01	11.02
2004	603.69	79.40	524.29	2.30	0.01	11.02
2005	607.02	79.40	527.62	2.30	0.01	11.02
2006	609.97	79.40	530.57	2.30	0.01	11.02
2007	612.96	79.40	533.56	2.30	0.01	11.02
2008	615.98	79.40	536.58	2.30	0.01	11.02
2009	619.04	79.40	539.64	2.30	0.01	11.02
2010	621.52	78.80	542.72	1.70	0.01	30.00
2011	625.66	80.40	545.26	2.50	0.01	30.00
2012	628.22	80.40	547.82	2.50	0.01	30.00
2013	630.80	80.40	550.40	2.50	0.01	30.00
2014	630.80	80.40	550.40	2.50	0.01	30.00
2015	637.25	75.4	555.65	3.1	0.03	30.00
2016	638.62	75.4	557.02	3.1	0.03	30.00

资料来源：FAO，2017。

（三）林产品贸易

塞内加尔林产品贸易以进口为主，出口较少(表2)，且年度变化较大(FAO，2017)。

表2　塞内加尔2000—2016年林产品进出口贸易额及年增长率　（万美元，%）

年份	进口额	出口额	贸易额	年增长率
2000	3 709.50	11.00	3 720.50	-18.06
2001	5 089.30	205.60	5 294.90	42.32
2002	5 251.90	205.60	5 457.50	3.07
2003	5 251.90	205.60	5 457.50	0.00

（续）

年份	进口额	出口额	贸易额	年增长率
2004	5 251.90	205.60	5 457.50	0.00
2005	5 251.90	205.60	5 457.50	0.00
2006	5 251.90	205.60	5 457.50	0.00
2007	9 590.60	205.60	9 796.20	79.50
2008	12 388.30	716.70	13 105.00	33.78
2009	8 768.20	603.60	9 371.80	-28.49
2010	7 298.00	495.00	7 793.00	-16.85
2011	8 835.80	738.10	9 573.90	22.85
2012	10 312.40	993.20	11 305.60	18.09
2013	5 312.90	407.10	5 720.00	-49.41
2014	5 312.90	407.10	5 720.00	0.00
2015	16 187.80	733.30	16 921.10	195.82
2016	17 706.50	1 435.00	19 141.50	13.12

资料来源：FAO，2017。

塞内加尔林产品贸易以进口为主，出口量较少。进口产品以锯木、纸和纸板为主（FAOSTAT，2014），也进口部分原木特别是工业原木、人造板和木浆（表3）。近年，原木进口量呈下降趋势，由2002—2007年2.3万m^3降到2016年0.14万m^3；锯木进口从2008年下降后2010—2012年开始略有增加，2013—2014年又降低到不足万m^3，2016年恢复至7.62万m^3；2010年纸及纸板进口大幅减少后2011年有所回升，2013—2014年持续升高，2016年达到峰值7.62万t（FAO，2018a）。

表3　塞内加尔2000—2016年主要林产品进口　（万m^3，万t）

年份	原木	工业原木	锯材	人造板	纸和纸板	木浆
2000	0.94	0.94	5.43	0.98	2.18	0.17
2001	2.10	2.10	8.59	1.10	3.08	0.03
2002	2.29	2.29	8.59	1.10	3.08	0.03
2003	2.29	2.29	8.59	1.10	3.08	0.03
2004	2.29	2.29	8.59	1.10	3.08	0.03
2005	2.29	2.29	8.59	1.10	3.08	0.03
2006	2.29	2.29	8.59	1.10	3.08	0.03
2007	2.29	2.29	8.59	1.13	3.94	0.03
2008	1.29	1.29	8.14	1.04	4.68	0.05
2009	1.08	1.07	6.00	0.85	4.40	0.03
2010	0.49	0.49	6.09	1.11	2.78	0.03
2011	0.43	0.42	6.59	1.17	3.23	0.04

（续）

年份	原木	工业原木	锯材	人造板	纸和纸板	木浆
2012	0.28	0.28	7.24	1.50	5.41	0.06
2013	0.28	0.27	0.54	0.10	5.99	0.07
2014	0.28	0.27	0.54	0.10	5.99	0.07
2015	0.55	0.55	7.20	1.14	16.38	0.12
2016	0.14	0.14	7.62	1.48	16.59	0.13

资料来源：FAO，2018。

相对于进口，塞内加尔林产品出口量较少，出口产品主要为：人造板(胶合板为主)、锯材、原木、纸及纸板和木炭。2009 年前胶合板出口很少，2010—2012 年出口量上升到 0.1 万～0.5 万 m^3，2013—2014 年又降到不足 0.1 万 m^3；2001—2011 年阔叶锯材出口一直保持在 0.1 万 m^3，其中 2008 为 0.2 万 m^3，2012—2014 年增加到 0.2 万 m^3 以上；2009 年前，原木出口量很小，2010—2014 年原木出口量达 0.1 万～0.6 万 m^3；2001—2014 年纸及纸板出口量维持在 0.2 万 m^3 左右，2016 年增加至 1.3 万 t；2012 年前木炭出口量都在 500 t 以下，2013—2014 年增加到 3 200 t，2016 年又降至 725 t(FAOSTAT，2014；FAO，2017)。

(四)林产品流向

2015—2016 年塞内加尔前 10 位的贸易伙伴国及其进出口贸易额与占比如表 4 所示(FAO，2018b)。塞内加尔的林产品进出口贸易主要发生在与非洲和欧洲国家之间。2015 年、2016 年向塞内加尔输出林产品金额最大的 2 个国家分别是科特迪瓦和客麦隆，输出金额在前 10 位的国家变化不大。2015 年、2016 年塞内加尔从 10 个国家进口的林产品总额分别达 3 897.8 万美元和 3 835.3 万美元，分别占林产品进口总额的 93.32% 和 93.45%；同时，在塞内加尔林产品出口目的地居首位的。

表 4　塞内加尔 2015—2016 年主要林产品贸易伙伴国及其进出口贸易额(万美元，%)

编号	2015 年				2016 年			
	出口		进口		出口		进口	
	目的地	金额	来源国	金额	目的地	金额	来源国	金额
1	中国	148.7	科特迪瓦	1 867.8	中国	414.1	科特迪瓦	1 537.6
2	冈比亚	23.8	喀麦隆	1 193.5	几内亚比绍	44.8	喀麦隆	1 397.6
3	毛里塔尼亚	19.6	加纳	225.3	冈比亚	41.3	法国	179.7
4	马里	18.1	法国	193	毛里塔尼亚	32.7	加纳	149.9
5	几内亚比绍	13.6	几内亚	97	佛得角	17.2	几内亚	140.9
6	尼日尔	11.2	中国	88.1	马里	14.4	德国	104.4
7	法国	4.7	俄罗斯	73.3	几内亚	0.9	罗马尼亚	95.2
8	毛里求斯	2.8	罗马尼亚	58.8	刚果	0.2	中国	88.9

（续）

编号	2015 年				2016 年			
	出口		进口		出口		进口	
	目的地	金额	来源国	金额	目的地	金额	来源国	金额
9	塞拉利昂	2.8	德国	57.7			冈比亚	73
10	科特迪瓦	2	中非	43.3			比利时	68.1
合计		247.3		3 897.8		565.6		3 835.3
占比		99.52		93.32		99.82		93.4

资料来源：FAO，2017。

七、林业科研与教育

塞内加尔林业科研和教育十分薄弱，仅在公共资金资助的森林研究中心有林业方面的科学研究，且研究人员数量少、素质不高，科研实力不强、没有实质性的科研成果。在中心工作的专业人员中，有博士学位的 4 人；硕士或同等学位的 8 人；本科或相等学位的 3 人（FAO，2012b）。

塞内加尔没有专门的林业大学。2008 年，与森林相关教育的毕业生中，获硕士或同等学位的 81 人，获本科或同等学位的 136 人，获技术工人证书或文凭的 445 人（FAO，2012b）。

八、分析与借鉴

塞内加尔林地和物种资源丰富，林业产业十分落后，发展空间很大。

1. 森林面积在持续减少

塞内加尔林业发展十分落后，森林面积在逐年减少。森林生态环境破坏可能成为未来林业发展的一个重要制约因素。塞内加尔急需从政策角度确定林业发展方向，在现有基础上保护原始林和天然林，探寻适度和合理的开发方式，保证林业可持续发展。

2. 林木消费结构不合理

塞内加尔对林产品的消费需求主要集中在初级产品薪材和木炭上，薪材价值偏低、林业产出少，难以带来经济收益，对林业产业发展形成了阻碍。政府应考虑发展新的合适能源，将林业由生活生产转变为商业生产，优化资源消费结构，从而增加就业和提高经济效益，也为其他产业发展创造条件。

3. 林业专业人才缺乏

经济困境使得塞内加尔林业资金不足，对林业教育和科研投入更少，长期下去，人才欠缺、技术落后、发展缓慢。增加教育科研投入，一定程度上是对经济发展的一种输血性投资，具有长期的潜在回报。

（李剑泉　邹文涛）

参考文献

世界银行. 2015. 数据：森林面积. http：//data. worldbank. org. cn/indicator/AG. LND. FRST. K2.

新华网. 2011. 塞内加尔退沙还林工作取得进展. http：//news. xinhuanet. com/video/2011 - 06/29/c_ 121601376. htm.

中国航空旅游网. 2013. 朱贾国家鸟类保护区. http：//yichan. cnair. com/305/.

中国林科院网站. 2010. 塞内加尔寻求联合国帮助以建立"非洲绿墙"[. http：//www. forestry. gov. cn/portal/main/s/235/content - 443816. html.

中国林业信息网. 2014. 塞内加尔林业. http：//www. lknet. ac. cn/sjly/framelimit. cbs？ResName = ddly.

中国林业信息网. 2015. 塞内加尔森林法——实施条例. http：//www. lknet. ac. cn/sjly/framelimit. cbs？ResName = gwfl.

中国外交部网站. 2014. 塞内加尔国家概况. http：//www. fmprc. gov. cn/mfa_ chn/gjhdq_ 603914/gj_ 603916/fz_ 605026/1206_ 606114.

中国驻塞内加尔使馆经商处. 2009. 塞内加尔玫瑰湖年产盐 5 万 ~6 万吨. http：//senegal. mofcom. gov. cn/article/jmxw/200907/20090706400923. shtml.

中国驻塞内加尔使馆经商处. 2013. 塞内加尔农业基本情况. http：//senegal. mofcom. gov. cn/article/ztdy/201311/20131100374139. shtml.

FAO. 2010a. Disturbances statistics. http：//www. fao. org/forestry/country/32267/en/sen/.

FAO. 2010b. Growing stock statistics. http：//www. fao. org/forestry/country/32183/en/sen/.

FAO. 2010c. Forestry policies, institutions and programmes. http：//www. fao. org/forestry/country/57479/en/sen/.

FAO. 2010d. Planted forests. http：//www. fao. org/forestry/country/18316/en/sen/.

FAO. 2011a. State of the World's Forests 2011. http：//www. fao. org/docrep/013/i2000e/i2000e. pdf

FAO. 2011b. Institution - Senegal. http：//www. fao. org/forestry/country/30807/en/sen/.

FAO. 2012a. Main objectives of the forest policy. http：//www. fao. org/forestry/country/61838/en/.

FAO. 2012b. Global Forest Resources Assessment 2010 http：//www. fao. org/forestry/fra/fra2010/en/.

FAO. 2013a. Forest area statistics, Senegal. http：//www. fao. org/forestry/country/32185/en/sen/.

FAO. 2013b. Non wood forest products . http：//www. fao. org/forestry/country/18371/en/sen/.

FAO. 2014. Contribution of the forestry sector to employment and GDP . http：//www. fao. org/forestry/country/57033/en/sen/.

FAO. 2018a. Forestry Production and Trade. http：//faostat3. fao. org/download/F/FO/E.

FAO. 2018b. Forestry Trade Flows. http：//faostat3. fao. org/download/F/FT/E.

FAO. 2015c. FAO Yearbook of Forest Products. http：//www. fao. org/forestry/statistics/80570/en/.

FAOSTAT. 2014. Forestry. http：//faostat. fao. org/site/626/DesktopDefault. aspx？PageID = 626#ancor.

Word Bank. 2015. Senegal. http：//data. worldbank. org/country/senegal.

特立尼达和多巴哥(Trinidad and Tobago)

特立尼达和多巴哥共和国(简称特多)位于加勒比海小安的列斯群岛的东南端，西与委内瑞拉隔海相望。全国分为9个郡、2个市、3个区和1个半自治行政区(多巴哥岛)。首都西班牙港(Port of Spain)。国土面积5 128 km^2，其中特立尼达岛4 828 km^2，多巴哥岛300 km^2。人口121.8万(中国外交部网站，2017)。印度裔和非洲裔为两大最主要族裔，占总人口比例分别是35.43%和34.22%，其余为混血种人及欧洲人、阿拉伯人后裔和华人。英语为官方语言和通用语。居民中26%信奉天主教，22.5%信奉印度教，7.8%信奉英国圣公会教，5.8%信奉伊斯兰教。2014年国内生产总值为296.2亿美元。在联合国开发计划署182个国家的人类发展指数中排名第64位。

特立尼达岛有3条山脉大致呈东西走向横穿岛屿，最高海拔为936 m。多巴哥岛最高海拔576 m。属热带海洋性气候。气温在20～34℃之间。

一、林业在国民经济中的地位

2011年，特多的正规林业部门就业人数合计约有5 000人(占社会总劳动力的0.6%)，其中从事原木生产、木材加工以及纸浆和纸生产的人数分别为1 000，2 000和2 000人。使用木质燃料烹饪的人口数为4 000人，占总人口数的0.3%(FAO，2014)。根据特多旅游发展总体规划，特多将成为加勒比地区最重要的旅游区，而森林在生态旅游中无疑将发挥重要作用。

2011年，特多的正规和非正规林业部门生产的总附加值为1.18亿美元，占国内生产总值的0.5%。正规林业部门的生产总附加值为8 700万美元(占国内生产总值的0.4%)，其中原木生产、木材加工以及纸浆和纸生产的附加值分别为1 700万、800万和6 200万美元(FAO，2014)。林业相关活动的公共支出总额2005，2008和2009年分别为1 078万、1 071万和1 243万美元，尚不足于可持续森林经营所需年度基本资金的1/3。资金不足严重限制了林业的发展，而造成资金不足的主要原因是“森林服务和产品”的经济价值被低估。因此，有必要通过森林生态系统服务(如水源涵养)收费增加林业收入。

二、森林资源

(一)森林面积与森林类型

根据FAO 2015年数据，特多森林面积为23.4万hm^2，森林覆盖率达45.7%。其中原始林 6.2 万 hm^2，天然次生林 16.1 万 hm^2，人工林 1.1 万 hm^2。

2010 年，特多永久林面积为 20.15 万 hm^2，占总森林面积的 89.2%。永久林又分为永久保护林 5.91 万 hm^2 和永久生产林 14.24 万 hm^2。在永久保护林中，有 1.2 万 hm^2 制定了经营计划，其中 0.8 万 hm^2 列入 IUCN（世界自然保护联盟）1～4 类保护区。永久生产林包括永久生产天然林 12.7 万 hm^2（其中可持续经营面积占 1.5 万 hm^2）和永久生产人工林 1.54 万 hm^2。

大部分林地由国家拥有和管理。国有林占 19.22 万 hm^2，其中 14.3 万 hm^2 为永久林。私有林仅为 3.4 万 hm^2。

2010 年 FAO 估计，森林活生物量中的碳储量为 1 900 万 t。而联合国环境规划署自然保护监测中心（UNEP－WCMC）2010 年对特多森林活生物量中碳储量的估值为 2 500 万～3 200万 t。

特多有 9 种森林类型：常绿季雨林；半常绿季雨林；落叶季雨林；干旱常绿林；山地林；红树林；草本沼泽；棕榈沼泽和沼泽林。分布最广泛的森林类型为常绿季雨林（约 9.4 万 hm^2）和半常绿季雨林（约 1.4 万 hm^2）。这两种森林类型分布于低地，主要冠层树种为圭亚那苦油楝（*Carapa guianensis*）和腺质拉美玉蕊木（*Eschweilera subglandulosa*）。热带常绿高山和亚高山林分布于北部山区。还有大约 1.4 万 hm^2 的沼泽林。红树林约 6 500hm^2，其中位于西班牙港南部的卡罗尼沼泽的红树林面积最大。红树林被广泛用于木材和木炭生产，在沿海地区牡蛎、螃蟹和虾等水产养殖业中也发挥了重要作用。

（二）森林生物多样性与保护区建设

特多面积虽小但生物多样性极其丰富。物种数量超过 2 280 个，其中 215 个为特有种。哺乳动物种类超过 100 个（居加勒比海地区之首），鸟类 420 种，爬行动物 70 种。森林物种中有 1 种鸟类和 8 种两栖类动物在 2011 年 IUCN 濒危物种红色名单中被列为极危、濒危或易危物种；有 30 种植物被列入《濒危野生动植物种国际贸易公约》附录Ⅱ。

特多 1980 年提出建立 61 个国家公园和其他保护区，其中约 40 个已由环境与水资源部林业司建立并管理，还有 2 个利用泛美开发银行提供的资金正在建设中。2010 年 FAO 报道，特多提出要建设的国家公园和保护区为 10 万 hm^2，但实际上按国家公园和保护区进行管理的森林只有 8 000 hm^2。

（三）森林生态系统健康状况

据 2015 年 FAO 统计，特多的森林面积，2015 年比 2010 年增加了 8 000 hm^2，比 1990 年减少 7 000 hm^2。近 5 年来对天然林及人工林的保护初见成效，转变了森林面积持续减少的趋势。

作为一个小岛屿国家，特多适应气候变化和抵御气候变化危害的能力相对较弱。据加勒比共同体 2010 年报道，温度升高对加勒比地区的直接影响是植被遭到周期性的热胁迫，导致生物多样性下降，珊瑚白化和昆虫传播疾病的风险增加。气候变化可导致洪水和极端天气事件（如对森林结构造成重大影响的飓风）的频率增加。

三、林业机构与管理体制

特多环境与水资源部林业司负责保护林、禁入区和野生动物保护区的管理以及根据《森林法》和《野生动物保护法》开发木材和野生动物资源的管理。保护林的经营和管理分为6个“森林保护区”进行，设立森林保护区的目的是在国有土地上进行森林管理和流域治理。林业司还是国内关于《湿地公约》和《濒危野生动植物种国际贸易公约》(CITES)的技术中心，其任务是确保这2项国际公约在本国的执行(Blaser等，2011)。

林业司还设有野生动物处和国家公园处，专门负责野生动物和国家公园的管理。其中，野生动物保护处成立于1981年，其职能包括：《野生动物保护法》的实施；野生动物保护区的经营管理；科研；野生动物管理；外来入侵物种管理；野生动物饲养；对以科研、育种、宠物收养和野生动物利用活动的管理；人类活动对生境和生态系统影响评估；野生动物对社会经济贡献评估；野生动物贸易管理；《濒危野生动植物种国际贸易公约》和《湿地公约》的实施。

国家公园处负责对具有自然遗产价值地区进行永久保护。该处的一项重点工作是在学校和社区特别在东北地区开展环境教育和宣传，管辖区包括圣费尔南山国家公园、Caura游憩区、Quinam游憩区、Cleaver森林公园和ARIPO稀树草原科学保护区。

另外，越来越多的民间社会组织参与森林管理。例如，通过“全民造林和小流域治理计划”，以社区为基础的团体和组织活跃于森林栽培与保护领域。

四、森林经营与管理

对天然森林和人工林实施积极的经营管理。约7.5万hm^2的天然森林被视为集约经营的森林，并且制定有森林经营计划。所有的保留林和永久林均有明确的边界，但经常被非法侵入和侵占。

1998年之前，工业人工林一直保持在1.54万hm^2，人工林采伐后进行迹地造林，但人工林总面积没有增加。柚木人工林为9 100 hm^2，加勒比松等松树人工林为4 200 hm^2。其他人工林树种有烟洋椿(*Cedrela odorata*)、蒜味破布木(*Cordia alliodora*)、大叶桃花心木(*Swietenia macrophylla*)和掌叶黄钟木(*Tabebuia rosea*)等，合计面积为2 100 hm^2。

表1　特多各年造林面积　(hm^2)

年份	松树	柚木	阔叶混交林	合计
2008	39	20	111	170
2007	40	18	115	173
2006	60	18	124	202
2005	35	18	137	190
2004	43	6	111	160

1998年，政府批准了一项私人造林计划，并向私有林主提供造林补贴。到2010年，在私有土地上已营造混交阔叶林3 907 hm^2。2004年，政府决定开展“全国再造林和小流域治理计划”，其中2004—2008年造林面积见表1。至2010年底累计造林1 722 hm^2。到2010年底，国有土地和私有土地上的人工林超过2.1万hm^2。

五、林业法规政策

特多林业制度框架由法律、政策和行动计划构成，以下分别加以阐述：

（一）林业相关法律

1. 森林法(1999 年)

该法侧重于林产品生产和销售以及森林保留区管理。具体内容包括林业生产，在森林保留区和国有土地上收获木材和巴拉塔胶，在国有土地上建立森林保留区，以及授权林务官逮捕和控告森林犯罪分子等。

2. 锯材厂法(1999 年)

此法规定，只有依据本法取得锯材厂营业执照者才有权经营锯材厂，每个锯材厂都需要有 1 个单独的营业执照，且不得转让，对无照经营者将处罚金 10 万特元(1 特元约合 0.156 7 美元)。林业主管部门应于每月初公布下个月将颁发的营业执照，并公布被吊销和失效的营业执照。

3. 国有土地法(1969 年)

该法规定，国有土地管理部门有权批准建立森林保护区。

4. 环境管理法(2000 年)

此法规定，对指定的环境敏感物种或环境敏感区应发布通告，该通告应包括：被指定为环境敏感区或环境敏感物种的详细说明；被指定为环境敏感区或环境敏感物种的理由；为保护环境敏感地区或环境敏感物种而限制的具体行动。

此法对野生动物狩猎种类及野生动物管理也做出了相关规定。野生动物管理的措施主要包括发放许可证，确定狩猎季节和建立野生动物保护区。此法提出要加强生物多样性管理、濒危物种保护和野生动物栖息地保护，开展有关物种保护和生态系统保护的研究。

5. 农业火灾法(1965 年)

这是关于预防和控制农业火灾(包括森林火灾)的法律。此法规定，在非法纵火毁林的土地上种植或被指使种植任何 1 年生作物均属犯罪。

6. 城市和乡村规划法(1960 年)

此法与林业相关的内容包括：负责城市和乡村规划的部长可以发布“树木保护令”，有权划拨土地用于保护花卉、灌木、树木、鸟类、野生动物和海洋生物。

7. 职业安全与健康法(2004 年)

此法旨在通过法律规定强制执行安全生产标准，从而使全国工人的劳动安全和健康得到保障。此法对林业部门具有特别重要的意义，因为木材采伐、木材集运和木材加工等许多林业工作岗位的事故发生率较高。此法规定，应高度重视林业工人的职业培训，提高安全生产意识。这不仅可以降低林业劳动事故发生率，从长远来看，还有助于提高生产率和工人工资，减少林业部门员工的流失。

另外，与林业有关的其他法规还包括以植物病虫害防治为宗旨的《植物保护法》(1997 年)和以保护植物育种者权力为宗旨的《植物新品种保护法》(1997 年)。

（二）林业政策

2011 年颁布的《国家森林政策》主要包括森林生物多样性保护，森林资源的可持续管理和利用，以及森林资源利用所产生的影响。该政策涉及天然林、人工林，同时也承认农用林和城市森林对生态服务和生物多样性的重要作用。

2013 年颁布的《国家野生动植物保护政策草案》为野生动植物及其生境的可持续管理提供指导，提出加强濒危动植物保护，要求全社会参与野生动植物管理。

与林业有关的其他政策还包括《国家湿地政策》(2002 年)、《国家环境政策》(2005 年)、《国家保护区政策》(2011 年)、《国家旅游政策》(2007 年)和《国家水资源管理政策》(2005 年)等。

（三）林业计划

1. 林业战略规划(2001 年)

特多林业部门于 2001 年制定了国家林业战略规划，提出了林业需要重点改进的几个方面：更广泛地采用生态系统学方法；采用与社区协同管理的方法；研究生物多样性保护需求；提高保护区管理能力；完善森林资源信息；与非政府组织合作；扩大私营部门的作用，注重利益相关者不断变化的需求。

2. 国家生物多样性战略和行动计划(2001 年)

这是特多生物多样性保护和可持续利用的总体框架。该计划提出需要通过立法手段促进保护区建设和生物多样性保护。

3. 国家防治土地退化行动计划(2006—2020 年)

该计划是特多防治土地退化的一个综合框架，旨在减轻土地退化导致的物理学影响、生物学影响和社会经济影响。该计划还提出在地区、地方和生态系统层面上进行可持续的空间规划。

4. 国家公园和其他保护区计划(1980 年)

在该计划中，保护区被划分为国家公园、科研保护区、自然地标、风景区、自然保育区和休闲公园 6 种管理类型，并在国家公园系统中指定了 61 个具有自然、历史和文化价值的保护点。

5. 全民造林和小流域治理战略计划(2004—2009 年)

该计划提出流域保护的战略和指导方针，强调要充分动员众多利益相关者(如工人、承包商、非政府组织、社区委员会、教会团体、青年团体和其他社会团体)和其他服务提供商(如苗木供应商)共同参与造林和流域治理计划。中央政府为该计划的开展提供资金支持。

6. 旅游发展总体计划(1995 年)

这个综合性计划提出了国家旅游业的发展前景、市场潜力、营销策略、旅游业开发的前期准备工作、环境问题、旅游产品开发和经济上的可行性。

六、林产品生产、加工与贸易

（一）木材产品

特多的工业用材产量较低，对锯材和人造板等木材产品的需求主要靠进口来满足。2016 年，特多的木材产品总进口额约为 1.05 亿美元，比 2014 年的 1.22 亿美元减少 13%。2016 年木材产品总出口额仅为约 0.19 亿美元，比 2014 年的 0.16 亿美元增长 18.8%。特多为木材产品净进口国，2016 年的贸易逆差为 0.86 亿美元，低于 2014 年的 1.06 亿美元。

2016 年原木、锯材和人造板的生产量分别为 198 754，31 000 和 2 000 m^3，进口量分别为 8 617，46 050 和 52 638 m^3，出口量分别为 127，2 026 和 2 m^3（FAOSTAT，2018）。特多具有营业执照的锯材厂共 89 家，年木材加工能力为 10 万 m^3。锯材厂规模大小不等，有小型家族企业，也有规模庞大的公司。这些锯材厂的生产原料既有国产材，也有来自邻国圭亚那和苏里南的进口原木和方材。特多的家具厂有 118 个，这些家具厂将锯材加工成品供国内使用或出口国外（Blaser 等，2011）。

（二）非木材林产品

特多从委内瑞拉和圭亚那等国家进口一定数量的非木质林产品。来自森林的野生植物块茎、野生动物肉和蜂蜜等可食用产品在农村社区被广泛使用。据 FAO 2010 年估计，2005 年特多从森林中收获的野生动物肉和植物产品分别为 12 t 和 60 t。另外，竹林在特多是作为经济林进行栽培的。

（徐芝生　白秀萍）

参考文献

中国外交部网站．2018．特立尼达和多巴哥国家概况．http：//www.fmprc.gov.cn/mfa_chn/gjhdq_603914/gj_603916/bmz_607664/1206_608537/.

Blaser J，Sarre A，Poore D，*et al.* 2011. Status of Tropical Forest Management 2011. Yokohama：International Tropical Timber Organization.

FAO. 2014. 世界森林状况(2014).

FAOSTAT. 2018. Forestry Production and Trade. http：//faostat3.fao.org/download/F/FO/E.

乌干达(Uganda)

乌干达共和国(简称乌干达)位于非洲东部，东邻肯尼亚，南与坦桑尼亚和卢旺达交界，西与刚果民主共和国接壤，北与南苏丹毗连，是地跨赤道的内陆国。国土面积为24.155万km^2。2017年，全国总人口4 010万人(中国外交部网站，2017)，有65个民族。其中以班图族群为主，占总人口的2/3以上，官方语言为英语和斯瓦希里语，通用卢干达语等地方语言。居民主要信奉天主教(占总人口45%)、基督教新教(40%)、伊斯兰教(11%)。全国现有111个区，首都为坎帕拉市(Kampala)(中国外交部网站，2017)。

乌干达境内多为海拔1 200 m左右的高原，丘陵连绵、山地平缓。东非大裂谷的西支纵贯西部，谷底湖泊众多，有“高原水乡”之称。拥有非洲最大的淡水湖——维多利亚湖近一半的水域，为尼罗河源头之一。全境属热带草原气候，气候温和，年平均气温22℃左右，雨量充沛。

乌干达是联合国公布的世界最不发达国家之一。农牧业在国民经济中占主导地位，占国内生产总值的70%，占出口收入的95%。粮食自给有余，主要粮食作物有饭蕉、小米、木薯、玉米、高粱、水稻等。主要经济作物有咖啡、棉花、烟草、茶叶等。工业落后，企业数量少、设备差、开工率低。对外贸易在国民经济中占重要地位。目前，有2000余家外资企业在乌干达投资，投资额超过25亿美元。政府大力推行私有化政策，已有122家国有企业实现私有化。2011年，工业产值45.6亿美元，占国内生产总值的25.4%。2013年国内生产总值227亿美元，人均604美元(中国外交部网站，2017)。

一、林业在国民经济中的地位

乌干达的林业对整个国民经济的发展有重要贡献。据估计(Bush等，2004)，根据《2015年全球森林资源评估报告》，乌干达林业总产值69.8万美元，乌干达森林资源的总经济价值为5 932.4亿乌干达先令(3亿美元)，森林对家庭年度现金收入的贡献为11%～27%，生态系统服务(土壤和水资源管理、碳存储、生物多样性)的价值为2 220亿乌干达先令(1.1亿美元)。据乌干达统计局统计，木质生物质能源满足了乌干达97%的农村家庭能源需求(UBOS，2006)。有研究估算，乌干达林业对GDP的贡献接近6%，如果加上森林服务、生态旅游等产生的效益，这一数值将更高(MWLE，2001；Bush等，2004)。

二、森林及其他自然资源

（一）森林资源

1. 森林资源

根据FAO2015年统计数据，乌干达森林面积为207.7万hm^2，森林覆盖率为10.4%（FAO，2015）。根据《2015年全球森林资源评估》，2015年乌干达森林中的活立木蓄积量9 200万m^3，单位面积的立木蓄积量44 m^3/hm^2；其中针叶类500万m^3，阔叶类8 700万m^3，森林中的碳储量1.09亿t，平均36 t/hm^2（FAO，2015）。

2. 森林资源结构

从森林权属来看，乌干达以私有林为主。2015年，全国森林面积为207.7万hm^2，其中公有林为95.68万hm^2，占全国森林总面积的32%；私有林203.32万hm^2，占68%。按森林起源来分，天然林为201.7万hm^2，占全国森林面积的97.1%；人工林只有6.0万hm^2，占2.9%，多为引进的树种。从功能结构上看，生产林为35.88万hm^2，占12%；生物多样性保护林107.64万hm^2，占36%；社会服务功能林44.85万hm^2，占15%指定用于生物多样性保护的林地面积为108.0万hm^2，用于多用途的林地面积基本为零；还有37%的森林未规划用途。乌干达有190万hm^2森林被划为永久性森林，占全国森林面积的64%。保护区中有73.1万hm^2为森林，占森林总面积的24%。树木种类主要以桉树和柚木在内的阔叶树为主。2015年森林活立木蓄积总量0.93亿m^3，其中阔叶树种为1.27亿m^3，而以松树为主的针叶树种只有0.04亿m^3。全部蓄积量中，商业树种的蓄积量仅占3%（FAO，2015）。

3. 森林资源变化

1990—2015年，乌干达的森林从最初的475.1万hm^2减少到207.7万hm^2，从减少了近55%，其中森林在1990—2000年减少了8.82万hm^2/年，变化率为-2.0%，2000—2010年减少为11.16万hm^2/年，变化率为-3.3%，2010—2015年减少为13.52万hm^2/年，变化率为-5.5%（FAO，2015）。目前森林依然以每年2.2%的速率受到毁灭性破坏，其原因主要是开荒、采伐薪材以及快速增长的人口移居占用林地（野生动物与热带雨林网，2006）。

截止到2015年，人工林面积为6.0万hm^2，为了减少对天然林的依赖，乌干达从2005年起大力发展人工林，人工林面积从2005年的3.1万hm^2增至2010年的5.1万hm^2，期间平均每年增长10.47%。由于森林面积总体上在减少，其森林中的碳储量也一直随之下降。2000年碳储量为1.4亿t，2005年为1.24亿t，2010年降至1.09亿t，每年平均减少约3 000 t，2015年碳储量为2.15亿t（FAO，2015）。

（二）其他资源

乌干达是非洲生物多样性最为集中的国家之一。全国有植物5 000余种，哺乳动物345种，鸟类1 015种，爬行动物165种，两栖动物43种（野生动物与热带雨林网，2006）。

三、林业法规政策

（一）林业发展目标和规划

2002 年，乌干达制定了第一个森林总体规划——《全国森林规划 2002》，在林业发展中发挥了非常重要的作用。目前乌干达的第二个森林总体规划《全国森林规划（2011/12—2021/22）》也已出台。该规划提出的目标是：通过森林生产、加工和服务产业，提高经济生产力和就业；通过基于森林的活动提高家庭收入；通过森林资源的可持续经营管理恢复和改善生态系统服务（MWE，2013）。为了实现这三大战略目标，该规划还制定了六大核心计划和八大支撑计划。六大核心计划是：发展商品林场、促进和强化农场植树、恢复和保护天然林、林产品加工和附加值、促进城市林业发展。八个支撑计划是：森林经营管理和咨询服务的信息与通讯、林业教育与培训、林业研究、高质量种苗和造林材料的供应、林业机构发展与协作、森林法律实施与治理、森林融资与资源流通、森林认证。

另外，乌干达还制定了 5 年一期的《全国林业商业规划》，这是针对中央森林保护区林地利用编制的规划，第二期于 2014 年结束（NFA，2009）。

（二）林业法律政策体系

1999 年，乌干达开展了一次林业改革。改革过程中，乌干达颁布了新的《乌干达林业政策》（2001 年），政策包括 9 个方面内容：国有林业、私有林业、商品林场、林产品加工、合作森林经营管理，农场林业，森林生物多样性保护，水土保持，城市林业，教育、培训与研究，林木种子与苗木供应（MLWE，2001）。

2003 年制定的《全国林业与植树法》（2003 年）是乌干达专门的一部林业法律。该法为造林、森林保护、森林可持续经营管理以及森林开发、林产品生产等提供了法律依据。

四、林业机构与管理体制

乌干达的林业行政管理权能虽然分散在不同的行政部门，但目前最主要的林业行政管理机构有两个：一个是水资源与环境部下设的国家林业局，另一个是该部环境事务管理局下设的林业支持司。

乌干达国家林业局是根据《全国林业与植树法》（2003 年）于 2004 年 4 月成立的，专门负责中央森林保护区的可持续经营管理，种苗供应，以及技术支撑。该部门是一个半自治的追求收润的商业实体，收益大部分自创，开展的活动也大部分自己投入资金，即其服务的支撑依支付情况而定，该机构每 5 年制定一次相应的《全国森林商业规划》（MWE，2012a；NFA，2013）。

环境事务管理局下的林业支持司的任务是提高社会福利，有效协调、指导和监督乌干达林业，促进森林资源的合理和可持续的开发利用及其有效的管理与保护。其主要职责有：①负责林业政策、标准的制定与监督，以及立法；②通过签订绩效合同监督国家林业局；③负责提供技术支持和监督地区林业服务；④负责“国家农业咨询服务”框架下的林业咨询服务；⑤负责向林业利益相关者普及信息、建议和咨询；⑥确保《国家森林规划》有效的协作和跨部门衔接；⑦为林业做好资金和其他资源的组织工作（MWE，2012b）。与林业相关的其他部门，如气候变化管理司和湿地管理司与上述的林业支持司一样，均隶属水资源与环境部下设的环境事务管理局。

此外，许多与森林资源相关的行政管理工作分散在不同的行政部门。如生态旅游、林产品加工和贸易等产业的管理则主要由旅游与野生动植物部和贸易与工业部负责，而林业生物质能源的管理则归属于能源与矿业发展部。在农场开展混农林业经营活动则由农牧渔业部负责。林业教育培训则由教育与体育部负责。社会性别、劳动力和社区发展部负责林业发展过程中社会性别问题的政策制定和立法，以及林业发展的社区动员。此外还有公共服务部和内务部等行政部门。以上这些行政管理职能均在《全国森林规划》（2011—2021年）中得以进一步明确加强，并且强调了跨部门的协作。

乌干达的林业管理体制分为五大块：其中17%的森林为中央森林保护区，由国家林业局经营管理；18%的森林为国家公园和野生动植物保护区，由野生动植物局管理；0.85%森林由国家林业局和野生动植物局共同管理；0.03%森林是地方森林保护区，由各个地方政府管理；其余64%的森林为私有林和集体林，由私人和当地社区森林所有者经营（MWE，2013）。

五、森林经营与管理

乌干达森林经营管理活动的法律依据主要是《全国林业与植树法》（2003年），涉及森林经营方案、植树造林、森林保护（防火和病虫害防治）以及与经营管理相关的许可制度等内容（NFA，2003）。

（一）森林经营方案制度

乌干达森林经营方案一般每5年修订一次。保护区森林或社区森林的经营方案是与当地社区共同磋商制定的。森林经营方案制定后还需要经政府部门批准。

（二）经营活动中的许可制度

在森林保护区或社区森林内开展采伐、经营、或获取林产品需要进行申请，由林业主管部门应颁发许可证。许可内容规定了许可的期限、条件、权利和许可费。同时法律规定许可的申请和颁发要通过公平、公开和竞争的过程。按照经营方案，进行可持续利用和经营的森林保护区或社区森林的都可获得许可。

（三）植树造林

植树造林相关活动按照水与环境部或地区委员会出台的植树造林指南进行。在部里专门设有造林基金，由部长指定团队管理，主要用于促进国家和地方的植树造林，以及支持公益林的培育。资金主要来源于议会的拨款、政府的贷款和捐款等。

（四）森林保护

一直以来乌干达林业以天然林为主，森林火灾的类型主要包括自然火和人类开垦用火引起的火灾，由于难以控制，且政府对森林防火的重视不够，也缺乏确切的统计。由于乌干达只有30%多的森林处在诸如地方森林保护区、中央森林保护区、国家公园和野生动物保护区的管理和保护范围内，森林防火有专门的队伍和预算，如国家林业局在其每年的运行经费里就有一大部分林火管理专项预算。而余下60%多的森林处在私人或社区传统的管理当中，另外还有农地上分散的大量树木，这一大部分的森林防火薄弱。加之为了减少对天然林的依赖，乌干达正在鼓励发展人工林，也考虑到了未来人工林的林火风险。因此为了加强这些森林的防火工作，乌干达水与环境部制定了《地区森林服务指南》，明确了林火管理和预防要求，将这些森林的防火交由地方政府或地方消防委员会负责。另外乌干达还通过立法规定除了经批准或规定的用火外，任何人不得蓄意纵火或者引起林火。

为了保护其他森林资源和环境，乌干达法律要求森林经营活动要以环境友好型的方式开展。规定任何人采伐、工作、采集、移除或获取森林保护区内的林产品都应该采取预防措施，避免对其他林产品或环境的破坏。

六、林产品生产、加工与贸易

（一）林产品生产

据FAO林业统计数据库近10年的统计(FAOSTAT，2018)，乌干达是初级林产品生产国，原木、木炭和锯材是其主要林产品。原木产量最大，木炭次之，第三为锯木，在生产规模上，总体呈现上升趋势。从增速上看，原木产量稳步增长，木炭的生产增速也比较平稳，而锯材产量在2011年以前一直处于下降，2011年有较大增长，之后呈稳步增长趋势(表1)。

表1　乌干达木材和纸制品生产规模　　（万 m^3，万 t）

年份	2009	2010	2011	2012	2013	2014	2015	2016
原木	4 302.9	4 372.9	4 581.1	4 593.3	4 593.3	4 618.9	4 677.1	4 719.5
木炭	90.7	93.2	93.2	93.2	100.0	103.7	106.6	—
锯材	11.7	11.7	35.0	40.0	44.0	44.0	44.0	44.0

注：原木和锯材的单位为万 m^3；木炭的单位为万 t。资料来源：FAOSTAT，2018。

（二）林产品贸易

据FAOSTAT(2018)，近十年的统计，乌干达林产品贸易总规模呈上升趋势。原木、锯材、人造板和纤维板在该国林产品进出口贸易中占据重要地位。原木和锯材的贸易逐渐从出口向进口转变，人造板和纤维板主要依赖进口(表2)。

表2　乌干达主要林产品进出口规模　　（万 m^3）

年份		2009	2010	2011	2012	2013	2014	2015	2016
原木	出口	7 349.0	1 318.0	10 302.0	4 622.0	1458.0	10 713.0	9 446.0	14 241.0
	进口	401.0	1 950.0	9 423.0	8 916.0	8 916.0	8 944.0	53.0	53.0
锯材	出口	286.0	921.0	692.0	1 903.0	1 903.0	886.0	886.0	2 729.0
	进口	23.0	7 897.0	6 161.0	6 166.0	6 166.0	6 931.0	7 288.0	96
人造板	出口	3 930.0	7 514.0	7 449.0	5 380.0	5 380.0	1 221.0	3 226.0	3 351.0
	进口	5 116.0	5 689.0	5 943.0	10 016.0	10 016.0	6 231.0	10 530.0	2 082.0

（续）

年份		2009	2010	2011	2012	2013	2014	2015	2016
纤维板	出口	43.0	469.0	545.0	687.0	687.0	80.0	1 614.0	1 703.0
	进口	747.0	2 555.0	3 299.0	7 876.0	7 876.0	4 524.0	9 003.0	1 370.0

资料来源：FAOSTAT，2018。

七、分析与借鉴

乌干达林业具有以下明显特点：

(1)乌干达森林以天然林为主，其面积占98%，具有良好的森林资源禀赋优势，大部分林业产业依赖天然林资源。

(2)70%森林为私有，而公有林仅占30%左右。

(3)原木是乌干达生产和出口的主要林产品，并有逐年上升的趋势。

(4)高度重视社区林业发展。乌干达将社区林业纳入《全国林业与植树法2003》，并作为单独一章进行法律规定，同时非常关注社会性别在森林经营管理和利用中的重要作用，并出台专门的《社会性别政策》。

乌干达林业还存在以下几个突出问题：

(1)森林资源总量还在持续下降。根据《2010年全球森林资源评估》结果，乌干达在2000—2010年的10年间，森林面积持续减少，每年平均减少2.6%。乌干达水资源和环境部发出警告，如对现有的森林破坏活动不加制止，全国的森林将在未来5～8年消耗殆尽。

(2)对天然林依赖依然严重。乌干达绝大部分林产品生产依赖天然林，尽管2015年人工林面积增加到6.0万hm^2(FAO，2015)，但面积只占2%的人工林难以满足不断扩大的需求市场，对天然林的依赖导致天然林面积在减少，生态服务在衰退。

(3)林业管理权能分散化。21世纪以来，乌干达实施了林业改革，各届新政府开展了政府部门重组。使得乌干达原林业部的职能已经分散在各个行政机构，虽然相关权能得到进一步明确，但却带来了更大的组织成本(或协调成本)，因此乌干达政府需要花更多的精力在协调各个部门的行动上，不利于乌干达整个生态系统的协同管理。

（谢和生　王 鹏）

参考文献

中国外交部 . 2014. http：//www. fmprc. gov. cn/mfa_ chn/gjhdq_ 603914/gj_ 603916/fz_ 605026/1206_ 606332/1206x0_ 606334/[2015-01-22].

Bush G，Nampindo S，AgutiC，et al. 2004. The Value of Uganda′s Forests：A livelihoods and ecosystems approach. Kampala，Uganda：Wildlife Conservation Society.

FAO (Food and Agriculture Organization of the United Nations). 2011. Global Forest Resources Assessment 2010：Main report (FAO Forestry Paper 163). Rome：FAO.

FAOSTAT. 2013a. Evolution of population and labor force size. http：//faostat. fao. org/site/666/default. aspx [2014-02-28].

FAOSTAT. 2013b. Uganda forest area 2011. http: //faostat. fao. org/site/377/DesktopDefault. aspx? PageID = 377#ancor[2014-02-26].

FAOSTAT. 2014. Uganda Forestry Production and Trade. http: //faostat3. fao. org/download/F/FO/E[2015-08-28].

Mongabay. com. 2006. Uganda: Environmental Profile. http: //rainforests. mongabay. com/20uganda. htm[2014-02-28].

MWLE(Ministry of Water, Lands and Environment). 2001. The Uganda Forestry Policy. www. nfa. org. ug/docs/forestry_ policy. pdf[2014-03-02].

MWLE(Ministry of Water, Lands and Environment). 2002. The National Forestry Plan. http: //www. nfa. org. ug/docs/national_ forest_ plan. pdf[2014-03-02].

MWE(Ministry of Water and Environment). 2012a. http: //www. mwe. go. ug/index. php? option = com _content&view = article&id = 49&Itemid = 149[2013-03-04].

MWE(Ministry of Water and Environment). 2012b. Forest Sector Support Department. http: //www. mwe. go. ug/index. php? option = com_ content&view = article&id = 38&Itemid = 199[2013-03-04].

MWE(Ministry of Water and Environment). 2013. The National Forest lan(2011/12 ~ 2021/22). Kampala, U-ganda: MWE.

NFA(National Forestry Authority). 2003. The National Foresty Tree Planting Act. http: //www. nfa. org. ug/pdf/National%20Forestry%20and%20Tree%20Planting%20Act%202003. pdf[2014-03-05].

NFA(National Forestry Authority). 2009. National Forestry Business Plan. http: //www. nfa. org. ug/pdf/NFA%20Business%20Plan%2030062009. pdf[2013-03-02].

NFA(National Forestry Authority). 2013. Genesis of the National Forestry Authority. http: //www. nfa. org. ug/A-bout/origin. php[2013-03-02].

UBOS(Uganda Bureau of Statistics). 2006. Uganda National household Survey(2005/2006): Report on the Socio – Economic Module. Kampala, Uganda: UBOS.

UBOS(Uganda Bureau of Statistics). 2009. 2009 Statistical Abstract. Kampala, Uganda: UBOS.

赞比亚(Zambia)

赞比亚共和国(简称赞比亚)位于非洲中南部，为典型的内陆国家，国土面积75.26万 km^2。2015年总人口为1 621万人，大多属班图语系黑人。全国有73个民族，其中奔巴族为最大部族，约占全国人口的33.6%；其他较大民族还有嬢家族、通加族等。官方语言为英语，另有31种部族语言。全国下设10省79区，首都为卢萨卡(中国外交部网站，2018)。

赞比亚大部分地区为海拔1 000～1 500 m的高原，地势从东北向西南倾斜。全境按地貌分为东北部东非大裂谷区、北部加丹加高原区、西南部卡拉哈里盆地区、东南部卢安瓜—马拉维高原区和中部卢安瓜河盆地区。位于东北边境的马芬加山海拔2 164 m，为全国最高点。气候属热带草原气候，5～8月为干凉季，气温为15～27℃；9～11月为干热季，气温为26～36℃；12月至翌年4月为雨季。年平均气温18～20℃(中国外交部网站，2018)。

赞比亚自然资源丰富。铜蕴藏量2 000万t，约占世界总蕴藏量的2.8%，素有"铜矿之国"之称。钴是铜的伴生矿，储量约35万t，居世界第二位。此外还有铅、镉、硒、镍、铁、金、银、锌、锡、铀、绿宝石、水晶、钒、石墨、云母等矿物(中国外交部网站，2018)。

一、林业在国民经济中的地位

林业在赞比亚国民经济中占有相当重要的地位。据统计，2011年赞比亚林业部门总附加值16.14亿美元，占GDP的8.3%(表1)，明显高于非洲平均水平(2%)。其中，正规林业部门附加值12.03亿美元，占全国GDP的6.2%；非正规林业部门附加值4.11亿美元，占GDP的2.1%。2011年林业部门为全国提供了约55.1万个就业岗位，占全国总劳动力的9.6%，明显高于非洲平均水平(4.8%)。其中，正规林业部门解决0.5万就业，占本国总劳动力的0.1%；非正规林业部门帮助54.6万人就业，占本国总劳动力的9.6%。

表1　2011年赞比亚林业部门对GDP和就业的贡献　(亿美元，万人)

林业部门	类别	增加值	就业人数
正规林业部门	原木生产	8.51	0.2
	木材加工	1.92	0.1
	纸浆和纸	1.59	0.2
	小计	12.03(6.2%)	0.5(0.1%)
非正规林业部门	小计	4.11(2.1%)	54.6(9.5%)
合计(占全国各部门比重)	总计	16.14(8.3%)	55.1(9.6%)

注：(1)数据来自FAO(2014)文献；(2)表中小括号的百分比数据是其括号外数值占全国各部门总值的比重。

二、森林及其他自然资源

（一）森林资源

1. 森林资源总量

赞比亚森林覆盖率较高。据 FAO 统计数据（FAO，2015），2015 年，全国森林面积 4 863.5 万 hm^2，森林覆盖率 65.5%，高于世界平均水平。其他林地面积 610.8 万 hm^2，占国土面积 8.2%。森林总蓄积量为 27.09 亿 m^3，森林碳储量为 47.96 亿 t（FAO，2015）。

赞比亚的森林植被类型主要包括以下 3 种：

（1）郁闭林。主要由分布在西部降雨充沛的卡拉哈里沙滩上的隐萼豆属（*Cryptosepalum*）常绿林和分布在西南部卡拉哈里沙滩上的红苏木属（*Baikiaea*）落叶林组成，面积很小，仅占国土总面积 4%。主要树种是最具有商业价值的乡土树种——赞比亚柚木。

（2）疏林。是赞比亚最主要的植被类型，占国土面积的 65%。主要由短盖豆属（*Brachystegia*）、热非豆属（*Julbernardia*）和准鞋木属（*Isoberlinia*）植物组成。

（3）草原。包括从纯草原、稀树草原，占国土面积的 27%，主要分布在排水不良的涝地草原、洪水冲积平原或沼泽地（Zambia，2009；李玉敏，2001）。

由于疏林面积较大，导致森林的单位面积蓄积量较低，仅为 55.70 m^3/hm^2，显著低于世界平均水平。

2. 森林资源结构

从起源看，绝大部分森林为天然次生林，面积为 4 857.1 万 hm^2，占森林总面积的 99% 以上。人工林很少，仅为 6.4 万 hm^2，所占比重不到 1%。

从用途看，商业用材林 1 188.8 万 hm^2，占 24.44%；指定用于生物多样性保护林 1 068万 hm^2，占 21.96%；多种用途林 843.4 万 hm^2，占 17.34%。

2010 年，赞比亚林地总面积为 5 474.3 万 hm^2。从林地所有权看公有林地为 1 153.1 万 hm^2，占 21.06%；私人林地为 3 619.4 万 hm^2，占 66.12%；其他为 174.3 万 hm^2，占 3.18%。总体上看，私人林地占比最高（FAO，2015）。

3. 森林资源动态变化

赞比亚是世界上森林面积减少最多的国家之一。1990—2000 年，平均每年减少森林 16.67 万 hm^2，年均下降 0.3%；2000—2010 年，年均减少森林 16.67 万 hm^2，年均下降 0.3%；2010—2015 年，年均减少森林 16.67 万 hm^2，年均下降 0.3%。25 年来，共减少森林 416.5 万 hm^2，占原有森林面积（5 280 万 hm^2）的 7.89%（FAO，2015）。

人工林较少，增长也比较缓慢。1990—2015 年人工林由 6 万 hm^2 增加至 6.4 万 hm^2，25 年间仅增加了 6.67%（FAO，2015）。

（二）其他自然资源

赞比亚的湿地面积约占国土面积的 14%。其中，位于赞比亚卢阿普拉省以及北部省刚果河上游流域的班韦乌卢湖（Lake Bangweulu）、班韦乌卢沼地（Bangweulu Swamps）和班韦乌卢平原（Bangweulu Flats），共同构成了全球最大的湿地生态系统，也是著名的旅游胜地。湿地生态系统拥有丰富的野生动植物资源，已知物种超过 8000 种。其中，316 种属于本土物种，134 属于稀有物种，31 种属于濒危物种。

另外，全国有动物 3 407 种，其中无脊椎动物 1 808 种，占 53.07%；鸟类 733 种，占 21.51%；鱼类 409 种，占 12.00%；哺乳动物 224 种，占 6.57%；爬行动物 150 种，占 4.40%；两栖动物 67 种，占 1.97%。有植物 4 600 种，其中 211 种属于本土植物(Zambia, 2009)。

三、林业法规政策

（一）主要林业法规

赞比亚林业的基础法律是 1999 年颁布的《森林法》。该法明确规定，森林的所有权归国家，将森林划分成国有林与地方林，进行分类管理。同时，就设立国家林业委员会；建立联合森林管理机制，激励当地社区居民参与森林管理；加强对林产品生产、加工、销售及进出口各环节的监督管理，保障公正、有序的市场竞争环境；加强森林执法，保护林木、林地、野生植物等自然资源等进行了规定(Zambia, 1999)。

除《森林法》外，林业法规还包括《野生动物保护法》(1998 年)、《地方森林(控制与管理)条例》(2006 年)等。其他与自然资源管理相关的法规还包括《土地法》(1995 年)、《环境管理法》(2011 年)、《水资源管理法》(2011 年)等(The REDD desk, 2013)。

（二）林业发展计划

面对森林资源锐减的形势，在联合国开发计划署、荷兰的资金支持及 FAO 的技术援助下，赞比亚制定了《2000—2020 年赞比亚林业行动计划》(ZFAP)。该计划包括《天然林管理和生物多样性保护计划》《森林和林木开发计划》《林业产业发展计划》和《木质燃料发展计划》4 个子计划，总体目标是增强林业部门在社会经济发展、反贫困与改善食品安全方面的贡献。与此同时，还确立了 3 个辅助项目：《林业教育和培训项目》《林业研究与推广项目》与《规划、监测和评价项目》。为了鼓励私营部门和非政府组织参与森林可持续经营，这些子计划与辅助项目均设计了各种激励措施(JAICAF, 2008)。

（三）主要林业政策

基于《2000—2020 年赞比亚林业行动计划》，赞比亚政府于 1998 年制定了新的《国家林业政策》(NFP)，其目标是科学合理地保护与管理森林资源，并促进森林资源可持续生产与利用。该政策中强调：森林具有生态、经济、社会等多重功能，人类、树木与土地之间有着密不可分的关系；为确保森林的永久性和稳定性，需要在利益相关者之间建立伙伴关系；在森林资源管理与利用过程中，必须考虑科学与乡土知识的结合，并提高私营部门在林业发展中的参与性(JAICAF, 2008)。

《国家林业政策》确立了 4 个重点领域：

(1)森林资源建设与管理。加强森林资源经营、保护森林资源资产安全、扩大植树造林、维护生态系统、发展复合农林业、加强林业研究与技术推广；

(2)森林资源利用。保持木材、木材燃料和非木质林产品等林产品的可持续经营与利用；

(3)能力建设。通过人力资源开发和制度改革，加强利益主体能力建设；

(4)性别平等。努力消除在决策、生产、培训、资金筹措等过程中的性别歧视。

四、林业机构与管理体制

（一）林业管理机构

在赞比亚，隶属于土地自然资源环境保护部的林业司，负责全国森林资源管理工作。林业司的职责范围是：管理国家森林保护区，制定贺执行有关森林资源开发利用的法律法规；对造林、森林经营、采伐与更新等活动进行管理和监督，促进和规范林业产业，并为社会提供技术研究和推广服务。另外，林业司还在全国10个省份设有代表处，参与国家级和省级REDD+活动的管理(The REDD desk，2013)。

（二）非政府组织

非政府组织主要有国际林业研究中心(赞比亚)、赞比亚气候变化网络和赞比亚土地联盟。国际林业研究中心(CIFOR)属于国际组织，在赞比亚设立了项目办公室，负责与林业司、REDD协调单位等共同推动联合国REDD联合项目的实施，促成赞比亚国家REDD+战略的形成。赞比亚气候变化网络创建了一个信息共享平台，帮助各利益方获得气候变化的信息，推动REDD+机制的实施。赞比亚土地联盟致力于保护土地产权安全，保护城市与农村的土地(林地)收益权，也积极推动REDD+机制的实施。

五、森林经营与管理

（一）森林经营

赞比亚重视森林经营方案的编制，要求各森林经营单位遵循森林经营标准与森林经营方案，不断提高科学经营水平。同时，对林业工人进行必要的培训和指导，确保他们正确实施森林经营方案。

在营造人工林的过程中重视环境管理。在林分配置上，要求将不同林龄、树种、不同轮伐期的林分进行组合，保持与周边自然景观中林分类型的一致性，设置与人工林经营规模相适应的野生动物走廊、溪河岸边缓冲区等。在造林树种选择上，强度树种对立地条件的适应性，在满足经营目标的前提下，优先考虑使用乡土树种。

按照《森林法》的规定，赞比亚的森林均归国家所有，任何个人和组织采伐林木，均需得到政府的行政许可，林产品出口也需要得到政府的行政许可。在主伐前，要求对森林采伐进行总体设计，根据不同林种和不同树种的生长速度，确定轮伐期内每年或一定时期内的采伐量。森林的年采伐面积和年采伐量确定之后，还需要科学选择主伐方式，保证森林的永续利用(SGS Qualifor，2011)。

（二）联合森林管理

过去，由于林业司、社区及其他利益相关者之间缺乏合作，导致社区(地方)林业的管理出现了混乱。1999年颁布的新《森林法》特别提出，要加强联合森林管理，努力促进地方社区、私营部门及其他利益相关者积极参与森林可持续经营活动，推动社区林业发展。近年来，赞比亚各地积极推行联合森林管理，有效促进了社区林业的发展(FD，2005)。

在管理机制上，联合森林管理包括3个层面，即村级的社区资源管理委员会、联合森林管理区的森林管理委员会、大区域发展协调委员会下设的环境和自然委员会。在村级(社区)层次，首先根据森林资源的利用方式对不同群体(如养蜂人、锯木工或编织业者)组成不同小组，载由使用者小组选派代表组成村级资源管理委员会。使用者小组通过委员会承担联合森林管理的各项任务，获得最佳森林经营方式的培训和林产品销售服务。

在融资机制上，联合森林管理费用包括两种：一是初始费用，是启动联合森林管理时所需费用；二是经常性费用，是在森林管理过程中所需费用。资金主要来自政府拨款或各方捐助(包括社区成员、私营企业与各种非政府组织等)。由林业司或地方非政府组织对资金的使用进行指导和监督。

在利益分享机制上，首先要保障社区森林利用者合法利用的权利和利益，森林管理委员会可以与政府共同分享林产品税费及森林相关的行政许可收费。

(三) 森林认证

在赞比亚，大多数认证企业执行的是FSC森林认证标准，如MAZUMA工艺品公司(MCL)、恩多拉松林公司(NPP)、木材加工公司(WPI)和NORZAM胶合木有限公司(NZG)等企业均开展了FSC认证(Njovu，2004)。这些企业希望通过森林认证加强森林可持续经营，保障木材供给稳定，扩大林产品出口，从而获得更大的经济利益。

(四) 生物多样性保护

为加强生物多样性保护，赞比亚建立了各类保护区，包括国家公园、鸟类保护区、狩猎管理区、休闲农场、森林与植被保留区、渔业管理区和民族文化遗址。其中，国家公园19处，占国土面积的8%，主要用于保护动物生物多样性；狩猎管理区34处，占国土面积的23%，主要是作为国家公园的缓冲区。

保护区生物多样性的管理是国家的责任。野生动物管理局(ZAWA)代表政府管理国家公园与狩猎管理区，林业司管理森林保护区，渔业司管理渔业管理区，私营部门管理休闲农场。另外，狩猎管理区还接受野生动物管理局与地方社区的共同管理(Zambia，2009)。

六、林产品生产、加工与贸易

(一) 木材生产

2000—2015年，赞比亚原木产量由838.49万m^3增长到1 112.46呈现增长万m^3，增幅为32.67%。其中，工业原木年产量由55.70万m^3增长到132.50万m^3，增幅达137.88%；木质燃料年产量由782.79万m^3增长到979.96万m^3，增幅为25.19%。从两种木材生产规模看，木质燃料年产量大幅高于工业原木，这表明赞比亚是一个薪材生产大国；但从增幅来看，工业原木增幅明显高于木质燃料，这表明赞比亚工业原木发展速度比较快，两者产量差距有望缩小(表2)。

表 2　2000—2015 年赞比亚原木产量　（万 m^3）

林产品	2000	2005	2010	2011	2013	2015
工业原木	55.70	99.70	132.50	132.50	132.50	132.50
木质燃料	782.79	844.41	911.94	924.91	951.78	979.96
合计	838.49	944.11	1 044.44	1 057.41	1 084.28	1 112.46

资料来源：FAOSTAT，2018。

（二）林产品加工

赞比亚的主要林产品是锯材、人造板、纸和纸板（不包括新闻纸）。2000—2015 年，上述 3 种林产品产量基本保持不变（表 3）。

表 3　2000—2015 年赞比亚主要林产品产量　（万 m^3，万 t）

林产品	2000	2005	2010	2011	2013	2015
锯材	15.7	15.7	15.7	15.7	15.7	15.7
人造板	1.79	1.79	1.79	1.79	1.79	1.79
纸和纸板	0.39	0.39	0.39	0.39	0.39	0.39

资料来源：FAOSTAT，2018。

（三）林产品贸易

整体上，赞比亚林产品进口额与出口额逐年均呈现快速上升趋势。2000—2015 年，木质林产品进口额由 247.9 万美元增长到 3 695.7 万美元；出口额由 59.8 万美元增长至 1 138.6万美元。两者相比，进口额远大于出口额，存在严重的贸易逆差（表 4）。

表 4　赞比亚木质林产品进出口贸易　（万美元）

年份	2000	2005	2010	2011	2013	2015
进口额	247.9	2 123.2	4 892.1	5 932.2	5 166.3	3 695.7
出口额	59.8	301.3	1 897.8	1 765.3	1 221.7	1 138.6

资料来源：FAOSTAT，2018。

赞比亚的林产品进出口量都非常少。2000—2015 年，初级林产品（如原木与锯材）出口量在大多数年份大于进口量，而深加工林产品（如人造板、纸和纸板）的进口量远大于出口量（表 5）。由于深加工林产品价格相对较高，上述贸易结构使得赞比亚在贸易额上存在严重逆差。

表 5　2000—2015 年赞比亚主要林产品贸易量　（万 m^3，万 t）

林产品	贸易量	2000	2005	2010	2011	2013	2015
工业原木	进口量	0.01	0.04	0.06	0.04	0.16	0.54
	出口量	0.08	0.08	0.38	0.10	0.24	0.29

（续）

林产品	贸易量	2000	2005	2010	2011	2013	2015
锯材	进口量	0.00	0.12	0.55	0.84	0.77	0.58
	出口量	0.03	0.56	2.52	2.78	1.78	2.14
人造板	进口量	0.59	0.40	0.52	1.00	1.01	0.85
	出口量	0.00	0.38	0.31	0.29	0.21	0.12
纸和纸板	进口量	0.27	2.71	3.12	3.70	3.48	2.95
	出口量	0.01	0.04	0.15	0.13	0.03	0.07

资料来源：FAOSTAT，2018。

七、分析与借鉴

赞比亚是发展中国家，森林资源过度利用问题突出，林业产业发展缓慢。在发展林业发展过程中，赞比亚迫切需要解决两大问题：①森林减少和森林退化问题。由于过度采伐，赞比亚森林受到严重破坏，森林面积快速下降趋势并未得到有效遏制。②林区农民贫困问题。尽管赞比亚于2011年已经摆脱最低收入国家行列，但仍属于低水平中等收入国家。地区间发展不平衡问题十分突出，林区相对城市和农区更为贫穷落后，林区农民收入低，交通不便，生计困难。

针对上述两大问题，赞比亚政府一方面拓宽林业投融资渠道，开展植树造林，加强森林经营活动，保护与增加森林资源；另一方面，积极发展林业产业，鼓励开展森林认证，扩大林产品出口，增加农民收入。主要对策包括：

一是加强森林资源保护与建设，控制毁林和森林退化。赞比亚采取了一系列措施加强对森林资源的保护与可持续利用。首先，政府通过实施REDD+项目争取国际资金与技术援助，开展植树造林活动与森林保护活动，减少毁林与防止森林退化；其次，加快人工林建设，加强森林经营，提高林地生产力，增加人工林木材的产出，以减轻需求对天然林的压力。

二是实施联合森林管理，促进社区林业发展。赞比亚在全国范围内普遍实施联合森林管理，在促进社区林业发展方面取得了一定的成效。新《森林法》明确提出加强联合森林管理，鼓励地方社区、私营部门及其他利益相关者积极参与森林可持续经营活动，推动社区林业发展。赞比亚政府从管理机制、融资机制、收益分享机制等方面不断完善联合森林管理模式，促进社区（地方）林业发展，改善林区农民的生计。

三是开展森林可持续经营管理与森林认证，推动林产品生产与贸易。赞比亚政府积极鼓励相关企业和森林经营单位开展森林认证，并以此作为实现国家林业可持续经营发展与促进林产品出口的一种有效途径。同时，还出台推动林业产业发展的相关政策，制定激励措施，促进林业企业向林产品深加工方向发展。

（宁攸凉）

参考文献

李玉敏．赞比亚林业[G].//施昆山．当地世界林业[M]．北京：中国林业出版社，2001.

中国外交部网站．2018－03. 赞比亚国家概况[EB/OL]. http：//www. fmprc. gov. cn/web/gjhdq_ 676201/gj_ 676203/fz_ 677316/1206_ 678698/1206x0_ 678700/（2018－03）[2018-05-23].

FAO. 2014 年世界森林状况：提高森林的社会经济效益[R]. 罗马：FAO.

FAO. 2015 年全球森林资源评估报告(案头参考)[R]. 罗马：FAO.

FD(Forestry Department). Joint Forest Management Guideline[R]. FD, Republic of Zambia, 2005.

JAICAF. Agriculture and Forestry in Zambia: Present Situation and Issues for Development[R]. Tokyo, Japan: JAICAF, 2008.

Njovu F. C. Forest Certification in Zambia[EB/OL]. http：//yale. edu/forestcertification/symposium/pdfs/zambia_ symposium. pdf（2004）[2013-08-01].

SGS Qualifor. 2011. Forest Management Standard for Zambia [EB/OL]. http：//www. sgsgroup. com. cn/~/media/Global/Documents/Technical%20Documents/SGS%20Standards/sgs－ssc－standard－zambia－en－11. ashx（2011）[2013-12-20].

The REDD desk. 2013. Zambia[EB/OL]. http：//www. theredddesk. org/countries/zambia（2013）[2013-07-30].

Zambia. The Forest Act(Act No. 7 of 1999)[EB/OL]. http：//faolex. fao. org/cgi－bin/faolex. exe? rec_ id＝016136&database＝FAOLEX&search_ type＝link&table＝result&lang＝eng&format_ name＝@ERALL（1999）[2013-07-30].

Zambia. United Nations Convention on Biological Diversity: the Zambia Fourth National Report[R]. 2009.

中非(Central African)

中非共和国(简称中非)位于非洲大陆中部，东接苏丹，南界刚果(布)、刚果(金)，西连喀麦隆，北邻乍得，国土面积为62.30万km^2。全国总人口约500万人(2016年)，共有60多个民族，其中中巴雅族人数最多，班达族分布最广。80%的居民信奉基督教，10%的居民信奉伊斯兰教，其余的信奉原始宗教。全国划分为16个省、1个直辖市，省以下设69个县，首都为班吉(Bangui)。法语和桑戈语为官方语言。

中非是内陆国家，北部属热带草原气候，南部属热带雨林气候，年平均气温26℃。中非矿产资源丰富，其中钻石资源分布区超过国土面积的1/2。此外，还有铀、铁、黄金、铜、镍、锰、铬、锡、汞和石灰石等，北部地区有石油。

中非是联合国公布的世界最不发达国家之一。由于长期战乱不止，导致经济形势不断恶化。中非是典型的农业国，工业非常落后，80%以上的工业品依靠进口，钻石、咖啡、棉花和木材是国民经济的四大支柱。2017年中非的国内生产总值(GDP)为20.28亿美元，人均405美元，经济增长率约为4.7%(中国外交部网站，2018年)。

一、林业在国民经济中的地位

中非林业发展水平较低，但国民经济的贡献很大。2016年林业部门生产总值约为2.35亿美元，占全国GDP的13.4%(世界银行，2018)。木材是中非重要的出口创汇产业，林业税收约占国家财政收入的14%(ITTO，2011)。在原木生产和木竹加工行业就业的人数约4000人，占总劳动力的0.2%(FAO，2015)。

二、森林及其他自然资源

(一)森林资源

中非的森林以阔叶林为主，2015年森林总面积为2 217万hm^2，森林覆盖率为35.6%。森林总蓄积为37.51亿m^3，每公顷蓄积量为169 m^3(FAO，2015)。

在森林资源中，原始林为198.8万hm^2，占森林总面积的9%；天然次生林面积为2 018万hm^2，占91%(FAO，2015)；仅有零星的人工林。中非的森林以半落叶雨林为主，主要分布在南部地区。其中，东南地区的半落叶雨林面积为650万hm^2；西南地区的半落叶雨林面积为520万hm^2，是刚果盆地热带雨林的组成部分，有很多珍贵树种。中部地区有少量分散的潮湿森林和干燥林(ITTO，2011)。此外，还有约1 000 hm^2的橡胶林(FAO，2010)。

中非共有300多种树种。其中，商业树种主要有榄仁木荷（*Terminalia superba*）、筒状非洲楝（*Entandrophrag macylindricum*）、白梧桐（*Triplochiton scleroxylon*）、阿林山榄木（*Aningeria* spp.）、良木非洲楝木（*Entandrophrag mautile*）和大绿柄桑木（*Chlorophora excelsa*）等（ITTO，2011）。

中非的土地权属均为国有，森林资源也全部归国家所有（ITTO，2011）。森林资源以多种用途林为主，面积为1709.7万hm^2，占森林总面积的77.1%；其次是生产林，面积为482.6万hm^2，占森林总面积的19.21%；另外还有1.1%为生物多样性保护林，面积为24.7万hm^2（FAO，2015）。

1990—2015年，中非森林面积年均减少1.56万hm^2，年均减少率为0.1%。原始林面积从1990年的390万hm^2减少到2015年的198.8万hm^2，平均每年减少7.7万hm^2（FAO，2015）。中非的森林资源退化非常严重，尤其是生产林和居民区附近的森林退化更为明显。主要原因是农业种植的扩张、薪柴砍伐量的增加、采矿业的发展以及自然或人为引起的森林火灾等（ITTO，2011）。

（二）其他自然资源

中非野生动植物资源丰富，大约有3 600多种植物，224种哺乳动物以及668种鸟类。大猩猩、森林象、大羚羊等是具有标志性的动物（ITTO，2011）。

三、林业法规政策

发展林业是中非政府消除贫困战略的重要组成部分。中非政府一直致力于通过加强森林和野生动植物资源管理，保护赖以生存的生态环境，同时为农村居民开辟增收渠道。1989年的林业政策正在被一系列的新政策所取代，这些新政策的重点就是促进森林资源可持续经营，加强森林资源的合理利用和保护、保护生物多样性、防治荒漠化、增加林业对GDP和国内就业的贡献（ITTO，2011）。

在中非，与林业有关的法律法规主要有《森林法》和《环境法》。2008年，中非颁布了新的《森林法》（Code Forestie，08－022号）和《环境法》（07－018号法）。新森林法是在1990年颁布实施的旧森林法（90－003号法）的基础上修订而成的，并于2008年10月17日开始实施。新森林法加强了对林木采伐的管理等，将采伐许可证的有效期由原来的长期有效修改为一个轮伐期有效，并明确规定拥有采伐许可证的采伐公司必须制定长期和中期的森林管理计划，内容包括森林经营管理和野生动植物保护的具体措施（ITTO，2011）。新森林法还就居民对森林的使用权做出了特别规定：依靠森林生活的居民，尤其是以森林为生计来源土著居民，拥有森林的“生存”使用权，任何人都不能剥夺土著居民利用森林资源的权利（Olivia，2010）。

配合两部新法律的实施，中非还实施了一系列的改革。例如，任命边境检察员以及创建移动的“森林和野生动物”检疫队，目的是加强对木材运输的管理、监督和监测，非法采伐和非法猎杀、贩卖野生动物，同时保证国家税收。另外，从2008年起，开始在水、森林、狩猎、渔业和环境部创建一个林产工业信息平台，目的是为决策者数据支撑，为生产者提供可信的林产经济信息（ITTO，2011）。

此外，中非正在制定针对非永久森林中公有林和社区林的法规（ITTO，2011）。

四、林业机构与管理体制

国家水、森林、狩猎、渔业和环境部(简称 MEFCOE)是中非的林业主管机构，其下属的森林委员会、水资源委员会、野生动植物委员会、保护区委员会等职能部门，负责森林资源的管理、保护和监测，同时负责森林资源调查和管理计划的编制。2008 年，MEFCOE 部门共有职员 190 人(ITTO，2011)。

与林业相关的人员培训和林业研究由班吉大学及其所属的农业研究所承担。农村发展高级研究所承担着技术人员和工程师的培训(ITTO，2011)。

中非有很多国内非政府组织，如社区综合发展委员会等也积极参与森林保护与管理(ITTO，2011)。世界自然基金会(WWF)等国际组织也为中非提供人员培训、森林经营管理以及森林认证方面的帮助，非洲发展银行、国际货币组织以及德国等一些国家也为中非林业发展提供帮助(ITTO，2011)。

五、森林经营与管理

(一) 森林经营

在中非，生产林可以进行商业性采伐，但必须持有政府颁发的采伐许可证。其中，大规模的森林采伐需要长期采伐许可证(permis d'exploitation et d'aménagement，PEA)。在新森林法颁布以前，拥有 PEA 的采伐公司可进行无限期的采伐活动，但从 2008 年开始 PEA 仅有一个轮伐期(一般为 30 年)的有效期。PEA 主要通过公开竞标进行分配，能否中标的依据是其长期森林管理计划、五年业务计划以及年度森林经营计划。2010 年，有 12 家私营公司获得了 PEA，采伐范围是位于西南地区的 230 万 hm^2 的森林。另外，根据新森林法，在生产林进行小于等于 10 hm^2 的小规模采伐，需要申请短期的采伐许可证，这种采伐许可证的有效期只有一年，需要每年更新(ITTO，2011)。

在多种用途林，职能进行经营抚育性的间伐，不能进行商业性采伐。在生物多样性保护林，禁止任何采伐、采集活动。为了缓解薪柴采集对森林资源的巨大压力，中非积极推进以社区为主体的造林活动，鼓励农村社区利用周边的宜林土地营造薪炭林，主要树种为桉树、马占相思(*Acacia mangium*)、铁刀木(*Cassia siamea*)等。

从 2009 年开始，中非政府采用非洲木材组织进程(ATO Process)和国际热带木材组织进程(ITTO PCI)的标准指标，对本国森林可持续经营水平进行监测。但截止到 2010 年，中非还没有获得认证的森林(ITTO，2011)。另外，中非已加入欧盟自愿伙伴关系协议(VPA)，成为欧盟 FLEGT - VPA 成员国(中国绿色时报，2013)。

(二) 森林与生态保护

中非有 7 种哺乳动物、1 种鸟类以及 8 种植物被列入世界自然保护联盟(IUCN)的濒危物种红色名录。此外，大象等哺乳动物的数量也在逐年减少。为了保护森林和野生动植物，新森林法在长期采伐范围内划定了生态脆弱地带，要求采伐公司在其森林长期管理计划和中期管理计划必须制定相应的保护措施(ITTO，2011)。

中非早在1925年就成立了第一个森林保护区，面积达100多万 hm^2，目的是为了保护现在已经在当地绝迹的白犀牛。目前，中非拥有被世界自然保护联盟(IUCN)认定的保护地面积达600万 hm^2，包括5个国家公园、2个特殊保护区、5个野生动植物保护区和2个生物圈保护区，这些保护区主要分布在热带稀树草原和干燥的灌木林地。德赞嘎－桑哈森林特别保护区(The DzangaSangha Special Reserve)、赞加－恩多基国家公园(the DzangaNdoki National Park)以及两个小型的森林保护区是仅有的4个森林保护区，面积合计56万 hm^2(ITTO, 2011)。其中，德赞嘎－桑哈森林特别保护区是世界第二大雨林(Africa's eden, 2014)。

中非森林和林地的碳储量约为55亿t，其中有9亿t的碳储存于郁闭的湿润林中。中非森林对吸收温室气体、缓减气候变化具有非常大的潜力，若能改善野火对稀树大草原资源的破坏，那么中非森林会储存更多的碳。中非政府积极推动碳汇林业发展，参与了森林碳伙伴基金并提交了计划书，提出了积极开展REDD+在综合保护区的进一步的发展，加强城市和农村周边地区的薪柴采伐管理，减少毁林等措施(ITTO, 2011)。

六、林产品生产、加工与贸易

(一) 林产品生产

2016年，中非的原木产量为262.23万 m^3，其中薪柴为200万 m^3。工业木材产量约为62.3万 m^3(FAO, 2015)。虽然中非有300多种树种，但目前用于工业原木生产的仅有34种。2005—2008年，非洲筒状楝等5个树种的木材产量占到木材总产量的85%(表1)。

表1　中非主要的木材树种及其产量　(万 m^3)

树种	年平均木材产量
筒状非洲楝木	30
白梧桐	9
阿林山榄木	3
良木非洲楝	2.5
大绿柄桑木	2

资料来源：ITTO, 2011。

从林肉是除木材和薪柴外最有经济价值的非木质林产品，既是当地居民的食物，也是重要的出口产品。在中非，大量人口以森林为生计来源，包括采集药材、可食用的植物、水果、坚果、菌类等(ITTO, 2011)。

(二) 林产品贸易

中非主要的出口林产品是工业原木和锯材(均为热带阔叶材)，主要出口到中国、欧盟、土耳其和喀麦隆等。2008—2016年工业原木、锯材的出口量均呈波动下降趋势(表2)。由于中非是内陆国家，出口产品需要先通过火车运到刚果，或者通过公路运输到喀麦隆，然后再运输到出口国。中非进口的林产品只有纸和纸板等少数几种，进口量也很小。

表 2 中非 2008—2016 主要林产品出口量 （万 m^3）

产品	2008	2010	2012	2014	2016
工业原木	86.31	63.23	73.11	54.55	62.32
锯材	7.37	4.51	5.85	2.94	3.31

资料来源：FAOSTAT，2018。

七、分析与借鉴

（1）森林资源保护与居民生计的矛盾。在中非，多数当地居民依靠森林生活，尤其是土著居民的所有生计都来源于森林。随着森林资源退化、自然保护区的建立，很多土著居民被排除在森林之外，造成生计困难。如何解决森林资源保护和居民的生计需求是中非面临的最重要的林业问题。

（2）自然灾害仍是引起中非森林资源退化的主要因素之一。中非的森林资源频繁遭受到火灾等自然灾害的影响，造成的损失较大，目前这一问题仍未得到有效解决。

（张英 何璆）

参考文献

中国绿色时报．2013.10.13．欧盟 FLEGT－VPA 国家经验交流会在京召开．

中华人民共和国外交部．2015．中非共和国国家概况．http：//www.fmprc.gov.cn/mfa_chn/gjhdq_603914/gj_603916/fz_605026/1206_606456/[2015-08-18]．

AFRICA's EDEN：http：//www.africas－eden.com/Central－African－Republic.asp[2014-02-19]．

DAZNGA SANGHA：http：//www.dzanga－sangha.org/node/295 [2014-02-19]．

FAOSTAT：2014．http：//faostat.fao.org/site/626/DesktopDefault.aspx？PageID＝626#ancor[2014-02-18]．

FAO．2010．Global Forest Resources Assessment 2010．

ITTO．STATUS OF TROPICAL FOREST MANAGEMENT2011 ：http：//www.itto.int/publication/http：//www.itto.int/direct/topics/topics_pdf_download/topics_id＝2710&no＝0[2014-02-14]．

Logging off，http：//loggingoff.info/process/flegt－central－african－republic[2014-02-19]．

OliviaWoodburne and John Nelson．2010．Securing Community Rights in Climate and Forest Protection Programmesin the Central African Republic．